LES RÉSEAUX
Édition 2008

CHEZ LE MÊME ÉDITEUR

Du même auteur

L. Ouakil, G. Pujolle. – **Téléphonie sur IP**.
N°12099, 2007, 440 pages.

G. Pujolle. – **Cours réseaux et télécoms**.
N°11330, 2004, 570 pages.

D. Males, G. Pujolle. – **Wi-Fi par la pratique**.
N°11409, 2e édition, 2004, 420 pages.

G. Pujolle, *et al.* – **Sécurité Wi-Fi**.
N°11528, 2004, 242 pages.

Autres ouvrages sur les réseaux

S. Bordères. – **Authentification réseau avec Radius**.
N°12007, 2006, 210 pages.

X. Carcelle. – **Réseaux CPL par la pratique**.
N°11930, 2006, 382 pages.

L. Levier, C. Llorens. – **Tableaux de bord de la sécurité réseau**.
N°11973, 2e édition, 2006, 560 pages.

B. Boutherin, B. Delaunay. – **Sécuriser un réseau Linux**.
N°11960, 3e édition, 2006, 266 pages.

M. W. Lucas. – **PGP et GPG**.
N°12001, 2006, 230 pages.

J. Steinberg, T. Speed, B. Sonntag. – **SSL VPN**.
N°11933, 2006, 208 pages.

J. Nozick. – **Guide du câblage universel**.
Logements et bureaux - Nouvelle norme NF C 15-100 - Prises universelles RJ 45.
N°11758, 2e édition, 2006, 110 pages.

F. Ia, O. Ménager. – **Optimiser et sécuriser son trafic IP**.
N°11274, 2004, 396 pages.

N. Agoulmine, O. Cherkaoui. – **Pratique de la gestion de réseau**.
N°11259, 2003, 280 pages.

LES RÉSEAUX
Édition 2008

Guy Pujolle

Avec la collaboration de Olivier Salvatori
et la contribution de Jacques Nozick

EYROLLES

ÉDITIONS EYROLLES
61, bd Saint-Germain
75240 Paris Cedex 05
www.editions-eyrolles.com

Historique des éditions successives de l'ouvrage

1re édition (ISBN-13 : 978-2-212-08840-3) – juin 1995

2e édition (ISBN-13 : 978-2-212-08967-7) – juillet 1997
Réédition en semi-poche (ISBN-13 : 978-2-212-09108-3) – juillet 1999

3e édition (ISBN-13 : 978-2-212-09119-9) – mars 2000
Réédition en semi-poche (ISBN-13 : 978-2-212-11121-7) – juillet 2002

4e édition (ISBN-13 : 978-2-212-11086-9) – juillet 2002
Réédition en semi-poche (ISBN-13 : 978-2-212-11525-3) – juillet 2004

5e édition (ISBN-13 : 978-2-212-11437-9) – septembre 2004
Réédition en semi-poche (ISBN-13 : 978-2-212-11987-9) – septembre 2006

6e édition (ISBN-13 : 978-2-212-11757-8) – septembre 2007

Préface à la 6e édition

Les réseaux composent la structure de base du septième continent qui se forme sous nos yeux. Par l'immense séisme qu'il engendre en ce début de siècle, la planète entre dans une ère nouvelle. Ce nouveau continent est celui de la communication. Constitué de réseaux se parcourant à la vitesse de la lumière, il représente une rupture analogue à l'apparition de l'écriture ou à la grande révolution industrielle.

Ces réseaux, qui innervent aujourd'hui complètement la planète, s'appuient sur la fibre optique, les ondes hertziennes et divers équipements qui permettent d'atteindre de hauts débits. Internet incarne pour le moment la principale architecture de ces communications.

Les réseaux forment un domaine tellement complexe qu'il est impossible d'en rendre compte de façon exhaustive, et ce livre n'en a pas la prétention. Il vise simplement à faire comprendre, de manière à la fois technique et pédagogique, les fondements des réseaux en en dressant un panorama aussi complet que possible.

Les refontes apportées à cette sixième édition sont importantes. Les diminutions concernent les protocoles vieillissants, comme X.25, le relais de trames, le token ring, etc. Les suppressions concernent les éléments qui ne sont plus ou presque plus utilisés, comme les protocoles propriétaires.

Plusieurs chapitres ont été ajoutés ou beaucoup remaniés sur des sujets essentiels, comme les réseaux hertziens, la signalisation, la sécurité et l'intelligence. Le lecteur trouvera maintenant des chapitres sur les nouvelles générations de réseaux de mobiles, les réseaux sans fil tels que UWB ou WiMAX, les réseaux de capteurs et de RFID, les réseaux mesh, etc. Les chapitres dédiés aux environnements Ethernet et Internet, qui continuent de se développer, ont été mis à jour, de même que ceux de la fin, concernant les grandes tendances des prochaines années.

Au total, c'est plus d'un quart du livre qui est totalement neuf et un autre bon quart qui a été fortement remanié. La moitié restante contient pour sa part de nombreuses améliorations et mises à jour.

Nous recommandons au lecteur d'effectuer la lecture des 47 chapitres qui composent cet ouvrage en continuité. Sa construction en quatorze parties distinctes permet aussi de le parcourir par centre d'intérêt. La figure 0.1 donne une idée de quelques parcours de lecture logiques.

Enfin, il est important de noter une innovation importante : les références et les annexes sont désormais accessibles sur la page dédiée au livre du site Web d'Eyrolles, à l'adresse *www.editions-eyrolles.com*. L'avantage de cette décision est qu'elle permet la mise à jour en continu des références, qui jouent un rôle important dans un monde très vivant.

De même, si certaines annexes n'ont que peu de raisons de changer, de nouvelles annexes devraient apparaître régulièrement pour informer les lecteurs des grandes directions du monde des réseaux.

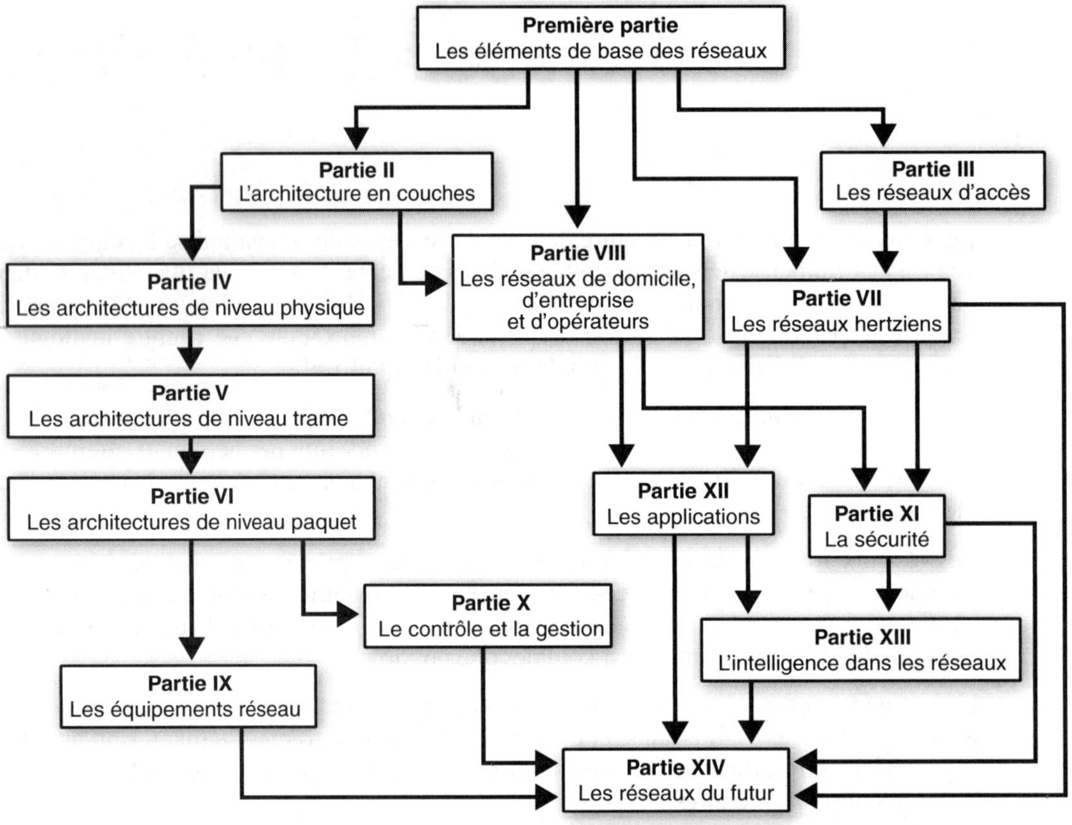

Figure 0.1
Parcours de lecture

Cette sixième édition n'aurait pu exister sans les cinq premières et sans l'aide précieuse, depuis 1995, de collègues et de plusieurs générations d'étudiants. Je suis heureux de remercier ici de nombreux étudiants ayant terminé leur thèse depuis plus ou moins longtemps pour leur aide précieuse sur des sujets arides et des collègues plus expérimentés pour leurs apports de qualité.

Table des matières

Partie I

Les éléments de base des réseaux

Les réseaux ont pour fonction de transporter des données d'une machine terminale à une autre. Une série d'équipements matériels et de processus logiciels sont mis en œuvre pour assurer ce transport, depuis les câbles terrestres ou les ondes radio dans lesquels circulent les données jusqu'aux protocoles et règles permettant de les traiter.

Cette première partie de l'ouvrage rappelle les principes de fonctionnement des réseaux et présente en détail les matériels et architectures protocolaires sur lesquels ils se fondent.

1

Les réseaux d'hier et de demain

Les réseaux modernes sont apparus au cours des années 1960 à la faveur d'une technologie totalement nouvelle permettant de transporter de l'information d'une machine à une autre. Ces machines étaient des ordinateurs de première génération, guère plus puissants qu'un petit assistant personnel actuel. Les réseaux de téléphonie existaient quant à eux depuis longtemps. Ils utilisaient la technologie dite de *commutation de circuits* et le support de lignes physiques reliant l'ensemble des téléphones par le biais de commutateurs. Lors d'une communication, ces lignes physiques ne pouvaient être utilisées que par les deux utilisateurs en contact. Le signal qui y transitait était de type analogique.

La première révolution des réseaux a été apportée par la technologie numérique des codecs (codeur-décodeur), qui permettaient de transformer les signaux analogiques en signaux numériques, c'est-à-dire une suite de 0 et de 1. Le fait de traduire tout type d'information sous forme de 0 et de 1 permettait d'unifier les réseaux. Dans cette génération, la commutation de circuits était toujours fortement utilisée.

Transfert et commutation de paquets

La révolution suivante a été le passage à la technologie de *transfert de paquets*. L'idée fondamentale de cette technologie était de prendre en compte la forte irrégularité du débit de la communication entre deux ordinateurs, alternant des périodes de débit important suivies de périodes de silence, résultant du fait que, par exemple, un ordinateur attendait une réponse d'un autre ordinateur.

Dans la communication de circuits, le circuit restait inutilisé pendant les périodes de silence, induisant un important gaspillage des ressources. À l'inverse, le transfert de paquets n'utilisait les ressources du réseau que lors de l'émission effective des paquets. Pour atteindre ce but, l'idée était de constituer des blocs d'information de longueur variable et de les envoyer de nœud de transfert en nœud de transfert jusqu'à atteindre leur destination. Les ressources d'une liaison entre deux nœuds n'étaient de la sorte utilisées que pendant le transfert des paquets. Les différents paquets provenant d'un même utilisateur et d'une même application formaient un *flot*. Une fois les paquets de ce flot parvenus à leur destinataire, il était possible d'utiliser la même liaison et les ressources du réseau pour le passage d'autres paquets, provenant d'autres flots.

Le transfert de paquets a été introduit pour la première fois en France. C'est à Louis Pouzin qu'en revient la paternité. Les travaux de cet ingénieur et polytechnicien français, inventeur du datagramme et concepteur du premier réseau à commutation de paquets, ont été repris par Vinton Cerf pour aboutir à la mise au point d'Internet.

Parmi les nombreuses solutions de transfert de paquets qui ont été proposées, deux ont résisté au temps, le routage de paquets et la commutation de paquets. Dans le routage de paquets, les paquets sont aiguillés par chaque nœud de transfert en fonction de leur destination. La route choisie peut être différente selon l'état du réseau, de telle sorte que deux paquets d'un même flot peuvent ne pas suive la même route. Des *tables de routage* sont implémentées dans ces nœuds afin d'essayer de tenir compte de l'état du réseau pour optimiser le transport des paquets.

Issue du monde des télécommunications, la commutation de paquets consiste, avant d'envoyer le moindre paquet, à mettre en place un chemin entre les entités en communication, chemin que tous les paquets d'un même flot doivent emprunter. Ce chemin est appelé *circuit virtuel* parce les paquets d'autres communications peuvent utiliser les mêmes ressources : il n'y a pas de ressource réservée.

Chacune de ces techniques présente des avantages et des inconvénients. Le routage est une technique souple. Dans la mesure où chaque paquet transporte l'adresse du destinataire, la route peut varier sans difficulté, et le paquet n'est jamais perdu. En revanche, il est très difficile d'y assurer une qualité de service, c'est-à-dire de garantir que le service de transport sera capable de respecter une performance déterminée. Avec la commutation de paquets, la qualité de service est plus facilement assurée, puisque tous les paquets suivent un même chemin et qu'il est possible de réserver des ressources ou de déterminer par calcul si un flot donné a la possibilité de traverser le réseau sans encombre. La difficulté majeure de la commutation de paquets réside dans la mise en place du chemin que vont suivre les différents paquets d'un flot. Ce chemin est ouvert par une procédure spécifique, appelée *signalisation :* on signale au réseau l'ouverture d'un chemin, lequel doit en outre être « marqué » afin que les paquets du flot puissent le suivre. Cette signalisation exige d'importantes ressources, ce qui rend les réseaux à commutation de paquets sensiblement plus chers que les réseaux à routage de paquets.

La figure 1.1 illustre ces deux branches du transfert de paquets, le routage et la commutation, ainsi que les principales techniques qu'elles utilisent.

Ces deux catégories de réseaux se sont développées en parallèle. Au départ, il n'y avait que peu de concurrence entre ces deux catégories qui s'adressaient à des mondes différents. Avec le temps, les techniques de routage, liées à Internet, se sont étendues au transport d'applications synchrones telles que la téléphonie et la vidéo. En parallèle, la commutation de paquets prenait en charge la téléphonie et la télévision. Aujourd'hui, tous deux sont en concurrence pour le transport des applications multimédias. Leurs avantages et inconvénients auraient plutôt tendance à faire choisir la commutation de paquets par les opérateurs et les très grandes entreprises et le routage par les petites et moyennes entreprises.

Les techniques de routage n'ont que peu changé. Le protocole IP (Internet Protocol) en constitue le principal déploiement : le paquet IP contenant l'adresse complète du destinataire est routé dans des nœuds de transfert appelés routeurs. À l'inverse, les protocoles

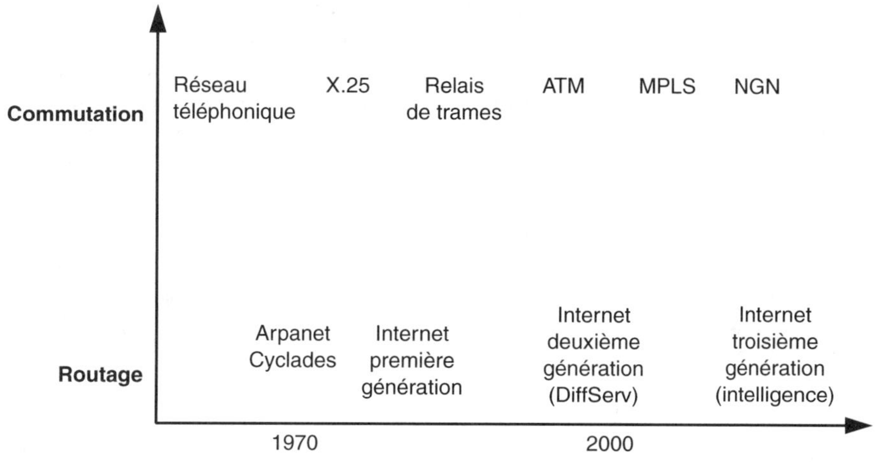

Figure 1.1

Les deux branches du transfert de paquets

liés à la commutation ont beaucoup évolué. La première grande norme de commutation, X.25, a vu le jour dans les années 1980. Cette solution demandait à effectuer des opérations assez importantes pour permettre la commutation : le chemin était tracé dans le réseau par un ensemble d'indices, appelés *références,* constituant autant de « pierres blanches » visant à marquer le chemin. Ces références étant placées dans le paquet lui-même, leur récupération exigeait des efforts importants. Une simplification importante de ce système de signalisation a été apportée une dizaine d'années plus tard par le relais de trames puis par la technique ATM (Asynchronous Transfer Node).

Avant d'aller plus loin, il nous faut détailler un peu plus la notion de paquet. Un paquet n'est pas un bloc de données que l'on peut envoyer tel quel sur une ligne de communication. Par exemple, si l'on envoie deux paquets collés l'un à l'autre, le récepteur est incapable de distinguer la fin du premier paquet et le début du second. Pour permettre cette opération de reconnaissance, il faut encapsuler chaque paquet dans une trame. La trame possède une succession spécifique d'éléments binaires permettant de reconnaître son début et sa fin. Pour transporter un paquet IP, on peut utiliser la trame appelée PPP ; pour transporter un paquet X.25, on l'encapsule dans une trame appelée LAP-B.

Les générations de réseaux qui ont succédé aux premières techniques de transfert de paquets ont reporté dans la trame l'adresse complète du destinataire ou la référence afin d'en simplifier leur récupération : il n'était de la sorte plus nécessaire de décapsuler le paquet de la trame pour récupérer les informations qu'il contenait. Cette solution, mise en œuvre notamment dans le relais de trames et l'ATM, a permis de simplifier énormément le travail effectué dans les nœuds de transfert.

Le RNIS (réseau numérique à intégration de services)

L'évolution suivante eut pour objectif d'intégrer plusieurs médias différents sur un même réseau. Le RNIS (réseau numérique à intégration de services), en anglais ISDN (Integrated Services Digital Network), intégrait deux médias, la parole téléphonique et les données informatiques. Bien que ce type de réseau soit aujourd'hui en bout de course, il est intéressant de comprendre le chemin parcouru en quelques années par les réseaux multimédias.

Les figures 1.2 à 1.4 illustrent l'évolution des réseaux à intégration de services. La première étape a consisté à cacher les différents réseaux existants par une interface utilisateur unique, l'interface S, permettant aux équipements terminaux d'accéder à ces réseaux. Pour l'utilisateur, la vue était unique, et les réseaux étaient transparents. Les données devaient être transportées par le meilleur chemin possible, avec une qualité de service déterminée. Ce premier réseau RNIS, dit RNIS bande étroite, est illustré à la figure 1.2.

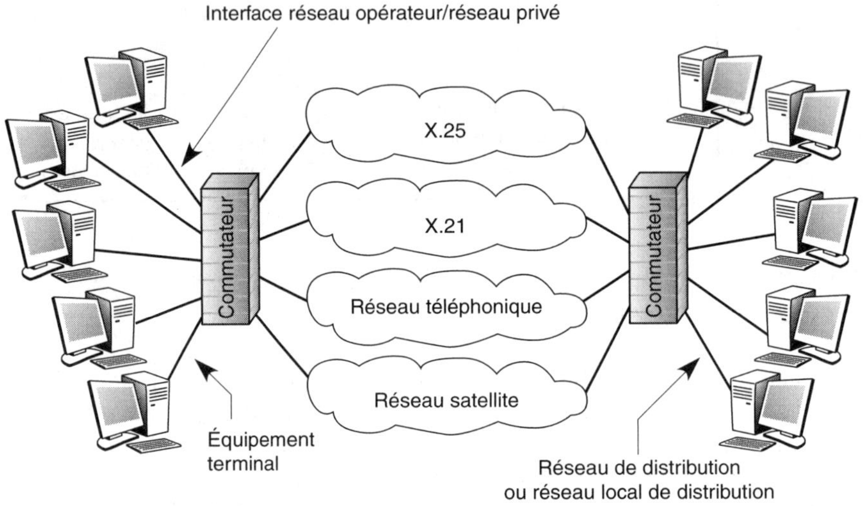

Figure 1.2

RNIS bande étroite

Le RNIS a été étendu par l'introduction d'un réseau de signalisation, encore appelé réseau sémaphore, ayant pour fonction de transporter les commandes. Pour comprendre le rôle de la signalisation, prenons l'exemple simple de l'application téléphonique. Lorsque l'abonné numérote, sa signalisation part par l'interface S et arrive dans le réseau sémaphore, qui véhicule ces quelques octets jusqu'à l'appareil du correspondant en un temps inférieur à 100 ms. Si celui-ci est déjà en train de téléphoner, une signalisation repart vers l'émetteur et produit une tonalité d'occupation. Les circuits du réseau téléphonique ne sont donc pas utilisés. Si le poste du correspondant est libre, la signalisation déclenche la sonnerie. Si l'utilisateur distant est absent, une nouvelle signalisation part de l'émetteur, toujours acheminée par le réseau sémaphore, pour arrêter la sonnerie. Le réseau téléphonique n'est pas non plus utilisé dans ce cas. Si l'abonné destinataire décroche, une signalisation part pour mettre en place un circuit. Ce circuit a été prévu par la commande initiale, qui, lors de son acheminement, a consulté les nœuds de commutation du réseau téléphonique pour s'assurer de sa mise en place en cas de succès de la communication.

Le réseau sémaphore permettait un gain d'utilisation de 10 à 20 % du réseau téléphonique. Ce réseau de signalisation est connu et normalisé depuis de longues années sous le sigle CCITT n° 7, ou, en anglais, SS7. C'est un réseau à transfert de paquets, qui suit l'architecture du modèle de référence. La figure 1.3 présente cette extension du RNIS.

L'étape suivante a vu arriver un nouveau réseau, le RNIS large bande, qui permettait de prendre en charge les très hauts débits. La première technique choisie pour ce réseau a été le transfert ATM. Ce réseau supplémentaire s'ajoutait en fait aux réseaux bande étroite, comme l'illustre la figure 1.4.

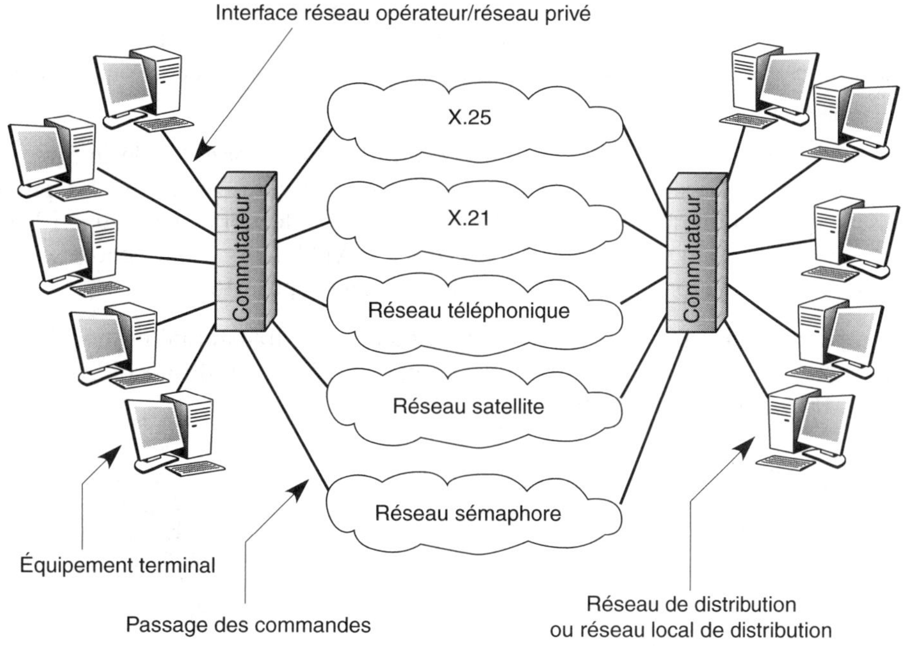

Figure 1.3

RNIS avec réseau sémaphore

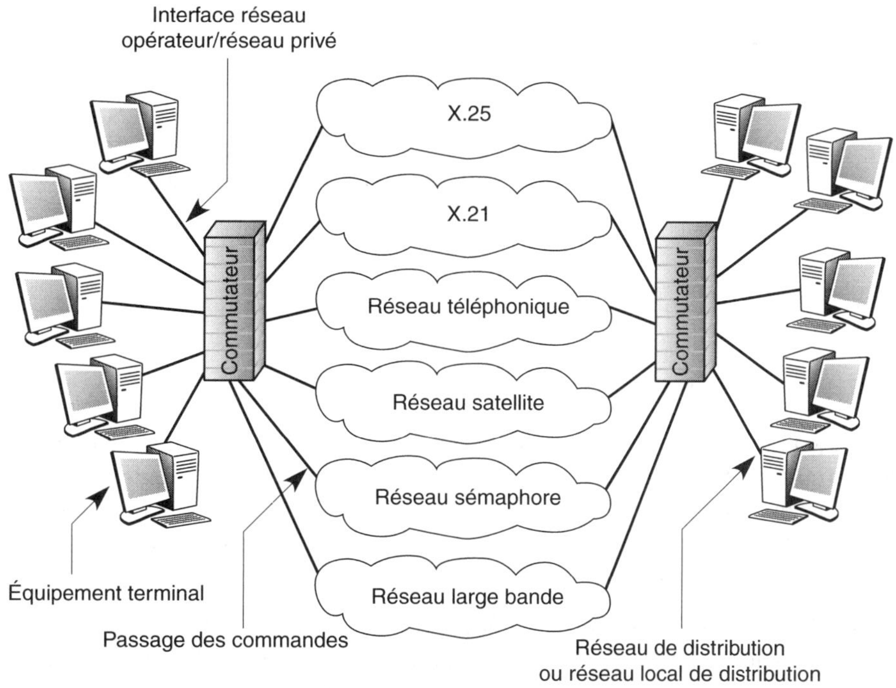

Figure 1.4

Extension du RNIS avec un réseau large bande

L'étape ultime a visé l'intégration de tous les réseaux en un seul et même réseau, le réseau large bande. Le réseau sémaphore était lui-même intégré au réseau large bande. Les équipements terminaux comportaient des organes permettant de produire et de recevoir directement des paquets IP.

Ce réseau est illustré à la figure 1.5. Il s'agit du réseau large bande intégré, ou IBCN (Integrated Broadband Communication Network). Ce réseau forme les prémices du réseau qui porte le nom de NGN (Next Generation Network), parce que l'IBCN a été introduit en pensant que le cœur du réseau serait ATM, alors que les choix se sont portés vers d'autres solutions, comme nous le verrons au chapitre 46.

Le réseau de signalisation, qui était spécifique, s'est transformé en un réseau IP. Les réseaux de ce type sont aujourd'hui des réseaux MPLS (MultiProtocol Label Switching) ou GMPLS (Generalized MPLS).

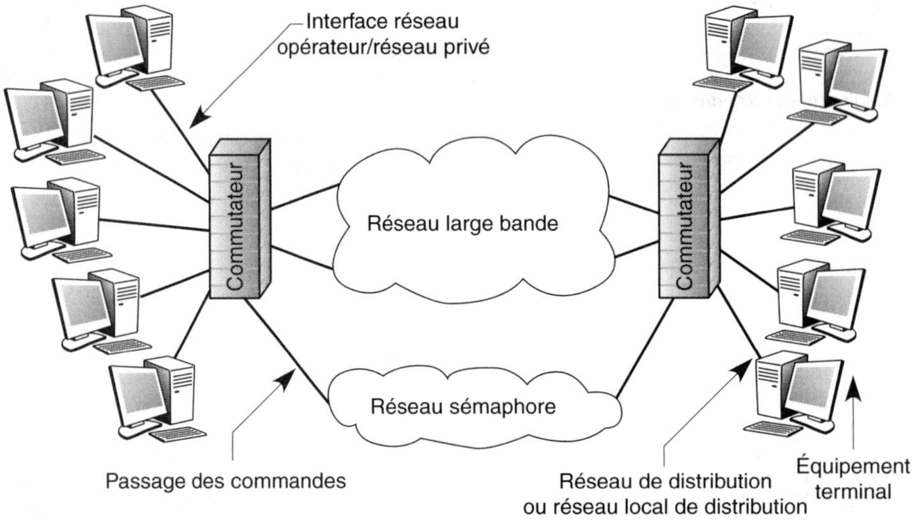

Figure 1.5

Réseau large bande intégré

Les réseaux d'aujourd'hui

Les réseaux d'aujourd'hui ressemblent fortement à ceux d'hier. Les deux techniques de base, routage et commutation, sont toujours présentes et concurrentes. Elles ont surtout évolué dans leur implémentation. La convergence entre les deux solutions s'observe notamment dans l'adoption du seul paquet IP dans les deux technologies, de telle sorte qu'il est facile de mêler ces dernières.

Deux éléments importants peuvent être notés. Le premier concerne le réseau de signalisation pour les technologies de commutation. Il s'agit d'un réseau de routage puisqu'il faut donner l'adresse du destinataire pour ouvrir un chemin avec celui-ci. Tous les réseaux de commutation avaient une signalisation spécifique assez complexe. Vers les années 1995, on s'est aperçu que le réseau de signalisation le mieux adapté était tout simplement le réseau IP. La vision des industriels des réseaux de commutation a donc dû évoluer pour mettre en place des réseaux de commutation de niveau trame en utilisant les trames ATM ou Ethernet avec une signalisation IP.

Le second élément important a été l'arrivée de la classification, c'est-à-dire la possibilité de déterminer une classe de priorité pour chaque paquet ou chaque trame. En fonction de la classe, des priorités sont mises en place dans le réseau afin de traiter des trames ou des paquets plus rapidement que d'autres. Cette fonctionnalité introduit la possibilité d'obtenir plus facilement une qualité de service satisfaisante pour les clients de la classe la plus prioritaire. La classification est particulièrement importante pour les réseaux de routage. Pour les réseaux de commutation, la classification peut s'effectuer soit sur le chemin, qui devient un chemin prioritaire, soit sur les flots de paquets.

Un autre point fort caractérisant les réseaux d'aujourd'hui est l'apparition, à partir du début des années 2000, de la technologie paquet dans les réseaux de mobiles et les réseaux sans fil. Les réseaux de mobiles permettent la communication tout en se déplaçant. Dans les réseaux sans fil, la communication se fait par le biais d'une antenne, et l'utilisateur doit rester connecté à la même antenne. Les premiers réseaux hertziens avaient des débits très limités mais ont vite atteint des performances quasiment identiques à celles des réseaux terrestres, du moins sur les paires métalliques.

Les réseaux hertziens sont regroupés en deux catégories : l'une provenant des industriels des télécommunications — et donc de la commutation —, avec une signalisation importante et une forte complexité pour prendre en charge tous les problèmes de la communication, l'autre provenant d'Internet — et donc du routage —, avec beaucoup moins de complexité mais une qualité globale inférieure.

Une avancée également déterminante est le regroupement des technologies hertziennes et terrestres dans un réseau unique permettant d'utiliser les mêmes serveurs, que le client soit connecté en hertzien ou par câble. L'évolution en cours vise à l'intégration de voies vidéo, en particulier de la télévision.

Les réseaux de demain

Les réseaux de demain seront multimédias et utiliseront les voies de transport terrestres et hertziennes. Une application multimédia utilise en même temps l'image animée, la parole, le graphisme et des assistances diverses. Les réseaux d'aujourd'hui devraient disparaître au profit d'un réseau de transfert unifié, qui transportera les applications multimédias de façon intégrée. En d'autres termes, le réseau sera apte à acheminer simultanément la voix, les données et l'image animée par différentes solutions terrestres ou radio.

À partir de 2010, les réseaux de données, de téléphonie, de télévision, etc., seront tous intégrés dans un environnement unique.

Les défis d'une telle intégration sont les suivants :

- L'obtention de débits très importants dans le réseau cœur, notamment du fait de l'augmentation de la puissance des machines terminales et du débit de chaque client vers le réseau cœur.
- L'introduction de la qualité de service pour réaliser les contraintes de chaque application.
- L'amélioration de la sécurité.
- La gestion de la mobilité.
- Le passage de réseaux terrestres à des réseaux hertziens.

Ces différentes opérations devront être prises en charge par les équipements du réseau et par les terminaux eux-mêmes. En particulier, les débits des machines terminales progressent toujours aussi vite et posent des problèmes de capacité sur la boucle locale, c'est-à-dire le réseau d'accès. La figure 1.6 illustre la progression des débits des équipements terminaux.

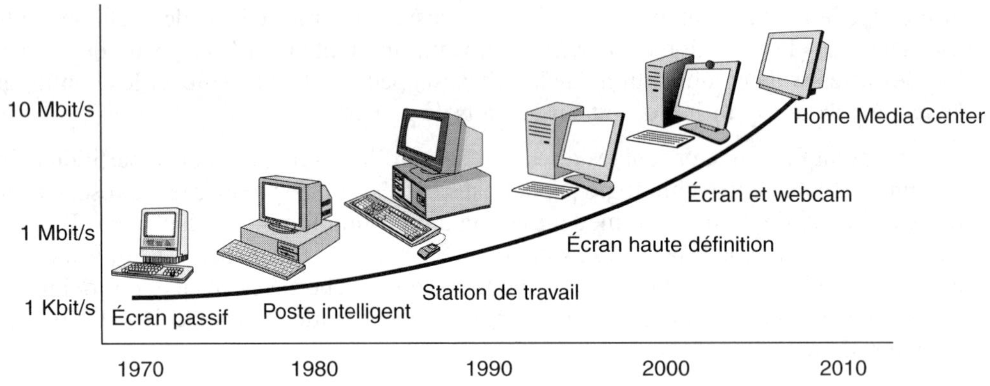

Figure 1.6

Augmentation des débits des terminaux

De nombreuses fonctionnalités supplémentaires devront être implémentées pour automatiser la configuration et l'optimisation du réseau. Nous décrivons les différentes solutions possibles tout au long de cet ouvrage.

Conclusion

Ce chapitre a introduit les premiers concepts des réseaux. La convergence de ces réseaux provenant de différents horizons, comme l'informatique, les télécommunications et la vidéo, vers un réseau unique est en cours.

Les difficultés à résoudre pour l'intégration des réseaux hertziens et terrestres sont notamment la mise à niveau de la sécurité, la gestion de la mobilité et le transport des applications avec une forte qualité de service.

Cet ouvrage détaille, de la façon la plus graduelle possible, toutes les solutions envisagées et examine les éléments nécessaires à la construction d'un réseau de bout en bout.

2

Les réseaux numériques

Ce chapitre introduit les techniques utilisées dans les réseaux pour transporter les données d'un équipement terminal vers un autre équipement terminal. Il examine les différentes catégories de réseaux — informatiques, de télécommunications et vidéo — et en déduit les contraintes d'un réseau multimédia et les fonctions nécessaires pour réaliser le transport de nombreux médias simultanément.

Nous commençons par examiner le « transfert de paquets », qui désigne les moyens mis en œuvre pour acheminer des données mises dans un paquet d'une extrémité à une autre d'un réseau.

Le transfert de paquets

La technique utilisée pour le transport des données sous forme numérique, c'est-à-dire sous forme de 0 et de 1, que l'on a adoptée depuis la fin des années 1960 s'appelle le transfert de paquets.

Toutes les informations à transporter sont découpées en paquets pour être acheminées d'une extrémité à une autre du réseau. Cette technique est illustrée à la figure 2.1. L'équipement terminal A souhaite envoyer un message à B. Le message est découpé en trois paquets, qui sont émis de l'équipement terminal vers le premier nœud du réseau, lequel les envoie à un deuxième nœud, et ainsi de suite, jusqu'à ce qu'ils arrivent à l'équipement terminal B.

Le paquet peut provenir de différentes sources. À la figure 2.1, nous supposons que la source est un message préparé par l'émetteur, tel qu'une page de texte éditée au moyen d'un traitement de texte. Le terme message est en fait beaucoup plus vaste et recoupe toutes les formes sous lesquelles de l'information peut se présenter. Cela va d'une page Web à un flot de parole téléphonique représentant une conversation.

Dans la parole téléphonique, l'information est regroupée pour être placée dans un paquet, comme illustré à la figure 2.2. En effet, le combiné téléphonique contient un équipement qui transforme la parole analogique en une suite d'éléments binaires, comme nous le verrons au chapitre 5. Ces bits remplissent petit à petit le paquet.

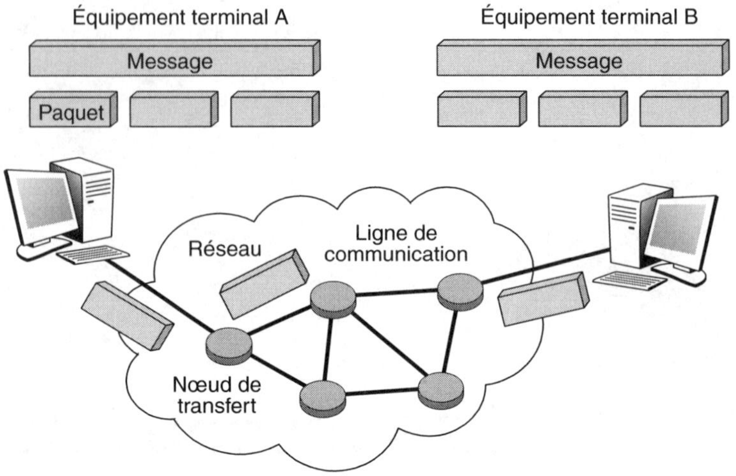

Figure 2.1
Transfert de paquets

Dès que celui-ci est plein, il est émis vers le destinataire. Une fois le paquet arrivé à la station terminale, le processus inverse s'effectue, restituant les bits régulièrement à partir du paquet pour reconstituer la parole téléphonique.

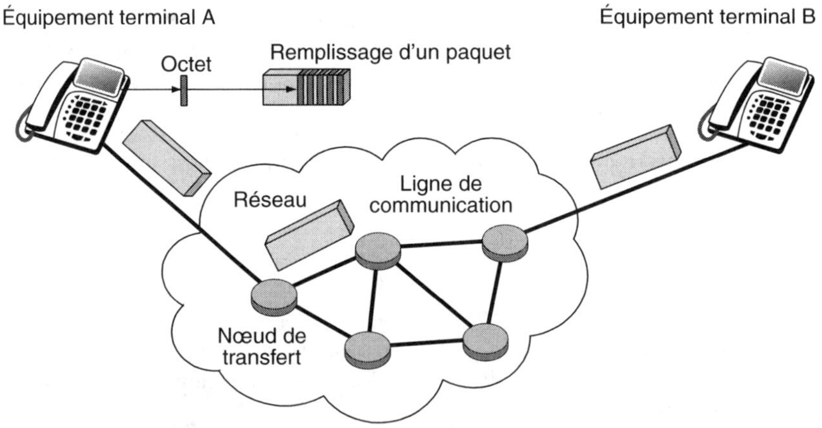

Figure 2.2
Flot de paquets téléphoniques

Le réseau de transfert est composé de nœuds, appelés nœuds de transfert, reliés entre eux par des lignes de communication, sur lesquelles sont émis les éléments binaires constituant les paquets. Le travail d'un nœud de transfert consiste à recevoir des paquets et à déterminer vers quel nœud suivant ces derniers doivent être acheminés.

Le paquet forme donc l'entité de base, transférée de nœud en nœud jusqu'à atteindre le récepteur. Suivant les cas, ce paquet peut être regroupé avec d'autres paquets pour reconstituer l'information transmise. L'action consistant à remplir un paquet avec des octets s'appelle la mise en paquet, ou encore la paquétisation, et l'action inverse, consistant à retrouver un flot d'octets à partir d'un paquet, la dépaquétisation. L'architecture d'un réseau est définie principalement par la façon dont les paquets sont transmis d'une extrémité à une autre du réseau. De nombreuses possibilités existent pour cela, comme celles consistant à faire passer les paquets toujours par la même route ou, au contraire, à les faire transiter par des routes distinctes de façon à minimiser les délais de traversée.

Le modèle de référence

Pour identifier correctement toutes les composantes nécessaires à la bonne marche d'un réseau à transfert de paquets, un modèle de référence a été mis au point. Ce modèle définit une partition de l'architecture en sept niveaux, prenant en charge l'ensemble des fonctions nécessaires au transport et à la gestion des paquets. Ces sept couches de protocoles ne sont pas toutes indispensables, notamment aux réseaux sans visée généraliste. Chaque niveau, ou couche, offre un service au niveau supérieur et utilise les services du niveau inférieur, comme nous le verrons en détail au chapitre 4.

Pour offrir ces services, les couches disposent de protocoles, qui appliquent les algorithmes nécessaires à la bonne marche des opérations, comme l'illustre la figure 2.3. Nous supposons ici que l'architecture protocolaire est découpée en sept niveaux, ce qui est le cas du modèle de référence.

La couche 3 représente le niveau paquet, qui définit les algorithmes nécessaires pour que les entités de la couche 3, les paquets, soient acheminées correctement de l'émetteur au récepteur. La couche 7 correspond au niveau application. Le rôle du protocole de la couche 7 est de transporter correctement l'entité de niveau application, le message utilisateur, de l'équipement émetteur à l'équipement récepteur.

La couche 2, ou niveau trame, permet de transférer le paquet sur une ligne physique. En effet, un paquet ne contenant pas de délimiteur, le récepteur ne peut en déterminer la fin ni identifier le commencement du paquet suivant. Pour transporter un paquet, il faut donc le mettre dans une trame, qui, elle, comporte des délimiteurs. On peut aussi encapsuler un paquet dans un autre paquet, lui-même encapsulé dans une trame.

Dans cet ouvrage, nous distinguons les mots « paquet » et « trame » de façon à bien différencier les entités qui ne sont pas transportables directement, comme le paquet IP, et les entités transportables directement par la couche physique, comme les trames Ethernet ou ATM.

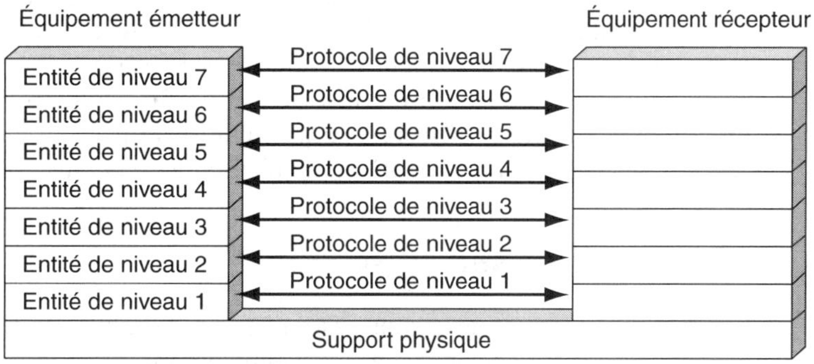

Figure 2.3
Architecture protocolaire d'un réseau à sept niveaux

La structure en couches de l'architecture protocolaire des réseaux simplifie considérablement leur compréhension globale et facilite leur mise en œuvre. Il est possible de remplacer une couche par une autre de même niveau sans avoir à toucher aux autres couches. On peut, par exemple, remplacer la couche 3 par une couche 3' sans modifier les couches 1, 2, 4, 5, 6 ou 7. On ne modifie de la sorte qu'une partie de l'architecture, la couche 3, sans toucher au reste. Les interfaces entre les couches doivent être respectées pour réaliser ces substitutions : l'interface de la couche 3' avec les couches 2 et 4 doit garantir que les couches 2 et 4 n'ont pas à être modifiées.

L'architecture illustrée à la figure 2.3 sert de référence à toutes les architectures réseau, d'où son nom de modèle de référence. Une autre architecture protocolaire, l'architecture TCP/IP (Transmission Control Protocol/Internet Protocol), a été définie un peu avant le modèle de référence par le ministère américain de la Défense. Son rôle premier était d'uniformiser l'interface extérieure des différents réseaux utilisés par le département d'État américain de façon à les interconnecter facilement. C'est cette architecture TCP/IP qui a été adoptée pour le réseau Internet, ce qui lui a offert une diffusion massive. Nous la détaillons aux chapitres 4 et 18.

Une autre architecture provenant de l'utilisation de la trame plutôt que du paquet a été proposée par l'UIT-T (Union internationale des télécommunications-standardisation du secteur télécommunications), pour les applications utilisant à la fois les données, la téléphonie et l'image. Provenant principalement du monde des télécommunications, cette architecture est bien adaptée au transport de flux continus, comme la parole téléphonique. C'est la trame ATM (Asynchronous Transfer Mode) qui représente le mieux cette architecture, mais la trame Ethernet devrait en être le successeur.

Commutation et routage

Sous le concept de transfert de paquets, deux grandes techniques se disputent la suprématie, comme nous l'avons vu au chapitre 1 : la commutation de paquets et le routage de paquets. Dans le routage, les paquets d'un même client peuvent prendre des routes différentes, tandis que, dans la commutation, tous les paquets d'un même client suivent un chemin déterminé à l'avance. De nombreuses variantes de ces techniques ont été proposées, comme nous le verrons dans la suite de l'ouvrage.

Certaines applications, comme la parole téléphonique, posent des problèmes spécifiques de transport lorsqu'elles sont acheminées sous forme de paquets. La difficulté réside dans la récupération du synchronisme, le flot de parole devant être reconstitué au récepteur avec des contraintes temporelles fortes. En supposant qu'une conversation téléphonique entre deux individus accepte un retard de 150 ms, il n'est possible de resynchroniser les octets à la sortie que si le temps total de paquétisation-dépaquétisation et de traversée du réseau est inférieur à 150 ms. Des fonctions intelligentes implémentées dans les terminaux informatiques permettent cette resynchronisation. Si un terminal ne dispose pas d'une telle intelligence, la reconstruction du flux synchrone est quasiment impossible après la traversée d'un réseau à transfert de paquets un tant soit peu complexe. Les réseaux de type Internet ont du mal à prendre en compte ces contraintes.

Les réseaux informatiques

Les réseaux informatiques sont nés du besoin de relier des terminaux distants à un site central puis des ordinateurs entre eux et enfin des machines terminales, telles que stations de travail ou serveurs. Dans un premier temps, ces communications étaient destinées au transport des données informatiques. Aujourd'hui, l'intégration de la parole téléphonique et de la vidéo est généralisée dans les réseaux informatiques, même si cela ne va pas sans difficulté.

On distingue généralement cinq catégories de réseaux informatiques, différenciées par la distance maximale séparant les points les plus éloignés du réseau :

- Les réseaux personnels, ou PAN (Personal Area Network), interconnectent sur quelques mètres des équipements personnels tels que terminaux GSM, portables, organiseurs, etc., d'un même utilisateur *(voir le chapitre 22)*.

- Les réseaux locaux, ou LAN (Local Area Network), correspondent par leur taille aux réseaux intra-entreprise. Ils servent au transport de toutes les informations numériques de l'entreprise. En règle générale, les bâtiments à câbler s'étendent sur plusieurs centaines de mètres. Les débits de ces réseaux vont aujourd'hui de quelques mégabits à plusieurs centaines de mégabits par seconde. Leur topologie dans le cas hertzien est présentée en détail au chapitre 23.
- Les réseaux métropolitains, ou MAN (Metropolitan Area Network), permettent l'interconnexion des entreprises ou éventuellement des particuliers sur un réseau spécialisé à haut débit qui est géré à l'échelle d'une métropole. Ils doivent être capables d'interconnecter les réseaux locaux des différentes entreprises pour leur donner la possibilité de dialoguer avec l'extérieur. Ces réseaux sont examinés essentiellement au chapitre 24 pour les environnements hertziens.
- Les réseaux régionaux, ou RAN (Regional Area Network), ont pour objectif de couvrir une large surface géographique. Dans le cas des réseaux sans fil, les RAN peuvent avoir une cinquantaine de kilomètres de rayon, ce qui permet, à partir d'une seule antenne, de connecter un très grand nombre d'utilisateurs. Cette solution devrait profiter du dividende numérique, c'est-à-dire des bandes de fréquences de la télévision analogique, qui seront libérées après le passage au tout-numérique, fin 2011 en France. Les réseaux RAN sont introduits plus en détail au chapitre 24.
- Les réseaux étendus, ou WAN (Wide Area Network), sont destinés à transporter des données numériques sur des distances à l'échelle d'un pays, voire d'un continent ou de plusieurs continents. Le réseau est soit terrestre, et il utilise en ce cas des infrastructures au niveau du sol, essentiellement de grands réseaux de fibre optique, soit hertzien, comme les réseaux satellite.

La figure 2.4 illustre sommairement ces grandes catégories de réseaux informatiques.

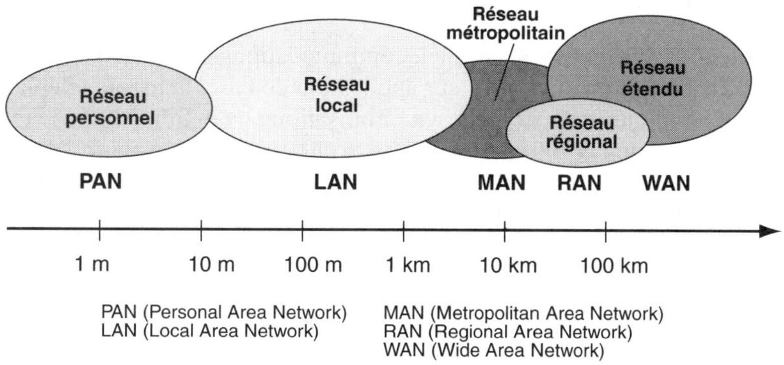

Figure 2.4

Les grandes catégories de réseaux informatiques

Les techniques utilisées par les réseaux informatiques proviennent toutes du transfert de paquets, comme le relais de trames, Ethernet, IP (Internet Protocol), etc. Elles sont étudiées tout au long de l'ouvrage.

Une caractéristique essentielle des réseaux informatiques, qui les différencie des autres catégories de réseaux que nous présentons dans la suite de ce chapitre, est la gestion et le contrôle du réseau, qui sont effectués par les équipements terminaux. Par exemple, pour qu'il n'y ait pas d'embouteillage de paquets dans le réseau, l'équipement terminal doit se réguler lui-même de façon à ne pas inonder le réseau de paquets. Pour se réguler, l'équipement terminal mesure le temps de réponse aller-retour. Si ce temps de réponse grandit trop, le terminal ralentit son débit. Cette fonctionnalité est rendue possible par l'intelligence qui se trouve dans les machines terminales commercialisées par l'industrie informatique.

Généralement beaucoup plus simple, l'intérieur du réseau est constitué de nœuds de transfert élémentaires et de lignes de communication. Le coût du réseau est surtout supporté par les équipements terminaux, qui possèdent toute la puissance nécessaire pour réaliser, contrôler et maintenir les communications.

Les réseaux informatiques forment un environnement asynchrone. Les données arrivent au récepteur à des instants qui ne sont pas définis à l'avance, et les paquets peuvent mettre un temps plus ou moins long à parvenir à leur destinataire en fonction de la saturation du réseau. Cette caractéristique explique la difficulté de faire passer de la parole téléphonique dans ce type de réseau, puisque cette application fortement synchrone nécessite de remettre au combiné téléphonique des octets à des instants précis. Nous détaillons dans la suite de l'ouvrage les moyens de retrouver cette synchronisation dans un réseau asynchrone.

Aujourd'hui, le principal réseau informatique est Internet. Le réseau Internet transporte des paquets dits IP (Internet Protocol), dont nous détaillons la structure au chapitre 8. Plutôt que de parler de réseau Internet, nous préférons parler de réseau IP, qui marque une plus grande généralité. Les réseaux IP sont des réseaux qui transportent des paquets IP d'une machine terminale à une autre. En un certain sens, Internet est un réseau IP particulier. D'autres réseaux, comme les réseaux intranet, transportent également des paquets IP, mais avec des caractéristiques différentes d'Internet.

Les réseaux de télécommunications

Les opérateurs et les industriels des télécommunications ont une vision des réseaux différente de celle des informaticiens. Leur application de base, la parole téléphonique, impose de sévères contraintes, telles que la synchronisation aux extrémités ou le temps de traversée du réseau, qui doit être limité. À l'inverse des réseaux informatiques, qui partent d'un environnement asynchrone et doivent l'adapter pour accepter des applications synchrones, les réseaux de télécommunications sont fondés par essence sur le passage d'applications fortement synchrones.

La parole est une application temps réel, qui exige que les signaux soient remis au récepteur à des instants précis dans le temps. On dit que cette application est isochrone pour bien préciser cette demande de forte synchronisation.

La solution qui a été utilisée quasiment depuis les débuts des télécommunications pour résoudre le problème de la synchronisation est la commutation de circuits. Cette technique consiste à mettre en place entre l'émetteur et le récepteur un circuit physique n'appartenant qu'aux deux utilisateurs en relation. La synchronisation correspond à la remise d'un octet à intervalle régulier. Un équipement appelé codec (codeur-décodeur) transforme la parole en octet à l'émetteur et fait la démarche inverse au récepteur. Le codec doit recevoir les échantillons d'un octet à des instants précis. La perte d'un échantillon de temps en temps n'est pas catastrophique, puisqu'il suffit de remplacer l'octet manquant par le précédent. En revanche, si ce processus de perte se répète fréquemment, la qualité de la parole se détériore.

Les réseaux de télécommunications orientés vers le transport de la parole téléphonique sont relativement simples et n'ont pas besoin d'une architecture complexe. Ils utilisent des commutateurs de circuits, ou autocommutateurs. Il y a une vingtaine d'années, lorsqu'on a commencé à imaginer des réseaux intégrant la téléphonie et l'informatique, la seule solution proposée se fondait sur des circuits, un circuit pour la parole téléphonique et un autre pour faire circuler les paquets de données.

Des recherches menées au début des années 1980 ont conduit les industriels et les opérateurs des télécommunications à adopter le transfert de paquets mais en l'adaptant au transport intégré de l'information (parole téléphonique plus données informatiques). Appelée ATM (Asynchronous Transfer Mode), ou mode de transfert asynchrone, cette technique est un transfert de paquets très particulier, dans lequel tous les paquets, appelés trames, ont une longueur à la fois fixe et très petite. Avec l'adoption, en 1988, du transfert de trames ATM, le monde des télécommunications a connu une véritable révolution.

La technique ATM n'a cependant pu résister à l'arrivée massive d'Internet et de son paquet IP. Toutes les machines terminales provenant du monde informatique ayant adopté l'interface IP, le problème du transfert des paquets est devenu celui des paquets IP. Le monde des télécommunications admet, depuis le début des années 2000, que les réseaux doivent posséder des interfaces IP. Ce qui fait encore débat, c'est la façon de transporter les paquets IP d'un terminal à un autre. Le monde des télécommunications propose, comme nous l'examinons en détail dans la suite de l'ouvrage *(voir les chapitres 4 et 16),* d'encapsuler le paquet IP dans une trame puis de transporter cette trame et de la décapsuler à l'arrivée pour retrouver le paquet IP.

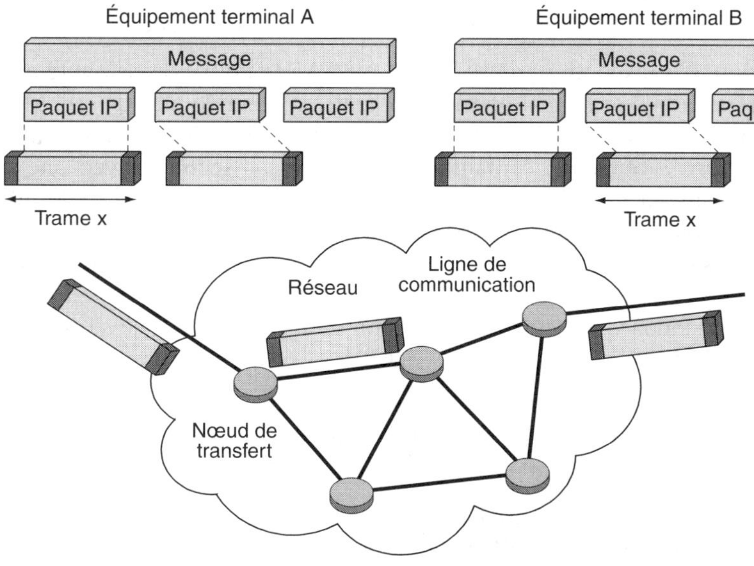

Figure 2.5

Encapsulation du paquet IP dans une trame

La figure 2.5 illustre le cas général où le paquet IP est encapsulé dans une trame, laquelle est transportée dans le réseau de transfert. Le cas de l'encapsulation dans un réseau ATM demande une étape supplémentaire, consistant à découper le paquet IP, puisque la trame ATM est beaucoup plus petite que le paquet IP.

En résumé, les réseaux de télécommunications sont passés d'une technologie circuit à une technologie paquet. Malgré le succès du transfert ATM, optimisé pour le multimédia, l'utilisation du paquet IP est devenue incontournable. La divergence avec le monde informatique provient de la façon de transporter le paquet IP pour assurer une qualité de service.

Les réseaux des câblo-opérateurs

Les opérateurs vidéo et les câblo-opérateurs ont pour mission de mettre en place des réseaux câblés et hertziens chargés de transmettre les images de télévision par la voie terrestre ou hertzienne. Cette infrastructure de communication fait transiter des canaux vidéo vers l'utilisateur final. L'amortissement du câblage ou des relais hertziens passe par la mise à disposition des utilisateurs de nombreux canaux de télévision.

Les opérateurs hertziens assurent depuis de longues années la diffusion de canaux de télévision. Leur réseau était essentiellement analogique jusqu'au début des années 2000. Sa numérisation est en cours, aussi bien par satellite que par le biais de relais numériques terrestres pour la TNT (télévision numérique terrestre).

Il existe une grande variété de qualités d'images vidéo, depuis les images saccadées et de faible définition jusqu'aux images animées de très bonne qualité. La classification des applications vidéo, effectuée suivant le niveau de qualité des images, est généralement la suivante :

- **Visioconférence.** D'une définition relativement faible, sa fonction est de montrer le visage du correspondant. Pour gagner en débit, on diminue le nombre d'image par seconde. La visioconférence se transporte aisément sur un canal numérique à 128 Kbit/s au moyen d'une compression simple à réaliser. On peut abaisser le débit jusqu'à 64 Kbit/s, voire moins, au prix d'une qualité dégradée.
- **Télévision.** Correspond à un canal de 4 ou 5 MHz de bande passante en analogique. La numérisation de ce canal permet d'obtenir un débit de plus de 200 Mbit/s. Grâce à la compression, on peut faire descendre ce débit à 2 Mbit/s, pratiquement sans perte de qualité, voire à quelques centaines de kilobits par seconde avec une compression poussée, mais au prix d'une qualité parfois dégradée. De plus, à de tels débits, les erreurs en ligne deviennent gênantes, car elles perturbent l'image au moment de la décompression. Un compromis est à trouver entre une forte compression et un taux d'erreur de 10^{-9}, qui ne détruit qu'une infime fraction de l'image et ne gêne pas sa vision. Le standard pour la transmission d'un canal de télévision numérique est aujourd'hui MPEG-2 *(voir le chapitre 37).*

  Les améliorations incessantes apportées aux codeurs-décodeurs devraient permettre dans quelques années de faire passer un canal de télévision sur une bande encore plus restreinte, tout en y ajoutant de nouvelles fonctionnalités.
- **Télévision haute définition.** Demande des transmissions à plus de 500 Mbit/s si aucune compression n'est effectuée. Après compression, on peut descendre à une valeur de l'ordre de 10 Mbit/s.
- **Vidéoconférence.** Proche du cinéma, la qualité vidéoconférence requiert des débits considérables. Compte tenu de ces débits, ce type de canal ne devrait se répandre qu'avec l'arrivée du câblage en fibre optique jusqu'au domicile.

Les câblo-opérateurs se préoccupent en premier lieu de diffuser des images animées. Les structures de câblage mises en place pour cela permettent de diffuser chez l'utilisateur de nombreux canaux de télévision, qui se comptent aujourd'hui par centaines.

Les applications vidéo vont de la télésurveillance à la vidéo à la demande, ou VoD (Video on Demand), en passant par la messagerie vidéo et le « home media center » domestique pour la diffusion vidéo généralisée à l'échelle d'une maison.

Les réseaux câblés utilisés par les diffuseurs sur la partie terminale du réseau de distribution sont appelés CATV (Community Antenna TeleVision). Le CATV est un câble coaxial de 75 Ω, dont la largeur de bande dépasse 1 GHz. On l'utilise aussi comme câble d'antenne de télévision. Il s'agit d'un support unidirectionnel, qui implique d'envoyer le signal vers un centre, lequel le rediffuse à toutes les stations connectées, contrairement à ce qui se passe, par exemple, dans le réseau Ethernet, où le signal est diffusé dans les deux sens du support physique.

Dans un réseau CATV, il faut diffuser soit à partir du centre vers la périphérie — la transmission ne se fait alors que dans un seul sens, et l'utilisateur final n'a pas de canal retour —, soit à partir de deux câbles en parallèle, dont l'un permet de remonter jusqu'à la tête de réseau. En cas de liaison bidirectionnelle, on peut se permettre de n'avoir qu'un seul câble coaxial mais au prix d'une bande passante divisée par deux. Une partie de la bande passante sert à aller vers la tête de réseau, qui possède un retransmetteur permettant une diffusion, l'autre partie desservant l'ensemble des utilisateurs. On parle en ce cas de bande montante et de bande descendante.

Depuis que le prix de revient de la fibre optique et des connecteurs associés est devenu concurrentiel, on l'utilise de plus en plus à la place du câble coaxial. La bande passante de la fibre optique est beaucoup plus importante.

Les réseaux câblés ont été exploités pendant longtemps en analogique et non en numérique. Les débits atteignent 4 Mbit/s par utilisateur en vitesse de pointe, ce qui permet aujourd'hui d'y faire transiter des applications multimédias. Cependant, comme nous le verrons au chapitre 11, la principale difficulté est de faire transiter plusieurs milliers de canaux montants du terminal vers le réseau sur un canal partagé à 34-155 Mbit/s. Mille clients émettant potentiellement à 1 Mbit/s représentent un débit total de 1 Gbit/s. Il faut donc une technique de partage du canal pour réduire le débit des utilisateurs.

Le câblage des câblo-opérateurs a l'avantage d'arriver dans presque tous les foyers et de constituer ainsi une porte d'entrée simple vers l'utilisateur final. Ce câblage, qui est une des clés de la diffusion généralisée de l'information, a été durant de nombreuses années l'objet de toutes les convoitises des opérateurs de télécommunications, qui cherchaient à s'ouvrir un accès haut débit vers les utilisateurs. Le succès des techniques *x*DSL, utilisant le câblage téléphonique, a toutefois limité l'impact des réseaux câblés.

La principale technique utilisée par les câblo-opérateurs pour transporter les canaux de télévision est un multiplexage en fréquence, c'est-à-dire une partition de la bande passante en sous-bandes. Chaque sous-bande transporte un canal de télévision. Cette solution est illustrée à la figure 2.6.

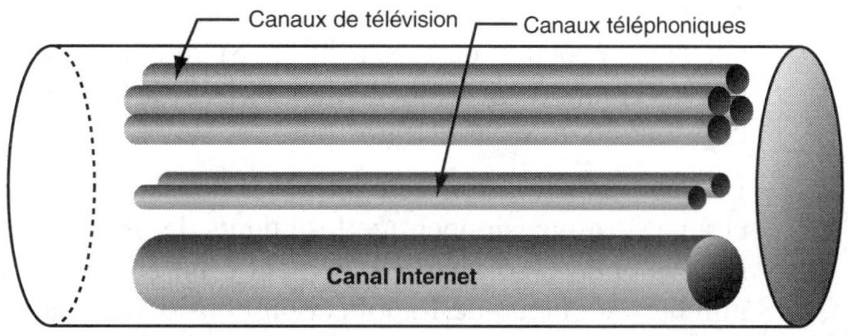

Figure 2.6
Multiplexage en fréquence dans le CATV

Le multiplexage en fréquence d'un grand nombre de sous-bandes présente l'inconvénient de requérir autant de types de récepteurs que de canaux à accéder. Il faut un décodeur pour la télévision, un modem câble pour Internet et un accès téléphonique pour la parole numérique. Les techniques de multiplexage temporel, dans lesquelles le temps est découpé en petites tranches affectées régulièrement aux utilisateurs, sont beaucoup plus puissantes, puisqu'un même émetteur-récepteur permet de recevoir tous les canaux.

En conclusion, la puissante technique employée par les câblo-opérateurs permet une intégration dans le CATV d'un grand nombre d'applications utilisant des sous-bandes différentes, adaptées à différents types de transmissions. Son principal inconvénient vient du multiplexage en fréquence, qui conduit les câblo-opérateurs à utiliser un grand nombre de bandes en parallèle. Ces bandes peuvent être considérées comme des canaux de communication indépendants les uns des autres, de telle sorte qu'il n'y a pas d'intégration des flux : un client peut utiliser en parallèle un canal de télévision, un canal d'accès Internet et un canal pour la téléphonie. Le canal de télévision est connecté à un câblo-opérateur, le canal d'accès Internet à un FAI et le canal de téléphonie à un opérateur téléphonique. L'intégration en cours des réseaux multimédias va donner naissance aux réseaux de domicile de nouvelle génération.

L'intégration des réseaux

Les sections précédentes ont introduit brièvement les trois grandes catégories de réseaux, informatique, de télécommunications et des câblo-opérateurs, qui se proposent de transporter les données informatiques, la parole téléphonique et la vidéo. Chacun de ces réseaux essaie aujourd'hui de prendre en charge les trois médias simultanément pour tendre vers un réseau intégré. Cette section détaille les caractéristiques d'un tel réseau multimédia, ainsi que les contraintes qu'il doit supporter.

Le monde des télécommunications a adopté diverses solutions pour doter ses réseaux de commutation de solutions permettant d'obtenir une qualité de service satisfaisante. La première solution a consisté à utiliser des chemins associés à une classe de service. Les paquets suivant ce chemin étaient traités en priorité dans le commutateur. Cette solution a ensuite évolué vers l'ingénierie de trafic. Au moment de l'ouverture du chemin, le paquet de signalisation note, dans chaque commutateur, les caractéristiques du trafic ayant été négociées entre le client et l'opérateur du réseau. Cette négociation donne naissance à un SLA (Service Level Agreement). Grâce à ces informations, les nœuds peuvent décider de laisser passer ou non un paquet de signalisation souhaitant ouvrir un chemin. Il est donc relativement simple de négocier une qualité de service correspondant aux différentes applications des réseaux multimédias.

Les réseaux de routage ont bien plus de difficulté à garantir cette qualité de service puisqu'il ne peut y avoir de réservation de ressources et qu'il n'est pas possible de déterminer à l'avance les routeurs par lesquels doivent passer les paquets d'un même flot. Une première solution à ce problème consiste à surdimensionner le réseau pour que les paquets s'écoulent de façon fluide. Si cette solution était acceptable entre 2000 et 2005 grâce à l'importante capacité de transport développée lors de la « bulle Internet », ce n'est plus tout à fait le cas aujourd'hui.

Une nouvelle solution a été proposée consistant à introduire une classification des clients et à ne surdimensionner que les clients de plus haute priorité. Cela suppose de discriminer ces clients, soit par le paiement d'un abonnement plus élevé, soit en restreignant le nombre de clients de l'application considérée. La téléphonie sur IP fonctionne grâce à cette solution. Seuls les paquets IP sortant de téléphones IP se voient affecter la priorité la plus haute. En calculant le nombre maximal de voies téléphonique pouvant s'écouler sur chaque liaison, on peut en déduire la capacité de la ligne pour qu'elle soit vue comme surdimensionnée.

Les réseaux sans fil

Les réseaux de première génération étaient des réseaux analogiques. Lorsqu'une communication était initialisée, le système affectait une fréquence à la communication, et cette fréquence ne pouvait être utilisée que par l'émetteur et le récepteur. Pendant les périodes de silence, toute la capacité du canal était donc perdue. Cette première génération a été remplacée par des technologies numériques de deuxième génération, dont le symbole est le GSM, correspondant à une technologie circuit numérique. Les octets de paroles sont numérisés dans le combiné GSM et sont envoyés sur un circuit.

Dans cette génération, il n'y a pas de paquets. Le passage au paquet s'est effectué très doucement avec l'apparition du GPRS, qui a introduit à côté des circuits GSM la possibilité d'utiliser des tranches de temps afin d'envoyer des paquets de façon asynchrone. La solution EDGE n'a fait qu'accroître les vitesses de transfert.

Pour entrer pleinement dans l'ère des paquets, il a fallu attendre la troisième génération, celle de l'UMTS et du cdma2000. Cependant, cette solution n'est pas de type IP native. Elle permet d'acheminer des paquets IP de parole sur des infrastructures non-IP. Les vrais réseaux IP dans le monde hertzien ont été introduits par les travaux de l'IEEE et de l'ETSI. En particulier, les réseaux de la gamme Wi-Fi ou WiMAX transportent des paquets IP encapsulés dans des trames Ethernet ou *Ethernet-like.*

Conclusion

Ce chapitre a introduit le passage des réseaux transportant les informations sous forme analogique aux réseaux transportant les informations sous forme numérique, c'est-à-dire de 0 et de 1. Les réseaux numériques se sont développés en proposant plusieurs options, le routage et la commutation, et en utilisant aussi bien des supports physiques terrestres que des transmissions radio.

Aujourd'hui, les réseaux analogiques ont quasiment disparu, sauf pour des applications très spécifiques, comme la téléphonie pour la communication entre un contrôleur aérien et un avion, pour des raisons de fiabilité et de disponibilité. Mais même dans ce cas, le passage au numérique s'effectuera dans quelques années. Les raisons en sont le coût des équipements et la réutilisation simple des composants numériques qui n'utilisent que les deux valeurs, 0 et 1.

3

Commutation, routage et techniques de transfert

Les éléments des réseaux qui prennent en charge les paquets sont appelés des nœuds, ou encore des nœuds de transfert, car ils transfèrent des paquets d'une ligne d'entrée vers une ligne de sortie. Ces nœuds de transfert peuvent être des routeurs ou des commutateurs. Routeurs et commutateurs font l'objet d'un débat continuel, car ils symbolisent deux manières opposées d'acheminer l'information à l'intérieur d'un réseau maillé. Les deux solutions présentent bien sûr des avantages et des inconvénients, notamment souplesse pour le routage et puissance pour la commutation.

La technique de transfert ATM utilise une commutation, tandis qu'Internet préfère le routage. Le transfert Ethernet se place à mi-chemin, avec un routage fixe qui ressemble à une commutation, d'où son nom de commutation Ethernet.

Dans ce chapitre, le mot paquet désigne l'entité à commuter ou à router. Il peut aussi bien s'agir d'une trame que d'un paquet.

Routeurs et commutateurs

Les commutateurs acheminent les paquets vers le récepteur en utilisant des références, également appelées identificateurs ou étiquettes (en anglais *labels*). Une référence est une suite de chiffres accompagnant un bloc (trame, paquet, etc.) pour lui permettre de choisir une porte de sortie au sein d'une table de commutation. Par exemple, si 147 est une référence, tous les paquets se présentant sur une porte d'entrée déterminée et portant la valeur 147 sont dirigés vers la même ligne de sortie. Les routeurs utilisent une table de routage pour diriger les paquets vers leur destination.

Ces deux possibilités sont assez différentes puisque, dans la commutation, le chemin que suivent les paquets de nœud en nœud est toujours le même, alors que, dans le routage, le paquet est routé à l'entrée de chaque nœud grâce à l'adresse complète du récepteur.

Une fois le chemin ouvert, les mesures montrent que, pour une puissance donnée, un commutateur atteint un débit dix à cinquante fois supérieur à celui d'un routeur.

Cette différence a toutefois tendance à se réduire avec l'apparition des routeurs gigabit, dits gigarouteurs.

La différence principale entre le routage et la commutation réside dans le type d'information de supervision transporté par le paquet. Dans un routeur, le paquet doit posséder l'adresse complète du destinataire. La décision de router prend donc du temps, puisqu'il faut non seulement trouver la bonne ligne de sortie à l'aide de la table de routage mais encore et surtout gérer cette table de routage. Dans un commutateur, la table de commutation indique la ligne de sortie en fonction de la référence transportée par le paquet. Le paquet ne comporte qu'une seule référence, qui indique une file de sortie du nœud, laquelle est toujours la même, indépendamment de l'état du réseau. En cas de cassure de ligne ou de panne d'un nœud, un nouveau routage intervient, qui détermine un nouveau chemin.

Pour mettre en place le chemin que suivront tous les paquets, une signalisation est nécessaire. Cette signalisation s'effectue grâce à un paquet spécifique, parfois appelé paquet d'appel. Dans un commutateur, c'est la table de routage qui dirige le paquet d'appel nécessaire à l'établissement du chemin. Le commutateur possède donc à la fois une table de routage et une table de commutation.

Pour obtenir de bonnes performances, il faut essayer de limiter le nombre d'entrées dans les tables de routage et de commutation. Une valeur inférieure à 10 000 entrées garantit une vitesse acceptable. Lorsque la commutation ne s'effectue que sur une partie de la référence, le commutateur s'appelle un brasseur. Dans le monde ATM, le temps de traversée d'un nœud doit rester négligeable par rapport au temps de transit du réseau, de façon que ce dernier soit à peu près égal au temps de propagation. Le temps de commutation doit donc être négligeable.

La commutation permet donc d'acheminer des informations au travers d'un réseau en les transportant de nœud en nœud suivant un chemin prédéfini, appelé circuit virtuel. Ce circuit virtuel n'est autre qu'une succession de références que tous les paquets d'un même flot doivent suivre, comme s'ils étaient sur un circuit. Ce circuit est dit virtuel parce qu'il n'appartient pas de façon exclusive au couple émetteur-récepteur, à la différence d'un circuit véritable.

Fonctionnalités des routeurs et des commutateurs

Les nœuds de transfert doivent être capables de supporter aussi bien les trafics homogènes que les trafics sporadiques. Le fait d'intégrer des services dont les objectifs et les critères de performance peuvent être très différents nécessite l'utilisation de priorités. C'est la raison pour laquelle les paquets sont dotés d'informations de priorité, qui sont traitées dans la file d'attente d'entrée des routeurs et commutateurs.

Les fonctions principales d'un nœud de transfert sont les suivantes :

- analyse et traduction de l'en-tête du paquet ;
- commutation ou routage ;
- multiplexage des paquets sur la sortie déterminée.

L'information utilisateur transportée dans les paquets est transférée de manière asynchrone, c'est-à-dire selon un mode de transmission des données dans lequel l'instant d'émission de chaque caractère ou bloc de caractères est arbitraire. Puisque les communications sont asynchrones et qu'un grand nombre de chemins peuvent partager une même liaison, le nœud de transfert doit être capable de gérer au mieux ses ressources. Ces dernières sont constituées par les mémoires tampons, les files de sortie et la file d'entrée du nœud.

La figure 3.1 illustre la façon de traiter les paquets dans la file d'entrée d'un nœud de transfert, qui peut être un routeur ou un commutateur. Les paquets proviennent de trois nœuds amont, A, B, C. Les paquets sont ensuite dirigés vers une première file d'attente, qui a pour fonction de décider du choix de la ligne de sortie. Une fois la décision prise, le paquet est dirigé vers une des trois files de sortie correspondant aux trois nœuds A, B, C. Normalement, un paquet entrant par l'une des entrées, A par exemple, ne ressort pas vers le même nœud A car cela générerait une boucle dans le routage.

Figure 3.1

Fonctionnement d'un nœud de transfert

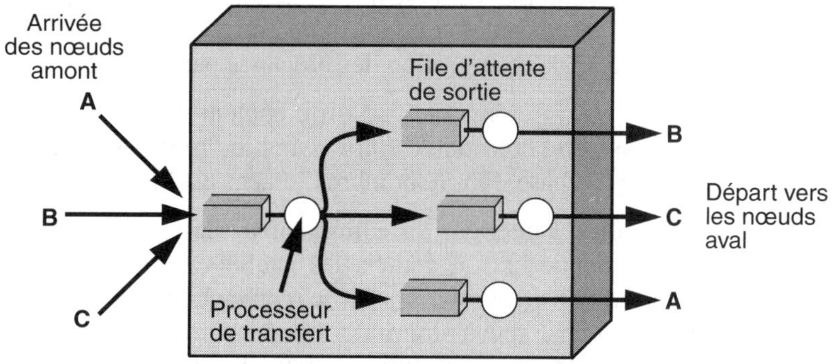

Le nœud de transfert examine l'en-tête de chaque paquet pour identifier le port de sortie indiqué. Grâce à sa table de commutation ou de routage, il effectue ensuite le transfert du paquet vers la bonne file de sortie. Le choix de la liaison de sortie est défini à partir soit d'une table de commutation, comme dans le cas de l'ATM, soit d'une table de routage, qui peut être statique ou dynamique, comme dans le cas du protocole IP. Des paquets de contrôle, de supervision et de gestion sont également pris en charge par l'unité centrale du nœud de transfert.

Dans un commutateur, la ligne de sortie est déterminée par la référence contenue dans l'en-tête du paquet. Des mécanismes de contrôle de collision permettent aux paquets provenant de différentes entrées d'accéder en parallèle à la première file d'attente du nœud, parfois appelée file de commutation. Le mot commutation a longtemps désigné le transfert d'un paquet d'une ligne d'entrée vers une ligne de sortie. Aujourd'hui, comme cette fonction de transfert recouvre deux modes, le routage et la commutation, il est préférable d'appeler cette fonction un transfert, de sorte à ne pas utiliser le mot commutation lorsqu'on a affaire à un routage.

Il existe une diversité de solutions pour réaliser un nœud de transfert. Dans tous les cas, une fonction de stockage doit se trouver à l'entrée ou à la sortie, ou encore le long de la chaîne de transfert. À l'intérieur du nœud, diverses techniques de routage peuvent être mises en œuvre, telles que circuit virtuel, autoroutage ou datagramme. L'efficacité de ces solutions est assez comparable en matière de contrôle d'accès, de capacité de diffusion, de perte de cellules et de complexité technique.

Diverses méthodes permettent d'aiguiller les paquets et de gérer les mémoires tampons. Des fonctions additionnelles, telles que la correction d'erreur ou le contrôle de flux, sont souvent implémentées dans les nœuds de transfert.

Les commutateurs

L'un des atouts majeurs des systèmes de commutation réside dans l'architecture des commutateurs. Plusieurs types d'architecture ont été proposés, dont les trois principaux sont dits à mémoire partagée (shared-memory), à support partagé (shared-medium) et à division spatiale (space-division). Étant donné les vitesses élevées des lignes de transmission et la petite taille des paquets, appelés cellules, les commutateurs doivent pouvoir commuter les paquets à des débits extrêmement élevés tout en étant capables de traiter plusieurs milliers de circuits virtuels et donc de gérer des tables de commutation à plusieurs milliers d'entrées. De tels commutateurs sont réalisés de façon matérielle plutôt que logicielle.

Les différents commutateurs se distinguent les uns des autres en fonction de critères de fonctionnement internes, tels que l'architecture, le type de liaison, la technique de commutation, le contrôle et la gestion des blocages par les mémoires tampons :

- Les architectures internes se différencient par le nombre d'étapes à traverser. Une étape peut être considérée comme un bloc monolithique, traversé en une seule tranche de temps de base. Plus le nombre d'étapes est faible, plus le temps de réponse est court.
- La liaison à l'intérieur du commutateur de paquets peut être soit dédiée, soit statistique. Sur une liaison dédiée, les paquets vont d'une porte d'entrée à une porte de sortie, en transitant toujours par le même chemin. Dans le cas d'une liaison statistique, tout paquet est apte à emprunter une liaison quelconque à l'intérieur du commutateur. Le routage est alors déterminé par un algorithme de contrôle.
- Les techniques de commutation interne peuvent être classées en deux grandes catégories : la répartition dans l'espace et la répartition dans le temps. Dans une répartition dans l'espace, plusieurs liaisons parallèles peuvent être mises en place pour véhiculer les paquets. Dans une répartition dans le temps, les paquets se partagent les ressources dans le temps. Il peut aussi y avoir superposition des deux techniques de commutation, plusieurs liaisons mettant chacune en œuvre un multiplexage temporel.
- Le contrôle du commutateur s'effectue à l'aide d'algorithmes de gestion des ressources. Ces algorithmes concernent, entre autres, le routage des paquets et les contrôles de flux et de congestion.
- À l'intérieur du commutateur, il peut être nécessaire de mémoriser des paquets en cas de blocage. Un blocage apparaît lorsque deux paquets entrent en compétition pour obtenir une même ressource. Dans ce cas, il faut mettre un paquet en attente. Les mémoires peuvent se situer à l'entrée, à la sortie ou en différents points à l'intérieur du commutateur. Il existe des commutateurs avec blocage et d'autres sans.

En plus de ces fonctionnalités, certains commutateurs, dits haut débit, peuvent supporter à la fois des services bande étroite et large bande. Ils doivent satisfaire pour cela aux contraintes suivantes : haut débit, faible délai de commutation, faible taux de perte de cellules, possibilité de communication en multipoint, modularité et extensibilité et enfin faible coût d'implémentation. Ils doivent en outre être pourvus de fonctions de distribution et de priorité.

Les routeurs

Pendant de longues années, les routeurs ont été considérés comme des machines lentes et complexes à gérer. La fonction de routage exige en effet la connaissance de l'emplacement de tous les destinataires pouvant passer par le même nœud de façon à pouvoir leur router les paquets, cet emplacement étant déterminé par l'adresse complète du destinataire transportée dans le paquet. De plus, la table de routage étant une ressource partagée, elle doit pouvoir répondre à toutes les demandes émises par les paquets en mémoire.

Une première solution aux problèmes de vitesse et d'accès à la table de routage a consisté à réduire sa taille à moins de 10 000 entrées, c'est-à-dire 10 000 destinataires. Chaque ligne indique, en fonction d'une adresse de destination, la ligne de sortie sur laquelle il faut émettre le paquet. Pour restreindre le nombre de destinations, on agrège souvent les adresses, comme nous le verrons au chapitre 18.

Pour accroître encore les performances des routeurs, on a implémenté dans les composants électroniques installés dans le cœur des routeurs des techniques développées pour les commutateurs et aujourd'hui totalement maîtrisées. Cette solution a été rendue possible par la chute des prix des composants des commutateurs, conséquence de leur miniaturisation.

La figure 3.2 illustre le transfert d'un paquet arrivant sur une ligne d'entrée i et acheminé vers une ligne de sortie j. La figure ne décrit qu'un seul nœud de commutation, possédant *n* lignes d'entrée et donc également *n* lignes de sortie. Une fois la ligne de sortie j choisie grâce à la table de routage située dans le routeur, le paquet est transporté *via* le cœur de commutation vers la mémoire de sortie j, dans laquelle sont enregistrés les paquets en attente d'être émis sur la ligne physique. Ces paquets forment une file d'attente pour être émis dans un ordre déterminé par leur priorité, si des priorités existent, sinon suivant la règle « premier arrivé premier sorti ».

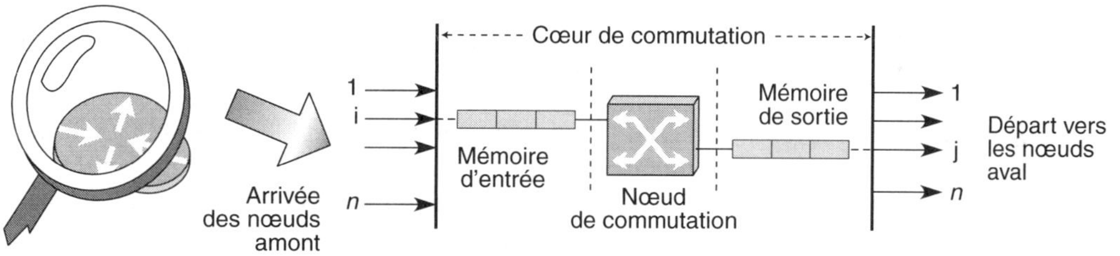

Figure 3.2

Transfert de paquets dans un routeur

La table de routage est gérée par un processeur se trouvant dans le routeur. Les accès à la table de routage sont distribués entre toutes les files d'entrée. Cette architecture est toutefois celle d'un routeur relativement puissant.

Les routeurs-commutateurs

Certaines applications sont mieux prises en compte par un routage et d'autres par une commutation. Par exemple, la navigation dans une base de données Web distribuée au niveau mondial est préférable dans un environnement routé. À l'inverse, la commutation est mieux adaptée au transfert de gros fichiers. Ces constatations ont incité beaucoup d'industriels à optimiser l'acheminement des paquets en proposant des solutions mixtes, appelées routeurs-commutateurs, superposant dans une même boîte un commutateur et un routeur.

Grâce à leur architecture double, les routeurs-commutateurs peuvent répondre aux demandes de commutation ou de routage des clients du réseau. Dans le premier cas, un paquet de signalisation met en place un circuit virtuel, que tous les paquets du flot doivent suivre. Dans le second, chaque paquet est livré à lui-même et, grâce au routage, arrive au destinataire.

Le choix de l'utilisateur n'est pas toujours simple, puisqu'il ne connaît pas forcément la longueur de son flot. Même s'il le sait, il lui faut pouvoir l'indiquer au réseau de façon que celui-ci prenne la bonne décision, entre routage et commutation. En règle générale, le choix se fait à partir du type de l'application transportée. Par exemple, la consultation de pages Web donne automatiquement naissance à un flot routé, tandis que les paquets d'un transfert de fichiers sont automatiquement commutés.

De très nombreux produits de type routeur-commutateur ont été commercialisés sur le marché des télécommunications. Les premiers d'entre eux étaient les IP-switch (Ipsilon), les Tag-Switch (Cisco Systems), les commutateurs ARIS (IBM), les Fast-IP switch (3Com), etc. Tous ces produits étant incompatibles entre eux, plusieurs organismes de normalisation ont travaillé sur un standard de référence. C'est celui de l'IETF (Internet Engineering Task Force), l'organisme de normalisation du monde Internet, qui, sous le nom de MPLS (MultiProtocol Label-Switching), est devenu la norme de référence. Ce protocole est présenté en détail au chapitre 17.

Les techniques de transfert

Il existe cinq grandes techniques de transfert : la commutation de circuits, le transfert de messages, le transfert de paquets, la commutation de trames et la commutation de cellules. Le transfert est compatible à la fois avec la commutation et le routage tandis que la commutation ne fonctionne qu'en mode commuté.

Historiquement, les réseaux à commutation de circuits ont été les premiers à voir le jour. Le réseau téléphonique en est un exemple. Les commutations de messages et de paquets sont venues ensuite pour optimiser l'utilisation des lignes de communication dans les environnements informatiques. Enfin, deux nouveaux types de commutation, la commutation de trames et la commutation de cellules, ont été mis au point pour augmenter les débits sur les lignes et prendre en charge les applications multimédias. Nous les présentons en détail au chapitre 15.

On peut considérer ces formes de commutation comme des évolutions du transfert de paquets. Le réseau de transmission comporte des nœuds de transfert, qui peuvent être soit des commutateurs de paquets, ou nœuds de commutation, soit des routeurs, capables de faire progresser la communication vers les destinataires.

La commutation de circuits

Dans la commutation de circuits, un circuit matérialisé est construit entre l'émetteur et le récepteur. Ce circuit n'appartient qu'aux deux équipements terminaux qui communiquent entre eux. La figure 3.3 illustre un circuit traversant trois autocommutateurs, qui sont les équipements capables de mettre bout à bout des segments de circuits pour former un seul circuit de bout en bout. Un excellent exemple de commutation de circuits est le réseau téléphonique. Pour transporter des données sur un circuit, il faut se servir d'un modem *(voir le chapitre 6)*.

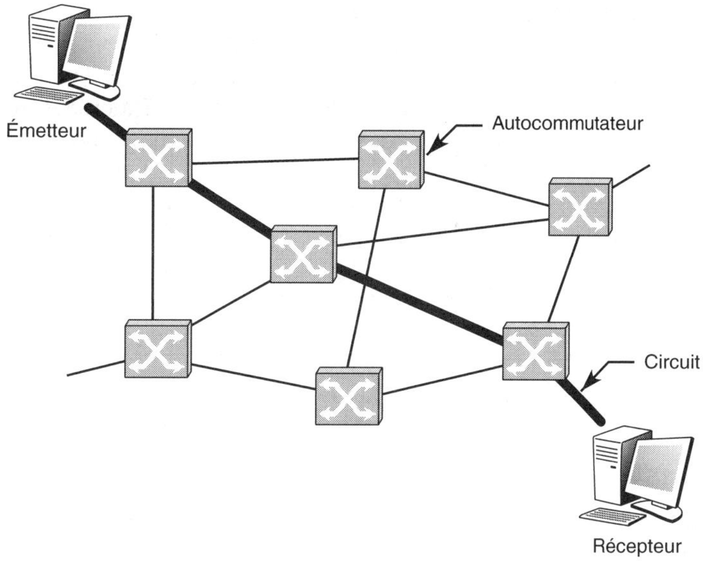

Figure 3.3
Réseau à commutation de circuits

Le circuit doit d'abord être établi pour que des informations puissent transiter. Le circuit dure jusqu'au moment où l'un des deux abonnés interrompt la communication. Si les deux correspondants n'ont plus de données à se transmettre pendant un certain temps, le circuit reste inutilisé, et les différentes liaisons entre autocommutateurs réalisant le circuit sont inemployées. Pour augmenter le taux d'utilisation des liaisons, on a cherché à concentrer sur une même liaison plusieurs communications.

Lorsque de nombreuses communications utilisent une même liaison, une file d'attente se forme, et il est nécessaire de prévoir des zones de mémoire pour retenir les données en attendant que la liaison redevienne disponible. Le fait d'augmenter l'utilisation des liaisons accroît la complexité du système de contrôle, qui devient beaucoup plus lourd, même si son débit est meilleur.

Le transfert de messages

Un message est une suite d'informations formant un tout logique pour l'expéditeur et le destinataire, comme un fichier complet, une ligne saisie sur un terminal, un secteur de disque, etc.

Un réseau à transfert de messages se présente sous la forme illustrée à la figure 3.4.

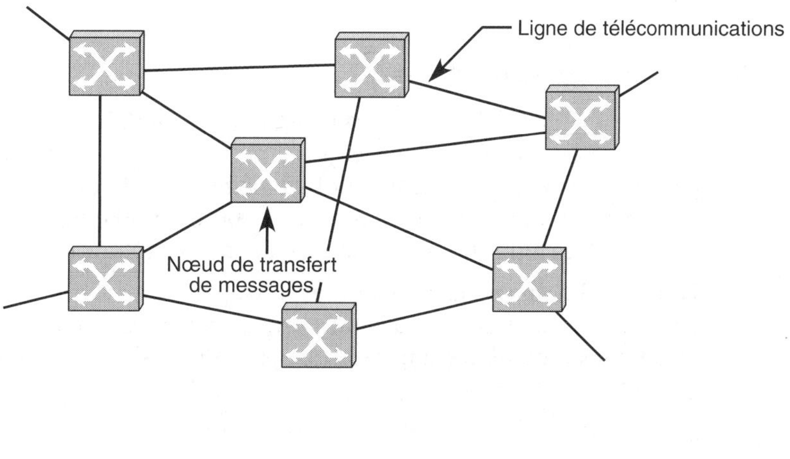

Figure 3.4
Réseau à transfert de messages

C'est un réseau maillé de nœuds. Le message est envoyé de nœud en nœud jusqu'au destinataire. Ce message ne peut toutefois être envoyé au nœud suivant qu'une fois qu'il a été reçu complètement et correctement par le nœud précédent. Le temps de réponse, même dans le cas le plus favorable, est généralement très long puisqu'il correspond à la somme des temps de transmission de chaque nœud, comme l'illustre la figure 3.5.

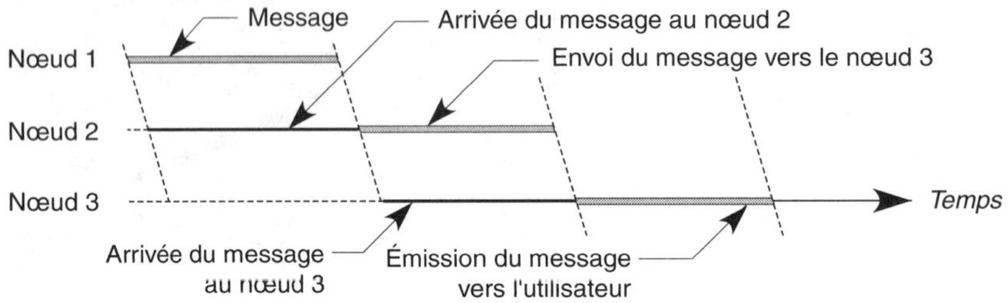

Figure 3.5

Temps de réponse dans le transfert de messages

Pour mémoriser les messages en attendant qu'ils soient correctement stockés dans le nœud suivant, il est nécessaire d'insérer des tampons aux nœuds intermédiaires. Il faut également un système de gestion des transmissions qui accuse réception des messages correctement reçus et demande la retransmission des messages erronés. De plus, comme la capacité des mémoires intermédiaires est limitée, il faut introduire un contrôle sur le flux des messages pour éviter tout débordement. Des politiques de routage des messages peuvent être introduites pour aider à sécuriser les transmissions et faire en sorte que, si une liaison tombe en panne, un autre chemin puisse être trouvé.

Si les messages sont trop longs, ils peuvent être stockés sur disque aux nœuds intermédiaires. Dans ce cas, le temps de réponse de la transmission augmente considérablement. Il est donc très difficile de transmettre correctement de très longs messages. Par exemple, pour un taux d'erreur de 10^{-5} par bit, c'est-à-dire si en moyenne un bit sur 10^5 est erroné, un message de 100 000 octets n'a qu'une probabilité de 0,000 3 d'arriver correctement.

Les deux types de transferts de messages déployés sont la commutation de messages et le routage de messages. Dans le premier cas, les commutateurs de messages utilisent la référence qui se trouve dans l'en-tête du message pour effectuer la commutation. Dans le second cas, les routeurs de messages utilisent l'adresse complète du destinataire qui se trouve dans l'en-tête du message.

Dans la réalité, ces techniques de transfert de messages ne sont plus utilisées et sont remplacées par des techniques de transfert de paquets.

Le transfert de paquets

Pour accélérer la vitesse de transmission et simplifier les reprises sur erreur, on a vu apparaître, au début des années 1970, le concept de réseau à transfert de paquets. Le paquet est une suite d'informations binaires dont la taille ne peut dépasser une valeur déterminée à l'avance, de l'ordre de 1 000 à 2 000 bits. Le découpage en paquets des messages des utilisateurs facilite grandement les retransmissions.

La figure 3.6 illustre le comportement dans le temps d'un réseau à transfert de messages comparé à celui d'un réseau à transfert de paquets. On constate que le temps de traversée, ou de transit, du réseau à transfert de paquets est de loin le plus court. Les paquets étant beaucoup plus petits que les messages, ils peuvent être retransmis vers le nœud suivant plus rapidement.

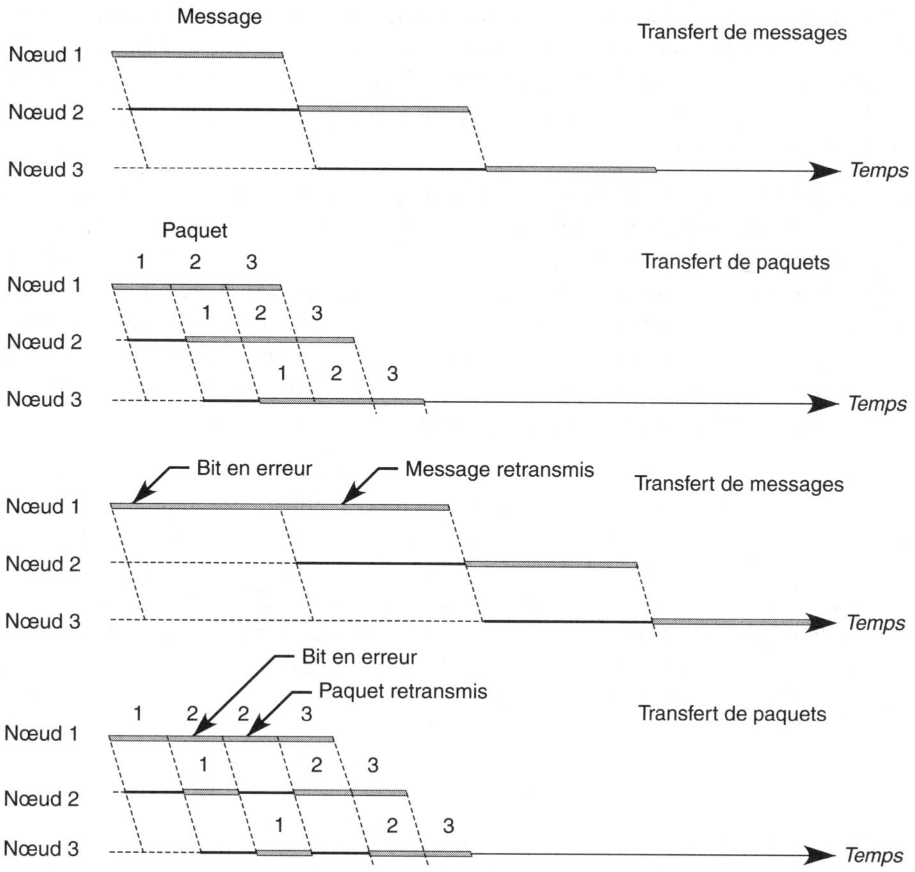

Figure 3.6

Temps de réponse comparés du transfert de paquets et du transfert de messages

Dans le transfert de paquets, les paquets constituant le message de l'utilisateur sont envoyés indépendamment les uns des autres. Les liaisons entre les nœuds les émettent au fur et à mesure de leur arrivée dans le nœud. Les paquets de plusieurs messages peuvent de la sorte être multiplexés temporellement sur une même liaison, comme illustré à la figure 3.7.

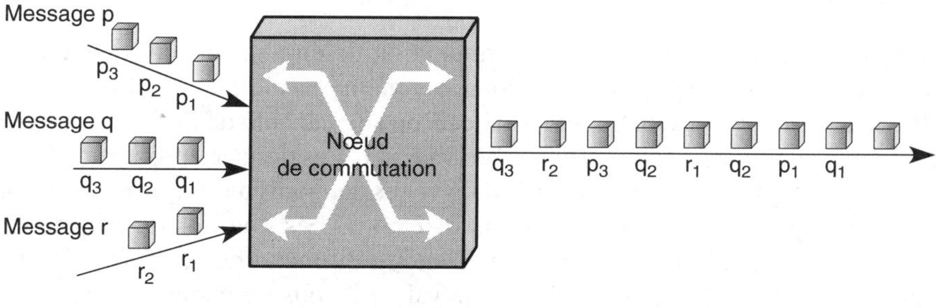

Figure 3.7

Multiplexage temporel des paquets sur une même liaison

Le rôle des nœuds est d'aiguiller les paquets vers la bonne porte de sortie, déterminée par une table de routage ou une table de commutation. À la figure 3.7, nous supposons que les messages p, q et r sont dirigés vers la même ligne de sortie. Cette représentation serait différente si nous avions une table de routage dynamique, permettant de modifier le routage entre l'émission de deux paquets d'un même message. Dans ce cas, il faudrait représenter au moins deux lignes de sortie. Dans un routage, les liaisons entre nœuds ne sont pas affectées explicitement à une paire source-destination, à la différence de la commutation de circuits.

Le fait que les blocs d'information soient de petite taille permet une gestion plus simple des paquets que dans le transfert de messages, surtout au niveau des reprises sur erreur. En revanche, des problèmes peuvent survenir lors du réassemblage des paquets pour reformer le message original. Si des paquets prennent des routes distinctes et que l'un d'eux se perde, par exemple, il faut le plus souvent effectuer une reprise de la transmission de l'ensemble du message. Si l'on gagne en temps de réponse et en performance, on complexifie en contrepartie l'architecture en ajoutant au niveau massage une couche de protocoles supplémentaire, le niveau paquet.

Deux techniques de transfert de paquets ont déjà été explicitées : la commutation de paquets et le routage de paquets. Internet est un exemple de réseau à transfert de paquets, et plus précisément à routage de paquets, dans lequel les paquets sont de taille variable et indépendants les uns des autres. Ils peuvent ainsi suivre des routes distinctes et arriver dans le désordre. D'autres réseaux, comme ATM ou X.25, utilisent la commutation et demandent que les paquets suivent toujours un même chemin. De ce fait, les paquets arrivent dans l'ordre, mais au prix d'une certaine complexité provenant de la mise en place du chemin et des références associées.

Les solutions mixtes circuit-paquet

La commutation de circuits et le transfert de paquets correspondent à des techniques de transfert très différentes, conçues pour des applications spécifiques. Il est toutefois possible dans la plupart des cas d'émettre des paquets sur un circuit et de les véhiculer vers leur destination.

Au début des années 1980, on fondait beaucoup d'espoirs sur la mise en place de circuits suffisamment importants pour faire aussi bien de la commutation de circuits que du transfert de paquets. On s'est vite rendu compte que cette solution présentait des inconvénients majeurs, résultant de la mauvaise utilisation du circuit lorsqu'on émet des paquets et de la difficulté à réaliser une liaison multipoint, dans laquelle un émetteur doit envoyer de l'information à plusieurs points simultanément.

Il est envisageable de réaliser une commutation de circuits sur un transfert de paquets, par exemple pour intégrer voix et données, même si c'est une solution généralement difficile à mettre en œuvre. Supposons que l'on soit capable de limiter le temps de traversée du réseau à transfert de paquets à une valeur T. Les données provenant du circuit sont mises dans un paquet, lequel est émis dans le réseau pourvu de sa date t d'émission. À la sortie, le paquet est conservé jusqu'à la date $t + T$. Les données du paquet sont ensuite remises sur le circuit ainsi reconstitué. Toute la difficulté de cette technique consiste à assurer un temps de traversée limité par la valeur T, tous les paquets devant mettre moins d'un temps T pour traverser le réseau. Cette limitation est ordinairement impossible sur un réseau classique à transfert de paquets, qui ne garantit aucun temps de traversée.

Les concepteurs des nouvelles générations de réseaux essaient de trouver des solutions à ce problème afin de garantir que tous les paquets traversent le réseau en un temps de transit inférieur à T. La commutation de cellules ATM *(voir plus loin dans ce chapitre)* et le transfert de paquets IP dans la nouvelle génération IPv6, introduisant de la qualité de service *(voir le chapitre 33)*, sont considérés comme des solutions apportant cette garantie de transport des applications qui transitent aujourd'hui sur des circuits, comme la parole téléphonique. Cette nouvelle génération est de surcroît bien adaptée au transport de tous les types d'information par l'intégration des différents médias dans une même structure de paquets.

La commutation multicircuit et la commutation rapide de circuits

Pour réaliser une intégration de services, c'est-à-dire transporter plusieurs applications simultanément, sur une technique circuit, il est possible d'effectuer une commutation multicircuit consistant à mettre à la disposition de l'utilisateur non pas un circuit mais plusieurs simultanément.

Les circuits standards ont des débits de 64 Kbit/s, 2 Mbit/s, etc. Les canaux multicircuit construits jusqu'à présent consistent en la superposition de circuits selon une technique de multiplexage temporel. Les premières techniques de multiplexage temporel ont été standardisées en 1963 sous le nom de « hiérarchie plésiochrone » . Cette dernière correspond à une émission synchrone mais avec des instants de démarrage asynchrones. Nous examinons en détail cette solution au chapitre 14.

L'inconvénient majeur d'un transfert de paquets effectué sur un circuit provient de la mauvaise utilisation du circuit. En effet, les données informatiques sont disponibles par à-coup et par paquet de taille fortement variable dans le temps. Au contraire, un circuit est disponible en permanence et permet le transport de paquets réguliers et de longueur constante. Si l'on veut optimiser l'utilisation d'un circuit dans un contexte informatique, il faut être capable de libérer le circuit pendant les périodes de temps où il ne transporte pas de paquet. C'est le rôle de la commutation rapide de circuits.

Dans ce contexte, le circuit est mis en place pour une durée limitée. Pour cela, on utilise des étiquettes permettant de reformer instantanément le circuit lors de l'arrivée de nouvelles données. De ce fait, on trouve des schémas d'utilisation du circuit tels que celui illustré à la figure 3.8.

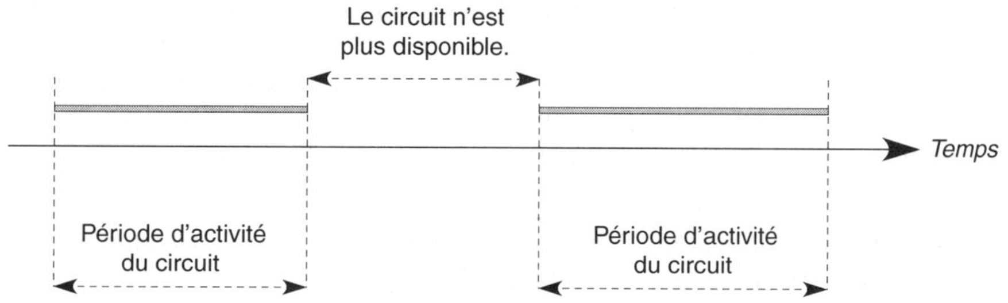

Figure 3.8

Commutation rapide de circuits

De même que pour les techniques de commutation multicircuit, il est difficile de gérer des circuits dans le temps. La commutation est temporelle au lieu d'être spatiale.

Chaque fois qu'on libère de la bande passante, il faut, pour en optimiser l'utilisation, réallouer les bandes disponibles. Cette opération est au moins aussi complexe que celle qui consiste à réaliser une commutation de circuits au-dessus d'une commutation de paquets. C'est la raison pour laquelle cette technique n'a eu que peu de succès jusqu'à présent.

Le transfert de trames

Le transfert de trames est une extension du transfert de paquets. Un paquet ne peut être transmis sur une ligne physique car il ne comporte aucune indication signalant l'arrivée des premiers éléments binaires qu'il contient. La solution pour transporter un paquet d'un nœud vers un autre consiste à placer les éléments binaires dans une trame, dont le début est reconnu grâce à une zone spécifique, appelée drapeau (flag) ou préambule, que nous détaillons au chapitre 7.

Un transfert de trames est donc similaire à un transfert de paquets, à cette différence près que les nœuds de transfert sont plus simples. En effet, dans un transfert de paquets, on encapsule le paquet dans une trame, puis on envoie la trame vers le nœud suivant. À réception de la trame, ce nœud la décapsule pour récupérer le paquet et transfère le paquet à sont tour en l'encapsulant dans une trame, etc. Dans un transfert de trames, il n'y a ni encapsulation ni décapsulation, et il suffit d'envoyer la trame. Lorsque la trame arrive au nœud suivant, la zone portant l'adresse ou la référence est examinée, ce qui permet d'émettre la trame vers le nœud suivant. Comme les transferts de messages ou de paquets, les transferts de trames peuvent être de deux types : commutation ou routage. Dans le premier cas, l'en-tête de la trame contient une référence, et dans le second l'adresse complète du récepteur.

Les transferts de trames sont en très grande majorité des commutations, car ils utilisent des références. Les trois principaux transferts sont l'ATM, le relais de trames et la commutation Ethernet. La commutation de trames ATM est si particulière qu'on lui a donné le nom de commutation de cellules. Cette forme de commutation est présentée en détail à la section suivante.

Le relais de trames est la première technique de commutation de trames à avoir été définie. Son objectif était de simplifier au maximum la commutation de paquets du protocole X.25 élaborée à la fin des années 1970 en plaçant la référence directement dans la trame. Pour augmenter les performances de cette commutation, les reprises sur erreur entre nœuds de commutation ont été supprimées, et les procédures de contrôle de flux et de routage simplifiées. Dans les réseaux Ethernet commutés, on commute la trame Ethernet dans des commutateurs. Comme nous le verrons au chapitre 16, dévolu à Ethernet, deux types de références peuvent être utilisés : l'adresse du destinataire, qui est interprétée comme une référence unique pour aller vers ce destinataire, et une nouvelle génération de référence, dite shim-label, en tout point conforme à la définition du mode commuté.

Les techniques de commutation de trames sont regroupées dans ce qu'on appelle le « label-switching », c'est-à-dire la commutation de références. Ces techniques sont à la base du MPLS (MultiProtcol Label-Switching).

Nous avons surtout parlé de commutation dans cette section dédiée au transfert de trames. Il pourrait exister des techniques de routage de trames dans lesquelles la trame porterait l'adresse complète du destinataire. Cependant, il n'existe pas vraiment d'exemple d'une telle technologie. On pourrait songer à une trame de type IP, portant l'adresse IP, c'est-à-dire un paquet IP auquel aurait été ajouté un moyen de détecter le début et la fin, par exemple par le biais d'un drapeau, mais cela reste de la prospective.

La commutation de cellules

La commutation de cellules est une commutation de trames particulière, dans laquelle toutes les trames ont une longueur fixe de 53 octets. Quelle que soit la taille des données à transporter, la cellule occupe toujours 53 octets. Si les données forment un bloc de plus de 53 octets, un découpage est effectué, et la dernière cellule n'est pas complètement remplie. La cellule ATM en est un exemple. Elle est illustrée à la figure 3.9.

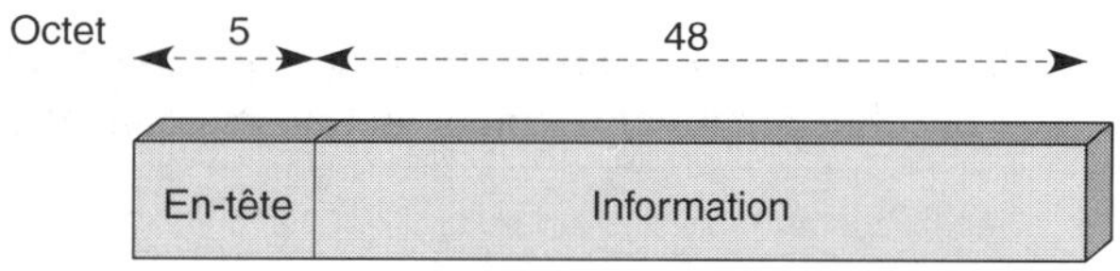

Figure 3.9
La cellule ATM

Cette cellule est formée de 53 octets, comprenant 5 octets d'en-tête et 48 octets de données.

La commutation de cellules a pour objectif de remplacer à la fois la commutation de circuits et la commutation de paquets en respectant les principes de ces deux techniques. Pour y parvenir, il suffit de supposer que les temps de transmission et de commutation sont très brefs en comparaison du temps de propagation. Supposons des lignes de communication qui atteignent 1 Gbit/s. Pour émettre les 53 octets de la cellule, il faut un peu moins de 500 ns. Si l'on suppose que la durée de franchissement d'un commutateur est inférieure à 10 µs, on peut considérer que ces valeurs sont négligeables en comparaison du délai de propagation, qui vaut approximativement 1 ms pour 250 km, ou encore 10 ms pour 2 500 km.

En conclusion, la commutation de cellules est une technique de transfert qui a pris un essor considérable à la fin des années 1980 grâce à sa simplicité, qui permet de monter facilement en débit.

Les techniques de transfert hybrides

Les différentes techniques de transfert que nous avons examinées dans ce chapitre peuvent se superposer pour former des techniques de transfert hybrides. En règle générale, les superpositions concernent les réseaux utilisant un transfert de paquets de type routage et un transfert de trames de type commutation. Le transfert de trames s'appuie essentiellement sur une commutation (ATM, relais de trames, Ethernet) et le transfert de paquets sur un routage (IP). Cette solution de superposition permet de définir des nœuds de type routeur-commutateur. Lorsqu'on se place au niveau paquet, un routage a lieu ; lorsqu'on se place au niveau trame, c'est une commutation qui est effectuée.

Le choix d'utiliser une commutation de trames ou un routage de paquets dépend généralement de la longueur du message émis. Lorsque le message est court, comme dans une navigation sur le World-Wide Web, il est intéressant de considérer que chaque paquet se débrouille par lui-même. Il faut aller rechercher l'adresse dans le paquet pour pouvoir le router. En revanche, lorsque le message est long, il est intéressant de mettre en place un chemin et des références dans les nœuds pour commuter les trames provenant du découpage du message.

Si l'exemple que nous venons de décrire est le plus fréquent — nous le retrouvons dans les protocoles de type MPLS —, toute autre possibilité peut être imaginée. On peut, par exemple, envisager un routage de trames et une commutation de paquets.

Ce cas de figure peut se trouver dans les réseaux qui ont une double adresse, une adresse complète pour le niveau trame et une référence pour le niveau paquet. Lorsqu'une trame arrive dans un nœud, ce dernier récupère l'adresse de niveau trame. Si l'adresse de ce niveau est connue, le routage peut s'effectuer. En revanche, si l'adresse de niveau trame n'est pas connue, il est possible de décapsuler la trame pour récupérer le paquet et examiner la référence de ce niveau, laquelle indiquera la direction à prendre. Il en est ainsi des réseaux locaux Ethernet, qui portent, outre l'adresse de niveau trame, des paquets X.25 munis d'une référence de niveau paquet.

Cette solution de transfert hybride est aujourd'hui très appréciée, et beaucoup d'utilisateurs l'ont choisie, principalement au travers de la technique MPLS.

Conclusion

Les réseaux de transfert de données offrent deux grandes classes de solutions : les transferts de type routage et les transferts de type commutation. On peut trouver des arguments en faveur d'une solution ou de l'autre, la meilleure solution dépendant essentiellement de l'objectif recherché.

Si le but visé est d'obtenir une qualité de service et un certain nombre de propriétés de contrôle de l'environnement, la commutation est plus séduisante. En revanche, si l'on recherche un moyen économique, le routage est moins complexe, et donc beaucoup moins cher.

Les solutions hybrides semblent former un compromis prometteur, malgré leur prix de revient assez élevé puisque deux technologies se superposent.

Partie II

L'architecture en couches

Du fait du grand nombre de fonctionnalités implémentées dans les réseaux, l'architecture de ces derniers est particulièrement complexe. Pour tenter de réduire cette complexité, les architectes réseau ont décomposé les processus à l'œuvre dans les réseaux en sept couches protocolaires plus un support physique. Un tel découpage permet au réseau de traiter en parallèle les fonctions attribuées aux différentes couches.

Cette deuxième partie de l'ouvrage détaille l'architecture en couches des réseaux en commençant par une présentation générale des architectures génériques leur servant de référence puis en approfondissant dans des chapitres dédiés les fonctions de chacune de ces couches.

4

L'architecture générique

Le transport des données d'une extrémité à une autre d'un réseau nécessite un support physique ou hertzien de communication. Pour que les données arrivent correctement au destinataire, avec la qualité de service, ou QoS (Quality of Service), exigée, il faut en outre une architecture logicielle chargée du contrôle des paquets dans le réseau.

Les trois grandes architectures suivantes se disputent actuellement le marché mondial des réseaux :

- l'architecture OSI (Open Systems Interconnection), ou interconnexion de systèmes ouverts, provenant de la normalisation de l'ISO (International Standardization Organization) ;
- l'architecture TCP/IP utilisée dans le réseau Internet ;
- l'architecture introduite par l'UIT (Union internationale des télécommunications) pour l'environnement ATM (Asynchronous Transfer Mode).

Le présent chapitre détaille ces architectures, en commençant par celle introduite par l'ISO il y a plus de vingt ans et qui constitue toujours le modèle de référence pour décrire les éléments nécessaires à la réalisation d'une architecture réseau. Nous examinons ensuite les architectures dites *crosslayer,* qui regroupent toutes les fonctionnalités dans une seule couche.

Le modèle de référence

Les concepts architecturaux utilisés pour décrire le modèle de référence à sept couches proposé par l'ISO sont décrits dans la norme ISO 7498-1. La figure 4.1 illustre cette architecture.

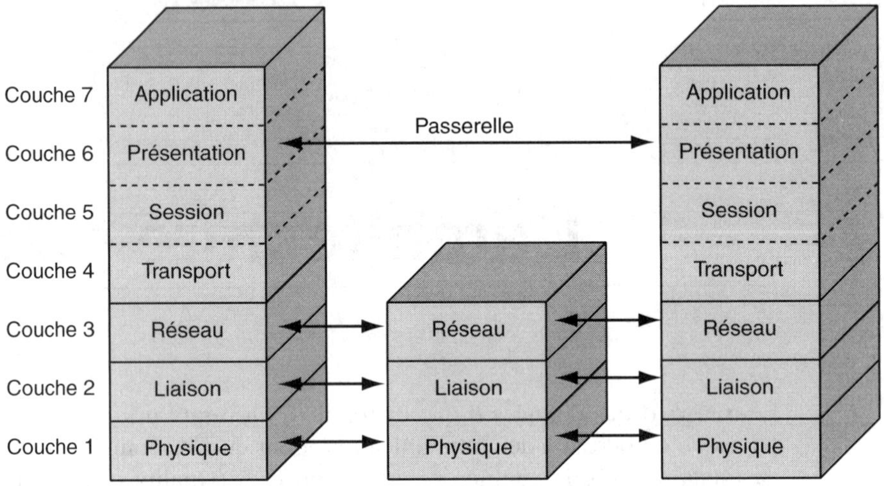

Figure 4.1
L'architecture OSI

Le concept d'architecture en couches consiste à attribuer trois objets à chaque couche. Pour une couche de niveau N, ces objets sont les suivants :

- **Service N.** Désigne le service qui doit être rendu par la couche N de l'architecture à la couche supérieure (N + 1). Ce service correspond à un ensemble d'actions devant être effectuées par cette couche, incluant événements et primitives, pour rendre ce service au niveau supérieur.
- **Protocole N.** Désigne l'ensemble des règles nécessaires à la réalisation du service N. Ces règles définissent les mécanismes permettant de transporter les informations d'un même service N d'une couche N à une autre couche N. En particulier, le protocole N propose les règles de contrôle de l'envoi des données.
- **Points d'accès au service N, ou N-SAP (Service Access Point).** Les points d'accès à un service N sont situés à la frontière entre les couches N + 1 et N. Les services N sont fournis par une entité N à une entité N + 1 par le biais de ces points d'accès. Les différents paramètres nécessaires à la réalisation du service N s'échangent sur cette frontière. Un N-SAP (Service Access Point) permet donc d'identifier une entité de la couche N + 1, et chaque N-SAP peut être mis en correspondance avec une adresse.

Chaque service, protocole ou N-SAP d'une couche N comporte les attributs suivants :

- sémantique d'association ;
- sémantique de fonctionnalité ;
- syntaxe de codage.

La sémantique d'association désigne la façon de dialoguer de deux entités communicantes. Elle peut être de deux types : avec ou sans connexion. Dans un dialogue avec connexion, trois phases se succèdent dans le temps :

1. Établissement de la connexion entre les deux entités communicantes.

2. Transfert des données.

3. Fermeture de la connexion.

Ces phases sont longuement décrites dans ce chapitre.

La figure 4.2 illustre les concepts de base du modèle de référence.

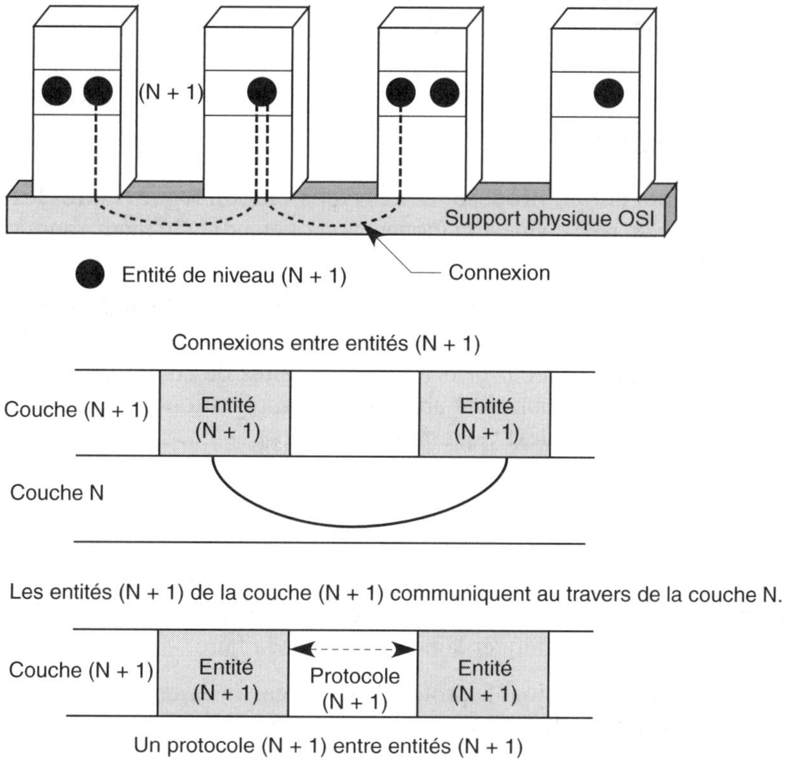

Figure 4.2

Concepts de base du modèle de référence

Les différentes phases de la communication sont caractérisées par l'échange de primitives de service et d'unités de donnée de protocole, ou PDU (Protocol Data Unit). Nous revenons plus en détail sur ces primitives et unités de donnée un peu plus loin dans ce chapitre.

Comme expliqué précédemment, le deuxième attribut des objets d'une couche est la sémantique de fonctionnalité. Ce concept désigne l'ensemble des procédures qui sont utilisées pendant la phase de transfert des données. Pour une association avec connexion, par exemple, ces procédures sont les suivantes :

- fragmentation-réassemblage
- concaténation-séparation
- données expresses
- remise en séquence
- réinitialisation

- contrôle de flux
- contrôle d'erreur

Le troisième attribut d'un service, protocole ou N-SAP d'une couche N est la syntaxe de codage. Il s'applique au codage des primitives de service et des PDU utilisées par la sémantique d'association. Ces syntaxes de codage permettent de décrire les entités rencontrées dans un réseau. La syntaxe la plus utilisée est ASN.1 (Abstract Syntax Notation 1), que nous introduisons dans ce chapitre en même temps que la couche 6 du modèle de référence.

La sémantique d'association

La sémantique d'association propose deux types de dialogue entre les entités communicantes : le mode avec connexion (connection oriented) et le mode sans connexion (connectionless oriented).

La norme de base du modèle de référence opte pour le mode avec connexion, tandis que l'additif n° 1 à la norme retient le mode sans connexion. Dans ce dernier mode, les entités homologues ont une connaissance *a priori* des possibilités de communication communes. Les discussions actuelles pourraient aboutir à une intégration des deux modes dans les futures architectures NGN (Next Generation Network).

Le mode avec connexion

La norme de base ISO 7498 définit explicitement la mise en place d'une connexion pour les communications entre des entités de même niveau. Elle indique qu'une entité de niveau N ne peut émettre de bloc d'information qu'après avoir demandé à l'homologue avec lequel elle souhaite communiquer la permission de le faire.

Pour mettre en place une connexion, le protocole de niveau N émet donc un bloc d'information contenant une demande de connexion de niveau N. Le récepteur a le choix d'accepter ou de refuser la connexion par l'émission d'un bloc de données indiquant sa décision. Dans certains cas, la demande de connexion peut être arrêtée par le gestionnaire du service, qui peut refuser de propager la demande de connexion jusqu'au récepteur, par exemple par manque de ressources internes. Une demande d'ouverture de circuit virtuel de niveau 3, qui n'est rien d'autre qu'une connexion réseau, peut ainsi être stoppée dans un nœud intermédiaire si la mémoire est insuffisante ou si la capacité d'émission est dépassée.

La mise en place du mode avec connexion, permettant la communication entre entités homologues, se déroule en trois phases distinctes :

1. Établissement de la connexion.
2. Transfert des données de l'utilisateur d'une entité à l'autre.
3. Libération de la connexion.

L'avantage du mode avec connexion est évident pour la sécurisation du transport de l'information. Puisque les émetteurs et les récepteurs se mettent d'accord, l'ensemble de l'activité du réseau est facilement contrôlable, tout au moins au niveau des nœuds extrémité. Au moment de l'ouverture d'une connexion, des paramètres peuvent de surcroît être passés entre l'émetteur et le récepteur pour équilibrer la transmission dans des limites admissibles par les deux extrémités. On parle en ce cas de négociation de la qualité de service, ou QoS (Quality of Service), laquelle s'effectue au moment de l'ouverture de la connexion. Pendant toute la durée de vie de la connexion, des paramètres peuvent être échangés entre les participants à la communication.

Le mode avec connexion présente cependant plusieurs difficultés, engendrées notamment par la lourdeur de la mise en place d'une connexion. Même pour n'envoyer que quelques octets, il faut mettre en place la connexion et discuter des valeurs des paramètres de service et, le cas échéant, de la qualité de service. S'il faut ouvrir une connexion à chaque niveau de l'architecture OSI, le temps d'émission de quelques octets est considérablement plus long que dans le mode sans connexion.

L'accès à des applications multipoint est par ailleurs délicat dans ce mode, puisqu'il faut ouvrir autant de connexions que de points à atteindre. Si, par exemple, on veut diffuser un fichier vers 1 000 utilisateurs distants, il est nécessaire d'ouvrir 1 000 connexions, c'est-à-dire d'émettre 1 000 demandes de connexion, et ce à tous les niveaux de l'architecture.

Le mode sans connexion

Dans le mode sans connexion, les blocs de données sont émis sans qu'il soit nécessaire de s'assurer au préalable que l'entité distante est présente. L'existence d'une connexion à l'un quelconque des niveaux de l'architecture est cependant nécessaire pour s'assurer que le service rendu n'est pas complètement inutile. Pour mettre en place une telle connexion, il faut utiliser les services des couches inférieures, ce qui implique nécessairement leur activité.

La principale difficulté d'une communication en mode sans connexion réside dans le contrôle de la communication, puisqu'il n'y a pas de négociation entre l'émetteur et le récepteur. Une station peut ainsi recevoir des données venant simultanément d'un grand nombre de stations émettrices, alors que, dans le mode avec connexion, la station réceptrice n'accepterait pas d'ouvrir autant de connexions. En raison de la difficulté à contrôler la communication, le gestionnaire du réseau doit souvent prendre plus de précautions dans une communication sans connexion que dans le mode avec connexion.

Le mode sans connexion est intéressant pour le transport de messages courts, tandis que celui avec connexion est plus adapté aux messages longs, à condition que les temps de mise en place et de libération des connexions soient négligeables par rapport à la durée de la communication. Comme expliqué précédemment, le mode avec connexion est privilégié dans la norme de base.

Si une connexion est réalisée à un niveau N, les niveaux supérieurs peuvent utiliser un mode sans connexion. Parmi les nombreuses applications qui peuvent utiliser le mode sans connexion, citons la messagerie électronique dans sa définition la plus large. La messagerie est le moyen d'émettre de l'information vers un utilisateur lointain dont on ne sait s'il est présent ou non. Lorsque le client n'est pas actif, il est remplacé par une boîte aux lettres. La connexion de session s'effectue avec la machine qui gère cette boîte aux lettres.

Quantité d'autres applications fonctionnent dans le mode sans connexion, notamment les suivantes :

- **Transfert de fichiers.** Il suffit de s'assurer que le représentant de l'utilisateur final est capable de mémoriser l'ensemble des données contenues dans le fichier.
- **Conférence répartie.** Différents clients mettent en commun des informations dans une boîte aux lettres spécialisée, accessible à l'ensemble des éléments du groupe. Cette application se satisfait très bien du mode messagerie.

- **Accès à une base de données distribuée.** Un utilisateur à la recherche d'informations d'un type non complètement spécifié émet sa demande en messagerie et obtient une réponse quelques heures plus tard.
- **Transactionnel.** Par essence, cette application fonctionne en mode avec connexion, mais elle peut aussi, dans le cas où le temps réel n'est pas nécessaire, se contenter d'un temps de réponse de quelques secondes au lieu d'une fraction de seconde. L'utilisation d'un mode sans connexion n'est alors pas contre-indiquée.

Dans une communication en mode sans connexion, les caractéristiques des unités de donnée doivent être connues à l'avance. À chaque émission, il faut spécifier toutes les informations de contrôle nécessaires pour que l'unité de donnée arrive à destination. En particulier, l'adresse complète de l'entité à joindre ainsi que celle de l'émetteur sont exigées dans le corps de l'unité de donnée. L'ensemble de ces informations peut représenter une longueur non négligeable par rapport à celle des informations à transmettre.

Pour que la communication puisse s'effectuer, il faut en outre une association préalable, provenant d'une connexion à un niveau supérieur de l'architecture, et une connaissance réciproque des deux entités homologues. Cette connaissance concerne les quatre éléments suivants :

- adresses des entités homologues ;
- nature du protocole accepté par les entités homologues ;
- disponibilité des entités homologues ;
- qualité de service offerte par le service N.

Comme dans le mode avec connexion, la communication entre deux entités d'une couche N peut s'effectuer par l'intermédiaire d'un relais de la couche N + 1, laquelle prend en charge les fonctionnalités nécessaires pour que le service N – 1 soit rendu entre les deux entités communicantes. La figure 4.3 illustre ce relais.

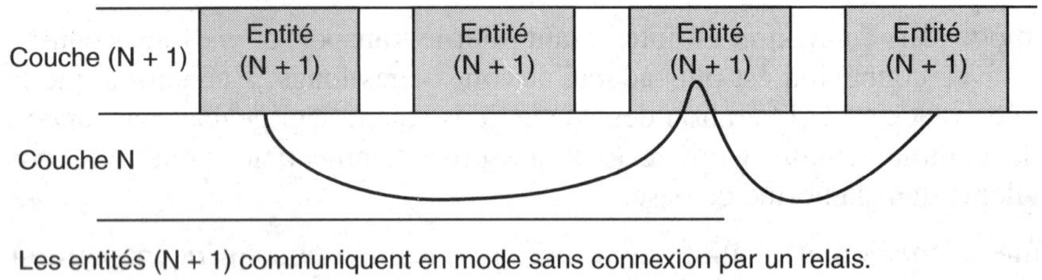

Les entités (N + 1) communiquent en mode sans connexion par un relais.

Figure 4.3

Relais en mode sans connexion

Choix d'un mode

Dans les couches de communication de l'architecture du modèle de référence autres que le niveau application, les deux modes sont possibles, le choix de l'un ou de l'autre dépendant des contraintes imposées par les protocoles considérés. En voici quelques exemples choisis aux différents niveaux de l'architecture :

- **Niveau 2.** La norme de base du niveau 2, HDLC (High-level Data Link Control) est en mode avec connexion. Au moment de l'ouverture, on définit les options de fonctionnement et la valeur des paramètres. Le protocole HDLC travaille en bipoint. Le cas particulier du sous-ensemble LAP-B du protocole HDLC, qui a été normalisé par le CCITT (Consultative Committee for International Telegraph and Telephone), est aussi en mode avec connexion. Les protocoles ATM et relais de trames sont de même en mode avec connexion. En revanche, pour les réseaux locaux dans lesquels la distance est faible entre les utilisateurs et où ces derniers sont tous connectés sur un même câble, le mode de base est sans connexion. On suppose en ce cas qu'il y a connexion à un niveau supérieur pour assurer l'activité des récepteurs. Le protocole LLC 1 (Logical Link Control 1), ISO 8802.2, qui est utilisé dans la plupart des réseaux commercialisés, est en mode sans connexion.

- **Niveau 3.** Le protocole IP (Internet Protocol) est sans connexion. On envoie les paquets IP sans demander son avis au récepteur. À l'inverse, le protocole X.25 du CCITT est en mode avec connexion. La raison de ce choix est compréhensible. Cette norme a surtout été mise en place pour les réseaux des opérateurs et des organismes publics de télécommunications. Dans un environnement national, il faut pouvoir assurer une qualité de service définie, et le mode avec connexion est beaucoup plus apte à satisfaire cette contrainte. En revanche, pour des environnements privés de réseaux locaux, le mode sans connexion est suffisant.
- **Niveau 4.** Le protocole TCP demande une connexion, tandis qu'UDP est sans connexion. La recommandation X.224, ou ISO 8073, utilise aussi un mode avec connexion. En règle générale, au niveau 4, il faut pouvoir assurer une qualité de service, laquelle doit être discutée au préalable entre l'émetteur et le récepteur. Autant donc se mettre en mode avec connexion. Si l'on sait que l'interlocuteur distant est toujours présent, on peut se satisfaire d'un mode sans connexion.

Au niveau de la session, le mode avec connexion est fortement recommandé dans la mesure où il faut s'assurer qu'une entité distante est bien présente pour récupérer l'information. Il existe bien une norme de session en mode sans connexion, mais les applications qui en bénéficient, comme la télévision diffusée, sont peu nombreuses.

Les deux modes sont comparés et discutés dans l'additif n° 1 à la norme ISO 7498.

La sémantique de fonctionnalité

La sémantique de fonctionnalité fait référence aux propriétés qui doivent être mises en œuvre pour réaliser une communication. Nous allons commencer par examiner les propriétés d'une connexion point-à-point avant de nous pencher sur les différentes fonctionnalités que l'on peut y associer.

Propriétés d'une connexion point-à-point

Un réseau en couches est défini par des utilisateurs d'un service N et par des fournisseurs du même service N, comme l'illustre la figure 4.4.

Figure 4.4
Modèle de service d'un réseau en couches

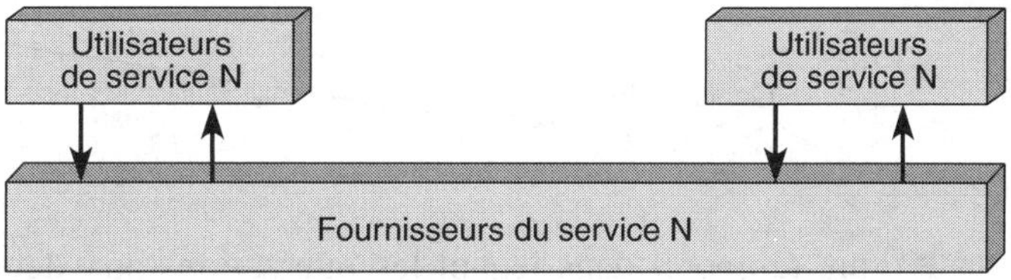

La figure 4.5 illustre les différentes relations entre l'entité N (le logiciel ou le matériel qui gère le protocole de niveau N) et les services N et N – 1. Les entités N communiquent par le biais d'un protocole N.

Figure 4.5
Interactions entre entités

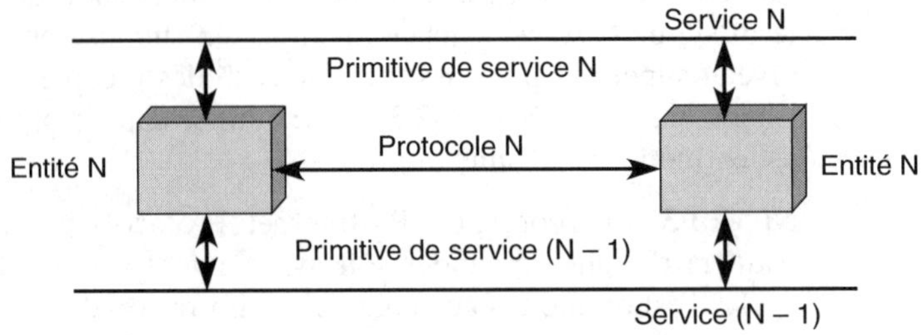

Quatre primitives de service sont définies pour permettre à un utilisateur de service de s'adresser à une entité ou à une entité de répondre à un utilisateur de service *(comme indiqué par les flèches verticales à la figure 4.5) :*

- Les primitives de demande, par lesquelles un utilisateur de service appelle une procédure.
- Les primitives d'indication, par lesquelles l'entité destinataire est avertie qu'une procédure a été mise en route par l'entité émettrice sur son point d'accès au service ou que le fournisseur de service indique qu'il appelle une procédure.
- Les primitives de réponse, par lesquelles l'utilisateur distant du service N accepte ou refuse le service demandé.
- Les primitives de confirmation, qui indiquent l'acceptation ou le refus du service demandé qui a été fait au point d'accès au service N.

Les services N peuvent être obligatoires. Dans ce cas, le logiciel ou le matériel réalisant ces services doit être présent. Ils peuvent aussi être optionnels. L'implémentation physique de ces services par le fournisseur de service N n'est alors pas obligatoire. Enfin, les services peuvent être confirmés ou non, c'est-à-dire demander une confirmation explicite ou non du fournisseur de service vers l'utilisateur du service.

On peut représenter les quatre primitives de service sous la forme illustrée à la figure 4.6.

Figure 4.6
Primitives de service

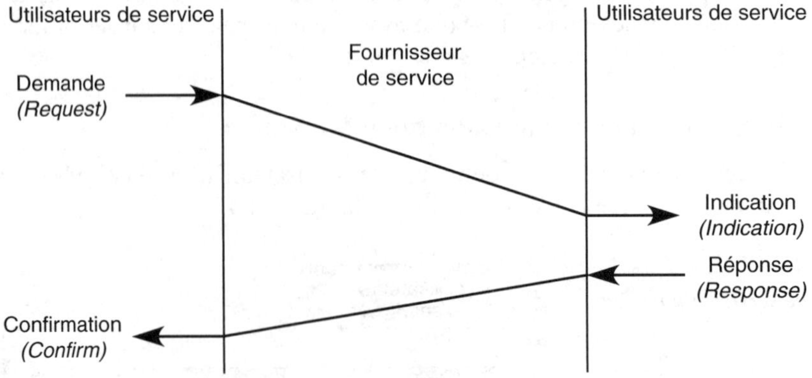

L'ordre temporel dans lequel les interactions aux deux points d'accès au service sont effectuées n'est pas obligatoirement la réponse avant la confirmation. Le fournisseur de service peut envoyer une confirmation de non-exécution avant la réponse définie, par exemple. On représente le chronogramme des ordres d'exécution temporels des primitives de l'une ou l'autre des façons illustrées à la figure 4.7. Lorsqu'il n'y a pas de relation temporelle, un tilde est dessiné entre les utilisateurs de service.

Figure 4.7
Chronogrammes de primitives de service

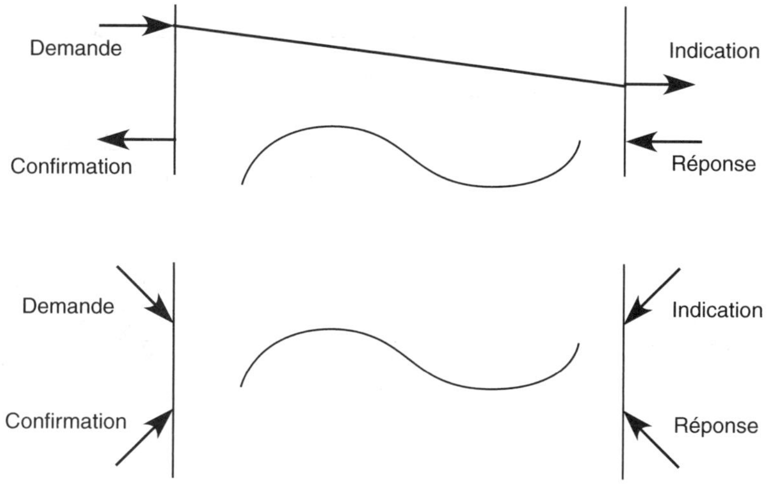

Pour échanger des informations entre deux entités du niveau N + 1, il faut établir entre elles une association dans la couche N en suivant un protocole N. Cette association définit une connexion N. Dans certains cas, la communication n'est pas directe et nécessite un relais, comme illustré à la figure 4.8.

Figure 4.8
Relais de niveau N+1

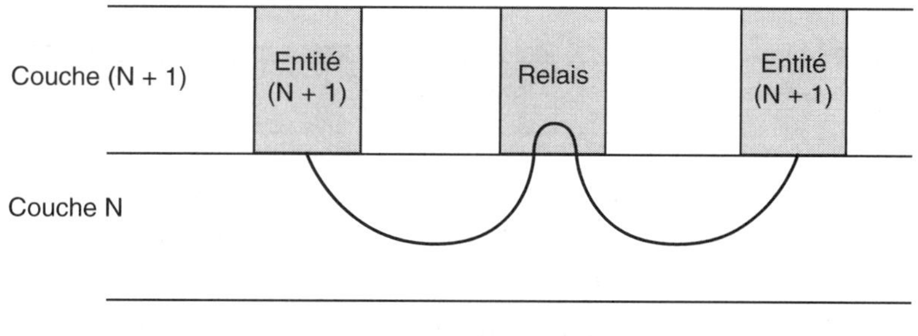

Pour déterminer où se trouvent les entités avec lesquelles on souhaite communiquer et comment y arriver, les fonctions suivantes ont été ajoutées à la norme :

- Appellation, pour identifier une entité de façon permanente.
- Adresse N, pour indiquer où se trouve un point d'accès à des services N.
- Répertoire N, pour traduire l'appellation d'une entité N en l'adresse N – 1 du point d'accès aux services N – 1 auxquels elle est reliée.

La figure 4.9 illustre ces fonctions ainsi que les correspondances possibles entre entités et points d'accès au service. L'identificateur d'extrémité de connexion N doit être unique dans le contexte d'un point d'accès à des services N. La mise en correspondance des adresses pour aller d'une entité d'application à une autre en passant par l'ensemble des couches peut se faire soit par un adressage hiérarchique, comme illustré à la figure 4.10, soit par une gestion de tables.

Figure 4.9
Correspondances entre entités et N-SAP

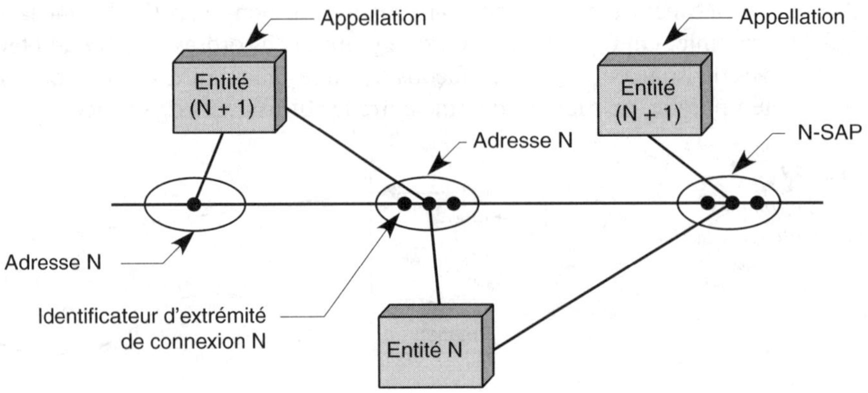

Figure 4.10
Adressage hiérarchique

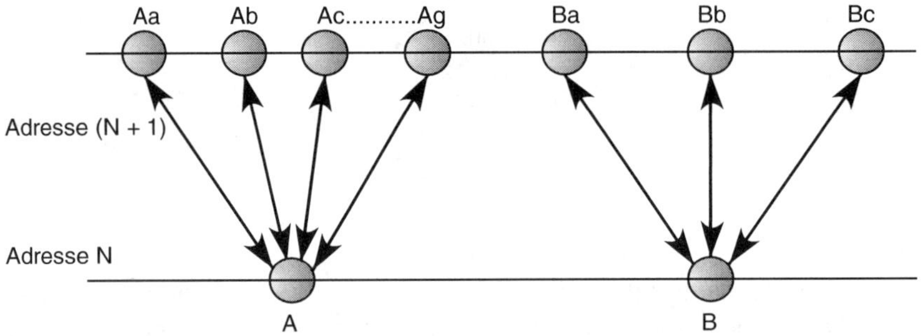

Dans le cas d'un adressage hiérarchique, l'adresse est composée de plusieurs parties, comme illustré à la figure 4.11.

Figure 4.11
Adresses hiérarchiques

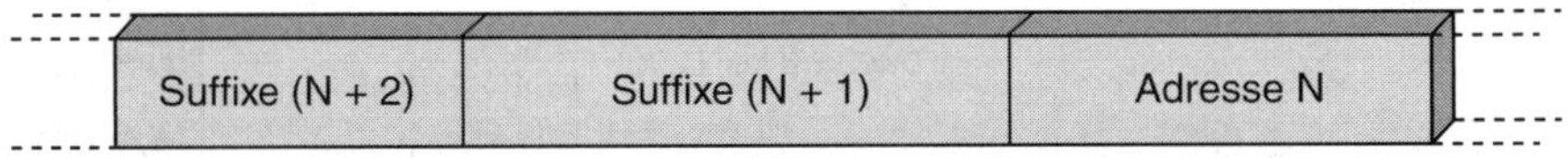

À partir d'une adresse de niveau supérieur à N, il est possible de retrouver l'adresse N en enlevant les suffixes N + 1, N + 2, etc., qui sont des éléments d'adresse unique dans le contexte d'un point d'accès à des services N + 1, N + 2, etc.

L'adressage hiérarchique simplifie considérablement le routage des unités de donnée dans un réseau. Il est simple à mettre en œuvre, quoique le nombre d'octet à transporter soit généralement important et implique une surcharge pour les lignes de communication.

Les adresses de niveau 3 et de niveau 7 sont particulièrement importantes. L'adresse portée par la couche 3, que l'on appelle également adresse de niveau paquet, est située dans l'en-tête du paquet. Elle permet d'acheminer les paquets d'une extrémité à une autre du réseau. L'adresse utilisée dans la couche 7, ou adresse de niveau application, est située dans la zone de contrôle associée au niveau application. Elle permet de retrouver le processus qui, à l'intérieur du niveau application, a procédé à l'émission ou qui doit recevoir les données. L'adresse de niveau 3 peut être remplacée par une adresse de niveau 2 dans les réseaux qui ont adopté un transfert de niveau trame. L'adresse importante reste de niveau 3 si un paquet est transporté dans la trame mais devient de niveau 2 si la couche paquet est supprimée.

Une seconde méthode de mise en correspondance des adresses consiste à utiliser des tables d'adressage pour traduire les adresses N en adresses N – 1. La structure des adresses aux différents niveaux peut en effet se présenter de manière très différente. Certaines peuvent revêtir une forme hiérarchique, d'autres une forme géographique et d'autres encore une forme plate. La taille de ces tables peut rendre leur gestion délicate. Plus le nombre d'entrées dans une table est important, plus la surcharge de travail des nœuds de routage augmente.

L'adressage géographique

L'adressage géographique est un cas particulier de l'adressage hiérarchique dans lequel les parties de l'adresse sont dictées par la situation géographique de l'interface utilisateur. Autrefois, le réseau téléphonique utilisait un adressage totalement géographique, de telle sorte que l'adresse permettait de situer l'emplacement de l'utilisateur.

Aujourd'hui, même si la plupart des adresses téléphoniques sont encore hiérarchiques, le fait de garder son adresse téléphonique en déménageant détruit le contexte géographique. Les adresses Internet sont hiérarchiques mais non géographiques. Le nombre de niveaux hiérarchiques est de deux pour la première génération d'Internet, dite IPv4, et de huit pour la deuxième, IPv6.

Les unités de donnée

Une unité de donnée d'un service N, ou N-SDU (Service Data Unit), est un ensemble de données provenant de l'interface avec la couche N et devant être transportées sur une connexion N. Les informations de contrôle du protocole N, dites N-PCI (Protocol Control Information), proviennent d'entités N. Elles sont ajoutées, le cas échéant, à des SDU sur une connexion N – 1.

Les principales unités de donnée sont illustrées à la figure 4.12.

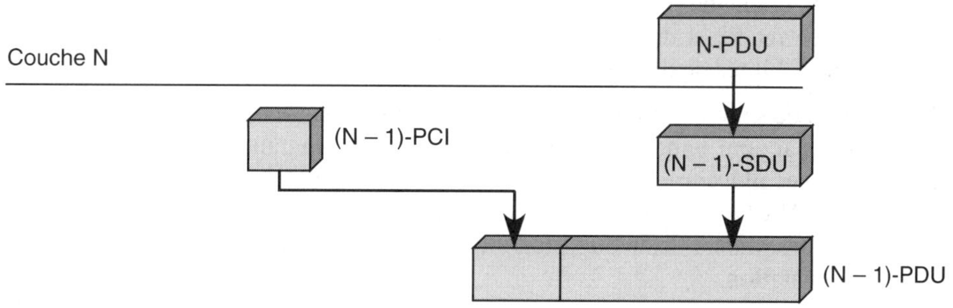

Figure 4.12

Unités de donnée

Les unités de donnée du protocole N, ou N-PDU (Protocol Data Unit), sont spécifiées par un protocole N. Elles consistent en informations de contrôle du niveau N et en informations provenant de une ou plusieurs unités de donnée de service. Pour coordonner le travail au même niveau, nous avons déjà rencontré les unités de donnée PCI. Pour contrôler la communication entre entités de niveau N + 1 et entités de niveau N, les informations nécessaires sont transportées dans des N-ICI (Interface Control Information). Ces informations de gestion peuvent être ajoutées aux données à transporter au travers de l'interface N, autrement dit aux N-PDU, pour donner naissance à des N-IDU (Interface Data Unit).

La figure 4.13 illustre la structure d'ensemble des entités de transport de données et de contrôle.

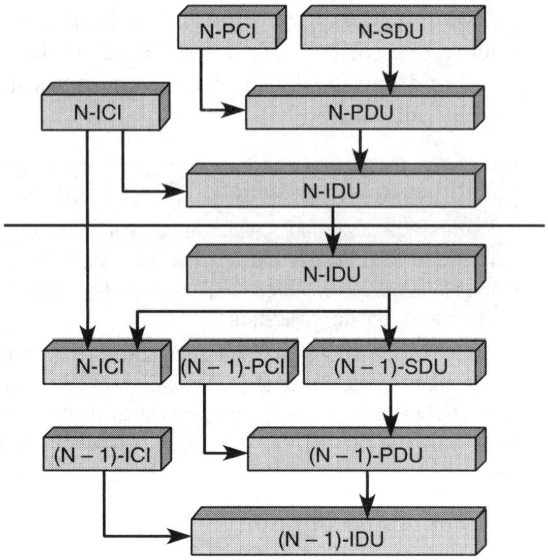

Figure 4.13
Structure d'ensemble des entités de transport de données et de contrôle

Les données utilisateur qui traversent l'interface de couche N peuvent être appelées données de l'interface N, ou N-IDU. Elles proviennent des données utilisateur N ou N-UD. Dans le cas le plus simple, lorsqu'il n'y a ni segmentation ni groupage, à une N-SDU correspond une seule N-PDU. En règle générale, les unités de donnée ont des longueurs déterminées par une valeur maximale et une valeur minimale, pouvant être 0 octet, et ce pour chaque protocole et chaque service. Le réseau doit découvrir la meilleure longueur possible des unités de donnée pour fonctionner de manière optimale, en coupant ou, au contraire, en recollant des morceaux. Nous examinons dans la suite de ce chapitre les diverses possibilités de découpage et de regroupage proposées par la normalisation.

La fonction de segmentation-réassemblage est illustrée à la figure 4.14. C'est la fonction accomplie par une entité N pour mettre en correspondance une unité de donnée du service N avec plusieurs unités de donnée du protocole N. Cette figure ne présente que le cas où une N-SDU est segmentée en deux parties. Dans la réalité, il peut y avoir un nombre de fragments beaucoup plus important. Le réassemblage est la fonction inverse de la segmentation.

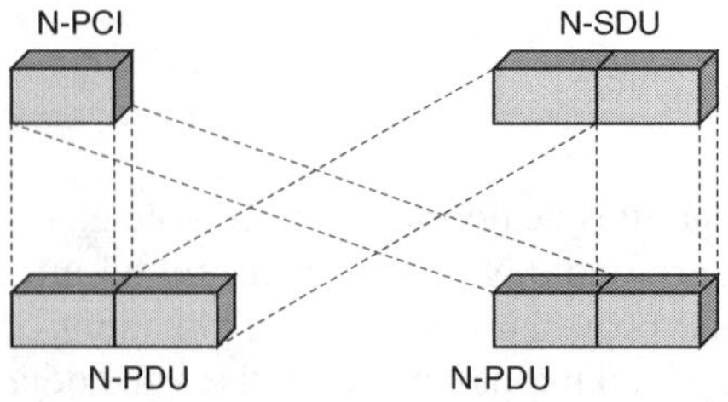

Figure 4.14
Segmentation-réassemblage

Le groupage-dégroupage est illustré à la figure 4.15. Le groupage est la fonction accomplie par une entité N pour mettre en correspondance plusieurs unités de donnée du service N avec une unité de donnée du protocole N. Le dégroupage est la fonction inverse du groupage.

Figure 4.15
Groupage-dégroupage

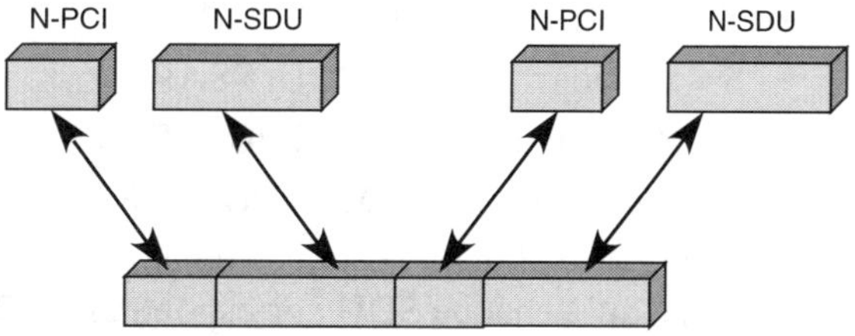

La concaténation-séparation est illustrée à la figure 4.16. La concaténation est la fonction accomplie par une entité N pour mettre en correspondance plusieurs unités de donnée du protocole N avec une unité de donnée du service N – 1. La séparation est l'opération inverse. Au travers de l'interface, il n'est possible, entre deux couches, que d'effectuer une concaténation dans un sens et une séparation dans l'autre sens. Il n'est pas possible de couper une N-PDU en plusieurs morceaux, lesquels deviendraient des (N – 1)-SDU.

Figure 4.16
Concaténation-séparation

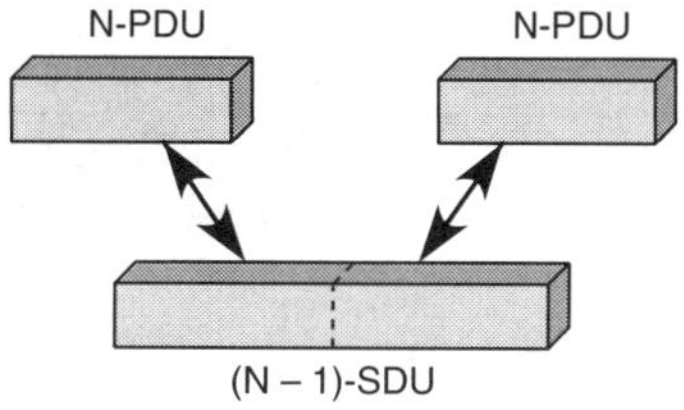

La figure 4.17 illustre la transmission de la figure 4.13, mais en ajoutant une segmentation et une concaténation.

Figure 4.17
Concaténation de niveau N suivie d'une segmentation de niveau N – 1

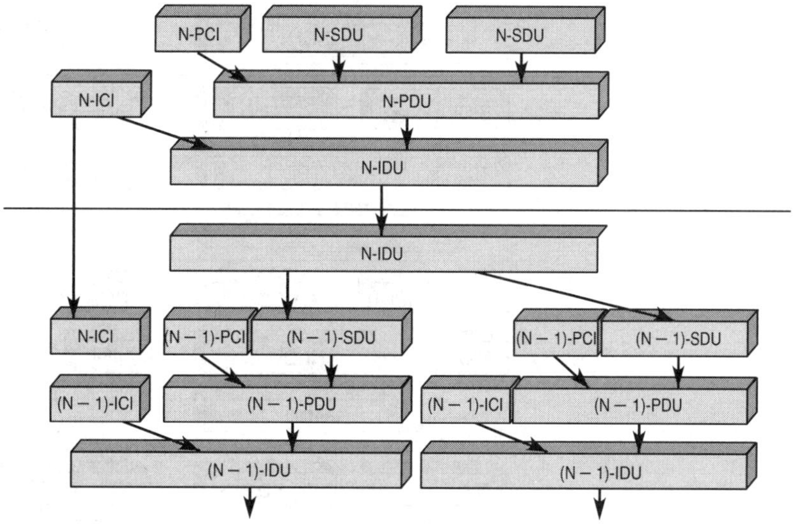

Nous avons employé jusqu'ici le numéro de la couche N pour indiquer la énième couche. Dans la réalité, on utilise une lettre pour désigner ce niveau. Pour chaque niveau du modèle de référence ces lettres sont les suivantes :

- P – Physique
- L – Liaison : LSDU, LPDU, LSAP
- N – Réseau : NSDU, NPDU, NSAP

- T – Transport : TSDU, TPDU, TSAP
- S – Session : SSDU, SPDU, SSAP
- P – Présentation : PSDU, PPDU, PSAP
- A – Application : ASDU, APDU, ASAP

La figure 4.18 illustre les unités de donnée de l'ensemble de l'architecture en partant du principe qu'à chaque SDU correspond une PDU et *vice versa.* Dans cette représentation simplifiée, il n'y a ni segmentation-réassemblage, ni groupage-dégroupage, ni concaténation-séparation.

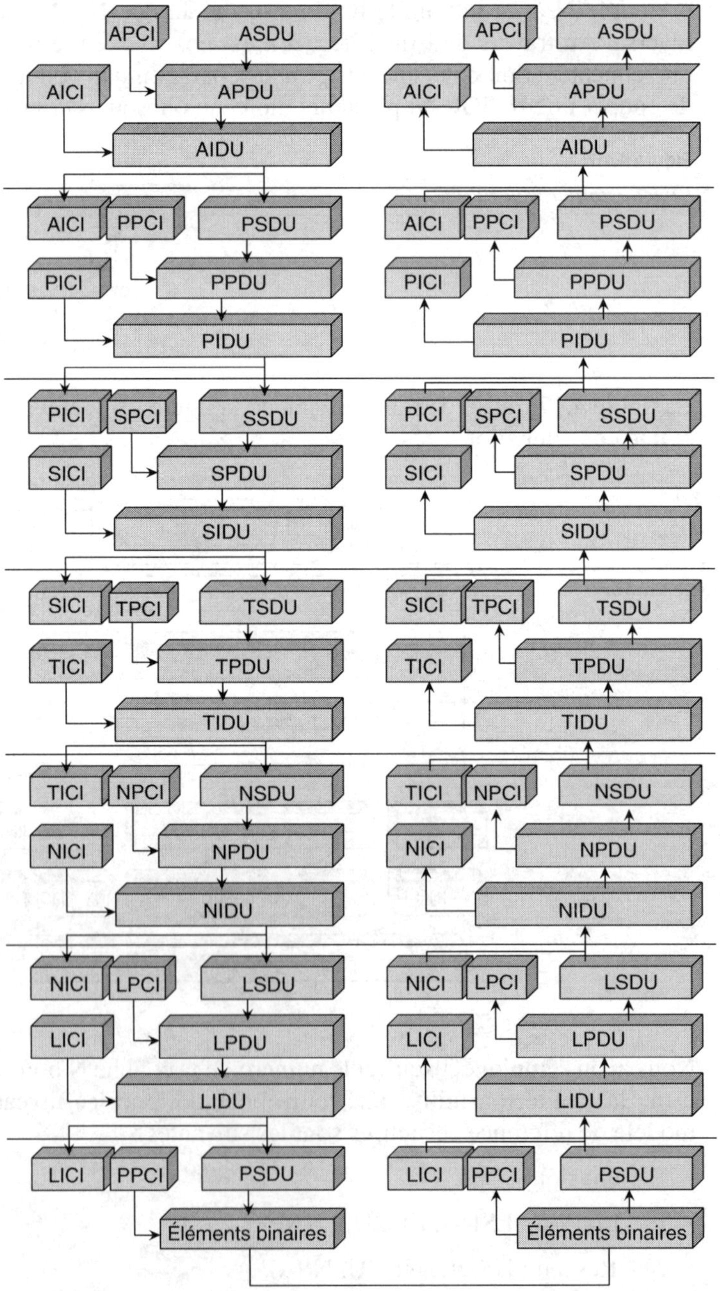

Figure 4.18
Unités de donnée de l'architecture OSI

Les connexions

Chaque niveau de l'architecture du modèle de référence possède des fonctionnalités qui lui permettent d'appliquer le traitement approprié aux entités qui la traversent. Les plus importantes de ces fonctionnalités sont les connexions, qui mettent en relation les entités distantes, le contrôle de flux et le contrôle d'erreur.

Une connexion N est une association établie pour permettre la communication entre au moins deux entités N + 1 identifiées par leur adresse N. Une connexion N est donc un service offert par la couche N pour permettre l'échange d'informations entre des entités N + 1. Une connexion multipoint lie au moins trois entités N + 1.

Une connexion N possède au moins deux extrémités de connexion N, qui associent deux entités, comme l'illustre la figure 4.19 (une extrémité de connexion est indiquée par un rond noir).

Figure 4.19
Extrémités de connexion

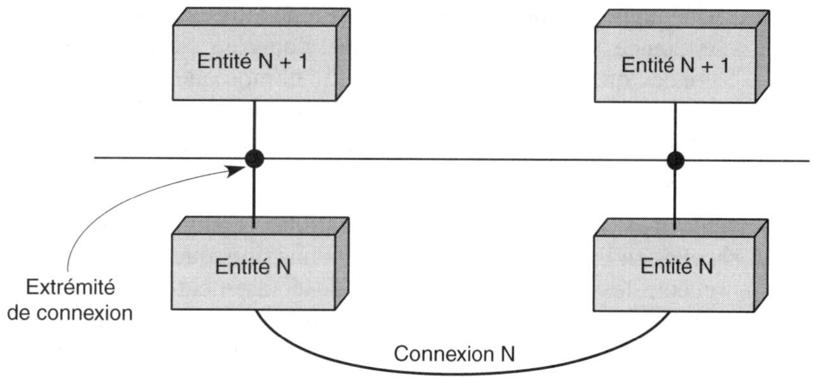

À une extrémité de connexion N correspond une adresse N. Pour qu'une connexion s'établisse, il faut que les deux entités qui veulent communiquer disposent des mêmes éléments de protocole et d'une connexion N – 1. Une fois les données utilisateur N transférées, il faut libérer la connexion. Il existe pour cela deux possibilités :

- Libération immédiate de la connexion, indépendamment du fait que toutes les données utilisateur sont ou non parvenues à destination.
- Libération négociée, qui laisse le temps de s'assurer que les données ont bien été transportées. Dans ce cas, les accusés de réception doivent être parvenus avant la véritable libération de la connexion.

Pour optimiser l'utilisation des connexions, il est possible de multiplexer plusieurs connexions N sur une même connexion N – 1 ou, inversement, d'éclater une connexion N sur plusieurs connexions N – 1, comme illustré à la figure 4.20.

Pour mettre en place un multiplexage, une identification de la connexion N est nécessaire. Elle est multiplexée sur la connexion N – 1, de façon que chaque connexion N destination puisse retrouver les N-PDU des différentes connexions N émettrices. Cette identification est bien sûr différente des identificateurs d'extrémité de connexion N, qui sont liés au N-SAP. L'éclatement demande la remise en séquence des PDU, qui doivent être redonnées dans le bon ordre à l'extrémité de la connexion N.

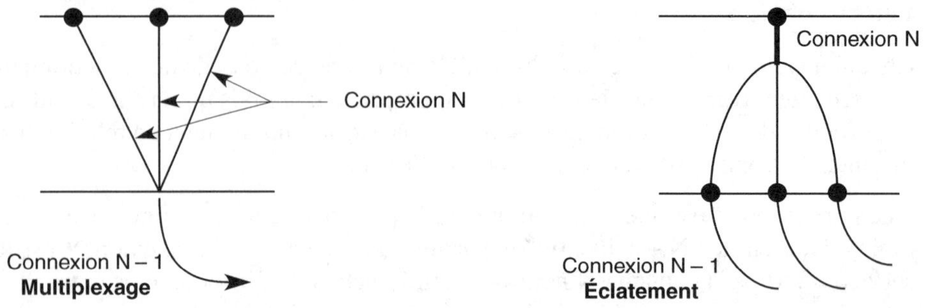

Figure 4.20

Multiplexage et éclatement

Contrôle de flux et contrôle d'erreur

Une autre fonctionnalité, que l'on rencontre dans la plupart des niveaux du modèle de référence, est le contrôle de flux. Son rôle est de cadencer l'envoi des PDU sur la connexion, de telle sorte que l'entité homologue puisse récupérer les informations à une vitesse lui convenant, sans perte d'information ni de temps. Un autre contrôle de flux a lieu sur l'interface entre deux couches. Ce contrôle est généralement d'autant plus facile à effectuer que les entités correspondantes sont plus rapprochées.

Sur une connexion N, il faut aussi être capable de prendre en charge les erreurs, tant celles en ligne, c'est-à-dire sur la connexion, que celles dues aux protocoles traversés, ou encore les pertes d'information par écrasement dans des mémoires intermédiaires. On utilise pour cela des accusés de réception,, qui font partie des informations de contrôle du protocole N-PCI. Le cas échéant, une notification d'erreur peut être envoyée à l'entité communicante pour lui signaler la perte d'information et la cause de cette perte. Une réinitialisation peut être demandée par une entité N pour que les deux entités N homologues repartent sur des bases connues.

Les couches du modèle de référence

Le modèle de référence OSI comporte sept niveaux, ou couches, plus un médium physique. Le médium physique, que l'on appelle parfois couche 0, correspond au support physique de communication chargé d'acheminer les éléments binaires d'un point à un autre jusqu'au récepteur final. Ce médium physique peut prendre diverses formes, allant du câble métallique aux signaux hertziens, en passant par la fibre optique et l'infrarouge.

La couche 1 (niveau physique)

Le niveau physique correspond aux règles et procédures à mettre en œuvre pour acheminer les éléments binaires sur le médium physique. On trouve dans le niveau physique les équipements réseau qui traitent l'élément binaire, comme les modems, concentrateurs, ponts, hubs, etc.

Les différentes topologies de support physique affectent le comportement du niveau physique. Dans les entreprises, les plans de câblage ont une importance parfois déterminante pour le reste de l'architecture *(voir le chapitre 5)*. Le support physique nécessite de surcroît un matériel fiable, et il faut parfois dupliquer ou mailler le réseau pour obtenir des taux de défaillance acceptables.

La couche 2 (niveau trame)

La trame est l'entité transportée sur les lignes physiques. Elle contient un certain nombre d'octets transportés simultanément. Le rôle du niveau trame consiste à envoyer un ensemble d'éléments binaires sur une ligne physique de telle façon qu'ils puissent être récupérés correctement par le récepteur. Sa première fonction est de reconnaître, lors de l'arrivée des éléments binaires, les débuts et fins de trame. C'est là, aujourd'hui, le rôle principal de cette couche, qui a été fortement modifiée depuis son introduction dans le modèle de référence.

Au départ, elle avait pour fonction de corriger les erreurs susceptibles de se produire sur le support physique, de sorte que le taux d'erreur résiduelle reste négligeable. En effet, s'il est impossible de corriger toutes les erreurs, le taux d'erreur non détectée doit rester négligeable. Le seuil à partir duquel on peut considérer le taux d'erreur comme négligeable est dépendant de l'application et ne constitue pas une valeur intrinsèque.

Appréciation du taux d'erreur

Pour une communication téléphonique, un taux d'erreur d'un bit en erreur pour mille bits émis ne pose pas de problème, l'oreille étant incapable de déceler ces erreurs. En revanche, lors du passage d'une valeur sur un compte bancaire, une erreur en moyenne sur 1 000 bits peut devenir catastrophique. Dans ce cas, il faut descendre à un taux d'erreur de 10^{18} bits, c'est-à-dire d'une erreur en moyenne tous les 10^{-18} bits émis, ce qui représente, sur une liaison à 1 Gbit/s, une erreur en moyenne tous les deux cents jours ou, à la vitesse de 1 Mbit/s, une erreur tous les cinq cents ans. On peut en conclure qu'un même support physique peut être acceptable pour certaines applications et pas pour d'autres.

La solution préconisée aujourd'hui pour traiter les erreurs est d'effectuer la correction d'erreur non plus au niveau trame mais au niveau application. Pour chaque application, on peut déterminer un taux d'erreur limite entre l'acceptable et l'inacceptable. Comme les médias physiques sont de plus en plus performants, il est généralement inutile de mettre en œuvre des algorithmes complexes de correction d'erreur. En fait, seules les applications pour lesquelles un taux d'erreur donné peut devenir inacceptable doivent mettre en place des mécanismes de reprise sur erreur.

La couche 2 comporte également les règles nécessaires au partage d'un même support physique entre plusieurs stations, par exemple lorsque la distance entre les utilisateurs est faible. La vitesse du signal électrique étant de 200 m/ms, si un utilisateur demande 20 ms pour envoyer son bloc d'information et que le réseau ait une longueur de quelques centaines de mètres, il doit être seul à transmettre, faut de quoi une collision des signaux se produit. Une telle discipline d'accès est nécessaire dans les réseaux partagés, mais aussi dans les réseaux locaux et certains réseaux métropolitains.

Beaucoup de normes et de recommandations concernent la couche 2, dite aussi niveau liaison. Provenant de l'ISO, la norme HDLC a été la première vraie norme à codifier les procédures de communication entre ordinateurs et est encore largement utilisée aujourd'hui. Nous la détaillons au chapitre 7.

L'UIT-T a repris le mode équilibré, dans lequel l'émetteur et le récepteur sont équivalents, de la procédure HDLC pour son propre protocole LAP-B, implémenté dans la norme X.25.2, de niveau 2. Les extensions LAP-X, LAP-D, LAP-M et LAP-F, destinées à des canaux spécifiques, comme le canal paquet du RNIS, ont également été normalisées *(voir le chapitre 7 pour le détail de toutes ces normes).*

Le niveau trame inclut toutes les techniques nécessaires au label-switching,, allant de l'ATM à l'Ethernet commuté en passant par le relais de trames. Nous examinons ces techniques également au chapitre 7.

L'ISO a mis au point un ensemble de normes additionnelles de niveau trame concernant les réseaux locaux, les méthodes d'accès et les protocoles de liaison. Les principales de ces normes sont les suivantes :

- ISO 8802.1 pour l'introduction des réseaux locaux.
- ISO 8802.2 pour le protocole de niveau trame (appelé procédure de ligne dans la norme). Trois sous-cas sont définis : LLC 1, LLC 2 et LLC 3, LLC (Logical Link Control) étant le nom de la procédure de niveau 2 pour les réseaux locaux.
- ISO 8802.3 pour l'accès CSMA/CD (Ethernet).
- ISO 8802.4 pour l'accès par jeton sur un bus.
- ISO 8802.5 pour l'accès par jeton sur une boucle.
- ISO 10039 pour la définition du service rendu par la méthode d'accès à un réseau local.
- ISO 10038 pour la définition d'une passerelle de niveau 2 sur un réseau local.

Tous ces mécanismes effectués au niveau trame pour les réseaux locaux sont détaillés au chapitre 16.

La couche 3 (niveau paquet)

La couche 3, ou niveau paquet, peut aussi être appelée couche réseau, puisque l'échange de paquets de bout en bout donne naissance à un réseau. Le niveau paquet doit permettre d'acheminer correctement les paquets d'information jusqu'à l'utilisateur final. Pour aller de l'émetteur au récepteur, il faut passer par des nœuds de transfert intermédiaires ou par des passerelles, qui interconnectent deux ou plusieurs réseaux.

Un paquet n'est pas une entité transportable sur une ligne physique, car si l'on émet les bits directement sur le support, il n'est pas possible de détecter la limite entre deux paquets arrivant au récepteur. Il y a donc obligation d'encapsuler les paquets dans des trames pour permettre leur transport d'un nœud vers un autre nœud.

Le niveau paquet nécessite trois fonctionnalités principales : le contrôle de flux, le routage et l'adressage :

- **Contrôle de flux.** Évite les embouteillages de paquets dans le réseau. Les retards provenant des surcharges de certaines parties du réseau peuvent en effet rendre le temps de réponse inacceptable pour l'utilisateur. Si le contrôle de flux échoue, un contrôle de congestion fait normalement revenir le trafic à une valeur acceptable par le réseau.
- **Routage et commutation.** Permettent d'acheminer les paquets d'information vers leur destination au travers du maillage des nœuds de transfert. Dans la commutation les paquets suivent toujours la même route, alors que dans le routage ce chemin peut changer. Le routage ne remplace pas le contrôle de flux mais peut être vu comme une de ses composantes, dont il faut tenir compte pour optimiser le temps de réponse. Les techniques de routage peuvent être centralisées ou distribuées, suivant l'option choisie par le gestionnaire du réseau : soit les tables de routage sont conçues par un nœud

central, soit elles sont créées par chaque nœud, avec les problèmes de cohérence que cela pose.

- **Adressage.** La dernière grande fonction de la couche réseau consiste à gérer les adresses des N-SAP (Network-Service Access Point). Pour cela, il faut ajouter des adresses complètes dans les différents paquets, pour ce qui concerne le routage, ou dans le paquet de signalisation qui ouvre la route, pour la commutation. Les adresses forment un vaste ensemble, qui doit regrouper toutes les machines terminales du monde. L'ISO a dû prévoir une norme d'adressage susceptible de répertorier l'ensemble des équipements terminaux. Dans le monde TCP/IP, un adressage par réseau a été choisi.

Pour mettre en place et développer les fonctionnalités de la couche réseau, il est possible de choisir entre les deux grandes méthodes d'accès présentées précédemment dans ce chapitre :

- Le mode avec connexion, dans lequel l'émetteur et le récepteur se mettent d'accord sur un comportement commun et négocient les paramètres et les valeurs à mettre en œuvre.
- Le mode sans connexion, qui n'impose pas de contrainte à l'émetteur par rapport au récepteur.

Dans la normalisation OSI, le standard de base du niveau paquet est X.25. Ce protocole implique un mode commuté avec connexion. Les paquets X.25 sont encapsulés dans des trames LAP-B pour être émis sur les supports physiques. Le grand standard qui l'emporte largement aujourd'hui est toutefois le protocole IP, normalisé par un ensemble de RFC, qui définissent le protocole IP lui-même et toutes ses extensions, allant de l'adressage au routage, en passant par les méthodes de contrôle de flux. Les protocoles IP et X.25 sont abordés en détail au chapitre 8.

La couche 4 (niveau message)

Le niveau message prend en charge le transport du message de l'utilisateur d'une extrémité à une autre du réseau. Ce niveau est aussi appelé couche transport pour bien indiquer qu'il s'agit de transporter les données de l'utilisateur. Il représente le quatrième niveau de l'architecture, d'où son autre nom de couche 4.

Le service de transport doit optimiser l'utilisation des infrastructures sous-jacentes en vue d'un bon rapport qualité/prix. La couche 4 optimise les ressources du réseau de communication en gérant un contrôle de flux ou un multiplexage des messages de niveau message sur une connexion réseau. Cette couche de transport est l'ultime niveau qui s'occupe de l'acheminement de l'information. Elle permet de compléter le travail accompli par les couches précédentes. C'est grâce à elle que l'utilisateur obtient la qualité de service susceptible de le satisfaire. Le protocole de niveau message à mettre en œuvre à ce niveau dépend du service rendu par les trois premières couches et de la demande de l'utilisateur.

La couche 4 aujourd'hui la plus utilisée provient de l'architecture du monde Internet et plus exactement de la norme TCP (Transmission Control Protocol). Comme nous le verrons, une autre norme, UDP (User Datagram Protocol), peut aussi être utilisée. Nous examinons ces normes en détail au chapitre 9. La couche 4 inclut également les protocoles AAL (ATM Adaptation Layer), normalisés pour l'architecture du monde ATM.

La couche 5 (niveau session)

Le rôle du niveau session est de fournir aux entités de présentation les moyens nécessaires à l'organisation et à la synchronisation de leur dialogue. À cet effet, la couche 5 fournit les services permettant l'établissement d'une connexion, son maintien et sa libération, ainsi que ceux permettant de contrôler les interactions entre les entités de présentation.

Ce niveau est aussi le premier de l'architecture réseau à se situer hors de la communication proprement dite. Comme son nom l'indique, le niveau session a pour fonction d'ouvrir et de fermer des sessions entre utilisateurs. Il est inutile d'émettre de l'information s'il n'y a personne à l'autre extrémité pour récupérer ce qui a été envoyé. Il faut donc s'assurer que l'utilisateur que l'on veut atteindre, ou du moins son représentant, qui peut être une boîte aux lettres électronique, par exemple, est présent.

La couche 5 comporte des fonctionnalités rendant possibles l'ouverture, la fermeture et le maintien de la connexion. Les mises en correspondance des connexions de session et des connexions de transport sont effectuées une à une.

De nombreuses autres possibilités peuvent être ajoutées aux commandes de base, appelées primitives, indispensables à la mise en place de la session. La pose de points de resynchronisation, par exemple, est recommandée. Ils permettent, en cas de problème, de disposer d'un point précis, sur lequel il y a accord entre les deux parties communicantes, à partir duquel l'échange peut redémarrer. La gestion des interruptions et des reprises de session est également une fonctionnalité souvent implémentée.

Pour ouvrir une connexion avec une machine distante, la couche session doit posséder un langage qui soit intelligible par l'autre extrémité. C'est pourquoi, avant d'ouvrir une session, il est obligatoire de passer par le niveau présentation, qui garantit l'unicité du langage, et le niveau application, qui permet de travailler sur des paramètres définis d'une façon homogène.

La normalisation du niveau session comprend les normes suivantes :

- ISO 8326, ou CCITT X.215, qui définit le service orienté connexion devant être rendu par la couche session. Un additif propose un service sans connexion.
- ISO 8327, ou CCITT X.225, qui spécifie le protocole de session orienté connexion.
- ISO 9548, qui définit un protocole de session en mode sans connexion.

La couche 6 (niveau présentation)

Le niveau présentation se charge de la syntaxe des informations que les entités d'application se communiquent. Deux aspects complémentaires sont définis dans la norme :

- La représentation des données transférées entre entités d'application.
- La représentation de la structure de données à laquelle les entités se réfèrent au cours de leur communication et la représentation de l'ensemble des actions effectuées sur cette structure de données.

En d'autres termes, la couche présentation s'intéresse à la syntaxe tandis que la couche application se charge de la sémantique. La couche présentation joue un rôle important dans un environnement hétérogène. C'est un intermédiaire indispensable pour une compréhension commune de la syntaxe des documents transportés sur le réseau. Les différentes machines connectées n'ayant pas la même syntaxe pour exprimer les applications qui s'y effectuent, si on les interconnecte directement, les données de l'une ne peuvent généralement pas être comprises de l’autre. La couche 6 procure un langage syntaxique commun à l’ensemble des utilisateurs connectés.

Si Z est le langage commun, et si une machine X veut parler à une machine Y, elles utilisent des traducteurs X-Z et Y-Z pour discuter entre elles. C’est notamment le cas lorsque les machines X et Y ne suivent pas la norme. Si toutes les machines terminales possèdent en natif un langage syntaxique commun, les traductions deviennent inutiles.

La syntaxe abstraite ASN.1 (Abstract Syntax Notation 1) normalisée par l’ISO est le langage de base de la couche présentation. Fondée sur la syntaxe X.409 du CCITT, ASN.1 est une syntaxe suffisamment complexe pour prendre facilement en compte les grandes classes d’applications, comme la messagerie électronique, le transfert de fichiers, le transactionnel, etc.

La normalisation du niveau présentation comprend les normes suivantes :

- ISO 8824, ou CCITT X.208, qui définit la syntaxe ASN.1.
- CCITT X.216 et X.226, qui définissent le service et le protocole de niveau session.

La couche 7 (niveau application)

Le niveau application est le dernier du modèle de référence. Il fournit aux processus applicatifs le moyen d’accéder à l’environnement réseau. Ces processus échangent leurs informations par l’intermédiaire des entités d’application.

De très nombreuses normes ont été définies pour cette couche, qui sont décrites plus loin. En ce qui concerne la définition de la couche même, c’est la norme ISO 9545, ou CCITT X.207, qui décrit sa structure.

Le niveau application contient toutes les fonctions impliquant des communications entre systèmes, en particulier si elles ne sont pas réalisées par les niveaux inférieurs. Il s’occupe essentiellement de la sémantique, contrairement à la couche présentation, qui prend en charge la syntaxe.

Le niveau application a fortement évolué au cours du temps. Auparavant, on considérait que la couche 7 devait être découpée en sous-couches et qu’une communication devait traverser l’ensemble des sous-couches, comme cela se passe dans les couches 1 à 6. CASE (Common Application Service Elements) était un des sous-niveaux contenant les différents services de communication nécessaires aux applications les plus utilisées. En réalité, certaines applications ne faisaient pas appel aux fonctionnalités de CASE ou devaient faire des allers-retours entre les couches du niveau application. De plus, les normalisations des différentes applications ayant démarré en parallèle, la cohérence entre les divers développements était approximative.

En 1987, grâce à la normalisation d’une structure globale, une nouvelle orientation a vu le jour avec la structure de la couche 7, ou ALS (Application Layer Structure), correspondant à une norme internationale de l’ISO (ISO 9545). Cette structure détermine comment les différentes applications peuvent coexister et utiliser des modules communs.

Le concept de base de la couche application est le processus applicatif, ou AP (Application Process), qui regroupe tous les éléments nécessaires au déroulement d’une application dans les meilleures conditions possibles. L’entité d’application, ou AE (Application Entity), est la partie du processus d’application qui prend en charge la gestion de la communication pour l’application.

L'entité d'application fait appel à des éléments de service d'application, ou ASE (Application Service Element). L'entité contient un ou plusieurs ASE. En règle générale, plusieurs ASE sont nécessaires pour réaliser un travail, et certains sont indispensables à la mise en place de l'association entre les entités d'application. La figure 4.21 illustre un exemple de trois entités d'applications, la première regroupant deux éléments de service d'application, comme la mise en place d'une connexion et une messagerie électronique, les deux autres entités d'application ne possédant qu'un seul élément de service.

Figure 4.21

Entités d'application et éléments de service d'application (ASE)

Les ASE sont coordonnés dans l'environnement de l'entité d'application. Cette coordination s'effectue dans le cadre d'une association à d'autres ASE distants grâce au composant SAO (Single Association Object), ou objet d'association unique. L'entité SAO contrôle la communication pendant toute la durée de vie de cette association. Elle permet de sérialiser les événements provenant des ASE qui le composent.

La figure 4.22 illustre ces communications. Les entités peuvent être locales ou distantes. Comme nous le verrons, certains ASE se retrouvent dans la plupart des SAO. Ce sont les modules nécessaires à la mise en œuvre de l'association et à sa gestion.

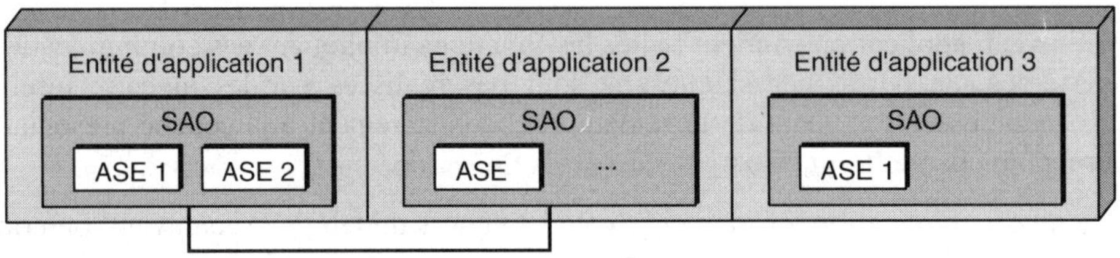

Figure 4.22

Connexion de deux SAO

Le fonctionnement des ASE à l'intérieur du SAO est déterminé par une fonction de contrôle, appelée SACF (Single Association Control Function).

Les ASE peuvent rendre des services généraux ou spécifiques. Les principaux ASE sont les suivants :

- ACSE (Association Control Service Element), qui contient les fonctionnalités de base pour mettre en communication deux processus indépendamment de leur localisation.
- CCR (Commitment, Concurrency and Recovery), qui contient les fonctionnalités permettant de maintenir la cohérence de bases de données réparties ou dupliquées.
- RTS (Reliable Transfer Service), qui contient les fonctionnalités permettant d'assurer une communication secourue, dans laquelle les pannes sont transparentes pour l'utilisateur. Le protocole RTS doit, bien entendu, coopérer avec les fonctionnalités des sessions ISO.

- ROS (Remote Operation Service), qui contient les fonctionnalités nécessaires pour que les entités d'application puissent communiquer avec l'utilisateur.
- MHS (Message Handling System), qui contient les fonctionnalités permettant de rédiger des messages électroniques en mode sans connexion.
- FTAM (File Transfer and Access Management), qui contient les fonctionnalités nécessaires au transfert de fichiers et à la manipulation à distance.
- TP (Transaction Processing), qui permet d'exécuter des applications de type transactionnel réparti, avec des possibilités de retour en arrière.
- VT (Virtual Terminal), qui permet une présentation normalisée d'un terminal connecté à un réseau.
- ODA (Office Document Architecture), qui définit l'architecture d'un document pour lui permettre d'être retraité sur n'importe quelle machine normalisée.
- ODIF (Office Document Interchange Format), qui décrit les formats à utiliser dans l'architecture de document et qui sont transmis vers l'équipement distant.
- JTM (Job Transfer and Manipulation), qui définit la manipulation et le transfert de travaux à distance.
- RDA (Remote Database Access), qui permet un accès à distance à des bases de données.
- MMS (Manufacturing Message Service), qui définit une messagerie électronique en mode avec connexion pour un environnement industriel.

On peut appeler CASE (Common ASE) les modules généraux, ou communs, et SASE (Specific ASE) les modules spécifiques. Cette terminologie peut toutefois prêter à confusion avec l'ex-couche CASE, qui regroupait à peu près ACSE et CCR. L'entité d'application fait appel à différents ASE, non pas en parallèle, mais en série. Cependant, rien n'empêche une entité application d'exécuter plusieurs fois de suite un même ASE.

L'architecture OSI

L'ISO (International Standardization Organization) a normalisé sa propre architecture sous le nom d'OSI (Open Systems Interconnection). L'architecture ISO est la première à avoir été définie, et ce de façon relativement parallèle à celle d'Internet. La distinction entre les deux est que l'architecture ISO définit formellement les différentes couches, tandis que l'architecture Internet s'applique à réaliser un environnement pragmatique.

La couche physique est complexe. De nombreuses normes décrivent la façon de coder et d'émettre les signaux physiques sur une ligne de communication. La couche trame fournit les moyens fonctionnels et procéduraux nécessaires à l'établissement, au maintien et à la libération des connexions entre entités de réseau, ainsi qu'au transfert des unités de donnée du service de liaison. C'est la norme ISO 8886, ou CCITT X.212, qui définit le service procuré par la couche 2.

Les autres normes importantes de l'architecture ISO sont les suivantes :

- ISO 3309 et 4335 pour la normalisation du protocole de liaison HDLC (High-level Data Link Control) ;
- ISO 3309, pour la structure des trames ou LPDU ;

- ISO 4335 et 7809, pour les éléments de procédure ;
- ISO 8471, pour la description de la classe en mode équilibré de HDLC ;
- ISO 7776, pour la description de la norme CCITT LAP-B dans un contexte ISO.

Le rôle de la couche paquet (niveau transfert) est, d'une part, de fournir les moyens d'établir, de maintenir et de libérer des connexions réseau entre systèmes ouverts et, d'autre part, de fournir les moyens fonctionnels et les procédures nécessaires pour échanger, entre entités de transport, des unités du service de réseau.

La normalisation de la couche 3 comporte les normes suivantes :

- ISO 8348, ou CCITT X.213, qui définit le service réseau.
- ISO 8208, ou CCITT X.25, qui définit le protocole réseau en mode avec connexion. Ce protocole est le plus souvent appelé X.25, et tous les grands réseaux publics du monde suivent cette recommandation.
- ISO 8473, qui définit le protocole de réseau en mode sans connexion, connu sous le nom d'Internet ISO. C'est une normalisation du protocole développé par le département de la Défense américain sous le nom d'IP (Internet Protocol).
- ISO 8878, ou CCITT X.223, qui décrit l'utilisation de X.25 pour obtenir le service réseau orienté connexion.
- ISO 8648, qui définit l'organisation interne de la couche réseau.
- ISO 8880, en quatre parties, qui définit les différentes combinaisons possibles de protocoles pour rendre un service de niveau 3 conforme à la normalisation.
- ISO 8881, qui permet l'adaptation du niveau 3 de X.25 sur un réseau local possédant un protocole de liaison de type LLC 1.

La couche message (niveau transport) doit assurer un transfert de données entre les entités de session. Ce transport doit être transparent, c'est-à-dire indépendant de la succession des caractères et même des éléments binaires transportés. La normalisation internationale provenant de l'ISO prévoit cinq classes de protocoles capables de satisfaire aux exigences de l'utilisateur.

Les différentes classes du niveau 4 vont de logiciels très simples, qui ne font que formater les données provenant du niveau supérieur et les déformater à l'arrivée, à des logiciels de communication complexes, qui reprennent l'ensemble des fonctionnalités des trois niveaux inférieurs. On peut y trouver une zone de détection d'erreur et des algorithmes de reprise sur erreur. Des redémarrages sur perte de message ou de paquet signalée par la couche inférieure font également partie des outils disponibles dans ces logiciels.

Les principales normes de cette couche sont les suivantes :

- ISO 8072, ou CCITT X.214, qui définit le service transport.
- ISO 8073, ou CCITT X.224, qui définit le protocole de transport orienté connexion et qui possède, comme nous l'avons vu, cinq classes sous-jacentes.
- ISO 8602, qui définit un protocole de transport en mode sans connexion.

Les trois couches supérieures correspondent exactement à celles décrites dans l'architecture du modèle de référence.

L'architecture TCP/IP

Dans les années 1970, le département de la Défense américain, ou DOD (Department Of Defense), décide, devant le foisonnement de machines utilisant des protocoles de communication différents et incompatibles, de définir sa propre architecture. Cette architecture, dite TCP/IP, est à la source du réseau Internet. Elle est aussi adoptée par de nombreux réseaux privés, appelés intranets.

Les deux principaux protocoles définis dans cette architecture sont les suivants :

- IP (Internet Protocol), de niveau réseau, qui assure un service sans connexion.
- TCP (Transmission Control Protocol), de niveau transport, qui fournit un service fiable avec connexion.

TCP/IP définit une architecture en couches qui inclut également, sans qu'elle soit définie explicitement, une interface d'accès au réseau. En effet, de nombreux sous-réseaux distincts peuvent être pris en compte dans l'architecture TCP/IP, de type aussi bien local qu'étendu.

Cette architecture est illustrée à la figure 4.23. Il faut noter dans cette figure l'apparition d'un autre protocole de niveau message (couche 4), UDP (User Datagram Protocol). Ce protocole utilise un mode sans connexion, qui permet d'envoyer des messages sans l'autorisation du destinataire.

Figure 4.23
Architecture TCP/IP

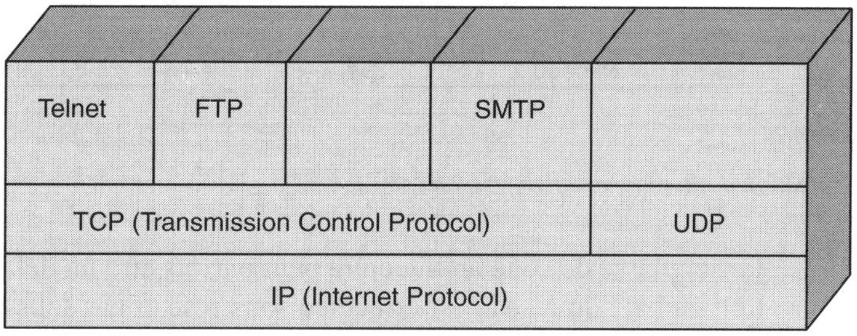

Cette architecture a pour socle le protocole IP, qui correspond au niveau paquet (couche 3) de l'architecture du modèle de référence. En réalité, il ne correspond que partiellement à ce niveau. Le protocole IP a été conçu comme protocole d'interconnexion, définissant un bloc de données d'un format bien défini et contenant une adresse, mais sans autre fonctionnalité. Son rôle était de transporter ce bloc de données dans un paquet selon n'importe quelle autre technique de transfert de paquets. Cela vaut pour la première génération du protocole IP, appelée IPv4, qui est encore massivement utilisée aujourd'hui. La deuxième version du protocole IP, IPv6, joue réellement un rôle de niveau paquet, avec de nouvelles fonctionnalités permettant de transporter les paquets d'une extrémité du réseau à une autre avec une certaine sécurité.

Les paquets IP sont indépendants les uns des autres et sont routés individuellement dans le réseau par le biais de routeurs. La qualité de service proposée par le protocole IP est très faible, sans détection de paquets perdus ni de possibilité de reprise sur erreur.

Le protocole TCP regroupe les fonctionnalités de niveau message (couche 4) du modèle de référence. C'est un protocole assez complexe, qui comporte de nombreuses options permettant de résoudre tous les problèmes de perte de paquet dans les niveaux inférieurs.

En particulier, un fragment perdu peut être récupéré par retransmission sur le flot d'octets. Le protocole TCP est en mode avec connexion, contrairement à UDP. Ce dernier protocole UDP se positionne aussi au niveau transport mais dans un mode sans connexion et n'offre pratiquement aucune fonctionnalité. Il ne peut prendre en compte que des applications qui demandent peu de service de la part de la couche transport.

Les protocoles situés au-dessus de TCP et d'UDP sont de type applicatif et proviennent en grande partie du monde UNIX.

Toute la puissance de cette architecture repose sur la souplesse de sa mise en œuvre au-dessus de n'importe quel réseau existant. Soi, par exemple, X et Y, respectivement un réseau local et un réseau étendu à commutation de cellules ou de paquets. Le protocole IP est implémenté sur toutes les machines connectées à ces deux réseaux. Pour qu'il soit possible de passer d'un réseau à l'autre, un routeur, dont le rôle est de décapsuler le paquet arrivant du réseau X et de récupérer le paquet IP, est mis en place. Après traitement, essentiellement du routage, le paquet IP est encapsulé dans le paquet du réseau Y. Le rôle du routeur est, comme son nom l'indique, de router le paquet vers la bonne destination.

L'architecture d'interconnexion du réseau Internet est illustrée à la figure 4.24.

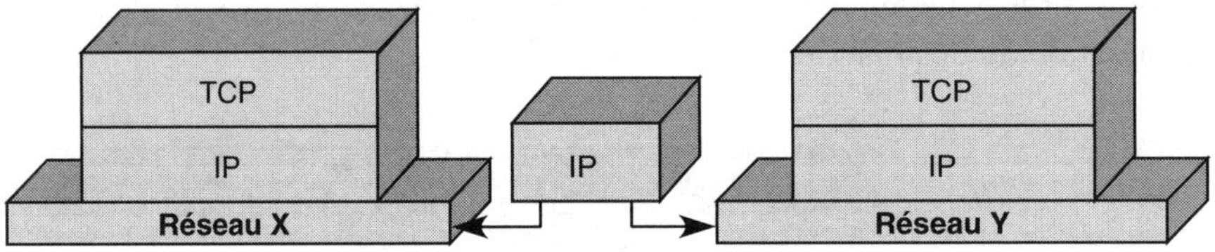

Figure 4.24

Architecture d'interconnexion du réseau Internet

La souplesse de cette architecture peut parfois être un défaut, dans le sens où l'optimisation globale du réseau est effectuée sous-réseau par sous-réseau, c'est-à-dire qu'elle est obtenue par une succession d'optimisations locales.

Une particularité importante de l'architecture TCP/IP est que l'intelligence et le contrôle du réseau se trouvent en presque totalité dans la machine terminale et non pas dans le réseau, en tout cas pour IPv4. C'est le protocole TCP qui se charge d'envoyer plus ou moins de paquets dans le réseau en fonction de l'occupation de celui-ci. L'intelligence de contrôle se trouve dans le PC extrémité, et plus précisément dans le logiciel TCP. La fenêtre de contrôle de TCP augmente ou diminue le trafic suivant la vitesse requise pour faire un aller-retour. Le coût de l'infrastructure est extrêmement bas puisque nombre de logiciels, et donc l'essentiel de l'intelligence, se trouvent dans les machines terminales. Le service rendu par ce réseau de réseaux est de type best-effort, ce qui signifie que le réseau fait de son mieux pour écouler le trafic.

Le protocole IPv6 apporte une nouvelle dimension, puisqu'il introduit des fonctionnalités inédites qui rendent les nœuds du réseau plus intelligents. Les routeurs de nouvelle génération possèdent des algorithmes de gestion de la qualité de service en vue d'assurer un transport capable de satisfaire à des contraintes temporelles ou de perte de paquets. Cependant, le protocole IPv4 a bien réagi aux nouveautés apportées par IPv6, en modifiant certains champs pour proposer les mêmes améliorations.

Dans la version classique d'IPv4, chaque nouveau client n'est pas traité différemment de ceux qui sont déjà connectés, et les ressources sont distribuées équitablement entre tous les utilisateurs. Les politiques d'allocation de ressources des opérateurs de télécommunications sont totalement différentes, un client possédant déjà une certaine qualité de service ne devant pas être pénalisé par l'arrivée d'un nouveau client. Comme nous le verrons, la solution aujourd'hui préconisée dans l'environnement Internet est de favoriser, dans la mesure du possible, les clients ayant des exigences de temps réel, et ce par des protocoles adaptés.

Les applications disponibles au-dessus de l'environnement TCP/IP sont nombreuses et variées. Nous les décrivons en détail au chapitre 24. Elles incluent la messagerie électronique (SMTP), le transfert de fichiers (FTP) et surtout les bases de données distribuées avec le World-Wide Web (WWW).

Le modèle UIT-T

Les réseaux de télécommunications de nouvelle génération utilisent une technique de commutation particulière, appelée commutation de cellules. La cellule est une petite trame ATM de longueur fixe facile à manipuler. Pour répondre à cette commutation et faire en sorte que les nouveaux réseaux prennent facilement en compte les applications multimédias, l'UIT-T a développé un nouveau modèle de référence qui s'appuie sur un mode avec connexion.

L'architecture du modèle UIT-T peut être considérée comme compatible avec le modèle de référence décrit en détail précédemment, bien que les fonctionnalités ne soient pas regroupées aux mêmes niveaux. La couche physique, par exemple, est dotée de fonctionnalités élargies par rapport à la couche équivalente du modèle de référence, qui améliorent sa rapidité de fonctionnement. Cette couche physique est de surcroît capable de reconnaître le début et la fin de la cellule ATM, ce qui permet de dire que la cellule est une trame et que le réseau est un réseau de niveau 2 *(nous explicitons plus loin les différences entre réseaux de niveau 2 et de niveau 3).* La couche AAL recoupe en partie le niveau message du modèle de référence.

Le découpage en couches de l'architecture UIT-T est illustré à la figure 4.25.

Figure 4.25
Couches de l'architecture UIT-T

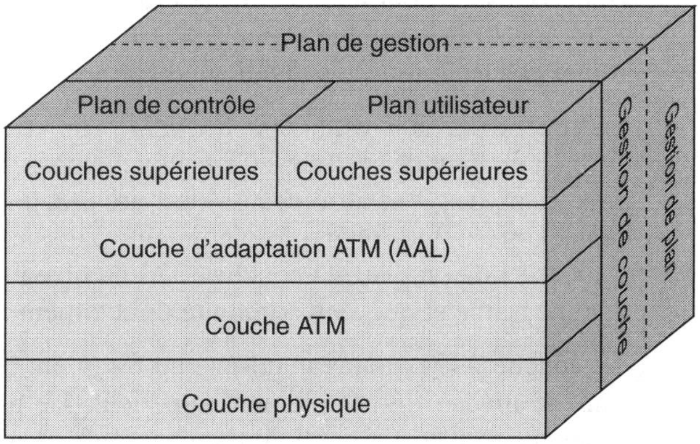

L'architecture UIT-T a été définie pour le RNIS large bande en 1988, mais elle reste valide pour les réseaux de la future génération NGN (Next Generation Network).

Cette architecture comporte trois plans : le plan utilisateur, le plan de contrôle et le plan de gestion.

Un plan est un réseau. Les trois réseaux (utilisateur, contrôle et gestion) sont multiplexés sur un même réseau physique pour réaliser des économies d'échelle, le multiplexage indiquant la simultanéité d'utilisation d'un même composant logiciel ou matériel. Le plan utilisateur est destiné au transport de l'information des usagers. Quant au plan contrôle, il s'occupe de la signalisation. Le plan de gestion offre des fonctions de surveillance du réseau, ainsi que de gestion de plan et de couche. Les fonctions de gestion de plan garantissent la coopération entre tous les plans et maintiennent le système entier. La gestion de couche s'occupe des flux OAM (Operations And Maintenance) de chaque couche et exécute les fonctions de gestion concernant les ressources et les paramètres des protocoles.

La couche physique est responsable de la transmission au niveau bit et plus largement de l'ensemble du paquet ATM. Cette couche exécute les fonctions nécessaires à l'adaptation des cellules au support de transmission. La couche ATM s'occupe de la commutation et du multiplexage, fonctions communes à tous les services. Elle assure en outre le transport des cellules ATM de bout en bout. Le rôle de la couche AAL est de faire la liaison entre les couches supérieures et la couche ATM, en découpant les unités de donnée de la couche immédiatement supérieure en fragments correspondant au champ d'information des cellules, et *vice versa.*

La couche la plus basse correspond au protocole physique dépendant du support de transmission, ou PMD (Physical Medium Dependent). Ce protocole décrit l'émission des cellules sur le support physique. Les solutions parmi les plus répandues sont SONET (Synchronous Optical Network), SDH (Synchronous Digital Hierarchy), normalisée par l'UIT-T (G.707 et G.708), et le transfert direct des cellules sur le support physique, sans recours à une structure de synchronisation. Cette dernière solution est acceptable pour les petites distances que l'on trouve dans les réseaux locaux.

SONET décrit la forme d'une trame synchrone émise toutes les 125 μs. Cette trame est semblable à celle décrite dans le niveau 2. Il s'agit d'une structure synchrone se répétant sans fin sur le support physique, comme une suite de wagons attachés les uns aux autres. La longueur de la trame dépend de la vitesse de l'interface. Les diverses valeurs sont classées suivant la rapidité du support optique, ou OC (Optical Carrier).

SONET est surtout une norme américaine. Pour réunir Européens, Américains et Japonais, un sous-ensemble, appelé SDH, a été normalisé par l'UIT-T. Nous examinons toutes ces techniques en détail au chapitre 14.

La couche suivante est la couche ATM proprement dite, qui est responsable du transport de bout en bout des cellules. Cette couche possède les fonctionnalités que l'on trouve à la fois au niveau 2 et au niveau 3 de l'architecture de référence de l'ISO. Le mode avec connexion a été retenu, notamment par souci de gain de place sur l'adressage. Aujourd'hui, on place la couche ATM au niveau 2 pour bien montrer que la cellule ATM est une trame et que l'on commute directement au niveau trame.

La couche ATM ajoute un en-tête au fragment de données, après découpage du message dans le niveau immédiatement supérieur. Le protocole de niveau ATM a pour rôle de gérer cet en-tête, qui contient toutes les informations nécessaires au traitement logique de la cellule. La limite entre les couches ATM et AAL correspond à la limite entre les fonctions appartenant à l'en-tête de la cellule et celles faisant partie du champ d'information de la cellule.

Les fonctions principales de la couche ATM sont les suivantes :

- acheminement des cellules grâce à des références de commutation, appelées VCI/VPI ;
- détection des erreurs sur l'en-tête de la cellule ;
- multiplexage-démultiplexage ;
- génération-extraction de l'en-tête de la cellule ;
- fonction de priorité (marquage du champ CLP).

La couche ATM est commune à tous les services et prend en charge les fragments que lui adresse le niveau AAL. Les propriétés de cette couche sont décrites aux chapitres 7 et 15, consacrés à la couche 2 et à l'ATM.

La couche AAL gère l'interface avec les couches supérieures. Elle est elle-même composée de deux sous-niveaux : la couche de fragmentation-réassemblage, ou couche SAR (Segmentation And Reassembly), et la couche CS (Convergence Sublayer), qui propose des fonctionnalités supplémentaires pour compléter la qualité de service qui peut être rendue par l'architecture UIT-T *(voir figure 4.26).* L'interface avec le niveau supérieur est de type paquet. Cela signifie que la couche supérieure doit fournir à la couche AAL des paquets parfaitement formatés, dont la taille ne peut excéder 64 Ko. On en déduit que la couche AAL n'est qu'une partie de la couche 4 du modèle de référence de l'ISO, puisqu'une fonction de fragmentation-réassemblage doit aussi être disponible dans la couche supérieure.

Figure 4.26
Sous-couches de l'AAL

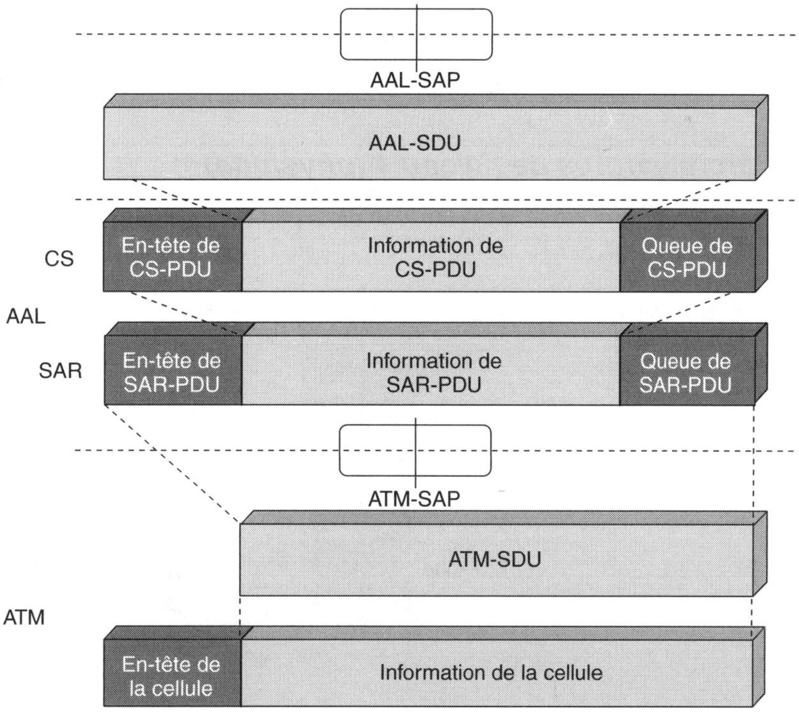

Quatre classes de services ont été définies dans la couche AAL. Ces classes dépendent du degré de synchronisation entre la source et le récepteur, du débit variable ou non et du mode de connexion. À ces quatre classes, recensées en détail au tableau 4.1, correspondent quatre classes de protocoles : les classes 1, 2, 3/4 et 5, qui sont décrites brièvement au chapitre 15.

Paramètre	Classe			
	A	B	C	D
Relation de temps entre source et destination	Nécessaire		Non nécessaire	
Débit	Constant	Variable		
Mode de connexion	Connecté			Non connecté

TABLEAU 4.1 • Classes de service de la couche AAL

Comme expliqué précédemment, le plan utilisateur est complété par deux autres plans, le plan de contrôle et le plan de gestion. La fonction du plan de contrôle est, comme son nom l'indique, de contrôler la mise en place de l'infrastructure de sorte que les cellules puissent être acheminées sans problème. De son côté, le plan d'administration permet de gérer les cinq grandes fonctionnalités de la gestion de réseau que sont la sécurité, la performance, la planification, le nommage et la comptabilité.

Les niveaux d'architecture

Comme expliqué précédemment, la plupart des architectures font référence aux couches du modèle de base. Si l'on regroupe les trois dernières couches liées à l'application, il reste quatre niveaux. De ce fait, on parle d'architecture de niveau 1, ou physique, de niveau 2, ou trame, de niveau 3, ou paquet, et de niveau 4 ou message. Nous allons expliciter les trois premières, qui sont les seules véritablement utilisées.

Les architectures de niveau 1 (physique)

Les architectures de niveau 1 se présentent comme illustré à la figure 4.27.

Figure 4.27
Architecture de niveau 1

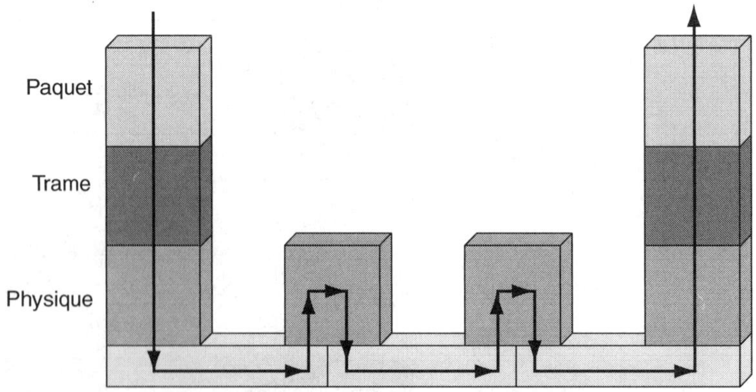

Le paquet, que nous supposons toujours de type IP dans la suite du chapitre, puisque cela représente plus de 95 % des cas, est encapsulé dans une trame, laquelle est émise sur le support physique. Les nœuds intermédiaires ne s'occupent que de modifier le type de support physique, sans remonter au niveau de la trame. C'est la même trame que l'on retrouve à l'autre extrémité du réseau en décapsulant le paquet.

Les réseaux de niveau physique sont évidemment les plus rapides, puisqu'il n'y a pas à récupérer la trame ou le paquet dans les nœuds intermédiaires. Nous présentons en détail ces réseaux de niveau 1 aux chapitres 13 et 14.

Les architectures de niveau 2 (trame)

Une trame peut être définie comme une suite d'éléments binaires qui possède en elle-même un moyen de reconnaissance du début et de la fin du bloc transporté. Par exemple, la norme de niveau 2 HDLC *(voir le chapitre 7)* comporte une suite parfaitement définie permettant la reconnaissance du début et de la fin de la trame. La trame que l'on rencontre dans les réseaux Ethernet est aussi bien reconnaissable. De même, la cellule ATM comporte un moyen physique de reconnaissance du début et de la fin. On donne à ces trois exemples le nom de commutation de niveau trame, ou de niveau 2.

Une architecture de niveau 2 se présente sous la forme illustrée à la figure 4.28.

Figure 4.28
Architecture de niveau 2

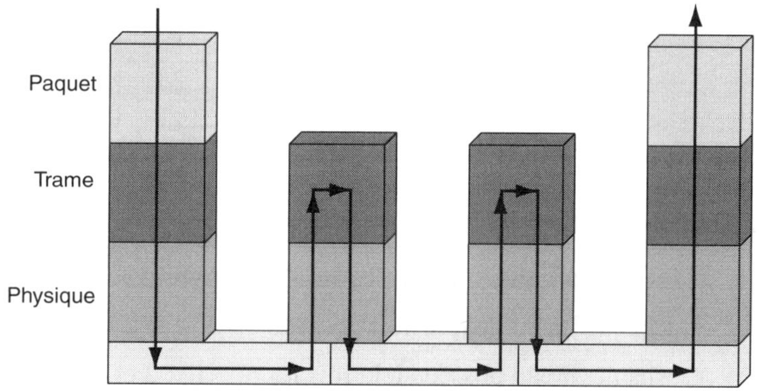

Dans cette architecture, on met le paquet IP dans une trame. Les nœuds de transfert intermédiaires rassemblent les bits pour récupérer la trame. Les adresses, ou références, se trouvent dans la trame de façon que le nœud puisse les router ou les commuter. En règle générale, il s'agit d'une commutation. ATM, le relais de trames et Ethernet entrent dans ce cas de figure. Les exemples de réseaux routés de niveau 2 sont rares. On regroupe les label-switching dans cet ensemble, bien que l'on verra avec MPLS une généralisation qui sort du niveau 2.

Il est possible de trouver une commutation de niveau 2 hétérogène, indiquant que la structure de la trame dans un nœud intermédiaire peut-être modifiée. Par exemple, une trame ATM peut-être remplacée par une trame Ethernet. Cela indique que le commutateur décapsule la trame pour récupérer le paquet mais qu'il ne s'en sert pas. Il le réencapsule immédiatement dans une nouvelle trame. Nous trouvons ce genre de technique dans MPLS également.

Les architectures de niveau 3 (paquet)

Une architecture de niveau 3 demande que le niveau de l'entité examinée par le nœud soit un paquet. C'est la solution préconisée par Internet. À chaque nœud, on regroupe les bits pour reformer la trame, puis on décapsule la trame pour retrouver le paquet. On examine ensuite les zones du paquet pour retrouver l'adresse ou la référence (adresse dans IP et référence dans X.25).

Une fois la porte de sortie déterminée, il faut de nouveau encapsuler le paquet dans une trame puis envoyer les éléments binaires sur le support physique. C'est une architecture assez lourde, puisqu'il faut faire beaucoup de travail pour remonter jusqu'au niveau paquet. On comprend qu'elle ait pu être adoptée par Internet, dont le but était d'avoir une structure de données unique, comprise de tous les PC. Cette structure unique est encapsulée dans des trames, qui peuvent être différentes à chaque liaison.

Une architecture de niveau 3 se présente sous la forme illustrée à la figure 4.29.

Figure 4.29
Architecture de niveau 3

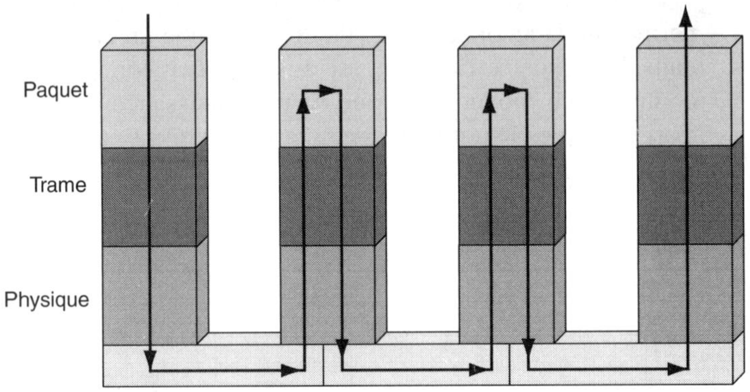

Les architectures hybrides

Il est envisageable d'avoir des structures hybrides de deux types :

- Chaque nœud de transfert possède un niveau 2 ou un niveau 3.
- Chaque nœud possède à la fois les niveaux 2 et 3.

Dans le premier cas, certains nœuds commutent la trame de niveau 2, mais d'autres nœuds remontent jusqu'au niveau 3 pour aller rechercher l'adresse IP et router sur l'adresse IP du destinataire. Dans le second cas, le nœud reçoit une trame et recherche s'il peut trouver une référence pour commuter, sinon il décapsule la trame pour retrouver le paquet IP et le router. Les nœuds sont alors des routeurs-commutateurs, que l'on trouve de plus en plus souvent dans les produits parce qu'ils permettent d'optimiser le mode de fonctionnement du réseau en fonction des critères des flots. Pour un flot constitué d'un seul paquet, il est plus simple de router. En revanche, dès que le flot est long, il est plus performant de commuter les paquets de l'utilisateur.

Les architectures « crosslayer »

L'architecture en couches a pour avantage de simplifier la compréhension des architectures et de permettre de savoir où se trouvent certaines fonctionnalités. Cependant, cette solution ne permet pas de contrôler le réseau de façon optimale.

Prenons comme exemple le contrôle d'un flot de paquets provenant d'une application de vidéo. Les algorithmes de contrôle ont intérêt à connaître l'application définie dans le niveau 7 qui est en train d'être véhiculée pour savoir si une perte de paquet est importante ou non, si le taux d'erreur du niveau 2 est acceptable ou non, si le support physique permet de redémarrer sur une coupure d'une liaison, etc. En fait, un protocole de contrôle a souvent besoin de connaître des éléments se trouvant dans les différentes couches.

Les architectures *crosslayer* ont pour objectif de rassembler toutes les couches en une seule afin que des algorithmes puissent rechercher les bonnes informations directement au bon endroit.

De nombreuses architectures ont été proposées, mais il semble que l'on s'oriente vers des architectures dites *autonomic* pour gérer le *crosslayer.* Dans ces architectures, que nous examinons en détail au chapitre 45, les nœuds sont à la fois autonomes et capables de réagir instantanément. La fonction *crosslayer* est réalisée au travers d'un plan de connaissance qui rassemble les informations nécessaires de tous les niveaux. L'architecture en couches est conservée, mais les connaissances nécessaires au *crosslayer* sont mises en commun dans une couche particulière.

Les architectures multipoint

Les applications que l'on utilise classiquement sur un équipement terminal mettent en œuvre une communication point-à-point, c'est-à-dire que la communication part du micro pour aller rechercher l'information vers un seul autre point. Beaucoup d'autres applications font appel à la coopération de plusieurs processus. Par exemple, une recherche dans une base de données distribuée, dans laquelle les informations sont réparties sur plusieurs sites, fait appel à une demande simultanée d'informations vers plusieurs centres. Pour faire cette demande, l'application et toutes les couches de protocoles associées doivent gérer des multipoint. Cette façon de communiquer est plus performante que celle qui consiste à faire la demande à un premier site puis, une fois la réponse obtenue, à un deuxième, et ainsi de suite.

La mise en place d'une communication multipoint est évidemment plus complexe que celle d'une communication point-à-point simple. Avant de décrire ce que les normalisateurs ont retenu dans l'additif n° 2 à la norme ISO 7498-1, il est important de comprendre les deux possibilités extrêmes d'une communication multipoint.

Dans le cas le plus simple, il existe un système central et des systèmes périphériques. Seul le système central peut communiquer avec l'ensemble des sites périphériques, les systèmes périphériques ne pouvant communiquer qu'avec le site central. L'avantage de cette méthode est la grande simplicité des communications. La gestion de l'ensemble peut s'effectuer par le centre.

Ce cas est illustré à la figure 4.30.

Figure 4.30

Système multipoint le plus simple

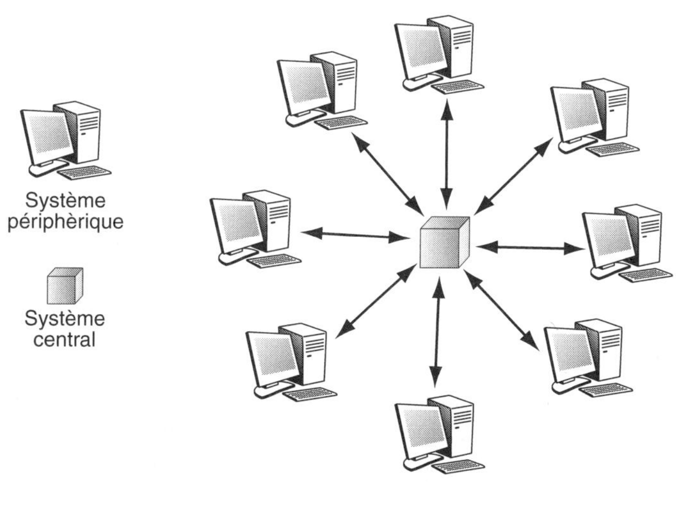

À l'opposé, le multipoint le plus complexe est celui dans lequel tout système est un système central, c'est-à-dire où chaque site peut communiquer directement avec tout autre site. On voit bien la complexité globale de cette configuration, puisque la gestion des échanges est totalement distribuée et que la coordination des systèmes est difficile à prendre en charge.

Ce cas est illustré à la figure 4.31.

Figure 4.31

Système multipoint le plus complexe

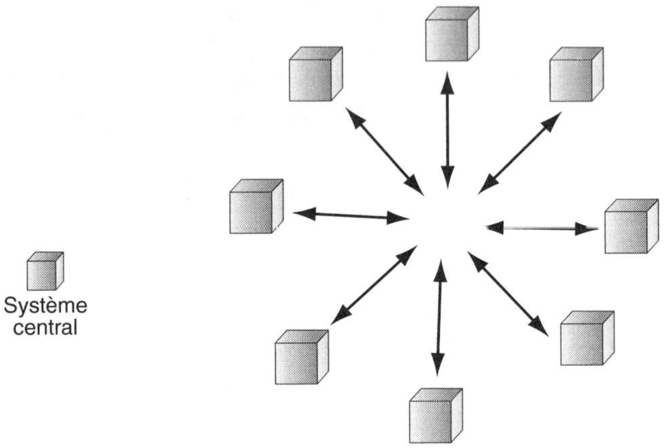

Entre ces deux configurations extrêmes, il existe toute une hiérarchie de possibilités. Les normalisateurs en ont retenu deux, la communication multipoint à centre mobile et la communication multicentre.

La communication multipoint à centre mobile est une légère amélioration du multipoint le plus simple : à un instant donné, il n'y a qu'un seul système central, mais ce site primaire peut varier dans le temps. Un système multipoint complexe est toujours équivalent à une succession de communications multipoint à centre mobile.

Cette configuration est illustrée à la figure 4.32. Son inconvénient peut être sa relative lenteur lorsque le système multipoint veut faire du parallélisme.

Figure 4.32

Communication multipoint à centre mobile

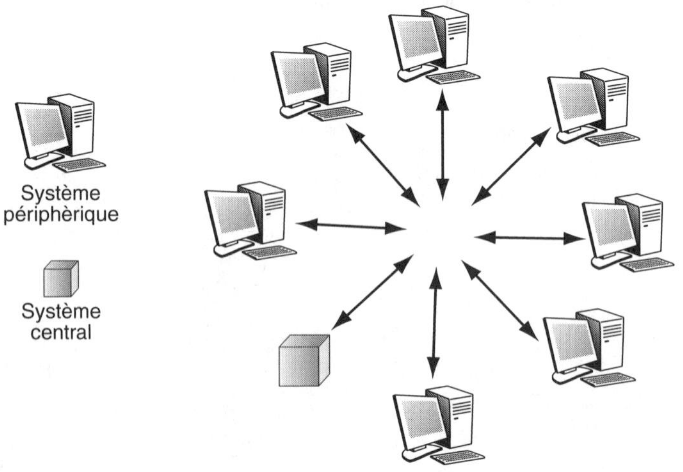

Dans la communication multicentre, si N sites participent à la réalisation de la communication multipoint, seulement M. sites au maximum peuvent se comporter comme un système central, M. étant généralement très inférieur à N.

Cette configuration est illustrée à la figure 4.33, dans laquelle, sur les 8 sites du réseau, 3 sont des systèmes centraux et 5 des systèmes périphériques.

Figure 4.33
Communication multicentre

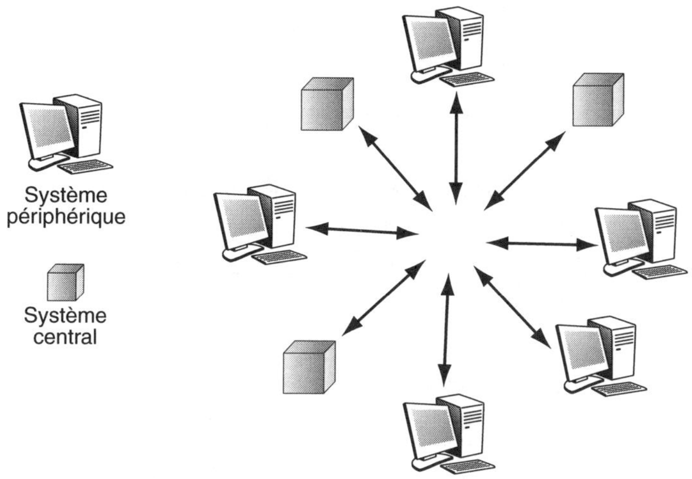

À l'aide des deux topologies définies par l'ISO, on peut mettre en place n'importe quel environnement multipoint. Le cas le plus simple de multipoint est un cas particulier de la communication centralisée à centre mobile : il suffit que le site central ne change jamais. De même, le cas le plus complexe n'est rien d'autre qu'un système multicentre dans lequel N = M.

Le second grand concept de la communication multipoint telle que définie dans la norme de base concerne la notion de *groupe,* nécessaire pour contrôler la communication. Un groupe multipoint est un ensemble d'entités pouvant être émetteur ou récepteur dans une transmission de données en multipoint. Cette notion de groupe vise à définir comment se déroule la communication, et plus précisément entre qui à l'intérieur du groupe.

Pour simplifier la définition des comportements des groupes, trois classes sont indiquées :

- Un groupe indéfini, dans lequel chaque site ne connaît pas la constitution exacte de l'ensemble des sites participant à la communication.
- Un groupe partiellement défini, dans lequel seuls quelques sites déterminés connaissent l'ensemble de la définition du groupe.
- Un groupe défini, dans lequel tous les sites connaissent l'ensemble de la définition du groupe.

Les groupes sont des ensembles parfaitement définis, qui ne bougent pas dans le temps. Ce concept est toutefois trop restrictif, un nouveau système participant à un ensemble ouvert pouvant venir s'ajouter dans le temps. Les groupes doivent donc pouvoir varier. Pour ce faire, on a défini deux classes de groupes :

- Les groupes statiques, dans lesquels le nombre de sites pendant une communication multipoint ne varie pas. Le nombre de sites est une valeur fixe, et les sites eux-mêmes ne peuvent changer.
- Les groupes dynamiques, dans lesquels des systèmes peuvent se soustraire à la communication multipoint et d'autres s'y insérer. Il est évident que, dans le cas général, la dynamique du groupe doit être contrôlée et qu'un site ne peut s'ajouter s'il

n'en a reçu l'agrément préalable. Il existe cependant des environnements dans lesquels tous les clients sont les bienvenus et s'ajoutent au groupe déjà à l'écoute. Par exemple, si, sur un canal satellite, un diffuseur de publicité émet des informations, il a intérêt à ce qu'un maximum de récepteurs soient à l'écoute. Dans d'autres cas, au contraire, pour des raisons de sécurité notamment, il faut empêcher qu'un site non avalisé participe à une communication multipoint sur des problèmes stratégiques.

Les groupes multipoint peuvent aussi être qualifiés. On a défini pour cela deux types de groupes :

- Les groupes invoqués, qui définissent l'ensemble des sites qui sont agréés à participer à une communication.
- Les groupes actifs, qui définissent les sites qui participent effectivement à une communication multipoint.

Les mécanismes de contrôle et de qualité de service

Les communications multipoint comme bipoint nécessitent que des mécanismes de contrôle soient définis. Ces mécanismes sont évidemment beaucoup plus complexes dans le cas du multipoint, le fait de passer de deux à plus de deux sites dans une communication représentant un changement d'échelle très important.

Le contrôle des erreurs au niveau 2 est un premier élément de difficulté. Supposons qu'un site émette en multipoint vers 1 000 sites en parallèle. Si l'on adopte le cas classique du contrôle dans le mode bipoint, chaque système périphérique doit envoyer un acquittement à la réception d'un bloc d'information. Le site central voit donc arriver 1 000 acquittements presque simultanément. C'est une cause assez classique de débordement des mémoires tampons et de perte d'acquittement.

La solution la plus souvent envisagée pour résoudre ces problèmes consiste à n'émettre que des acquittements négatifs au moment où une demande de retransmission est effectuée. L'inconvénient de cette méthode vient de la difficulté de contrôler la présence effective des sites qui doivent participer à la communication multipoint. Si une station se déconnecte, ou tout simplement si, à la suite d'une panne, les messages ne peuvent lui être acheminés, le site émetteur n'a pas la possibilité de s'en apercevoir. Il peut croire que la station est toujours là et qu'elle reçoit correctement les blocs d'information qui sont émis. Plutôt que de n'utiliser que des acquittements négatifs, les récepteurs doivent envoyer régulièrement des messages de présence, de façon à indiquer qu'ils sont actifs dans la communication.

Le problème qui se pose alors concerne la retransmission des blocs d'information qui ont été signalés en erreur. Plusieurs possibilités se font jour :

- Réémettre vers l'ensemble des sites de la communication multipoint, ce qui offre une certaine facilité de gestion mais peut revenir cher si le taux d'erreur sur le multipoint est élevé.
- Réémettre vers les seuls sites qui ont envoyé un acquittement négatif. Cette réémission doit attendre la fin de la transmission pour ne pas perturber le multipoint. Le plus souvent, on effectue une reprise en fin de communication, contrairement à la solution précédente, qui correspond à une reprise en continu.
- Ignorer l'acquittement négatif et continuer de transmettre. Ce cas de figure est très particulier, car si les données transmises n'ont que peu de valeur, il est inutile d'envoyer des acquittements négatifs. Par exemple, l'émission en multipoint d'une télécopie ou d'une image numérique sans grande valeur ne nécessite pas une correction des erreurs. En revanche, une telle émission peut être importante si l'on veut s'assurer que l'ensemble des systèmes périphériques a reçu l'information.

Le contrôle de flux a une importance encore plus grande en multipoint qu'en bipoint. Nous venons de voir que, dès qu'un grand nombre de sites participent à la communication, les flux peuvent devenir énormes et surtout relativement simultanés.

Plusieurs types de contrôles de flux ont été définis, notamment les suivants :

- L'émetteur se met à la vitesse du récepteur le plus lent. Si le contrôle est effectué par une technique de fenêtre, dans laquelle l'émetteur ne peut envoyer plus d'un certain nombre de blocs d'information sans avoir reçu les acquittements correspondants, le blocage de l'émission se fait automatiquement. Cela nécessite des acquittements positifs de la part des récepteurs, ce qui, comme nous l'avons vu, est extrêmement lourd. On recourt donc plutôt à des paquets de contrôle émis par les récepteurs et indiquant leur possibilité de réception, l'émetteur n'ayant plus qu'à suivre la vitesse la plus lente indiquée.
- L'émetteur peut continuer à transmettre avec la vitesse déterminée pour la mise en place du multipoint. Les récepteurs qui ne peuvent suivre deviennent des cas particuliers, pour lesquels une retransmission globale du message est effectuée ultérieurement.
- L'émetteur arrête la transmission vers les récepteurs les plus lents. Comme précédemment, une retransmission spécifique se produit ultérieurement.

On peut imaginer de nombreux cas intermédiaires. La bonne solution dépend des caractéristiques de la communication multipoint. Le temps réel, la sécurité de la transmission et le coût sont des facteurs déterminants pour la mise en place du contrôle de flux.

La qualité de service détermine les performances nécessaires pour la traversée du réseau pour qu'une application puisse se réaliser. La qualité de service doit être définie au début de la communication. Il existe des paramètres spécifiques pour le multipoint. Deux d'entre eux sont indiqués dans l'additif n° 2 à la norme de base, le paramètre « intégrité du groupe actif » et le paramètre « variance maximale » :

- Le paramètre « intégrité du groupe actif », ou AGI (Active Group Integrity), fournit les conditions limites pour que la communication multipoint continue. Lorsque la communication se dégrade du fait de coupures de la transmission vers certains sites, de taux d'erreur élevés ou de sites qui se déconnectent, il faut être capable de décider si cela vaut la peine de continuer la connexion. La difficulté est d'apprécier si la qualité de service est suffisante. Certaines valeurs limites sont simples à exprimer, comme le nombre minimal de sites qui doivent rester connectés. D'autres sont beaucoup plus complexes, comme le nombre de sites qui ont une mauvaise communication et sont obligés de demander une nouvelle transmission dans le multipoint.
- Le paramètre « variance maximale », ou MA (Maximum Variance), est du même type que le précédent, mais il concerne les propriétés de la communication proprement dite, telles que le taux d'erreur en ligne, les valeurs limites des flux, le taux d'erreur résiduelle, les demandes de reprise et de redémarrage, etc. La définition des valeurs limites n'est pas trop délicate, mais les prises de mesure sur le système multipoint nécessaires pour les obtenir sont beaucoup plus complexes.

Conclusion

Ce chapitre a présenté les différents composants d'une architecture réseau, ainsi que le découpage en couches effectué pour prendre en charge les fonctionnalités nécessaires à la bonne marche de ces systèmes. À partir de ces composants, il est possible de définir des architectures, et nous avons explicité les trois grandes solutions, OSI, TCP/IP et UIT-T, prépondérantes dans le domaine des réseaux.

Il faut bien insister, dans le cas de l'architecture OSI, sur le fait qu'elle ne représente qu'une solution théorique inspirée par le modèle de référence. La solution TCP/IP est aujourd'hui la plus répandue, mais il en existe de nombreuses variantes, que nous examinons tout au long de cet ouvrage, variantes déterminées essentiellement par les protocoles utilisés en dessous du niveau paquet IP.

L'architecture ATM décrivant le modèle de l'UIT-T est plutôt en décroissance, mais elle a su trouver sa place en s'intégrant dans l'architecture TCP/IP pour former la technique MPLS.

5

Le médium de transport

Le médium de transport correspond aux éléments matériels et immatériels capables de transporter des éléments binaires, comme les câbles et les ondes radio. Dans le premier cas, ce sont des fils métalliques ou des fibres optiques qui transportent l'information et dans le second les ondes hertziennes.

Les deux types de support sont plus complémentaires que concurrents. Le hertzien permet la mobilité, mais au prix de débits plus faibles. De son côté, le câble propose des débits de plus en plus importants. Même si les débits des équipements mobiles augmentent, l'écart reste stable avec ceux des câbles. On arrive aujourd'hui à des dizaines de gigabits par seconde sur la fibre optique contre des centaines de mégabits par seconde pour le hertzien.

Ce chapitre examine les caractéristiques de ces différents médias de transport afin de mieux faire comprendre les architectures que l'on peut bâtir au-dessus.

Le médium physique

Par médium physique, il faut entendre tous les composants physiques permettant de transmettre les éléments binaires, suites de 0 et de 1, représentant les données à transmettre.

La nature des applications véhiculées par le réseau peut influer sur le choix du support, certaines applications nécessitant, par exemple, une bande passante importante et, par là même, l'adoption de la fibre optique. Le câble coaxial permet lui aussi de transférer des débits binaires importants, même si ces derniers restent inférieurs à ceux offerts par la fibre optique.

Aujourd'hui, les progrès technologiques rendent l'utilisation de la paire de fils torsadée bien adaptée à des débits de 10 à 100 Mbit/s, voire 1 Gbit/s sur des distances plus courtes. Sa facilité d'installation par rapport au câble coaxial et son prix très inférieur la rendent à la fois plus attractive et plus compétitive.

La fibre optique est présente dans tous les systèmes de câblage proposés par les constructeurs, en particulier sur les liaisons entre locaux techniques. Elle présente l'avantage d'un faible encombrement, l'espace très important requis par les autres supports physiques pouvant devenir contraignant. Un autre avantage de la fibre optique est son immunité au bruit et aux interférences électromagnétiques. Dans certains environnements perturbés les erreurs de transmission peuvent en effet devenir inacceptables. De même, sa protection naturelle contre l'écoute la rend attrayante dans les secteurs où la confidentialité est importante, comme l'armée ou la banque.

On observe une utilisation de plus en plus fréquente de la paire torsadée. Les progrès technologiques lui ont permis de repousser ses limites théoriques par l'ajout de circuits électroniques et d'atteindre des débits importants à des prix nettement inférieurs à ceux du câble coaxial. La paire torsadée est de surcroît plus simple à installer que le câble coaxial, d'autant qu'elle peut utiliser l'infrastructure mise en place depuis longtemps pour le câblage téléphonique. La paire torsadée permet enfin de reconfigurer, de maintenir ou de faire évoluer le réseau de façon simple.

La paire de fils torsadée

La paire de fils torsadée est le support de transmission le plus simple. Comme l'illustre la figure 5.1, elle est constituée d'une ou de plusieurs paires de fils électriques agencés en spirale. Ce type de support convient à la transmission aussi bien analogique que numérique.

Les paires torsadées peuvent être blindées, une gaine métallique enveloppant complètement les paires métalliques, ou non blindées. Elles peuvent être également « écrantées ». Dans ce cas, un ruban métallique entoure les fils.

Figure 5.1
Paires de fils torsadées

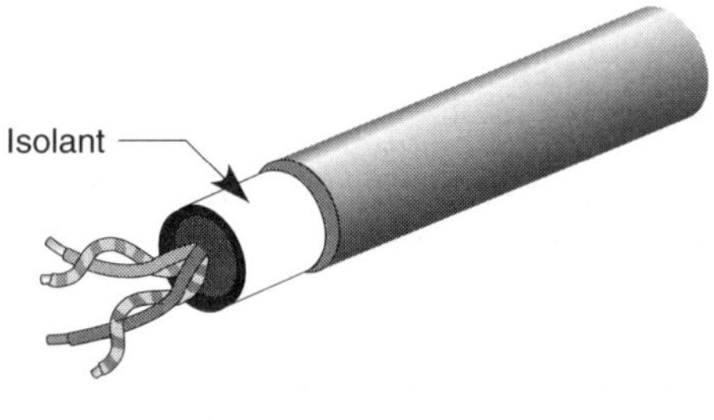

De très nombreux débats ont lieu sur les avantages et inconvénients du blindage de ces câbles. On peut dire, en simplifiant, qu'un câble blindé devrait être capable de mieux immuniser les signaux transportés. L'inconvénient du blindage est toutefois qu'il exige la mise à la terre de l'ensemble de l'équipement, depuis le support physique jusqu'au terminal. Il faut donc que toute la chaîne de connexion des terres soit correctement effectuée et maintenue. En d'autres termes, un réseau blindé doit être de très bonne qualité, faute de quoi il risque de se comporter moins bien qu'un réseau sans blindage, beaucoup moins onéreux.

Les fils métalliques sont particulièrement adaptés à la transmission d'informations sur de courtes distances. Si la longueur du fil est peu importante, de quelques centaines de mètres à quelques kilomètres, des débits de plusieurs mégabits par seconde peuvent être atteints sans taux d'erreur inacceptable. Sur des distances plus courtes, on peut obtenir sans difficulté des débits de plusieurs dizaines de mégabits par seconde. Sur des distances encore plus courtes, on atteint facilement quelques centaines de mégabits par seconde.

Une distance de l'ordre de 100 m permet de faire passer le débit à plusieurs gigabits par seconde.

La normalisation dans le domaine des câbles est effectuée par le groupe ISO/IEC JTC1/SC25/WG3 au niveau international et par des organismes nationaux comme l'EIA/TIA (Electronic Industries Association/Telecommunications Industries Association), aux États-Unis.

Les principales catégories de câbles définies sont les suivantes :

- Catégorie 3 (10BaseT) ;
- Catégorie 4 (10BaseT et Token-Ring 16 Mbit/s) ;
- Catégorie 5 (10BaseT, Token-Ring 16 Mbit/s et 100 Mbit/s TPDDI) ;
- Catégorie 5e (Type R évolué, pour une largeur de bande de 100 MHz) ;
- Catégorie 6 (pour une largeur de bande de 200 MHz) ;
- Catégorie 7 (pour une largeur de bande de 600 MHz).

Il est possible de comparer les paires torsadées en fonction de leur paradiaphonie, c'est-à-dire de la perte d'une partie de l'énergie du signal due à la proximité d'un autre circuit et de son affaiblissement. La figure 5.2 illustre ces comparaisons. Les câbles de types 6 et 7 ne figurent pas dans ce schéma par manque de mesures disponibles. Dans cette même figure, nous avons ajouté un câble spécifique à la France, le câble 120 Ω, qui est une proposition de France Télécom pour trouver un compromis entre les 100 et 150 Ω et éviter ainsi dans la mesure du possible les adaptateurs d'impédance.

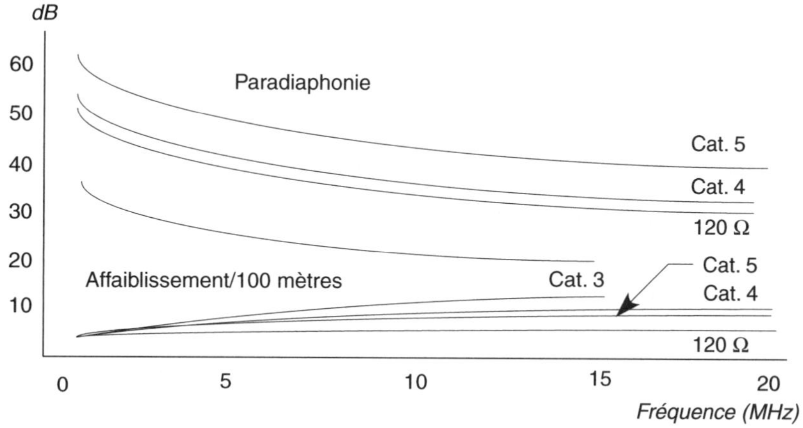

Figure 5.2

Comparaison de la paradiaphonie et de l'affaiblissement du signal sur 100m de divers types de câbles

Le câble coaxial

Un câble coaxial est constitué de deux conducteurs cylindriques de même axe, l'âme et la tresse, séparés par un isolant *(voir figure 5.3)*. Ce dernier permet de limiter les perturbations dues au bruit externe. Si le bruit est important, un blindage peut être ajouté. Quoique ce support perde du terrain, notamment par rapport à la fibre optique, il reste encore très utilisé.

Figure 5.3
Coupe d'un câble coaxial

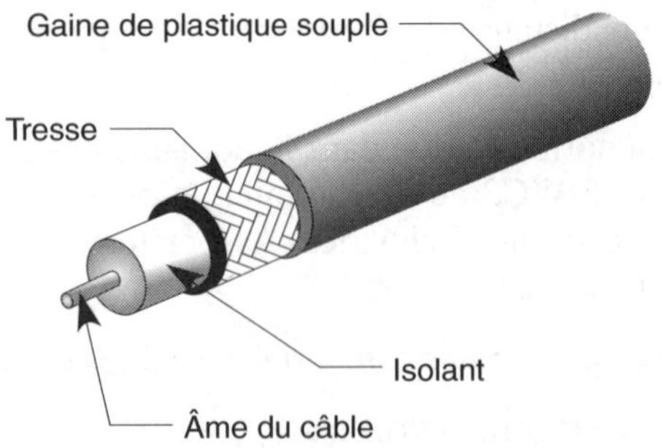

Les électroniciens ont démontré que le rapport des diamètres des deux conducteurs devait être de 3,6 mm. Les différents câbles utilisés sont désignés par le rapport en millimètre des diamètres de l'âme et de la tresse du câble, les deux plus courants étant les 2,6/9,5 et 1,2/4,4.

Comme pour les fils métalliques, le débit binaire obtenu sur un câble coaxial est inversement proportionnel à la distance à parcourir. Sur un câble coaxial de bonne qualité d'une longueur de 1 km, des débits supérieurs à 100 Mbit/s peuvent être atteints.

Les principales catégories de câbles coaxiaux disponibles sur le marché sont les suivantes :

- câble 50 Ω, de type Ethernet ;
- câble 75 Ω, de type CATV (câble de télévision).

La fibre optique

La fibre optique est utilisée dans les environnements où un très fort débit est demandé mais également dans les environnements de mauvaise qualité. Elle comporte des composants extrémité qui émettent et reçoivent les signaux lumineux.

Les principaux composants émetteurs sont les suivants :

- Diode électroluminescente (DEL) dépourvue de cavité laser, qui émet des radiations lumineuses lorsqu'elle est parcourue par un courant électrique.
- Diode laser (DL), qui émet un faisceau de rayonnement cohérent dans l'espace et dans le temps.
- Laser modulé.

L'utilisation d'un émetteur laser diminue le phénomène de dispersion, c'est-à-dire la déformation du signal provenant d'une vitesse de propagation légèrement différente suivant les fréquences. Cela donne une puissance optique supérieure aux DEL. La contrepartie de ces avantages est un coût plus important et une durée de vie du laser inférieure à celle d'une diode électroluminescente..

La figure 5.4 illustre une liaison par fibre optique. Cette figure comporte des codeurs et des décodeurs qui transforment les signaux électriques en signaux qui peuvent être émis sous forme de lumière dans la fibre optique et *vice versa.* L'émetteur est l'un des trois composants extrémité que nous venons de voir et le récepteur un photodétecteur capable de récupérer les signaux lumineux

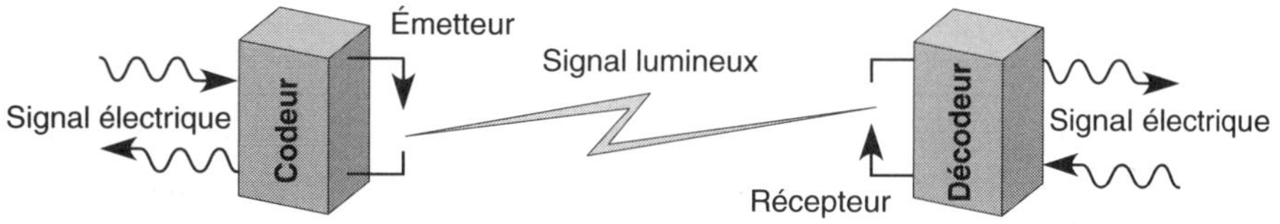

Figure 5.4

Liaison par fibre optique

Le faisceau lumineux est véhiculé à l'intérieur de la fibre optique, qui est un guide cylindrique d'un diamètre allant de quelques microns à quelques centaines de microns, recouvert d'isolant. La vitesse de propagation de la lumière dans la fibre optique est de l'ordre de 100 000 km/s en multimode et de 250 000 km/s en monomode.

Il existe plusieurs types de fibres, notamment les suivantes :

- Les fibres multimodes à saut d'indice, dont la bande passante peut atteindre 50 MHz sur 1 km.
- Les fibres multimodes à gradient d'indice, dont la bande passante peut atteindre 500 MHz sur 1 km.
- Les fibres monomodes, de très petit diamètre, qui offrent la plus grande capacité d'information potentielle, de l'ordre de 100 GHz/km, et les meilleurs débits. Ce sont aussi les plus complexes à réaliser.

On utilise généralement des câbles optiques contenant plusieurs fibres. L'isolant entourant les fibres évite les problèmes de diaphonie, c'est-à-dire de perturbation d'un signal par un signal voisin, entre les différentes fibres.

La capacité de transport de la fibre optique continue d'augmenter régulièrement grâce au multiplexage en longueur d'onde. Dans le même temps, le débit de chaque longueur d'onde ne cesse de progresser. On estime qu'il a été multiplié par deux tous les six mois de 2000 à 2004, date à laquelle on a atteint près de 1 000 longueurs d'onde. Comme, sur une même longueur d'onde, la capacité est passée pour la même période de 2,5 à 40 Gbit/s et bientôt 160 Gbit/s, des capacités de plusieurs dizaines de térabits par seconde (Tbit/s, ou 10^{12} bit/s) sont aujourd'hui atteintes sur la fibre optique.

Le multiplexage en longueur d'onde, ou WDM (Wavelength Division Multiplexing), consiste à émettre simultanément plusieurs longueurs d'onde, c'est-à-dire plusieurs lumières, sur un même cœur de verre. Cette technique est fortement utilisée dans les cœurs de réseau. On l'appelle DWDM (Dense WDM) lorsque le nombre de longueur d'onde devient très grand.

Les principaux avantages de la fibre optique sont les suivants :

- très large bande passante, de l'ordre de 1 GHz pour 1 km ;
- faible encombrement ;
- grande légèreté ;
- très faible atténuation ;
- très bonne qualité de transmission ;
- bonne résistance à la chaleur et au froid ;
- matière première bon marché (silice) ;
- absence de rayonnement.

Les médias hertziens

La réussite du GSM et l'arrivée des terminaux mobiles pouvant se connecter à des réseaux locaux sans fil ont rendu très populaires les supports hertziens. Ce succès devrait être encore amplifié par l'interconnexion des équipements personnels (terminal téléphonique, PC portable, agenda électronique, etc.).

L'ensemble des équipements terminaux mobiles qui utilisent la voie hertzienne pour communiquer constitue ce que l'on appelle les réseaux cellulaires, une cellule étant une zone géographique dont tous les points peuvent être atteints à partir d'une même antenne. Parmi les réseaux cellulaires, on distingue les réseaux de mobiles, les réseaux satellite et les réseaux sans fil. Les réseaux de mobiles permettent aux terminaux de se déplacer d'une cellule à une autre sans coupure de la communication, ce qui n'est pas le cas des réseaux sans fil. Les réseaux satellite sont d'un autre genre car ils demandent des délais de propagation bien plus longs que les réseaux terrestres.

Dans un réseau de mobiles, lorsqu'un utilisateur se déplace d'une cellule à une autre, le cheminement de l'information doit être modifié pour tenir compte de ce déplacement. Cette modification s'appelle un changement intercellulaire, ou handover, ou encore handoff. La gestion de ces handovers est souvent délicate puisqu'il faut trouver une nouvelle route à la communication, sans toutefois l'interrompre.

Chaque cellule dispose d'une station de base, ou BTS (Base Transceiver Station), c'est-à-dire d'une antenne assurant la couverture radio de la cellule. Une station de base dispose de plusieurs fréquences pour desservir à la fois les canaux de trafic des utilisateurs, un canal de diffusion, un canal de contrôle commun et des canaux de signalisation. Chaque station de base est reliée par un support physique de type câble métallique à un contrôleur de station de base, ou BSC (Base Station Controller). Le contrôleur BSC et l'ensemble des antennes BTS qui lui sont raccordées constituent un sous-système radio, ou BSS (Base Station Subsystem). Les BSC sont tous raccordés à des commutateurs du service mobile, ou MSC (Mobile service Switching Center).

L'architecture d'un réseau de mobiles est illustrée à la figure 5.5.

Figure 5.5.

Architecture d'un réseau de mobiles

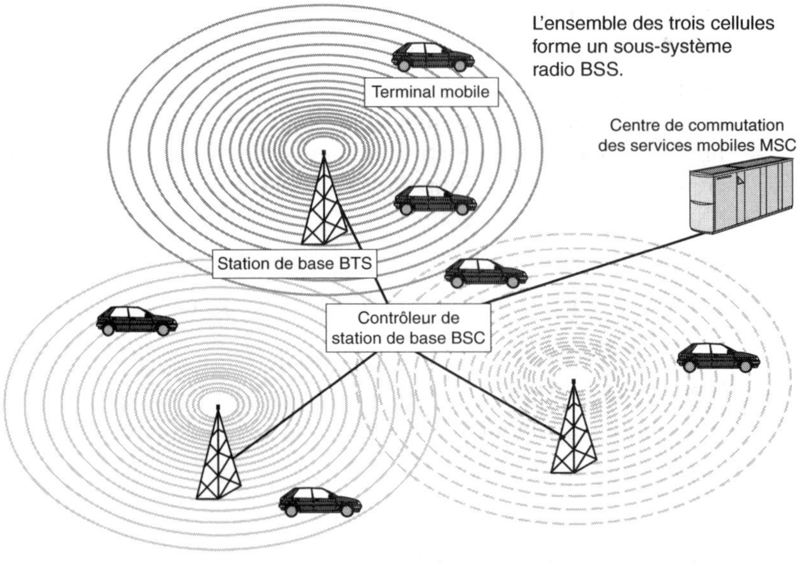

Les chapitres 20 à 24 reviennent en détail sur les différents types de réseaux cellulaires.

Le câblage

Le câblage des bureaux et des entreprises nécessite des sommes souvent importantes. Lors de l'évaluation de ce coût, il faut prendre en compte non seulement le support mais aussi les équipements situés aux deux extrémités du câble. Il faut en outre évaluer les besoins afin de sélectionner et d'installer le bon câble une fois pour toutes.

Divers paramètres interviennent quant au choix des composants d'un système de câblage, tels le coût, l'environnement, les contraintes particulières des utilisateurs, la fiabilité, l'évolutivité, etc. Il est impératif de caractériser dès le départ l'environnement dans lequel est déployé le réseau. Certains environnements industriels sont critiques et nécessitent des supports spécifiques. Un environnement bruyant, par exemple, peut requérir l'emploi de la fibre optique. Le réseau peut aussi être exposé à des perturbations électromagnétiques ou climatiques. La sécurité des informations est un autre élément à prendre en compte.

La population d'utilisateurs escomptée détermine le nombre de prises nécessaires pour dimensionner le système. Il faut en outre envisager les types de trafics destinés à être supportés et en évaluer le volume — il peut être important dans le cas de transport d'images numérisées, par exemple — afin d'avoir une idée précise du niveau de fiabilité des transmissions requis, le transfert de données étant très sensible aux erreurs de transmission, contrairement au transfert de voix numérisées.

La topologie du bâtiment est une autre contrainte à prendre en compte. Certains supports sont beaucoup plus maniables que d'autres — le rayon de courbure d'une fibre optique est inférieur à celui d'un câble coaxial, par exemple —, et l'utilisation d'une fibre optique ou d'une paire métallique souple peut être nécessaire dans des bâtiments où le chemin de câblage est quelque peu tortueux.

Les infrastructures de câblage se répartissent entre réseau courant faible pour le transport de l'information (téléphonie, informatique, multimédia) et réseau courant fort pour l'alimentation électrique. Le transport de l'information requiert une puissance très inférieure, de l'ordre du milliwatt, à celle nécessaire au fonctionnement des appareils électriques, qui est de l'ordre de dizaines ou de centaines de watts.

Pour l'implantation d'un réseau de distribution courant faible, il faut décider du chemin des câbles et de la technologie à utiliser de la façon la plus générique possible, indépendamment des types d'information, de matériel et d'utilisateur auxquels le réseau est destiné.

Le plan de câblage d'une entreprise est capital pour la bonne marche des réseaux que l'on souhaite y implanter. Les sections suivantes présentent les différents plans de câblage disponibles.

Le câblage départemental

Les réseaux départementaux, que l'on appelle aussi réseaux SOHO (Small Office/Home Office), ont une taille maximale de l'ordre de la centaine de mètres.

Le rôle du câblage départemental, ou capillaire, est de distribuer les informations vers l'ensemble des bureaux dans un environnement limité. Ces réseaux capillaires sont formés par le câblage sortant du répartiteur d'étage.

Les répartiteurs

Les répartiteurs sont classés en différentes catégories suivant le type d'installation concerné :

- répartiteur : terme générique ;
- sous-répartiteur d'étage ou de zone ;
- répartiteur général (RG) : soit informatique, soit téléphonique ;
- tableau de communication, ou BRU (boîtier de raccordement usager) : pour le résidentiel.

Les fonctions communes aux répartiteurs sont les suivantes :

- Regrouper les terminaisons des liaisons câblées sur des connecteurs RJ-45 ou optiques.
- Repérer les câblages et les équipements actifs : par exemple, la prise 15 dans le bâtiment B au premier étage sera immédiatement identifiée par son numéro :15B1.
- Gérer les ressources (hub, switch, informatique centrale, autocommutateur) par brassage en fonction des topologies et les connecter aux prises RJ-45 des utilisateurs réparties dans le bâtiment.
- Intégrer les équipements actifs de réseau, soit sous forme de rack 19 pouces (armoire électronique standard), soit sous forme de mini-boîtier.
- Assurer la protection de la connectique et des équipements électroniques (malveillance, poussière, etc.).
- Permettre le test de toutes les parties constituantes d'un réseau ainsi que leur maintenance.

La normalisation du câblage départemental a choisi comme support physique quatre paires de fils torsadées distribuées en étoile depuis un local technique central. Cette topologie est illustrée à la figure 5.6.

Figure 5.6
Topologie du câblage départemental

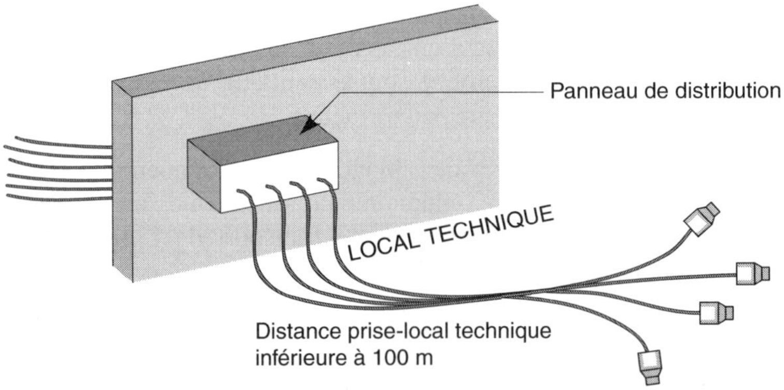

La structure en étoile permet de desservir très facilement l'ensemble des pièces du département. On compte généralement une prise pour 6 m^2. Lors du précâblage d'un immeuble neuf, il faut câbler l'ensemble de la surface avec un nombre de prises suffisant pour ne pas à avoir à tirer de nouveaux fils ultérieurement. En effet, lorsqu'on câble un immeuble, le coût à la prise est très bas, comparé au même câblage dans un immeuble ancien, où des travaux d'infrastructure sont nécessaires. Si le coût de la prise d'un précâblage dans un bâtiment neuf est de 75 à 150 euros en moyenne, il faut multiplier ces chiffres par dix pour un immeuble ancien sans infrastructure de câblage.

De plus en plus, les nouveaux bâtiments sont précâblés selon une structure identique à celle des câblages du réseau téléphonique à partir du répartiteur d'étage. Quelques différences doivent toutefois être signalées :

- Le câblage peut être banalisé : on utilise dans ce cas le câble pour y raccorder indifféremment un téléphone ou un équipement informatique.

- Le câblage peut être non banalisé : on raccorde les terminaux téléphoniques sur un câble de faible diamètre et les équipements informatiques sur un câble de meilleure qualité.
- Les câbles peuvent permettre de réaliser divers types de réseaux locaux capillaires. La qualité du câble est importante en cas de contrainte de distance. Pour les réseaux à 100 Mbit/s, voire à 1 Gbit/s, le câble doit être d'excellente qualité pour atteindre la centaine de mètres. Le mieux est de limiter la distance entre le local technique et la périphérie à 50 m et d'utiliser un câble métallique de bonne qualité.

Dans le câblage banalisé, aussi appelé structuré ou universel, la banalisation doit être totale, et la prise du terminal unique. Le choix penche généralement en faveur de la prise normalisée ISO 8877, qui peut se décliner de différentes façons dans chaque pays. La norme de câblage française avec une prise RJ-45 universelle est NF C 15-100 (guide UTE C 90-483). Elle est également applicable au câblage résidentiel.

Tous les câbles arrivent sur un même répartiteur, et ce sont des cordons de connexion, ou jarretières, qui sont utilisés pour connecter, dans le local technique, l'arrivée du câble banalisé aux prises donnant accès au réseau téléphonique ou informatique. Les câbles utilisés sont identiques. En règle générale, on utilise quatre paires de fils torsadées pour être compatible avec la prise RJ-45, qui possède 8 broches, 4 pour les données et 4 pour la téléalimentation.

La non-banalisation permet de poser des câbles de qualités différentes entre l'informatique et la téléphonie. Par exemple, on peut utiliser deux paires de fils torsadées blindées de très bonne qualité pour la partie informatique et quatre paires de fils torsadées non blindées pour la partie téléphonique. Du fait de cette différence entre les deux câblages, les arrivées au répartiteur d'étage sont différentes : la partie informatique arrive sur un tableau de distribution informatique et la partie téléphonique sur un tableau de distribution téléphonique.

Rien n'empêche un utilisateur de demander la pose d'un câble spécifique de meilleure qualité que celui proposé par le constructeur, de façon à éviter tout problème d'adaptation à l'environnement. Une autre solution pour prendre en compte les caractéristiques de tous les types de réseaux locaux consiste à réduire la distance maximale entre le terminal et le tableau de distribution. Cette distance doit être suffisamment courte pour supporter les débits les plus importants des produits disponibles sur le marché.

Topologie du câblage départemental

Nous venons de voir que la topologie normalisée était de type étoile. Cependant, cette topologie en étoile n'est pas toujours adaptée à l'entreprise. D'autres topologies sont possibles, comme le bus ou la boucle.

La topologie en étoile

La topologie en étoile est évidemment parfaitement adaptée à la distribution des réseaux en étoile. Les câblages des autocommutateurs privés, ou PABX, sont conformes à cette topologie. Une difficulté peut toutefois surgir de l'inadéquation des câbles aux débits proposés par les autocommutateurs. Le système de câblage peut dater de nombreuses années et n'avoir été conçu que pour faire transiter un signal analogique à 3 200 Hz de bande passante, par exemple. L'inconvénient de cette topologie en étoile est la centralisation : si le centre est défaillant, tout le système risque de s'arrêter.

La topologie en bus

Largement répandue dans les réseaux locaux Ethernet, la topologie en bus présente de nombreux avantages, en particulier celui de pouvoir être passive, c'est-à-dire sans alimentation électrique. Les câbles associés peuvent être de différents types : paires de fils métalliques ou câble coaxial 50 ou 75 Ω. La fibre optique est mal adaptée à cette structure.

À une vitesse de 10 Mbit/s, le signal peut être propagé plus ou moins loin suivant la qualité du câble. Si l'on reprend les normes en vigueur pour Ethernet, Les distances suivantes sont permises :

- 500 m pour un câble coaxial blindé Ethernet jaune ;
- 180 m pour un câble coaxial fin RG-58 utilisé pour les réseaux Cheapernet ;
- 3 600 m pour un câble CATV 75 Ω.

Les tronçons de câble, ou brins, peuvent être raccordés entre eux par des répéteurs. Un répéteur est un organe non intelligent, qui répète automatiquement vers un deuxième câble tous les signaux passant sur un brin, comme illustré à la figure 5.7.

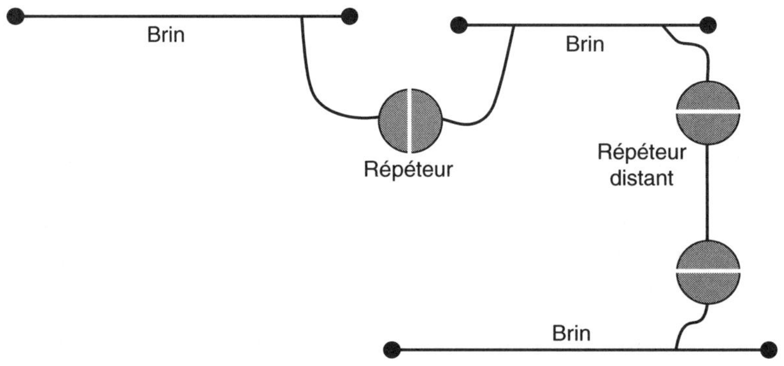

Figure 5.7
Raccordement de brins par des répéteurs

Des répéteurs distants peuvent être reliés entre eux par un autre support de communication, comme la fibre optique.

La topologie en anneau

Sur une topologie en anneau, les coupleurs qui gèrent l'accès au support physique arrêtent l'information, c'est-à-dire mémorisent pendant un certain temps les informations passant sur la boucle. Plusieurs décisions doivent être prises, telles que déterminer si la trame doit être recopiée vers la prochaine station ou détruite dans le registre, si la valeur du jeton doit être modifiée ou non, si la trame doit être recopiée vers le coupleur, etc. Il faut donc couper le support physique et ajouter un registre à décalage, comme illustré à la figure 5.8. Le registre à décalage mémorise les éléments binaires au fur et à mesure de leur arrivée. À la fin du décalage, ils sont émis sur la boucle en direction de la prochaine station. Le temps de réflexion pour prendre les décisions utiles est égal au temps des décalages et dépend donc du nombre de registres.

Le coupleur prend une copie de la trame dans le premier registre. Le nombre de décalages correspond au temps de réflexion du coupleur pour modifier une information ou en introduire une nouvelle. L'incorporation de nouveaux bits ou l'effacement de certains s'effectue sur le dernier bit du registre à décalage.

Figure 5.8
Registre à décalage du jeton sur boucle

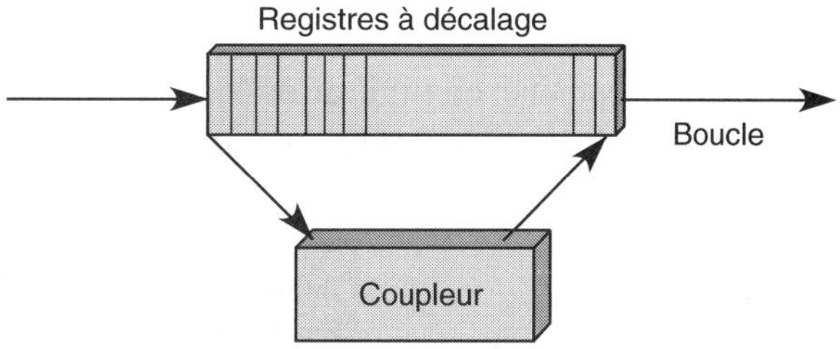

Le registre à décalage est une structure active, qui doit être alimentée électriquement. Les supports physiques en boucle doivent donc nécessairement être secourus en cas de panne ou de défaut d'alimentation. Les deux grandes techniques utilisées en cas de défaillance sont le by-pass, ou dérivation, illustré à la figure 5.9, et la structuration en étoile, détaillée plus loin.

Figure 5.9
Dérivation d'un coupleur

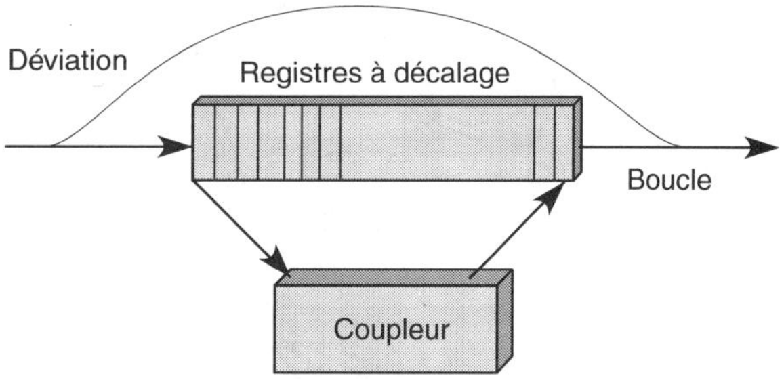

Le passage par un registre à décalage oblige à régénérer le signal à la sortie. C'est un avantage pour la portée totale du réseau mais un défaut du point de vue de la fiabilité. En particulier, l'utilisation d'un by-pass ne permet pas la régénération du signal, ce qui oblige à faire très attention à la portée maximale entre deux coupleurs. Si la portée maximale est de 200 m et que les coupleurs soient disposés tous les 100 m, il n'y a aucun problème lorsqu'un coupleur tombe en panne. En revanche, si deux coupleurs de suite sont en panne, le signal doit parcourir 300 m sans régénération. La distance est trop grande et provoque des dégradations importantes de la qualité de l'information transmise.

Pour éviter ces problèmes, il est possible de proposer une architecture en étoile pour une topologie en boucle. Si un coupleur tombe en panne, la boucle est refermée par l'intermédiaire d'un interrupteur sur le panneau de distribution. Cette solution n'est toutefois guère satisfaisante, puisqu'elle nécessite une intervention manuelle. Dans la réalité, derrière le panneau, on utilise un concentrateur, qui est relié par des jarretières aux prises terminales du câblage. En cas de panne d'un coupleur, le concentrateur est capable de reformer la boucle d'une façon totalement passive.

Pour connecter un utilisateur supplémentaire, on étend la boucle par une nouvelle connexion. L'intérêt de cette technique est qu'elle permet la mise hors circuit, d'une façon simple, de tout élément défaillant. De plus, aucun problème ne se pose au niveau de la répétition du signal, puisqu'on passe directement d'un coupleur au coupleur actif suivant. On peut donc déconnecter les machines et les coupleurs sur l'anneau sans aucun risque pour la qualité du signal.

La distribution en étoile autour du local technique est parfaitement adaptée à cette structure.

L'arbre actif

L'arbre est une configuration qui comporte des nœuds, ou hubs, et des branches. La figure 5.10 illustre cette topologie, avec, au sommet, le nœud racine.

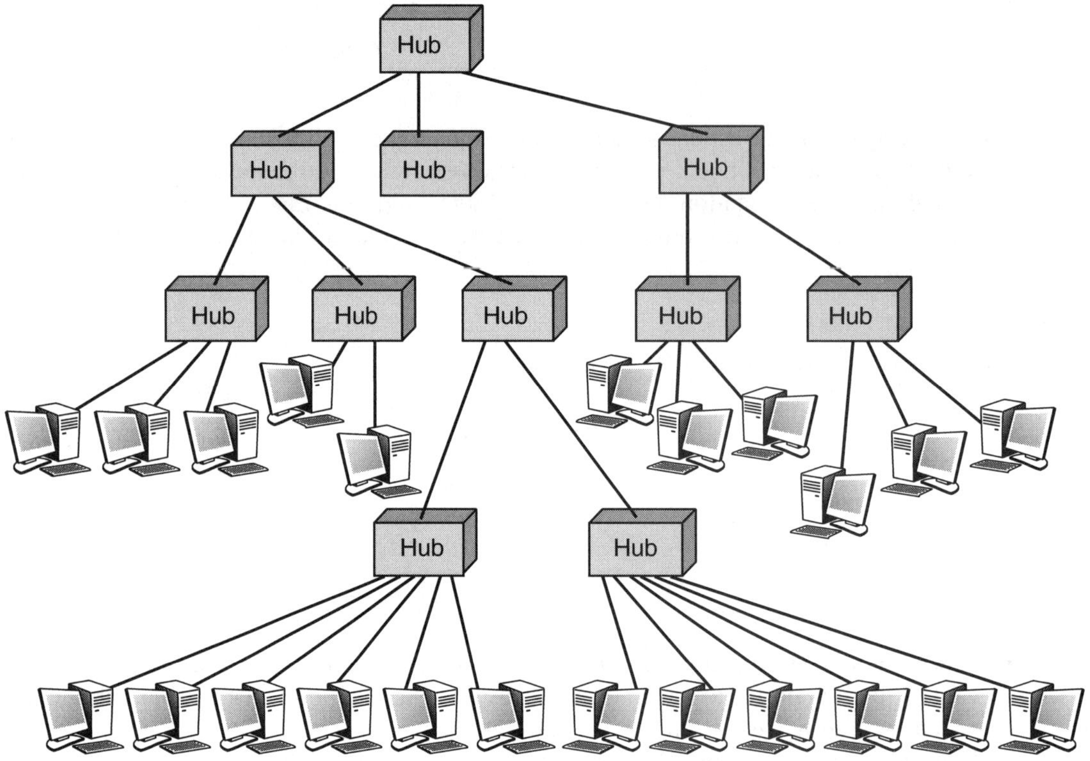

Figure 5.10

Arbre actif

L'arbre actif est caractérisé par une structure arborescente. À chaque intersection correspond un hub alimenté électriquement, dont le rôle est de répéter, dans toutes les directions possibles, une copie du message qui arrive. Cette caractéristique permet, à partir de n'importe quelle station, d'atteindre toutes les autres. Elle se retrouve sur les structures en bus, dans lesquelles, lorsqu'un émetteur envoie de l'information, toutes les stations en prennent une copie au passage et la conservent si l'adresse du destinataire correspond à leur propre adresse. Dans la structure de l'arbre actif, on a exactement les mêmes propriétés : chacun reçoit une copie, et personne n'a à se soucier de savoir qui enlève le signal du câble comme sur une boucle, les signaux disparaissant automatiquement.

Les techniques d'accès correspondant à ce type de réseau en arbre sont identiques à celles des structures en bus, à savoir les techniques Ethernet. Les réseaux en arbre actif avec la technique d'accès Ethernet s'appellent des réseaux Starlan.

La structure en arbre actif est bien adaptée à la distribution en étoile, puisqu'il suffit de placer un hub dans le local technique et de relier, sur le tableau de distribution, les fils correspondant aux machines à raccorder. Plusieurs hubs peuvent être placés dans le même local technique si le nombre de sorties n'est pas suffisant sur un seul hub.

D'autres types de connexions sont possibles à partir d'une structure en arbre, en particulier le raccordement de stations terminales à un contrôleur de communication.

Dans cet exemple, il faut pouvoir connecter le câble de sortie du terminal, correspondant aux caractéristiques du terminal sur le câblage départemental, qui n'a pas forcément la même impédance. Il faut alors ajouter un élément intermédiaire, qui effectue l'adaptation entre les deux types de câbles. Cet élément s'appelle un balun (BALanced-UNbalanced). Ce balun peut être intégré au terminal lui-même.

Le câblage d'établissement

Le câblage d'établissement a pour fonction de raccorder entre eux les différents tableaux de distribution du niveau départemental. On peut envisager pour cela trois possibilités : les rocades, les réseaux locaux et les étoiles.

Les rocades

Les rocades consistent à relier les locaux techniques par des faisceaux de câbles. Ces câbles sont utilisés indépendamment les uns des autres, à la demande, pour former des liaisons entre les panneaux de distribution. En règle générale, les rocades sont formées d'un grand nombre de paires de fils : 25, 50, 100 paires ou beaucoup plus. La réalisation d'un réseau Starlan sur trois répartiteurs d'étage est illustrée à la figure 5.11.

Figure 5.11

Réseau Starlan sur trois répartiteurs d'étages

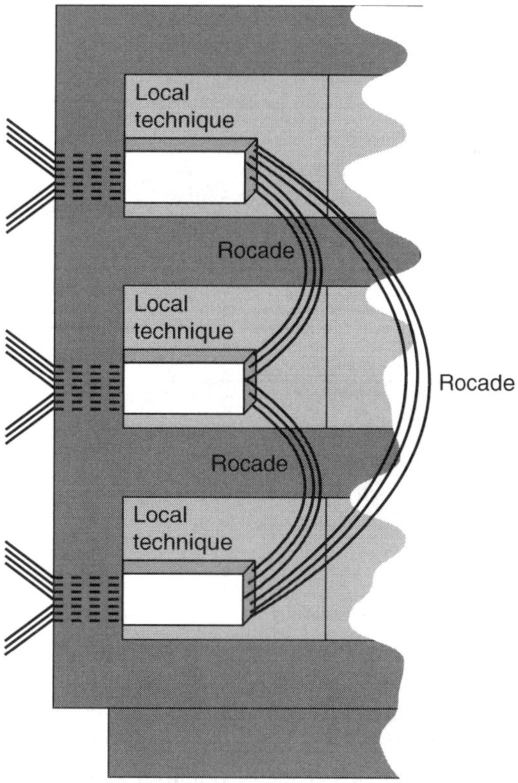

Les câbles de rocade peuvent être des fibres optiques, comme cela est proposé dans de nombreux systèmes de câblage.

Les réseaux locaux

Les réseaux locaux représentent la meilleure manière de relier les panneaux de distribution, puisqu'ils ne nécessitent pas le déplacement des jarretières et garantissent une excellente productivité. Parmi les solutions possibles, les sections suivantes présentent brièvement le bus, la boucle et l'étoile.

Les réseaux locaux en bus

Si cette architecture n'est guère adaptée au cadre départemental, elle l'est à celui de l'établissement, où la connexion des différents locaux techniques peut être effectuée en série sur un bus. Les réseaux Ethernet peuvent ainsi utiliser des vitesses de 1 à 10 Gbit/s pour relier des locaux techniques à très haut débit en bus.

Les réseaux locaux en boucle

Les réseaux locaux en boucle ont connu leur heure de gloire avec le Token-Ring d'IBM, à 16 puis 100 Mbit/s, et FDDI (Fiber Distributed Data Interface). Même s'il existe encore de telles structures dans les entreprises, elles sont en voie de disparition au profit des réseaux en bus et en étoile. Nous avons représenté un réseau local en boucle à la figure 5.12.

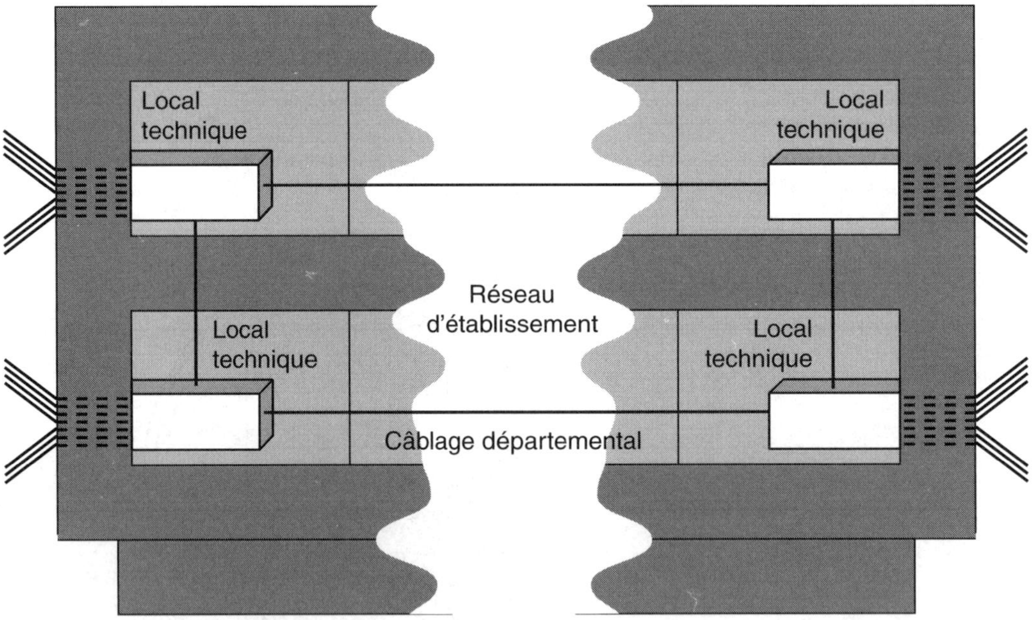

Figure 5.12

Réseau d'établissement en boucle

Les réseaux d'établissement en boucle présentent une difficulté. La régénération des signaux ne s'effectue que dans les cartes coupleurs ajoutées aux machines à connecter. Or les seules machines à connecter dans un réseau d'établissement sont les ponts de connexion des réseaux départementaux. Les régénérations sont effectuées lorsque le signal passe par ces ponts. Si un pont tombe en panne, ou s'il est déconnecté, il faut aller jusqu'au local technique suivant pour que le signal soit régénéré. C'est la raison pour laquelle il est conseillé de doubler les équipements au niveau de l'établissement ou de limiter la distance entre deux répartiteurs d'étage. Cette dernière solution permet au signal de revenir au premier pont ou d'aller au pont suivant.

Les réseaux locaux en étoile

La connexion entre les répartiteurs d'étage ou les tableaux de distribution peut s'effectuer grâce à des étoiles optiques partant d'un point central de l'entreprise. L'étoile peut être passive et répéter dans toutes les directions les informations qui lui proviennent sur une entrée. Pour éviter de diffuser sur tous les câblages raccordés une information destinée à un seul utilisateur, il faut ajouter des ponts dans les locaux techniques.

Dans la plupart des cas, l'étoile optique est un composant passif, générant une perte en ligne importante. Pour cette raison, il ne doit pas y avoir plus de 2 ou 3 étoiles optiques passives en série entre deux points de raccordement. La figure 5.13 illustre une configuration utilisant une étoile optique.

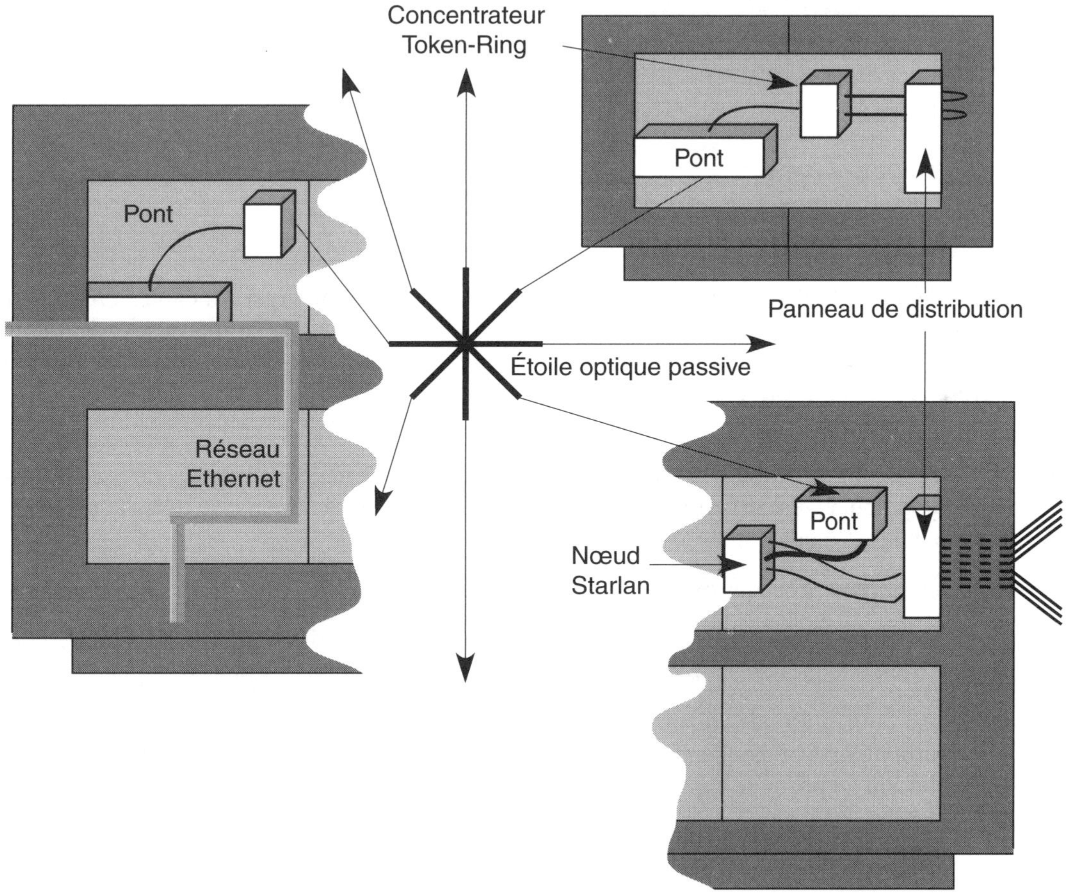

Figure 5.13

Raccordement par étoile optique

Une deuxième possibilité, beaucoup plus classique, consiste à raccorder les répartiteurs par des faisceaux de câbles qui se dirigent vers un point central. C'est la technique utilisée pour le raccordement des panneaux de distribution téléphonique à un autocommutateur privé (PABX) ou des panneaux de distribution banalisés à un PABX multiservice. Cette structure de raccordement est illustrée à la figure 5.14.

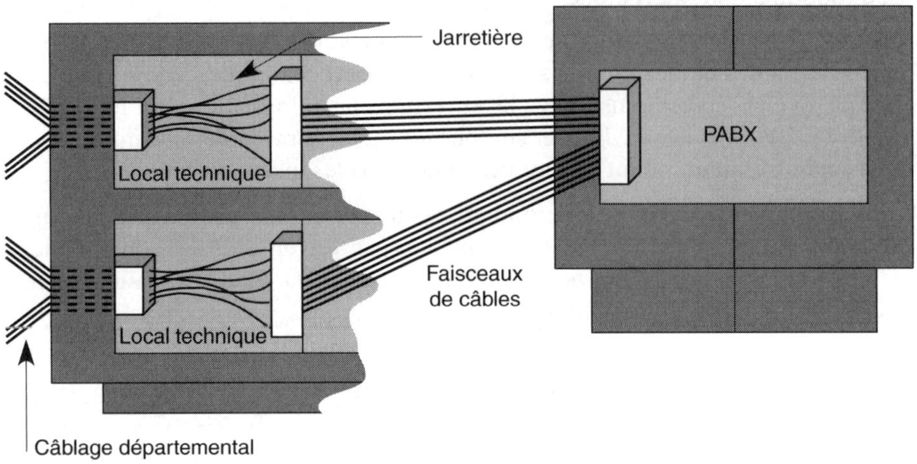

Figure 5.14

Raccordement par faisceaux de câbles

Contraintes d'installation

Le choix de la distribution du câble est délicat. Les chemins que les câbles empruntent sont des supports généralement métalliques. Cela implique de nombreuses contraintes d'installation, parmi lesquelles la distance entre les équipements, la séparation entre les réseaux courant fort, tel le secteur électrique, et courant faible, comme l'informatique ou le téléphone.

Les chemins de câbles du réseau courant faible doivent être éloignés des sources de perturbation du réseau courant fort et éviter la proximité d'ascenseurs, de tubes fluorescents, de machines à café, etc.

De nombreux procédés existent pour la pose des câbles :

- Les plinthes, très utilisées dans l'environnement domestique pour les fils électriques, offrent une grande souplesse d'utilisation et d'installation des prises.
- Les faux plafonds, disposés à quelques dizaines de centimètres du plafond réel, permettent le passage des câbles et de la ventilation. Les câbles arrivent du faux plafond au poste de travail par des conduits verticaux, appelés potelets.
- Les faux planchers, ou planchers techniques, disposés à quelques dizaines de centimètres du sol, ont la même fonction que les faux plafonds.
- Les cloisons, etc.

Faux plafonds et faux planchers sont aussi appelés plénums. On peut utiliser le câblage sous-moquette avec des câbles plats. Des colonnes montantes sont utilisées pour faire passer les câbles d'un étage à un autre.

Les locaux techniques regroupant les concentrateurs, les passerelles et les autres matériels de transmission informatique peuvent, selon leur encombrement, contenir l'autocommutateur, si les réseaux téléphoniques et informatiques sont encore séparés. S'il y a lieu, ce regroupement doit être contrôlé afin d'éviter toute confusion possible.

Les locaux techniques peuvent être regroupés avec ceux destinés à recevoir les équipements de brassage et les sous-répartiteurs. La disposition de ces locaux doit être bien choisie. Ils doivent être faciles d'accès et suffisamment spacieux pour rendre aisée l'installation et la maintenance des liaisons et des équipements. Il faut y prévoir des dispositifs pour la climatisation, la ventilation, la sécurité et l'alimentation électrique de façon autonome et fiabilisée ainsi que la mise en place d'un téléphone de service. Leur emplacement doit également être judicieusement choisi, en fonction de la disposition des lieux à desservir.

Même si les locaux techniques peuvent être regroupés, il faut prévoir, pour des raisons de sécurité, des gaines différentes pour les réseaux courant faible et courant fort. Les chemins de câbles doivent aussi être protégés contre l'eau et le feu. Dans un souci de maintenance et d'évolution, un système d'étiquetage doit permettre une reconnaissance aisée des différents câbles.

Le câblage banalisé, ou structuré

Les problèmes de conception, de mise en œuvre et d'exploitation n'étant pas identiques suivant la taille des installations, on peut distinguer plusieurs types d'installations :

- **Grande entreprise.** Caractérisée par plusieurs centaines de postes de travail, des réseaux multiples et complexes et une structuration en zones desservies chacune par un sous-répartiteur.
- **Entreprise moyenne.** Comporte au maximum une centaine de postes de travail connectés à un répartiteur unique.
- **SOHO et résidentiel.** Marché globalement considérable mais diffus.

Les règles, normes de transmission, types de terminaux, ainsi que les composants de câblage, par exemple les prises RJ-45, les câbles en paires torsadées ou le brassage des équipements actifs, sont quasiment identiques pour les trois types d'installations. Les différences considérables entre elles viennent des systèmes de distribution, qui sont illustrés plus loin dans cette section.

Si le câblage des sites d'entreprise est désormais entré dans une phase de banalisation du fait de l'application des normes indiquées à la section suivante, celui des locaux d'habitation et des petits bureaux, ou SOHO, est encore relativement nouveau. Sa normalisation n'a été finalisée qu'en 2003 par le guide UTE C 90 483 et la nouvelle norme NF C 15-100. Il s'agit d'un marché considérable, deux fois plus important que celui des entreprises. En revanche, il est techniquement plus difficile, en raison de l'obligation de transmettre la TV en grade 3 sur des paires torsadées sur une bande de fréquences allant jusqu'à 862 MHz.

Ce nouveau marché est généré par l'avènement des réseaux haut débit et multimédias chez les usagers, et en particulier de l'ADSL, qui permet de distribuer simultanément le téléphone, l'accès Internet et les chaînes TV. Le problème reste de distribuer tous ces services là où ils sont utilisés, au salon, dans les chambres ou au bureau, voire d'y associer d'autres services, comme la hi-fi, la télésurveillance, les automatismes du logement, etc.

La normalisation

Avant l'avènement et la généralisation des normes ISO 11801, EN 50173, EIA/TIA 2002, IEEE 802.3, IEEE 802.11, etc., le marché était occupé par une multitude d'offres de câblage propriétaires. Les matériels d'un constructeur informatique ne pouvaient être supportés ou simplement garantis qu'avec le système de câblage de ce même constructeur. On trouvait donc une trentaine de câbles en paires torsadées, d'impédances 100, 110, 120 ou 150 Ω, à une, deux, quatre ou six paires, sans compter les câbles coaxiaux 50 Ω différents des câbles CATV 75 Ω.

L'époque des câblages exotiques est désormais révolue. Le câblage généré par les normes est devenu universel et international. Il permet d'interconnecter :

- tous les réseaux du marché ;
- tous les équipements actifs ou terminaux, en toute topologie (point-à-point, étoile, bus, arbre, etc.) ;
- tous les débits de transmission selon des modèles normalisés.

Le câble à paires torsadées 100 Ω et le connecteur RJ-45 *(voir figure 5.15)* qui lui est associé sont désormais des standards, qui couvrent l'essentiel des besoins de l'entreprise comme de l'habitat.

Figure 5.15
Connecteur RJ-45

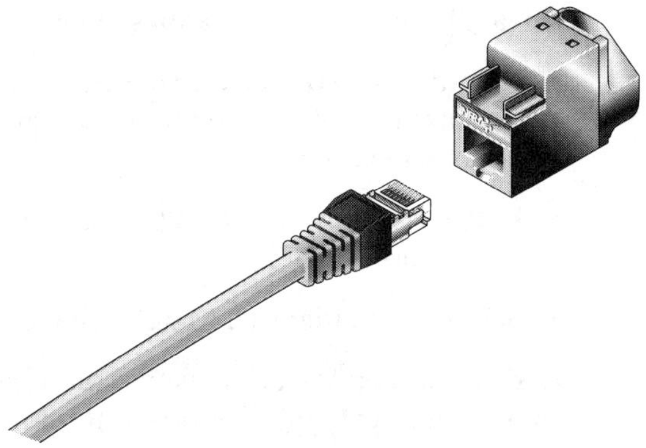

Pour des besoins particuliers, on peut leur associer d'autres médias, notamment les suivants :

- Fibre optique monomode ou multimode 62,5/125 ou 50/125 pour les environnements électromagnétiques très perturbés, l'interconnexion de bâtiments à des potentiels différents, la transmission sur de longues distances à haut débit ou la distribution des rocades informatiques supportant des réseaux fédérateurs à très haut débit *(voir plus loin)*.
- Transmission hertzienne, telle que Wi-Fi ou Bluetooth *(voir les chapitres 22 et 23)*, permettant de répondre aux besoins de mobilité (connexions temporaires d'utilisateurs nomades, terminaux mobiles).
- Liaisons par courant porteur en ligne, ou CPL, sur le réseau 230 V (*(voir le chapitre 25)*.
- Faisceaux laser permettant de relier deux bâtiments peu distants, lorsqu'il est, par exemple, difficile de traverser un domaine public.
- Câble coaxial 75 Ω CATV pour la distribution des rocades TV *(voir plus loin)*.

Compte tenu de la généralisation du câblage en paires torsadées, c'est principalement ce médium qui est détaillé ci-après. La figure 5.16 illustre un exemple de câble en paires torsadées.

Figure 5.16
Câble en paires torsadées

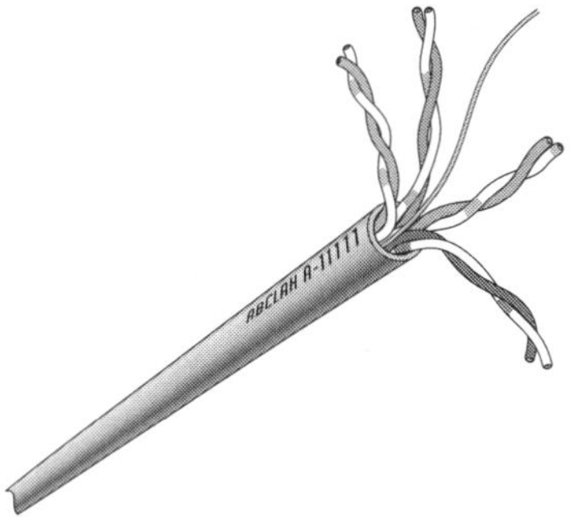

Ce câblage présente les avantages suivants :

- **Pérennité.** Un câble en paires torsadées peut conserver ses performances pendant plus de cinquante ans.
- **Moindre coût.** Les quatre paires d'un câble peuvent véhiculer simultanément plusieurs réseaux — il suffit de mettre un duplicateur à chaque extrémité — pour un coût global de l'ordre d'une centaine d'euros.
- **Universalité.** Ce câblage est passif. Un signal électrique introduit à une extrémité d'une paire en cuivre se retrouve quasiment identique à l'autre extrémité, sans qu'il soit besoin d'ajouter des protocoles intermédiaires nécessitant des interfaces coûteuses comme pour les liaisons hertziennes, CPL ou sur fibre optique. De plus les paires torsadées permettent de télé-alimenter les équipements qui leur sont raccordés (terminaux Ethernet, téléphones IP, point d'accès Wi-Fi).

Fonctionnement du câblage banalisé

Le câblage banalisé consiste à disposer, partout où elles sont potentiellement utilisables, des prises RJ-45 (ISO 8877), elles-mêmes interconnectées à des répartiteurs ou sous-répartiteurs intégrant les équipements actifs de réseau, comme illustré aux figures 5.17 et 5.18.

Figure 5.17
Bandeau de prises RJ-45, montable en rack 19 pouces, permettant la connexion des postes de travail

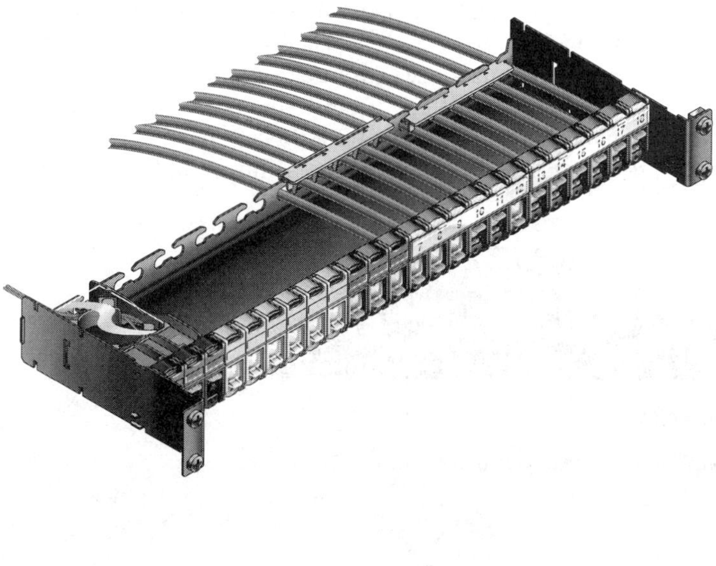

Figure 5.18

Cordon de brassage RJ-45 interconnectant les équipements

Ce câblage est réalisé une fois pour toutes et devient une partie structurelle du bâtiment. Il permet de supporter tous les réseaux, tous les logiciels, tous les terminaux, sans qu'il soit nécessaire de repasser un seul câble.

Les liaisons quatre paires horizontales

Les liaisons quatre paires horizontales, aussi appelées capillaires, constituent l'essentiel du câblage banalisé puisqu'elles interconnectent tous les terminaux aux équipements de réseau actifs *(voir figure 5.19)*. Toutes les prises RJ-45 sont câblées de manière identique et répétitive aux deux extrémités du câble quatre paires, au niveau à la fois des postes de travail et des sous-répartiteurs. Une convention de raccordement immuable — 568 B est la plus courante — permet d'attribuer chaque fil du câble quatre paires à une borne définie des connecteurs RJ-45, comme l'illustre la figure 5.20.

Figure 5.19

Constitution d'une liaison quatre paires

Le tableau 5.1 donne la correspondance entre les paires et les bornes des connecteurs RJ-45 associés.

Nombre de bornes RJ-45 aux sous-repartiteurs	Couleur des fils des quatre paires	Nombre de bornes RJ-45 aux postes de travail
4 5	*Paire 1* Bleu Bleu/blanc	4 5
1 2	*Paire 2* Blanc/orange Orange	1 2
3 6	*Paire 3* Blanc/vert Vert	3 6
7 8	*Paire 4* Blanc/marron Marron	7 8

TABLEAU 5.1 • Correspondance entre paires et bornes des connecteurs RJ-45

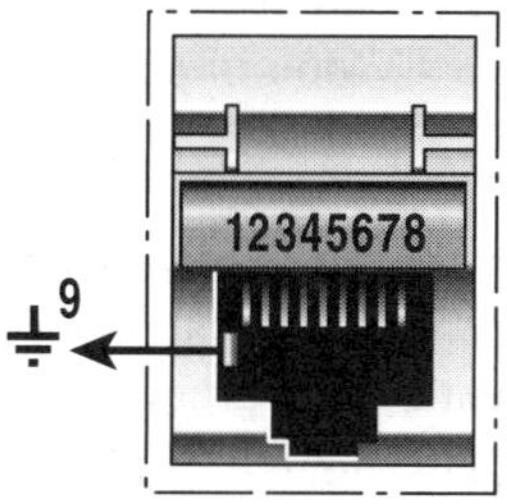

Figure 5.20
Vue en face avant d'un connecteur RJ-45 avec repérage de ses bornes

Critères de qualification des liaisons horizontales

Les normes laissent le choix entre plusieurs types de composants, qui diffèrent par leurs performances de transmission et leur immunité à l'environnement électromagnétique. Le tableau 5.2 récapitule les performances et domaines d'application des principaux composants des liaisons horizontales.

Composant	Performance de transmission	Domaine d'application
Lien classe D Composant catégorie 5	100 MHz	- Téléphonie - LAN Ethernet 10BaseT
Lien classe E Composant catégorie 6	250 MHz	- Téléphonie - LAN Ethernet 100BaseT et 1000BaseT
UTP (Unshielded Twisted Pair), câble non blindé	Immunité moyenne aux perturbations électromagnétiques	- Environnement peu pollué, bâtiment incorporant des structures métalliques - Séparation courant fort-courant faible obligatoire (risque de foudre) - Pas de TV (5-862 MHz)
FTP (Foiled Twisted Pair), avec écran blindant l'ensemble du câble	Immunité forte aux perturbations électromagnétiques	- Environnement pollué, bâtiment incorporant des structures métalliques - Séparation courant fort-courant faible facultative

TABLEAU 5.2 • Performances des principaux composants des liaisons horizontales

Il existe d'autres types de câbles, comme les câbles de catégories 7 et 8 ou les câbles SFTP (Shielded Foiled Twisted Pair), mais ils sont très marginaux.

Sans entrer dans le détail de la technologie des câbles, il est possible de se protéger des perturbations électromagnétiques de deux manières :

- En torsadant les paires de câbles UTP et FTP. En ce cas, à chaque demi-spire, le champ induit s'inverse et s'annule. C'est pour cette raison que l'on recommande d'éviter de détorsader les paires.
- En blindant les câbles et les connecteurs. Un écran mis à la terre est une protection peu coûteuse et très efficace.

Pour mémoire, les câbles SFTP comportent, comme les FTP, un écran général, voire une tresse, mais les paires sont écrantées individuellement. L'intérêt de ce câble réside surtout dans le blindage entre les paires, et non dans la protection électromagnétique par rapport à l'environnement. C'est là une des deux manières efficaces d'éviter que les paires ne se perturbent entre elles (diaphonie), l'autre étant, sur les UTP et les FTP, de fabriquer des paires à des pas de torsades différents.

Il est recommandé de choisir les câbles en paires torsadées les plus optimisés suivants :

- **Entreprise.** Catégorie 5 ou 6 FTP, écranté globalement.
- **Résidentiel.** Grade 3 SFTP, écranté globalement mais aussi paire par paire. La paire dédiée à la TV doit impérativement être écrantée.

Les rocades

Les rocades servent à interconnecter les sous-répartiteurs, ou SR, desservant chacun une zone du bâtiment, généralement un étage, avec un maximum de 200 prises RJ-45. Elles ne concernent que les grandes installations et sont généralement dédiées aux applications qu'elles supportent, telles que LAN, téléphonie, gestion technique du bâtiment, etc.

La figure 5.21 illustre l'organisation d'une installation avec deux sous-répartiteurs. Une installation de 2 000 prises comporte au moins une dizaine de sous-répartiteurs. Sur la figure, des liaisons horizontales raccordent les terminaux des utilisateurs, et les équipements actifs sont de simples hubs.

Figure 5.21
Exemple d'organisation de deux sous-répartiteurs

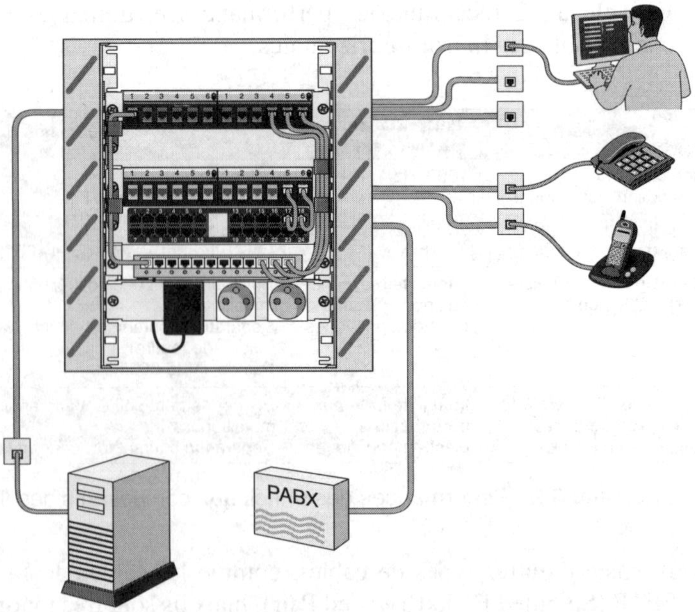

On distingue plusieurs types de rocades en fonction des applications qui y circulent :

- **Rocade téléphonique.** Étoile de câbles multipaires reliant tous les SR à un répartiteur général téléphonique, ou RG, lui-même raccordé directement à l'autocommutateur téléphonique. Cette organisation peut être différente pour les très grands sites, dans lesquels des autocommutateurs avec satellite peuvent être répartis sur plusieurs bâtiments, ou pour la téléphonie sur IP.
- **Rocade informatique.** Leur rôle est d'interconnecter le réseau d'entreprise. Elles peuvent être constituées par de simples câbles quatre paires raccordés suivant les mêmes conventions que le câblage horizontal.
- **Rocade optique.** Utilisées pour la connexion entre les bâtiments pour compenser la non-équipotentialité de leurs terres respectives, principalement pour les liaisons informatiques.
- **Rocade TV.** Constituées par un simple câble coaxial 75 Ω partant de la tête de réseau TV ou des sources audiovisuelles et aboutissant à chaque sous-répartiteur sur un distributeur actif TV. Il s'agit d'une sorte de hub destiné à transformer le signal coaxial entrant en signaux transportables sur les paires torsadées et brassables vers toutes les prises RJ-45. On peut donc, à partir des distributeurs TV, amener le signal TV analogique ou numérique sur toutes les prises RJ-45 de n'importe quel poste de travail, sans avoir besoin d'ajouter de câble CATV.

Raccordement des terminaux et des réseaux

Les normes et les usages déterminent sur quelles bornes du RJ-45 doivent se connecter les principaux équipements et réseaux du marché. Ces bornes sont récapitulées au tableau 5.3.

Équipement et réseau	Borne
Téléphonie une paire Téléphonie quatre paires	4-5 4-5 et 7-8
Ethernet 10 ou 100BaseT, micro-informatique, ADSL	1-2/3-6
Réseau fédérateur (backbone) 1000BaseT	Toutes les paires
TV/audiovisuel (5-862 MHz)	7-8
Terminaux écrans, hi-fi, enceintes actives, caméras, bus de terrain, etc.	Non défini

TABLEAU 5.3 • Bornes de raccordement des équipements et réseaux

Il est possible de faire passer plusieurs réseaux sur des paires distinctes, par exemple le téléphone sur la paire 5-5 et Ethernet sur les paires 1-2 et 3-6. Dans ce cas, on utilise des duplicateurs à chaque extrémité de la liaison, comme illustré à la figure 5.22.

Figure 5.22
Exemple de duplicateur RJ-45

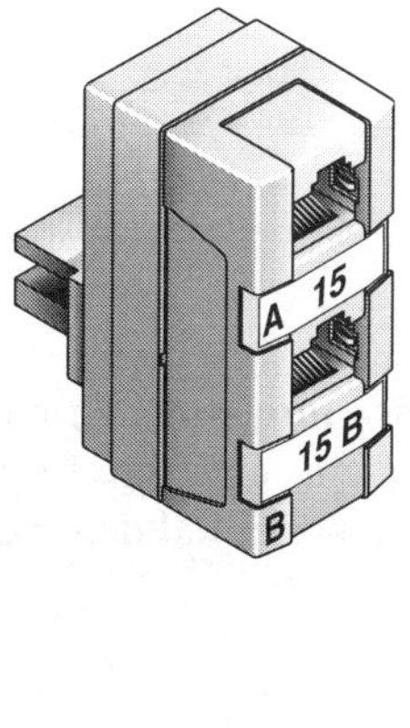

Les systèmes de distribution

Les systèmes de distribution déterminent les qualités organisationnelles des câblages banalisés. Ils reçoivent, outre les extrémités des câblages horizontaux et des rocades, les équipements actifs de réseau, tels que modems, hubs, routeurs, répéteurs, etc.

Les exemples suivants montrent les différences entre les systèmes de distribution spécifiques des trois types d'installations mentionnés précédemment :

- **Grande entreprise.** Comprend plusieurs centaines ou milliers de prises RJ-45, de nombreuses rocades et des équipements actifs divers *(voir figure 5.23).*

Figure 5.23
Armoire 19 pouces 42 U (Infra+)

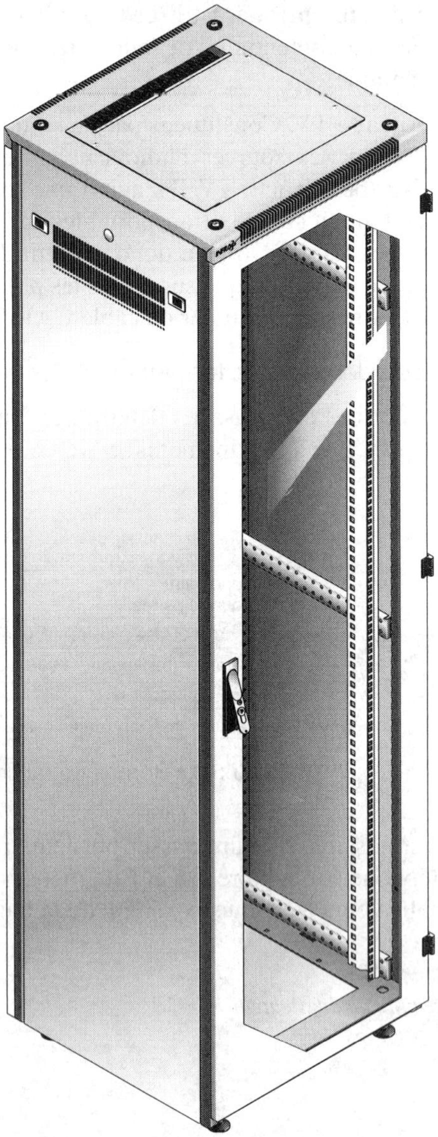

- **Entreprise moyenne.** Comprend au maximum 200 prises RJ-45, aucune rocade, peu d'équipements actifs au format 19 pouces, voire aucun dans le cas d'une connexion à un ordinateur central de type AS400 *(voir figure 5.24).*

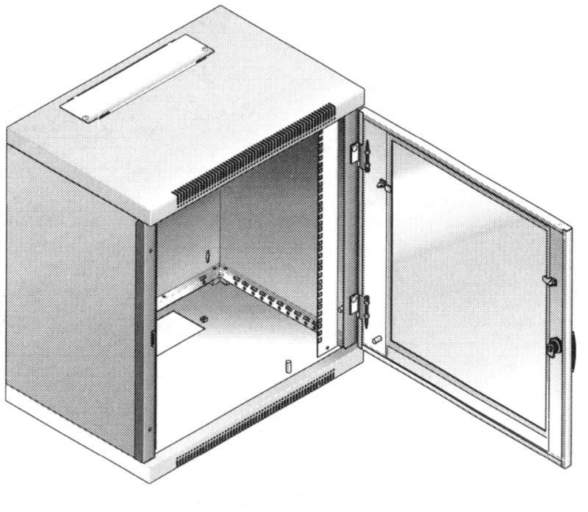

Figure 5.24

Répartiteur pour petit site de 8 à 42 U (Infra+)

- **SOHO et résidentiel.** Comprend environ 8 à 24 prises RJ-45. Les équipements actifs sont de petit format *(voir figures 5.25 et 5.26).*

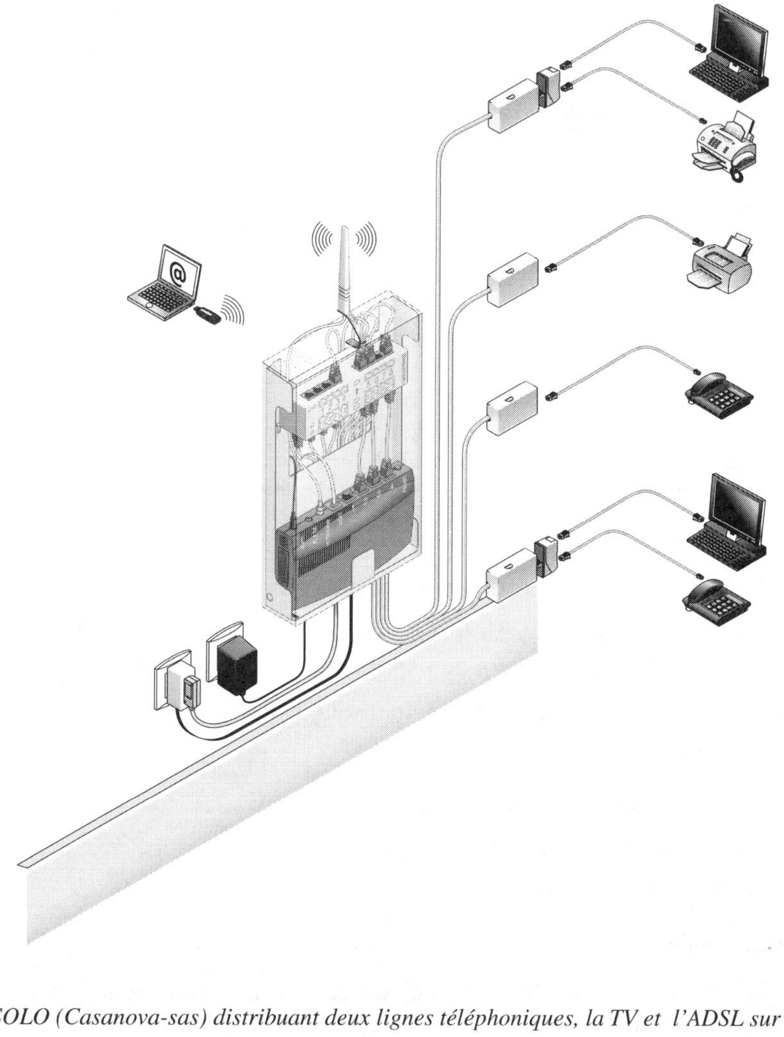

Figure 5.25

Kit résidentiel SOLO (Casanova-sas) distribuant deux lignes téléphoniques, la TV et l'ADSL sur 8 prises RJ-45

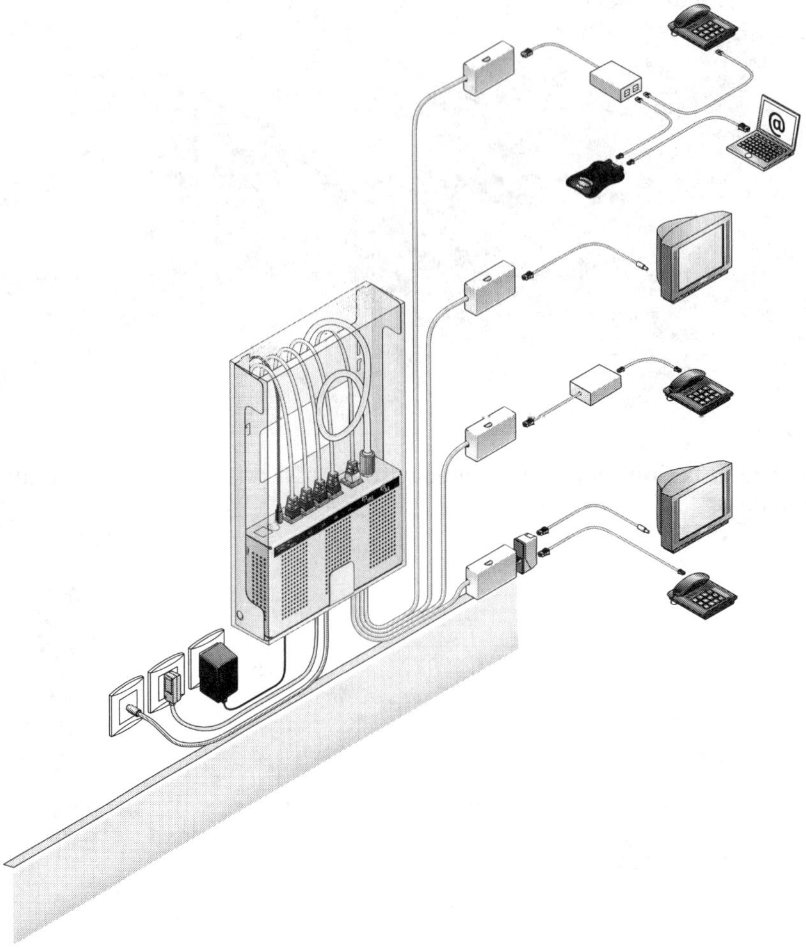

Figure 5.26

Kit de bureau MINI OFFICE (Casanova-sas) distribuant deux lignes téléphoniques ou un micro-commutateur téléphonique, un réseau local 10-100BaseT, huit prises RJ-45, plus une option Wi-Fi

Recommandations pour réussir un câblage banalisé

Quelques règles sont nécessaires pour réussir un câblage banalisé, ou VDI (voix, données, images). Elles résultent de l'application des usages, du bon sens et des normes.

Les normes qui régissent le câblage actuel sont les suivantes :

- NF C15 -100 (électrique) ;
- NF C15 – 900 (cohabitation des réseaux) ;
- EN 50 173 ou ISO 11801 (câblage structuré) ;
- EN 90125 (TV/audiovisuel).

Dimensionnement

- Prévoir 30 à 50 % de prises en plus du besoin. Les prises en attente favoriseront la flexibilité des postes de travail.

- Densité des postes de travail : environ 1 pour 10 m^2.
- Poste de travail type : 2 prises RJ-45 et 3 à 4 prises 230 V.
- Nombre de prises RJ-45 par répartiteur : 200 au maximum. Au-delà, l'infrastructure devient ingérable (cordons de brassages trop longs et trop nombreux).
- Longueur du câblage horizontal : 90 m maximum (modèle de la norme). La longueur moyenne pour un câblage bien conçu doit être inférieure à 30 m. Mieux vaut prévoir 2 SR de 100 prises qu'un seul de 200 prises centralisé. Il en résulte un gain de main-d'œuvre et de câble de 35 % et un gain de performance de 50 %

CEM (compatibilité électromagnétique)

- Séparation courant fort/faible : obligatoire en UTP (30 cm entre les chemins de câbles, 5 cm pour les plinthes et chemins de câbles impérativement métalliques) et facultative en FTP pour des cheminements parallèles inférieurs à 5 m.
- Mise à la terre équipotentielle des SR, RG par tresse ou feuillard de section inférieure à 25 mm^2. Entre bâtiments ayant des terres différentes, la fibre optique est recommandée.

L'environnement électromagnétique est difficilement contrôlable. Il peut de plus se dégrader dans le temps du fait d'équipements radio de plus en plus nombreux, de matériels électriques défectueux, etc. Il est judicieux de privilégier les câbles FTP et les prises RJ-45 blindées.

Gestion

Il est important d'aérer les répartiteurs en intercalant des bandeaux passe-câbles entre les bandeaux de connexion ou actifs.

Au-delà de 200 postes de travail, il est nécessaire d'utiliser un système de gestion informatisé courant fort/faible. Un tel système permet la mémorisation des liaisons, des équipements actifs de réseau, des meilleurs cheminements et des disponibilités et fournit des statistiques, ainsi qu'une validation sous SNMP.

Le logiciel BMC de la société ARC offre, par exemple, les fonctionnalités suivantes :

- intégration directe des informations des testeurs dans la base de données du site ;
- ingénierie des réseaux (vision fédératrice des systèmes de communication) ;
- inventaire des liaisons, des réseaux et des équipements actifs raccordés ;
- gestion du câblage et des équipements actifs sous SNMP (bons de travaux, meilleur cheminement, etc.).

Contrôle et test du câblage

Le contrôle et le test sont indispensables car le câblage, une fois validé, ne doit jamais être suspecté en cas de dysfonctionnement éventuel de l'installation. Le contrôle dynamique n'est pas indispensable pour le résidentiel.

Contrôle électrique

Le contrôle électrique est réalisé systématiquement par l'installateur au moyen d'un testeur économique afin de vérifier que le câblage des paires sur les connecteurs est effectué correctement et que la continuité de la terre est assurée. Il s'effectue sur les RJ-45 depuis les SR. Des bouchons sont introduits à l'autre extrémité des câbles pour boucler les paires.

Un autre test permet de vérifier qu'il n'y a pas de court-circuit entre les paires et la terre (les bouchons doivent alors être retirés).

Test dynamique

Un test dynamique simule le fonctionnement des réseaux informatiques normalisés et mesure les paramètres fondamentaux de transmission, en fonction de la classe de câblage choisie :

- Classe E 250 MHz : composants catégorie 6 ;
- Classe D 100 MHz : composants catégorie 5.

Les testeurs de chantier sont des appareils sophistiqués, dont l'usage nécessite une formation spécifique. Ils permettent d'interpréter les résultats de test en fonction des valeurs mesurées suivantes :

- **Affaiblissement ou atténuation.** Cette valeur dépend de la longueur et de la qualité du câble. Elle doit être la plus faible possible.
- **Next.** Mesure la perturbation provoquée par le couplage d'une paire sur une autre. Cette valeur doit être la plus élevée possible.
- **ACR.** Résulte du calcul Next moins Atténuation. Cette valeur doit être la plus élevée possible.
- **Return Loss, ou affaiblissement de réflexion.** C'est la différence entre la puissance du signal émis et celle du signal réfléchi en raison des variations d'impédance du lien (connecteurs, mauvaise connexion, câble endommagé, etc.). Cette valeur doit être la plus élevée possible.

Les équipements

Les équipements sont évidemment des éléments indispensables pour gérer la transmission des signaux d'un émetteur vers un récepteur. Ces équipements sont les suivants :

- Les supports physiques d'interconnexion, qui permettent l'acheminement des signaux transportant l'information.
- Les prises (en anglais tap), qui assurent la connexion sur le support.
- Les adaptateurs (en anglais transceiver), qui se chargent notamment du traitement des signaux à transmettre (codage, sérialisation, etc.).
- Les coupleurs, aussi appelés communicateurs ou cartes de transmission, qui prennent en charge les fonctions de communication.

Les interfaces utilisateur assurent la liaison entre l'équipement à connecter et le coupleur. Les données que l'utilisateur souhaite émettre transitent par cette interface à une vitesse qui dépend de la norme choisie. En règle générale, l'interface suit les spécifications du bus de la machine à connecter sur le réseau.

Le connecteur

Le connecteur réalise la connexion mécanique. Il permet le branchement sur le support. Le type de connecteur utilisé dépend évidemment du support physique.

La fibre optique pose des problèmes de raccordement. Le cœur de la fibre étant très fin, de l'ordre de quelques microns, une intervention délicate est nécessaire pour y fixer une prise. La difficulté du branchement sur fibre optique constitue cependant un atout pour la sécurité, dans la mesure où cela en fait un support difficile à espionner, à la différence du câble coaxial.

L'avantage du fil métallique est qu'il permet d'utiliser une prise téléphonique classique, ce qui offre une grande facilité de branchement du coupleur sur le support physique. La prise RJ-45 à 8 contacts en est un exemple. C'est la prise que l'on rencontre désormais dans toutes les entreprises pour réaliser les réseaux de communication courant faible.

L'adaptateur

L'adaptateur (*transceiver,* ou transmetteur) est responsable de la connexion électrique. C'est un composant qui se trouve sur la carte qui gère l'interface entre l'équipement et le support physique. Il est chargé de la mise en série des octets, c'est-à-dire de la transmission des bits les uns après les autres, contrairement à ce qui se passe à l'interface entre la carte de communication et la machine terminale, où l'on a un parallélisme sur 8, 16 ou 32 bits. L'adaptateur effectue la sérialisation et la désérialisation des paquets, ainsi que la transformation des signaux logiques en signaux transmissibles sur le support puis leur émission et leur réception.

Selon la méthode d'accès utilisée, des fonctions supplémentaires peuvent être dévolues à l'adaptateur. Il peut, par exemple, être chargé de la détection d'occupation du câble ou de la détection des collisions de signaux. Il peut aussi jouer un rôle de sécurité en veillant à la limitation d'occupation du support par un émetteur. L'adaptateur est désormais de plus en plus intégré au coupleur.

Le coupleur

L'organe appelé coupleur, ou carte réseau ou encore carte d'accès (une carte Ethernet, par exemple), se charge de contrôler les transmissions sur le câble *(voir figure 5.27).* Le coupleur assure le formatage et le déformatage des blocs de données à transmettre ainsi que la détection d'erreur, mais très rarement les reprises sur erreur lorsqu'une erreur est découverte. Il est aussi chargé de gérer les ressources telles que les zones mémoire ainsi que l'interface avec l'extérieur.

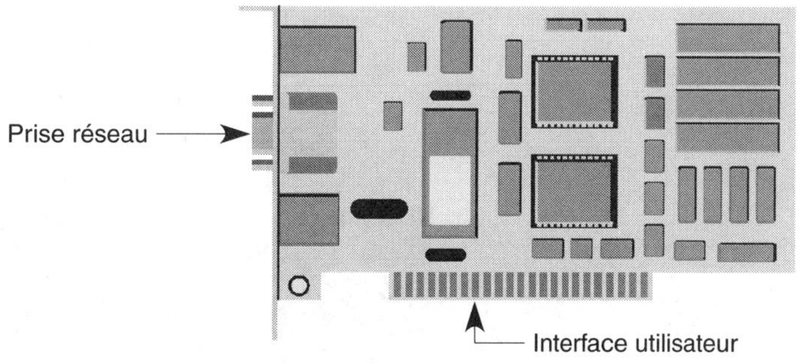

Figure 5.27
Carte coupleur

Le débit d'un coupleur doit s'ajuster au débit permis par le câble. Par exemple, sur un réseau Ethernet possédant un support physique dont la capacité est de 100 Mbit/s, le coupleur doit émettre à cette même vitesse de 100 Mbit/s.

L'interface d'accès au réseau

L'interface d'accès au réseau permettant la connexion d'une machine terminale vers une prise s'est considérablement simplifiée en ce début des années 2000. Il ne reste pratiquement plus que les interfaces du type RJ-45 pour raccorder les modems ou les postes téléphoniques vers la prise et les coupleurs, qui sont presque exclusivement Ethernet, pour aller vers un réseau local.

Les adaptateurs sont intégrés dans la carte coupleur et ne sont plus visibles des utilisateurs. De nouvelles interfaces informatiques, comme USB (Universal Serial Bus), FireWire ou eLink, permettent d'augmenter sensiblement les débits d'accès. La vraie révolution provient des interfaces sans fil, infrarouge et Bluetooth d'abord puis WUSB (Wireless USB) à 480 Mbit/s. Nous examinons ces interfaces hertziennes au chapitre 22 dans le cadre des réseaux personnels.

Les équipements réseau

Les équipements réseau proviennent de divers horizons, aussi bien informatiques que télécoms. Nous en donnons une description dans un premier temps grossière, mais qui s'affinera au cours de l'ouvrage.

Le nœud de transfert

Comme son nom l'indique, un nœud de transfert sert à transférer des blocs d'informations, ou trames, d'une entrée dans le nœud vers une sortie desservant un nœud suivant.

Le nœud de transfert illustré à la figure 5.28 comporte des files d'entrée et de sortie. Dans une première file du nœud entrent les blocs de données provenant des nœuds qui sont en lien direct avec lui. Cette file possède un processeur de traitement, qui détermine la bonne file de sortie du nœud. Les entrées s'appellent encore des ports d'entrée, et les sorties des ports de sortie.

Figure 5.28
Nœud de transfert

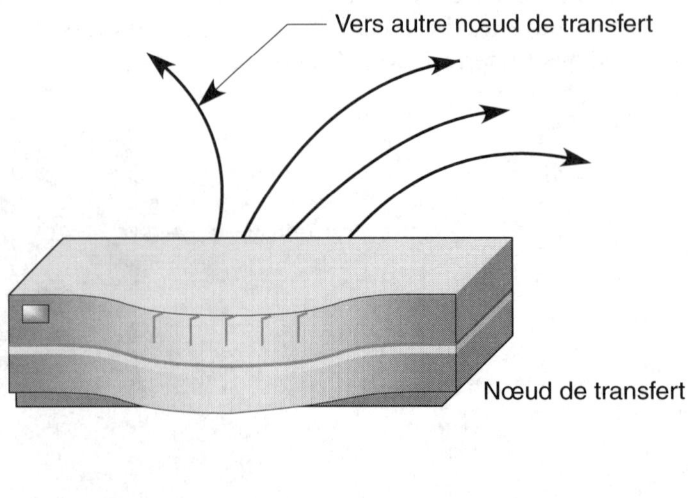

Le répéteur et le pont

Parmi les nombreux composants réseau qui font partie de la couche physique, le plus simple est le répéteur *(voir figure 5.29)*. Comme expliqué précédemment, il s'agit d'un organe non intelligent, qui répète automatiquement les signaux qui lui arrivent et transitent d'un support vers un autre support. Dans le même temps, le répéteur régénère les signaux, ce qui permet de prolonger le support physique vers un nouveau support physique. Le répéteur doit avoir des propriétés en accord avec le réseau.

Figure 5.29
Répéteur

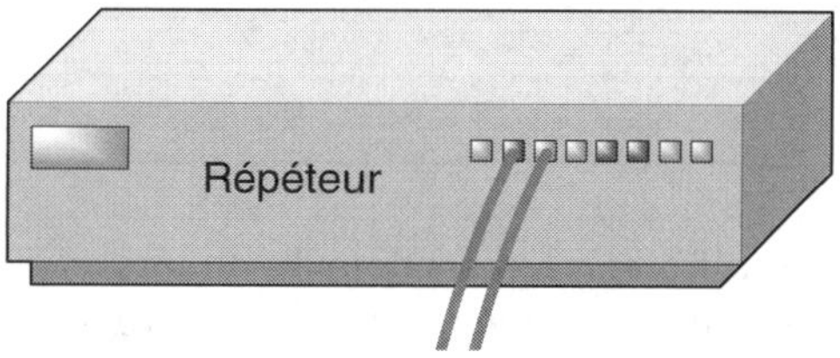

Au contraire d'un répéteur, un pont est un organe intelligent, capable de reconnaître les adresses des blocs d'information qui transitent sur le support physique. Un pont filtre les trames et laisse passer les blocs destinés au réseau raccordé. En d'autres termes, un pont ne retransmet que les trames dont l'adresse correspond à une machine située sur le réseau raccordé.

En règle générale, un pont permet de passer d'un réseau vers un autre réseau de même type, mais il est possible d'avoir des ponts qui transforment la trame pour s'adapter au réseau raccordé. Par exemple, un réseau Ethernet peut être connecté à un réseau Token-Ring par un tel pont. Un pont est illustré à la figure 5.30.

Figure 5.30
Pont

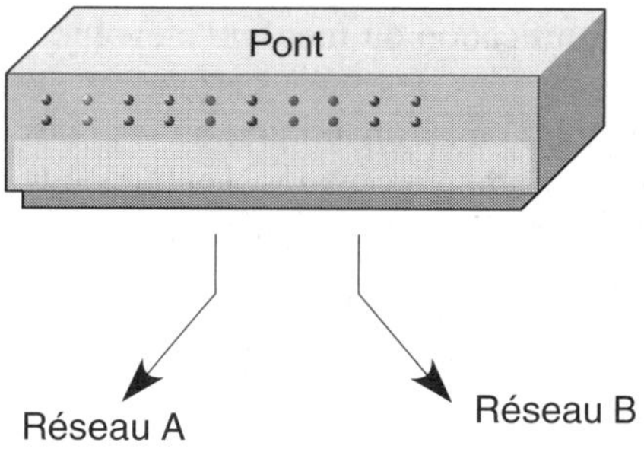

Le concentrateur

Un concentrateur permet, comme son nom l'indique, de concentrer le trafic provenant de différents équipements terminaux. Cela peut se réaliser par une concentration du câblage en un point donné ou par une concentration des données qui arrivent simultanément par plusieurs lignes de communication.

Dans le cadre des réseaux locaux, le terme concentrateur peut prendre l'une ou l'autre signification. Dans le cas de la concentration du câblage, les prises sur lesquelles sont connectés les terminaux sont reliées au concentrateur par l'intermédiaire du câblage.

Ce type de concentrateur est illustré à la figure 5.31.

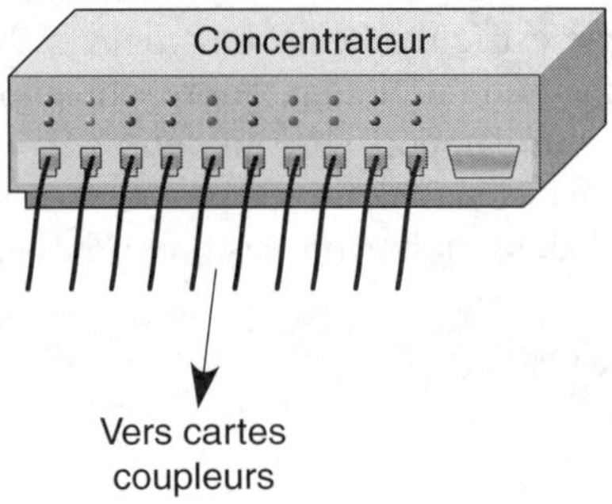

Figure 5.31
Concentrateur de câblage

Les différents concentrateurs d'un réseau peuvent posséder des caractéristiques complémentaires, comme celle de détenir des coupleurs d'accès vers d'autres réseaux de communication ou des couches de protocoles supplémentaires leur permettant de s'interconnecter avec diverses architectures. Ce rôle est souvent dévolu à un organe appelé hub, abordé à la section suivante.

Les concentrateurs peuvent être passifs ou actifs. Dans le premier cas, le signal n'est pas réamplifié, alors qu'il est régénéré dans le second cas.

Le hub

Dans un réseau Ethernet ayant une topologie en arbre, un hub est un concentrateur capable de récupérer le signal arrivant par une entrée et de le dupliquer vers l'ensemble des ports de sortie. Le signal est généralement réamplifié car les données sont enregistrées dans des mémoires de type registre à décalage. Dans ce cas, les hubs sont dits actifs, c'est-à-dire qu'ils possèdent des éléments qui doivent être alimentés électriquement.

La signification du mot hub a évolué ces dernières années pour définir un nœud central. Dans ce sens, les hubs permettent des interconnexions avec des réseaux externes. De même qu'en aéronautique, où les hubs sont les plaques tournantes par lesquelles transitent de nombreux avions, les hubs des réseaux sont des points de transit des paquets en route vers diverses destinations.

Un hub peut interconnecter des réseaux locaux Ethernet, Token-Ring, AppleTalk, etc., ainsi que des réseaux longue distance aux protocoles aussi divers que TCP/IP, ATM, etc.

Conclusion

Ce chapitre a introduit les médias physiques qui permettent de transporter les informations qui transitent sous forme numérique d'une machine terminale à une autre.

Les progrès technologiques accomplis depuis les années 2000 ont été tels que le goulet d'étranglement n'est plus situé sur l'interface d'accès au médium de transport mais sur le réseau d'accès permettant de raccorder l'équipement terminal à la machine de connexion de l'opérateur. Les interfaces et les supports physiques ou hertziens utilisés sont devenus suffisamment équilibrés pour permettre à chaque client du réseau d'entrer dans l'ère du multimédia.

6

Le niveau physique

Le niveau physique détermine comment les éléments binaires sont transportés sur un support physique. Dans un premier temps, les informations à transmettre doivent être codées en une suite de 0 et de 1. Ensuite, pour la transmission vers le récepteur, ces bits 0 et 1 sont introduits sur le support sous une forme spécifique, reconnaissable du récepteur.

Plusieurs composants de niveau physique sont définis dans cette couche, comme les modems, multiplexeurs, concentrateurs, etc. Ce chapitre détaille ces éléments de base et introduit les architectures de niveau physique qui seront examinées plus loin dans l'ouvrage.

Le codage et la transmission

Les réseaux de données se fondent sur la numérisation des informations, c'est-à-dire la représentation des données par des suites de 0 et de 1. Pour transformer les informations en suites binaires, on utilise des codes, qui font correspondre à chaque caractère une suite précise d'éléments binaires. Le nombre de bits utilisés pour représenter un caractère correspond au nombre de moments d'un code. Un code à n moments permet de représenter 2^n caractères distincts.

Plusieurs codes ont été normalisés pour faciliter les échanges entre équipements informatiques. Le nombre de moments utilisés augmente avec la dimension de l'alphabet, qui n'est autre que la liste des caractères qui doivent être codés. L'alphabet peut n'être constitué que de chiffres. On peut y ajouter les lettres minuscules et majuscules, les signes de ponctuation, les opérateurs arithmétiques, mais aussi des commandes particulières.

Les principaux codes utilisés sont les suivants :

- Code télégraphique, à 5 moments. L'alphabet peut comporter 32 caractères, dont seulement 31 sont utilisés.
- Code ASCII, à 7 moments, soit 128 caractères disponibles.

- Code EBCDIC à 8 moments, qui autorise jusqu'à 256 caractères.
- Unicode, à 16 moments, qui reprend de façon légèrement simplifiée les spécifications du code ISO 10646 UCS (Universal Character Set), à 32 moments. Ce code unique permet de prendre en compte toutes les langues du monde.

Après l'étape du codage intervient celle de la transmission proprement dite, c'est-à-dire l'envoi des suites binaires de caractères vers l'utilisateur final. Ce transport peut s'effectuer en parallèle ou en série.

Dans la transmission en parallèle, les bits d'un même caractère sont envoyés sur des fils métalliques distincts pour arriver ensemble à destination. Il peut y avoir 8, 16, 32 ou 64 fils parallèles, voire davantage dans des cas spécifiques. Cette méthode pose toutefois des problèmes de synchronisation, qui conduisent à ne l'utiliser que sur de très courtes distances, le bus d'un ordinateur, par exemple.

Dans la transmission en série, les bits sont envoyés les uns derrière les autres. La succession de caractères peut être asynchrone ou synchrone. Le mode asynchrone indique qu'il n'y a pas de relation préétablie entre l'émetteur et le récepteur. Les bits d'un même caractère sont encadrés de deux signaux, l'un indiquant le début du caractère, l'autre la fin. Ce sont les bits Start et Stop. Le début d'une transmission peut se placer à un instant quelconque dans le temps, comme illustré à la figure 6.1.

Figure 6.1
Un caractère dans le mode asynchrone

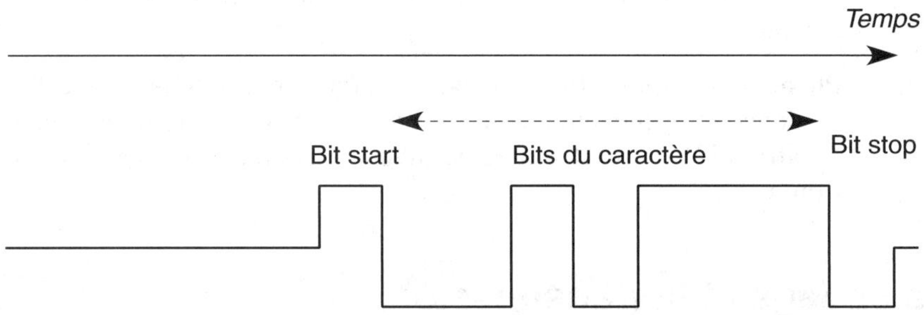

Dans le mode synchrone, l'émetteur et le récepteur se mettent d'accord sur un intervalle constant, qui se répète sans arrêt dans le temps. Les bits d'un caractère sont envoyés les uns derrière les autres et sont synchronisés avec le début des intervalles de temps. Dans ce type de transmission, les caractères sont émis en séquence, sans aucune séparation. Ce mode est utilisé pour les très forts débits.

Dans tous les cas, le signal émis est synchronisé sur une horloge lors de la transmission d'un élément binaire. La vitesse de l'horloge donne le débit de la ligne en baud, c'est-à-dire le nombre de top d'horloge par seconde. Par exemple, une ligne de communication qui fonctionne à 50 bauds indique qu'il y a 50 intervalles de temps élémentaires dans une seconde. Sur un intervalle élémentaire, on émet généralement un bit, c'est-à-dire un signal à 1 ou à 0. Rien n'empêche de transmettre quatre types de signaux distincts, qui auraient comme signification 0, 1, 2 et 3. On dit, dans ce dernier cas, que le signal a une valence de deux. Un signal a une valence de n si le nombre de niveaux transportés dans un intervalle de temps élémentaire est égal à 2^n. La capacité de transmission de la ligne en nombre de bit transporté par seconde vaut n multiplié par la vitesse exprimée en baud. On exprime cette capacité en bit par seconde. Par exemple, une ligne d'une vitesse de 50 bauds qui a une valence de 2 a une capacité de 100 bits par seconde (100 bit/s).

Lors de la transmission d'un signal, des perturbations de la ligne physique par ce qu'on appelle le bruit extérieur peuvent se produire. Si l'on connaît le niveau de ce bruit, on peut calculer la capacité maximale de la ligne. En termes plus précis, le bruit peut avoir pour origine la mauvaise qualité de la ligne elle-même, qui modifie les signaux qui s'y propagent, ainsi que d'éléments intermédiaires, comme les modems et les multiplexeurs, qui n'envoient pas toujours exactement les signaux demandés, ou d'événements extérieurs, telles les ondes électromagnétiques.

Le bruit est considéré comme un processus aléatoire décrit par une fonction $b(t)$. Si $s(t)$ est le signal transmis, le signal parvenant au récepteur s'écrit $s(t) + b(t)$. Le rapport signal sur bruit est une caractéristique d'un canal : c'est le rapport de l'énergie du signal sur l'énergie du bruit. Ce rapport varie dans le temps, puisque le bruit n'est pas uniforme. Toutefois, on l'estime par une valeur moyenne sur un intervalle de temps. Il s'exprime en décibel (dB). Nous écrirons ce rapport S/B.

Le théorème de Shannon donne la capacité maximale d'un canal soumis à un bruit :

$$C = W\log_2(1 + \mathrm{S/B})$$

où C est la capacité maximale en bit par seconde et W la bande passante en hertz.

Sur une ligne téléphonique dont la bande passante est de 3 200 Hz, pour un rapport signal sur bruit de 10 dB, on peut théoriquement atteindre une capacité de 10 Kbit/s.

Pour en terminer avec ce bref aperçu des techniques de transmission, voyons les différentes possibilités de transmission entre deux points. Les liaisons unidirectionnelles, ou simplex, ont toujours lieu dans le même sens, de l'émetteur vers le récepteur. Les liaisons bidirectionnelles, à l'alternat ou semi-duplex, ou encore half-duplex, permettent de transformer l'émetteur en récepteur et *vice versa,* la communication changeant de sens à tour de rôle. Les liaisons bidirectionnelles simultanées, ou duplex, ou encore full-duplex, permettent une transmission simultanée dans les deux sens. Nous avons représenté ces divers cas à la figure 6.2.

Figure 6.2
Sens de transmission

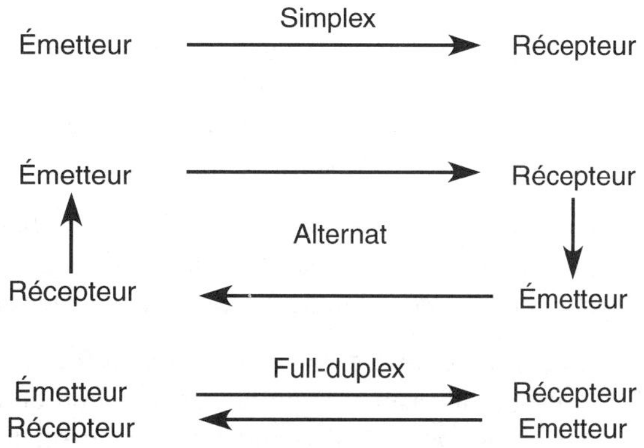

La transmission en bande de base

Examinons maintenant les techniques de transmission utilisées, c'est-à-dire comment un émetteur peut envoyer un signal que le récepteur reconnaîtra comme étant un 1 ou un 0.

La méthode la plus simple consiste à émettre sur la ligne des courants différents, un courant nul indiquant un 0 et un courant positif un 1. On obtient de la sorte une représentation des bits du caractère à transmettre sous forme de créneaux, comme illustré à la figure 6.3.

Cette méthode est appelée transmission en bande de base. La réalisation exacte de ces créneaux est fort complexe, du fait qu'il est souvent difficile de faire passer du courant continu entre deux stations. La même difficulté se retrouve dans le codage NRZ (Non Return to Zero), également illustré à la figure 6.3. Le codage bipolaire est un codage tout-ou-rien, dans lequel le bit 1 est indiqué par un courant positif ou négatif à tour de rôle, de façon à éviter les courants continus. Ce code laisse le bit 0 défini par un courant nul.

Figure 6.3
Les codages en bande de base

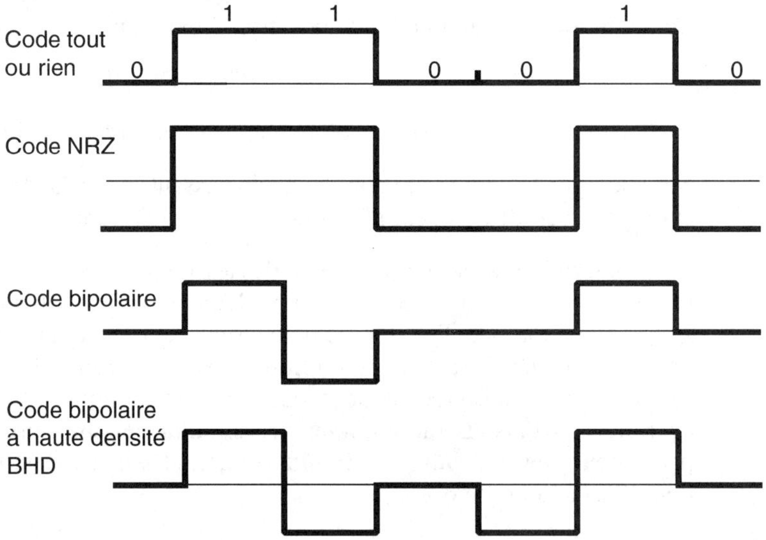

Le codage bipolaire à haute densité permet de ne pas laisser le courant nul pendant les suites de 0. Des suites spéciales de remplissage (courant négatif, nul ou positif) sont alors insérées à la place de ces zéros. Un nouveau 1 est indiqué par un courant positif ou négatif, en violation avec la suite de remplissage.

De nombreux autres codages en bande de base ont été développés au gré de la demande pour améliorer telle ou telle caractéristique du signal. La figure 6.4 illustre les codages RZ (Return to Zero), de Miller, Manchester et biphase-M et S.

La dégradation rapide des signaux au fur et à mesure de la distance parcourue constitue le principal problème de la transmission en bande de base. Si le signal n'est pas régénéré très souvent, il prend une forme quelconque, que le récepteur est incapable de comprendre. Cette méthode de transmission ne peut donc être utilisée que sur de courtes distances, de moins de 5 km. Sur des distances plus longues, on utilise un signal de forme sinusoïdale. Ce type de signal, même affaibli, peut très bien être décodé par le récepteur.

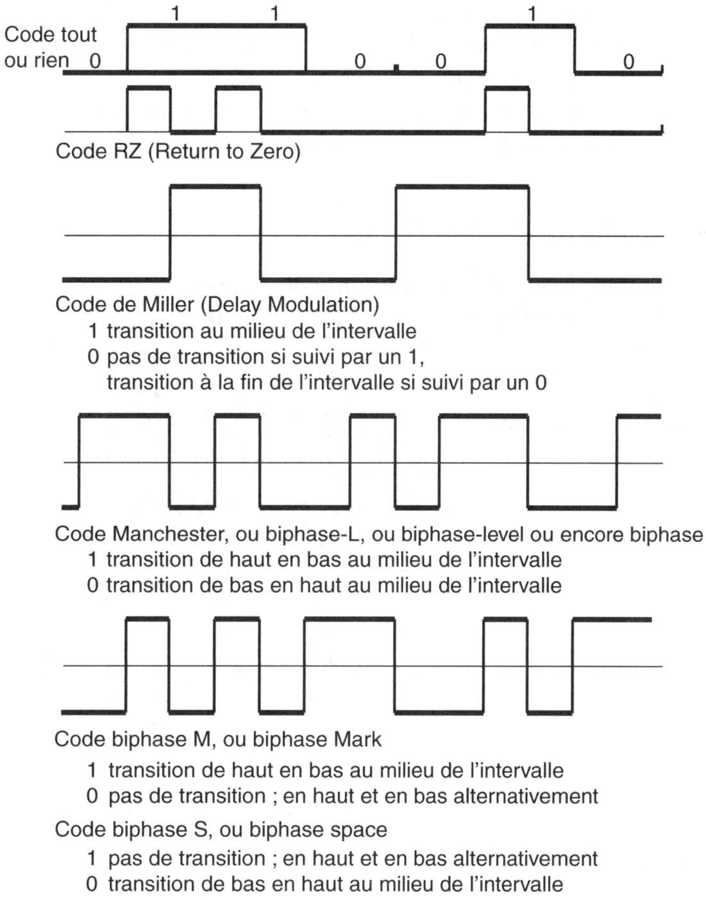

Figure 6.4
Quelques codages en bande de base

La modulation

Comme expliqué précédemment, pour transmettre un élément binaire, il faut émettre un signal très particulier pour reconnaître si sa valeur est égale à 0 ou à 1. Les techniques en bande de base sous forme de créneau ne sont pas fiables dès que la distance dépasse quelques centaines de mètres. Pour avoir un signal que l'on puisse récupérer correctement, il faut lui donner une forme spéciale en le modulant.

On distingue les trois grandes catégories de modulation suivantes :

- modulation d'amplitude, ou ASK (Amplitude-Shift Keying) ;
- modulation de phase, ou PSK (Phase-Shift Keying) ;
- modulation de fréquence, ou FSK (Frequency Shift Keying).

Un matériel intermédiaire, le modem (modulateur-démodulateur), est nécessaire pour moduler le signal sous une forme sinusoïdale. Le modem reçoit un signal en bande de base et le module, c'est-à-dire lui attribue une forme analogique sinusoïdale. Le fait de n'avoir plus de fronts montants ni descendants protège beaucoup mieux le signal des dégradations occasionnées par la distance parcourue par le signal dans le câble puisque le signal est continu et non plus discret.

Dès qu'un terminal situé à une distance un peu importante doit être atteint, un modem est nécessaire pour que le taux d'erreur soit acceptable. La distance dépend très fortement du câble utilisé et de la vitesse de transmission. Classiquement, à partir de quelques centaines de mètres pour les très hauts débits et quelques kilomètres pour les débits inférieurs, il faut faire appel à un modem.

La modulation d'amplitude

Dans la modulation d'amplitude, la distinction entre le 0 et le 1 est obtenue par une différence d'amplitude du signal, comme illustré à la figure 6.5.

Figure 6.5
Modulation d'amplitude

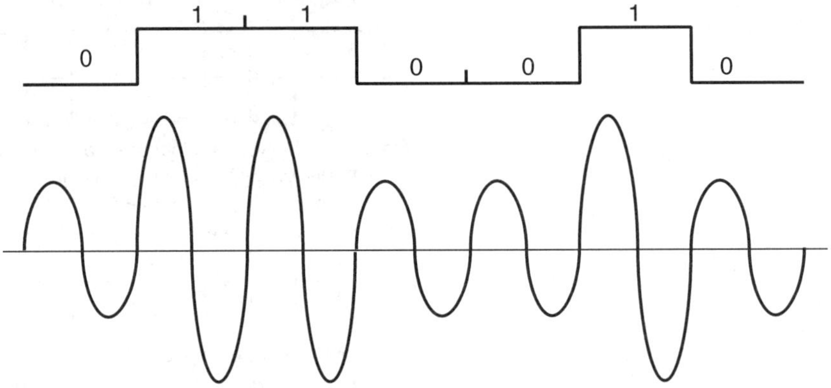

La modulation de phase

Pour la modulation de phase, la distinction entre 0 et 1 est effectuée par un signal qui commence à des emplacements différents de la sinusoïde, appelés phases. À la figure 6.6, les valeurs 0 et 1 sont représentées par des phases respectives de 0° et de 180°.

Figure 6.6
Modulation de phase

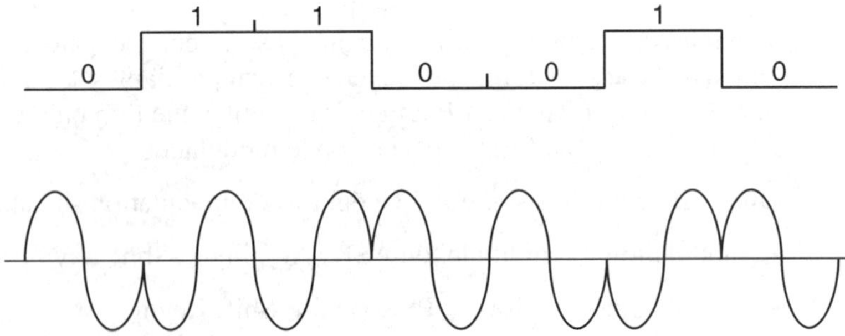

La modulation de fréquence

En modulation de fréquence, l'émetteur a la possibilité de modifier la fréquence d'envoi des signaux suivant que l'élément binaire à émettre est 0 ou 1, comme l'illustre la figure 6.7.

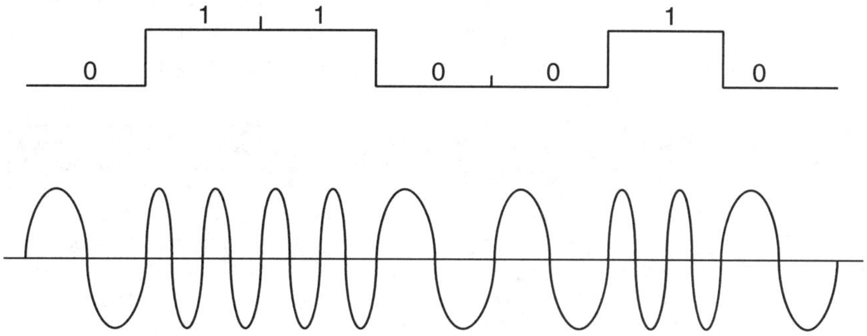

Figure 6.7
Modulation de fréquence

Dans les présentations précédentes des techniques de modulation, la grandeur physique utilisée pour l'amplitude, la phase ou la fréquence ne représente que deux états possibles. Si l'on arrive à émettre et à détecter à l'arrivée plus de deux états d'une même grandeur, on peut donner à chaque état une signification permettant de coder 2 ou plusieurs bits. Par exemple, en utilisant 4 fréquences, 4 phases ou 4 amplitudes, on peut coder 2 bits à chaque état. La figure 6.8 illustre une possibilité de coder 2 bits en modulation de phase.

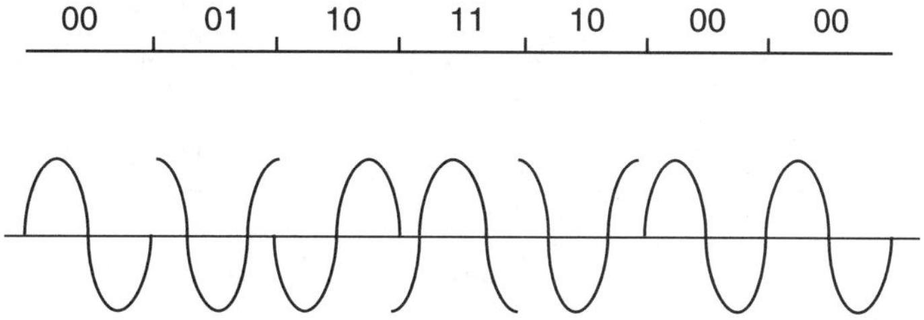

Figure 6.8
Modulation de phase à quatre moments

Les modems

Les modems permettent de transformer les signaux binaires en bande de base en signaux analogiques spécifiques indiquant une valeur numérique. Le signal se présente sous une forme sinusoïdale.

Les modems s'adaptent aux différents types de support, qui peuvent être :

- 2 fils de qualité normale ;
- 4 fils de qualité normale ;
- 4 fils de qualité supérieure conforme à l'avis M.1020 de l'UIT-T ;
- 2 fils en bande de base ;
- 4 fils en bande de base ;
- les groupes primaires, les groupes secondaires, etc.

Le tableau 6.1 répertorie les avis de l'UIT-T concernant les modems classiques. Les modems ADSL sont présentés en détail au chapitre 11. Ils nécessitent des fonctions de multiplexage, que nous introduisons ultérieurement.

Avis CCITT	Débit en bit/s	Type de modulation	Vitesse de modulation	Exploitation
V.21	300	Fréquence	300	Full-duplex (FD)
V.22	600/1 200	Phase	600	FD
V.22bis	1 200/2 400	Phase	600	FD
V.23	600/1 200	Fréquence	600/1 200	Half-duplex (HD)
V.23	1 200/75	Fréquence	1 200/75	FD
V.26	2 400	Phase	1 200	FD
V.26bis	1 200/2 400	Phase	1 200	HD
V.26ter	1 200/2 400	Phase	1 200	FD
V.27	4 800	Phase	1 600	FD ou HD
V.27bis	2 400/4 800	Phase	1 200/1 600	FD ou HD
V.27ter	4 800	Phase	1 200/1 600	HD
V.29	4 800/9 600	Phase + amplitude	4 800/9 600	FD
V.32	4 800/9 600	Phase + amplitude	2 400	FD
V.32bis	Jusqu'à 14 400	Phase + amplitude	3 200	FD
V.34	Jusqu'à 28 800	Phase + amplitude	3 200	FD
V.34+	Jusqu'à 33 600	Phase + amplitude	3 200	FD
V.90	Jusqu'à 56 000/33 600	Phase + amplitude	3 200	FD
V.92	Jusqu'à 56 000/48 000	Phase + amplitude	3 200	FD

TABLEAU 6.1 • Modems normalisés

Il arrive que des fonctionnalités additionnelles soient implémentées dans les modems. Une fonctionnalité importante concerne la compression : plutôt que d'augmenter la vitesse, on compresse les données. Le protocole MNP (Microcom Networking Protocol) est un bon exemple de proposition de compression et de correction d'erreur. Ce protocole, mis au point par le constructeur américain Microcom, est normalisé par l'avis V.42bis de l'UIT-T. Les possibilités offertes par MNP sont plus larges que celles de l'avis V.42bis, qui ne concerne que MNP2, MNP3 et MNP4.

Les principales caractéristiques de ces normes sont les suivantes :

- MNP1 : protocole de correction d'erreur au niveau de l'octet ;
- MNP2 : protocole de correction d'erreur au niveau de l'octet en full-duplex à 2 400 bit/s ;
- MNP3 : protocole de correction d'erreur au niveau bit ;
- MNP4 : protocole de correction d'erreur au niveau paquet ;
- MNP5 : protocole de correction d'erreur et de compression de données de moyenne 2 ;
- MNP6 : protocole de correction d'erreur et de compression de données en half-duplex ;
- MNP7 : protocole de correction d'erreur et de compression de données de moyenne 3 ;

- MNP8 : abandonné ;
- MNP9 : protocole de correction d'erreur et de compression de données pour modem jusqu'à 38,4 Kbit/s ;
- MNP10 : protocole de correction d'erreur au niveau paquet, comme MNP4, mais avec des paquets de taille variable.

Nœuds et terminaux

Dans un réseau à commutation ou à routage de paquets, les nœuds de transfert sont les organes intermédiaires. Ils ont pour tâche de recevoir les trames qui arrivent d'un autre nœud, de les mémoriser dans un tampon et de les transmettre sur une ligne de sortie vers la station suivante. Un nœud de transfert est composé d'une file, souvent appelée commutateur, raison pour laquelle on parle fréquemment de nœud de commutation, même pour désigner un nœud qui effectue du routage. Cette file accueille les trames.

Le serveur de la file prend en charge les informations de supervision de la trame : soit il gère la trame directement, soit il récupère le paquet. À partir des informations de routage ou de commutation de niveau 2 ou de niveau 3, suivant le niveau de commutation/routage, le serveur de la file envoie la trame ou le paquet dans une file de sortie, après avoir modifié les en-têtes et les informations de supervision pour permettre aux données de l'utilisateur de continuer leur trajet dans le réseau. Un nœud de transfert est illustré à la figure 6.9.

Figure 6.9
Nœud de transfert

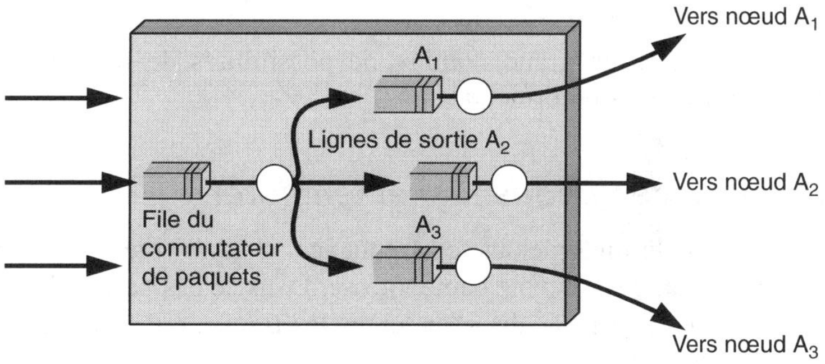

Des deux côtés de la liaison, des équipements sont connectés. On leur donne parfois les noms d'ETTD et d'ETCD. L'ETTD (équipement terminal de transmission de données) est l'équipement sur lequel l'utilisateur travaille et par lequel il veut émettre ses données. C'est un terminal au sens classique. L'ETCD (équipement terminal de circuit de données) est placé à chaque extrémité du support de transmission. Il a pour fonction d'adapter le signal à transmettre aux caractéristiques du support physique.

Les ETCD sont caractérisés par plusieurs paramètres, dont les principaux sont les suivants :

- le codage utilisé : bande de base ou modulation ;
- la rapidité de modulation en baud ;
- le débit en bit par seconde ;
- le mode et le sens de transmission ;
- l'interface avec le terminal ETTD.

Lorsque la bande de base est utilisée, un convertisseur est nécessaire pour émettre les signaux. Pour envoyer un signal modulé, il faut utiliser un modem.

Les ETTD rattachés au support de communication se composent des postes de travail utilisateur, ou postes client, et de serveurs. Lorsque les communications se font entre un client et un serveur, on parle d'application client-serveur. Lorsque les communications vont directement d'un utilisateur à un autre, on parle d'application peer-to-peer.

On regroupe souvent tous les équipements terminaux du monde informatique sous le vocable TE (Terminal Equipment).

Les multiplexeurs

Sur une ligne de communication formant une liaison entre deux points distants, il peut être intéressant de faire transiter en même temps les données de plusieurs clients. Plutôt que chaque client dispose de sa propre infrastructure, il est plus économique de n'avoir qu'une liaison partagée par plusieurs utilisateurs. Un multiplexeur a pour fonction de recevoir des données de plusieurs terminaux par le biais de liaisons spécifiques, appelées voies basse vitesse, et de les transmettre toutes ensemble sur une liaison unique, la voie haute vitesse.

À l'autre extrémité de la liaison, il faut effectuer la démarche inverse, c'est-à-dire récupérer, à partir des informations arrivant sur la voie haute vitesse, les données des différents utilisateurs et les envoyer sur les bonnes voies de sortie. Cette tâche incombe au démultiplexeur. La machine qui effectue le multiplexage et le démultiplexage s'appelle un mux.

Il existe un grand nombre de possibilités de multiplexage. Les sections qui suivent présentent les principales.

Multiplexages fréquentiel et temporel

Dans le multiplexage en fréquence, chaque voie basse vitesse possède sa propre bande passante sur la voie haute vitesse. Dans ce cas, la voie haute vitesse doit avoir la capacité nécessaire pour absorber toutes les trames qui proviennent des équipements terminaux raccordés.

Le multiplexage temporel suit le même mécanisme, mais au lieu que la voie haute vitesse soit découpée en fréquences distinctes, elle est découpée en tranches de temps, lesquelles sont affectées régulièrement à chaque voie basse vitesse. On comprend que le multiplexage temporel soit plus efficace que le précédent puisqu'il fait une meilleure utilisation de la bande passante. Un problème se pose cependant : lorsqu'une trame se présente à l'entrée du multiplexeur et que la tranche de temps qui est affectée à ce terminal n'est pas exactement à son début, il faut mémoriser l'information jusqu'au moment approprié.

Un multiplexeur temporel doit donc être doté de mémoires tampons pour stocker les éléments binaires qui se présentent entre les deux tranches de temps. Il est très simple de calculer la taille de cette mémoire, puisqu'elle correspond au nombre maximal de bit se présentant entre les deux tranches de temps affectées au terminal. Cette attente n'est pas toujours négligeable par rapport au temps de propagation du signal sur une ligne de communication.

Le multiplexage statistique

Dans les deux types de multiplexage précédents, fréquentiel et temporel, il ne peut y avoir de problème de débit, la voie haute vitesse ayant une capacité égale à la somme des capacités des voies basse vitesse raccordées. En règle générale, cela conduit à un gaspillage de bande passante, puisque les voies basse vitesse ne transmettent pas en continu, sauf exception. Pour optimiser la capacité de la voie haute vitesse, il est possible de jouer sur la moyenne des débits des voies basse vitesse. C'est ce qu'on appelle le multiplexage statistique. Dans ce cas, la somme des débits moyens des voies basse vitesse doit être légèrement inférieure au débit de la voie haute vitesse. Si, pendant un laps de temps, il y a plus d'arrivées que ne peut en supporter la liaison, des mémoires additionnelles prennent le relais dans le multiplexeur.

Fonctionnement du multiplexage statistique

Le multiplexage statistique se fonde sur un calcul statistique des arrivées et non sur des débits moyens. Par exemple, si dix voies basse vitesse d'un débit de 64 Kbit/s arrivent sur un multiplexeur statistique, le débit total peut atteindre 640 Kbit/s. Cette valeur correspond à la valeur maximale lorsque les machines débitant sur les voies basse vitesse travaillent sans aucun arrêt.

Dans les faits, il est rare de dépasser 50 % d'utilisation de la ligne, c'est-à-dire dans notre exemple 32 Kbit/s par ligne. En jouant statistiquement, on peut prendre une liaison haute vitesse d'un débit égal à 320 Kbit/s. Cependant, rien n'empêche que toutes les stations soient actives à un moment donné. Dans ce cas, une capacité de 640 Kbit/s se présente au multiplexeur, lequel ne peut débiter que 320 Kbit/s. Une mémoire importante doit donc tamponner les données en attente de transmission sur la ligne haute vitesse. Si le calcul statistique n'est pas effectué correctement, des pertes sont à prévoir.

La figure 6.10 donne une représentation du multiplexage statistique.

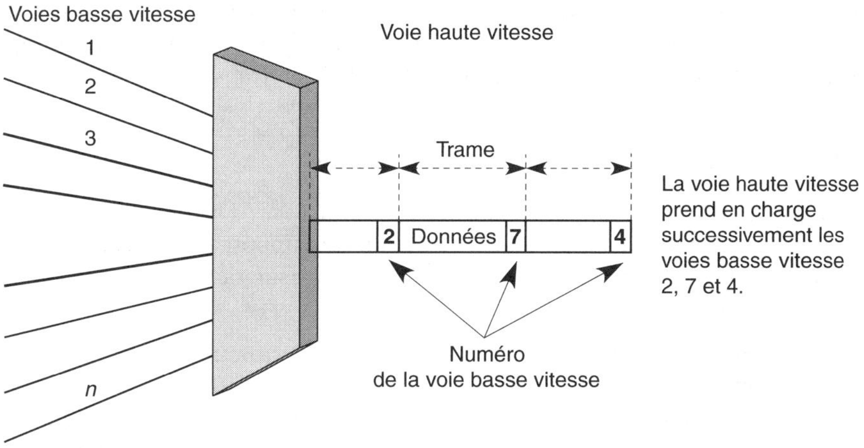

Figure 6.10

Multiplexage statistique

Dans ce schéma, on constate que les informations de la voie basse vitesse sont transportées dans une trame. Cette dernière doit comporter un numéro dans l'en-tête pour que la voie basse vitesse soit reconnue dans le démultiplexeur.

Un concentrateur est un multiplexeur statistique qui possède des fonctionnalités supplémentaires, comme des protocoles de niveau supérieur à celui de la couche physique.

La transmission

Avant de transmettre l'information sur un support de transmission, on doit la coder de façon adéquate. Les réseaux doivent permettre de très hauts débits sur des distances plus ou moins longues. Dans ce contexte, trois approches sont possibles pour le codage des éléments binaires provenant des applications :

- L'information est véhiculée directement en bande de base, ce qui permet d'obtenir des débits se comptant en gigabits par seconde. Les distances sans régénération sont plutôt courtes et dépendent de la vitesse. On peut atteindre quelques kilomètres.
- L'information est modulée suivant les principes indiqués précédemment dans ce chapitre. Les vitesses atteintes sont beaucoup plus petites, mais les distances bien plus grandes. Pour augmenter la vitesse, il faut être capable de transporter un grand nombre d'éléments binaires par intervalle de temps.
- Les signaux numériques sont modulés sur une porteuse, et chaque type d'information se voit allouer une bande passante en fonction de ses besoins. C'est l'approche dite large bande.

La transmission en bande de base

La transmission en bande de base est la plus simple, puisque aucune modulation n'est nécessaire. La suite binaire représentant l'information est directement transmise sur le support par des changements introduits dans les signaux représentant l'information sous forme de transitions de tension, ou d'impulsions lumineuses si l'on utilise la fibre optique.

Les signaux en bande de base sont sujets à une atténuation, dont l'importance dépend du support employé. Ils doivent donc être régénérés périodiquement sur une longue distance. Cette régénération s'effectue à l'aide de répéteurs, qui reçoivent les signaux et les mémorisent une fraction de seconde avant de les retransmettre sur la ligne sortante.

La transmission large bande

Cette méthode utilise le multiplexage en fréquence. Différents canaux sont créés, résultant de la division de la bande passante du support en plusieurs sous-bandes de fréquences. Cette technique a l'avantage d'autoriser des transmissions simultanées indépendantes.

Chaque appareil sur le câble est équipé d'un modem particulier. Cela permet de choisir le mode de transmission, numérique ou analogique, le mieux adapté et le plus efficace pour le type d'information à transmettre. Par exemple, les données informatiques sont émises sur une bande numérique, et la voix et l'image sur une bande analogique. La transmission large bande augmente toutefois le coût de connexion par rapport à un réseau en bande de base, plus simple à installer et généralement moins cher.

La numérisation des signaux

La façon de coder le signal numérique est une fonction importante du coupleur de communication. Cette opération a pour fonction principale d'adapter les signaux au canal de transmission. Dans le cas des réseaux locaux, la vitesse de transmission est de plusieurs dizaines ou centaines de mégabits par seconde. De ce fait, le choix de la représentation physique des données est important. Pour effectuer la synchronisation bit, c'est-à-dire s'assurer que chaque bit est lu au bon moment, il faut qu'un minimum de transitions soient réalisées pour extraire le signal d'horloge.

Le codage utilisé dans la plupart des réseaux locaux, et notamment dans les réseaux Ethernet, est le codage Manchester, ou sa version Manchester différentiel. Le codage Manchester, dit aussi biphase-L *(biphase-level),* est illustré à la figure 6.11. Il y a toujours une transition par élément binaire, de telle sorte que la valeur du signal passe sans arrêt d'une valeur positive à une valeur négative. Cette transition s'effectue au milieu de l'intervalle. À la figure 6.11, le 0 est indiqué par une transition allant de haut en bas, tandis que le 1 est indiqué par une transition allant de bas en haut. La figure montre la suite 100110 codée en Manchester. Le signal commence par une polarité négative puis passe à une polarité positive au milieu de l'intervalle. Ce passage d'une polarité négative à une polarité positive s'appelle un front montant. Le 1 est représenté par un front montant et le 0 par un front descendant.

Figure 6.11
Codage Manchester

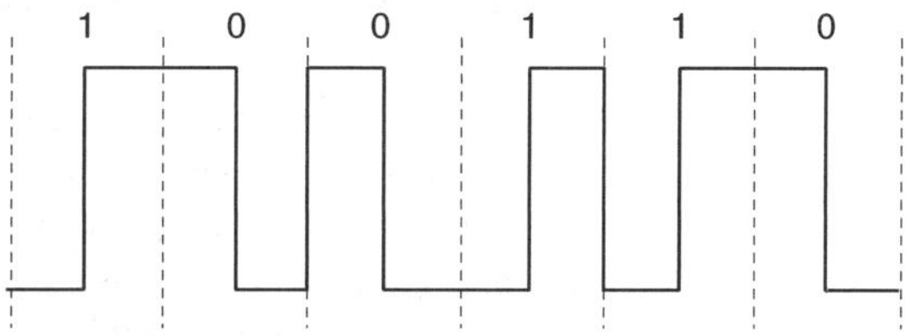

Le codage Manchester différentiel tient compte du bit précédent, comme l'illustre la figure 6.12. Le bit 0 est représenté par un changement de polarité au début d'un temps bit. Le bit 1 est caractérisé par l'absence de changement de polarité au début d'un temps bit. Ce codage a l'avantage d'être indépendant de la polarité.

Figure 6.12
Codage Manchester différentiel

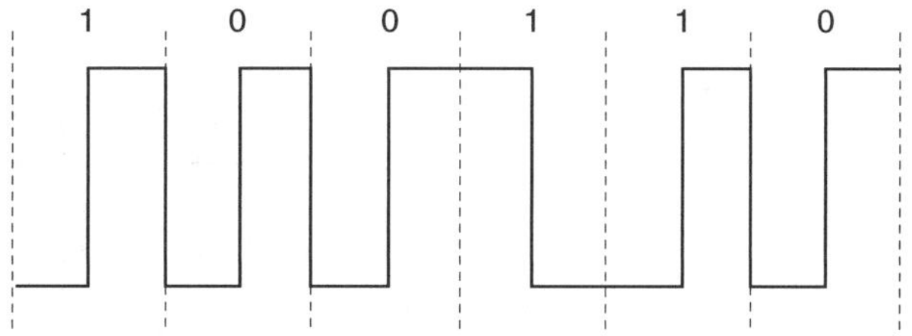

Le codage par blocs est une autre méthode très utilisée dans les réseaux locaux. Le principe général de ce codage consiste à transformer un mot de n bits en un mot de m bits, d'où son autre nom de codage nB/mB. En raison de contraintes technologiques, les valeurs de n généralement choisies sont 1, 4 ou 8.

Le principe du codage 1B/2B, ou codage CMI (Codec Mode Indication), est illustré à la figure 6.13. Un signal est émis sur deux temps d'horloge. Le 1 est indiqué par un niveau continu haut puis un niveau continu bas à tour de rôle. La valeur 0 démarre par un niveau continu bas sur le premier signal d'horloge puis continue par un niveau continu haut sur le deuxième signal d'horloge. La suite 1001 représentée sur la figure demande donc huit temps d'horloge pour coder les quatre bits. Les deux premiers temps d'horloge transportent le bit 1, qui correspond à un niveau continu haut. Après les deux bits 00, la valeur 1 est transportée par un niveau continu bas. Le 1 suivant est transporté par un niveau continu haut. Ce codage est facile à implémenter, mais présente l'inconvénient que le signal occupe une double largeur de bande.

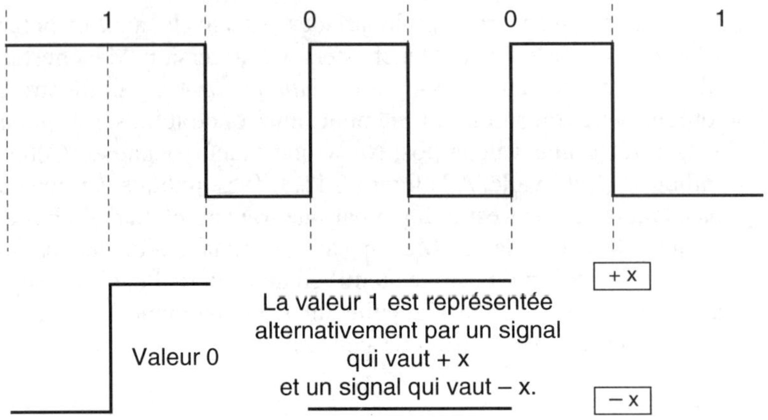

Figure 6.13
Codage CMI

Les codes *n*B/*m*B ont des propriétés intéressantes. On peut utiliser leurs particularités pour détecter des erreurs de transmission, obtenir des mots interdits ou représenter des séquences particulières, comme des délimiteurs de trames ou des jetons. Par exemple, en mettant deux niveaux haut de suite dans l'exemple précédent on ne représenterait pas la suite 11 mais un mot interdit. Les contrôles d'erreur peuvent s'effectuer en vérifiant que les règles de codage ne sont pas violées. On peut reconnaître une séquence particulière par violation de polarité, c'est-à-dire par le non-respect de l'alternance niveau haut-niveau bas. La figure 6.14 en fournit un exemple.

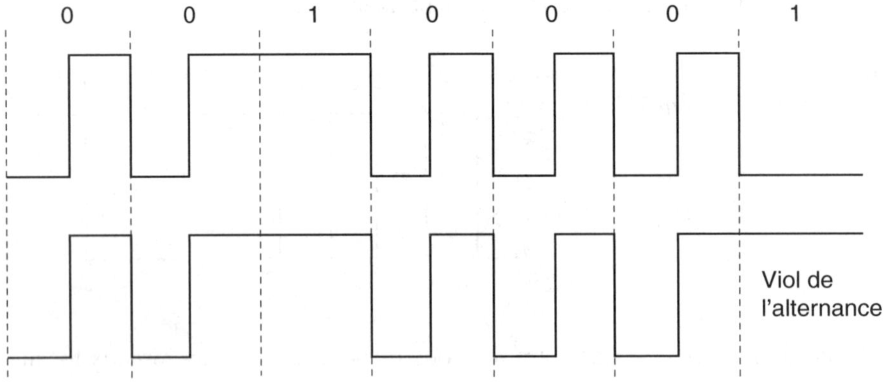

Figure 6.14

Principe du viol de polarité

La numérisation des signaux analogiques

Désormais, la grande majorité des transports d'information s'effectuent en numérique. Les signaux analogiques doivent donc être transformés en une suite d'éléments binaires. La valeur du débit binaire obtenu par la numérisation du signal requiert que la bande passante du support physique soit parfois supérieure à celle nécessaire au transport du signal analogique. Par exemple, la voix téléphonique non compressée, qui demande une bande passante analogique de 3 200 Hz, nécessite un débit numérique de 64 000 bit/s, débit qui ne peut en aucun cas être absorbé par un support physique à 3 200 Hz de bande passante. En effet, le débit maximal acheminé sur une bande de *W* Hz est obtenu par le théorème de Shannon :

$$D = W\log_2(1 + S/B)$$

où S/B est le rapport signal sur bruit exprimé en décibel. Pour un rapport de 10, ce qui est relativement important, on obtient un débit binaire maximal de 10 000 bit/s.

Trois opérations successives doivent être réalisées pour arriver à cette numérisation, l'échantillonnage, la quantification et le codage :

1. **Échantillonnage.** Consiste à prendre des points du signal analogique au fur et à mesure qu'il se déroule. Plus la bande passante est importante, plus il faut prendre d'échantillon par seconde. C'est le théorème d'échantillonnage qui donne la solution : si un signal *f(t)* est échantillonné à intervalle régulier dans le temps et à un taux supérieur au double de la fréquence significative la plus haute, les échantillons contiennent toutes les informations du signal original. En particulier, la fonction *f(t)* peut être reconstituée à partir des échantillons. Cette phase est illustrée à la figure 6.15.

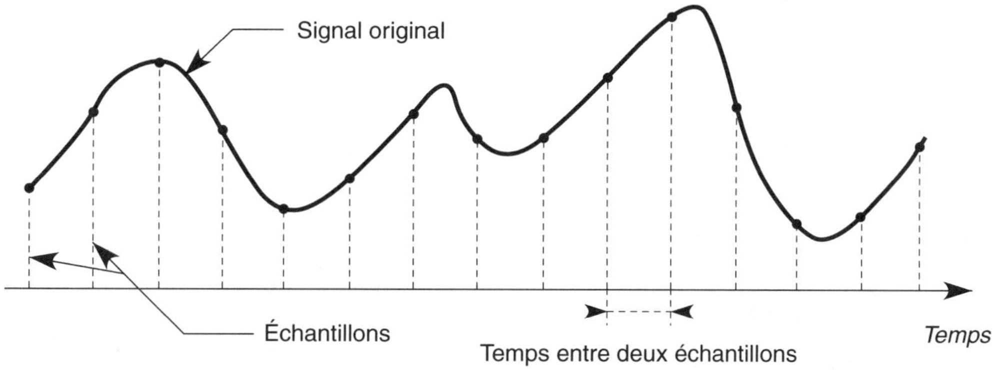

Figure 6.15

Échantillonnage

Si nous prenons un signal dont la largeur de la bande passante est 10 000 Hz, il faut l'échantillonner au moins 20 000 fois par seconde.

2. **Quantification.** Consiste à représenter un échantillon par une valeur numérique au moyen d'une loi de correspondance. Il convient de trouver cette loi de correspondance de telle sorte que la valeur des signaux ait le plus de signification possible. Si tous les échantillons sont à peu près égaux, il faut essayer, dans cette zone délicate, d'avoir plus de possibilités de codage que dans les zones où il y a peu d'échantillons. Pour obtenir une correspondance entre la valeur de l'échantillon et le nombre le représentant, on utilise généralement deux lois, la loi A en Europe et la loi Mu en

Amérique du Nord. Ces deux lois sont de type semi-logarithmique, garantissant une précision à peu près constante. Cette phase est illustrée à la figure 6.16.

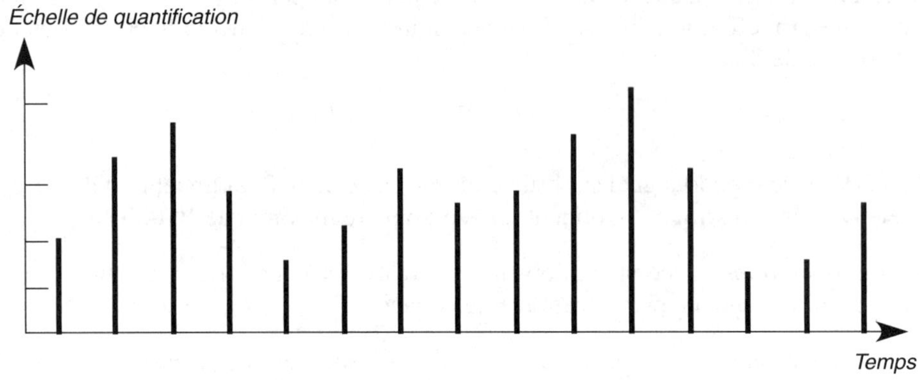

Figure 6.16

Quantification d'un signal échantillonné

3. **Codage.** Consiste à affecter une valeur numérique aux échantillons obtenus lors de la première phase. Ce sont ces valeurs qui sont transportées dans le signal numérique. Cette phase est illustrée à la figure 6.17.

Figure 6.17

Codage

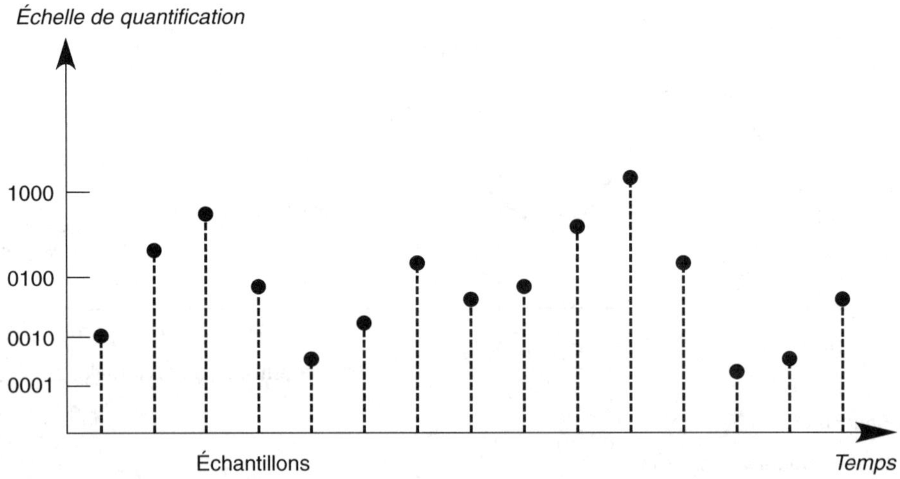

Numérisation de la parole téléphonique

La numérisation de la parole téléphonique s'effectue généralement au moyen des méthodes classiques PCM (Pulse Code Modulation) en Amérique du Nord et MIC (modulation par impulsion et codage) en Europe. Ces méthodes présentent de légères différences, dont la plus visible concerne le débit de sortie, qui est de 56 Kbit/s en Amérique du Nord et de 64 Kbit/s en Europe.

La largeur de bande de la parole téléphonique analogique est de 3 200 Hz. Pour numériser ce signal correctement sans perte de qualité, déjà relativement basse, il faut échantillonner au moins 6 400 fois par seconde. Dans la normalisation, on a adopté la valeur de 8 000 fois par seconde. La quantification s'effectue par des lois semi-logarithmiques. L'amplitude maximale permise se trouve divisée en 128 échelons positifs pour la version PCM, auxquels il faut ajouter 128 échelons négatifs dans la version européenne MIC. Le codage s'effectue soit sur 128 valeurs, soit sur 256 valeurs, ce qui demande, en binaire, 7 ou 8 bits de codage.

La valeur totale du débit de la numérisation de la parole téléphonique est obtenue en multipliant le nombre d'échantillon par le nombre d'échelon. Cela donne :

- 8 000 × 7 bit/s = 56 Kbit/s en Amérique du Nord et au Japon ;
- 8 000 × 8 bit/s = 64 Kbit/s en Europe.

L'échantillonnage a lieu toutes les 125 µs, valeur que nous retrouverons très souvent dans la suite de cet ouvrage.

Tout type de signal analogique peut être numérisé par la méthode générale décrite ci-dessus. On voit que plus la bande passante est importante, plus la quantité d'éléments binaires à transmettre augmente. Pour la parole normale, limitée le plus souvent à 10 000 Hz de bande passante, il faut un flux de 320 Kbit/s si le codage s'effectue sur 16 bits.

D'autres techniques de numérisation de la parole sont également employées. Elles travaillent en temps réel ou en temps différé. Dans le premier cas, l'algorithme qui permet de traduire la loi intermédiaire de quantification est exécuté en temps réel, et les éléments binaires obtenus ne sont pas compressés, ou très peu. Dans le second cas, la parole peut être stockée sur des volumes beaucoup plus faibles, mais le temps nécessaire pour effectuer la décompression est trop long pour régénérer un flot synchrone d'octets et donc le signal analogique de sortie. Il faut donc une mémorisation intermédiaire qui enlève l'aspect temps réel de la parole. Pour les messageries numériques, une compression est presque toujours effectuée afin que les capacités de stockage requises ne soient pas trop importantes. Dans ce cas, on descend à des débits inférieurs à 2 Kbit/s.

On peut encore citer dans les techniques temps réel les méthodes Δ (Delta) ou Δ_M (Delta Modulation), qui s'appuient sur le codage d'un échantillon en relation avec le précédent. Par exemple, on peut définir le point d'échantillonnage $k + 1$ par la pente de la droite reliant les échantillons k et $k + 1$, comme illustré à la figure 6.18. On envoie la valeur exacte du premier échantillon, puis on ne transmet que les pentes. Étant donné que la pente de la droite ne donne qu'une approximation du point suivant, il faut régulièrement émettre un nouvel échantillon avec sa valeur exacte.

Figure 6.18

Numérisation par une méthode Delta

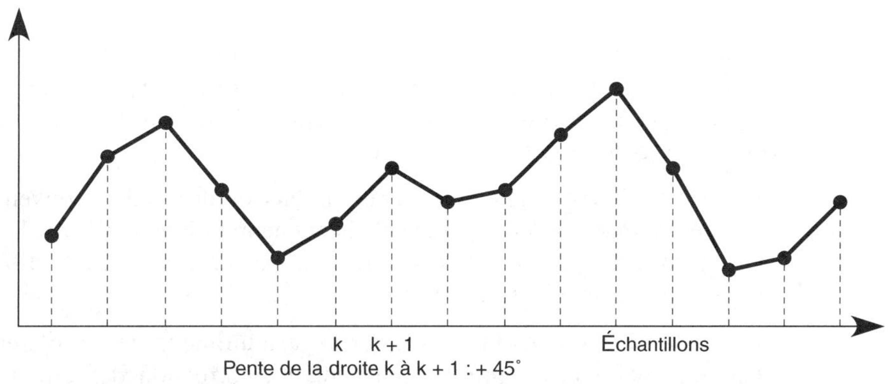

Grâce à ces méthodes, le débit de la parole numérique peut descendre à 32 ou 16 Kbit/s, voire moins. On peut aller jusqu'à 2 Kbit/s, mais on obtient alors une parole synthétique de qualité médiocre. Nous n'avons parlé dans cette section que de la parole téléphonique. Il va de soi que toutes les informations analogiques peuvent être numérisées de la même façon.

La numérisation de l'image animée suit un processus similaire, l'image étant décomposée en points élémentaires, appelés pixels, et chaque pixel étant codé sur plusieurs bits ou même sur plusieurs octets, si le nombre de couleurs est élevé. Le tableau 6.2 recense quelques valeurs de débits numériques nécessaires au transport de signaux analogiques numérisés.

Type d'information	Débit du signal numérisé	Débit après compression
Son	64 Kbit/s	1,2 à 9,6 Kbit/s
Images animées noir et blanc/visioconférence	16 Mbit/s	64 Kbit/s à 1 Mbit/s
Images animées couleur/visioconférence	100 Mbit/s	128 Kbit/s à 2 Mbit/s
Images télévision couleur	204 Mbit/s	512 Kbit/s à 4 Mbit/s
Images vidéoconférence	500 Mbit/s	2 Mbit/s à 16 Mbit/s

TABLEAU 6.2 • Débits de quelques signaux numérisés

De très grands progrès ont été réalisés ces dernières années dans le domaine de la compression, qui permettent de réduire considérablement le débit des flots à acheminer. Des expériences de transport d'images animées s'effectuent, par exemple, sur des canaux à 64 Kbit/s. Les équipements terminaux reviennent toutefois encore cher pour les très fortes compressions. Les techniques de codage continuant de progresser très vite, elles représentent une solution pour faire transiter de la vidéo sur des réseaux de mobiles tels que l'UMTS, dans lesquels la bande passante disponible est faible par rapport aux débits envisagés. Les principales d'entre elles sont présentées au chapitre 20.

Les codeurs qui effectuent le passage du signal analogique au signal numérique s'appellent des codecs (codeur-décodeur). Simple à réaliser, le codec MIC est aujourd'hui bon marché. En revanche, les codecs pour signaux analogiques à très large bande passante reviennent encore cher, en raison de la technologie qu'ils emploient.

Détection et correction d'erreur

La détection et la correction des erreurs ont été longtemps automatisées au niveau trame du fait que la qualité des lignes physiques était insuffisante pour obtenir des taux d'erreur acceptables pour les applications s'exécutant sur le réseau. Aujourd'hui, le problème est quelque peu différent, et ce pour deux raisons :

- Le taux d'erreur en ligne est devenu satisfaisant, descendant souvent sous la barre des 10^{-9}, et les quelques erreurs qui subsistent ne modifient pas la qualité de l'application. Cela provient de techniques de codage plus performantes et de l'utilisation de supports physiques tels que la fibre optique.
- Les applications acheminées sont de type multimédia et ne tolèrent pas la perte de temps associée aux reprises sur erreur. La correction des erreurs n'affecte pas la

qualité de l'image ou du son. Pour autant que le nombre d'erreurs ne soit pas trop important, l'œil ou l'oreille ne peut détecter des modifications mineures de l'image ou du son. La retransmission est donc une perte de temps inutile. Par exemple, la parole téléphonique, qui demande un temps de transport de 150 ms au maximum, n'autorise pas l'attente de retransmissions. De plus, la correction d'un bit par-ci par-là ne change pratiquement rien à la qualité de la parole.

La détection et la correction des erreurs sont indispensables sur les supports physiques de mauvaise qualité ou pour des applications qui demandent le transport de données précieuses. Dans ce cas, une automatisation au niveau trame ou une reprise particulière au niveau message peuvent être effectuées pour une application particulière. Il est toujours possible d'ajouter au niveau applicatif, le niveau 7 de l'architecture de référence, un processus de correction des erreurs.

Les deux grandes possibilités de reprise sur erreur sont l'envoi de l'information en redondance, qui permet de détecter et de corriger les erreurs dans un même temps, ou l'utilisation seule d'un code détecteur d'erreur, permettant de repérer les trames erronées et de demander leur retransmission.

Un code à la fois détecteur et correcteur nécessite d'envoyer en moyenne la moitié de l'information transportée en plus. Pour envoyer 1 000 bits en sécurité au récepteur, il faut donc émettre 1 500 bits. Le code détecteur d'erreur demande une zone de 16 bits, parfois de 32 bits. Chaque fois qu'une erreur est détectée, on retransmet l'ensemble de la trame. Pour des trames d'une longueur de 1 000 bits à 10 000 bits, un taux d'erreur bit de l'ordre de 10^{-4} constitue la limite entre les deux méthodes. Un taux inférieur à 10^{-4} d'erreur bit inférieur à 10^{-4}, c'est pratiquement toujours la méthode de détection et de reprise des trames ou des messages erronés qui est utilisée.

Des cas particuliers, comme la transmission par l'intermédiaire d'un satellite, peuvent être optimisés par une méthode de détection et de correction immédiate. Le temps de l'aller-retour entre l'émetteur et le récepteur étant très long (plus de 0,25 s), les acquittements négatifs réclamant la retransmission prennent 0,5 s après le départ de la trame. Si le débit est de 10 Mbit/s, cela veut dire que 5 Mbit de données ont déjà été transmis, ce qui implique une gestion importante des mémoires tampons de l'émetteur et du récepteur. Même dans le cas d'un satellite, une optimisation est généralement obtenue par des demandes de retransmission.

Avant d'aborder les techniques de détection et de correction proprement dites, penchons-nous sur le fonctionnement d'un protocole de liaison pour montrer les solutions développées pour la reprise sur erreur. L'émetteur formate les trames en ajoutant aux données des champs de supervision, d'adresse, de données et de détection d'erreur, puis il les transmet en en conservant une copie *(voir figure 6.19)* qui se situe dans une mémoire.

Figure 6.19

Fonctionnement d'un protocole de liaison

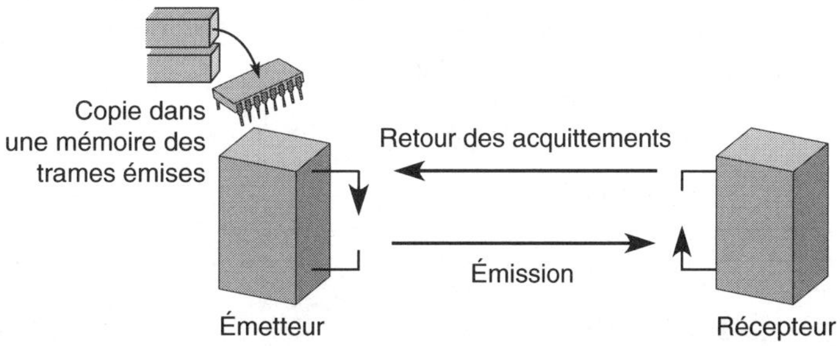

Le récepteur émet des acquittements positifs ou négatifs. À chaque acquittement positif, le bloc de données correspondant est détruit. À chaque acquittement négatif, la trame qui n'a pas été correctement reçue est retransmise.

Les politiques d'acquittement et de retransmission les plus utilisées sont les suivantes :

- Les acquittements sont envoyés à chaque trame reçue.
- Les acquittements sont accumulés pour être envoyés tous en même temps.
- Les acquittements sont émis dans les trames transmises dans le sens opposé.
- Seule la trame erronée est retransmise.
- Toutes les trames, à partir de la trame erronée, sont retransmises.

La correction d'erreur

La détection d'erreur suivie d'une retransmission est la solution la plus utilisée en matière de transmission d'information. Une autre solution peut toutefois être mise en œuvre, consistant à détecter et corriger directement les erreurs. Pour corriger, des algorithmes assez complexes sont nécessaires. Surtout, il faut mettre dans le message à transporter de l'information redondante, qui demande un débit beaucoup plus important. Parmi les techniques de correction, il en existe de simples, qui consistent, par exemple, à envoyer trois fois la même information et à choisir au récepteur l'information la plus probable : à la réception d'un bit qui est deux fois égal à 1 et une fois à 0, on suppose que le bit est égal à 1.

Il existe des techniques plus complexes, telles que FEC (Forward Error Correction), qui consiste à ajouter à chaque bloc de kilobit des bits supplémentaires pour arriver à un total de *n* bits. On appelle un tel code *k*/*n*. Les codes classiquement utilisés correspondent à du 2/3 ou du 1/2, ce qui indique une adjonction respectivement de 50 et 100 % d'informations supplémentaires. Les codages complexes utilisés recourent à de nombreux algorithmes, que nous ne ferons que décrire sommairement. Les algorithmes les plus célèbres sont ceux de Bose-Chaudhuri-Hocquenghem (BCH), Reed-Solomon et les turbocodes.

Supposons que l'information puisse être décomposée en caractères et qu'un caractère comporte 8 bits. On découpe les données 8 bits par 8 bits. Pour pouvoir corriger les erreurs, il faut être capable de distinguer les différents caractères émis, même lorsque ceux-ci ont un bit erroné. Soit un alphabet composé de quatre caractères, 00, 01, 10 et 11.

Si une erreur se produit, un caractère est transformé en un autre caractère, et l'erreur ne peut être détectée. Il faut donc ajouter de l'information pour que les caractères soient différents les uns des autres. Par exemple, on peut remplacer les quatre caractères de base par quatre nouveaux caractères :

- 0000000
- 0101111
- 1010110
- 1111001

De la sorte, si une erreur se produit sur un bit, on peut comparer la donnée transmise avec les quatre caractères ci-dessus et décider que le bon caractère est celui le plus ressemblant. Si le récepteur reçoit la valeur 0010000, on voit tout de suite que le caractère qui aurait dû être reçu est 0000000, puisque l'autre caractère le plus ressemblant que l'on aurait pu recevoir est 0101111, qui présente beaucoup plus de différence avec la valeur reçue.

Si deux erreurs se produisent sur un même caractère, il est impossible dans le contexte décrit de récupérer la valeur exacte. Ce sont là des erreurs dites résiduelles, qui subsistent après la correction.

Formalisons la méthode décrite précédemment. Soit *d(x,y)* la distance entre les deux caractères *x* et *y* définie par :

$$d(x,y) = \sum_{i=1}^{N} (x_i - y_i) \bmod 2$$

où *N* est le nombre de bits du caractère et x_i, y_i sont les différentes valeurs des *N* bits ($i = 1... N$).

La distance de Hamming est définie par la formule :

$$d_H = \inf d(x,y)$$

où la borne inférieure s'applique à l'ensemble des caractères de l'alphabet.

Dans le premier exemple, la distance de Hamming est égale à 1. Dans le nouvel alphabet, qui a été déterminé pour corriger les erreurs, $d_H = 3$. Pour pouvoir détecter et corriger une seule erreur, il faut que les différents caractères du même alphabet satisfassent à $d_H = 3$ de sorte que, en cas d'erreur, la distance entre le caractère erroné et le caractère exact soit de 1. On déduit le caractère supposé exact en recherchant le caractère dont la distance est de 1 par rapport au caractère erroné. On comprend que si la distance de Hamming est de 2 pour un alphabet, on ne peut décider du caractère le plus proche.

Si l'on veut corriger deux erreurs simultanément, il est nécessaire d'avoir une distance de Hamming égale à 5. En reprenant l'exemple précédent, on peut remplacer les quatre caractères par :

- 0000000000
- 0101111011
- 1010110101
- 1111001110

Avec ce nouvel alphabet, la distance de Hamming est de 5. Si le caractère 10001010 est reçu, on en déduit que le caractère émis est 11001110 puisque que *d*(10001010,11221112) = 2 et que *d*(10001010,*x*) > 2 si $x \neq 11001110$.

Ces exemples donnent l'impression que l'on ajoute beaucoup d'information pour chaque caractère. C'est vrai lorsque l'alphabet est composé de peu de caractères et qu'ils sont courts. S'il y a beaucoup de caractères, le nombre d'information à ajouter est proportionnellement bien inférieur.

La détection d'erreur

Il existe de nombreuses techniques de détection d'erreur. Le bit de parité, par exemple, est un bit supplémentaire ajouté au caractère positionné de telle façon que la somme des éléments binaires modulo 2 soit égale à 0 ou à 1. Ce bit de parité est déterminé à partir d'un caractère — on prend souvent un octet — composé soit de bits successifs, soit de bits que l'on détermine de façon spécifique. Cette protection est assez peu performante, puisqu'il faut ajouter 1 bit tous les 8 bits, si le caractère choisi est un octet, et que deux erreurs sur un même octet ne sont pas détectées.

Les méthodes les plus utilisées s'effectuent à partir d'une division de polynômes. Supposons que les deux extrémités de la liaison possèdent en commun un polynôme de degré 16, par exemple $x^{16} + x^8 + x^7 + 1$. À partir des éléments binaires de la trame notés a_i, $i = 0..., M - 1$, où M est le nombre de bit formant la trame, on constitue le polynôme de degré $M - 1$ suivant :

$$M - 1 : P(x) = a_0 + a_1 x + ... + a_{M-1} x^{M-1}$$

Ce polynôme est divisé dans l'émetteur par le polynôme générateur de degré 16. Le reste de cette division est d'un degré maximal de 15, qui s'écrit sous la forme suivante :

$$R(x) = r_0 + r_1 x + ... + r_{15} x^{15}$$

Les valeurs binaires r_0, r_1... r_{15} sont placées dans la trame, dans la zone de détection d'erreur. À l'arrivée, le récepteur effectue le même algorithme que l'émetteur en définissant un polynôme formé par les éléments binaires reçus et de degré $M - 1$. Il effectue la division par le polynôme générateur et trouve un reste de degré 15, qui est comparé à celui qui figure dans la zone de contrôle d'erreur. Si les deux restes sont identiques, le récepteur en déduit que la transmission s'est bien passée. En revanche, si les deux restes sont différents, le récepteur en déduit une erreur dans la transmission et demande la retransmission de la trame erronée.

Cette méthode permet de trouver pratiquement toutes les erreurs qui se produisent sur le support physique. Cependant, si une erreur se glisse dans la zone de détection d'erreur, on conclut à une erreur, même si la zone de données a été correctement transportée, puisque le reste calculé par le récepteur est différent de celui transporté dans la trame. Si la trame fait 16 000 bits, c'est-à-dire si elle est mille fois plus longue que la zone de détection d'erreur, on ajoute une fois sur 1 000 une erreur due à la technique de détection elle-même.

L'efficacité de la méthode décrite dépend de nombreux critères, tels que la longueur de la zone de données à protéger ou de la zone de contrôle d'erreur, le polynôme générateur, etc. On estime qu'au moins 999 erreurs sur 1 000 sont ainsi corrigées. Si le taux d'erreur sur le médium est de 10^{-6}, il devient 10^{-9} après le passage par l'algorithme de correction, ce qui peut être considéré comme un taux d'erreur résiduelle négligeable.

La zone de détection d'erreur est parfois appelée CRC (Cyclic Redundancy Check), nom générique de la méthode décrite ci-dessus, et parfois FCS (Frame Check Sequence), ou séquence d'éléments binaires engendrée par le contenu de la trame.

Les turbocodes forment une classe de solutions permettant de détecter et de corriger des erreurs en ligne en utilisant simultanément deux codes qui, individuellement, ne donneraient pas de résultat extraordinaire. Les turbocodes apportent ainsi une nouvelle méthode de codage à deux dimensions extrêmement efficace pour la correction d'erreur.

Les architectures de niveau physique

Nous avons décrit jusqu'à présent les propriétés de la couche physique, dont le rôle est de faire transiter des bits sur le médium de transport. Les architectures de niveau physique sont déterminées par les solutions mises en place pour transporter les messages d'une machine terminale à une autre en n'utilisant que la couche physique. Par exemple, la téléphonie classique utilise une architecture de niveau physique dans laquelle le flot des signaux est émis directement sur un circuit et transite de bout en bout.

Plusieurs architectures de niveau physique peuvent être conçues. Dans les architectures de transport relativement lentes, il n'est pas nécessaire de synchroniser sans arrêt les horloges extrémité, comme la communication entre deux machines utilisant un modem. En revanche, dans les architectures de transport à très haute vitesse, il faut mettre en place un mécanisme permettant de resynchroniser les horloges sans arrêt. Si la vitesse de transport est de 10 Gbit/s, par exemple, il faut émettre un bit toutes les 100 picosecondes. Il faut donc que le récepteur enregistre la valeur du signal toutes les 100 picosecondes. Si les horloges émetteur et récepteur ne sont pas parfaitement synchronisées, le récepteur risque de lire deux fois le même signal ou de sauter un signal au bout de quelque temps.

Comme expliqué en début de chapitre, la vitesse de synchronisation normalisée est de 125 µs. Cette valeur historique correspond à la vitesse de numérisation de la parole téléphonique. Cela revient à dire qu'il faut synchroniser le récepteur sur l'émetteur pour la réception d'un octet de téléphonie toutes les 125 µs, et plus précisément d'un bit toutes les 15,625 µs. Lorsque le flot a un débit de 64 Kbit/s, la synchronisation doit s'effectuer tous les 8 bits. Lorsque la vitesse est de 10 Gbit/s, la synchronisation s'effectue tous les 1 250 000 bits.

Pour réaliser ces synchronisations, le temps est découpé en tranches de 125 µs. Dans ce laps de temps, l'ensemble des bits transmis représente une trame. Le mot trame a ici le même sens que pour l'entité de niveau 2 qui permet de déterminer le début et la fin d'une émission d'un bloc de données *(voir le chapitre 7).* En un certain sens, il est normal d'utiliser ce même mot puisque la trame de niveau physique permet également de déterminer un début et une fin correspondant à la période de 125 µs et donc de synchroniser les horloges. La trame de niveau physique, que l'on retrouve sur la plupart des réseaux de mobiles et sans fil, est généralement nécessaire dès que la vitesse augmente ou que le support n'est pas de très bonne qualité pour bien ajuster les temps d'écoute des signaux.

Les architectures de niveau physique peuvent offrir d'autres fonctionnalités, comme la fiabilisation des communications, qui permet de reconfigurer le réseau dans des laps de temps très courts de façon que les machines terminales ne s'aperçoivent pas qu'il y a eu coupure de la communication. Pour cela, il doit y avoir redondance dans le support physique, à la manière des systèmes en boucle que nous avons présentés à la fin du chapitre 5, pour permettre au signal de passer dans l'autre sens de la boucle en cas de défaillance du premier chemin. La technique de resynchronisation fait partie des fonctionnalités incluses dans l'architecture de niveau physique.

Nous retrouverons ces architectures de niveau physique à la partie IV de l'ouvrage quand nous aborderons les réseaux optiques, qui se développent très vite et formeront bientôt l'ossature des cœurs de réseau, et les interfaces avec la couche physique, qui utilisent la structure en trame et sont véhiculées sur le médium pour communiquer avec l'autre extrémité de la liaison.

Conclusion

Le niveau physique est indispensable à un réseau. Comme nous l'avons vu, il concerne tous les équipements qui permettent de transporter des trames d'un point à un autre. Les caractéristiques d'un réseau dépendent fortement de son ossature physique. La couche physique doit gérer tous les éléments nécessaires pour que les signaux partant de l'utilisateur arrivent au récepteur, comme le codage, les modulations et démodulations ou la transformation des signaux analogiques en signaux numériques.

Cette couche évolue lentement, car les équipements de niveau physique déjà en place ne peuvent être facilement remplacés. Cependant, l'augmentation des vitesses sur les lignes physiques montre bien la dynamique de ce niveau.

Cette couche prend également en charge les architectures de niveau physique (couche 1), c'est-à-dire les architectures dans lesquelles l'information est transportée de bout en bout sous la forme d'éléments binaires. Les architectures de niveau physique les plus connues viennent du monde SONET/SDH *(voir le chapitre 14),* mais l'arrivée massive des composants Ethernet à ce niveau permet de penser que le très proche avenir nous proposera de nouvelles solutions.

7

Le niveau trame

Comme expliqué au chapitre 4, le niveau trame est le niveau où circule l'entité appelée trame. Une trame est une suite d'éléments binaires qui ont été rassemblés pour former un bloc. Ce bloc doit être transmis vers le nœud suivant de telle sorte que le récepteur soit capable de reconnaître son début et sa fin. En résumé, le rôle du niveau trame consiste à transporter de l'information sur un support physique entre un émetteur et un récepteur. Sa fonction principale est de détecter les débuts et les fins des trames.

Le niveau trame est fondamentalement différent suivant que l'on a affaire à un réseau de niveau trame, c'est-à-dire un réseau qui ne remonte dans les nœuds intermédiaires qu'à la couche 2 pour router ou commuter, ou de niveau paquet, c'est-à-dire un réseau qui doit remonter jusqu'à la couche 3 pour effectuer le transfert. Dans une architecture de niveau trame, l'en-tête contient les zones qui permettent d'acheminer la trame vers le destinataire du message. Dans une architecture de niveau paquet, la zone de données de la trame contient un paquet. Les informations nécessaires à l'acheminement du message se trouvent dans les zones de supervision de ce paquet.

Ce chapitre présente les principales trames qui permettent de transporter des paquets dans une architecture de niveau trame, comme HDLC (High-level Data Link Control), PPP (Point-to-Point Protocol) et Ethernet, ainsi que celles qui transportent directement les données dans la zone de données de la trame, comme ATM. La trame Ethernet que nous avons placée dans la première catégorie est aussi une solution qui se classe dans la seconde catégorie pour le bout-en-bout.

Nous nous penchons également sur l'ancienne génération de niveau trame, appelée niveau liaison, dont la fonction était à la fois de jouer le rôle du niveau trame et de corriger les erreurs en ligne pour rendre le taux d'erreur acceptable pour les couches supérieures. Dans ce dernier cas, une zone de détection d'erreur est ajoutée à la fin de la trame afin de déceler si une erreur s'est produite durant le transfert. Si tel est le cas, deux méthodes peuvent être mises en œuvre pour effectuer les réparations. Dans la première, des bits de contrôle ajoutés par l'émetteur permettent de détecter puis de corriger les erreurs. Dans la seconde, une retransmission est demandée au nœud précédent, qui doit avoir gardé une copie de la trame. Nous avons déjà rencontré quelques éléments de ces méthodes à la fin du chapitre 6.

L'architecture de niveau trame

Le niveau trame (couche 2) a pour fonction de rendre un service au niveau juste supérieur. Ce service est un transport de paquets de nœud à nœud. Plus précisément, son rôle est de transporter un paquet de la couche 3 ou un fragment de message de la couche 4 d'un nœud vers un autre nœud. Pour cela, le niveau trame demande à son tour au niveau juste inférieur, le niveau physique, un service, consistant à transporter les bits de la trame d'un nœud à un autre nœud. Cette section présente les fonctions nécessaires à la réalisation de toutes ces actions.

Les fonctionnalités du niveau trame

La spécificité du niveau trame est de transmettre les informations le plus rapidement possible entre deux nœuds. La partie importante des protocoles de niveau trame réside dans la structure de la trame et dans la façon de la reconnaître et de la traiter dans le temps le plus court possible.

La première fonctionnalité à implémenter concerne la reconnaissance du début et de la fin de la trame lorsque le flot d'informations binaires arrive au récepteur. Comment reconnaître le dernier bit d'une trame et le premier bit de la trame suivante ? Plusieurs générations de protocoles se sont succédé pour tenter d'apporter la meilleure réponse à ce problème :

- La première génération de protocoles de niveau trame comportait une reconnaissance par drapeau : le début et la fin de la trame étaient reconnaissables par la présence d'une suite d'éléments binaires, qui devait être unique. À cet effet, des techniques d'insertion étaient utilisées pour casser les suites qui ressembleraient à un champ de début ou de fin, appelé drapeau, ou fanion *(flag)*. L'insertion de bits supplémentaires présente toutefois un inconvénient, puisque la longueur totale n'est plus connue à l'avance et que des mécanismes spécifiques sont requis pour ajouter ces bits à l'émetteur puis les retrancher au récepteur.
- La deuxième génération a essayé de trouver d'autres modes de reconnaissance, principalement des violations de codes ou des systèmes utilisant des clés pour repérer le début et la fin d'une trame. L'avantage de ces techniques est de conférer à la trame une longueur déterminée et de ne perdre aucun temps de latence à son arrivée.
- La tendance de la génération actuelle consiste à revenir à la première solution mais avec un drapeau suffisamment long pour que la probabilité de retrouver la même suite d'éléments binaires soit quasiment nulle. L'avantage de cette solution est de permettre une reconnaissance très simple du drapeau sans avoir à ajouter de bits ni à calculer la valeur d'une clé. La trame Ethernet correspond à cette définition grâce à un drapeau, appelé préambule, d'une longueur de 64 bits.

Les fonctionnalités du niveau trame ont été fortement modifiées depuis le début des années 1990. On a fait, par exemple, redescendre dans cette couche les fonctions de la couche réseau, en vue de simplifier l'architecture et d'augmenter les performances. Le niveau trame jouait dès lors le rôle de la couche réseau et non plus celui de la couche liaison, pour lequel il avait été initialement conçu, acquérant un statut capital dans l'acheminement des données jusqu'au récepteur.

La figure 7.1 illustre les rôles potentiels du niveau trame par rapport au modèle de référence.

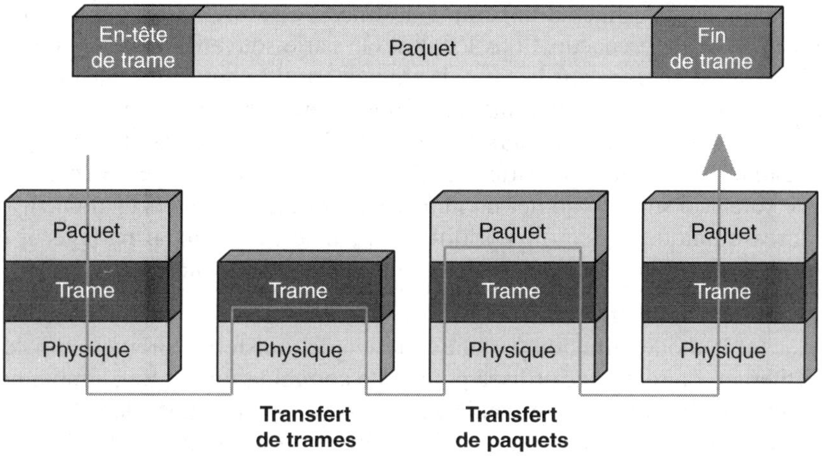

Figure 7.1

Rôles potentiels du niveau trame par rapport au modèle de référence

Les principaux protocoles utilisés par le niveau trame sont les suivants :

- Les protocoles issus de la normalisation internationale ou y prenant naissance, tels le protocole de base HDLC, qui est longuement présenté dans la suite de ce chapitre, et ses dérivés LAP-B (Link Access Procedure-Balanced), LAP-D (Link Access Procedure for the D-channel), LAP-F et PPP.
- Les protocoles conçus pour l'environnement local, tels Ethernet, Token-Ring ou FDDI (Fiber Distributed Data Interface). La trame Ethernet, qui est de loin la plus importante, est détaillée au chapitre 17. Nous l'introduisons dans ce chapitre pour son rôle de transport de paquets entre deux nœuds ou de bout en bout.

Le niveau ATM de l'architecture UIT-T peut aussi être considéré comme une couche réseau ayant hérité d'une structure de trame. Nous examinons ce protocole en détail au chapitre 15, dédié aux réseaux ATM, et ne faisons que l'introduire ici.

Le niveau trame peut avoir pour fonction supplémentaire la gestion de l'accès au support physique, comme dans les réseaux possédant un support de communication partagé. On parle alors de fonction MAC (Medium Access Control).

L'adressage de niveau trame

Comme indiqué précédemment, le niveau trame est issu du niveau liaison du modèle de référence. L'adressage n'a donc pas particulièrement été étudié, puisqu'il devait être pris en compte par le niveau réseau. En règle générale, les adresses utilisées sont très simples : une adresse pour l'émetteur et une pour le récepteur. On peut compliquer ce modèle en ayant non plus une liaison point-à-point mais une liaison multipoint, dans laquelle plusieurs machines se partagent un même support.

La première adresse pour réseaux multipoint apparue dans le niveau trame provient de l'environnement Ethernet et des réseaux locaux partagés. Comme tous les clients d'un réseau local partagé se connectent sur un même câble, lorsqu'une station émet, chaque station peut recevoir une copie. C'est ce qu'on appelle la fonction de diffusion. Les adresses sont apparues dans ce cadre car il fallait qu'une station puisse distinguer une trame qui lui était destinée d'une trame destinée à un autre utilisateur. L'adressage Ethernet est ainsi né de préoccupations locales. On parle souvent d'adressage physique parce que l'adresse se trouve dans la carte de connexion. Il fallait éviter que deux cartes, même venant de constructeurs différents, aient une même adresse. Comme nous le verrons au chapitre 17, consacré aux réseaux Ethernet, l'adresse a pris une structure plate, ou absolue. Chaque constructeur de carte Ethernet possède un numéro constructeur sur 3 octets. À cette valeur, il suffit d'ajouter un numéro de série, sur 3 octets également, pour obtenir une adresse unique. Puisqu'il y a diffusion sur le réseau local partagé, il est facile de déterminer où se trouve physiquement l'adresse du récepteur.

De nouveaux problèmes ont surgi avec l'arrivée de la nouvelle génération Ethernet remplaçant le mode diffusion par une fonction de transfert de trames, appelée commutation Ethernet. La référence utilisée pour cette commutation est tout simplement l'adresse sur 6 octets de la carte du destinataire. Une zone supplémentaire dans la trame Ethernet a été ajoutée pour disposer d'une vraie référence, indépendante de l'adresse Ethernet. Cette zone portant le *shim label* est notamment utilisée dans les réseaux MPLS.

La cellule ATM se place aussi au niveau trame : on détecte le début de la cellule en comptant le nombre de bits reçus puisque la cellule ATM a une longueur constante. En cas de perte de synchronisation, il est toujours possible de retrouver le premier bit d'une cellule grâce au champ de détection et de correction d'erreur, qui se trouve dans l'en-tête. ATM utilisant un mode commuté, l'en-tête contient une référence.

Les protocoles de niveau trame

Les protocoles définissent les règles à respecter pour que deux entités puissent communiquer de façon coordonnée. Pour cela, il faut que les deux entités communicantes utilisent le même protocole. Pour simplifier les communications de niveau trame, plusieurs protocoles ont été normalisés. Le plus ancien, HDLC, est de moins en moins utilisé mais reste le meilleur exemple de procédure de niveau trame. C'est la raison pour laquelle nous l'étudions ici en détail.

Les protocoles HDLC et LAP-B

En 1976, l'ISO normalise une procédure de communication entre deux ordinateurs sous le nom de HDLC (High-level Data Link Control). C'est la naissance du premier protocole standardisé de niveau liaison. D'autres protocoles moins puissants étaient jusqu'alors utilisés. Ils étaient du type « envoyer et attendre », l'émission d'une trame étant suivie d'une période d'attente de l'acquittement de la part du récepteur. La génération HDLC procède par anticipation : l'attente de l'acquittement n'empêche pas la transmission des trames suivantes.

Pour les besoins de transmission sur les liaisons des réseaux des opérateurs, l'UIT-T a repris un sous-ensemble de la norme HDLC, la partie concernant le mode équilibré. Cette procédure a pris au départ le nom de LAP (Link Access Protocol) et comportait des options particulières. Après des mises à jour en 1980 et en 1984, la procédure a été appelée LAP-B (Link Access Protocol-Balanced). La lettre B peut aussi indiquer le canal B du RNIS. C'est la procédure adaptée au niveau 2 du RNIS pour les canaux en mode circuit de type B. Cette norme a été complétée par le LAP-D (Link Access Procedure for the D-channel), associé au canal D du RNIS. Avant d'examiner plus en détail le protocole LAP-B, indiquons qu'il existe une possibilité normalisée de travailler en mode multi-liaison grâce au multiplexage de plusieurs protocoles LAP-B en mode équilibré sur une seule liaison.

Nous allons analyser le fonctionnement du protocole LAP-B, qui est aussi le protocole le plus courant dans le monde HDLC. Les deux autres protocoles décrits dans HDLC travaillent en mode maître-esclave, ce qui veut dire qu'une extrémité de la liaison dirige l'autre côté. La structure de la trame LAP-B est illustrée à la figure 7.2.

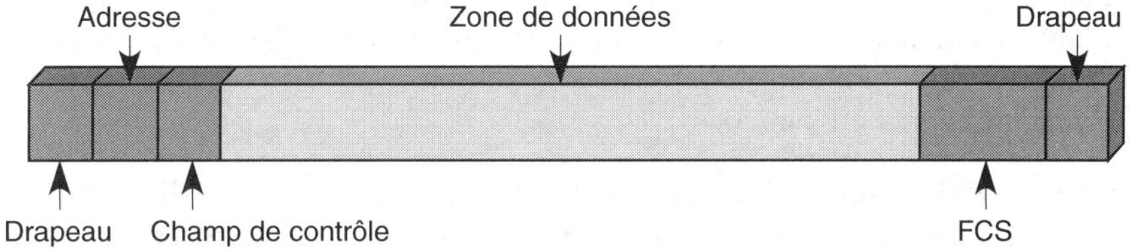

Figure 7.2

Trame LAP-B

La trame LAP-B est composée d'une suite d'éléments binaires et d'un drapeau en début et en fin de trame de la forme 01111110.

Pour être certain qu'il n'existe pas de suite identique dans les données transportées, une technique, appelée insertion de 0, a été normalisée. Elle consiste à insérer automatiquement un 0 après cinq 1. Au niveau du récepteur, le 0 est supprimé dès que la valeur binaire 1 est reçue cinq fois de suite et que ces cinq bits sont suivis de la valeur 0. Cette démarche est illustrée dans les quatre transformations suivantes, très faciles à mettre en œuvre :

- 0111110 devient 01111100
- 01111110 devient 111111010
- 01111111 devient 011111011
- 011111110 devient 0111110110

La trame LAP-B comporte également un champ de contrôle et un champ d'adresse.

Les trois types de trames suivants ont été définis :

- trame I (Information) ;
- trame S (Supervision) ;
- trame U (Unumbered, ou non numérotée, ou encore trame de gestion).

Les trames U permettent de mettre en place les mécanismes nécessaires au bon fonctionnement du protocole. Les trames I portent les données provenant de la couche supérieure. Au nombre de trois, les trames S permettent le transport des commandes : la trame RR (Receive Ready) porte les acquittements qui ne sont pas émis dans une trame I, la trame RNR (Receive Not Ready) donne un contrôle de flux de niveau trame en demandant à l'émetteur de stopper les envois jusqu'à réception d'une nouvelle trame RR spécifiant le même numéro et la trame REJ (Reject) correspond à une reprise sur erreur en cas de détection d’anomalie. La norme HDLC de base offre une quatrième possibilité, la trame SREJ (Selective Reject), qui ne demande la retransmission que de la seule trame en erreur.

Le champ de contrôle du protocole HDLC

Trois structures ont été définies pour le champ de contrôle *(voir tableau 7.1)*. Elles sont utilisées pour effectuer le transfert de trames d’information, numérotées ou non, de trames de supervision numérotées et de trames de commande non numérotées :

- **Structure de transfert de l’information (trame I).** La trame I permet d’effectuer le transfert de l’information. Les fonctions de N(S) et P/F sont indépendantes, chaque trame I contenant un numéro d’ordre N(S), un numéro d’ordre N(R), qui peut ou non accuser réception d’autres trames I à la station réceptrice, et un élément binaire P/F, qui peut être mis à 1 ou à 0.
- **Structure de supervision (trame S).** La trame S sert à réaliser les fonctions de commande de supervision de la liaison, comme l’accusé de réception, la demande de retransmission ou la demande de suspension temporaire de transmission. Les fonctions de N(R) et P/F sont indépendantes, chaque trame de structure S contenant un numéro d’ordre N(R), qui peut ou non accuser réception d’autres trames I à la station réceptrice, et un élément binaire P/F, qui peut être mis à 1 ou à 0.
- **Structure non numérotée (trame U).** La trame U est utilisée pour effectuer les fonctions de commande de la liaison et pour le transfert d’informations non numérotées. Cette structure ne doit pas contenir de numéro d’ordre mais comprendre un élément binaire P/F, qui peut être mis à 1 ou à 0. Cinq positions d’élément binaire modificateur sont disponibles, ce qui permet de définir jusqu’à 32 fonctions de commande et 32 fonctions de réponse supplémentaires.

Format du champ de contrôle	Élément binaire du champ de contrôle							
	1	2	3	4	5	6	7	8
Format I	0	N(S)			P	N(R)		
Format S	1	0	S	S	P/F	N(R)		
Format U	1	1	M	M	P/F	M	M	M

N(S)	numéro de séquence en émission (l'élément binaire 2 = élément binaire de poids faible).
N(R)	numéro de séquence en réception (l'élément binaire 6 = élément binaire de poids faible).
S	élément binaire de la fonction de supervision
M	élément binaire de la fonction de modification
P/F	élément binaire d'invitation à émettre lorsqu'il provient d'une commande ; élément binaire final lorsqu'il provient d'une réponse (1 = invitation à émettre/fin).
P	élément binaire d'invitation à émettre (1 = invitation à émettre)

TABLEAU 7.1 • Formats du champ de contrôle (les numéros sont exprimés modulo 8)

Les paramètres du champ de contrôle de HDLC

Les numéros, ainsi que les autres valeurs transportées dans les champs de contrôle, sont limités par la longueur du champ dans lequel ils sont notés. Si le champ est de 8 bits, la valeur varie de 0 à $2^8 - 1$, c'est-à-dire 255. Plus le champ est grand, plus la numérotation sans repasser par la valeur 0 est longue. La longueur du champ donne le modulo de comptage.

Modulo

Si *a* est un entier quelconque et *n* un entier strictement positif, nous écrivons *a* mod *n* pour représenter le reste dans {0,... , *n* – 1} obtenu en effectuant une division de *a* par *n*. Par exemple, 28 mod 12 = 4. Dans cet exemple, 12 est le modulo de comptage.

Numérotation

Chaque trame I doit recevoir un numéro d'ordre, qui peut prendre des valeurs allant de 0 à modulo – 1, correspondant au modulo de congruence des numéros d'ordre. Le modulo est égal à 8 ou à 128. La numérotation parcourt le cycle complet. Les formats du champ de commandes et réponses de modulo 8 sont indiqués au tableau 7.2. Les formats du champ de commande de modulo 128 sont simplement une extension sur 2 octets du champ de contrôle.

Format	Commande	Réponse	Codage			
			1 2	3 4	5	6 7 8
Transfert d'information	I (information)		0	N(S)	P	N(R)
Contrôle	RR (prêt à recevoir)	RR (prêt à recevoir)	1 0	0 0	P/F	N(R)
	RNR (non prêt à recevoir)	RNR (non prêt à recevoir)	1 0	1 0	P/F	N(R)
	REJ (rejet)	REJ (rejet)	1 0	0 1	P/F	N(R)
Non numéroté	SABM (mise en mode asynchrone équilibré)		1 1	1 1	P	1 0 0
	DISC (déconnexion)		1 1	0 0	P	0 1 0
		UA (accusé de réception non numéroté)	1 1	0 0	P	1 1 0
		DM (mode déconnecté)	1 1	1 1	F	0 0 0
		FRMR (rejet de trame)	1 1	1 0	F	0 0 1

TABLEAU 7.2 • Formats du champ de commandes et réponses de modulo 8

Le nombre maximal de trames I numérotées en séquence dans la station primaire ou secondaire en attente d'acquittement, c'est-à-dire pour lesquelles il n'y a pas eu d'accusé de réception, ne doit jamais excéder le modulo des numéros d'ordre moins un. Cette restriction empêche toute ambiguïté dans l'association des trames I transmises avec les numéros d'ordre pendant le fonctionnement normal ou pendant les reprises en cas d'erreur.

Le nombre de trames I en attente d'acquittement peut être également limité par la capacité de stockage de la station de données, c'est-à-dire par le nombre de trames I qui peuvent être stockées pour la transmission ou la retransmission en cas d'erreur. Toutefois, le rendement optimal de la liaison ne peut être obtenu que si la capacité minimale de stockage de trames de la station de données est égale ou supérieure au délai de transmission aller-retour.

Variables d'état et numéros d'ordre

Chaque station de données doit maintenir de façon indépendante une variable d'état lors de l'émission V(S) et de la réception V(R) des trames I qu'elle transmet et reçoit :

- **Variable d'état à l'émission V(S).** Désigne le numéro d'ordre de la trame I suivante à transmettre en séquence. Cette variable peut prendre des valeurs comprises entre 0 et modulo – 1, correspondant au modulo de congruence des numéros d'ordre des trames, la numérotation parcourant le cycle complet. La valeur de la variable d'état à l'émission doit être augmentée d'une unité pour chaque trame I consécutive transmise mais ne doit pas dépasser la valeur de N(R) de la dernière trame reçue de plus de modulo moins un.
- **Numéro d'ordre à l'émission N(S).** Seules les trames I contiennent la valeur N(S), qui est le numéro d'ordre à l'émission des trames transmises.
- **Variable d'état à la réception V(R).** Désigne le numéro d'ordre de la prochaine trame I à recevoir en séquence. Cette variable d'état à la réception peut prendre des valeurs comprises entre 0 et le modulo – 1, qui correspond au modulo de congruence des numéros d'ordre des trames, la numérotation parcourant le cycle complet. La valeur de la variable d'état à la réception doit être augmentée d'une unité pour chacune des trames I reçues sans erreur et en séquence, le numéro d'ordre à l'émission N(S) devant être égal à la variable d'état à la réception.
- **Numéro d'ordre à la réception N(R).** Toutes les trames I et S doivent contenir la valeur N(R), qui indique le numéro d'ordre N(S) de la prochaine trame I attendue, à l'exception de la trame de supervision de rejet sélectif (SREJ), l'élément binaire P/F étant dans ce cas à 0. Avant de transmettre une trame I ou S, le N(R) doit être rendu égal à la valeur courante de la variable d'état à la réception. Le N(R) indique que la station transmettant le N(R) a reçu correctement toutes les trames I numérotées jusqu'à N(R) – 1.

Les figures 7.3 à 7.5 illustrent quelques exemples de fonctionnement du protocole et de la numérotation des trames.

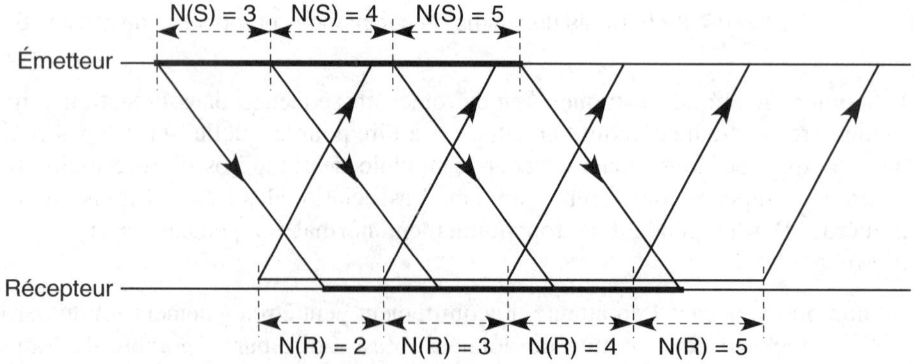

Figure 7.3

Transfert des données

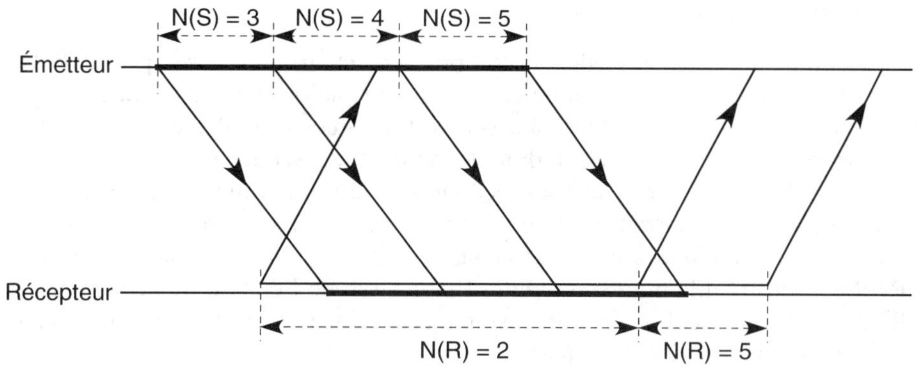

Figure 7.4

Acquittements regroupés

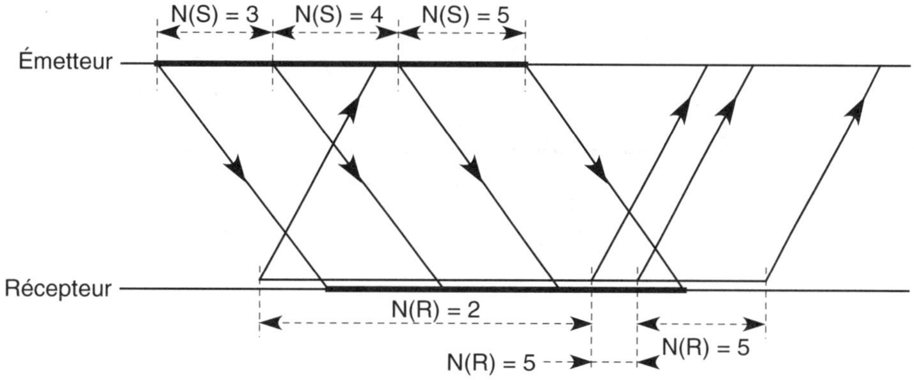

Figure 7.5

Acquittements multiples

Les commandes du champ de contrôle de HDLC

Pour fonctionner correctement, le protocole doit émettre et recevoir des ordres de l'autre extrémité. Ces ordres s'exercent par le biais de valeurs, qui sont transportées dans le champ de contrôle. Regardons dans un premier temps les commandes disponibles dans HDLC.

Commande et réponse RR

La trame de supervision RR, ou prêt à recevoir, doit être utilisée par l'émetteur pour indiquer qu'il est prêt à recevoir une trame I ou accuser réception des trames I reçues précédemment et dont le numéro de séquence est inférieur ou égal à N(R) – 1. Une trame RR peut être utilisée pour indiquer la fin d'un état d'occupation qui a été signalé auparavant par l'émission d'une trame RNR par cette même station (émetteur ou récepteur distant). Outre l'indication de l'état de l'émetteur, la commande RR, avec l'élément binaire P positionné à la valeur 1, peut être utilisée par l'émetteur pour demander l'état du récepteur distant.

Commande et réponse RNR

La trame de supervision RNR, ou non prêt à recevoir, est utilisée par l'ETTD (équipement terminal de transmission de données) pour indiquer un état d'occupation, c'est-à-dire une incapacité momentanée à accepter des trames I supplémentaires. La trame RNR accuse réception des trames I dont le numéro de séquence est inférieur ou égal à N(R) – 1. Elle ne doit pas accuser réception de la trame I numérotée N(R), ni d'aucune autre trame I qui pourrait éventuellement être reçue à sa suite, les acceptations de ces trames I étant indiquées dans des échanges ultérieurs. Le fonctionnement de la trame RNR est illustré à la figure 7.6. Outre l'indication de l'état de l'émetteur, la commande RNR, avec l'élément binaire P positionné à 1, peut être utilisée par l'émetteur pour demander l'état du récepteur distant.

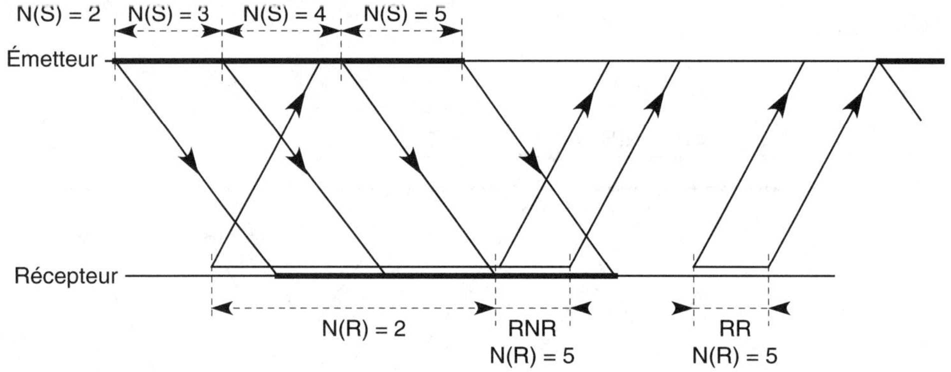

Figure 7.6

Utilisation de la trame RNR

Commande et réponse REJ

La trame de supervision REJ, ou de rejet, doit être utilisée par l'émetteur pour demander la retransmission de trames I numérotées à partir de N(R). La trame REJ accuse réception des trames I dont le numéro de séquence est inférieur ou égal à N(R) – 1. Les trames I suivantes, en attente de transmission initiale, peuvent être transmises à la suite de la ou des trames I retransmise. Pour une liaison donnée, une seule trame REJ peut être émise à la fois. La commande REJ doit être annulée à la réception d'une trame I dont le numéro de séquence N(S) est égal au numéro N(R) spécifié dans la trame REJ.

Une trame REJ peut être utilisée par une station pour indiquer sa sortie d'un état d'occupation qu'elle avait signalé par la transmission antérieure d'une trame RNR. Outre l'indication de l'état de l'émetteur, la commande REJ, dont l'élément binaire P a la valeur 1, peut être employée par l'émetteur pour demander l'état du récepteur distant.

Erreur sur le numéro de séquence N(S)

Le champ d'information de toutes les trames I reçues par le récepteur dont le numéro N(S) n'est pas égal à la variable d'état en réception V(R) doit être ignoré. Une condition d'exception apparaît lorsqu'une trame I reçue contient un numéro N(S) qui n'est pas égal à la variable d'état en réception. Le récepteur n'accuse pas réception, autrement dit n'incrémente pas sa variable d'état en réception, de la trame I qui a causé l'erreur de séquence, ni d'aucune autre trame I qui pourrait la suivre, avant d'avoir reçu une trame I comportant le numéro N(S) correct.

Un récepteur qui reçoit une ou plusieurs trames I comportant des erreurs de séquence ou des trames de supervision RR, RNR et REJ doit accepter l'information de commande contenue dans le champ N(R) et l'élément binaire P ou F afin d'exécuter les fonctions de commande de la liaison. Il doit, par exemple, accepter de recevoir des accusés de réception de trames I précédemment émises par l'émetteur et répondre, l'élément binaire P étant positionné à 1. Les moyens spécifiés ci-après doivent être disponibles pour déclencher la retransmission de trames I perdues ou erronées, suite à l'apparition d'une condition d'erreur sur le numéro de séquence N(S).

Reprise par le bit P/F

La reprise par le bit P/F se fonde sur un cycle de point de reprise. Pour l'ETTD, un cycle de point de reprise commence au moment de la transmission d'une trame de commande, avec l'élément binaire P positionné à 1. Elle prend fin soit lors de la réception d'une trame de réponse avec un élément binaire F positionné à 1, soit lorsque la fonction de temporisation de réponse s'achève, le temporisateur T1 ayant été déclenché au moment de l'émission de la trame comportant le bit P = 1.

Par la transmission d'une trame I, RR, RNR ou REJ avec l'élément binaire P positionné à 1, l'émetteur réclame une réponse sous la forme d'une trame de supervision avec l'élément binaire F positionné à 1. Au moment de la réception de cette trame, il commence la retransmission de toutes les trames I non acquittées et possédant un numéro de séquence inférieur à la valeur qu'avait la variable d'état en émission V(S) au moment où la trame de commande avec l'élément binaire P positionné à 1 a été transmise *(voir figure 7.7).*

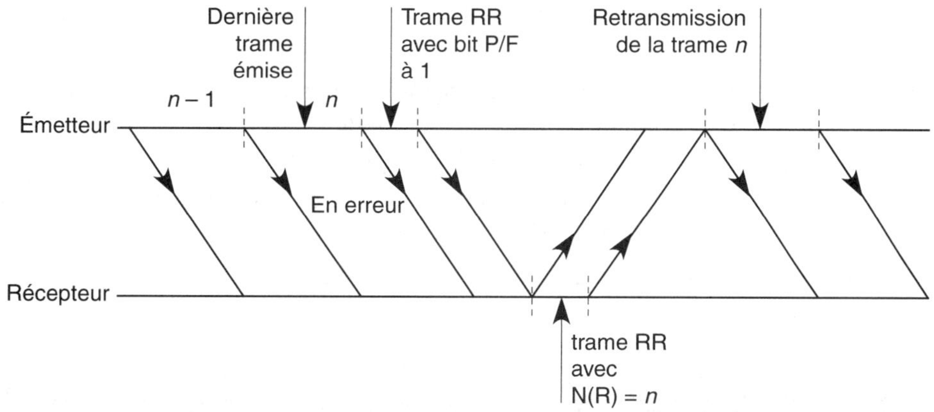

Figure 7.7

Reprise par le bit P/F

Reprise par REJ

La trame REJ doit être utilisée par un récepteur pour déclencher une reprise, ou retransmission, à la suite de la détection d'une erreur de séquence N(S).

On ne doit établir qu'une seule condition d'exception « REJ envoyée », issue du récepteur à un instant donné. Il faut annuler les conditions d'exception « REJ envoyée » lors de la réception de la trame I requise. Une trame REJ peut être retransmise un nombre de fois déterminé par le protocole, si la condition d'exception de REJ n'est pas annulée par le temporisateur T1 suite à la transmission d'une trame REJ *(voir figure 7.8).*

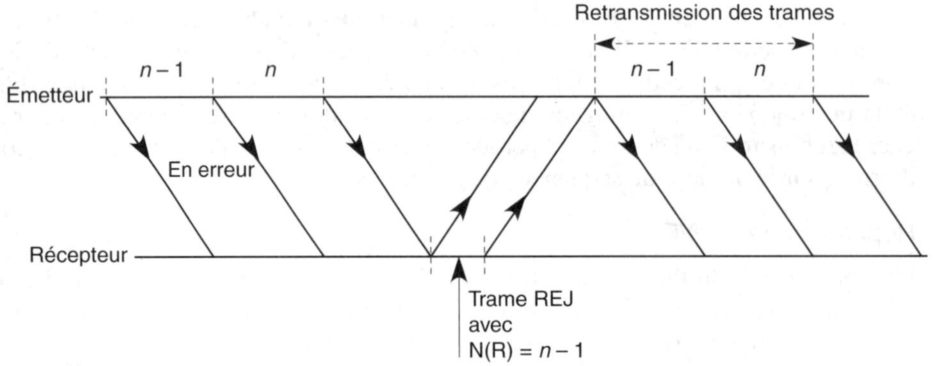

Figure 7.8

Reprise par REJ

L'émetteur recevant une trame REJ en provenance d'un récepteur distant déclenche la retransmission séquentielle de trames I, en commençant par celle comprenant le même numéro N(R) que celui contenu dans la trame REJ. Les trames retransmises peuvent comprendre un numéro N(R) et un élément binaire P mis à jour, par conséquent différents de ceux contenus dans les trames I transmises à l'origine. L'ETTD commence la retransmission avant ou pendant la transmission de la nouvelle tranche de commande, avec l'élément binaire P positionné à 1.

La retransmission suite à une trame REJ doit être interdite par l'émetteur dans les deux cas suivants :

- La retransmission de l'ETTD commençant par une trame particulière se produit par l'intermédiaire du point de reprise *(voir plus haut).*
- Une trame REJ est reçue de l'ETCD avant la fin du cycle de point de reprise suivant, cycle qui amorcerait également la retransmission de cette même trame (telle qu'elle est identifiée par le numéro N(R) dans la trame REJ).

Nous décrivons dans la suite du chapitre quelques trames de gestion (trame U) utilisées en mode LAP-B.

Commandes de mise en mode asynchrone équilibré (SABM) et équilibré étendu (SABME)

- La commande non numérotée SABM (Set Asynchronous Balanced Mode) est utilisée pour placer l'ETCD ou l'ETTD appelé dans l'état de transfert de l'information en mode asynchrone équilibré (LAP-B). Dans ce mode, tous les champs de commandes et de commandes-réponses doivent s'étendre sur une longueur d'un octet.
- La commande non numérotée SABME (Set Asynchronous Balanced Mode Extended) a les mêmes fonctions que la commande SABM, mais les champs de commandes et de commandes-réponses numérotées doivent maintenant avoir une longueur de 2 octets, et les réponses non numérotées une longueur de 1 octet.

Commande de déconnexion (DISC)

La commande non numérotée DISC (Disconnect Command) est utilisée par l'ETTD pour demander que prenne fin le mode préalablement établi. Elle sert à informer l'ETCD-ETTD distant, récepteur de la commande DISC, que l'ETTD émetteur de la commande DISC suspend son fonctionnement. Il n'est pas permis d'inclure un champ d'information dans la commande DISC. Avant d'exécuter la commande, l'ETCD-ETTD distant, récepteur de la commande DISC, exprime l'acceptation de la commande DISC en envoyant un accusé de réception non numéroté (UA). L'ETTD émetteur de la commande DISC passe à la phase de déconnexion lorsqu'il reçoit l'accusé de réception UA.

Réponse d'accusé de réception non numérotée (UA)

La réponse non numérotée UA (Unnumbered Acknowledgement) est utilisée par l'ETTD pour accuser réception des commandes non numérotées SABM-SABME et DISC et les accepter. Il n'est pas permis d'inclure un champ d'information dans la réponse UA. L'émission d'une réponse UA doit indiquer la sortie d'un état d'occupation qui avait été signalé auparavant par la même station par l'émission d'une trame RNR.

Réponse en mode déconnecté (DM)

La réponse en mode déconnecté, DM, est utilisée par l'ETTD pour signaler un état dans lequel l'ETTD est logiquement déconnecté de la liaison et se trouve dans la phase de déconnexion. La réponse DM peut être émise dans cette phase pour demander une commande de mise en mode. Si elle est déjà émise, elle peut répondre à la réception d'une commande de mise en mode informant l'ETCD-ETTD distant que l'ETTD se trouve toujours en phase de déconnexion et ne peut exécuter la commande de mise en mode. Il n'est pas permis d'inclure un champ d'information dans la réponse DM.

Réponse de rejet de trame (FRMR)

La réponse FRMR (Frame Reject) est utilisée par l'ETTD pour indiquer une condition d'erreur ne pouvant être récupérée par la retransmission de la trame identique par l'ETCD-ETTD distant. Cela revient à dire que l'une au moins des conditions suivantes qui résultent de la réception d'une trame valide doit être satisfaite :

- Réception d'un champ de commande ou de commande-réponse non défini ou non mis en œuvre.
- Réception d'une trame I dont le champ d'information dépasse la longueur maximale déterminée.
- Réception d'un N(R) non valide.
- Réception d'une trame comprenant un champ d'information qui n'est pas permis ou la réception d'une trame de supervision de longueur incorrecte (comprenant de 32 à 39 éléments binaires inclusivement).

Un N(R) non valide est défini comme un N(R) qui pointe vers une trame I émise auparavant et acquittée ou vers une trame I non encore émise, qui n'est pas la trame I suivante en séquence ou en attente de transmission. Un N(R) valide doit être contenu dans l'intervalle compris entre le numéro de séquence en émission le plus faible N(S) de la ou des trame non encore acquittée et la valeur en cours de la variable d'état en émission de l'ETTD.

Un champ d'information doit être joint à cette réponse et fournir la raison de l'émission de la réponse FRMR. Ce champ suit immédiatement le champ de commande et consiste en 3 octets (fonctionnement de base modulo 8) ou en 5 octets (fonctionnement étendu modulo 128).

Le protocole PPP

Le protocole PPP (Point-to-Point Protocol) est utilisé dans les liaisons d'accès au réseau Internet ou sur une liaison entre deux routeurs. Son rôle est essentiellement d'encapsuler un paquet IP afin de le transporter vers le nœud suivant. Tout en étant fortement inspiré du protocole HDLC, sa fonction consiste à indiquer le type des informations transportées dans le champ de données de la trame. Le réseau Internet étant multiprotocole, il est important de savoir détecter, par un champ spécifique de niveau trame, l'application qui est transportée de façon à pouvoir l'envoyer vers la bonne porte de sortie.

La trame du protocole PPP ressemble à celle de HDLC. Un champ déterminant le protocole de niveau supérieur vient s'ajouter juste derrière le champ de supervision. La figure 7.9 illustre la trame PPP.

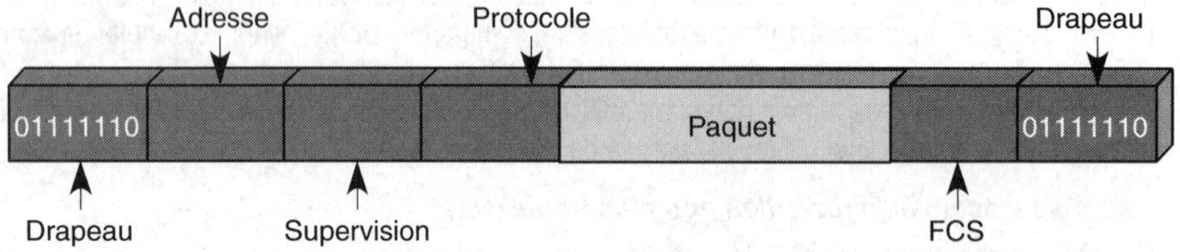

Figure 7.9

Structure de la trame PPP

Les valeurs les plus classiques du champ de protocole sont les suivantes :

- 0x0021 : protocole IPv4 ;
- 0x002B : protocole IPX (Internetwork Packet eXchange) ;
- 0x002D : TCP/IP en-tête compressé ;
- 0x800F : protocole IPv6.

Le protocole LAP-F

Le protocole LAP-F (Link Access Protocol-Frame) est né avec le relais de trames, conçu pour améliorer les performances des réseaux issus de la recommandation X.25 de l'UIT-T. Cette dernière s'étant révélée trop lourde et donc incapable d'accroître les débits, il a fallu en rechercher une simplification.

L'idée mise en œuvre a consisté à supprimer le niveau paquet et à faire redescendre les fonctionnalités de ce niveau dans le niveau trame. Le protocole LAP-B a évolué pour devenir le protocole LAP-F, caractérisée par le remplacement de la zone d'adresse par une zone destinée à accueillir une référence de commutation, le DLCI (Data Link Connection Identifier).

Le champ DLCI de base a été étendu par l'adjonction d'un deuxième octet puis d'un troisième, dans lesquels 6 et 7 bits sont dévolus à l'allongement du champ DLCI. La structure de la trame LAP-F est illustrée à la figure 7.10. Les champs de cette trame sont présentés en détail au chapitre 15.

Figure 7.10

Structure de la trame LAP-F

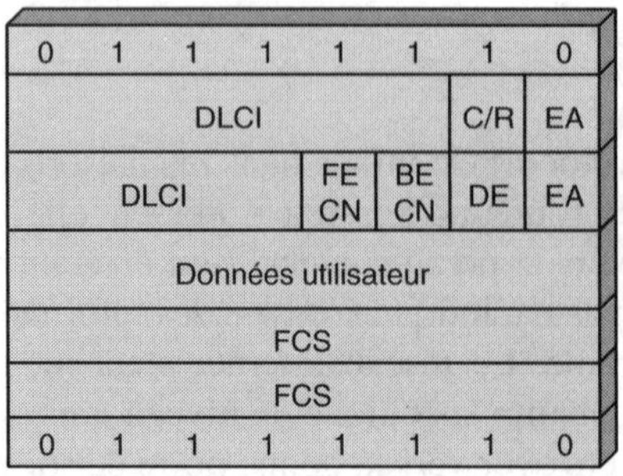

DLCI (Data Link Connection Identifier)
C/R (Command/Response)
EA (Extended Address)
FECN (Forward Explicit Congestion Notification)
BECN (Backward Explicit Congestion Notification)
DE (Discard Eligibility)
FCS (Frame Check Sequence)

Le protocole ATM

L'idée de réaliser un réseau extrêmement puissant avec une architecture de niveau 2, susceptible de prendre en charge les applications multimédias, a vu le jour vers le milieu des années 1980. De là est né le protocole ATM et sa trame, d'une longueur constante de 53 octets, comme illustré à la figure 7.11.

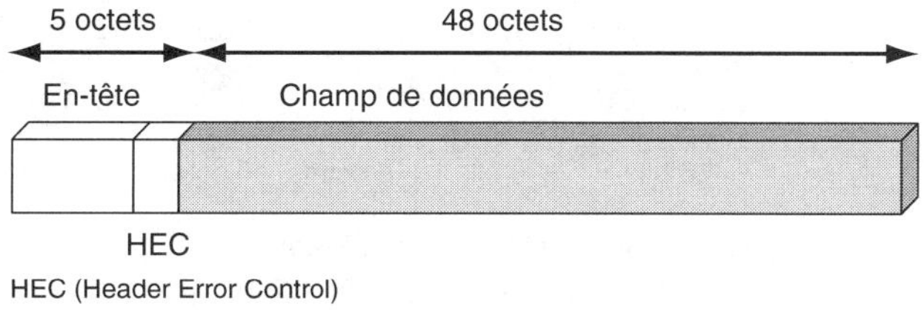

Figure 7.11
Structure de la trame ATM

Cette longueur constante de 424 bits permet de découvrir les débuts et les fins de trame en se contentant de comptabiliser le nombre de bit reçus. En cas de perte de la synchronisation trame, il est possible de découvrir le début d'une trame ATM en utilisant la zone HEC (Header Error Control), le cinquième octet de la zone d'en-tête, lequel permet en outre de corriger une erreur dans l'en-tête. La zone HEC porte une clé sur 8 bits, qui est assez complexe à manipuler. La perte de synchronisation entraîne un important travail. À l'arrivée de chaque élément binaire, il faut en effet effectuer une division polynomiale pour regarder si le reste correspond à la valeur indiquée dans la zone HEC *(voir le chapitre 6).* En dépit de l'augmentation des débits actuelle, il devient pour cette raison difficile de dépasser la vitesse de 2,5 Mbit/s sur une liaison ATM.

L'en-tête de la trame ATM comporte une référence, qui permet de commuter les trames de nœud en nœud. Aux extrémités du réseau, il faut encapsuler les données utilisateur, qui proviennent d'applications diverses, allant de la parole téléphonique au transfert de données, dans le champ de données de 48 octets. Cette décomposition du message en fragments de 48 octets s'effectue dans la couche AAL (ATM Adaptation Layer), de telle sorte que le message, une fois découpé, est rapidement commuté sur le circuit virtuel jusqu'à l'équipement distant.

Le système de signalisation constitue le dernier élément de l'environnement commuté. Il permet d'ouvrir et de fermer le circuit virtuel. Issu d'extensions du système de signalisation du monde téléphonique, le circuit virtuel de la technique de transfert ATM est propre à cette technologie. Nous ne l'explicitons pas ici mais en donnons quelques éléments au chapitre 15.

Ethernet

La trame Ethernet a été conçue pour transporter des paquets dans les réseaux d'entreprise par une méthode originale de diffusion sur un réseau local. Cette solution a donné naissance aux réseaux Ethernet partagés, dans lesquels la trame est émise en diffusion et où seule la station qui se reconnaît a le droit de recopier l'information. À cette solution de diffusion s'est ajoutée la commutation Ethernet.

Avant de se pencher sur les divers types de commutations Ethernet, indiquons qu'Ethernet utilise bien une trame puisque le bloc Ethernet est précédé d'une succession de 8 octets commençant par 1010101010101010101, et ainsi de suite jusqu'à la fin du huitième octet, qui se termine par 11. Ce préambule est suffisamment long pour garantir qu'il ne soit pas possible de retrouver la même succession entre deux préambules, la probabilité de retrouver cette succession étant de $1/2^{64}$.

La structure de la trame Ethernet a été normalisée par l'IEEE (Institute of Electrical and Electronics Engineers), après avoir été défini à l'origine par le triumvirat d'industriels Xerox, Digital et Intel. Deux trames Ethernet coexistent donc, la version primitive du triumvirat fondateur et celle de la normalisation par l'IEEE. Le format de ces deux trames est illustré à la figure 7.12.

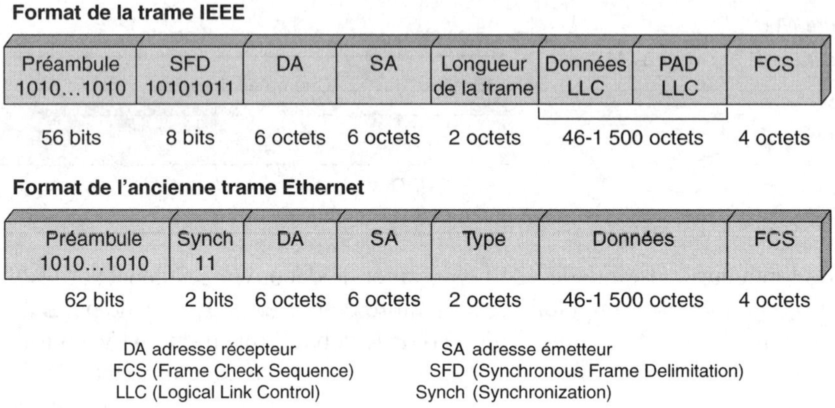

Figure 7.12

Format des deux types de trames Ethernet

Dans le cas de la trame IEEE, le préambule est suivi d'une zone de début de message, appelée SFD (Start Frame Delimiter), dont la valeur est 10101011. Dans l'ancienne trame, il est suivi de 2 bits de synchronisation. Ces deux séquences sont en fait identiques, et seule la présentation diffère d'une trame à l'autre.

La trame contient l'adresse de l'émetteur et du récepteur, chacune sur 6 octets. Ces adresses sont dotées d'une forme spécifique du monde Ethernet, conçue de telle sorte qu'il n'y ait pas deux coupleurs dans le monde qui possèdent la même adresse. Dans cet adressage, dit plat, les trois premiers octets correspondent à un numéro de constructeur, et les trois suivants à un numéro de série. Dans les trois premiers octets, les deux bits initiaux ont une signification particulière. Positionné à 1, le premier bit indique une adresse de groupe. Si le deuxième bit est également à la valeur 1, cela indique que l'adresse ne suit pas la structure normalisée.

Regardons dans un premier temps la suite de la trame IEEE. La zone Longueur (Length) indique la longueur du champ de données provenant de la couche supérieure. La trame encapsule ensuite le bloc de niveau trame proprement dit, ou trame LLC (Logical Link Control). Cette trame encapsulée contient une zone PAD, qui permet de remplir le champ de données de façon à atteindre la valeur de 46 octets, qui est la longueur minimale que doit atteindre cette zone pour que la trame totale fasse 64 octets en incluant les zones de préambule et de délimitation.

L'ancienne trame Ethernet comporte en outre un type, qui indique comment se présente la zone de données (Data). Par exemple, si la valeur de cette zone est 0800 en hexadécimal, cela signifie que la trame Ethernet transporte un paquet IP.

La détection des erreurs est assurée par le biais d'un polynôme générateur $g(x)$ selon la formule :

$$g(x) = x^{32} + x^{26} + x^{22} + x^{16} + x^{12} + x^{11} + x^{10} + x^{8} + x^{7} + x^{5} + x^{4} + x^{2} + x^{1}$$

Ce polynôme donne naissance à une séquence de contrôle (CRC) sur 4 octets.

Pour se connecter au réseau Ethernet, une machine utilise un coupleur, c'est-à-dire une carte que l'on insère dans la machine et qui supporte le logiciel et le matériel réseau nécessaires à la connexion.

Comme nous l'avons vu, la trame Ethernet comporte un préambule. Ce dernier permet au récepteur de synchroniser son horloge et ses divers circuits physiques avec l'émetteur, de façon à réceptionner correctement la trame. Dans le cas d'un réseau Ethernet partagé, tous les coupleurs du réseau enregistrent la trame au fur et à mesure de son passage. Le composant électronique chargé de l'extraction des données incluses dans la trame vérifie la concordance entre l'adresse de la station de destination portée dans la trame et l'adresse du coupleur. S'il y a concordance, le paquet est transféré vers l'utilisateur après vérification de la conformité de la trame par le biais de la séquence de contrôle.

La commutation Ethernet

Plusieurs sortes de commutation Ethernet se sont succédé. La première, qui est encore très répandue, consiste à se servir de l'adresse MAC sur 6 octets comme d'une référence unique sur tout le chemin qui mène à la carte coupleur Ethernet. Toutes les trames qui se servent de la même référence vont au même endroit, c'est-à-dire à la carte coupleur qui possède l'adresse MAC indiquée. Cela signifie que tous les commutateurs du réseau doivent posséder une table de commutation comportant autant de lignes que de cartes Ethernet à atteindre.

Les mises à jour de ces fichiers sont complexes, car il faut ajouter ou retrancher des lignes sur l'ensemble des commutateurs du réseau pour toutes les cartes Ethernet qui s'activent ou se désactivent. Des techniques propriétaires de reconnaissance des adresses par apprentissage se sont développées. Lorsqu'une trame entre dans un nœud et que ce nœud ne possède pas l'adresse source de la trame dans sa table de commutation, le nœud ajoute une ligne à sa table, indiquant la nouvelle référence et la direction d'où vient la trame.

Malgré ces solutions d'apprentissage automatique, la commutation Ethernet n'a pu se développer sur les très grands réseaux. En effet, la gestion des tables de commutation devenait vite trop contraignante. On a là l'exemple d'un réseau commuté sans véritable système de signalisation.

La seconde solution de commutation a été apportée par MPLS. Elle est présentée en détail au chapitre 17. Elle consiste à introduire dans la trame Ethernet une référence spécifique, le *shim label,* ou *shim* MPLS, dans une nouvelle zone ajoutée à la trame Ethernet derrière l'adresse MAC. La trame Ethernet est commutée comme un paquet X.25 ou une trame ATM. Pour cela, il faut poser des références sur un chemin, en sorte que les trames se succèdent, d'où la nécessité d'une signalisation. MPLS a adopté le réseau IP comme système de signalisation. Cette solution a été étendue dans la technique dite *label-switching,* que nous présentons ci-dessous.

Le label-switching

Les technologies commutées demandent une référence *(label)* pour permettre aux blocs de données, que ce soit des trames, des paquets ou d'autres entités, d'avancer dans le réseau. L'ensemble de ces techniques est appelé aujourd'hui label-switching, ou commutation de références. En font partie les trames ATM et Ethernet, qui utilisent une commutation sur une référence, les trames LAP-F du relais de trames, ainsi que toutes les techniques qui peuvent gérer une référence ou auxquelles on peut ajouter une référence. L'introduction de références dans le label-switching est illustrée à la figure 7.13.

Figure 7.13
Introduction de références dans le label-switching

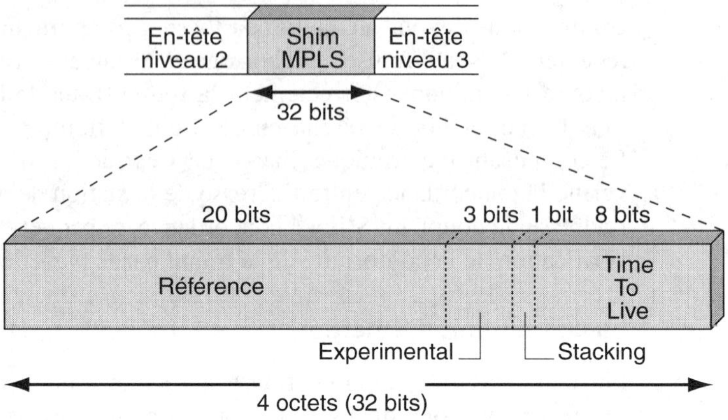

La référence se trouve dans un champ appelé Shim MPLS, ou dérivation MPLS, que nous détaillons au chapitre 20. Ce champ contient la référence elle-même ainsi qu'un champ de 3 bits appelé Expérimental et destiné aux équipementiers, un bit appelé Stacking, qui permet d'empiler les références, c'est-à-dire de mettre plusieurs Shim MPLS de suite entre l'en-tête de niveau 2 et l'en-tête de niveau 3, et un dernier champ, dit TTL (Time To Live), sur 8 bits, qui définit le temps avant lequel le paquet est détruit.

D'autres types de références peuvent être introduits, comme le numéro de la longueur d'onde d'une fibre optique dans un système à multiplexage en longueur d'onde ou le numéro d'une fibre optique ou d'un câble métallique dans un faisceau de plusieurs dizaines ou centaines de câbles.

Nous revenons sur ces exemples pour en présenter le fonctionnement au chapitre 17, consacré à MPLS et à sa généralisation.

Les trames LLC

Les réseaux locaux (LAN) ont des particularités assez différentes des réseaux étendus (WAN). Ils sont d'abord multipoint. Cela revient à dire que toutes les stations peuvent être atteintes à partir d'un coupleur. La prise en compte du multipoint a poussé l'ISO à normaliser un protocole de niveau trame spécifique pour les réseaux locaux. Le travail a été effectué en grande partie par le groupe 802.2 de l'IEEE. La norme correspondante reprise par l'ISO porte la valeur ISO 8802.2 et est appelée LLC (Logical Link Control).

En réalité, il n'y a pas une norme LLC mais trois : LLC 1, LLC 2 et LLC 3, chacune adaptée à un mode de fonctionnement spécifique. Lors de l'élaboration de la norme de base LLC 1, souvent appelée LLC pour des raisons historiques, le faible taux d'erreur résiduelle au sommet de la couche 1 a été pris en compte. Puisqu'il était inutile de mettre en œuvre une technique de reprise sur erreur, la norme LLC 1 n'en possède pas. Enfin, pour prendre en compte plus facilement le multipoint, le protocole est exploité dans un mode sans connexion.

Le protocole LLC 1 est assez simple et comporte peu de fonctionnalités. Une zone de contrôle d'erreur a été introduite dans la trame afin de vérifier que les erreurs sont en nombre négligeable. Lorsqu'une trame en erreur est détectée, elle est détruite, de façon à éviter que des informations erronées soient utilisées. Le taux d'erreur résiduelle peut ne plus être négligeable après ces destructions. Puisque le niveau liaison n'a pas la possibilité d'effectuer les reprises nécessaires, un niveau supérieur de l'architecture doit s'en occuper. Comme nous le verrons au chapitre 9, c'est le niveau message qui effectue la reprise, et plus spécifiquement le protocole TCP.

La norme LLC 2 est issue d'une constatation simple : si le nombre d'erreur en ligne n'est pas négligeable, plutôt que de repousser le problème de la correction au niveau message (couche 4), il est préférable d'effectuer directement la reprise sur erreur au niveau trame (couche 2). Pour sécuriser l'acheminement des données, la norme LLC 2 spécifie un protocole de niveau trame en mode avec connexion. Avec la reprise sur erreur et le mode avec connexion, LLC 2 dispose de toutes les fonctionnalités de la norme HDLC.

La norme LLC 3 provient d'un constat particulier du monde industriel. Si une trame est erronée et doit être renvoyée, on peut se poser la question de sa validité et de son utilité, surtout si elle est renvoyée après un temps assez long. La procédure LLC 3 est une norme sans connexion, mais avec une possibilité de reprise sur erreur laissée à l'initiative de l'émetteur, qui peut ainsi récupérer les trames dont les temps critiques ne sont pas dépassés.

La couche LLC offre un service de niveau paquet, ou couche 3 (ISO 8802.2). Des primitives de service permettent de demander ce service au travers de LSAP (Link Service Access Point).

En mode sans connexion, les extrémités d'une connexion, ou portes d'accès au service, sont désignées de la façon suivante :

- DSAP (Destination Service Access Point), ou point d'accès au service destination.
- SSAP (Source Service Access Point), ou point d'accès au service source, qu'il ne faut pas confondre avec le point d'accès au service de session.

Les interfaces des couches réseau et MAC avec la couche LLC sont illustrées à la figure 7.14.

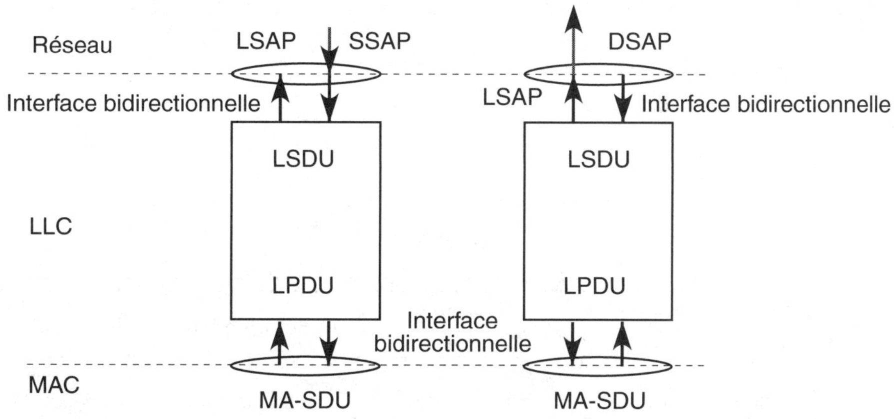

Figure 7.14

Interfaces de la couche LLC

Les primitives de contrôle des interactions entre la couche réseau et la couche LLC sont représentées à la figure 7.15.

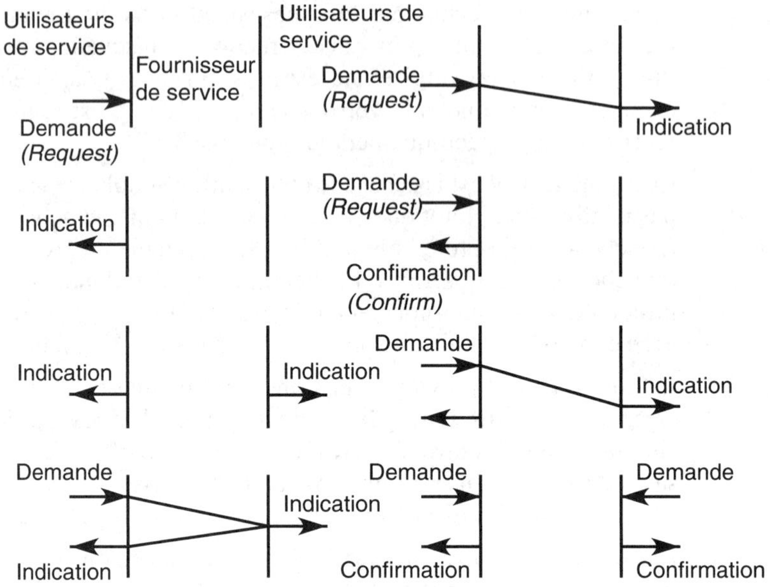

Figure 7.15
Primitives de contrôle LLC

> **Différences entre les normes LLC et HDLC**
>
> Les protocoles LLC et HDLC comportent globalement les mêmes normes et les mêmes formats de trame, mais avec les six différences fondamentales suivantes :
>
> - Comme la trame HDLC dans son mode étendu, la trame LLC comporte deux champs d'adresse sur 7 bits *(voir figure 7.16)*. Le bit supplémentaire du premier octet indique une adresse multipoint ou de diffusion :
>   - 1 : adresse multipoint. Si le champ d'adresse porte la valeur 7, c'est une diffusion.
>   - 0 : adresse individuelle. La valeur 0 dans le champ d'adresse indique le service de gestion du niveau MAC.
> - Le dernier bit du deuxième octet indique une commande ou une réponse. Il travaille à peu près comme le bit P/F de HDLC :
>   - 1 : indique une réponse.
>   - 0 : indique une commande.
>
> 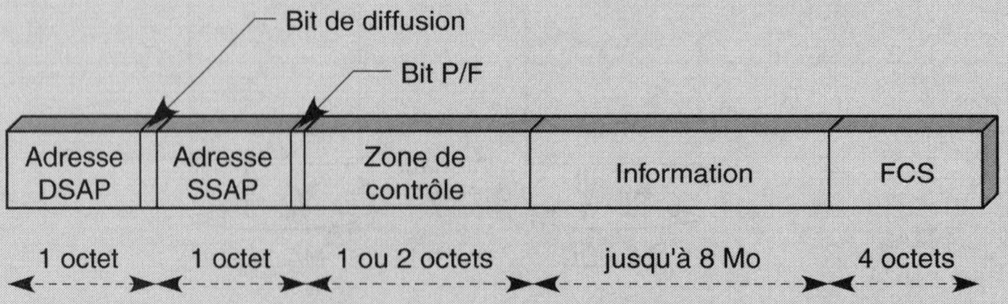
>
>
> **Figure 7.16**
> *Format de la trame LLC*

- La zone de contrôle est généralement sur deux octets, avec une numérotation des trames sur 7 bits, ce qui permet une anticipation de 127 trames. La numérotation sur 3 bits n'est pas interdite.
- LLC n'utilise que le mode ABM (Asynchronous Balanced Mode), ou mode équilibré. Les trames de gestion SABM et DISC sont utilisées pour établir et libérer la connexion dans le protocole LLC 2. Le mode sans connexion de LLC 1 et LLC 3 supporte la trame de gestion UI.
- Les protocoles LLC se servent d'un multiplexage sur les points d'accès au service MAC.
- Deux trames de gestion spécifiques de LLC 3 ont été définies pour prendre en charge le service avec acquittement, mais sans connexion.

Conclusion

Comme le niveau physique, le niveau trame est indispensable au transport de l'information dans un réseau de transfert. Il y a dix ans, le niveau trame n'était qu'un intermédiaire vers le niveau paquet et s'occupait essentiellement de détecter des erreurs et de demander une retransmission en cas d'erreur. Tout le travail de routage et de commutation s'effectuait au niveau supérieur, le niveau paquet.

Aujourd'hui, le niveau trame des architectures réseau les plus modernes ne s'occupe plus de détection d'erreur, puisqu'il n'y en a plus qu'un nombre négligeable et que les applications multimédias s'en suffisent largement. En revanche, les fonctionnalités traitées autrefois dans la couche 3 ont été descendues dans la couche 2. Les architectures de niveau trame ont pris peu à peu la place des architectures de niveau paquet jusqu'à devenir monnaie courante.

8

Le niveau paquet

Le rôle du niveau paquet est de transporter d'une extrémité à l'autre du réseau des blocs de données provenant d'une fragmentation des messages du niveau supérieur, le niveau transport.

Le paquet est l'entité de la couche 3 qui possède l'adresse du destinataire ou la référence nécessaire à son acheminement dans le réseau. Le niveau paquet est en outre responsable du contrôle de flux, qui, s'il est bien conçu, évite les congestions dans les nœuds du réseau. Comme nous l'avons vu, les fonctionnalités du niveau paquet peuvent se trouver au niveau trame. Un paquet ne peut être transmis directement sur un support physique, car le récepteur serait incapable de reconnaître les débuts et fins de paquet.

L'ensemble des paquets allant d'un même émetteur vers un même destinataire s'appelle un flot. Celui-ci peut être long ou court, suivant la nature du service qui l'a créé. Si un gros fichier donne naissance à un flot important, une transaction ne produit qu'un flot très court, d'un à quelques paquets. Le niveau paquet peut faire appel ou non à une connexion *(voir le chapitre 4)* pour négocier une qualité de service avec le destinataire du flot.

Avant d'aborder en détail les fonctionnalités du niveau paquet, nous commençons par rappeler les caractéristiques de ce niveau, définies dans le cadre du modèle de référence. La couche 3 est également appelée couche réseau, son objectif étant de transporter les paquets d'une extrémité à l'autre du réseau. Le niveau paquet inclut à la fois les propriétés de la couche réseau de l'architecture OSI mais également les propriétés provenant des autres architectures. Dans le vocabulaire courant du monde des réseaux, on ne différencie pas niveau paquet et couche réseau. Nous considérerons donc ces termes comme synonymes.

Caractéristiques du niveau paquet

Le niveau paquet, ou couche réseau, est situé au troisième niveau de la hiérarchie de l'architecture du modèle de référence, comme illustré à la figure 8.1.

Figure 8.1
La couche réseau

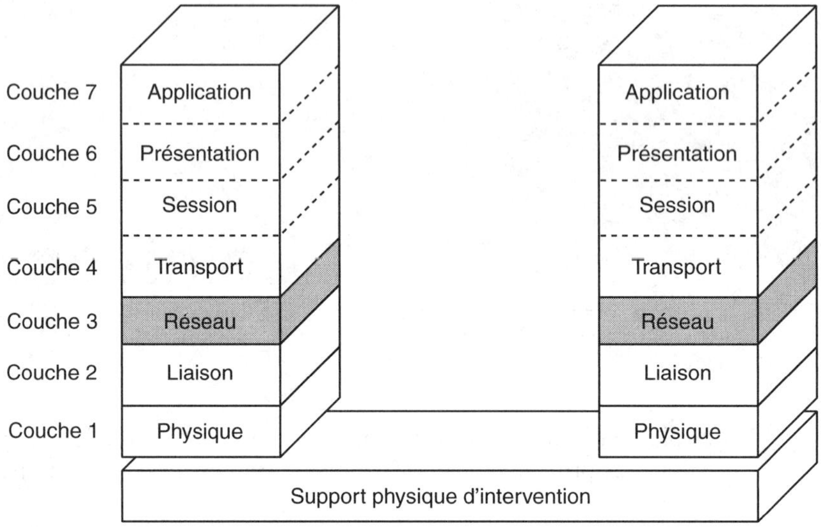

Cette couche existe quand le réseau utilise un niveau paquet. Les fonctions définies par la normalisation internationale dans le cadre du modèle de référence sont les suivantes :

- Mise en place des connexions réseau pour acheminer les paquets. Cette fonction n'est toutefois pas une obligation dans le niveau paquet, et il est parfaitement concevable d'avoir un mode sans connexion. Si la norme X.25, présentée en fin de chapitre, est en mode avec connexion, le protocole IP, en revanche, travaille en mode sans connexion.
- Prise en charge de l'acheminement des paquets et des problèmes de passerelles pour atteindre un autre réseau.
- Multiplexage des connexions réseau.
- Prise en charge de la segmentation et du groupage.
- Détection de perte de paquets et reprise des paquets perdus. Cette fonction n'est pas obligatoire au niveau paquet. IP, par exemple, protocole de niveau paquet, n'a aucun moyen de récupérer les paquets perdus.
- Maintien en séquence des données remises à la couche supérieure, sans que cela soit une obligation.
- Contrôle de flux, de façon qu'il n'y ait pas de débordement des mémoires en charge de la transmission des paquets.
- Transfert de données expresses (non obligatoire).
- Réinitialisation de la connexion réseau (non obligatoire).
- Qualité de service (non obligatoire).
- Gestion de la couche réseau.

Pour réaliser un protocole de niveau paquet, il existe deux possibilités principales : le mode avec connexion et le mode sans connexion. Ces deux modes étant présentés en détail au chapitre 4, nous ne les reprenons que succinctement ici.

Les modes avec et sans connexion

Dans le mode avec connexion, il faut établir une connexion entre les deux extrémités avant d'émettre les paquets de l'utilisateur, de façon que les deux entités communicantes s'échangent des informations de contrôle. Dans le mode sans connexion, au contraire, les paquets peuvent être envoyés par l'émetteur sans concertation avec le récepteur. On ne s'occupe pas de savoir si l'entité destinataire est prête à recevoir les paquets, et l'on suppose que le fait d'avoir une connexion au niveau de la session et, le cas échéant, de la couche transport est suffisant pour assurer un transfert simple de l'information à la couche 3. Il est vrai que les protocoles en mode sans connexion sont beaucoup plus simples que les protocoles en mode avec connexion.

En mode avec connexion, le réseau emploie généralement une technique de commutation. Quitte à envoyer un paquet de supervision pour demander l'ouverture de la connexion, autant se servir de la traversée du réseau par ce paquet de supervision, que l'on appelle aussi paquet d'appel, pour mettre en place des références, lesquelles permettront d'émettre à très haut débit sur le chemin ainsi mis en œuvre. En mode sans connexion, les gestionnaires réseau préfèrent le routage puisqu'il n'y a pas de signalisation. Il faut néanmoins noter qu'un réseau avec connexion peut se satisfaire d'une technique de routage et qu'un réseau sans connexion peut utiliser une commutation.

En mode sans connexion, une entité de réseau émet un paquet sans avoir à se soucier de l'état ni des désirs du récepteur. Comme pour l'ensemble des modes sans connexion, l'autre extrémité doit être présente, ou du moins représentée. Cette connexion implicite a été mise en place à un niveau supérieur, généralement le niveau session. Le mode sans connexion est beaucoup plus souple, puisqu'il ne tient pas compte de ce qui se passe au niveau du récepteur.

Les deux modes présentent des avantages et des inconvénients.

Les principaux avantages du mode avec connexion sont les suivants :

- sécurité de la transmission ;
- séquencement des paquets sur la connexion ;
- réglage facile des paramètres du protocole réseau.

Ses principaux désavantages sont les suivants :

- lourdeur du protocole mis en œuvre, en particulier pour les paquets de petite taille ;
- difficultés à atteindre les stations en multipoint ou en diffusion, du fait de la nécessité d'ouvrir autant de connexions qu'il y a de points à atteindre ;
- débit relativement faible acheminé sur la connexion.

Les avantages du mode sans connexion sont les suivants :

- diffusion et émission en multipoint grandement facilitées ;
- simplicité du protocole, permettant des performances assez élevées.

Ses désavantages sont les suivants :

- faible garantie de la sécurité du transport des paquets ;
- réglage plus complexe des paramètres en vue d'atteindre les performances désirées.

Les principaux protocoles de niveau paquet

Le protocole de niveau paquet le plus connu est sans conteste IP (Internet Protocol). Il est également un des plus anciens puisque les premières études provenant du ministère de la Défense aux États-Unis et du projet Cyclades en France ont démarré à la fin des années 1960. Le protocole IP est devenu stable au tout début des années 1980. Depuis lors, son extension ne cesse de croître puisqu'au moins 98 % des machines terminales travaillent aujourd'hui avec ce protocole.

IP est une norme de fait de l'IETF. Cet organisme, qui n'a aucun pouvoir de droit propose des protocoles, dont certains finissent par s'imposer de par le nombre d'industriels qui les choisissent.

Le deuxième protocole du niveau paquet a été normalisé par l'ISO et l'UIT-T, les deux organismes de normalisation de droit puisque dépendant des États et représentant les utilisateurs et les industriels des télécommunications. Ce protocole est connu par son numéro de recommandation, X.25.3, ou X.25 PLP (Packet Level Protocol), et par son numéro de norme, ISO 8208.

La recommandation qui a connu le plus de succès au cours des années 1980 est sans conteste X.25. Cette recommandation CCITT, l'ancien nom de l'UIT-T, reprise par l'ISO a été adoptée par tous les grands opérateurs comme base de leur réseau de transport de données. Elle définit les trois premières couches du modèle de référence, même si, lorsqu'on parle de X.25, on fait référence à la couche réseau. À partir des années 1990, les interfaces utilisateur sont devenues pratiquement exclusivement IP, de telle sorte que le paquet X.25 a commencé à péricliter. Aujourd'hui, presque 100 % des applications génèrent des paquets IP, si bien que le niveau paquet est pratiquement dévolu à cette technologie.

Les grandes fonctionnalités du niveau paquet

Comme expliqué précédemment, le rôle du niveau paquet consiste à prendre en charge les paquets et à les transporter d'une extrémité à l'autre du réseau vers le bon point de destination et dans les meilleures conditions possibles. Il existe pour cela deux façons de procéder : mettre en place un chemin, ou circuit virtuel, entre l'émetteur et le récepteur ou bien utiliser le mode sans connexion. Le mot chemin devrait supplanter l'expression circuit virtuel, le monde IP n'appréciant guère cette dernière expression, qui rappelle les technologies anciennes de téléphonie commutée. L'expression anglaise *path* est de plus en plus utilisée. Lorsque le chemin utilise une technique de commutation, l'expression consacrée est *label-switched path,* ou chemin commuté.

Dans le mode chemin, les paquets circulent de façon ordonnée pour arriver dans l'ordre où ils ont été émis. Pour ouvrir le chemin, il est nécessaire de se servir d'une signalisation. Celle-ci doit déposer au fur et à mesure de sa progression dans les nœuds du réseau les références qui seront utilisées par les paquets de données, comme illustré à la figure 8.2.

Figure 8.2
Pose des références dans les nœuds du réseau

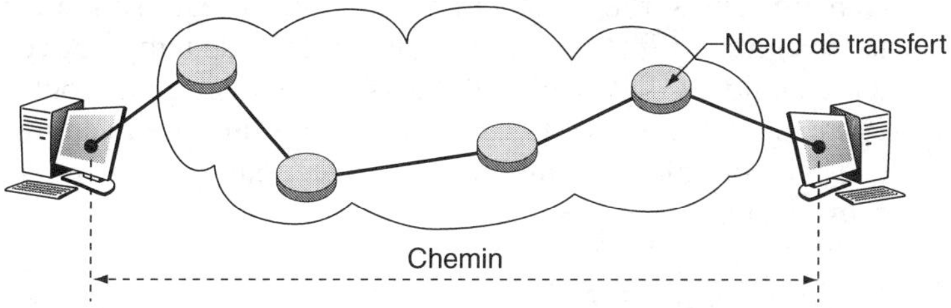

Dans le mode sans connexion, dit aussi mode datagramme, chaque paquet est considéré comme indépendant des autres, même si tous les paquets appartiennent au même flot. Les paquets peuvent prendre des chemins différents et arriver dans n'importe quel ordre au récepteur, contrairement à ce qui se produit dans le mode chemin, où les paquets arrivent toujours dans l'ordre d'émission. Le contrôle des différents paquets isolés demande des algorithmes spécifiques, qui sont présentés plus loin dans les sections consacrées aux contrôles de flux et de congestion.

Rien n'empêche de réaliser un réseau avec connexion en utilisant en interne un mode datagramme pour le transport des paquets, comme illustré à la figure 8.3. Un paquet de supervision est acheminé vers le récepteur pour établir la connexion. L'ouverture de la connexion peut avoir lieu sans l'existence d'un chemin.

Figure 8.3
Un chemin au-dessus d'un datagramme

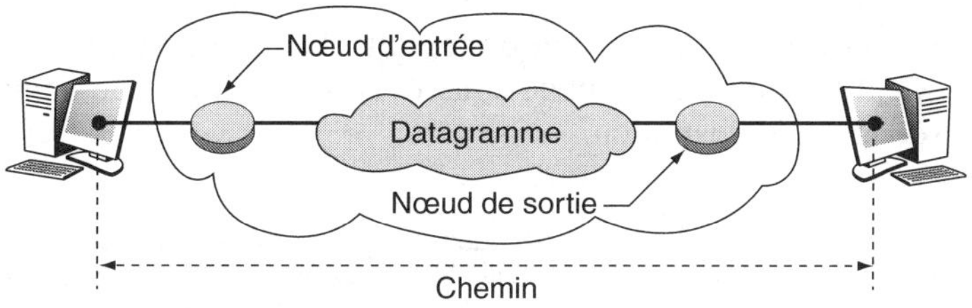

À l'inverse, rien ne s'oppose à bâtir un réseau sans connexion utilisant des chemins, mais cela n'apporte strictement rien. Il suffit d'envoyer un paquet de contrôle, qui dépose les références sans demander de connexion à l'hôte de destination.

Les trois fonctionnalités principales prises en charge par un protocole de niveau paquet sont le contrôle de flux, c'est-à-dire les moyens d'éviter que les flux ne grossissent trop par rapport aux ressources du réseau, la gestion des adresses ou des références et les algorithmes liés au routage.

Le contrôle de flux

Le contrôle de flux est la première fonctionnalité demandée au niveau paquet. Il s'agit de gérer les paquets pour qu'ils arrivent au récepteur dans le laps de temps le plus court et, surtout, d'éviter des pertes par écrasement dans les mémoires tampons des nœuds intermédiaires en cas de surcharge. Les réseaux à transfert de paquets sont comme des autoroutes : s'il y a trop de paquets, personne ne peut avancer. La régulation du flux est toutefois un problème complexe.

De très nombreuses méthodes ont été testées dans des contextes spécifiques. Dans tous les cas, le contrôle s'effectue par une contrainte sur le nombre de paquets circulant dans le réseau. Cette limitation s'exerce soit sur le nombre de paquets en transit entre une entrée et une sortie ou sur l'ensemble du réseau, soit sur le nombre de paquets qu'on laisse entrer à l'intérieur du réseau par unité de temps. À ces contrôles peuvent s'ajouter des techniques d'allocation des ressources pour éviter toute congestion. Nous détaillons ci-après quelques-uns de ces contrôles de flux. Le chapitre 33 est consacré aux techniques de contrôle de la qualité de service, qui demandent en général un contrôle de flux sous-jacent.

Le contrôle par crédit

Dans le contrôle par crédit, il existe un nombre *N* de crédits qui circulent dans le réseau. Pour qu'un paquet entre, il doit acquérir un crédit, qui est libéré une fois la destination atteinte. Le nombre total de paquets circulant dans le réseau est évidemment limité à *N*. Les crédits peuvent être banalisés ou dédiés. La méthode isarythmique gère des crédits totalement banalisés. La difficulté consiste à distribuer les crédits aux bonnes portes d'entrée de façon à offrir un débit maximal. Cette technique est très difficile à maîtriser, et ses performances n'ont pas été prouvées comme optimales.

Une première amélioration apportée au contrôle par crédit a consisté à définir des crédits dédiés à un nœud d'entrée dans le réseau. Une file d'attente de crédits, associée au nœud d'entrée, permet aux paquets d'entrer dans le réseau. Une fois le paquet arrivé au nœud destinataire, le crédit utilisé est libéré et réacheminé, avec l'acquittement par exemple, vers l'émetteur. De nouveau, le contrôle est assez délicat puisqu'il ne se fait que localement et non à l'intérieur du réseau.

On utilise le plus souvent des crédits dédiés à un utilisateur ou, du moins, à un chemin. Cette méthode est connue sous le nom de fenêtre de contrôle de flux. La figure 8.4 en donne une illustration.

Figure 8.4
Fenêtre de contrôle de flux

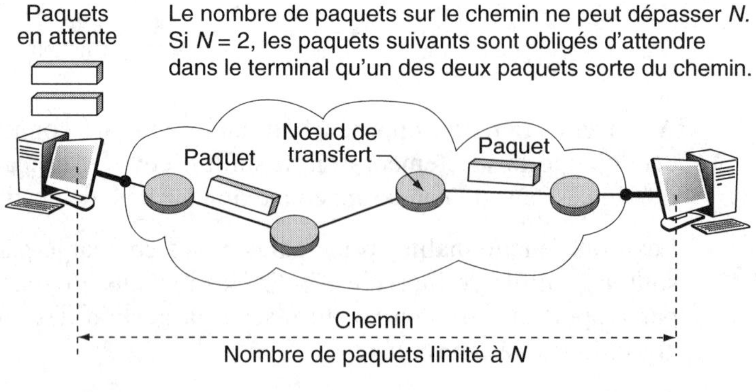

Le monde IP utilise une fenêtre de ce type. Chaque connexion est contrôlée par une fenêtre de taille variable, qui s'ajuste à tout moment pour éviter que le réseau ne soit trop surchargé. Cette solution est astucieuse pour un réseau comme Internet, où le contrôle est effectué par les centaines de millions de machines terminales. La fenêtre part d'une valeur 1 et augmente exponentiellement : 2, 4, 8, 16, 32, etc. Dès que le temps de retour des acquittements augmente, le PC considère que le flux engendré est trop important, et il redémarre avec une fenêtre de 1. Ce contrôle de flux est détaillé au chapitre 18, consacré aux réseaux IP.

Le contrôle de seuil

Une autre grande politique de contrôle de flux consiste à utiliser des seuils d'entrée dans le réseau. Un interrupteur situé à l'entrée du réseau s'ouvre plus ou moins pour laisser passer plus ou moins de paquets, suivant des indications qui lui sont fournies par le gestionnaire du réseau.

Plusieurs mises en œuvre du contrôle de seuil peuvent être effectuées, notamment les suivantes :

- Des paquets de gestion apportent aux nœuds d'entrée du réseau les informations nécessaires pour positionner les interrupteurs à la bonne valeur. Cette méthode, qui est l'une de celles qui donnent les meilleurs résultats, présente l'inconvénient que le réseau risque de s'effondrer si le contrôle n'est pas effectué assez vite, à la suite, par exemple, d'une panne d'une liaison ou d'un nœud. En effet, les paquets de contrôle sont expédiés à peu près à la même vitesse que les autres et peuvent demander un temps trop long lors d'une congestion effective d'un point du réseau.
- L'entrée du réseau est contrôlée par une fenêtre. Dans ce cas, les paquets doivent être acquittés localement pour permettre à la fenêtre de s'ouvrir à nouveau. En cas de problème, le gestionnaire réseau peut ne pas envoyer les acquittements, ce qui a pour effet de bloquer les émissions en fermant l'interrupteur. C'est une des implémentations possibles du contrôle de flux de la norme X.25 *(voir figure 8.5)*.

Figure 8.5
Contrôle de flux par fenêtre

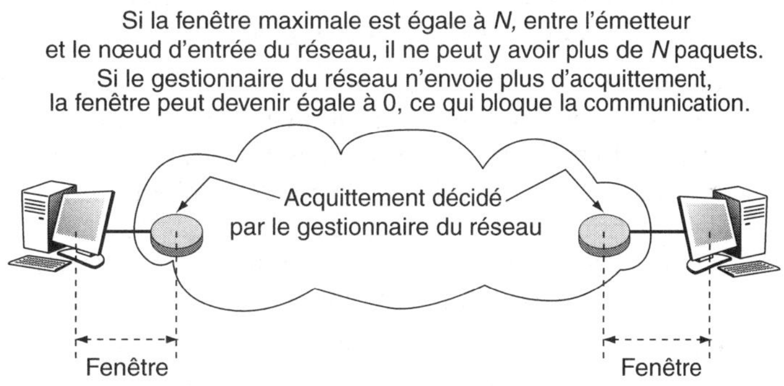

L'allocation de ressources

Les politiques d'allocation de ressources ou de préallocation sont une troisième grande catégorie de contrôle de flux. Ces politiques sont essentiellement adaptées au mode commuté avec connexion, dans lequel un paquet d'appel est nécessaire à la mise en place des références et de la connexion. Ce paquet réserve des ressources intermédiaires dans les différents nœuds traversés par le chemin.

L'algorithme d'allocation de ressources prend des allures très différentes suivant le réseau. On peut notamment superposer un contrôle de flux de bout en bout sur un circuit virtuel et une méthode de préallocation. Par exemple, si N est le nombre de crédits dédiés à la connexion et que le paquet d'appel réserve exactement la place de N paquets dans ses mémoires tampons, le contrôle de flux est parfait, et aucun paquet n'est perdu.

Malheureusement, ce contrôle s'avère extrêmement coûteux à mettre en place car il faut disposer d'une quantité de ressources bien supérieure à celle qui existe dans les implémentations réalisées. Comme illustré à la figure 8.6, le nombre total de mémoires réservées dans le réseau vaut $N \times M$, M étant le nombre de nœuds traversés. De plus, sur un circuit virtuel, la probabilité qu'il y ait effectivement N paquets en transit est très faible, et ce pour de nombreuses raisons : retour des acquittements, utilisateur inactif ou peu actif, mise en place de la connexion, etc.

Figure 8.6
Contrôle de flux par allocation totale

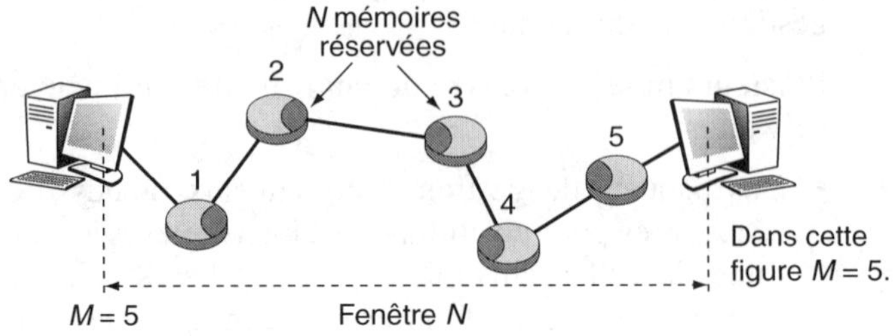

Pour minimiser le coût de mise en place d'une telle solution, il est possible d'effectuer une surallocation. La surallocation consiste à ne donner à un paquet d'appel qui entre dans un nœud de commutation qu'une partie de ce qu'il demande. On espère que, statistiquement, s'il y a plus de paquets que prévu sur une connexion, il y en aura moins sur une autre. Soit k, $0 < k = 1$, le facteur de surallocation. Si N est toujours la fenêtre de contrôle de bout en bout, le nœud intermédiaire qui possède un facteur de surallocation de k réservera kN mémoires tampons. La valeur de k dépend en grande partie du taux d'occupation des chemins dans le réseau. Les valeurs classiques sont très faibles, le taux d'utilisation d'un circuit virtuel étant souvent inférieur à 10 %, et des facteurs de surallocation de 0,2 sont assez courants.

La surallocation permet, à un coût assez faible, d'augmenter fortement le nombre de chemins pouvant passer par un nœud. Si toutes les mémoires tampons sont allouées, le paquet d'appel est refusé. On augmente alors d'un facteur $1/k$ le nombre de chemins ouverts et, de ce fait, le débit global du réseau. Il est évident qu'il existe un risque de dysfonctionnement si, pour une raison quelconque, le taux d'utilisation des chemins vient à augmenter. Le risque grandit encore si le nombre moyen de paquets dans les chemins dépasse la limite de surallocation.

On peut tracer la courbe classique de surallocation en fonction du taux d'utilisation des chemins pour un nombre M de nœuds à traverser et un nombre K de mémoires disponibles, de façon que la probabilité de perte de paquets reste à une valeur $\varepsilon = 10^{-7}$ *(voir figure 8.7)*.

Figure 8.7
Surallocation des mémoires tampons

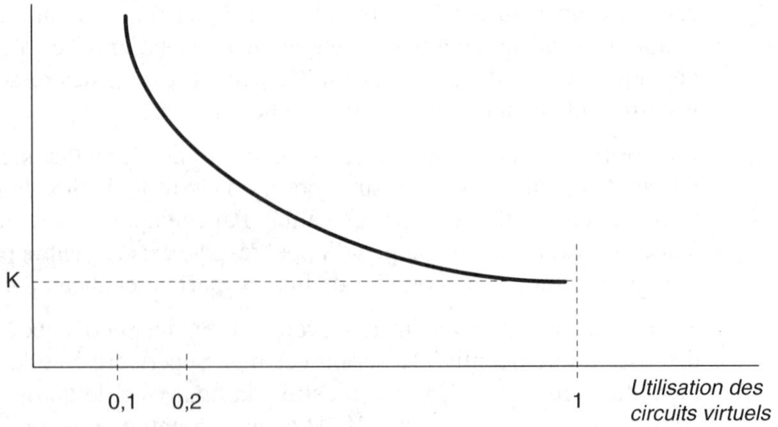

On voit qu'aux environs d'un taux d'utilisation de 0,1 ou 0,2, la surallocation possible change énormément. Il faut donc contrôler que le taux d'utilisation ne varie pas trop. À cet effet, il est préférable de libérer des chemins plutôt que de perdre des paquets de façon incontrôlée.

Une autre possibilité pour contrôler le flux dans un réseau, toujours pour la méthode par allocation de ressources, consiste à allouer des parties de la bande passante à chaque paquet d'appel. Pour un coefficient *k'* de surallocation, si le débit d'une liaison est D_i, le chemin se réserve un débit de $k'D_i$. Une fois l'ensemble du débit *D* disponible affecté, le nœud ne peut plus accepter de nouveaux paquets d'appel, et donc de nouvelles ouvertures de chemins.

À quelques exceptions près, ces techniques de contrôle de flux présentent le défaut, au coût très élevé, de ne pas fonctionner correctement dans certains cas de figure, où il se produit une congestion dont il faut sortir. Les méthodes de contrôle de congestion présentées ci-après permettent de faire face aux dysfonctionnements du réseau, même si aucune n'est vraiment efficace.

Le contrôle de congestion

Le contrôle de congestion désigne les moyens mis en œuvre pour sortir d'un état de congestion. Les contrôles de flux sont là pour éviter d'entrer dans des états de congestion, mais il est évident que, malgré les efforts pour contrôler les flux, des états de congestion restent possibles.

Une méthode de contrôle de congestion assez utilisée consiste à garder en réserve dans les nœuds de commutation de la place mémoire non prise en compte dans les allocations. Lorsque les tampons sont tous remplis, on ouvre la place supplémentaire. Pour peu convaincante qu'elle paraisse, cette méthode présente un intérêt. Lorsque deux paquets, ou deux trames au niveau liaison, doivent être échangés sur une liaison, le fait de garder en mémoire les informations en attendant l'acquittement peut amener à un blocage, ou deadlock. En disposant d'une place supplémentaire, on peut résoudre le problème *(voir figure 8.8)*.

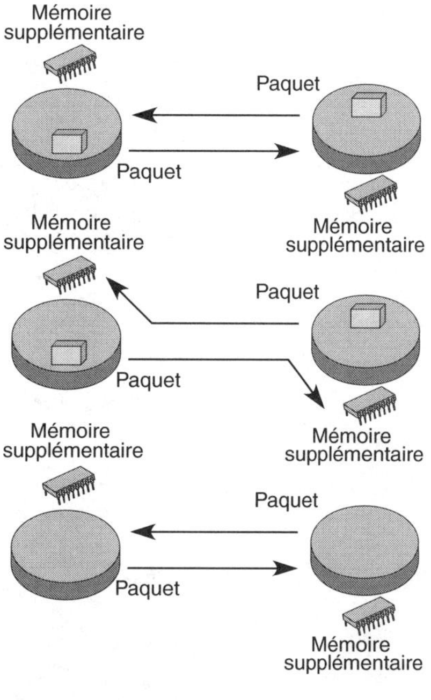

Figure 8.8
Résolution d'un blocage par allocation de mémoire supplémentaire

L'utilisation d'un temps maximal de résidence dans le réseau est une deuxième possibilité de contrôle de congestion. On place dans le paquet entrant la valeur d'une horloge commune à l'ensemble du réseau. Cette méthode, dite de temporisateur, permet de contrôler le temps passé dans le réseau et de détruire les paquets bloqués dans un nœud. Elle aide en outre à supprimer les paquets égarés à la suite d'une fausse adresse ou d'une erreur de routage. Elle est cependant assez difficile à mettre en œuvre, puisqu'elle nécessite une horloge commune et des comparateurs de temps. La plupart des protocoles qui l'implémentent, parmi lesquels IP, simplifient énormément l'algorithme à suivre : dans la zone réservée au temps maximal figure un nombre qui est décrémenté à chaque traversée de nœud.

Le routage

Dans un réseau maillé, le routage des paquets fait partie d'une algorithmique complexe, de par la distribution des décisions à prendre, qui relèvent à la fois de l'espace et du temps. Un nœud devrait connaître l'état de l'ensemble des autres nœuds avant de décider où envoyer un paquet, ce qui est impossible à réaliser.

Dans un premier temps, regardons les composantes nécessaires à la mise en place d'un routage. Il faut tout d'abord une table de routage, qui se présente comme illustré à la figure 8.9.

Figure 8.9

Table de routage

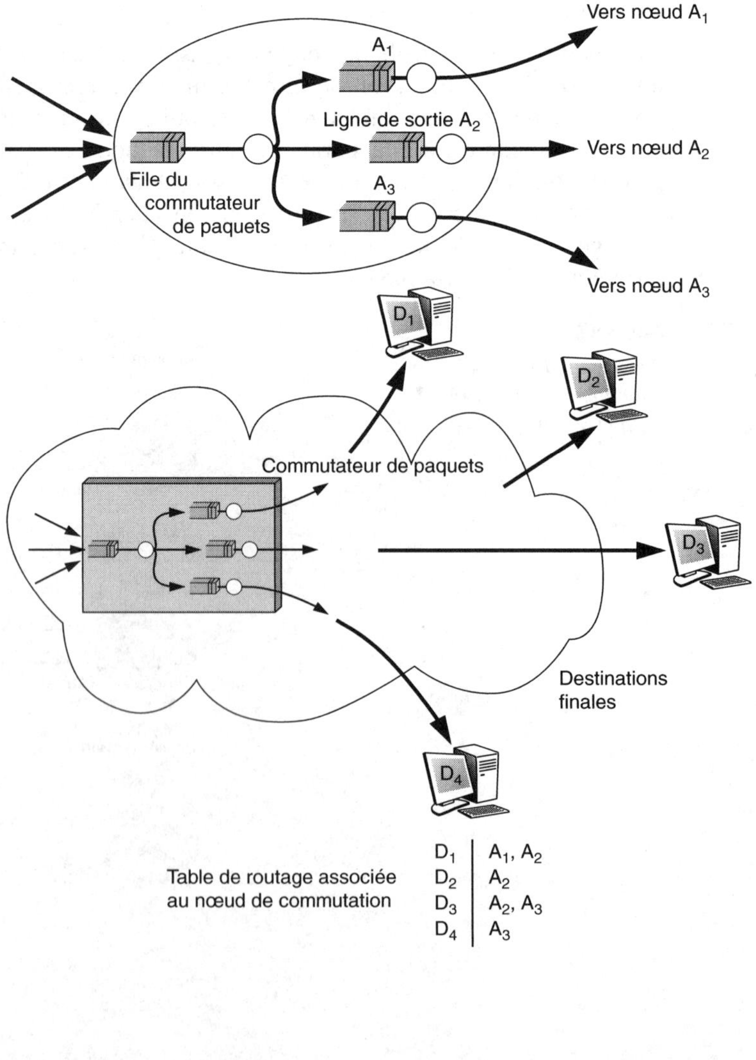

On voit qu'un nœud de transfert est formé de lignes de sortie, qui émettent des trames obtenues à partir de paquets. Les paquets sont routés par le nœud vers une ligne de sortie grâce à la table de routage. Si un paquet se présente au nœud avec, pour destination finale, le nœud D_1, le nœud peut envoyer ce paquet vers la ligne de sortie A_1 ou vers la ligne de sortie A_2. La décision s'effectue sur des critères locaux dans le cas considéré. Par exemple, on envoie le paquet sur la file la plus courte. Si la destination finale est D_2, le paquet est placé dans la file A_2.

Le routage centralisé

Le routage centralisé est caractérisé par l'existence d'un centre, qui prend les décisions quant à la définition d'une nouvelle table et de l'envoi de cette table à l'ensemble des nœuds de transfert du réseau. Ce nœud central reçoit les informations de la part de tous les composants du réseau, et il conçoit sa table de routage suivant des algorithmes déterminés à l'avance.

Les principales considérations à prendre en compte pour déterminer les meilleures routes dans un réseau, que ce soit en routage ou pour l'ouverture d'un chemin, sont les suivantes :

- coût des liaisons ;
- coût du passage dans un nœud ;
- débit demandé ;
- délai de transit demandé ;
- nombre de nœuds à traverser ;
- sécurité du transport de certaines classes de paquets ;
- occupation des mémoires des nœuds de commutation ;
- occupation des coupleurs de ligne.

Les algorithmes de routage utilisent la plupart du temps des critères de coût. On trouve, par exemple, l'algorithme du coût le plus bas, qui, comme son nom l'indique, consiste à trouver le chemin qui minimise le plus le prix. Le plus simple des algorithmes, et presque toujours le plus performant, donne un coût de 1 à chaque passage dans un nœud. C'est l'algorithme de la route la plus courte. Contrairement à ce que l'on pourrait penser, c'est souvent une bonne façon de procéder. On peut facilement ajouter des biais pour prendre en compte l'occupation des mémoires intermédiaires, l'utilisation des lignes de sortie, etc.

Le routage fixe est une autre technique particulièrement simple puisque la table ne varie pas dans le temps. Chaque fois qu'un paquet entre dans un nœud, il est envoyé dans la même direction, qui correspond, dans presque tous les cas, à l'algorithme de la route la plus courte. On ne peut toutefois parler d'algorithme de routage dans ce cas, puisque le routage est fixe et ne requiert pas de mise à jour. Le routage fixe va de pair avec un centre de contrôle, qui gère les pannes graves et génère une nouvelle table lorsqu'un nœud tombe en panne ou qu'une ligne de communication est rompue. On appelle ce routage fixe entre les mises à jour.

On peut améliorer le routage fixe en tenant compte d'événements indiqués par le réseau, telles des congestions ou des occupations de lignes ou des mémoires trop importantes. Toutes les dix secondes, tous les nœuds du réseau envoient un paquet de contrôle indiquant leur situation. À partir de ces comptes rendus, le nœud central élabore une nouvelle table de routage, qui est diffusée.

L'envoi des tables de routage d'une façon asynchrone est une technique plus élaborée. Le nœud central diffuse vers l'ensemble des nœuds une nouvelle table de routage dès que cette table a suffisamment changé par rapport à celle en vigueur. En d'autres termes, le centre de contrôle dresse des tables de routage au fur et à mesure de l'arrivée de nouvelles informations puis envoie à tous les nœuds la première table de routage qui lui paraît suffisamment différente de la précédente. L'adaptation est ici asynchrone et non pas synchrone, comme précédemment.

Les performances de ce routage centralisé dépendent de l'architecture et de la topologie du réseau. En effet, le principal problème du routage et de l'adaptation est qu'ils doivent s'effectuer en temps réel. Entre le moment où un nœud envoie un compte rendu impliquant un nouveau routage et celui où la nouvelle table de routage arrive, il ne doit pas y avoir de changement substantiel de l'état du système. Cette condition est très mal réalisée si le réseau est important et les artères surchargées, les paquets de contrôle étant peu prioritaires par rapport aux paquets transportant des informations.

La qualité du routage correspond à première vue à une adaptation de plus en plus sophistiquée. C'est là que se pose le deuxième grand problème concernant les performances, d'ailleurs lié au premier : la sophistication entraîne une surcharge du réseau par des paquets de contrôle, laquelle peut empêcher un fonctionnement en temps réel.

On voit qu'un algorithme de routage donné n'a pas la même efficacité pour un réseau à trois nœuds, par exemple, que pour un réseau à vingt nœuds. La première conclusion que nous pouvons en tirer est qu'il n'existe pas d'algorithme meilleur qu'un autre, même pour un réseau bien déterminé, puisque tout dépend du trafic. Par ailleurs, il semble qu'il existe un optimum dans la complexité de l'algorithme d'adaptation pour ne pas surcharger le réseau inutilement.

Le routage distribué

La plus simple des techniques de routage distribué, l'inondation, n'est pas adaptative. Lorsqu'un paquet est reçu dans un nœud, il est retransmis vers toutes les destinations possibles. Ce routage efficace est toutefois pénalisant en terme de flux et ne peut être adopté que dans des cas spécifiques, comme les réseaux dans lesquels le temps réel est primordial et le trafic faible.

Dans les algorithmes un peu plus complexes, l'adaptabilité commence à apparaître. Elle ne concerne qu'une dimension, le temps. Pour un paquet en transit dans le nœud i et se dirigeant vers le nœud j, plusieurs lignes de sortie peuvent être choisies. Dans la méthode de routage appelée hot-potatoe, on essaie de se débarrasser du paquet le plus rapidement possible en le transmettant sur la première ligne de sortie vide. En réalité, on ne se sert jamais d'une méthode hot-potatoe pure. On préfère des techniques plus élaborées, dans lesquelles des coefficients sont affectés aux différentes lignes de sortie pour une destination donnée *(voir figure 8.10)*.

Il existe presque toujours une ligne de sortie plus appropriée que les autres. Toutes ces techniques sont locales, puisque les états des autres nœuds ne sont pas pris en compte. Pour adapter l'algorithme dans l'espace, il convient en premier lieu de se faire une idée de ce qui se passe dans les nœuds voisins. Sans utiliser de paquets de contrôle, on obtient un échantillon du trafic des nœuds voisins en comptabilisant les arrivées en provenance de ces nœuds. Ces derniers peuvent également envoyer de façon synchrone ou asynchrone des comptes rendus de leur état. En tenant compte de ces informations implicites ou explicites, il est possible de choisir la file de sortie en connaissance de cause. L'adaptation spatiale est encore limitée, puisqu'une cassure, deux chaînons plus loin, risque de ne pas être prise en compte par les comptes rendus des nœuds voisins. Une technique plus fine est définie à la section suivante, permettant à un nœud de déterminer sa table de routage en fonction de l'ensemble des états du réseau.

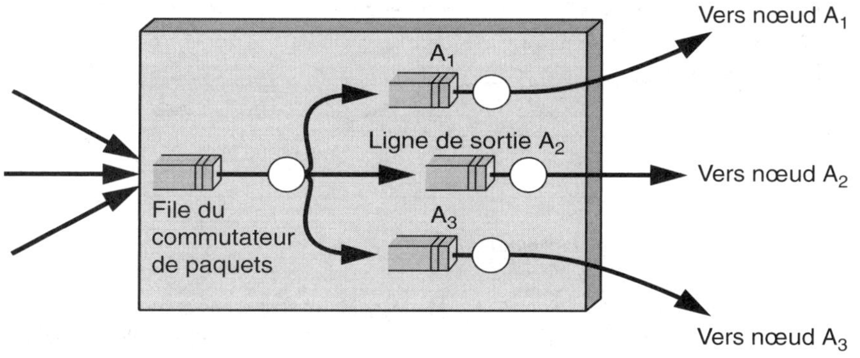

Table de routage associée au núud de commutation

D_1	A_1 si la file A_2 a plus de deux clients de plus que la file A_1, sinon A_2
D_2	A_2
D_3	A_2 ou A_3 (la file la plus courte)
D_4	A_3

Figure 8.10

Routage hot-potatoe avec biais

L'algorithme de routage distribué, qui doit s'adapter pleinement à la fois dans l'espace et dans le temps, demande une connaissance complète de l'état de tous les nœuds du réseau. Les divers nœuds doivent donc s'échanger des messages. Si chaque nœud transmet un message à tous les autres, le trafic total risque d'augmenter de façon inquiétante. Pour rester dans des limites raisonnables, un nœud ne transmet un compte rendu qu'à ses voisins. Ceux-ci doivent en tenir compte dans leur propre compte rendu. De nouveau, les instants de mise à jour peuvent être synchrones ou asynchrones. Les inconvénients et les avantages de ces deux types de mesure sont les mêmes que dans le cas centralisé.

Exemple de routage distribué

Soit le nœud illustré à la figure 8.11, possédant trois voisins : N_1, N_2, N_3. Le processeur de ce commutateur est capable de connaître le temps de réponse de ses trois files de sortie, que nous notons respectivement W_1, W_2 et W_3. Ce temps de réponse est obtenu en comptabilisant le nombre d'octets en attente dans le coupleur de lignes et en le multipliant par la vitesse d'émission sur le support physique.

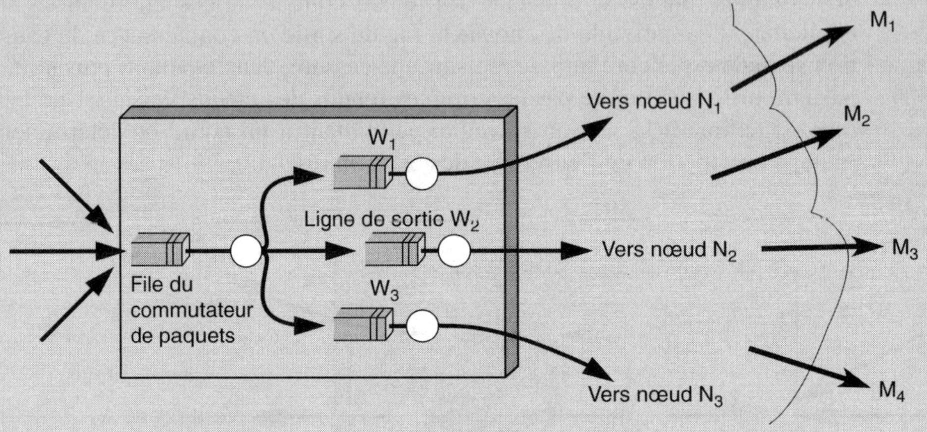

Figure 8.11

Routage distribué dans un nœud de commutation

Intéressons-nous à quatre destinataires possibles : M_1, M_2, M_3 et M_4, et supposons que les nœuds N_1, N_2 et N_3 soient capables de connaître les délais d'acheminement optimaux d'un paquet entrant dans leur commutateur pour atteindre un nœud terminal. Ces délais sont recensés au tableau 8.1

	M_1	M_2	M_3	M_4
N_1	160	260	180	218
N_2	140	255	175	200
N_3	100	247	140	220

TABLEAU 8.1 • Délai d'acheminement d'un paquet

L'intersection de la colonne M_3 et de la ligne N_2 indique le délai d'acheminement optimal vers la destination M_3 pour un paquet entrant dans le nœud N_2. Prenons les valeurs indiquées au tableau 8.2 comme temps de réponse des files de sortie du nœud étudié.

W_1	W_2	W_3
26	40	64

TABLEAU 8.2 • Temps de réponse des files de sortie

Nous pouvons calculer, pour chaque destination, les délais d'acheminement à partir du nœud étudié en passant par chacun des voisins de ce nœud. Ces délais sont indiqués au tableau 8.3.

	Vers M_1	Vers M_2	Vers M_3	Vers M_4
Par N_1	160 + 26	260 + 26	180 + 26	218 + 26
Par N_2	140 + 40	255 + 40	175 + 40	200 + 40
Par N_3	100 + 64	247 + 64	140 + 64	220 + 64

TABLEAU 8.3 • Délai total d'acheminement d'un paquet

Nous en déduisons la table de routage du nœud étudié *(voir tableau 8.4)*.

	M_1	M_2	M_3	M_4
Destination finale	N_3	N_1	N_3	N_2
File de sortie	140	255	175	200
Temps de propagation	100	247	140	220

TABLEAU 8.4 • Table de routage déduite

L'hypothèse d'un nœud capable de connaître les délais d'acheminement vers un destinataire n'a plus lieu d'être puisque nous venons de voir que la connaissance de ces délais pour chaque nœud permettait de les obtenir pas à pas. Pour ce faire, chaque nœud doit envoyer à tous ses voisins sa table de délais. Les temps de propagation pour ces diverses transmissions s'ajoutent. De ce fait, les informations en la possession d'un nœud risquent de ne pas être à jour. Les problèmes de surcharge dus aux paquets de contrôle et à l'exactitude des informations sont les deux générateurs de trouble dans les politiques de routage distribué qui veulent tenir compte de l'ensemble des ressources de transport.

L'un des problèmes cruciaux posés par le routage distribué, qu'il soit adaptatif ou non, est celui du rebouclage, un paquet pouvant repasser plusieurs fois par le même nœud. Un exemple caractéristique est fourni par le réseau ARPAnet, la première version du réseau Internet, qui a expérimenté le dernier algorithme décrit et pour lequel les mesures effectuées ont montré un grand nombre de rebouclages.

Caractéristiques de l'adaptation

À partir des exemples précédents, nous pouvons déduire les caractéristiques suivantes de l'adaptation et de l'algorithme de routage :

- Le réseau doit réagir promptement à la moindre défaillance.
- Un routage centralisé est souvent à exclure du fait de son long temps de réponse.
- L'adaptation doit se faire dans l'espace et dans le temps. Pour cela, chaque nœud doit avoir une connaissance aussi complète que possible de l'état global du réseau. En revanche, il faut limiter au maximum les échanges d'informations.
- Pour éviter les rebouclages, il faut opter pour un algorithme centralisé ou noter les paquets qui reviennent pour les émettre vers une autre destination.

Nous voyons que ces conditions sont quelque peu contradictoires et que les solutions distribuées et centralisées présentent des avantages et des inconvénients. Le choix de l'adaptation synchrone ou asynchrone n'est pas simple non plus. En effet, comme le routage asynchrone augmente le trafic dès que le réseau commence à être chargé, les mises à jour doivent se faire de plus en plus souvent.

L'adressage

Les données situées chez l'utilisateur ou sur des serveurs d'un réseau ne peuvent être atteintes que par l'intermédiaire d'un adressage spécifiant l'interface de sortie ou par une référence permettant d'acheminer le paquet jusqu'à l'interface recherchée. Dans ce dernier cas, il faut se servir de l'adresse du destinataire pour que le paquet de signalisation ouvre un circuit virtuel. Nous ne nous intéressons dans un premier temps qu'à l'adressage et revenons ensuite sur les systèmes utilisant des références.

L'adressage peut être physique ou logique. Une adresse physique correspond à une jonction physique à laquelle est connecté un équipement terminal. Une adresse logique correspond à un utilisateur, un terminal ou un programme utilisateur qui peut se déplacer géographiquement. Le réseau téléphonique offre un premier exemple d'adressage physique : à un numéro correspond un utilisateur, ou plus exactement une jonction. Dans ce réseau, l'adressage est hiérarchique. Il utilise un code différent pour le pays, la région et l'autocommutateur, les quatre derniers chiffres indiquant l'abonné. Si l'abonné se déplace, il change de numéro. Les autocommutateurs temporels peuvent dérouter l'appel vers un autre numéro à la demande de l'abonné, mais l'adressage n'est pas conservé.

Un second exemple est proposé par le réseau Ethernet et plus globalement par les réseaux locaux. Il s'agit d'un adressage de niveau trame et non de niveau paquet. Nous l'introduisons dans ce chapitre comme exemple car il aurait très bien pu être implémenté dans un paquet.

Par l'intermédiaire de l'IEEE, à chaque coupleur est affecté un numéro unique *(voir figure 8.12).* Il n'y a donc pas deux coupleurs portant la même adresse. Si la partie portant l'adresse ne peut être déplacée, l'adressage est physique. En revanche, si l'utilisateur peut partir avec son terminal et son interface et se reconnecter ailleurs, l'adressage devient logique. Dans ce dernier cas, le routage dans les grands réseaux est particulièrement complexe.

Dans le cas du réseau Ethernet, l'adressage est absolu. Il n'y a donc pas de relation entre des adresses situées sur des sites proches l'un de l'autre. Comme indiqué à la figure 8.12, le premier bit de l'adressage Ethernet précise si l'adresse correspond à un seul coupleur (adresse unique) ou si elle est partagée par d'autres coupleurs pour permettre des communications en multipoint ou en diffusion. Le deuxième bit indique si l'adressage utilisé est celui défini par l'IEEE, c'est-à-dire si les champs d'adresse possèdent bien l'adresse Ethernet du coupleur ou si l'utilisateur a remplacé les deux champs par une adresse spécifique. Il est fortement conseillé de garder l'adresse IEEE d'origine du coupleur pour éviter toute collision avec une autre adresse IEEE.

Figure 8.12
Adressage Ethernet

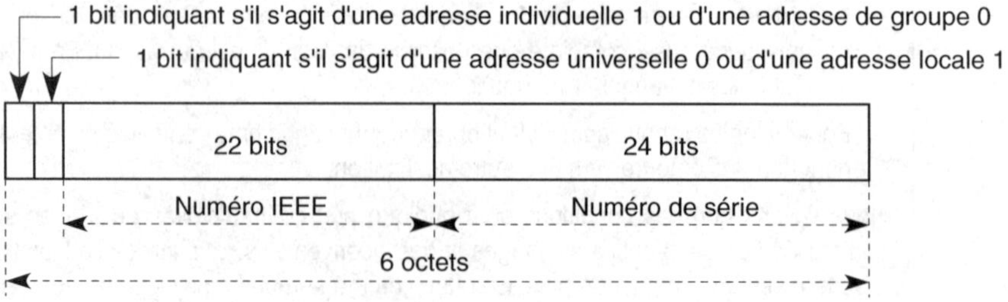

Dans l'adressage Ethernet que nous venons de décrire, la situation géographique de l'abonné est impossible à connaître, et le routage délicat à mettre en œuvre. C'est la raison pour laquelle le routage de niveau trame ne s'est jamais développé. Il aurait fallu pour cela développer un adressage hiérarchique.

Le réseau Internet donne un bon exemple d'adressage hiérarchique logique. L'adresse est décomposée en deux parties donnant deux niveaux de hiérarchie. La première identifie une machine terminale sur un réseau déterminé, et la seconde le numéro de ce réseau. On voit que l'adresse n'est pas forcément géographique, puisqu'un réseau peut contenir cinq PC, un dans chaque continent. Il faut trouver une route pour aller dans le réseau d'appartenance puis rechercher à l'intérieur du réseau la route allant au destinataire. Les adresses IP sont examinées en détail à la fin de ce chapitre.

L'adressage ISO

Donnons tout d'abord quelques définitions de la norme d'adressage ISO de base :

- Une appellation est un identificateur permanent d'une entité.
- Le domaine d'appellation est le sous-ensemble de l'espace d'appellation de l'environnement OSI.
- Le nom de domaine est un sous-ensemble de l'espace d'appellation dans l'environnement OSI. Les couches OSI sont des domaines d'appellation.
- Une appellation locale est une appellation unique à l'intérieur d'un domaine d'application.
- Une appellation globale est une appellation unique à l'intérieur de l'environnement OSI. Elle comprend deux parties : un nom de domaine et une appellation locale.
- Une adresse N est un identificateur indiquant où se trouve un point d'accès à des services N.
- Un suffixe N est un élément d'adresse N unique dans le contexte d'un point d'accès à des services N.

Pour que le système d'adressage fonctionne correctement, il faut que chaque utilisateur et chaque application puissent connaître de façon naturelle l'identité des objets à joindre. À cet effet, les entités de niveau réseau et de niveau application peuvent posséder un ou plusieurs nom (appelé titre par les organismes de normalisation). Des correspondances permettent de passer du nom d'une entité au point d'accès qui y mène. Pour obtenir une adresse de niveau N, il faut ajouter un sélecteur ou un suffixe à l'adresse du (N – 1) -SAP sous-jacent *(voir le chapitre* 4).

Pour arriver à une concordance de tous ces principes, l'ISO a identifié les besoins suivants :

- définir de manière non ambiguë un ensemble de types pour les objets utilisés dans le contexte de l'OSI ;
- assigner des noms aux occurrences d'objets appartenant à ces types ;
- informer les autres participants des enregistrements effectués.

Pour chacun de ces types, une autorité d'enregistrement, internationale ou nationale, est nécessaire afin de déterminer les noms des objets appartenant au monde OSI.

Les autorités d'enregistrement de plus haut niveau sont les organismes de normalisation. La figure 8.13 illustre la situation globale des domaines d'adressage.

Figure 8.13

Domaine d'adressage

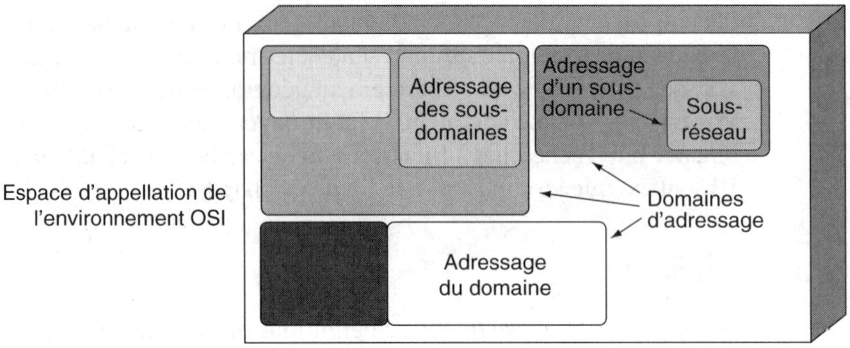

La structure des adresses réseau est normalisée dans le document ISO 8348/additif 2. Deux champs sont nécessaires :

- le domaine initial, ou IDP (Initial Domain Part) ;
- l'adresse spécifique, ou DSP (Domain Specific Part).

Cette structure est illustrée à la figure 8.14.

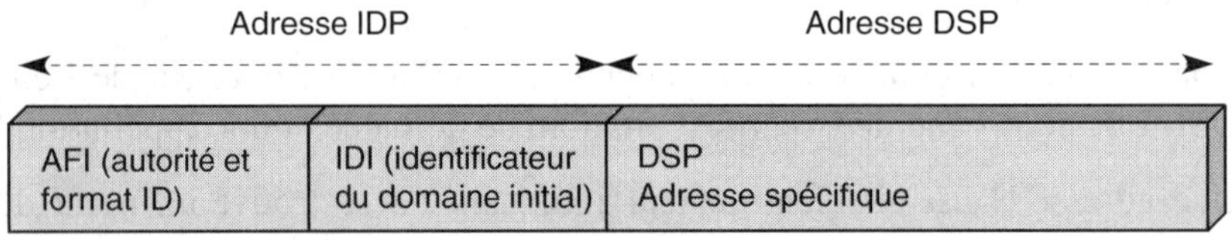

Figure 8.14

Format des adresses ISO

Le champ IDP est lui-même divisé en deux parties :

- Le champ AFI, qui indique l'autorité et le format utilisé.
- Le champ IDI d'identification du domaine initial. Plusieurs codes sont prédéfinis pour ce champ :
  - 36 ou 52 indique une adresse d'ETTD selon la norme X.121 (voir plus loin dans ce chapitre), codée en décimal. L'adresse est globale ou locale suivant le suffixe (36 : globale, 52 : locale).
  - 37 ou 53 indique une adresse d'ETTD selon la norme X.121, codée en binaire.
  - 38 indique une adresse d'ETCD selon la norme X.121, codée en décimal.
  - 39 indique une adresse d'ETCD selon la norme X.121, codée en binaire.
  - 40 ou 54 indique une adresse télex en décimal.
  - 41 ou 55 indique une adresse télex en binaire.
  - 42 ou 56 indique une adresse téléphonique en décimal ;
  - 43 ou 57 indique adresse téléphonique en binaire.

– 44 ou 58 indique une adresse RNIS en décimal.

– 45 ou 59 indique une adresse RNIS en binaire.

Le sous-adressage utilisé pour les réseaux de données longue distance est normalisé par le document X.121. Ce texte permet de déterminer les valeurs des champs IDP et DSP. La structure de cette adresse est illustrée à la figure 8.15. Cette adresse tient sur 14 demi-octets, que nous avons numérotés de 1 à 14 ; deux demi-octets supplémentaires peuvent servir à des extensions. Sur un demi-octet, on peut représenter un chiffre décimal. L'adressage s'effectue dans ce cas sur 14 chiffres décimaux. Il est évident que ce choix est plus pénalisant que si la valeur avait été codée en binaire, prenant ainsi moins de place.

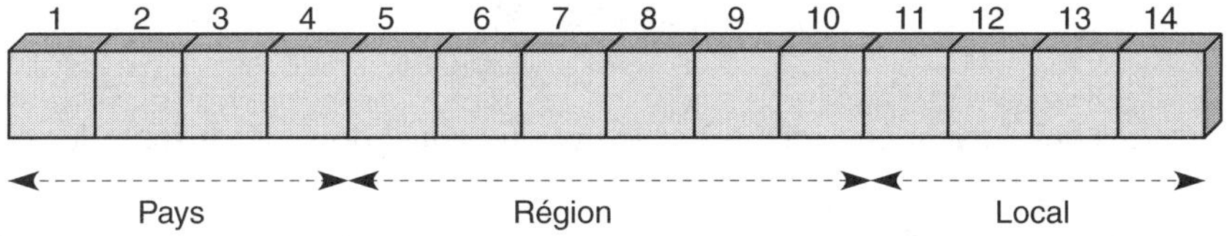

Figure 8.15

Structure de l'adressage X.121

Les trois premiers demi-octets contiennent le code d'un pays. Au quatrième demi-octet correspond un numéro de réseau à l'intérieur du pays. Comme les grands pays ont plus de dix réseaux internes, plusieurs numéros sont donnés pour un même pays :

- 310 à 329 pour les États-Unis ;
- 302 à 307 pour le Canada ;
- 234 à 238 pour la Grande-Bretagne ;
- 208 à 212 pour la France.

Pour les États-Unis, comme 20 numéros ont été spécifiés, il peut y avoir jusqu'à 200 sous-réseaux directement adressables.

Les demi-octets restants sont affectés à l'adresse dans le pays. Ils peuvent être découpés en deux tranches de 7 et 3 demi-octets, les sept premiers indiquant l'adresse du commutateur auquel le client est rattaché et les trois derniers l'adresse locale.

La figure 8.16 illustre l'exemple d'un terminal OSI connecté à un réseau local de type Ethernet que l'on atteint *via* une passerelle connectée à un réseau X.25. L'adresse de ce terminal comporte le champ AFI, le champ X.121 et l'adresse Ethernet.

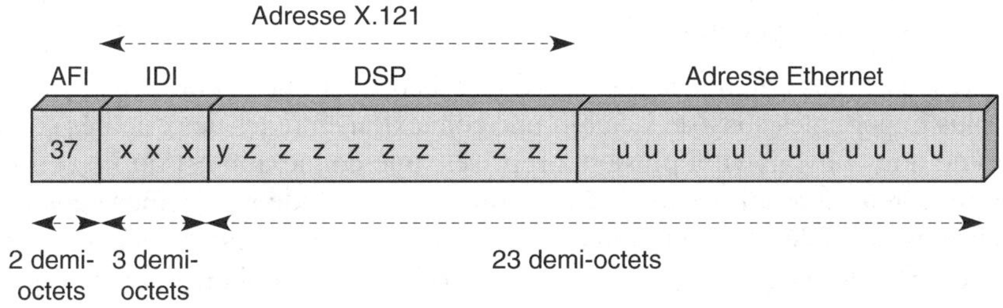

Figure 8.16

Adresse d'un terminal OSI se comportant en ETTD distant

Les fonctionnalités du niveau paquet

Comme expliqué en début de chapitre, le niveau paquet (couche 3), également appelé couche réseau, offre un service au niveau message, ou couche transport. Ce service doit être fourni par le protocole réseau en tenant compte du service qui est offert par la couche inférieure, comme illustré à la figure 8.17.

Figure 8.17

Relation entre couche réseau et transport

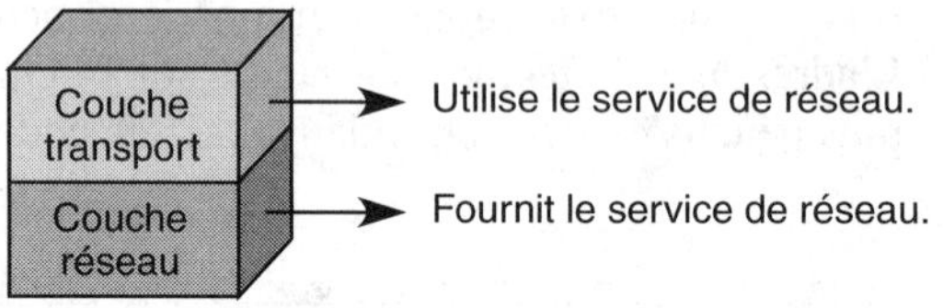

Les services qui doivent être rendus par le niveau paquet doivent satisfaire les cinq critères suivants :

- **Indépendance par rapport aux supports de transmission sous-jacents.** Le service réseau libère ses utilisateurs de toutes les préoccupations liées à la façon dont sont utilisés les divers sous-réseaux pour assurer le service réseau. Il masque à l'utilisateur du service réseau la façon dont ses paquets sont transportés. En effet, ce dernier ne souhaite généralement pas connaître les protocoles utilisés pour le transport de ses paquets mais désire seulement être sûr que ses paquets arrivent au destinataire avec une qualité définie.
- **Transfert de bout en bout.** Le service réseau assure le transfert d'une extrémité à l'autre des données utilisateur. Toutes les fonctions de routage et de relais sont assurées par le fournisseur du service réseau, y compris dans le cas où diverses ressources de transmission, similaires ou différentes, sont utilisées en tandem ou en parallèle.
- **Transparence des informations transférées.** Le service réseau assure le transfert transparent des informations sous la forme d'une suite d'octets de données utilisateur ou d'informations de contrôle. Il n'impose aucune restriction quant au contenu, au format ou au codage des informations et n'a pas besoin d'interpréter leur structure ou leur signification.
- **Choix de la qualité de service.** Le service réseau offre aux utilisateurs la possibilité de demander ou d'accepter la qualité de service prévue pour le transfert de données utilisateur. La qualité de service est spécifiée par des paramètres de QoS exprimant des caractéristiques telles que le débit, le temps de transit, l'exactitude et la fiabilité.
- **Adressage de l'utilisateur du service réseau.** Le service réseau utilise un système d'adressage qui permet à chacun de ses utilisateurs d'identifier de façon non ambiguë d'autres utilisateurs du service réseau.

Pour respecter ces critères, le service réseau dispose d'une panoplie de possibilités. L'une des plus importantes consiste à établir une connexion entre les deux entités communicantes. Comme nous l'avons vu à plusieurs reprises, une connexion est un lien entre l'émetteur et le récepteur, qui doit permettre à la communication de s'effectuer dans les meilleures conditions possibles. Ce lien donne la possibilité à l'émetteur de négocier avec le récepteur les caractéristiques et la qualité de service qu'il souhaite obtenir. C'est ce qu'on appelle le mode avec connexion. En d'autres termes, avant l'émission des paquets, ou NPDU (Network Protocol Data Unit), un paquet spécifique, appelé paquet d'appel, est émis pour mettre en place la connexion.

On peut reprocher au mode avec connexion d'être relativement lourd, puisque, avant toute émission de paquets, une discussion avec le récepteur est nécessaire pour que les deux entités distantes se mettent d'accord. Le mode avec connexion est également pénalisant dès que l'on veut mettre en place des communications en diffusion ou en multipoint, puisqu'il faut ouvrir autant de connexions qu'il y a de points à atteindre. En contrepartie, son avantage évident réside dans une plus grande fiabilité de la communication grâce au contrôle effectué sur la connexion.

Le mode sans connexion est plus souple puisque l'émetteur envoie ses paquets sans avoir à se préoccuper du récepteur. Il est bien entendu que l'utilisateur distant est présent ou représenté par une boîte aux lettres et que cette présence peut être garantie par l'ouverture d'une connexion à un niveau supérieur. C'est le plus souvent au niveau session que l'assurance de cette présence est garantie.

Le service réseau défini par l'ISO préconise un mode avec connexion qui permet de garantir une qualité de service négociée entre les deux entités communicantes. Cette connexion doit pouvoir assurer que les NSDU (Network Service Data Unit) sont transférées en séquence et que leur cadence d'émission est satisfaisante par rapport à la qualité de service exigée et au potentiel du récepteur.

La qualité de service

La notion de qualité de service, ou QoS, concerne certaines caractéristiques d'une connexion réseau relevant de la seule responsabilité du fournisseur du service réseau.

Une valeur de QoS s'applique à l'ensemble d'une connexion réseau. Elle doit être identique aux deux extrémités de la connexion, même si cette dernière est prise en charge par plusieurs sous-réseaux interconnectés offrant chacun des services différents.

La QoS est décrite à l'aide de paramètres. La définition d'un paramètre de QoS indique la façon de mesurer ou de déterminer sa valeur, en mentionnant au besoin les événements spécifiés par les primitives du service réseau.

Deux types de paramètres de QoS ont été définis :

- Ceux dont les valeurs sont transmises entre utilisateurs homologues au moyen du service réseau pendant la phase d'établissement de la connexion réseau. Au cours de cette transmission, une négociation tripartite peut avoir lieu entre les utilisateurs et le fournisseur du service réseau afin de définir une valeur pour ces paramètres de QoS.
- Ceux dont les valeurs ne sont ni transmises ni négociées entre les utilisateurs et le fournisseur du service réseau. Pour ces paramètres de QoS, il est toutefois possible d'obtenir, par des moyens locaux, l'information relative aux valeurs utiles au fournisseur et à chacun des utilisateurs du service réseau.

Les principaux paramètres de QoS sont les suivants :

- **Délai d'établissement de la connexion réseau.** Correspond au temps qui s'écoule entre une demande de connexion réseau et la confirmation de la connexion. Ce paramètre de QoS indique le temps maximal acceptable par l'utilisateur.
- **Probabilité d'échec de l'établissement de la connexion réseau.** Cette probabilité est établie à partir des demandes qui n'ont pas été satisfaites dans le temps normal imparti pour l'établissement de la connexion.

- **Débit du transfert des données.** Le débit définit le nombre d'octets transportés sur une connexion réseau dans un temps raisonnablement long (quelques minutes, quelques heures ou quelques jours). La difficulté à déterminer le débit d'une connexion réseau provient de l'asynchronisme du transport des paquets. Pour obtenir une valeur acceptable, il faut observer le réseau sur une suite de plusieurs paquets et considérer le nombre d'octets de données transportés en tenant compte du temps écoulé depuis la demande ou l'indication de transfert des données.
- **Temps de transit lors du transfert des données.** Le temps de transit correspond au temps écoulé entre une demande de transfert de données et l'indication de transfert des données. Ce temps de transit est difficile à calculer du fait de la distribution géographique des extrémités. La satisfaction d'une qualité de service sur le temps de transit peut de surcroît entrer en contradiction avec un contrôle de flux.
- **Taux d'erreur résiduelle.** Se calcule à partir du nombre de paquets qui arrivent erronés, perdus ou en double sur le nombre total de paquets émis. C'est donc un taux d'erreur par paquet. Désigne également la probabilité qu'un paquet n'arrive pas correctement au récepteur.
- **Probabilité d'incident de transfert.** Est obtenue par le rapport du nombre d'incident répertorié sur le nombre total de transfert effectué. Pour avoir une estimation correcte de cette probabilité, il suffit d'examiner le nombre de déconnexion du réseau par rapport au nombre de transfert effectué.
- **Probabilité de rupture de la connexion réseau.** Se calcule à partir du nombre de libération et de réinitialisation d'une connexion réseau par rapport au nombre de transfert effectué.
- **Délai de libération de la connexion réseau.** C'est le délai maximal acceptable entre une demande de déconnexion et la libération effective.
- **Probabilité d'échec lors de la libération de la connexion réseau.** C'est le nombre d'échec de libération demandée par rapport au nombre total de libération demandé.

Les trois paramètres additionnels suivants permettent de caractériser la qualité de service :

- **Protection de la connexion réseau.** Détermine la probabilité que la connexion réseau soit en état de marche durant toute la période où elle est ouverte par l'utilisateur. Il y a plusieurs moyens de protéger une connexion en la dupliquant ou en ayant une connexion de sauvegarde prête à être ouverte en cas de coupure. La valeur pour un réseau téléphonique est de 99,999 %, que l'on appelle les cinq neuf, ce qui équivaut à quelques minutes d'indisponibilité par an. La protection est beaucoup plus faible pour un réseau IP, avec une valeur de l'ordre de 99,9 %, ou trois neuf. Cette valeur pose d'ailleurs problème pour la téléphonie sur IP, qui demande une protection plus forte des connexions téléphoniques.
- **Priorité de la connexion réseau.** Détermine la priorité d'accès à une connexion réseau, la priorité de maintien d'une connexion réseau et la priorité des données sur la connexion.
- **Coût maximal acceptable.** Détermine si la connexion réseau est tolérable ou non. La définition du coût est assez complexe puisqu'elle dépend de l'utilisation des ressources nécessaires à la mise en place, au maintien et à la libération de la connexion réseau.

IP (Internet Protocol)

Le protocole de base du réseau Internet s'appelle IP, pour Internet Protocol. L'objectif de départ assigné à ce protocole est d'interconnecter des réseaux n'ayant pas les mêmes protocoles de niveau trame ou de niveau paquet. Le sigle Internet vient d'*inter-networking* et correspond à un mode d'interconnexion : chaque réseau indépendant doit transporter dans sa trame ou dans la zone de données de son paquet un paquet IP, comme illustré à la figure 8.18.

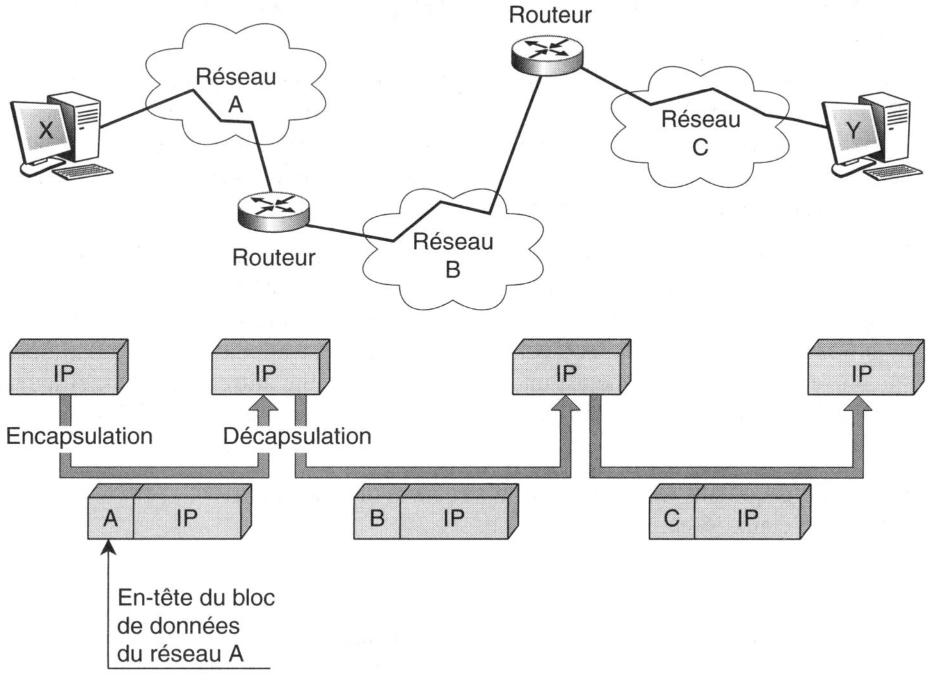

Figure 8.18

Interconnexion réseau

Il existe deux générations de paquets IP, appelées IPv4 (IP version 4) et IPv6 (IP version 6). IPv4 a été prépondérant jusqu'à maintenant. Le passage à IPv6 pourrait s'accélérer du fait de son adoption dans de nombreux pays asiatiques. La transition est cependant difficile et durera de nombreuses années.

Les protocoles IPv4 et IPv6

Première génération du protocole IP, IPv4 est implémenté dans toutes les stations connectées au réseau Internet. La différence fondamentale avec IPv6 réside dans un paquet pourvu de peu de fonctionnalités, puisqu'il n'est vu que comme une syntaxe commune pour échanger de l'information. Avec la deuxième génération IPv6, qui commence à être mise en œuvre, le changement de vision est sans équivoque, puisque le paquet IP devient un véritable paquet, avec toutes les fonctionnalités nécessaires pour être traité et contrôlé dans les nœuds du réseau.

Comme nous l'avons déjà vu à plusieurs reprises, IP propose un service sans connexion. Ce mode sans connexion explique les attentes assez longues lors de l'interrogation de serveurs très fréquentés. Même surchargés, ces derniers ne peuvent refuser l'arrivée de nouveaux paquets puisque l'émetteur ne demande aucune connexion, c'est-à-dire ne se préoccupe pas de savoir si le serveur accepte de les servir.

Les paquets d'un même flot, partant d'une machine et allant vers une autre, peuvent utiliser des routes différentes, Internet se chargeant du routage des paquets IP indépendamment les uns des autres. Le protocole IP définit l'unité de donnée ainsi que le format de toutes les données qui transitent dans le réseau. Il inclut également un ensemble de règles, qui définissent comment traiter les paquets, gérer la fonction de routage et répondre à certains types d'erreurs.

Il existe une analogie entre le réseau physique et le réseau logique dans lequel s'inscrit IP. Dans un réseau physique, l'unité transférée est la trame — en réalité un paquet ou une trame — du sous-réseau traversé. Cette trame comporte un en-tête et des données, ces dernières étant incluses dans le paquet IP. L'en-tête contient les informations de supervision nécessaires pour acheminer la trame.

Dans le réseau IP logique, l'unité de base à transférer est le paquet IP, que l'on appelle datagramme IP, Les datagrammes peuvent être d'une longueur quelconque. Comme ils doivent transiter de routeur en routeur, ils peuvent être fractionnés, de sorte à s'adapter à la structure de la trame sous-jacente. Ce concept est appelé l'encapsulation. Pour un sous-réseau, un datagramme est une donnée comme une autre. Dans le meilleur des cas, le datagramme est contenu dans une seule trame, ce qui rend la transmission plus performante.

Les sections qui suivent examinent la structure des paquets IPv4 et IPv6. Le chapitre 18 est consacré aux réseaux IP en général.

IPv4

Le service rendu par le protocole IPv4 se fonde sur un système de remise de paquets non fiable, que l'on appelle service best-effort, c'est-à-dire « au mieux » et sans connexion. Le service est dit non fiable, car la remise ne présente aucune garantie. Un paquet peut être perdu, dupliqué ou remis hors séquence, sans qu'Internet ne le détecte ni n'en informe l'émetteur ou le récepteur.

La figure 8.19 illustre le format du paquet IPv4. Après la valeur 4, pour le numéro de version, est indiquée la longueur de l'en-tête, qui permet de connaître l'emplacement du début des données du fragment IP. Le champ suivant, ToS (Type of Service), précise le type de service des informations transportées dans le corps du paquet. Ce champ n'a jamais été réellement utilisé avant l'arrivée des nouveaux protocoles de gestion relatifs à la qualité de service, comme DiffServ (Differentiated Services), qui sont présentés au chapitre 19. Vient ensuite la longueur totale (Length). Le champ suivant (Identification) identifie le message auquel appartient le paquet : le message a été découpé en paquets et il faut être capable au récepteur de savoir à quel message appartient le paquet.

Le drapeau (Flag) porte plusieurs notifications. Il précise, en particulier, si une segmentation a été effectuée. Si oui, la place du segment, provenant de la segmentation du message de niveau 4, est indiquée dans le champ Offset, ou emplacement du segment. Le champ TTL (Time To Live), ou temps de vie, spécifie le temps après lequel le paquet est détruit. Si le paquet ne trouve plus son chemin ou effectue des allers-retours, il est éliminé au bout d'un certain temps. Dans la réalité, cette zone contient une valeur entière, indiquant

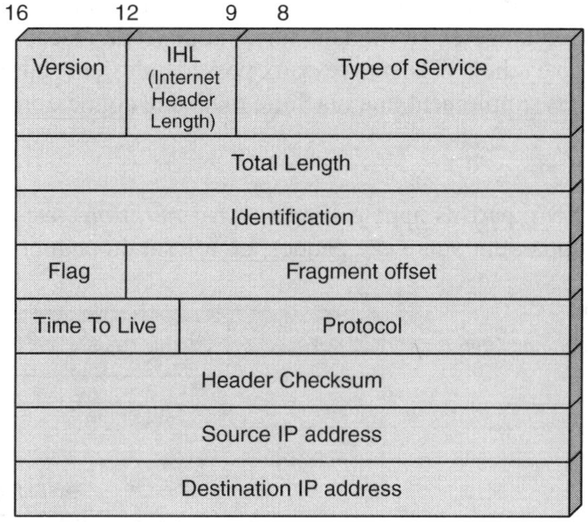

Figure 8.19

Format du paquet IPv4

le nombre de nœuds qui peuvent être traversés avant destruction du paquet. La valeur 16 est utilisée sur Internet pour indiquer qu'un paquet IP qui traverse plus de 15 routeurs est détruit.

Le numéro de protocole indique le protocole qui a été encapsulé à l'intérieur du paquet. La zone de détection d'erreur permet de déterminer si la transmission du paquet s'est effectuée correctement ou non. Enfin, les adresses de l'émetteur et du récepteur sont précisées dans la dernière partie de l'en-tête. Elles prennent une place de 4 octets chacune.

Comme Internet est un réseau de réseaux, l'adressage est particulièrement important. Les machines reliées à Internet ont une adresse IPv4 représentée sur un entier de 32 bits. L'adresse est constituée de deux parties : un identificateur de réseau et un identificateur de machine pour ce réseau. Il existe quatre classes d'adresses, chacune permettant de coder un nombre différent de réseaux et de machines :

- classe A, 128 réseaux et 16 777 216 hôtes (7 bits pour les réseaux et 24 pour les hôtes) ;
- classe B, 16 384 réseaux et 65 535 hôtes (14 bits pour les réseaux et 16 pour les hôtes) ;
- classe C, 2 097 152 réseaux et 256 hôtes (21 bits pour les réseaux et 8 pour les hôtes) ;
- classe D, adresses de groupes (28 bits pour les hôtes appartenant à un même groupe).

Ces adresses sont illustrées à la figure 8.20.

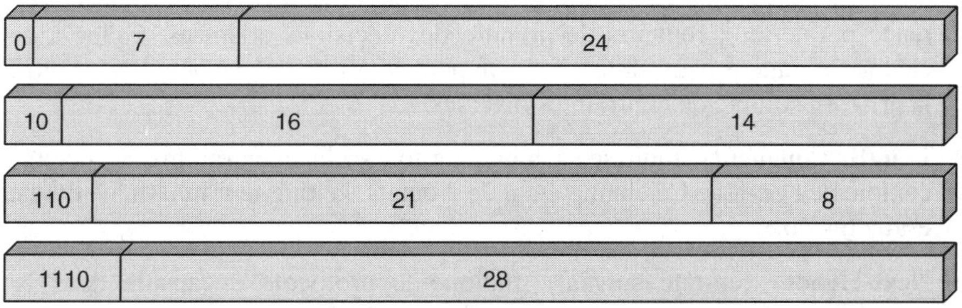

Figure 8.20

Classes d'adresses d'IPv4

Les adresses IP ont été définies pour être traitées rapidement. Les routeurs qui effectuent le routage en se fondant sur le numéro de réseau sont dépendants de cette structure. Un hôte relié à plusieurs réseaux possède plusieurs adresses IP. En fait, une adresse n'identifie pas simplement une machine mais une connexion à un réseau.

IPv6

IPv6, parfois appelé IPng *(next generation),* est un protocole entièrement repensé, qui appartient au niveau paquet. Le format du paquet IPv6 est illustré à la figure 8.21.

Figure 8.21
Format du paquet IPv6

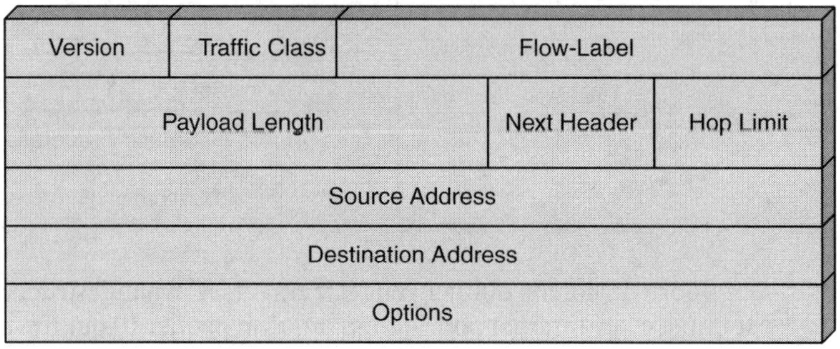

Pour améliorer les performances, IPv6 interdit la fragmentation et le réassemblage dans les routeurs intermédiaires. Le protocole doit donc choisir la bonne valeur de longueur du datagramme afin qu'il puisse s'encapsuler directement dans les différentes trames ou paquets rencontrés. Si, dans un environnement IPv6, un datagramme se présente à l'entrée d'un sous-réseau avec une taille non acceptable, il est détruit. Comme expliqué précédemment, le niveau paquet représenté par IP est considéré comme un niveau logique d'interconnexion entre sous-réseaux. Ce niveau IP peut devenir un protocole de niveau paquet autosuffisant, utilisable pour transporter les informations sur un réseau. C'est exactement le rôle joué par IPv6.

Le paquet IPv6 comporte les champs suivants :

- **Version.** Porte le numéro 6.
- **Priority (priorité).** Indique un niveau de priorité, qui permet de traiter les paquets plus ou moins rapidement dans les nœuds du réseau.
- **Flow-Label** (référence de flot). Également nouveau, ce champ permet de transporter une référence *(label)* capable de préciser le flot auquel appartient le paquet et donc d'indiquer la qualité de service exigée par les informations transportées. Cette référence permet aux routeurs de prendre des décisions adaptées. Grâce à ce nouveau champ, le routeur peut traiter de façon personnalisée les paquets IPv6, autorisant ainsi la prise en compte de contraintes diverses.
- **Length** (longueur). Indique la longueur totale du datagramme en octet, sans tenir compte de l'en-tête. Ce champ étant de 2 octets, la longueur maximale du datagramme est de 64 Ko.
- **Next-Header** (en-tête suivant). Indique le protocole encapsulé dans la zone de données du paquet. Ce processus est illustré à la figure 8.22. Les options les plus classiques pour la valeur de ce champ sont 0 pour Hop-by-Hop Option Header, 4 pour IP, 6 pour TCP et 17 pour UDP *(voir l'encadré « Valeurs du champ Next-Header »).*

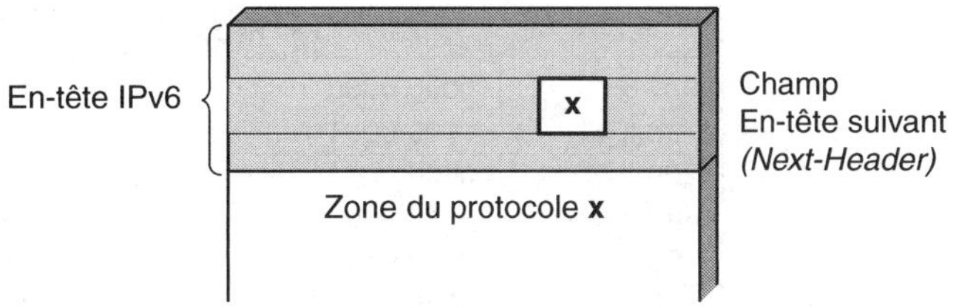

Figure 8.22
Champ en-tête suivant (Next-Header)

Valeurs du champ Next-Header

- 0Hop-by-Hop Option Header
- 4IP
- 6TCP
- 17 UDP
- 43Routing Header
- 44Fragment Header
- 45IRP (Interdomain Routing Protocol)
- 4 RSVP (ReSource Reservation Protocol)
- 50ESP (Encapsulating Security Payload)
- 51Authentication Header
- 58ICMP
- 59No Next-Header
- 60Destination Options Header

- **Hop limit** (nombre maximal de nœuds traversés). Indique après combien de nœuds le paquet est détruit.
- **Address.** La zone d'adresse est souvent présentée comme la raison d'être de la nouvelle version d'IP. En fait, c'est seulement une raison parmi d'autres. L'adresse IPv6 tient sur 16 octets. La difficulté réside dans la représentation et l'utilisation rationnelle de ces 128 bits. Le nombre d'adresses potentielles dépasse 10^{23} pour chaque mètre carré de la surface terrestre. La représentation s'effectue par groupe de 16 bits et se présente sous la forme 123:FCBA:1024:AB23:0:0:24:FEDC. Des séries d'adresses égales à 0 peuvent être abrégées par le signe ::, qui ne peut apparaître qu'une seule fois dans l'adresse, comme dans l'exemple 123:FCBA:1024:AB23::24:FEDC. Ce signe n'indique pas le nombre de 0 successifs. Pour déduire ce nombre, les autres séries ne peuvent être abrégées. S'il existait deux séries abrégées, il serait impossible d'en déduire la longueur respective de chacune. L'adressage IPv6 est hiérarchique. Une allocation des adresses a été proposée, dont le détail est donné au tableau 8.5.

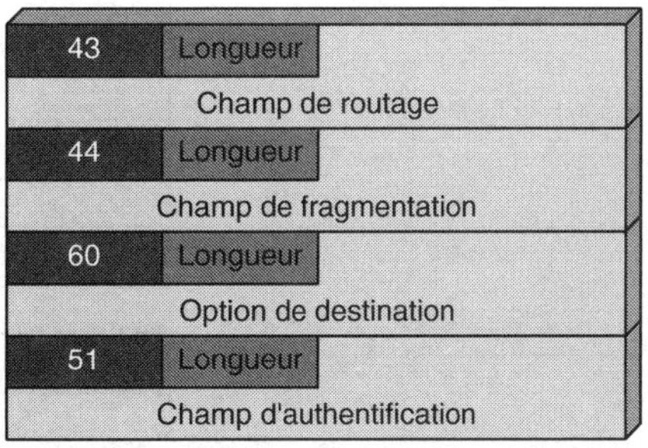

Figure 8.23
Champ d'options du paquet IPv6

Adresse	Premiers bits de l'adresse	Caractéristiques
0 :: /8	0000 0000	Réservée
100 :: /8	0000 0001	Non assignée
200 :: /7	0000 0001	Adresse ISO
400 :: /7)	0000 010	Adresse Novell (IPX)
600 :: /7	0000 011	Non assignée
800 :: /5	0000 1	Non assignée
1000 :: /4	0001	Non assignée
2000 :: /3	001	Non assignée
4000 :: /3	010	Adresse de fournisseur de services
6000 :: /3	011	Non assignée
8000 :: /3	100	Adresse géographique d'utilisateur
A000 :: /3	101	Non assignée
C000 ::/3	110	Non assignée
E000 :: /4	1110	Non assignée
F000 :: /5	1111 0	Non assignée
F800 :: /6	1111 10	Non assignée
FC00 :: /7	1111 110	Non assignée
FE00 :: /9	1111 1110 0	Non assignée
FE80 :: /10	1111 1110 10	Adresse de liaison locale
FEC0 :: /10	1111 1110 11	Adresse de site local
FF00 :: /8	1111 1111	Adresse de multipoint

TABLEAU 8.5 • Adresses d'IPv6

- **Options.** L'en-tête du paquet IPv6 se termine par un champ d'options qui permet l'ajout de nouvelles fonctionnalités, en particulier concernant la sécurité. La figure 8.23 illustre le fonctionnement de ce champ d'options. Chaque zone d'option commence par un champ portant un numéro correspondant au type d'option *(voir l'encadré « Valeurs du champ Next-Header)*. Dans ce champ d'options, les différentes zones se suivent dans un ordre prédéterminé, qui est dicté par leur utilisation potentielle dans les nœuds intermédiaires. Si un nœud intermédiaire ne peut prendre en charge une option, plusieurs cas de figure se présentent : destruction du paquet, émission sans traitement, émission d'une signalisation ou attente d'une réponse pour prendre une décision. La figure 8.24 donne une idée de l'ordre de traitement.

Figure 8.24
Traitement des options d'extension

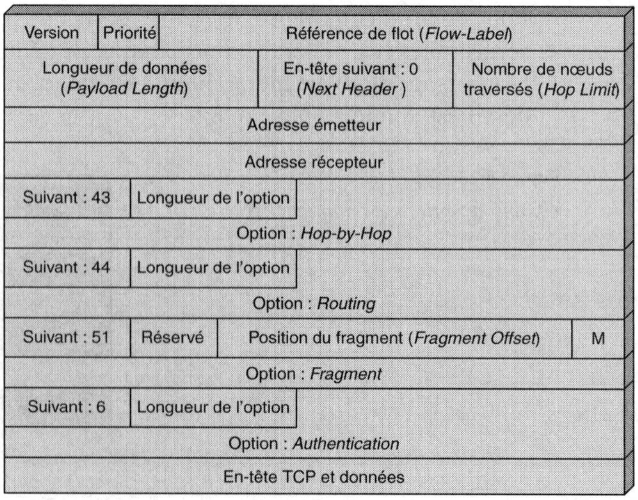

Le protocole X.25

Adopté en septembre 1976 par le CCITT, le protocole X.25, ou ISO 8208, résulte de l'expérience accumulée sur différents réseaux à commutation de paquets. Proposé au départ par quatre grands organismes, les PTT françaises, leur homologue britannique, TCTS (Trans Canada Telephone System) au Canada et Telenet Communication Corps aux États-Unis, il a été implémenté, entre autres, sur les réseaux publics de ces quatre compagnies sous la forme de Transpac, EPSS, Datapac et Telenet.

Les sections qui suivent décrivent en détail les fonctionnalités, la structure et le fonctionnement du protocole X.25.

Caractéristiques de X.25

Le protocole X.25 en lui-même contient les trois premières couches de protocole. Le niveau physique provient principalement de la norme X.21. Le niveau trame est constitué par le protocole LAP-B, un sous-ensemble de la norme HDLC, présentée au chapitre 7. Ici, c'est le niveau paquet de la norme X.25 qui nous intéresse.

La recommandation X.25 précise un protocole définissant l'interface entre un ETTD et un ETCD pour la transmission de paquets. X.25 est donc en premier lieu une interface locale entre un équipement informatique connecté au réseau et le réseau lui-même *(voir figure 8.25)*.

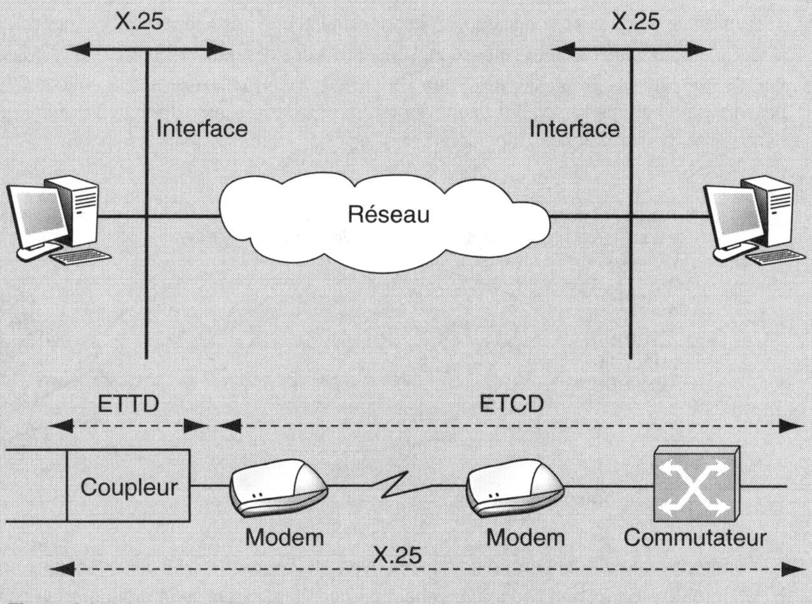

Figure 8.25

Implémentation du protocole X.25

La définition de X.25 a été étendue pour prendre en compte des transmissions sur les interfaces soit d'entrée du réseau, entre la machine de l'utilisateur (ETTD) et l'équipement d'accès de l'opérateur (ETCD), soit de la machine de l'utilisateur à la machine distante (ETTD à ETTD).

Les trois premières couches du modèle de référence de l'architecture des réseaux informatiques sont prises en compte par X.25 *(voir figure 8.26)*.

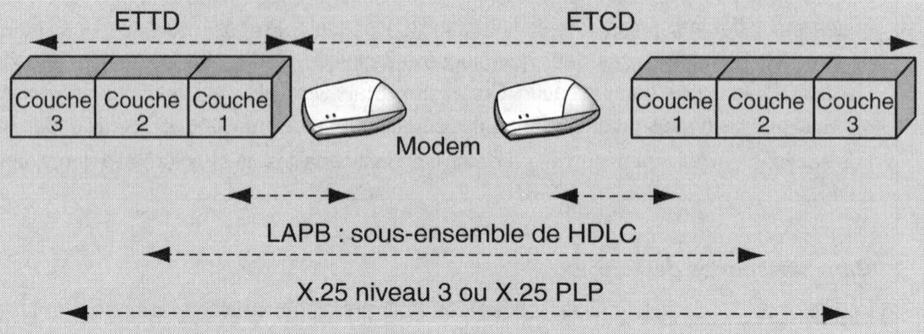

Figure 8.26
Niveaux et couches du protocole X.25

La recommandation X.25 du CCITT définit les types de paquets et leur format mais ne spécifie pas comment certaines informations de contrôle doivent être interprétées. En particulier, la fenêtre de contrôle de flux peut être interprétée au niveau local entre l'ETTD et l'ETCD ou au niveau global entre l'ETTD émetteur et l'ETTD récepteur. Ces imprécisions donnent naissance à des réseaux très différents les uns des autres.

X.25 utilise le mode avec connexion. La connexion est une association bidirectionnelle entre l'émetteur et le récepteur. En plus de cette connexion, l'ensemble des réseaux X.25 utilise un mode circuit virtuel, sans que ce soit une obligation de la norme. De ce fait, X.25 multiplexe sur la couche 2 les circuits virtuels passant par la même liaison. La connexion entre deux adresses extrémité s'exprime par une correspondance entre deux références, appelées voies logiques, comme illustré à la figure 8.27.

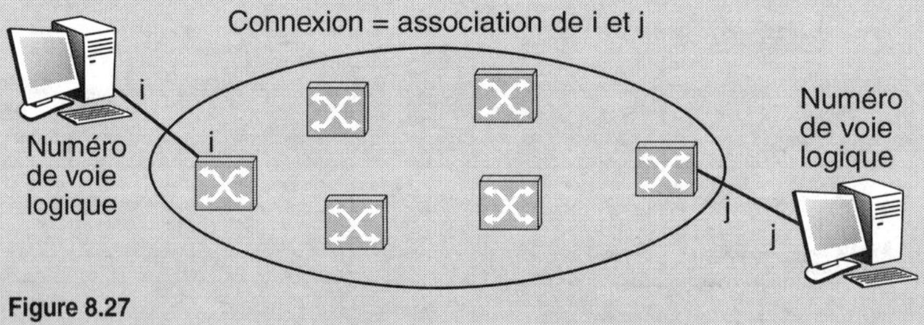

Figure 8.27
Connexion X.25

Le niveau paquet de X.25 permet un maximum de 16 groupes de 256 voies logiques entre un ETTD et un ETCD. L'en-tête du paquet contient un champ de 4 bits qui identifie le groupe et un champ de 8 bits pour le numéro de la voie logique. 4 095 voies logiques — la voie 0 joue un rôle particulier — sont donc utilisables sur une entrée. L'ETTD et l'ETCD partagent le même numéro de voie logique lors de la formation de la connexion.

On profite de la mise en place de la connexion pour réaliser un circuit virtuel, qui s'établit lors du routage du paquet d'appel. Ce circuit virtuel est emprunté par l'ensemble des paquets d'un même message. Le numéro de voie logique joue également le rôle d'une référence. L'ouverture du circuit virtuel peut s'accompagner d'allocations de ressources pour assurer le contrôle de flux et garantir le séquencement des paquets dans le réseau.

Format des paquets X.25

Le format général des paquets X.25 se présente sous la forme illustrée à la figure 8.28.

Figure 8.28
Format des paquets X.25

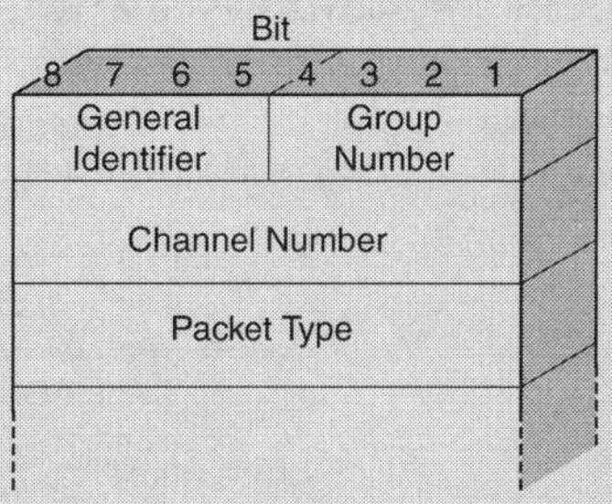

La zone identificateur de type de paquet (Packet Type) permet de déterminer la fonction du paquet. Elle ressemble à la zone de supervision de HDLC pour le contrôle de la connexion réseau. Le tableau 8.6 répertorie les différents types de paquets rencontrés dans le protocole X.25.

Type de paquet	Zone identificateur du type de paquet							
	8	7	6	5	4	3	2	1
Paquet d'appel/Appel entrant *CALL REQUEST/INCOMING CALL*	0	0	0	0	1	0	1	1
Communication acceptée/Communication établie *CALL ACCEPTED/CALL CONNECTED*	0	0	0	0	1	1	1	1
Demande de libération/Indication de libération *CLEAR REQUEST/CLEAR INDICATION*	0	0	0	1	0	0	1	1
Confirmation de libération *CLEAR CONFIRMATION*	0	0	0	1	0	1	1	1
Paquet de données *DATA PACKET*	X	X	X	X	X	X	X	1
Demande d'interruption *INTERRUPT REQUEST*	0	0	1	0	0	0	1	1
Confirmation d'interruption *INTERRUPT CONFIRMATION*	0	0	1	0	0	1	1	1
Paquet RR *RECEIVE READY*	X	X	X	0	0	0	0	1
Paquet RNR *RECEIVE NOT READY*	X	X	X	0	0	1	0	1
Paquet REJ *REJECT*	X	X	X	0	1	0	0	1
Demande de réinitialisation/Indication de réinitialisation *RESET REQUEST/RESET INDICATION*	0	0	0	1	1	0	1	1
Confirmation de réinitialisation *RESET CONFIRMATION*	0	0	0	1	1	1	1	1
Demande de reprise/Indication de reprise *RESTART REQUEST/RESTART INDICATION*	1	1	1	1	1	1	0	1
Confirmation de reprise *RESTART CONFIRMATION*	1	1	1	1	1	1	1	1
Les bits X indiquent des informations de contrôle contenues dans le champ identificateur.								

TABLEAU 8.6 • Types de paquets d'un environnement X.25

Des paquets de diagnostic et d'enregistrement complètent cette panoplie de paquets.

La connexion X.25

La connexion entre deux utilisateurs et le circuit virtuel mis en place pour acheminer les paquets sur cette connexion permettent la circulation des données de contrôle et les informations utilisateur. La figure 8.29 illustre les différentes phases de la vie d'un circuit virtuel, que nous explicitons dans les sections suivantes.

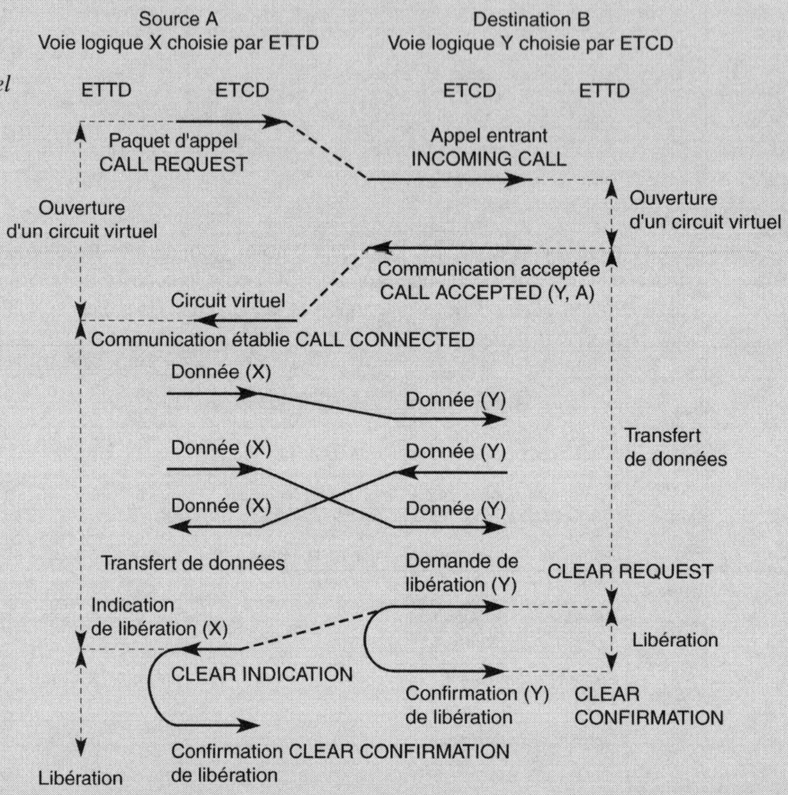

Figure 8.29

Phases de la vie d'un circuit virtuel

Ouverture et fermeture d'une connexion

Un utilisateur qui veut transmettre des paquets doit au préalable ouvrir une connexion et, en règle générale, un circuit virtuel. Pour ce faire, il émet une demande d'ouverture (CALL REQUEST). Le paquet contient le numéro de la voie logique obtenu par l'utilisateur (le plus grand disponible) et l'adresse réseau des abonnés (demandé et demandeur). Cette dernière est inscrite dans un champ dont la longueur, variable, est spécifiée par un champ de quatre bits en nombre de demi-octets *(voir figure 8.30)*. La recommandation X.121 normalise l'adresse sur 14 demi-octets. Comme le champ est de 4 bits, il permet d'obtenir une longueur de 16 demi-octets.

Le paquet contient un premier champ indiquant les options de contrôle du circuit virtuel et un second, de 64 octets au maximum, destiné à l'utilisateur. Ce dernier peut utiliser ce champ pour préciser, entre autres, des adresses complémentaires, si l'adresse du récepteur est un réseau local ou un autocommutateur privé, et des mots de passe.

Lorsqu'il arrive à l'ETCD destinataire, le paquet d'appel capte le plus petit numéro de voie logique pour éviter la collision avec une demande d'ouverture de circuit virtuel qui pourrait arriver sur l'ETCD après avoir réservé le même numéro de voie logique sur l'ETTD, la demande entrante étant alors prioritaire. Si le récepteur accepte la communication, il retourne un paquet communication acceptée (CALL ACCEPTED). Sinon, il envoie une demande de libération (CLEAR REQUEST).

Figure 8.30

Paquet d'appel (CALL REQUEST)

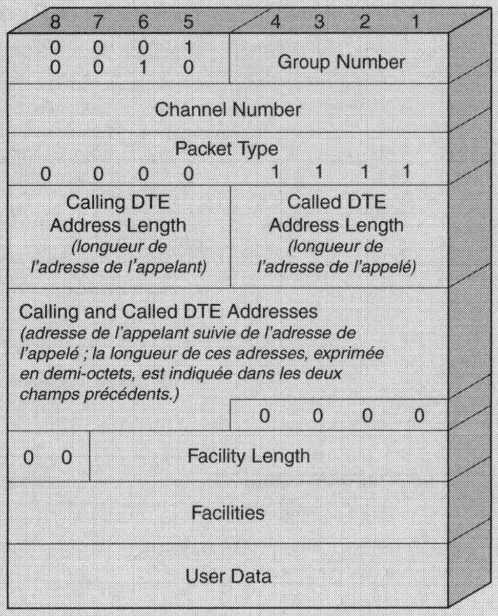

L'émetteur ou le récepteur peut mettre fin au circuit virtuel en envoyant une demande de fermeture (DTE INTERRUPT et DCE INTERRUPT), qui est acquittée au niveau local.

Le paquet de libération (DTE INTERRUPT CONFIRMATION et DCE INTERRUPT CONFIRMATION) peut contenir la raison de la demande : numéro logique à l'ETTD récepteur occupé, émetteur absent ou occupé, paquet dans le désordre, erreur locale, congestion d'un nœud, etc. Le format des trames de demande de libération et d'indication de libération est illustré à la figure 8.31.

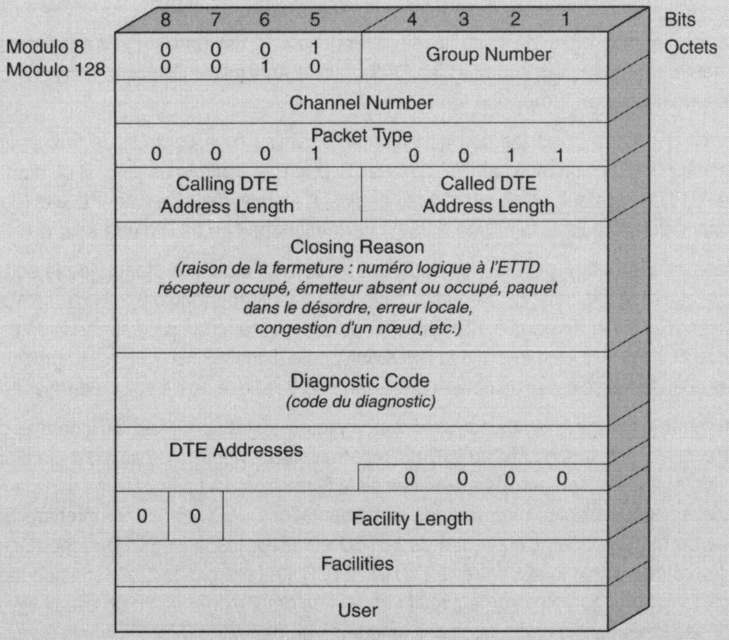

Figure 8.31

Format des trames de demande de libération et d'indication de libération

L'octet 5 indique le diagnostic et contient des informations supplémentaires. Les 256 possibilités sont utilisées et sont explicitées dans la norme CCITT ou ISO.

La figure 8.32 illustre le format des paquets de données.

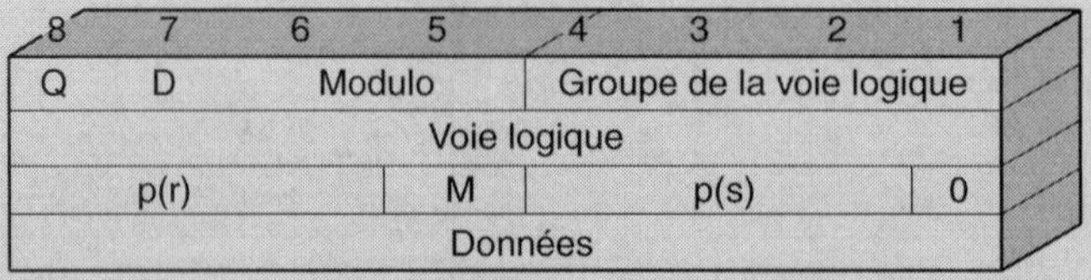

Figure 8.32

Format des paquets de données

La phase de transfert

Une fois la phase d'ouverture effectuée, le circuit virtuel passe à la phase de transfert des paquets de l'utilisateur. Cette phase se termine par une demande de fermeture, qui démarre la phase de fermeture du circuit virtuel et de la connexion.

Les paquets de données sont transférés sur un circuit virtuel permanent ou commuté. Les numéros p(s) et p(r) servent pour le contrôle de flux. Comme nous l'indiquerons par la suite, il n'est pas précisé dans la norme à quoi s'appliquent les fenêtres : voie logique ou circuit virtuel. La valeur p(s) précise le numéro du paquet envoyé, tandis que p(r) indique le numéro du prochain paquet attendu par le récepteur. Ce dernier autorise l'émetteur à envoyer plusieurs autres paquets selon l'ouverture de la fenêtre. Bien sûr, l'émetteur et le récepteur gardent en mémoire des numéros v(s) et v(r) analogues à ceux de HDLC.

Le bit Q indique que le paquet transporte des données qualifiées (Qualified Data). L'avis X.25 ne spécifie pas la nature des données qualifiées, mais l'intention sous-jacente est de distinguer les données de l'utilisateur des données de contrôle provenant de la couche supérieure. Si Q = 1, la zone de données transporte des messages de contrôle de la couche 4. C'est une signalisation dans la bande. Ce bit est notamment utilisé pour contrôler les PAD (Packet Assembler Disassembler), qui permettent la connexion de terminaux asynchrones sur un réseau X.25.

Le bit D précise la portée des acquittements. Si D = 0, le contrôle de flux s'effectue localement, et le champ p(r) est positionné par l'ETCD local. Si D = 1, le contrôle de flux est de bout en bout, et p(r) provient de l'ETTD récepteur. Le standard X.25 originel n'autorisait que la valeur D = 0. Plusieurs réseaux internationaux qui ont adopté la norme X.25 ne permettent pas au bit D d'être égal à 1.

Dans l'identificateur général, les deux bits modulo indiquent le modulo de la séquence des numéros de paquet. Si c'est la suite 01, la numérotation est effectuée modulo 8 ; si la suite 10 est affichée, le modulo est en mode étendu porté à 128. Dans ce dernier cas, le champ de supervision est étendu à deux octets. Le bit M indique, s'il est à 1, que la NPDU fait partie d'une NSDU qui a été fragmentée et qu'il faut regrouper ces données avec celles du paquet précédent. Un 0 indique qu'il s'agit du dernier fragment du message.

La fenêtre qui gère l'avancement des compteurs p(r) et p(s) sert au contrôle de flux, le contrôle des erreurs étant assuré au niveau 2. Cette fenêtre limite le nombre de paquets circulant entre ses deux extrémités. Malheureusement, les extrémités de la fenêtre ne sont pas définies dans la norme, et deux interprétations très différentes régissent les implémentations de X.25. La compréhension de cette fenêtre peut être de bout en bout, c'est-à-dire de l'ETTD émetteur jusqu'à l'ETTD récepteur. Généralement, elle est interprétée comme locale entre l'ETTD et l'ETCD. Le contrôle de flux s'effectue dans ce dernier cas sur la voie logique et non plus sur le circuit virtuel. Les deux extrémités d'un circuit virtuel peuvent être gérées par des fenêtres distinctes, avec des longueurs de paquet différentes.

Les paquets utilisés par le contrôle de flux sont comparables à ceux de HDLC. Il s'agit des paquets RR, RNR et REJ, dont les formats sont illustrés à la figure 8.33.

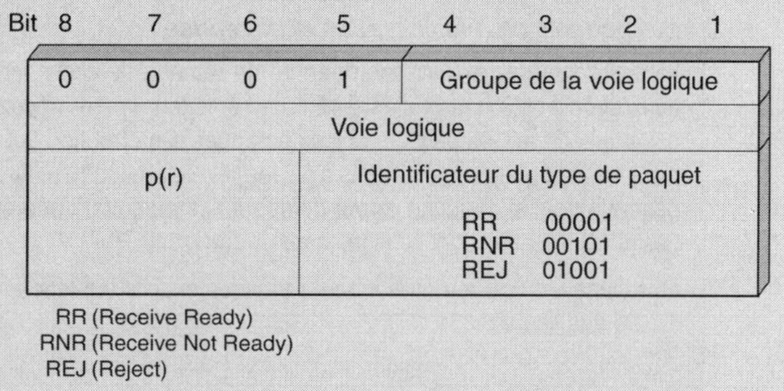

Figure 8.33
Format des paquets de contrôle

Le paquet RR (Receive Ready) sert d'accusé de réception lorsque le récepteur n'a rien à transmettre. Il acquitte tous les paquets dont les numéros précèdent p(r). Le paquet RNR (Receive Not Ready) indique que le nœud qui l'envoie ne peut, pour des raisons diverses, recevoir de nouveaux paquets. Ce paquet RNR acquitte tous les paquets précédant celui numéroté p(r). Le récepteur détruit automatiquement tous les paquets qui lui parviennent. L'émetteur attend de recevoir un paquet RR doté du numéro p(r), indiquant que le prochain paquet attendu par le récepteur est celui numéroté p(r), pour reprendre sa transmission. C'est un contrôle de flux de ce type qui est utilisé dans le relais de trames.

Seul l'ETCD utilise le paquet REJ pour demander, à la suite d'un problème, la retransmission de tous les paquets à partir du numéro p(r). En effet, le paquet ne contient pas de bloc de contrôle d'erreur, et l'ETCD ne peut détecter les erreurs qui auraient été laissées par la couche inférieure. Ce sont les erreurs sur les déséquencements ou les pertes de paquets qui sont prises en compte à ce niveau.

La longueur des paquets est spécifiée au moment de la demande d'ouverture du circuit virtuel. Le maximum recommandé par la norme est de 128 octets, mais les valeurs 16, 32, 256, 512, 1 024 ou même 255 octets sont permises. La longueur peut correspondre à un nombre quelconque d'octet, même non entier, si le tout est inférieur à la longueur maximale. Si la fenêtre de contrôle est locale, le nombre maximal d'octet d'un paquet peut être différent à chacun des bouts. À l'intérieur du réseau lui-même, les paquets peuvent être fragmentés ou réassemblés.

Les paquets de demande d'interruption

Les paquets de demande d'interruption ne sont pas soumis au contrôle de flux et n'ont donc pas de numéro p(s). Ils peuvent être envoyés lorsque la fenêtre de contrôle est atteinte. Ce sont en quelque sorte des paquets prioritaires pouvant transporter un octet de données. La figure 8.34 illustre le format de ces paquets.

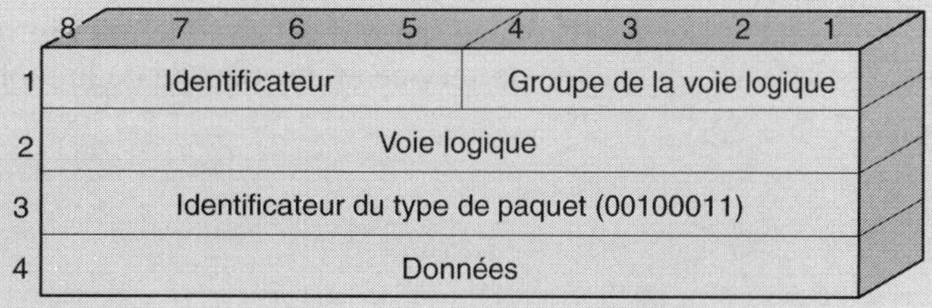

Figure 8.34
Format des paquets

Les demandes d'interruption sont acquittées par des paquets de confirmation d'interruption. Une seule demande peut circuler sur la voie logique. Les paquets de confirmation d'interruption comportent seulement 3 octets, et l'identificateur du type de paquet (troisième octet) est 00100111.

Les paquets de réinitialisation et de reprise

La procédure de réinitialisation permet de remettre le circuit virtuel dans un état connu, et ce dans les deux directions à la fois, c'est-à-dire de l'émetteur vers le récepteur et du récepteur vers l'émetteur. En outre, elle détruit les paquets et les demandes d'interruption qui pourraient se trouver dans le circuit. Les compteurs p(s) et p(r) sont remis à 0. Une réinitialisation peut être demandée par chacun des deux bouts, généralement suite à une erreur de séquence ou suite à une erreur indiquée par la couche inférieure. Les réinitialisations sont acquittées au niveau local.

La reprise est une réinitialisation de tous les circuits virtuels en parallèle. Le format de ces paquets est illustré à la figure 8.35.

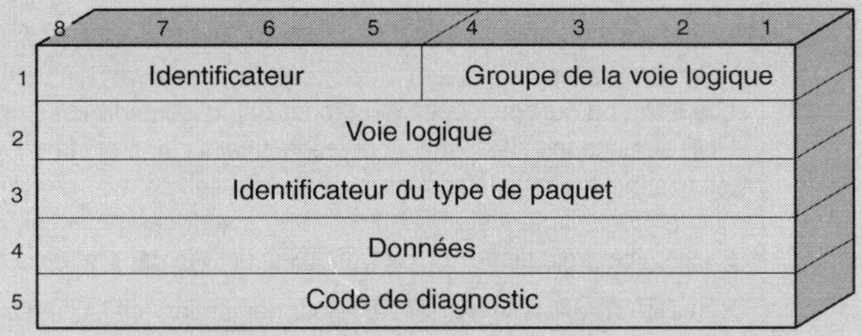

Figure 8.35
Format des paquets de réinitialisation et de reprise

Conclusion

Le protocole IP a pris le devant de la scène depuis les années 95. C'est une norme de fait, vieille de plus de vingt-cinq ans, bien connue aujourd'hui et qui a le grand mérite d'être conceptuellement simple. En revanche, l'ingénierie des réseaux IP reste un domaine complexe, encore peu maîtrisé. Le rôle de la version IPv6 est de proposer un protocole beaucoup plus maîtrisable, grâce à de nouveaux champs permettant d'introduire une adresse mieux construite, une zone d'identification des flux et de nombreuses options, en particulier dans le domaine de la sécurité.

IPv6 remplacera petit à petit IPv4. L'arrivée massive de terminaux mobiles et l'adressage direct de toutes les stations terminales impliquent l'adoption de l'adresse de nouvelle génération. La reconnaissance des flux aidera à l'introduction de nouvelles fonctions de sécurité, de qualité de service et de contrôle de la mobilité.

9

Le niveau message

Le niveau message concerne le transfert de bout en bout des données d'une extrémité à une autre d'un réseau. Les données de l'utilisateur sont regroupées en messages, bien que cette entité ne soit pas parfaitement définie. Le terme technique à utiliser est TSDU (Transport Service Data Unit), et le protocole qui effectue ce transport traite des TPDU (Transport Protocol Data Unit). C'est la raison pour laquelle ce niveau s'appelle également couche transport. C'est d'ailleurs le terme que l'on retrouve dans la nomenclature du modèle de référence.

Le rôle de ce niveau est de transporter un message d'un équipement émetteur vers un équipement récepteur. Le message est une entité logique de l'utilisateur émetteur, sa longueur n'étant pas déterminée à l'avance. Le niveau message s'appuie sur des fonctionnalités capables d'acheminer les informations d'une extrémité à l'autre du réseau. Il correspond à un protocole de bout en bout. Sa définition est précise : garantir l'acheminement du message de l'émetteur au récepteur, éventuellement en traversant plusieurs réseaux. En comparaison, le niveau paquet n'a pour ambition que de faire le nécessaire pour assurer la traversée d'un réseau. Par déduction, aucun niveau message ne doit être traversé avant d'atteindre l'équipement terminal de destination, sinon la transmission ne serait pas de bout en bout.

Après avoir examiné les fonctionnalités que l'on retrouve dans tout niveau message, ce chapitre présente assez succinctement les principaux protocoles provenant des architectures OSI, ATM et Internet rencontrées au chapitre 4. Ces protocoles de niveau message sont détaillés plus en profondeur dans les chapitres qui leur sont consacrés.

Les fonctionnalités du niveau message

Le niveau message est directement lié aux fonctionnalités de la couche transport du modèle de référence mais il prend en compte les niveaux équivalents des autres architectures, TCP en particulier. Son rôle peut être décrit assez formellement par les trois propriétés définies pour la couche transport, à savoir le transport de bout en bout, la sélection d'une qualité de service et la transparence.

La couche transport doit permettre la communication entre deux utilisateurs situés dans des systèmes différents, indépendamment des caractéristiques des sous-réseaux sur lesquels s'effectue le transfert des données. Un utilisateur du service de transport n'a pas la possibilité de savoir si un ou plusieurs réseaux sous-jacents sont mis en jeu dans la communication qui l'intéresse.

La figure 9.1 illustre une connexion de transport mettant en jeu plusieurs réseaux mis bout à bout, ou concaténés. Le rôle de la couche transport est de réaliser l'exploitation de la liaison de transport établie entre X et Y. Les problèmes inhérents au routage et à la concaténation des liaisons de réseau sont pris en compte par la couche 3. Dans une connexion de transport, les informations doivent être délivrées dans l'ordre, sans perte ni duplication.

Figure 9.1
Exemple de connexion de bout en bout

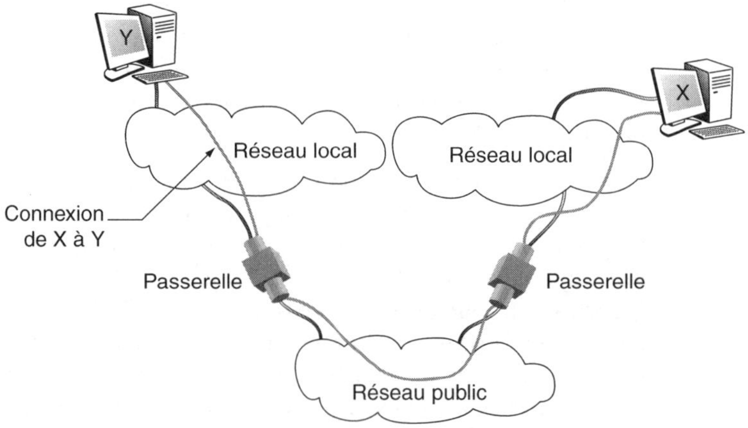

Pour atteindre la qualité de service souhaitée par les utilisateurs du service de transport, le protocole de transport doit optimiser les ressources réseau disponibles, et ce au moindre coût. La notion de qualité de service est définie par la valeur de certains paramètres, dont l'ISO a établi une liste exhaustive :

- délai d'établissement d'une connexion de transport ;
- probabilité d'échec de l'établissement d'une connexion ;
- débit des informations sur une connexion de transport ;
- temps de traversée de la connexion : temps écoulé entre l'émission des données et leur réception à l'autre extrémité de la connexion ;
- taux d'erreur résiduelle : taux des erreurs non corrigées rencontrées sur une connexion ;

- probabilité de panne : probabilité d'arrêt d'une connexion de transport non souhaitée par les utilisateurs ;
- délai de déconnexion : temps maximal acceptable pour déterminer proprement une connexion de transport ;
- probabilité d'échec de déconnexion : probabilité d'une déconnexion non coordonnée entre les utilisateurs, aboutissant souvent à des pertes d'information ;
- protection des connexions de transport, au sens de maintien d'une sécurité, pour éviter les manipulations non autorisées de données circulant sur une connexion de transport ;
- priorité des connexions : importance relative d'utiliser différentes connexions en cas de problème majeur au risque de dégrader la qualité de service d'une liaison, voire de la terminer ;
- fragilité d'une connexion : probabilité de coupure accidentelle d'une connexion de transport déjà établie.

Les informations échangées sur une connexion de transport le sont indépendamment de leur format, de leur codage ou de leur signification. C'est ce qu'on appelle un mode transparent. Cette transparence s'obtient essentiellement par des protocoles de plus bas niveau, qui doivent également travailler dans un mode transparent.

La couche transport se fonde sur une méthode d'adressage indépendante des conventions utilisées dans les couches inférieures. Son rôle consiste à réaliser une correspondance entre l'adresse de transport d'un utilisateur donné et une adresse de réseau pour pouvoir initialiser la communication.

Caractéristiques du niveau message

Il est intéressant de remarquer le parallèle qui existe entre les spécifications du niveau message (couche 4) et celles du niveau paquet (couche 3). En un certain sens, ces deux niveaux doivent réaliser des transports performants au travers de plusieurs nœuds. Les différences fondamentales suivantes entre les deux niveaux sont toutefois à considérer :

- Les problèmes d'adressage sont plus simples au niveau paquet qu'au niveau message.
- La notion d'établissement d'un circuit virtuel au niveau paquet a un sens plus pratique : il faut ouvrir un chemin que les différents paquets vont suivre.
- La connexion établie au niveau message se caractérise par une quantité d'information importante en cours de transmission à l'intérieur du réseau. Cette propriété provient de la traversée potentielle de plusieurs réseaux de couche 3 *(voir figure 9.1)*. Au niveau paquet, la mémoire du support de transmission est souvent beaucoup plus faible, à l'exception des réseaux par satellite.

La notion de transparence, énoncée précédemment en tant que propriété de la couche transport, implique la possibilité d'acheminer des informations, ou TPDU, de taille quelconque. C'est la transparence vis-à-vis du format des données. En pratique, cela signifie que la réalisation d'une entité de transport nécessite une gestion complexe des mémoires de stockage des informations. En pratique, il faut être capable de gérer des tampons à même de stocker des TPDU d'une taille variant entre 128 et 8 192 octets dans le protocole normalisé et jusqu'à 64 Ko dans Internet.

Adresses et chemins de données

La figure 9.2 illustre les connexions entre plusieurs utilisateurs situés sur deux machines distantes. Nous supposons que le réseau de communication utilise des circuits virtuels.

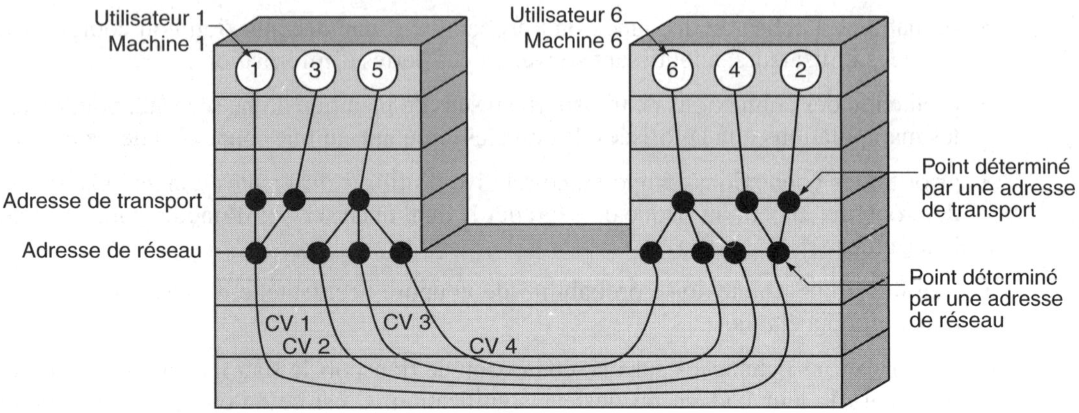

Figure 9.2

Adressage et chemin de données

Les adresses de transport indiquées sont les points d'accès au service de transport visibles par la couche de protocole supérieure, c'est-à-dire la couche session. Les points d'accès au service rendu par le réseau correspondent aux adresses de N-SAP (Network-Service Access Point), autrement dit aux adresses incluses dans les paquets ou utilisées par la signalisation pour ouvrir un circuit virtuel. Cet exemple montre l'optimisation que prend en charge le niveau message grâce au multiplexage et à l'éclatement. Le multiplexage correspond au partage d'une connexion réseau (CV, ou circuit virtuel, 1) par plusieurs connexions de transport (1-2 et 3-4). L'éclatement correspond à l'utilisation de plusieurs connexions réseau (CV 2, CV 3 et CV 4) par une même connexion de transport (5-6). Ces deux mécanismes permettent d'optimiser les coûts et les performances d'une connexion. On a recours au multiplexage lorsque, par exemple, des connexions de transport à faible débit sont nécessaires en grand nombre. On utilise l'éclatement pour maximiser le débit d'une connexion de transport qui doit s'établir sur un réseau à faibles performances.

Localisation des couches de protocoles dans un système informatique

Il est intéressant de situer dès maintenant les différentes couches de protocoles de communication dans un système informatique en contexte réseau. La figure 9.3 illustre comment se répartissent le plus souvent les couches de protocoles entre un ordinateur et son frontal chargé des communications. Le partage des fonctions met en évidence la séparation entre les couches hautes (5, 6 et 7) et les couches basses (1, 2 et 3) de l'ISO — les premières sont orientées traitement, et les secondes communication —, ainsi que le rôle charnière joué par le niveau message.

L'informatique personnelle a toutefois modifié cette répartition. L'ordinateur personnel gère en effet les couches hautes, le niveau message et le niveau paquet IP. La carte réseau que l'on ajoute s'occupe pour sa part des couches inférieures (1 et 2). En se référant à la figure 9.3, les couches 3 et 4 qui se trouvaient chez l'opérateur sur la machine frontale se retrouvent ici du côté de l'ordinateur, devenu un micro-ordinateur. La carte coupleur qui a pris la place du frontal ne prend plus en compte que les deux couches les plus basses.

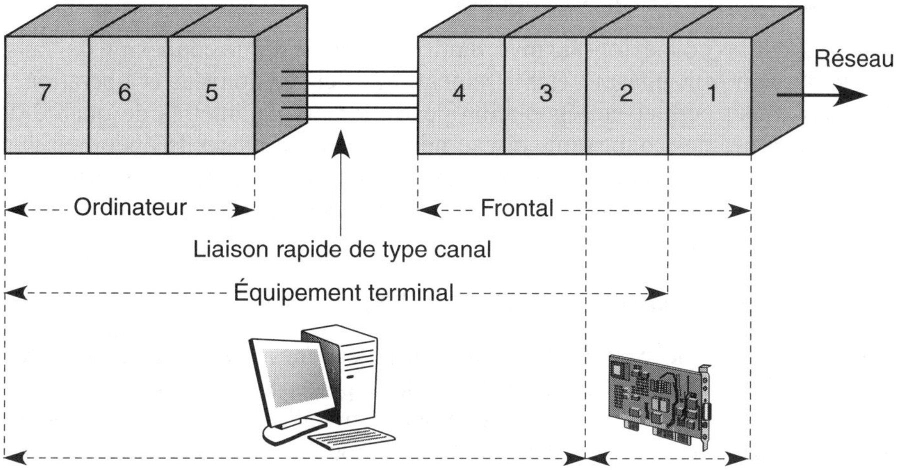

Figure 9.3

Répartition des couches de protocoles dans un équipement terminal

Négociation d'une qualité de service

Nous avons vu précédemment que la sélection d'une qualité de service figurait parmi les possibilités du niveau message. On peut se demander qui sélectionne cette qualité de service. La réponse est relativement simple : l'utilisateur du service de transport exprime son souhait en termes de qualité de service, et le prestataire de service lui indique en réponse s'il peut ou non satisfaire ses exigences. S'il ne le peut pas, il précise la qualité de service qu'il peut offrir par rapport aux demandes initiales. Ce processus s'appelle la négociation. Elle s'applique à chaque paramètre négociable d'une connexion de transport.

La figure 9.4 illustre le déroulement d'une telle négociation pour le choix du débit effectif d'information sur une connexion en cours d'établissement. Dans une situation réelle, tous les paramètres sont négociés de cette façon, soit successivement, soit simultanément. Dans certains cas, des explications peuvent être fournies par le prestataire du service de transport indiquant les raisons du choix final.

Figure 9.4

Négociation d'un paramètre de connexion

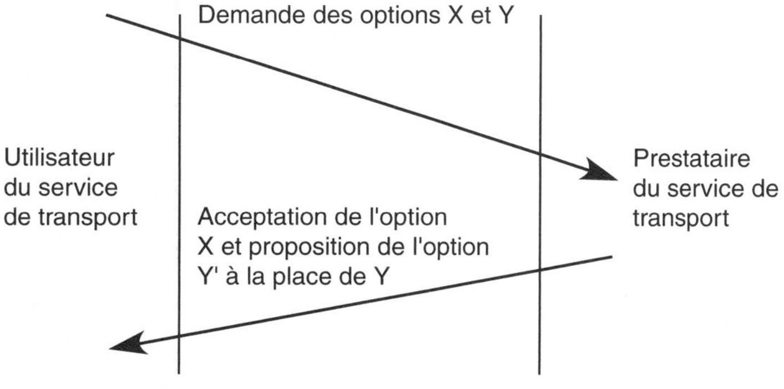

La vie d'une connexion de transport

Comme pour les connexions de niveau inférieur, la vie d'une connexion de transport peut être divisée en trois phases : établissement, transfert de données et libération. La phase d'établissement permet la négociation des différents paramètres de qualité de service puis l'ouverture des connexions réseau nécessaires. La phase de libération garantit une fin de connexion reconnue aux deux extrémités de la liaison. Les deux participants à une connexion doivent savoir s'il y a eu perte de données ou non lors de la déconnexion.

Les protocoles de niveau message

Cette section se penche sur les protocoles de niveau message provenant des architectures Internet, ATM et OSI. TCP et UDP, les deux protocoles de niveau message les plus importants, proviennent du monde Internet. Nous allons les étudier en premier. Nous regarderons ensuite plus succinctement les protocoles de niveau message associés aux mondes ATM et OSI.

Le protocole TCP

Le réseau Internet utilise le protocole IP au niveau paquet. Le niveau message offre deux autres possibilités : le protocole TCP (Transmission Control Protocol), qui introduit plusieurs fonctionnalités garantissant une certaine qualité du service de transport, et le protocole UDP (User Datagram Protocol), beaucoup plus simple mais ne donnant aucune garantie sur le transport des messages. La simplicité d'UDP offre en contrepartie des débits plus élevés.

TCP offre un service de transport fiable. Les données échangées sont considérées comme un flot de bits divisé en octets, ces derniers devant être reçus dans l'ordre où ils sont envoyés. Le transfert des données ne peut commencer qu'après l'établissement d'une connexion entre deux machines. Cet établissement est illustré à la figure 9.5. Durant le transfert, les deux machines continuent à vérifier que les données transitent correctement.

Figure 9.5
Établissement d'une connexion TCP

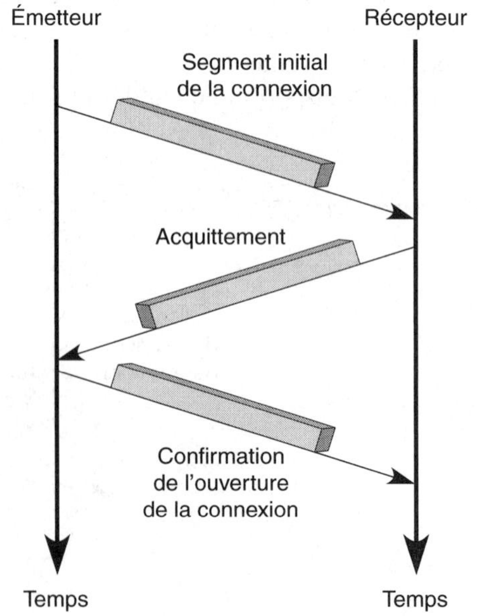

Les programmes d'application envoient leurs données en les passant régulièrement au système d'exploitation de la machine. Chaque application choisit la taille de données qui lui convient. Le transfert peut être, par exemple, d'un octet à la fois. L'implémentation TCP est libre de découper les données en paquets d'une taille différente de celle des blocs reçus de l'application. Pour rendre le transfert plus performant, l'implémentation TCP attend d'avoir suffisamment de données avant de remplir un datagramme et de l'envoyer sur le sous-réseau.

Ouverte dans les deux sens de transmission à la fois, la connexion garantit un transfert de données bidirectionnel, avec deux flots de données inverses, sans interaction apparente. Il est possible de terminer l'envoi dans un sens sans arrêter celui dans l'autre sens. Cela permet d'envoyer des acquittements dans un sens de transmission en même temps que des données dans l'autre sens.

Le protocole TCP définit la structure des données et des acquittements échangés, ainsi que les mécanismes permettant de rendre le transport fiable. Il spécifie comment distinguer plusieurs connexions sur une même machine et comment détecter des paquets perdus ou dupliqués et remédier à cette situation. Il définit en outre la manière d'établir une connexion et de la terminer. TCP autorise plusieurs programmes à établir une connexion simultanée et à multiplexer les données reçues des différentes applications. Il utilise pour cela la notion abstraite de port, qui identifie une destination particulière dans une machine.

TCP est un protocole en mode avec connexion. Il n'a de sens qu'entre deux points extrémité d'une connexion. Le programme d'une extrémité effectue une ouverture de connexion passive, c'est-à-dire qu'il accepte une connexion entrante en lui affectant un numéro de port. L'autre programme d'application exécute une ouverture de connexion active. Une fois la connexion établie, le transfert de données peut commencer. La notion de port est illustrée à la figure 9.6.

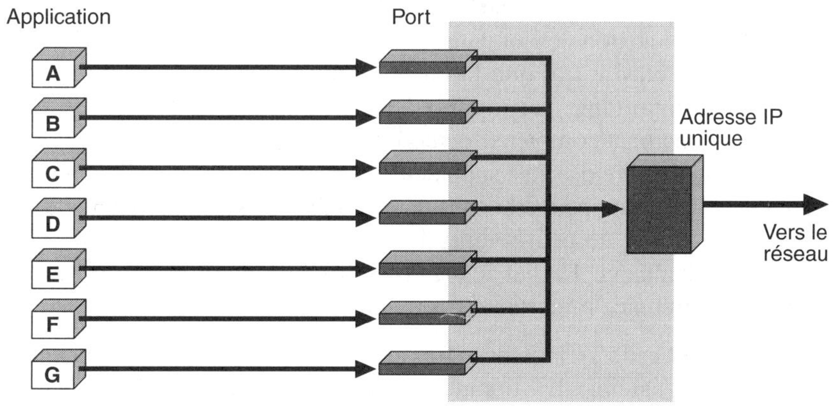

Figure 9.6

Connexion de plusieurs applications sur une même adresse IP

Pour le protocole TCP, un flot de données est une suite d'octets groupés en fragment. Les fragments donnent généralement naissance à un paquet IP. Le protocole TCP utilise un mécanisme de fenêtre pour assurer une transmission performante et un contrôle de flux. Le mécanisme de fenêtre permet l'anticipation, c'est-à-dire l'envoi de plusieurs fragments sans attendre d'acquittement. Le débit s'en trouve amélioré.

La fenêtre permet également de réaliser un contrôle de flux de bout en bout, en autorisant le récepteur à limiter l'envoi des données tant qu'il n'a pas la place de les recevoir dans ses mémoires. Le mécanisme de fenêtre opère au niveau de l'octet et non du fragment. Les octets à transmettre sont numérotés séquentiellement. L'émetteur gère trois pointeurs pour chaque fenêtre. De la même façon, le récepteur doit tenir à jour une fenêtre en réception, qui indique le numéro du prochain octet attendu, ainsi que la valeur extrême qui peut être reçue. La différence entre ces deux quantités indique la valeur du crédit accepté par le récepteur, valeur qui correspond généralement à la mémoire tampon disponible pour cette connexion. Le contrôle de flux TCP est illustré à la figure 9.7. Nous y revenons un peu plus loin dans ce chapitre.

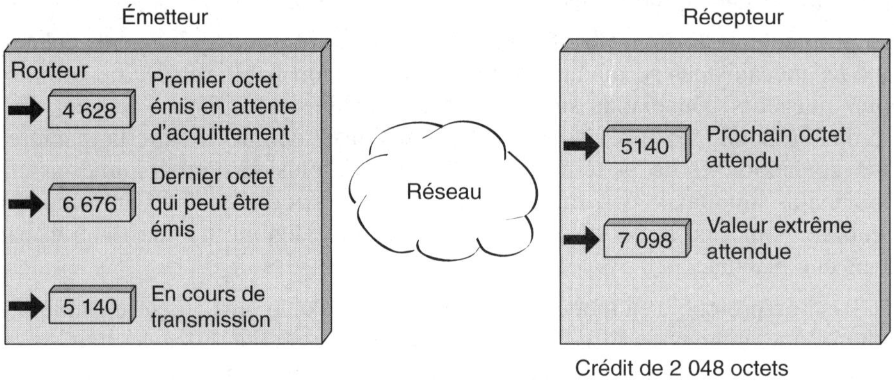

Figure 9.7

Contrôle de flux TCP

Lors d'une connexion, il est possible d'échanger des données dans chaque sens, chaque extrémité de la connexion devant dans ce cas maintenir deux fenêtres, l'une en émission, l'autre en réception. Le fait que la taille de la fenêtre varie dans le temps constitue une différence importante par rapport à un mécanisme de fenêtre classique. Chaque acquittement, spécifiant combien d'octets ont été reçus, contient une information de taille de fenêtre sur le nombre d'octets supplémentaires que le récepteur est en mesure d'accepter. La taille de la fenêtre peut être considérée comme l'espace disponible dans la mémoire du récepteur. Celui-ci ne peut réduire la fenêtre en deçà d'une certaine valeur, qu'il a acceptée précédemment. Le fait que la taille de la fenêtre puisse varier dans le temps constitue une différence importante par rapport à un mécanisme de fenêtre classique.

L'unité de protocole de TCP étant le fragment, des fragments sont échangés pour établir la connexion, transférer des données, modifier la taille de la fenêtre, fermer une connexion et émettre des acquittements. Chaque fragment est composé de deux parties : l'en-tête et les données. Le format d'un fragment est illustré à la figure 9.8. Les informations de contrôle de flux peuvent être transportées dans le flot de données inverse.

Le fragment TCP comporte les zones suivantes :

- **SP (Source Port),** ou port source. Champ sur 16 bits contenant l'adresse du port d'entrée. Associée à l'adresse IP, cette valeur fournit un identificateur unique, appelé socket, formé à partir de la concaténation de l'adresse IP et du numéro de port. L'identificateur permet de déterminer une application s'exécutant sur une machine terminale.

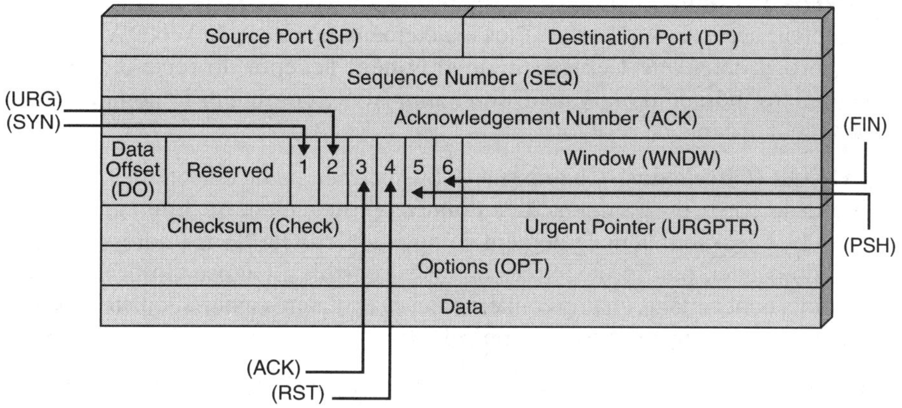

Figure 9.8

Format d'un fragment TCP

- **DP (Destination Port),** ou port de destination. Champ sur 16 bits, dont la fonction est identique au précédent mais pour l'adresse destination.
- **SEQ (Sequence Number),** ou numéro de séquence. Champ sur 32 bits indiquant le numéro du premier octet porté par le fragment.
- **ACK (Acknowledgement Number),** ou numéro d'acquittement. Champ sur 32 bits indiquant le numéro SEQ du prochain fragment attendu et correspondant à l'acquittement de tous les octets reçus auparavant. La valeur ACK indique le numéro du premier octet attendu, soit le numéro du dernier octet reçu + 1.
- **DO (Data Offset),** ou longueur de l'en-tête. Champ sur 4 bits indiquant la longueur de l'en-tête par un multiple de 32 bits. Si la valeur 8 se trouve dans ce champ, la longueur totale de l'en-tête est de 8 × 32 bits. Cette valeur est nécessaire du fait que la zone d'option peut avoir une taille quelconque. On en déduit que la longueur de l'en-tête ne peut dépasser 15 × 32 bits, soit 60 octets.
- La zone suivante est réservée à une utilisation ultérieure. Ce champ doit être rempli de 0.
- **URG (Urgent Pointer),** ou pointeur d'urgence. Champ sur 1 bit, numéroté 1 à la figure 9.8. Si ce bit a pour valeur 1, le champ Urgent Pointer situé dans la suite de l'en-tête comporte une valeur significative.
- **ACK (Acknowledgement),** ou acquittement. Champ sur 1 bit, numéroté 3 à la figure 9.8. Si ACK = 1, le champ Acknowledgement Number situé dans l'en-tête comporte une valeur significative, à prendre en compte par le récepteur.
- **PSH (Push Function),** ou fonction de push. Champ sur 1 bit, numéroté 5 à la figure 9.8. Si PSH = 1, l'émetteur souhaite que les données de ce fragment soient délivrées le plus tôt possible au destinataire.
- **RST (Reset),** ou redémarrage. Champ sur 1 bit, numéroté 4 à la figure 9.8. Si RST = 1, l'émetteur demande que la connexion TCP redémarre.
- **SYN (Synchronization),** ou synchronisation. Champ sur 1 bit, numéroté 2 à la figure 9.8. SYN = 1 désigne une demande d'ouverture de connexion. Dans ce cas, le numéro de séquence porte le numéro du premier octet du flot.
- **FIN (Terminate),** ou fermeture. Champ sur 1 bit, numéroté 6 à la figure 9.8. FIN = 1 signifie que l'émetteur souhaite fermer la connexion.

- **WNDW (Window),** ou fenêtre. Champ sur 16 bits indiquant le nombre d'octet que le récepteur accepte de recevoir. Plus exactement, la valeur de WNDW contient l'ultime numéro d'octet que l'émetteur du fragment accepte de recevoir. En retranchant le numéro indiqué de la valeur du champ ACK, on obtient le nombre d'octet que le récepteur accepte de recevoir.
- **CHECK (Checksum).** Champ sur 16 bits permettant de détecter les erreurs dans l'en-tête et le corps du fragment. Les données protégées ne se limitent pas au fragment TCP. Le checksum tient également compte de l'en-tête IP de l'adresse source, appelée pseudo-header, pour protéger ces données sensibles. Un pseudo-header est un en-tête modifié, dont certains champs ont été enlevés et d'autres ajoutés, que la zone de détection d'erreur prend en compte dans son calcul.
- **URGPTR (Urgent Pointer),** ou pointeur d'urgence. Champ sur 16 bits spécifiant le dernier octet d'un message urgent.
- **OPT (Options),** ou options. Zone contenant les différentes options du protocole TCP. Si la valeur du champ DO (Data Offset), indiquant la longueur de l'en-tête, est supérieure à 5, c'est qu'il existe un champ d'option. Pour déterminer la longueur du champ d'option, il suffit de soustraire 5 de la valeur de DO. Deux formats travaillent simultanément. Dans un cas, le premier octet indique le type de l'option, lequel définit implicitement sa longueur, les octets suivants donnant la valeur du paramètre d'option. Dans l'autre cas, le premier octet indique toujours le type de l'option, et le second la valeur de la longueur de l'option. Les principales options concernent la taille du fragment, celle des fenêtres et des temporisateurs, ainsi que des contraintes de routage.

Le fragment se termine par les données transportées.

Les fragments étant de taille variable, les acquittements se rapportent à un numéro d'octet particulier dans le flot de données. Chaque acquittement spécifie le numéro du prochain octet à transmettre et acquitte les précédents.

Les acquittements TCP étant cumulatifs, ils se répètent et se cumulent pour spécifier jusqu'à quel octet le flot a été bien reçu. Par exemple, le récepteur peut recevoir un premier acquittement du flot jusqu'à l'octet 43 568 puis un deuxième jusqu'à l'octet 44 278 et un troisième jusqu'à l'octet 44 988, indiquant trois fois que jusqu'à l'octet 43 568 tout a été bien reçu. Ce principe cumulatif permet de perdre les deux premiers acquittements sans conséquence.

Ce processus présente des avantages mais aussi des inconvénients. Un premier avantage est d'avoir des acquittements simples à générer et non ambigus. Un autre avantage est que la perte d'un acquittement n'impose pas nécessairement de retransmission. En revanche, l'émetteur ne reçoit pas les acquittements de toutes les transmissions réussies mais seulement la position dans le flot des données qui ont été reçues. Ce processus est illustré à la figure 9.9. Pour simplifier la figure, nous avons indiqué des numéros de paquet. En fait ce sont des numéros d'octet qui sont transmis.

La façon de gérer les temporisateurs et les acquittements constitue l'une des caractéristiques essentielles du protocole TCP, qui se fonde sur le principe des acquittements positifs. Chaque fois qu'un fragment est émis, un temporisateur est déclenché, en attente de l'acquittement. Si l'acquittement arrive avant que le temporisateur parvienne à échéance, le temporisateur est arrêté.

Si le temporisateur expire avant que les données du fragment aient été acquittées, TCP suppose que le fragment est perdu et le retransmet. Ce processus est illustré à la figure 9.10.

Figure 9.9
Processus des acquittements dans TCP

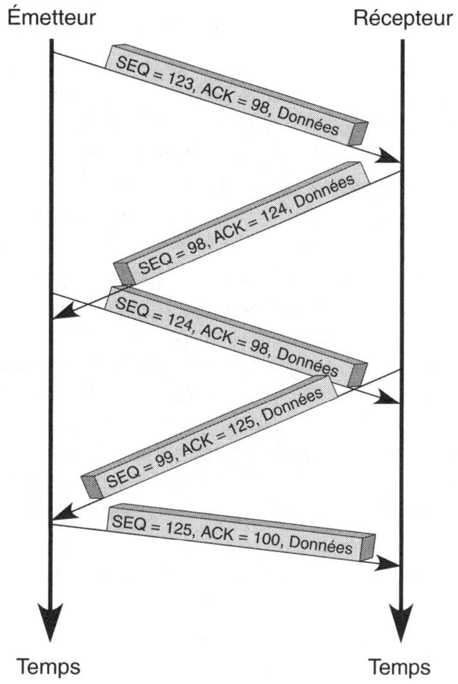

Figure 9.10
Processus de reprise dans TCP

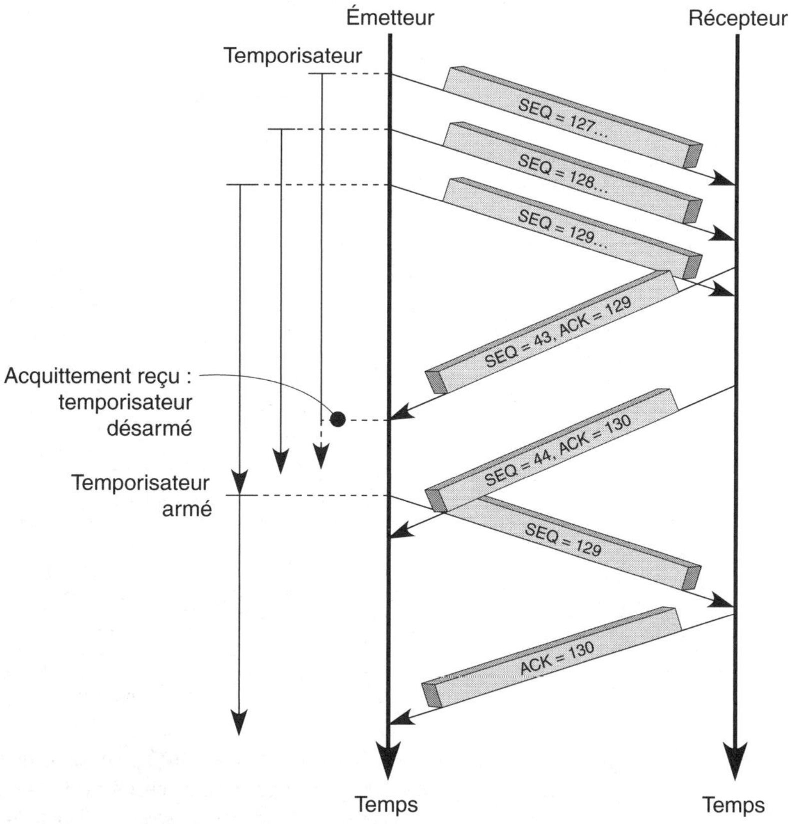

Fonctionnement du temporisateur de reprise

TCP ne faisant aucune hypothèse sur le temps de transit dans les réseaux traversés, il est impossible de connaître *a priori* l'instant d'arrivée d'un acquittement. De plus, le temps de traversée des routeurs et des passerelles dépend de la charge du réseau, laquelle varie elle-même dans le temps. TCP utilise un algorithme adaptatif pour prendre en compte ces variations. Il enregistre pour cela l'heure à laquelle il a envoyé le fragment et l'heure à laquelle il reçoit l'acquittement correspondant. Après plusieurs mesures de ce type, l'émetteur effectue une estimation du temps nécessaire à la réception de l'acquittement. Cette estimation lui permet de déterminer une durée pour le temporisateur de reprise.

Lors d'une congestion, TCP réagit en réduisant le débit de la connexion. Le protocole a la possibilité de mesurer l'importance du problème en observant l'augmentation du temps de réponse. Si le protocole ne réagit pas aux congestions, le nombre de retransmission peut continuer à augmenter et aggraver ainsi la congestion. C'est la raison pour laquelle un algorithme de contrôle réduit le flux en cas de congestion. Cet algorithme, appelé slow-start and collision avoidance, littéralement « départ lent et évitement de collision », doit être entièrement distribué puisqu'il n'existe pas de système central de contrôle dans TCP. Son principe consiste à débuter d'une fenêtre de taille 1 et à doubler la taille de la fenêtre chaque fois que l'ensemble des paquets de la fenêtre a été bien reçu avant la fin des temporisateurs de reprise respectifs. Lorsqu'un fragment arrive en retard, c'est-à-dire après que le temporisateur est arrivé à échéance, il est retransmis en redémarrant à une fenêtre de 1.

Au cours de la deuxième phase de l'algorithme, collision avoidance, lorsqu'un retard est détecté, qui oblige à un redémarrage sur une fenêtre de 1, la taille de la fenêtre *N* qui a provoqué le retard est divisée par 2 (*N*/2). À partir de la valeur de la taille 1 de redémarrage, la taille double jusqu'à ce que la taille de la fenêtre dépasse *N*/2. À ce moment, on revient à la taille précédente, qui était inférieure à *N*/2, et, au lieu de doubler, on ajoute seulement 1 à la taille de la fenêtre. Ce processus d'ajout de 1 se continue jusqu'à ce qu'un retard d'acquittement redémarre le processus à la fenêtre de taille 1. La nouvelle valeur qui déclenche la partie collision avoidance est calculée à partir de la fenêtre atteinte divisée par deux. Un exemple de comportement de cet algorithme est illustré à la figure 9.11.

Figure 9.11
Fonctionnement de l'algorithme slow-start and collision avoidance

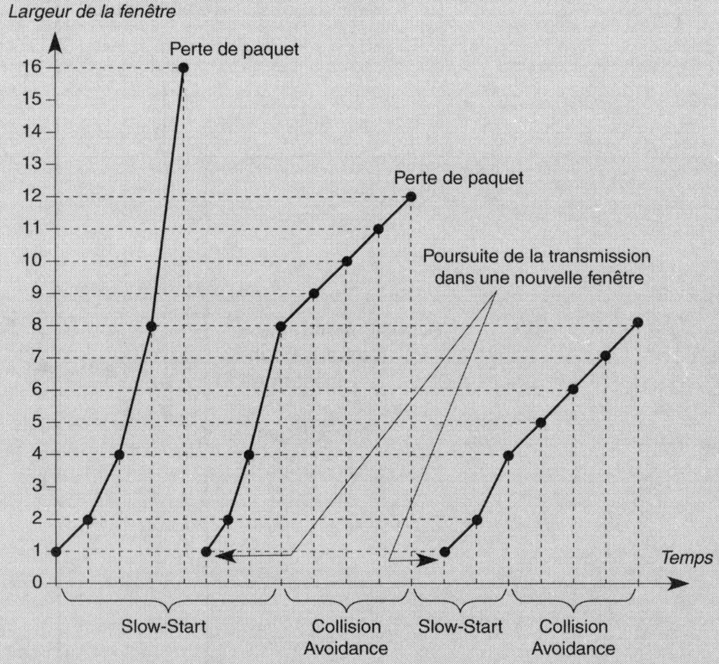

On pourrait croire que le système n'est jamais stable, mais il conserve un moyen de se stabiliser. Lorsque les acquittements arrivent avant que la fenêtre soit atteinte, cela indique que le débit maximal de la liaison est atteint et qu'il n'est plus nécessaire d'augmenter la valeur de la fenêtre.

Le protocole UDP

Le protocole UDP permet aux applications d'échanger des datagrammes. Il utilise pour cela la notion de port, qui permet de distinguer les différentes applications qui s'exécutent sur une machine. Outre le datagramme et ses données, un message UDP contient un numéro de port source et un numéro de port destination.

Le protocole UDP fournit un service en mode sans connexion et sans reprise sur erreur. Il n'utilise aucun acquittement, ne reséquence pas les messages et ne met en place aucun contrôle de flux. Il se peut donc que les messages UDP qui se perdent soient dupliqués, remis hors séquence ou qu'ils arrivent trop tôt pour être traités lors de leur réception. Comme expliqué précédemment, UDP est un protocole particulièrement simple du niveau message de l'architecture du modèle de référence. Il présente l'avantage d'une exécution rapide, tenant compte de contraintes temps réel ou d'une limitation de place sur un processeur. Ces contraintes ou limitations ne permettent pas toujours l'utilisation de protocoles plus lourds, comme TCP.

Les applications qui n'ont pas besoin d'une forte sécurité au niveau transmission, et elles sont nombreuses, ainsi que les logiciels de gestion, qui requièrent des interrogations rapides de ressources, préfèrent utiliser UDP. Les demandes de recherche dans les annuaires transitent par UDP, par exemple.

Pour identifier les différentes applications, UDP impose de placer dans chaque fragment une référence qui joue le rôle de port. La figure 9.12 illustre le fragment UDP. Une référence identifie, un peu comme le champ En-tête suivant dans IPv6, ce qui est transporté dans le corps du fragment. Les applications les plus importantes qui utilisent le protocole UDP correspondent aux numéros de port suivants :

- 7 : service écho ;
- 9 : service de rejet ;
- 53 : serveur de nom de domaine DNS (Dynamic Name Server) ;
- 67 : serveur de configuration DHCP ;
- 68 : client de configuration DHCP.

Figure 9.12
Fragment UDP

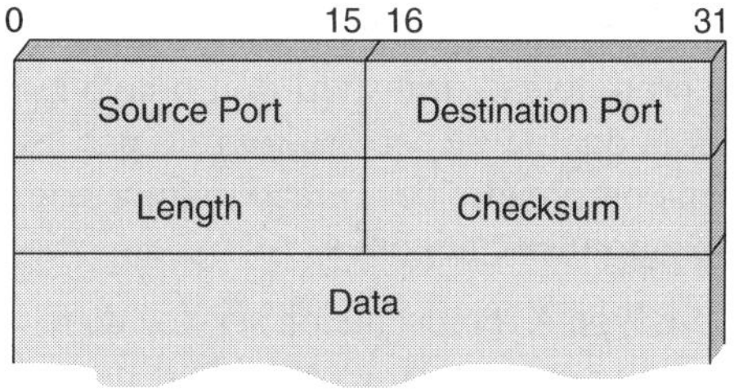

Le protocole AAL

AAL (ATM Adaptation Layer) est un troisième exemple de protocole de niveau message. Il s'agit de la couche d'adaptation à l'ATM, qui se charge de l'interface avec les couches supérieures. Cet étage est lui-même subdivisé en deux niveaux, l'un prenant en compte les problèmes liés directement à l'interfonctionnement avec la couche supérieure et l'autre ceux concernant la fragmentation et le réassemblage des messages en cellules.

Le rôle de cette couche est de transporter de bout en bout des messages dont le format est spécifié, leur taille maximale ne pouvant dépasser 64 Ko, comme dans Internet. Ce bloc doit être découpé en petits fragments de 48 octets pour entrer dans la cellule ATM. Comme nous le verrons au chapitre 15, ce découpage peut en fait descendre en dessous de 48 octets, par exemple 47 voire 44 octets, pour récupérer des octets de supervision dans la partie donnée.

Dans la couche AAL, quatre classes de services, 1, 2, 3 et 4, ont été définies, auxquelles correspondent quatre classes de protocoles. Cette subdivision a été modifiée en 1993 par le regroupement des classes 3 et 4 et par l’ajout d’une nouvelle classe de protocoles, la classe 5, qui définit un transport de données simplifié. Enfin, en 2000, la classe 2 a été transformée, ce qui a conduit à la définition de trois classes, 1, 2 et 5 :

- **Classe 1.** Correspond à une émulation de circuit, c’est-à-dire à la mise en place d’un circuit virtuel susceptible de transporter ce qui proviendrait d’un circuit et de redonner en sortie le même circuit. On se sert de cette classe pour transporter la parole téléphonique non compressée. Les opérateurs télécoms classiques ont des protocoles de ce type pour desservir toutes les demandes de circuit.
- **Classe 2.** Correspond au transport d’une information qui serait de type circuit au départ mais que l’on aurait compressée de telle sorte que le débit devienne variable. Cette classe transporte des applications comportant des contraintes de synchronisation, comme la classe A, mais avec un débit variable. On y trouve toutes les applications de parole téléphonique et de vidéo compressée. L’UMTS, en particulier, a choisi cette solution pour le transport de ses voies de parole.
- **Classe 5.** Permet de faire tout transiter sans ajouter de fonction supplémentaire, sauf éventuellement un contrôle d’erreur.

Ces classes ainsi que le protocole AAL sont détaillés au chapitre 15.

Le niveau message de l’architecture OSI

L’architecture OSI n’est plus utilisée aujourd’hui, mais l’étude de son niveau message est intéressante à plus d’un titre. Elle donne un exemple de ce que pourrait être un niveau message bien étudié et explicite les fonctionnalités qu’il faut faire entrer dans toute couche complète de niveau 4.

Le protocole de transport doit pouvoir s’adapter à la demande de service de l’utilisateur et à la qualité de service fournie par les trois premières couches de l’architecture. Pour bien comprendre ces caractéristiques, les normalisateurs ont classé les services réseau en trois grandes catégories :

- Le type A représente un service de réseau qui possède un taux acceptable d’erreur résiduelle et un taux acceptable d’incident signalé par la couche réseau. L’exemple classique souvent proposé est celui d’une architecture utilisant le protocole LAP-B, qui garantit généralement que le taux d’erreur résiduelle est bas et acceptable, et le protocole X.25 au niveau réseau, qui assure un taux tolérable d’incident signalé. Cette architecture peut ne pas être classée dans le type A si l’utilisateur demande un service réseau d’une qualité supérieure.
- Le type B est déterminé par un taux acceptable d’erreur résiduelle, mais un taux inacceptable d’incident signalé. Dans cette catégorie, on peut placer un réseau qui posséderait un protocole de niveau trame avec une reprise sur correction d’erreur et un

protocole de niveau paquet simplifié, comme IP. Cette architecture peut également se trouver dans une autre catégorie, suivant le service demandé par l'utilisateur.

- Le type C représente les réseaux qui ont un taux d'erreur résiduelle inacceptable. Un réseau qui possède un protocole de niveau trame sans reprise sur erreur dans un réseau de mauvaise qualité surmonté par un niveau paquet sans possibilité de reprise, comme le protocole IP, peut être classé dans cette catégorie.

Suivant le type du service réseau et la qualité que l'utilisateur souhaite pour le service de transfert, on détermine le protocole de transport à choisir. Le protocole de transport normalisé par l'ISO et l'UIT-T contient cinq classes, numérotées de 0 à 4, qui permettent de s'adapter aux demandes de l'utilisateur.

La relation classique que l'on observe entre la couche transport et les couches situées au-dessus et en dessous est illustrée à la figure 9.13.

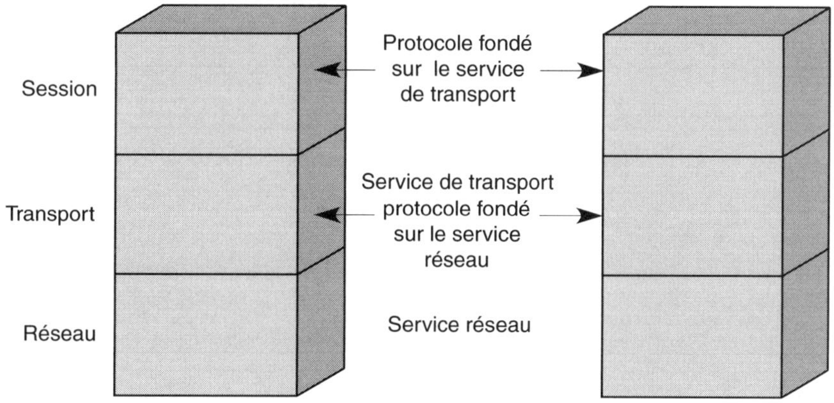

Figure 9.13

Relations entre les couches dans le modèle OSI

La couche transport doit assurer un transfert transparent des données entre utilisateurs du service de transport. Les principales fonctionnalités de ce service sont les suivantes :

- choix d'une qualité de service ;
- indépendance par rapport aux ressources fournies par les trois couches inférieures ;
- contrôle de bout en bout de la communication ;
- adressage du service de transport.

Conclusion

Le niveau message se préoccupe essentiellement de découper l'information en segments exploitables par les niveaux inférieurs. Il peut apporter des fonctionnalités supplémentaires, comme une demande de retransmission d'un message si une erreur est détectée ou un contrôle de flux, comme dans TCP.

Il n'existe pratiquement plus que deux protocoles de transport dans les réseaux, TCP et UDP, tous deux provenant du monde IP. Les solutions issues du modèle de référence et de la normalisation de l'ISO ont quasiment toutes disparu.

Partie III

Les réseaux d'accès

Les réseaux d'accès forment la partie qui relie l'équipement terminal de l'utilisateur et le réseau de l'opérateur. Cette partie est parfois désignée par l'expression « derniers kilomètres du réseau ». Lorsqu'un opérateur possède à la fois le réseau cœur et le réseau d'accès, le coût de développement, de mise en place et de maintenance de la partie réseau d'accès est très supérieur à celui du réseau cœur. Les chiffres annoncés sont souvent supérieurs de 80 à 90 % pour le réseau d'accès et de 10 à 20 % pour le réseau cœur de l'opérateur. Ces coûts élevés s'expliquent par le fait qu'il faut atteindre chaque utilisateur dans son habitation et chaque société dans son local.

De multiples moyens permettent de réaliser ce réseau d'accès, même s'ils ont longtemps été l'apanage du câble métallique, avec le réseau téléphonique. Une certaine diversification est apparue ensuite, avec le câble coaxial, la fibre optique et les fils électriques. Les supports hertziens prennent une place presque équivalente et se diversifient rapidement.

Les trois chapitres qui composent cette partie examinent les grandes solutions disponibles sur le marché puis détaillent les accès haut débit sur les câbles métalliques, avec les techniques ADSL et modem câble, avant de passer en revue les solutions en vogue dans le monde hertzien.

10

Typologie des réseaux d'accès

La boucle locale, aussi appelée réseau de distribution ou réseau d'accès, est une des parties les plus importantes du réseau d'un opérateur qui distribue de l'information à des utilisateurs. Elle constitue son capital de base en même temps que son lien direct avec le client. Le coût global de mise en place et de maintenance d'un tel réseau est énorme. Il faut en règle générale compter entre 500 et 3 000 euros par utilisateur pour mettre en place cette interface. Ce coût comprend l'infrastructure, le câble et les éléments extrémité de traitement du signal mais ne tient pas compte du terminal. Pour déterminer l'investissement de base d'un opérateur, il suffit de multiplier ce coût par le nombre d'utilisateurs raccordés.

La boucle locale correspond à la desserte de l'utilisateur. Ce sont les derniers mètres ou kilomètres avant d'atteindre le poste client. Il existe des solutions extrêmement variées pour la réaliser. Pour les opérateurs historiques, installés depuis longtemps et profitant d'un monopole, la solution la plus répandue passe par l'utilisation d'un modem *x*DSL, qui permet le passage de plusieurs mégabits par seconde sur les paires métalliques de la boucle locale. La capacité dépend essentiellement de la distance entre l'équipement terminal et l'autocommutateur.

La valeur cible pour l'accès au multimédia par la boucle locale augmente chaque année avec l'apparition de nouveaux services demandant chaque fois des débits plus importants. Parmi ces services, le P2P, la télévision, la vidéo à la demande, les murs de présence, etc. Le progrès des codages et des techniques de compression est pourtant un facteur de limitation de l'augmentation des débits par une compression plus forte. Une vidéo de qualité télévision devrait pouvoir être acheminée à un débit de l'ordre de 512 Kbit/s dans quelques années. Quant à la parole sous forme numérique, elle ne demande plus que quelques kilobits par seconde *(voir le chapitre 41)*.

La fibre optique

Une première solution pour mettre en place une boucle locale puissante consiste à recâbler complètement le réseau de distribution en fibre optique. Cette technique, dite FITL (Fiber In-The-Loop), donne naissance à plusieurs techniques en fonction de l'emplacement de l'extrémité de la fibre optique. La solution la plus attendue est celle qui dessert directement le domicile de l'utilisateur. Jusqu'en 2007, la fibre optique a été réservée à des zones industrielles, mais elle touche aujourd'hui le grand public sous la forme de la solution FTTH (Fiber to the Home), dans laquelle se lancent de nombreux opérateurs pour proposer le très haut débit à leurs clients : de 10 Mbit/s jusqu'à plusieurs centaines de mégabits par seconde.

La boucle locale optique se présente sous la forme illustrée à la figure 10.1. Sa topologie est un arbre optique passif, ou PON (Passive Optical Network). La tête de réseau se trouve derrière l'OLT (Optical Line Termination). L'autre extrémité, l'ONU (Optical Network Unit), dessert directement le domicile de l'utilisateur ou peut être poursuivi par un réseau métallique faisant la jonction entre l'extrémité de la fibre optique et l'utilisateur.

Figure 10.1
Boucle locale optique

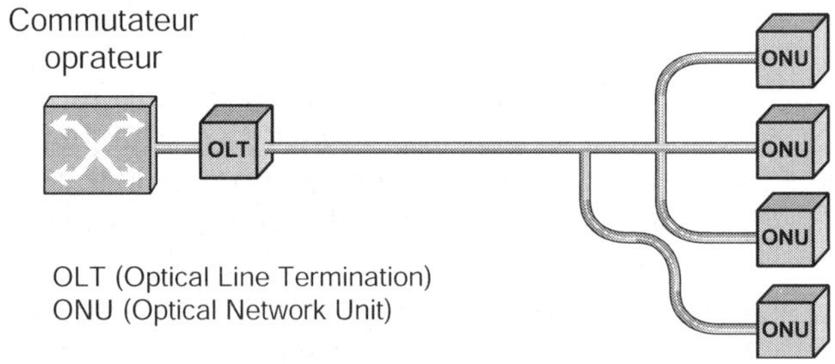

Il est à noter que les étoiles optiques diffusent les signaux dans toutes les directions à l'exception du port d'entrée. Cette propriété est particulièrement intéressante puisque, si un utilisateur n'utilise pas son accès ou qu'il l'utilise peu, son débit peut-être attribué aux autres utilisateurs. Si un seul utilisateur est connecté sur l'arrivée de la fibre, il possède donc l'ensemble du débit. Comme ces réseaux PON utilisent des débits de 1, 2,5 et 10 Gbit/s, on mesure aisément l'augmentation potentielle des débits sur la boucle locale.

En règle générale, une terminaison OLT dessert 48 clients, ce qui donne une moyenne approximative de 50 Mbit/s par utilisateur pour un réseau PON à 2,5 Gbit/s, avec des pointes à la vitesse maximale du support optique. Il convient cependant d'observer que la gestion du multipoint ne permet pas d'atteindre réellement le débit maximal, mais plutôt un débit estimé à la moitié de la valeur maximale.

Ces nouvelles capacités permettent d'exploiter de nouveaux services, comme le P2P (peer-to-peer) avec de nombreuses connexions simultanées, la vidéo de très grande qualité, comme la télévision haute définition, ou les murs de présence utilisant un son et une image animée de très haute qualité.

La mise en place d'un câblage optique est acceptable dans les zones urbaines disposant de conduits mis en place par les précédents câblages. Le coût d'une prise dans les meilleures conditions est de 1 000 euros pour aller à des valeurs de plus de 10 000 euros si du génie civil est nécessaire. Il est possible d'en réduire le coût en ne câblant pas la portion allant jusqu'à la prise terminale de l'utilisateur. Il faut pour cela déterminer le point jusqu'où le câblage doit être posé. Plusieurs solutions s'offrent pour cela à l'opérateur :

- **FTTC (Fiber To The Curb).** On câble jusqu'à un point assez proche de l'immeuble ou de la maison qui doit être desservi, le reste du câblage étant effectué par l'utilisateur final.
- **FTTN (Fiber to the Node).** On câble jusqu'à un répartiteur dans l'immeuble lui-même.
- **FTTH (Fiber to the Home).** On câble jusqu'à la porte de l'utilisateur.
- **FTTT (Fiber to the Terminal).** On câble jusqu'à la prise de l'utilisateur, à côté de son terminal.

Le prix de revient augmentant fortement avec la proximité de l'utilisateur, la tendance a longtemps été de câbler en fibre optique jusqu'à des points de desserte répartis dans le quartier et à choisir d'autres solutions moins onéreuses pour aller jusqu'à l'utilisateur. Le câblage métallique étant capable de prendre en charge des débits de quelques mégabits par seconde sur les derniers kilomètres avec l'aide de modems *x*DSL, que nous détaillons ultérieurement dans ce chapitre, il est possible de câbler en fibre optique jusqu'à un point situé à 5 km au plus de l'utilisateur. En ville, cette distance est facile à respecter, mais hors des agglomérations, d'autres solutions sont à rechercher.

Les technologies associées aux PON (Passive Optical Network) sont de type ATM, Ethernet ou Gigabit (UIT-T), ce qui donne naissance aux APON, EPON et GPON. La première permet de mettre en place des FSAN (Full Service Access Network). Dans la solution Ethernet, chaque trame émise est envoyée en diffusion comme sur un réseau Ethernet partagé. La troisième solution met en œuvre les nouvelles technologies de transmission définies par l'UIT-T au niveau physique.

APON (ATM Over PON)

Sur le réseau optique passif (PON), il est possible de faire transiter des cellules ATM suivant la technique développée par le groupe de travail FSAN (Full Service Access Network). Cette solution a ensuite été normalisée dans la recommandation G.983 de l'UIT-T. Les deux extrémités de l'arbre optique s'appellent OLT (Optical Line Termination) et ONU (Optical Network Unit). Pour des raisons de déperdition d'énergie, il n'est pas possible de dépasser une cinquantaine de branches sur le tronc. La figure 10.2 illustre l'architecture d'un réseau optique passif.

Un « superPON » a également été défini, connectant jusqu'à 2 048 ONU sur un même OLT. Dans ce cas, le débit montant est de 2,5 Gbit/s. Sur les réseaux d'accès en fibre optique mis en place par les opérateurs, c'est le protocole ATM qui a généralement été retenu au début de cette technologie. Le système a pris alors le nom d'APON (ATM Over PON).

Les difficultés engendrées par les boucles passives optiques, comme celle de l'accès CATV, que nous examinons plus loin, viennent du partage de la bande passante montante, c'est-à-dire de l'utilisateur vers le réseau. Si plusieurs centaines de clients se connectent simultanément, voire plusieurs milliers dans les superPON (jusqu'à 20 000),

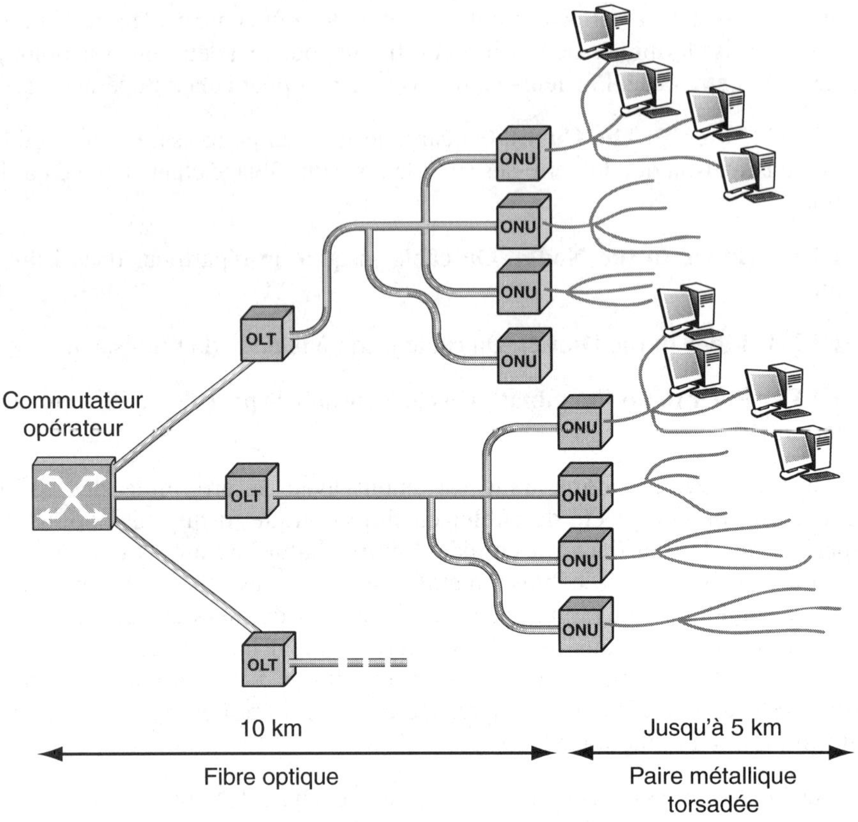

Figure 10.2

Architecture d'un PON

la bande passante peut ne pas être suffisante. Si, sur le canal descendant, les canaux vidéo sont diffusés et ne prennent qu'un canal sur le tronc de l'arbre, les canaux montants des utilisateurs sont tous différents et doivent se partager une certaine bande passante sur le tronc. Il faut donc une technique d'accès MAC (Medium Access Control) pour prendre en charge cette superposition. Le multiplexage en longueur d'onde offre une solution simple à ce problème, puisque chaque utilisateur possède une longueur d'onde différente de celle des autres utilisateurs. Cela ne peut toutefois convenir que si le nombre de branches est limité. Il faut se résoudre le plus souvent à une technique de partage. De très nombreuses solutions ont été proposées pour permettre à l'ONU de faire une requête vers l'OLT, ce dernier réservant une bande passante aux clients demandeurs.

Dans le sens descendant, les cellules ATM sont émises de façon classique, en « cell-based ». Une cellule OAM (Operations And Maintenance) est émise toutes les 26 cellules utilisateur pour gérer le flot. Dans le sens montant, une réservation est nécessaire. Elle s'effectue à l'intérieur des trames FSAN divisées en tranches de 56 octets comportant une cellule et 3 octets de supervision. Au centre de la trame, une tranche particulière de 56 octets est destinée à la réservation d'une tranche de temps.

La figure 10.3 illustre ces zones de données.

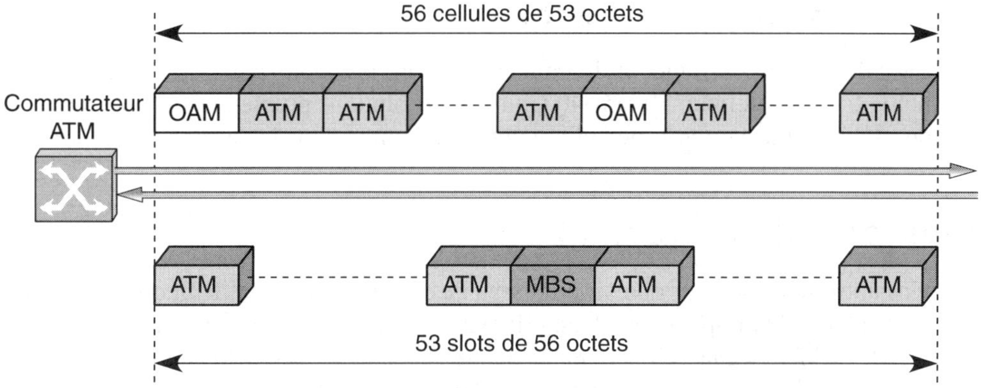

Figure 10.3

Structure de la trame FSAN

EPON (Ethernet Passive Optical Network)

Lorsque les trames qui sont émises sur le PON sont de type Ethernet, on parle d'EPON. Les caractéristiques de ce réseau sont identiques à celles des autres PON : diffusion sur l'ensemble du réseau, où seule la station indiquée dans la trame Ethernet peut récupérer l'information véhiculée. Cette solution a été développée par le groupe de travail EFM (Ethernet in the First Mile) de l'IEEE. L'objectif était de remplacer la technologie ATM, très coûteuse à mettre en œuvre sur une technologie multipoint, par la technologie Ethernet.

Dans la technologie EPON, la trame provenant de l'OLT est diffusée vers l'ensemble des ONU (64 au maximum). L'ONU qui reconnaît son adresse récupère la trame Ethernet, dont la taille peut atteindre une longueur de 1 518 octets. Dans le sens montant, les trames Ethernet sont émises suivant une technologie TDM (Time Division Multiplexing) la solution classique utilisée dans Ethernet, CSMA/CD, étant inadaptée aux vitesses des EPON. Le multiplexage dans le sens descendant s'exerce sur des slots de longueur constante de telle sorte que les trames Ethernet doivent être divisées en segments de longueur constante, à l'exception de la dernière partie, qui peut être inférieure à la longueur du slot.

Une synchronisation est indispensable pour qu'il n'y ait pas de collision entre les slots. Cette synchronisation s'effectue toutes les 2 ms, correspondant à la longueur de la trame physique qui comporte l'ensemble des slots des ONU.

Le niveau physique utilise deux ou trois longueurs d'onde. Avec deux longueurs d'onde, il est possible d'utiliser les canaux montants et descendants. La longueur du réseau dans ce cas atteint une vingtaine de kilomètres avec 32 étoiles passives. Avec trois longueurs d'onde, il est possible d'ajouter une voie descendante pour diffuser des canaux de télévision.

La qualité de service peut être obtenue en introduisant une priorité en utilisant, comme nous le verrons au chapitre 16, dédié à Ethernet, une zone indiquant la priorité de la trame.

GPON (Giga Passive Optical Network)

Les GPON ont pour objectif d'augmenter encore les débits pour suivre les progrès technologiques et atteindre 10 puis 40 Gbit/s. Ces solutions proviennent d'une normalisation de l'UIT-T et des progrès de la fibre optique, comme nous le verrons au chapitre 14).

Les réseaux câblés (CATV)

Une autre solution pour obtenir un réseau de distribution à haut débit consiste à utiliser le câblage des câblo-opérateurs, lorsqu'il existe. Ce câblage a pendant longtemps été constitué de CATV (câble TV), dont la bande passante dépasse facilement les 800 MHz. Aujourd'hui, cette infrastructure est légèrement modifiée par la mise en place de systèmes HFC (Hybrid Fiber/Coax), qui associent une partie en fibre optique entre la tête de réseau et le début de la desserte par le CATV. Cette topologie est illustrée à la figure 10.4.

Figure 10.4
Topologie HFC

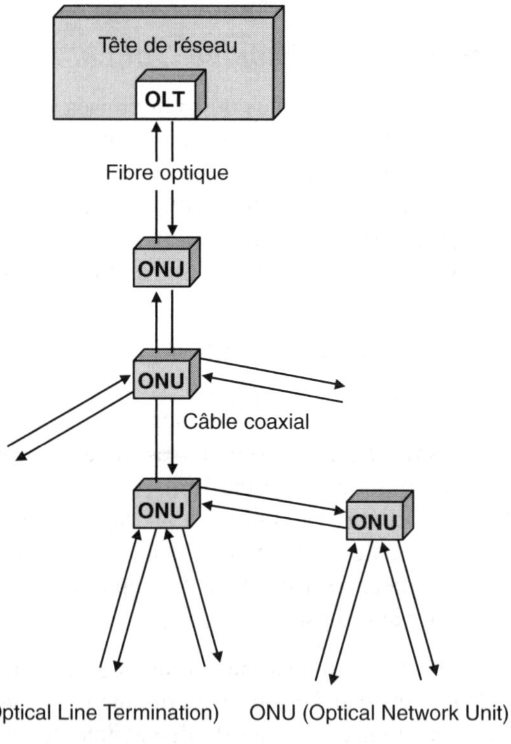

La technologie utilisée sur le CATV est de type multiplexage en fréquence. Sur la bande passante globale, une division en sous-canaux indépendants les uns des autres est réalisée, comme illustré à la figure 10.5.

Cette solution présente de nombreux avantages mais aussi quelques défauts majeurs. Son avantage principal réside dans la possibilité d'optimiser ce qui est transmis dans les différents canaux, puisque chaque canal est indépendant des autres canaux. Le multimédia est facilement supporté en affectant un média par sous-bande, chaque sous-bande ayant la possibilité d'être optimisée. Il suffit pour cela de conserver les informations analogiques ou de les numériser.

Figure 10.5

Multiplexage en fréquence dans un CATV

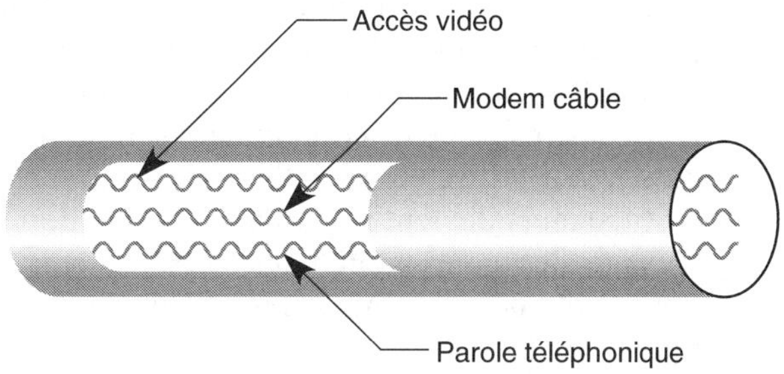

Les canaux de télévision transitent dans des sous-bandes distinctes. Une sous-bande spécifique peut être dédiée à une connexion de parole téléphonique et une autre sous-bande à la connexion Internet. Cet accès au réseau Internet demande l'utilisation d'un modem câble, qui permet d'accéder à la sous-bande connectée à Internet. Ce type de modem requiert une fréquence déterminée, correspondant à la sous-bande choisie pour la connexion Internet. Son débit peut atteindre, grâce à une bande passante importante, plusieurs mégabits par seconde.

La distribution de la bande passante entre les différentes sous-bandes est illustrée à la figure 10.6. La bande des 50-550 MHz est réservée aux canaux de télévision analogique. Chaque canal demandant une bande passante de 6 MHz, il est possible de diffuser ainsi jusqu'à 80 canaux de télévision. La télévision numérique, présentée en détail au chapitre 42, demande une bande passante plus faible, ce qui permet de multiplier par trois ou quatre le nombre des chaînes de télévision acheminées par le câble.

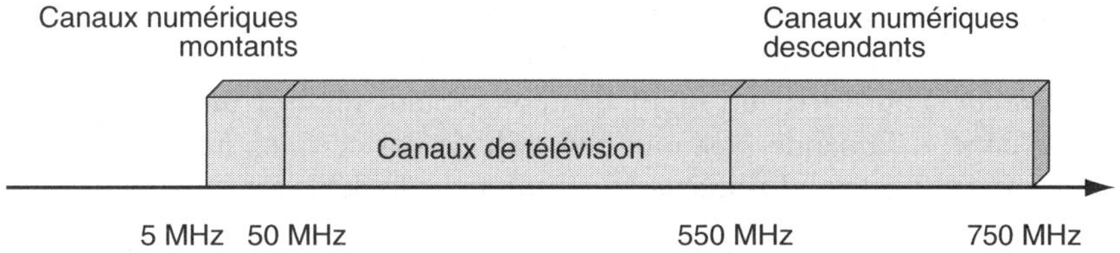

Figure 10.6

Distribution du spectre à l'intérieur d'un CATV

La bande des 5-550 MHz correspond aux canaux allant de l'utilisateur à la tête de réseau. La bande des 550-750 MHz part de la tête de réseau pour desservir le terminal utilisateur. Elle peut être utilisée à la fois pour la parole téléphonique et les connexions Internet.

La faiblesse de cette technique vient de ce que le multiplexage en fréquence n'utilise pas au mieux la bande passante et ne permet pas réellement l'intégration des différents services qui transitent dans le CATV. Un multiplexage temporel apporterait une meilleure utilisation de la bande passante disponible et intégrerait dans un seul composant l'accès à l'ensemble des informations au point d'accès. Un transfert de paquets représenterait également une solution adaptée, à condition de modifier complètement les composants extrémité.

En résumé, on peut réaliser une application multimédia sur le câble coaxial des câblo-opérateurs mais en étant obligé de considérer le transport des médias sur des bandes parallèles et non sur une bande unique.

HFC est une autre solution, qui consiste à utiliser de la fibre optique pour permettre au réseau de transporter jusqu'à une distance peu éloignée de l'utilisateur des communications haut débit, en étant relayé par du câble coaxial jusqu'à la prise utilisateur. Grâce à sa capacité très importante, la fibre optique permet de véhiculer autant de canaux qu'il y a d'utilisateurs à atteindre, ce dont est incapable le CATV dès que le nombre d'utilisateurs devient important. Pour ce dernier, il faut trouver une solution de multiplexage des voies montantes vers le cœur de chaîne pour arriver à faire transiter l'ensemble des demandes des utilisateurs sur le réseau. Ce problème est illustré à la figure 10.7.

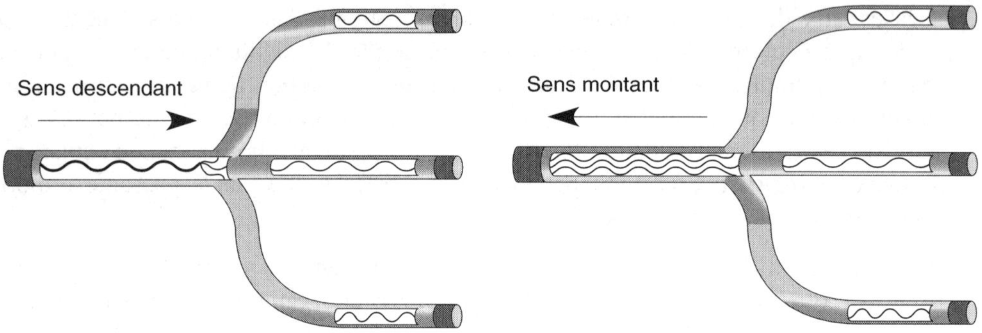

Figure 10.7

Multiplexage des voies montantes dans la boucle locale en CATV

Supposons qu'un canal associé à la connexion Internet ait un débit de 34 Mbit/s, ce qui est aujourd'hui le cas standard. Si, sur un arbre CATV, 10 000 prises sont connectées et actives, le débit total sur la voie descendante et sur la voie montante représente 3,4 Kbit/s par utilisateur. Pour offrir un meilleur débit, il faut réaliser un multiplexage statistique afin de récupérer la bande passante non utilisée par certains utilisateurs. Il est toutefois évident que s'il y a trop d'utilisateurs simultanés, le débit est insuffisant.

Les normes suivantes ont été proposées comme techniques d'accès pour permettre un multiplexage temporel des utilisateurs sur une bande commune :

- MCNS-DOCSIS (Multimedia Cable Network System-Data Over Cable Service Interoperability Specification), surtout utilisée en Amérique du Nord mais adoptée par certains câblo-opérateurs européens.
- IEEE 802.14, qui utilise une technologie ATM.
- DVB-DAVIC (Digital Video Broadcasting-Digital Audio VIsual Council), qui provient d'un groupement d'industriels de la vidéo.

Ces trois normes sont présentées au chapitre 11, consacré aux accès haut débit.

Les paires métalliques

Les paires métalliques sont le support physique le plus ancien et encore le plus utilisé en raison de ses avantages de coût et de souplesse, même si les supports hertziens et en fibre optique se développent énormément. Les sections qui suivent se penchent sur la boucle locale métallique, les RNIS bande étroite et large bande, les accès *x*DSL et la boucle locale électrique.

La boucle locale métallique

Les paires métalliques sont très fortement utilisées sur la boucle locale, principalement pour l'accès au réseau téléphonique. Lorsque l'accès se fait en analogique, ce qui est encore le plus souvent le cas aujourd'hui, on peut utiliser une paire en full-duplex. Il est évidemment possible d'émettre des données binaires en utilisant un modem. La vitesse peut atteindre en ce cas quelques dizaines de kilobits par seconde.

La paire métallique peut devenir une liaison spécialisée lorsque des répéteurs *ad hoc* sont placés à distance régulière. On atteint généralement 2 Mbit/s ou 1,5 Mbit/s (liaison T1). Cette solution a été développée il y a fort longtemps dans le but de faire transiter de la parole téléphonique à 3 200 Hz et non quelques mégabits par seconde *(voir le chapitre 6 pour une description du théorème de Shannon, qui permet de déterminer le débit d'un canal quand on en connaît sa bande passante).* Comme la bande passante de la téléphonie est faible, on n'a pas besoin d'un médium physique de bonne qualité. C'est la raison pour laquelle la paire métallique utilisée pour la distribution téléphonique, avec son diamètre de 0,4 mm, est plutôt de qualité médiocre. De plus, la distribution de la téléphonie depuis les locaux de l'opérateur s'effectue souvent par le biais de câbles de 50 paires, qui sont assez mal protégés et peuvent être la source de nombreux problèmes de distorsion de phase, de diaphonie, etc. Cela complique le passage d'une bande passante importante permettant d'obtenir les débits proposés par les modems ADSL.

Les accès xDSL

Les lignes métalliques ont été utilisées pendant des décennies pour le transport de la parole téléphonique avec une bande passante de 3 200 Hz. On les utilise aujourd'hui pour transporter, en même temps que le téléphone, des paquets de données à haut débit. L'environnement *x*DSL étant présenté en détail au chapitre suivant, consacré aux connexions terrestres à haut débit, nous n'en donnons ici qu'une introduction.

Une première caractéristique importante de cet environnement provient du câblage téléphonique. Entre un poste téléphonique et le commutateur de l'opérateur, un câble est totalement dédié à la communication. Cela permet de récupérer sur chaque câble une bande passante importante parallèlement à la bande passante téléphonique. Il existe ainsi une voie de communication de type circuit entre l'utilisateur et le commutateur de l'opérateur, contrairement à ce qui se passe dans les réseaux des câblo-opérateurs, dans lesquels une portion importante du câblage est commune à l'ensemble des utilisateurs. Sur ce circuit, les extrémités émettent des trames, qui contiennent des paquets IP. La trame choisie a été très longtemps de type ATM, mais aujourd'hui l'Ethernet est préféré pour son coût et sa plus grande adaptabilité.

Le sigle DSL (Data Subscriber Line) indique une ligne d'abonné pour les données. Le *x* devant DSL précise le type de modem. Le modem le plus classique est précisé par un A (Asymmetric) devant le signe ADSL. Il correspond à un débit asymétrique, en général quatre fois plus important dans le sens descendant que dans le sens montant. Bien d'autres types de modems ont été définis, que nous examinons au chapitre 11.

Les modems ADSL standards procurent couramment aujourd'hui des débits de 1 Mbit/s à 25 Mbit/s dans un sens et de 128 Kbit/s à 1 Mbit/s dans l'autre sens. Dans la première génération de modems *x*DSL, la bande passante dédiée à la partie paquet était différente de celle dévolue à la téléphonie ou à la télévision, si bien que les trois sortes de communications pouvaient se faire en parallèle.

Dans la seconde génération, que nous détaillons au prochain chapitre, les flots provenant des différents terminaux ne sont plus différenciés par la prise mais sont intégrés sur le même support physique et discernés par des techniques de filtrage.

La boucle locale électrique

Le courant fort représente un remarquable réseau d'accès, aussi étendu et aussi dense que le réseau d'accès des opérateurs télécoms, sinon plus. Sur ces câbles métalliques, il est tentant de vouloir faire passer simultanément du courant électrique et du courant faible. Cependant, la perturbation est très importante, et les débits atteints sur des distances de quelques kilomètres sont faibles.

On peut effectuer un certain nombre de télétraitements à faible débit, comme le relevé de compteur à distance. On imagine très bien la possibilité d'offrir un trafic téléphonique de qualité correcte avec une compression à quelques kilobits par seconde de la parole téléphonique. Le passage d'applications multimédias semble plus problématique de par son coût élevé sur la boucle locale. Cette solution semble toutefois concurrentielle dans les environnements domestiques.

Les techniques de passage de données informatiques sur des courants électriques portent le nom de CPL (courant porteur en ligne), en anglais PLC (Power Line Communication). On utilise l'infrastructure basse tension sur 50 ou 60 Hz depuis le transformateur basse tension ou simplement à l'intérieur de la maison. Comme pour les réseaux des câblo-opérateurs, la communication se fait à partir d'une tête de réseau (le transformateur basse tension) vers les utilisateurs, c'est-à-dire par une communication multipoint allant d'un point vers plusieurs points. Dans le sens descendant, il n'y a pas de problème particulier puisqu'il y a diffusion et que le destinataire se reconnaît. En revanche, de l'utilisateur vers le réseau, une méthode d'accès au support physique est nécessaire. Les méthodes classiques à base de CDMA (Code Division Multiple Access) peuvent être employées au même titre que d'autres techniques, telles que le passage d'un jeton ou le polling (une machine maître donne aux terminaux le droit de transmettre à tour de rôle).

Le CPL sur la boucle locale

L'objectif du CPL sur la boucle locale est de desservir les utilisateurs avec un équivalent de l'ADSL, c'est-à-dire un débit allant de quelques centaines de kilobits par seconde à plusieurs mégabits par seconde. Il faut pour cela utiliser à la fois les chemins électriques de type primaire utilisant un voltage de quelques kilovolts et la partie terminale de quelques centaines de volts. Il faut donc traverser des transformateurs électriques, ce qui n'est pas possible directement. Le moyen d'y parvenir est de tirer des dérivations autour de ces transformateurs. Cette architecture est illustrée à la figure 10.8.

Les résultats des tests qui ont été effectués dans de nombreux pays sont très divergents, ce qui semble indiquer la sensibilité du système et l'importance de la mise en place des dérivations. Bien évidemment, la longueur du tronçon électrique à emprunter est déterminante. Comme dans les techniques ADSL, il ne faut pas que l'accès au fournisseur d'accès soit éloigné de plus de quelques kilomètres.

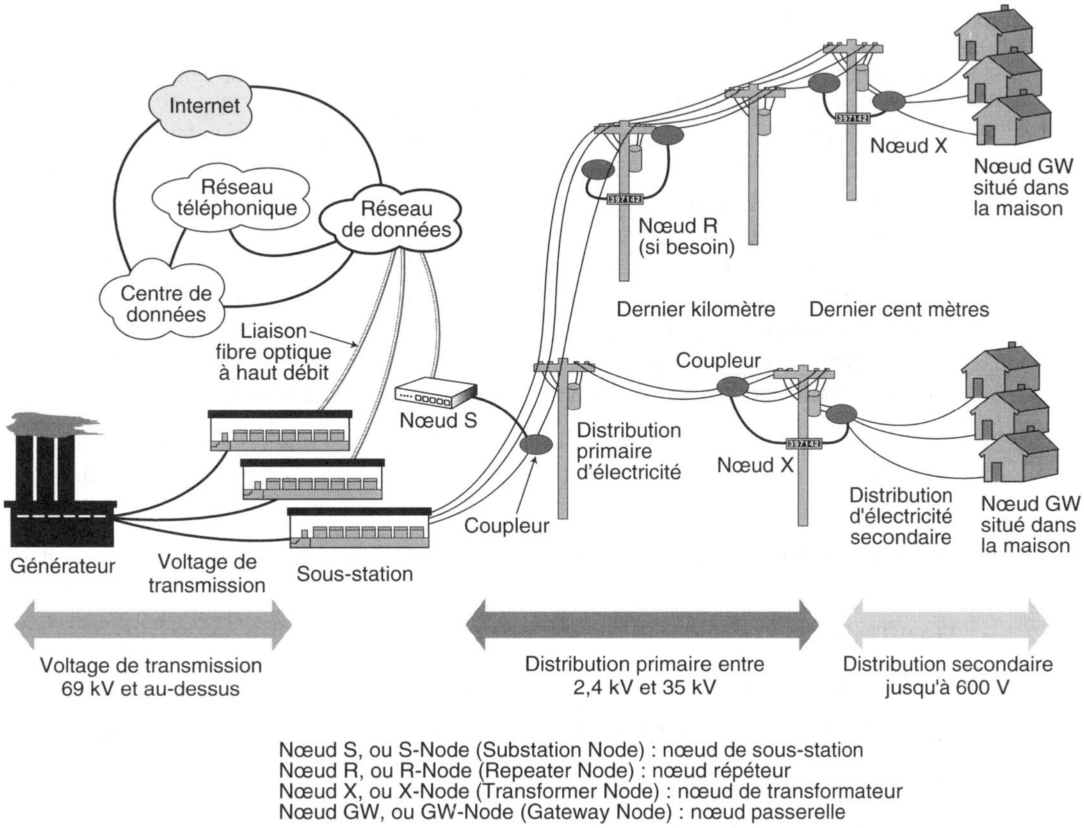

Figure 10.8

Distribution de l'accès haut débit sur courant électrique

Conclusion sur le CPL

La possibilité de brancher un combiné téléphonique ou un PC sur une prise électrique et de faire transiter les signaux binaires parallèlement au courant fort est aujourd'hui réalisable par un opérateur électrique, mais les très hauts débits sont plus difficilement accessibles que sur des paires de fils métalliques spécifiques. Cette méthode pourrait toutefois s'approcher des techniques DSL dans peu de temps.

Les accès hertziens

Les accès hertziens ont pris une importance que l'on ne soupçonnait pas il y a une dizaine d'années. Ils se sont diversifiés tout en augmentant leur débit et leur qualité de service. Cette section examine les différentes boucles locales hertziennes.

Avant d'aller plus loin, rappelons que la boucle locale correspond à la connexion de terminaux utilisateur à des équipements de réseau, routeur ou commutateur, d'un opérateur. Cela inclut les hotspots Wi-Fi, les réseaux WiMAX et bientôt les réseaux Wi-RAN. Les réseaux de mobiles font également partie des réseaux d'accès pour connecter des équipements terminaux à des réseaux d'opérateurs. Nous détaillons ces réseaux aux chapitres 20 et 24.

La boucle locale hertzienne

L'utilisation de voies hertziennes est une solution bien adaptée pour réaliser une boucle locale. Cette solution, appelée WLL (Wireless Local Loop) ou WITL (Wireless In The Loop), est en plein essor. Deux grandes orientations peuvent être adoptées suivant que l'on souhaite une mobilité du client ou non. Dans le premier cas, le mobile peut se déplacer et la communication n'est pas interrompue lors du déplacement. L'un des aspects délicats de cette méthode, qui est longuement discutée au chapitre 21, consacré aux réseaux de mobiles, concerne le passage d'une cellule à une autre, une cellule étant la zone géographique couverte par une antenne d'émission. Ce changement de cellule s'appelle un handover, ou handoff. Dans le second cas, représenté par les réseaux sans fil, la communication est fixe ou à mobilité réduite. Plus les fréquences utilisées sont élevées, plus la directivité est importante, limitant d'autant la mobilité.

Les technologies utilisées obéissent à divers standards. La boucle locale hertzienne avec mobilité recourt aux principales technologies suivantes, qui sont présentées en détail au chapitre 21 :

- TIA/EIA IS-54 (Telecommunications Industry Association/Electronic Industries Alliance)
- TIA/EIA IS-95
- GSM (Global System for Mobile Communications)
- IMT 2000 (International Mobile Telecommunication system for the year 2000)
- GPRS (General Packet Radio Service)
- UMTS (Universal Mobile Telecommunications System)
- TIA/EIA IS-136

La solution hertzienne se développe de plus en plus vite avec l'arrivée des successeurs de la troisième génération de réseaux de mobiles, permettant d'accéder à des débits importants. La solution hertzienne est en mesure de satisfaire pleinement l'objectif d'une connexion flexible avec l'utilisateur et permettrait à ce dernier de se déplacer avec son terminal et de faire du multimédia tout en gardant sa mobilité.

Pour la faible mobilité, la technologie WDN (Wireless Data Networks), dédiée au départ aux seules données, poursuit son ascension, avec une grande diversité de solutions et une augmentation très importante des débits. La normalisation effectuée en grande partie par le groupe IEEE propose les solutions suivantes :

- **IEEE 802.15.** Réservée aux petits réseaux personnels de quelques mètres de portée, cette norme recouvre plusieurs catégories de réseaux très différentes les unes des autres : Bluetooth, UWB (Ultra-Wide Band) et ZigBee. Un groupement de constructeurs, WiMedia, s'est formé derrière la technologie UWB pour la compléter avec une plate-forme logicielle et proposer la suppression des câblages que l'on trouve classiquement derrière un micro-ordinateur. Nous examinons toutes ces propositions en détail au chapitre 22.
- **IEEE 802.11 (Wi-Fi).** Le débit proposé est de 11 Mbit/s pour la première génération, de 54 Mbit/s pour la deuxième et de quelque 190 Mbit/s pour la troisième. Nous ne donnons dans ce chapitre que quelques indications de base sur cette technologie qui est examinée en détail au chapitre 23.

- **IEEE 802.16 (WiMAX).** Appelée il y a dix ans BLR (boucle locale radio), l'accès par la voie hertzienne a été remplacé par la technologie WiMAX ou *x*DSL hertzien. Deux solutions sont disponibles, le WiMAX fixe, qui remplace l'ADSL dans les zones rurales où la portée des câbles téléphoniques terrestres n'est pas suffisante, et le WiMAX mobile, qui devient un ADSL mais mobile, que l'on peut emporter dans sa poche. Cet environnement est détaillé au chapitre 24.
- **IEEE 802.22 (WRAN ou Wi-RAN).** Cette nouvelle génération ne devrait se mettre en place que vers 2009-2010. Elle provient du dividende numérique, c'est-à-dire la disponibilité de nouvelles bandes de fréquences provenant de l'abandon de la télévision analogique. Une partie importante du spectre, sous le 1 GHz, devrait permettre de mettre en place une nouvelle génération de réseaux, appelée réseaux régionaux ou WRAN (Wireless Regional Area Networks).

D'autres solutions de boucles locales hertziennes sont également introduites dans ce chapitre, comme la boucle locale satellite.

La première génération de réseaux de mobiles, ou 1G

La première génération de réseaux de mobiles est apparue à la fin des années 1970. Elle définit un réseau cellulaire, c'est-à-dire composé de cellules, ou zones géographiques, limitées à quelques kilomètres, qui recouvrent le territoire de l'opérateur *(voir figure 10.9)*. Ces cellules se superposent partiellement pour assurer une couverture complète du territoire cible. Le mobile communique par le biais d'une interface radio avec l'antenne centrale, qui joue le rôle d'émetteur-récepteur de la cellule. Cette interface radio utilise des bandes de fréquences généralement spécifiques du pays dans lequel est implanté le réseau. De ce fait, ces interfaces radio peuvent être incompatibles. L'émission des informations sur l'interface radio est effectuée en analogique. Cette première génération ne pouvait avoir que relativement peu de succès, étant donné le fractionnement des marchés.

Figure 10.9
Réseau cellulaire

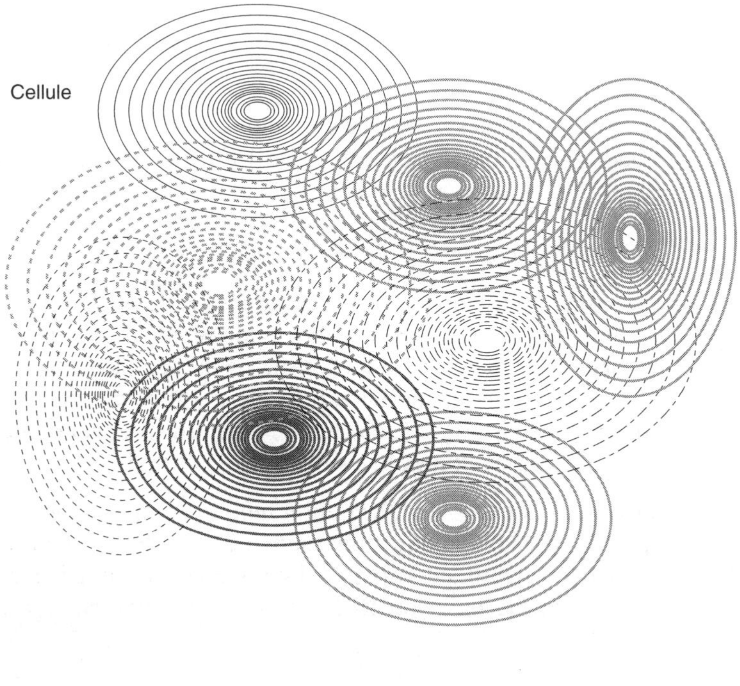

Les deux systèmes de première génération les plus développés proviennent des pays scandinaves. Il s'agit de NMT (Nordic Mobile Telecommunication), qui offre des fréquences de 450 puis 900 MHz et dessert 180 canaux depuis 1999, et d'AMPS (Advanced Mobile Phone System), qui utilise des bandes de fréquences comprises entre 800 et 900 MHz avec 832 canaux. Ce dernier système a donné naissance en Europe à l'ETACS (European Total Access Cellular System), qui utilise des bandes comprises entre 872 et 950 MHz.

La première génération utilise la technique d'accès FDMA (Frequency Division Multiple Access), qui consiste à donner à chaque utilisateur qui le demande une bande de fréquences dans la cellule où il se trouve pour permettre l'émission et la réception des informations entre le mobile et l'antenne de la cellule. Lorsque le mobile sort de la portée de sa cellule, une autre bande de fréquences, qui correspond à la nouvelle cellule, lui est affectée. La bande précédente est libérée et réaffectée à un autre utilisateur. La réutilisation des bandes de fréquences dans un maximum de cellules du réseau constitue l'un des problèmes majeurs posés par les systèmes cellulaires.

Comme pour les autres générations, la taille de la cellule dépend de la fréquence utilisée. Plus la fréquence est élevée, moins la portée est importante. Au départ, les fréquences utilisées allaient de 30 à 300 MHz dans les bandes UHF (Ultra-High Frequency) puis augmentaient dans les bandes VHF (Very High Frequency) de 300 MHz à 3 GHz. On utilise aujourd'hui des gammes de fréquences jusqu'à 20 GHz. Des fréquences encore plus élevées, atteignant 60 GHz, sont en cours d'expérimentation. Les difficultés engendrées par de telles bandes proviennent de la grande directivité des ondes et d'un fort affaiblissement dans les environnements pollués. Leur portée est donc très faible et nécessite d'utiliser de toutes petites cellules, dites microcellules, voire des picocellules.

La largeur de la bande de fréquences utilisée dans la première génération dépend du système mais est généralement comprise entre 15 et 30 kHz. Les terminaux de cette génération ont connu une miniaturisation importante pour devenir réellement portables. Il a fallu résoudre le problème de la durée de vie des batteries, qui était très courte au départ et qui atteint aujourd'hui plusieurs heures.

La deuxième génération de réseaux de mobiles, ou 2G

En 1982, la CEPT (Conférence européenne des Postes et Télécommunications) a décidé de normaliser un système de communication mobile dans la gamme des 890-915 MHz et 935-960 MHz pour l'ensemble de l'Europe. Deux ans plus tard, les premiers grands choix étaient faits, avec, en particulier, un système numérique. Le groupe spécial mobile, ou GSM, a finalisé en 1987 une première version comportant la définition d'une interface radio et le traitement de la parole téléphonique.

Avec une autre version dans la gamme des 1 800 MHz, le DCS 1800 (Digital Cellular System), la norme GSM a été finalisée au début de l'année 1990. Cette norme est complète et comprend tous les éléments nécessaires à un système de communication numérique avec les mobiles. Il existe d'autres normes pour cette deuxième génération, mais elles sont fragmentaires et ne concernent généralement que l'interface radio. Nous en avons cité deux précédemment, IS-95 et IS-136.

Dans un système GSM, la station mobile comprend deux parties : l'équipement mobile, qui permet la communication radio, et le module d'identification, qui contient les caractéristiques identifiant l'abonné. Le réseau est découpé en cellules, qui possèdent chacune une station de base, ou BTS (Base Transceiver Station). Cette dernière s'occupe des transmissions radio sur la cellule. Associés à la station de base, des canaux de signalisation permettent aux mobiles de communiquer avec la BTS et *vice versa.* Chaque station de base est reliée à un contrôleur de station de base, ou BSC (Base Station Controller). Cette architecture est illustrée à la figure 10.10.

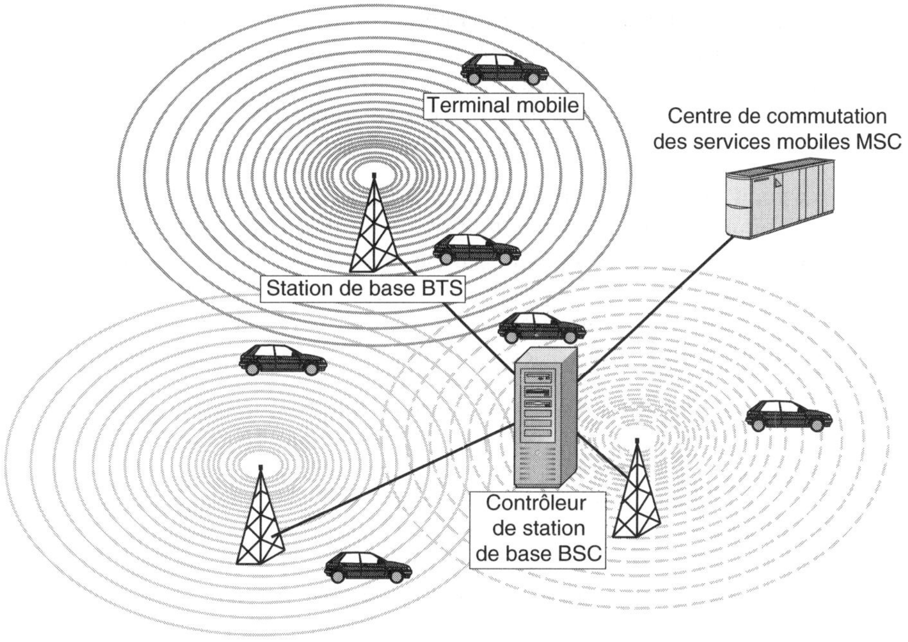

Figure 10.10

Architecture d'un réseau de mobiles

Le réseau lui-même contient un commutateur, ou MSC (Mobile services Switching Center), qui communique avec les différents systèmes radio, un enregistreur de localisation nominal, ou HLR (Home Location Register), qui est une base de données de gestion des mobiles, et un enregistreur de localisation des visiteurs, ou VLR (Visitor Location Register), qui est une base de données des visiteurs dans une cellule. Le système GSM comporte également des mécanismes de sécurité.

En ce qui concerne le mode d'accès, c'est la technique TDMA (Time Division Multiple Access), dans laquelle le temps est découpé en tranches, qui est employée. Une seule station peut accéder à une tranche donnée. Par canal radio, le découpage est effectué en huit tranches d'une durée de 0,57 ms. La parole est compressée sur une bande de 22,8 kHz, qui inclut un codage permettant la correction des erreurs. En Amérique du Nord, un système assez similaire, l'IS-54 (Interim Standard) a été développé. Il utilise également le TDMA. Sa vitesse de transmission peut atteindre 48,6 Kbit/s.

Les systèmes Télépoint, apparus avec la deuxième génération, constituent une autre possibilité de communication avec des récepteurs non reliés par câble. Dans ce cas, l'utilisateur peut accéder au réseau téléphonique avec un téléphone sans fil par l'intermédiaire d'une borne. Le rayon d'utilisation est souvent limité à une centaine de mètres. Le service Bi-Bop en France a fait partie de cette catégorie de réseau de communication local. La norme la plus utilisée est CT2 (Cordless Telephone of 2nd Generation), ou CAI

(Common Air Interface). Cette norme, qui régit les transmissions numériques avec des combinés sans fil, a été la première en Europe. Améliorée par les Canadiens sous le nom de CT2+, elle s'est vue ajouter des possibilités de gestion.

La norme DECT (Digital Enhanced Cordless Telecommunications) concerne plutôt les autocommutateurs téléphoniques, ou PABX (Private Automatic Branch eXchanger) sans fil. Dans quelques années, les autocommutateurs privés seront atteints par voie hertzienne. Les cellules seront alors très petites et les bandes assez facilement réutilisables à courte distance. Pour ces dernières normes, on parle de téléphonie mobile de proximité. Il faut rester sur la même borne durant toute la communication, ce qui implique de tout petits déplacements puisque les cellules sont minuscules.

Le réseau cœur du réseau de mobiles permet l'interconnexion des différents MSC, c'est-à-dire des commutateurs qui permettent aux contrôleurs de stations de base de communiquer entre eux. Dans la deuxième génération de mobiles, le réseau cœur est de type circuit. En d'autres termes, une communication entre deux machines s'effectue par un circuit. La différence avec un réseau de troisième génération réside dans le réseau cœur, qui passe d'une commutation de circuits à un transfert de paquets.

Un système intermédiaire, dit 2,5 G, se place entre la deuxième et la troisième génération. Il consiste en un double réseau cœur incluant un réseau circuit pour la parole téléphonique et un réseau paquet pour le transfert des données. Le GPRS en Europe et EDGE (Enhanced Data for GSM Evolution) aux États-Unis font partie de cette génération intermédiaire

La troisième génération de réseaux de mobiles, ou 3G

La troisième génération se développe rapidement, et ses successeurs sont déjà en cours de démarrage. Sa normalisation s'est effectuée principalement sous l'égide de l'UIT-T sous le nom d'IMT 2000. La première ouverture a été celle de NTT DoCoMo au Japon en octobre 2001. La différence la plus sensible avec la deuxième génération concerne l'introduction complète du mode paquet. Toutes les informations sont mises dans des paquets et transportées dans un réseau à transfert de paquets. L'augmentation des débits est assez importante puisqu'elle atteint 384 Kbit/s dans les services commercialisés lors de la première génération de l'UMTS et plus de 1 Mbit/s dans les nouvelles générations HSPDA et HSUPA, que nous avons classées dans cet ouvrage dans la quatrième génération. Cependant, la partie du spectre dédiée à la troisième génération étant relativement faible, il ne faut pas compter sur de très hauts débits en période fortement chargée.

Abordons maintenant quelques caractéristiques techniques de cette troisième génération. C'est l'UIT-T qui a démarré ce travail en 1990, sous le nom de FPLMTS (Future Public Land Mobile Telephone System), puis d'IMT 2000, avec des fréquences dans la bande des 2 GHz et une bande passante d'environ 250 MHz.

Le codage numérique qui est utilisé pour le transport de la parole permet un débit de 8 Kbit/s. L'image animée est véhiculée par le biais d'une compression MPEG-2 ou MPEG-4 *(voir le chapitre 41)*. Plusieurs types de modulation ont été étudiés pour l'émission numérique du signal. Il s'agit d'extensions des modulations classiques en fréquence, en amplitude et en phase. L'accès au canal radio utilise les techniques FDMA, TDMA et CDMA. FDMA et TDMA sont déjà utilisés dans la génération précédente et dans les réseaux satellite, mais avec l'inconvénient que la réutilisation des canaux radio dans des cellules connexes peut donner lieu à un brouillage. La méthode principale pour la troisième génération est le CDMA. Les mobiles d'une même cellule se partagent un canal radio par des techniques d'étalement de spectre. Le système alloue un code unique à chaque client, ce code étant utilisé pour étaler le signal dans une très grande bande passante, B, par rapport à la bande du signal utile, R. Plus le rapport B/R est important, plus le nombre d'utilisateurs potentiel augmente. L'avantage de cette méthode est la réutilisation des mêmes fréquences dans des cellules connexes.

Une question en suspens concerne l'utilisation à long terme d'ATM pour le transport de l'information. Cette technique a été adoptée dans un premier temps du fait de sa forte compatibilité avec le réseau fixe et pour la gestion des ressources. La mobilité du terminal est assurée par des solutions provenant du concept de réseau intelligent *(voir le chapitre 44)*. Le débit des terminaux vers le réseau reste relativement limité, à 384 Kbit/s sur la voie montante, mais permet cependant à l'utilisateur d'entrer dans le monde des services multimédias.

Cette troisième génération de communication vers les mobiles continue de se déployer et de s'améliorer. Tous les éléments nécessaires sont assemblés pour permettre une évolution rapide de ce domaine vers une quatrième génération.

La génération 3,5G de réseaux de mobiles

Une génération intermédiaire entre la 3G et la 4G s'est mise en place avec des extensions de l'UMTS et une augmentation des débits. Cette génération intermédiaire est illustrée par les solutions HSDPA et HSUPA. La commercialisation de HSDPA a démarré en 2006 et celle de HSUPA en fin 2007. Ces technologies sont parfois appelées 3,5G et 3,9G.

HSDPA et HSUPA permettent de faire entrer le monde des mobiles dans l'univers des réseaux de données. Cette génération s'illustre par la mise en place de l'IMS (IP Multimedia Subsystem), que nous examinons en détail au chapitre 27. L'IMS est également classé au niveau terrestre comme faisant partie du NGN (Next Generation Network), qui représente la convergence fixe-mobile, dans laquelle les services sont accessibles aussi bien à partir de terminaux fixes que de terminaux mobiles. C'est la où apparaît vraiment cette quatrième génération, les débits offerts étant suffisants pour permettre cette intégration.

La génération de l'IMS utilise de nombreux protocoles du monde Internet, dont le plus important est sûrement SIP (Session Initiation Protocol), que nous décrivons au chapitre 36. La téléphonie devient de la téléphonie sur IP (ToIP).

La 4G est introduite avec la technologie HSOPA, que nous détaillons au chapitre 20, puis les solutions LTE (Long Term Evolution), UMB (Ultra Mobile Broadband), pour les très hauts débits, même en forte mobilité, et la gamme des réseaux Wi-*xx* interconnectés entre eux.

Le problème du manque de fréquences est résolu par l'utilisation de cellules de tailles différentes selon l'environnement et les débits demandés. Dans les zones très denses, il est possible d'utiliser des cellules de toute petite taille, capables d'apporter à chaque machine terminale un débit de plus de 1 Mbit/s. Ces picocellules ont une portée de quelques dizaines de mètres au maximum. Pour des zones un peu moins denses, une ville avec moins de bureaux, par exemple, des microcellules de quelques centaines de mètres de diamètre sont adoptées. Des cellules plus grandes, dites cellules parapluie, se superposent aux précédentes pour résoudre les problèmes de grande mobilité.

La 3,5G introduit également le principe du numéro unique. Le propriétaire de ce numéro peut l'utiliser sur tous les équipements, après, bien sûr, une authentification. En d'autres termes, l'utilisateur d'un équipement terminal porte avec lui son abonnement et l'utilise, avec les contraintes liées à l'équipement terminal, dans les conditions les plus diverses compatibles avec son abonnement. Une autre utilisation potentielle pour un individu muni de deux abonnements, un personnel et un professionnel, consiste à se faire appeler où qu'il soit dans le monde, sur l'un ou l'autre numéro. Selon la tonalité de la sonnerie, il peut savoir si l'on appelle son numéro privé ou celui de son entreprise.

La quatrième génération de réseaux de mobiles, ou 4G

La quatrième génération introduit à la fois le très haut débit, de plus de 10 Mbit/s en déplacement et le « multi-homé », c'est-à-dire la possibilité de se connecter sur plusieurs réseaux simultanément.

Un même flot peut-être décomposé en plusieurs sous-flots transitant par des réseaux différents, afin d'augmenter la vitesse globale de la transmission. La quatrième génération peut également permettre à différents flots de partir chacun par son propre réseau. Le terminal doit donc être capable de détecter tous les réseaux qui sont autour de lui et de choisir pour chacune de ses applications le meilleur réseau à utiliser.

La 4G a été définie en 2007, en juin pour la version américaine et en septembre pour la version européenne, encore dénommée LTE (Long Terme Evolution). Elle introduit des réseaux pour des débits de la centaine de mégabits par seconde en mode « multi-homé » (*voir les chapitres 20 et 27*).

La boucle locale sans fil

La technologie hertzienne est facilement utilisable dans la boucle locale puisque les techniques sans fil permettent, au prix d'infrastructures terrestres minimales, de relier un opérateur à ses clients.

On retrouve là la topologie des réseaux cellulaires, avec une station de base qui relie les terminaux au commutateur de l'opérateur, comme illustré à la figure 10.11. Nous décrivons ici brièvement la BLR (boucle locale radio) avant d'y revenir plus en détail au chapitre 12.

Figure 10.11
Boucle locale radio

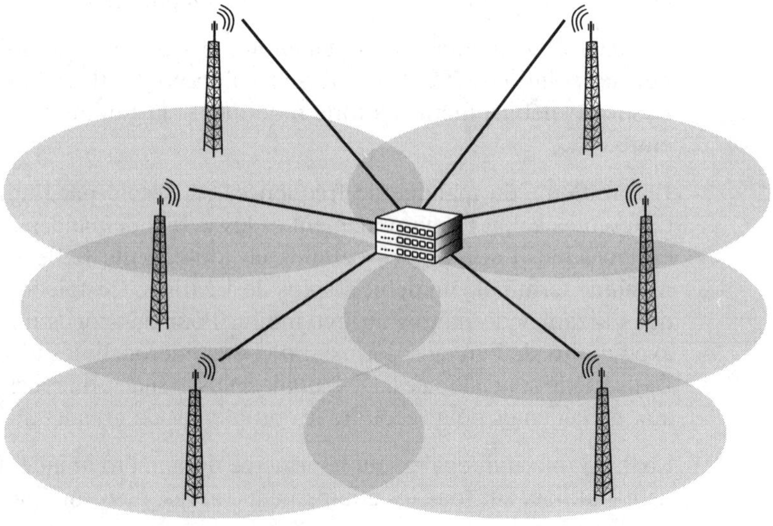

Les accès hertziens peuvent être utilisés pour des terminaux demandant des débits plus importants que les mobiles classiques. Le DECT en est un exemple, bien qu'il limite la mobilité du terminal, qui doit rester dans une même cellule. Cette norme ETSI de 1992 utilise une technique de division temporelle TDMA, permettant de mettre en place des interfaces RNIS bande étroite. Le défaut essentiel de l'interface DECT provient de la très petite bande du spectre, de 1 880 à 1 900 MHz, ce qui donne une largeur de bande de 20 MHz. La solution Wi-Fi remplace petit à petit le DECT grâce à sa plus grande souplesse et surtout sa technologie, qui la relie à la téléphonie sur IP et lui permet de s'accoupler simplement aux réseaux d'entreprise et aux réseaux de domicile.

Les solutions pour la BLR proviennent des normes WiMAX (IEEE 802.16). Deux possibilités ont été standardisées : le WiMAX fixe, qui remplace l'ADSL dans les zones rurales et qui peut se développer dans les villes avec des portées plus petites, et le WiMAX mobile, qui rend l'ADSL mobile et qui est une solution fortement concurrente à l'UMTS.

Enfin, la solution WRAN (Wireless Regional Area Network) ou Wi-RAN devrait apporter une petite révolution en permettant, sur une seule antenne, de connecter un million de clients téléphoniques sur une portée de plusieurs dizaines de kilomètres. Son déploiement d'une grande simplicité devrait séduire de nombreux opérateurs entrants.

La boucle locale satellite

Le réseau d'accès peut utiliser les techniques de distribution par satellite. À partir d'un utilisateur ou d'un point de regroupement d'utilisateurs, il est possible de passer par un satellite pour accéder à un point d'accès du réseau d'un opérateur. Il existe deux grandes catégories de systèmes satellite : ceux qui forment en eux-mêmes un réseau complet et ceux qui permettent l'accès à un opérateur terrestre. La première catégorie doit permettre d'aller directement de l'émetteur au récepteur. Pour cela, il faut disposer de plusieurs satellites et de communications entre satellites. Dans le second cas, le satellite n'est qu'un miroir qui permet d'accéder à l'opérateur, l'information transitant par voie terrestre.

La première génération de constellations de satellites ne concerne que la téléphonie, en raison de son manque de bande passante. La deuxième génération vise le multimédia, avec des débits allant jusqu'à 2 Mbit/s et des qualités de service associées. Ces constellations sont de trois types : LEOS, MEOS et GEOS (Low, Medium et Geostationary Earth Orbital Satellite). Les satellites sont situés approximativement à 1 000, 13 000 et 36 000 km de la Terre. Les deux premières catégories concernent les satellites défilants, et la dernière les satellites qui semblent fixes par rapport à la Terre.

La figure 10.12 illustre une constellation basse orbite.

Figure 10.12
Constellation de satellites basse orbite

Les satellites de télécommunications de la première génération sont géostationnaires, c'est-à-dire qu'ils décrivent une orbite circulaire autour de la Terre dans un plan voisin de l'équateur, avec une vitesse angulaire égale à celle de la rotation de la Terre sur elle-même. Ils paraissent immobiles pour un observateur terrien, ce qui permet une exploitation permanente du satellite.

Comme nous l'avons vu, les satellites défilants profitent de la réutilisation des fréquences par une altitude beaucoup plus basse, ce qui permet d'obtenir de petites cellules. Parmi les nombreux avantages de cette évolution, citons la réutilisation d'environ 20 000 fois la même fréquence lorsque les satellites se situent à 1 000 km de la Terre et un coût de lancement et une puissance d'émission des signaux bien moindres, étant donné la proximité de la Terre. Son inconvénient principal vient du déplacement du satellite, puisque celui-ci n'est plus stationnaire. Les communications d'un utilisateur terrestre doivent régulièrement changer de satellite, ce que l'on nomme un handover, comme dans les réseaux de mobiles. Ces constellations sont décrites plus en détail au chapitre 12 en tant que technique d'accès et au chapitre 26 en tant que réseau.

Conclusion

Ce chapitre a présenté les différentes technologies d'accès. Dans les options terrestres, le câble téléphonique est le plus utilisé. Cela s'explique par le nombre d'utilisateurs qui peuvent être connectés par ce moyen. Cependant, le câble téléphonique est généralement de faible qualité, et la distance y est un critère important de détermination du débit. Une nouvelle boucle locale est en cours de réalisation avec la fibre optique pour passer aux très hauts débits.

La boucle locale hertzienne est toute jeune mais déjà très compétitive par rapport à la boucle locale terrestre. Deux grandes solutions se développent en parallèle : les réseaux qui acceptent les mobiles, c'est-à-dire qui sont capables de réaliser des changements intercellulaires, et les réseaux sans fil qui offrent de plus hauts débits, mais sans mobilité.

Les solutions sont nombreuses et continuent d'évoluer rapidement, comme nous le verrons dans ce livre.

11

Les accès *x*DSL et câble

Le haut débit à l'accès est devenu une nécessité dans le monde actuel, où la quantité et la qualité des informations à transporter augmentent sans discontinuer. Un débit de l'ordre du plusieurs mégabits par seconde semble être une valeur minimale pour réaliser de tels accès. L'arrivée de la fibre optique doit faire passer les accès aux très hauts débits.

Ce chapitre s'intéresse aux accès haut débit terrestres pour les particuliers et les petites et moyennes entreprises. Ces accès se limitent essentiellement à deux types : l'utilisation de la ligne téléphonique par le biais d'un modem *x*DSL et celle du câblage CATV associée à un modem câble.

Les accès *x*DSL

Les modems *x*DSL permettent d'utiliser les paires métalliques du réseau d'accès pour réaliser une boucle locale à haut débit. Le débit dépend fortement de la qualité du câble utilisé et de la distance à parcourir. Plusieurs catégories de modems *x*DSL sont commercialisées, la lettre *x* permettant de les différencier.

Les modems ADSL (Asymmetric Digital Subscriber Line) sont les plus répandus. Leurs vitesses sont dissymétriques, plus lentes entre le terminal et le réseau que dans l'autre sens. En règle générale, le sens montant est quatre fois moins rapide que le sens descendant. Les vitesses sur le sens descendant peuvent atteindre 2 Mbit/s pour une distance de l'ordre de 5 km et dépasser la vingtaine de mégabits par seconde lorsqu'on est à moins d'un kilomètre de l'équipement de l'opérateur. Le modem ADSL utilise une modulation d'amplitude quadratique, c'est-à-dire que 16 bits sont transportés à chaque signal. Avec une rapidité de modulation de 340 kilobauds et une atténuation de l'ordre d'une trentaine de décibels, on atteint plus de 5 Mbit/s.

Devant le succès rencontré par la technique ADSL, des dérivés en ont été développés, notamment la technique consistant à faire varier le débit sur le câble, qui a donné naissance au RADSL (Rate Adaptive DSL). Pour les hauts débits, les solutions HDSL (High bit rate DSL) et VDSL (Very high bit rate DSL) peuvent être exploitées avec succès si le câblage, souvent en fibre optique, le permet. Les mesures effectuées chez les opérateurs montrent que les débits deviennent de plus en plus symétriques depuis l'apparition des applications peer-to-peer (P2P), les stations des utilisateurs client devenant des serveurs. Les techniques SDSL (Symmetric DSL) vont donc devenir de plus en plus courantes.

Le modem ADSL

La technologie ADSL a été normalisée par l'UIT-T sous la recommandation G.992.1. Une extension a été apportée dans la recommandation G.992.3 déterminant l'ADSL2. Des extensions permettant l'amélioration de l'ADSL2 sont adoptées pour allonger la distance entre le client et le DSLAM. Ces améliorations ont permis l'adoption de l'ADSL2+ ou LDSL (Long-reach DSL) ou encore READSL (Range Extended ADSL).

Deux techniques sont utilisées pour augmenter le débit sur une communication *x*DSL : le full-duplex, qui est assuré sur une même paire grâce à l'annulation d'écho, et l'utilisation d'un code spécifique, 2B1Q.

Les modems ADSL offrent une bande montante de 4 à 100 kHz, qui est utilisée pour des débits de 0,64 Mbit/s. La bande descendante utilise une bande comprise entre 100 kHz et 1,1 MHz, qui permet d'atteindre le débit de 8,2 Mbit/s. La parole analogique, entre 0 et 4 kHz, passe en parallèle des données utilisant le modem.

Les codes en ligne des modems ADSL reposent soit sur la modulation CAP (Carrierless Amplitude and Phase), soit sur la norme DMT (Discrete MultiTone), de l'ANSI (American National Standards Institute) et de l'ETSI. La méthode DMT consiste en l'utilisation de 256 canaux de 4 kHz, chaque canal permettant l'émission de 15 bits par hertz au maximum.

La figure 11.1 illustre la partie du spectre utilisée par les modems ADSL.

Figure 11.1
Partie du spectre utilisée par l'ADSL

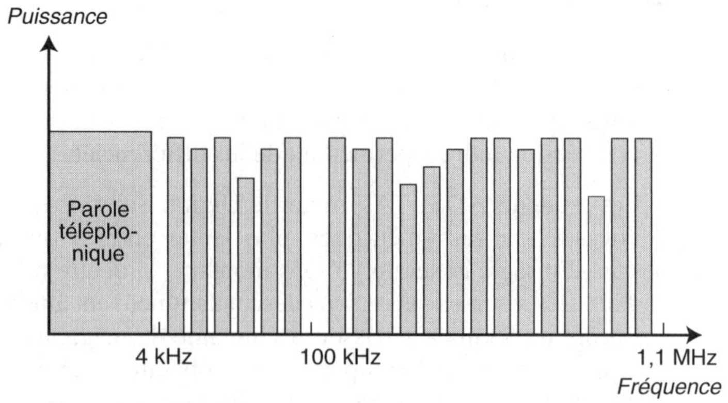

Le spectre est donc découpé en trois parties, une entre 0 et 4 kHz, pour faire passer la parole téléphonique qui continue à être acheminée en parallèle des données, une entre 4 et 100 kHz, pour la voie montante allant du terminal vers le réseau, et une entre 100 kHz et 1,1 MHz pour la voie descendante allant du réseau au terminal.

La partie montante du spectre est divisée en bandes de 4,3 kHz, et plus exactement en 20 sous-bandes de 4,3 kHz. Chaque sous-bande est capable de transporter de 4 à 15 bits en parallèle. En choisissant 8 bits par intervalle d'horloge, avec quatre mille intervalles de temps par seconde, le modem ADSL permet de transporter :

$$4\ 000 \times 8 \text{ bits} = 32 \text{ Kbit/s par sous-bande}$$

Comme il y a 20 sous-bandes, on arrive au total de $32 \times 20 = 640$ Kbit/s.

La partie montante de la communication est découpée en 256 tranches de 4,3 kHz. Toujours pour un transport de 8 bits par intervalle de temps, on arrive au débit de :

$$4\ 000 \times 8 \text{ bits} \times 256 = 8{,}2 \text{ Mbit/s}$$

Il est possible d'améliorer le débit en augmentant le nombre de bits par intervalle de temps et, surtout, la bande passante. Les modems ADSL2+ permettent ainsi de monter jusqu'à 28 Mbit/s en augmentant fortement la partie du spectre utilisée sur la voie descendante.

Des versions simplifiées de modems ADSL sont parfois mises en œuvre dans certains pays, telles que l'ADSL Lite, ou G-Lite, et l'U-ADSL (Universal ADSL). L'objectif de cette simplification est d'offrir un accès à Internet à très bas prix. Les capacités de transmission sont respectivement de 1,5 Mbit/s et 512 Kbit/s. Des cartes ADSL Lite sont commercialisées pour les PC.

Les modems G-Lite ressemblent aux modems ADSL, mais ils sont capables de s'adapter aux possibilités de la ligne. Le modem G-Lite ne se place pas à côté de la communication téléphonique, comme dans l'ADSL, mais prend toute la capacité de la ligne. Le modem s'interrompt si une communication téléphonique doit passer par la ligne. Les modems G-Lite s'adaptent bien aux accès haut débit, en particulier pour l'ATM. Dans ce cas, le protocole PPP peut être utilisé. Il a été standardisé dans cette configuration par l'ADSL Forum et par l'ANSI. Nous revenons sur les protocoles utilisés par les modems ultérieurement dans ce chapitre.

L'ADSL Forum a défini l'interface à respecter. Cette dernière suit l'architecture ATM, déployée par les opérateurs et les équipementiers du secteur des télécommunications vers le début des années 1990. À cette époque, l'ATM représentait une potentialité forte pour l'unification des réseaux des années 2000.

Les octets provenant des différentes sous-bandes sont encapsulés dans des trames ATM. Les trames ATM sont elles-mêmes encapsulées dans une trame de niveau physique, ou supertrame, qui correspond à la vitesse de l'accès ADSL. Par exemple, pour une connexion d'une capacité utile de 1,5 Mbit/s, les trames ATM sont transmises dans une supertrame de 68 cellules ATM, plus une cellule de synchronisation. Chaque supertrame demande un temps de 17 ms pour être émise, ce qui correspond à un peu moins de 250 μs par trame. La vitesse de transmission utile pour le client atteint dans ce cas 1,5 Mbit/s, une fois enlevées les synchronisations et bits de redondance ou de correction d'erreur.

La trame ATM est aujourd'hui de plus en plus remplacée par la trame Ethernet. Cette solution s'explique aisément pour réaliser une continuité Ethernet entre la connexion de l'utilisateur et l'utilisation de solution Gigabit Ethernet entre le DSLAM et le réseau de l'opérateur. Cette solution est introduite au chapitre 17, dévolu à Ethernet.

Les DSLAM (DSL Access Module)

Les DSLAM forment l'autre extrémité de la liaison, chez l'opérateur. Ce sont des équipements dont le rôle est de récupérer les données émises par l'utilisateur depuis son équipement terminal au travers de son modem ADSL. Ces équipements intègrent des modems situés à la frontière de la boucle locale et du réseau de l'opérateur. La figure 11.2 illustre le positionnement d'un DSLAM.

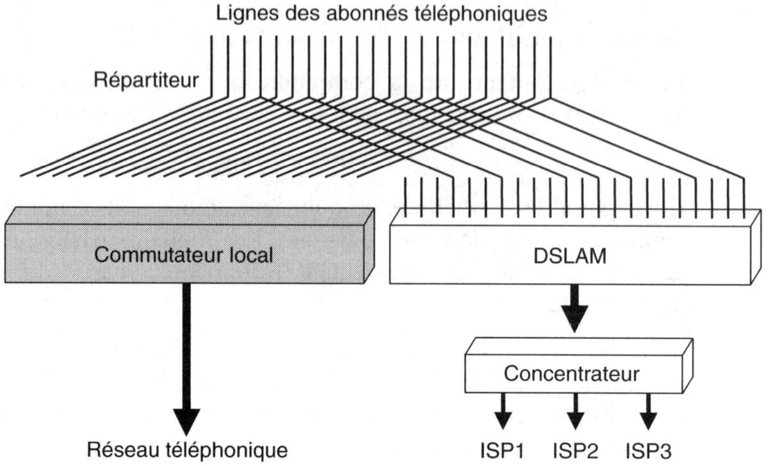

Figure 11.2
Positionnement d'un DSLAM

Les lignes des abonnés à l'opérateur local arrivent sur un répartiteur, qui permet de connecter l'utilisateur au commutateur téléphonique et au DSLAM s'il a un abonnement DSL. Le DSLAM est lui-même connecté à un concentrateur, que nous présentons un peu plus loin du point de vue protocolaire. Ce cas de figure est celui de l'opérateur historique.

Le dégroupage désigne l'arrivée d'opérateurs alternatifs pour offrir des services téléphoniques, de données à haut débit et même de vidéo, comme la télévision. Parmi les diverses possibilités de réalisation pratique du dégroupage, la pose de câbles a été envisagée pour réaliser une boucle locale différente de celle de l'opérateur historique, lequel en possédait, jusqu'à la fin des années 1990, le contrôle total. En raison du prix très élevé de la pose d'un réseau d'accès et de l'aberration que représenterait l'arrivée de plusieurs boucles locales jusque chez l'utilisateur, une par opérateur, d'autres solutions ont été adoptées. Certains opérateurs ont choisi de se positionner au niveau du répartiteur. À partir de ce répartiteur, ils ont installé leurs propres connexions et leur propre DSLAM.

L'inconvénient de cette solution provient de la situation géographique du DSLAM de l'opérateur alternatif, qui doit se trouver dans une salle connexe de celle de l'opérateur historique. De plus, l'opérateur alternatif doit tirer une liaison vers son propre réseau, sans connaître avec précision le nombre d'utilisateurs qui le choisiront.

Une autre possibilité consiste à se positionner derrière le DSLAM, en ayant son propre concentrateur ou bien, comme sur la figure, en se connectant à la sortie du concentrateur. L'opérateur qui prend en charge la connexion entre le modem de l'utilisateur et la sortie du concentrateur s'appelle le fournisseur d'accès, ou NAP (Network Access Provider).

Une dernière solution consiste à utiliser le réseau de France Télécom pour atteindre un POP (Point of Presence) de l'opérateur alternatif. Nous examinons cette solution à la section suivante.

Jusqu'en 2004, les utilisateurs étaient obligés d'avoir un abonnement à France Télécom pour transmettre sur la boucle locale entre l'équipement terminal et le DSLAM. Désormais, la dérégulation est totale, et la facture de la communication sur la boucle locale est gérée par l'opérateur alternatif, qui doit cependant louer la ligne de la boucle locale à France Télécom.

Les protocoles de l'ADSL

L'utilisateur générant des paquets IP, il faut pouvoir transporter ces paquets IP vers le modem ADSL. Pour cela, on utilise soit une trame Ethernet, soit une trame PPP, soit une trame USB, soit une superposition de ces trames, comme une trame PPP encapsulée dans une trame Ethernet ou une trame PPP encapsulée dans une trame USB.

Prenons l'exemple de paquets IP encapsulés dans une trame Ethernet. Cette trame est envoyée soit sur un réseau Ethernet reliant le PC du client au modem, soit dans une trame PPP sur une interface de type USB. Dans le modem ADSL, il faut décapsuler la trame pour récupérer le paquet IP puis l'encapsuler de nouveau, mais cette fois dans une trame ATM. Cette fragmentation en morceaux de 48 octets est réalisée par le biais d'une couche AAL-5 (ATM Adaptation Layer de type 5).

Une fois la trame ATM arrivée dans le DSLAM, plusieurs cas de figure peuvent se présenter suivant l'architecture du réseau du FAI auquel le client est connecté. Une première solution consiste à décapsuler les cellules ATM et à récupérer le paquet IP qui est transmis vers le concentrateur dans une trame Ethernet. Le concentrateur l'envoie vers le FAI également dans une trame Ethernet. Une deuxième solution consiste à laisser les trames sous forme ATM. C'est le cas lorsque l'opérateur de la boucle locale et le FAI utilisent la même technologie. Dans ce cas, la cellule ATM est directement envoyée vers le concentrateur, qui joue le rôle de commutateur ATM. Celui-ci envoie les trames ATM par des circuits virtuels vers des BAS (Broadband Access Server), qui sont les équipements intermédiaires permettant d'accéder aux réseaux des FAI alternatifs.

Ces topologies sont illustrées à la figure 11.3.

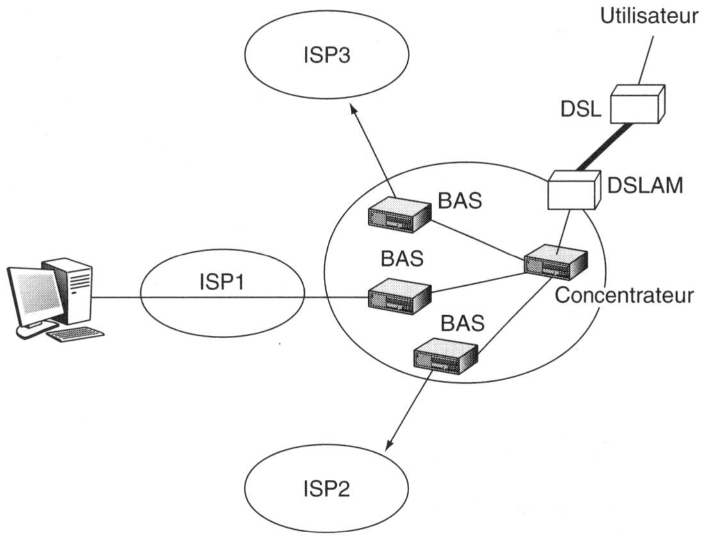

Figure 11.3
Équipements de concentration entre l'utilisateur et le serveur

Une autre solution, qui est aussi très utilisée, consiste à placer le paquet IP de départ dans une trame PPP et à garder cette trame tout le long du chemin, quitte à l'encapsuler dans d'autres trames. Cela a donné naissance au protocole PPPoE (PPP over Ethernet) dans le cas où la trame PPP est émise sur Ethernet. La trame PPP peut être encapsulée dans plusieurs trames ATM après avoir été découpée en morceaux de 48 octets par le biais du protocole AAL-5.

L'avantage de conserver la trame PPP tout le long du chemin est de pouvoir l'encapsuler dans un tunnel L2TP, comme nous allons le voir.

Le protocole L2TP

Pour réaliser les communications entre les BAS et les serveurs, un protocole de tunneling doit être mis en place puisque ce chemin peut être considéré comme devant être emprunté par tous les paquets ou trames provenant des différents DSLAM et allant vers le même serveur. Le tunneling est une technique courante, qui ressemble à un circuit virtuel. Les trois protocoles utilisés pour cela sont PPTP (Point-to-Point Tunneling Protocol), L2F (Layer 2 Forwarding) et L2TP (Layer 2 Tunneling Protocol). Ces protocoles permettent l'authentification de l'utilisateur, l'affectation dynamique d'adresse, le chiffrement des données et éventuellement leur compression.

Le protocole le plus récent, L2TP, supporte difficilement le passage à l'échelle, ou scalabilité, et n'arrive pas à traiter correctement et suffisamment vite un nombre de flots dépassant les valeurs moyennes. Dans ce cas, on ajoute des concentrateurs d'accès L2TP, ou LAC (L2TP Access Concentrator), qui récupèrent tous les clients provenant d'un même DSLAM et allant vers un même BAS et les multiplexent sur un même circuit virtuel.

La figure 11.4 illustre l'architecture protocolaire d'une communication d'un PC vers un serveur situé dans un réseau de FAI différent de celui de l'opérateur d'entrée. Le PC travaille sous TCP/IP et est connecté à un modem ADSL par le biais d'un réseau Ethernet.

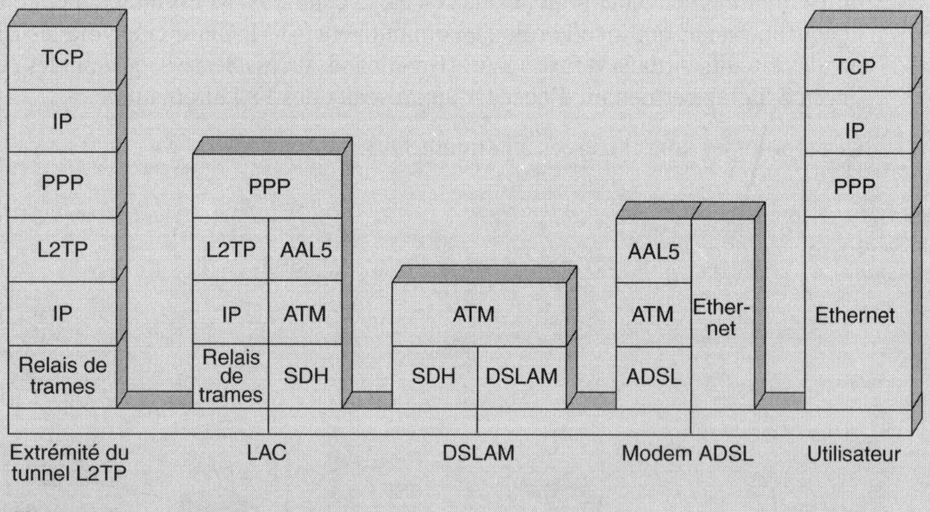

Figure 11.4
Architecture protocolaire d'une communication ADSL

Les modems VDSL

Les modems VDSL (Very high bit rate DSL) permettent d'atteindre des vitesses beaucoup plus élevées que les modems ADSL, mais sur quelques dizaines de mètres seulement. Leur capacité est de plusieurs dizaines de mégabits par seconde. Les modems VDSL peuvent se mettre à la sortie d'un PON (Passive Optical Network) pour prolonger leur liaison vers l'utilisateur *(voir le chapitre 10)*. Les PON étant en technologie ATM, les modems VDSL doivent en ce cas accepter la trame ATM.

Les débits peuvent être asymétriques ou symétriques, au choix de l'utilisateur. Selon les propositions de l'ANSI, les débits en asymétrique devraient atteindre 6,4 Mbit/s dans le sens montant et 52 Mbit/s dans le sens descendant sur une distance de 300 m. Pour une distance de 1 000 m, il devrait être possible d'obtenir la moitié des débits précédents. La bande de fréquences située entre 300 et 700 kHz est dévolue à la bande montante. La partie du spectre située entre 700 kHz et 30 MHz sert à la bande descendante. La partie basse du spectre est réservée à la parole téléphonique ou au passage d'une interface RNIS bande étroite.

Comme dans le cas de l'ADSL, un filtre permet de séparer la partie téléphonique, qui va vers un répartiteur téléphonique, et la partie données, qui va vers l'équivalent d'un DSLAM, lequel peut utiliser la fibre optique du PON pour atteindre le local technique de l'opérateur.

Le réseau d'entreprise, à la sortie du modem VDSL, peut être de deux types : ATM ou Ethernet. Dans le premier cas, les trames ATM sont directement acheminées sur ce réseau par un commutateur ATM connecté au modem. Dans le second cas, un hub Ethernet est mis en place, complété par un routeur.

La parole et la vidéo sur xDSL

Nous avons vu qu'en *x*DSL la parole téléphonique était transportée parallèlement aux données sur la partie basse du spectre. Cette technologie convient très bien aux opérateurs historiques, aussi appelés ILEC (Incumbent Local Exchange Carrier). Les nouveaux venus, ou CLEC (Competitive Local Exchange Carrier), peuvent aujourd'hui espérer concurrencer les opérateurs historiques grâce à la déréglementation de la boucle locale.

Pour prendre en charge des clients sur la boucle locale de l'opérateur historique, ces opérateurs entrants peuvent faire passer la parole téléphonique sur la partie DSL. On appelle cette solution ToDSL (Telephony over DSL). Le passage de la parole sur la partie donnée s'apparente aux technologies de voix sur IP, que nous détaillons au chapitre 41.

Les paquets de parole devant arriver au récepteur avant 150 ms, il faut qu'une priorité leur soit appliquée. Dans ce cas, la dizaine de kilobits par seconde de la parole compressée passe assez facilement. Il faut toutefois que la priorité puisse s'exercer non seulement sur la partie modem mais aussi sur les parties réseau précédant et suivant les deux modems. Cela suppose, pour la partie réseau d'entreprise, l'application d'une technique de priorité et, pour le réseau du FAI, la possibilité de négocier un SLA (Service Level Agreement) compatible avec le temps maximal de traversée de bout en bout.

Une autre solution, moins intégrée mais plus simple à mettre en œuvre, est commercialisée par de nombreux FAI pour offrir le service téléphonique ToDSL. Elle consiste à utiliser une bande spécifique du modem, de 4,3 MHz, donnant un débit de 32 Kbit/s. L'inconvénient de cette solution est que si la parole téléphonique n'est pas utilisée, la bande passante correspondante est perdue. Cependant, comme la bande passante utilisée est très faible, cela ne pose pas vraiment problème.

La ligne DSL doit aussi convoyer la signalisation téléphonique, ce qui constitue la deuxième difficulté après la contrainte temporelle. Sur le modem, plutôt que d'utiliser une priorité sur les données, il est possible d'utiliser l'AAL-1, qui offre des fonctionnalités de synchronisation et de priorité. Cette solution, appelée VoATM (Voice over ATM), est complémentaire de la technologie ToDSL.

La télévision est une deuxième application qui est offerte aux utilisateurs de modems ADSL. Avec la première génération de modems ADSL, une bande passante spécifique est dévolue au canal de télévision, en général de 3 Mbit/s. Lorsque la télévision est en marche, le canal ne fait que transporter des signaux numériques de l'image de télévision. Lorsque la télévision est éteinte, les 3 Mbit/s sont alloués à la bande passante utilisée pour le transport des données. Dans la seconde génération, l'image de télévision est intégrée avec les autres flots, et les paquets transportant le flux d'images sont facilement repérables par une adresse spécifique correspondant à la prise sur le boîtier sur laquelle est branchée la télévision. Enfin, dans la troisième génération, que nous détaillons au chapitre 28, le flot de paquets provenant de la télévision est un flot IP totalement intégré aux autres paquets, un marquage spécifique permettant de reconnaître les paquets pour leur donner une priorité acceptable pour la qualité de service nécessaire.

La vidéo est un autre service qui peut être offert par les modems DSL. S'il est encore difficilement imaginable de voir ce système supplanter la vidéo diffusée à grande échelle, la vidéo sur DSL, ou VoDSL (Video over DSL), commence à être déployée par de nombreux FAI pour des diffusions limitées et des services de VoD (Video on Demand).

Les deux solutions que nous avons examinées pour la téléphonie sont possibles pour la vidéo : soit on intègre les paquets vidéo dans le flot en leur donnant si possible une priorité forte, soit on leur affecte un canal spécifique. Dans ce dernier cas, la largeur de la bande passante affectée à la vidéo diffère suivant les opérateurs pour aller de 800 Kbit/s à quelques mégabits par seconde. Pour une télévision à 800 Kbit/s, il suffit de récupérer 25 des 256 sous-bandes, chacune transportant 32 Kbit/s.

Dans le cas du multipoint, c'est-à-dire de la diffusion limitée à un petit nombre d'utilisateurs, la vidéo est compressée en MPEG-4 ou éventuellement en MPEG-2 et émise en utilisant un protocole multipoint. Le plus performant de ces protocoles est IP Multicast, puisque les paquets sont à l'origine IP. Cependant, comme il faut compresser au maximum les données vidéo, le choix du codec vidéo est capital pour que le flot arrive dans les temps.

Le Multi-Play

Les modems ADSL ont été développés au départ pour réaliser un transport de données à haut débit de plusieurs mégabits par seconde. Ils se sont améliorés en introduisant de la téléphonie puis de la télévision.

Le principe de fonctionnement du Triple-Play est illustré à la figure 11.5.

Figure 11.5
Le Triple-Play

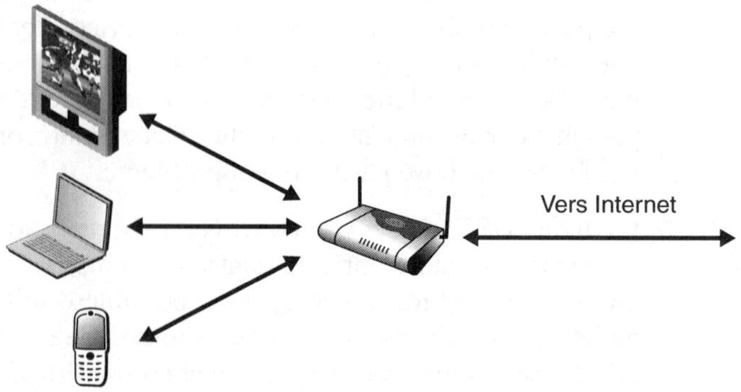

Dans cette génération, chaque média passe par une prise différente permettant de récupérer facilement les flots de chacun des médias et de leur affecter des priorités associées : la parole téléphonique a une priorité supérieure à la télévision, qui a une priorité plus grande que les paquets de données.

Les flots peuvent être de nature différente. Par exemple, le téléphone peut encore être analogique ainsi que la télévision. Les codeurs-décodeurs se trouvant dans le modem ADSL, le boîtier de connexion prend un nouveau nom : l'InternetBox, car il intègre en plus du modem *x*DSL de nombreux codeurs-décodeurs et la paquétisation des flots téléphoniques et de télévision. Cette solution correspond aux InternetBox développées entre 2004 et 2008 (LiveBox, FreeBox, 9Box, etc.).

L'InternetBox commence à posséder des filtres applicatifs permettant de reconnaître directement le type de flot traversant le boîtier et de lui affecter la priorité correspondante. Cette solution permet de ne plus différencier les flots au niveau du terminal, qui peuvent de ce fait tous devenir IP. Nous détaillons cette solution au chapitre 28. Elle est illustrée à la figure 11.6.

Figure 11.6
Le Triple-Play de seconde génération

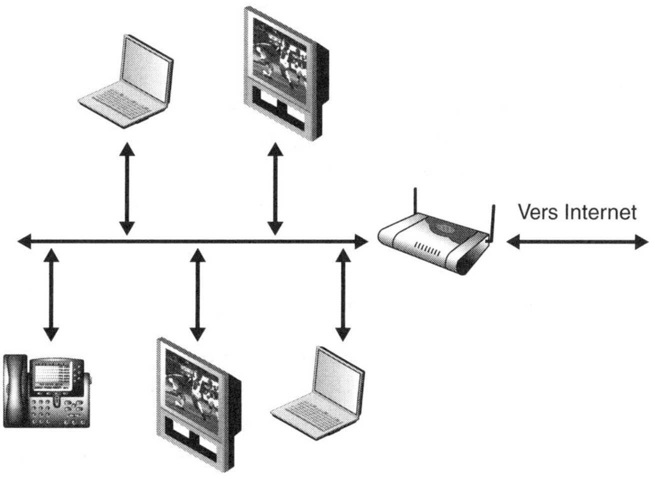

Le Quadruple-Play est apparu en 2006 pour ajouter la mobilité aux accès sur l'InternetBox. Dans cette solution, le combiné téléphonique se raccorde au réseau sans fil inclus dans le boîtier : Wi-Fi en général (Unik d'Orange) mais également Bluetooth (Fusion de BT). Le téléphone peut-être uniquement Wi-Fi ou Bluetooth mais peut également être bimode pour permettre de passer au GSM en cas de coupure de la communication Wi-Fi ou Bluetooth. Cette solution s'apparente à la téléphonie sur IP puisque les octets de téléphonie sont encapsulés dans un paquet IP dans le combiné et que le paquet IP est lui-même encapsulé dans la trame associée à la technologie du réseau sans fil pour traverser l'interface radio.

Une extension particulièrement intéressante concerne la possibilité de se connecter sur une InternetBox d'un autre utilisateur et de pouvoir téléphoner au coût de l'InternetBox du FAI, c'est-à-dire en général gratuitement. Cette solution demande à ce que l'opérateur permette l'accès aux multiples InternetBox à partir de connexions externes. Pour cela, une authentification est nécessaire, qui est généralement réalisée par une carte SIM *(voir le chapitre 38)*. Le Quadruple-Play est illustré à la figure 11.7.

Figure 11.7
Le Quadruple-Play

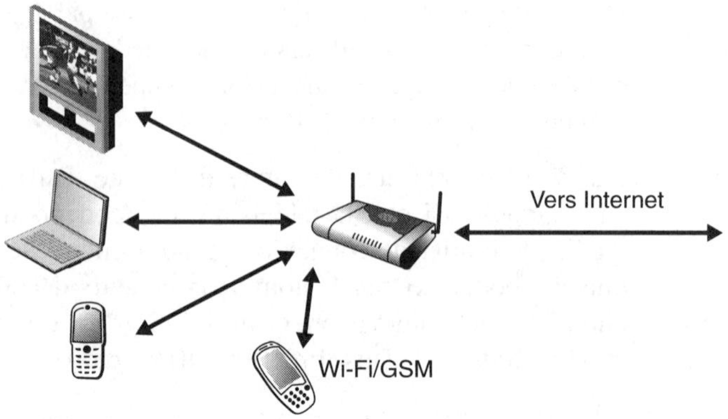

Nous verrons au chapitre 23 que cette solution n'est pas forcément simple à gérer. En effet, la vitesse de la connexion dépend en grande partie de l'éloignement de l'utilisateur. Suivant les opérateurs, différentes solutions ont été développées pour contrer ce problème : limiter fortement le nombre de connexions, interdire les connexions quand l'utilisateur se sert de son InternetBox, limiter le débit accessible depuis l'extérieur, etc.

Le Penta-Play est une extension de la téléphonie mobile *via* la télévision. Le flot de paquets IP provenant du client transporte les images et le son du canal de télévision. L'inconvénient majeur de cette solution est une capacité plus importante de transmission, qui ajoute une difficulté de gestion de l'InternetBox pour éviter que plusieurs clients externes ne perturbent le boîtier d'un utilisateur.

Les modems câble

Les câblo-opérateurs disposent d'un environnement leur permettant de relier l'utilisateur à un ou plusieurs opérateurs. Ce câblage est réalisé à partir du câble coaxial CATV reliant la tête de réseau aux utilisateurs, comme l'illustre la figure 11.8. Les canaux de télévision dans le sens descendant sont diffusés sur toutes les branches du câblage. Dans le sens montant, les canaux doivent se superposer sur le tronc de l'arbre.

Figure 11.8
Distribution de programmes TV par un câblo-opérateur

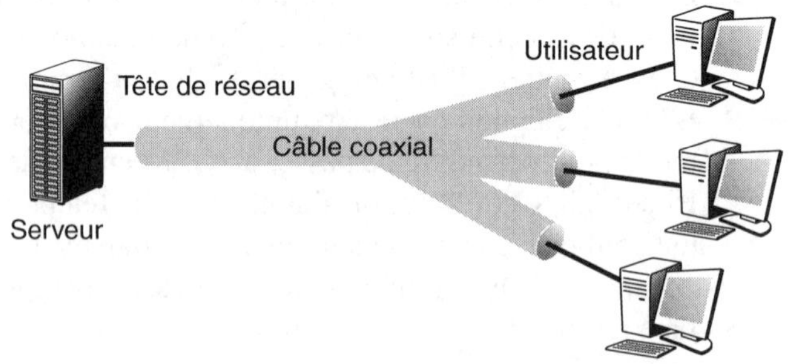

Le câblage part d'une tête de réseau pour atteindre l'utilisateur après une diffusion sur l'ensemble des branches. Dans le cadre de la diffusion de la télévision, les différents programmes sont poussés vers les utilisateurs. Chaque abonné reçoit l'ensemble des chaînes et en sélectionne une à visualiser. Cette technique est à l'opposé de l'ADSL, où seule la chaîne sélectionnée par l'utilisateur est acheminée.

Dans le CATV, un multiplexage en fréquence est utilisé pour le transport des différents canaux de télévision *(voir figure 11.9)*. La division en fréquence donne naissance à des sous-bandes, chaque sous-bande portant un canal de télévision.

Figure 11.9
Multiplexage en fréquence dans le CATV

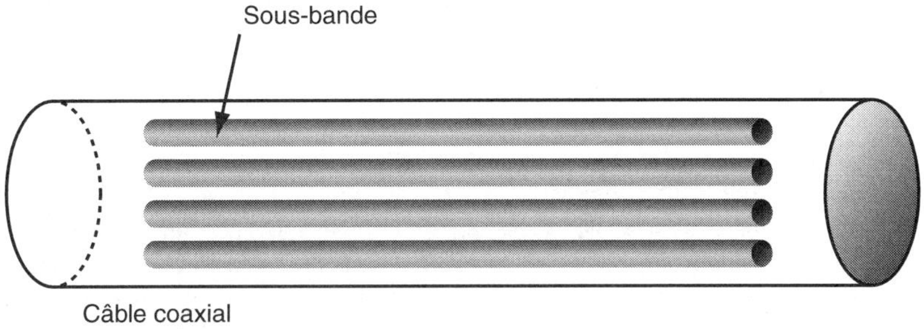

On peut affecter une bande étroite, de 32 ou 64 Kbit/s par utilisateur, pour transporter de la parole téléphonique entre le combiné de l'utilisateur et la tête de réseau qui est reliée à un opérateur télécoms.

Il est possible de réserver une sous-bande pour la connexion à un opérateur de type FAI. Cette sous-bande doit toutefois être suffisante pour supporter la somme des débits crêtes des utilisateurs. Par exemple, 1 000 utilisateurs connectés à 1 Mbit/s exigent un débit total potentiel de 1 Gbit/s. La solution à ce problème consiste à choisir sur le CATV une bande très large et à utiliser une technique de multiplexage pour faire passer un maximum d'utilisateurs simultanément.

La figure 11.10 illustre un partage de la bande passante d'un CATV en Amérique du Nord et en Europe. Les bandes montantes en Europe se situent entre 5 et 42 MHz et ont une largeur de 200 kHz à 3,2 MHz. Les bandes descendantes se situent entre 50 et 850 MHz. La largeur des bandes de télévision est de 8 MHz. Le nombre de bandes montantes et descendantes est laissé libre aux opérateurs. Les valeurs pour l'Amérique du Nord sont indiquées sur la figure. Les bandes de télévision sont de 6 MHz.

Figure 11.10
Plage de fréquences dans un CATV

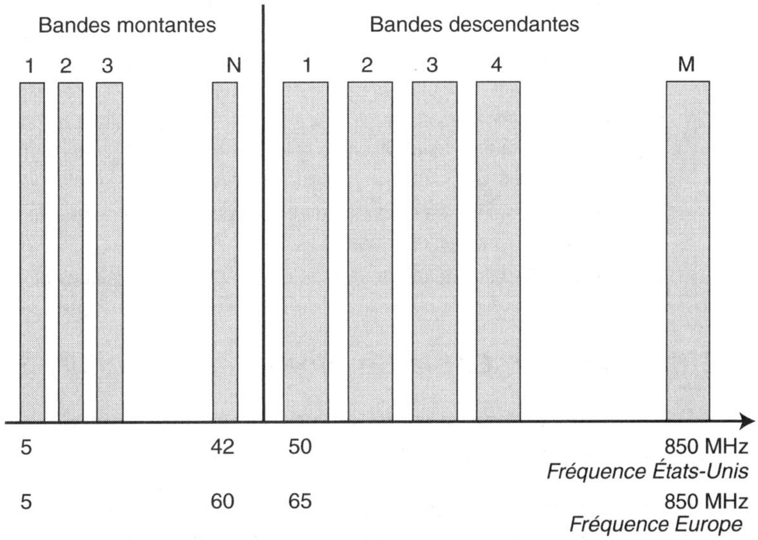

Pour réaliser le multiplexage des utilisateurs sur la bande commune, trois normes ont été proposées :

- IEEE 802.14, qui utilise une technologie ATM.
- MCNS-DOCSIS, qui est surtout utilisée en Amérique du Nord mais que les câblo-opérateurs européens ont adoptée par la suite.
- DVB-DAVIC, que nous détaillons au chapitre 41.

IEEE 802.14 et MLAP

La transmission numérique sur un CATV s'effectue d'une manière unidirectionnelle, de la station terminale vers la tête de réseau ou l'inverse. La bande passante du CATV est subdivisée en une bande montante vers la tête de ligne et une bande descendante vers les équipements terminaux.

Cette partie du câblage peut desservir entre 500 et 12 000 utilisateurs depuis la tête de réseau. Si chaque utilisateur veut effectuer une application de vidéo à la demande, ou VoD, la bande passante n'est pas suffisante, ou, du moins, chaque client doit se limiter à une partie de cette bande passante. Pour permettre une meilleure adéquation de la bande passante, surtout aux applications interactives, le groupe de travail IEEE 802.14 a développé le protocole MLAP (MAC Level Access Protocol), qui permet de distribuer le support entre les machines connectées.

La difficulté principale de ce système réside dans la technique d'accès. Comme les canaux sont unidirectionnels, l'équipement le plus en aval ne peut écouter les émissions des autres stations qu'après un certain laps de temps, qui correspond à la propagation du signal jusqu'à la tête de réseau et à celle en retour jusqu'à la station. La portée du CATV pouvant atteindre plusieurs dizaines de kilomètres, il faut trouver une solution intermédiaire entre les techniques satellite et les méthodes utilisées dans les réseaux locaux.

Le protocole MLAP repose sur une succession d'états correspondant à des actions découpées en cinq phases :

1. La station que l'on examine est inactive.
2. Elle devient active, c'est-à-dire qu'elle veut émettre des trames.
3. Elle avertit la tête de réseau par des primitives UP.FRAME et UP.REQ et par un mécanisme d'accès aléatoire.
4. La tête de réseau notifie à toutes les stations, par le biais du canal aval, les intervalles de temps pendant lesquels les stations peuvent émettre. Les canaux sont utilisés dans un mode avec contention. Cela signifie que l'allocation d'un canal ne se fait pas de façon unique du premier coup et que des collisions peuvent se produire. Associé à la tête de réseau, un contrôleur peut modifier l'allocation des canaux en tenant compte de la demande de qualité de service des stations. L'algorithme est alors réinitialisé, et les informations sont mises à jour. Une nouvelle allocation est ensuite déterminée. Les stations reçoivent une notification de la tête de réseau indiquant les nouveaux intervalles de temps qui leur sont alloués. Ce processus se poursuit jusqu'à ce que les stations aient leur canal réservé.
5. Si une station modifie sa demande de bande passante ou de qualité de service, la nouvelle demande s'effectue par les canaux partagés.

L'algorithme d'allocation de bande passante du contrôleur ne fait pas partie de la norme.

DOCSIS (Data Over Cable Service Interoperability Specification)

Pour réaliser le multiplexage des utilisateurs sur la bande commune, la norme DOCSIS divise le temps en slots, numérotés entre 1 et 4 096.

Les deux standards disponibles, DOCSIS 1.0 et DOCSIS 1.2, utilisent des tables d'allocation de slots qui indiquent qui a le droit de transmettre dans un slot. Jusqu'à 14 slots peuvent être utilisés simultanément pour une même communication. Les slots avec accès aléatoire, que l'on appelle slots de contention, permettent aux stations d'effectuer leur réservation. L'accès aléatoire n'est pas vraiment aléatoire, puisqu'il utilise l'algorithme en arbre BEB (Binary Exponential Backoff) pour résoudre les collisions.

La différence entre les deux standards réside dans la prise en charge de la qualité de service, qui n'est garantie que dans la version 1.2. Cette qualité de service est totalement compatible avec le modèle DiffServ, présenté au chapitre 19, qui consiste à marquer le champ de qualité de service de chaque paquet d'une valeur correspondant à son niveau de priorité.

DVB-DAVIC

Le groupe DAVIC (Digital Audio VIsual Council) a été formé en 1994 pour normaliser les interfaces et les architectures des réseaux transportant de la vidéo. Le choix s'est dirigé en grande partie vers la norme DVB, qui permet le transport de tout type d'information, en particulier la vidéo. Nous revenons longuement sur cette norme dans sa généralité au chapitre 42.

Une version spécifique du DVB a été développée pour le câble. Elle utilise des bandes de 6 Mbit/s de débit et une technologie de modulation de phase et d'amplitude. Le DVB utilise la compression MPEG-2 pour la télévision numérique. MPEG-2 permet le multiplexage de plusieurs canaux numériques dans des trames spécifiques. Pour le transport des paquets MPEG, voire directement du paquet IP, puisque c'est permis par l'interface DAVIC, c'est la trame ATM qui est utilisée. Nous retrouvons là des techniques semblables à celles utilisées dans IEEE 802.14 et DOCSIS.

Le contrôle des paquets IP

Les normes IEEE 802.14 et DOCSIS assurent une bonne utilisation de la partie du câble affectée au transport des données. Nous avons vu que la norme associée au modem était l'ATM. En réalité, ces paquets ATM ne sont là que pour transporter des paquets IP, le paquet de base restant le paquet IP. Les paquets IP doivent être contrôlés, de telle sorte que chaque utilisateur n'en émette pas trop et que le réseau demeure fluide.

Le contrôle des flots IP s'effectue grâce à un algorithme, dit slow-start and congestion avoidance, qui limite la valeur de la fenêtre afin que chaque utilisateur puisse continuer à jouir de son débit, même lorsque le réseau est surchargé. Les paquets IP, dont le nombre est limité par la fenêtre, sont découpés pour cela en morceaux de 48 octets pour être introduits dans la zone de données de la trame ATM. Le nombre des cellules ATM dépend de la fenêtre IP.

Une difficulté de cette méthode provient de la couche d'accès au support physique, qui n'est pas corrélée au débit des trames ATM. Si la connexion n'a pas de débit, du fait que la demande d'accès n'a pas obtenu de réservation, les acquittements des paquets IP arrivent trop tard, et il en résulte un redémarrage du slow-start à la valeur 1 pour la fenêtre de contrôle. Même si la connexion reçoit une réservation réussie grâce à la technique d'accès, cette réservation est de nouveau perdue après l'émission des trames ATM en attente, qui ne sont qu'en petit nombre. En revanche, lorsque la technique d'accès a réussi à réserver un slot et que la valeur de la fenêtre de contrôle augmente, la connexion n'a plus de raison de perdre la main, et elle se met à très bien fonctionner.

Conclusion

Les accès à haut débit, voire à très haut débit, sont aujourd'hui répandus dans tous les pays où les clients peuvent avoir accès à Internet à partir d'un boîtier multifonction, l'InternetBox.

Les deux grandes solutions de connexion à haut débit pour relier l'InternetBox d'un utilisateur au nœud d'entrée d'un opérateur se construisent à partir de modems *x*DSL ou câble. Ces équipements ne constituent plus un goulet d'étranglement pour les différentes applications allant de données haut débit à la télévision en passant par la parole téléphonique, fixe ou mobile.

L'évolution en débit de ces InternetBox est considérable, et l'arrivée de la fibre optique ne va faire qu'en accroître les possibilités d'utilisation. On peut considérer que le domicile devient une petite entreprise dotée de moyens de communication avec l'extérieur bien plus importants que ceux d'une entreprise moyenne du début des années 2000.

12

Les réseaux d'accès radio

Les voies hertziennes sont essentiellement utilisées par les réseaux de mobiles et les réseaux sans fil. Les communications hertziennes téléphoniques, que ce soit entre tours hertziennes ou par l'intermédiaire de satellites ne sont pas des nouveautés. Ces solutions correspondent à des liaisons bipoint et non à un réseau.

Ce chapitre introduit les nouvelles solutions issues de l'utilisation de fréquences hertziennes pour la desserte des entreprises et des utilisateurs résidentiels en lieu et place des câbles métalliques ou de la fibre optique enfouis dans le sous-sol. Les débits peuvent se révéler très importants grâce à des techniques de codage de plus en plus sophistiquées, une méthode d'accès adaptée et une bonne réutilisation des ressources spectrales.

Nous commencerons par la description de la boucle locale radio, puis examinerons les méthodes d'accès dans les réseaux radio. Nous donnerons ensuite quelques exemples de réseaux d'accès radio.

La boucle locale satellite est une autre solution pour accéder au réseau terrestre d'un opérateur. Dans ce cas, le signal part de l'entreprise et, grâce à une antenne, accède au satellite, qui renvoie le signal vers le central d'accès d'un opérateur de télécommunications. Nous détaillons également le fonctionnement de cette boucle locale.

La boucle locale radio

La BLR, ou boucle locale radio, permet de connecter des utilisateurs sur une antenne distante d'un opérateur de télécommunications. Cette technique fait partie des WLL (Wireless Local Loop), dits encore WITL (Wireless In The Loop), ou RITL (Radio In The Loop), autant d'acronymes qui désignent des techniques de boucle locale sans fil.

L'abréviation BLR est la terminologie adoptée en France. Elle recouvre un certain nombre de techniques adaptées au cas français. Une autre façon de présenter cette solution est de parler de WDSL (Wireless Data Subscriber Line). Nous essaierons dans la suite de ce chapitre de nous positionner de façon plus générale en incluant les technologies et les fréquences utilisées à l'étranger.

La boucle locale radio est une technologie sans fil bidirectionnelle, dans laquelle l'équipement terminal ne peut être mobile pour le moment au sens d'un réseau de mobiles. L'antenne de réception doit être grande et fixe. Une boucle locale est illustrée à la figure 12.1. Elle est formée d'un ensemble de cellules (en grisé sur la figure). Chaque cellule est raccordée à une station de base, qui dessert les utilisateurs abonnés. La station de base est constituée d'une ou plusieurs antennes reliées aux utilisateurs directement par un faisceau hertzien. Les stations de base sont interconnectées par un réseau terrestre. L'accès à ce réseau terrestre s'effectue par le biais d'un commutateur.

Figure 12.1
Boucle locale radio

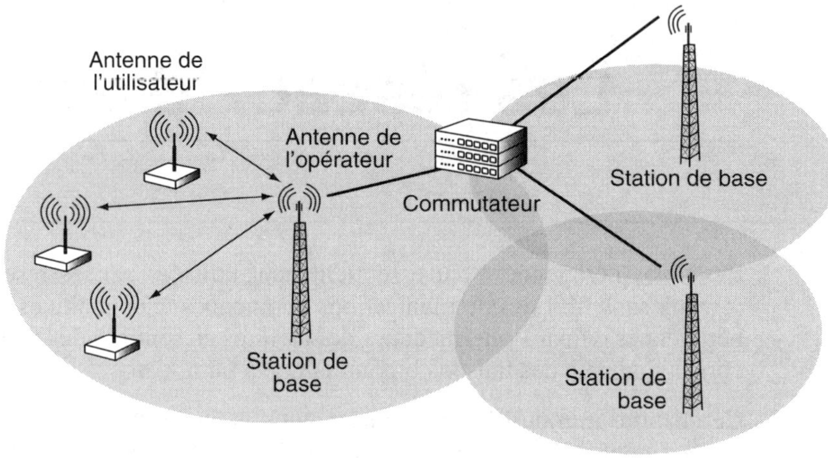

L'avantage de cette solution de réseau d'accès réside dans la simplicité de sa mise en place. Il suffit de relier l'antenne de l'utilisateur à l'antenne de la station de base, évitant de la sorte tous les travaux de génie civil que demande la pose de câbles. Cependant, il ne faut pas négliger la mise en place de l'infrastructure à l'intérieur du ou des bâtiments de l'utilisateur pour connecter toutes les machines à l'antenne, laquelle doit être généralement en vue directe de l'antenne de l'opérateur.

Dans la suite, nous appelons WLL toutes les boucles locales sans fil, incluant à la fois les technologies adoptées en France sous le nom de BLR et celles utilisées hors de France.

Les systèmes WLL

Les systèmes WLL proviennent de différentes technologies hertziennes qui ont pour but de transférer des données à la plus haute vitesse possible. Ils doivent être compétitifs par rapport à leur homologue fixe et, de ce fait, posséder les propriétés suivantes :

- Modems à faible coût, à peine plus élevé que les modems ADSL ou câble.
- Bande passante importante, pour que, en période de forte occupation, chaque utilisateur puisse continuer à travailler de façon satisfaisante.
- Techniques de transmission des données évoluées, pour offrir des débits acceptables pour chaque utilisateur, même en période de pointe.

- Grande flexibilité, permettant de prendre en charge les différents types de trafic, allant de la parole téléphonique aux transports de données à très haute vitesse.
- Architecture modulaire, pour permettre les mises à niveau en cas d'améliorations techniques des interfaces air.

Les systèmes WLL disponibles sur le marché sont de plus en plus nombreux. Nous allons en décrire trois exemples :

- Les technologies IEEE 802.11 directives, dites encore Wi-Fi directif.
- IEEE 802.16, ou WiMAX, une norme stabilisée en décembre 2004 et qui s'est fortement répandue depuis. Une version spécifique, le WiBro a été développée en Corée
- IEEE 802.22, qui préfigure les connexions sur de plus longues portées pour diminuer le coût de déploiement. Cette dernière technologie devrait profiter du dividende numérique, c'est-à-dire de la récupération de bandes de télévision qui sont libérées lorsqu'un pays passe à la télévision tout numérique. Ce passage devrait intervenir entre 2007 et 2015 et en France fin 2011.

Les bandes de fréquences

Les bandes de fréquences attribuées pour les liaisons WLL varient suivant les pays et les continents. Une première bande fortement utilisée en France et en Europe concerne le DECT. Cette bande a été déterminée pour la téléphonie résidentielle et d'entreprise. Elle correspond à la partie du spectre située entre 1 880 et 1 900 MHz. Bien que particulièrement étroite, avec ses 20 MHz disponibles, cette bande peut être utilisée pour la BLR.

Le DECT se présente comme une solution potentielle pour la téléphonie mobile, mais au prix d'une limitation de la mobilité du terminal, qui doit rester dans une même cellule. Cette norme ETSI (European Telecommunications Standards Institute) de 1992 utilise une technique de division temporelle TDMA, permettant de mettre en place des interfaces RNIS bande étroite.

Une seconde bande, dédiée à la technologie MMDS, a été affectée aux techniques WLL. Cette bande était au départ dévolue à des canaux de télévision analogique en mode unidirectionnel, puisque la télévision est diffusée. Un canal de retour, permettant d'envoyer des commandes vers l'émetteur, était permis par l'utilisation du réseau téléphonique commuté. Cette bande sert maintenant à la BLR, mais de nouveau avec une bande passante assez faible. Les antennes réceptrices, d'un diamètre de 20 cm environ, doivent être quasiment en vue directe de l'antenne du fournisseur, sans obstacle entre les deux. Dans la bande des 3,5 GHz, les ondes réussissent à traverser les bosquets d'arbres et à être à peu près insensibles à la pluie. Les distances moyennes acceptables pour cette bande vont de 3 km dans les zones fortement urbanisées à quelque 10 km en zone rurale. La bande des 10,5 GHz est également disponible, mais une fois encore avec une très faible bande passante. Pour de réelles capacités, il faut utiliser des bandes au-dessus de 20 GHz, dont un grand nombre est disponible.

Les distances entre la station de base et l'antenne du client varient en fonction de la fréquence, du relief, de la météo, des obstacles, etc. Une vue directe entre les deux antennes qui communiquent est toujours nécessaire, cette directivité étant plus ou moins prononcée suivant la fréquence utilisée. La pluie peut devenir une contrainte forte compte tenu de la nature des ondes utilisées, dont la longueur est de l'ordre du millimètre, ce qui correspond à une fréquence d'environ 30 GHz. Toutes ces difficultés limitent la distance maximale entre l'émetteur et le récepteur à environ 3 km.

En France, deux licences nationales permettent l'utilisation des fréquences MMDS. Les licences régionales utilisent des fréquences dans la bande 24,5-26,5 GHz. Dans les DOM. les licences concernent la bande des 3,5 GHz. Aux États-Unis, une bande de 1,3 GHz a été attribuée à cette technologie dans la gamme de fréquences 27,5-31,3 GHz. Sur une telle bande, une capacité de transmission au-dessus de 2 Gbit/s est envisageable. Une partie de la bande 24,5-26,5 GHz sert à l'accès montant et une autre à l'accès descendant.

Ces bandes sont illustrées à la figure 12.2. D'une largeur de 150 MHz, la bande montante, c'est-à-dire de l'utilisateur vers la station de base, est divisée en sous-bandes de 2 MHz. La bande descendante, beaucoup plus large, avec 850 MHz, est découpée en sous-bandes de 40 MHz. Les canaux montants et descendants sont multiplexés en fréquence. Chaque sous-bande peut accueillir plusieurs utilisateurs multiplexés temporellement, c'est-à-dire se répartissant les tranches de temps entre eux. Nous détaillons le multiplexage temporel un peu plus loin.

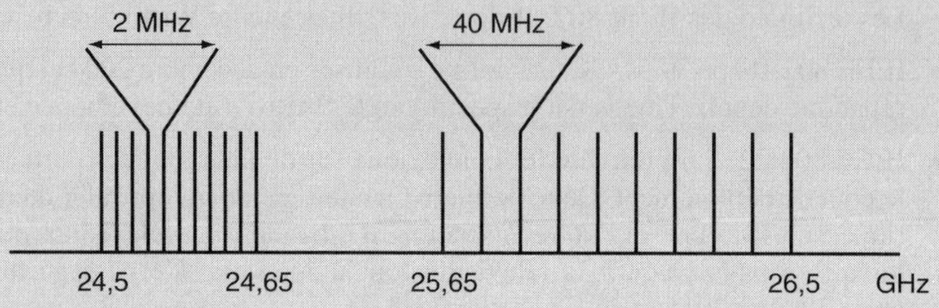

Figure 12.2
Canaux WLL de la bande 24,5-26,5 GHz

L'allocation de ressources

Dans un système de transmission, chaque communication consomme une ressource physique dont le volume dépend de la quantité d'information à envoyer. Sur l'interface radio, la ressource est le canal physique. Le système commence par définir ce canal, puis il planifie la distribution du canal entre les différents utilisateurs à l'aide de mécanismes d'allocations de ressources. L'ensemble des ressources disponibles forme la *bande passante*. Cette bande est divisée en plusieurs ensembles de canaux radio non interférents. Ces canaux peuvent être utilisés simultanément, à condition qu'ils garantissent une qualité acceptable. Le multiplexage de plusieurs communications sur une même bande passante se fait à l'aide des techniques FDMA, TDMA, CDMA ou SDMA que nous allons détailler un peu plus loin.

La principale caractéristique de l'interface radio est l'affaiblissement de la puissance en fonction de la distance qui sépare l'utilisateur mobile de sa station de base.

L'atténuation ou l'affaiblissement

La puissance reçue *(C)* est directement liée à la puissance émise (P_e). Elle est calculée par la formule $C = P_e d^{-\alpha}$, α étant le paramètre de l'environnement de propagation, qui peut être urbain ou rural ; le α caractérise cet environnement, lequel peut varier de 2 à 4.

La puissance d'émission de chaque canal doit être optimisée. Cela permet d'assurer une bonne qualité de service de la communication sur le lien radio. La réutilisation d'un canal s'appelle l'*allocation de ressources*. L'allocation de ressources doit respecter un certain rapport signal sur interférence, ou C/I (Carrier to Interference Ratio), qui est un paramètre d'optimisation du réseau. La variable *C* correspond à la puissance du signal reçu, et la variable *I* à la somme de tous les signaux des utilisateurs naviguant sur le même canal.

Les schémas d'allocation de ressources

En résumé, l'allocation d'un canal est le produit de l'interaction entre plusieurs paramètres, tels que l'interférence, la distance de réutilisation, etc., que des *schémas d'allocation de ressources* contrôlent à travers le réseau.

Il existe trois grandes familles de schémas d'allocation de ressources :

- **FCA (Fixed Channel Assignment).** La plupart des systèmes existants fonctionnent avec une assignation fixe. Ce schéma a l'avantage de la simplicité et de la rapidité. Il s'agit d'une attribution fixe de ressources à toutes les stations. Cette attribution dépend du dimensionnement du réseau et des prévisions de trafic. Les limites de ce schéma sont qu'il ne permet pas de gérer les variations brutales et instantanées du trafic, telles que les embouteillages et les grandes manifestations, ce qui rend l'utilisation de la bande passante peu efficace. Cette situation peut se traduire par un manque de ressources pour certaines stations et une sous-utilisation pour d'autres.
- **DCA (Dynamic Channel Assignment).** Dans le DCA, toutes les ressources sont concentrées dans un groupe commun, ou *common pool,* tandis qu'un système central ou distribué tente d'allouer les canaux à la demande des utilisateurs. Ce procédé, qui respecte le taux d'interférences C/I sur le canal, peut accroître de façon considérable la capacité du système, en particulier dans le cas d'une distribution du trafic non uniforme dans le temps. La mise en place de ce schéma requiert en contrepartie une importante charge de signalisation et une forte puissance de calcul pour trouver rapidement une solution d'allocation optimale.
- **HCA (Hybrid Channel Assignment).** Dans ce schéma, qui mélange les deux précédents, une partie des ressources est allouée directement aux stations, le reste étant rassemblé dans un groupe commun, auquel toutes les stations peuvent accéder lorsque leur ensemble fixe est complètement alloué.

Les techniques d'accès FCA

Dans les réseaux radio qui partagent le canal radio entre plusieurs utilisateurs, il faut une technique d'accès qui permette à l'utilisateur d'émettre ses paquets. Par exemple, le satellite pouvant être vu comme un miroir qui reflète les signaux reçus, si plusieurs paquets lui arrivent simultanément, leurs signaux se superposent. Pour éviter ces collisions, différentes techniques d'accès ont été proposées, des plus simples aux plus complexes. Comme les stations sont indépendantes les unes des autres et que le temps aller-retour permettant à une station de correspondre avec une autre peut devenir important, il faut pouvoir, dans certains cas, allouer le canal d'une façon anticipée.

Des méthodes de réservation fixe, ou FAMA (Fixed-Assignment Multiple Access), allouent la ressource canal à une station déterminée à un instant donné ou sur un code déterminé à l'avance ou encore sur un espace dédié. Les quatre principales d'entre elles sont les suivantes :

- FDMA (Frequency Division Multiple Access), qui divise la ressource canal en plusieurs bandes de fréquences pouvant être de largeur variable. Les fréquences sont attribuées aux différentes stations selon leur besoin.
- TDMA (Time Division Multiple Access), qui consiste à découper le temps en tranches et à allouer les tranches aux stations. Soit les tranches sont de taille différente, et les stations terrestres se voient affecter une tranche correspondant à leur débit, soit les tranches sont d'une longueur fixe assez petite, correspondant à un débit de base, les stations qui souhaitent un débit plus important possédant plusieurs tranches de temps.

- CDMA (Code Division Multiple Access), qui consiste à allouer aux différentes stations la bande passante globale mais avec un code tel que tous les signaux sont émis en même temps, le récepteur étant capable de déterminer les signaux à capter en fonction du code et de la puissance associée.
- SDMA (Space Division Multiple Access), qui consiste à diviser l'espace en plusieurs secteurs, de sorte qu'une antenne directive n'émette que sur un espace réduit au lieu de diffuser ses signaux dans toutes les directions. Cette solution permet de beaucoup mieux utiliser l'espace hertzien et donne une forte réutilisation des fréquences. De plus, le signal étant directif, la portée peut-être bien plus grande.

FDMA, TDMA, CDMA et SDMA

Utilisé en premier, le FDMA tend à disparaître dans les réseaux d'accès pour renaître sous une autre forme, avec l'OFDM (Orthogonal Frequency Division Multiplexing) que nous détaillons plus loin dans ce chapitre.

Supposons un nombre *n* de stations terrestres. On découpe la bande de fréquences f1 en *n*

sous-bandes, comme illustré à la figure 12.3, de façon à permettre à chaque station d'émettre indépendamment des autres liaisons.

Figure 12.3
Le FDMA

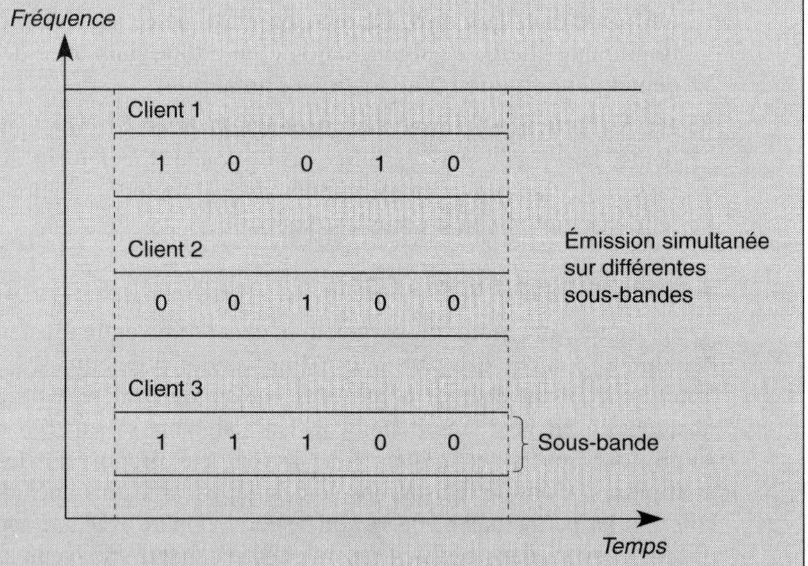

Chaque station comporte de ce fait un modulateur, un émetteur, *n* récepteurs et *n*

démodulateurs. Lorsque la solution est utilisée pour une connexion par satellite, le satellite doit amplifier simultanément les *n*.

porteuses. Il se crée donc nécessairement des brouillages, qui croissent rapidement en fonction de la puissance, avec pour conséquence que plus de la moitié de la capacité de transmission peut être perdue.

Pour éviter les collisions, on répartit le canal équitablement entre les divers utilisateurs. Les limites de cette technique sont évidentes : si une ou plusieurs liaisons sont inutilisées, il y a perte sèche des bandes correspondantes. Si l'on veut rendre cette politique dynamique en répartissant la fréquence f1 entre les utilisateurs actifs ou si l'on veut introduire une nouvelle station dans le réseau, il faut imposer une nouvelle répartition des fréquences, ce qui pose de nombreux problèmes et ne peut se faire que sur des tranches de temps assez longues.

Avec le TDMA, on découpe le temps en tranches, que l'on affecte successivement aux différentes stations d'émission, comme illustré à la figure 12.4.

Figure 12.4
Le TDMA

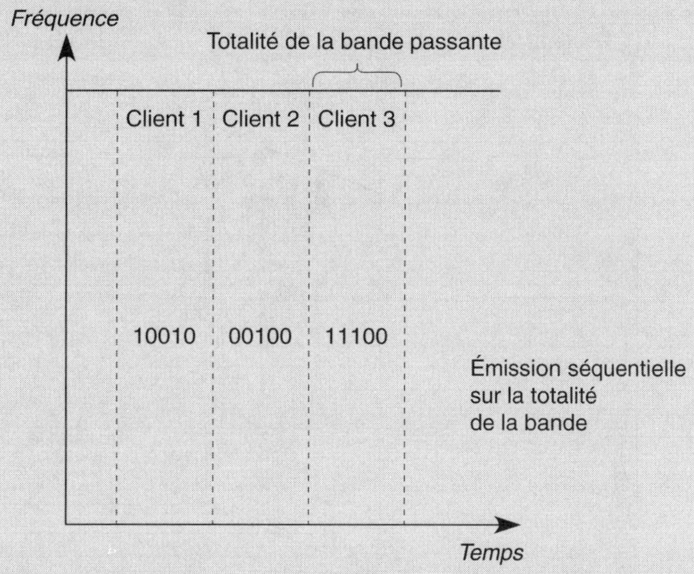

Toutes les stations émettent avec la même fréquence sur l'ensemble de la bande passante, mais successivement. À l'opposé du fonctionnement en FDMA, chaque station possède un seul récepteur démodulateur. Chaque tranche de temps est composée d'un en-tête, ou préambule, qui a plusieurs fonctions : les premiers éléments binaires permettent d'acquérir les circuits de recouvrement de porteuse et de rythme du démodulateur. L'en-tête transmet également les informations nécessaires à l'identification de la station émettrice. Il est nécessaire de synchroniser l'émission en début de tranche de façon qu'il n'y ait pas de chevauchement possible. Il existe entre chaque tranche un intervalle réservé à cet effet.

Globalement, le rendement du TDMA est meilleur que celui du FDMA. De plus, il est facile de découper de nouvelles tranches de temps si des stations supplémentaires se connectent sur le canal. La tranche de temps, ou slot, a une durée variable, qui dépend de l'application sous-jacente. Par exemple, dans le cas du transport de la parole téléphonique numérisée sur un multiplex normalisé de 2 Mbit/s (correspondant à 30 voies téléphoniques), une tranche de temps est composée de 6 blocs de 125 µs. Les signaux transmis pendant cette tranche forment une trame de 750 µs précédée d'un préambule. Il est évident que l'augmentation de la durée des tranches de temps diminue la fraction du temps perdu en en-tête et augmente l'efficacité de la transmission et le taux d'utilisation réel du canal.

Comme nous venons de le voir, toute la difficulté du TDMA est de passer le relais aux émetteurs qui en ont réellement besoin, au bon moment et avec la tranche de temps la plus longue possible. Il convient dans ce cas de recourir à une politique d'allocation dynamique : les stations demandent, au fur et à mesure de leurs besoins, les tranches nécessaires pour écouler leur trafic. Ces demandes d'allocation ont toutefois l'inconvénient d'alourdir la gestion du système et d'augmenter sensiblement le temps de réponse, puisqu'il faut au minimum deux allers-retours pour obtenir de la station maître qui gère le système les tranches de temps correspondant à la demande.

Avec le CDMA, que l'on trouve dans les réseaux de mobiles terrestres de troisième génération, la station terrestre émet sur l'ensemble de la bande passante mais avec un code qui détermine sa puissance en fonction de la fréquence. Cette solution permet au récepteur de décoder les signaux et de les récupérer.

La difficulté de cette méthode réside dans une émission avec une puissance déterminée, de façon que la station terrestre de réception puisse démêler tous les signaux reçus simultanément. La figure 12.5 illustre ce processus.

Figure 12.5
Le CDMA

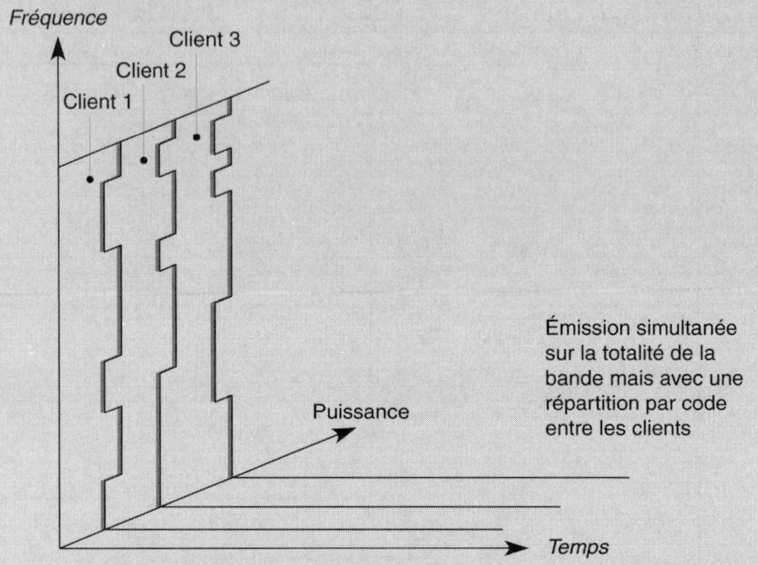

Le SDMA est une technologie encore peu utilisée qui demande une antenne intelligente capable de s'adapter pour émettre sur un secteur précis, avec une puissance déterminée. Si une station est située près de l'antenne de réception, il est en effet inutile d'émettre avec une forte puissance et dans toutes les directions à la fois. La méthode SDMA permet de limiter géographiquement la surface sur laquelle la fréquence est utilisée permettant ainsi une excellente réutilisation.

L'OFDM

L'OFDM est une des techniques les plus utilisées aujourd'hui dans les réseaux modernes. Elle utilise la technique d'allocation FDMA, mais au lieu d'être obligé de séparer les canaux des différentes fréquences, on utilise des fréquences orthogonales : lorsque la puissance est maximale sur une fréquence, elle est nulle sur les fréquences connexes. Cette solution est illustrée à la figure 12.6.

Figure 12.6
Les fréquences de l'OFDM

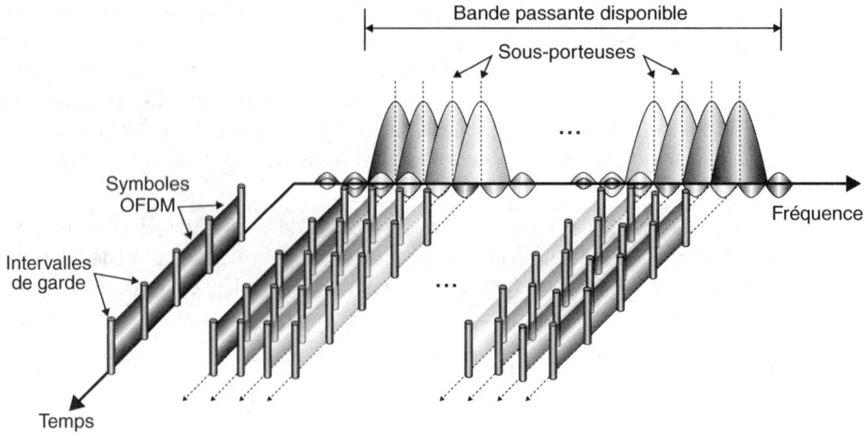

Cette solution permet de transporter des éléments binaires différents sur chaque sous bande, de telle sorte que plusieurs bits voire octets peuvent être transmis simultanément.

Il est possible d'y associer temporellement un découpage dans le temps, qui permet d'allouer les sous-bandes à des stations différentes. On obtient dans ce cas la technique d'accès OFDMA. Cette technique, utilisée, par exemple, dans le WiMAX, est illustrée à la figure 12.7. On remarque que chaque émission temporelle utilise l'ensemble de toutes les fréquences.

Figure 12.7
La technique d'accès OFDMA

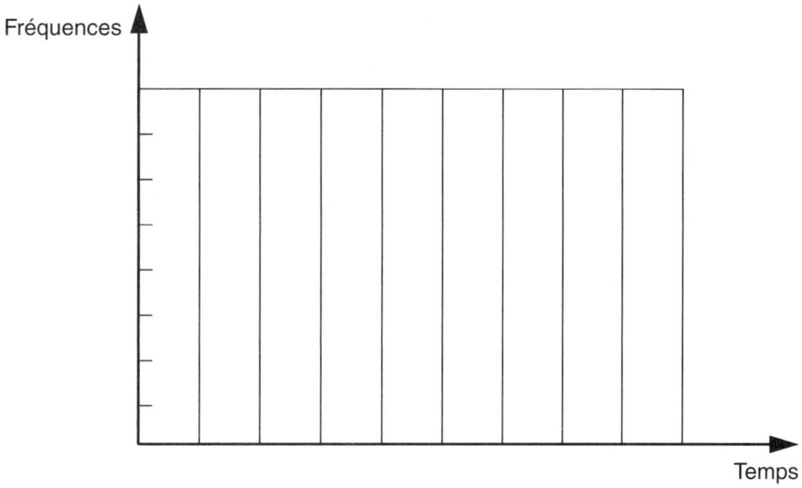

Il est possible d'améliorer encore cette solution, en affectant les sous-bandes à des stations différentes, comme cela se fait dans le WiMAX mobile. On parle alors de SOFDMA (Scalable OFDMA). Comme l'illustre la figure 12.8, il est ainsi possible de partager de façon beaucoup plus fine le canal radio et de donner à chaque station le débit exact dont elle a besoin.

Figure 12.8
La technique SOFDMA

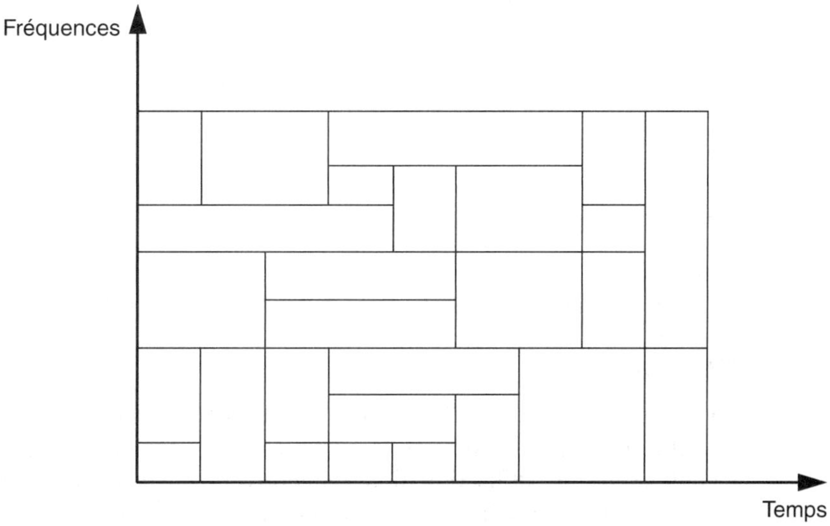

Les méthodes dynamiques DCA

Les méthodes DCA (Dynamical Chanel Assignment) ont pour objectif de mieux utiliser le canal, mais avec un effort de calcul beaucoup plus important.

Les politiques d'accès aux canaux doivent favoriser une utilisation maximale du canal, celui-ci étant la ressource fondamentale du système. Dans les réseaux locaux, le délai de propagation très court permet d'arrêter les transmissions après un temps négligeable. Dans le cas de satellites géostationnaires, les stations terrestres ne découvrent qu'il y a eu chevauchement des signaux que 0,27 s après leur émission — elles peuvent s'écouter grâce à la propriété de diffusion —, ce qui représente une perte importante sur un canal d'une capacité de plusieurs mégabits par seconde.

Les trois grandes catégories de techniques DCA sont les suivantes :

- méthodes d'accès aléatoires, ou RA (Random Acccss) ;
- méthodes de réservation par paquet, ou PR (Packet Reservation) ;
- méthodes de réservation dynamique, ou DAMA (Demand Assignment Multiple Access).

Les techniques d'accès aléatoires donnent aux utilisateurs la possibilité de transmettre leurs données dans un ordre sans corrélation. En revanche, ces techniques ne se prêtent à aucune qualité de service. Leur point fort réside dans une implémentation simple et un coût de mise en œuvre assez bas.

La méthode la plus connue est celle qui est utilisée dans le cadre des réseaux Ethernet terrestres avec le CSMA/CD. Cette solution est étudiée en détail au chapitre 16. Dans les réseaux radio, la solution de base ne peut plus être utilisée, car il est impossible d'émettre et d'écouter en même temps. De ce fait, la solution a été modifiée en utilisant du CSMA/CA, que nous étudions en détail au chapitre 23.

Les méthodes de réservation par paquet évitent les collisions par l'utilisation d'un schéma de réservation de niveau paquet. Comme les utilisateurs sont distribués dans l'espace, il doit exister un sous-canal de signalisation à même de mettre les utilisateurs en communication pour gérer la réservation. Ces solutions sont surtout utilisées dans les réseaux satellite, que nous abordons un peu plus loin dans ce chapitre.

Les méthodes dynamiques de réservation ont pour but d'optimiser l'utilisation du canal. Ces techniques essaient de multiplexer un maximum d'utilisateurs sur le même canal en demandant aux utilisateurs d'effectuer une réservation pour un temps relativement court. Une fois la réservation acceptée, l'utilisateur vide ses mémoires tampons jusqu'à la fin de la réservation puis relâche le canal.

Exemples de réseaux d'accès hertziens

Cette section introduit brièvement trois techniques de réseaux radio qui peuvent être utilisées dans la boucle locale. Nous y reviendrons plus en détail au chapitre 24.

IEEE 802.11

Le groupe de travail IEEE 802.11 a normalisé un ensemble de standards correspondant aux différents réseaux Wi-Fi que nous détaillons au chapitre 23. Nous nous intéressons ici uniquement à l'utilisation directionnelle d'un environnement Wi-Fi de façon à arroser une zone lointaine ou relier des stations situées à plusieurs kilomètres l'une de l'autre. Beaucoup de municipalités utilisent cette solution très peu onéreuse, dont le seul inconvénient est d'utiliser des fréquences partagées, puisque situées dans les bandes libres des 2,4 ou 5 GHz.

La réglementation française autorise une puissance d'émission maximale en intérieur de 100 mW dans la bande des 2,4 GHz et à l'extérieur de 100 mW également dans la bande 2,400-2,454 GHz et 10 mW dans la bande 2,454-2,483 5 GHz. La bande des 5 GHz n'est utilisable qu'en milieu intérieur et est formellement interdite à l'extérieur.

Le choix d'une antenne dépend de ce que l'on veut en faire. Pour le cas illustré à la figure 12.9, la puissance d'émission, ou PIRE (puissance isotropique rayonnée effective), équivaut à la somme des puissances de l'émetteur (P_e), de l'amplificateur (P_{ampli}) et du gain de l'antenne ($G_{antenne}$) moins la perte sur la ligne, exprimée en dBm. Dans le cas où il n'y a pas d'amplificateur, le calcul se résume à la somme de la puissance de l'émetteur et du gain de l'antenne moins la perte sur la ligne due au câble reliant l'antenne à l'émetteur. Dans le cas général, on obtient :

$$PIRE = P_e + P_{ampli} + G_{antenne} - Perte$$

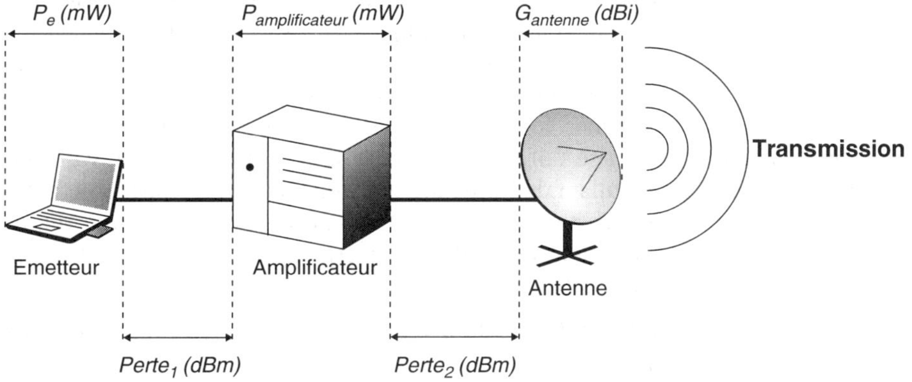

Figure 12.9

Calcul de la PIRE

Considérons une carte Wi-Fi 802.11b ayant une puissance d'émission de 30 mW. On voudrait se connecter par le biais d'un ordinateur portable à un point d'accès se trouvant à quelques kilomètres. La capacité de l'antenne interne de la carte n'autorisant une zone de couverture que de l'ordre d'une centaine de mètres, il est nécessaire de connecter une antenne à la carte. Prenons comme exemple une antenne de type parabole ayant un gain de 24 dBi reliée par un câble de 3 m dont la perte est de 2 dB/m. La perte totale est donc de 6 dB.

Pour trouver la PIRE, il faut que toutes les valeurs de la somme s'expriment en dBm. En appliquant la formule précédente, une puissance de 30 mW correspond à un gain de 14,77 dBm. La PIRE équivaut à 14,77 + 24 – (3 × 2), soit 32,77 dBm. Cela correspond à 1 892 mW, soit près de 20 fois la puissance maximale autorisée. Le déploiement dans ces conditions est illégal.

On voit donc que plus l'antenne est directive, plus la puissance doit être faible. Il n'empêche qu'avec des antennes directives, il est possible de couvrir des zones assez grandes et de relier un terminal à une antenne avec des distances importantes. Cette solution est parfois utilisée par des opérateurs pour relier des points hauts à des débits de 11 ou 54 Mbit/s.

IEEE 802.16

L'IEEE a mis en place le groupe de travail 802.16 pour proposer des standards de réseaux métropolitains dans la lignée des solutions développées pour les réseaux locaux et plus particulièrement de Wi-Fi.

Le groupe de travail 802.16 s'est d'abord préoccupé de la bande du spectre hertzien et a proposé l'utilisation de certaines bandes, comprises entre 2 et 11 GHz, dont les fréquences ne sont pas trop directives, et des plages situées entre 11 et 66 GHz, dont les fréquences sont hyperdirectives et demandent une visibilité directe des antennes.

Les standards IEEE 802.16 sont organisés en trois couches :

- **Le niveau physique.** Spécifie les fréquences, schéma de modulation, synchronisations, vitesses, techniques de découpage dans le temps (de type TDMA) et techniques de détection et de correction d'erreur, qui peuvent être choisies en option. La proposition de standard concerne la technique DAMA-TDMA (Demand Assignment Multiple Access-Time Division Multiple Access), qui correspond à une réservation dynamique de bande passante par l'intermédiaire de slots de temps. En d'autres termes, le temps est divisé en trames de longueur constante, elles-mêmes divisées en slots. Les slots sont alloués aux utilisateurs par des techniques de réservation. Dans le sens utilisateur vers réseau, l'allocation des slots est assez simple puisque la station de base sait ce qu'elle a à envoyer. Dans l'autre sens, le processus est plus complexe, puisque les stations sont indépendantes les unes des autres et que la communication entre les stations de base ne peut se faire qu'au travers de la station de base, *via* l'antenne de l'opérateur. Sur la voie allant de l'opérateur aux clients, deux modes sont proposés. Le mode A concerne les flux de type *stream,* c'est-à-dire les flux continus qui possèdent des points de synchronisation. Le mode B concerne les flots fondés sur les applications classiques du monde IP.
- **Le niveau MAC.** Situé au-dessus du niveau physique, il gère l'allocation des slots et utilise la méthode DAMA-TDMA.
- **L'interface de communication avec les applications.** Le niveau recherché est de type IP, mais la trame ATM est toujours dans la course pour être émise sur la voie hertzienne directement dans les slots choisis par le niveau MAC. IP devenant de plus en plus le standard de référence, cette couche se concentre sur la gestion du niveau IP et l'encapsulation des paquets IP dans une trame adaptée à la tranche de temps. Au récepteur, les fragments sont réassemblés pour redonner le paquet IP.

Les standards 802.16 les plus importants sont au nombre de 5 :

- **IEEE 802.16.** Finalisé en décembre 2001, il concerne les bandes comprises entre 10 et 66 GHz, avec une vision directe entre les deux antennes pour des applications point-à-point.
- **IEEE 802.16a.** Finalisé en janvier 2003, il complète le précédent pour la bande des 2 à 11 GHz. Ce standard s'adapte à des environnements multipoint et tient compte des impératifs des applications multimédias pour les acheminer.
- **IEEE 802.16c.** Amendement de 2002 au standard de base.
- **IEEE 802.16e.** Le standard est sorti en décembre 2005, avec pour objectif de permettre la mise en place des liaisons ADSL vers les mobiles. Les changements intercellulaires ou handovers sont pris en charge par le système. Le réseau sans fil donnant naissance au WiMAX mobile fonctionne dans une bande avec licence située en dessous des 6 GHz.

- **IEEE 802.16 2004.** Révise et corrige quelques erreurs détectées dans les standards 802.16 et 802.16a et apporte des améliorations. C'est le standard que suivent les produits WiMAX fixe.

Les produits WiMAX fixe et WiMAX mobile sont maintenant disponibles. Nous les examinons en détail au chapitre 24.

IEEE 802.22

Une nouvelle initiative soutenue par de nombreux industriels dans le domaine des réseaux régionaux concerne les WRAN (Wireless Regional Area Network).

Cette norme, dont l'étude a démarré en 2005, ne devrait être disponible que vers la fin de la décennie. Elle a pour objectif d'utiliser le dividende numérique et de permettre des applications de type télévision interactive, jeux interactifs, vidéo à la demande de se dérouler sur les ordinateurs portables en mobilité.

Les techniques sous-jacentes sont très innovantes, avec l'utilisation de radios cognitives permettant de déterminer pour un terminal sa direction d'émission, sa puissance et la fréquence à utiliser. Cette solution devrait permettre de multiplier par dix l'utilisation spectrale. Si l'on considère de surcroît que le dividende numérique va permettre de débloquer 300 MHz de bande passante en dessous de 1 GHz, c'est-à-dire des ondes pénétrant dans les bâtiments, comme la télévision, il est évident que cette nouvelle technologie régionale a de quoi faire peur aux opérateurs déjà installés. Une seule antenne devrait permettre, sur 20 à 30 kilomètres, de regrouper 30 000 télévisions interactives ou l'équivalent de 1 million de téléphones portables. Nous examinons quelques caractéristiques supplémentaires de ces réseaux au chapitre 24.

La boucle locale satellite

Trois catégories de systèmes satellitaires ont été définies sous les noms de LEOS, MEOS et GEOS (Low, Medium et Geostationary Earth Orbital Satellite). Les satellites sont situés respectivement à environ 1 000, 13 000 et 36 000 km de la Terre. Les deux premières catégories concernent les satellites défilants, et la dernière les satellites qui semblent fixes par rapport à la Terre. Les caractéristiques générales des différentes catégories de systèmes satellitaires sont illustrées aux figures 12.10 et 12.11. Lorsque les satellites sont défilants, il faut plusieurs satellites les uns derrière les autres pour arroser un point de la Terre. C'est ce que l'on appelle une constellation.

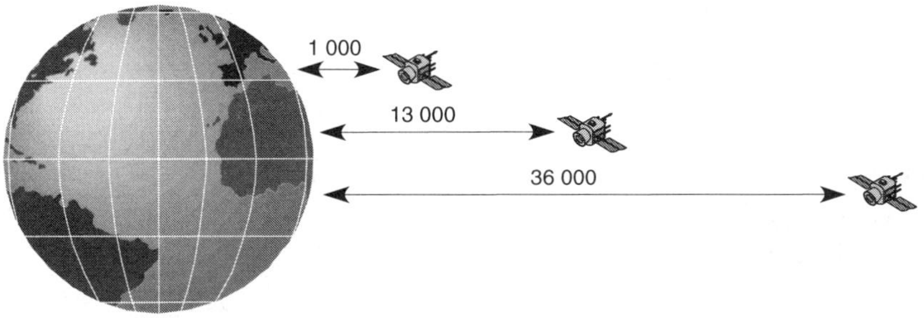

Figure 12.10

Distances à la Terre en kilomètre

La boucle locale satellite concerne l'accès d'un utilisateur, que ce soit une entreprise ou un particulier, au commutateur d'un opérateur employant un réseau terrestre. En d'autres termes, le satellite joue le rôle de boucle locale pour permettre à un utilisateur de se connecter à un opérateur. Cette boucle locale est destinée aux clients isolés ou qui n'ont pas la possibilité d'utiliser une boucle locale terrestre.

Les trois catégories de systèmes satellitaires peuvent jouer le rôle de boucle locale. Les LEOS adressent des terminaux relativement légers, ressemblant à des portables de type GSM, mais avec une antenne un peu plus grande. Les systèmes MEOS demandent des antennes plus importantes, qui peuvent exiger une certaine mobilité sur leur socle. Les systèmes GEOS demandent des antennes fixes très importantes.

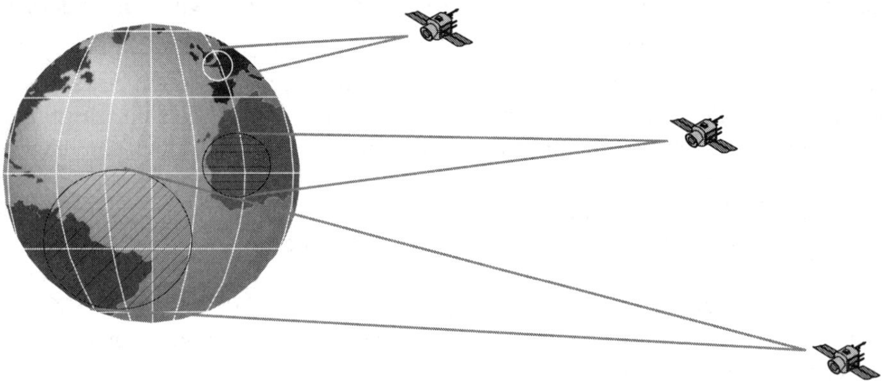

Figure 12.11

Taille des spots des différentes catégories de satellites

La figure 12.11 illustre la taille du spot, c'est-à-dire la zone éclairée par une antenne située sur le satellite, que l'on peut obtenir à partir des différents types de satellites. Plus le satellite est près du sol, plus la taille du spot est petite. L'avantage offert par les satellites basse orbite est la réutilisation des fréquences, qui peut atteindre 4 000 pour une constellation de satellites située à 700 km du sol.

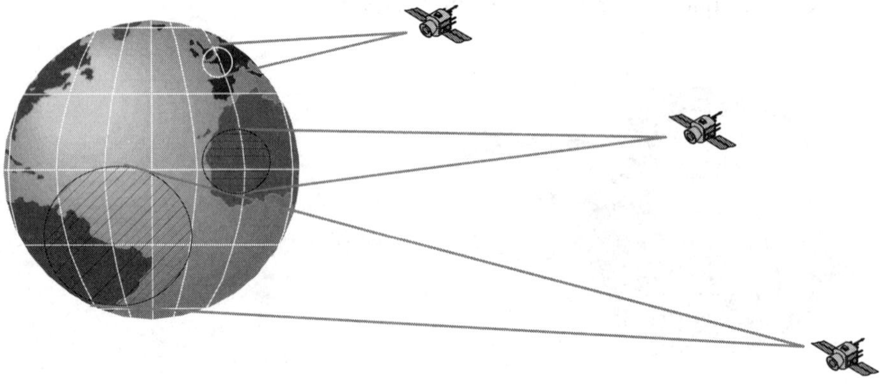

Figure 12.11

Taille des spots des différentes catégories de satellites

Les protocoles de la boucle locale satellite

La boucle locale satellite demande des trames pour permettre aux récepteurs de retrouver les débuts et les fins des paquets transportés. Les paquets sont aujourd'hui essentiellement de type IP. Ces paquets IP sont encapsulés dans des trames, qui sont soit de type HDLC *(voir le chapitre 7),* soit de type ATM. Dans ce dernier cas, on parle de réseau satellite ATM. Un commutateur ATM se trouve dans le satellite.

Le groupe de normalisation IEEE 802.16 a adopté une autre démarche. Il souhaite suivre la voie tracée par le groupe IEEE 802 consistant à utiliser la trame Ethernet, ce qui permettrait à l'ensemble des normes IEEE d'être cohérentes en utilisant toutes cette même trame Ethernet.

Une difficulté rencontrée dans les protocoles de niveau trame (couche 2) concerne le nombre de trames qui peuvent être émises sans acquittement. Par exemple, si le protocole HDLC est utilisé, la limite maximale est de 128 trames, ce qui nécessite une longueur de trame importante pour remplir un canal satellite de forte capacité. Nous verrons au chapitre 26 que des techniques spécifiques permettent de s'affranchir de cette limite. La solution ATM est fortement utilisée car elle ne comporte pas cette limitation et s'adapte bien aux techniques en slots puisque la trame ATM est de longueur fixe.

Une autre particularité des boucles locales satellite vient du défilement des satellites lors de l'utilisation d'une constellation. Le client doit changer de satellite au fur et à mesure du passage des satellites au-dessus de sa tête. Ce changement s'appelle un handover satellite. Il est également possible que les satellites défilants aient plusieurs antennes et que le terminal de l'utilisateur ait à effectuer un handover intrasatellite. Ces handovers peuvent être de différents types, appartenant à deux grandes catégories : les soft-handover et les hard-handover. Le soft-handover consiste à se connecter à la fois sur le satellite qui disparaît et sur celui qui apparaît. Le passage se fait alors en douceur. Dans un hard-handover, le passage s'effectue brutalement, la communication devant passer d'un satellite à l'autre sans recouvrement.

Conclusion

Devenue une réalité depuis 2004, la boucle locale radio s'est énormément étendue en quelques années. Les solutions terrestres proviennent des techniques Wi-Fi, WiMAX et WRAN. Elles vont devenir primordiales dans les années qui viennent.

La voie hertzienne est clairement une solution pour la boucle locale. Le principal problème qu'elle pose provient de la faible largeur de la bande passante disponible. Pour arriver à trouver des capacités importantes, il faut monter en fréquence et franchir les 20 GHz. Cependant, au-dessus de 20 GHz, la directivité ajoutée à l'affaiblissement, qui survient dès que les conditions ne sont pas parfaites, posent de nouveaux problèmes, à la fois techniques et de coût.

Partie IV

Les architectures de niveau physique

Les architectures de niveau physique concernent les réseaux qui n'utilisent que le niveau physique du modèle de référence pour acheminer leurs données. En d'autres termes, les paquets IP sont mis dans des trames, qui, à leur tour, sont émises sur un support physique. Les signaux peuvent être transmis individuellement sur le support physique, mais ils peuvent aussi être regroupés dans une trame de niveau physique.

Dans une architecture de niveau physique, les signaux doivent être véhiculés de support physique en support physique jusqu'à la station terminale. Cette partie examine les techniques qui permettent de réaliser cet acheminement de niveau physique.

13

Les réseaux optiques

Les réseaux optiques permettent de transporter des signaux sous forme optique et non électrique, à la différence des réseaux classiques. Les avantages de l'optique sont nombreux, notamment parce que les signaux sont mieux préservés, puisqu'ils ne sont pas perturbés par les bruits électromagnétiques, et que les vitesses sont très importantes.

Ce chapitre examine les techniques de transport de signaux sur la fibre optique puis le multiplexage en longueur d'onde, qui permet une augmentation très importante des capacités d'une fibre optique, et enfin les techniques de transport des trames.

La fibre optique

Considérée comme le support permettant les plus hauts débits, la fibre optique est une technologie aujourd'hui bien maîtrisée. Dans les fils métalliques, on transmet les informations par l'intermédiaire d'un courant électrique modulé. Avec la fibre optique, on utilise un faisceau lumineux modulé. Il a fallu attendre les années 1960 et l'invention du laser pour que ce type de transmission se développe.

Une connexion optique nécessite un émetteur et un récepteur. Différents types de composants sont envisageables. La figure 13.1 illustre la structure d'une liaison par fibre optique. Les informations numériques sont modulées par un émetteur de lumière, qui peut être :

- une diode électroluminescente (DEL) qui ne comporte pas de cavité laser ;
- une diode laser (DL) ;
- un laser modulé.

Le phénomène de dispersion est moins important si l'on utilise un laser, lequel offre une puissance optique supérieure aux DEL mais à un coût plus important. De plus, la durée de vie d'un laser est inférieure à celle d'une diode électroluminescente.

Le faisceau lumineux est véhiculé à l'intérieur d'une fibre optique. Cette dernière est constituée d'un guide cylindrique d'un diamètre compris entre 100 et 300 microns (μm), recouvert d'isolant.

Figure 13.1
Liaison par fibre optique

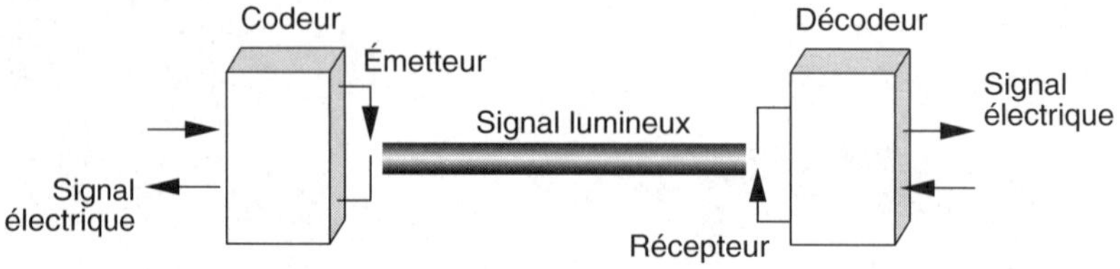

On distingue deux types de récepteurs :

- les diodes PIN ;
- les diodes à avalanche.

Les composants extrémité, émetteurs et récepteurs, limitent actuellement les vitesses que l'on peut atteindre sur les fibres.

Les principaux avantages apportés par la fibre optique sont les suivants :

- Très large bande passante, de l'ordre de 1 GHz pour 1 km, qui permet le multiplexage sur un même support de très nombreux canaux, comme le téléphone, la télévision, etc.
- Faible encombrement.
- Grande légèreté, le poids d'un câble optique par unité de longueur, de l'ordre de quelques grammes au kilomètre, étant environ neuf fois plus faible que celui d'un câble conventionnel. Le rayon de courbure peut descendre en dessous de 1 cm.
- Très faible atténuation, qui permet d'envisager un espacement important des points de régénération des signaux transmis. Le pas de régénération est supérieur à 10 km, alors que, sur du câble coaxial, il est de l'ordre de 2 à 3 km. Un système en fibre optique débitant plusieurs gigabits par seconde utilisé sur une longueur d'onde de 0,85 μm présente un affaiblissement de 3 dB/km, ce qui donne un pas de régénération de près de 50 km.
- Excellente qualité de la transmission. Une liaison par faisceau lumineux est, par exemple, insensible aux orages, aux étincelles et au bruit électromagnétique. Cette immunité au bruit est un des principaux avantages de la fibre optique, laquelle est particulièrement recommandée dans un mauvais environnement électromagnétique. Le câblage des ateliers et des environnements industriels peut ainsi être effectué en fibre optique.
- Bonne résistance à la chaleur et au froid.
- Matière première bon marché, la silice.
- Absence de rayonnement, ce qui rend son emploi particulièrement intéressant pour les applications militaires. Une tentative d'intrusion sur la fibre optique peut être aisément détectée par l'affaiblissement de l'énergie lumineuse en réception.

La fibre optique présente toutefois quelques difficultés d'emploi, notamment les suivantes :

- Difficultés de raccordement aussi bien entre deux fibres qu'entre une fibre et le module d'émission ou de réception. En laboratoire, on peut réaliser des connexions pour lesquelles les pertes sont inférieures à 0,2 dB. Sur le terrain, il faut faire appel à des connecteurs amovibles, qui demandent un ajustement précis et occasionnent des pertes supérieures à 1 dB. De ce fait, lorsqu'on veut ajouter une connexion à un support en fibre optique, il faut couper la fibre optique et ajouter des connecteurs très délicats à placer. Le passage lumineux électrique *(voir figure 13.2)* que l'on ajoute fait perdre les avantages de faible atténuation et de bonne qualité de la transmission.

Figure 13.2
Raccordements à une fibre optique

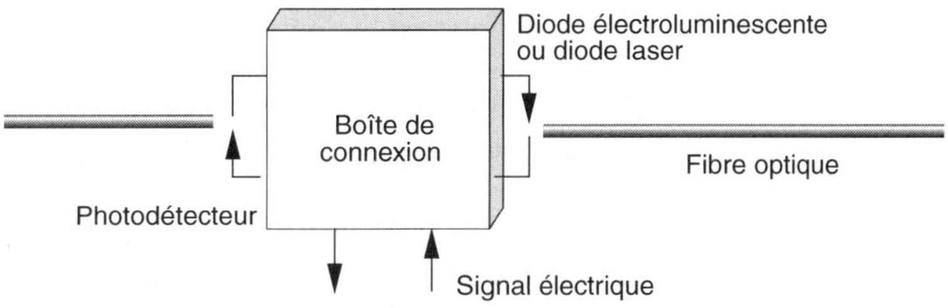

- Dérivations difficiles à réaliser, l'affaiblissement qui en découle dépassant souvent 5 dB. Ces dérivations sont pourtant nécessaires puisque les composants extrémité de l'accès optique sont le plus souvent actifs et engendrent une panne définitive du réseau en cas de défaillance *(voir figure 13.3).*

Figure 13.3
Dérivation en fibre optique

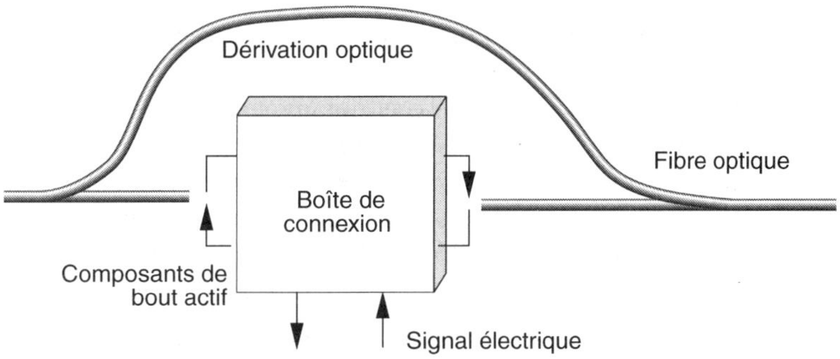

- Le multiplexage en longueur d'onde, qui consiste à faire transiter dans une même fibre plusieurs longueurs d'onde en parallèle ou encore ce que l'on peut appeler plusieurs couleurs en même temps. On trouve facilement sur le marché des multiplexages en longueur d'onde jusqu'à une centaine de couleurs. La limite actuelle est de l'ordre de mille longueurs d'onde sur une même fibre optique. Avec mille longueurs d'onde, la fibre est totalement remplie, et de nouveaux progrès ne pourront être effectués que si une découverte importante est réalisée pour augmenter encore le nombre de longueurs d'onde.

Il existe plusieurs types de fibres :

- les fibres multimodes à saut d'indice ;
- les fibres multimodes à gradient d'indice ;
- les fibres monomodes, au diamètre très petit.

Les fibres multimodes à saut d'indice ont une bande passante allant jusqu'à 100 MHz sur 1 km et celles à gradient d'indice jusqu'à 1 GHz sur 1 km. Les fibres monomodes offrent la plus grande capacité d'information potentielle, de l'ordre de 100 GHz/km, et les meilleurs débits, mais ce sont aussi les plus complexes à réaliser. On utilise généralement des câbles optiques contenant plusieurs fibres. L'isolant entourant les fibres évite les problèmes de diaphonie entre les différentes fibres.

La fibre optique est particulièrement adaptée aux liaisons point-à-point numériques. On peut réaliser des liaisons multipoint en utilisant des coupleurs optiques ou des étoiles optiques.

Le monde de la fibre optique est toujours en pleine évolution. De nombreuses recherches sont en cours, dont certaines ont déjà abouti. On réalise notamment des commutateurs de paquets optiques, dont l'utilisation pourrait se révéler particulièrement intéressante à l'avenir pour augmenter encore la souplesse de commutation dans la fibre optique. Les coûts du matériel et de l'installation freinent cependant son emploi dans les réseaux d'accès, même si elle est devenue le médium physique le plus répandu dans les cœurs de réseau. Son insensibilité aux perturbations électriques rend son utilisation nécessaire dans certains environnements fortement perturbés ou dans des situations spécifiques, comme le câblage d'une entreprise souhaitant qu'aucun rayonnement ne puisse être détecté à distance à partir des câbles. En effet, il est possible de détecter les signaux dans un câble métallique à l'aide d'équipements *ad hoc,* du fait du rayonnement des ondes électriques qui circulent dans le câble.

Le multiplexage en longueur d'onde

Sur les câbles métalliques, et notamment le câble coaxial, on utilise de plus en plus un multiplexage en fréquence pour faire transiter plusieurs canaux en parallèle sur des fréquences différentes. Si l'on veut reprendre cette idée dans la fibre optique et réaliser le passage de plusieurs signaux lumineux simultanément, il faut faire appel à un multiplexage en longueur d'onde. Aujourd'hui, de nombreux composants extrémité adaptés offrent cette possibilité.

Les débits peuvent atteindre de la sorte 10 Gbit/s sur une seule longueur d'onde, avec une montée en puissance prévue bientôt à 40 Gbit/s, voire 160 Gbit/s. Des vitesses encore plus grandes ont déjà été obtenues en laboratoire. Une fibre à 128 longueurs d'onde d'un débit de 10 Gbit/s offre un débit total de 1,28 Tbit/s. Cela représente approximativement 60 millions de voix téléphoniques transitant en même temps sur le support physique. En d'autres termes, l'ensemble de la population française peut téléphoner à 60 millions de personnes en même temps en n'utilisant qu'une seule fibre optique.

Le multiplexage en longueur d'onde peut s'effectuer sur une étoile optique. De premières expériences en ce sens ont commencé au cours des années 1990, notamment au centre de recherche Bellcore, aux États-Unis, avec le Lambdanet *(voir figure 13.4).* Cette maquette utilisait le multiplexage en longueur d'onde sur de la fibre optique. Plusieurs faisceaux lumineux étaient véhiculés en parallèle dans le cœur de la fibre optique. À partir d'un émetteur, on envoyait sur un sous-canal des signaux diffusés par une étoile passive centrale vers des sous-canaux correspondant aux nœuds connectés. Pour un total de 16 nœuds, on comptait une voie aller et 16 voies de retour entre un nœud et l'étoile. La largeur de chaque bande permettait d'obtenir un canal à 2 Gbit/s. La distance entre l'étoile optique centrale et les utilisateurs pouvait atteindre 50 km.

Cette technique de multiplexage facilite la diffusion et le multipoint, mais elle reste relativement coûteuse, puisque le destinataire doit être équipé de 16 récepteurs distincts.

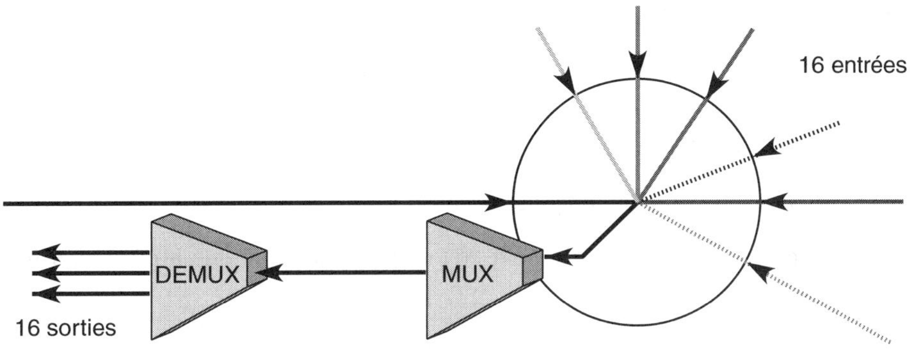

Figure 13.4

Le Lambdanet de Bellcore

Architecture des réseaux optiques

Les réseaux optiques s'appuient sur le multiplexage en longueur d'onde, qui consiste, comme expliqué à la section précédente, à diviser le spectre optique en plusieurs sous-canaux, chaque sous-canal étant associé à une longueur d'onde. Cette technique est aussi appelée WDM (Wavelength Division Multiplexing) ou encore DWDM (Dense WDM), lorsque le nombre de longueurs d'onde est très important.

La figure 13.5 illustre un réseau de communication utilisant le multiplexage en longueur d'onde. Le chemin d'un nœud à un autre peut-être entièrement optique ou passer par des commutateurs optoélectroniques.

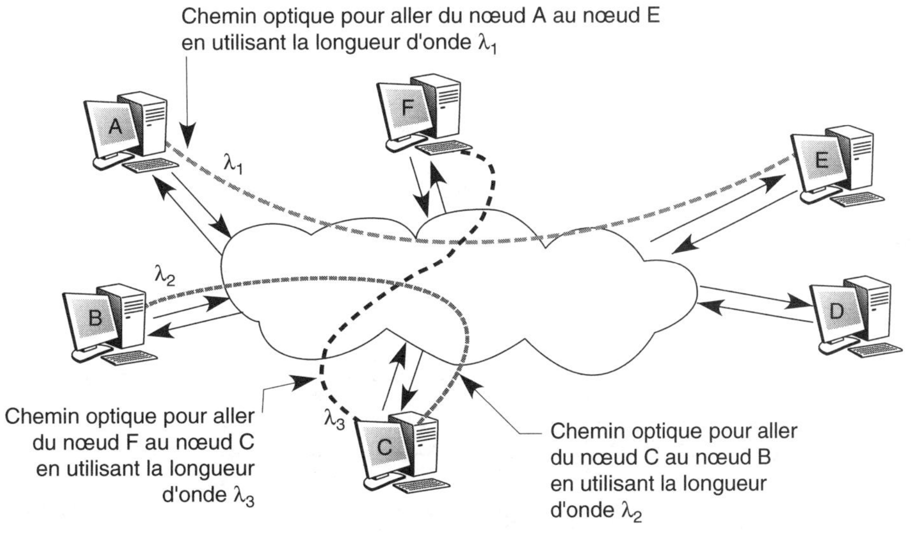

Figure 13.5

Multiplexage en longueur d'onde dans un réseau optique

Sur chaque longueur d'onde, un autre niveau d'optoélectronique peut être utilisé, soit par un multiplexage en fréquence, et dans ce cas la bande passante est de nouveau subdivisée entre plusieurs stations (Subcarrier Multiplexing), soit par un multiplexage temporel (Time Division Multiplexing).

Les réseaux optiques à multiplexage en longueur d'onde peuvent être regroupés en deux sous-catégories :

- les réseaux à diffusion ;
- les réseaux à routage en longueur d'onde.

Chacune de ces sous-catégories peut être à saut unique (single-hop) ou à saut multiple (multi-hop).

Les réseaux à diffusion

Dans les réseaux à diffusion, chaque station de réception reçoit l'ensemble des signaux envoyés par les émetteurs. L'acheminement des signaux s'effectue de façon passive. Chaque station peut émettre sur une longueur d'onde distincte. Le récepteur reçoit le signal désiré en se plaçant sur la bonne longueur d'onde. Les deux topologies les plus classiques sont l'étoile et le bus, comme illustré aux figures 13.6 et 13.7. Dans les deux cas, chaque station émet vers le centre, qui effectue un multiplexage en longueur d'onde de l'ensemble des flots qui lui parvient.

Figure 13.6

Topologie en étoile

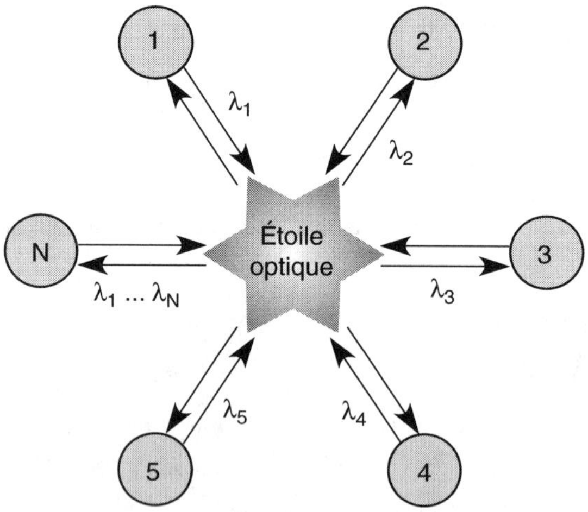

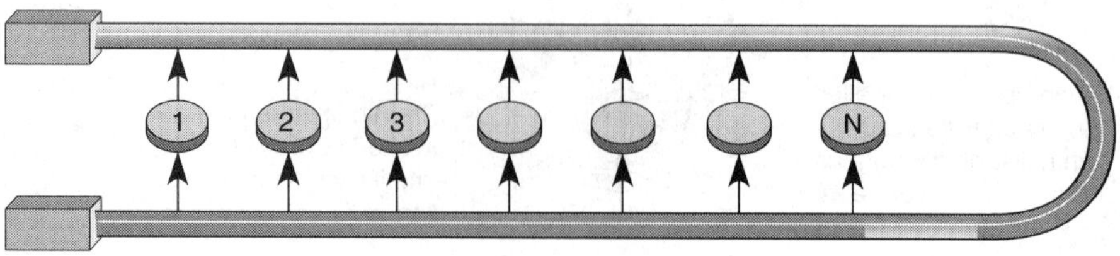

Figure 13.7

Topologie en bus

Lorsque l'ensemble des signaux arrive directement à l'ensemble des stations sans repasser par des formes électriques, le réseau est dit à saut unique (single-hop). C'est le cas des deux structures illustrées aux figures 13.6 et 13.7. S'il faut passer par des étapes intermédiaires pour effectuer un routage, nous avons des réseaux à sauts multiples (multi-hop), comme ceux décrits aux figures 13.8 et 13.9.

Figure 13.8
Architecture de réseau en étoile à sauts multiples

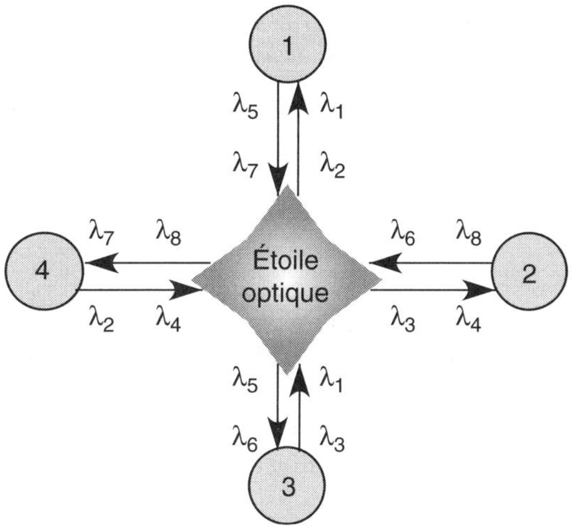

Figure 13.9
Architecture de réseau Shufflenet à sauts multiples

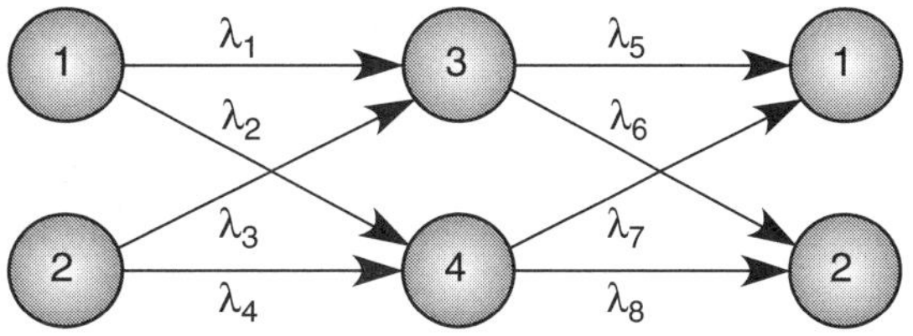

Comme exemple d'un réseau à diffusion et à saut unique, nous avons déjà évoqué le Lambdanet de Bellcore. La difficulté de ce type de réseau est de disposer de longueurs d'onde en nombre suffisant et de récepteurs équipés des composants capables de s'adapter aux variations rapides de longueur d'onde des signaux optiques. Compte tenu de cette difficulté majeure, des réseaux à diffusion et sauts multiples ont été développés par plusieurs sociétés. Dans ces réseaux, l'émetteur et le récepteur ne disposent généralement que de deux longueurs d'onde. Pour aller d'un port d'entrée à un port de sortie, l'information est routée sous la forme d'un paquet de données. Comme la commutation s'effectue dans un nœud intermédiaire, il y a passage par un élément électronique, qui constitue un point fragile à sécuriser.

La figure 13.9 montre que, pour passer du nœud 1 au nœud 2, il faut émettre, par exemple, sur la longueur d'onde 2 vers le nœud 4, qui retransmet sur la longueur d'onde 8 vers le nœud 2, ou émettre sur la longueur d'onde 1 vers le nœud 3, qui retransmet vers la station 2 sur la longueur d'onde 6. On voit que deux chemins sont possibles, ce qui sécurise le processus de communication.

Les réseaux à routage en longueur d'onde

L'idée à la base des réseaux à routage en longueur d'onde consiste à réutiliser au maximum les mêmes longueurs d'onde. La figure 13.10 illustre un nœud d'un réseau à routage en longueur d'onde dans lequel de mêmes longueurs d'onde sont utilisées à plusieurs reprises.

Figure 13.10

Nœud de base d'un réseau à routage en longueur d'onde

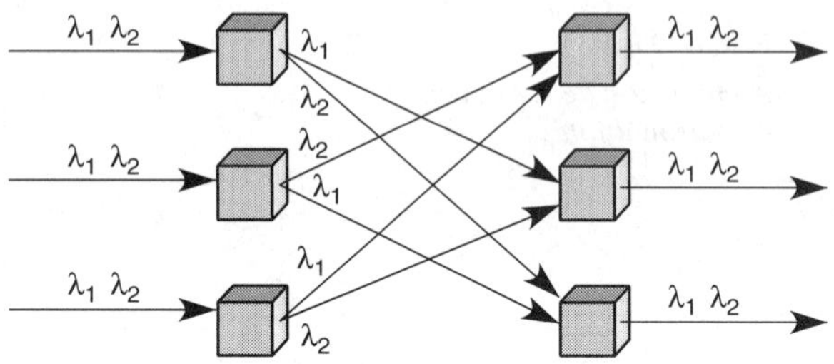

Cette architecture correspond à un routage fixe sur les longueurs d'onde. On peut également développer des réseaux à routage en longueur d'onde avec des routages dynamiques dans le temps. À cet effet, il faut insérer des commutateurs optiques ou optoélectroniques, suivant la technologie utilisée, entre les ports d'émission et de réception. Un exemple de cette technique est illustré à la figure 13.11.

Figure 13.11

Routage dynamique

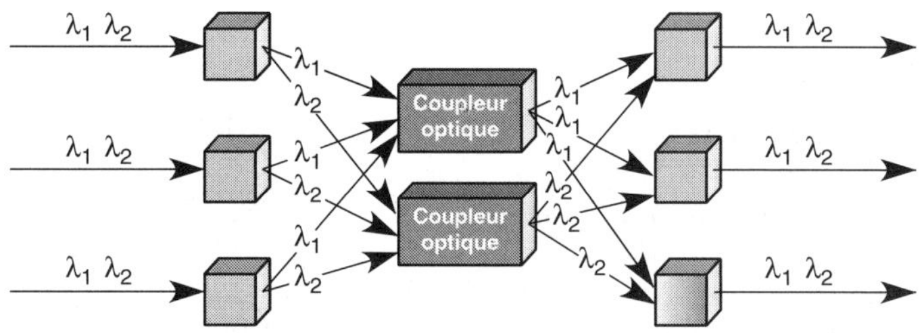

De nombreuses recherches ont encore lieu dans le domaine de l'optique pour optimiser l'utilisation des longueurs d'onde. Cette technique permet d'atteindre des débits particulièrement élevés, qui se comptent en térabits par seconde. Les difficultés proviennent des coûts encore élevés du multiplexage en longueur d'onde et surtout des commutateurs optiques. Lorsqu'on veut minimiser le coût ou augmenter la portée, il faut utiliser des commutateurs optoélectroniques. Une certaine fragilité est alors visible à chaque passage d'un environnement lumineux à un environnement électrique. Des progrès considérables doivent encore être réalisés pour réamplifier les signaux de façon optique et régler pratiquement instantanément les coupleurs d'émission ou de réception sur la bonne longueur d'onde.

Les commutateurs optiques

Les commutateurs optiques permettent d'interconnecter des liaisons optiques entre elles. À des fibres optiques entrantes correspondent des fibres optiques sortantes. Si le commutateur utilise une partie électrique, le commutateur est dit optoélectronique et non plus uniquement optique. Ces commutateurs se fondent sur l'interconnexion de commutateurs élémentaires, c'est-à-dire de commutateurs qui possèdent deux portes d'entrée et deux portes de sortie, comme illustré à la figure 13.12. Montés en série, ces commutateurs élémentaires permettent de réaliser de grands commutateurs. La conception de ces équipements pose cependant de nombreux problèmes.

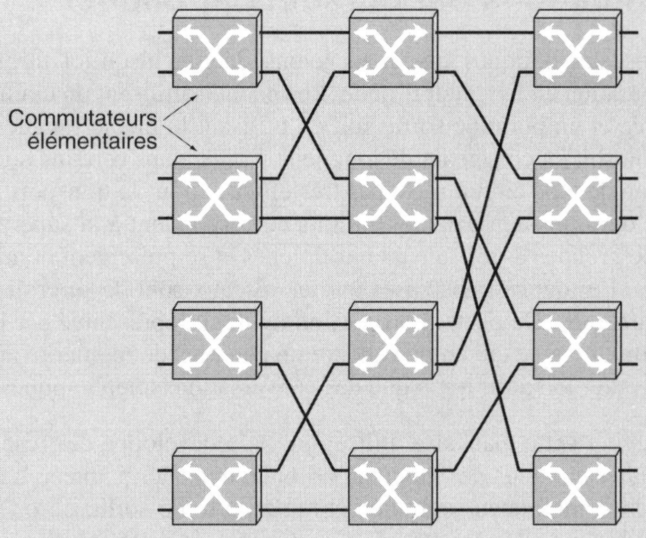

Figure 13.12
Fonctionnement d'un commutateur optique ou optoélectronique

Ces commutateurs, ou MIN (Multistage Interconnection Network), peuvent être de deux types : soit le signal est transformé en signal électrique, soit le signal est commuté en optique. Le premier cas est présenté en détail au chapitre 31, traitant des routeurs et des commutateurs. Dans la seconde catégorie, on distingue les deux techniques suivantes :

- décisions de contrôle et de routage effectuées électriquement ;
- commutation tout optique.

La commutation de circuits reste plus facile à implémenter que la commutation de paquets, les décisions de contrôle et de routage étant beaucoup plus simples dans ce cas. Dans une commutation de paquets, à l'arrivée de chaque paquet, il faut prendre plusieurs décisions de contrôle et de routage, qui demandent plusieurs centaines de picosecondes dans le meilleur des cas. Actuellement, on sait gérer les collisions potentielles de signaux optiques lorsqu'un croisement de chemins est nécessaire. La technique tout optique reste encore aujourd'hui expérimentale.

Une autre technologie se développe. Située entre la commutation de circuits et la commutation de paquets, elle provient de la commutation de *bursts* (burst-switching). Cette commutation consiste à commuter un ensemble de paquets émis les uns derrière les autres, sans perte de temps entre chaque paquet. Cette émission revient à mettre en place un circuit le temps du pic de trafic. Ce temps peut aller d'une fraction de seconde à quelques secondes. L'idée est évidemment de simplifier la commutation de paquets en utilisant l'équivalent d'un long paquet, constitué de l'ensemble des paquets d'un burst, mais aussi de gagner en utilisation des ressources par rapport à une commutation de circuits, dans laquelle le circuit est parfois mal utilisé.

Un point sensible de ce système concerne la commande des commutateurs. Comment les configurer pour traiter les différents flots de façon différenciée, ou encore comment appliquer à chaque flot la priorité ou la sécurité qui a été négociée par l'utilisateur avec l'opérateur du réseau au début de la connexion ? Pour cela, un réseau de signalisation doit être ajouté au réseau de fibre optique. Ce réseau de signalisation, dit hors bande, c'est-à-dire utilisant une capacité de transport distincte de celle dévolue aux flots utilisateur, est de plus en plus souvent constitué d'un réseau IP. À chaque commutateur optique correspond un routeur IP, par lequel transitent les commandes arrivant dans des paquets IP.

Les commutations par burst et par paquet

Les réseaux optiques que nous avons décrits jusqu'ici utilisent essentiellement une commutation en longueur d'onde. Les paquets utilisent un circuit construit entre un point d'entrée et un point de sortie soit en utilisant la même longueur d'onde tout le long du chemin, soit en changeant de longueur d'onde dans certains nœuds intermédiaires. Cette solution de type circuit n'est pas très efficace pour le transport des données. En effet, les débits qui transitent dans les circuits correspondent à la superposition des débits provenant de groupes d'utilisateurs multiplexés et se présentent donc sous une forme très irrégulière. Les débits transportés par les réseaux sont de surcroît de plus en plus variables dans le temps. De plus, la proportion du débit représentée par la parole téléphonique est en diminution, ce qui enlève encore un peu plus de régularité au trafic que les opérateurs ont à traiter lorsqu'il n'y a que des conversations téléphoniques à transporter.

Pour éviter cette mauvaise utilisation, on a développé des réseaux optiques capables de commuter non plus des longueurs d'onde mais des paquets. Les paquets sont commutés dans un commutateur optique vers une porte de sortie où on leur attribue une couleur disponible pour les émettre. L'inconvénient de cette solution est le nombre de paquets, qui se comptent en milliard par seconde, à traiter dans de gros commutateurs. Le coût de traitement optique étant très important, il est aujourd'hui difficile d'imaginer la date de sortie de tels commutateurs.

Une autre idée s'est développée, consistant à trouver le moyen de traiter de très gros paquets, appelés *bursts*. La commutation par burst n'est rien d'autre qu'une commutation de paquets avec de très gros paquets. À la vitesse de plusieurs gigabits par seconde, la commutation d'un burst peut demander un temps de l'ordre de quelques dizaines à quelques centaines de microsecondes. À une vitesse de 10 Gbit/s, un burst de 100 µs correspond à 1 Mbit de données. On rassemble donc les données à transporter en paquets de l'ordre de 1 Mbit, puis on met en place un circuit pendant le temps de la transmission.

Appelée OBS (Optical Burst Switching), cette technique devrait bientôt être proposée par quelques équipementiers spécialisés dans la fibre optique. Plusieurs solutions pour réaliser la commutation par burst ont été testées sous les noms de TAG (Tell And Go), TAW (Tell And Wait), JIT (Just In Time) et JET (Just Enough Time).

Dans le TAG *(voir figure 13.13)*, lorsque le burst est prêt à être envoyé, un message d'établissement de connexion, ou message SETUP, est émis dans le réseau. Ce message SETUP ouvre le circuit, lequel se referme après le passage du dernier octet du burst. Pour que cette solution soit acceptable, il faut que le réseau soit très peu chargé et que les temps de mise en place du circuit soient négligeables.

Dans le TAW *(voir figure 13.14)*, un message SETUP prend le temps nécessaire pour mettre en place le circuit puis envoie un message de confirmation d'ouverture avant que le burst soit émis. Cette méthode est acceptable si le temps d'ouverture du circuit est négligeable par rapport au temps de transmission du burst.

Les méthodes JIT et JET permettent toutes deux de s'approcher d'un fonctionnement optimal. Le message d'établissement SETUP est émis avec un temps d'avance sur le burst lui-même de telle sorte que le circuit soit ouvert au moment exact où le burst se présente *(voir figure 13.15)*.

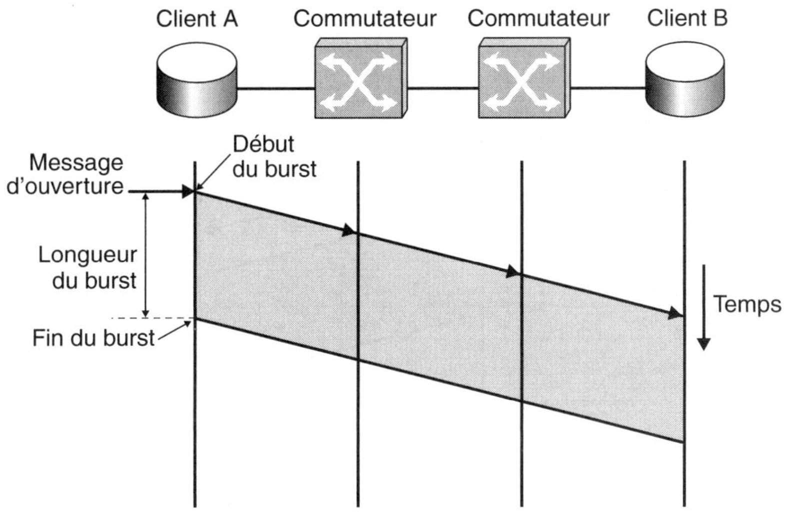

Figure 13.13

Commutation par burst TAG

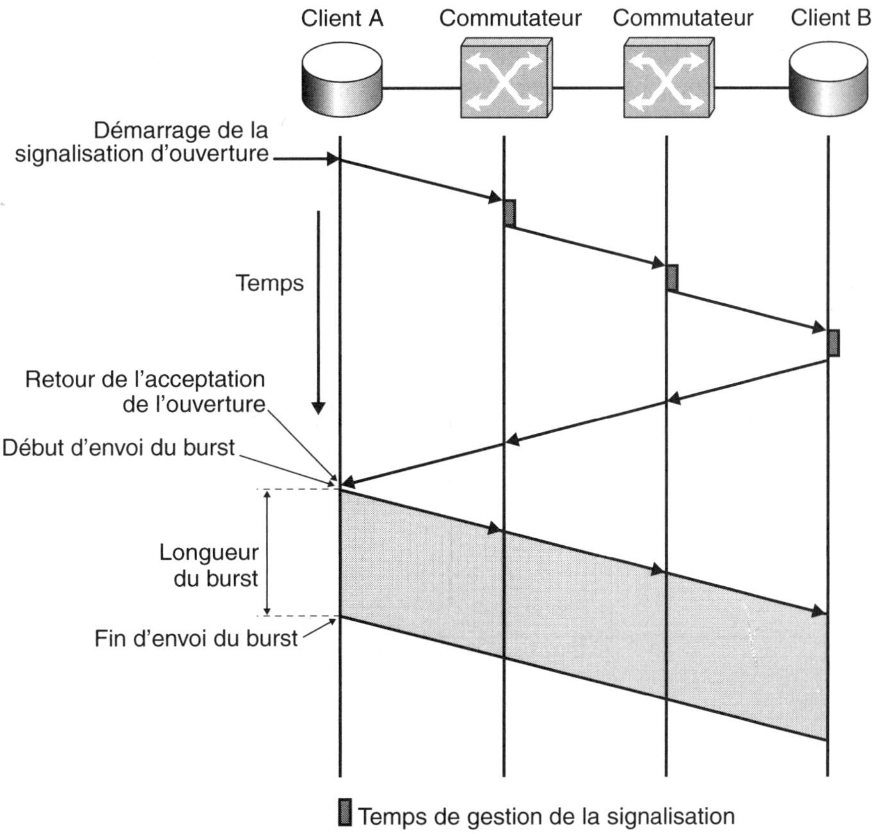

Figure 13.14

Commutation par burst TAW

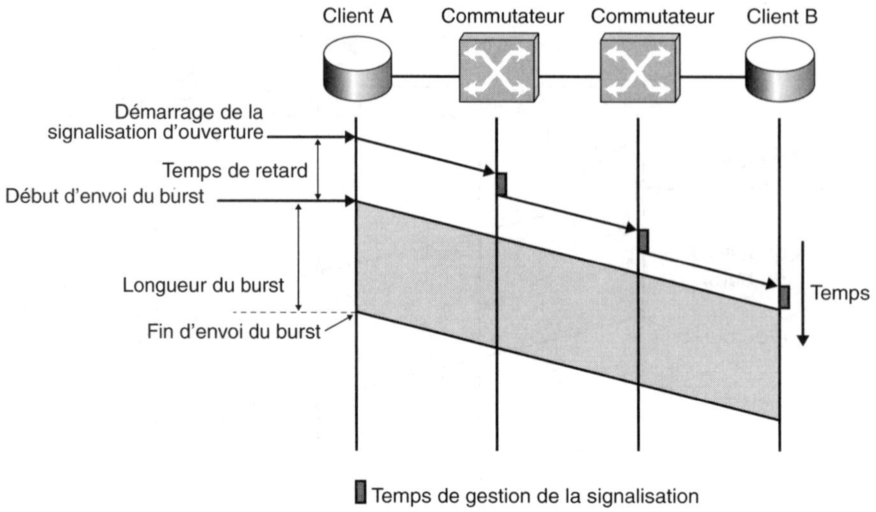

Figure 13.15

Commutation par burst JIT et JEN

La difficulté de cette méthode est de déterminer le temps de latence avant le départ du burst. Plusieurs propositions ont été effectuées pour limiter ce temps au minimum, les deux techniques JIT et JET se distinguant par ce calcul. Il faut à tout prix éviter la destruction du burst par manque de réservation dans un nœud intermédiaire, comme l'illustre la figure 13.16.

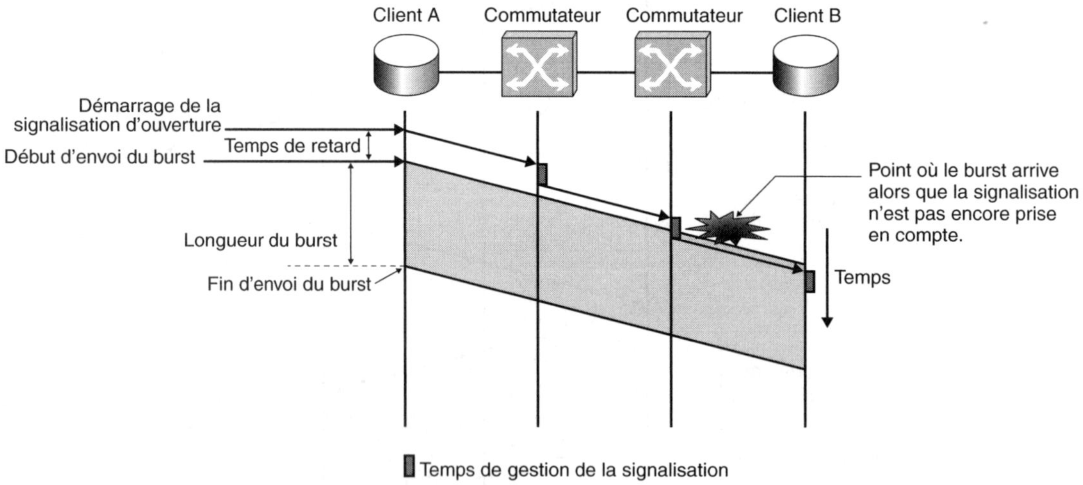

Figure 13.16

Destruction du burst par manque de réservation

La commutation de paquets optiques devrait succéder à la commutation de burst en diminuant le burst jusqu'à la taille d'un paquet. La difficulté reste toujours l'impossibilité ou presque de mémoriser un paquet optique. On peut tout au plus utiliser un rouleau de câble optique pour mémoriser un paquet, mais il est impossible d'aller plus loin.

La difficulté sera donc d'ouvrir une voie de communication pour le passage d'un paquet optique. Seule une signalisation extrêmement rapide sera capable de réaliser ce type de transfert.

La signalisation et GMPLS

La commutation par burst demande une forte signalisation pour mettre en place et détruire des circuits plusieurs milliers de fois par seconde. Si plusieurs centaines de milliers de circuits doivent être édifiées et détruits en parallèle, cela exige un système de signalisation capable de traiter des ouvertures et fermetures qui se comptent en centaines de millions chaque seconde. C'est la raison pour laquelle l'OBS pourrait avoir du mal à percer sur le marché des commutateurs optiques de grande taille.

Pour le moment, la solution retenue par beaucoup de grands opérateurs pour leur réseau et plus particulièrement leur cœur de réseau optique est GMPLS (Generalized MultiProtocol Label Switching), que nous étudions en détail au chapitre 17 avec le protocole MPLS. L'idée principale à la base de cette adoption est la bonne granularité du conduit devant transporter les paquets d'une même communication d'une entrée à une sortie du réseau et la performance des plans de contrôle et de gestion associés. Un plan de contrôle ou de gestion est en fait un réseau spécialisé dans le transport des données de contrôle ou de gestion. Le plan de contrôle est aussi appelé réseau de signalisation. Les protocoles associés à la signalisation sont détaillés au chapitre 36.

Dans le cadre du réseau GMPLS, des protocoles classiques sont utilisés, comme les routages OSPF, IS-IS et la réservation RSVP. Mais ces protocoles sont complétés par des options souvent appelées TE (Trafic Engineering), qui permettent d'ouvrir les meilleurs chemins possibles et d'effectuer des réservations qui sont calculées par de l'ingénierie de trafic.

La figure 13.17 illustre les évolutions du plan de transport et du plan de contrôle/gestion depuis les années 1970. Jusqu'à l'année 2030, le plan de contrôle/gestion était centralisé autour d'un nœud central pour devenir de plus en plus distribué. GMPLS décrit un plan de gestion permettant de définir les granularités des conduits et un plan de contrôle utilisant les protocoles IP et les techniques de contrôle par politique *(voir le chapitre 35).*

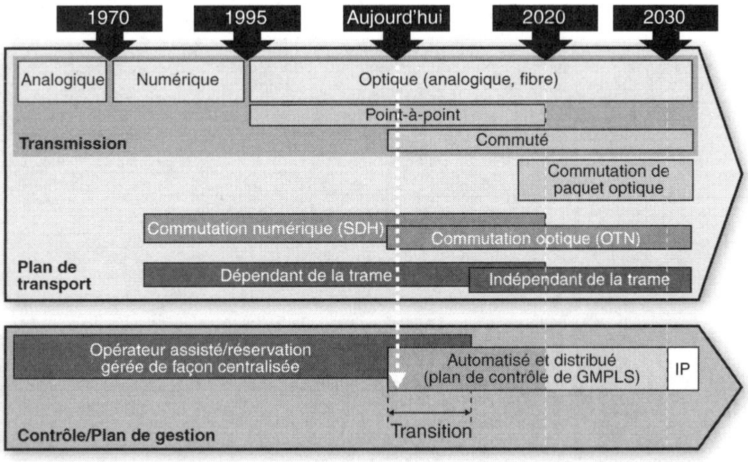

Figure 13.17

Étapes d'introduction du contrôle et de la gestion dans les réseaux optiques

Conclusion

Les réseaux optiques répondent bien aux demandes d'augmentation des débits des utilisateurs. L'utilisation d'un grand nombre de longueurs d'onde, à des vitesses pouvant atteindre 40 puis 160 Gbit/s, permet de satisfaire aisément la demande actuelle. Le potentiel de croissance des débits devrait permettre de suivre facilement la demande. Cependant, la surcapacité, qui aura été fondamentalement utilisée entre les années 2000 et 2010, ne devrait plus être de mise après 2010, date à laquelle les méthodes de contrôle réactives pour établir des communications devraient être de plus en plus utilisées.

Bientôt, tous les cœurs de réseau utiliseront de la fibre optique. Il reste d'importants progrès à accomplir pour arriver à un réseau tout optique, dans lequel les signaux sous forme lumineuse seraient transportés de bout en bout sous la forme de paquets. Le passage par des équipements électriques est encore aujourd'hui nécessaire, surtout lorsqu'il faut traverser plusieurs réseaux successifs.

14

Les interfaces de la couche physique

Une interface désigne un point situé entre deux équipements. Deux grandes catégories d'interfaces sont classiquement définies : les interfaces UNI (User Network Interface), situées entre l'équipement utilisateur et le réseau, et les interfaces NNI (Network Node Interface), situées entre deux nœuds d'un même réseau ou de réseaux distincts. L'interface détermine comment les données traversent le point de passage entre les deux équipements.

Ce chapitre se penche sur les interfaces des réseaux de niveau physique et détaille notamment les suivantes :

- SONET (Synchronous Network) et SDH (Synchronous Digital Hierarchy), définies au départ pour transporter un grand nombre de communications téléphoniques sur un même support physique.
- POS (Packet over SONET), où les communications téléphoniques sont remplacées par des paquets.
- POW (Packet over WDM), où les paquets sont insérés directement sur la fibre optique.
- G.709 OTN (Optical Transport Network), qui détermine la dernière génération d'interfaces d'accès sur les réseaux optiques.
- UNI-OIF (Optical Internetworking Forum), qui définit une interface générale.
- EPON (Ethernet Passive Optical Network), qui utilise Ethernet comme trame de base sur de la fibre optique.
- RPR (Resilient Packet Ring), qui définit une nouvelle génération de réseaux de niveau physique et une interface, de même type que SONET/SDH, associée au monde Ethernet.

Les équipements de communication ont accompagné la diffusion massive du téléphone. Avec l'apparition de la hiérarchie plésiochrone, définissant la capacité des lignes physiques à transporter un grand nombre de communications téléphoniques simultanées, il a fallu déterminer des techniques d'accès définissant le multiplexage des communications.

Ces techniques étant de moins en moins utilisées, nous ne les décrivons que très sommairement. En revanche, nous présentons en détail la hiérarchie synchrone SONET, améliorée par SDH, qui a la même fonction mais d'une façon plus moderne. Le transport des paquets s'effectue sur cette hiérarchie grâce à la technologie POS (Packet Over SONET). Cette hiérarchie est très utilisée en ce début des années 2000 car la technologie SONET/SDH permet une reconfiguration du réseau en cas de panne.

Une deuxième solution est proposée par POW (Packet Over WDM), qui définit une méthode permettant de transporter directement un paquet sur de la fibre optique.

Parmi les nouvelles techniques qui se développent sur les réseaux en fibre optique, citons OTN (Optical Transport Network), une interface générale qui s'applique à toute sorte de transmission, UNI-OIF (User Network Interface-Optical Internetworking Forum), EPON (Ethernet Passive Optical Network), pour le monde spécifique Ethernet, et RPR (Resilient Packet Ring), pour l'utilisation d'une trame semblable à celle d'Ethernet dans le cadre de la norme IEEE 802.17.

Les interfaces avec la couche physique

La couche physique représente le premier niveau de la hiérarchie du modèle de référence. Ce niveau s'occupe de transporter les éléments binaires sur des supports physiques variés. Pour accéder à un support, il faut utiliser une interface d'accès.

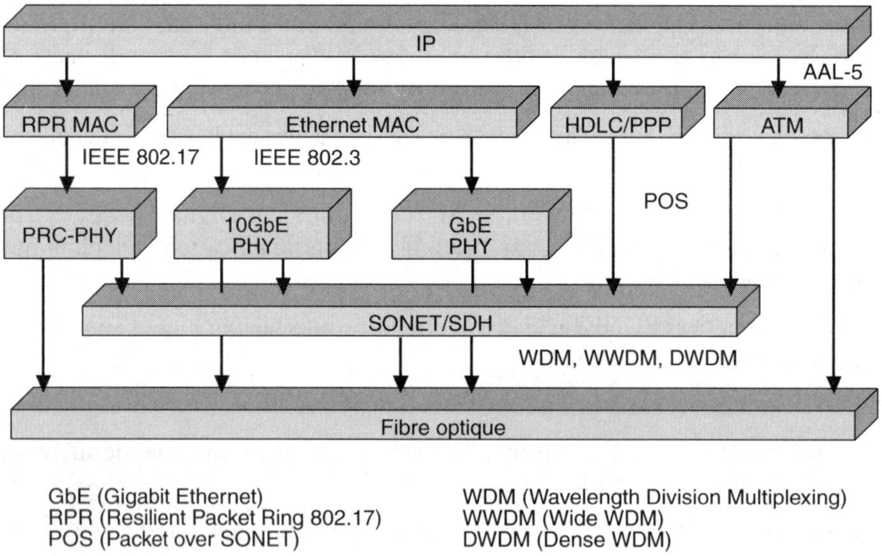

Figure 14.1

Interfaces sur fibre optique

La figure 14.1 illustre l'ensemble des interfaces modernes de la couche physique avec un support physique, qui est ici de la fibre optique, pour y faire transiter des paquets IP. On voit qu'on peut encapsuler un paquet IP dans une trame ATM, ou tout du moins un fragment du paquet IP puisque la trame ATM est de taille limitée. Ensuite, la trame ATM peut être émise directement sur une fibre optique, si la vitesse est suffisamment basse pour qu'il n'y ait pas besoin de synchronisation d'horloge, ou encapsulée dans une trame

SONET/SDH avant d'être acheminée sur la fibre optique. Cette solution est aujourd'hui la plus développée.

Une deuxième solution consiste à utiliser la trame HDLC ou la trame PPP (Point-to-Point Protocol) pour réaliser cette encapsulation. Pour permettre la synchronisation des horloges, les trames HDLC et PPP sont elles-mêmes encapsulées dans une trame SONET/SDH avant d'être transmises sur la fibre optique.

En allant vers la gauche de la figure, on voit que le paquet IP peut être également encapsulé dans une trame Ethernet classique, GbE (1 Gbit/s) ou 10GbE (10 Gbit/s). Ces trames sont soit véhiculées directement sur la fibre optique, soit transmises par l'intermédiaire de SONET/SDH suivant la vitesse, l'éloignement des stations, etc.

La partie gauche de la figure montre la nouvelle génération qui commence à être commercialisée. Il s'agit d'une technique compatible avec Ethernet, dans laquelle les préambules des trames Ethernet sont augmentés pour donner le temps d'effectuer la synchronisation des horloges. Cette solution, standardisée sous le nom IEEE 802.17, devrait assez rapidement supplanter la norme SONET/SDH de par son prix très compétitif.

Les trois trames les plus utilisées sur l'interface physique sont PPP, ATM et Ethernet. Lorsqu'on examine les standards, on note souvent, même si ce n'est pas une obligation, que la couche physique est elle-même découpée en deux : la couche PM (Physical Medium), la sous-couche la plus basse de la couche physique, qui est responsable du transport de l'information sur le support physique et de la synchronisation bit, et la couche TC (Transmission Convergence), la sous-couche haute de la couche physique, qui est responsable de l'adaptation au support physique des éléments binaires provenant des trames.

Les fonctions de l'interface d'accès à la sous-couche TC sont notamment les suivantes :

- adaptation de débit ;
- protection de l'en-tête ;
- délimitation des trames ;
- adaptation aux systèmes de transmission ;
- génération et récupération de la trame.

L'adaptation de débit consiste à ajuster les différents flux d'information à la bande passante de la liaison physique. Pour cela, on peut ajouter des trames vides, dites de bourrage, comme lors de la transmission de cellules ATM sur un système de type SONET. Une autre solution consiste à insérer des octets de bourrage lorsqu'aucune transmission de trame n'est en cours. Le nombre d'octet de bourrage dépend de l'intervalle de temps entre deux trames.

La transmission de cellules ATM est un cas particulier. L'en-tête des cellules contient une zone de 1 octet ayant pour rôle de protéger les 4 octets de supervision précédents. Il s'agit de la zone HEC (Header Error Control). Elle permet de détecter les erreurs de transmission et d'effectuer automatiquement la correction si le nombre d'erreur est limité à un. Lorsque les erreurs arrivent de façon aléatoire, la plupart du temps avec une probabilité très faible, le taux d'erreur est excellent. Il arrive que le taux d'erreur s'emballe lorsqu'une forte perturbation des signaux en cours de transmission se produit dans un laps de temps très court, générant une succession de cellules en erreur. C'est la raison pour laquelle on préfère, dès que l'on découvre plus de deux erreurs sur une même cellule, que le HEC devienne détecteur plutôt que correcteur de l'erreur, puisqu'il y a toutes les chances pour que la zone d'information soit erronée.

Le HEC permet également de délimiter des cellules. Le récepteur est constamment à la recherche des 4 octets, correspondant à la zone HEC. Dès qu'il trouve une séquence qui satisfait le HEC, il vérifie que les zones correspondantes des cinq cellules suivantes sont également correctes. Si tel est le cas, le récepteur passe en mode synchronisé. S'il ne réussit pas à cadrer le HEC avec les cinq cellules suivantes, il reste dans un état non synchronisé. Il faut sept détections consécutives d'erreur pour considérer que le cadrage est perdu. Les valeurs 5 et 7 sont valables pour une transmission synchrone. Pour une transmission asynchrone, ces valeurs sont définies respectivement à 6 et 8.

L'adaptation au débit synchrone de la liaison permet de synchroniser les horloges de l'émetteur et du récepteur, de sorte que les bits émis à la vitesse de l'horloge de l'émetteur puissent être récupérés exactement au bon moment par le récepteur. Ces deux fonctions dépendent du support physique utilisé pour transmettre la trame.

L'acheminement des cellules ATM par l'intermédiaire de trames SONET ou SDH est surtout réservé aux opérateurs et aux grands réseaux. Deux solutions s'imposent actuellement : celle du transport des trames sur les lignes exploitées par les opérateurs et celle fondée sur le transport direct de la trame sur le support physique, sans aucune trame sous-jacente. La solution la plus simple pour une mise en œuvre rapide consiste à utiliser des liaisons PDH (Plesiochronous Digital Hierarchy). En Europe, il est possible d'acheminer les cellules sur des liaisons à 2 et 34 Mbit/s, suivant les recommandations G.804 et G.832 de l'UIT-T. Les cellules sont insérées dans le corps des trames qui circulent toutes les 125 µs. Un adaptateur est nécessaire à cette insertion afin d'ajuster la transmission des cellules à la vitesse de l'interface et à insérer des cellules vides pour maintenir la synchronisation.

L'interface standard de l'ATM

Le standard le plus classique de l'ATM correspond à un débit de 155 Mbit/s. Grâce au codage 8B/10B, qui utilise 10 bits pour transporter 8 bits de l'utilisateur, le débit peut atteindre 194,4 Mbit/s. La gestion du support physique est effectuée par des cellules OAM (Operation And Maintenance). On trouve une cellule de gestion après vingt-six cellules d'information transmises par l'émetteur. Le débit réel ATM descend de ce fait à 149,76 Mbit/s.

Les supports plésiochrones

Pour parvenir au multiplexage simultané de plusieurs paroles téléphoniques sur un même circuit, les Américains ont adopté un standard permettant de multiplexer 24 voies de 64 Kbit/s sur un support à 1 544 Kbit/s. Ce canal est nommé DS-1. Les Européens ont répondu à cette technique par le canal E-1, un multiplexage de 30 canaux de parole sur un support à 2 048 Mbit/s. À partir de ce multiplexage de base, toute une hiérarchie a été définie, qu'elle soit multiple du canal de base, comme dans le cas européen, ou un peu plus complexe, comme dans le cas américain, en raison d'une zone de supervision dépendant du débit.

Ces hiérarchies sont appelées PDH (Plesiochronous Digital Hierarchy). La hiérarchie européenne est la suivante :

- E-1 = 2 Mbit/s

- E-2 = 8 Mbit/s
- E-3 = 34 Mbit/s
- E-4 = 140 Mbit/s
- E-5 = 565 Mbit/s

La hiérarchie américaine est assez semblable mais moins régulière. Elle ne correspond pas à un multiple du canal de base, car les bits de synchronisation ne sont pas proportionnels au nombre de voies transportées. La racine *plesio* de *plesiochronous* vient du grec et signifie presque.

Les supports physiques étant passés en mode numérique, une hiérarchie spécifique a dû être développée sous le nom de SDH (Synchronous Digital Hierarchy) en Europe et de SONET (Synchronous Optical Network) en Amérique du Nord. Cette nouvelle hiérarchie prend toujours en compte la numérisation de la parole avec un échantillonnage toutes les 125 µs, mais elle est complètement synchrone. Une trame, d'une longueur dépendant de la vitesse, est émise toutes les 125 µs. SONET et SDH sont les deux techniques utilisées pour acheminer des transmissions numériques aussi différentes que la parole et les données. Cette technique peut donc transporter tous les types de paquets ou de trames, trame ATM, paquet IP, trame Ethernet, etc.

SONET est une interface standardisée par l'ANSI (American National Standards Institute), l'organisme de normalisation nord-américain. Son rôle était au départ d'introduire un très grand nombre de voies téléphoniques sur un même support physique de façon à relier entre eux les réseaux de deux opérateurs.

SDH est une généralisation de SONET normalisée par l'UIT-T, qui donne une définition de la zone de données qui traverse l'interface beaucoup plus précise que celle introduite dans SONET. Cette zone de données porte le nom de *container*.

La hiérarchie plésiochrone

Le standard PDH, en français hiérarchie plésiochrone, c'est-à-dire presque synchrone, a été défini par les organismes de normalisation s'occupant du téléphone pour faire transiter simultanément sur une même ligne physique plusieurs voies téléphoniques. Les termes « presque synchrone » indiquent que cette hiérarchie travaille en synchrone. Cependant, l'instant de départ de la communication est asynchrone. En d'autres termes, la communication est synchrone, une fois l'instant de départ décidé.

Des canaux de différents débits ont été définis :

- B : canal circuit à 64 Kbit/s, qui correspond à une voie téléphonique.
- H_0 : canal circuit à 384 Kbit/s, ce qui représente une superposition de 6 canaux B.
- H_{11} : canal circuit à 1 472 Kbit/s, c'est-à-dire une superposition de 23 canaux B.
- H_{12} : canal circuit à 1 920 Kbit/s, c'est-à-dire une superposition de 30 canaux B.
- H_2 : canal à 6,312 Mbit/s ou 8,448 Mbit/s.
- H_3 : canal à 32,064 Mbit/s ou 34,368 Mbit/s ou 44,736 Mbit/s.
- H_4 : canal à 97,728 Mbit/s ou 139,264 Mbit/s.

Une autre solution, qui a été développée sans être normalisée, consiste à superposer différentes catégories de circuits. En particulier, le multicircuit illustré à la figure 14.2 a souvent été cité comme une référence pour l'intégration de services à très haute vitesse. Ce multicircuit est une superposition de dix circuits : un circuit H4, sept circuits H12 et deux canaux B. On a ajouté à cette superposition de circuits un canal D, canal multipoint en commutation de paquets, et un canal de synchronisation. Au total, il y a donc douze circuits qui doivent transiter simultanément sur le multicircuit.

Figure 14.2
Exemple de canal multicircuit pour l'intégration de services à très haute vitesse

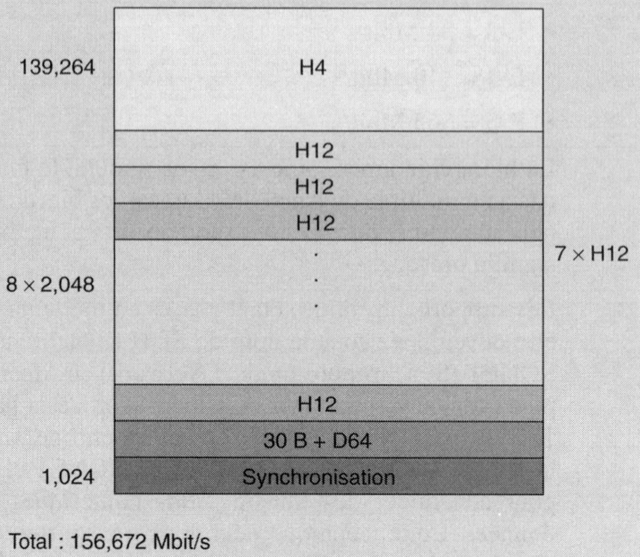

La difficulté principale de ce multicircuit réside dans la gestion du circuit multipoint. Il faut développer une interface unique avec l'utilisateur susceptible de multiplexer les données provenant des différentes sources et de les démultiplexer dans le sens opposé.

La figure 14.3 illustre ce multiplexage. Sur la voie de droite arrive un flot à 156,672 Mbit/s. Ce flot doit être décomposé en dix sous-flots, plus des informations de contrôle et de synchronisation. Dans le sens contraire, les douze flots qui arrivent simultanément sur le multiplexeur doivent trouver leur place sur la liaison à 156,672 Mbit/s. Cela implique une mise en série des éléments binaires. En d'autres termes, les bits arrivant en même temps sur le multiplexeur doivent se placer les uns derrière les autres.

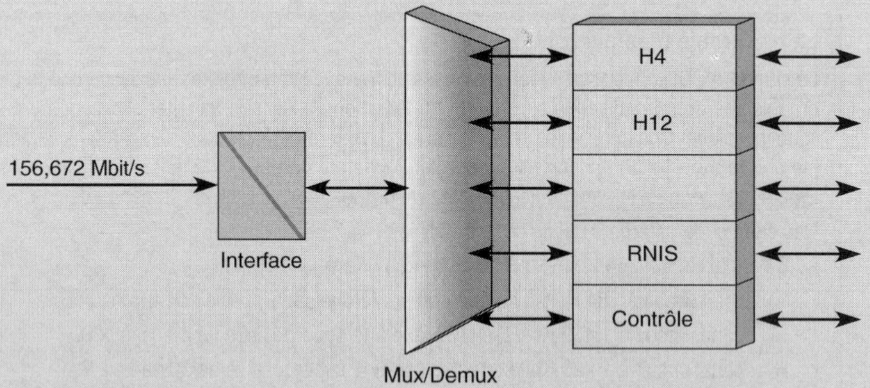

Figure 14.3
Exemple de multiplexage-démultiplexage

La gestion du multiplexage des canaux est complexe, ce qui occasionne la perte d'une partie de la bande passante pour des raisons autres que la transmission des données. La commutation multicircuit est la technique utilisée dans le RNIS bande étroite. Dans l'interface de base, on fournit à l'utilisateur deux canaux B à 64 Kbit/s, qui doivent être partagés entre les différents équipements terminaux de l'utilisateur : combiné téléphonique, PC, fax, terminal vidéotex, etc.

SONET (Synchronous Optical Network)

Issue d'une proposition de Bellcore (Bell Communication Research), SONET est une technique de transport entre deux nœuds, qui définit l'interface adoptée pour le NNI (Network Node Interface). Elle ne concernait au départ que l'interconnexion des réseaux téléphoniques des grands opérateurs, PTT, *carrier,* etc. Toute la difficulté de la normalisation a consisté à trouver un compromis entre les intérêts américains, européens et japonais pour permettre l'interconnexion des différents réseaux d'opérateur et des réseaux nationaux.

La hiérarchie des débits étant différente sur les trois continents, il a fallu s'entendre sur un niveau de base. C'est finalement le débit de 51,84 Mbit/s qui a été retenu et qui forme le premier niveau, appelé STS-1 (Synchronous Transport Signal, level 1). Les niveaux situés au-dessus du niveau 1, appelés STS-N, sont des multiples du niveau de base.

SONET décrit la composition d'une trame synchrone émise toutes les 125 µs. La longueur de cette trame dépend du débit de l'interface. Ses diverses valeurs sont classées au tableau 14.1 suivant la rapidité du support optique, ou OC (Optical Carrier).

OC-1	51,84 Mbit/s	OC-24	1 244,16 Mbit/s
OC-3	155,52 Mbit/s	OC-36	1 866,24 Mbit/s
OC-9	466,56 Mbit/s	OC-48	2 488,32 Mbit/s
OC-12	622,08 Mbit/s	OC-96	4 976,64 Mbit/s
OC-18	933,12 Mbit/s	OC-192	9 953,28 Mbit/s

TABLEAU 14.1 • Valeurs de la trame SONET en fonction de la rapidité du support optique

Comme illustré à la figure 14.4, la trame SONET comprend dans les trois premiers octets de chaque rangée des informations de synchronisation et de supervision. Les cellules sont émises dans la trame. L'instant de début de l'envoi d'une cellule ne correspond pas forcément au début de la trame mais peut se situer n'importe où dans la trame. Des bits de supervision précèdent ce début de sorte que l'on ne perde pas de temps pour l'émission d'une cellule.

Figure 14.4
Trame SONET de base

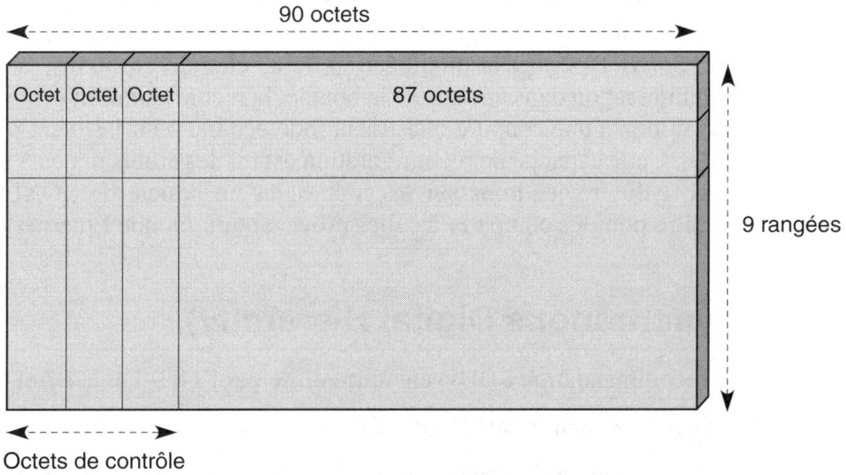

Lorsque les signaux à transporter arrivent dans le coupleur SONET, ils ne sont pas copiés directement tels quels mais inclus dans un container virtuel (Virtual Container). Ce remplissage est appelé adaptation. Les trames SONET et SDH comportent plusieurs types de containers virtuels, appelés VC-N (Virtual Container de niveau N). À ces containers, il faut ajouter des informations de supervision situées dans les octets de début de chaque rangée. En ajoutant ces informations supplémentaires, on définit une unité administrative, ou AU-N (Administrative Unit-N).

Les niveaux supérieurs comptent toujours neuf rangées, mais il y a *n* fois 90 octets par rangée pour le niveau N. La trame du niveau N de la hiérarchie SONET est illustrée à la figure 14.5.

Figure 14.5
Trame SONET STS-N

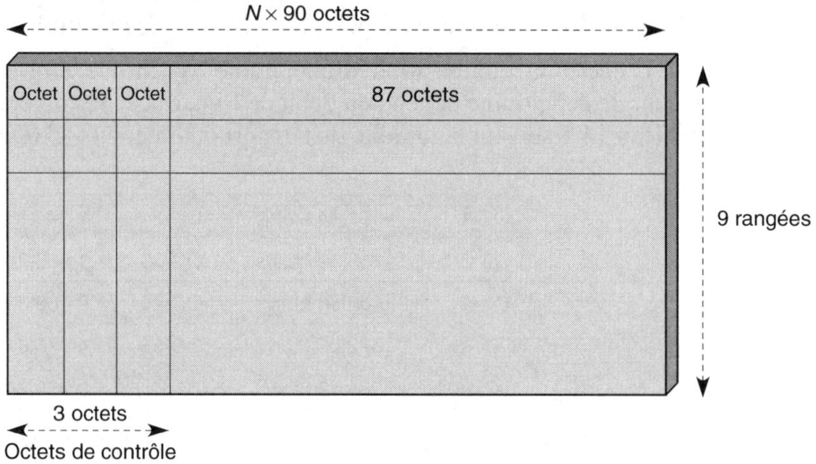

Le standard SONET est utilisé pour la mise en œuvre de la couche physique des réseaux à commutation de cellules ATM et l'interconnexion des réseaux d'opérateur. Les débits retenus pour les interfaces d'accès ATM sont respectivement de 155 Mbit/s, 622 Mbit/s et 2,488 Gbit/s pour l'OC3, l'OC12 et l'OC48.

Une caractéristique très importante de SONET est de fiabiliser la communication en cas de rupture ou de panne de l'un de ses composants. Les réseaux SONET que l'on trouve dans les métropoles ont une topologie en boucle. Deux chemins sont ainsi disponibles pour aller d'un point à un autre, en particulier de l'utilisateur au réseau cœur de l'opérateur. SONET permet la modification de ce chemin en 50 ms. Lors d'une rupture de la communication dans un sens de la boucle, la reconfiguration peut s'effectuer en un temps occasionnant une coupure quasiment indétectable pour les deux personnes en train de se parler. Cette capacité de reconfiguration est un des atouts majeurs des structures SONET/SDH. Nous reviendrons sur les topologies en boucle de SONET/SDH à la fin de ce chapitre pour les comparer à celles provenant du monde Ethernet.

SDH (Synchronous Digital Hierarchy)

La recommandation SDH a été normalisée par l'UIT-T (G.707 et G.708) :

- G.707 : Synchronous Digital Bit Rate ;
- G.708 : Network Node Interface for the Synchronous Digital Hierarchy.

On retrouve dans SDH les débits à 155, 622 et 2 488 Mbit/s de SONET.

Le temps de base correspond toujours à 8 000 trames par seconde, chaque trame étant composée de neuf fois 270 octets. Au total, cela fait 155,520 Mbit/s. La structure de la trame synchrone SDH est illustrée à la figure 14.6.

Figure 14.6
Trame SDH

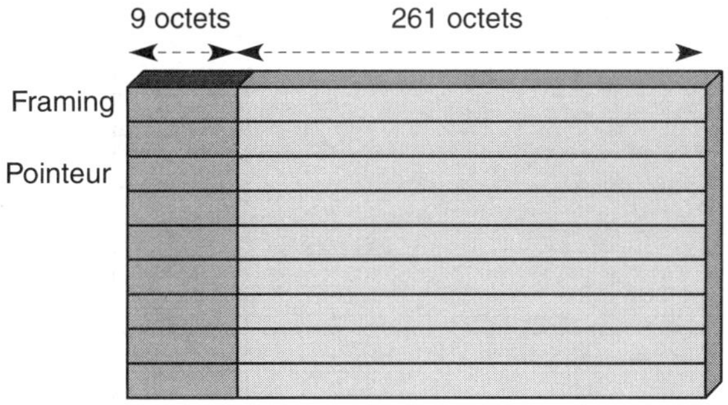

L'information transportée est indiquée par un pointeur qui se situe dans la zone de supervision de la trame. Lorsque la quantité d'information à transporter est supérieure à la zone disponible dans la trame SDH, elle continue dans la trame suivante, la fin étant indiquée par un pointeur de fin.

La figure 14.7 montre comment un flux à 140 Mbit/s peut être transporté sur une liaison SDH à 155 Mbit/s (un débit de 140 Mbit/s représente 8 fois 261 octets plus 100 octets, ce qui correspond à la partie grisée de la figure 14.7).

Figure 14.7
Transport d'un flux SDH à 140 Mbit/s

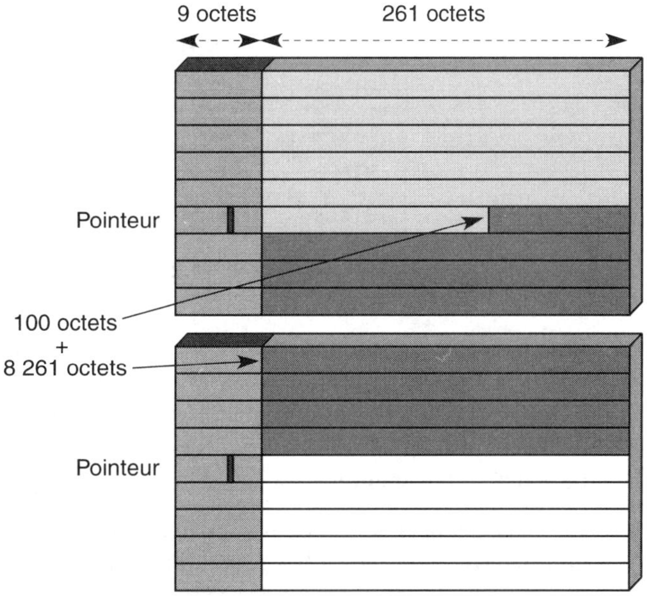

Les cellules ATM sont transportées dans la trame SDH dès que possible. Il ne faut perdre qu'un minimum de temps lors de la transmission sur chaque liaison pour éviter que la variance du temps de réponse de la cellule n'augmente trop.

La figure 14.8 illustre le transport de cellules sur une liaison SDH de base : les cellules se trouvent n'importe où, et elles sont signalées dans la zone SOH ou dans la trame car aucun temps ne doit être perdu à attendre un slot particulier.

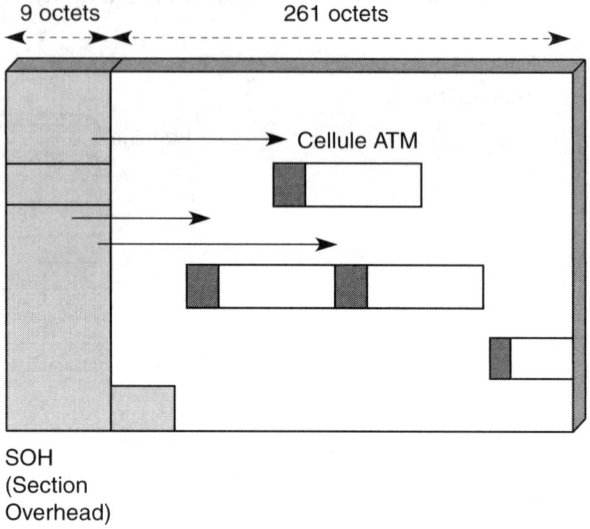

Figure 14.8
Transport de cellules ATM sur une liaison SDH

La trame de base de SDH est appelée STM-1 (Synchronous Transport Module, niveau 1). Elle est équivalente au STS-4 de la recommandation SONET. La hiérarchie SDH de l'UIT-T est récapitulée au tableau 14.2.

STM-1	155,52 Mbit/s	STM-12	1 866,24 Mbit/s
STM-3	466,56 Mbit/s	STM-16	2 488,32 Mbit/s
STM-4	622,08 Mbit/s	STM-32	4 976,64 Mbit/s
STM-6	933,12 Mbit/s	STM-64	9 953,28 Mbit/s
STM-8	1 244,16 Mbit/s		

TABLEAU 14.2 • Hiérarchie SDH de l'UIT-T

Les signaux à transporter proviennent de liaisons, qui peuvent être synchrones ou asynchrones. Pour un transport plus aisé, on les accumule dans un container virtuel VC (Virtual Container), comme nous l'avons déjà vu pour la recommandation SONET. Ce packaging est appelé *adaptation*. Il existe différents containers virtuels pour chaque type de signal à transmettre.

Les liaisons SDH normalisées sont au nombre de trois, correspondant aux STM-1, STM-4 et STM-16. La trame de base est multipliée par 4 dans le deuxième cas et par 16 dans le troisième. Cela correspond à des débits de 622 Mbit/s et 2,488 Gbit/s (les niveaux OC-12 et OC-48 de SONET). Les containers virtuels pour ces niveaux sont les VC-4 et VC-16. Le transport de ces containers sur les trames STM-4 et STM-6 s'effectue par un multiplexage temporel, comme illustré à la figure 14.9, dans laquelle 4 trames VC-4 sont découpées et entrelacées octet par octet.

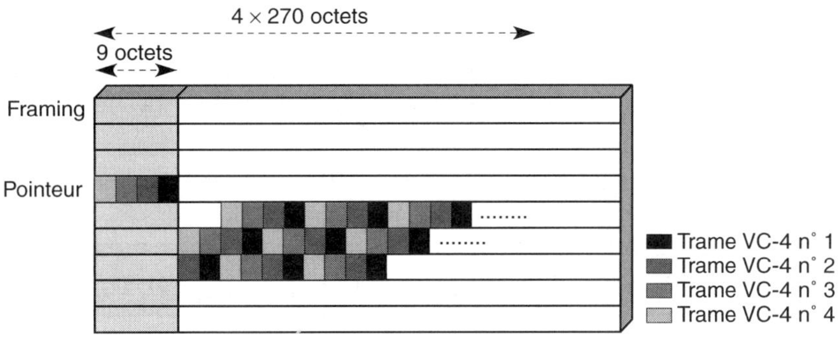

Figure 14.9

Multiplexage de containers VC-4 sur une trame STM-4

Comme dans SONET, le contenu du container avec les pointeurs forme une unité administrative, ou AU (Administrative Unit). Les unités administratives sont de plusieurs niveaux : AU-1, AU-4 et AU-16. Le niveau STM-16 est formé à partir de quatre STM-4, qui sont entrecroisés sur le support physique.

En Europe, l'ETSI a défini des formats européens sous les noms de C-12, C-3 et C-4, qui correspondent à des valeurs de containers. Des formats intermédiaires, appelés TU (Tributary Unit) et TUG (Tributary Unit Groups), complètent la hiérarchie. Cette hiérarchie quelque peu complexe est illustrée à la figure 14.10.

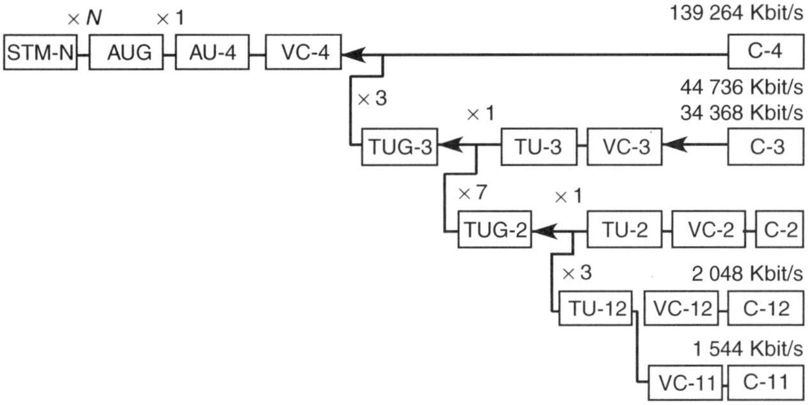

Figure 14.10

Hiérarchie SDH de l'ETSI

POS (Packet Over SONET) et POW (Packet Over WDM)

Comme expliqué précédemment, l'interface SONET a été choisie au départ par l'UIT-T pour interconnecter les réseaux téléphoniques. Cette interface détermine un temps de 125 µs entre l'émission de deux trames. La trame SONET est une sorte de wagon, que l'on peut remplir par des octets ou des trames et plus généralement par des containers. La technique générale de transport de paquets sur SONET/SDH s'appelle POS (Packet Over SONET). Elle est aujourd'hui largement utilisée pour acheminer directement à haute vitesse des paquets de tout type sur un support SONET/SDH.

L'interface IP Over SONET devrait s'appeler IP/PPP-HDLC Over SONET. Pour formater le flot de paquets IP en trames, on utilise le protocole PPP, qui fournit un protocole d'encapsulation, un contrôle d'erreur et un protocole d'ouverture de la connexion. Les trames PPP peuvent être remplacées par des trames HDLC suivant la RFC 1662. PPP (Point-to-Point Protocol) est décrit dans la RFC 1661.

La figure 14.11 illustre la structure de la trame IP Over SONET encapsulant le paquet IP.

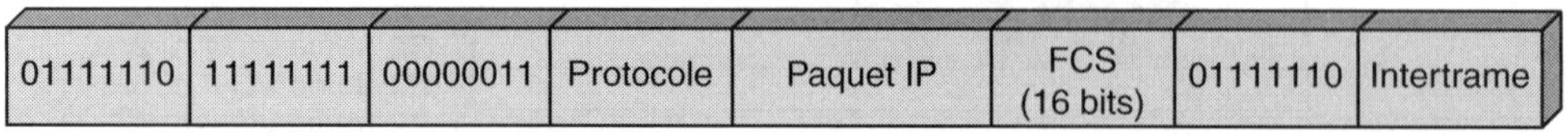

Figure 14.11

Format de la trame IP over SONET

Les routeurs ou les commutateurs doivent être capables de traiter les débits permis par SONET/SDH (155 Mbit/s, 622 Mbit/s, 2,5 Gbit/s et 10 Gbit/s). Ces gigarouteurs et térarouteurs sont capables de traiter respectivement 1 milliard et 1 000 milliards de paquets IP par seconde. En commutation, il faut atteindre les mêmes valeurs mais en nombre de trames à traiter, ce qui est un peu plus facile. Nous verrons au chapitre 30 comment parvenir à de telles capacités.

De la même façon, on peut émettre un paquet IP sur une liaison en fibre optique multiplexée en longueur d'onde selon la technique POW (Packet Over WDM). Cette technique requiert, comme dans le cas de SONET, une encapsulation du paquet IP dans une trame PPP. L'avantage par rapport à POS est qu'il est possible de placer directement le paquet IP sur le support en fibre optique et donc d'atteindre immédiatement de très hauts débits. En revanche, on perd la synchronisation des horloges. Il faut donc ajouter une technique de synchronisation dès que la distance et les débits sont importants. En cas de problème sur une liaison ou un composant du réseau, la reconfiguration est potentiellement moins bonne. Les systèmes SONET sont généralement autoreconfigurables si une liaison ou un nœud vient à devenir indisponible.

L'interface OTN (Optical Transport Network)

Comme expliqué précédemment, la norme SONET/SDH a été introduite pour transporter de la parole téléphonique, et il a fallu de nombreuses adaptations pour le transport des trames et paquets de type IP, ATM ou autres. Le successeur de SONET/SDH a été mis en chantier et normalisé début 2002 par l'UIT-T sous le nom d'OTN (Optical Transport Network). Son rôle est de faire transiter des paquets sur des liaisons à 2,5, 10 et 40 Gbit/s. La recommandation correspondante porte le numéro G.709.

La figure 14.12 illustre le nouveau format de la trame synchrone OTN.

Figure 14.12

Format de la trame OTN

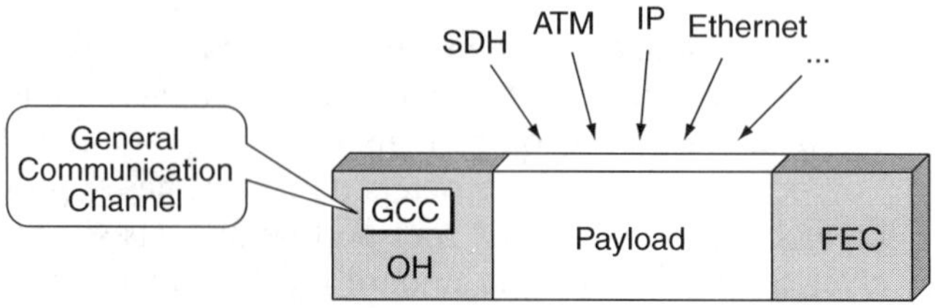

Tous les types de trames doivent pouvoir être transportées de façon transparente dans la trame OTM, sans qu'elles aient besoin d'être modifiées. Un champ est prévu pour ajouter un FEC (Forward Error Correction) afin d'effectuer les corrections nécessaires pour atteindre un taux d'erreur déterminé.

L'interface OTN est constituée de plusieurs niveaux. En partant de la fibre optique on trouve les couches suivantes :

- OTS (Optical Transmission Section), qui prend en charge la transmission du signal optique en vérifiant son intégrité.
- OMS (Optical Multiplex Section), qui prend en charge les fonctionnalités permettant de réaliser un multiplexage en longueur d'onde.
- OCh (Optical Channel), qui est le niveau de bout en bout du signal optique. Ce niveau permet la modification de la connexion et le reroutage, ainsi que les fonctions de maintenance de la connexion.
- DW (Digital Wrapper), qui correspond à l'enveloppe numérique.

Le niveau Digital Wrapper est lui-même décomposé en trois sous-niveaux :

- OTUk (Optical Transport Unit), qui donne la possibilité d'adopter une correction utilisant un FEC.
- ODUk (Optical Data Unit), qui gère la connectivité indépendamment des clients et offre une protection et une gestion de cette connectivité.
- OPUk (Optical Payload Unit), qui indique une correspondance entre le signal et le type de client.

L'architecture globale d'OTN est illustrée à la figure 14.13.

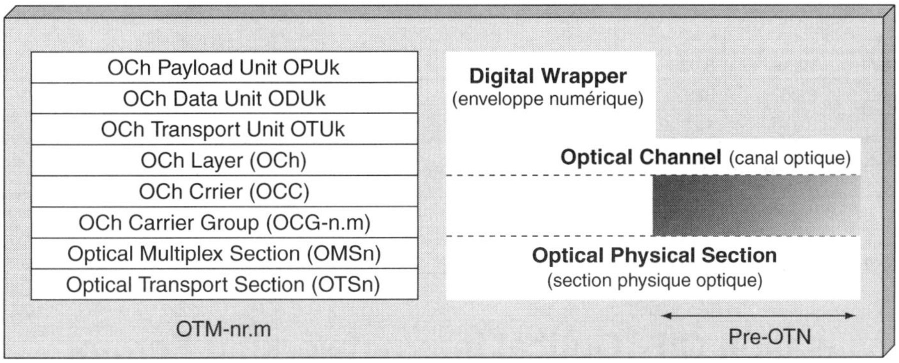

Figure 14.13

Structure en couches de l'architecture OTN

La figure 14.14 illustre les différentes entités de transport sur l'interface OTH (Optical Transport Hierachy) et la figure 14.15 la structure de la trame et les débits de l'interface OTN.

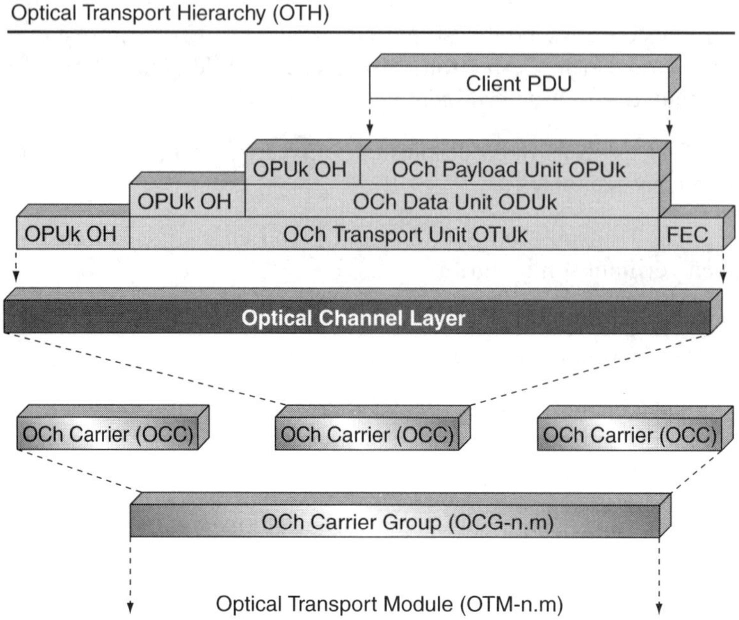

Figure 14.14

Entités de transport de la hiérarchie OTH

OPU			ODU			OTU		
k = 1	k = 2	k = 3	k = 1	k = 2	k = 3	k = 1	k = 2	k = 3
48,971	12,191	3,035	48,971	12,191	3,035	48,971	48,971	3,035
20,420	82,028	329,489	20,420	82,028	329,489	20,420	20,420	329,489
2 488,320	9 995,277	40 150,519	2 498,775	10 037,274	40 319,219	2 666 057	10 709,225	43 018,413

OPU (Optical Packet Unit) ODU (Optical Data Unit) OTU (Optical Transport Unit)

Figure 14.15

Structure de la trame et débits de l'interface OTN

La signalisation OIF (Optical Internetworking Forum)

Si les opérateurs de télécommunications ont tous adopté la technique DWDM pour le cœur de leur réseau, le contrôle des grands réseaux reste une affaire délicate. Pour le moment, la solution trouvée est essentiellement liée au surdimensionnement.

L'interconnexion de deux réseaux d'opérateurs distincts pose problème à cause de leurs systèmes de contrôle respectifs, qui sont généralement incompatibles. Une solution possible à ce problème consiste à adopter MPLS (MultiProtcol Label-Switching) et GMPLS (Generalized MPLS) pour uniformiser les processus de gestion. L'OIF (Optical

Internetworking Forum) propose d'ailleurs sous le nom d'OIF UNI 1.0 une signalisation pour les réseaux optiques permettant d'établir une connexion optique dynamiquement en utilisant la procédure de signalisation de GMPLS. Cette signalisation est illustrée à la figure 14.16.

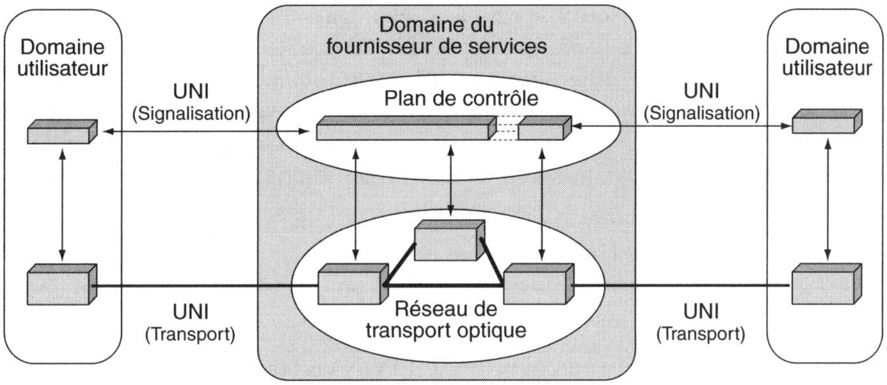

Figure 14.16

Introduction d'une signalisation OIF UNI entre le service et l'utilisateur

En plus de la signalisation, les spécifications de l'UNI contiennent deux autres fonctionnalités destinées à simplifier la gestion du réseau optique. La première concerne un mécanisme de découverte des voisins, qui permet aux deux extrémités d'une fibre optique de s'identifier et de construire une carte complète du réseau. La seconde est un mécanisme de découverte des services disponibles dans le réseau optique. Globalement, l'interface UNI simplifie le fonctionnement du réseau optique, engendrant une baisse sensible des coûts de contrôle et de gestion.

L'interface permettant la signalisation OIF UNI est une révolution dans le monde des interfaces, en ce qu'elle autorise la mise en place d'une connexion adaptée à l'application.

EPON (Ethernet Passive Optical Network)

Une nouvelle direction de développement a vu le jour avec la migration de la technologie Ethernet vers les réseaux métropolitains et étendus. La trame Ethernet est de fait une des plus efficaces qui soit, avec son préambule simple, qui permet de reconnaître facilement le début de la trame. De plus, les vitesses des coupleurs Ethernet s'étalant de 10 Mbit/s à 10 Gbit/s, il est facile de trouver la bonne valeur pour un réseau de type métropolitain.

Une raison supplémentaire à l'adoption de la trame Ethernet pour les longues distances réside dans l'utilisation massive de cartes coupleurs Ethernet dans les entreprises. Aujourd'hui, plus de 98 % des réseaux d'entreprise sont de type Ethernet. Les cartes coupleurs génèrent une trame Ethernet, et il semble naturel de garder cette trame tout au long du chemin plutôt que de la transformer en d'autres trames avant de revenir à la trame Ethernet dans le réseau d'arrivée.

Le transfert de trames Ethernet présente un dernier avantage car il peut être de type routé ou commuté. Pour la commutation, il suffit de considérer l'adresse Ethernet comme une référence associée à la route menant à la carte coupleur portant cette adresse et d'y ajouter une vraie référence, le shim-label. Nous examinons cette solution en détail au chapitre 17, dédié à MPLS.

La technologie PON (Passive Optical Network) a été définie pour réaliser des boucles locales sur fibre optique. C'est une technique point-à-multipoint sans élément actif, c'est-à-dire alimenté électriquement. Elle offre une large couverture à haut débit et une maintenance réduite, puisqu'il n'y a pas d'élément actif. La normalisation de la technologie EPON est effectuée par le groupe IEEE 802.3ah. Ce groupe vise plusieurs objectifs, dont celui d'introduire Ethernet dans la boucle locale sous le nom d'EFM (Ethernet in the First Mile). L'allocation de bande passante s'effectue par le biais d'un algorithme spécifique, développé par les équipementiers, en utilisant la méthode d'accès TDMA (Time Division Multiple Access), qui définit des slots à l'intérieur d'une longueur d'onde.

Un EPON permet d'émettre des trames Ethernet à partir d'unités de réseau optique, ou ONU (Optical Network Unit), vers une tête de réseau, ou OLT (Optical Line Termination). La tête de réseau est connectée à un FAI pour permettre l'émission des paquets IP encapsulés dans les trames Ethernet.

La figure 14.17 illustre une architecture d'EPON en boucle. Au chapitre 10, nous avons présenté un EPON en arbre.

Figure 14.17
Architecture d'un EPON

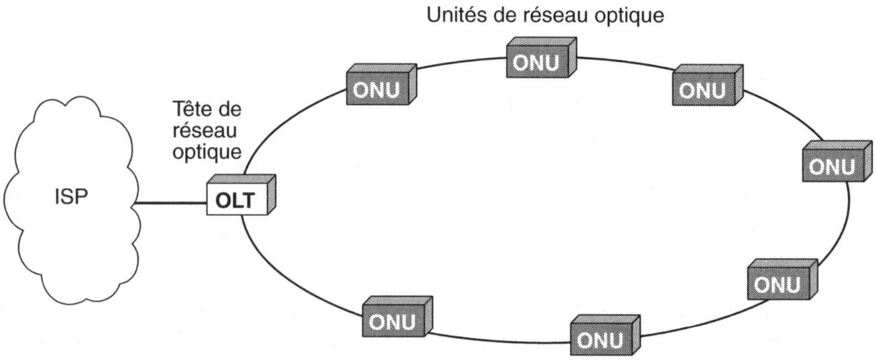

Le standard FSAN (Full Service Access Network) définit un réseau d'accès en fibre optique qui utilise la technologie ATM *(voir le chapitre 10)*. Un GPON utilise une technique très similaire, mais avec des trames OTN à la place de trames ATM.

RPR (Resilient Packet Ring)

Les réseaux Ethernet présentent généralement une topologie sous forme de bus ou d'arbre, qui ne facilite pas les reconfigurations en cas de panne. Quand il est possible d'utiliser une méthode commutée, la boucle est une meilleure technologie, et c'est pourquoi elle a été choisie par de nombreux réseaux métropolitains, notamment SONET/SDH.

RPR propose une nouvelle solution de réseau métropolitain en boucle permettant de réagir rapidement en cas de panne d'un tronçon de la boucle et d'offrir de très hauts débits, allant jusqu'à 10 Gbit/s par boucle. Son avantage sur SONET/SDH réside dans son prix beaucoup plus bas, du fait des composants utilisés.

Le nœud du réseau RPR n'est pas un commutateur mais un équipement d'insertion de paquets, comme nous allons le voir. Les paquets vont d'un équipement RPR à un autre.

Limitations de SONET et d'Ethernet dans les techniques de boucle

SONET est essentiellement conçu pour des communications point-à-point en commutation de type circuit, comme la parole téléphonique. La figure 14.18 illustre l'accès d'une station vers les autres stations. On peut constater que SONET permet d'aller directement de l'émetteur au récepteur. Chaque circuit se voit allouer une capacité de transmission déterminée. Si la quantité d'information à émettre est inférieure à la valeur allouée, ce qui n'est pas utilisé est perdu.

Figure 14.18
Topologie de SONET

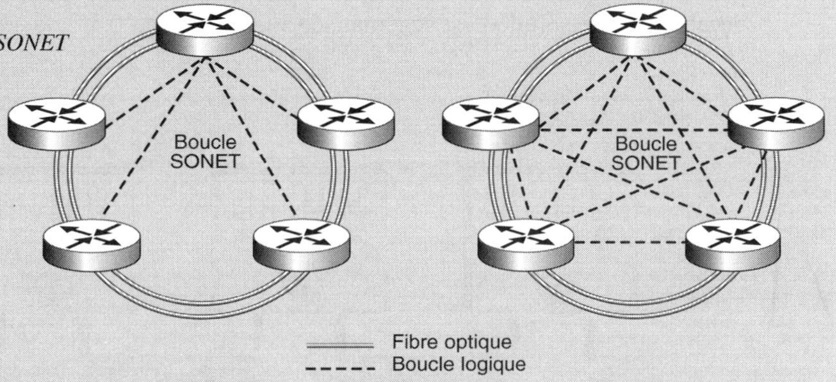

SONET n'est donc pas adapté aux transferts de trames asynchrones et irrégulières. De plus, les applications multipoint ne sont pas prises en compte de façon intrinsèque car il faut autant de circuits que de points à atteindre. Pour protéger SONET contre les incidents et permettre une reconfiguration simple, la bande passante réellement utilisée est de l'ordre de 50 %. À l'inverse, Ethernet est bien adapté aux flots asynchrones et aux applications multipoint mais très mal aux flots synchrones.

La figure 14.19 illustre la topologie en anneau qu'il est possible de mettre en place dans Ethernet. On transmet la trame Ethernet d'un nœud vers un autre nœud. Lorsqu'on atteint le dernier commutateur de la chaîne, la trame repart vers l'origine sur une ligne qui va en sens contraire.

Figure 14.19
Boucle Ethernet

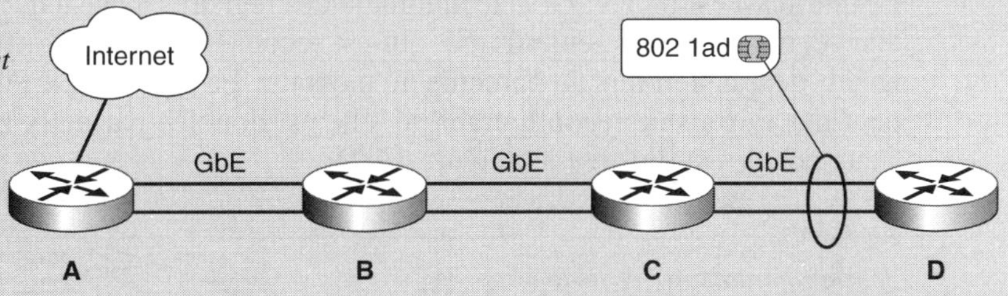

Les techniques Ethernet utilisent l'algorithme du Spanning-Tree, présenté en détail au chapitre 16, pour réaliser le routage des trames. Cet algorithme est trop lent pour la reconfiguration lors de la circulation de paroles téléphoniques. En effet, il faut compter un minimum de 500 ms pour remettre en place le nouveau routage, contre 50 ms au maximum pour une boucle SONET. C'est la raison de l'adoption dans RPR d'une solution en boucle, mais avec une technique de transfert dans les nœuds qui ne provient pas de la commutation, à la différence de SONET.

La méthode d'accès à la boucle doit être capable de gérer les milliers d'utilisateurs d'une boucle métropolitaine sans perte de temps sur la boucle. Avec la nouvelle technique d'accès partagée au support physique bien adaptée au monde métropolitain et aux réseaux de grande capacité possédant des milliers de clients, il est possible d'obtenir des réseaux métropolitains à temps de reconfiguration court et acceptable pour les voies de communication téléphoniques à tarifs compétitifs.

Ils forment un flux de paquets transitant sur la boucle à laquelle sont connectés les équipements RPR. Un équipement RPR possède *N* files d'attente correspondant à des niveaux de priorité. La file prioritaire est servie jusqu'à ce qu'elle soit vide, après quoi la file 2 prend le relais, et ainsi de suite. Le service s'effectue de la façon suivante : lorsqu'un équipement RPR veut émettre sur la boucle, il met le paquet arrivant de la boucle dans un registre à décalage, qui n'est autre qu'une mémoire supplémentaire dans laquelle les éléments binaires entrent par un côté et ressortent par l'autre ; il émet alors le paquet en attente dans la file d'attente puis le paquet mis en attente dans le registre à décalage. Cette solution est schématisée à la figure 14.20.

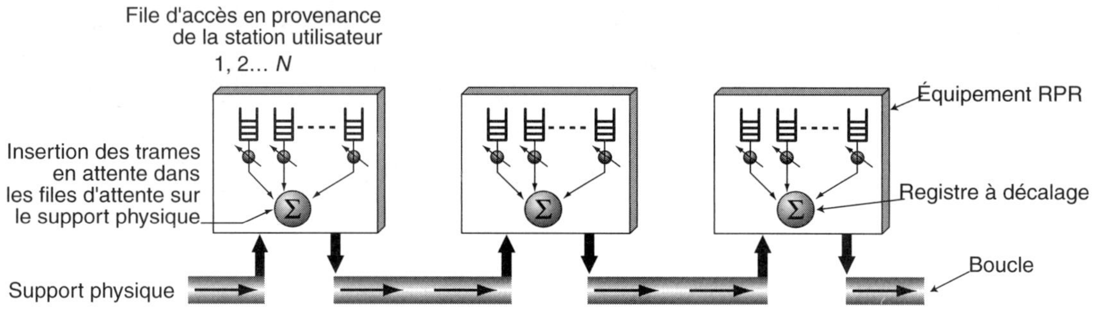

Figure 14.20

Boucle fonctionnelle de la technique RPR

Tant que la boucle est pleine, c'est-à-dire tant que les registres d'insertion sont utilisés, une station ne peut plus émettre. Il faut donc enlever une trame, et c'est ce que l'on fait lorsque la trame revient à son émetteur. Un nœud a pour cela trois fonctions : ADD, qui insère une trame lorsque cela est possible, DROP, pour prélever une trame qui a fini son tour de boucle, et PASS, pour laisser passer une trame dans le registre.

Le multicast est inhérent à la technologie des registres à décalage puisque le nœud émetteur n'envoie qu'une seule trame, qui est recopiée en cas de diffusion à l'ensemble des nœuds de transfert lors du parcours du message. La topologie utilisée est en boucle, mais, pour des raisons de reconfigurabilité, elle est doublée par deux boucles contrarotatives. Cette boucle est illustrée à la figure 14.21.

Figure 14.21

Boucle contrarotative de RPR

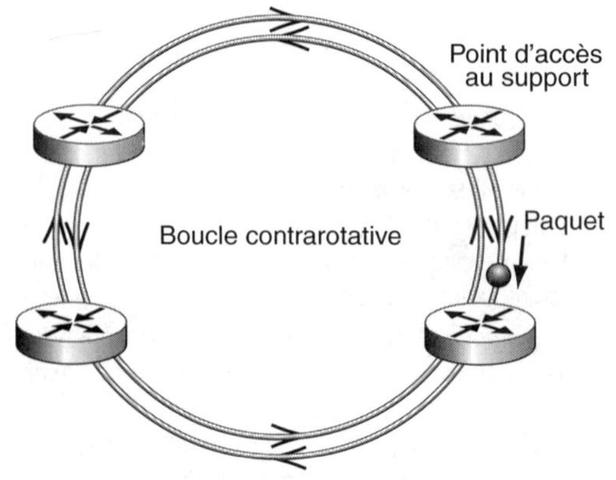

Le support physique peut être de différents types entre deux nœuds si nécessaire.

La reconfiguration RPR

L'un des points fort de l'architecture RPR réside dans sa reconfigurabilité en moins de 50 ms, qui permet de prendre en compte des voies téléphoniques. Cette reconfiguration s'effectue en inversant le sens de la communication sur la boucle. Lorsque la double fibre optique est coupée *(voir figure 14.22),* des interrupteurs sont déclenchés dans les nœuds entourant la fibre optique coupée. Ces interrupteurs permettent de refaire une boucle unique en remplacement de la double boucle.

Figure 14.22

Double boucle contrarotative de RPR

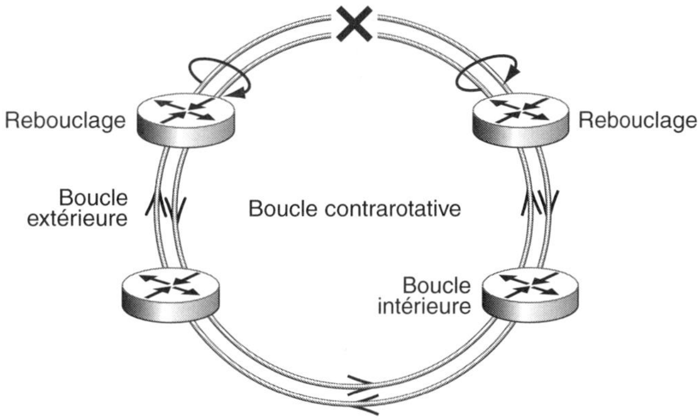

Un autre avantage de la topologie en boucle est qu'elle permet d'implémenter un algorithme d'accès attribuant des droits égaux à tous les utilisateurs. La technique d'accès par registre permet à chaque utilisateur d'obtenir le débit maximal disponible sur le réseau sans se restreindre à la valeur du circuit ouvert, à la différence de SONET.

Si une application demande une diffusion ou un multipoint, le support en boucle permet de prendre aisément en compte cette demande puisque la trame émise sur la boucle est prélevée par l'émetteur après un tour de boucle. Les stations participant au multipoint ont donc toute latitude pour prélever une copie au passage.

La différence entre la boucle RPR et la boucle SONET est illustrée à la figure 14.23.

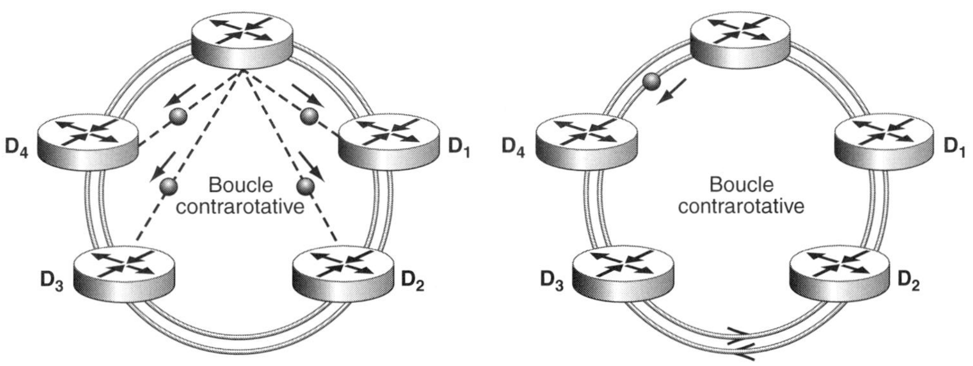

Figure 14.23

Comparaison des boucles SONET (à gauche) et RPR

Dans le cas de SONET, les trames sont émises sur un circuit allant directement de l'émetteur au récepteur et dont la capacité a été réservée à l'avance. Dans RPR, les trames sont émises sur la boucle avec un débit au moins égal au débit de la boucle divisé par le nombre de stations connectées, voire davantage si toutes les stations ne sont pas actives. Les ressources sont totalement partagées par l'ensemble des utilisateurs.

En comparaison des techniques de type circuit, dans lesquelles il faut souvent attendre un mois en moyenne pour pouvoir disposer du circuit, RPR se distingue par la rapidité avec laquelle il est possible d'offrir une capacité de transmission à un utilisateur. Dans SONET, il faut activer des mécanismes de réservation de slots déterminés pour arriver à la capacité de transmission réclamée par l'utilisateur. Dans RPR, étant donné que le trafic d'un nœud est connu à l'avance, l'opérateur sait immédiatement si le débit demandé est acceptable pour l'infrastructure du réseau.

Même si SONET permet d'effectuer la réservation de ressources par le biais d'un automate, la mise en place du circuit et son optimisation réclament du temps et des logiciels d'ingénierie de trafic.

Les applications de RPR

RPR permet de mettre en place de nombreux services, à commencer par ceux d'un fournisseur de services métropolitains, parfois appelé MSP (Metro Service Provider), ILEC (Incumbent Local Exchange Carrier), CLEC (Competitive Local Exchange Carrier) ou BLEC (Building Local Exchange Carrier). Il peut en outre remplacer les opérateurs de modems câble ou ADSL dont la fonction est de proposer des accès haut débit à Internet, car la technologie RPR est parfaitement adaptée à cette demande. La figure 14.24 illustre ce que pourrait être un tel réseau métropolitain.

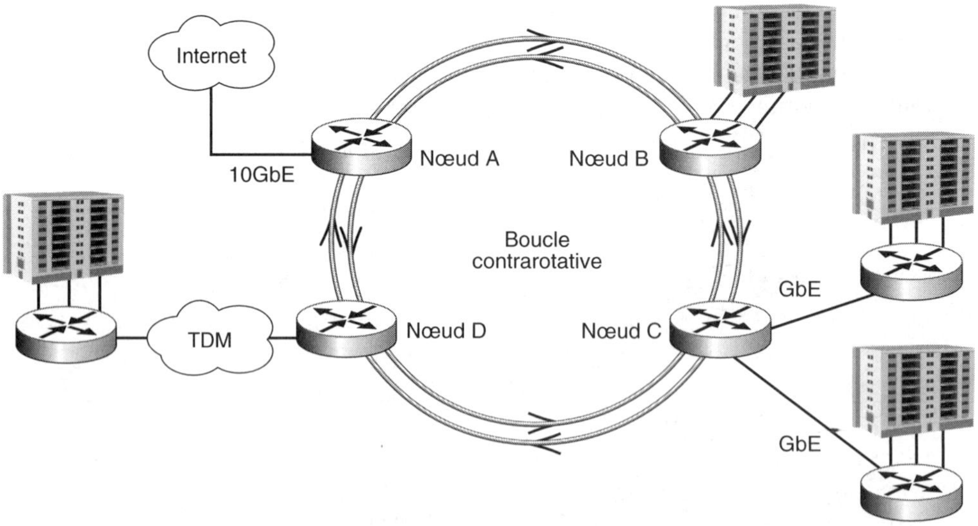

Figure 14.24

Réseau métropolitain à base de technologie RPR

Grâce à RPR, chaque utilisateur se voit attribuer un débit variable, dont la borne maximale est connue, ce qui garantit une très grande souplesse d'exploitation. Un SLA

(Service Level Agreement) peut être négocié pour le débit et le temps de transit dans le réseau. Un temps de reconfiguration de moins de 50 ms est acceptable puisqu'aucune station ne peut monopoliser la bande passante. De plus, la technologie RPR étant très proche d'Ethernet, un couplage avec les réseaux Ethernet des entreprises est simple à mettre en œuvre, quel que soit le débit, qui peut aller de 10 Mbit/s à 10 Gbit/s.

IEEE 802.17

Le groupe de normalisation de RPR est l'IEEE 802.17, chargé d'introduire les concepts Ethernet dans les réseaux métropolitains et étendus. Plus de 300 sociétés participent à cette normalisation. Le protocole IEEE 802.17 doit être parfaitement compatible avec les protocoles 802.1D, 802.1Q et 802.1f. La trame émise sur le support physique étant du même type que la trame Ethernet, la compatibilité avec Ethernet est complète.

Ce groupe de travail a pour espoir de voir cette norme devenir une des plus importantes au cours des années à venir. L'utilisation intensive de la trame Ethernet semble une solution simple permettant de faire baisser les prix des connexions à des niveaux impossibles à atteindre avec les technologies de type SONET.

Conclusion

Les interfaces d'accès aux réseaux de transport de données permettent de déterminer les performances du réseau. La trame utilisée par l'interface a une implication directe à la fois sur l'équipement terminal et sur le réseau. L'interface dominante pour les hauts débits est depuis de nombreuses années SONET/SDH, qui apporte à la fois des vitesses de transmission importantes et une sécurisation de l'interface par la possibilité de reconfigurer les boucles SONET en moins de 50 ms. Cependant, le coût de cette interface est élevé. Du fait qu'elle n'est pas associée directement à une structure de trame de niveau 2, il faut en effet encapsuler cette trame de niveau 2 dans la trame SONET.

L'arrivée de technologies telles que RPR diminue le coût de l'interface en utilisant des techniques classiques, déjà largement utilisées dans les réseaux locaux. Une autre solution, représentée par OTN, vise à trouver une interface universelle pour accéder à un réseau de fibre optique. La problématique de l'interface unique est toutefois loin d'être résolue, et l'on s'oriente plutôt aujourd'hui vers un choix d'interface correspondant au type d'équipement terminal à connecter et de réseau à traverser.

Partie V

Les architectures de niveau trame

La partie précédente a traité des architectures de niveau physique, qui n'utilisent que des supports physiques pour aller d'une source à un récepteur. La présente partie aborde les architectures de niveau trame, qui utilisent le niveau trame pour transporter l'information d'une source à une destination. Pour cela, le paquet, généralement IP, est encapsulé dans une trame, et seule la structure de la trame est utilisée pour réaliser l'acheminement des données. En d'autres termes, il n'y a pas à décapsuler la trame pour retrouver le paquet et utiliser les informations de supervision de l'en-tête du paquet. Toutes les informations nécessaires à l'acheminement se trouvent dans l'en-tête de la trame.

Trois catégories de trames peuvent réaliser ces transferts : la trame LAP-F du relais de trames, la trame ATM et la trame Ethernet. Après avoir détaillé ces trois types de transfert de niveau trame, nous verrons qu'il est possible, avec l'architecture MPLS, de modifier la structure de la trame le long du chemin, sans devoir remonter au niveau paquet.

15

Les réseaux ATM et pré-ATM

La normalisation des réseaux ATM, à la fin des années 1980, avait pour ambition de proposer une solution capable de remplacer tous les autres réseaux et de permettre le passage de la parole téléphonique et de toutes les applications à fortes contraintes de temps réel. Cette solution a pris pour nom la commutation de cellules afin de la différencier de la commutation de trames classique.

Avant l'ATM, le relais de trames peut être vu comme une solution pré-ATM puisque assez similaire mais pas avec toutes les possibilités de qualité de service de l'ATM.

Ce chapitre commence par présenter le relais de trames en tant que solution pré-ATM puis nous introduirons la commutation de cellules avant d'examiner l'architecture générale des réseaux ATM et les protocoles qui y sont mis en œuvre.

Le relais de trames

Le relais de trames a pris la succession du protocole X.25 en faisant descendre la commutation du niveau 3 au niveau 2. Dans le même temps, il a été doté de nouvelles fonctionnalités qui l'apparentent à une technologie pré-ATM, notamment la possibilité de garantir une qualité de service.

Les sections qui suivent examinent ces fonctionnalités.

La commutation de niveau trame

L'objectif d'une commutation de niveau trame est d'améliorer les performances de la commutation de niveau paquet, comme X.25, en diminuant le nombre de niveaux de l'architecture à traverser à chaque nœud. En plaçant la commutation au niveau trame de l'architecture, on n'est pas obligé de décapsuler la trame pour retrouver le paquet. En effet, dans un transfert de paquets, on attend de recevoir correctement une trame, avec des retransmissions potentielles. Une fois la trame décapsulée, on examine le paquet pour déterminer la direction dans laquelle on va l'émettre.

La commutation implique la mise en place d'un chemin ou circuit virtuel, qui est appelé liaison virtuelle dans le relais de trames puisque nous sommes au niveau 2. Des références placées dans la structure de la trame sont utilisées pour commuter les trames. Sans signalisation préalable, la liaison virtuelle est permanente, et les références sont posées une fois pour toutes pour toute la période d'abonnement.

Dans le relais de trames, les abonnements sont généralement effectués sur une base mensuelle. Ces liaisons permanentes peuvent être considérées comme des liaisons spécialisées, ou circuits, attribuées par un opérateur et mises en place à la demande d'un utilisateur pour aller à un point précis. Les ressources y sont affectées une fois pour toutes, et seules les deux extrémités peuvent les utiliser.

L'avantage d'un circuit virtuel permanent est de ne pas utiliser les ressources du réseau lorsque les deux utilisateurs sont silencieux, à l'exception des tables de commutation, lesquelles restent ouvertes en permanence.

Le relais de trames peut être considéré comme un cas particulier de commutation de trames, doté de simplifications supplémentaires permettant de gagner encore en débit. Les simplifications se trouvent principalement dans les algorithmes de reprise sur erreur et dans les contrôles de flux, qui ne sont effectués que dans les points extrémité. Dans le relais de trames, les contrôles d'erreur et de flux sont reportés aux extrémités de la connexion. Cette simplification du travail des nœuds intermédiaires est très importante puisqu'il n'y a plus à mettre en œuvre d'algorithmes complexes. On considère que l'on gagne en performance au moins un ordre de grandeur — multiplication par 10 du débit — pour une puissance d'équipement donnée par rapport à l'équivalent en commutation de paquets. Le débit de base du relais de trames est de 2 Mbit/s contre 64 Kbit/s dans une commutation de paquets de type X.25 avec des nœuds de même complexité.

La normalisation du relais de trames

La commutation de trames et le relais de trames ont été normalisés par l'ANSI et l'UIT-T dans le cadre du RNIS. La recommandation I.122 (Framework for Providing Additional Packet Mode Bearer Services) introduit les éléments de base. La principale recommandation technique se trouve dans le document Q.922 et figure également dans la recommandation I.441 ou dans le document T1.618 de l'ANSI. Elle limite à 2 Mbit/s le débit de cette technique de commutation. Dans les faits, rien n'empêche d'aller beaucoup plus vite. Cette limitation peut s'expliquer par le manque de visibilité à long terme de cette technique au moment de sa normalisation. En effet, la technique de transfert recommandée à l'époque étant l'ATM, le relais de trames n'était envisagé que comme une étape transitoire, capable de combler un trou de quelques années entre la commutation de paquets et la commutation de cellules ATM.

Un autre organisme, le Frame Relay Forum, ou FR Forum, a eu un impact important sur le relais de trames. Né du regroupement de quatre constructeurs, DEC, Northern Telecom, Cisco Systems et Stratacom, le FR Forum a surtout repris les recommandations de l'UIT-T, en modifiant parfois quelques éléments mais sans toucher aux principes de base. La différence principale avec la norme réside dans l'utilisation du relais de trames indépendamment du RNIS.

Deux modes, dénommés FR1 et FR2, sont décrits dans la normalisation. Dans le mode FR1, le contrôle de flux et la reprise sur erreur sont laissés à la charge de l'équipement terminal. Dans le mode FR2, ils sont effectués aux extrémités du réseau.

On peut considérer le relais de trames comme une amélioration décisive de la recommandation X.25, puisqu'il simplifie considérablement le travail des nœuds intermédiaires. Malgré cette simplification, on retrouve les mêmes services de transport de l'information, mais avec des capacités de transport bien supérieures.

Le relais de trames est bien adapté au transfert de fichiers de gros volume, aux applications interactives par bloc, comme les applications graphiques de CAO (conception assistée par ordinateur) ou d'images, ou encore au transport de voies haute vitesse multiplexant un grand nombre de voies basse vitesse.

La commutation de trames pure a rapidement été remplacée par le relais de trames dans les réseaux des opérateurs et est aujourd'hui inusitée pour le transport de données. Nous la présentons toutefois en premier de façon à conserver l'ordre chronologique d'introduction de ces techniques.

La commutation de trames (Frame Switching)

Comme expliqué précédemment, dans la commutation de trames, les trames sont transportées d'un bout à l'autre du réseau sans avoir à remonter au niveau paquet. Il faut utiliser un protocole de niveau trame suffisamment puissant pour permettre l'acheminement des trames en ne tenant compte que des informations de supervision disponibles dans la structure de la trame. En particulier, un adressage de niveau trame doit remplacer l'adressage de niveau paquet. De plus, les fonctions du niveau 2 doivent être maintenues.

Dans la commutation de trames et dans le relais de trames, il est nécessaire de retrouver les grandes fonctionnalités du niveau paquet, comme l'adressage, le routage et le contrôle de flux, reportées au niveau trame. Pour effectuer le transfert, on utilise l'adresse du niveau trame sans remonter au niveau paquet, contrairement à ce que préconise le modèle de référence. Cet adressage sert à ouvrir le circuit virtuel sur lequel les trames sont commutées. Le nom exact de ce circuit virtuel est liaison virtuelle, comme nous l'avons vu dans l'introduction de ce chapitre, puisque nous sommes au niveau 2. Nous revenons un peu plus loin sur le problème de l'adressage et de la mise en place des références.

L'architecture d'un réseau à commutation de trames est illustrée à la figure 15.1. Cette figure montre que les nœuds de commutation intermédiaires ne possèdent que les deux premières couches de l'architecture du modèle de référence, à savoir la couche physique et la couche liaison utilisant le protocole Q.922 normalisé par l'UIT-T. Q.922 est le protocole de niveau trame qui est mis en œuvre dans les réseaux à commutation de trames. Ce protocole utilise la trame LAP-F, que nous décrivons dans une section ultérieure.

Dans les nœuds de commutation, on cherche la référence de niveau 2 autorisant la commutation de la trame vers le destinataire. La zone de détection d'erreur portée par la trame est examinée à chaque nœud du réseau. En cas de détection d'erreur, une demande de retransmission est lancée, et la trame est retransmise à partir du nœud précédent.

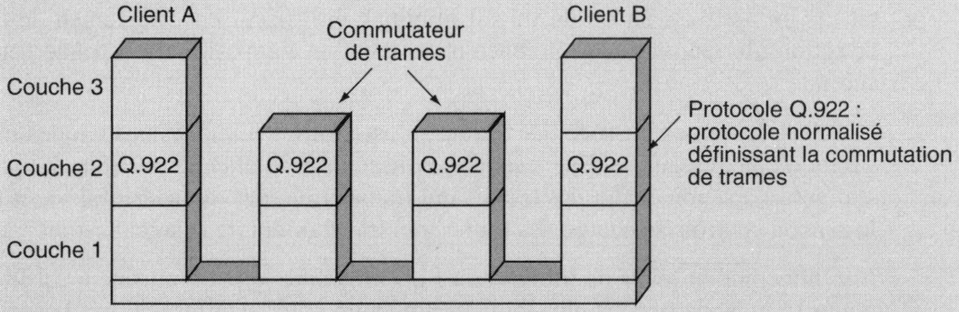

Figure 15.1
Commutation de trames

Fonctionnement du relais de trames (Frame Relay)

Le relais de trames apporte une simplification supplémentaire à la commutation de trames. Dans les nœuds intermédiaires, les trames sont vérifiées grâce à une zone de détection d'erreur et détruites si une erreur est détectée. En revanche, il n'y a pas d'algorithme pour effectuer la récupération de la trame perdue. Les nœuds de commutation ne prennent donc en charge que les trames valides. La retransmission des trames erronées est effectuée par le nœud de sortie du réseau en demandant une retransmission à l'autre extrémité du réseau.

Cette solution permet de simplifier énormément les nœuds intermédiaires et d'atteindre des capacités de transmission se chiffrant en mégabit par seconde. Elle n'est toutefois viable que si le taux d'erreur est faible puisque les retransmissions sont beaucoup plus lentes que dans une reprise de nœud à nœud, comme cela se produit dans un transfert de niveau 3.

La normalisation du relais de trames s'appuie sur l'avis Q.922 de l'UIT-T et plus particulièrement sur le noyau de base de cette recommandation, Core Q.922. On utilise les fonctionnalités complètes de la recommandation aux extrémités de la connexion et celles du noyau dans les nœuds intermédiaires.

Les grandes fonctionnalités normalisées par cette recommandation sont les suivantes :

- Délimitation, alignement et transparence des trames.
- Multiplexage et démultiplexage des trames à l'aide du champ de référence.
- Inspection de la trame pour vérifier qu'elle possède un nombre entier d'octet avant insertion ou après extraction des 0 intégrés pour la transparence.
- Inspection de la trame pour vérifier qu'elle n'est ni trop courte, ni trop longue.
- Demande de retransmission dans les éléments extrémité de la connexion.
- Fonction de contrôle de flux de bout en bout.

Les deux dernières fonctions ne font pas partie du noyau et ne sont donc entreprises qu'aux extrémités de la connexion.

Le relais de trames a pour rôle de diminuer au maximum le temps passé dans les commutateurs en n'effectuant qu'un travail minimal, en l'occurrence l'examen de la zone de détection d'erreur et de la référence de niveau 2 et l'émission de la trame vers le nœud suivant.

Le relais de trames possède deux plans, c'est-à-dire deux réseaux logiques multiplexés sur un même réseau physique : le plan utilisateur et le plan de contrôle. Le plan utilisateur gère l'acheminement des trames qui transportent des données utilisateur tandis que le plan de contrôle se charge des trames qui transportent de la signalisation.

L'architecture du relais de trames en ce qui concerne le plan utilisateur est illustrée à la figure 15.2. Nous verrons plus loin l'architecture pour les informations de supervision et de gestion. Dans cette figure, le niveau paquet est conservé aux deux extrémités et ce qui symbolise le relais de trames c'est la disparition d'une partie de la couche 2, correspondant aux reprises sur erreur, dans les nœuds intermédiaires. La partie de la couche 2 qui reste provient de la norme Q.922 de l'UIT-T et plus précisément le noyau de cette couche. La partie complémentaire de Q.922 se retrouve dans les nœuds extrémité.

Cette partie complémentaire peut éventuellement être remplacée par une autre procédure spécifiée par l'utilisateur.

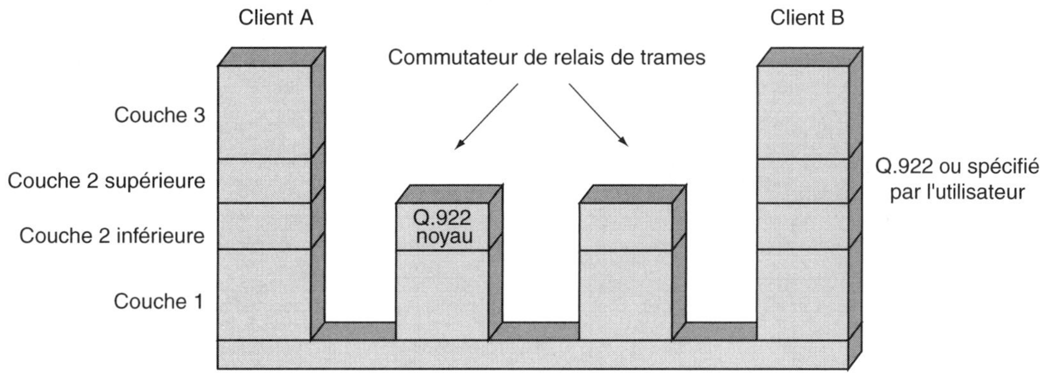

Figure 15.2

Architecture du plan utilisateur du relais de trames

Le noyau de la recommandation Q.922, ou Q.922 Core, décrit les fonctions de base, la délimitation de la trame, la transparence par rapport aux délimiteurs, le multiplexage des trames sur les liaisons physiques par un numéro de référence, appelé DLCI (Data Link Connection Identifier), la vérification du nombre d'octet, qui doit être un entier, et la vérification de la longueur totale de la trame.

La figure 15.3 illustre l'architecture complète du relais de trames au niveau extrémité, c'est-à-dire les plans utilisateur et contrôle. La mise en place de la liaison virtuelle s'effectue en dehors du plan utilisateur par un plan spécifique, le plan de contrôle. La supervision du réseau en relais de trames doit être assurée par un environnement distinct de celui du réseau utilisateur, même si l'infrastructure de ce dernier est utilisée.

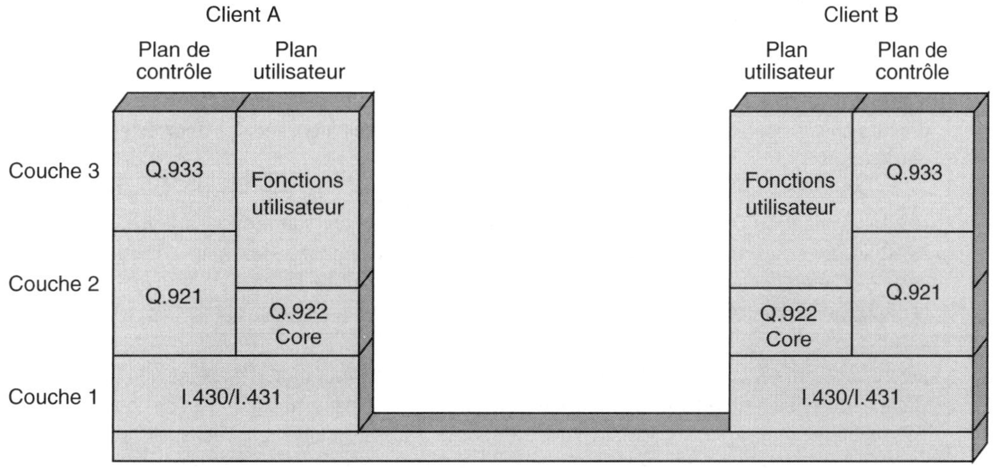

Figure 15.3

Architecture complète du relais de trames

L'avis Q.922 de l'UIT-T

Le format de la trame véhiculée dans le relais de trames est illustré à la figure 15.4. Cette trame correspond à celle du LAP-D légèrement modifiée pour tenir compte du contexte du relais de trames. La zone DLCI remplace les zones SAPI (Service Access Point Identifier) et TEPI (Terminal End Point Identifier), à l'exception des bits 3, 4 et 5. La zone de données peut atteindre 4 096 octets. Le drapeau est le même que dans la norme HDLC : 01111110. On utilise la procédure d'insertion de 0 en présence de la succession 011111, afin d'éviter de retrouver la valeur du drapeau à l'intérieur de la trame

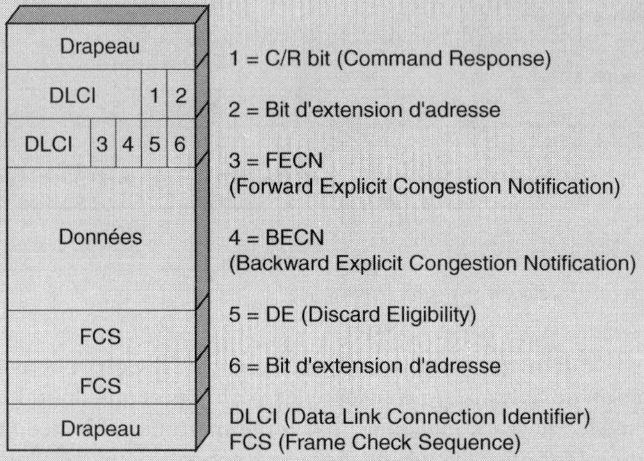

Figure 15.4
Format de la trame du relais de trames

Dans le LAP-F (Link Access Protocol-Frame), la référence est spécifiée dans la zone DLCI. Ce cshamp compte 6 bits + 4 bits = 10 bits. Il peut donc y avoir jusqu'à 2^{10} = 1 024 valeurs pour le DLCI. Cette quantité est notoirement insuffisante si l'on veut réaliser des réseaux un tant soit peu complexes et encore plus insuffisante si l'on considère un contexte national dans lequel on souhaite que les réseaux en relais de trames aient assez de références pour permettre un grand nombre de liaisons virtuelles. C'est la raison pour laquelle deux extensions supplémentaires, de 1 ou 2 octets, ont été effectuées pour le relais de trames, aboutissant à des références sur 16 ou 23 bits. Dans le premier cas, un troisième octet d'adressage est ajouté. Sur cet octet, 6 bits sont dédiés à l'extension de longueur de la référence. Dans le deuxième cas, un quatrième octet est ajouté, 7 de ses bits concernant l'extension de la longueur de la référence. Le huitième bit des octets 3 et 4 indique si un octet de supervision supplémentaire est à prendre en considération. Les octets d'extension se trouvent soit au milieu des deux octets de base, soit derrière eux.

Le transfert des trames vers le nœud suivant s'effectue grâce à la valeur transportée dans le champ DLCI. La valeur du DLCI est modifiée lors de la traversée de chaque nœud. La nouvelle valeur de la référence se trouve dans la table de commutation. L'acheminement de la trame s'effectue par le chaînage des références DLCI. Les trames d'un même client allant de la machine terminale d'émission à la machine terminale de réception doivent toujours suivre un même chemin, à savoir la liaison virtuelle.

Lorsqu'un client veut émettre une suite de trames, il commence par mettre en place une liaison virtuelle. Cette dernière se réalise par l'intermédiaire d'une signalisation passant par le plan de contrôle lorsque la connexion est commutée ou l'utilisation des références placées sur une base mensuelle lorsque la liaison virtuelle est permanente. La figure 15.5 illustre une liaison virtuelle déterminée par la succession des numéros DLCI a, b, c et d. Le commutateur de trames change la valeur du DLCI au passage, suivant les indications fournies par la table de commutation.

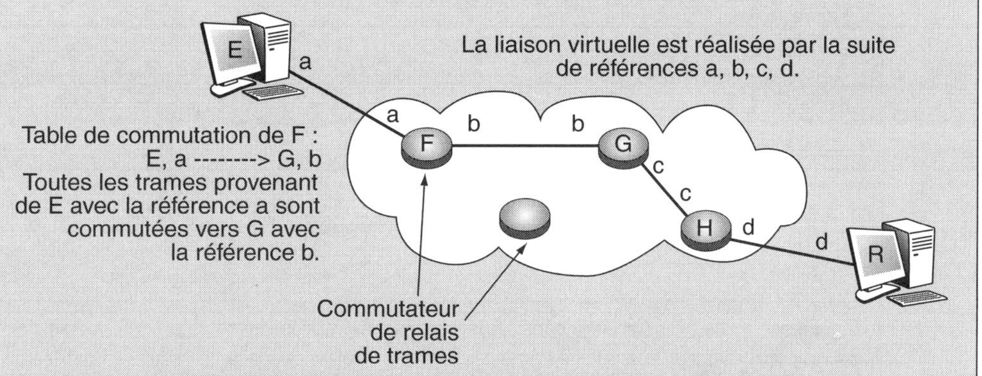

Figure 15.5

Liaison virtuelle dans le relais de trames

La procédure de commutation des trames sur la liaison virtuelle est en tout point similaire à la commutation de niveau paquet sur le circuit virtuel de la recommandation X.25.

Le contrôle de flux

Dans les premières versions du relais de trames, le contrôle de flux était pratiquement éliminé. Avec l'accroissement de la taille de ces réseaux, il a fallu ajouter un certain nombre d'éléments capables de réguler les flux. Les solutions retenues reposent sur un accord entre l'utilisateur et l'opérateur quant au débit moyen à respecter, ou CIR (Committed Information Rate), qui définit un flux à ne dépasser que sous certaines conditions. On définit aussi un CBS (Committed Burst Size), qui, pour le temps T, précise la quantité d'informations maximale à transporter sans dépasser le seuil garanti CIR : $CBS = CIR \times T$.

Comme le relais de trames procède selon une méthode statistique, l'utilisateur a le droit de dépasser par moments le débit CIR. Cependant, ces dépassements peuvent mettre l'opérateur en difficulté, puisqu'il n'a réservé de ressources que pour la valeur garantie. C'est la raison pour laquelle l'autorisation de dépassement est accompagnée d'une indication relative aux données en surplus et spécifiée dans la trame. Cela permet à l'opérateur, en cas de difficulté dans son réseau, de détruire les données supplémentaires. Il n'y a donc pas de garantie de service pour les données en surplus.

Les dépassements peuvent se faire suivant un additif au contrat de base, par la détermination d'un débit maximal, ou EIR (Excess Information Rate), et d'une valeur nommée EBS (Excess Burst Size). Si l'utilisateur dépasse le seuil CIR, l'opérateur laisse entrer les données supplémentaires jusqu'à la valeur EIR, ces valeurs étant indiquées par la mise à 1 d'un bit du champ de la trame, le bit DE (Discard Eligibility). La valeur 1 du bit DE correspond aux données en excès. Cette indication a aussi pour signification que la trame peut être détruite par l'opérateur, suite à des problèmes de congestion du réseau.

La valeur EBS indique la quantité d'information supplémentaire que l'opérateur transmet lorsque le seuil CIR est dépassé. Pour le temps T, cette quantité est définie par $(EIR - CIR) \times T$.

En résumé, le dépassement de la valeur de base CIR est accepté par le réseau jusqu'à une limite maximale définie dans le contrat de trafic par la valeur EIR. Au-delà de cette limite, les trames sont détruites à l'entrée du réseau. La figure 15.6 illustre ces différents paramètres de contrôle de flux.

Le contrôle de flux effectué par le contrat de trafic est complété par des notifications effectuées aux extrémités et spécifiées dans les trames elles-mêmes. Les deux notifications possibles sont :

- FECN (Forward Explicit Congestion Notification)
- BECN (Backward Explicit Congestion Notification)

Figure 15.6

Paramètres du contrôle de flux dans le relais de trames

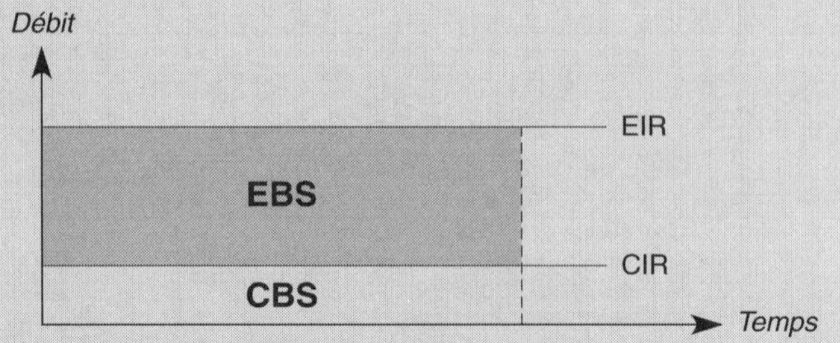

Supposons qu'un nœud soit en période de congestion. Cette congestion est déterminée par des seuils définis par l'opérateur. Lorsqu'une trame passe par un nœud congestionné, elle est marquée soit par le bit FECN = 1, soit par le bit BECN = 1, suivant la direction de la trame, vers le récepteur ou l'émetteur. La notification vers l'avant correspond à un avertissement envoyé au récepteur pour l'informer que le réseau comporte un point saturé. La seconde notification repart vers l'émetteur pour lui indiquer qu'il serait souhaitable qu'il diminue provisoirement son débit.

Les normes ne donnent aucune indication sur l'usage effectif de ces notifications. Cependant, l'unité de raccordement, ou FRAD (Frame Relay Access Device), peut réduire son débit tout en avertissant les couches supérieures. La figure 15.7 fournit un exemple de liaison virtuelle passant par un nœud congestionné notifiant la surcharge à ses extrémités. Le problème posé par cette notification collective vient de la demande effectuée à toutes les machines extrémité de réduire leur trafic, indépendamment des connexions fautives.

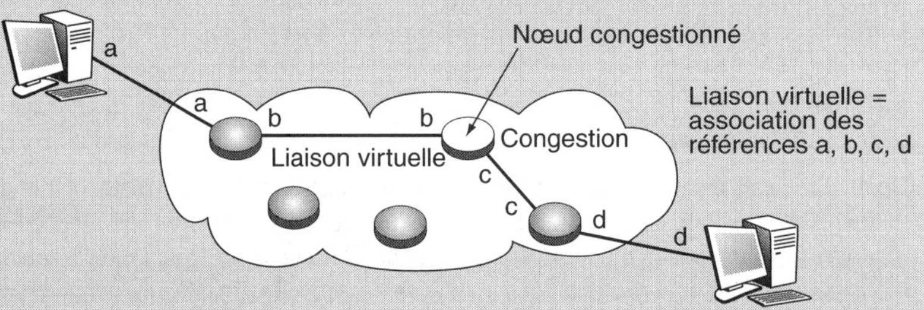

Figure 15.7

Liaison virtuelle avec point de congestion

La commutation de cellules

L'ATM introduit une technique de commutation utilisant un circuit virtuel pour acheminer les cellules, qui ne sont autres que des trames, d'une extrémité à l'autre du réseau.

La commutation de cellules est une commutation de trames assez particulière, puisque toutes les trames sont de longueur constante, cette longueur étant toute petite. La cellule est formée d'exactement 53 octets, comprenant 5 octets d'en-tête et 48 octets de données.

La cellule ATM est une trame et non un paquet. Pour retrouver le début et la fin de cette trame lors d'une transmission, il suffit de compter jusqu'à 424 bits pour déterminer la fin de la trame, le bit suivant correspondant nécessairement au début de la trame suivante. La difficulté de cette méthode de transmission, que nous préciserons plus loin, concerne la resynchronisation lorsqu'une erreur se produit et que le comptage des éléments binaires est perturbé.

Longueur de la cellule ATM

La longueur de la zone de données, de 48 octets, est le résultat d'un compromis passé entre les Européens, qui souhaitaient 32 octets, et les Américains, qui désiraient 64 octets. Ce compromis a bien entendu un sens, que nous expliciterons.

La très faible longueur de la cellule est aussi explicable par une autre raison. Prenons l'exemple de la transmission de la parole téléphonique, qui demande une liaison à 64 Kbit/s. C'est une application isochrone qui possède deux contraintes :

- Une synchronisation très forte des données : un octet part de l'émetteur toutes les 125 µs, et les octets doivent être remis au codeur-décodeur de l'autre extrémité toutes les 125 µs.
- Un délai de propagation qui doit rester inférieur à 28 ms si l'on veut éviter les problèmes liés à la transmission de signaux sur une longue distance (suppression des échos, adaptation, etc.).

Si nous regardons le temps de transit des octets pour la parole sortant d'un combiné téléphonique, nous avons :

- Un temps de remplissage de la cellule par les octets qui sortent du combiné téléphonique toutes les 125 µs. Il faut donc exactement 6 ms pour remplir la cellule de 48 octets de longueur.
- Le temps de transport de la cellule dans le réseau.
- Encore 6 ms pour vider la cellule à l'extrémité, puisqu'on remet au combiné téléphonique un octet toutes les 125 µs.

Comme le temps total ne doit pas dépasser 28 ms, on voit que, si l'on retranche le temps aux extrémités, il n'y a plus que 16 ms de délai de propagation dans le réseau lui-même. En supposant que le signal soit transmis sur un câble électrique à la vitesse de 200 000 km/s, la distance maximale que peut parcourir le signal sans que l'écho soit détecté est de 3 200 km. Cette distance peut bien évidemment être augmentée si l'on ajoute des équipements adaptés (suppression des échos, adaptation, etc.). Comme le territoire nord-américain est très étendu, il a fallu mettre en place tous ces types de matériels dès les premières générations. C'est pourquoi les Américains préconisaient une meilleure utilisation de la bande passante en allongeant la zone de données des cellules par rapport à la partie supervision.

En Europe, pour éviter d'avoir à adapter le réseau terrestre, on aurait préféré une taille de cellule plus petite, de 32, voire 16 octets, de façon à gagner du temps aux extrémités. Ces contraintes sont illustrées à la figure 15.8.

Figure 15.8
Contraintes de propagation de la parole téléphonique

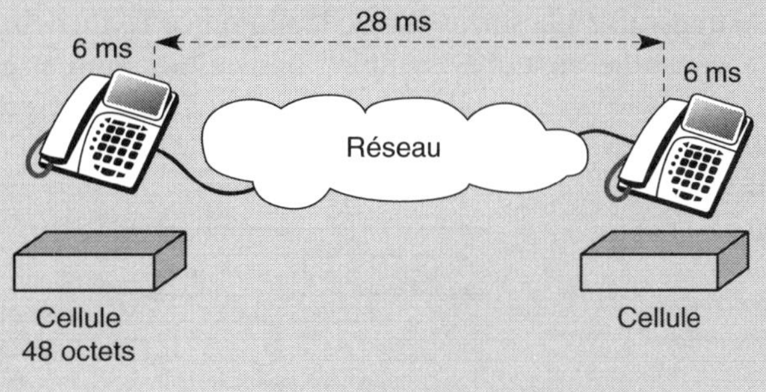

Une première caractéristique importante des réseaux ATM est qu'on utilise le mode avec connexion pour la transmission des cellules. Une cellule n'est transmise que lorsqu'un circuit virtuel est ouvert, ce circuit virtuel étant marqué à l'intérieur du réseau par des références précisées dans les tables de commutation placées dans chaque nœud traversé. Nous verrons à la fin de ce chapitre comment mettre en place ce circuit virtuel grâce au réseau de signalisation.

Deux interfaces ont été définies dans le monde ATM suivant que la cellule provient de l'extérieur du réseau ou passe d'un nœud de commutation à un autre à l'intérieur du réseau :

- L'interface NNI (Network Node Interface), qui se situe entre deux nœuds du réseau.
- L'interface UNI (User Network Interface), qui est utilisée pour entrer dans le réseau ou pour en sortir.

Ces deux noms d'interface, UNI et NNI, sont maintenant utilisés dans la plupart des réseaux, mêmes s'ils ne sont pas ATM.

Les références destinées à permettre la commutation des trames ATM sont composées de deux numéros : le numéro VCI (Virtual Channel Identifier), ou identificateur de voie virtuelle, et le numéro VPI (Virtual Path Identifier), ou identificateur de conduit virtuel. Ces numéros permettent d'identifier le circuit virtuel entre deux nœuds. Nous parlons de circuit virtuel, car c'est la terminologie utilisée dans l'ATM, bien que nous ayons affaire à une liaison virtuelle puisque le niveau ATM est un niveau trame.

La référence d'un circuit virtuel comporte donc deux parties : le numéro de conduit virtuel *(virtual path)* et le numéro de voie virtuelle *(virtual channel)*. La différence entre ces deux valeurs est explicitée un peu plus loin.

ATM étant en mode avec connexion, avant toute émission de cellule, une connexion doit être mise en place. Pour cela, une association entre les références d'entrée et de sortie du réseau doit être définie. Cette technique est déjà utilisée dans les réseaux X.25.

Le routage de la cellule de supervision, qui met en place le circuit virtuel, est effectué par des tables de routage, lesquelles déterminent vers quel nœud est envoyée la cellule de supervision avec l'adresse du destinataire final. Cette cellule de supervision détermine pour chaque nœud l'association entre le port d'entrée et le port de sortie. Ces associations sont regroupées dans la table de commutation.

La figure 15.9 illustre l'association effectuée entre la référence et le port d'entrée dans un nœud de commutation et la référence et le port de sortie de ce même commutateur. Par exemple, si une cellule se présente à la porte d'entrée X avec la référence A, elle est transmise à la sortie T avec la référence L. La deuxième ligne du tableau de commutation constitue un autre exemple : une cellule qui entre sur la ligne X avec la référence B est envoyée vers la sortie U, accompagnée de la référence N de sortie.

Figure 15.9
Commutation des cellules dans un nœud de commutation

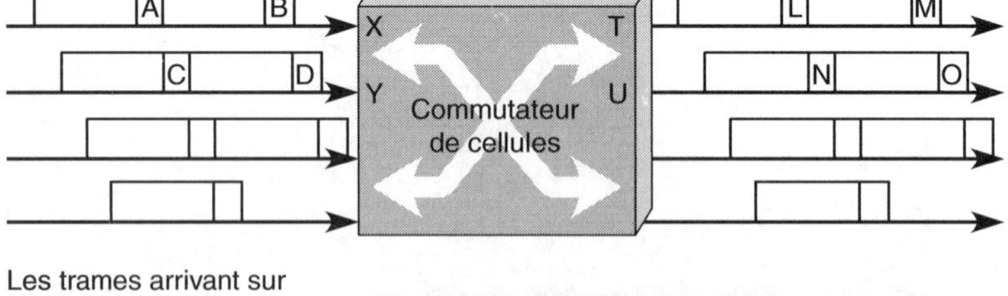

Les trames arrivant sur la porte d'entrée X avec la référence A sont dirigées sur la sortie T avec la référence L.

Ligne d'entrée	Référence d'entrée	Ligne de sortie	Référence de sortie
X	A	T	L
X	B	U	N
Y	C	T	M
Y	D	T	O
.			

Des connexions multipoint sont prévues dans la normalisation. Il suffit d'associer à une ligne et à une référence en entrée plusieurs lignes et des références en sortie. Les références permettant de commuter les cellules sont appelées, comme nous l'avons vu, VCI et VPI pour ce qui concerne la voie et le conduit. Dans un commutateur ATM, on commute une cellule en utilisant les deux références. Dans un brasseur, on ne se sert que d'une seule référence, celle du conduit. Par exemple, on peut commuter un ensemble de voies virtuelles en une seule fois en ne se préoccupant que du conduit. Dans ce cas, on a un brasseur de conduit, ou cross-connect, et l'on ne redescend pas au niveau de la voie virtuelle.

La figure 15.10 illustre un circuit virtuel avec un commutateur ATM et un brasseur.

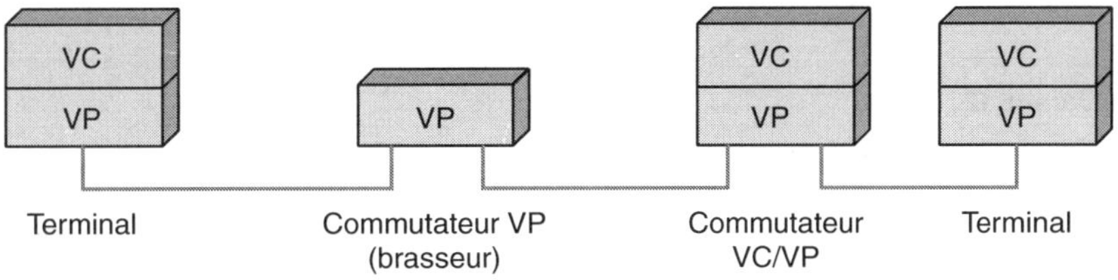

Figure 15.10

Circuit virtuel avec brasseur et commutateur ATM

Dans un brasseur de conduits, on commute simultanément toutes les voies virtuelles à l'intérieur du conduit. On a donc intérêt à regrouper les voies virtuelles qui vont vers la même destination de façon à les intégrer dans un même conduit. Cela simplifie grandement les problèmes de commutation à l'intérieur du réseau. La figure 15.11 illustre, de façon assez symbolique, un même conduit partagé par un ensemble de voies. Le long du conduit, des brasseurs VP peuvent se succéder.

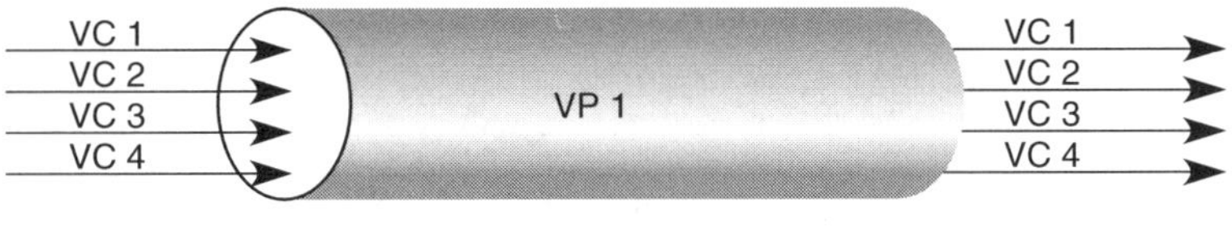

Figure 15.11

Multiplexage de VC dans un VP

Performance des réseaux ATM

Les réseaux ATM n'ont que peu d'originalité. On y retrouve de nombreux algorithmes utilisés dans les réseaux classiques à commutation de paquets. Cependant, la hiérarchie des protocoles utilisés est assez différente de celle de la première génération de réseaux.

Dans les réseaux ATM, le temps d'émission d'une cellule demande quelques nanosecondes, ce qui est négligeable par rapport au temps de propagation sur le support, qui s'exprime généralement en microseconde. On peut donc considérer que la ligne physique, surtout si elle est un peu longue, représente une mémoire de plusieurs mégabits par seconde. Dans la structure des réseaux ATM, il faut toutefois tenir compte du temps d'attente dans les files de sortie des nœuds. Si l'on veut des portées de l'ordre de plusieurs milliers de kilomètres, il faut impérativement minimiser ces temps d'attente, de façon qu'ils restent relativement négligeables par rapport au délai de propagation.

Cette problématique est illustrée à la figure 15.12. Si l'on suppose une liaison d'une longueur de 2 000 km et un débit de 1 Gbit/s, le temps de propagation est de 1 ms et le temps d'émission d'une cellule de 424 ns. Il y a donc 2 358 cellules en cours de propagation sur la liaison.

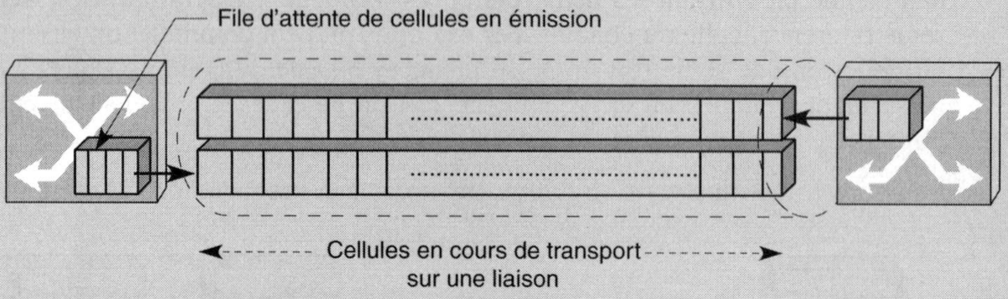

Figure 15.12

Capacité de la ligne de transmission

Le réseau ATM est asynchrone, mais cet asynchronisme est faible du fait du rapport entre le temps de transmission et le délai de propagation. Ces contraintes de temps sont illustrées à la figure 15.13, qui les compare avec la commutation de paquets. Le paquet, ici fragmenté en cinq cellules, arrive bien avant le paquet transporté en commutation de paquets.

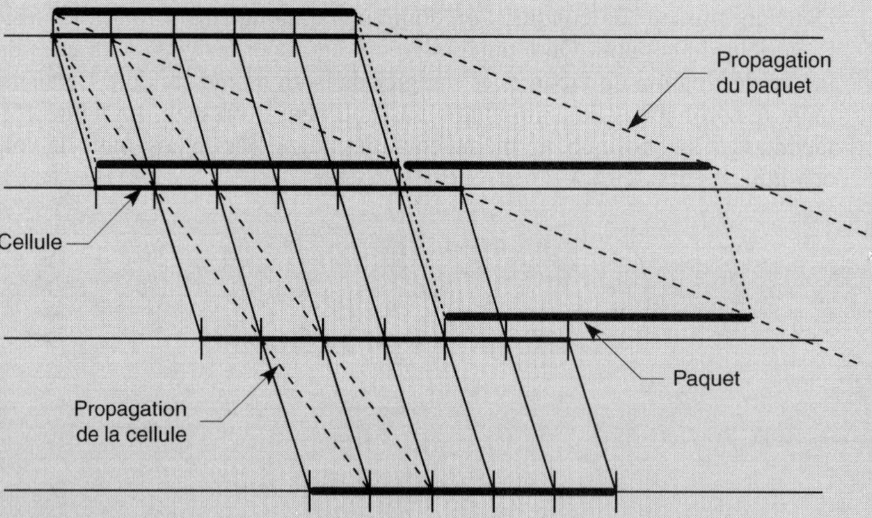

Figure 15.13

Comparaison de la commutation de paquets et de cellules

La commutation de cellules a pour objectif de remplacer à la fois la commutation de circuits et la commutation de paquets. Pour ce faire, les principes des deux techniques doivent être respectés. Si l'on considère que l'ATM utilise des vitesses de transmission très élevées, le temps de transmission est très petit et même négligeable par rapport au temps de propagation du signal. Prenons l'exemple de lignes de communication à 1 Gbit/s. Pour émettre les 53 octets de la cellule, il faut un peu moins de 500 ns. Si l'on suppose qu'il faut ajouter quelques microsecondes pour franchir le commutateur, la somme du temps de traversée du commutateur et du temps de transmission est négligeable en comparaison du délai de propagation, qui vaut approximativement 1 ms pour 250 km, soit 10 ms pour 2 500 km.

La cellule ATM

Comme expliqué précédemment, la cellule est formée d'exactement 53 octets, comprenant 5 octets d'en-tête et 48 octets de données *(voir figure 15.14).*

Figure 15.14
Format de la cellule ATM

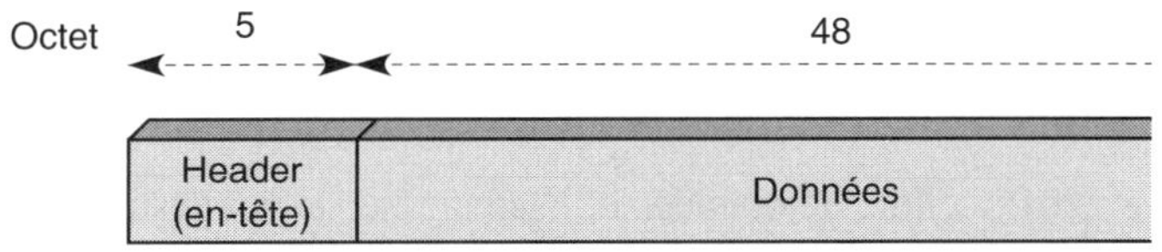

La zone de données contient un fragment d'un paquet utilisateur, généralement un fragment d'un paquet IP. Sur les 48 octets provenant de la couche supérieure, jusqu'à 4 octets peuvent concerner la supervision, c'est-à-dire que la fragmentation du paquet est effectuée en bloc de 44 octets. Les 4 octets de supervision sont détaillés un peu plus loin, à la section consacrée à la couche supérieure, ou couche AAL (ATM Adapation Layer).

Les 5 octets de supervision de la trame ATM formant l'en-tête (Header) sont illustrés à la figure 15.15. Nous en détaillons les fonctionnalités ultérieurement dans ce chapitre.

Figure 15.15
Format de l'en-tête de la cellule ATM

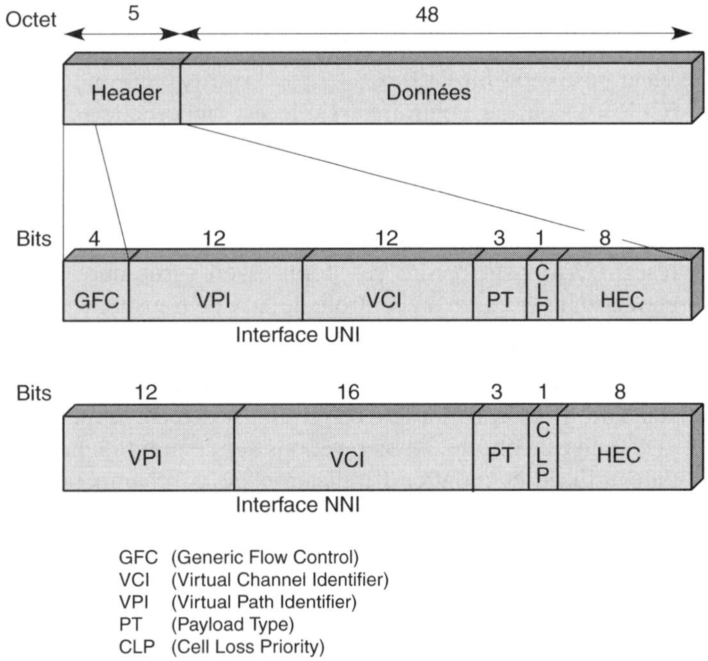

L'en-tête (Header)

Dans l'en-tête (Header), les bits GFC (Generic Flow Control) servent au contrôle d'accès et au contrôle de flux sur la partie terminale, entre l'utilisateur et le réseau. Lorsque plusieurs utilisateurs veulent entrer dans le réseau ATM par un même point d'entrée, il faut ordonner leurs demandes. Ce contrôle est simultanément une technique d'accès, comme dans les réseaux locaux, et un contrôle de flux sur ce qui entre dans le réseau. Malheureusement pour le monde ATM, cette zone n'a jamais été normalisée, ce qui constitue un fort handicap pour les interfaces utilisateur. En l'absence de norme sur les interfaces terminales, il n'a pas été possible à l'ATM de rivaliser avec l'interface IP, qui a fini par s'imposer dans toutes les machines terminales.

Dans le champ de contrôle, 3 bits PT (Payload Type) définissent le type d'information transporté dans la cellule, notamment pour la gestion et le contrôle du réseau. Les huit possibilités pour ce champ sont les suivantes :

- 000 : cellule de données utilisateur, pas de congestion ; indication d'un niveau utilisateur du réseau ATM vers un autre utilisateur du réseau ATM = 0 ;
- 001 : cellule de données utilisateur, pas de congestion ; indication d'un niveau utilisateur du réseau ATM vers un autre utilisateur du réseau ATM = 1 ;
- 010 : cellule de données utilisateur, congestion ; indication d'un niveau utilisateur du réseau ATM vers un autre utilisateur du réseau ATM = 0 ;
- 011 : cellule de données utilisateur, congestion ; indication d'un niveau utilisateur du réseau ATM vers un autre utilisateur du réseau ATM = 1 ;
- 100 : cellule de gestion pour le flux OAM F5 de segment ;
- 101 : cellule de gestion pour le flux OAM F5 de bout en bout ;
- 110 : cellule pour la gestion des ressources ;
- 111 : réservé à des fonctions futures.

Vient ensuite le bit CLP (Cell Loss Priority), qui indique si la cellule peut être perdue (CLP = 1) ou, au contraire, si elle est importante (CLP = 0). Ce bit a pour fonction d'aider au contrôle de flux. Avant d'émettre une cellule dans le réseau, il convient de respecter un taux d'entrée, négocié au moment de l'ouverture du circuit virtuel. Il est toujours possible de faire entrer des cellules en surnombre, mais il faut les munir d'un indicateur permettant de les repérer par rapport aux données de base. L'opérateur du réseau ATM peut perdre ces données en surnombre pour permettre aux informations entrées dans le cadre du contrôle de flux de transiter sans problème.

La dernière partie de la zone de contrôle, le HEC (Header Error Control), est réservée à la protection de l'en-tête. Ce champ permet de détecter et de corriger une erreur en mode standard. Lorsqu'un en-tête en erreur est détecté et qu'une correction n'est pas possible, la cellule est détruite. Nous revenons sur ce point un peu plus loin pour décrire la procédure utilisée et montrer l'utilisation de ce champ pour récupérer la synchronisation lorsque celle-ci est perdue.

Comme expliqué en début de chapitre, deux interfaces ont été définies dans l'ATM : l'interface UNI d'entrée et de sortie du réseau et l'interface NNI entre deux nœuds à l'intérieur du réseau. La structure de la cellule ATM n'est pas exactement la même sur les deux interfaces. La structure de la cellule ATM sur l'interface UNI est illustrée à la figure 15.16 et celle sur l'interface NNI à la figure 15.17.

Le champ GFC permet de contrôler les flux de cellules entrant dans le réseau, de les multiplexer et de diminuer les périodes de congestion du réseau de l'utilisateur final, appelé CPN (Customer Premise Network). Le GFC garantit les performances requises par l'utilisateur, comme la bande passante allouée ou le taux de trafic négocié. L'UIT-T a défini dans la recommandation I.361 deux séries de procédures pour le GFC, les procédures de transmission contrôlées et celles non contrôlées. Pour les procédures de transmission non contrôlées, le code 0000 est placé dans le champ GFC. Dans ce cas, le GFC ne joue aucun rôle.

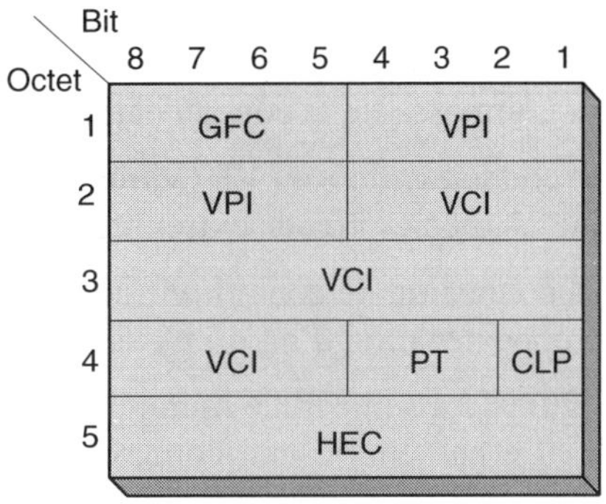

Figure 15.16
Structure de la cellule ATM sur l'interface UNI

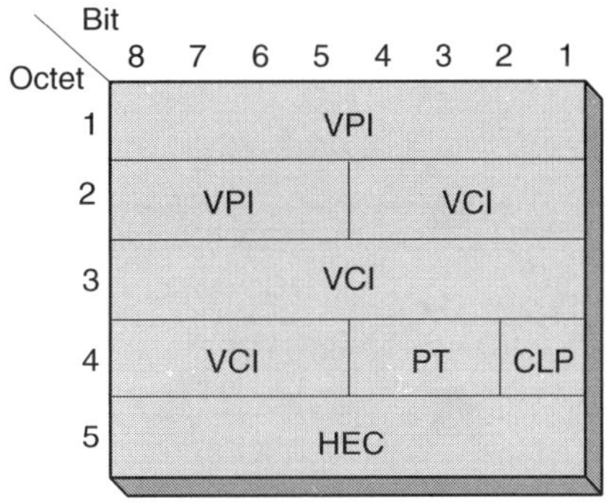

Figure 15.17
Structure de la cellule ATM sur l'interface NNI

En résumé, les deux fonctions principales réalisées par le GFC sont :

- le contrôle de flux à court terme ;
- le contrôle de la qualité de service dans le réseau de l'utilisateur final.

Le champ GFC n'existe que sur l'interface UNI. Les quatre bits de ce champ GFC sont remplacés à l'intérieur du réseau sur les interfaces NNI par quatre autres bits, qui viennent allonger la référence. Lorsqu'un utilisateur positionne les quatre bits GFC sur son interface, ces quatre bits sont effacés dans le réseau pour être remplacés par un complément du numéro de référence et n'arrivent donc jamais au destinataire. En d'autres termes, ces quatre bits ne peuvent servir à une transmission d'information de bout en bout mais uniquement en local sur l'interface d'entrée dans le réseau.

Circuit virtuel et conduit virtuel

Le champ suivant contient la référence composée de l'identificateur de voie virtuelle et de l'identificateur de conduit virtuel, VCI/VPI (Virtual Channel Identifier/Virtual Path Identifier). Le rôle des conduits virtuels est de fournir des connexions semi-permanentes.

Le circuit virtuel (VC), la connexion de circuit virtuel (VCC), le conduit virtuel (VP) et la connexion de conduit virtuel (VPC) se définissent comme suit :

- Le circuit virtuel, ou VC (Virtual Channel), est un terme générique utilisé pour décrire la capacité de communication pour le transport des cellules ATM. Un identificateur de circuit virtuel, ou VCI, classiquement appelé référence de commutation, est affecté à une liaison de VC qui transporte des cellules ATM entre deux nœuds ATM. Le nœud ATM, dans lequel la valeur VCI est traduite, s'appelle aussi un commutateur ATM.

- La connexion de circuit virtuel, ou VCC (Virtual Channel Connection), définit la connexion de bout en bout entre les deux points d'accès à la couche AAL. Une VCC est composée de la concaténation d'un ou plusieurs VC.
- Le conduit virtuel, ou VP (Virtual Path), est un faisceau de VC. Tous les VC d'un faisceau ont les mêmes nœuds extrémité.
- La connexion de conduit virtuel, ou VPC (Virtual Path Connection), est composée de la concaténation d'un ou plusieurs VP. Le nœud ATM est alors appelé un brasseur.

La figure 15.18 illustre la hiérarchie VP/VC et la figure 15.19 des exemples de VPC et de VCC. Le parcours d'une connexion VPC est établi par un routage de l'acheminement dans les brasseurs intermédiaires (A, B et C pour VP1 à la figure 15.19).

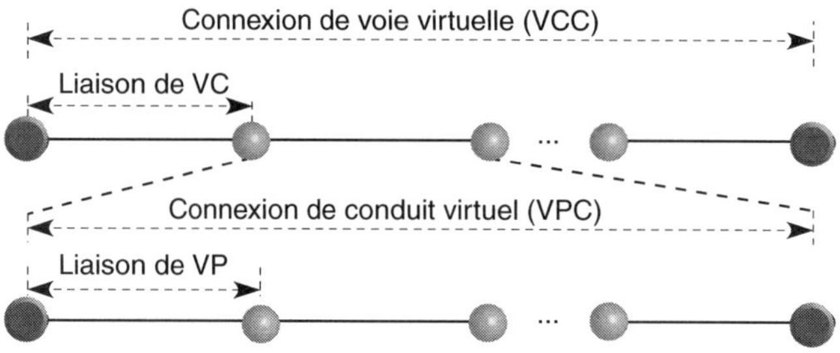

Figure 15.18

Hiérarchie de liaison des VC, VCC, VP et VPC

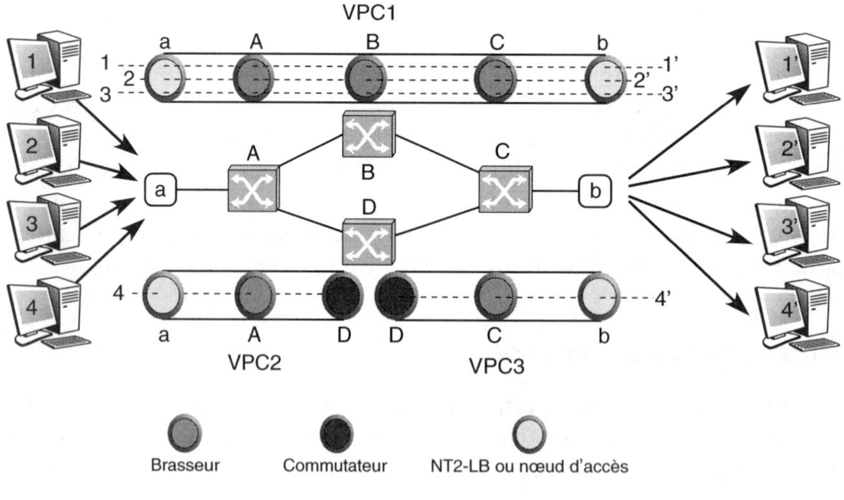

Figure 15.19

Brasseurs et commutateurs ATM

Les nœuds de la partie supérieure de la figure 15.19 sont des commutateurs. Les brasseurs ne participent pas à l'administration de la bande passante des conduits virtuels.

Avantage de la séparation entre administration et établissement

La séparation entre l'administration de la bande passante et l'établissement des connexions de conduits virtuels procure les avantages suivants :

- Diminution des tâches d'administration : les tâches d'administration sont nécessaires uniquement pour les conduits virtuels, et non pour tous les circuits virtuels transitant dans les brasseurs. Une étude sur l'utilisation des conduits virtuels indique que, lorsque le brassage seul est utilisé, le nombre d'instructions diminue de 90 % par rapport à une commutation VP/VC.
- Facilité du contrôle de la bande passante dynamique : les changements de bande passante d'une connexion de conduit virtuel n'étant pas indiqués aux nœuds intermédiaires du conduit, le contrôle de la bande passante peut être réalisé plus facilement.
- Utilisation efficace de la bande passante : le contrôle dynamique permet d'utiliser efficacement la bande passante. Par exemple, la capacité d'un conduit virtuel réservé mais non utilisé peut être mise à zéro ou ramenée à une valeur déterminée à l'avance. De plus, la bande passante disponible peut être allouée aux conduits virtuels saturés.

Le concept de conduit virtuel permet d'avoir des services de ligne louée *(leased line services).* La figure 15.20 illustre un réseau privé construit autour de deux réseaux locaux, ou CPN (Customer Premise Network), reliés par un conduit virtuel. Les connexions sont multiplexées sur le conduit virtuel et se partagent la bande passante disponible. L'augmentation ou la diminution de la bande passante d'un circuit virtuel étant simple à réaliser, l'utilisateur peut adapter son débit, étant entendu que la bande passante totale en utilisation ne peut dépasser la bande passante réservée au conduit virtuel.

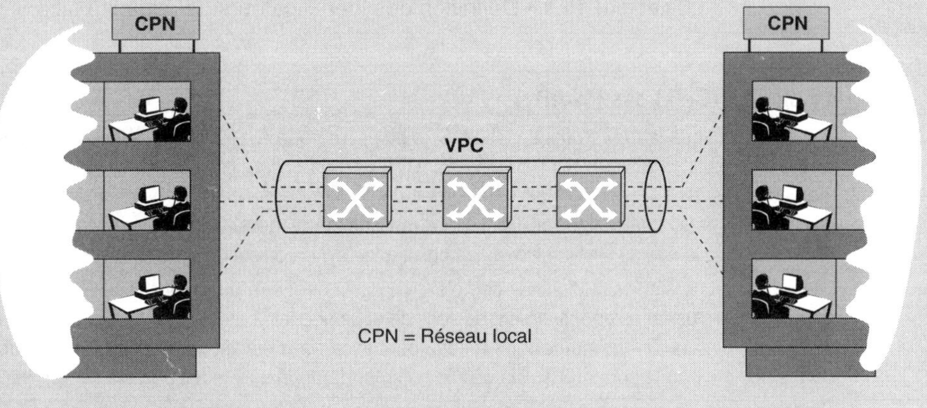

Figure 15.20
Réseaux locaux reliés

La réduction des tables de commutation est l'une des raisons les plus importantes de ce découpage en VP et VC. Une fois le circuit virtuel établi, les cellules doivent être commutées d'une ligne d'entrée vers une ligne de sortie. Si la table de commutation compte plus de 4 000 entrées, le temps de commutation devient incompatible avec les temps de traversée des commutateurs souhaités par les opérateurs. Pour réduire cette table de commutation, la subdivision de l'adresse en deux parties permet de ramener le champ à examiner à 12 bits sur la partie intérieure au réseau. Pour les réseaux locaux, dans lesquels le nombre de clients connectés est bien moindre, le problème est différent, et des tables de commutation employant des références VP/VC sont permises.

Le champ PTI (Payload Type Identifier)

Le champ PTI permet d'identifier deux types d'informations de la cellule *(voir tableau 15.1)*. Les codes PTI, pour les cellules utilisateur, contiennent deux indications additionnelles :

- indication de congestion (référencée par le bit n° 3) ;
- indication d'utilisateur de la couche ATM à un autre utilisateur distant (référencée par le bit n° 2).

Pour les cellules de gestion, les codes PTI permettent de distinguer les cellules du flux OAM (Operation And Maintenance) pour la gestion de CV des cellules de gestion de ressources. Les cellules appartenant au flux OAM sont également divisées en deux classes : de bout en bout et locale.

<table>
<tr><td>0 Contrôle</td><td>0 } Identificateur
1 } d'utilisateur</td><td>0 } Notification
1 } de congestion</td></tr>
<tr><td rowspan="4">1 Gestion</td><td rowspan="2">0 Flux OAM F5
Gestion de CV</td><td>0 Locale</td></tr>
<tr><td>1 De bout en bout</td></tr>
<tr><td rowspan="2">1 Gestion
de ressources</td><td>0 De ressources</td></tr>
<tr><td>1 Réservé</td></tr>
</table>

TABLEAU 15.1 • Définition des identificateurs de capacité utile

> **Le bit CLP (Cell Loss Priority)**
>
> Le bit CLP indique la priorité de la cellule. Si le bit est marqué (CLP = 1), la cellule est détruite en cas de congestion dans le réseau. S'il ne l'est pas (CLP = 0), la cellule est prioritaire par rapport aux cellules marquées. Le bit CLP permet de différencier deux classes de cellules d'une même connexion et de disposer de deux qualités de service en termes de perte de cellules ou de temps de transfert. Par exemple, dans le cas du service vidéo, les cellules de synchronisation peuvent être prioritaires.
>
> Le bit CLP a une signification assez complexe puisqu'il peut être utilisé par l'opérateur pour marquer les trames en surplus après dépassement du seuil de débit négocié entre l'utilisateur et l'opérateur. De ce fait, un bit CLP marqué à 1 à l'intérieur du réseau peut avoir deux significations : soit l'utilisateur considère la cellule comme peu importante, soit la cellule est importante mais elle fait partie d'un surplus.
>
> De par cette double signification, les équipementiers ont dû introduire des différences de gestion assez importantes dans leur architecture de contrôle au détriment de la compatibilité. C'est la raison pour laquelle on essaye de ne plus utiliser le bit CLP, dont la signification véritable est généralement incompatible entre équipementiers.

Le champ HEC (Header Error Control)

Le champ HEC est utilisé par la couche physique pour la délimitation de la cellule et le contrôle d'erreur dans l'en-tête.

La première fonction du HEC est de déterminer le début des cellules. Tant que la synchronisation n'a pas été trouvée, le coupleur génère le polynôme formé des quatre derniers octets reçus et le divise par le polynôme générateur *(voir le chapitre 5)*. Si le reste correspond à ce qui se trouve dans le cinquième octet, ce sont bien les cinq premiers octets d'une cellule qui ont été trouvés, et cela correspond au début d'une cellule. Comme la cellule est elle-même transformée par un code de mixage, il est quasiment impossible de détecter un début de cellule qui n'en soit pas un. Rappelons que la cellule est une trame, et non un paquet, puisqu'il est possible de détecter son début et sa fin.

Les normalisateurs ont considéré que le taux d'erreur en ligne pour l'en-tête de la cellule n'était pas suffisant sur les lignes utilisées par la commutation ATM. Le HEC sert donc également à détecter les erreurs et à les corriger. Plus exactement, deux modes de fonctionnement ont été placés dans la norme. En mode normal, le mode par défaut, le HEC sert à détecter si un seul bit est en erreur et à corriger cette erreur. Si plusieurs erreurs sont détectées, la cellule est détruite, et l'on passe en mode de détection. Toutes les cellules avec une ou plusieurs erreurs sont alors détruites. On repasse en mode normal dès qu'une cellule est reçue sans erreur.

Le champ HEC est calculé à l'aide du polynôme constitué par les bits du champ de contrôle, à l'exception du champ HEC. Ce polynôme est divisé par le polynôme générateur $x_8 + x_2 + x + 1$. Le reste est introduit dans le HEC.

L'architecture en couches de l'ATM

Les réseaux à commutation de cellules suivent les principes d'une nouvelle architecture, où les fonctionnalités ne sont pas regroupées aux mêmes niveaux que dans le modèle de référence.

La couche physique de ce nouveau modèle correspond à la couche physique du modèle de référence, mais avec une différence importante : la couche physique regroupe les bits par 424 pour retrouver directement la structure de la trame. La couche physique effectue donc un transport 424 bits par 424 bits et non bit par bit. Cette propriété permet à la couche du dessus d'appartenir au niveau trame puisque le début et la fin du bloc de données ont été déterminés par la couche physique. Nous verrons que la troisième couche du modèle ATM est de niveau message, avec également des différences importantes. L'architecture ATM est illustrée à la figure 15.21.

Figure 15.21
Architecture ATM (modèle de référence UIT-T)

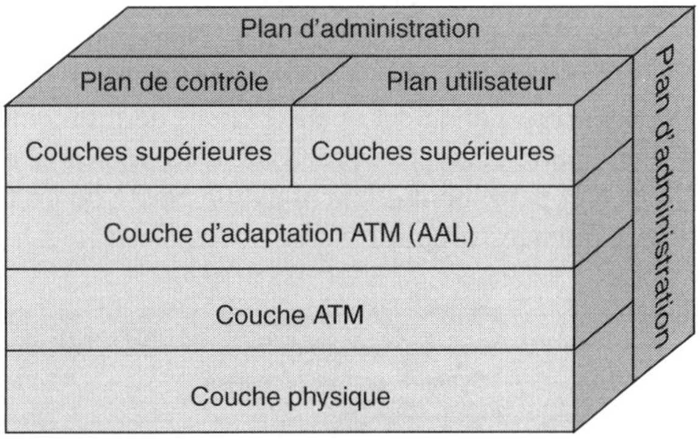

Le rôle de ce nouveau modèle, dit modèle UIT-T, est de prendre en charge les applications multimédias, c'est-à-dire la superposition de la voix, des données et de l'image. Le modèle de référence de l'ISO n'était bâti que pour les applications de données et correspondait donc à l'architecture des réseaux d'ordinateurs.

Le modèle UIT-T ne s'intéresse qu'au transport de bout en bout de l'information, et non à son traitement aux extrémités du réseau. Il est constitué de trois couches : la couche prenant en charge le transport des cellules sur un support physique, la couche se préoccupant de l'acheminement des cellules de bout en bout et la couche chargée de l'interface avec les couches supérieures et regroupant les cellules pour les délivrer à l'utilisateur.

La couche la plus basse concerne les protocoles de niveau physique dépendant du médium, ou PMD (Physical Medium Dependent). Cette couche PMD est elle-même divisée en deux sous-couches :

- La couche TC (Transmission Convergence), chargée du découplage du taux de transmission des cellules, de la génération et de la vérification de la zone de détection d'erreur de l'en-tête, le HEC, de la délimitation des cellules, de l'adaptation de la vitesse de transmission et de la génération et de la récupération des cellules sur le support physique.
- La couche PM (Physical Medium), chargée de la transmission sur le support physique et des problèmes d'horloge.

Le protocole PMD décrit la façon dont les cellules sont émises sur le support physique. Plusieurs solutions ont été définies pour cela, dont les plus couramment implémentées reposent sur l'utilisation de SONET (Synchronous Optical NETwork) et de SDH (Synchronous Digital Hierarchy), normalisées par l'UIT-T et présentées au chapitre 13. SONET décrit la structure d'une trame synchrone émise toutes les 125 µs. La longueur de cette trame dépend de la vitesse de l'interface. Les diverses valeurs des connexions SONET sont classées suivant la rapidité du support optique, ou OC (Optical Carrier).

La deuxième couche est celle de l'ATM proprement dite. Cette couche gère le transport de bout en bout de la cellule.

Enfin, la couche AAL (ATM Adaptation Layer), ou couche d'adaptation à l'ATM, se charge de l'interface avec les couches supérieures. Cet étage est lui-même subdivisé en deux niveaux, l'un prenant en compte les problèmes liés directement à l'interfonctionnement avec la couche du dessus, et l'autre ceux concernant la fragmentation et le réassemblage des messages en cellules. Dans cette couche AAL, quatre classes de services (A, B, C et D) ont été définies. Elles sont décrites au tableau 15.2. À ces quatre classes de services correspondaient quatre classes de protocoles, numérotées de 1 à 4. Cette subdivision en quatre classes de protocole a été modifiée en 1993 par le regroupement des classes 3 et 4 et par l'ajout d'une nouvelle classe de protocoles, la classe 5, qui définit un transport de données simplifié.

	Classe A	Classe B	Classe C	Classe D
Synchro. source récepteur	Forte		Faible	
Flux	Constant	Variable		
Type de connexion	Orienté connexion			Sans connexion

TABLEAU 15.2 • Classes de services de la couche AAL

La première classe de services correspond à une émulation de circuit, la deuxième au transport d'une application synchrone mais dont le débit est variable, la troisième à un transfert de données en mode avec connexion et la dernière à un transfert de données en mode sans connexion.

La couche d'adaptation ATM (AAL)

La couche AAL (ATM Adaptation Layer) a pour rôle de gérer l'interface avec les couches de protocole situées chez l'utilisateur. Ses fonctions dépendent des exigences de la couche supérieure. L'AAL doit supporter les besoins des différents utilisateurs du service d'AAL et donc des protocoles multiples.

L'AAL est composée de deux sous-couches : la sous-couche de convergence, CS (Convergence Sublayer), et la sous-couche de segmentation et de réassemblage, SAR (Segmentation And Reassembly). La fonction essentielle de la couche SAR est de segmenter les données des couches supérieures en un ensemble de segments de données correspondant à la taille des cellules. Au niveau du destinataire, la couche SAR rassemble les cellules pour restituer des données aux couches supérieures. La sous-couche CS dépend du service qui doit être rendu à l'utilisateur. Elle fournit le service de l'AAL au SAP (Service Access Point), ou point d'accès au service. Selon le protocole de niveau AAL, les sous-couches peuvent être vides si la couche ATM est suffisante pour les exigences des utilisateurs.

Les classes de services

L'UIT-T répartit les services du réseau ATM en quatre classes, fondées sur la relation de temps entre la source et le destinataire, le débit constant ou variable et le mode de connexion :

- Pour les services de classe A, le débit est constant et le service en mode avec connexion. Le service de type parole téléphonique à 64 Kbit/s en est un exemple typique. La relation de temps existe entre la source et la destination.
- Pour les services de classe B, le débit est variable. Un service typique peut être une parole téléphonique ou une vidéo compressée.
- Les classes C et D correspondent aux applications de transfert de données. Le débit est variable, et la relation de temps n'est pas nécessaire. Les transferts de données des classes C et D sont respectivement en mode avec connexion et sans connexion.

L'UIT-T recommande quatre types de protocoles AAL pour supporter ces classes de services (ces protocoles ayant été modifiés en 1993, nous donnons ici les dernières versions) :

- **AAL-1.** Supporte les services de la classe A et fournit de ce fait un service d'émulation de circuit en permettant d'utiliser toute la souplesse de l'ATM. Cependant, il n'exploite pas toute l'efficacité de l'ATM résultant du multiplexage statistique. Le service rendu par l'AAL-1 s'appelle CBR (Constant Bit Rate).
- **AAL-2.** L'histoire de ce protocole est plus complexe. Il a été défini au départ pour supporter les services de la classe B. Le service vidéo à débit variable en est un exemple. Il permet d'exploiter non seulement la flexibilité mais aussi l'efficacité de l'ATM. Le service rendu par cette classe s'appelle VBR (Variable Bit Rate). L'AAL-2 a été abandonné au cours des années 95 pour être redéfini dans le cadre d'applications ayant des contraintes temporelles fortes et un débit variable. Pour arriver à paquétiser suffisamment rapidement, on a commencé à multiplexer plusieurs connexions sur le même circuit virtuel. Ce protocole est utilisé, par exemple, sur la partie accès de l'UMTS. C'est la raison pour laquelle ce nouvel AAL-2 est présenté au chapitre 41, consacré à la téléphonie IP. Son rôle, dans ce cas, est de permettre le multiplexage de

plusieurs connexions bas débit sur une connexion ATM de façon à tenir compte aux mieux des contraintes temporelles.

- **AAL-3/4.** Supporte les services de données en mode avec ou sans connexion, à débit variable et sans relation de temps. Le contrôle de flux entre les extrémités et la retransmission des fragments perdus ou altérés sont possibles. Les exemples de services que peut rendre ce type d'AAL sont nombreux : X.25, relais de trames (FMBS, Frame Mode Bearer Services), signalisation, etc. Cette classe n'est plus utilisée depuis 2005.
- **AAL-5.** L'autre nom de ce type d'AAL est SEAL (Simple Efficient Adaptation Layer). Il permet de transporter des trames de données non superposées en mode avec connexion (service de classe C). Le service rendu est de type élastique et utilise le service ABR (Available Bit Rate).

À ces quatre types correspondent quatre structures de trames de la couche SAR, appelées SAR-PDU (Segmentation And Reassembly-Protocol Data Unit).

La couche SAR (Segmentation And Reassembly)

Cette sous-couche définit les structures qui serviront réellement au transport de l'information. Les services CBR (Constant Bit Rate), VBR (Variable Bit Rate), ABR (Available Bit Rate), GFR (Generic Frame Rate) et UBR (Unspecified Bit Rate) sont définis sur les classes 1, 2, 3-4 et 5, qui introduisent une segmentation spécifique à chaque classe de services.

En résumé, le niveau AAL d'adaptation, et plus particulièrement sa sous-couche SAR, doit rendre les services suivants :

- assembler et désassembler les cellules ;
- compenser le délai variable de la méthode ATM ;
- prendre en charge les cellules perdues ;
- récupérer la synchronisation horloge.

L'unité de données du niveau SAR, la SAR-PDU, dépend du service qui doit être rendu, c'est-à-dire de la classe de transport de données.

AAL-1

La classe 1, qui correspond au service CBR, possède une SAR-PDU relativement simple, illustrée à la figure 15.22.

Les champs SN (Sequence Number) et SNP (Sequence Number Protection) sont découpés suivant le schéma illustré à la figure 15.23.

Figure 15.22
SAR-PDU de type 1

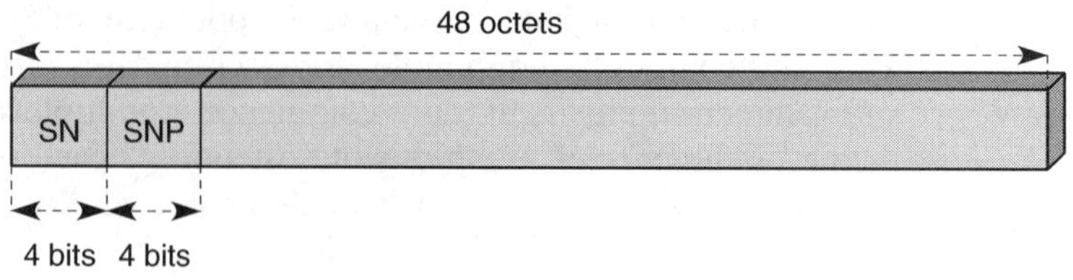

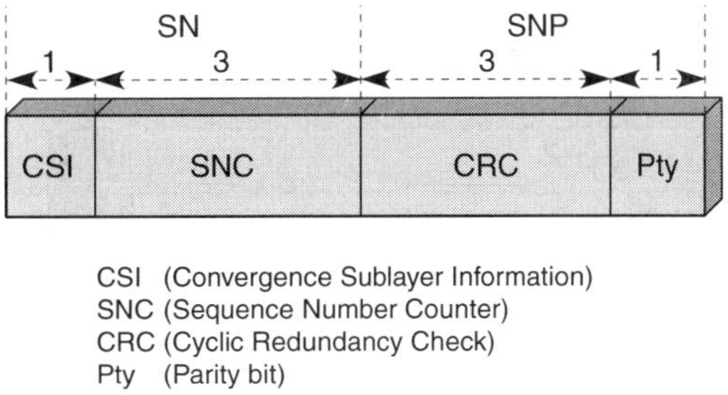

Figure 15.23
Champ de supervision de l'AAL-1

Le champ SNC (Sequence Number Counter) numérote la cellule sur 3 bits, c'est-à-dire de 0 à 7. En règle générale, l'émetteur émet plusieurs centaines de cellules avant que l'acquittement revienne, si bien qu'une numérotation de 0 à 7 apparaît très insuffisante. Les cellules sont numérotées en séquence de 0 à 7, et une cellule perdue est détectée par un trou dans la numérotation. Par exemple, si le récepteur reçoit la séquence 0, 1, 2, 4, 5, il en déduit que la cellule 3 a été perdue. S'il reçoit la séquence 2, 3, 4, 7, 0, 1, le récepteur comprend que les cellules 5 et 6 ont été perdues. Si huit cellules successives sont perdues, il n'y a plus aucun moyen de s'en apercevoir. On compte sur le fait que la probabilité de perdre plus de deux ou trois cellules successives est négligeable.

La zone SNP doit protéger le numéro de séquence afin de ne pas avoir à détecter d'erreur de déséquencement dues à une erreur sur la zone de numérotation elle-même. Ce champ est composé d'une zone de détection d'erreur sur 3 bits et d'un bit de parité paire.

Le bit CSI (Convergence Sublayer Information) permet de transporter une marque de temps RTS (Residual Time Stamp) pour caler l'horloge du récepteur ou délimiter des blocs de données. La marque de temps est sur 4 bits, transportée par le bit CSI d'une cellule sur deux (les cellules impaires d'une suite de huit cellules).

La vitesse d'arrivée des marques autorise le calcul d'un temps moyen entre deux arrivées, ce qui permet de synchroniser la restitution des cellules. Si la vitesse d'arrivée augmente, la restitution des cellules augmente aussi. C'est la technique SRTS (Synchronous Residual Time Stamp).

Pour le transfert isochrone de données à $n \times 64$ Kbit/s, un cadrage est effectué par un pointeur qui occupe le premier octet de la zone de données (il reste 46 octets de données). Ce pointeur est indiqué par le bit CSI, présent dans les cellules d'ordre pair pour préserver la compatibilité avec la technique SRTS. Lorsque le bit CSI est à 1 dans une cellule paire (numérotée 0, 2, 4, 6), il indique l'existence d'un pointeur qui permet de connaître le degré de remplissage des 46 + 47 octets (93 octets) de la cellule paire, suivie de la cellule impaire. Dans l'octet du pointeur, seuls 7 bits sont utilisés, le huitième étant réservé à des développements futurs.

Une technique d'entrelacement d'octets *(byte interleave)* peut être ajoutée pour éviter la perte successive d'octets, une faute grave dans une transmission isochrone. Par exemple, si 47 octets sont en erreur, au lieu de perdre 47 octets successifs, on perd un octet tous les 47 octets. Dans le transport de la parole, il vaut mieux perdre un échantillon tous les 47 échantillons que 47 échantillons de suite.

La technique d'entrelacement est illustrée à la figure 15.24.

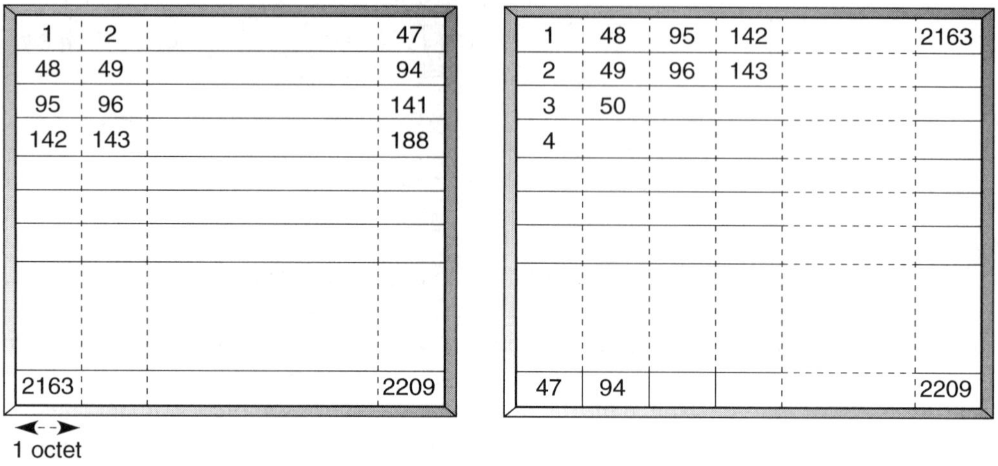

Figure 15.24

Entrelacement des octets dans l'AAL-1

AAL-2 de 1990

Nous présentons ici la version AAL-2 définie au début des années 1990 pour le service VBR. La nouvelle version pour les réseaux de mobiles, de 1999, est présentée au chapitre 41, dédié à la téléphonie informatique.

Pour les services VBR, le rôle de la couche SAR est assez semblable à celui des services CBR :

- division et récupération des trames d'information ;
- prise en charge des cellules en partie remplies ;
- adaptation du débit ;
- prise en charge des cellules perdues.

La SAR-PDU de la classe 2 est illustrée à la figure 15.25.

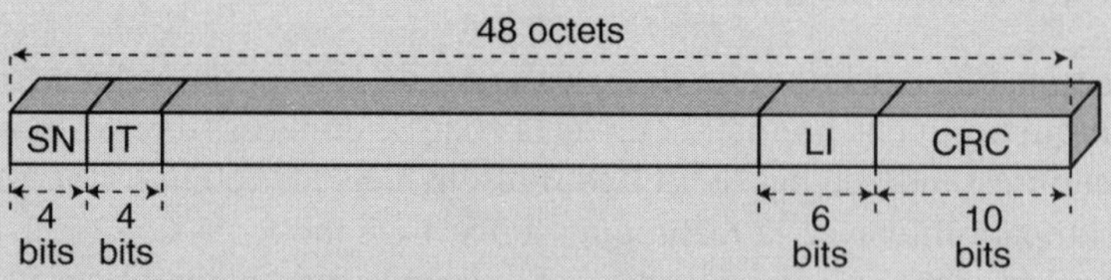

Figure 15.25

SAR-PDU de type 2

Dans la structure de la SAR-PDU, on trouve quatre zones de supervision :

- SN (Sequence Number), sur 4 bits, qui permet de numéroter les trames modulo 16. Cette numérotation permet de détecter les trames perdues.
- IT (Information Type), sur 4 bits, qui indique le début, la continuation ou la fin d'un message.

- LI (Length Indicator), sur 6 bits, qui permet de détecter la zone de données effectivement occupée sur les 45 octets disponibles. Si ce champ porte la valeur 16, cela indique que les 16 premiers octets sont des données de l'utilisateur et que les 29 octets suivants ne sont pas utilisés.
- CRC (Cyclic Redundancy Check), sur 10 bits, qui permet de détecter des erreurs au cours du transfert.

Ce protocole n'a pu être réellement utilisé à cause des évolutions technologiques sur la compression des applications vidéo. En effet, si la compression est extrêmement forte, une détection et une correction d'erreur doivent être ajoutées. En revanche, si la compression n'est pas trop poussée, le protocole n'a pas à se soucier d'une correction d'erreur. Devant ces incertitudes, les choix de l'AAL-2 n'ont pas résisté, et une nouvelle version tournée vers le transport de la parole et de la visioconférence dans l'UMTS est apparue en 2000.

AAL-3/4

Les types 3 et 4 ont été rassemblés dans une classe unique pour le transport sécurisé des données. Dans chaque cellule, une partie du message est transmise, et chaque partie est sécurisée par un CRC, permettant de détecter les erreurs qui peuvent survenir pendant le transport. Il y a donc, dans chaque cellule, tout un ensemble de zones de supervision, ce qui rend la procédure peu efficace.

La figure 15.26 illustre la classe 3/4 de la couche AAL.

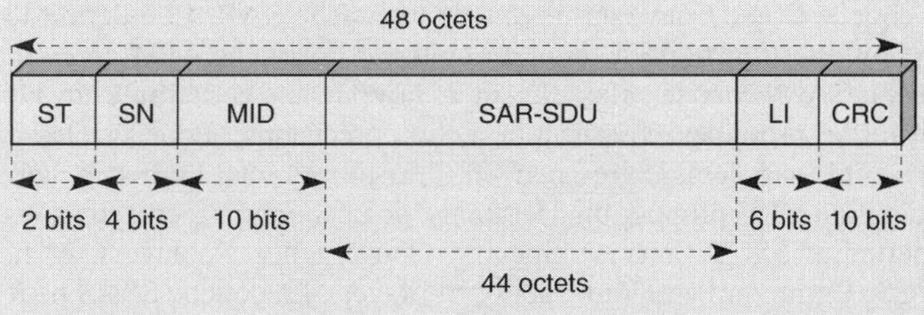

Figure 15.26
SAR-PDU de type 3/4

Le champ ST (Segment Type) permet de structurer la communication. Quatre possibilités sont recensées :

- BOM (Beginning Of Message) – Début 10
- COM (Continuation Of Message) – Continuation 00
- EOM (End Of Message) – Fin de segment 01
- SSM (Single Segment Message) – Segment simple 01

Le champ SN (Sequence Number) permet la numérotation des cellules modulo 16. Le champ MID (Multiplexing IDentifier) est utilisé pour identifier les SAR-PDU appartenant à différentes SAR-SDU. S'il n'y a pas de multiplexage, ce champ est mis à 0. Le champ LI (Length Indicator) indique la longueur de la zone de données utilisée. Le reste du champ de données *(payload field)* est mis à 0.

Le polynôme permettant la détection des erreurs et générant le champ CRC est :

$1 + x + x_4 + x_5 + x_9 + x_{10}$

Assez complexe, la classe 3/4 comporte de nombreux champs de contrôle. Une nouvelle classe a été introduite en 1993, la classe 5, pour compléter le transport de données dans un cadre simple. Son rôle était au départ de permettre l'interconnexion de réseaux locaux. Sa conception a pris en compte la facilité de découpage de l'information provenant de la couche supérieure.

AAL-5

Le rôle de la classe 5 est de prendre l'entité de niveau supérieur et de la découper en tronçons de 48 octets pour l'introduire dans la zone de données de la cellule ATM. Ce schéma de découpage provient d'études préalables de la part de l'UIT-T sur le protocole SEAL (Simple Efficient Adaptation Layer).

La structure de la cellule SAR-5 et le découpage de l'entité de niveau supérieur sont illustrés à la figure 15.27. Il y a un minimum de perte, puisque la CPCS-PDU (unité de données du protocole commun de la couche CS) est directement découpée en fragments de 48 octets.

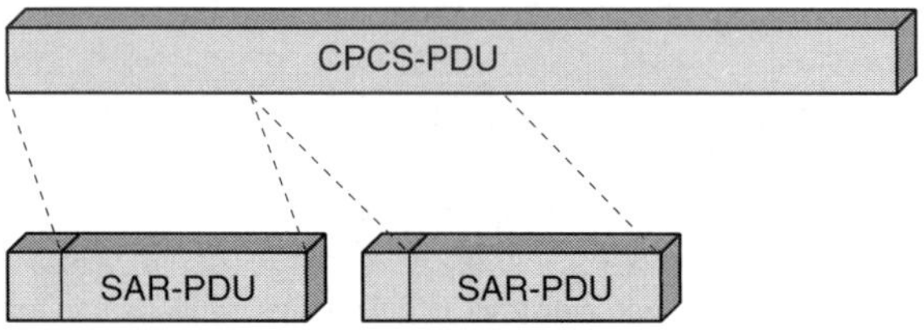

Figure 15.27
Découpage de l'information dans la classe 5

La couche CS (Convergence Sublayer)

La couche CS se trouve au-dessus de la couche SAR. Elle définit le bloc d'information qui doit être transporté de bout en bout par la couche ATM après fragmentation dans la couche SAR. Pour les classes 1 et 2, la couche CS délimite un bloc qui sera découpé suivant les principes exposés à la section précédente. Pour les classes 3/4 et 5, des fonctionnalités supplémentaires peuvent être introduites. Pour ces deux classes, la recommandation I.363 propose un découpage de la couche CS en deux sous-couches, la couche supérieure, SSCS (Service Specific Convergence Sublayer), et la couche inférieure, CPCS (Common Part Convergence Sublayer). La couche SSCS peut être vide.

La couche CPCS prend en charge les fonctions suivantes :

- délimitation ;
- séquencement ;
- réservation de mémoire aux extrémités ;
- détection d'erreur (en classe 5).

Les fonctionnalités de SSCS sont les suivantes :

- segmentation-réassemblage ;
- blocage-déblocage ;
- correction d'erreur ;
- contrôle de flux ;
- remise optionnelle des segments de ce niveau au niveau supérieur ;
- mode assuré, restreint aux communications point-à-point.

La taille maximale de la CS-PDU est de 65 535 octets.

L'architecture globale de la couche AAL est illustrée à la figure 15.28.

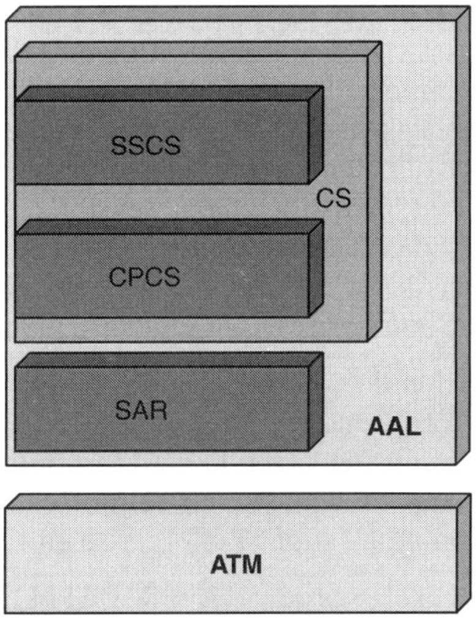

Figure 15.28
Architecture de la couche AAL

La couche CS-5

La figure 15.29 illustre l'empilement des protocoles pour la classe 5.

Le champ PAD permet d'obtenir un champ de données d'une longueur multiple de 48 octets. Le découpage doit fournir des fragments d'une longueur de 48 octets. Il y a donc entre 0 et 47 octets mis à 0. Le champ CPCS-UU (CPCS User-to-User indication) permet d'indiquer le début, la continuation et la fin de la CPCS-PDU.

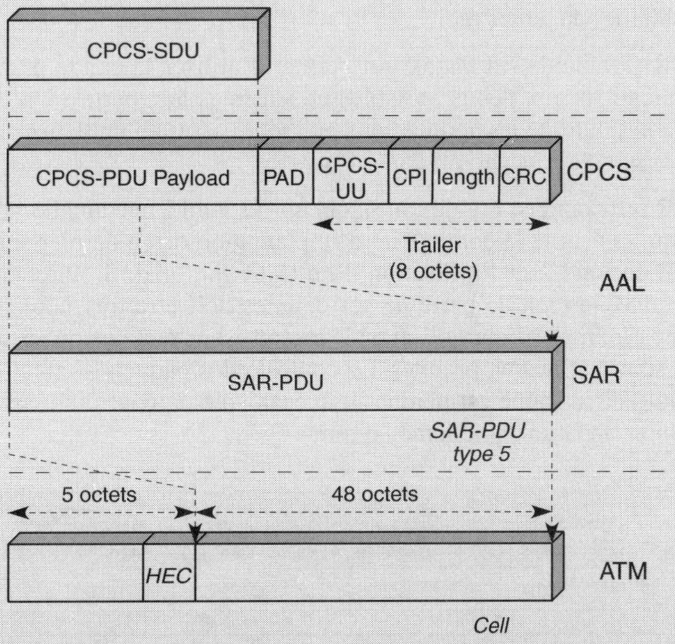

Figure 15.29
Empilement des protocoles dans la couche CS-5

On retrouve dans le champ de supervision de fin de trame la zone Length, qui indique la longueur de la CPCS-SDU, et la zone CPI. La zone CRC, sur 4 octets, permet de détecter les erreurs sur la CPCS-PDU.

Les classes de services ATM

La technique de transfert ATM s'est stabilisée vers la fin des années 1990, après plus de dix années de normalisation intensive. La technologie a tellement évolué entre 1988 et aujourd'hui qu'il a fallu adapter les possibilités de l'ATM. La qualité de service constitue un point particulièrement sensible, puisque c'est l'élément qui permet de distinguer l'ATM des autres types de protocoles. Pour arriver à donner une qualité de service, il faut allouer des ressources, lesquelles sont parfois fortement sous-utilisées. Les recherches ont été nombreuses, et la solution a fini par être trouvée, sous la forme de classes de services.

La vision du contrôle des informations dans le réseau a beaucoup varié. Au départ, elle était fortement liée aux classes de services de la couche AAL définies dans les recommandations de l'UIT-T. L'ATM Forum a ensuite proposé cinq classes de services, définies dans un contexte un peu différent. Du coup, l'idée étant bonne, les opérateurs de télécommunications l'ont reprise en essayant de l'améliorer.

Les cinq classes de services de l'ATM Forum sont les suivantes *(voir aussi le tableau 15.3) :*

- CBR (Constant Bit Rate), qui correspond à une émulation d'un circuit virtuel avec une bande passante fixe. Les services de cette classe incluent la voix et la vidéo temps réel sans compression.
- VBR (Variable Bit Rate), qui correspond à un circuit virtuel pour des trafics d'intensité variable dans le temps et plus spécifiquement les services par à-coups *(bursty).* Les services de cette classe incluent les transports d'applications vocales ou vidéo mais compressées ainsi que les services d'interconnexion de réseaux locaux ou le transactionnel. Il existe une classe VBR RT (Real-Time), qui doit prendre en compte les problèmes de temps réel.
- ABR (Available Bit Rate), qui permet d'utiliser la bande passante restante pour des applications aux débits variables et sensibles aux pertes. Un débit minimal doit être garanti pour que les applications puissent passer en un temps acceptable. Le temps de réponse n'est pas garanti dans ce service.
- GFR (Guaranteed Frame Rate), qui correspond à une amélioration du service ABR en ce qui concerne la complexité d'implantation de ce dernier sur un réseau. Le service GFR se fonde sur l'utilisation d'un trafic minimal. Si un client respecte son service minimal, le taux de perte de ses cellules doit être très faible. Le trafic dépassant le trafic minimal est marqué, et, si le réseau est en état de congestion, ce sont ces cellules qui sont perdues en premier. Le contrôle des paquets s'effectue sur la trame : si une cellule de la trame est perdue, le mécanisme de contrôle essaie d'éliminer toutes les cellules appartenant à la même trame.

	Garantie de bande passante	Garantie de variance du délai	Garantie de débit	Retour d'indication de congestion
CBR	Oui	Oui	Oui	Non
VBR	Oui	Oui	Oui	Non
UBR	Non	Non	Non	Oui
ABR et GFR	Non*	Non	Oui	Oui

* Un minimum peut être garanti.

TABLEAU 15.3 • Comparaison des classes de services de l'ATM Forum

- UBR (Unspecified Bit Rate), qui correspond au service best-effort. Il n'y a aucune garantie ni sur les pertes ni sur le temps de transport. Le service UBR, qui n'a pas de garantie de qualité de service, n'est d'ailleurs pas accepté par les opérateurs télécoms, qui ne peuvent se permettre de proposer un service sans qualité de service. Le service UBR correspond au service offert sur Internet. Cependant, la solution est totalement différente ici, puisque la priorité de plus basse qualité de service qu'offre l'UBR est appliquée non à l'ensemble des utilisateurs mais uniquement aux clients qui se partagent le résidu des ressources délaissées par les autres classes.

La figure 15.30 illustre l'allocation des classes de services. Dans un premier temps, les classes CBR et VBR sont allouées avec des ressources permettant une garantie totale de la qualité de service des données qui transitent dans les circuits virtuels concernés. Pour cela, on peut allouer les ressources sans restriction, puisque tout ce qui n'est pas utilisé peut être récupéré dans le service ABR. La partie basse de la figure indique la bande passante occupée par les clients CBR et celle du dessus la partie de la bande prise par les clients VBR. La partie supérieure est celle qui est laissée libre, et donc prise par les clients ABR. Si, dans les bandes CBR et VBR, une partie des bandes n'est pas utilisée, cette partie est affectée aux clients ABR.

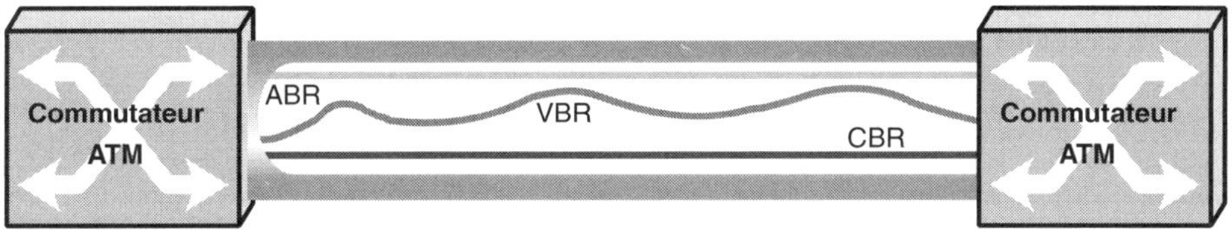

Figure 15.30

Allocation des classes de services entre deux nœuds

> **Les classes de services de l'UIT-T**
>
> L'UIT-T a repris la proposition de l'ATM Forum en modifiant parfois légèrement les classes et en proposant une classe supplémentaire, ABT. Elle a supprimé l'UBR car les opérateurs ne souhaitaient pas offrir de service sans garantie.
>
> Les quatre classes de l'UIT-T sont les suivantes :
>
> - DBR (Deterministic Bit Rate). La bande passante est allouée sur la base du débit crête, ou PCR (Peak Cell Rate). C'est l'équivalent du service CBR de l'ATM Forum.
> - SBR (Statistical Bit Rate). La bande passante est allouée sur la base du débit crête, du débit moyen, ou SCR (Sustainable Cell Rate), et de la longueur de la crête déterminée par l'IBT (Intrinsic Burst Tolerance). Le SCR fournit la moyenne en dehors des pointes. L'IBT donne une idée de la durée pendant laquelle le débit est au niveau crête.
> - SBR + SBR RT (Statistical Bit Rate Real-Time). C'est le même type de service que le précédent, mais avec une contrainte de temps primordiale.
> - ABR (Available Bit Rate). C'est le même service que dans l'ATM Forum.
> - ABT (ATM Block Transfer). C'est un nouveau service normalisé par l'UIT-T. Il apporte une certaine souplesse tout en conservant une garantie complète aussi bien sur le taux d'erreur que sur le temps de réponse. Le service s'effectue sur des blocs de cellules pour lesquels on doit indiquer le débit moyen. Le service ABT est similaire au service DBR mais pour un temps limité au bloc.

Dans ce dernier cas, la solution proposée par l'UIT-T consiste à envoyer le bloc sans réservation, en comptant sur la capacité statistique du réseau à supporter ce léger à-coup. Les deux services suivants sont appelés :

- ABT/DT (ABT with Delayed Transmission) ;
- ABT/IT (ABT with Immediate Transmission).

Le tableau 15.4 récapitule les garanties fournies par les différents services de niveau ATM.

	Service du niveau ATM					
Attribut	**DBR**	**SBR Real-Time**	**SBR Non-Real-Time**	**ABR**	**UBR**	**ABT**
Taux de perte de cellules	Spécifié (sauf pour CLP = 1)			Spécifié	Non spécifié	Spécifié
Délai de transfert de cellules Gigue	Spécifié	Spécifié	Spécifié Non spécifié	Non spécifié	Non spécifié	Spécifié
Débit crête	Spécifié	Spécifié	Spécifié	Spécifié	Spécifié	Spécifié
SCT/IBT	Non applicable	Spécifié	Spécifié	Non applicable	Non applicable	Spécifié
Contrôle temps réel par cellule RM	Non	Non	Non	Oui	Non	Oui

TABLEAU 15.4 • Garanties des services de niveau ATM

Comme nous le verrons, il faut ajouter un contrôle de flux, associé au service ABR, pour s'assurer que le taux de perte des cellules est négligeable. Le contrôle de flux choisi est de type rate-based.

La qualité de service ATM

Si l'ATM a été choisi comme mode de transfert pour le RNIS large bande plutôt que son concurrent, le mode de transfert temporel synchrone, ou STM (Synchronous Transfer Mode), c'est parce qu'il apporte un gain économique grâce au multiplexage statistique. Cependant, le multiplexage statistique de trafic en rafale peut provoquer des problèmes de congestion. Les travaux de l'UIT-T et de l'ATM Forum ont visé à minimiser cette congestion et à maximiser le taux d'utilisation du réseau, tout en garantissant la qualité de service spécifiée par l'utilisateur. Ces efforts ont abouti à la définition d'un contrat de trafic dépendant de la qualité de service requise et à la normalisation de fonctions de gestion de trafic.

Avant de regarder plus avant ces fonctions, nous allons définir précisément la qualité de service.

Une classe de qualité de service doit préciser des paramètres de performance (QoS spécifiée). Il est possible de ne spécifier aucun paramètre (QoS non spécifiée). Dans ce dernier cas, comme la QoS n'est pas précisée, on parle de la technique du meilleur effort possible de la part du réseau, ou service best-effort, pour satisfaire la demande de l'utilisateur. Comme expliqué au chapitre 7, le réseau Internet n'a jusqu'à présent proposé que ce service du fait des limitations de la première génération du protocole IP, IPv4. Si un utilisateur entre dans le réseau, on lui attribue une partie des moyens du réseau en les prélevant sur les ressources de tous les autres utilisateurs. Il y a donc partage des ressources. Il en ira autrement avec IPv6, qui permet une certaine qualité de service. Dans le cas de l'ATM, pour garantir une qualité de service, on préfère ne pas admettre de nouveaux clients, qui pourraient dégrader la qualité de service des autres utilisateurs.

Si la QoS est spécifiée par des paramètres de performance, on adopte, entre autres, les paramètres suivants :

- taux d'erreur par cellule (cell error ratio) ;
- taux de perte de cellules (cell loss ratio) ;
- délai de transfert par cellule (cell transfer delay) ;
- variation du délai de transfert par cellule, ou gigue (cell delay variation) ;
- taux de cellules mal insérées (cell misinsertion rate) ;
- délai moyen de transfert par cellule (mean cell transfer delay).

Un contrat de trafic est négocié entre l'utilisateur et l'opérateur du réseau ATM via l'interface UNI. Ce contrat de trafic doit contenir :

- une classe de QoS ;
- un descripteur de trafic sur la connexion demandée ;
- une définition de la conformité (on utilise également le mot anglais *conformance*).

La conformité (conformance) se réfère aux paramètres permettant d'être conforme à la demande de service d'un utilisateur. La classe de services peut être spécifiée ou non. Si elle ne l'est pas, cela correspond au service best-effort.

Le descripteur de trafic est un sous-ensemble des paramètres de trafic qui servent à décrire les caractéristiques du trafic des cellules sur la connexion. Ce descripteur contient les variables suivantes, qui diffèrent suivant les recommandations de l'UIT-T ou les propositions de l'ATM Forum :

- Descripteur du trafic source, qui peut lui-même contenir :
  - le débit crête, ou PCR (Peak Cell Rate) ;
  - le débit projeté, ou SCR (Sustainable Cell Rate) ;
  - la durée des rafales tolérée, ou BT (Burst Tolerance) ;
  - la tolérance de gigue, ou CDV tolerance (Cell Delay Variation tolerance).
- Algorithme déterminant le taux de génération des cellules, ou GCRA (Generic Cell Rate Algorithm), qui définit la conformité du trafic. Deux paramètres sont utilisés : le temps minimal entre deux émissions de cellule et la capacité maximale de mémorisation. Lorsqu'une cellule se présente et que la capacité maximale est atteinte (cellule non conforme), cette cellule doit soit être détruite, soit être émise en surplus, soit prendre la place d'une autre cellule, qui, elle-même, peut être détruite ou envoyée en surplus. C'est là que le bit CLP devient opérationnel : si la cellule est envoyée en surplus, elle est marquée par le bit CLP = 1, qui permet à un nœud interne du réseau de la détruire en cas de congestion. Il y a donc deux classes de priorité : CLP = 0, qui correspond aux cellules les plus prioritaires, et CLP = 1, pour les cellules pouvant être détruites dans le réseau.
- Paramètres expérimentaux, qui permettent de faire passer dans la demande des caractéristiques spécifiques, correspondant le plus souvent à des propriétés particulières à des constructeurs.

Le contrôle de flux

La conception des mécanismes de contrôle de flux efficaces pour ATM, permettant d'utiliser au mieux les ressources du réseau et de satisfaire la qualité de service requise, a été un véritable défi.

Toute la difficulté est située dans le temps de réaction des extrémités. Pour arriver à un contrôle relativement simple des flux ATM, l'ATM Forum, suivi par l'UIT-T, a décidé de regrouper les flux en différentes classes, comme expliqué précédemment. L'idée sous-jacente est la suivante : certains peuvent demander des tuyaux correspondant à des modes circuit, dans lesquels la garantie est complète, aussi bien en temps de réponse qu'en taux de perte, et d'autres se contenter de prendre l'espace laissé libre dans les tuyaux, un espace minimal étant toutefois réservé, même en cas de tuyaux complètement saturés.

La figure 15.31 illustre cette idée de base. On y voit, en fonction du temps, le débit demandé par les clients CBR (la ligne interne la plus basse) et VBR (la ligne interne la plus haute), ainsi que la somme CBR plus VBR réellement utilisée (la ligne située entre les deux). Le trafic ABR peut atteindre cette ligne intermédiaire (débit CBR plus VBR réellement utilisé).

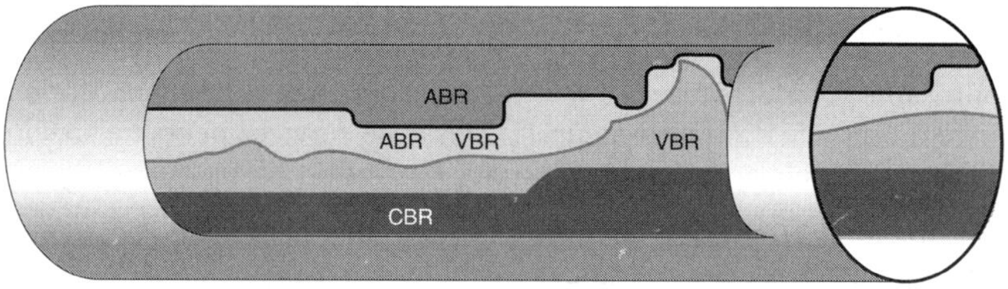

Figure 15.31

Répartition des débits en fonction des classes de services

La répartition des informations par classe s'effectue de la façon suivante :

1. On affecte tout d'abord la bande passante au trafic CBR, et l'opérateur ne fait qu'additionner les bandes passantes demandées par les clients. On suppose que la bande passante ainsi réservée est bien utilisée.
2. Si ce n'est pas le cas, la place restant libre est réaffectée au trafic ABR.
3. Une fois cette affectation réalisée, l'opérateur retient une bande passante pour y faire transiter le trafic VBR. Cette réservation correspond, sur la figure 15.31, à la somme des zones notées VBR et ABR VBR.

Cette réservation est à la charge de l'opérateur, qui peut l'effectuer de différentes façons, par exemple en réservant la somme des débits crêtes ou, après calcul, en faisant une surallocation, sachant qu'il y a peu de chance que tous les clients aient besoin du débit crête en même temps. Cela est du ressort de l'opérateur. Le client, quant à lui, doit pouvoir considérer qu'il dispose quasiment du débit crête pour que les garanties de ce service puissent être réalisées à coup sûr.

Dans la réalité, l'utilisation de cette bande passante réservée est largement inférieure à la réservation faite par l'opérateur. La zone utilisée est, sur la figure, la zone non hachurée notée VBR. La partie hachurée est la partie réservée mais non utilisée par le trafic VBR et qui est donc réaffectée au trafic ABR.

On comprend pourquoi le contrôle de flux est indispensable au trafic ABR. En effet, le rôle de ce trafic est de remplir, le plus près possible des 100 %, le tuyau global. Comme, à chaque instant, le volume de trafic avec garantie varie, il faut transmettre plus ou moins de trafic ABR de façon à être capable de dire à l'émetteur à tout instant quelle quantité de trafic ABR il faut laisser entrer pour optimiser l'utilisation des tuyaux de communication dans le réseau. Comme le trafic ABR n'a pas de garantie sur le temps de réponse, on peut se dire que si le contrôle de flux est parfait, on est capable de remplir complètement les voies de communication du réseau.

En d'autres termes, l'opérateur affecte l'équivalent de circuits aux utilisateurs qui veulent une garantie de temps de réponse et de taux de perte. Ces équivalents circuits correspondent à des cellules qui seront prioritaires dans les nœuds du réseau et pour lesquelles il n'y aura pas d'attente, si ce n'est l'arrivée simultanée de plusieurs cellules allant dans la même direction. Les cellules étant très courtes, cela entraîne un retard extrêmement faible, de quelques microsecondes. Il n'y aura donc pas de problème lors de la resynchronisation extrémité. Ensuite, toute la bande passante qui n'est pas utilisée par ces équivalents circuits est affectée au trafic ABR. On voit bien de la sorte que la technique de contrôle dans les réseaux ATM est devenue simple grâce à l'apparition de la structure en classes.

La quatrième classe, UBR, non illustrée à la figure 15.31, peut fournir les données à transporter, sans aucune garantie de service, et remplir définitivement les tuyaux si, par hasard, le contrôle de flux ABR ne permettait pas d'arriver au niveau de 100 %.

Le contrôle de flux ABR

La méthode de contrôle de flux ABR (Available Bit Rate) a été introduite par l'ATM Forum. C'est une méthode réactive, qui essaye d'adapter nœud par nœud le débit provenant de la source pour contrôler le niveau du débit sur chaque circuit virtuel. Il faut définir un débit maximal, le PCR (Peak Cell Rate), un débit minimal, le MCR (Minimum Cell Rate), un débit initial, ICR (Initial Cell Rate), un accroissement de débit, AIR (Additive Increase), un facteur de décroissance, RDF (Rate Decrease Factor), et un nombre de cellules Nrm entre deux cellules de gestion de ressource RM (Resource Management).

La source envoie une cellule de gestion de ressource RM toutes les Nrm cellules et, au pire, toutes les 100 ms. Cette source ne peut émettre à un débit supérieur à PCR et doit émettre au débit d'au moins MCR. Lors de l'initialisation de la source, un débit d'au moins ICR doit être émis. Une cellule RM est envoyée avant le début de la transmission. Suivant le débit entre deux cellules RM, la station source augmente son débit par AIR jusqu'au maximum PCR ou le diminue par RDF jusqu'à son minimum MCR.

La difficulté avec cette politique consiste à optimiser les paramètres d'augmentation et de diminution du débit sur chaque circuit virtuel et à faire remonter les informations de contrôle jusqu'à la source sans toutefois perdre trop de bande passante. L'obstacle majeur réside dans l'éloignement des nœuds puisque la méthode est réactive.

Considérons une liaison de 2 000 km, impliquant un délai de propagation de 10 ms, et un circuit virtuel au débit de 34 Mbit/s. Supposons que le dernier nœud du circuit virtuel décide de passer d'un débit ABR de valeur 34 Mbit/s à la valeur 0. Pour avertir l'émetteur de cette nouvelle valeur de débit acceptable dans le circuit virtuel, un temps de 10 ms est nécessaire. Cependant, il faut attendre 10 ms supplémentaires pour que le débit devienne nul à l'entrée du dernier nœud. Un temps aller-retour est en effet nécessaire pour que le débit ABR devienne effectivement nul, ce qui représente dans notre exemple 20 ms. Pendant ce temps, la quantité d'information arrivée au nœud congestionné correspond à 680 Kbit. Il suffit que ce nœud possède une mémoire de 85 Ko pour qu'aucun débordement n'ait lieu, ce qui représente une quantité relativement minime pour un canal à 34 Mbit/s.

On peut reprendre cet exemple de la façon suivante : si un nœud de commutation ATM possède un débit total de 34 Gbit/s, correspondant, par exemple, à 1 000 canaux de 34 Mbit/s, et si les nœuds extrémité, qui contrôlent les débits, sont situés en moyenne à 2 000 km, il faut une mémoire de 85 Mo pour garantir qu'aucune cellule ne sera perdue. Cette quantité est à la fois importante, à cause du coût des mémoires rapides (la mémoire doit absorber le débit de 34 Mbit/s), et faible par rapport à ce que l'on sait faire.

Cet exemple nous permet de comprendre les implémentations réalisées : placer dans les nœuds de grosses mémoires, capables de stocker les cellules lors d'une baisse du trafic ABR due au trafic prioritaire. Cette solution n'est toutefois pas compatible avec la conception des premiers commutateurs.

Un second problème est la reconnaissance du type de flux qui doit passer dans le commutateur. Si le flux est de type prioritaire, il faut traiter ses cellules immédiatement, en mettant en attente les cellules des flots ABR. La difficulté réside dans la possibilité de discerner instantanément les différents types de flux. Une première solution a consisté à noter le type de flux dans la table de commutation VPI/VCI au moment de l'ouverture du circuit virtuel. La qualité de service est alors inscrite dans la table de commutation par la cellule de signalisation. Malheureusement, cette solution extrêmement lourde ne peut mener à de très hauts débits dans les commutateurs.

Une solution à ce problème consisterait à ce que la cellule porte en elle un indice permettant de détecter directement la qualité de service. C'est ce que font les paquets IPv6 dans les quatre premiers octets. Dans l'en-tête de la cellule ATM, les bits disponibles sont rares, voire inexistants. On pourrait penser que la zone Payload Type pourrait jouer ce rôle, mais il n'en est rien, cette zone se chargeant de transporter des notifications ou des flux de gestion F5 (niveau circuit virtuel). De plus, le bit CLP n'a plus vraiment d'intérêt avec le contrôle ABR et des mémoires tampons en nombre suffisant.

Le contrôle de flux du service ABR est très complexe à mettre en œuvre dès que le nombre de circuits virtuels passant par un nœud est important. En effet, pour déterminer les valeurs à faire remonter vers les sources, on utilise des algorithmes complexes, dits du max-min, qui demandent une forte puissance de calcul et qui n'optimisent pas les valeurs qui remontent. Pour les réseaux locaux, l'ABR est plus facile à mettre en œuvre. Devant cette difficulté, l'ATM Forum réfléchit à de nouvelles solutions plus aisées à mettre en œuvre.

Parmi ces solutions, la plus souvent citée est l'UBR+, qui offre une qualité de service supérieure à celle de l'UBR mais inférieure à celle de l'ABR. L'idée de base de cette solution consiste à contrôler le flux essentiellement à l'entrée du réseau. Dans l'UBR+, on définit deux seuils. Lorsque le premier seuil est franchi, une première limitation du flux entrant est effectuée. Au-dessus du second seuil, le débit d'entrée est plus fortement limité, et les paquets les moins importants sont détruits.

Gestion des réseaux ATM

Comme expliqué précédemment, dans l'ATM, le plan utilisateur doit être complété par deux autres plans : le plan de gestion et le plan de contrôle. Pour la partie gestion de réseau, la principale contribution de l'UIT-T est la recommandation I.610. Cette recommandation concerne à la base la maintenance de l'interface UNI et les accès au réseau. Son rôle est de décrire les fonctions permettant de maintenir le niveau physique et l'accès au niveau de l'interface ATM.

La recommandation I.610 se préoccupe des opérations de contrôle et de maintenance, ou OAM (Operation And Maintenance). Cinq environnements sont privilégiés : la gestion de performance, la détection de pannes, la protection du système, l'information sur les pannes et les performances et enfin la localisation des fautes.

Les fonctions OAM sont réalisées dans le réseau par l'intermédiaire de cinq niveaux hiérarchiques OAM, associés aux deux niveaux ATM et PMD du modèle de référence UIT-T. Ces fonctions de contrôle et de gestion sont effectuées par des flots de données bidirectionnels : les flots F1, F2, F3, F4 et F5, dont voici la description :

- F1 : niveau section de régénération des signaux ;

- F2 : niveau section numérique ;
- F3 : niveau de transmission sur le chemin ;
- F4 : niveau du conduit virtuel ;
- F5 : niveau de la voie virtuelle.

Seuls les deux niveaux les plus élevés concernent la partie ATM. Toutes les autres fonctions s'appliquent au niveau physique. Nous avons représenté ces cinq niveaux de contrôle à la figure 15.32.

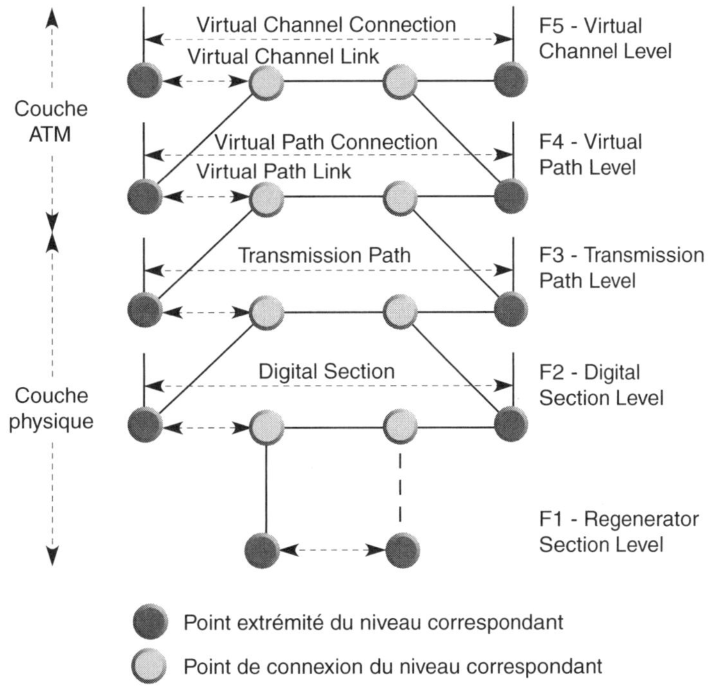

Figure 15.32
Niveaux de contrôle et de gestion

Le flot F5 concerne le niveau de la voie virtuelle. Les cellules OAM du flot F5 sont identifiées par le champ PT (Payload Type), qui se trouve dans la zone de supervision. Ce champ indique une valeur PTI (Payload Type Identifier). La cellule OAM, pour chaque direction du flot F5, doit suivre une même route physique, de telle sorte que chaque nœud soit au courant de toutes les informations transportées dans un sens ou dans l'autre.

Les cellules OAM peuvent être insérées ou extraites aux différents points de connexion des VCC (Virtual Channel Connection).

Le flot F4 se préoccupe du niveau des conduits virtuels et a en charge le contrôle des VPC (Virtual Path Connection). Le flot F4 est bidirectionnel, comme le flot F5. Il est identifié par une valeur du VPI préassignée, généralement la valeur VCI = 3 pour le flux F4 sur un segment et VCI = 4 de bout en bout. Ses propriétés sont identiques à celles du flot F5. Cependant, le flot F5 est identifié par le format de la cellule OAM. Ce format est illustré à la figure 15.33. En travaillant sur la gestion des performances, il est possible d'engendrer des messages qui transmettent les informations vers le récepteur ou vers l'émetteur.

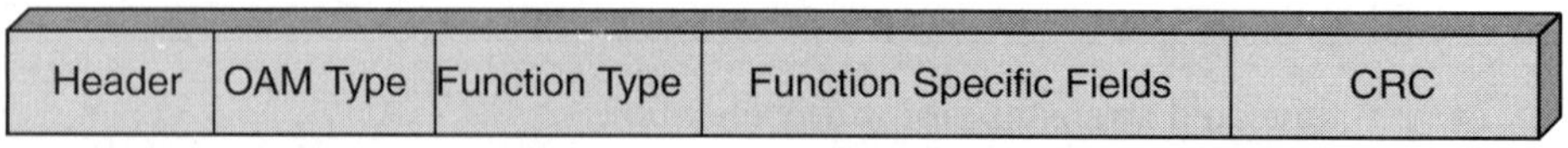

OAM Type	Function type	
0001 Fault Management	0000	AIS (Alarm Indication Signal)
	0001	RDI (Remote Defect Indication)
	0010	Loopback
	0100	Continuity Check
0010 Performance Management	0000	Forward Monitoring
	0001	Backward Reporting
	0010	Monitoring and Reporting

Figure 15.33

Format des cellules OAM

L'ATM Forum a défini une interface de gestion, nommée ILMI (Interim Local Management Interface). Cette interface permet à l'utilisateur d'obtenir des informations concernant les VP et les VC de l'interface UNI. Le protocole ILMI se fonde sur le standard de fait SNMP *(voir le chapitre 29 sur la gestion de réseau)*. Le mot intérim indique que ce standard n'est considéré que comme transitoire en attendant les recommandations de l'UIT-T. Cependant, il risque de devenir définitif puisque l'UIT-T est partie dans une direction différente en reprenant les standards CMIS/CMIP et TMN.

Le protocole ILMI est défini dans la RFC 1695.

Les principales fonctions du protocole ILMI sont les suivantes :

- indiquer le statut, la configuration et les informations de contrôle des niveaux liaison et physique de l'interface UNI ;
- gérer les adresses au travers de l'UNI.

La base de données de gestion de l'interface UNI fournit différents types d'informations, en particulier :

- des statistiques sur le niveau physique ;
- des informations sur le niveau ATM ;
- des statistiques sur les connexions VP et VC ;
- des informations sur les adresses enregistrées.

Le protocole ILMI supporte toutes les interfaces physiques définies par l'ATM Forum. Les deux extrémités de l'interface UNI gèrent un ensemble d'attributs, appelés UME (UNI Management Entities).

Les informations contenues dans les bases de données VPC ILMI MIB (VCC ILMI MIB) renseignent sur la connaissance de l'UME en fournissant des informations de configuration et les paramètres de QoS. Les enregistrements d'adresse permettent l'échange d'informations d'adresse et d'identificateur.

Conclusion

Les réseaux de niveau trame sont au nombre de trois : le relais de trames, Ethernet et ATM. Si le premier est en baisse et que le deuxième monte, le transfert ATM reste stable, malgré de nombreuses prédictions prévoyant la chute de cette technologie à partir des années 2005.

On peut expliquer cette stabilité de l'ATM par la grande confiance des opérateurs de télécommunications à son égard. En effet, cette technique est aujourd'hui parfaitement maîtrisée, et l'on est capable de bien la dimensionner. De plus, elle offre des garanties de qualité de service, qui lui confèrent un atout supplémentaire.

Nous n'avons pas décrit la signalisation du réseau ATM, car celle d'origine a été remplacée par une signalisation IP afin de passer à la technologie MPLS, que nous décrivons au chapitre 17. Nous verrons dans ce chapitre que l'ATM reste une technique très importante dans cette nouvelle génération de réseaux.

16

Les réseaux Ethernet

Les premiers réseaux Ethernet ont été développés au tout début des années 1980 par le triumvirat DEC, Intel et Xerox puis par une grande partie des constructeurs informatiques. Aujourd'hui, le monde Ethernet représente 98 % des connexions terminales dans le monde, et tous les postes de travail des entreprises sont connectés par des cartes Ethernet, à l'exception encore de quelques connexions sur le Token-Ring, le réseau local initié par IBM. La grande révolution du monde Ethernet a été de passer en mode commuté et non plus partagé, comme nous allons le voir.

Ce chapitre examine les caractéristiques des techniques partagées et commutées, ainsi que les grandes solutions proposées par les réseaux Ethernet, que ce soit sur les réseaux locaux, métropolitains ou longue distance.

Les modes partagé et commuté

Ethernet fonctionne selon deux modes très différents mais totalement compatibles, le mode partagé et le mode commuté, qui permettent tous deux de transporter des trames Ethernet. Nous avons déjà introduit ces dernières au chapitre 7 à l'occasion de la description des protocoles de niveau trame.

Le mode partagé indique que le support physique est partagé entre les terminaux munis de cartes Ethernet. Dans ce mode, deux stations qui émettraient en même temps verraient leurs signaux entrer en collision. Dans le mode commuté, les terminaux sont connectés à un commutateur, et il ne peut y avoir de collision puisque le terminal est seul sur la liaison connectée au commutateur. Le commutateur émet vers la station sur la même liaison mais en full-duplex, c'est-à-dire en parallèle mais dans l'autre sens.

La figure 16.1 illustre ces deux techniques avec cinq stations terminales.

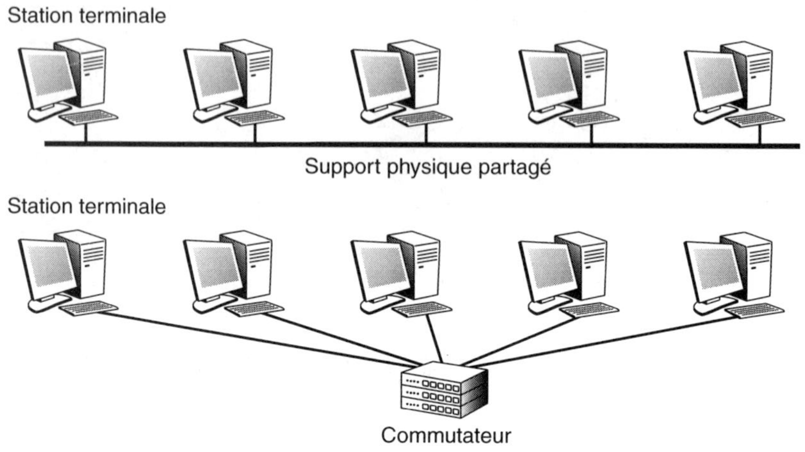

Figure 16.1
Comparaison des techniques partagées et commutées

Les principaux avantages et inconvénients des deux modes sont les suivants :

- Il n'y a pas de collision en mode commuté, mais les trames doivent être mémorisées dans les commutateurs, ce qui demande un contrôle de flux.
- Pour connecter une station en commutation, il faut deux coupleurs et un commutateur, tandis que pour connecter une station en mode partagé, un seul coupleur est suffisant. La technique partagée est donc moins chère à mettre en œuvre.
- La technique commutée autorise des liaisons sans contrainte de distance, tandis que la méthode partagée s'accompagne d'une limitation forte de la distance pour résoudre le problème du partage du support physique.

Les réseaux Ethernet partagés

Les réseaux Ethernet partagés mettent en œuvre une technique d'accès au support physique normalisée par le groupe de travail IEEE 802.3 sous le nom d'accès MAC (Medium Access Control). MAC utilise une technique générale appelée accès aléatoire.

Née de recherches effectuées au début des années 1970 sur les techniques d'accès aléatoire, la norme IEEE 802.3, qui a donné ensuite naissance à la norme ISO 8802.3, décrit la technique d'accès à un réseau local Ethernet partagé. C'est la société Xerox qui en a développé la première les prototypes.

On peut caractériser les réseaux Ethernet partagés par la technique d'accès CSMA/CD, dont le débit varie de 1 à 10, 100 et 1 000 Mbit/s. Au-delà, à la vitesse de 10 000 Mbit/s, seule la solution commutée est acceptable pour des raisons de distance, comme nous le verrons.

Avant d'entrer plus avant dans les détails des différents produits Ethernet commercialisés, indiquons les différents noms empruntés par les réseaux Ethernet partagés :

- **Cheapernet**. Ethernet partagé qui utilise un câble fin *(thin cable)* mais en conservant les mêmes capacités de transmission.

- **Starlan**. Réseau partagé utilisant la technique d'accès CSMA/CD mais sur une topologie très différente et à des vitesses de 1 Mbit/s pour la première génération, 10 Mbit/s pour la deuxième et 100 Mbit/s pour la troisième.
- **Fast Ethernet**. Nom des réseaux à 100 Mbit/s.
- **Gigabit Ethernet, ou GbE.** Correspond à la capacité de 1 000 Mbit/s. Il est à noter que le 10GbE (10 000 Mbit/s), solution pour réseaux métropolitains, n'existe qu'en mode commuté.

Dans les faits, le nombre de réseaux Ethernet partagés normalisés est impressionnant. L'encadré ci-dessous en dresse la liste en utilisant la nomenclature IEEE.

Les réseaux Ethernet partagés normalisés

Le groupe de travail indique la technique utilisée : IEEE 802.3 correspond à CSMA/CD, IEEE 802.3 Fast Ethernet à une extension de CSMA/CD, IEEE 802.9 à une interface CSMA/CD à laquelle on ajoute des canaux B, IEEE 802.11 à un Ethernet par voie hertzienne, etc. Viennent ensuite la vitesse puis la modulation ou non (base = bande de base et broad = broadband) et enfin un élément complémentaire, qui, à l'origine, était la longueur d'un brin et s'est transformé en type de support physique :

- IEEE 802.3 10Base5 (câble coaxial blindé jaune) ;
- IEEE 802.3 10Base2 (Cheapernet, câble coaxial non blindé brun, Thin Ethernet) ;
- IEEE 802.3 10Broad36 (Ethernet large bande, câble coaxial CATV);
- IEEE 802.3 1Base5 (Starlan à 1 Mbit/s) ;
- IEEE 802.3 10BaseT, Twisted-Pair (paires de fils torsadées) ;
- IEEE 802.3 10BaseF, Fiber Optic (fibre optique) :
  - 10BaseFL, Fiber Link;
  - 10BaseFB, Fiber Backbone;
  - 10BaseFP, Fiber Passive ;
- IEEE 802.3 100BaseT, Twisted-Pair ou encore Fast Ethernet (100 Mbit/s en CSMA/CD) :
  - 100BaseTX ;
  - 100BaseT4 ;
  - 100BaseFX ;
- IEEE 802.3 1000BaseCX (deux paires torsadées de 150 Ω) ;
- IEEE 802.3 1000BaseLX (paire de fibre optique avec une longueur d'onde élevée) ;
- IEEE 802.3 1000BaseSX (paire de fibre optique avec une longueur d'onde courte) ;
- IEEE 802.3 1000BaseT (quatre paires de catégorie 5 UTP) ;
- IEEE 802.9 10BaseM (multimédia) ;
- IEEE 802.11 10BaseX (hertzien).

La norme IEEE 802.12 définit le réseau local 100VG AnyLAN, qui est compatible avec Ethernet. La compatibilité correspond à l'utilisation d'une même structure de trame que dans Ethernet. La technique d'accès, en revanche, n'est pas compatible avec le CSMA/CD, comme nous le verrons à la fin de ce chapitre.

L'architecture de communication classique d'un réseau Ethernet partagé comporte comme épine dorsale un réseau Ethernet sur lequel sont connectés des réseaux locaux de type capillaire.

La figure 16.2 illustre l'architecture générale d'un environnement Ethernet partagé d'entreprise.

Figure 16.2
Architecture d'un réseau Ethernet partagé d'entreprise

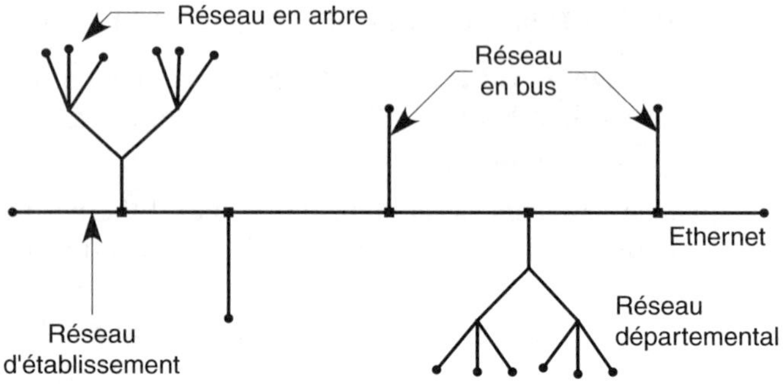

Les réseaux capillaires peuvent être formés à partir du câblage partant du répartiteur d'étage. De plus en plus souvent, les nouveaux bâtiments sont précâblés selon une structure identique à celle du réseau téléphonique à partir du répartiteur d'étage.

Les caractéristiques des câblages utilisés sont les suivantes :

- **Câblage banalisé.** Un même câble peut être utilisé pour raccorder un combiné téléphonique ou un terminal informatique.
- **Câblage non banalisé.** Le câble mis en place pour les communications des postes de travail informatiques est différent de celui pour la connexion des combinés téléphoniques.

On peut réaliser divers types de réseaux capillaires à partir du système de câblage. Le choix de la qualité du câble est important en cas de contrainte de distance. Il vaut mieux limiter la distance entre le local technique et la périphérie à une cinquantaine de mètres. La recommandation américaine de l'ANSI propose une limitation à 295 pieds (environ 90 m).

La tendance actuelle consiste à mettre en place un câblage banalisé puisque l'intégration de la téléphonie et de l'informatique avec VoIP (Voice over IP) est une direction inéluctable.

Caractéristiques des réseaux Ethernet partagés

Les caractéristiques des réseaux Ethernet partagés sont décrites dans la norme ISO 8802.3 10Base5.

La topologie d'un réseau Ethernet comprend des brins de 500 m au maximum, interconnectés les uns aux autres par des répéteurs. Ces répéteurs sont des éléments actifs qui récupèrent un signal et le retransmettent après régénération. Les raccordements des matériels informatiques peuvent s'effectuer tous les 2,5 m, ce qui permet jusqu'à 200 connexions par brin. Dans de nombreux produits, les spécifications indiquent que le signal ne doit jamais traverser plus de deux répéteurs et qu'un seul peut être éloigné. La régénération du signal s'effectue une fois franchie une ligne d'une portée de 1 000 m. La longueur maximale est de 2,5 km, correspondant à trois brins de 500 m et un répéteur éloigné *(voir figure 16.3)*. Cette limitation de la distance à 2,5 km n'est cependant pas une caractéristique de la norme. Nous verrons un peu plus loin que l'on peut s'affranchir de ces contraintes de trois répéteurs et atteindre une distance totale de l'ordre de 5 km.

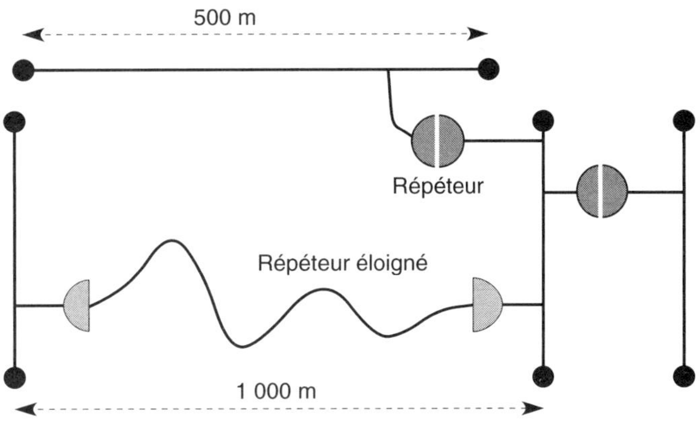

Figure 16.3
Topologie d'Ethernet

La seule contrainte à prendre en compte est le temps maximal qui s'écoule entre l'émission et la réception du signal dans le coupleur le plus éloigné. Ce temps ne doit pas excéder une valeur de 25,6 µs. En effet, lors d'une collision, le temps avant réémission est un multiple de 51,2 µs. Pour éviter une nouvelle collision entre deux trames réémises sur des tranches de temps différentes, il doit s'écouler au maximum 51,2 µs entre le moment de l'émission et celui de l'écoute de la collision. Le temps aller est au maximum de 25,6 µs, si la collision s'effectue juste avant l'arrivée du signal distant. Il faut également 25,6 µs pour remonter la collision jusqu'à la station initiale *(voir figure 16.4)*. De plus, la longueur d'une trame doit être au minimum égale au temps aller-retour de façon que l'émetteur puisse enregistrer une collision. Cette longueur minimale est de 64 octets. On retrouve bien 51,2 µs de temps minimal de propagation en remarquant que 64 octets équivalent à 512 bits, qui, à la vitesse de 10 Mbit/s, requièrent un temps d'émission de 51,2 µs.

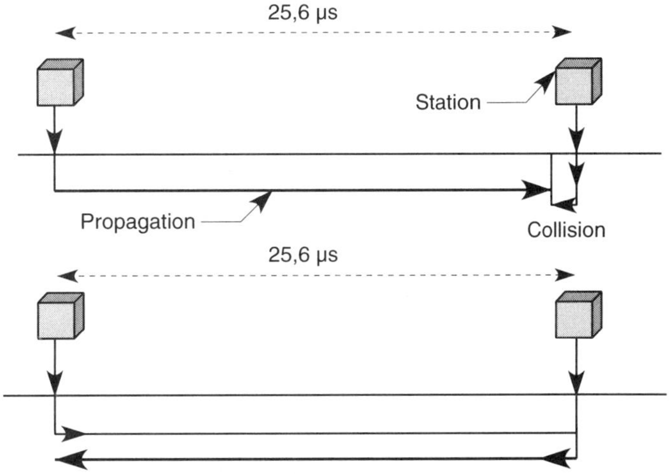

Figure 16.4
Temps maximal entre émission et réception d'une collision

Tout réseau pour lequel le temps aller-retour est inférieur à 51,2 µs est susceptible d'utiliser la norme IEEE 802.3. La vitesse de propagation sur un câble coaxial étant approximativement de 200 000 km/s, la portée maximale sur un même câble est de 5 km environ. Dans la topologie de base, une grande partie du temps de propagation est perdue dans les répéteurs. Pour atteindre des distances supérieures à 4 km, certains câblages utilisent des étoiles optiques passives, qui permettent de diffuser le signal vers plusieurs brins Ethernet sans perte de temps. Dans ce cas, la déperdition d'énergie sur l'étoile optique pouvant atteindre plusieurs décibels, il n'est pas possible d'en émettre plus de deux ou trois en série. On obtient alors la topologie illustrée à la figure 16.5.

Figure 16.5
Topologie Ethernet avec étoiles optiques

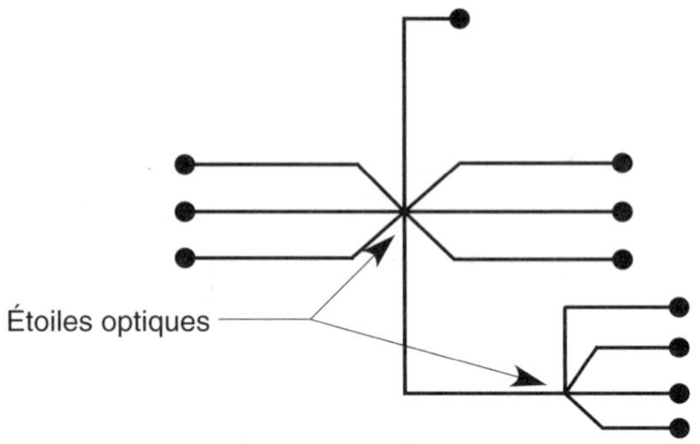

La technique d'accès au support de transmission choisie par Ethernet est l'accès aléatoire avec détection de la porteuse de type persistant. Si le module d'émission-réception détecte la présence d'autres émissions sur le câble, le coupleur Ethernet ne peut émettre de trame.

Si une collision se produit, le module d'émission-réception émet un signal pour interrompre la collision et initialiser la procédure de retransmission. L'interruption de la collision intervient après l'envoi d'une séquence binaire, appelée séquence de bourrage *(jam)*, qui vérifie que la durée de la collision est suffisante pour être remarquée par toutes les stations en transmission impliquées dans la collision.

Il est nécessaire de définir plusieurs paramètres pour expliquer la procédure de reprise sur une collision. Le temps aller-retour maximal correspond au temps qui s'écoule entre les deux points les plus éloignés du réseau local, à partir de l'émission d'une trame jusqu'au retour d'un signal de collision. Cette valeur est de 51,2 µs ou de 512 temps d'émission d'un bit, ou encore 512 temps élémentaires. La séquence de bourrage dure 48 temps élémentaires. Ethernet définit encore une « tranche de temps », qui est le temps minimal avant retransmission (51,2 µs). Le temps avant retransmission dépend également du nombre n de collisions déjà effectuées. Le délai aléatoire de retransmission dans Ethernet est un multiple de la tranche de temps , après le temps r × 51,2 µs, où r est un nombre aléatoire tel que $0 \leq r < 2^k$, où $k = \min(n, 10)$ et n est le nombre de collisions déjà effectuées. Si, au bout de 16 essais, la trame est encore en collision, l'émetteur abandonne sa transmission. Une reprise s'effectue à partir des protocoles de niveaux supérieurs.

Lorsque deux trames entrent en collision pour la première fois, elles ont une chance sur deux d'entrer de nouveau en collision : $r = 1$ ou 0. Bien que l'algorithme de retransmission, ou de back-off, ne semble pas optimal, c'est la technique qui donne les meilleurs résultats, car il vaut mieux essayer de remplir le support de transmission plutôt que d'attendre des temps trop longs et de perdre en débit.

Un calcul simple montre que les temps de retransmission, après une dizaine de collisions successives, ne représentent que quelques millisecondes, c'est-à-dire un temps encore très court. CSMA/CD étant une technique probabiliste, il est difficile de cerner le temps qui s'écoule entre l'arrivée de la trame dans le coupleur de l'émetteur et le départ de la trame du coupleur récepteur jusqu'au destinataire. Ce temps dépend du nombre de collisions, ainsi que, indirectement, du nombre de stations, de la charge du réseau et de la distance moyenne entre deux stations. Plus le temps de propagation est important, plus le risque de collision augmente.

Tous les calculs rapportés ici se réfèrent à un réseau Ethernet à 10 Mbit/s. Si nous augmentons la vitesse du réseau en multipliant par 10 son débit (100 Mbit/s), la distance maximale entre les deux stations les plus éloignées est également divisée par 10, et ainsi de suite, de telle sorte que nous obtenons en gardant la même longueur minimale de la trame :

10 Mbit/s => 5 km

100 Mbit/s => 500 m

1 Gbit/s => 50 m

10 Gbit/s => 5 m

Ces distances s'entendent sans l'existence de répéteurs ou de hubs, qui demandent un certain temps de traversée et diminuent d'autant la distance maximale. Pour contrer ce problème, deux solutions peuvent être mises en œuvre : augmenter la taille de la trame Ethernet ou passer à la commutation. Le réseau Ethernet 1 Gbit/s utilise une trame minimale de 512 octets, qui lui permet de revenir à une distance maximale de 400 m. Le réseau à 10 Gbit/s n'utilise que la commutation.

Performance d'un réseau Ethernet 10 Mbit/s

De nombreuses courbes de performances montrent le débit réel en fonction du débit offert, c'est-à-dire le débit provenant des nouvelles trames additionné du débit provoqué par les retransmissions. La figure 16.6 illustre le débit réel en fonction du débit offert.

Figure 16.6
Performance du réseau Ethernet

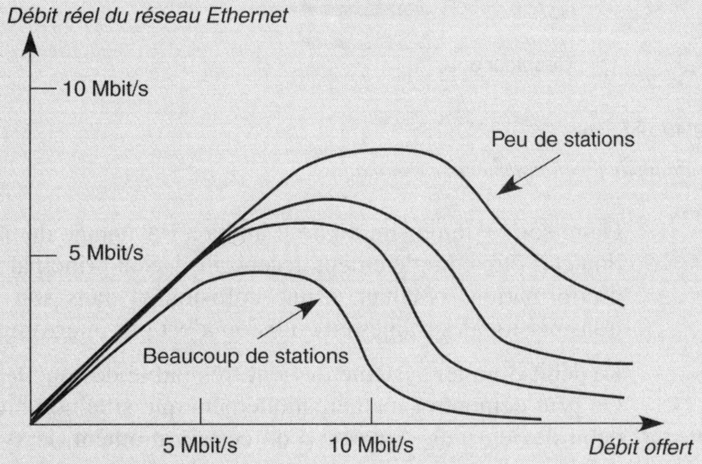

On peut montrer qu'un dysfonctionnement se produit dès que le débit offert dépasse une certaine limite, en raison de collisions de plus en plus nombreuses. Pour éviter ce type de problème sur un réseau Ethernet, il faut que le débit instantané soit inférieur à 5 Mbit/s. Pour obtenir cette valeur maximale, on limite le nombre de stations à plusieurs centaines de PC ou à plusieurs dizaines de postes de travail. Ce sont les chiffres le plus souvent cités.

Pour résoudre les problèmes de débit, une solution consiste à réaliser un ensemble de réseaux Ethernet interconnectés par des passerelles. À la différence du répéteur, la passerelle est un organe intelligent, capable de sélectionner les trames qui doivent être émises vers les réseaux suivants. La passerelle doit gérer un adressage. Elle limite de ce fait le débit sur chaque réseau. On obtient dans ce cas des topologies sans contrainte de distance. La passerelle peut être de différents types. Il s'agit d'un pont lorsqu'on a uniquement un problème d'adresse physique à résoudre. On parle alors de pont filtrant pour filtrer les trames qui passent. Les trames destinées à une station située sur le même réseau sont stoppées, tandis que les autres trames sont réémises vers le réseau suivant.

L'accès aléatoire

L'accès aléatoire, qui consiste à émettre à un instant totalement aléatoire, s'appuie sur la méthode aloha. Cette dernière tient son nom d'une expérience effectuée sur un réseau reliant les diverses îles de l'archipel hawaïen au début des années 1970. Dans cette méthode, lorsqu'un coupleur a de l'information à transmettre, il l'envoie, sans se préoccuper des autres usagers. S'il y a collision, c'est-à-dire superposition des signaux de deux ou plusieurs utilisateurs, les signaux deviennent indéchiffrables et sont perdus. Ils sont retransmis ultérieurement, comme illustré à la figure 16.7, sur laquelle les coupleurs 1, 2 et 3 entrent en collision. Le coupleur 1 retransmet sa trame en premier parce qu'il a tiré le plus petit temporisateur. Ensuite, le coupleur 2 émet, et ses signaux entrent en collision avec le coupleur 1. Tous deux retirent un temps aléatoire de retransmission. Le coupleur 3 vient écouter alors que les coupleurs 1 et 2 sont silencieux, de telle sorte que la trame du coupleur 3 passe avec succès. La technique aloha est à l'origine de toutes les méthodes d'accès aléatoire.

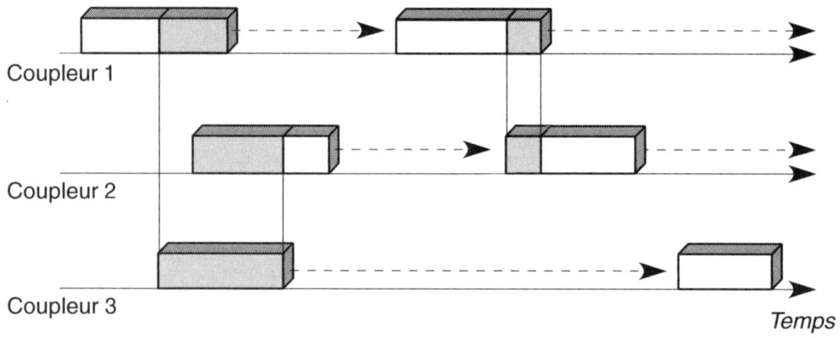

Figure 16.7

Principe de fonctionnement de l'aloha pur

Outre son extrême simplicité, l'aloha a l'avantage de ne nécessiter aucune synchronisation et d'être complètement décentralisé. Son principal inconvénient réside dans la perte d'informations résultant d'une collision et dans son manque d'efficacité, puisque la transmission des trames en collision n'est pas interrompue.

Le débit d'un tel système devient très faible dès que le nombre de coupleurs augmente. On peut démontrer mathématiquement que si le nombre de stations tend vers l'infini, le débit devient nul. À partir d'un certain moment, le système n'est plus stable. Afin de diminuer la probabilité de conflit entre les usagers, diverses améliorations de cette technique ont été proposées *(voir encadré)*.

Slotted aloha, ou aloha en tranches

Une amélioration de la technique aloha a consisté à découper le temps en tranches de temps, ou slots, et à n'autoriser l'émission de trames qu'en début de tranche, le temps de transmission d'une trame demandant exactement une tranche de temps. De la sorte, il n'y a pas de collision si une seule trame transmet en début de tranche. En revanche, si plusieurs trames commencent à émettre en début de tranche, les émissions de trames se superposent tout le long du slot. Dans ce dernier cas, il y a retransmission après un temps aléatoire.

Cette méthode améliore le débit pendant la période de démarrage mais reste instable. De plus, on constate un coût supplémentaire provenant d'une complication des appareils, puisque toutes les émissions doivent être synchronisées.

CSMA, ou l'accès aléatoire avec écoute de la porteuse

La technique CSMA (Carrier Sense Multiple Access) consiste à écouter le canal avant d'émettre. Si le coupleur détecte un signal sur la ligne, il diffère son émission à une date ultérieure. Cela réduit considérablement les risques de collision, sans toutefois les supprimer complètement. Si, durant le temps de propagation entre le couple de stations les plus éloignées (période de vulnérabilité), un coupleur ne détecte pas l'émission d'une trame, il peut y avoir superposition de signaux. De ce fait, il faut réémettre ultérieurement les trames perdues.

De nombreuses variantes de cette technique ont été proposées, qui diffèrent par trois caractéristiques :

- La stratégie suivie par le coupleur après détection de l'état du canal.
- La manière dont les collisions sont détectées.
- La politique de retransmission des messages après collision.

Ses principales variantes sont les suivantes :

- **CSMA non persistant.** Le coupleur écoute le canal lorsqu'une trame est prête à être envoyée. Si le canal est libre, le coupleur émet. Dans le cas contraire, il recommence le même processus après un délai aléatoire.
- **CSMA persistant.** Un coupleur prêt à émettre écoute préalablement le canal et transmet s'il est libre. S'il détecte l'occupation de la porteuse, il continue à écouter jusqu'à ce que le canal soit libre et émet à ce moment-là. Cette technique permet de perdre moins de temps que dans le cas précédent, mais elle a l'inconvénient d'augmenter la probabilité de collision, puisque les trames qui s'accumulent pendant la période occupée sont toutes transmises en même temps.
- **CSMA p-persistant.** L'algorithme est le même que précédemment, mais, lorsque le canal devient libre, le coupleur émet avec la probabilité p. En d'autres termes, le coupleur diffère son émission avec la probabilité $1 - p$. Cet algorithme réduit la probabilité de collision. En supposant que deux terminaux souhaitent émettre, la collision est inéluctable dans le cas standard. Avec ce nouvel algorithme, il y a une probabilité $1 - p$ que chaque terminal ne transmette pas, ce qui évite la collision. En revanche, il augmente le temps avant transmission, puisqu'un terminal peut choisir de ne pas émettre, avec une probabilité $1 - p$, alors que le canal est libre.
- **CSMA/CD (Carrier Sense Multiple Access/Collision Detection).** Cette technique d'accès aléatoire normalisée par le groupe de travail IEEE 802.3 est actuellement la plus utilisée. À l'écoute préalable du réseau s'ajoute l'écoute pendant la transmission. Un coupleur prêt à émettre ayant détecté le canal libre transmet et continue à écouter le canal. Le coupleur persiste à écouter, ce qui est parfois indiqué par le sigle CSMA/CD persistant. S'il se produit une collision, il interrompt dès que possible sa transmission et envoie des signaux spéciaux, appelés bits de bourrage, afin que tous les coupleurs soient prévenus de la collision. Il tente de nouveau son émission ultérieurement suivant un algorithme que nous présenterons ultérieurement.

  La figure 16.8 illustre le CSMA/CD. Dans cet exemple, les coupleurs 2 et 3 tentent d'émettre pendant que le coupleur 1 émet sa propre trame. Les coupleurs 2 et 3 se mettent à l'écoute et émettent en même temps, au délai de propagation près, dès la fin de la trame Ethernet émise par le coupleur 1. Une collision s'ensuit. Comme les coupleurs 2 et 3 continuent d'écouter le support physique, ils se rendent compte de la collision, arrêtent leur transmission et tirent un temps aléatoire pour démarrer le processus de retransmission.

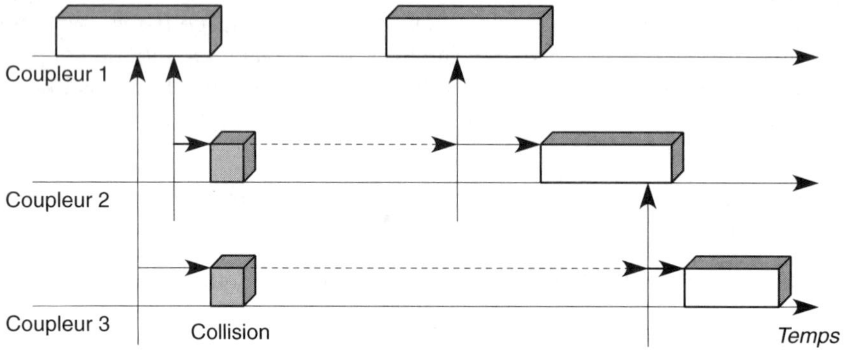

Figure 16.8

Principe de fonctionnement du CSMA/CD

Le CSMA/CD engendre un gain d'efficacité par rapport aux autres techniques d'accès aléatoire car il y a détection immédiate des collisions et interruption de la transmission en cours. Les coupleurs émetteurs reconnaissent une collision en comparant le signal émis avec celui qui passe sur la ligne. Les collisions ne sont donc plus reconnues par absence d'acquittement mais par détection d'interférences. Cette méthode de détection des conflits est relativement simple, mais elle nécessite des techniques de codage suffisamment performantes pour reconnaître facilement une superposition de signaux. On utilise généralement pour cela des techniques de codage différentiel, tel le code Manchester différentiel.

- **CSMA/CA.** Moins connu que le CSMA/CD, l'accès CSMA/CA (Carrier Sense Multiple Access/Collision Avoidance) commence à être fortement utilisée dans les réseaux Wi-Fi, c'est-à-dire les réseaux Ethernet sans fil IEEE 802.11 *(voir le chapitre 24).* C'est une variante du CSMA/CD, qui permet à la méthode CSMA de fonctionner lorsque la détection des collisions n'est pas possible, comme dans le hertzien. Son principe de fonctionnement consiste à résoudre la contention avant que les données soient transmises en utilisant des accusés de réception et des temporisateurs.

  Les coupleurs désirant émettre testent le canal à plusieurs reprises afin de s'assurer qu'aucune activité n'est détectée. Tout message reçu doit être immédiatement acquitté par le récepteur. L'envoi de nouveaux messages n'a lieu qu'après un certain délai, de façon à garantir un transport sans perte d'information. Le non-retour d'un accusé de réception, au bout d'un intervalle de temps prédéterminé, permet de détecter s'il y a eu collision. Cette stratégie rend non seulement possible l'implémentation d'un mécanisme d'acquittement au niveau trame mais présente l'avantage d'être simple et économique, puisqu'elle ne nécessite pas de circuit de détection de collision, contrairement au CSMA/CD.

Il existe diverses techniques de CSMA avec résolution des collisions, parmi lesquelles le CSMA/CR (Carrier Sense Multiple Access/Collision Resolution). Certaines variantes du CSMA utilisent par ailleurs des mécanismes de priorité pouvant entrer sous ce vocable, qui évitent les collisions par des niveaux de priorité distincts, associés aux différentes stations connectées au réseau.

La trame Ethernet

La trame Ethernet du standard IEEE 802.3 est illustrée à la figure 16.9. Cette structure de trame est légèrement différente de la première version Ethernet des trois partenaires Digital, Intel et Xerox. Depuis la normalisation IEEE 802.3, tous les constructeurs offrent des coupleurs traitant les deux formats de trame. Nous détaillons les nouvelles extensions de cette trame Ethernet ultérieurement dans ce chapitre.

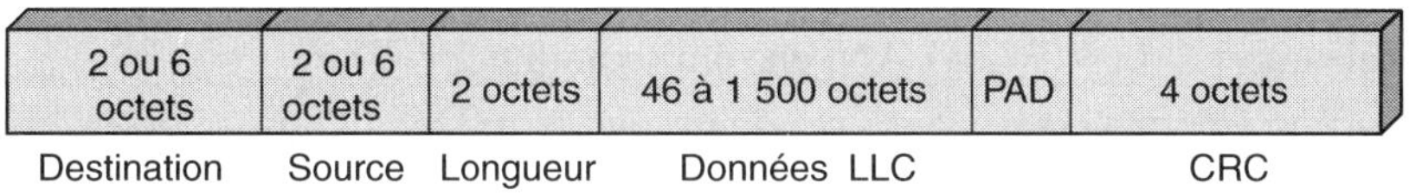

Figure 16.9

Format de la trame Ethernet

La zone Longueur indique la longueur du champ de données provenant de la couche supérieure LLC. La zone PAD permet de remplir la zone de données pour atteindre la valeur de 46 octets, longueur minimale pour que la trame totale atteigne 64 octets avec les octets de préambule et de délimitation.

La détection des erreurs est assurée par un polynôme cyclique $g(x)$ tel que $g(x) = x^{32} + x^{26} + x^{22} + x^{16} + x^{12} + x^{11} + x^{10} + x^{8} + x^{7} + x^{5} + x^{4} + x^{2} + x^{1}$. Ce polynôme donne naissance à une séquence de contrôle (CRC) sur 4 octets. L'émission de la trame est précédée d'un drapeau, ou préambule, permettant au récepteur et au répéteur de synchroniser leurs horloges et leurs divers circuits physiques. Tous les coupleurs sur le réseau enregistrent la trame au fur et à mesure de son passage. Le composant chargé de l'extraction des données — le paquet — incluses dans la trame vérifie la concordance entre l'adresse de la station et l'adresse de destination. S'il y a concordance, le paquet est transféré vers l'utilisateur après vérification de la correction de la trame, vérification effectuée par l'intermédiaire de la séquence de contrôle.

La carte coupleur Ethernet supporte un logiciel de liaison de type LLC 1, qui ne récupère pas les trames erronées *(voir le chapitre 7).* Cette opération incombe à un niveau de reprise supérieur, implémenté sur la machine hôte. Comme nous l'avons déjà constaté, cette démarche peut être considérée comme entrant en contradiction avec l'architecture normalisée par l'ISO, qui spécifie que la couche 2 doit prendre en charge les reprises sur erreur de façon que ce niveau apporte au réseau un transport fiable des informations. Cependant, plusieurs raisons peuvent être avancées pour ce choix :

- La fiabilité des communications dans un environnement limité géographiquement donne de faibles taux d'erreur en comparaison de ce qui se passe sur de longues distances.
- La nécessité de donner une certaine liberté à l'utilisateur. Dans certains cas, la correction des erreurs n'est pas nécessaire et ne fait qu'alourdir le transport, comme celui de la parole numérisée.
- La lourdeur des techniques de reprise ne pourrait en aucun cas garantir un débit mais, au contraire, diviserait le débit brut au minimum par 5.

Pour satisfaire à la demande des utilisateurs, le débit des réseaux Ethernet doit augmenter de façon importante. Trois grandes catégories de solutions sont proposées :

- augmentation du débit du support partagé ;

- utilisation optimisée du support physique par une commutation ou une commutation partielle ;
- ajout de canaux synchrones.

Les trois propositions suivantes de l'IEEE correspondent à ces solutions bien que les deux dernières ne soient pas utilisées :

- augmentation des vitesses en partage : Fast Ethernet à 100 Mbit/s, Gigabit Ethernet à 1 000 Mbit/s et 10 Gbit/s ;
- IEEE 802.12 100VG AnyLAN, en semi-commuté ;
- IEEE 802.9 10BaseM (Ethernet multimédia IsoEnet).

Nous allons examiner dans la suite quelques produits associés à l'Ethernet partagé. Les réseaux à 10 Mbit/s seulement étant de moins en moins utilisés, nous n'en rappellerons que quelques implémentations avant d'examiner les versions à partir de 100 Mbit/s.

Les réseaux Ethernet 10 Mbit/s

Les réseaux Ethernet à 10 Mbit/s ont été les premiers à être introduits sur le marché. Ils représentent encore une proportion importante, bien que les normes à 100 Mbit/s tendent à les supplanter. Cette section examine les différents produits de l'Ethernet partagé travaillant à la vitesse de 10 Mbit/s.

Cheapernet

Cheapernet est un réseau local Ethernet partagé utilisant un câble coaxial particulier, normalisé sous le vocable 10Base2. Le câble coaxial utilisé n'est plus le câble jaune blindé mais un câble fin de couleur brune non blindé, aussi appelé *thin cable* ou câble RG-58. Ce câble a une moindre résistance au bruit électromagnétique et induit un affaiblissement plus important du signal.

Les brins sont limités à 185 m au lieu de 500 m. Les répéteurs sont de type Ethernet et travaillent à 10 Mbit/s. La longueur totale peut atteindre 925 ou 1 540 m suivant les versions. Les contraintes sont les mêmes que pour le réseau Ethernet en ce qui concerne le temps aller-retour. En revanche, pour obtenir une qualité comparable, il faut limiter la distance sans répéteur. La longueur maximale a ici moins d'importance, car le réseau Cheapernet est un réseau capillaire permettant d'aller jusqu'à l'utilisateur final à moindre coût.

Starlan

Né d'une étude d'AT&T sur la qualité du câblage téléphonique à partir du répartiteur d'étage, le réseau Starlan répond à une tout autre nécessité que le réseau Cheapernet. Sur les réseaux capillaires de l'entreprise, des débits de 1 Mbit/s étaient acceptables dans les années 1980. L'arrivée de Starlan correspondait à la volonté d'utiliser cette infrastructure capillaire, c'est-à-dire le câblage téléphonique, à partir du répartiteur d'étage *(voir figure 16.10)*.

Comme les câbles à partir du répartiteur d'étage ne permettaient guère qu'un débit de 1 Mbit/s, on a repris la technique Ethernet en l'adaptant à un câblage en étoile à une vitesse de 1 Mbit/s. C'est toujours la méthode d'accès CSMA/CD qui est utilisée sur un réseau en étoile actif, comme celui illustré à la figure 16.11.

Étant donné le grand nombre d'entreprises qui ont renouvelé leur câblage avec des paires de fils de qualité, le Starlan à 10 Mbit/s a rencontré un succès massif. Les réseaux Starlan à 10 Mbit/s portent aussi le nom d'Ethernet 10 Mbit/s sur paires de fils torsadées pour bien indiquer que le coupleur est le même que celui des réseaux Ethernet sur câble coaxial à 10 Mbit/s.

La norme Starlan IEEE 802.3 1Base5 permet de disposer d'un maximum de cinq nœuds, ou hubs, successifs à partir du nœud de base inclus. Entre deux nœuds, une distance maximale de 250 m est permise. Dans la réalité, on retrouve exactement les mêmes contraintes que dans le réseau Ethernet, c'est-à-dire un temps aller-retour maximal de 512 µs entre les deux points les plus éloignés, puisque la vitesse est de 1 Mbit/s au lieu de 10 Mbit/s. Pour le réseau local Starlan à 10 Mbit/s, on retrouve la valeur de 51,2 µs.

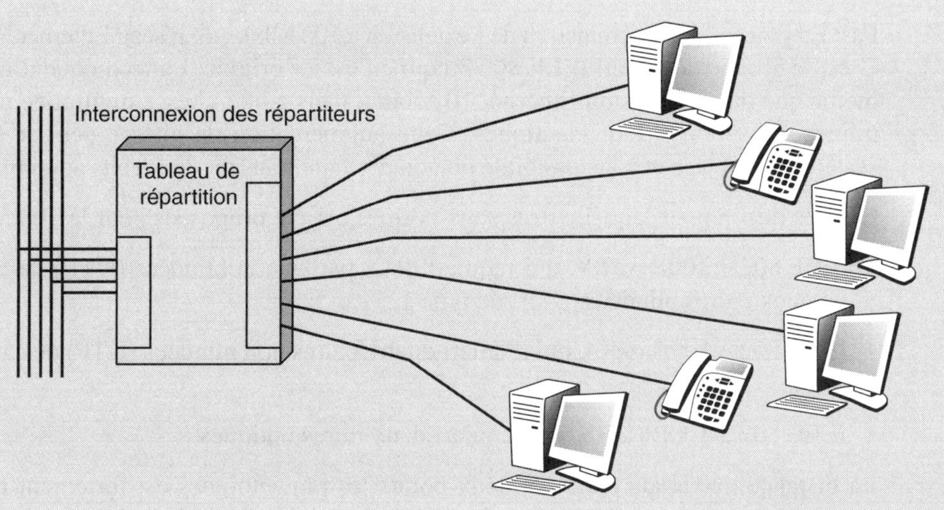

Figure 16.10
Câblage à partir du répartiteur d'étage

Figure 16.11
Architecture d'un réseau Starlan

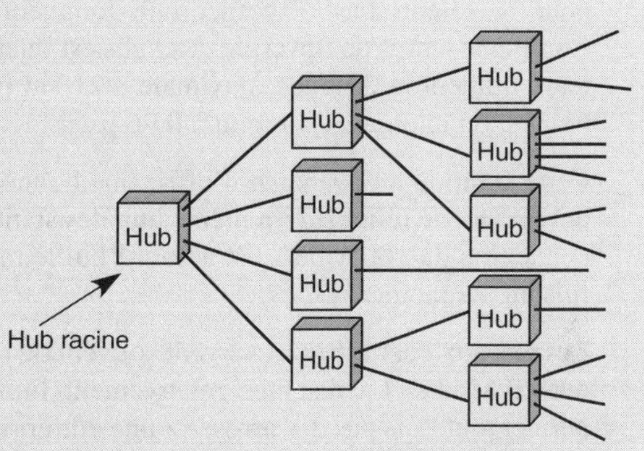

Le hub est un nœud actif capable de régénérer les signaux reçus vers l'ensemble des lignes de sortie, de telle sorte qu'il y ait diffusion. Le hub permet de raccorder les équipements terminaux situés aux extrémités des branches Starlan.

Classiquement, à chaque équipement correspond une prise de connexion Starlan. Cependant, pour ajouter un terminal supplémentaire dans un bureau, il faudrait tirer un câble depuis le répartiteur d'étage ou le sous-répartiteur le plus proche, à condition qu'existe encore une sortie possible. Une solution de rechange consiste à placer sur une même prise plusieurs machines connectées en série, comme illustré la figure 16.12.

Figure 16.12
Équipements en série connectés sur une prise Starlan unique

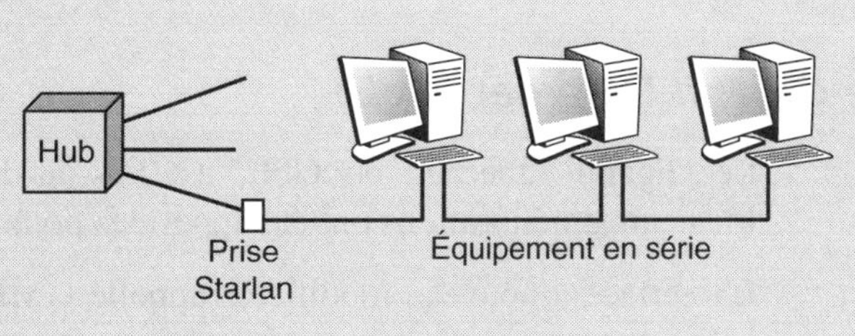

Le Fast Ethernet 100 Mbit/s

Fast Ethernet est la dénomination de l'extension à 100 Mbit/s du réseau Ethernet à 10 Mbit/s. C'est le groupe de travail IEEE 802.3u qui en est à l'origine. La technique d'accès est la même que dans la version Ethernet 10 Mbit/s, mais à une vitesse multipliée par 10. Les trames transportées sont identiques. Cette augmentation de vitesse peut se heurter au système de câblage et à la possibilité ou non d'y faire transiter des débits aussi importants.

C'est la raison pour laquelle trois sous-normes ont été proposées pour le 100 Mbit/s :

- IEEE 802.3 100BaseTX, qui requiert deux paires non blindées (UTP) de catégorie 5 ou deux paires blindées (STP) de type 1.
- IEEE 802.3 100BaseT4, qui requiert quatre paires non blindées (UTP) de catégories 3, 4 et 5.
- IEEE 802.3 100BaseFX, qui requiert deux fibres optiques.

La distance maximale entre les deux points les plus éloignés est fortement réduite par rapport à la version à 10 Mbit/s. La longueur minimale de la trame étant toujours de 64 octets, le temps de transmission est de 5,12 µs. On en déduit que la distance maximale qui peut être parcourue dans ce laps de temps est de l'ordre de 1 000 m, ce qui représente pour le réseau Fast Ethernet une longueur maximale d'approximativement 500 m. Comme le temps de traversée des hubs est relativement important, la plupart des constructeurs limitent la distance maximale à 210 m pour le Fast Ethernet. Le temps entre deux trames, ou intergap, est réduit à 0,96 µs.

Cette solution a l'avantage d'offrir une bonne compatibilité avec la version à 10 Mbit/s, qui permet de relier sur un même hub des stations à 10 Mbit/s et à 100 Mbit/s. Le coût de connexion du 100 Mbit/s est aujourd'hui le même que celui de l'Ethernet classique, dix fois moins rapide.

Les réseaux Fast Ethernet servent souvent de réseaux d'interconnexion de réseaux Ethernet 10 Mbit/s. La distance relativement limitée couverte par le Fast Ethernet ne lui permet toutefois pas d'« arroser » une entreprise un peu grande. Le Gigabit Ethernet, que nous détaillons ci-après, ne résout pas davantage ce problème dans sa version partagée. En revanche, la version commutée n'ayant plus de contrainte de distance, le Gigabit Ethernet commuté est une des solutions d'interconnexion des réseaux Fast Ethernet.

Une autre solution pour étendre la couverture du réseau Ethernet consiste à relier des Fast Ethernet par des ponts destinés à filtrer les trames à l'aide de l'adresse MAC. Ces ponts ayant les mêmes fonctionnalités que les commutateurs, on trouve aujourd'hui dans les grandes entreprises des réseaux à transfert de trames Ethernet qui utilisent des commutateurs Ethernet. Nous examinons ces nouvelles architectures ultérieurement dans ce chapitre.

Le Gigabit Ethernet (GbE)

Le Gigabit Ethernet, ou GbE, est l'avant-dernière évolution du standard Ethernet. Plusieurs améliorations ont été apportées pour cela au Fast Ethernet à 100 Mbit/s.

L'interface à nouveau modifiée s'appelle GMII (Gigabit Media Independent Interface). Elle comporte un chemin de données sur 8 bits, au lieu de 4 dans la version moins puissante. Les émetteurs-récepteurs travaillent avec une horloge cadencée à 125 MHz.

Le codage adopté provient des produits Fibre Channel pour atteindre le gigabit par seconde. Un seul type de répéteur est désormais accepté dans cette nouvelle version.

Les différentes solutions normalisées sont les suivantes :

- 1000BaseCX, à deux paires torsadées de 150 Ω ;
- 1000BaseLX, à une paire de fibre optique de longueur d'onde élevée ;
- 1000BaseSX, à une paire de fibre optique de longueur d'onde courte ;
- 1000BaseT, à quatre paires de catégorie 5 UTP.

La technique d'accès au support physique, le CSMA/CD, est également modifiée. Pour être compatible avec les autres versions d'Ethernet, ce qui est un principe de base, la taille de la trame émise doit se situer entre 64 et 1 500 octets. Les 64 octets, c'est-à-dire 512 bits, correspondent à un temps d'émission de 512 ns. Ce temps de 512 ns représente la distance maximale du support pour qu'une station en émission ne se déconnecte pas avant d'avoir reçu un éventuel signal de collision. Cela représente 100 m pour un aller-retour. Si aucun hub n'est installé sur le réseau, la longueur maximale du support physique est de 50 m. Dans les faits, avec un hub de rattachement et des portions de câble jusqu'aux coupleurs, la distance maximale est ramenée à quelques mètres. Pour éviter cette distance trop courte, les normalisateurs ont augmenté artificiellement la longueur de la trame pour la porter à 512 octets. Le coupleur ajoute des octets de bourrage qui sont ensuite enlevés par le coupleur récepteur.

S'il s'agit d'une bonne solution pour agrandir le réseau Gigabit, le débit utile est toutefois très faible si toutes les trames à transmettre ont une longueur de 64 octets, un huitième de la bande passante étant utilisé dans ce cas.

Le Gigabit Ethernet accepte les répéteurs ou les hubs lorsqu'il y a plusieurs directions possibles. Dans ce dernier cas, un message entrant est recopié sur toutes les lignes de sortie. La figure 16.13 illustre un répéteur Gigabit correspondant à la norme IEEE 802.3z. Les différentes solutions du Gigabit Ethernet peuvent s'interconnecter par l'intermédiaire d'un répéteur ou d'un hub.

Figure 16.13
Hub Gigabit Ethernet

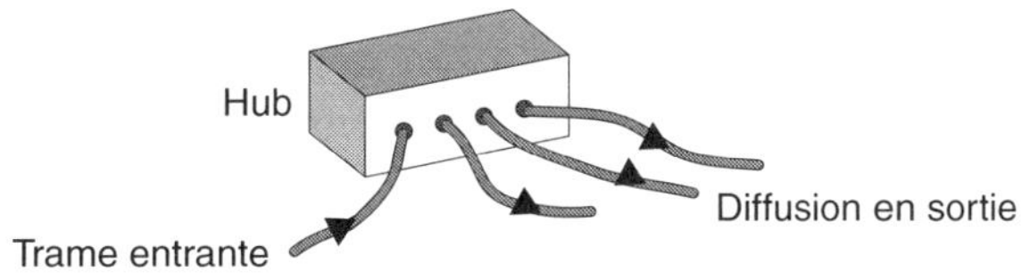

Le Gigabit Ethernet fonctionne également en mode commuté, dans une configuration full-duplex. On peut, par ce moyen, interconnecter des Gigabit Ethernet entre eux ou des Fast Ethernet et des Ethernet classiques.

Des routeurs Gigabit sont également disponibles lorsqu'on remonte jusqu'à la couche réseau, par exemple la couche IP. Dans ce cas, il faut récupérer le paquet IP pour pouvoir router la trame Ethernet. La figure 16.14 illustre une interconnexion de deux réseaux commutés par un routeur Gigabit.

La gestion du réseau Gigabit, comme celle des réseaux Ethernet plus anciens, est assurée par des techniques classiques, essentiellement SNMP (Simple Network Management Protocol). La MIB (Management Information Base) du Gigabit Ethernet est détaillée dans le standard IEEE 802.3z.

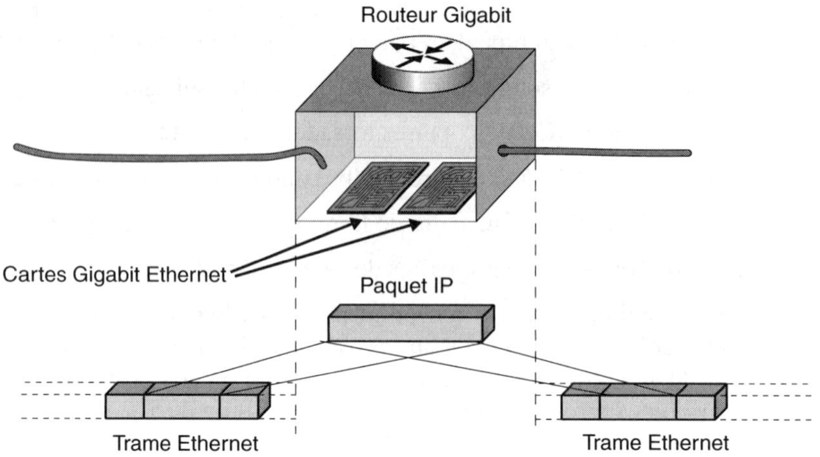

Figure 16.14
Interconnexion de deux réseaux Ethernet commutés par un routeur

Le 10 Gigabit Ethernet (10GbE)

Le 10Gigabit Ethernet, ou 10GbE, est une évolution du standard Ethernet qui ne sera surpassée que par la version 100GbE (100 Gbit/s), annoncée avant la fin de la décennie. Cette technique est fortement utilisée dans les réseaux métropolitains et d'opérateurs. Il s'agit d'une solution assez simple, car il suffit de multiplexer dix réseaux GbE pour multiplier la vitesse par dix.

Le 10 Gigabit Ethernet, ou 10GbE a été normalisé par le groupe de travail IEEE 802.3ae, dans l'objectif de proposer deux types de solutions, toutes deux en full-duplex et en commutation. La distance va de 65 m avec des fibres multimodes jusqu'à 40 km avec de la fibre optique monomode. Les deux types d'interfaces proposées sont LAN-PHY et WAN-PHY.

Le groupe IEEE 802.3ae a normalisé dans le LAN PHY un flux à la vitesse de 10,312 5 Gbit/s avec un codage 64B/66B. L'interface WAN-PHY utilise le même codage, mais avec une compatibilité avec les interfaces SONET OC-192 et SDH STM-64.

L'architecture proposée par ce groupe de travail est illustrée à la figure 16.15.

Le groupe de travail de l'IEEE incorpore une interface compatible SONET mais qui reste Ethernet. Comme expliqué précédemment, cette interface implique l'existence d'un support physique 10GbE, appelé WAN PHY, qui équivaut au support SONET/SDH de type OC-192 ou STM-64. L'avantage de cette compatibilité est de permettre de reprendre tout l'environnement de gestion et de maintenance ainsi que la fiabilisation de SONET/SDH. Cette solution est défendue par la 10GEA (10 Gigabit Ethernet Alliance).

Le 100 Gigabit Ethernet (100GbE)

Le 100 Gigabit Ethernet, ou 100GbE, est la dernière évolution du standard Ethernet. Cette solution est poussée par le NG Ethernet Forum, dont l'objectif est de définir l'environnement Ethernet de nouvelle génération (*http://www.ng-ethernet.com/*). Une première proposition, soumise en avril 2007, est suffisamment avancée pour laisser penser que le standard aboutisse en 2009.

Le 100GbE est une extension naturelle en mode commuté du 10GbE. La solution est assez similaire de celle qui a été choisie pour passer du 1GbE au 10GbE.

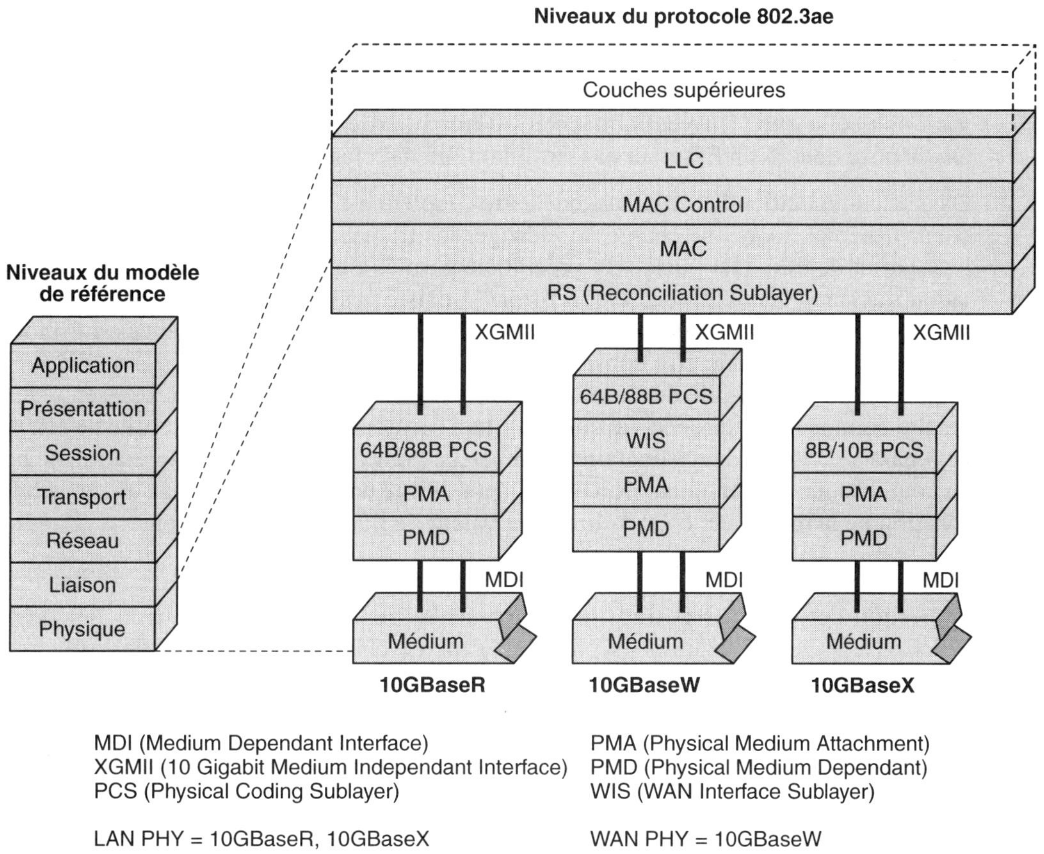

Figure 16.15

Architecture des réseaux 10GbE

Les réseaux Ethernet commutés

Nous avons décrit en détail à la section précédente les techniques utilisées dans les réseaux Ethernet partagés, dans lesquels un même câble est partagé par plusieurs machines.

L'autre solution mise en œuvre dans les réseaux Ethernet est la commutation. Dans ce cas, le support physique n'est pas partagé, deux machines s'échangeant des trames Ethernet sur une liaison. Cette solution change totalement la donne, puisqu'il n'y a plus de collision.

La commutation Ethernet (full-duplex)

La commutation Ethernet, ou Ethernet FDSE (Full Duplex Switched Ethernet), est née au début des années 1990. Avant l'arrivée de l'Ethernet commuté, les réseaux Ethernet partagés étaient découpés en sous-réseaux partagés autonomes, reliés entre eux par des ponts. De ce fait, on multipliait le trafic par le nombre de sous-réseaux.

Les ponts ne sont en fait que des commutateurs Ethernet qui mémorisent les trames et les réémettent vers d'autres réseaux Ethernet. En poursuivant cette logique à l'extrême, on peut découper le réseau jusqu'à n'avoir qu'une seule station par réseau Ethernet. On obtient alors la commutation Ethernet.

Le réseau Ethernet FDSE est un réseau particulièrement simple puisqu'il n'y a que deux stations : celle que l'on veut connecter au réseau et le commutateur de raccordement. On dispose donc d'un Ethernet par terminal relié directement au commutateur.

Dans la commutation Ethernet, chaque carte coupleur est reliée directement à un commutateur Ethernet, lequel se charge de rediriger les trames dans la bonne direction. Il faut bien parler de trame ici puisqu'un préambule permet d'en détecter le début. La commutation demande une référence qui, *a priori,* n'existe pas dans le monde Ethernet, aucun paquet de supervision n'ouvrant le circuit virtuel en posant des références. Le mot de commutateur peut donc être considéré comme inexact puisqu'il n'y a pas de référence. Cependant, il est possible de parler de commutation, si l'on considère l'adresse du destinataire comme une référence. Le circuit virtuel est alors déterminé par la suite de références égale à l'adresse du destinataire sur 6 octets. Pour réaliser cette commutation de bout en bout, chaque commutateur doit avoir la possibilité de déterminer la liaison de sortie en fonction de la référence, c'est-à-dire de la valeur de l'adresse du récepteur.

Cette technique de commutation peut présenter les difficultés suivantes :

- Gestion des adresses de tous les coupleurs raccordés au réseau. Les techniques de VLAN, que nous examinons plus loin dans ce chapitre, permettent de résoudre ce problème.
- Gestion des congestions éventuelles au sein d'un commutateur.

Du fait de la seconde difficulté, il faut mettre en place des techniques de contrôle susceptibles de prendre en charge, sur les liaisons entre commutateurs, les trames provenant simultanément de tous les coupleurs Ethernet. On retrouve là les caractéristiques des architectures des réseaux de commutation. La technique de reprise sur une collision n'est plus utile puisqu'il n'y a pas de collision dans ce cas. En revanche, la limitation de distance n'existant plus, on peut réaliser des réseaux en commutation Ethernet à la taille de la planète.

L'environnement Ethernet s'impose actuellement par sa simplicité de mise en œuvre tant que le réseau reste de taille limitée. C'est une solution réseau qui présente l'avantage de s'appuyer sur l'existant, à savoir les coupleurs et les divers réseaux Ethernet que de nombreuses entreprises ont mis en place pour créer leurs réseaux locaux.

Puisque les données produites au format IP, IPX (Internetwork Packet eXchange) ou autre sont présentes dans des trames Ethernet en vue d'être transportées dans l'environnement local, il est tentant de commuter directement cette structure sur des liaisons entre réseaux locaux. Comme tous les réseaux de l'environnement Ethernet sont compatibles, toutes les machines émettant des trames Ethernet parlent le même langage et peuvent facilement s'interconnecter. On peut donc réaliser des réseaux extrêmement complexes, avec des segments partagés sur les parties locales et des liaisons commutées sur les longues distances ou entre les commutateurs Ethernet.

L'inconvénient de la commutation de niveau trame réside dans l'adressage de niveau 2, qui correspond à l'adressage plat d'Ethernet. L'adressage plat, ou absolu, ne permet pas de connaître le lieu géographique d'un coupleur d'après sa valeur. Dès que le réseau comporte un grand nombre de postes, ce qui est le cas si l'on accepte une mobilité des terminaux, par exemple, la mise à jour des tables de routage devient quasi impossible puisqu'il n'existe pas de normalisation pour l'automatisation de cette fonction.

La limitation des performances de l'environnement Ethernet est due au partage du support physique par l'ensemble des coupleurs. Pour remédier à cet inconvénient, on peut augmenter la vitesse de base en passant au 100 Mbit/s ou au 1 Gbit/s. Une autre solution consiste à commuter les trames Ethernet. Le premier pas vers la commutation consiste, comme nous l'avons vu, à couper les réseaux Ethernet en petits tronçons et à les relier entre eux par un pont. Le rôle du pont est de filtrer les trames en ne laissant passer que celles destinées à un réseau Ethernet autre que celui d'où provient la trame. De ce fait, on limite le nombre de coupleurs qui se partagent un même réseau Ethernet. Pour que cette solution soit viable, le trafic doit être relativement local.

Dans la commutation, le réseau Ethernet est réduit à sa plus simple expression : un coupleur par réseau Ethernet. Il n'y a donc plus de collision. Suivant l'adresse, le commutateur achemine la trame vers un autre commutateur ou vers un coupleur. La capacité disponible par terminal est de 10 Mbit/s, 100 Mbit/s ou 1 Gbit/s. Toute la difficulté réside dans la complexité des réseaux à commutation de trames Ethernet, avec les problèmes d'ouverture des chemins et de contrôle de flux qu'ils posent.

Comme il existe énormément de coupleurs Ethernet à travers le monde, cette solution de l'Ethernet commuté est en plein essor. Les coupleurs Ethernet devraient se simplifier, toute la puissance de la technique d'accès n'étant plus nécessaire dans ce cas de figure.

Comme expliqué précédemment, l'un des grands avantages de cette technique est de ne plus présenter de limitation de distance, puisque nous sommes en mode commuté. Les distances entre machines connectées peuvent atteindre plusieurs milliers de kilomètres. Un autre avantage est apporté par l'augmentation du débit par terminal. La capacité en transmission peut atteindre 10, 100 Mbit/s ou 1 Gbit/s par machine. La contrepartie de ce gain en débit est le retour à un mode commuté, dans lequel il faut tracer des chemins pour la commutation, mettre en place un contrôle de flux et effectuer une gestion des adresses physiques des coupleurs. En d'autres termes, chaque commutateur doit connaître l'adresse MAC de tous les coupleurs connectés au réseau et savoir dans quelle direction envoyer les trames.

Dans les entreprises, le réseau Ethernet peut consister en une association de réseaux partagés et de réseaux commutés, tous les réseaux Ethernet étant compatibles au niveau de la trame. Si le réseau de l'entreprise est trop vaste pour permettre une gestion de toutes les adresses dans chaque commutateur, il faut diviser le réseau en domaines distincts. Deux solutions sont alors possibles.

- Utiliser le concept de réseau privé virtuel, que nous examinons en détail ultérieurement dans ce chapitre.
- Passer d'un domaine à un autre, en remontant au niveau réseau de l'architecture (couche 3 de l'architecture OSI), c'est-à-dire en récupérant l'information transportée dans la zone de données de la trame et en se servant de l'adresse de niveau réseau pour effectuer le routage. Cet élément de transfert n'est autre, bien sûr, qu'un routeur *(voir le chapitre 32 consacré aux équipements de réseau).*

Il existe deux grands types de commutation :

- La commutation par port, dans laquelle les coupleurs sont directement connectés au commutateur.
- La commutation par segment, dans laquelle ce sont des segments de réseau Ethernet partagé qui sont interconnectés.

Ces deux solutions sont illustrées à la figure 16.16. La partie supérieure de la figure montre un commutateur dont chaque port est connecté à une seule station terminale. Dans la partie inférieure de la figure, le commutateur possède deux ports, sur chacun desquels un Ethernet partagé est connecté.

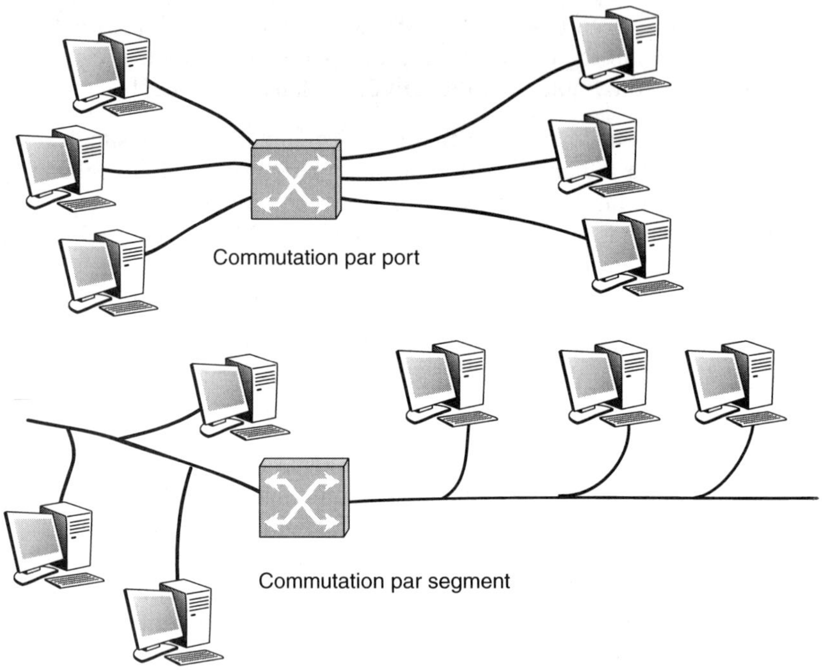

Figure 16.16

Les deux types de commutation

Le contrôle de flux

À partir du moment où une commutation est mise en place, il faut ajouter un contrôle de flux puisque les trames Ethernet peuvent s'accumuler dans les nœuds de commutation. Ce contrôle de flux est effectué par la trame Pause. C'est un contrôle de type *back-pressure*, dans lequel l'information de congestion remonte jusqu'à la source, nœud par nœud. À la différence des méthodes classiques, on envoie au nœud amont une demande d'arrêt des émissions en lui précisant le temps pendant lequel il doit rester silencieux. Cette période peut être brève si le nœud est peu congestionné ou longue si le problème est important. Le nœud amont peut lui-même estimer, suivant la longueur de la période de pause qui lui est imposée, s'il doit faire remonter un signal Pause ou non vers ses nœuds amont.

Comme nous venons de le voir, Ethernet s'étend vers le domaine des WAN privés, en utilisant les techniques de commutation. Pour les réseaux locaux partagés, la tendance est plutôt à augmenter les débits grâce au Gigabit Ethernet.

Gestion des trames dans le commutateur

On distingue deux types de gestion des trames dans le commutateur :

- Le store-and-forward, dans lequel une trame Ethernet est stockée en entier dans les mémoires du commutateur puis examinée avant d'être retransmise sur une ligne de sortie.
- Le cut-through, ou fast-forward, dans lequel la trame Ethernet peut commencer à être retransmise vers le nœud suivant dès que la zone d'adresse est connue, sans attendre la fin de la trame. Dans cette solution, il est possible qu'une même trame Ethernet soit transmise simultanément sur plusieurs liaisons : le début de la trame sur une première liaison, la suite de la trame sur une deuxième liaison et la fin de la trame sur une troisième liaison. Un exemple de cut-through est illustré à la figure 16.17.

Figure 16.17
Exemple de cut-through

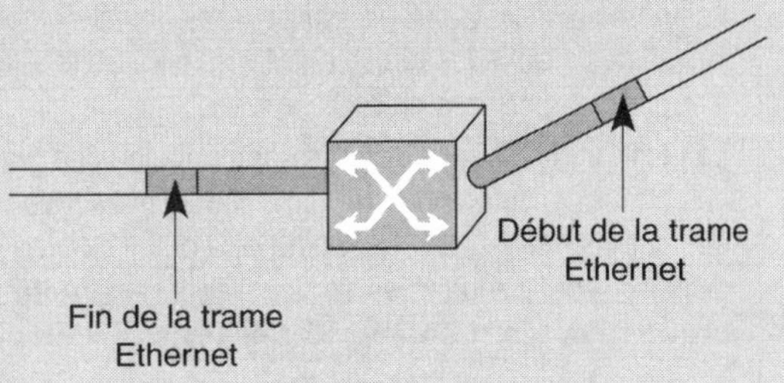

Le cut-through présente l'inconvénient de ne pas permettre de contrôler la correction de la trame. Par ailleurs, la fin de la trame peut ne plus exister à la suite d'une collision.

Une technique combinant les deux solutions a été proposée sous le nom d'adaptive-error-free, dans laquelle les trames sont commutées en cut-through, la zone de contrôle d'erreur étant cependant vérifiée au vol. Cette vérification ne peut arrêter la trame, mais si plusieurs trames successives sont détectées en erreur, le commutateur repasse en mode store-and-forward.

La commutation MPLS

Une nouvelle technique de commutation est apparue avec MPLS (MultiProtocol Label-Switching). Sous cette appellation, l'IETF a normalisé une méthode générale de commutation utilisant toutes les techniques de label-switching, c'est-à-dire de commutation sur une référence.

Ethernet est une trame qui, *a priori,* ne possède pas de référence. Nous avons vu cependant que nous pouvions nous servir de l'adresse du récepteur comme d'une référence. Avec MPLS, on revient à une technique de commutation classique, avec une signalisation qui met en place le chemin ou circuit virtuel et des références qui se succèdent sur le chemin.

La norme MPLS définit pour Ethernet une nouvelle zone derrière l'adresse MAC, appelée shim-label, qui porte cette référence. Nous examinons cette solution un peu plus loin dans ce chapitre et surtout au chapitre 17, dédié à MPLS.

Les réseaux locaux virtuels

Ethernet a été longtemps synonyme de réseau local. Cette limitation géographique s'explique par la technique d'accès. Pour s'assurer que la collision a été bien perçue par la station d'émission avant qu'elle se déconnecte, la norme Ethernet exige que 64 octets au minimum soient émis, ce qui limite le temps aller-retour sur le support physique au temps de transmission de ces 512 bits. À partir du moment où l'on passe en commutation, la distance maximale n'a plus de sens. On utilise parfois le terme de WLAN (Wide LAN) pour indiquer que la distance maximale se trouve désormais dans le champ des réseaux étendus.

Pour comprendre cette technique de commutation, on peut penser à un réseau ATM dans lequel on aurait remplacé la trame ATM par une trame Ethernet. La difficulté essentielle réside dans l'adressage d'Ethernet, qui est plat et sans aucune hiérarchie.

Ethernet a dû évoluer pour atteindre les possibilités offertes par ses concurrents. La norme d'adressage a été modifiée, par exemple, passant de plat et absolu à hiérarchique. Cette révolution est aujourd'hui consacrée par la norme IEEE 802.1q, qui permet d'étendre la zone d'adressage grâce à un niveau hiérarchique supplémentaire.

Le concept de VLAN (Virtual LAN)

Les réseaux locaux virtuels ont pour rôle initial de permettre une configuration et une administration plus faciles des grands réseaux d'entreprise construits autour de nombreux ponts. Il existe plusieurs stratégies d'application pour ces réseaux virtuels.

Le VLAN introduit une notion de segmentation des grands réseaux, les utilisateurs étant regroupés suivant des critères à déterminer. Un logiciel d'administration doit être disponible pour la gestion des adresses et des commutateurs. Le VLAN peut être défini comme un domaine de broadcast, dans lequel l'adresse de diffusion atteint toutes les stations appartenant au VLAN. Les communications à l'intérieur du VLAN peuvent être sécurisées, et celles entre deux VLAN distincts contrôlées.

Plusieurs types de VLAN ont été définis suivant les regroupements des stations du système :

- Les VLAN de niveau physique ou de niveau 1, qui regroupent les stations appartenant aux mêmes réseaux physiques ou à plusieurs réseaux physiques mais reliés par une gestion commune des adresses. La figure 16.18 illustre un VLAN de niveau 1.

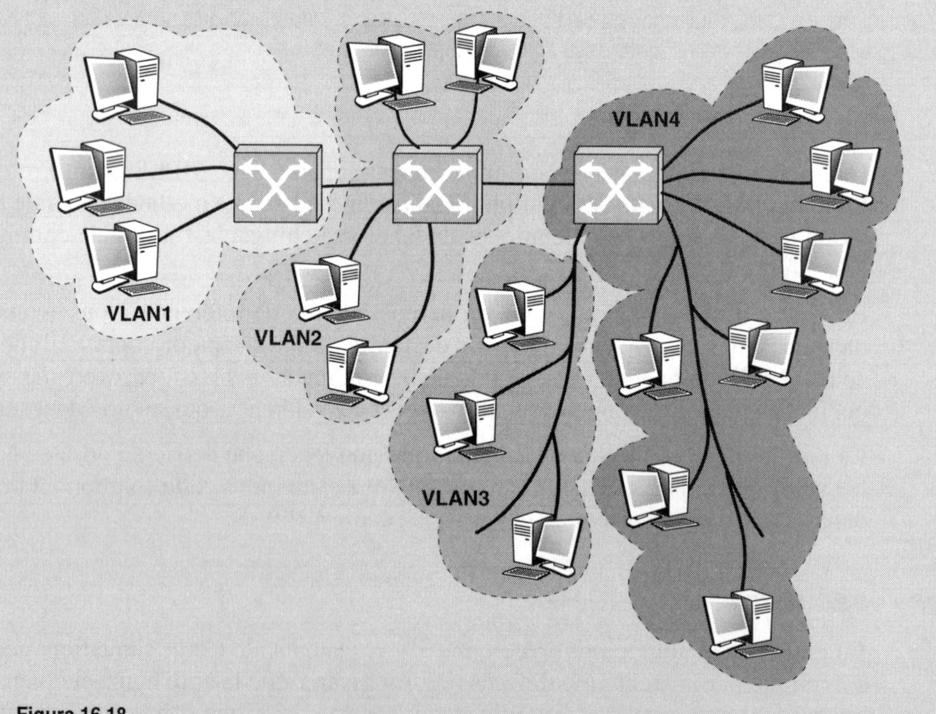

Figure 16.18
VLAN de niveau physique

- Les VLAN de niveau trame, ou plus exactement les VLAN de niveau MAC, ou encore les VLAN de niveau 2, dans lesquels ce sont les adresses MAC qui regroupent les stations appartenant au même VLAN.

Comme les stations peuvent se trouver dans des lieux géographiquement distants, la difficulté consiste à réaliser une diffusion automatique sur l'ensemble des stations du VLAN, une station pouvant appartenir à plusieurs VLAN simultanément. La figure 16.19 illustre un VLAN de niveau trame.

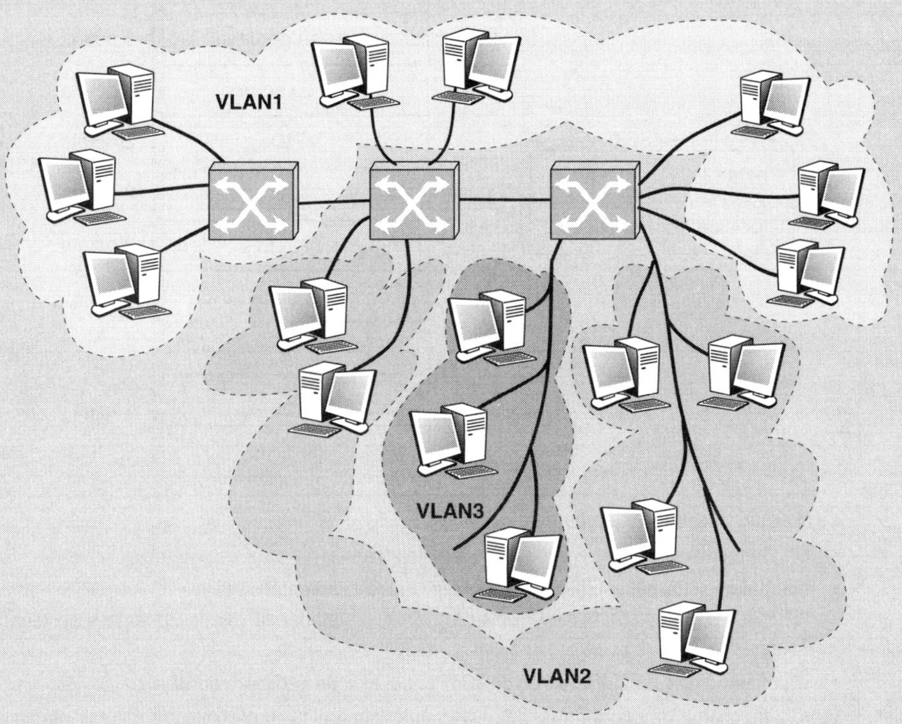

Figure 16.19
VLAN de niveau trame

- Les VLAN de niveau paquet, ou VLAN de niveau 3, correspondent à des regroupements de stations suivant leur adresse de niveau 3. Cette adresse de niveau 3 peut être une adresse IP ou une sous-adresse de l'adresse IP, que l'on appelle masque de sous-réseau IP, comme nous le verrons au chapitre 18. Il faut, dans ce cas, faire correspondre l'adresse de niveau paquet et celle de niveau trame. Les protocoles de type ARP (Address Resolution Protocol) effectuent cette correspondance d'adresse.

Lorsqu'un établissement de grande taille veut structurer son réseau, il peut créer des réseaux virtuels suivant des critères qui lui sont propres. Généralement, un critère géographique est retenu pour réaliser une communication simple entre les différents sites de l'établissement. L'adresse du VLAN est alors ajoutée dans la structure de la trame Ethernet ou de la trame d'une autre technologie, puisque la structuration en VLAN ne concerne pas uniquement les environnements Ethernet.

La norme VLAN Tagging IEEE 802.1q

Le format de la trame Ethernet VLAN, décrite dans les normes IEEE 802.3ac et IEEE 802.1q, est illustré à la figure 16.20.

L'identificateur VLAN (VLAN Tag) de 4 octets contient un premier champ VPID (VLAN Protocol IDentifier) et un champ TCI (Tag Control Information). Le VLAN Tag est inséré entre l'adresse source et le champ Longueur/type du client MAC. La longueur de la trame Ethernet, de 1 518 octets, passe à 1 522 octets avec ce champ. Le champ VPID a la valeur 0x81-00 lorsque le champ TCI est présent.

Figure 16.20
Format de la trame Ethernet VLAN

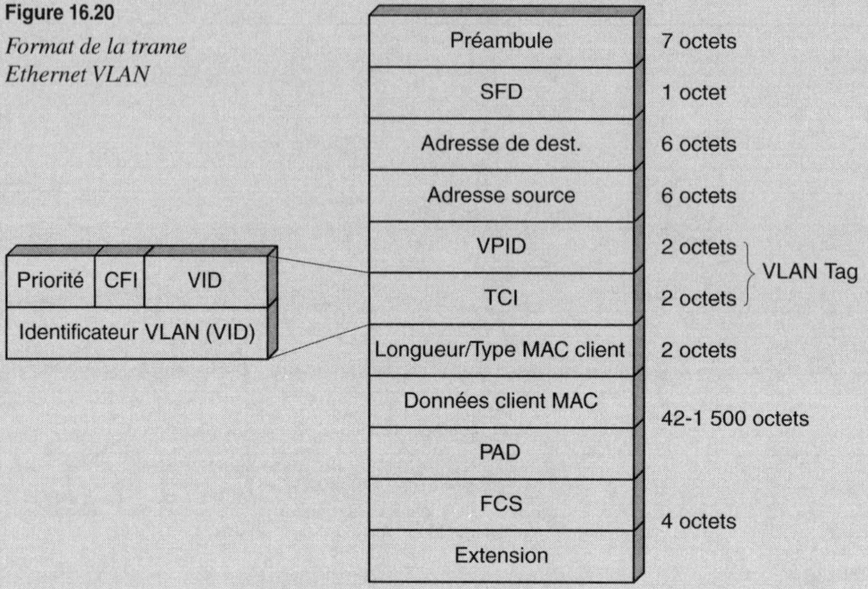

Le champ TCI contient lui-même trois champs :

- Un champ de priorité de 3 bits permettant jusqu'à huit niveaux de priorité.
- Un champ d'un bit, le bit CFI (Canonical Format Indicator), qui n'est pas utilisé dans les réseaux IEEE 802.3 et doit être mis à 0 dans ce cas. On lui attribue la valeur 1 pour l'encapsulation de trames Token-Ring.
- Un champ VID (VLAN IDentifier) de 12 bits, qui indique l'adresse du VLAN.

Le rôle du champ de priorité de 3 bits est primordial car il permet d'affecter des priorités aux différentes applications multimédias. Cette fonctionnalité est décrite dans la norme IEEE 802.1p. Huit niveaux de priorité permettent d'autoriser des services temps réel comme la parole.

Les réseaux Ethernet métro

Après avoir envahi le monde de l'entreprise, Ethernet s'attaque aux plus longues distances en commençant par le domaine métropolitain. L'Ethernet métro est né de cette extension. Cette solution est soutenue dans différents cadres mais plus particulièrement par le Forum MEF (Metro Ethernet Forum).

La figure 16.21 illustre deux réseaux Ethernet métropolitains reliés entre eux par un réseau Ethernet WAN (Wide Area Network).

Dans ce schéma, l'étiquette A montre une ligne de communication dans le réseau métro qui est de type point-à-point commuté utilisant un GbE ou un 10GbE. L'étiquette B décrit un nœud du réseau métropolitain qui peut être soit un commutateur Ethernet GbE ou 10GbE, soit un routeur IP à très haut débit. Le choix s'effectue en fonction des connexions qui doivent être gérées sur le nœud. S'il ne s'agit que d'un nœud de passage, il n'y a aucun intérêt à remonter à la couche IP. Si c'est un nœud de raccordement ou jouant un rôle de passerelle, il peut être intéressant de remonter au niveau IP. L'étiquette C désigne une ligne longue distance permettant de raccorder deux réseaux MAN entre eux. L'utilisation de l'Ethernet WAN est conseillée si les nœuds des MAN sont des commutateurs Ethernet.

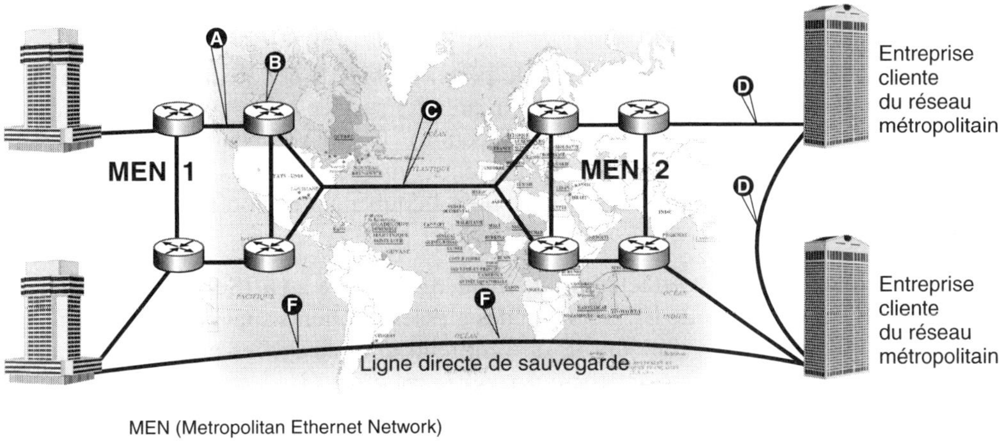

Figure 16.21

Deux réseaux Ethernet métropolitains reliés entre eux

L'étiquette D indique le raccordement d'une compagnie sur le réseau Ethernet métro. Ce raccordement peut s'effectuer soit par le biais d'une connexion Ethernet point-à-point de type « dernier mile » jouant le rôle de boucle locale, soit par une technologie multipoint de type IEEE 802.17, aussi appelée Ethernet RPR (Resilient Packet Ring).

L'étiquette E indique la possibilité de mettre en place des liaisons de sécurisation du réseau permettant une reconfiguration en cas de panne du réseau cœur. Cette sécurisation peut s'effectuer en point-à-point de bout en bout ou de nœud à nœud. L'étiquette F fait référence à toute l'ingénierie à mettre en œuvre pour réaliser les communications, les contrôler et les maintenir.

L'objectif numéro un du MEF est de proposer aux entreprises des services réseau dans un cadre métropolitain. Les services du MEF peuvent être illustrés comme à la figure 16.22.

Figure 16.22

Architecture des services du MEF

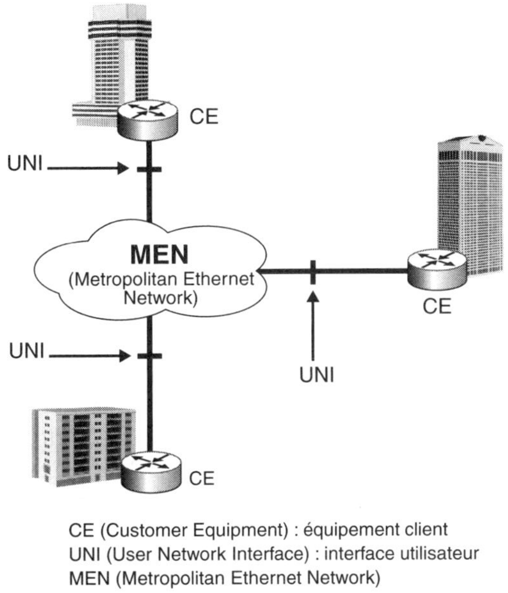

Cette figure montre la connexion d'entreprises possédant leur propre réseau CE (Customer Edge) au travers d'une interface UNI proposant un service lié principalement au débit, au temps de transit et au taux de perte. L'objectif est de proposer entre deux ou plusieurs UNI un service de transfert. Un premier service important mis en œuvre par le MEF est l'EVC (Ethernet Virtual Connection). Une EVC peut être point-à-point ou multipoint. Elle permet de réaliser différents types de services, allant de l'émulation d'une ligne de communication louée jusqu'à l'équivalent d'un réseau privé virtuel *(voir le chapitre 37).*

Le contrôle des flux est effectué d'une manière similaire à DiffServ, qui a été développé par l'IETF pour le monde IP. Trois grandes classes de clients sont définies, et les commutateurs Ethernet ou les routeurs IP doivent tenir compte de ces priorités. La qualité de service est assurée de façon statistique *(voir le chapitre 33).*

Ethernet sur le WAN

Ethernet sur le WAN a pour objectif de transporter des trames Ethernet sur de longues distances tout en apportant une qualité de service. Ses avantages sont un coût très bas, la possibilité de surdimensionnement du réseau, une forte granularité, une technologie bien connue et très simple et enfin une gestion simplifiée, puisque Ethernet est partout. Il est possible de monter très vite en débit avec les différents niveaux du 1 et du 10 Gbit/s et bientôt du 100 Gbit/s. Au registre des difficultés, citons le manque de fiabilité, une perte de paquets moins contrôlée et une qualité de service plus difficile à obtenir. Cependant, plusieurs technologies se développent actuellement pour résoudre ces problèmes et offrir une voie royale à l'arrivée de l'Ethernet sur le WAN.

Deux initiatives majeures vont dans ce sens, celle du groupe de travail IEEE 802.17 RPR, dont l'objectif est d'atteindre la fiabilité de SONET/SDH, et celle du groupe de travail X.86 de l'UIT-T, qui examine la correspondance à trouver entre SONET et une technique de trame de type Ethernet.

La trame Ethernet a essentiellement été utilisée dans les réseaux locaux et avait été dimensionnée dans ce contexte. Pour les longues distances, des trames beaucoup plus grandes sont nécessaires, notamment pour réaliser la synchronisation des horloges. On parle de supertrames permettant la synchronisation et embarquant un grand nombre de trames Ethernet traditionnelles.

La figure 16.23 illustre une première solution de réseau WAN Ethernet dans laquelle des entreprises, connectées par des 10GbE sur un réseau cœur, utilisent des techniques de multiplexage en longueur d'onde *(voir le chapitre 10).* L'interconnexion avec le réseau cœur s'effectue par des transpondeurs, qui peuvent être optiques ou optoélectroniques de type OTN (Optical Transport Network).

Une autre solution consiste à relier entre eux des commutateurs Ethernet à très haut débit très éloignés. On fait appel pour cela à des liaisons Ethernet à très haut débit (1-10 Gbit/s et bientôt 100 Gbit/s). Comme nous l'avons vu au chapitre 14, les longues distances et la haute vitesse imposent de maintenir des horloges synchrones pour permettre la récupération correcte des éléments binaires. Pour cela, les liaisons longue distance doivent choisir la solution WAN-PHY de l'IEEE 802.3ae.

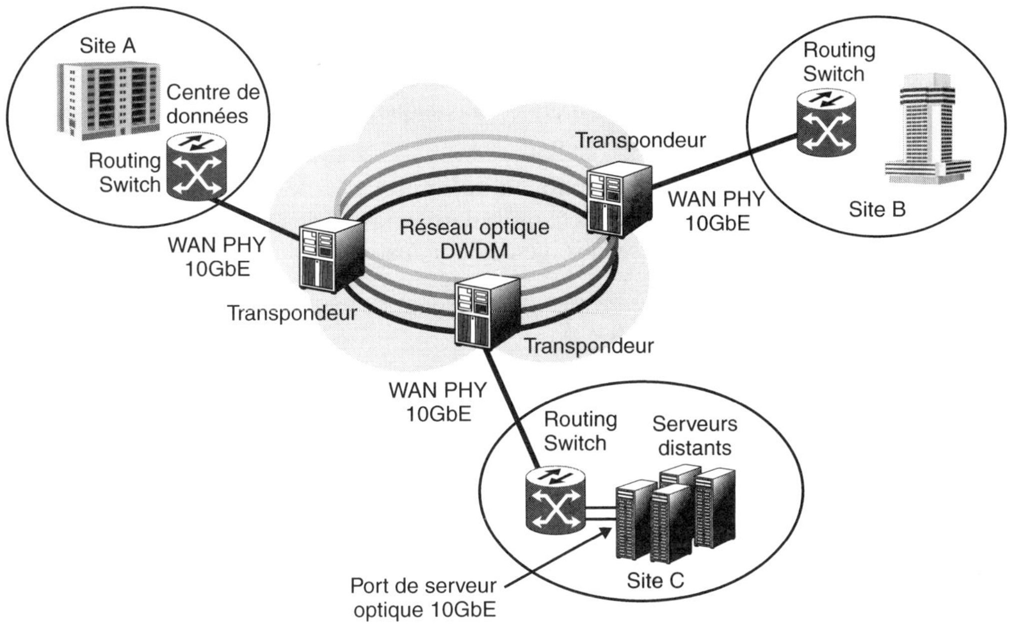

Figure 16.23

Exemple de réseau WAN Ethernet

Ethernet « carrier grade »

Ethernet a été conçu pour les applications informatiques, non pour les applications multimédias. Pour se mettre à niveau et entrer dans le domaine du multimédia, l'environnement Ethernet a donc dû se transformer. On parle d'Ethernet *carrier grade,* c'est-à-dire acceptable pour les opérateurs de télécommunications avec les outils de contrôle et de gestion nécessaires dans ce cas. Cette mutation concerne essentiellement l'Ethernet commuté.

L'Ethernet *carrier grade* doit posséder des fonctionnalités que l'on trouve dans les réseaux de télécommunications, notamment les suivantes :

- La fiabilité, qui permet de n'avoir que très peu de pannes. Le temps moyen entre pannes, ou MTBF (Mean Time Between Failure), doit être d'au moins 50 000 heures.
- La disponibilité, qui doit atteindre les valeurs classiques pour la téléphonie, c'est-à-dire être en état de marche 99,999 % du temps. Cette valeur est loin d'être atteinte par les réseaux Ethernet classiques, qui sont plutôt à 99,9 % du temps.
- La protection et la restauration. Lorsqu'une panne se produit, le système doit pouvoir se remettre en marche au bout d'un temps maximal de 50 ms. Cette durée provient de la téléphonie, qui n'accepte des coupures que sur des intervalles de temps inférieurs à cette valeur. Les réseaux SONET, par exemple, atteignent cette valeur de temps de reconfiguration. Les solutions sont généralement la redondance, totale ou partielle, qui permet de mettre en route un autre chemin, prévu à l'avance, en cas de coupure.
- L'optimisation des performances par un monitoring actif ou passif. Les performances ne sont pas toutes homogènes lorsque les flots de paquets varient. Il faut donc adapter les flots pour qu'ils puissent transiter sans problème.

- Le réseau doit pouvoir accepter les SLA (Service Level Agreement). Le SLA est une notion typique d'un réseau d'opérateur lorsqu'un client veut négocier une garantie de service. Le SLA est déterminé par une partie technique, le SLS (Service Level Specification), et une partie administrative dans laquelle sont négociées les pénalités si le système ne donne pas satisfaction.
- La gestion est aussi une fonctionnalité importante des réseaux d'opérateurs. En particulier, des systèmes de détection de pannes et des signalisations doivent être disponibles pour que le réseau soit en état de marche.

Les extensions d'Ethernet

Ethernet est à la fois une norme ancienne et une norme du futur : ancienne, par les techniques de réseau local, et du futur, grâce à la commutation et à son application aux réseaux métropolitains et étendus mais aussi à la boucle locale, aux réseaux électriques, sans fil, etc.

Ethernet dans la boucle locale

La boucle locale consiste à relier les utilisateurs au premier nœud, routeur ou commutateur, de l'opérateur chez lequel le client possède un abonnement. Les solutions à haut débit se partagent entre l'ATM pour les liaisons fixes et l'Ethernet pour les liaisons sans fil. Un des objectifs d'Ethernet dans la boucle locale est de remplacer l'ATM par des solutions Ethernet, en particulier dans les modems *x*DSL.

On comprend tout de suite l'intérêt de cette solution, qui offre une continuité avec la machine terminale, laquelle possède généralement une carte Ethernet. L'équipement terminal est la plupart du temps connecté par Ethernet au modem *x*DSL ou câble haut débit. Pourquoi changer de technologie, c'est-à-dire décapsuler le paquet IP qui a été introduit dans une trame Ethernet pour le mettre dans une trame ATM ? Les solutions les plus simples auraient été soit de mettre directement une carte ATM dans le PC, soit d'utiliser des modems Ethernet à la place de modems ATM.

Le groupe de travail EFM (Ethernet in the First Mile) a proposé pour cela la norme IEEE 802.3ah, qui comporte trois types de topologies et de supports physiques :

- point-à-point en paires torsadées à une vitesse de 10 Mbit/s sur une distance de 750 m ;
- point-à-point en fibre optique à une vitesse de 1 Gbit/s sur une distance de 10 km ;
- point-à-multipoint en fibre optique à une vitesse de 1 Gbit/s sur une distance de 10 km.

La norme précise les procédures d'administration et de maintenance pour les extrémités et la ligne elle-même. Ces procédures permettent de faire remonter les pannes et de monitorer les paramètres de la liaison.

Le VDSL (Very high bit rate DSL), équivalent des modems *x*DSL pour les hautes vitesses, est également compatible avec Ethernet et offre une continuité complète à haut débit du poste de travail émetteur jusqu'au poste de travail récepteur par le biais de modems EFM.

PoE (Power over Ethernet)

Un inconvénient majeur des équipements réseau, et des équipements Ethernet en particulier, vient de la nécessité de les alimenter électriquement. En cas de coupure de courant, le réseau s'arrête et peut mettre en difficulté l'entreprise. Une solution qui s'impose de plus en plus est l'auto-alimentation des équipements réseau par l'intermédiaire du câblage lui-même.

Le groupe de travail IEEE 802.3af propose d'alimenter électriquement les équipements Ethernet par le câble Ethernet lui-même. Les équipements peuvent être aussi bien des commutateurs du réseau que des points d'accès Wi-Fi ou d'autres équipements réseau qui se branchent sur une prise Ethernet. L'avantage de cette solution est de sécuriser les alimentations électriques des serveurs raccordés au réseau électrique et donc tous les autres équipements raccordés au serveur.

Les sources électriques peuvent être de deux types : end-span, dans lequel un serveur particulier dessert l'ensemble du réseau, et mid-span, où plusieurs équipements se partagent l'alimentation des autres équipements réseau. Les fils métalliques peuvent être de catégorie 3 avec 4 fils ou 5/6 avec 8 fils, c'est-à-dire quatre paires de fils. Deux solutions sont utilisées pour transporter le 48 volts vers les équipements qui en ont besoin : soit l'alimentation utilise deux paires tandis que les deux autres paires sont dédiées aux données, soit les paires sont mixtes lorsqu'il n'y a que deux paires, l'électricité et le courant étant portés sur des fréquences différentes.

La solution PoE est illustrée à la figure 16.24, où plusieurs équipements réseau (téléphone IP, point d'accès, accès Bluetooth, webcam) sont directement alimentés au travers d'Ethernet. L'équipement UPS (Uninterruptable Power Supply) peut être ajouté pour éviter les coupures de courant.

Figure 16.24

Architecture de l'alimentation électrique PoE

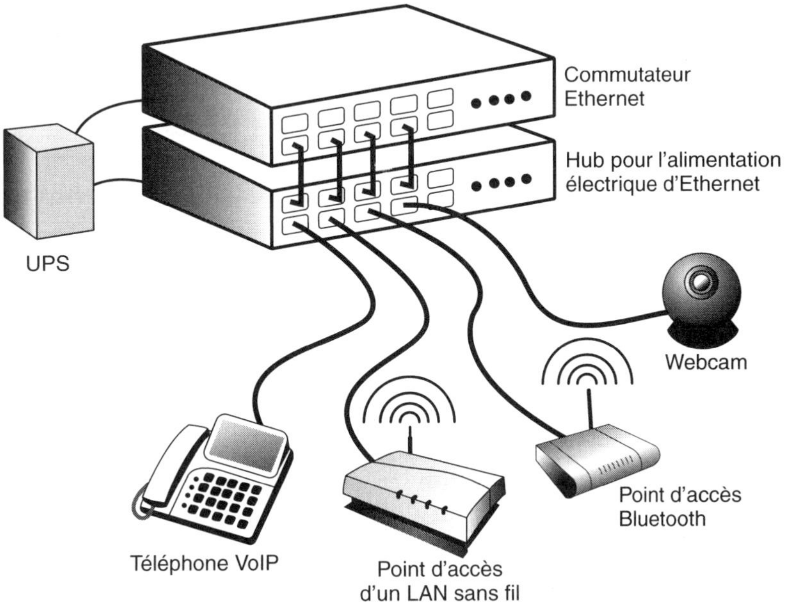

Une autre vision d'Ethernet est le transport des trames directement sur les câbles électriques. Cette solution se développe fortement dans le cadre de la domotique, où les particuliers peuvent connecter directement leur carte coupleur Ethernet sur leurs nombreuses prises électriques *(voir le chapitre 28).*

L'Ethernet sur courant porteur

Nous détaillons la solution Ethernet sur courant porteur, ou CPL (courant porteur en ligne), au chapitre 25. Cette solution est en pleine croissance du fait de sa simplicité de mise en œuvre et de son coût. Les débits offerts, qui étaient faibles dans les premières générations, deviennent aujourd'hui parfaitement adaptés pour des transports d'applications de streaming à grand volume.

Plusieurs normes sont disponibles. La plus importante est sans conteste la norme HomePlug et sa dernière version HomePlug AV (Audio Video), qui propose un débit brut de 200 Mbit/s. Le débit réel tourne autour d'une cinquantaine de mégabits par seconde mais peut s'effondrer si le bruit électromagnétique devient trop important. Cependant, ce type de réseau devrait s'avérer suffisant pour transporter des flux de streaming à haut débit.

Une seconde norme poussée par les Européens, également à 200 Mbit/s, est à la base de la proposition OPERA, que nous détaillons également au chapitre 25.

L'Ethernet sans fil

Ethernet est en train de prendre une place de choix dans le domaine des réseaux sans fil et de mobiles, où il est entré en compétition avec les technologies UMTS depuis 2006. Cette arrivée massive s'effectue par le biais de l'IEEE, dont la trame Ethernet est le fer de lance. L'idée sous-jacente est bien sûr de pouvoir interconnecter simplement tous les réseaux, fixes et mobiles, par l'intermédiaire d'une même trame.

Le premier réseau qui a répandu cette solution provient de la normalisation IEEE 802.11, qui a donné naissance aux réseaux Wi-Fi. La compatibilité de tous ces réseaux s'effectue par l'intermédiaire des trames LLC, identiques dans tous les réseaux sans fil ayant l'Ethernet comme soubassement.

On retrouve également Ethernet dans les réseaux de la série de normes IEEE 802.*x*, comme IEEE 802.15 pour les réseaux personnels et l'UWB (Ultra-Wide Band), IEEE 802.16 pour WiMAX et IEEE 802.22 pour les réseaux régionaux.

Le plus répandu, et de loin, de ces réseaux est Wi-Fi, qui est examiné en détail au chapitre 23, mais aussi WiMAX, présenté au chapitre 24.

Conclusion

Les réseaux Ethernet dominent le marché des réseaux d'entreprise depuis de nombreuses années. Ces réseaux ne font qu'accentuer leur avance, et, bientôt, pratiquement 100 % des réseaux d'entreprise seront Ethernet.

Face à un tel succès, le groupe de travail 802 de l'IEEE multiplie les offensives vers d'autres directions, comme les réseaux sans fil, pour lesquels l'Ethernet sans fil est devenu le principal standard.

Des réseaux métropolitains Ethernet sont déjà commercialisés, et leur succès ne fait aucun doute. À un peu plus long terme, les réseaux étendus devraient également passer sous le joug de la technologie Ethernet.

17

MPLS et GMPLS

L'environnement IP est devenu le standard de raccordement à un réseau pour tous les systèmes distribués provenant de l'informatique. De son côté, la technique de transfert ATM a incarné la solution préférée des opérateurs pour relier deux routeurs entre eux avec une qualité de service. Il était donc plus que tentant d'empiler les deux environnements pour permettre l'utilisation à la fois de l'interface standard IP et de la puissance de l'ATM. Cette opération a donné naissance aux architectures dites IP sur ATM.

La difficulté de cette solution se situe au niveau de l'interface entre IP et ATM, avec le découpage des paquets IP en cellules, et lors de l'indication dans la cellule d'une référence correspondant à l'adresse IP du destinataire. En effet, le client que l'on souhaite atteindre est connu par son adresse IP, alors que les données doivent transiter par un réseau ATM. Pour ouvrir le chemin, ou circuit virtuel, il faut nécessairement connaître l'adresse ATM du client récepteur. La problématique vient de la correspondance d'adresses : en connaissant l'adresse IP du destinataire, comment trouver son adresse ATM ?

On peut regrouper les solutions à ce problème en trois grandes classes :

- Les techniques d'émulation, lorsque la correspondance d'adresses utilise un intermédiaire, l'adresse MAC.
- Le protocole CIOA (Classical IP over ATM), lorsqu'il n'y a qu'un seul sous-réseau ATM.
- Les techniques de serveur de routes MPOA (MultiProtocol Over ATM), PNNI (Private Network Node Interface) et NHRP (Next Hop Resolution Protocol), lorsqu'il y a plusieurs sous-réseaux ATM potentiels à traverser.

Ces trois techniques sont de plus en plus remplacées par un protocole beaucoup plus homogène, normalisé par l'IETF sous le nom de MPLS (MultiProtocol Label-Switching). Comme Ethernet et ATM, MPLS utilise des techniques de commutation de références, ou label-switching, mais avec d'autres types de trames, comme LAP-F ou PPP. MPLS fait appel à un chemin LSP (Label Switched Path), qui n'est autre qu'un circuit virtuel. Les paquets qui suivent ce chemin sont commutés dans les nœuds.

Pour le monde des opérateurs de télécommunications et, de façon plus fragmentaire, pour les très grandes sociétés internationales dotées de leur propre réseau, MPLS est devenu la technique de base depuis le début de la décennie.

Des extensions à MPLS ont été apportées avec GMPLS (Generalized MPLS), qui introduit de nouveaux paradigmes de commutation. Ce chapitre commence par décrire les techniques IP sur ATM avant de détailler MPLS puis GMPLS.

IP sur ATM

La figure 17.1 illustre deux architectures potentielles pour IP sur ATM. L'architecture de gauche (IP over ATM) est celle qui a été retenue par la quasi-totalité des constructeurs et des opérateurs. L'architecture de droite est une solution non implémentée, qui consiste à mettre en parallèle une infrastructure ATM et une pile TCP/IP. L'idée est de faire passer la signalisation par le plan TCP/IP et les données par le plan ATM. L'intérêt de cette solution est d'utiliser l'universalité de l'adressage IP et la puissance de transfert de l'ATM. Son inconvénient est de devoir mettre sur pied un double réseau et de ne pas avoir d'interface native ATM. C'est cette architecture qui va servir de base à MPLS.

Figure 17.1
Deux architectures IP sur ATM

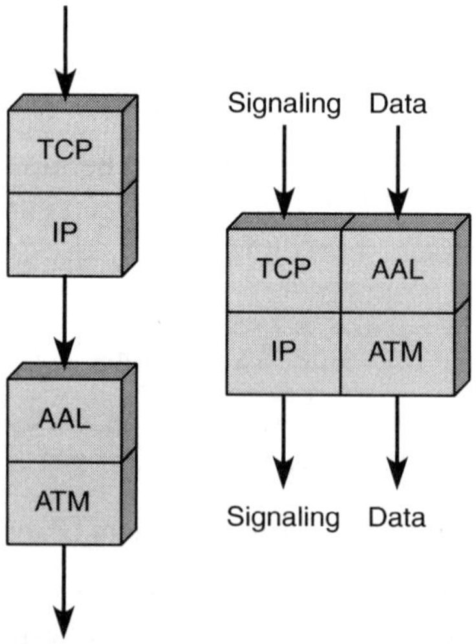

Une troisième solution, de moins en moins utilisée, est ce que l'on appelle l'émulation de réseau, ou LANE (LAN Emulation). Elle est illustrée à la figure 17.2. Dans cette solution, on se sert d'une adresse Ethernet comme intermédiaire entre l'adresse IP et l'adresse ATM. Cela permet d'ajouter une infrastructure ATM sans que les équipements terminaux aient à s'en soucier. C'est une façon d'introduire de l'ATM dans l'entreprise de manière transparente pour l'utilisateur. Nous en donnons ci-après quelques caractéristiques.

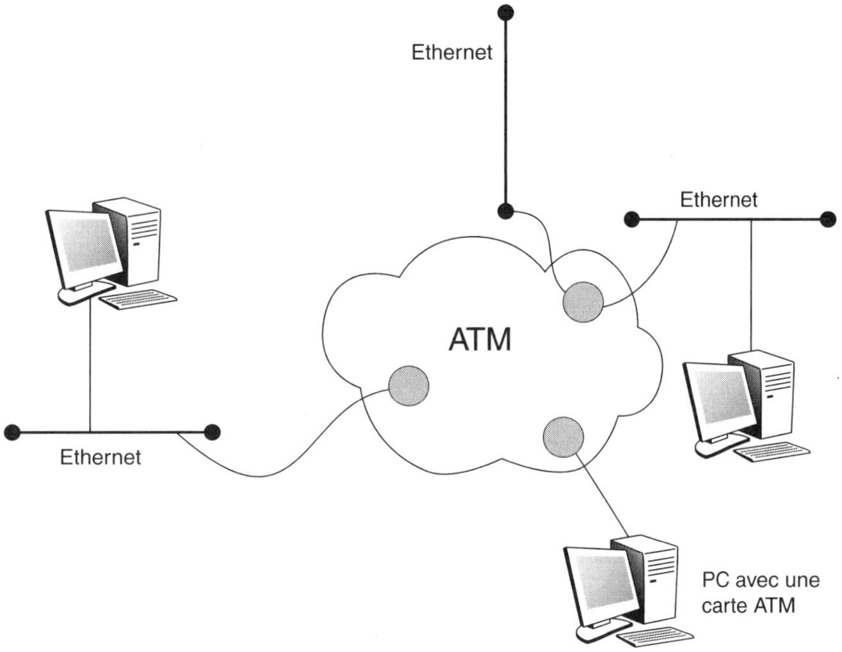

Figure 17.2
Architecture LANE

LANE (LAN Emulation)

Le protocole LANE poursuit trois objectifs :

- remplacer un sous-réseau par un réseau ATM ;
- conserver les interfaces utilisateur ;
- faire communiquer des équipements terminaux ATM avec des équipements terminaux LAN.

L'un des inconvénients majeurs de cette solution est qu'elle nécessite une double correspondance IP-MAC et MAC-ATM.

Il existe de nombreuses façons de définir une émulation, dont l'une des meilleures est proposée par l'ATM Forum sous le sigle L-UNI (LAN emulation User-to-Network Interface). Comme elle est de niveau MAC, cette émulation supporte toutes les applications existantes.

L'émulation L-UNI comporte quatre parties :

- L'émulation client, ou LEC (LAN Emulation Client), qui travaille comme un délégué pour le terminal ATM.
- L'émulation serveur, ou LES (LAN Emulation Server), qui résout la correspondance des adresses MAC et ATM.
- L'émulation serveur pour les applications multipoint, ou BUS (Broadcast and Unknown Server), qui résout la correspondance des adresses multipoint.
- L'émulation serveur de configuration, ou LECS (LAN Emulation Configuration Server), qui permet de mettre à jour une station qui se connecte.

Le logiciel LEC, que doit posséder toute station ou tout routeur qui veut être émulé, détient une adresse ATM d'accès. Le LES mémorise toutes les adresses MAC des stations des réseaux locaux qui sont logiquement attachés et leur adresse ATM associée. Le BUS est un serveur du même type que le LES mais pour les adresses de diffusion et multipoint. Enfin, le LECS possède les informations de configuration, comme l'adresse du LES du réseau émulé auquel appartient une station qui s'active.

Quand un client désire envoyer une trame vers une autre station, il fait parvenir au serveur LES une requête sur l'adresse ATM correspondant à l'adresse MAC de la station destinataire. Le serveur répond avec l'adresse ATM du LEC auquel la station destination est connectée. Ensuite, le LEC ouvre un circuit virtuel avec son correspondant, déterminé par l'adresse ATM que lui a procurée le LES, et convertit la trame MAC en plusieurs trames ATM et envoie les cellules. Au LEC d'arrivée, les cellules sont converties en trames MAC, qui sont alors envoyées vers le terminal approprié.

Le cheminement des flots s'effectue de la façon illustrée à la figure 17.3. Le parcours 1 correspond à l'envoi par le client d'une requête, portant une demande de conversion d'une adresse IP en une adresse ATM, envoyée au serveur LES. Le parcours 2 illustre la réponse à cette requête. Le client connaissant maintenant l'adresse ATM de son correspondant, il peut lui envoyer un flot de paquets IP encapsulés dans des trames ATM et circulant sur le circuit virtuel ouvert vers l'adresse ATM du destinataire. Le parcours 3 correspond à l'ouverture du circuit virtuel avec la machine distante dont l'adresse ATM a été obtenue grâce à la conversion effectuée.

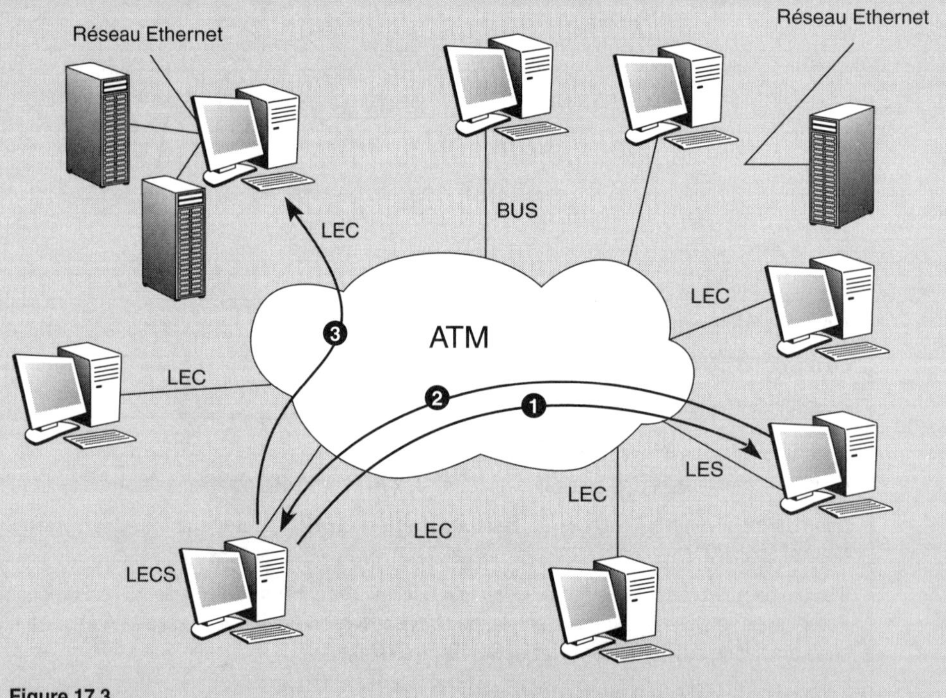

Figure 17.3
Émulation L-UNI

Si le serveur LES n'est pas capable d'effectuer la traduction d'adresse, il faut envoyer une demande de traduction au BUS. Celui-ci émet en diffusion cette demande vers l'ensemble des récepteurs du réseau ATM. La station de réception qui se reconnaît comme étant le correspondant, grâce à l'adresse IP incluse dans la demande, renvoie son adresse ATM à l'émetteur, qui peut enfin ouvrir un circuit virtuel, où transitera le flot des paquets IP.

Le serveur BUS est également utilisé lorsque l'adresse IP du récepteur est multicast. Le serveur BUS possède pour cela des circuits virtuels ouverts avec l'ensemble des machines participant au réseau ATM.

La figure 17.4 illustre l'architecture du LANE. La pile protocolaire de droite représente une machine terminale connectée à un réseau local. Celui-ci mène à un équipement de connexion au réseau ATM. La pile protocolaire de gauche représente une station ATM attachée directement au réseau ATM mais travaillant en émulation LAN. Les piles protocolaires du milieu représentent, à droite, un commutateur ATM et, à gauche, la passerelle de passage entre le réseau local et le réseau ATM.

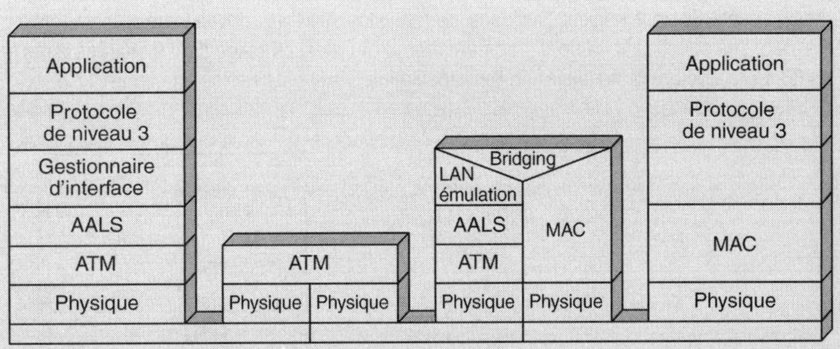

Figure 17.4
Architecture de l'émulation de réseaux locaux LANE

LANE 2.0 introduit une évolution notable par rapport à cette première génération en ajoutant le respect de la qualité de service et le support d'applications multipoint. Cette génération n'a cependant pas eu le temps de s'étendre, du fait de l'arrivée de MPLS, que nous détaillons dans la suite de ce chapitre.

CIOA (Classical IP over ATM)

La solution CIOA permet de transporter les paquets IP par l'intermédiaire d'un réseau ATM sans émulation de réseau local. Pour ce faire, l'adresse IP est traduite directement dans une adresse ATM. Pour réaliser le transport de l'information, il suffit d'encapsuler les paquets IP dans des cellules ATM. À la différence de la solution précédente, on ne passe pas par une première encapsulation dans une trame Ethernet, elle-même encapsulée dans des cellules ATM.

Issue du groupe de travail ION (Internetworking Over NBMA), chargé par l'IETF en 1996 de redéfinir les environnements IP sur ATM, CIOA est la solution la plus répandue aujourd'hui. Le sigle NBMA (Non Broadcast Multiple Access) a été attribué à tous les réseaux qui n'offrent pas une diffusion au niveau physique, comme celle obtenue dans un réseau Ethernet partagé. Un réseau ATM est un NBMA au même titre qu'un réseau relais de trames.

Pour réaliser la correspondance d'adresses, comme dans le couple IP-Ethernet, il faut un protocole de type ARP (Address Resolution Protocol), ici ATMARP (ATM's Address Resolution Protocol). Ce protocole est défini dans la RFC 1577, qui précise la notion de sous-réseau IP, ou LIS (Logical IP Subnetwork). Tous les utilisateurs connectés sur un LIS ont un préfixe d'adresse en commun. Un LIS regroupe l'ensemble des machines et des routeurs IP appartenant au même sous-réseau au sens IP. Un LIS comporte un serveur ATMARP, connu de toutes les machines connectées sur le LIS et contenant les correspondances d'adresses IP et ATM des stations du LIS.

Une station qui veut communiquer avec une autre station sur le LIS envoie une requête au serveur (phase 1), lequel, dans le cas standard, lui communique l'adresse ATM correspondante (phase 2), permettant à la station source d'ouvrir un circuit virtuel avec la station destination (phase 3). Ces trois phases sont illustrées à la figure 17.5.

Figure 17.5
Connexion CIOA

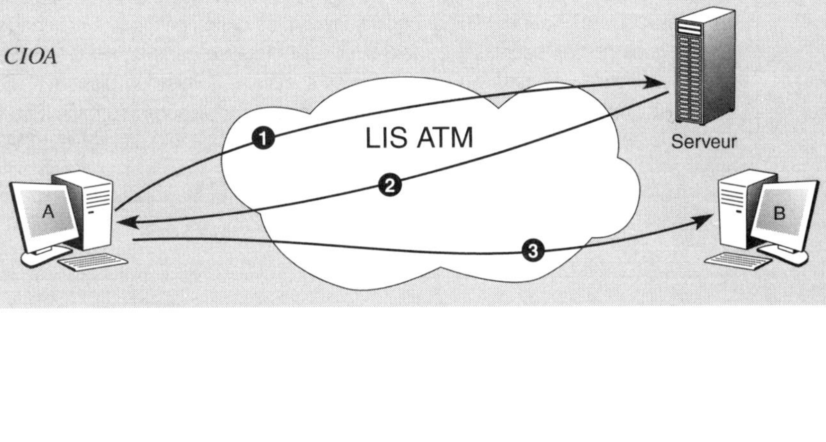

Les paquets IP sont encapsulés dans des cellules ATM au moyen d'une fragmentation effectuée par l'AAL-5. Les spécifications de la fragmentation et du réassemblage sont indiquées dans les RFC 1577 et 1483. L'architecture protocolaire de l'encapsulation CIAO est illustrée à la figure 17.6.

Figure 17.6
Architecture protocolaire de l'encapsulation CIAO

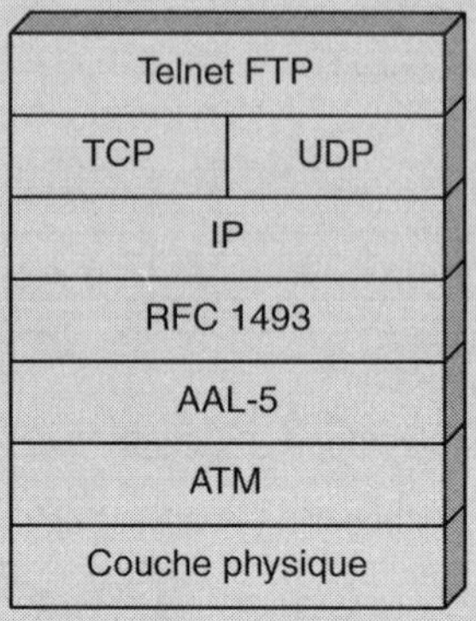

CIOA se place au niveau 3 de l'architecture OSI et utilise une résolution d'adresse IP directement en ATM. La résolution d'adresse de l'émulation LAN opère pour sa part au niveau MAC. Ce sont bien sûr deux solutions incompatibles. CIOA est beaucoup plus simple que l'émulation LAN, mais elle ne permet pas de gérer la diffusion.

De nombreuses autres possibilités d'encapsulation ont été proposées, dont les plus connues sont les suivantes :

- TULIP (TCP and UDP Lightweight IP), RFC 1932 ;
- TUNIC (TCP and UDP over a Non-existing IP Connection), également décrite dans la RFC 1932.

Le rôle de ces deux encapsulations concernant deux stations appartenant au même LIS est de simplifier les traitements dans le niveau IP en supprimant en grande partie l'en-tête.

Comme nous venons de le voir, la corrélation d'adresses dans CIOA se fait au niveau IP-ATM, ce qui simplifie la recherche de la correspondance d'adresses mais limite son utilisation aux réseaux IP. Avec la deuxième génération du protocole CIOA, la résolution d'adresse s'effectue par un mécanisme InATMARP (Inverse ATM's ARP), qui est une extension du mécanisme RARP (Reverse ARP) d'Internet *(voir le chapitre18).* Dans CIOA 2, le protocole NHRP, que nous détaillons à la section suivante, peut être utilisé.

Le groupe ION de l'IETF a mis au point le système MARS (Multicast Address Resolution Server) pour émuler le multicast au-dessus d'ATM. Ce service est étendu à tous les protocoles de la couche réseau au-dessus des réseaux NBMA. Le système MARS comporte un serveur et des clients. Dans le cadre d'IPv4, MARS ne travaille que sur un LIS. Il est possible d'ajouter des serveurs spécialisés MCS (Multicast Cluster Server) pour remplacer le serveur MARS dans la distribution des paquets et de la gestion des applications multicast. Il n'est toutefois pas évident de trouver l'architecture optimale entre une centralisation dans un serveur MARS unique et une distribution totale dans un réseau de serveurs MCS.

Avec l'arrivée d'IPv6, le protocole ATMARP ne peut plus être exploité. IPv6 au-dessus d'ATM remplace le processus ATMARP par ND (Neighbor Discovery), ce qui empêche le fonctionnement du protocole CIOA tel que nous l'avons décrit. De ce fait, l'IETF a normalisé dans les RFC 2491 et 2492 deux nouveaux protocoles pour le remplacer. Ces protocoles spécifient la mise en place d'IPv6 au-dessus de réseaux NBMA. Le protocole MARS est repris mais étendu pour transporter du trafic IPv6 unicast. Dans ce nouvel environnement, les LIS sont remplacés par des LL (Logical Link). Le serveur MARS réalise les fonctions auparavant réalisées par le serveur ATMARP.

NHRP et MPOA

Les deux solutions décrites précédemment, LANE et CIOA, s'appliquent facilement à un LIS (Logical IP Subnetwork) unique. Les protocoles utilisés par le BUS ou la procédure ATMARP requièrent une diffusion. Si les requêtes peuvent traverser des passerelles, la diffusion devient difficile à maîtriser. Il faut donc un protocole pour rechercher l'adresse du destinataire sans diffusion afin que l'environnement IP puisse se mettre au-dessus d'un ensemble de sous-réseaux ATM.

Considérons un ensemble de LIS ATM formant un NBMA. Chacun des réseaux ATM interconnectés a donc des utilisateurs possédant un préfixe d'adresse en commun et formant un LIS. Connaissant l'adresse IP du destinataire, il est possible de déterminer l'adresse ATM correspondante. La figure 17.7 illustre le processus consistant à trouver l'adresse ATM du destinataire en connaissant son adresse IP alors qu'il ne se trouve pas sur le même réseau.

Figure 17.7
IP sur plusieurs LIS interconnectés

NHRP (Next Hop Resolution Protocol)

Le protocole NHRP provient du monde Internet et est décrit dans la RFC 1932. Il permet de rechercher l'adresse ATM correspondant à une adresse IP dans un réseau NBMA composé de plusieurs LIS. Plus précisément, NHRP permet la résolution d'une adresse IP d'une station de travail se trouvant sur un LIS distant en une adresse du réseau NBMA (adresse ATM, relais de trames, etc.).

Chaque LIS possède un serveur de route, appelé NHS (Next Hop Server), souvent situé dans un routeur. Lorsqu'un client demande une connexion, il s'adresse au NHS du LIS auquel il appartient pour obtenir les informations de routage sur son paquet. Si le NHS local ne peut résoudre le problème de la localisation, il adresse une requête vers les NHS connexes, et ainsi de suite jusqu'à arriver au LIS auquel le destinataire appartient.

Cette solution permet de trouver une route beaucoup plus directe que le passage par les différents NHS, comme l'illustre la figure 17.8. La phase 1 correspond à la demande de conversion d'adresse au NHR Routeur du premier LIS, lequel s'adresse avec la phase 2 au NHR Routeur du LIS dont dépend l'utilisateur distant. Les phases 3 puis 4 correspondent au retour de la conversion d'adresse. Avec l'adresse ATM le client ouvre un circuit virtuel avec le distant : c'est la phase 5. On peut ainsi obtenir une connexion directe en mode ATM de deux stations appartenant à des LIS distants, sans qu'il soit nécessaire de remonter au niveau IP du routeur.

Figure 17.8
Mise en place d'une route par NHRP

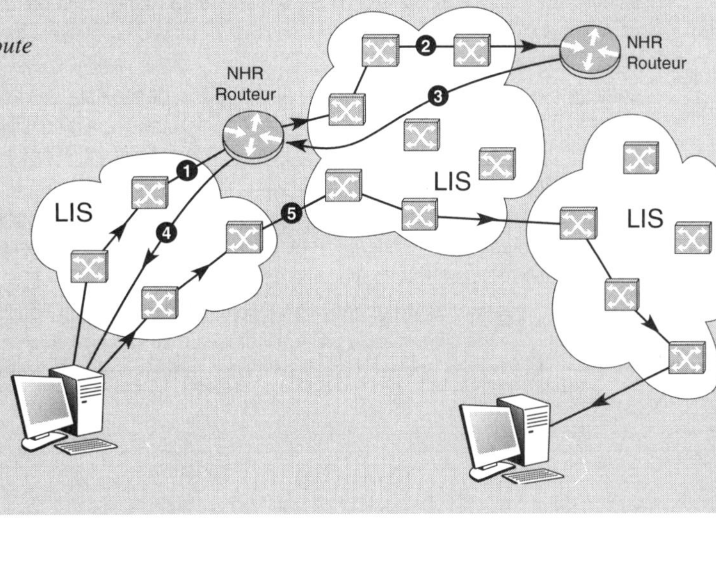

MPOA (MultiProtocol Over ATM)

MPOA est un protocole mis au point par l'ATM Forum. Plus complexe que NHRP, il se sert des techniques décrites aux sections précédentes en les unissant et en les complétant pour réaliser le transport de paquets IP ou de paquets d'autres protocoles, comme IPX, sur une interconnexion de réseaux ATM. La route peut être déterminée soit par une solution centralisée de type serveur de route, soit par une solution distribuée utilisant les protocoles PNNI ou NHRP.

Le rôle de MPOA est toujours de trouver l'adresse ATM du correspondant pour ouvrir une connexion directe, ou shortcut, entre deux stations ATM qui ne se connaissent au départ que par leur adresse IP.

Les deux composantes de MPOA sont les suivantes :

- MPC (MPOA Client), qui, à la demande d'un client, recherche la meilleure route pour ouvrir un circuit virtuel avec un client dont il connaît l'adresse IP.
- MPS (MPOA Server), situé dans un routeur, qui, à l'aide d'un routage classique, tel que RIP (Routing Information Protocol), OSPF (Open Shortest Path First), etc., achemine les requêtes NHRP de demandes de correspondance.

La figure 17.9 illustre le fonctionnement de MPOA. La phase 1 correspond à la demande de conversion d'adresse qui remonte jusqu'au serveur MPS connaissant la réponse. La phase 2 transporte la réponse à la demande de conversion qui permet l'ouverture du circuit virtuel vers le distant.

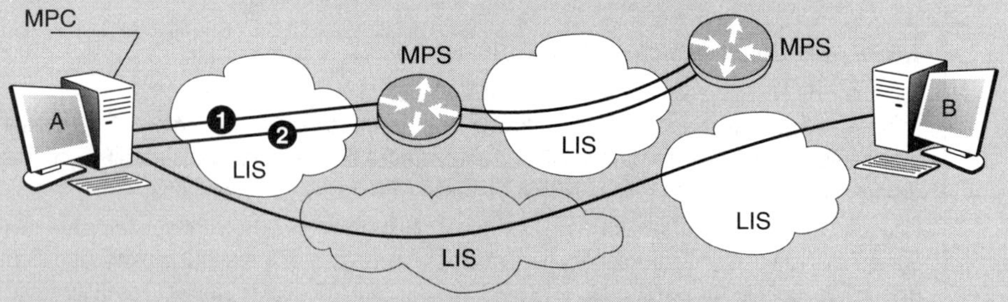

Figure 17.9
Fonctionnement de MPOA

PAR et I-PNNI

Issu de l'ATM Forum, le protocole PNNI a pour fonction de mettre en place une connexion entre deux utilisateurs en subdivisant le réseau en sous-réseaux, chaque sous-réseau possédant un nœud leader capable de connaître l'état des autres sous-réseaux et de renvoyer ces informations à ses propres nœuds dans son sous-réseau.

Lorsque des routeurs IP sont interconnectés par un ensemble de réseaux ATM, il est difficile de déterminer le chemin à suivre. Une solution pour trouver un chemin consiste à utiliser le protocole PNNI. Les mécanismes PAR et I-PNNI ont pour objet d'établir cette jonction entre les routeurs et le protocole PNNI.

- PAR (PNNI Augmented Routing) permet d'élire un serveur de route sur une machine de chaque sous-réseau ATM. Ce routeur est appelé DR (Designated Router). C'est lui qui est capable de faire la résolution d'adresse entre la partie IP et le réseau ATM et qui déclenche le protocole PNNI pour mettre en place une route sur l'interconnexion de réseaux ATM.
- I-PNNI (Integrated PNNI) étend le protocole PNNI de sorte qu'il puisse être utilisé sur les sous-réseaux IP. Dans chaque sous-réseau LIS, on indique en ce cas un leader.

MPLS (MultiProtocol Label-Switching)

MPLS est une norme proposée par l'IETF, l'organisme de normalisation d'Internet, pour l'ensemble des architectures et des protocoles de haut niveau (IP, IPX, AppleTalk, etc.). Cependant, son implémentation la plus classique concerne uniquement le protocole IP.

Les nœuds de transfert spécifiques utilisés dans MPLS sont appelés LSR (Label Switched Router). Les LSR se comportent comme des commutateurs pour les flots de données utilisateur et comme des routeurs pour la signalisation. Pour acheminer les trames utilisateur, on utilise des références, ou *labels*. À une référence d'entrée correspond une référence de sortie. La succession des références définit la route suivie par l'ensemble des trames contenant les paquets du flot IP.

Toute trame utilisée en commutation, ou label-switching, peut être utilisée dans un réseau MPLS. La référence est placée dans un champ spécifique de la trame ou dans un champ ajouté dans ce but.

IP-switching

Introduite par la société Ipsilon, IP-switching a été la première version du label-switching. Dans cette architecture, la route est déterminée par le flot IP. Les nœuds IP-switch remplacent les routeurs en travaillant soit en mode routeur, pour tracer le chemin avec le premier paquet IP du flot, soit en mode commutation de cellules ATM, pour toutes les cellules qui suivent le chemin tracé. Le premier paquet IP est routé normalement, comme dans un réseau Internet. La route est déterminée par un algorithme de routage d'Internet.

Une fois déterminé le premier routeur à traverser, le paquet IP est subdivisé en cellules ATM pour traverser le premier LIS. Le paquet IP est recomposé au premier routeur IP-switch, lequel décide de la route à suivre, toujours à l'aide d'un algorithme de routage classique d'Internet. En même temps, une table de commutation est déterminée pour commuter les cellules du même flot. Après avoir franchi le premier nœud, le paquet IP est de nouveau fragmenté en cellules ATM, lesquelles sont émises vers le nœud suivant puis regroupées, et ainsi de suite. Tous les paquets IP suivants appartenant au même flot sont subdivisés en cellules ATM par l'émetteur et commutés sur le chemin tracé. Ce dernier devient un circuit virtuel ATM de bout en bout. La solution de routage-commutation de cette technique est illustrée à la figure 17.10.

Figure 17.10
TCP/IP sur ATM en IP-switching

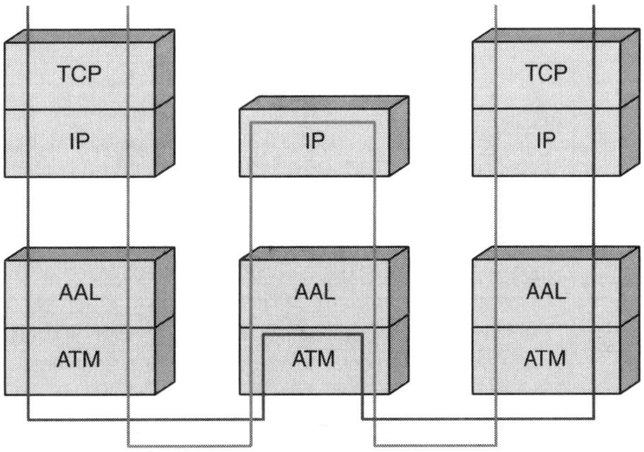

L'ouverture de la route s'effectue à chaque nouveau flot se présentant dans le réseau. Si cette solution est assez fastidieuse à gérer, elle permet d'affecter une qualité de service à chaque flot. Le principal reproche qui lui est adressé est de ne pas passer l'échelle, c'est-à-dire de ne pas pouvoir atteindre un très grand nombre de flots à gérer simultanément. Toshiba a proposé une solution comparable appelée, CSR (Cell Switching Router).

Les autres solutions pré-MPLS

Les autres solutions, principalement le tag-switching de Cisco Systems et ARIS (Aggregate Route-based IP Switching) d'IBM, utilisent des routes déterminées par la topologie et non plus par le flot. La norme MPLS a également choisi cette solution du choix de la route déterminée par la topologie pour des raisons de passage à l'échelle. Le tag-switching a été proposé quelques mois après l'annonce de l'IP-switching. Cisco a essayé de promouvoir sa solution *via* l'IETF, et de nombreuses RFC sont disponibles sur le type de sous-réseaux — ATM, PPP, Ethernet — à utiliser, ainsi que sur la possibilité de faire du multicast et d'utiliser le protocole RSVP.

La proposition ARIS d'IBM a été soumise à l'IETF sous forme de RFC. Comme dans le tag-switching, la mise en place des routes s'effectue par un algorithme dépendant de la topologie du réseau et non par une signalisation utilisant le premier paquet du flot de données. Les routes sont donc déterminées à l'avance.

Ces solutions reposent sur le principe de la détermination d'une route entre l'émetteur et le récepteur, cette route étant établie par des serveurs de route. Les fragments de paquets IP sont étiquetés à l'entrée du réseau pour suivre la route déterminée. La route peut traverser des réseaux divers, aussi bien ATM que relais de trames ou Ethernet. La référence se trouve dans la zone VPI/VCI de la cellule ATM, dans la zone DLCI de la trame LAP-F d'un réseau relais de trames ou dans une zone supplémentaire de la trame Ethernet. On retrouve là la solution de mise en place d'une route à l'intérieur du réseau et de commutation de trames le long de cette route.

Les différences d'implémentation proviennent des antécédents des constructeurs. Si le constructeur propose des routeurs à son catalogue, il doit ajouter la partie ATM pour commuter les cellules ATM. Si le constructeur provient de l'environnement ATM, c'est un serveur de route IP qui est ajouté.

Le même type d'architecture peut se déployer directement au-dessus d'un environnement Ethernet, comme illustré à la figure 17.11.

Figure 17.11
Architecture d'un environnement IP sur Ethernet

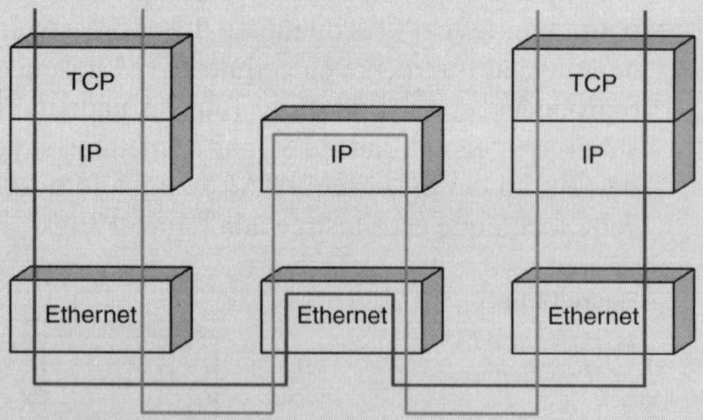

Cette architecture est dictée par l'environnement Ethernet, qui brille par sa simplicité de mise en œuvre. Elle a l'avantage de s'appuyer sur l'existant, les coupleurs et les divers réseaux Ethernet, que de nombreuses sociétés ont mis en place pour créer leurs réseaux locaux. Puisque les données produites au format IP, IPX ou autre sont placées dans des trames Ethernet afin d'être transportées dans l'environnement local, il est tentant de commuter directement les trames Ethernet d'un réseau local vers un autre. Comme tous les réseaux de l'environnement Ethernet sont compatibles et parlent le même langage, les machines émettant des trames Ethernet peuvent s'interconnecter facilement. On peut ainsi réaliser des réseaux extrêmement complexes avec des segments partagés sur les parties locales, des liaisons commutées sur les longues distances ou entre les commutateurs Ethernet et des passages par des routeurs lorsqu'une remontée jusqu'au niveau IP est exigée.

Caractéristiques de MPLS

MPLS est l'aboutissement logique de toutes les propositions qui ont été faites dans les années 1990. L'idée de l'IETF a été de proposer une norme commune pour transporter des paquets IP sur des sous-réseaux travaillant en mode commuté. Les nœuds sont des routeurs-commutateurs capables de remonter soit au niveau IP pour effectuer un routage, soit au niveau trame pour effectuer une commutation.

Les caractéristiques les plus importantes de la norme MPLS sont les suivantes :

- Spécification des mécanismes pour transporter des flots de paquets IP avec diverses granularités des flots entre deux points, deux machines ou deux applications. La granularité désigne la grosseur du flot, qui peut intégrer plus ou moins de flots utilisateur.
- Indépendance du niveau trame et du niveau paquet, bien que seul le transport de paquets IP soit réellement pris en compte.
- Mise en relation de l'adresse IP du destinataire avec une référence d'entrée dans le réseau.
- Reconnaissance par les routeurs de bord des protocoles de routage de type OSPF et de signalisation comme RSVP.
- Utilisation de différents types de trames.

Quelques propriétés supplémentaires méritent d'être soulignées :

- Ouverture du chemin fondée sur la topologie, bien que d'autres possibilités soient également définies dans la norme.
- Assignation des références faite par l'aval, c'est-à-dire à la demande d'un nœud qui émet un message dans la direction de l'émetteur.
- Granularité variable des références.
- Stock de références géré selon la méthode « dernier arrivé premier servi ».
- Possibilité de hiérarchiser les demandes.
- Utilisation d'un temporisateur TTL.
- Encapsulation d'une référence dans la trame incluant un TTL et une qualité de service..

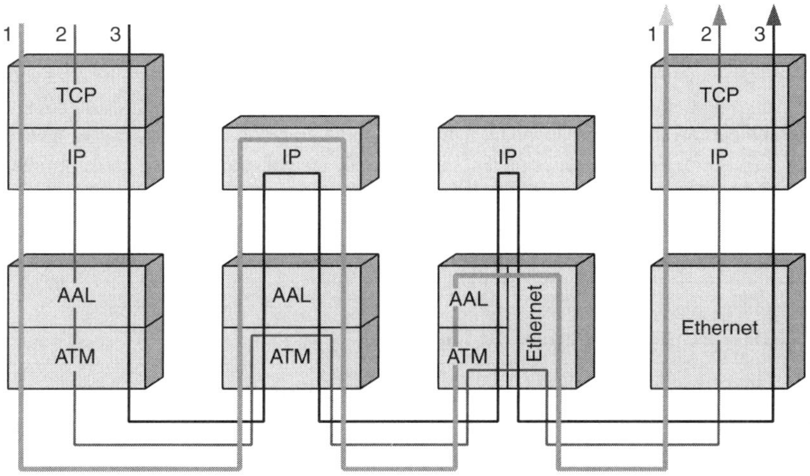

Figure 17.12

Réseau MPLS avec des sous-réseaux distincts

Le principal avantage apporté par le protocole MPLS est la possibilité, illustrée à la figure 17.12, de transporter les paquets IP sur plusieurs types de réseaux commutés. Il est ainsi possible de passer d'un réseau ATM à un réseau Ethernet ou à un réseau relais de trames. En d'autres termes, il peut s'agir de n'importe quel type de trame, à partir du moment où une référence peut y être incluse. Nous verrons plus loin comment ajouter une référence lorsque la trame ne le prévoit pas

Fonctionnement de MPLS

La transmission des données s'effectue sur des chemins nommés LSP (Label Switched Path). Un LSP est une suite de références partant de la source et allant jusqu'à la destination. Les LSP sont établis avant la transmission des données (control-driven) ou à la détection d'un flot qui souhaite traverser le réseau (data-driven).

Les références incluses dans les trames sont distribuées en utilisant un protocole de signalisation. Le plus important de ces protocoles est LDP (Label Distribution Protocol), mais on utilise aussi RSVP, éventuellement associé à un protocole de routage, comme BGP (Border Gateway Protocol) ou OSPF. Les trames acheminant les paquets IP transportent les références de nœud en nœud.

LSR et LER (Label Edge Router)

Les nœuds qui participent à MPLS sont classifiés en LER et LSR. Un LSR est un routeur dans le cœur du réseau qui participe à la mise en place du circuit virtuel par lequel les trames sont acheminées. Un LER est un nœud d'accès au réseau MPLS. Un LER peut avoir des ports multiples permettant d'accéder à plusieurs réseaux distincts, chacun pouvant avoir sa propre technique de commutation. Les LER jouent un rôle important dans la mise en place des références.

LSR (Label Switched Router)

Un équipement qui effectue une commutation sur une référence s'appelle un LSR. Les tables de commutation LSFT (Label Switching Forwarding Table) consistent en un ensemble de références d'entrée auxquelles correspondent des ports de sortie. À une référence d'entrée peuvent correspondre plusieurs files de sortie pour tenir compte des adresses multipoint.

La table de commutation peut être plus complexe. À une référence d'entrée peut correspondre le port de sortie du nœud dans une première sous-entrée mais aussi, dans une deuxième sous-entrée, un deuxième port de sortie correspondant à la file de sortie du prochain nœud qui sera traversé, et ainsi de suite. De la sorte, à une référence peut correspondre l'ensemble des ports de sortie qui seront empruntés lors de l'acheminement du paquet.

Les tables de commutation peuvent être spécifiques de chaque port d'entrée d'un LSR et regrouper des informations supplémentaires, comme une qualité de service ou une demande spécifique de ressources.

FEC (Forwarding Equivalency Classes)

Dans MPLS, le routage s'effectue par l'intermédiaire de classes d'équivalence, appelées FEC. Une classe représente un flot ou un ensemble de flots ayant les mêmes propriétés, notamment le même préfixe dans l'adresse IP. Toutes les trames d'une FEC sont traitées de la même manière dans les nœuds du réseau MPLS. Les trames sont introduites dans une FEC au nœud d'entrée et ne peuvent plus être distinguées à l'intérieur de la classe des autres flots.

Une FEC peut être bâtie de différentes façons. Elle peut avoir une adresse de destination bien déterminée, un même préfixe d'adresse, une même classe de service, etc. Chaque LSR possède une table de commutation qui indique les références associées aux FEC. Toutes les trames d'une même FEC sont transmises sur la même interface de sortie. Cette table de commutation est appelée LIB (Label Information Base).

Les références utilisées par les FEC peuvent être regroupées de deux façons :

- Par plate-forme : les valeurs des références sont uniques sur l'ensemble des LSR d'un domaine, et les références sont distribuées sur un ensemble commun géré par un nœud particulier.
- Par interface : les références sont gérées par interface, et une même valeur de référence peut se retrouver sur deux interfaces différentes.

MPLS et les références

Une référence en entrée permet donc de déterminer la FEC par laquelle transite le flot. Cette solution ressemble à la notion de conduit virtuel dans le monde ATM, où les circuits virtuels sont multiplexés. Ici, nous avons un multiplexage de tous les circuits virtuels à l'intérieur d'une FEC, de telle sorte que, dans ce conduit, nous ne puissions plus distinguer les circuits virtuels.

Le LSR examine la référence et envoie la trame dans la direction indiquée. On voit bien ainsi le rôle capital joué par les LER, qui assignent aux flots de paquets des références qui permettent de commuter les trames sur le bon circuit virtuel. La référence n'a de signification que localement, puisqu'il y a modification de sa valeur sur la liaison suivante.

Une fois le paquet classifié dans une FEC, une référence est assignée à la trame qui va le transporter. Cette référence détermine le point de sortie par le chaînage des références. Dans le cas des trames classiques, comme LAP-F du relais de trames ou ATM, la référence est positionnée dans le DLCI ou dans le VPI/VCI.

La signalisation nécessaire pour déposer la valeur des références le long du chemin déterminé pour une FEC peut être gérée soit à chaque flot (data driven), soit par un environnement de contrôle indépendant des flots utilisateur. Cette dernière solution est préférable dans le cas de grands réseaux du fait de ses capacités de passage à l'échelle.

Les références peuvent être distribuées pour :

- un routage unicast vers une destination particulière ;
- une gestion du trafic, ou TE (Traffic Engineering) ;
- un multicast ;
- un réseau privé virtuel ;
- une qualité de service.

Le format de la référence MPLS est illustré à la figure 17.13. La référence est encapsulée dans l'en-tête de niveau trame du champ normalisé pour transporter la référence ou juste entre l'en-tête de niveau trame et l'en-tête de niveau paquet.

Les figures 17.14 et 17.15 illustrent la mise en place de la référence respectivement dans le cas d'ATM et du relais de trames. La figure 17.16 concerne le cas où la trame n'est pas conçue au départ pour un label-switching, comme la trame PPP.

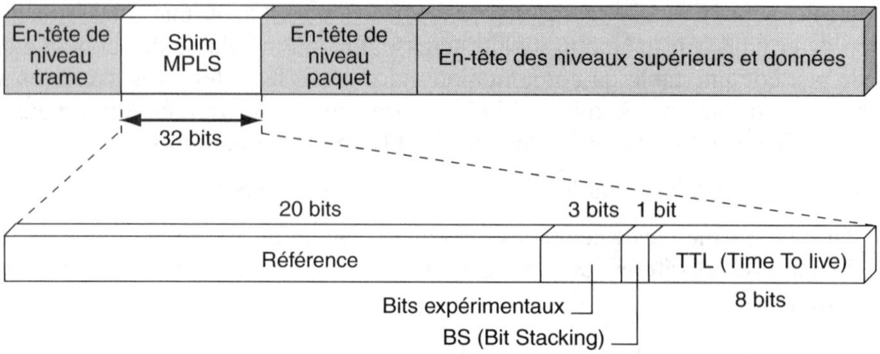

Figure 17.13

Format générique d'une référence dans MPLS

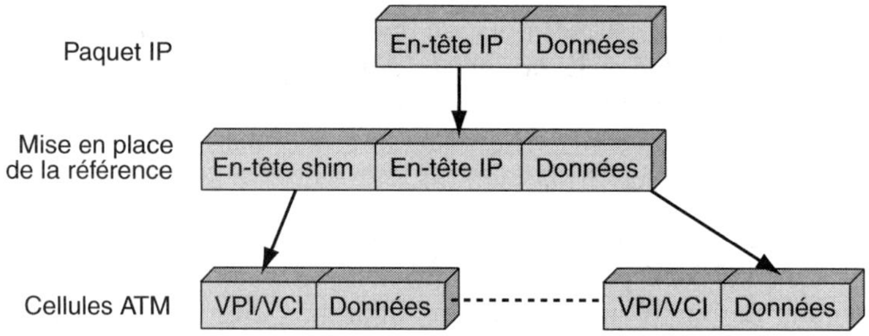

Figure 17.14

Mise en place des références dans l'ATM

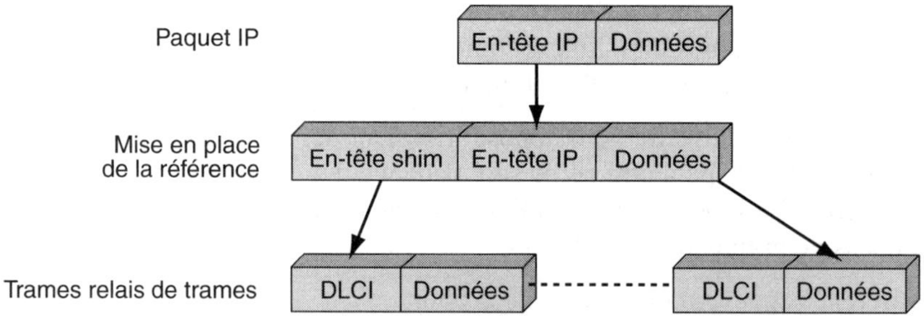

Figure 17.15

Mise en place des références dans le relais de trames

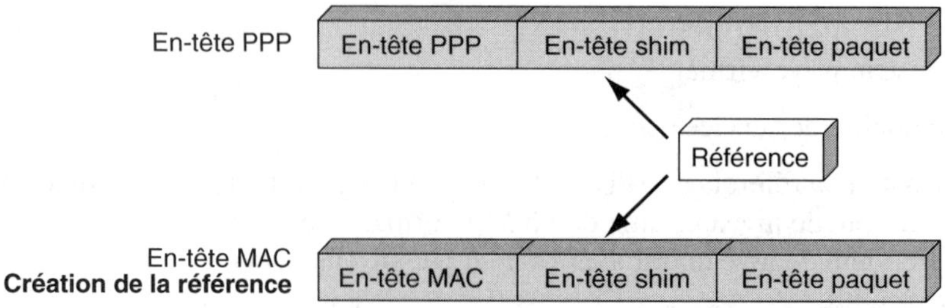

Figure 17.16

Mise en place des références dans la trame PPP

Distribution des références

MPLS normalise plusieurs méthodes pour réaliser la distribution des références. La distribution indique que chaque nœud possède ses propres références et qu'il doit les mettre en correspondance avec les références de ses voisins.

Les méthodes de distribution des références sont les suivantes :

- Topology-based, ou fondée sur la topologie, qui utilise les messages destinés à la gestion du routage, comme OSPF et BGP.
- Request-based, ou fondée sur le flot, qui utilise une requête de demande d'ouverture d'un chemin pour un flot IP. C'est le cas de RSVP.
- Traffic-based, ou fondée sur le trafic : à la réception d'un paquet, une référence est assignée à la trame qui le transporte.

Les méthodes fondées sur la topologie et sur le flot correspondent à un contrôle (control-based), tandis que celle fondée sur le trafic correspond à des données.

Les protocoles de routage, dont IGP (Interior Gateway Protocol), ont été améliorés pour transporter une référence supplémentaire. De même le protocole RSVP comporte une version associée à MPLS qui lui permet de transporter une référence. La version la plus aboutie est RSVP-TE (Traffic Engineering), qui permet l'ouverture de chemins en tenant compte des ressources du réseau.

L'IETF a également normalisé un nouveau protocole de signalisation, LDP (Label Distribution Protocol), pour gérer la distribution des références. Des extensions de ce protocole, comme CR-LDP (Constraint-based Routing-LDP), permettent de choisir les routes suivies par les clients des FEC avec une qualité de service prédéfinie.

Les principaux protocoles de signalisation sont les suivants :

- LDP, qui fait correspondre des adresses IP unicast et des références.
- RSVP-TE et CR-LDP, qui ouvrent des routes avec une qualité de service.
- PIM (Protocol Independent Multicast), qui fait correspondre des adresses IP multicast et des références associées.
- BGP, qui est utilisé pour déterminer des références dans le cadre de réseaux privés virtuels.

LSP (Label Switched Path)

Un domaine MPLS est déterminé par un ensemble de nœuds MPLS sur lesquels sont déterminés des FEC. Les LSP sont les chemins déterminés par les références positionnées par la signalisation. Les LSP sont déterminés sur un domaine avant l'arrivée des données dans le cas le plus classique. Deux options sont utilisées à cette fin :

- Le routage saut par saut (hop-by-hop). Dans ce cas, les LSR sélectionnent les prochains sauts indépendamment les uns des autres. Le LSR utilise pour cela un protocole de routage comme OSPF ou, pour des sous-réseaux de type ATM, PNNI *(voir le chapitre 15)*.
- Le routage explicite, identique au routage par la source. Le LER d'entrée du domaine MPLS spécifie la liste des nœuds par lesquels la signalisation a été routée, le choix de cette route pouvant avoir été contraint par des demandes de qualité de service.

Le chemin suivi par les trames dans un sens de la communication peut être différent dans l'autre sens.

Agrégation de flots

Les flots provenant de différentes interfaces peuvent être rassemblés et commutés sur une même référence s'ils vont vers la même direction de sortie. Cela correspond à une agrégation de flots. Cette technique est déjà exploitée sur les réseaux ATM, dans lesquels un conduit peut agréger plusieurs flots venant de différents nœuds d'entrée vers un point commun, où les flots sont désagrégés.

L'agrégation de flots a pour objectif d'éviter l'explosion du nombre de références à utiliser ou, ce qui est équivalent, d'empêcher les tables de commutation de devenir trop importantes.

Signalisation

Comme expliqué précédemment, plusieurs mécanismes de distribution des références, appelée signalisation, peuvent être implémentés dans les nœuds d'un réseau MPLS, notamment les suivants :

- Demande de référence : un LSR émet une demande de référence à ses voisins vers l'aval (downstream), qu'il peut lier à la valeur d'une FEC. Ce mécanisme peut être utilisé de nœud en nœud jusqu'au nœud de sortie du réseau MPLS.
- Correspondance de référence : en réponse à une demande de référence d'un nœud amont, un LSR envoie une référence provenant d'un mécanisme de correspondance connu déjà mise en place pour aller jusqu'au nœud de sortie.

La figure 17.17 donne une illustration de ces deux mécanismes.

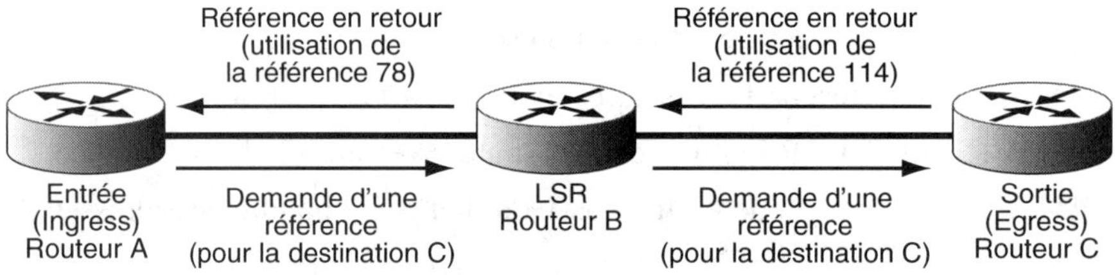

Figure 17.17

Mécanismes de signalisation de MPLS

LDP (Label Distribution Protocol)

LDP est le protocole de distribution des références qui tend à devenir le standard le plus utilisé dans MPLS. Ce protocole tient compte des adresses unicast et multicast. Le routage est explicite et est géré par les nœuds de sortie. Les échanges s'effectuent sous le protocole TCP pour assurer une qualité acceptable.

Deux classes de messages sont acceptées, celle des messages adjacents et celle des messages indiquant les références. La première permet d'interroger les nœuds qui peuvent être atteints directement à partir du nœud origine. La seconde classe de messages transmet les valeurs de la référence lorsqu'il y a accord entre les nœuds adjacents. Ces messages sont encodés sous la forme classique, qui permet de décrire un objet : on indique dans un premier champ le type d'objet, dans un deuxième la longueur totale du message décrivant l'objet et dans un troisième la valeur de l'objet. Cet encodage s'appelle TLV (Type Length Value).

Le routage s'effectue, comme nous l'avons vu, par des classes d'équivalence, ou FEC (Forward Equivalent Class). Une classe représente une destination ou un ensemble de destinations ayant le même préfixe dans l'adresse IP. De ce fait, un paquet qui a une destination donnée appartient à une classe et suit une route commune avec les autres paquets de cette classe. Cela définit un arbre, dont la racine est le destinataire et dont les feuilles sont les émetteurs. Les paquets n'ont plus qu'à suivre l'arbre jusqu'à la racine, les flots se superposant petit à petit en allant vers la racine. Cette solution permet de ne pas utiliser trop de références différentes.

La granularité des références, c'est-à-dire la taille des flots qui utilisent une même référence, résulte de la taille des classes d'équivalence : s'il y a peu de classes d'équivalence, les flots sont importants, et la granularité est forte ; s'il y a beaucoup de classes d'équivalence, les flots sont faibles, et la granularité est fine. Par exemple, une destination peut correspondre à un réseau important, dans lequel toutes les adresses ont un préfixe commun. La destination peut aussi correspondre à une application particulière sur une machine donnée, ce qui donne une forte granularité. Ce dernier cas est illustré à la figure 17.18, dans laquelle le récepteur est la machine 1 et la FEC est déterminée par l'arbre dont les feuilles sont les machines terminales 1, 2 et 3. La classe d'équivalence, en descendant l'arbre à partir de 1, commence par les références 28 puis 47 et se continue par les branches 77 puis 13 puis 36. À partir de 2, les références 53 puis 156 sont utilisées pour aller vers la racine. À partir de 3, ce sont les références 134 et 197 qui sont utilisées. Toutes les références que nous venons de citer appartiennent à la même classe d'équivalence.

Figure 17.18

Classes d'équivalence (FEC) dans un réseau MPLS

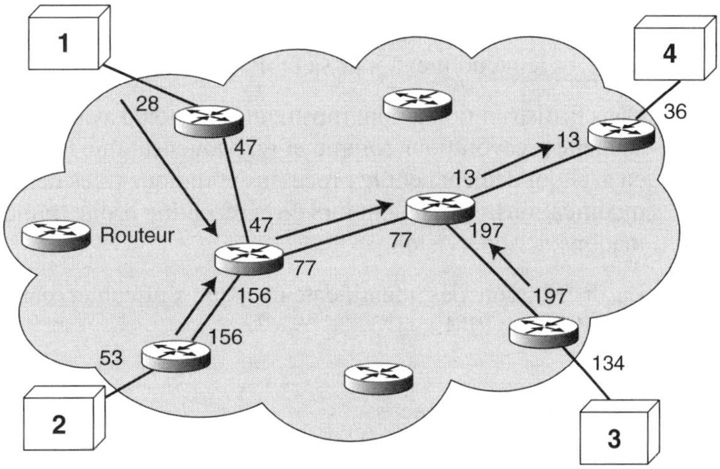

Dans cet exemple, les terminaux 1, 2 et 3 souhaitent émettre un flux de paquets IP vers la station terminale 4. Pour cela la station 1 émet ses trames (encapsulant les paquets IP) avec la référence 28, qui est commutée vers la référence 47 puis commutée vers les références 77 puis 13 puis 36. Le flot partant de la station 2 est commuté de 53 en 156 puis en 77, 13 et 36. Enfin, le troisième flot, partant de la station 3, est commuté à partir des valeurs 134 puis 197, 13 et 36. On voit que l'agrégation s'effectue sur les deux premiers flots avec la seule valeur 77 et que les trois flux sont agrégés sur les valeurs 13 et 36. La station 4 aurait pu être remplacée par un sous-réseau, ce qui aurait certainement permis d'agréger beaucoup plus de flux et d'avoir une granularité moins fine.

Un problème posé par les tables de routage impliquant les FEC est celui des boucles potentielles, c'est-à-dire d'un possible retour à une station qui a déjà vu passer la trame.

Si le routage utilise un protocole comme OSPF, on évite les boucles en utilisant un message d'information.

Le protocole LDP comprend les messages suivants :

- Message de découverte (DISCOVERY MESSAGE), qui annonce et maintient la présence d'un LSR dans le réseau.
- Message de session (SESSION MESSAGE), qui établit, maintient et termine des sessions entre des ports LDP.
- Message d'avertissement (ADVERTISEMENT MESSAGE), qui crée, maintient et détruit la correspondance entre les références et les FEC.
- Message de notification (NOTIFICATION MESSAGE), qui donne des informations d'erreur ou de problème.

Les tables de commutation peuvent être construites et contrôlées de différentes façons. Les protocoles de routage d'Internet, tels que OSPF, BGP, PIM, etc., sont généralement utilisés à cet effet. Il faut leur ajouter des procédures pour faire correspondre les références et les classes d'équivalence FEC.

Nous avons indiqué que la distribution des références s'effectuait par l'aval en remontant vers la station d'émission. En réalité, il est indiqué dans la norme MPLS que la distribution des références peut s'effectuer par l'aval (downstream) ou par l'amont (upstream). Dans le premier cas, le destinataire indique aux nœuds amont la valeur de la référence à mettre dans la table de commutation. Dans le second cas, le paquet arrive avec une référence, et le nœud met à jour sa table de commutation.

Dans la distribution amont (upstream), un nœud aval envoie la valeur de la référence qu'il souhaite recevoir pour commuter un paquet sur une FEC. Ce sont les nœuds situés le plus en aval qui déclenchent le processus et indiquent les destinataires et leur granularité. Les modifications s'effectuent lors de la réception d'une trame ou par l'intermédiaire d'informations de supervision.

La distribution des identificateurs peut s'effectuer par l'intermédiaire des protocoles RSVP-TE ou PIM.

Les piles de références

Le mécanisme de piles de références de MPLS permet à un LSP de transiter par des nœuds non-MPLS ou par des domaines hiérarchiques. Pour cela, la zone portant la référence peut stocker non plus une valeur mais une pile de valeurs, c'est-à-dire une pile de références. Suivant le niveau de la hiérarchie de références on utilise la référence de la hiérarchie correspondante dans la pile.

Les piles de références permettent de réaliser des tunnels, dans lesquels sont regroupées les références d'un même niveau de la hiérarchie. À la sortie du tunnel, on revient à la hiérarchie juste en dessous, comme illustré à la figure 17.19. Sur cette figure, le flot partant de la station 1 est commuté sur les valeurs 28 puis 53. Au nœud A, une pile de références est créée avec l'ajout de la référence 156, qui est utilisée dans le nœud suivant pour commuter sur les valeurs 77 puis 197. Le nœud B permet la sortie du tunnel en utilisant de nouveau la référence 53 après avoir dépilé les références. On voit qu'entre le nœud A et le nœud B un tunnel est constitué, qui, à une référence d'entrée 53, fait correspondre une référence de sortie 13.

Figure 17.19

Tunnel MPLS réalisé grâce à une pile de références

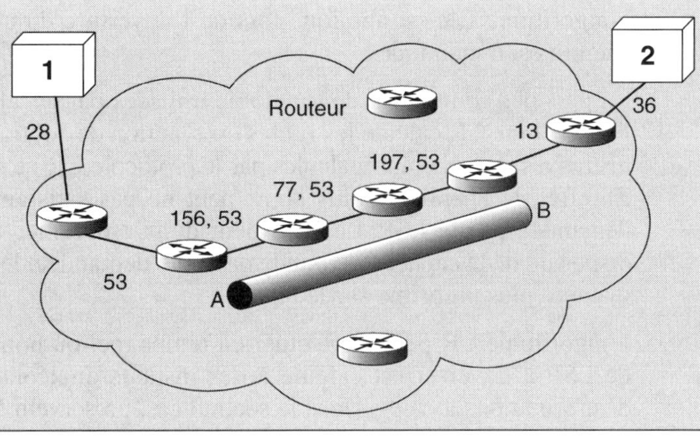

MPLS et l'ingénierie de trafic

Il est difficile de réaliser une ingénierie du trafic dans Internet du fait que le protocole BGP n'utilise que des informations de topologie du réseau. L'IETF a introduit dans l'architecture MPLS un routage à base de contrainte et un protocole de routage interne à état des liens étendu afin de réaliser une ingénierie de trafic efficace.

Comme nous l'avons vu, chaque trame encapsulant un paquet IP qui entre dans le réseau MPLS se voit ajouter par le LSR d'entrée, ou Ingress LSR, une référence au niveau de l'en-tête permettant d'acheminer la trame dans le réseau. Les chemins sont préalablement ouverts par un protocole de réservation de ressources, RSVP ou LDP. À la sortie du réseau, la référence ajoutée à l'en-tête de la trame est supprimée par le LSR de sortie, ou Egress LSR.

Des attributs permettant de contrôler les ressources attribuées à ces chemins sont associés au LSP, qui est le chemin construit entre le LSR d'entrée et le LSR de sortie. Ces attributs sont récapitulés au tableau 17.1. Ils concernent essentiellement la bande passante nécessaire au chemin, son niveau de priorité, son aspect dynamique, par l'intermédiaire du protocole utilisé pour son ouverture, et sa flexibilité en cas de panne.

Attribut	Description
Bande passante	Besoins minimaux de bande passante à réserver sur le chemin du LSP
Attribut de chemin	Indique si le chemin du LSP doit être spécifié manuellement ou dynamiquement par l'algorithme CBR (Constraint-Based Routing).
Priorité de démarrage	Le LSP le plus prioritaire se voit allouer une ressource demandée par plusieurs LSP.
Priorité de préemption	Indique si une ressource d'un LSP peut lui être retirée pour être attribuée à un autre LSP plus prioritaire.
Affinité ou couleur	Exprime des spécifications administratives.
Adaptabilité	Indique si le chemin d'un LSP doit être modifié pour avoir un chemin optimal.
Flexibilité	Indique si le LSP doit être rerouté en cas de panne sur le chemin du LSP.

TABLEAU 17.1 • Attributs des chemins LSP dans un réseau MPLS

L'algorithme CR (Constraint-based Routing)

L'algorithme CR est appliqué lors de l'ouverture du chemin ou de sa réouverture si le chemin est dynamique.

En plus des contraintes de topologie utilisées par les algorithmes de routage classiques, l'algorithme CR calcule les routes en fonction de contraintes de bande passante ou administratives. Les chemins calculés par le protocole CR ne sont pas forcément les plus courts. En effet, le chemin le plus court peut ne pas satisfaire la capacité de bande passante demandée par le LSP. Le LSP peut donc emprunter un autre chemin, plus lent mais disposant de la capacité de bande passante demandée. De la sorte, le trafic est distribué de manière plus uniforme sur le réseau.

L'algorithme CR peut s'effectuer en temps réel ou non. Dans le premier cas, le nombre de LSP à traverser est calculé à des instants quelconques par les routeurs sur la base d'informations locales. Dans le second cas, un serveur se charge, à partir d'informations recueillies sur tout le réseau, de calculer les chemins périodiquement et de reconfigurer automatiquement les routeurs avec les nouveaux chemins calculés.

Le protocole de routage est nécessaire pour le transport des informations de routage. Dans le cas de l'algorithme CR, le protocole de routage doit transporter, en plus des informations de topologie, des contraintes telles que les besoins en bande passante. La propagation de ces informations se fait plus fréquemment que dans le cas d'un IGP standard, puisqu'il y a plus de facteurs susceptibles de changer. Pour ne pas surcharger le réseau, il faut toutefois veiller que la fréquence de propagation des informations ne soit pas trop importante. Un compromis doit être trouvé entre le besoin d'actualiser les informations et celui d'éviter les propagations excessives.

La conception d'un système MPLS pour l'ingénierie de trafic nécessite de parcourir les étapes suivantes :

1. **Définition de l'étendue géographique du système MPLS.** Dépend de la politique administrative et de l'architecture du réseau.
2. **Définition des routeurs membres du système MPLS.** Il s'agit de définir les LSR d'entrée, de transit et de sortie du système MPLS. Pour diverses raisons, ce dernier ne contient pas nécessairement tous les routeurs du réseau, notamment si un routeur n'est pas assez puissant ou s'il n'est pas sécurisé.
3. **Définition de la hiérarchie du système MPLS.** Deux cas sont possibles : connecter tous les LSR du système MPLS et créer un seul niveau de hiérarchie formant un grand système MPLS ou diviser le réseau en plusieurs niveaux de hiérarchie. Dans ce dernier cas, les LSR de premier et deuxième niveau de la hiérarchie, qui forment le cœur du réseau, sont fortement maillés.
4. **Définition des besoins en bande passante des LSP.** Les besoins en bande passante peuvent être définis par la matrice de trafic de bout en bout, qui n'est pas toujours disponible, ou par un calcul statistique fondé sur l'exploitation des LSP et la mise à jour régulière de cette information en observant constamment leur trafic.
5. **Définition des chemins des LSP.** Les chemins sont généralement calculés de manière dynamique par un CR temps réel. Lorsqu'il se révèle difficile de réaliser ce calcul en temps réel, on peut utiliser un algorithme CR non-temps réel.
6. **Définition des priorités des LSP.** On peut attribuer la plus haute priorité à des LSP devant écouler un trafic volumineux. Cela permet d'emprunter les chemins les plus

courts et d'éviter de surcharger un grand nombre de liens dans le réseau, tout en offrant une stabilité du routage et une meilleure utilisation des ressources.

7. **Définition du nombre de chemins parallèles entre deux extrémités quelconques.** On peut configurer plusieurs chemins en parallèle ayant des routes physiquement différentes. Cela garantit une distribution de la charge du trafic plus uniforme. L'idée sous-jacente est de définir des LSP de petite taille en vue d'une meilleure flexibilité du routage. Cette flexibilité est la première motivation des LSP parallèles.
8. **Définition de l'affinité des LSP et des liens.** Des couleurs peuvent être attribuées aux LSP et aux liens en fonction de contraintes administratives. Ces couleurs servent à déterminer les chemins à choisir pour les LSP.
9. **Définition des attributs d'adaptation et de flexibilité.** Selon l'évolution du comportement du réseau, il est possible de trouver des chemins optimaux pour les LSP déjà calculés. L'administrateur réseau peut accepter ou refuser une nouvelle optimisation des LSP. Il ne faut pas que cette dernière soit trop fréquente, car elle pourrait introduire une instabilité du routage. Il faut aussi prévoir des mécanismes de reroutage des LSP en cas de panne d'un LSR.

L'exploitation d'un réseau MPLS suit les étapes énumérées ci-dessous :

1. **Recueil des données statistiques en utilisant les LSP au démarrage du système.** L'objectif de cette étape est de calculer le taux de trafic entre chaque paire de routeurs. Les méthodes statistiques existantes permettent de calculer le taux de trafic à l'entrée et à la sortie d'une interface mais pas celui allant vers une destination particulière. La construction de la matrice de trafic de bout en bout est effectuée par estimation, ce qui rend l'ingénierie de trafic difficile et peu efficace. L'utilisation des LSP au démarrage d'un système MPLS donne précisément le taux de trafic entre deux extrémités quelconques en fonction des destinations.
2. **Exploitation des LSP avec les contraintes de bande passante définies à l'étape précédente.** L'étape 1 ci-dessus ayant permis de connaître les besoins en bande passante de chaque LSP, cette information est utilisée par l'algorithme CR pour recalculer les LSP avec leur besoin réel en bande passante.
3. **Mise à jour périodique des bandes passantes des LSP.** Une mise à jour périodique des bandes passantes des LSP est nécessaire pour assurer l'évolution et l'adaptation du réseau au changement du trafic dans le réseau.
4. **Exécution de l'algorithme CR en temps réel.** Pour une utilisation efficace des liens, l'algorithme CR doit être exécuté sur un serveur spécialisé. Calculé sur un serveur disposant de toutes les informations de topologie et d'attributs de tous les LSP, cet algorithme peut permettre d'atteindre le temps réel. L'algorithme propose des LSP ayant de meilleures performances comparées à celles des LSP déjà ouverts. L'algorithme CR doit pouvoir s'exécuter en temps réel pour tenir compte d'une panne d'un LSP. L'algorithme peut alors déterminer rapidement un nouveau LSP capable d'écouler le trafic en attente.

La qualité de service dans MPLS

Nous venons de voir que MPLS permettait de faire de l'ingénierie et d'effectuer des calculs pour déterminer les ressources à affecter à un chemin lorsque le système est relativement statique. Si le système est dynamique, des chemins doivent s'ouvrir et se fermer pour satisfaire à des contraintes qui s'expriment sur des laps de temps plus courts.

L'idée de base est d'ouvrir les chemins grâce à un algorithme tenant compte des ressources. Nous avons déjà examiné la proposition CR-LDP. Cet algorithme ayant été partiellement abandonné, un autre algorithme, RSVP-TE, a pris une place de choix parmi les équipementiers.

Dans CR-LDP, les deux ports qui doivent communiquer s'échangent leur ensemble de références pour établir la connexion. Dans RSVP-TE, il n'y a pas de négociation de références. C'est le plan de gestion qui prend à sa charge cette négociation. Pour de très grands réseaux, la mise en place du chemin avec LDP peut nécessiter des ressources considérables, ce qui explique son échec pour le moment.

CR-LDP peut spécifier la route à partir de la source par un champ de type TLV et RSVP-TE par le biais de l'objet « explicit route ». Les deux protocoles envoient une réponse au nœud d'entrée pour indiquer le succès ou l'échec de l'ouverture du chemin.

Les tableaux 17.2 et 17.3 récapitulent respectivement les similitudes et différences entre les deux techniques.

Caracteristique	CR-LDP	RSVP-TE	Commentaire
Initialisation de l'ouverture	Message LABEL_REQUEST	RSVP-TE Message PATH contenant l'objet LABEL_REQUEST	
Ouverture	DIFF-SERV_PSC TLV	Objet DIFFSERV_PSC	Les deux contiennent l'information correspondant au DSCP (DiffServ Code Point) inclus dans le message de demande d'ouverture.
Accepte les LSP point-à-multipoint	Non	Non	En attente d'une RFC
Possibilité d'un routage par la source	Transporté pa la liste TLV de EXPLICIT_ROUTE	Transporté par l'objet EXPLICIT_ROUTE	Spécifie le chemin à suivre.

TABLEAU 17.2 • Similitudes entre RSVP-TE et CR–LDP

Caracteristique	CR-LDP	RSVP-TE	Commentaire
Étape de développement	Le plus jeune mais non utilisé aujourd'hui	Le plus ancien, avec des ajouts pour tenir compte des divers réseaux disponibles dans MPLS	Certains objets de RSVP ont été modifiés pour être utilisés dans MPLS.
Signalisation	UDP pour la découverte et TCP pour la session	Paquets IP ou encapsulation dans UDP pour l'échange de messages	Pas de détection de panne déterministe avec RSVP-TE. Un problème sur TCP peut avoir un impact catastrophique sur les chemins dans CR-LDP.
État de la connexion	Hard State	Soft State	Le Soft State ne passe généralement pas l'échelle. RSVP prend en charge l'agrégation des messages de rafraîchissement.
Fiabilité	Défini pour prendre en charge la plupart des techniques trame, comme ATM, le relais de trames ou Ethernet.	Tunneling à travers le réseau ATM qui doit être configuré manuellement.	

TABLEAU 17.3 • Différences entre RSVP-TE et CR–LDP

GMPLS (Generalized MPLS)

Comme son nom l'indique, GMPLS est une généralisation du protocole MPLS. Cette généralisation est assez simple à expliquer, puisque tout ce qui peut jouer le rôle d'une référence — numéro d'une longueur d'onde, numéro d'un slot, etc. — peut entrer dans GMPLS. La structure de GMPLS est toutefois plus complexe qu'il n'y paraît, et une gestion globale est nécessaire pour arriver à bien contrôler cet environnement.

Les extensions de MPLS

MPLS ne travaille que sur des structures de trame de niveau 2, le L2S (Level 2 Switching). Des extensions permettent toutefois d'introduire des références sur d'autres supports, comme le numéro d'une tranche de temps dans un partage temporel ou un numéro de longueur d'onde sur une fibre optique.

Les principales possibilités d'extension de MPLS sont les suivantes :

- PSC (Packet Switching Capable), pour les paquets capables de recevoir une référence. On pourrait imaginer un paquet IPv6 avec le flow-label comme référence, mais cette solution n'est pas acceptable directement car un paquet ne peut être transmis directement sur un support physique. Pour cela, il faut encapsuler le paquet dans une trame. C'est généralement la trame PPP qui sert de transporteur.
- L2SC (Level 2 Switching Capable), qui correspond au label-switching utilisé dans la norme MPLS.
- TDMC (Time Division Multiplexing Capable), qui introduit la référence en tant que slot dans un multiplexage temporel. Toutes les techniques qui comportent une structure sous forme de trame avec des slots à l'intérieur font partie de cette classe. En particulier, toutes les techniques hertziennes avec division temporelle s'intègrent dans GMPLS.
- LSC (Lambda Switching Capable), qui prend le numéro de la longueur d'onde à l'intérieur d'une fibre optique comme référence de commutation. Cette technique a été la première extension de MPLS sous le nom de MPλS.
- FSC (Fiber Switching Capable), qui prend le numéro d'une fibre optique parmi un faisceau de fibres optiques comme référence de commutation. Dans un faisceau, les fibres sont numérotées de 1 à *n*, *n* correspondant au nombre de fibres optiques.

Le tableau 17.4 récapitule les techniques de transfert offertes par un réseau GMPLS.

Domaine de transfert	Type de trafic	Type de transfert	Exemple de station	Nomenclature
Trame	ATM, Ethernet	Utilisation de références	Commutateur ATM ou Ethernet	L2SC (Layer 2 Switching Capable)
Paquet	IP	Routage	Routage IP	PSC (Packet Switching Capable)
Temps	TDM/SONET	Slot de temps se répétant par cycle	Brasseur et commutateur	TDMC (Time Division Multiplexing Capable)
Longueur d'onde	Transparent	Lambda	DWDM	LSC (Lambda Switching Capable)
Espace physique	Transparent	Fibre optique	OXC (Optical Cross Connect)	FSC (Fiber Switching Capable)

TABLEAU 17.4 • Techniques de transfert de GMPLS

D'autres extensions sont imaginables, comme l'association d'un code dans une communication, que ce soit dans un CDMA ou dans une transmission quelconque. Par ces extensions, il est possible de faire correspondre en entrée et en sortie des références qui ne proviennent pas de la même technologie. En revanche, les différentes solutions ne donnent pas forcément des débits identiques. Par exemple, si l'on choisit comme référence une tranche avec un numéro bien déterminé d'un multiplex temporel hertzien, qui risque de donner au mieux quelques mégabits par seconde, il est difficile de lui faire correspondre en sortie une longueur d'onde d'une fibre optique qui peut avoir une capacité de 10 Gbit/s. Une hiérarchisation des supports est donc nécessaire.

Hiérarchie des supports

La figure 17.20 illustre une hiérarchie possible entre les supports qui peuvent être utilisés dans GMPLS. Dans cette figure, un flot de paquets IP donne naissance à un PSC, lui-même intégré dans un L2SC de type FEC, c'est-à-dire rassemblant plusieurs flots IP ayant une propriété commune, comme un même LSR de sortie.

Les flots de niveau L2CS peuvent eux-mêmes être encapsulés dans un slot d'une technique de type SONET-SDH. En continuant dans la hiérarchie, les flots TDMC peuvent être à leur tour multiplexés dans une même longueur d'onde, c'est-à-dire dans un LSC. En continuant la hiérarchie pour arriver au plus haut niveau, les longueurs d'onde peuvent elles-mêmes être intégrées dans une fibre particulière d'un faisceau de fibre optique.

Figure 17.20
Hiérarchie des techniques de transfert dans GMPLS

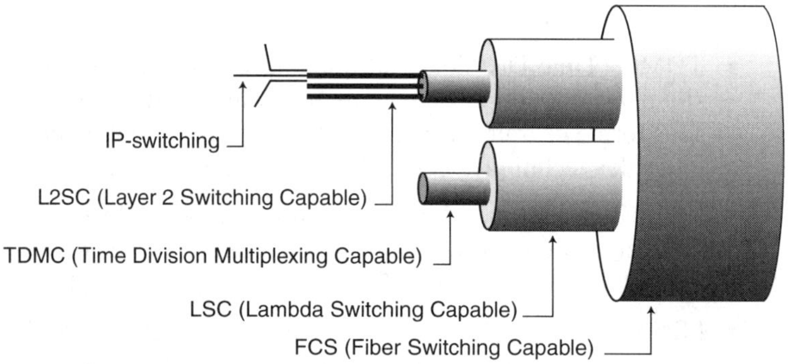

Réseau overlay

Une autre caractéristique importante des réseaux MPLS et GMPS est de travailler en réseau overlay, c'est-à-dire en une hiérarchie de réseaux, comme illustré à la figure 17.21, où trois niveaux sont représentés.

Si l'on suppose, pour simplifier, que le réseau global ne comprend que deux niveaux de hiérarchie, comme illustré à la figure 17.22, chaque nœud du réseau overlay dessert un réseau du niveau sous-jacent. Pour aller d'un point à un autre, de A à D par exemple, le paquet doit être envoyé par le réseau local au nœud d'entrée du réseau overlay, c'est-à-dire de A à B sur la figure, puis transmis dans le réseau overlay de B à C et enfin dans le réseau local d'arrivée de C à D.

Si les différents niveaux de la hiérarchie comportent des réseaux maillés, qui permettent d'aller directement d'un point à un autre dans le réseau, on voit que cette solution de réseau permet de limiter le nombre de nœuds à traverser. Dans le cas de la figure 17.22, pour aller de A à D, l'on ne passe que par deux nœuds intermédiaires, alors que si tous les nœuds du réseau avaient été au même niveau, il aurait fallu peut-être une dizaine de sauts.

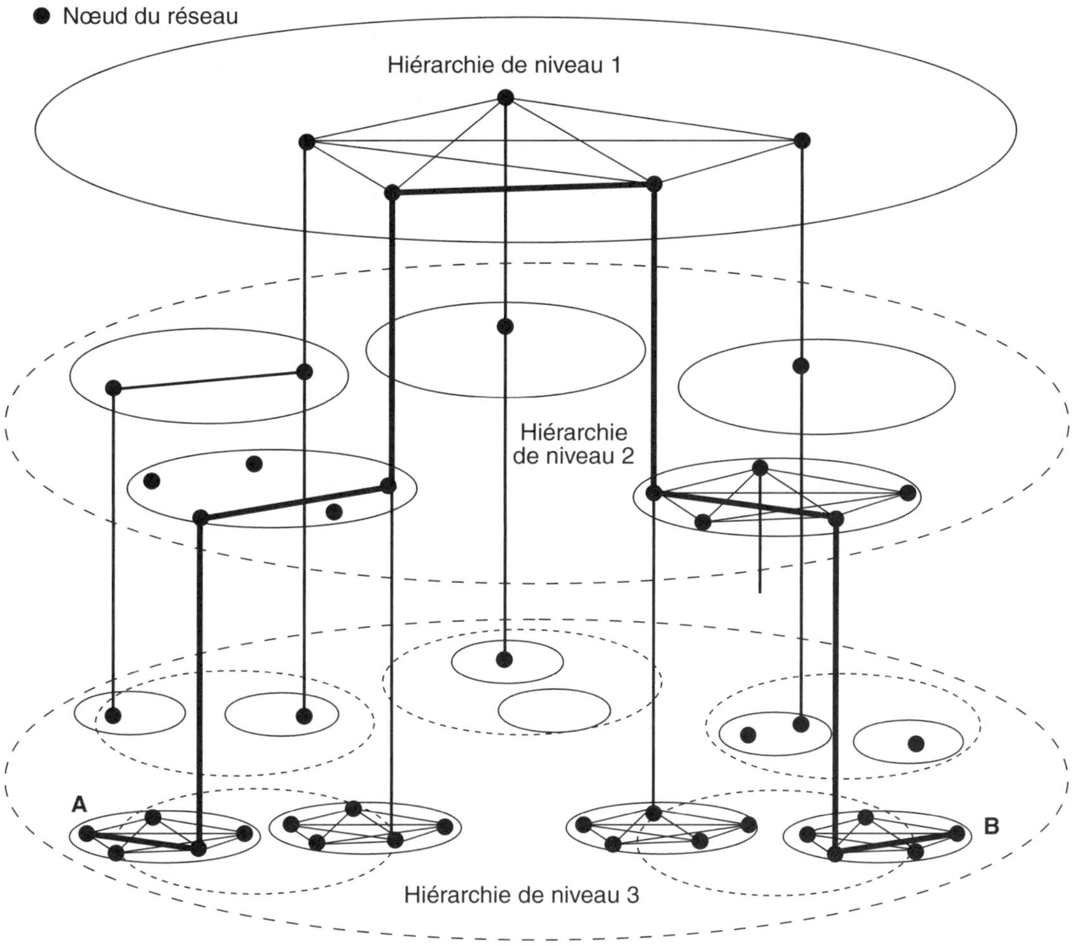

Figure 17.21

Hiérarchie de réseau à trois niveaux

Figure 17.22

Fonctionnement d'un réseau overlay

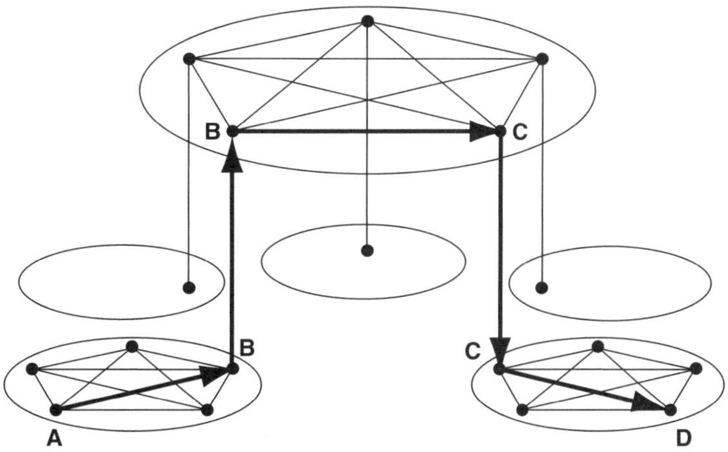

La structure hiérarchique des supports de transmission de GMPLS permet de mettre en place ce type de réseau. On peut, par exemple, dans un cas simple, avoir des domaines MPLS de niveau 2 interconnectés par un réseau overlay utilisant une longueur d'onde sur une fibre optique. Ce réseau overlay relie les points des domaines de base choisis pour faire partie du réseau overlay.

Pour ouvrir des chemins sur des réseaux différents les uns des autres, un ensemble de protocoles de contrôle et de surveillance est nécessaire. Un premier problème posé par le routage dans les réseaux overlay concerne le contrôle de la connectivité, qui est pris en charge par des messages de type HELLO, envoyés régulièrement sur toutes les interfaces. Chaque HELLO doit être acquitté explicitement. Lorsqu'aucun ACK n'est reçu, la ligne est considérée comme étant en panne. Dans le cas de GMPLS sur fibre optique, il n'est pas possible d'envoyer des messages HELLO. Le contrôle de la connectivité doit donc se faire par un nouveau protocole.

Un second problème posé par les réseaux overlay provient de l'impossibilité pour des nœuds de même niveau mais n'appartenant pas au même domaine de se transmettre directement des messages de contrôle. Il faut passer par un réseau de niveau supérieur, lequel peut ne pas être capable d'interpréter les messages des niveaux inférieurs. Il n'y a donc pas de vision globale du réseau.

Pour améliorer le contrôle et la gestion, il est nécessaire de bien séparer les plans utilisateur, gestion et contrôle, surtout si le réseau est complexe. Cela vaut encore davantage dans les réseaux utilisant de la fibre optique.

Comme pour l'ATM, on distingue trois plans dans GMPLS :

- Le plan utilisateur, qui est chargé de transporter les données utilisateur d'une extrémité à l'autre.
- Le plan de contrôle, destiné à mettre en place les circuits virtuels puis à les détruire à la fin de la transmission ou à les maintenir si nécessaire.
- Le plan de gestion, qui transporte les messages nécessaires à la gestion du réseau.

Les groupes de travail de GMPLS ont développé une telle architecture pour permettre de contrôler par un plan spécifique l'ensemble des composants du réseau.

Pour s'adapter au protocole GMPLS, les protocoles de signalisation (RSVP-TE, CR-LDP) et les protocoles de routage (OSPF-TE, IS-IS-TE) ont été étendus. Un nouveau protocole de gestion, appelé LMP (Link Management Protocol), a été introduit pour gérer les plans utilisateur et de contrôle. LMP est un protocole IP qui contient des extensions pour RSVP-TE et CR-LDP.

Le tableau 17.5 récapitule les propriétés de ces protocoles et leurs extensions dans le cadre de GMPLS.

Les différentes couches que nous avons examinées forment l'architecture dite multicouche de GMPLS : trame, slot temporel, longueur d'onde, ensemble de longueurs d'onde, fibre optique, groupe de fibre optique.

Protocole	Description
Routage (OSPF-TE, IS-IS-TE)	Destiné à la découverte automatique de la topologie du réseau et à la mesure de la disponibilité des ressources (bande passante, type de protection). Les principales améliorations sont les suivantes : - Indication du type de protection (1+1, 1:1, non protégé, trafic en plus). 1+1 indique qu'un chemin de secours est ouvert en permanence, 1:1 qu'en cas de panne un chemin de secours est prévu mais sans réservation de ressource. - Implémentation de lignes de dérivation pour améliorer le passage à l'échelle. - Acceptation et indication de liaisons qui n'ont pas d'adresse IP; utilisation d'une identification Link ID. - Identité des interfaces d'entrée et de sortie (interface ID). - Découverte d'un chemin pour un back-up utilisant un chemin différent du chemin primaire (shared-risk link group).
Signalisation (RSVP-TE, CR-LDP)	Destiné à la mise en place des chemins par une ingénierie de trafic. Les principales améliorations sont les suivantes : - Échange des références avec des réseaux non paquet (référence généralisée). - Établissement de chemin LSP bidirectionnel. - Signalisation pour l'ouverture d'un chemin de back-up. - Proposition de références suggérées. - Accepte la commutation de longueur d'onde.
LMP (Link Management Protocol)	Inclut les extensions suivantes : - Control Channel Management : établit, lors de la négociation, les paramètres de la liaison, tels la fréquence d'émission des messages KEEP_ALIVE et HELLO. - Link Connectivity Verification : permet de s'assurer de la connectivité physique entre les nœuds voisins grâce à des messages de type PING. - Link Property Correlation : détermine les mécanismes de protection. - Fault Isolation : isole les fautes simples ou multiples du domaine optique.

TABLEAU 17.5 • Propriétés et extensions des protocoles de GMPLS

Les contrôles de GMPLS

Une des difficultés rencontrées pour établir des LSP est de trouver le meilleur chemin, en tenant compte des multiples couches de l'architecture. Par exemple, il est possible d'ouvrir une liaison optique reliant deux commutateurs optiques et traversant plusieurs autres commutateurs de façon totalement transparente. De ce fait, cette liaison, souvent appelée TE-Link, est vue comme une liaison à un saut. L'optimisation du chemin à ouvrir a donc tout intérêt à passer par des TE-Link du plus bas niveau possible.

L'architecture du plan de contrôle permettant de réaliser l'ouverture des LSP est illustrée à la figure 17.23. Cette architecture contient les couches basses de l'architecture GMPLS, avec les différentes possibilités de transporter les paquets IP de contrôle sur les différentes commutations acceptées par GMPLS. Les paquets IP sont routés par des protocoles de routage de type OSPF-TE, c'est-à-dire en tenant compte de l'ingénierie de trafic. Une fois le chemin déterminé, une réservation est réalisée, essentiellement par le protocole RSVP-TE. D'autres possibilités, comme CR-LDP ou BGP, peuvent être employées, mais elles n'ont pas encore rencontré le même succès que RSVP-TE.

Figure 17.23
Architecture de GMPLS

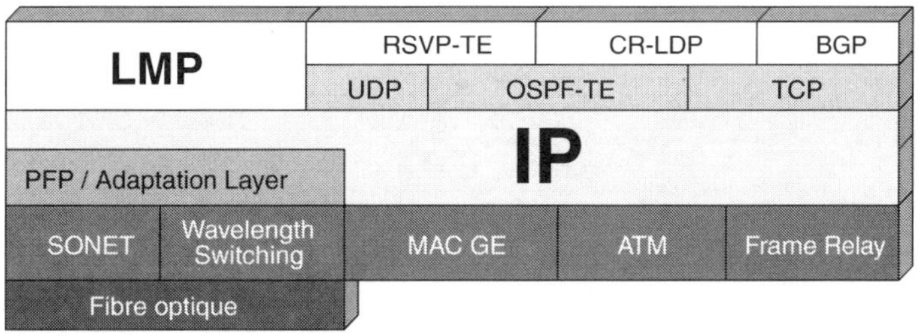

Le plan de contrôle de GMPLS demandera encore de nombreux développements et de tests avant d'être vraiment optimisé. Il est aujourd'hui surtout utilisé pour la partie optique, mais comme il n'y a pas de mémoire tampon dans les nœuds, les ouvertures et fermetures doivent se faire à la volée.

À une mise en place des LSP devant se faire plusieurs heures à l'avance et souvent de façon manuelle devrait succéder un processus automatique permettant d'ouvrir et de fermer les LSP quasiment instantanément au fur et à mesure des demandes.

Conclusion

Les réseaux MPLS et GMPS sont promis à un bel avenir. Presque tous les grands opérateurs ont investi dans cette direction, non sans une certaine appréhension quant à la complexité globale de cette nouvelle architecture, qui peut être vue comme un compromis entre un grand nombre d'architectures différentes.

Le plan utilisateur semble bien conçu et permet d'optimiser assez facilement la mise en place du réseau et son ingénierie, notamment pour ce qui concerne la qualité de service, la maintenance et la gestion. Cependant, de nombreux problèmes de compatibilité entre équipementiers se posent encore.

MPLS a aussi été retenu pour réaliser des réseaux privés virtuels grâce à ses chemins qu'il est relativement facile de protéger. Nous examinons ces solutions de VPN au chapitre 37.

Partie VI

Les architectures de niveau paquet

Après avoir examiné les architectures de niveau physique puis de niveau trame, nous nous intéressons dans cette partie aux architectures de niveau paquet. Dans ces architectures, il faut remonter à la couche 3 dans les nœuds de transfert. Deux grandes normes dominent le marché, l'une, X.25, qui a connu ses heures de gloire, et l'autre, IP, qui rencontre aujourd'hui la consécration. X.25 étant décrit au chapitre 8, nous n'y revenons pas.

La norme qui surpasse toutes les autres aujourd'hui est bien sûr celle des réseaux IP. C'est donc elle que nous allons le plus détailler dans cette partie, en commençant par analyser au chapitre 18 les caractéristiques des protocoles centraux du monde IP que sont IP, TCP et UDP. Le chapitre 19 examine tous les protocoles associés.

18

Les réseaux IP

IP est un sigle très connu dans le domaine des réseaux. Il correspond à l'architecture développée pour le réseau Internet. Au sens strict, IP (Internet Protocol) est un protocole de niveau paquet. Au-dessus de ce protocole, au niveau message, deux protocoles lui sont associés : TCP (Transmission Control Protocol) et UDP (User Datagram Protocol).

Ce chapitre décrit l'architecture générale des réseaux IP et les protocoles qui permettent à cet environnement de gérer les problèmes d'adressage et de routage et plus généralement tous les protocoles associés au protocole IP et se trouvant dans le niveau paquet.

L'architecture IP

L'architecture IP repose sur l'utilisation obligatoire du protocole IP, qui a pour fonctions de base l'adressage et le routage des paquets IP. Le niveau IP correspond exactement au niveau paquet de l'architecture du modèle de référence.

Au-dessus d'IP, deux protocoles ont été choisis, TCP et UDP, que nous avons introduits au chapitre 4. Ces protocoles correspondent au niveau message du modèle de référence. En fait, ils intègrent une session élémentaire, grâce à laquelle TCP et UDP prennent en charge les fonctionnalités des couches 4 et 5. La principale différence entre eux réside dans leur mode, avec connexion pour TCP et sans connexion pour UDP. Le protocole TCP est très complet et garantit une bonne qualité de service, en particulier sur le taux d'erreur des paquets transportés. En revanche, UDP est un protocole sans connexion, qui supporte des applications moins contraignantes en matière de la qualité de service.

La couche qui se trouve au-dessus de TCP-UDP regroupe les fonctionnalités des couches 6 et 7 du modèle de référence et représente essentiellement le niveau application.

L'architecture TCP/IP est illustrée à la figure 18.1. Elle contient trois niveaux : le niveau paquet, le niveau message et un niveau reprenant les fonctionnalités des couches supérieures.

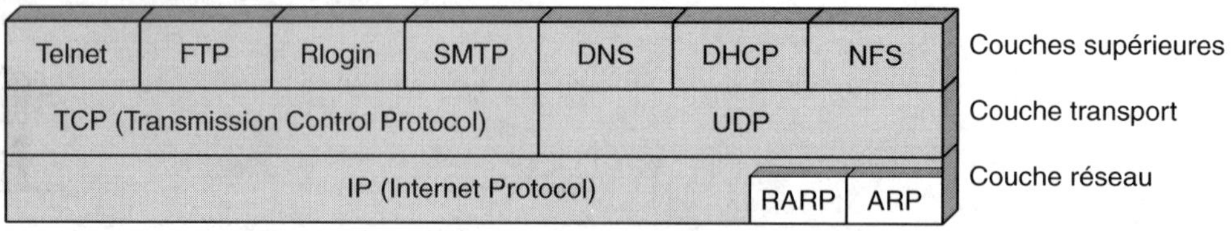

Figure 18.1

Architecture TCP/IP

Internet

À la fin des années 1960, le Département américain de la Défense décide de réaliser un grand réseau à partir d'une multitude de petits réseaux, tous différents, qui commencent à foisonner un peu partout en Amérique du Nord. Il a fallu trouver le moyen de faire coexister ces réseaux et de leur donner une visibilité extérieure, la même pour tous les utilisateurs. D'où l'appellation d'*InterNetwork* (interréseau), abrégée en Internet, donnée à ce réseau de réseaux.

L'architecture Internet se fonde sur une idée simple : demander à tous les réseaux qui veulent en faire partie de transporter un type unique de paquet, d'un format déterminé par le protocole IP. De plus, ce paquet IP doit transporter une adresse définie avec suffisamment de généralité pour pouvoir identifier chacun des ordinateurs et des terminaux dispersés à travers le monde. Cette architecture est illustrée à la figure 18.2.

Figure 18.2

Architecture d'Internet

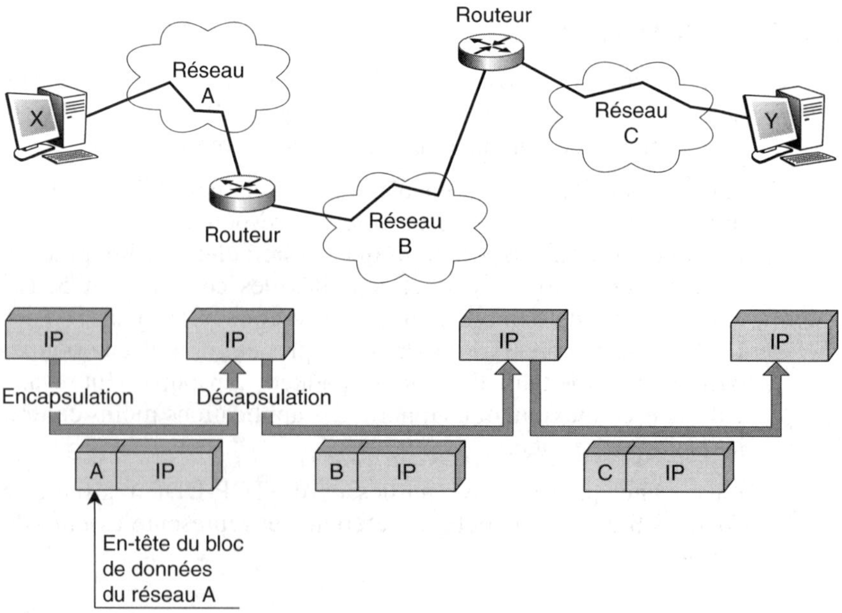

L'utilisateur qui souhaite émettre sur cet interréseau doit ranger ses données dans des paquets IP, qui sont remis au premier réseau à traverser. Ce premier réseau encapsule le paquet IP dans sa propre structure de paquet, le paquet A, qui circule sous cette forme jusqu'à une porte de sortie, où il est décapsulé de façon à récupérer le paquet IP. L'adresse IP est examinée pour situer, grâce à un algorithme de routage, le prochain réseau à traverser, et ainsi de suite jusqu'à arriver au terminal de destination.

Pour compléter le protocole IP, la Défense américaine a ajouté le protocole TCP, qui précise la nature de l'interface avec l'utilisateur. Ce protocole détermine en outre la façon de transformer un flux d'octets en un paquet IP, tout en assurant une qualité du transport de ce paquet IP. Les deux protocoles, assemblés sous le sigle TCP/IP, se présentent sous la forme d'une architecture en couches. Ils correspondent respectivement au niveau paquet et au niveau message du modèle de référence.

Le modèle Internet se complète par une troisième couche, appelée niveau application, qui regroupe les différents protocoles sur lesquels se construisent les services Internet. La messagerie électronique (SMTP), le transfert de fichiers (FTP), le transfert de pages hypermédias, le transfert de bases de données distribuées (World-Wide Web), etc., sont quelques-uns de ces services. La figure 18.3 illustre les trois couches de l'architecture Internet.

Figure 18.3
Les trois couches de l'architecture Internet

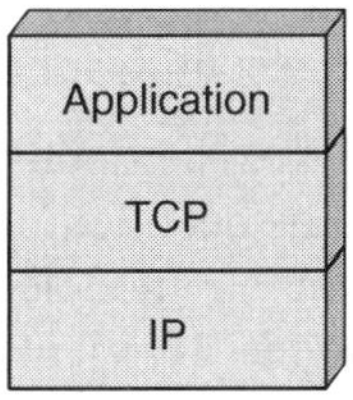

Les paquets IP sont indépendants les uns des autres et sont routés individuellement dans le réseau par les équipements interconnectant les sous-réseaux, les routeurs. La qualité de service proposée par le protocole IP est très faible et n'offre aucune détection de paquets perdus ni de possibilité de reprise sur erreur.

Le protocole TCP regroupe les fonctionnalités du niveau message du modèle de référence. C'est un protocole assez complexe, qui comporte de nombreuses options permettant de résoudre tous les problèmes de perte de paquet dans les niveaux inférieurs. En particulier, un fragment perdu peut être récupéré par retransmission sur le flot d'octets. Le protocole TCP utilise un mode avec connexion.

La souplesse de l'architecture Internet peut parfois être un défaut, dans la mesure où l'optimisation globale du réseau est effectuée sous-réseau par sous-réseau, par une succession d'optimisations locales. Cela ne permet pas une homogénéité des fonctions dans les différents sous-réseaux traversés. Une autre caractéristique importante de cette architecture est de situer tout le système de commande, c'est-à-dire l'intelligence et le contrôle du réseau, dans la machine terminale, ne laissant quasiment rien dans le réseau, tout au moins dans la version actuelle, IPv4, du protocole IP. L'intelligence de contrôle se trouve dans le logiciel TCP du PC connecté au réseau.

C'est le protocole TCP qui se charge d'envoyer plus ou moins de paquets en fonction de l'occupation du réseau. Une fenêtre de contrôle précise le nombre maximal de fragments non acquittés pouvant être émis. La fenêtre de contrôle de TCP augmente ou diminue le trafic suivant le temps nécessaire pour effectuer un aller-retour. Plus ce temps augmente, plus on considère le réseau congestionné, et plus le débit d'émission doit diminuer pour combattre la saturation. En contrepartie, le coût de l'infrastructure est extrêmement bas, aucune intelligence ne se trouvant dans le réseau. Le service rendu par le réseau des réseaux correspond à une qualité appelée best-effort, qui signifie que le réseau fait de son mieux pour écouler le trafic. En d'autres termes, la qualité de service n'est pas assurée.

La nouvelle génération du protocole IP, le protocole IPv6, introduit des fonctionnalités inédites, qui rendent les nœuds du réseau plus intelligents. Les routeurs de nouvelle génération sont dotés d'algorithmes de gestion de la qualité de service, qui leur permettent d'assurer un transport capable de répondre à des contraintes temporelles ou à des pertes de paquets. On attend l'arrivée d'IPv6 depuis une dizaine d'années, mais c'est toujours IPv4 qui régente le monde IP. La raison à cela est qu'à chaque nouveau besoin réalisable avec IPv6, IPv4 a été capable de trouver les algorithmes nécessaires pour faire aussi bien.

Dans IPv4, chaque nouveau client est traité de la même façon que ceux qui sont déjà connectés, les ressources étant équitablement distribuées entre tous les utilisateurs. Les politiques d'allocation de ressources des réseaux des opérateurs de télécommunications sont totalement différentes, puisque, sur ces réseaux, un client qui possède déjà une certaine qualité de service ne subit aucune pénalité du fait de l'arrivée d'un nouveau client. Comme nous le verrons, la solution aujourd'hui préconisée dans l'environnement Internet consiste à favoriser les clients ayant des exigences de temps réel, au moyen de protocoles adaptés, utilisant des niveaux de priorité.

Le protocole IP existe depuis trente ans, mais il est resté presque confidentiel pendant vingt ans avant de décoller, moins par ses propriétés que du fait de l'échec des protocoles liés directement au modèle de référence, trop nombreux et souvent incompatibles. L'essor du monde IP vient de la simplicité de son protocole, comportant très peu d'options, et de sa gratuité.

Les débuts du réseau Internet

L'adoption quasi universelle de l'environnement IP en fait son principal intérêt. La DARPA (Defense Advanced Research Projects Agency) a développé un concept de réseaux interconnectés, Internet, au milieu des années 1970, avec une architecture et des protocoles qui ont acquis leur forme actuelle vers 1977-1979.

À cette époque, la DARPA est connue comme le premier centre de recherche sur les réseaux à transfert de paquets avec la création d'ARPAnet, à la fin des années 1960. Il est à noter qu'un projet assez semblable est développé en même temps en France sous le nom de Cyclades. Malheureusement, ce projet est arrêté pour laisser place au protocole X.25.

La disponibilité des fonds de recherche de la DARPA attire l'attention et éveille l'imagination de plusieurs groupes de chercheurs, notamment ceux qui ont déjà l'expérience du transfert de paquets dans ARPAnet. La DARPA organise des rencontres informelles avec les chercheurs pour mettre en commun des idées et discuter des expérimentations effectuées. À partir de 1979, il y a tant de chercheurs impliqués dans TCP/IP que la DARPA fonde un comité de coordination, appelé ICCB (Internet Control and Configuration Board). Le groupe se réunit régulièrement jusqu'en 1983, année où il est réorganisé.

Le réseau Internet démarre en 1980, quand la DARPA commence à convertir les protocoles du réseau de la recherche à TCP/IP. La migration vers Internet est complète en 1983, quand le bureau du secrétariat de la Défense rend obligatoires les protocoles pour tous les hôtes connectés aux réseaux grande distance. Au même moment, ARPAnet est scindé en deux réseaux séparés, un pour la recherche, qui garde le nom d'ARPAnet, et un plus grand, réservé aux militaires, appelé Milnet.

Pour encourager les chercheurs à adopter les nouveaux protocoles, la DARPA propose des implémentations à bas prix. La plupart des ordinateurs des universités utilisent une version UNIX de l'Université de Californie, de Berkeley Software Distribution, appelée UNIX Berkeley. En fondant la société Bolt Beranek et Newman pour implémenter les protocoles et en finançant Berkeley pour intégrer TCP/IP dans ses produits, la DARPA réussit à couvrir 90 % des ordinateurs des universités scientifiques. Ce succès avec les ordinateurs scientifiques produira un effet d'entraînement sur les autres communautés.

En 1985, la NSF (National Science Foundation) commence à développer un programme destiné à mettre en place un réseau autour de ses six centres de supercalculateurs. En 1986, elle crée un réseau longue distance fédérateur, le NSFNET, pour relier tous ses centres de calcul et se connecter à ARPAnet. L'ensemble de ces réseaux interconnectés forme Internet, auquel viennent se greffer peu à peu de nouveaux réseaux.

Internet se développe alors rapidement pour interconnecter des milliers de réseaux aux États-Unis et en Europe et connaît un taux de croissance d'environ 15 % par an en 1987 avant d'atteindre le rythme de 60 % par an.

L'adoption des protocoles d'Internet s'élargit ensuite aux entreprises privées, qui commencent à se relier à Internet, avant de s'étendre aux réseaux privés d'entreprise, même s'ils ne sont pas connectés à Internet. Ces réseaux privés prennent le nom d'intranet.

La normalisation des réseaux IP

De nos jours, des centaines de sociétés importantes commercialisent des produits TCP/IP. Ce sont elles qui décident de la mise sur le marché de nouvelles technologies, et non plus les chercheurs, comme à l'origine. La gouvernance de l'Internet a été totalement repensée à la fin des années 2000. L'autorité sur les fonctions de coordination centrales d'Internet est exercée par l'IANA (Internet Assigned Numbers Authority). En fait, c'est Jon Postel qui exerçait cette charge jusqu'à son décès en 1998. Aujourd'hui c'est l'ICANN qui exerce cette fonction.

L'ICANN (Internet Corporation for Assigned Names and Numbers) est une organisation à but non lucratif domiciliée en Californie. Ses principales missions sont l'attribution des plages d'adresses de l'environnement IP, la sélection des paramètres des protocoles utilisés, la gestion du DNS (Domain Name System) et la gestion du nœud racine américain. Il est à noter qu'il existe un deuxième réseau Internet, indépendant de celui géré par l'ICANN, et qui est l'Internet chinois, doté de son propre nœud racine. Les Européens songent fortement à mettre en place également leur propre réseau Internet avec un nœud racine en Europe.

L'ICANN est géré par un conseil d'administration composé de 20 membres. À l'ICANN sont associées trois organisations, nommées SO (Supporting Organization), et des comités consultatifs. Les trois organisations SO sont responsables de missions pour le compte de l'ICANN :

- DNSO (Domain Name SO) s'occupe des questions liées aux noms de domaines ;
- ASO (Address SO) prend en charge la gestion des adresses IP ;
- PSO (Protocol SO) traite des protocoles Internet.

Les comités consultatifs sont les suivants :

- Government Advisory Committee
- Root Server System Advisory Committee
- Budget Advisory Group
- Membership Implementation Task Force
- At-Large Member Study Committee

Nous ne détaillons ici que le PSO, qui s'occupe de la partie technique d'Internet. Le PSO (Protocol Supporting Organization) a pour mission de soumettre au conseil d'administration de l'ICANN des avis et recommandations pour toutes les questions touchant aux protocoles utilisés sur Internet, aux standards techniques permettant aux équipements d'extrémité d'échanger des informations et de gérer les communications sur Internet. Les signataires du décret de mise en place du PSO sont l'IETF, le W3C (World-Wide Web Consortium), l'UIT, l'ETSI et l'ICANN.

Quatre organismes sont regroupés dans le PSO :

- IETF
- IAB (Internet Activities Board)
- ISOC (Internet Society)
- IESG (Internet Engineering Steering Group)

L'IETF est un groupe d'individus qui se réunit trois fois par an pour contribuer au développement et à l'évolution d'Internet. Ses missions consistent à proposer des solutions aux problèmes techniques, formaliser les solutions retenues, les porter auprès de l'IESG en vue de la standardisation des protocoles et de leur utilisation sur Internet et être un forum de discussions. L'IETF n'est pas une organisation de standardisation au sens classique du terme, puisque tout le monde peut y participer et qu'il n'y a pas de représentation des organismes officiels de normalisation. Cependant, ses spécifications deviennent des standards.

La première réunion de l'IETF a lieu en janvier 1986 à San Diego. Seules 15 personnes y participent. Le quatrième meeting de l'IETF, en Californie également, en octobre 1986, est le premier à accueillir des participants étrangers. Le concept des groupes de travail est introduit lors du cinquième meeting, tenu toujours en Californie en février 1987. La barre des 100 participants est atteinte dès le septième meeting, tenu en Virginie en juillet 1987. En juillet 1989, lors du quatorzième meeting, tenu à Stanford, la structure de l'IETF est profondément remaniée, avec la séparation des activités de l'IAB en deux pôles distincts : l'IETF et l'IRTF (Internet Research Task Force), qui se préoccupe des projets de recherche à long terme. Après la formation de l'ISOC en janvier 1992, l'IAB passe sous son autorité.

L'IAB a pour objectif d'arbitrer et de conseiller les autres organismes en ayant une vue d'ensemble de l'architecture Internet. Il peut aussi, dans le cadre de la procédure de définition des standards d'Internet, juger en appel de décisions prises par l'IESG. L'IAB est responsable de la sélection des membres de l'IESG parmi les nominés proposés par le comité de nomination de l'IETF.

L'ISOC (Internet Society) est une association de professionnels qui s'intéresse à la croissance et à l'évolution d'Internet dans le monde en termes sociaux, politiques et techniques. Les responsables de l'ISOC doivent sélectionner les membres de l'IAB parmi les nominés proposés par le comité de nomination de l'IETF.

L'IESG supervise les activités techniques de l'IETF et le processus de définition des standards. Dépendant de l'ISOC, il applique les règles définies par cet organisme. L'IESG est directement responsable de la définition des standards, depuis le choix des propositions jusqu'à leur validation finale.

Les documents de travail, propositions et normes Internet sont édités dans une série de rapports techniques, appelés RFC (Request For Comments). Ces dernières peuvent couvrir des sujets précis ou vastes et faire figure de normes ou seulement de propositions.

Les normes et la documentation relatives aux protocoles peuvent être obtenues auprès du site de l'IETF *(www.ietf.org)*.

Chaque protocole Internet a un état et un statut. L'état du protocole spécifie l'avancement des travaux de normalisation :

- Initial *(initial) :* le protocole est soumis pour être examiné.
- Norme proposée *(proposed standard) :* le protocole est proposé comme norme et subit la procédure initiale.
- Norme de travail *(draft standard) :* le protocole a passé l'examen initial et peut être considéré comme étant dans sa forme semi-finale. Au moins deux implémentations indépendantes sont produites. Le document les décrivant est étudié par le groupe de travail *ad hoc*. Des modifications sont souvent introduites avant la norme finale.
- Norme *(standard) :* le protocole examiné est accepté comme une norme complète. Il fait officiellement partie de TCP/IP.
- Expérimental *(experimental) :* le protocole n'est pas soumis à normalisation mais reste utilisé dans des expérimentations.
- Historique *(historic) :* le protocole est périmé et n'est plus utilisé.

Normalement, les protocoles soumis doivent être passés en revue par le groupe de travail correspondant de l'IETF puis par les organismes cités plus haut avec une formalisation par l'IAB d'un statut. Le statut du protocole indique sous quelles conditions le protocole doit être utilisé :

- Exigé *(required) :* toutes les machines et les passerelles doivent implémenter le protocole.
- Recommandé *(recommended) :* toutes les machines et les passerelles sont encouragées à implémenter le protocole.
- Facultatif *(elective) :* on peut choisir d'implémenter ou non le protocole.
- Utilisation limitée *(limited use) :* le protocole n'est pas spécifié pour une utilisation générale, comme dans le cas d'un protocole expérimental.
- Non recommandé *(non recommended) :* l'utilisation du protocole n'est pas recommandée, par exemple pour un protocole périmé.

Le tableau 18.1 récapitule les normes principales du monde Internet.

Nom	Description	Statut/RFC
ARP	Address Resolution Protocol	Elect. 826
RARP	Reverse ARP	Elect. 903
IP	Internet Protocol	Req. 791
ICMP	Internet Control Message Protocol	Req. 792
IGMP	Internet Group Multicast Protocol	Rec. 1112
UDP	User Datagram Protocol	Rec. 768
TCP	Transmission Control Protocol	Rec. 793

TABLEAU 18.1 • Normes Internet

Fonctionnement des réseaux TCP/IP

La plupart des réseaux sont des entités indépendantes, mises en place pour rendre service à une population restreinte. Les utilisateurs choisissent des réseaux adaptés à leurs besoins spécifiques, car il est impossible de trouver une technologie satisfaisant tous les types de besoins. Dans cet environnement de base, les utilisateurs qui ne sont pas connectés au même réseau ne peuvent pas communiquer. Internet est le résultat de l'interconnexion de ces différents réseaux physiques par des routeurs. Les interfaces d'accès doivent respecter pour cela certaines conventions. C'est un exemple d'interconnexion de systèmes ouverts.

Pour obtenir l'interfonctionnement de différents réseaux, la présence du protocole IP est obligatoire dans les nœuds qui assurent le routage entre les réseaux. Globalement, Internet est un réseau à transfert de paquets. Ces paquets traversent un ou plusieurs sous-réseaux pour atteindre leur destination, sauf bien sûr si l'émetteur se trouve dans le même sous-réseau que le récepteur. Les paquets sont routés dans des passerelles situées dans les nœuds d'interconnexion. Ces passerelles sont des routeurs. De façon plus précise, les routeurs transfèrent des paquets d'une entrée vers une sortie, en déterminant pour chaque paquet la meilleure route à suivre.

Internet est un réseau routé, par opposition aux réseaux X.25 ou ATM, qui sont des réseaux commutés. Dans un réseau routé, chaque paquet suit sa propre route, qui est à chaque instant optimisée, tandis que, dans un réseau commuté, la route est toujours la même.

Les problèmes posés par la synchronisation

L'architecture IP, utilisant le routage et le service best-effort, présente une difficulté : le synchronisme. En effet, le temps de traversée d'un paquet est relativement aléatoire. Il dépend du nombre de paquets en attente dans les lignes de sortie des nœuds et du nombre de retransmissions correspondant à des erreurs en ligne. Le fait de transporter des applications temps réel avec des synchronisations fortes, comme la parole temps réel, pose des problèmes complexes, qui ne peuvent être résolus que dans certains cas. Si l'on suppose qu'une conversation téléphonique interactive entre deux individus accepte une latence de 600 ms aller-retour, il est possible de resynchroniser les octets à la sortie, si le temps total de paquétisation-dépaquétisation et de traversée du réseau est effectivement inférieur à 300 ms dans chaque sens.

La resynchronisation qu'il est possible d'obtenir est illustrée à la figure 18.4. Il faut déterminer un temps maximal de traversée du réseau et effectuer une resynchronisation sur cette valeur. Le logiciel des terminaux informatiques, que l'on peut qualifier d'intelligent, permet de gérer ces problèmes temporels si le temps de traversée du réseau est borné. Ensuite se pose la question de savoir si le temps maximal de traversée est acceptable par l'application. Ce temps maximal de traversée du réseau doit être inférieur à 28 ms si des échos existent aux extrémités et égal au plus à 300 ms s'il y a interactivité et à plusieurs secondes, voire dizaines de secondes si l'application est monodirectionnelle, comme la vidéo à la demande ou la diffusion de programmes radio.

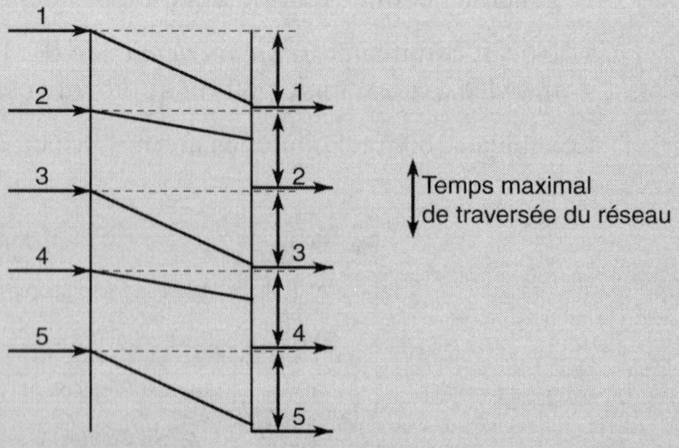

Figure 18.4
Resynchronisation d'une application isochrone

Il est évident que si le terminal est non intelligent et analogique, la reconstruction du flux synchrone est impossible dans un réseau à transfert de paquets. De plus, il est nécessaire de mettre en place des protocoles permettant un contrôle plus strict de l'information isochrone en cas de saturation. De ce fait, le réseau Internet a des difficultés à transporter des données isochrones, au moins jusqu'à l'arrivée de la nouvelle génération, qui a été conçue dans l'esprit du multimédia.

L'adressage IPv4 et IPv6

Comme Internet est un réseau de réseaux, l'adressage y est particulièrement important. Cette section donne un premier aperçu des problèmes d'adressage au travers du protocole IP de première génération IPv4 et de la nouvelle génération IPv6.

Les machines d'Internet ont une adresse IPv4 représentée sur un entier de 32 bits. L'adresse est constituée de deux parties : un identificateur de réseau et un identificateur de la machine pour ce réseau. Il existe quatre classes d'adresses, chacune permettant de coder un nombre différent de réseaux et de machines :

- classe A : 128 réseaux et 16 777 216 hôtes (7 bits pour les réseaux et 24 pour les hôtes) ;
- classe B : 16 384 réseaux et 65 535 hôtes (14 bits pour les réseaux et 16 pour les hôtes) ;
- classe C : 2 097 152 réseaux et 256 hôtes (21 bits pour les réseaux et 8 pour les hôtes) ;
- classe D : adresses de groupe (28 bits pour les hôtes appartenant à un même groupe).

Ces adresses sont détaillées à la figure 18.5.

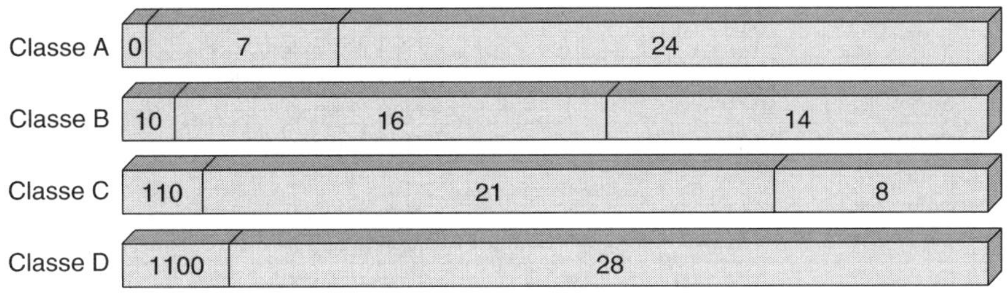

Figure 18.5

Classes d'adresses d'IPv4

Les adresses IP ont été définies pour être traitées rapidement. Les routeurs qui effectuent le routage en se fondant sur le numéro de réseau sont dépendants de cette structure. Un hôte relié à plusieurs réseaux a plusieurs adresses IP. En réalité, une adresse n'identifie pas simplement une machine mais une connexion à un réseau.

Pour assurer l'unicité des numéros de réseau, les adresses Internet sont attribuées par un organisme central, le NIC (Network Information Center). On peut également définir ses propres adresses si l'on n'est pas connecté à Internet. Il est toutefois vivement conseillé d'obtenir une adresse officielle pour garantir l'interopérabilité dans le futur.

Comme l'adressage d'IPv4 est quelque peu limité, il a fallu proposer une extension pour couvrir les besoins des années 2 000. Cette extension d'adresse est souvent présentée comme la raison d'être de la nouvelle version d'IP, alors qu'il ne s'agit que d'une raison parmi d'autres.

L'adresse IPv6 tient sur 16 octets. Le nombre d'adresses potentielles autorisées par IPv6 dépasse 10^{23} pour chaque mètre carré de la surface terrestre. La difficulté d'utilisation de cette immense réserve d'adresses réside dans la représentation et l'utilisation rationnelle de ces 128 bits. La représentation s'effectue par groupe de 16 bits et se présente sous la forme suivante :

123 : FCBA : 1024 : AB23 : 0 : 0 : 24 : FEDC

Des séries d'adresses égales à 0 peuvent être abrégées par le signe ::, qui ne peut apparaître qu'une seule fois dans l'adresse. En effet, ce signe n'indiquant pas le nombre de 0 successifs, pour déduire ce nombre en examinant l'adresse, les autres séries ne peuvent pas être abrégées.

L'adressage IPv6 est hiérarchique. Une allocation des adresses (c'est-à-dire une répartition entre les potentiels utilisateurs) a été proposée, dont le tableau 18.2 fournit le détail.

Adresse	Premiers bits de l'adresse	Caractéristiques
0 :: /8	0000 0000	Réservé
100 :: /8	0000 0001	Non assigné
200 :: /7	0000 0001	Adresse ISO
400 :: /7)	0000 010	Adresse Novell (IPX)
600 :: /7	0000 011	Non assigné
800 :: /5	0000 1	Non assigné
1000 :: /4	0001	Non assigné
2000 :: /3	001	Non assigné
4000 :: /3	010	Aadresses des fournisseurs de services
6000 :: /3	011	Non assigné
8000 :: /3	100	Adresses géographiques d'utilisateurs
A000 :: /3	101	Non assigné
C000 ::/3	110	Non assigné
E000 :: /4	1110	Non assigné
F000 :: /5	1111 0	Non assigné
F800 :: /6	1111 10	Non assigné
FC00 :: /7	1111 110	Non assigné
FE00 :: /9	1111 1110 0	Non assigné
FE80 :: /10	1111 1110 10	Adresses de liaisons locales
FEC0 :: /10	1111 1110 11	Adresses de sites locaux
FF00 :: /8	1111 1111	Adresse de multipoint

TABLEAU 18.2 • Allocation des adresses IPv6

Les protocoles de résolution d'adresses ARP et RARP

Les adresses IP sont attribuées indépendamment des adresses matérielles des machines. Pour envoyer un datagramme sur Internet, le logiciel réseau doit convertir l'adresse IP en une adresse physique, utilisée pour transmettre la trame.

La résolution d'adresse désigne la détermination de l'adresse d'un équipement à partir de l'adresse de ce même équipement à un autre niveau protocolaire. On résout, par exemple, une adresse IP en une adresse Ethernet ou en une adresse ATM.

C'est le protocole ARP (Address Resolution Protocol) qui effectue cette traduction entre le monde IP et Ethernet en s'appuyant sur le réseau physique. ARP permet aux machines de résoudre les adresses sans utiliser de table statique répertoriant toutes les adresses des deux mondes. Une machine utilise ARP pour déterminer l'adresse physique du destinataire en diffusant dans le sous-réseau une requête ARP contenant l'adresse IP à traduire. La machine possédant l'adresse IP concernée répond en renvoyant son adresse physique. Pour rendre ARP plus performant, chaque machine tient à jour en mémoire une table des adresses résolues et réduit ainsi le nombre d'émissions en mode diffusion.

Au moment de son initialisation *(bootstrap),* une machine sans mémoire de masse *(diskless)* doit contacter son serveur pour déterminer son adresse IP et pouvoir utiliser les services TCP/IP. Le protocole RARP (Reverse ARP) permet à une machine d'utiliser son adresse physique pour déterminer son adresse logique sur Internet. Le mécanisme RARP permet à un calculateur de se faire identifier comme cible en diffusant sur le réseau une requête RARP. Les serveurs recevant le message examinent leur table et répondent. Une fois l'adresse IP obtenue, la machine la stocke en mémoire vive et n'utilise plus RARP jusqu'à ce qu'elle soit réinitialisée.

Le protocole ARP s'appuie sur le réseau physique afin d'effectuer la traduction d'adresse. Pour déterminer l'adresse physique du destinataire, une machine diffuse sur le sous-réseau une requête ARP qui contient l'adresse IP à traduire. La machine possédant l'adresse IP concernée répond en renvoyant son adresse physique. Ce processus est illustré à la figure 18.6.

Figure 18.6

Fonctionnement du protocole ARP

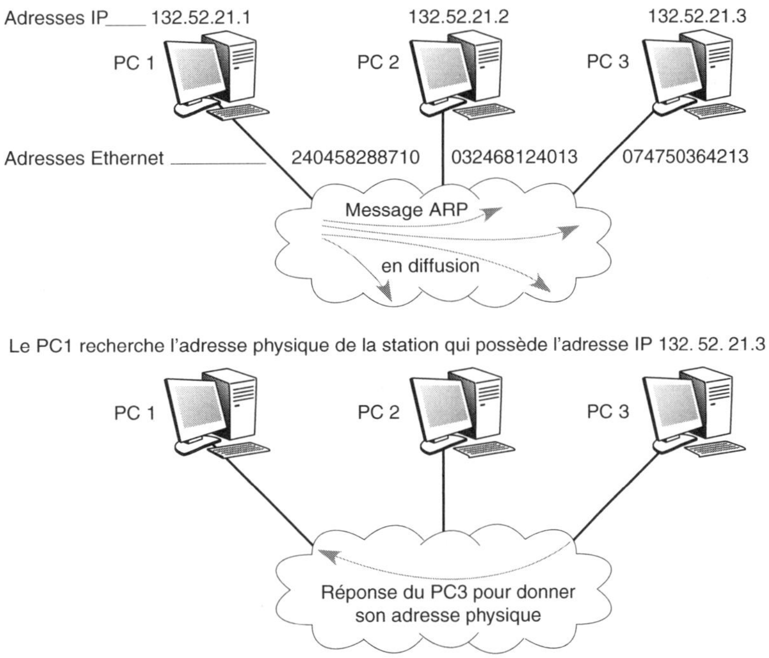

De façon inverse, une station qui se connecte au réseau peut connaître sa propre adresse physique sans avoir d'adresse IP. Au moment de son initialisation, la machine contacte son serveur afin de déterminer son adresse IP et de pouvoir utiliser les services TCP/IP. Le protocole RARP lui permet d'utiliser son adresse physique pour obtenir son adresse logique sur Internet. Par le biais du mécanisme RARP, une station peut se faire identifier comme cible en diffusant sur le réseau une requête RARP. Les serveurs recevant le message examinent leur table et répondent. Une fois l'adresse IP obtenue, la machine la stocke en mémoire vive et n'utilise plus RARP jusqu'à ce qu'elle soit réinitialisée.

Dans IPv6, les protocoles ARP et RARP sont remplacés par un protocole de découverte des voisins, appelé ND (Neighbor Discovery), qui est un sous-ensemble du protocole de contrôle ICMP (Internet Control Message Protocol), présenté en détail au chapitre 19.

DNS (Domain Name System)

Nous avons vu que les structures d'adresses étaient complexes à manipuler, car elles se présentent sous forme de groupes de chiffres décimaux de type *abc : def : ghi : jkl,* avec une valeur maximale de 255 pour chacun des quatre groupes. Les adresses IPv6 tiennent sur 8 groupes de 4 chiffres décimaux. La saisie de telles adresses dans le corps d'un message deviendrait vite insupportable. C'est la raison pour laquelle l'adressage utilise une structure hiérarchique complètement différente, beaucoup plus simple à manipuler et à mémoriser.

Le rôle du DNS est de permettre la mise en correspondance des adresses physiques dans le réseau et des adresses logiques. La structure logique est hiérarchique et utilise au plus haut niveau des domaines caractérisant principalement les pays, qui sont indiqués par deux lettres, comme *fr* pour la France, et des domaines fonctionnels comme :

- *com* : organisations commerciales ;
- *edu* : institutions académiques ;
- *org* : organisations, institutionnelles ou non ;
- *gov* : gouvernement américain ;
- *mil* : organisations militaires américaines ;
- *net* : opérateurs de réseau ;
- *int* : entités internationales.

À l'intérieur de ces grands domaines, on trouve des sous-domaines, qui correspondent à de grandes entreprises ou à d'importantes institutions. Par exemple, *rp* représente le nom de l'équipe travaillant dans le domaine des réseaux et des performances du laboratoire LIP6 de l'Université Paris VI, ce qui donne l'adresse *rp.lip6.fr* pour le personnel de cette équipe au sein du laboratoire.

Pour réaliser cette opération de traduction, le monde IP utilise des serveurs de noms, c'est-à-dire des serveurs pouvant répondre à des requêtes de résolution de nom ou encore être capables d'effectuer la traduction d'un nom en une adresse. Les serveurs de noms d'Internet sont les serveurs DNS. Ces serveurs sont hiérarchiques. Lorsqu'il faut retrouver l'adresse physique IP d'un utilisateur, les serveurs qui gèrent le DNS s'envoient des requêtes de façon à remonter suffisamment dans la hiérarchie pour trouver l'adresse physique du correspondant. Ces requêtes sont effectuées par l'intermédiaire de petits messages, qui portent la question et la réponse en retour.

La figure 18.7 illustre le fonctionnement du DNS. Le client *guy.pujolle@reseau.lip6.fr* veut envoyer un message à *xyz.xyz@systeme.lip6.fr.* Pour déterminer l'adresse IP de *xyz.xyz@systeme.lip6.fr,* une requête est émise par le PC de Guy Pujolle, qui interroge le serveur de noms du domaine *réseau.lip6.fr.* Si celui-ci a en mémoire la correspondance, il répond au PC. Dans le cas contraire, la requête remonte dans la hiérarchie et atteint le serveur de noms de *lip6.fr,* qui, de nouveau, peut répondre positivement s'il connaît la correspondance. Dans le cas contraire, la requête est acheminée vers le serveur de noms de *systeme.lip6.fr,* qui connaît la correspondance. C'est donc lui qui répond au PC de départ.

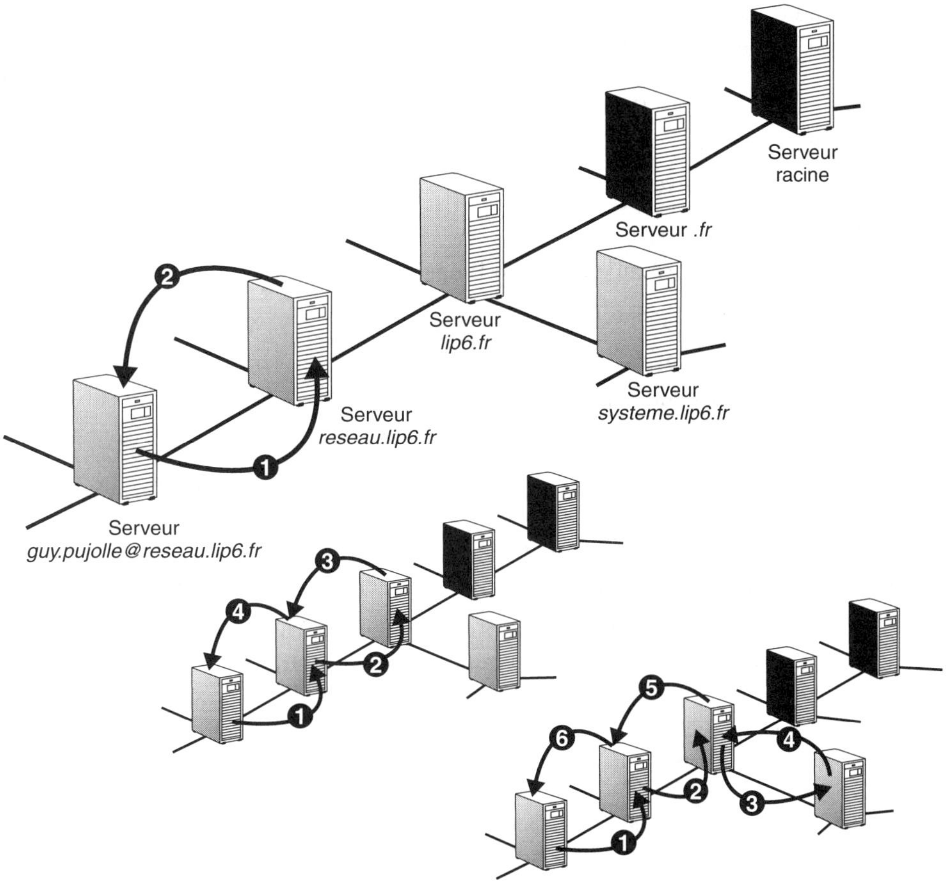

Figure 18.7

Fonctionnement du DNS

Le format d'une requête DNS est illustré à la figure 18.8.

Figure 18.8

Format d'une requête DNS

Identifier *(identificateur)*	Control *(contrôle)*
Number of Questions *(nombre de questions)*	Number of Answers *(nombre de réponses)*
Number of Authorities *(nombre d'autorités)*	Nombre de champs supplémentaires
Question *(question)*	
Answer *(réponse)*	
Authority *(autorité)*	
Additional *(champ supplémentaire)*	

Les deux premiers octets contiennent une référence. Le client choisit une valeur à placer dans ce champ, et le serveur répond en utilisant la même valeur, de sorte que le client reconnaisse sa demande. Les deux octets suivants contiennent les bits de contrôle. Ces derniers indiquent si le message est une requête du client ou une réponse du serveur, si une demande à un autre site doit être effectuée, si le message a été tronqué par manque de place, si le message de réponse provient du serveur de noms responsable ou non de l'adresse demandée, etc. Pour le récepteur qui répond, un code de réponse est également inclus dans ce champ.

Les six possibilités suivantes ont été définies :

- 0 : pas d'erreur.
- 1 : la question est formatée de façon illégale.
- 2 : le serveur ne sait pas répondre.
- 3 : le nom demandé n'existe pas.
- 4 : le serveur n'accepte pas la demande.
- 5 : le serveur refuse de répondre.

La plupart des requêtes n'effectuent qu'une demande à la fois. La forme de ce type de requête est illustrée à la figure 18.9. Dans la zone Question, le contenu doit être interprété de la façon suivante : 6 indique que 6 caractères suivent ; après les 6 caractères de réseau, 4 désigne les 4 caractères de *lip6,* 2 les deux caractères de *fr* et enfin 0 la fin du champ.

Le champ Autorité permet aux serveurs qui ont autorité sur le nom demandé de se faire connaître. La zone Champs supplémentaires permet de transporter des informations sur le temps pendant lequel la réponse à la question est valide.

Figure 18.9
Requête DNS avec une seule demande

Identifier *(identificateur)* = 0x1234		Control *(contrôle)* = 0x0100	
Number of Question = 1 *(nombre de question)*		Number of Answer = 0 *(nombre de réponse)*	
Number of Authority = 0 *(nombre d'autorité)*		Nombre de champ supplémentaire = 0	
Question *(question)*			
6	r	e	s
e	a	u	4
l	i	p	6
2	f	r	0

Le routage IP

Un environnement Internet résulte de l'interconnexion de réseaux physiques par des routeurs. Chaque routeur est connecté directement à deux ou plusieurs réseaux, les hôtes étant généralement connectés à un seul réseau, mais cela n'est pas obligatoire.

Il existe plusieurs types de routages :

- **Routage direct.** C'est le cas si les deux machines qui veulent communiquer sont rattachées au même réseau et ont donc le même numéro de réseau IP. Il peut s'agir de deux hôtes ou d'un routeur et d'un hôte. Il suffit, pour effectuer le transport du paquet IP, de déterminer l'adresse physique du destinataire et d'encapsuler le datagramme dans une trame avant de l'envoyer sur le réseau.

- **Routage indirect.** Dans ce cas, le routage est plus complexe car il faut déterminer le routeur auquel les datagrammes doivent être envoyés. Ces derniers peuvent ainsi être transmis de routeur en routeur jusqu'à ce qu'ils atteignent l'hôte destinataire. La fonction de routage se fonde principalement sur les tables de routage. Le routage est effectué à partir du numéro de réseau de l'adresse IP de l'hôte de destination. La table contient, pour chaque numéro de réseau à atteindre, l'adresse IP du routeur auquel envoyer le datagramme. Elle peut également comprendre une adresse de routeur par défaut et l'indication de routage direct. La difficulté du routage provient de l'initialisation et de la mise à jour des tables de routage.
- **Le subnetting.** Cette technique d'adressage et de routage normalisée permet de gérer plusieurs réseaux physiques à partir d'une même adresse IP d'Internet. Le principe du subnetting consiste à diviser la partie numéro d'hôte d'une adresse IP en numéro de sous-réseau et numéro d'hôte. En dehors du site, les adresses sont interprétées sans qu'il soit tenu compte du subnetting, le découpage n'étant connu et traité que de l'intérieur. Le redécoupage du numéro d'hôte permet de choisir librement le nombre de machines en fonction du nombre de réseaux sur le site. Au niveau conceptuel, les techniques d'adressage et de routage sont les mêmes. Au niveau physique, on utilise un masque d'adresse.

Le réseau Internet s'est tellement étendu qu'il a dû être scindé en systèmes autonomes pour en faciliter la gestion. On appelle système autonome (AS) un ensemble de routeurs et de réseaux reliés les uns aux autres, administrés par une même organisation et s'échangeant des paquets par le biais d'un même protocole de routage.

Le protocole de routage partagé par tous les routeurs d'un système autonome est appelé protocole de routage intérieur, ou IRP (Interior Routing Protocol). Un protocole intérieur n'a pas besoin d'être implémenté à l'extérieur du système autonome. De ce fait, on peut choisir son algorithme de routage de façon à optimiser le routage intérieur. Les protocoles intérieurs sont également appelés IGP (Interior Gateway Protocol).

Lorsqu'un réseau Internet comporte plusieurs systèmes autonomes reliés entre eux, il faut faire appel à un protocole de routage extérieur, ou ERP (Exterior Routing Protocol). Les protocoles ERP doivent avoir une connaissance des divers AS pour accomplir leur tâche. Les protocoles ERP sont également appelés EGP (Exterior Gateway Protocol).

La figure 18.10 donne un exemple de systèmes autonomes avec des protocoles IRP interconnectés par un ERP.

Figure 18.10
Protocoles de routage intérieur et extérieur

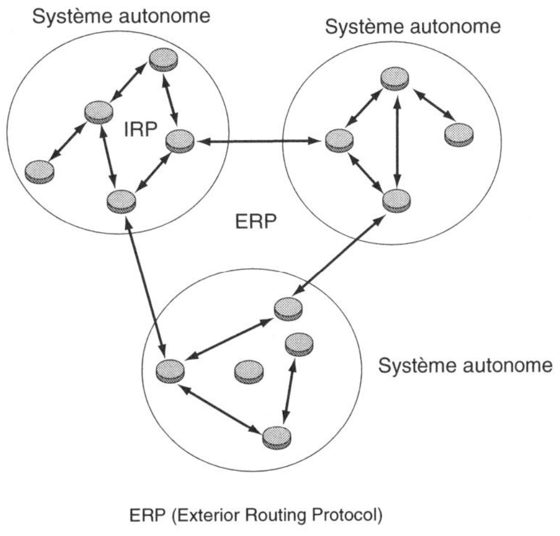

Les algorithmes de routage

Un algorithme de routage est un procédé permettant de déterminer le routage des paquets dans un nœud. Pour chaque nœud d'un réseau, l'algorithme détermine une table de routage, qui, à chaque destination, fait correspondre une ligne de sortie. L'algorithme doit mener à un routage cohérent, c'est-à-dire sans boucle. Cela signifie qu'il ne faut pas qu'un nœud route un paquet vers un autre nœud qui pourrait lui renvoyer le paquet.

On distingue trois grandes catégories d'algorithmes de routage :

- à vecteur de distance (distance-vector routing) ;
- à état des liens (link state routing) ;
- à vecteur de chemin (path-vector routing).

Les algorithmes de routage à vecteur de distance requièrent que chaque nœud s'échange des informations entre voisins, c'est-à-dire entre nœuds directement connectés. De ce fait, chaque nœud peut maintenir à jour une table en y ajoutant des informations sur tous ses voisins. Cette table donne la distance à laquelle se trouvent chaque nœud et chaque réseau à atteindre. Première à avoir été mise en œuvre dans le réseau ARPAnet, cette technique devient vite lourde lorsque le nombre de nœuds augmente puisqu'il faut transporter beaucoup d'informations de nœud en nœud. RIP (Routing Information Protocol) est le meilleur exemple de protocole utilisant un vecteur de distance.

Dans ce type d'algorithme, chaque routeur diffuse à ses voisins un vecteur listant chaque réseau qu'il peut atteindre avec la métrique associée, c'est-à-dire le nombre de sauts. Chaque routeur peut donc bâtir une table de routage avec les informations reçues de ses voisins mais n'a aucune idée de l'identité des routeurs qui se trouvent sur la route sélectionnée. De ce fait, l'utilisation de cette solution pose de nombreux problèmes pour les protocoles de routage extérieurs. Il est en effet supposé que tous les routeurs utilisent la même métrique, ce qui peut ne pas être le cas entre systèmes autonomes. De plus, un système autonome peut avoir des raisons particulières de se comporter différemment d'un autre système autonome. En particulier, si un système autonome a besoin de déterminer par quel autre système autonome vont passer ses messages, pour des raisons de sécurité par exemple, il ne peut pas le savoir.

Les algorithmes à état des liens avaient au départ pour objectif de pallier les défauts du routage par vecteur de distance. Quand un routeur est initialisé, il doit définir le coût de chacun de ses liens connectés à un autre nœud. Le nœud diffuse ensuite l'information à l'ensemble des nœuds du système autonome, et donc pas seulement à ses voisins. À partir de l'ensemble de ces informations, les nœuds peuvent effectuer un calcul leur permettant d'obtenir une table de routage indiquant le coût nécessaire pour atteindre chaque destination. Lorsqu'un routeur reçoit des informations qui modifient sa table de routage, il en avertit tous les routeurs intervenant dans sa configuration. Comme chaque nœud possède la topologie du réseau et les coûts de chaque lien, le routage peut être vu comme centralisé dans chaque nœud. Le protocole OSPF (Open Shortest Path First) met en œuvre cette technique, qui correspond à la deuxième génération de protocoles Internet.

Les algorithmes à état des liens règlent les problèmes évoqués précédemment pour le routage extérieur mais en soulèvent d'autres. Les divers systèmes autonomes peuvent avoir des métriques différentes ainsi que des restrictions spécifiques, de telle sorte qu'il ne soit pas possible d'obtenir un routage cohérent. La diffusion de l'ensemble des informations nécessaires à l'ensemble des systèmes autonomes peut par ailleurs devenir rapidement ingérable.

L'objectif des algorithmes à vecteur de chemin est de pallier les insuffisances des deux premières catégories en se dispensant des métriques et en cherchant à savoir quel réseau peut être atteint par quel nœud et quels systèmes autonomes doivent être traversés pour cela. Cette approche est très différente de celle par vecteur de distance puisque les vecteurs de chemin ne prennent pas en compte les distances ni les coûts. De plus, du fait que chaque information de routage liste tous les systèmes autonomes qui doivent être traversés pour arriver au routeur destinataire, l'approche par vecteur de chemin est beaucoup plus dirigée vers les systèmes de routage extérieurs. Le protocole BGP (Border Gateway Protocol) appartient à cette catégorie.

RIP (Routing Information Protocol)

RIP est le protocole le plus utilisé dans l'environnement TCP/IP pour router les paquets entre les passerelles du réseau Internet. C'est un protocole IGP (Interior Gateway Protocol), qui utilise un algorithme permettant de trouver le chemin le plus court.

Par chemin, on entend le nombre de nœuds traversés, qui doit être compris entre 1 et 15. La valeur 16 indique une impossibilité. En d'autres termes, si le chemin pour aller d'un point à un autre du réseau Internet est supérieur à 15, la connexion ne peut être mise en place. Les messages RIP permettant de dresser les tables de routage sont envoyés approximativement toutes les 30 secondes. Si un message RIP n'est pas parvenu à son voisin au bout de trois minutes, ce dernier considère que le lien n'est plus valide, le nombre de liens étant supérieur à 15. Le protocole RIP se fonde sur une diffusion périodique des états du réseau d'un routeur vers ses voisins. La version RIP2 comporte un routage par sous-réseau, l'authentification des messages, la transmission multipoint, etc.

Un exemple d'implémentation de cet algorithme est donné au chapitre 8 avec le routage distribué.

OSPF (Open Shortest Path First)

OSPF fait partie de la deuxième génération de protocoles de routage. Beaucoup plus complexe que RIP, mais au prix de performances supérieures, il utilise une base de données distribuée, qui garde en mémoire l'état des liens. Ces informations forment une description de la topologie du réseau et de l'état des nœuds, qui permet de définir l'algorithme de routage par un calcul des chemins les plus courts.

L'algorithme OSPF permet, à partir d'un nœud, de calculer le chemin le plus court, avec les contraintes indiquées dans les contenus associés à chaque lien. Les routeurs OSPF communiquent entre eux par l'intermédiaire du protocole OSPF, placé au-dessus d'IP. Regardons maintenant ce protocole de façon un peu plus détaillée.

L'hypothèse de départ pour les protocoles à état des liens est que chaque nœud est capable de détecter l'état du lien avec ses voisins (marche ou arrêt) et le coût de ce lien. Il faut donner à chaque nœud suffisamment d'informations pour lui permettre de trouver la route la moins chère vers toutes les destinations. Chaque nœud doit donc avoir la connaissance de ses voisins. Si chaque nœud à la connaissance des autres nœuds, une carte complète du réseau peut être dressée. Un algorithme se fondant sur l'état des voisins nécessite deux mécanismes : la dissémination fiable des informations sur l'état des liens et le calcul des routes par sommation des connaissances accumulées sur l'état des liens.

Une première solution consiste à réaliser une inondation fiable des informations, de façon à s'assurer que chaque nœud reçoit sa copie des informations de la part de tous les autres nœuds. En fait, chaque nœud inonde ses voisins, qui, à leur tour, inondent leurs propres voisins. Plus précisément, chaque nœud crée ses propres paquets de mise à jour, appelés LSP (Link-State Packet), contenant les informations suivantes :

- Identité du nœud qui crée le LSP.
- Liste des nœuds voisins avec le coût du lien associé.
- Numéro de séquence.
- Temporisateur (Time To Live) pour ce message.

Les deux premières informations sont nécessaires au calcul des routes. Les deux dernières ont pour objectif de rendre fiable l'inondation. Le numéro de séquence permet de mettre dans l'ordre les informations qui auraient été reçues dans le désordre. Le protocole possède des éléments de détection d'erreur et de retransmission.

Le calcul de la route s'effectue après réception de l'ensemble des informations sur les liens. À partir de la carte complète du réseau et des coûts des liens, il est possible de calculer la meilleure route. Le calcul est effectué en utilisant l'algorithme de Dijkstra sur le chemin le plus court.

Dans le sigle OSPF (Open Shortest Path First), le mot Open indique que l'algorithme est ouvert et pris en charge par l'IETF. En utilisant les mécanismes indiqués ci-dessus, le protocole OSPF ajoute les propriétés supplémentaires suivantes :

- **Authentification des messages de routage.** Des dysfonctionnements peuvent conduire à des catastrophes. Par exemple, un nœud qui, à la suite de la réception de messages erronés, volontairement ou non, ou de messages d'un attaquant modifiant sa table de routage, calcule une table de routage dans laquelle tous les nœuds peuvent être atteints à un coût nul reçoit automatiquement tous les paquets du réseau. Ces dysfonctionnements peuvent être évités en authentifiant les émetteurs des messages. Les premières versions d'OSPF possédaient un mot de passe d'authentification sur 8 octets. Les dernières versions possèdent des authentifications beaucoup plus fortes *(voir le chapitre 38).*
- **Nouvelle hiérarchie.** Cette hiérarchie doit permettre un meilleur passage à l'échelle. OSPF introduit un niveau de hiérarchie supplémentaire en partitionnant les domaines en ères (area). Cela signifie qu'un routeur à l'intérieur d'un domaine n'a pas besoin de savoir comment atteindre tous les réseaux du domaine. Il suffit qu'il sache comment atteindre la bonne ère. Cela entraîne une réduction des informations qui doivent être transmises et stockées.

Il y a plusieurs types de messages OSPF, mais ils utilisent tous le même en-tête, qui est illustré à la figure 18.11.

Figure 18.11
Format de l'en-tête OSPF

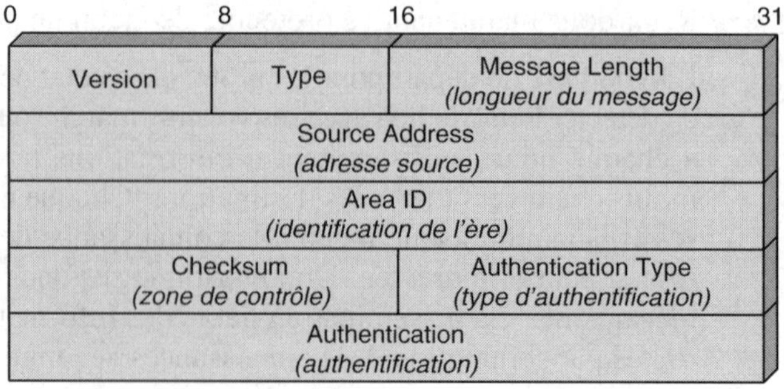

La version en cours est la 2. Cinq types ont été définis avec des valeurs de 1 à 5. L'adresse source indique l'émetteur du message. L'identification de l'ère indique l'ère dans laquelle se trouve le nœud émetteur. Le type d'authentification porte la valeur 0 s'il n'y a pas d'authentification, 1 en cas d'authentification par mot de passe et 2 si une technique d'authentification est mise en œuvre et décrite dans les 4 octets suivants.

Les cinq types de messages comportent le message Hello comme type 1. Ce message est envoyé par un nœud à ses voisins pour leur indiquer qu'il est toujours présent et non en panne. Les quatre autres types servent à envoyer des informations telles que des requêtes, des envois ou des acquittements des messages LSP. Ces messages transportent principalement des LSA (Link-State Advertisement), c'est-à-dire des informations sur l'état des liens. Un message OSPF peut contenir plusieurs LSA.

La figure 18.12 illustre un message OSPF de type 1 portant un LSA.

Figure 18.12
Message OSPF portant un LSA

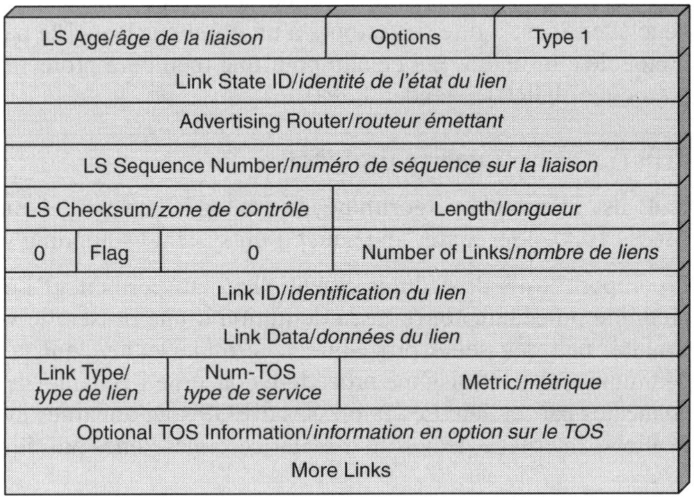

Ce type indique le coût des liens entre les routeurs. Le type 2 est utilisé pour indiquer les réseaux auxquels l'émetteur est connecté. Les types 3 et 4 se préoccupent de l'indication des ères. À la figure 18.13, le champ LS Age est l'équivalent du temporisateur TTL (Time To Live), si ce n'est que le compteur augmente jusqu'à une certaine valeur prédéfinie, alors que le TTL descend jusqu'à 0.

Le type est ici le type 1. Les deux champs Link State ID et LS sequence number sont identiques et transportent l'identificateur du routeur qui émet le message. La raison de ce double champ est de vérifier l'identité du routeur par deux moyens différents. Le numéro de séquence permet de reséquencer les messages reçus. Le LS Checksum permet de vérifier la correction du message. Il prend en compte les informations à partir du champ Option. Le champ longueur indique la longueur totale du message. Ce sont ensuite des informations sur le LSA qui sont transportées : Link ID identifiant chaque lien, informations à propos du lien (Link Data) et métrique.

Le champ TOS (Type Of Service) permet à l'algorithme OSPF de choisir la meilleure route possible en fonction du type de service. Il peut donc y avoir plusieurs métriques qui dépendent du type de service recherché. Le coût des lignes peut également varier en fonction des métriques choisies.

Si le protocole RIP est adapté à la gestion du routage dans de petits réseaux, OSPF s'applique à des réseaux beaucoup plus complexes.

IS-IS

L'algorithme IS-IS a été principalement développé par l'ISO (ISO 10589). Il décrit un routage hiérarchique fondé sur la décomposition des réseaux de communication en domaines. Dans un domaine, les différents nœuds indiquent leur état aux routeurs IS-IS afférents. Les communications interdomaines sont effectuées par un routage vers un point d'accès au domaine déterminé par les routeurs chargés des communications externes au domaine.

IGRP (Interior Gateway Routing Protocol)

Version améliorée de RIP, IGRP a été conçu par Cisco Systems pour ses propres routeurs. Il intègre le routage multichemin, la gestion des routes par défaut, la diffusion de l'information toutes les 90 secondes au lieu de toutes les 30 secondes, la détection des bouclages, c'est-à-dire des retours à un point par lequel le paquet est déjà passé, etc. Ce protocole a lui-même été étendu pour une meilleure protection contre les boucles par le protocole EIGRP (Extended IGRP).

EGP (Exterior Gateway Protocol)

EGP est le premier algorithme de routage à avoir été mis au point, au début des années 1980, pour router un paquet d'un système autonome vers un autre.

Il comporte trois procédures essentielles, qui permettent l'échange d'informations. La première procédure concerne la définition d'une passerelle voisine. Cette dernière étant connue, une deuxième procédure détermine le lien qui permet aux deux voisins de communiquer. La troisième procédure concerne l'échange de paquets entre deux voisins connectés par un lien. Les faiblesses d'EGP sont apparues avec le développement exponentiel d'Internet et le besoin d'éviter certaines zones politiquement sensibles.

BGP (Border Gateway Protocol)

Pour répondre aux faiblesses d'EGP, un nouvel algorithme a été mis en chantier par l'IETF sous le nom de BGP. Une première version, BGP-1, a été implémentée en 1990, suivie de près par BGP-2 puis BGP-3. Au bout de quelques années a été déployé BGP-4, qui permet de gérer beaucoup plus efficacement les tables de routage de grande dimension en rassemblant en une seule ligne plusieurs sous-réseaux.

BGP apporte de nouvelles propriétés par rapport à EGP, en particulier celle de gérer les boucles, qui devenaient courantes dans EGP puisque ce protocole ne s'occupe que des couples de voisins, sans prendre en compte les rebouclages possibles par un troisième réseau autonome.

Les messages échangés par le biais de BGP-4 sont les suivants :

- OPEN : pour ouvrir une relation avec un nœud voisin.
- UPDATE : pour transmettre des informations au sujet d'une seule route ou demander la destruction de routes qui ne sont plus disponibles.
- KEEPALIVE : pour acquitter les messages OPEN et confirmer que la relation de voisinage est toujours vivante.
- NOTIFICATION : pour envoyer un message d'erreur.

Les trois grandes procédures fonctionnelles suivantes sont définies dans BGP :

- acquisition des nœuds voisins ;

- possibilité d'atteindre le voisin ;
- possibilité d'atteindre des réseaux.

Deux routeurs sont considérés comme voisins s'ils sont dans le même réseau. Si les deux routeurs sont dans des domaines autonomes distincts, ils peuvent avoir besoin d'échanger des informations de routage. Pour cela, il faut d'abord réaliser une acquisition des voisins, c'est-à-dire permettre à deux nœuds qui ne sont pas dans le même système autonome d'échanger des informations de routage. L'acquisition doit être faite par une procédure formelle puisqu'un des deux nœuds peut ne pas avoir envie d'échanger de l'information de routage. Pour réaliser l'acquisition, un nœud émet le message OPEN. Si le routeur distant accepte la relation, il renvoie un KEEPALIVE. Une fois la relation établie, pour maintenir la relation active les nœuds s'échangent des KEEPALIVE. Chaque nœud maintient une base de données des réseaux qu'il peut atteindre et de la route permettant d'arriver à ces différents réseaux. Quand un changement intervient, le routeur diffuse un message UPDATE vers les autres routeurs, ce qui permet à ceux-ci de se mettre à jour.

La figure 18.13 illustre le format du paquet de mise à jour BGP.

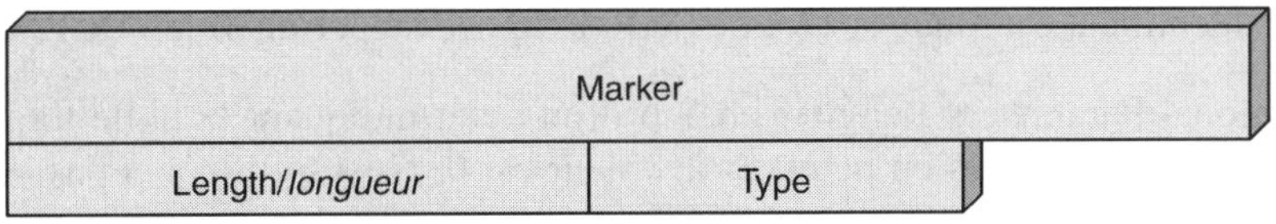

Figure 18.13

Format du paquet de mise à jour BGP

Le champ Marker est réservé à l'authentification. L'émetteur peut mettre un texte chiffré qui ne peut être déchiffré que par le récepteur possédant la clé de chiffrement. Length donne la longueur du message en octet. Les types de message sont OPEN, UPDATE, KEEPALIVE et NOTIFICATION.

Pour mettre en place une relation de voisinage, le routeur de départ initie une connexion TCP puis envoie un message OPEN. Ce message indique le système autonome dans lequel l'émetteur se trouve ainsi que l'adresse IP du routeur. Il inclut également un paramètre HOLD TIME PARAMETER, qui indique le nombre de secondes proposées pour le temporisateur Hold Timer afin de déterminer le temps maximal entre deux messages provenant de l'émetteur (KEEPALIVE, UPDATE). Si le distant accepte la relation, il calcule le minimum de son propre temporisateur Hold Timer et de celui de l'émetteur et l'envoie à l'émetteur.

Figure 18.14

Champs du paquet OPEN de BGP

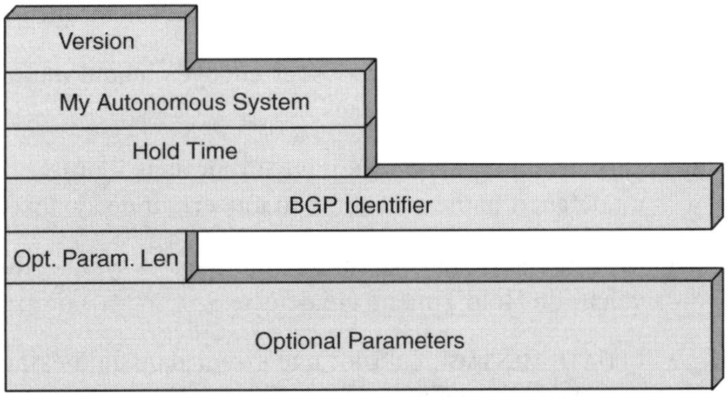

Les champs du paquet OPEN sont indiqués à la figure 18.14. Ces champs sont les suivants :

- Version : valeur sur un octet indiquant la version du protocole BGP utilisé (4 pour BGP-4).
- My Autonomous System (mon système autonome) : valeur sur 2 octets indiquant le numéro de système autonome de l'émetteur.
- Hold Time (temps de retenue) : champ de 2 octets indiquant le nombre de secondes que l'émetteur propose pour le compteur de retenue. Ce dernier permet d'éviter les bouclages infinis dans les systèmes autonomes. Une fois qu'un périphérique BGP reçoit un message OPEN, il doit calculer la valeur du compteur de retenue qui va être utilisé. Pour cela, il choisit la plus petite valeur entre le compteur de retenue qu'il vient de recevoir dans son message OPEN et la valeur qui a été configurée pour lui-même. La valeur choisie est en fait le nombre de secondes entre la réception de messages KEEPALIVE et UPDATE envoyés par l'émetteur.
- BGP Identifier (identifiant BGP) : champ de 4 octets indiquant l'identifiant BGP. Cet identifiant est fondé sur l'adresse IP assignée au périphérique BGP.
- Optional Parameters Length : champ d'un octet indiquant la taille totale du champ Optional Parameters en octet. Si la valeur est 0, c'est qu'il n'y a pas de paramètres optionnels.
- Optional Parameters : champ contenant la liste des paramètres optionnels qui sont représentés par des triplets Parameter Type, Parameter Length et Parameter Value. Le champ Parameter Type identifie de manière unique chaque paramètre optionnel. Le champ Parameter Length indique la taille en octet du champ Parameter Value. Le champ Parameter Value est un champ de taille variable (c'est pourquoi sa taille est indiquée dans le champ Parameter Length) contenant le paramètre optionnel lui-même.

Le message KEEPALIVE ne prend en compte que l'en-tête des messages BGP. Il doit être émis suffisamment souvent pour que le temporisateur Hold Timer ne se déclenche pas.

Les messages UPDATE permettent d'acheminer deux types de messages :

- Les informations au sujet d'une seule route, qui sont enregistrées dans les bases de données d'information des routeurs.
- Les informations au sujet d'une liste de routes qui vont être détruites.

Les messages NOTIFICATION sont envoyés quand une erreur a été détectée. Les erreurs suivantes peuvent être émises :

- MESSAGE HEADER ERROR : une erreur dans l'en-tête du message a été détectée comme un défaut d'authentification ou une erreur de syntaxe.
- OPEN MESSAGE ERROR : une erreur dans la syntaxe du message OPEN ou un refus de la valeur du Hold Timer a été détecté.
- UPDATE MESSAGE ERROR : une erreur dans le message UPDATE a été détectée comme une erreur de syntaxe.

- HOLD TIMER EXPIRED : le temporisateur Hold Timer a expiré, et la session de voisinage est fermée.
- FINITE STATE MACHINE ERROR : une erreur procédurale s'est produite.
- CEASE : pour fermer une connexion avec un autre routeur dans une circonstance non prise en charge par les messages précédents.

IDRP (Interdomain Routing Protocol)

Les estimations de départ prévoyaient qu'Internet serait constitué de dizaines de réseaux et de centaines de machines. Ces chiffres ont été multipliés par 10, 100 puis 1 000 pour les réseaux et par 1 000, 10 000 et 100 000 pour les machines. Ces démultiplications ne sont pas les seuls révélateurs du succès d'Internet. Les mesures montrent que le débit qui passe sur le réseau dépasse très largement celui représenté par l'ensemble des paroles téléphoniques échangées dans le monde entier.

Une telle explosion pose la question de la capacité des mécanismes de routage mis en place à en supporter la charge. Pour réduire les risques de saturation et prolonger les mécanismes actuels, la solution immédiate consiste à généraliser le subnetting. Le subnetting consiste à donner une adresse commune particulière, le masque, à l'ensemble des stations participant au même réseau logique, même si les adresses IP des stations de ce réseau logique proviennent de sous-réseaux distincts. Cela permet aux tables de routage de croître plus lentement.

Dans l'environnement IPv6, un nouveau protocole, IDRP, fruit d'études consacrées au routage entre les domaines de routage *(routing domain)* par l'ISO, a été adapté au monde Internet pour réaliser le routage entre systèmes autonomes. Le rôle d'IDRP est légèrement différent de celui des protocoles fonctionnant à l'intérieur d'un domaine, puisqu'il définit une politique de routage entre systèmes autonomes et non seulement un algorithme de routage. La politique définie dans cette proposition conduit les routeurs d'un système autonome à se mettre d'accord pour, par exemple, ne pas passer par un domaine déterminé ou ne pas autoriser d'autres systèmes autonomes à envoyer des paquets IP vers un système autonome déterminé. En d'autres termes, il doit y avoir une concertation entre routeurs pour ne fournir que les indications correspondant à la politique définie.

Les algorithmes de routage de type OSPF ou RIP sont appliqués par des routeurs qui ont tous le même objectif : trouver la meilleure route possible, en minimisant soit le nombre de saut, soit le temps de traversée du réseau, ou en optimisant la capacité de transport. Ces algorithmes s'appuient sur des notions de poids : si les liens ont des poids n_i, le chemin emprunté est celui dont la somme des poids des liens traversés est la plus faible. Le routage IDRP a aussi comme objectif de trouver les bons chemins, mais avec des restrictions pour chaque système autonome. L'algorithme repose sur des vecteurs de distance (Path Vector Routing), qui tiennent compte du chemin de bout en bout en plus des poids pour aller vers les nœuds voisins.

Comme le nombre de systèmes autonomes peut croître rapidement avec l'augmentation des capacités de traitement des routeurs, il a été décidé de regrouper les systèmes autonomes en confédérations. Le protocole IDRP travaille sur le routage entre ces confédérations. Pour véhiculer l'information de routage, IDRP utilise des paquets spécifiques, portés dans des paquets IP. Dans la zone IP, le champ En-tête suivant comporte le numéro 45 et indique le protocole IDRP.

NAT (Network Address Translation)

Le protocole IP version 4, que nous utilisons massivement actuellement, offre un champ d'adressage limité et insuffisant pour permettre à tout terminal informatique de disposer d'une adresse IP. Une adresse IP est en effet codée sur un champ de 32 bits, ce qui offre un maximum de 2^{32} adresses possibles, soit en théorie 4 294 967 296 terminaux raccordables au même réseau.

Pour faire face à cette pénurie d'adresses, et en attendant la version 6 du protocole IP, qui offrira un nombre d'adresses beaucoup plus important sur 128 bits, il faut recourir à un partage de connexion en utilisant la translation d'adresse, ou NAT (Network Address Translation).

Ce mécanisme se rencontre fréquemment à la fois en entreprise et chez les particuliers. Il distingue deux catégories d'adresses : les adresses dites publiques, c'est-à-dire visibles et accessibles de n'importe où (on dit aussi routables sur Internet), et les adresses dites privées, c'est-à-dire non routables sur Internet et adressables uniquement dans un réseau local, à l'exclusion du réseau Internet.

Le NAT consiste à établir des relations entre l'adressage privé dans un réseau et l'adressage public pour se connecter à Internet.

Adresses privées et adresses publiques

Dans le cas d'un réseau purement privé, et jamais amené à se connecter au réseau Internet, n'importe quelle adresse IP peut être utilisée. Dès qu'un réseau privé peut être amené à se connecter sur le réseau Internet, il faut distinguer les adresses privées des adresses publiques. Pour cela, chaque classe d'adresses IP dispose d'une plage d'adresses réservées, définies comme des adresses IP privées et donc non routables sur Internet. La RFC 1918 récapitule ces plages d'adresses IP, comme l'indique le tableau 18.3.

Classe d'adresses	Plages d'adresses privées	Masque réseau	Espace adressable
A	10.0.0.0 à 10.255.255.255	255.0.0.0	Sur 24 bits, soit 16 777 216 terminaux
B	172.16.0.0 à 172.31.255.255	255.240.0.0	Sur 20 bits, soit 1 048 576 terminaux
C	192.168.0.0. à 192.168.255.255	255.255.0.0	Sur 16 bits, soit 65 536 terminaux

TABLEAU 18.3 • Plages d'adresses privées

Dans ce cadre, et avant d'introduire la notion de NAT, les utilisateurs qui possèdent une adresse IP privée ne peuvent communiquer que sur leur réseau local, et non sur Internet, tandis qu'avec une adresse IP publique, ils peuvent communiquer sur n'importe quel réseau IP.

L'adressage privé peut être utilisé librement par n'importe quel administrateur ou utilisateur au sein de son réseau local. Au contraire, l'adressage public est soumis à des restrictions de déclaration et d'enregistrement de l'adresse IP auprès d'un organisme spécialisé, l'IANA (Internet Assigned Numbers Authority), ce que les FAI effectuent globalement en acquérant une plage d'adresses IP pour leurs abonnés.

La figure 18.15 illustre un exemple d'adressage mixte, dans lequel on distingue les différentes communications possibles, selon un adressage de type privé ou public.

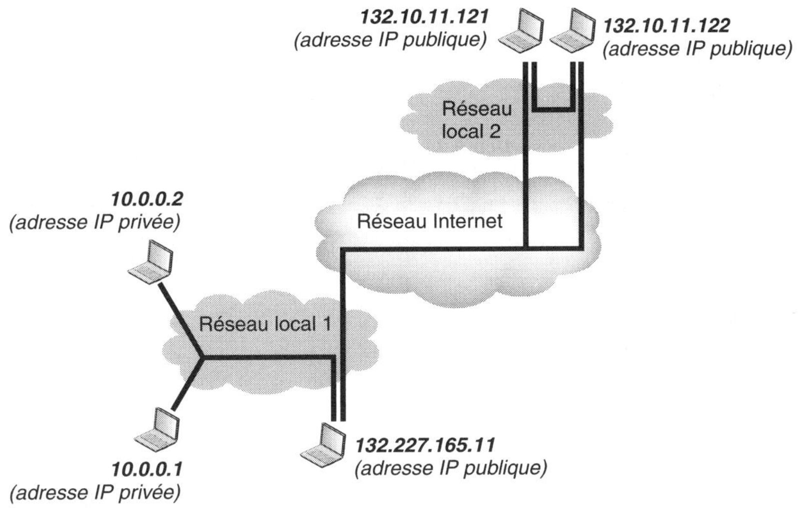

Figure 18.15

Adresses privées et publiques

Partager une adresse IP privée

Moyennant la souscription d'un accès Internet auprès d'un FAI, ce dernier fournit à ses utilisateurs une adresse IP privée. Dans un même foyer ou une même entreprise, deux utilisateurs ne peuvent communiquer en même temps sur Internet avec cette seule adresse IP fournie. Les adresses IP privées conviennent généralement pour couvrir un réseau privé, de particulier ou d'entreprise, mais pas pour communiquer directement avec les réseaux publics.

Pour résoudre ce problème et permettre à un terminal disposant d'une adresse IP privée de communiquer avec le réseau public, le processus de NAT fait intervenir une entité tierce entre un terminal, ayant une adresse IP privée, et tout autre terminal ayant une adresse IP publique. Ce mécanisme consiste à insérer un boîtier entre le réseau Internet et le réseau local afin d'effectuer la translation de l'adresse IP privée en une adresse IP publique. Aujourd'hui, la plupart des boîtiers, ou InternetBox, des FAI proposent à leurs abonnés cette fonctionnalité. Toutes les machines qui s'y connectent reçoivent par le biais du service DHCP (Dynamic Host Configuration Protocol) une adresse IP privée, que le boîtier se charge de translater en une adresse IP publique.

La figure 18.16 illustre un exemple dans lequel une passerelle NAT réalise une translation d'adresses pour quatre terminaux. Cette passerelle possède deux interfaces réseau. La première est caractérisée par une adresse IP publique (132.227.165.221). Connectée au réseau Internet, elle est reconnue et adressable normalement dans le réseau. La seconde interface est caractérisée par une adresse IP non publique (10.0.0.254). Connectée au réseau local, elle ne peut communiquer qu'avec les terminaux qui possèdent une adresse IP non publique de la même classe.

Lorsqu'un terminal ayant une adresse IP privée tente de se connecter au réseau Internet, il envoie ses paquets vers la passerelle NAT. Celle-ci remplace l'adresse IP privée d'origine par sa propre adresse IP publique (132.227.165.221). On appelle cette opération une translation d'adresse. De cette manière, les terminaux avec une adresse IP privée sont reconnus et adressables dans le réseau Internet par une adresse IP publique.

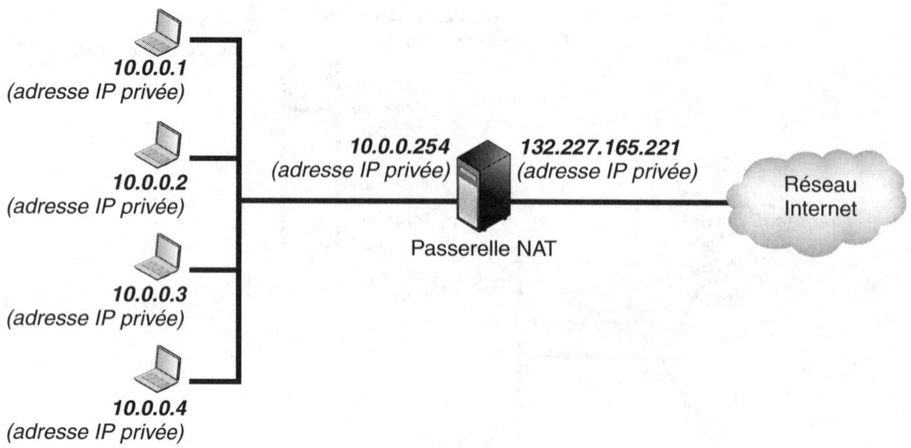

Figure 18.16

Translation d'adresses

La translation d'adresse est bien sûr réalisée dans les deux sens d'une communication, afin de permettre l'émission de requêtes aussi bien que la réception des réponses correspondantes. Pour cela, le boîtier NAT maintient une table de correspondance des paquets de manière à savoir à qui distribuer les paquets reçus.

Par exemple, si un émetteur dont l'adresse IP est 10.0.0.3 envoie vers la passerelle NAT un paquet à partir de son port 12345, la passerelle NAT modifie le paquet en remplaçant l'adresse IP source par la sienne et le port source par un port quelconque qu'elle n'utilise pas, disons le port 23456. Elle note cette correspondance dans sa table de NAT. De cette manière, lorsqu'elle recevra un paquet à destination du port 23456, elle cherchera cette affectation de port dans sa table et retrouvera la source initiale.

Ce cas est illustré à la figure 18.17.

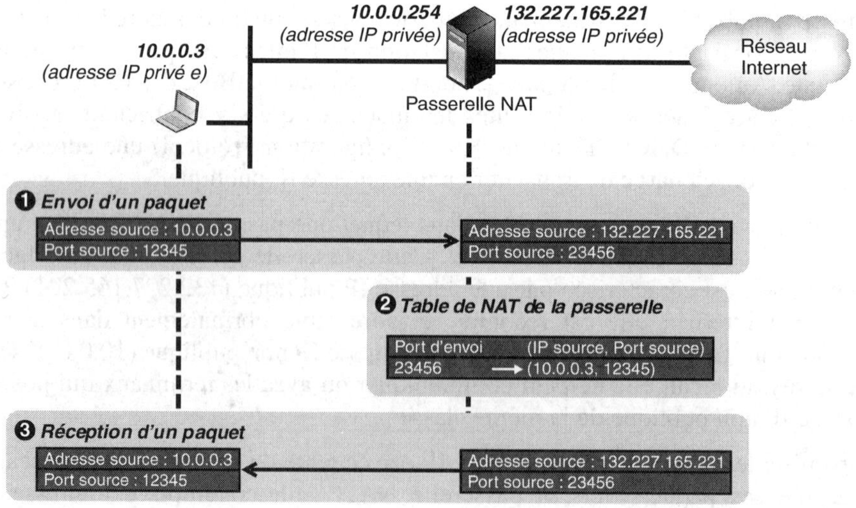

Figure 18.17

Modification de paquets lors du NAT

Avantages du NAT

Le premier atout du NAT est de simplifier la gestion du réseau en laissant l'administrateur libre d'adopter le plan d'adressage interne qu'il souhaite. Étant privé, le plan d'adressage interne ne dépend pas de contraintes externes, que les administrateurs ne maîtrisent pas toujours. Par exemple, si une entreprise utilise un plan d'adressage public et qu'elle change de FAI, elle doit modifier l'adresse de tous les terminaux qui composent son réseau. Au contraire, avec le NAT et un plan d'adressage privé, le choix d'un nouveau fournisseur d'accès Internet n'a pas d'impact sur les terminaux. Dans ce cas, l'administrateur n'a pas besoin de reconfigurer les adresses IP de tous les terminaux de son réseau. Il lui suffit de modifier, au niveau de la passerelle NAT, le pool d'adresses IP publiques, qui est affecté dynamiquement aux adresses IP privées des terminaux du réseau local.

Le deuxième atout du NAT est d'économiser le nombre d'adresses IP publiques. Le protocole réseau IP, qui est utilisé dans l'Internet actuel dans sa version 4, présente une limitation importante, car le nombre d'adresses IP disponible est faible comparé au nombre de terminaux susceptibles d'être raccordés au réseau Internet. Comme cette ressource est rare, sa mise à disposition à un coût pour les administrateurs qui souhaitent en bénéficier.

Le NAT comble cette pénurie d'adresses propre à la version 4 d'IP en offrant la possibilité d'économiser les adresses IP à deux niveaux distincts. Tous les terminaux d'un réseau local n'ont pas forcément besoin d'être joignables de l'extérieur, mais peuvent se limiter à une connexion interne au réseau. Par exemple, des serveurs d'intranet, des annuaires d'entreprise, des serveurs dédiés aux ressources humaines avec des informations confidentielles de suivi du personnel ou bien encore des serveurs de tests n'ont pas à être joignables à partir du réseau Internet, mais seulement en interne au sein de l'entreprise. En conséquence, ces serveurs peuvent se suffire d'une adresse IP privée, qui ne sera jamais « nattée » par le boîtier NAT puisque ces serveurs reçoivent des requêtes mais n'en émettent jamais.

Un deuxième niveau d'économie d'adresses IP publique est opéré avec le mécanisme que nous avons mentionné à la section précédente, qui permet de masquer plusieurs terminaux disposant chacun d'une adresse IP privée avec une seule adresse IP publique, en jouant sur les ports utilisés. Cette méthode est très couramment employée, car elle n'impose aucune condition quant au nombre de terminaux susceptibles d'accéder à Internet dans le réseau local.

Un autre avantage important du NAT concerne la sécurité. Les terminaux disposent en effet d'une protection supplémentaire, puisqu'ils ne sont pas directement adressables de l'extérieur. En outre, le boîtier NAT offre la garantie que tous les flux transitant entre le réseau interne et l'extérieur passent toujours par lui. Si un terminal est mal protégé et ne dispose pas d'un pare-feu efficace, le réseau dans lequel il se connecte peut ajouter des mécanismes de protection supplémentaires au sein de la passerelle NAT, puisqu'elle représente un passage obligé pour tous les flux. Globalement, l'administrateur concentrer les mécanismes de sécurisation à un point de contrôle unique et centralisé. Cela explique que, bien souvent, les boîtiers NAT sont couplés avec des pare-feu filtrant les flux.

Les trois catégories de NAT

Le mécanisme de NAT que nous avons pris comme exemple précédemment, consistant à jouer sur les ports pour masquer plusieurs terminaux avec une adresse IP unique, est un cas particulier. Il repose sur une translation de port appelée NPT (Network Port Translation). Lorsqu'elle se combine avec le NAT, on parle de NAPT (Network Address and Port Translation).

Bien que les concepts soient différents, le processus de NAT inclut fréquemment par abus de langage le processus de NPT. En réalité, il faut distinguer trois formes de NAT, le NAT statique, le NAT dynamique et NATP. Ces formes peuvent se combiner selon les besoins de chaque utilisateur et les politiques d'administration établies dans un réseau. D'autres formes de classification du NAT sont possibles. La RFC 3489 en recense quatre types, par exemple. Nous nous contenterons de détailler dans les sections suivantes les formes les plus courantes.

Le NAT statique

Dans le NAT statique, à toute adresse IP privée qui communique avec l'extérieur, une adresse IP publique fixe lui est affectée. Avec ce type de NAT, les utilisateurs du réseau local sont joignables de l'extérieur, car la passerelle réalise la correspondance d'une adresse IP locale en une adresse IP publique dans les deux sens. C'est un avantage indéniable, en particulier pour la téléphonie, car un utilisateur à l'extérieur du réseau privé peut appeler un abonné à l'intérieur du réseau privé puisqu'il connaît son adresse IP fixe.

Ce cas de figure est illustré à la figure 18.18. Le terminal ayant l'adresse IP privée 10.0.0.4 n'a pas de correspondance d'adresse IP publique, car c'est un serveur interne. Les administrateurs font l'économie d'une adresse IP pour ce serveur et s'assurent en outre que ce dernier n'est pas joignable directement de l'extérieur. Un changement de FAI ne remet pas en cause le plan d'adressage en local.

Figure 18.18
Le NAT statique

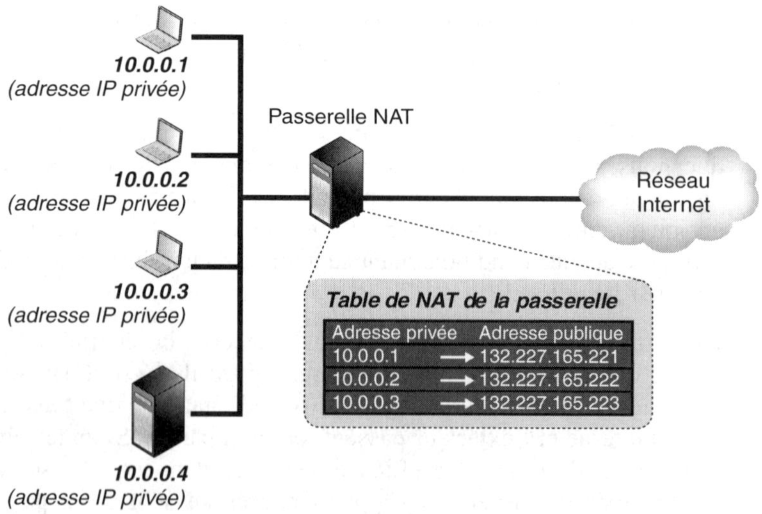

Le NAT dynamique

Avec le NAT dynamique, une plage d'adresses IP publiques est disponible et partagée par tous les utilisateurs du réseau local. Chaque fois qu'une demande d'un utilisateur local (avec une adresse privée) parvient à la passerelle NAT, celle-ci lui concède dynamiquement une adresse IP publique. Elle maintient cette correspondance pour une période fixe, mais renouvelable selon l'activité de l'utilisateur, qui assure le suivi des communications.

Avec ce type de NAT, les utilisateurs locaux ne sont joignables de l'extérieur que s'ils ont une entrée dans la table de la passerelle NAT, autrement dit que s'ils entretiennent une activité avec le réseau Internet. En effet, les correspondants externes ne peuvent s'adresser qu'à la passerelle NAT pour envoyer leur flux. Or tant que le correspondant interne n'a pas d'activité réseau, aucune entrée ne lui est attribuée dans la table de NAT. De plus, l'adresse IP qui leur est affectée est temporaire et peut être différente à la prochaine connexion, ce qui restreint les possibilités d'être joignable de l'extérieur.

Il existe même une forme de NAT particulière, appelée NAT symétrique ou « full cone » dans la RFC 3489, qui consiste à établir une correspondance entre l'adresse IP privée et publique selon la destination d'une communication. Autrement dit, un utilisateur du réseau local aura une certaine adresse IP publique lorsqu'il communique avec un correspondant extérieur et une autre adresse IP publique lorsqu'il communique avec une autre destination.

Le modèle dynamique offre une plus grande souplesse d'utilisation que le modèle statique puisque les associations d'adresses IP privées et publiques n'ont pas besoin d'être mentionnées statiquement par l'administrateur, mais sont attribuées automatiquement. En outre, il présente l'avantage d'optimiser au maximum les ressources. Si un utilisateur n'exploite pas sa connexion Internet et se contente de sa connexion locale, la passerelle NAT n'a pas besoin de lui attribuer une adresse IP. Le NAT dynamique est cependant plus complexe puisqu'il impose à la passerelle NAT de maintenir les états des connexions pour déterminer si les utilisateurs exploitent leur adresse IP publique ou s'il est possible, passé un certain délai, de les réutiliser.

Ce modèle ressemble à celui déployé avec la téléphonie RTC. Le nombre de lignes sortantes d'un commutateur téléphonique d'entreprise et même d'immeubles de particuliers est généralement inférieur au nombre de lignes entrantes. Autrement dit, tous les abonnés disposent d'un téléphone, mais tous ne peuvent appeler en même temps. Dans la pratique, il est assez exceptionnel que tous les abonnés appellent en même temps, si bien que ces derniers ne perçoivent pas cette restriction, qui permet aux opérateurs de limiter le nombre de lignes. Avec le NAT dynamique, les notions sont différentes, mais le principe est le même : l'attribution des adresses IP se fait à la demande, avec les limitations du nombre d'adresses IP publiques disponibles que cela suppose.

Le NAPT

Variante du NAT dynamique, le NAPT (Network Address Port Translation) est en fait celui que nous avons présenté précédemment sans le nommer. Il consiste à attribuer une même adresse IP à plusieurs utilisateurs d'un même réseau local.

Comme nous l'avons expliqué, pour associer une même adresse IP publique à deux terminaux ayant une adresse privée distincte, la passerelle NAT joue sur les ports des applications : une requête envoyée à partir du port A d'une source est retransmise avec le port B de la passerelle, tandis qu'une requête émise à partir du port C d'une autre source est retransmise avec le port D de la passerelle. De cette manière, la passerelle peut contrôler et distinguer chacune des demandes qui lui parviennent.

L'inconvénient de cette méthode est que seuls les utilisateurs du réseau local peuvent amorcer une communication vers l'extérieur. Autrement dit, ils ne peuvent répondre à une communication qu'ils n'ont pas préalablement initiée. Les correspondants externes à la passerelle NAT ne possèdent en effet des entrées que pour une adresse IP et un port source privés. Or si le port source est mentionné, c'est qu'une application a déjà été ouverte par le terminal du réseau local. Le correspondant externe n'a aucun moyen d'établir une telle association en lieu et place du terminal dont il ignore la véritable adresse IP.

Le NAPT est sans conteste la méthode la plus économe puisqu'elle permet de masquer tout un réseau local avec une seule adresse IP. Elle est la plus couramment employée chez les particuliers et les petites et moyennes entreprises.

Les problèmes engendrés par le NAT

Pour être pratiques et courantes, les fonctionnalités du NAT n'en posent pas moins des problèmes de différente nature, comme les protocoles dits « sensibles » au NAT, la difficulté de recevoir une connexion derrière un NAPT ou la sécurité.

Les sections suivantes détaillent chacun de ces problèmes.

Les protocoles sensibles au NAT

Le problème le plus important à considérer concerne les protocoles dits « sensibles » au NAT. C'est le cas des principaux protocoles de signalisation utilisés pour les échanges multimédias, dont H.323, SIP et MGCP, mais également de bien d'autres protocoles, comme Kerberos, SNMP, DNS, ICMP ou encore les protocoles de partage de fichiers tels que FTP et les protocoles de mobilité tels que Mobile IP.

Ces protocoles ne se contentent pas de mentionner leur adresse IP dans l'en-tête des paquets qu'ils envoient, mais ils l'indiquent également dans le corps de leurs messages. Par exemple, avec le protocole SIP, un message d'invitation INVITE comporte dans le paquet des informations sur l'adresse IP de la source. Ces informations permettent d'établir entre les correspondants la connexion dans laquelle les données véritables (la voix ou la vidéo notamment) sont transmises. Dans cette situation, même si le boîtier NAT modifie l'adresse IP source du paquet, le récepteur ne peut répondre correctement à la requête puisque cette dernière comporte une adresse IP source initiale, qui est une adresse privée. Le récepteur envoie donc sa réponse vers l'adresse IP source spécifiée qui ne lui est pas accessible, et le paquet de réponse n'arrive jamais à son destinataire.

Cette contrainte ne se pose pas pour toutes les applications. Par exemple, les flux d'application Web utilisent le protocole HTTP, dont les paquets ne contiennent pas l'adresse IP de la source à l'origine de la requête. En conséquence, le récepteur peut répondre sans connaître de problème de routage. Ce cas est en fait celui de la majorité des protocoles.

Recevoir une connexion derrière un NAPT

Ce problème est spécifique au NAPT, qui translate les utilisateurs à la fois selon une adresse IP et selon un port. La question qui se pose est de savoir comment solliciter une entité masquée derrière un boîtier NAPT.

Nous avons vu le cas où un terminal en adressage local effectuait une demande de connexion. La table de NAPT est alors mise à jour conformément à la demande du terminal local, et la connexion avec l'extérieur peut se poursuivre. Mais comment faire si ce n'est pas le terminal local au boîtier NAPT qui initie la connexion, mais un terminal distant ? Dans ce cas, le terminal distant ne sait pas vers où envoyer sa demande de connexion, puisque la seule adresse publique est celle du boîtier NAPT et que la table de NAPT ne contient à ce stade aucune entrée permettant de déterminer à qui est destinée cette communication.

Une solution élémentaire à ce problème pourrait consister à connaître le port d'écoute d'une application et à configurer sur le boîtier NAPT une règle de redirection des paquets externes à destination de ce port d'écoute vers une machine locale en particulier. Par exemple, tous les paquets reçus d'Internet à destination du port 34567 sont systématiquement redirigés vers le terminal dont l'adresse IP est 10.0.0.2. Si ce dernier a configuré son application pour utiliser le port 34567 comme port d'écoute, la connexion devient possible.

Malheureusement, cette solution n'est guère satisfaisante. Deux applications qui tournent sur deux terminaux distincts ne sont pas adressables simultanément. En outre, la procédure n'est pas automatique, et il est nécessaire de configurer statiquement les règles de redirection, ce qui rend le mécanisme contraignant pour l'administrateur du réseau, en plus de ne pas être toujours une fonctionnalité disponible sur les boîtiers NAPT. Sur la majorité des équipements, les règles de redirection sont configurées au moyen d'une interface Web propriétaire et non compatible selon les différents constructeurs.

La sécurité avec le NAT

Comme les codes de contrôle (checksums) inclus dans les en-têtes TCP d'un paquet sont calculés en fonction de l'adresse et du port du terminal source, ils deviennent invalides lorsque la passerelle NAT a modifié l'un ou l'autre de ces deux éléments. Si le destinataire reçoit le paquet avec le code de contrôle initial, il considère le paquet comme corrompu et demande sa réémission. En conséquence, la passerelle NAT doit recalculer les codes de contrôle et remplacer les originaux afin que les paquets restent valides et ne soient pas considérés par le destinataire comme corrompus.

Pour cette raison, le mécanisme de NAT est davantage une parade à la pénurie d'adresses IP qu'une véritable solution. Il ne se met en place qu'au prix de traitements sensibles et pas toujours réalisables. Par exemple, si l'émetteur crypte ses flux avec une couche IPsec, il devient impossible pour la passerelle NAT d'accéder aux en-têtes TCP des paquets relayés et donc de les modifier, si bien qu'ils sont transmis de manière erronée aux destinataires, qui les refusent.

On peut considérer le NAT comme une forme de « hack », en ce qu'il impose une rupture entre un émetteur et son récepteur et ne respecte pas les en-têtes d'origine des paquets, puisqu'il doit retravailler certains champs pour que les paquets demeurent conformes aux spécifications des protocoles.

En résumé

Conçue essentiellement pour faciliter l'administration d'un réseau et offrir une solution alternative aux restrictions d'adressage du protocole IP dans sa version 4, la translation d'adresses est aujourd'hui largement déployée, à la fois chez les particuliers et dans les entreprises, sous différentes formes, plus ou moins restrictives. Elle fait néanmoins intervenir, de manière obligatoire, une entité tierce intermédiaire entre l'émetteur et le récepteur. Cette technique impose donc des traitements supplémentaires sur les flux. Or ces traitements ne sont pas toujours compatibles avec d'autres protocoles. En particulier, le NAPT bloque la réception d'appel. Et surtout, les protocoles de signalisation les plus courants ne prennent pas en compte la translation d'adresse qui sera appliquée aux flux et insèrent dans leur message des adresses privées, invalides pour un récepteur distant.

Le passage des pare-feu

Les pare-feu constituent des remparts indispensables pour se protéger des attaques extérieures. Ils sont aujourd'hui couramment employés, à la fois par les particuliers et par les entreprises. Par le biais de règles de filtrage, ils inspectent tous les paquets qui transitent et vérifient s'ils sont conformes à la politique de sécurité implémentée. Si c'est le cas, les paquets sont autorisés à traverser le pare-feu et à poursuivre leur cheminement vers leur destinataire. Si ce n'est pas le cas, ils sont détruits.

Les pare-feu les plus classiques distinguent cinq éléments qui caractérisent les flux : l'adresse IP de la source, le port utilisé par la source, l'adresse IP du destinataire, le port utilisé par le destinataire et enfin le protocole de transport spécifié dans un paquet. Une règle de filtrage mentionne donc la valeur de chacun de ces cinq éléments et ordonne une action à entreprendre lorsque toutes ses valeurs sont validées.

L'action entreprise revient soit à autoriser, soit à interdire le paquet, c'est-à-dire respectivement à laisser passer le paquet ou à le détruire. Typiquement, un pare-feu adopte pour politique de bloquer tous les paquets pour lesquels aucune règle d'acceptation ne convient. La politique inverse, consistant à autoriser tous les paquets pour lesquels aucune règle d'interdiction ne convient, est trop permissive.

L'état d'une connexion peut être un sixième élément à prendre en compte par un pare-feu. Lorsqu'une communication est établie avec les cinq éléments précédemment mentionnés, on considère que la connexion est à l'état actif ou établi. Autrement, l'état est considéré comme inactif.

On distingue ainsi deux catégories de pare-feu :

- Les pare-feu sans état *(stateless),* qui ne maintiennent aucun état des connexions et se contentent des cinq éléments caractéristiques d'un flux, précédemment cités pour autoriser ou interdire les flux qui transitent dans le réseau.
- Les pare-feu avec état *(statefull),* qui maintiennent l'état des connexions et sont capables de distinguer si une communication s'effectue sur un port déjà ouvert ou sur un port que le paquet demande d'ouvrir.

La notion d'état est utile pour les protocoles à ports dynamiques. Avec des applications exploitant ces protocoles, une communication s'établit sur un port fixe vers un destinataire (canal de contrôle). Lorsque ce dernier est contacté, il convient avec l'émetteur de poursuivre la communication sur un autre port dynamiquement et arbitrairement sélectionné (canal de données). De cette façon, il reste disponible pour servir un autre correspondant qui tenterait de le joindre ultérieurement sur le port fixe. Face à une telle situation, seul un pare-feu avec état est capable d'autoriser l'usage du port dynamique. Pour cela, il lui faut analyser les paquets et déterminer s'ils sont liés ou non à une connexion préalablement établie.

Imaginons à titre d'exemple un protocole dans lequel un destinataire demande à la source de remplacer le port statique initial par un port dynamique qu'il lui impose. Les trois étapes suivantes sont nécessaires :

- La source émet un premier paquet vers un port fixé du destinataire.
- Le destinataire lui répond en précisant le port sur lequel il souhaite poursuivre la communication.
- La source reprend la communication en utilisant le port mentionné.

Pour le pare-feu sans état, seules les deux premières étapes sont possibles puisqu'elles peuvent correspondre à une règle statique simplement fondée sur le « 5-uplets » initial. L'ouverture d'un port dynamique lui est impossible, car aucune règle n'en permet la définition, sauf à être totalement permissive et d'ouvrir tous les ports possibles, ce qui constituerait une piètre politique de sécurité.

Pour le pare-feu avec état, la troisième étape est possible. En effet, ce type de pare-feu est capable d'analyser les flux et de déterminer que le port dynamique sur lequel la source tente de communiquer correspond à la demande qui a été faite précédemment par la destination. La gestion des états offre une performance accrue dans le traitement des paquets, mais cela a un coût en ce qu'elle introduit une latence supplémentaire pour le pare-feu, qui doit en outre savoir analyser les protocoles correctement et, pour cela, connaître leur syntaxe.

L'état est facilement discernable avec le protocole TCP, puisque ce dernier positionne des bits indiquant si la connexion est nouvelle, se poursuit ou se termine. Au contraire, le protocole UDP ne fournit pas ces indications. Pourtant, le pare-feu ne peut attribuer éternellement le statut d'actif à une connexion UDP. Il alloue généralement le statut actif à une connexion UDP pendant un certain délai. Passé ce délai, la connexion est considérée comme perdue et devient par conséquent inactive.

Cette manière de procéder est cependant très approximative et ne convient pas aux applications de voix sur IP, qui utilisent très majoritairement le protocole UDP pour transporter leurs données. Si, lors d'une communication, les intervenants cessent de parler, le silence correspondant n'est pas transmis, et aucun paquet n'est transmis durant cet intervalle de temps. Le pare-feu risque de considérer ce silence comme une terminaison de la communication, ce qui est erroné.

Un pare-feu est utile pour centraliser la politique de sécurité au sein d'un équipement unique. De cette manière, la gestion du contrôle des applications autorisées n'est pas laissée au libre choix des utilisateurs, mais est à la charge du réseau, ce qui réduit les possibilités de contournement des règles édictées au sein de l'entreprise.

Les fonctionnalités de NAT sont souvent implémentées en parallèle avec les fonctionnalités de pare-feu. En effet, l'opération réalisée par le NAT comme par le pare-feu doit s'appliquer au niveau d'une passerelle, point de jonction entre le réseau local privé et le réseau public. En outre, dans ces deux fonctions, une notion de filtrage est requise. Lorsque les flux traversent le réseau, le boîtier NAT détecte l'adresse IP source privée et la translate avec une adresse IP publique, tandis que le pare-feu inspecte l'adresse IP source pour savoir si l'utilisateur est autorisé à émettre des flux. Dans le même temps, le pare-feu détecte les ports et protocoles utilisés par l'application pour opérer un filtrage avec une granularité plus forte. Autrement dit, l'analyse des paquets est un mécanisme partagé par les fonctions de NAT et de pare-feu, ce qui justifie leur couplage.

Conclusion

Nous avons introduit dans ce chapitre les architectures de niveau paquet, c'est-à-dire les architectures dans lesquelles l'information nécessaire pour acheminer le paquet se trouve dans la zone de supervision du paquet. Il y a quinze ans, on aurait pu dénombrer une vingtaine d'architectures de niveau paquet, chaque grande société d'informatique déployant sa propre architecture : SNA (System network Architecture) pour IBM, DNA

(Digital Network Architecture) pour Digital, DSA (Distributed Network Architecture) pour Bull, etc.

La première architecture de ce niveau à s'être imposée a été X.25. Le réseau Transpac mis en place par France Télécom en utilisant cette norme X.25, au début des années 1980, a longtemps été le plus important réseau du monde. L'environnement IP s'est petit à petit imposé par sa relative simplicité et, surtout, grâce à son interface, introduite dans tous les systèmes d'exploitation.

Aujourd'hui, on peut dire qu'il n'existe pratiquement plus qu'une seule architecture de niveau paquet dans le monde, celle provenant du monde IP. Si elle est encore concurrencée, c'est non plus par d'autres solutions de niveau 3 mais par les architectures de niveau trame, qui consistent à placer le paquet IP dans une trame dans la machine terminale et à la transporter à l'intérieur de la trame tout le long du chemin. Arrivée dans la machine terminale du destinataire, la trame est décapsulée pour restituer son paquet IP. L'architecture de cette solution est bien de niveau 2.

Les réseaux du futur seront sans aucun doute les témoins d'une confrontation des architectures de niveau paquet IP et des architectures de niveau trame, symbolisées par MPLS.

19

La gestion et le contrôle dans les réseaux IP

Nous avons parcouru au chapitre précédent l'architecture et les principaux protocoles du monde IP. Un réseau ne peut être complet sans une gestion du réseau et un contrôle de ses ressources. En particulier, une des ambitions du monde IP est de parvenir à proposer une qualité de service à ses utilisateurs.

Ce chapitre examine les principaux protocoles de gestion et de contrôle des ressources, depuis les protocoles de signalisation jusqu'aux protocoles de gestion de la sécurité et de la mobilité des utilisateurs en passant par les protocoles de contrôle de la qualité de service IntServ et DiffServ.

Les protocoles de contrôle

Plusieurs protocoles ont été normalisés pour transporter des paquets de contrôle. Nous détaillons dans les sections qui suivent ICMP (Internet Control Message Protocol) et IGMP (Internet Group Management Protocol), dont les rôles sont de transporter des informations sur les anomalies de fonctionnement et de superviser le fonctionnement de groupes d'utilisateurs sur Internet.

ICMP (Internet Control Message Protocol)

Dans un transfert en mode sans connexion, que nous avons décrit au début du chapitre 4, chaque passerelle et chaque machine fonctionnent de façon autonome. De même, le routage et l'envoi des datagrammes se font sans coordination avec l'émetteur. Ce système fonctionne bien tant que toutes les machines n'ont pas de problème et que le routage est correct, mais cela n'est pas toujours le cas.

Outre les pannes du réseau et des machines, des problèmes surviennent lorsqu'une machine est déconnectée du réseau de façon temporaire ou permanente, lorsque la durée de vie du datagramme expire ou lorsque la congestion d'une passerelle est trop importante. Pour permettre aux machines de rendre compte de ces anomalies de fonctionnement, on a ajouté à Internet le protocole d'envoi de messages de contrôle ICMP.

Le destinataire d'un message ICMP n'est pas un processus application mais le logiciel Internet de la machine. Quand un message est reçu, IP traite le problème. Les messages ICMP ne sont pas uniquement envoyés par les passerelles. N'importe quelle machine du réseau peut envoyer des messages à n'importe quelle autre machine. De la sorte, on a un protocole unique pour tous les messages de contrôle et d'information. Le tableau 19.1 récapitule les principaux messages de contrôle ICMP.

Code message	Type de message ICMP	Code message	Type de message ICMP
0	Echo Reply	12	Parameter Problem on a Datagram
3	Destination Unreachable	13	Timestamp Request
4	Source Quench	14	Timestamp Reply
5	Redirect	17	Address Mask Request
8	Echo Request	18	Address Mask Reply
11	Time Exceeded for a Datagram		

TABLEAU 19.1 • Messages de contrôle ICMP

Chaque message est doté de son propre format, c'est-à-dire de la composition des champs des informations de supervision. Ce format permet de transporter les informations adéquates pour rendre compte de l'erreur. Les messages ICMP sont transportés dans le champ Données des datagrammes IP. Or ces derniers peuvent être perdus. En cas d'erreur d'un datagramme contenant un message de contrôle, aucun message de rapport de l'erreur n'est transmis, afin d'éviter une explosion du nombre de paquets transportés dans le réseau, que l'on nomme avalanche.

ICMP prend beaucoup plus d'importance avec IPv6, la dernière version du protocole IP, où ARP (Address Resolution Protocol) est remplacé par la fonction ND (Neighbor Discovery) d'ICMP. Cette fonction permet à une station de découvrir le routeur dont elle dépend et les hôtes qu'elle peut atteindre localement. La station construit pour cela une base de connaissances en examinant les paquets qui transitent par son intermédiaire et prend ensuite des décisions de routage et de contrôle. La correspondance de l'adresse IP d'une station avec les adresses locales est appelée résolution d'adresse. Elle est effectuée par ND (Neighbor Discovery).

La station qui utilise ND émet une requête NEIGHBOR SOLICITATION sur sa ligne. L'adresse du destinataire est une adresse multicast prédéterminée de type FF02::1:pruv:wxyz. Cette adresse multicast correspond à une connexion qui part d'un point donné et se dirige vers plusieurs points de destination. Elle est complétée par la valeur pruv:wxyz des 32 derniers bits de l'adresse de la station. Dans IPv6, la valeur du Next-Header est 58 pour indiquer un message ICMP. Le code du message ICMP est 135 pour indiquer une requête NEIGHBOR SOLICITATION. Si la station n'a pas de réponse, elle effectue une nouvelle demande. Les stations qui se reconnaissent sur la même ligne émettent vers la station émettrice un NEIGHBOR ADVERTISEMENT. Pour discuter avec un utilisateur sur un autre réseau, la station a besoin de s'adresser à un routeur. La requête ROUTER SOLICITATION est utilisée à cet effet. La fonction ND permet au routeur gérant la station de se faire connaître. Le message de réponse contient de nombreuses options, comme le temps de vie du routeur — si le routeur ne donne pas de ses nouvelles dans ce temps, il est considéré comme indisponible.

Les messages ROUTER SOLICITATION et ROUTER ADVERTISEMENT ne garantissent pas que le routeur qui s'est fait connaître est le meilleur. Un routeur peut s'en apercevoir et envoyer les paquets de la station vers un autre routeur grâce à une redirection, en en avertissant le poste de travail émetteur.

Une dernière fonction importante d'ICMP permet d'avertir de la perte de communication avec un voisin. Cette fonction est assurée par une requête NEIGHBOR UNREACHABILITY DETECTION.

IGMP (Internet Group Management Protocol)

Internet définit des groupes de diffusion, formés d'ensembles de machines participant à un même travail, de telle sorte qu'un message émis par un participant puisse parvenir à l'ensemble des autres participants. Ces groupes de diffusion doivent être contrôlés pour, par exemple, accueillir de nouveaux clients ou en laisser partir. Le rôle du protocole IGMP est d'effectuer ce contrôle sur les communications entre les membres du groupe.

Les groupes de diffusion sont dynamiques. Une machine peut se rattacher à un groupe ou le quitter à tout moment, l'hôte devant seulement être capable d'émettre et de recevoir des datagrammes en multicast. Cette fonction IP de diffusion vers les membres d'un groupe n'est pas limitée à un groupe se trouvant dans un même sous-réseau physique. Les passerelles propagent également les informations d'appartenance à un groupe et gèrent le routage de façon que chaque machine reçoive une copie de chaque datagramme envoyé au groupe.

Les machines communiquent aux passerelles leur appartenance à un groupe en utilisant le protocole IGMP. Ce dernier est conçu pour optimiser l'utilisation des ressources du réseau. Dans la plupart des cas, le trafic IGMP consiste en un message périodique envoyé par la passerelle gérant le multipoint et en une seule réponse pour chaque groupe de machines d'un sous-réseau.

Pour réaliser la communication à l'intérieur du groupe, le protocole IP Multicast est utilisé. Celui-ci gère les émissions multipoint vers l'ensemble des participants à un groupe et permet l'envoi de datagrammes à plusieurs destinations à la fois de façon performante. IP utilise les adresses de classe D pour indiquer qu'il s'agit d'un envoi multipoint.

Les protocoles de signalisation

La signalisation est un aspect particulièrement débattu dans l'environnement IP, puisqu'elle est *a priori* contradictoire avec la philosophie du monde IP, qui place une adresse complète dans le paquet de façon à pouvoir router à tout moment ce paquet vers son destinataire. L'avantage d'une signalisation normalisée et adoptée par toute la communauté IP est de mettre en place l'équivalent de circuits virtuels. Sur de tels circuits, le flot de paquets peut disposer d'une qualité de service lui permettant d'accueillir des applications exigeantes, comme la parole téléphonique.

Les sections qui suivent présentent les protocoles de signalisation du monde IP, au premier rang desquels RSVP (Resource reSerVation Protocol). Un groupe spécifique de l'IETF, NSIS (Next Step In Signaling), a été créé en 2002 pour décider de la signalisation à suivre dans le futur monde IP. Ce groupe est arrivé à de premières conclusions, que nous détaillons au chapitre 36, dévolu à la signalisation.

RSVP (Resource reSerVation Protocol)

RSVP semble le plus intéressant des protocoles de signalisation de nouvelle génération. Son rôle est d'avertir les nœuds intermédiaires de l'arrivée d'un flot correspondant à des qualités de service déterminées. Par lui-même, RSVP ne permet pas de lancer explicitement la réservation de ressources à la demande d'une application puis de relâcher ces ressources à la fin.

La signalisation s'effectue sur un flot *(flow)*, qui est envoyé vers un ou plusieurs récepteurs. Ce flot est identifié par une adresse IP ou un port de destination, ou encore une référence de flot, ou flow-label, dans IPv6.

Du point de vue de l'opérateur de réseau, le protocole RSVP est lié à une réservation, laquelle doit être effectuée dans les nœuds du réseau sur une route particulière ou sur les routes déterminées par un multipoint. Les difficultés rencontrées pour mettre en œuvre ce mécanisme sont de deux ordres : déterminer la quantité de ressources à réserver à tout instant et réserver les ressources sur une route unique, étant donné que le routage des paquets IP fait varier le chemin à suivre.

Le protocole RSVP effectue la réservation à partir du récepteur, ou des récepteurs dans le cas d'un multipoint. Cela peut paraître surprenant à première vue, mais cette solution s'adapte à beaucoup de cas de figure, en particulier au multipoint. Lorsqu'un nouveau point s'ajoute au multipoint, ce dernier peut réaliser l'adjonction de réservation d'une façon plus simple que ne pourrait le faire l'émetteur.

Les paquets RSVP sont transportés dans la zone de données des paquets IP. La partie supérieure des figures 19.1 à 19.3 illustre les en-têtes d'IPv6. La valeur 46 dans le champ En-tête suivantindique qu'un paquet RSVP est transporté dans la zone de données.

Outre deux champs réservés, le paquet RSVP contient les huit champs suivants :

- **Version.** Indique le numéro de la version de RSVP.
- **Flags.** Quatre bits réservés pour une utilisation ultérieure.
- **RSVP Type.** Le type caractérise le message RSVP. Actuellement, deux types sont plus spécifiquement utilisés : le message de chemin et le message de réservation. Les valeurs qui ont été retenues pour ce champ sont les suivantes :

  1 PATH MESSAGE

  2 RESERVATION MESSAGE

  3 ERROR INDICATION IN RESPONSE TO PATH MESSAGE

  4 ERROR INDICATION IN RESPONSE TO RESERVATION MESSAGE

  5 PATH TEARDOWN MESSAGE

  6 RESERVATION TEARDOWN MESSAGE
- **Cheksum.** Permet de détecter des erreurs sur le paquet RSVP.
- **Longueur du message.** Indiquée sur 2 octets.
- **Réservé.** Premier champ réservé aux extensions ultérieures.
- **Identificateur du message.** Contient une valeur commune à l'ensemble des fragments d'un même message.
- **Réservé.** Autre champ réservé à des extensions ultérieures.
- **Plus de fragment.** Bit indiquant que le fragment n'est pas le dernier. Un zéro est mis dans ce champ pour le dernier fragment.
- **Position du fragment.** Indique l'emplacement du fragment dans le message.

La partie Message RSVP regroupe une série d'objets. Chaque objet se présente de la même façon, avec un champ Longueur de l'objet sur 2 octets puis le numéro de l'objet sur un octet, qui détermine l'objet, et enfin un octet pour indiquer le type d'objet.

Le tableau 19.2 récapitule les quinze objets définis.

Figure 19.1
Format du message RSVP

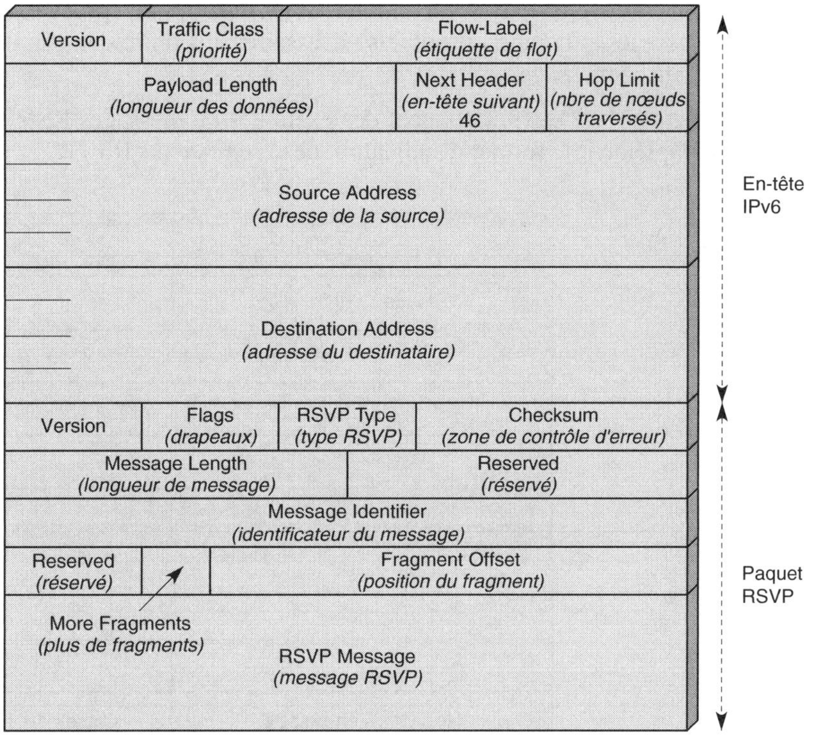

Numéro objet	Type	Description
0	NULL	Ignoré par le récepteur
1 SESSION	1	Session IPv4 (destination du flot)
	2	Session IPv6
3 RSVP_HOP	1	Adresse du prochain nœud (IPv4)
	2	Adresse du prochain nœud (IPv6)
4 INTEGRITY		Données d'authentification
5 TIME_VALUES	1	Fréquence de rafraîchissement
6 ERROR_SPEC	1	Information d'erreur pour IPv4
	2	Information d'erreur pour IPv6
7 SCOPE	1	Liste des hôtes IPv4 sur lesquels la réservation s'exerce
	2	Liste des hôtes IPv6 sur lesquels la réservation s'exerce
8 STYLE	1	Style de réservation
9 FLOWSPEC	1	Spécification d'un flot demandant un contrôle du délai
	2	Spécification d'un flot demandant une qualité de service
	3	Spécification d'un flot demandant une qualité de service garantie
	254	Spécification d'un flot contenant plusieurs sous-flots
10 FILTER_SPEC	1	Filtre pour IPv4 à appliquer au flot
	2	Filtre pour IPv6 utilisant des valeurs du port source
	3	Filtre pour IPv6 utilisant des valeurs des étiquettes de flots
11SENDER_TEMPLATE	1	Description du flot IPv4 que l'émetteur génère
	2	Description du flot IPv6 que l'émetteur génère
12 SENDER_TSPEC	1	Borne supérieure sur le trafic généré par l'émetteur
13 ADSPEC		Information d'avertissement d'un flot émis par l'émetteur
14 POLICY_DATA	1	Information sur la politique suivie par un flot
	254	Information sur les politiques suivies par plusieurs flots
20 TAG	1	Collection d'objets associés à un nom donné

TABLEAU 19.2 • Objets de RSVP

Les spécifications de RSVP contiennent les descriptions précises des chemins suivis par les messages, y compris les objets nécessaires et l'ordre dans lequel ces objets apparaissent dans le message.

Les figures 19.2 et 19.3 donnent des exemples de messages RSVP. La figure 19.4 décrit en complément le format d'indication des erreurs dans RSVP.

Figure 19.2

Message pour déterminer le chemin RSVP

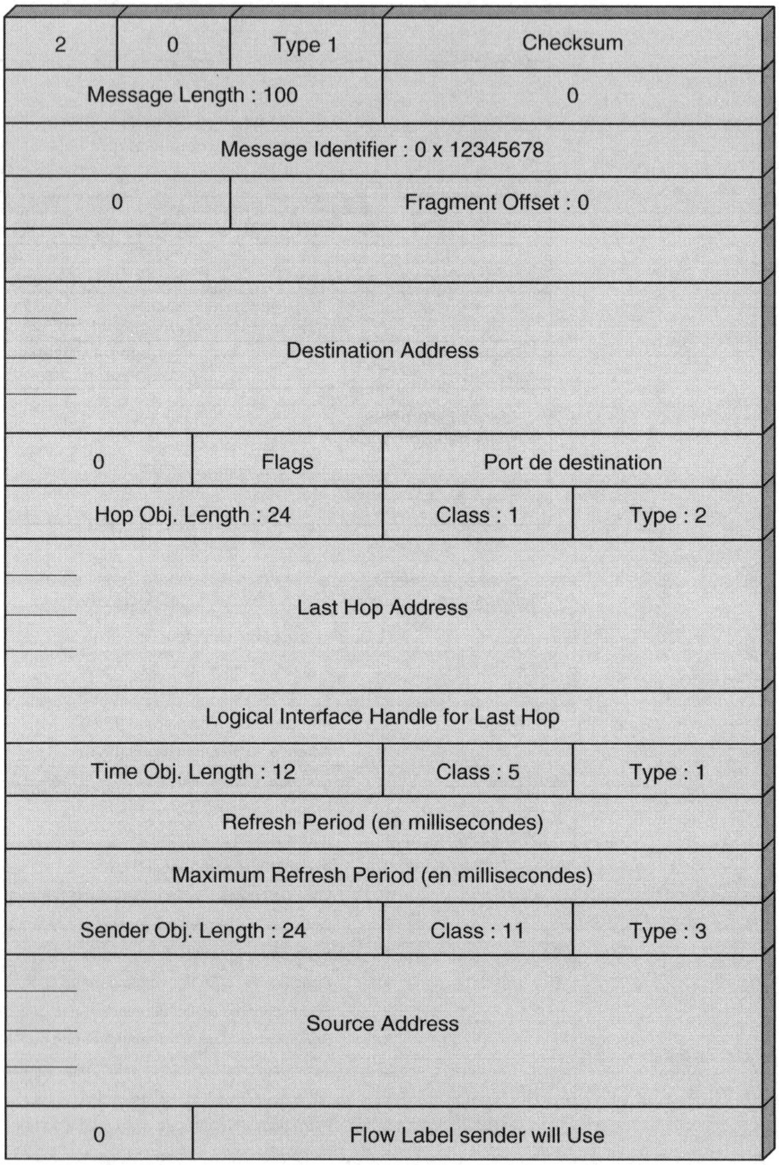

Comme expliqué précédemment, RSVP n'est pas un protocole de réservation mais une signalisation, qui permet aux nœuds de faire de leur mieux par rapport à la connaissance qu'ils ont des principaux flots qui vont les traverser. Il faut ensuite appliquer une politique d'ordonnancement des paquets, de type fair-queuing, pour optimiser les différentes qualités de service requises sur les flots.

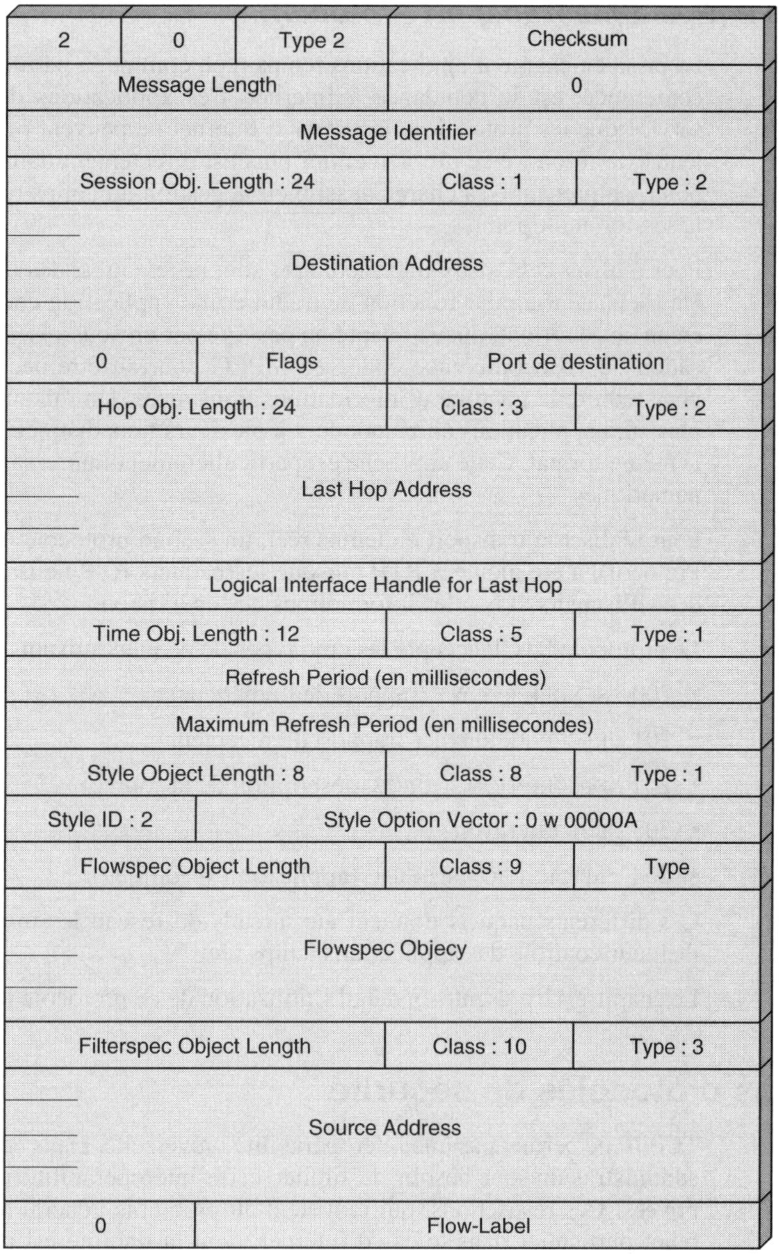

Figure 19.3
Paquet de réservation RSVP

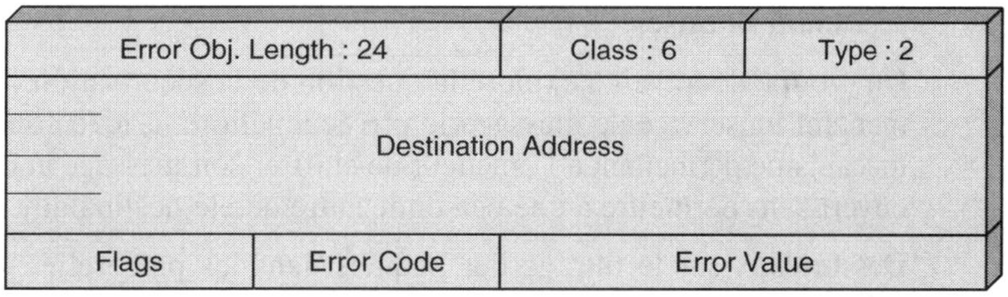

Figure 19.4
Format d'indication des erreurs dans RSVP

RTP (Real-time Transport Protocol)

La prise en charge d'applications temps réel, comme la parole téléphonique ou la visioconférence, est le défi lancé à Internet. Ces applications demandent des qualités de service que les protocoles classiques d'Internet ne peuvent offrir. RTP a été conçu pour tenter de résoudre ce problème, qui plus est directement dans un environnement multipoint, en prenant à sa charge aussi bien la gestion du temps réel que l'administration de la session multipoint.

Pour réaliser cela, deux intermédiaires sont nécessaires, des translateurs et des mixeurs. Un translateur a pour fonction de traduire une application codée dans un certain format en un autre format, mieux adapté au passage par un sous-réseau. Par exemple, une application de visioconférence codée en MPEG pourrait être décodée et recodée en H.261 pour réduire la quantité d'informations transmises. Un mixeur a pour rôle de regrouper plusieurs applications correspondant à plusieurs flots distincts en un seul flot conservant le même format. Cette approche est particulièrement intéressante pour les flux de paroles numériques.

Pour réaliser le transport en temps réel, un second protocole, RTCP (Real-Time Control Protocol), a été ajouté à RTP puisque les paquets RTP ne transportent que les données des utilisateurs et non les informations de supervision.

Le protocole RTCP accepte les cinq types de paquets suivants :

- 200 : SENDER REPORT (rapport de l'émetteur) ;
- 201 : RECEIVER REPORT (rapport du récepteur) ;
- 202 : DESCRIPTION SOURCE (description de la source) ;
- 203 : BYE (au revoir) ;
- 204 : APPLICATION SPECIFIC (application spécifique).

Ces différents paquets donnent aux nœuds du réseau les instructions nécessaires à un meilleur contrôle des applications temps réel.

Le chapitre 41 présente en détail l'utilisation de ce protocole pour la téléphonie IP.

Les protocoles de sécurité

TCP/IP ne permet pas une interopérabilité universelle. Dans certains environnements, les administrateurs ont besoin de limiter cette interopérabilité pour protéger les données privées. Ces restrictions, qui renvoient au problème général de la sécurité, prennent un relief particulier dans le cas d'Internet, dont la fiabilité est plus difficile à assurer que pour un simple ordinateur. Le problème est de savoir comment un utilisateur s'appuyant sur TCP/IP peut s'assurer de la protection de ses machines et de ses données contre les accès non autorisés.

Un groupe de travail a exploré la question de la sécurisation de la messagerie en expérimentant un service de messagerie privée amélioré. L'idée consiste à mettre en œuvre un mécanisme permettant à l'émetteur de chiffrer son message et de l'envoyer sur un Internet ouvert sans permettre à une personne autre que le destinataire de le décrypter.

Des travaux sur le filtrage des paquets dans les passerelles ont produit une variété de mécanismes qui permettent aux administrateurs de fournir des listes explicites de contrôle d'accès. Une liste d'accès spécifie un ensemble de machines et de réseaux au travers desquels la passerelle peut router les datagrammes. Si l'adresse n'est pas autorisée, le datagramme est détruit. Dans la plupart des implémentations, la passerelle enregistre la tentative de violation dans un journal. Ainsi, il est possible d'utiliser des filtres d'adresses pour surveiller les communications entre les machines.

IPsec (IP sécurisé)

La solution IPsec introduit des mécanismes de sécurité au niveau du protocole IP, de telle sorte qu'il y ait indépendance des fonctions introduites pour la sécurité dans IPsec vis-à-vis du protocole de transport. Le rôle de ce protocole est de garantir l'intégrité, l'authentification, la confidentialité et la protection contre les techniques rejouant des séquences précédentes. L'utilisation des propriétés d'IPsec est optionnelle dans IPv4 et obligatoire dans IPv6.

L'authentification, l'intégrité des données et la confidentialité sont les principales fonctions de sécurité apportées par IPsec. Pour cela, une signature électronique est ajoutée au paquet IP. Les algorithmes utilisés sont HMAC-MD5-96 et HMAC-SHA-1-96. La confidentialité est garantie pour les données et éventuellement pour leur origine et leur destination. La façon de procéder consiste à chiffrer par des algorithmes *ad hoc* tout ou partie du paquet. Le principal algorithme est le DES-CBC (Data Encryption Standard-Cipher Block Chaining).

Des associations de sécurité peuvent être mises en place de façon à permettre à deux utilisateurs de partager un secret. Ces associations doivent définir des paramètres de sécurité communs.

IPsec autorise deux types de passerelles de sécurité, l'une permettant de mettre en relation deux utilisateurs de bout en bout, l'autre servant d'intermédiaire entre une passerelle et une autre, ou un hôte. Une présentation plus détaillée du protocole IPsec est donnée au chapitre 39.

Haut débit et multimédia

Les débits en matière de données augmentant de façon considérable, les réseaux IP, Internet comme intranet, doivent s'adapter. Au moins trois solutions sont disponibles pour aller dans cette direction :

- Effectuer un surdimensionnement en augmentant largement les capacités des routeurs et des liens entre ces routeurs. Cela passe par l'utilisation de gigarouteurs et de la nouvelle génération de transport de paquets sur le niveau physique, POS (Packet Over SONET), ou de techniques similaires utilisant les réseaux Ethernet haut débit.
- Choisir la nouvelle génération de protocoles permettant d'obtenir de la qualité de service. Le premier apparu est IntServ, par lequel on essaie de configurer le réseau pour traiter chaque flot individuellement. Cette solution n'offrant aucune scalabilité, on a dû rassembler les flots en trois grandes classes de services, ce qui a donné naissance à DiffServ. Nous présentons cette solution en détail dans ce chapitre.
- Utiliser MPLS (MultiProtocol Label Switching), qui est une solution commutée s'appuyant sur des architectures haut débit pouvant apporter une qualité de service, comme ATM ou éventuellement Ethernet. Le chapitre 17 est dévolu à cette solution.

Le surdimensionnement et la technologie POS

Une première possibilité pour qu'un réseau IP fasse transiter des applications multimédias consiste à surdimensionner l'environnement IP en mettant en place des routeurs hyperpuissants, appelés gigarouteurs et même térarouteurs, capables de traiter des millions, voire des milliards de paquets par seconde *(voir le chapitre 31)*. Ces routeurs sont connectés entre eux par des sous-réseaux, qui doivent être capables de prendre en charge cette puissance. Une autre solution en forte extension est POS (Packet Over SONET), que nous allons détailler pour ce qui concerne le paquet IP. D'autres solutions, prenant Ethernet comme support, ont été présentées aux chapitres 6 et 16.

POS (Packet Over SONET)

SONET (Synchronous Optical Network) est la solution développée depuis longtemps pour interconnecter les réseaux téléphoniques sans utiliser les hiérarchies locales *(voir le chapitre 6)*. Cette technique consiste à émettre une trame toutes les 125 µs sur une liaison. Cette trame est une sorte de wagon, que l'on peut remplir par des octets, des paquets et, plus généralement, des containers. La version européenne de SONET a été normalisée par l'UIT-T sous le nom SDH (Synchronous Digital Hierarchy).

La technique générale utilisée pour le transport de paquets sur SONET/SDH est POS (Packet Over SONET). Elle permet d'acheminer à haute vitesse et directement des paquets de tout type sur un support SONET/SDH. L'interface IP over SONET utilise comme intermédiaire un protocole de niveau trame pour transporter le paquet IP dans la structure SONET/SDH. Cette trame intermédiaire peut être aussi bien PPP que HDLC *(voir aussi le chapitre 6)*.

La figure 19.5 illustre la structure de la trame transportant le paquet IP dans un environnement SONET. Cette trame est en fait une encapsulation du paquet IP dans une trame PPP, elle-même encapsulée dans une trame de niveau physique SONET.

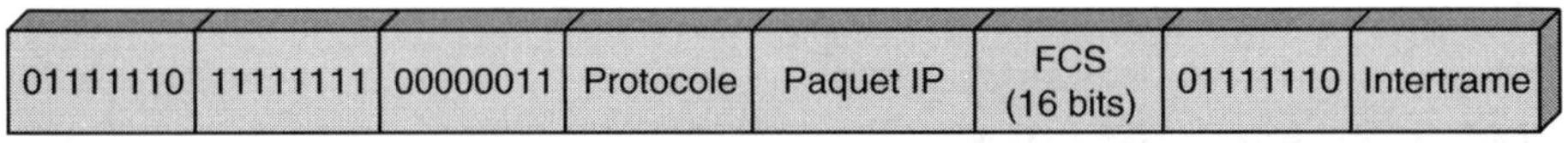

Figure 19.5

Format de la trame IP over SONET

Cette solution est rendue possible par la puissance des gigarouteurs, capables de traiter des débits de l'ordre de ceux permis par SONET/SDH (155-622 Mbit/s, 2,5-10 Gbit/s).

La solution IP over SONET pour le passage d'applications multimédias dans un réseau IP était acceptable au début des années 2000 dans la mesure où la technologie associée à la fibre optique faisait d'énormes progrès et que le taux de croissance des débits était multiplié par un facteur 8 chaque année. Il était possible de jouer sur le surdimensionnement du réseau pour s'assurer que les contraintes de transport des applications multimédias sont réalisées. De fait, la plupart des grands opérateurs de télécommunications au niveau mondial ont pratiqué plus ou moins fortement le surdimensionnement pour ne pas avoir à implémenter de techniques de contrôle complexes et onéreuses.

Cette solution risque toutefois de ne plus être valable à partir des années 2005, dans la mesure où les progrès technologiques semblent ralentir fortement et où l'augmentation du débit des utilisateurs s'accélère brutalement avec la banalisation du haut débit en accès et l'utilisation massive de nouveaux services tels que le P2P et la vidéo.

La qualité de service

La qualité de service est une condition nécessaire au passage du multimédia dans les réseaux IP. Les réflexions menées sur l'architecture TCP/IP pour aller dans ce sens sont nombreuses.

L'IETF a d'abord proposé l'architecture ISA (Integrated System Architecture), qui regroupe des protocoles tels que IPv6 et RSVP. Pour que cette architecture soit efficace, il faut se placer dans un réseau intranet, où une affectation des coûts par rapport au service demandé est possible. Dans le cas contraire, l'ensemble des utilisateurs acquiert rapidement la priorité la plus haute.

Cette architecture se fonde essentiellement sur la connaissance de ce qui est transporté dans le paquet IP. Dans IPv4, les informations se trouvent dans le champ ToS (Type of Service). Dans IPv6, on utilise la zone de priorité et éventuellement le flow-label. Les routeurs peuvent prendre en compte cette information et traiter les paquets suivant un ordonnancement prédéterminé. Plusieurs solutions d'ordonnancement peuvent être choisies, dont l'une des plus classiques est le fair-queuing.

Le fair-queuing consiste à placer les clients entrants dans plusieurs files d'attente en fonction de leur priorité et à les traiter dans un ordre qui les satisfasse tous au mieux. Si l'on prend les clients strictement dans leur ordre de priorité, les derniers servis risquent d'avoir une qualité de service désastreuse, alors même qu'un paquet prioritaire pourrait parfois attendre sans que cela le défavorise.

L'IETF a fait de nombreuses autres propositions ces dernières années pour introduire la qualité de service dans les réseaux IP. Nous ne décrivons ici que les deux plus importantes, IntServ et DiffServ.

L'IETF propose l'utilisation de deux grandes catégories de services, qui se déclinent en sous-services dotés de différentes qualités de service : les services intégrés IntServ (Integrated Services) et les services différenciés DiffServ (Differentiated Services). Les services intégrés sont gérés indépendamment les uns des autres, tandis que les services différenciés rassemblent plusieurs applications simultanément. La première solution est souvent choisie pour le réseau d'accès et la seconde pour l'intérieur du réseau lorsqu'il y a beaucoup de flots à gérer.

Les services intégrés IntServ disposent des trois classes suivantes :

- Le service garanti (Guaranteed Service), qui est l'équivalent des CBR et VBR-rt de l'ATM.
- Le service contrôlé (Controlled Load), qui est l'équivalent du service ABR avec un minimum garanti *(guaranteed minimum cell rate).*
- Le best-effort, qui est l'équivalent de l'UBR ou du GFR.

Les services différenciés, ou DiffServ, disposent des trois classes suivantes :

- Le service garanti (Expedited Forwarding), ou service Premium, qui est l'équivalent des CBR et VBR-rt de l'ATM.
- Le service contrôlé (Assured Forwarding), qui est l'équivalent du service ABR avec minimum garanti (Guaranteed Minimum Cell Rate).
- Le best-effort, équivalant à l'UBR ou au GFR.

IntServ (Integrated Services)

Le service IntServ intègre deux niveaux de service différents avec des garanties de performance. C'est un service orienté flot, c'est-à-dire que chaque flot peut faire sa demande spécifique de qualité de service. Pour obtenir une garantie précise, le groupe de travail IntServ a considéré que seule une réservation de ressources était capable d'apporter à coup sûr les moyens de garantir la demande.

Comme expliqué précédemment, trois sous-types de services sont définis dans IntServ : un service avec une garantie totale, un service avec une garantie partielle et le service best-effort. Le premier correspond aux services rigides avec contraintes fortes à respecter, et les deuxième et troisième aux services dits élastiques, qui n'ont pas de contraintes fortes.

Lorsqu'ils reçoivent une demande *via* le protocole RSVP, les routeurs peuvent l'accepter ou la refuser. Cette demande s'effectue comme pour le protocole RSVP du récepteur vers l'émetteur après une phase aller. Une fois la demande acceptée, les routeurs placent les paquets correspondants dans une file d'attente de la classe de service demandée.

Le service IntServ doit posséder les composantes suivantes :

- Une procédure de signalisation pour avertir les nœuds traversés. Le protocole RSVP est supposé remplir cette tâche.
- Une méthode permettant d'indiquer la demande de qualité de service de l'utilisateur dans le paquet IP afin que les nœuds puissent en tenir compte.
- Un contrôle de trafic pour maintenir la qualité de service.
- Un mécanisme pour faire passer le niveau de qualité au réseau sous-jacent, s'il existe.

Le service garanti GS affecte une borne supérieure au délai d'acheminement. Pour cela, un protocole de réservation comme RSVP est nécessaire. La demande de réservation comporte deux parties : une spécification de la qualité de service déterminée par un FlowSpec et une spécification des paquets qui doivent être pris en compte par un filtre, le FilterSpec. En d'autres termes, certains paquets du flot peuvent avoir une qualité de service mais pas forcément les autres. Chaque flot possède sa qualité de service et son filtre, qui peut être fixe *(fixed filter)*, partagé avec d'autres sources *(shared-explicit)* ou encore spécifique *(wildcard filter)*.

Le service partiellement garanti CL (Controlled Load) doit garantir une qualité de service à peu près égale à celle offerte par un réseau peu chargé. Cette classe est essentiellement utilisée pour le transport des services élastiques. Les temps de transit dans le réseau des flots CL doivent être similaires à ceux de clients d'une classe best-effort dans un réseau très peu chargé. Pour arriver à cette fluidité du réseau, il faut intégrer une technique de contrôle.

Les deux services doivent pouvoir être réclamés par l'application *via* l'interface. Deux possibilités sont évoquées dans la proposition IntServ : l'utilisation de la spécification GQoS Winsock2, qui permet le transport d'applications point-à-point et multipoint, et RAPI (RSVP API), qui est une interface applicative sous UNIX.

L'ordonnancement des paquets dans les routeurs est un deuxième mécanisme nécessaire. Un de ceux les plus classiquement proposés est le WFQ (Weighted Fair Queuing). Cet algorithme placé dans chaque routeur demande une mise en file d'attente des paquets suivant leur priorité. Les files d'attente sont servies dans un ordre déterminé par un ordonnancement dépendant de l'opérateur. Généralement, le nombre de paquets servis à chaque passage du serveur dépend du paramètre de poids de la file d'attente.

Il existe de nombreuses solutions pour gérer la façon dont le service est affecté aux files d'attente, généralement fondées sur des niveaux de priorité. Citons notamment l'algorithme Virtual Clock, qui utilise une horloge virtuelle pour déterminer les temps d'émission, et SCFQ (Self-Clocked Fair Queuing), qui travaille sur des intervalles de temps minimaux entre deux émissions de paquets d'une même classe, intervalle dépendant de la priorité.

Le service IntServ pose le problème du passage à l'échelle, ou scalabilité, qui désigne la possibilité de continuer à bien se comporter lorsque le nombre de flots à gérer devient très grand, comme c'est le cas sur Internet. Le contrôle IntServ se faisant sur la base de flots individuels, les routeurs du réseau IntServ doivent en effet garder en mémoire les caractéristiques de chaque flot. Une autre difficulté concerne le traitement des différents flots dans les nœuds IntServ : quel flot traiter avant tel autre lorsque des milliers de flots arrivent simultanément avec des classes et des paramètres associés distincts ?

En l'absence de solution reconnue à tous ces problèmes, la seconde grande technique de contrôle, DiffServ, essaie de trier les flots dans un petit nombre bien défini de classes, en multiplexant les flots de même nature dans des flots plus importants mais toujours en nombre limité. IntServ peut cependant s'appliquer à de petits réseaux comme les réseaux d'accès. D'autres recherches vers des processeurs de gestion spécialisés dans la qualité de service ont débouché récemment sur des équipements capables de traiter plusieurs dizaines, voire centaines de milliers de flots.

Le groupe de travail ISSLL (Integrated Services over Specific Link Layers) de l'IETF cherche à définir un modèle IntServ agissant sur un niveau trame de type ATM, Ethernet, relais de trames, PPP, etc. En d'autres termes, l'objectif est de proposer des mécanismes permettant de faire passer le niveau de priorité de la classe vers des classes parfois non équivalentes et de choisir dans le réseau sous-jacent des algorithmes susceptibles de donner un résultat équivalent à celui qui serait obtenu dans le monde IP.

DiffServ (Differentiated Services)

Le principal objectif de DiffServ est de proposer un schéma général permettant de déployer de la qualité de service sur un grand réseau IP et de réaliser ce déploiement assez rapidement.

DiffServ sépare l'architecture en deux composantes majeures : la technique de transfert et la configuration des paramètres utilisés lors du transfert. Cela concerne aussi bien le traitement reçu par les paquets lors de leur transfert dans un nœud que la gestion des files d'attente et la discipline de service. La configuration de tous les nœuds du chemin s'effectue selon une manière appelée PHB (Per-Hop Behavior). Ces PHB déterminent les différents traitements correspondant aux flots qui ont été différenciés dans le réseau.

DiffServ définit la sémantique générale des PHB et non les mécanismes spécifiques qui permettent de les implémenter. Les PHB sont définis une fois pour toutes, tandis que les mécanismes peuvent être modifiés et améliorés voire être différents suivant le type de réseau sous-jacent.

Les PHB et les mécanismes associés doivent facilement pouvoir être déployés dans les réseaux IP, ce qui demande que chaque nœud puisse gérer les flots grâce à un certain nombre de mécanismes, comme l'ordonnancement, la mise en forme ou la perte des paquets traversant un nœud.

DiffServ agrège les flots en classes, appelées agrégats, qui offrent des qualités de service spécifiques. La qualité de service est assurée par des traitements effectués dans les routeurs spécifiés par un indicateur situé dans le paquet IP. Les points d'agrégation des trafics entrants sont généralement placés à l'entrée du réseau. Les routeurs sont configurés grâce au champ DSCP (DiffServ Code Points) du paquet IP, qui forme la première partie d'un champ plus général appelé DS (Differentiated Service) et contenant aussi un champ CU (Currently Unused). Dans IPv4, ce champ DS est pris sur la zone ToS (Type of Service), qui est de ce fait redéfinie par rapport à sa première utilisation. Dans IPv6, ce champ se situe dans la zone TC (Traffic Class) de la classe de service.

La figure 19.6 illustre le champ DS dans les paquets IPv4 et IPv6. Le champ DSCP prend place dans le champ TOS (Type of Service) d'IPv4 et dans le champ Traffic Class d'IPv6. Le champ DSCP tient sur 6 des 8 bits et est complété par deux bits CU. Le DSCP détermine la classe de service PHB.

Figure 19.6

Champ DSCP des paquets IPv4 et IPv6

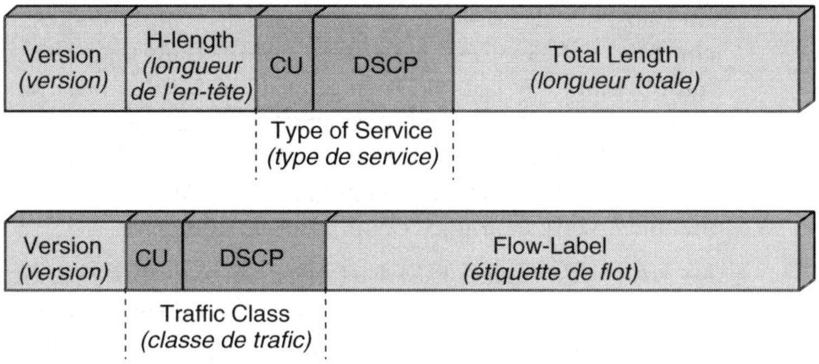

Le champ de 6 bits du DSCP doit être interprété par le nœud pour attribuer au paquet le traitement correspondant à la classe PHB indiquée. Les deux bits CU doivent être ignorés lors du traitement dans un nœud DiffServ normalisé. Par l'intermédiaire d'une table, les valeurs du DSCP déterminent les PHB acceptables par le nœud. Une valeur par défaut doit toujours être indiquée lorsque le champ DSCP ne correspond à aucun PHB.

Les opérateurs de télécommunications peuvent définir leurs propres valeurs de DSCP pour un PHB donné, à la place de la valeur recommandée par la standardisation de l'IETF. Ces opérateurs doivent toutefois fournir dans les passerelles de sortie la valeur standard du DSCP de façon que ce champ soit interprété convenablement par l'opérateur suivant. En particulier, un DSCP non reconnu doit toujours être interprété par une valeur par défaut.

La définition de la structure du champ DS est incompatible avec celle du champ ToS de la RFC 791 qui définit IPv4. Ce champ TOS avait été conçu pour indiquer les critères à privilégier dans le routage. Parmi les critères prévus se trouvent le délai, la fiabilité, le coût et la sécurité.

Outre le service BE (best-effort), deux PHB assez semblables à ceux de IntServ sont définis dans DiffServ :

- EF (Expedited Forwarding), ou service garanti, que l'on appelle aussi service Premium ou Premier.
- AF (Assured Forwarding), ou service assuré, que l'on appelle aussi parfois Assured Service ou encore service Olympic ou Olympique.

Il existe quatre sous-classes de services en AF déterminant des taux de perte acceptables pour les flots de paquets considérés. On peut les classer en Platinium (platine), Gold (or), Silver (argent) et Bronze (bronze). Comme cette terminologie n'est pas normalisée, il est possible d'en rencontrer d'autres. À l'intérieur de chacune de ces classes, trois sous-classes triées selon leur degré de précédence, c'est-à-dire leur niveau de priorité les uns par rapport aux autres, sont définies. La classe AF1*x* est la plus prioritaire, puis vient la classe AF2*x*, etc. Il existe donc au total douze classes standardisées, mais peu d'opérateurs les mettent en œuvre. En règle générale, les opérateurs se satisfont des trois classes de base du service AF, et donc de cinq classes au total en ajoutant les services EF et BE.

Les valeurs portées par le champ DSCP associées à ces différentes classes sont illustrées à la figure 19.7. Par exemple, la valeur 101110 du champ DSCP indique que le paquet est de type EF (Expedited Forwarding). La classe Best Effort porte la valeur 000000.

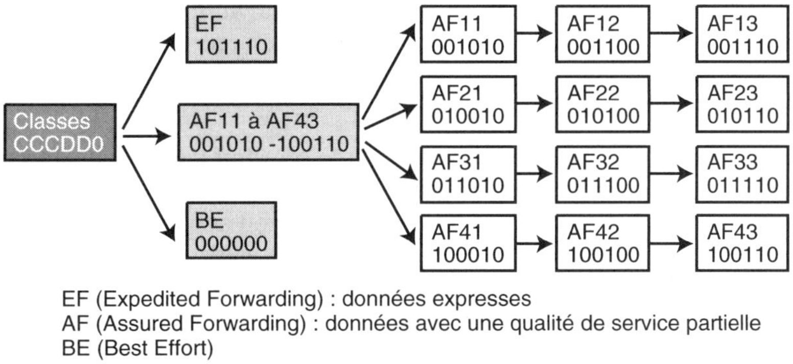

Figure 19.7

Classes de service de DiffServ et valeurs des champs DSCP associés

Le DSCP 11x000 est réservé à des classes de clients encore plus prioritaires que la classe EF. Il peut, par exemple, être utilisé pour des paquets de signalisation.

EF (Expedited Forwarding)

Le PHB EF (Expedited Forwarding) est défini comme un transfert de paquets pour une agrégation de flots provenant de nœuds DiffServ telle que le taux de service des paquets de cet agrégat soit supérieur à un taux déterminé par l'opérateur. Le trafic EF doit pouvoir recevoir un taux de service indépendamment des autres trafics circulant dans le réseau. En terme encore plus précis, le taux du trafic EF doit être supérieur ou égal au taux déterminé par l'opérateur mesuré sur n'importe quel intervalle de temps au moins égal à la taille d'une MTU (Maximum Transmission Unit). Si le PHB EF est implémenté grâce à un mécanisme de priorité sur les autres trafics, il faut que le taux de trafic de l'agrégat EF ne dépasse pas une limite qui deviendrait inacceptable pour les PHB des autres classes de trafic.

Plusieurs types de mécanismes d'ordonnancement peuvent être utilisés pour répondre à ces contraintes. Une file prioritaire est le mécanisme le plus simple pour réaliser le service (le PHB) EF tant qu'il n'y a pas d'autres files d'attente plus prioritaires pour préempter les paquets EF de plus d'un paquet pour une proportion de temps déterminée par le taux de service des paquets de l'agrégat EF. Il est possible d'utiliser une file d'attente normale dans un groupe de files d'attente gérées par un mécanisme de tour de rôle avec poids (Weighted Round Robin) ou d'utiliser un partage de la bande passante de la file de sortie du nœud, permettant à la file EF d'atteindre le taux de service garanti par l'opérateur. Un autre mécanisme potentiel, appelé partage CBQ (Class Based Queuing), donne à la file EF une priorité suffisante pour obtenir au moins le taux de service garanti par l'opérateur.

Le trafic Expedited Forwarding correspond au trafic sensible au délai et à la gigue. Il est doté d'une priorité forte dans les nœuds mais doit être contrôlé pour que la somme des trafics provenant des différentes sources et passant sur une même liaison ne dépasse pas la capacité nominale déterminée par l'opérateur.

Plusieurs solutions permettent de réserver la bande passante proposée aux flots de paquets EF. Un protocole de type RSVP, par exemple, peut effectuer les réservations de bande passante nécessaires. Une autre solution consiste à utiliser un serveur spécialisé dans la distribution de la bande passante, ou Bandwidth Broker. Ce serveur de bande passante réalise le contrôle d'admission en proposant une réservation centralisée.

AF (Assured Forwarding)

Les PHB AF (Assured Forwarding) assurent le transfert de paquets IP pour lesquels une certaine qualité de service peut être garantie. Les trafics AF sont subdivisés en *n* classes AF distinctes. Dans chaque classe un paquet IP se voit assigner un taux de perte maximal et une priorité à la perte, correspondant à des classes de précédence. Un paquet IP qui appartient à la classe AFi et qui possède un taux de perte correspondant à la précédence j est marqué par un DSCP AFij *(voir figure 19.7)*. Comme expliqué précédemment, douze classes sont définies pour DiffServ, correspondant à quatre classes AF avec des garanties sur la perte de paquets. Les quatre classes correspondant aux taux de perte garantie sont appelées Platinium, Or, Argent et Bronze, chaque classe ayant trois niveaux de précédence différents.

Les paquets d'une classe AF sont transférés indépendamment de ceux des autres classes AF. En d'autres termes, un nœud ne peut pas agréger de flots ayant des DSCP différents dans une classe commune.

Un nœud DiffServ doit allouer un ensemble de ressources minimales à chaque PHB AF pour que ceux-ci puissent remplir le service pour lequel ils ont été mis en place. Une classe AF doit posséder des ressources minimales en mémoire et en bande passante pour qu'un taux de service minimal, déterminé par l'opérateur, puisse être réalisé sur une échelle de temps potentiellement assez longue. En d'autres termes, sur un intervalle de temps relativement long, pouvant se compter en seconde, une garantie de débit doit être procurée aux services AF.

Un nœud AF doit pouvoir être configuré pour permettre à une classe AF de recevoir plus de ressources de transfert que le minimum quand des ressources supplémentaires sont disponibles dans le réseau. Cette allocation supplémentaire n'est pas forcément proportionnelle au niveau de la classe, mais l'opérateur doit être capable de réallouer les ressources libérées par la classe EF sur les PHB AF. Les précédences doivent toutefois être respectées, une classe de meilleure précédence ne devant pas perdre plus de paquets qu'une classe avec une précédence inférieure, même si la perte reste en dessous du niveau admissible.

Un domaine implémentant des services AF doit, par l'intermédiaire des routeurs frontière, être capable de contrôler les entrées de trafics AF pour que les qualités de service déterminées pour chaque classe AF soient satisfaites. Les routeurs frontière doivent pour cela mettre en place des mécanismes de mise en forme du trafic (shaper), de destruction de paquets (dropper), d'augmentation ou de diminution des pertes de paquets par classe AF et de réassignation de trafics AF dans d'autres classes AF. Les actions d'ordonnancement ne doivent pas causer de remise en ordre des paquets d'un même microflot, un microflot étant un flot particulier à l'intérieur d'un agrégat d'une classe de PHB.

L'implémentation d'une stratégie AF doit minimiser le taux de congestion à l'intérieur de chaque classe, même si des congestions de courte durée sont admissibles suites à des superpositions de flots continus de paquets *(bursts)*. Cela demande un algorithme de gestion dynamique dans chaque nœud AF. Un exemple d'un tel algorithme est RED (Random Early Discard). La congestion à long terme doit aussi être évitée grâce à des pertes de paquets correspondant aux niveaux de précédence, et celle à court terme grâce à des files d'attente permettant de mettre en attente certains paquets. Les algorithmes de mise en forme du trafic (shaper) doivent par ailleurs être capables de détecter les paquets susceptibles d'engendrer des congestions à long terme.

L'algorithme de base permettant d'effectuer le contrôle des trafics AF est WRED, ou Weighted RED. Il consiste à essayer de maintenir le réseau dans un état fluide. Les pertes de paquets doivent être proportionnelles à la longueur des files d'attente. En d'autres termes, les paquets en surplus puis les paquets normaux sont éliminés dès que le trafic n'est plus fluide. Le temps écoulé depuis la dernière perte sur un même agrégat est pris en compte dans l'algorithme. La procédure essaie de distribuer le contrôle à l'ensemble des nœuds et non plus au seul nœud congestionné. Les algorithmes de destruction de paquets doivent être indépendants du court terme et des microflots, ainsi que des microflots à l'intérieur des agrégats.

L'interconnexion de services AF peut être assez difficile à réaliser du fait de la relative imprécision des niveaux de service des différents opérateurs s'interconnectant.

Une solution pour permettre la traversée d'un agrégat dans un réseau IP non conforme à DiffServ consiste à réaliser un tunnel avec une qualité de service supérieure à celle du PHB. Lorsqu'un agrégat de paquets AF utilise le tunnel, la qualité de service assurée par ce dernier doit permettre au PHB de base d'être respecté à la sortie du tunnel.

Un client qui demande un trafic Assured Forwarding doit négocier un agrément de service, appelé SLA (Service Level Agreement), correspondant à un profil déterminé par un ensemble de paramètres de qualité de service, nommé SLS (Service Level Specification). Le SLS indique un taux de perte et, pour les services EF, un temps de réponse moyen et une gigue du temps de réponse. Le trafic n'entrant pas dans le profil est détruit en priorité si un risque de congestion existe qui ne permettrait pas au trafic conforme d'atteindre sa qualité de service.

Architecture d'un nœud DiffServ

L'architecture d'un nœud DiffServ est illustrée à la figure 19.8. Elle comprend une entrée contenant un classificateur (Classifier), dont le rôle est de déterminer le bon chemin à l'intérieur du nœud. L'embranchement choisi dépend de la classe détectée par le classificateur.

Viennent ensuite des organes appelés Meter, ou métreurs. Un métreur détermine si le paquet a les performances requises par sa classe et décide de la suite du traitement. Le métreur connaît l'ensemble des files d'attente du nœud ainsi que les paramètres de qualité de service demandés par l'agrégat auquel appartient le paquet. Il peut décider de la destruction éventuelle d'un paquet, si sa classe le permet, ou de son envoi vers une file d'attente de sortie. Le nœud DiffServ peut aussi décider de changer ce paquet de classe ou bien de le multiplexer avec d'autres flots, comme nous le verrons. L'organe Dropper, ou suppresseur, peut décider de perdre ou non, c'est-à-dire de détruire ou non le paquet, tandis que le suppresseur absolu (Absolute Dropper) élimine automatiquement le paquet.

En d'autres termes le métreur (Meter) peut prendre une décision de destruction et envoyer le paquet dans un suppresseur absolu (Absolute Dropper), alors que le métreur (Meter) ne fait que déterminer les paramètres de performance et laisse au suppresseur (Dropper) le soin de détruire ou non le paquet suivant d'autres critères que la mesure brute de la performance.

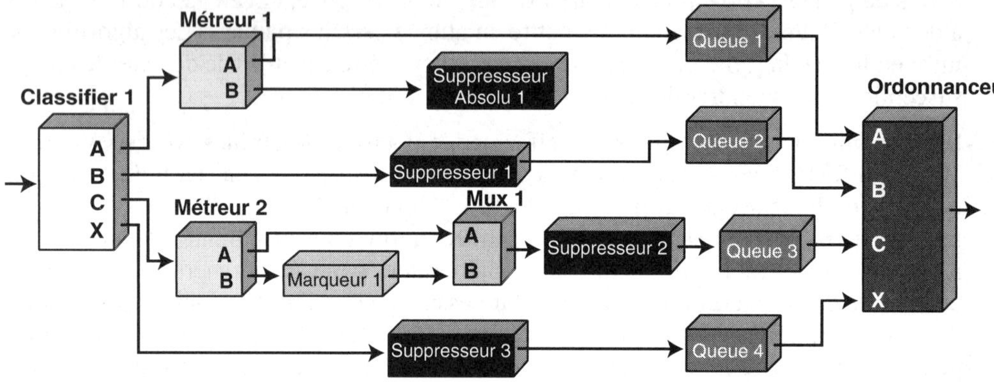

Figure 19.8

Architecture d'un nœud DiffServ

Pour certains paquets, comme les paquets BE (Best Effort), il n'est pas nécessaire de se poser la question de la performance puisqu'il n'y a aucune garantie sur l'agrégat. Il suffit de savoir si le paquet doit être perdu ou non. Cela correspond à la branche D sur la figure 19.8. Sur cette même figure, la première branche (A) correspond aux clients EF ou Premium, les deux suivantes (B et C) à des clients AF, avec des clients Gold dans le chemin haut et Silver ou Bronze dans l'autre chemin, et la dernière branche (D) à des clients BE.

L'architecture d'un nœud DiffServ se termine par des files d'attente destinées à mettre en attente les paquets avant leur émission sur la ligne de sortie déterminée par le routage. Un algorithme de précédence est utilisé pour traiter l'ordre d'émission des paquets. L'ordonnanceur (Scheduler) s'occupe de cette fonction. L'algorithme le plus simple revient à traiter les files suivant leur ordre de priorité et à ne pas laisser passer les clients d'une autre file tant qu'il y a encore des clients dans une file prioritaire.

De nombreux autres algorithmes permettent de donner un poids spécifique aux files d'attente de telle façon qu'un client non prioritaire puisse être servi avant un client prioritaire. Parmi ces algorithmes, citons WFQ (Weighted Fair Queuing), dans lequel chaque file d'attente comporte un poids, par exemple 70 pour la file EF, 20 pour la file AF Gold et 10 pour l'autre file AF. L'ordonnanceur (Scheduler) laisse passer pendant 70 % du temps les clients EF. Si ces clients dépassent l'utilisation de 70 %, l'ordonnanceur accepte de laisser passer des clients AF Gold pendant les 20 % du temps restant et pendant 10 % des clients AF Silver ou Bronze.

L'ensemble des actions subies par un paquet dans un nœud DiffServ est réalisé par un organe général appelé conditionneur (Conditioner). Un conditionneur de trafic peut contenir les éléments suivants : métreur (meter), marqueur (marker), metteur en forme (shaper) et suppresseur de paquets (dropper). Un flot est sélectionné par le classificateur. Un métreur est utilisé pour mesurer le trafic en comparaison du profil. La mesure effectuée par le métreur pour un paquet déterminé peut être utilisée pour déterminer s'il faut envoyer le paquet vers un marqueur ou un suppresseur de paquet.

Lorsque le paquet sort du conditionneur, il doit posséder la valeur appropriée du DSCP. Le métreur obtient les propriétés temporelles du flot de paquets sélectionnés par le classificateur en fonction d'un profil déterminé par un TCA (Traffic Conditioning Agreement). Le métreur envoie ces informations aux autres organes du conditionneur, lesquels mettent en œuvre des fonctions spécifiques adaptées aux paquets pour que ceux-ci reçoivent les traitements appropriés, qu'ils se trouvent dans le profil ou hors profil.

Les marqueurs de paquets positionnent le champ DSCP à une valeur particulière et ajoutent le paquet au flux agrégé correspondant. Le marqueur peut être configuré pour marquer tous les paquets à la bonne valeur du DSCP ou pour choisir un DSCP particulier pour un ensemble de PHB prédéterminé.

Les metteurs en forme (shaper) ont pour objectif de retarder des paquets d'un même flot pour les mettre en conformité avec un profil déterminé. Un metteur en forme possède généralement une mémoire de taille finie permettant de retarder les paquets en les mettant en attente. Ceux-ci peuvent être détruits s'il n'y a pas de place disponible en mémoire pour les mettre en conformité.

Les suppresseurs détruisent les paquets d'un même flot qui ne sont pas conformes au profil de trafic. Ce processus est parfois appelé « policing » de trafic. Un suppresseur est parfois implémenté dans le metteur en forme lorsqu'un paquet doit être rejeté, s'il est impossible de le remettre dans le profil.

Les conditionneurs de trafic sont le plus souvent placés dans les nœuds d'entrée et de sortie des domaines DS. Puisque le marquage des paquets est effectué par les nœuds d'entrée du domaine, un agrégat provenant d'un autre opérateur est supposé être conforme au TCA approprié.

Les PHB (Per Hop Behavior)

Un PHB est une description de la façon de transférer des paquets d'un même agrégat à l'intérieur d'un nœud DiffServ. La façon de transférer des paquets est un concept très général dans ce contexte. Par exemple, s'il n'y a qu'un seul PHB dans un nœud, la façon de transférer les paquets est simple et permet facilement de déduire le temps de réponse, les pertes et la gigue, qui ne dépendent que de la charge du nœud. Des distinctions sur la façon de transférer des paquets peuvent s'observer lorsque plusieurs agrégats ayant des PHB différents entrent en compétition dans un nœud pour acquérir de la mémoire ou de la bande passante. Les PHB doivent donc définir les moyens par lesquels les ressources sont attribuées aux différents agrégats.

Le PHB le plus simple est celui qui garantit une bande passante d'au moins x % d'une liaison physique sur un intervalle de temps significatif par rapport à la vie de l'agrégat. Ce PHB est facile à mesurer, même en présence de nombreux autres agrégats ayant des PHB différents. Un PHB un peu plus complexe pourrait garantir au moins x % d'une liaison physique avec un partage équitable de la bande passante non distribuée entre les agrégats traversant un nœud. En règle générale, l'observation d'un PHB dépend des contraintes posées par les différents agrégats qui se partagent les nœuds de transfert.

Des PHB peuvent être spécifiés pour la priorité d'allocation des ressources (mémoire, bande passante, etc.) des nœuds de transfert en fonction des garanties accordées aux différents paquets des agrégats (délai, perte, etc.). Ces PHB peuvent être utilisés comme des briques de base qui permettent de construire des groupes de PHB cohérents. Les groupes de PHB se partagent des contraintes communes s'appliquant à chaque PHB à l'intérieur d'un groupe. Les relations entre les PHB à l'intérieur d'un groupe peuvent s'exprimer en terme de priorité de perte de paquets relative ou absolue, autrement dit avec des seuils déterministes ou stochastiques, ou de partage équilibré des ressources.

Les PHB sont implémentés dans les nœuds au moyen de gestionnaires de mémoires et de mécanismes d'ordonnancement de paquets. Ils sont définis par la façon dont les transferts s'effectuent et dépendent fortement des politiques d'allocation de ressources, plutôt que de l'implémentation de mécanismes particuliers. Une grande variété de mécanismes peuvent être utilisés pour implémenter un groupe de PHB particulier. Plusieurs groupes de PHB peuvent être implémentés dans un nœud et dans un domaine, par exemple. Les groupes de PHB doivent être définis de telle sorte que l'allocation des ressources entre les groupes puisse se déduire facilement et que les mécanismes puissent être partagés par les différents groupes de PHB. La définition d'un groupe de PHB indique les conflits possibles avec les groupes de PHB déjà définis de façon à éviter les opérations incohérentes.

Un PHB est sélectionné dans un nœud par la valeur du DSCP portée par un paquet. Les PHB standards on un DSCP associé. L'ensemble des DSCP étant plus grand que l'espace disponible pour les DSCP recommandés dans DiffServ, le champ DS laisse la possibilité en local de faire correspondre un PHB à plusieurs DSCP. Tous les DSCP doivent toutefois avoir un PHB correspondant. Si ce n'est pas le cas, un PHB par défaut est affecté à un DSCP non connu.

Le modèle d'architecture de DiffServ

Dans le modèle d'architecture d'un réseau DiffServ le trafic entrant dans le réseau est classifié et éventuellement conditionné dans les routeurs frontière du réseau. Une fois la classification effectuée, les trafics sont agrégés par les PHB dans des agrégats. À l'intérieur du réseau, les paquets sont transférés suivant la valeur de leur DSCP.

Un domaine DiffServ, appelé communément domaine DS, correspond à un ensemble de nœuds DiffServ, ou nœuds DS, contigus qui opèrent selon une politique de contrôle commune et un ensemble de PHB communs. Ce domaine DS comporte une frontière composée de nœuds DS capables d'effectuer la classification dans les PHB du domaine et de conditionner les trafics. Les routeurs frontière peuvent soit utiliser les DSCP standards, soit transformer les DSCP par défaut dans des DSCP propriétaires. Les PHB déterminés par les classificateurs doivent permettre de réaliser les SLA négociés par les clients de ces agrégats.

Un domaine DS consiste en un ou plusieurs réseaux IP ayant le même système de gestion. Le gestionnaire du réseau détermine les caractéristiques des PHB qu'il peut proposer en fonction des SLA de ses clients et des ressources dont il dispose. Le domaine contient des routeurs frontière et des routeurs intérieurs. Les routeurs frontière sont capables d'effectuer la classification des flots entrant dans le réseau. Ils doivent éventuellement posséder des fonctions de conditionnement définies par un agrément de conditionnement de trafic, ou TCA (Traffic Conditioning Agreement). Les nœuds intérieurs sont capables de réaliser certaines fonctions élémentaires de conditionnement du trafic, comme la transformation du marquage du DSCP.

Un hôte attaché directement à un routeur interne doit posséder les fonctions de routeur frontière ou être connecté à un routeur interne possédant ces fonctions. Un routeur frontière possède à la fois les propriétés d'un nœud d'entrée et d'un nœud de sortie. Un nœud d'entrée est doté des fonctions de traitement des TCA, et un nœud de sortie de celles de conditionnement des flots afin que ceux-ci soient conformes à la normalisation.

Une région mettant en œuvre des services différenciés, ou région DiffServ ou encore DS, est un environnement comprenant un ou plusieurs domaines DS. Une région DS permet la mise en place de services différenciés sur l'ensemble de la région. Les domaines DS à l'intérieur d'une même région peuvent réaliser les conditionnements nécessaires à la mise en œuvre d'un service différencié de bout en bout dans la région.

L'accès d'un flot dans un domaine DS s'effectue grâce au traitement du SLA en provenance de l'extérieur du réseau et lié au flot examiné. Un SLA peut spécifier une classification ou un profil de trafic et les actions à effectuer sur les trafics entrant ou non dans le SLA. Le TCA entre les domaines est dérivé de ce SLA.

Le processus de classification identifie le ou les PHB dans lequel le trafic doit être inséré. Un conditionnement peut être effectué pour permettre cette adéquation. Le conditionnement est réalisé par un metteur en forme (shaper), un contrôleur (policing entity) ou un remarquage, de sorte que les caractéristiques du flot correspondent bien à la définition du TCA du domaine.

Le classificateur de paquets sélectionne les flots grâce à une étude de leurs caractéristiques. Cette étude peut porter sur l'analyse de l'application par son numéro de port ou par le biais d'un filtre. Deux types de classificateurs sont proposés dans les réseaux DiffServ : les classificateurs BC (Behavior Classifier), qui ne travaillent que sur le DSCP du champ DS, et les classificateurs MF (Multi-Field), qui sélectionnent les paquets sur des combinaisons d'informations provenant de l'analyse des paquets ou des flots. Les classificateurs doivent être configurés par un système de gestion respectant le TCA. Le classificateur doit être capable d'authentifier le flot pour des raisons de sécurité.

Le profil de trafic précise les propriétés temporelles du trafic sélectionné par le classificateur. Le classificateur détermine les règles à suivre si un paquet particulier n'est pas conforme au profil déterminé par le TCA. Par exemple, un profil fondé sur un token-bucket implique que :

si DSCP = x, utiliser le token-bucket r, b

Ce profil indique que tous les paquets marqués avec le DSCP x doivent voir leur performance comparée à une métrique. L'état associé à un paquet est obtenu par le métreur (meter) et doit correspondre au token-bucket de taux r et d'une taille du burst égale à b. Dans cet exemple, les paquets hors profil sont ceux qui arrivent quand un nombre insuffisant de jetons (tokens) est disponible. Le concept « dans et hors profil » peut être étendu à plus de deux niveaux. Plusieurs niveaux de conformité pour un profil donné peuvent donc être définis.

Des actions de conditionnement peuvent être décidées pour les paquets entrants et sortants. De ce fait, différentes solutions de comptabilité peuvent être mises en œuvre pour déterminer le coût du service. Les paquets se trouvant dans le profil peuvent être admis à entrer dans le domaine DS sans conditionnement supplémentaire ou, à l'inverse, leur DSCP peut être modifié. Cela se produit lorsque le DSCP est positionné à une valeur qui n'est pas celle définie par défaut ou que le paquet entre dans un domaine DS en utilisant un PHB qui n'est pas conforme au standard. Un paquet hors profil peut être soit mis en attente jusqu'à ce que le paquet entre dans le profil, soit détruit ou marqué par un nouveau DSCP. Les paquets hors profil peuvent éventuellement être agrégés à une classe PHB inférieure et, par exemple, transportés dans une classe BE. Un profil de trafic est une composante optionnelle du TCA.

Allocation des ressources

L'implémentation, la configuration et l'administration des groupes de PHB acceptés pour les nœuds d'un domaine DS doivent permettre la partition des ressources entre les différents agrégats, en accord avec les politiques d'affectation des ressources. Les conditionneurs de trafic doivent contrôler que les ressources sont correctement affectées en fonction des TCA. Quoiqu'un ensemble de services puisse être déployé en l'absence de fonctions de conditionnement complexes (en utilisant des politiques de marquage statiques), des fonctions comme le contrôle des flots (policing), la mise en forme (shaping), et le remarquage dynamique permettent le déploiement de services suivant des métriques de performance prédéterminées.

Une entité de contrôle doit pouvoir arbitrer entre des décisions d'allocation de ressources contradictoires. Il existe une grande variété de modèles pour réaliser ces contrôles. Cependant, le passage à l'échelle de la technique DiffServ nécessite que le contrôle des domaines ne requière pas une gestion microscopique des ressources du réseau. Le contrôle passant le plus facilement l'échelle s'effectue en boucle ouverte à l'échelle du temps de traitement des paquets.

La standardisation des PHB doit spécifier un DSCP recommandé parmi les valeurs de DSCP disponibles. Les fonctions correspondantes doivent inclure la gestion de la file d'attente, l'allocation des mémoires, la destruction des paquets et la sélection de la ligne de sortie. Enfin, une spécification des méthodes permettant de résoudre les incompatibilités entre les groupes de PHB doit être ajoutée à la standardisation.

La spécification d'un groupe de PHB doit indiquer le nombre de PHB individuels présents dans le groupe. Si plusieurs PHB travaillent en parallèle dans un même groupe, les interactions et les contraintes à respecter entre les PHB doivent être clairement indiquées. Par exemple, la spécification du groupe doit indiquer si la probabilité de réordonnancement des paquets dans un même microflot augmente lorsque différents paquets de ce microflot empruntent différents PHB à l'intérieur du groupe et sont donc marqués par des DSCP différents.

Quand le fonctionnement d'un groupe peut dépendre de contraintes entre PHB, la définition des PHB doit décrire le comportement des conditionneurs lorsque ces contraintes sont violées. De plus, si des actions telles qu'une perte de paquet ou un remarquage sont requises lorsque les contraintes sont violées, ces actions doivent être parfaitement stipulées.

Un groupe de PHB peut être spécifié pour un usage local à l'intérieur d'un domaine de façon à permettre de définir des fonctions spécifiques d'un domaine. Dans ce cas, les spécifications d'un PHB sont utiles pour permettre l'interfonctionnement de ces PHB à l'intérieur d'un groupe. Cependant, tous les groupes de PHB qui sont définis pour un usage local ne doivent pas être pris en compte dans la normalisation. Seuls les groupes de PHB standards doivent être absolument spécifiés pour permettre l'interfonctionnement des nœuds de transfert des équipementiers.

Il est possible qu'un paquet marqué pour un PHB à l'intérieur d'un groupe de PHB soit remarqué s'il est sélectionné pour être transféré par un autre PHB de ce groupe. Trois raisons peuvent nécessiter ce remarquage :

- Les DSCP associés à un groupe de PHB correspondent à des états du réseau.
- Des conditions impliquent une modification du niveau du PHB utilisé pour un flot.
- La frontière entre deux domaines n'est pas couverte par un SLA. Dans ce cas, les DSCP à sélectionner au passage de la frontière sont déterminés par des politiques locales.

La spécification d'un PHB doit clairement indiquer les circonstances dans lesquelles des paquets marqués pour un PHB donné à l'intérieur d'un groupe de PHB doivent être dirigés vers un autre PHB du groupe. S'il est interdit que le PHB d'un paquet soit modifié, la spécification doit indiquer clairement les risques encourus lorsque le PHB est modifié malgré tout. Le risque de changement d'un PHB à l'intérieur ou à l'extérieur d'un groupe de PHB augmente fortement la probabilité d'avoir à réordonnancer un microflot. Les PHB à l'intérieur d'un groupe peuvent transporter des sémantiques différentes qu'il peut être difficile de dupliquer si les paquets sont remarqués dans un autre PHB.

Pour certains groupes de PHB, il peut être approprié d'indiquer un changement d'état en remarquant les paquets vers un autre PHB à l'intérieur du groupe. Si un groupe de PHB est déterminé pour refléter l'état du réseau, la définition d'un PHB doit être capable de décrire la relation entre les PHB et les états du réseau qu'ils reflètent. De plus, si ces PHB limitent les possibilités de transfert qu'un nœud peut réaliser, ces contraintes peuvent être spécifiées dans les actions qu'un nœud peut prendre.

Le processus de spécification d'un groupe de PHB est par nature incrémental. Quand un nouveau groupe de PHB est proposé, les interactions avec les PHB déjà implémentés doivent être documentées. Quand un nouveau groupe de PHB est créé, il peut être totalement nouveau quant à son objet mais également être une extension plus ou moins complexe d'un groupe déjà défini. Dans les deux cas, les interactions à l'intérieur du nouveau groupe doivent être spécifiées en fonction des autres groupes de PHB. En particulier, le réordonnancement des paquets des microflots doit être discuté. Si des opérations concourantes doivent être effectuées par des PHB appartenant à des groupes différents, il faut en spécifier les interactions. Si le groupe de PHB est une extension d'un groupe de PHB déjà existant, il est nécessaire que les interactions soient spécifiées avec soin.

La conformité d'un PHB avec sa définition doit pouvoir être vérifiée par diverses règles, comme l'utilisation de tables de conformité, la prise en compte de tests ou de pseudocodes, etc. De plus, les spécifications d'un PHB doivent inclure des éléments de sécurité. En particulier, les groupes de PHB doivent indiquer le processus à activer en réaction à des attaques par déni de service ou à des attaques visant à réduire ou violer le contrat de service.

Une spécification de PHB doit enfin inclure une section détaillant les moyens employés pour la configuration et la gestion des PHB.

Élément de normalisation des PHB

Comme expliqué précédemment, ce sont les caractéristiques d'un PHB qui doivent être standardisées et non les algorithmes particuliers ou les mécanismes implémentés pour le réaliser. Le comportement d'un nœud est défini par un ensemble de paramètres qui permettent de déterminer comment le contrôle des paquets doit s'exercer sur les interfaces (nombre de files d'attente, priorités rattachées, longueur des files d'attente, disciplines de service, algorithmes de perte de paquets, poids associés aux préférences, seuils, etc.).

Pour illustrer la distinction entre un PHB et un mécanisme, indiquons qu'un conditionneur de trafic adapté au PHB est un système de files d'attente disposant d'algorithmes de type WFQ (Weighted Fair Queuing), WRR (Weighted Round Robin) ou de leurs variantes, ou encore CBQ (Class Based Queuing), séparément ou en combinaison. Les PHB peuvent être définis individuellement ou en groupe. La spécification du groupe de PHB doit décrire les conditions selon lesquelles un paquet doit être remarqué pour sélectionner un autre PHB à l'intérieur du groupe.

Chaque PHB standardisé doit avoir un DSCP associé, alloué parmi les 32 DSCP potentiels. Cette spécification laisse de la place pour faire évoluer les DSCP en utilisant l'ensemble des possibilités offertes par le champ DS. Les équipementiers sont libres d'offrir des paramètres spécifiques pour leur PHB. Quand un PHB standardisé est accepté dans un nœud, un équipementier doit pouvoir utiliser tout algorithme qui satisfasse à la définition du PHB pour réaliser son implémentation. Les possibilités offertes par les ressources implémentées dans le nœud et les moyens de configuration du nœud déterminent la façon dont les paquets sont traités pour réaliser le PHB.

Les opérateurs ne sont pas requis d'utiliser les mêmes mécanismes de configuration pour réaliser les services différenciés à l'intérieur de leur réseau et sont libres de configurer à leur façon les paramètres de leurs nœuds de transfert de sorte à satisfaire les PHB pris en compte.

DiffServ, ATM et Ethernet

DiffServ permet de déterminer de grandes classes de clients pour lesquelles une garantie peut être apportée lors du transfert des paquets. Cependant, de nombreux réseaux n'utilisent pas la technologie IP pour réaliser le transport proprement dit et lui préfèrent, par exemple, ATM ou Ethernet.

Si la valeur du DSCP peut être facilement trouvée dans un routeur en examinant le paquet IP, il n'en va pas de même lorsque le paquet IP est encapsulé dans une trame ATM ou Ethernet. Il faut donc que le routeur soit capable de répercuter la valeur du DSCP dans une garantie de qualité de service équivalente à celle du PHB. De surcroît, IntServ peut également être utilisé dans de petits réseaux dans lesquels le passage à l'échelle ne se pose pas.

Il est possible de faire coexister IntServ et DiffServ, puisque les classes sont relativement équivalentes. On peut donc très bien utiliser IntServ dans des réseaux d'accès et DiffServ dans le réseau cœur. Le service Guaranteed Service est de même type que le service EF (Expedited Forwarding) ou Premium, et les services Controlled Load équivalent aux services AF.

Dans le cas de l'ATM, les services sont de type différent. Le service EF a les mêmes garanties que les services CBR (Constant Bit Rate) et VBRrt (Variable Bit Rate real-time), mais l'ATM a séparé en deux les services avec une forte garantie sur le temps de réponse : un service pour les flots à débit constant émulant des circuits et un service pour les flots à débit variable avec de fortes contraintes temporelles.

Pour les services correspondant à AF, la correspondance est plus complexe. Les services ABR (Available Bit Rate), GFR (Guaranteed Frame Rate) et VBRnrt (Variable Bit Rate no real-time) de l'ATM sont des services de type AF dans lesquels il n'y a de garantie que sur les taux de perte, et non sur les délais de transfert. Le service ABR peut être rapproché d'un service AF de type Gold dans lequel aucune perte de paquet n'est acceptée. Cependant, un service ABR peut accepter des taux de perte, pouvant rapprocher ce service d'un service AF de type argent ou bronze. Les algorithmes permettant de garantir que tous les paquets arrivent au destinataire sont totalement différents de ceux du monde IP. Ici, c'est un algorithme de contrôle des accès fondé sur les taux (rate based) qui permet de garantir qu'il y a toujours une place disponible en mémoire pour recevoir une cellule ATM. Cet algorithme augmente ou diminue le débit à l'entrée d'un circuit virtuel ATM.

Le service GFR est fondamentalement différent. Il se propose de garantir un taux de perte de paquet et non plus un taux d'erreur. De nouveau, on peut retrouver les différentes classes de services AF mais avec une garantie différente. Le service VBRnrt est également différent de ce que peuvent offrir les services AF. Le meilleur rapprochement serait un service AF de type bronze dans lequel une contrainte temporelle assez large pourrait être garantie. L'objectif de ce service VBRnrt est le transport de vidéo sans voie de retour.

Enfin, le service BE (Best Effort) de DiffServ est équivalent au service UBR (Unspecified Bit Rate) de l'ATM.

La correspondance entre les PHB et les possibilités offertes par les réseaux Ethernet est beaucoup plus complexe puisque la qualité de service proposée par Ethernet est définie de façon ouverte. On utilise les trois éléments binaires du champ IEEE 802.1p, situés dans la zone VLAN de la trame Ethernet, pour déterminer les niveaux de priorité. Il est donc possible de déterminer huit niveaux de priorité. Si on laisse au moins le premier niveau pour les informations de contrôle et plus généralement pour la signalisation, il reste sept niveaux. Il n'est donc pas possible de mettre en parallèle les quatorze niveaux proposés par DiffServ et les qualités de service acceptables dans Ethernet.

Pour trouver une équivalence, il faudrait définir dans Ethernet l'équivalent des PHB les plus classiques et implémenter dans les commutateurs Ethernet les mêmes fonctions de traitement que celles réalisées dans les routeurs DiffServ. Cette solution n'étant pas envisageable dans l'état actuel des commutateurs Ethernet, il faudra trouver le moyen, grâce aux contrôles disponibles et aux traitements des priorités dans les réseaux Ethernet, de garantir des services équivalents à ceux de DiffServ.

IP Mobile

Le protocole IP est de plus en plus souvent présenté comme une solution possible pour résoudre les problèmes posés par les utilisateurs mobiles. Le protocole IP Mobile peut être utilisé sous IPv4, mais le manque d'adresses potentiel complique la gestion de la communication avec le mobile. IPv6 est préférable, du fait de son grand nombre d'adresses disponibles, qui permet d'attribuer des adresses temporaires aux stations en cours de déplacement.

Le fonctionnement d'IP Mobile est le suivant :

1. Une station possède une adresse de base, avec un agent qui lui est attaché et qui a pour rôle de suivre la correspondance entre l'adresse de base et l'adresse temporaire.
2. Lors d'un appel vers la station mobile, la demande est acheminée vers la base de données détenant l'adresse de base.
3. Grâce à l'agent, il est possible d'effectuer la correspondance entre l'adresse de base et l'adresse provisoire et d'acheminer la demande de connexion vers le mobile.

Cette solution est semblable à celle utilisée dans les réseaux de mobiles, qu'il s'agisse de la version européenne GSM ou américaine IS-95.

La terminologie employée dans IP Mobile est la suivante :

- Mobile Node, ou nœud mobile : terminal ou routeur qui change son point d'attachement d'un sous-réseau à un autre sous-réseau.
- Home Agent, ou agent Home : routeur du sous-réseau sur lequel est enregistré le nœud mobile.
- Foreign Agent, ou agent Foreign : routeur du sous-réseau visité par le nœud mobile.

L'environnement IP Mobile est formé de trois fonctions relativement disjointes :

- La découverte de l'agent (Agent Discovery) : lorsque le mobile arrive dans un sous-réseau, il recherche un agent susceptible de le prendre en charge.
- L'enregistrement : lorsqu'un mobile est hors de son domaine de base, il enregistre sa nouvelle adresse (Care-of-Address) auprès de son agent Home. Suivant la technique utilisée, l'enregistrement peut s'effectuer soit directement auprès de l'agent Home, soit par l'intermédiaire de l'agent Foreign.
- Le tunneling : lorsqu'un mobile se trouve en dehors de son sous-réseau, les paquets doivent lui être délivrés par une technique de tunneling, qui permet de relier l'agent Home à l'adresse Care-of-Address.

Les figures 19.9 et 19.10 illustrent les schémas de communication d'IP Mobile pour IPv4 et IPv6.

Figure 19.9
IP Mobile pour IPv4

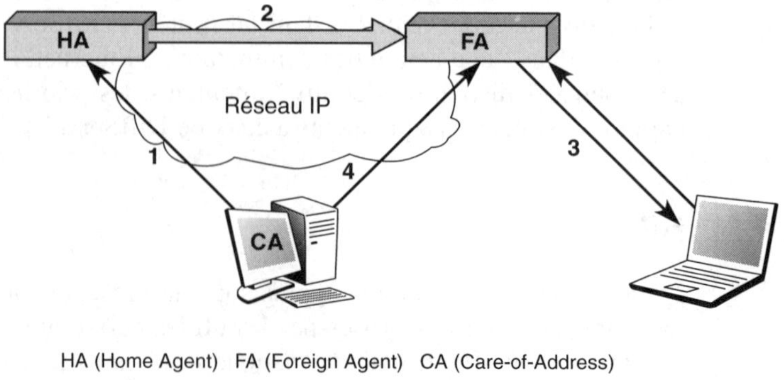

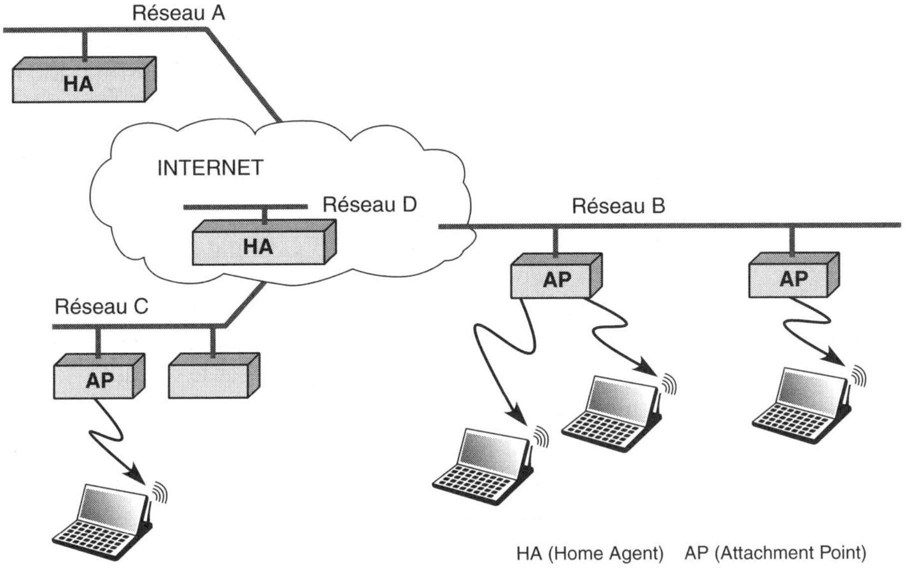

Figure 19.10

IP Mobile pour IPv6

Configuration automatique des réseaux IP

L'installation et l'exploitation des logiciels TCP/IP requièrent une certaine expertise. Une première fonctionnalité que l'on peut ajouter au démarrage d'un réseau IP consiste à automatiser l'installation et la maintenance de l'environnement IP et des protocoles associés, de façon à permettre à un utilisateur de relier sa machine au réseau sans avoir à déterminer manuellement la valeur des paramètres. De ce fait, un utilisateur peut connecter son ordinateur à Internet sans faire appel à un spécialiste pour installer les logiciels et mettre à jour les paramètres de configuration et de routage. En particulier, il est possible d'obtenir une configuration automatique d'un calculateur par de nouveaux protocoles permettant à une machine d'obtenir et d'enregistrer automatiquement toutes les informations sur les noms et les adresses dont elle a besoin.

Des groupes de travail examinent les améliorations qui peuvent encore être apportées à l'environnement Internet. Le groupe Apprentissage des routeurs travaille sur des protocoles qui permettent à une machine de découvrir les routeurs qu'elle peut utiliser. Actuellement, il est nécessaire de configurer l'adresse d'un routeur par défaut. Le protocole permettra de découvrir les adresses des passerelles locales et de tester en permanence ces adresses pour savoir lesquelles peuvent être utilisées à tout instant.

Le protocole DHCP (Dynamic Host Configuration Protocol) est utilisé pour initialiser et configurer dynamiquement une nouvelle machine connectée. Le protocole NDP (Neighbor Discovery Protocol) permet, avec l'aide des protocoles ARP et ICMP, d'autoconfigurer les adresses et la configuration de la MTU (Maximum Transmission Unit), ou taille maximale des données pouvant être contenues dans une trame physique.

La MTU désigne la plus grande taille possible d'un datagramme lui permettant d'être transporté par les différentes trames utilisées dans les sous-réseaux traversés, sans qu'il soit nécessaire de la fragmenter. Par exemple, si un paquet IP doit transiter par un premier sous-réseau, dans lequel les trames les plus longues sont de 1 500 octets, puis un deuxième réseau, dans lequel la trame maximale est de 1 000 octets, et enfin un troisième sous-réseau acceptant la taille maximale de 450 octets, la MTU est de 450 octets. Le calcul de la MTU s'effectue en recherchant la plus petite MTU sur un chemin particulier.

La taille optimale d'un segment TCP dépend de la MTU, car les datagrammes plus grands que la MTU sont fragmentés, tandis que les datagrammes plus petits sont remplis d'une proportion plus importante de données de supervision. La partie concernant les données de supervision s'appelle l'overhead. Dans l'exemple précédent, si la partie des données de supervision fait 50 octets, on voit que le fait de prendre une MTU de 450 octets oblige de transporter 50 octets chaque fois qu'il y a 450 octets à transporter, c'est-à-dire que 10 % de la charge correspond à de l'overhead. Si la MTU avait été choisie à 1 500 octets, seulement 3,2 % d'overhead aurait été porté par le réseau.

Si la MTU est connue, TCP optimise le débit en construisant des segments assez longs pour tenir dans un datagramme, lui-même transporté dans une seule trame physique, la plus grande possible. De la même façon, UDP peut améliorer le débit en tenant compte de la MTU pour choisir la taille des datagrammes.

Conclusion

Le monde des réseaux IP est très vivant et se développe à vive allure. Son organisme de normalisation, l'IETF, se réunit trois fois par an, et le nombre de groupes de travail mobilisés dépasse la centaine. Ce chapitre ne pouvait refléter qu'un certain nombre de ces travaux.

Les grandes tendances des années 2000 se focalisent sur la qualité de service, la sécurité et la mobilité, que nous rencontrerons tout au long de cet ouvrage dans des chapitres dédiés.

Partie VII

Les réseaux hertziens

Les réseaux hertziens concernent l'ensemble des systèmes de communication qui utilisent les voies hertziennes. Ces réseaux se présentent quasiment toujours sous la forme de réseaux cellulaires, c'est-à-dire d'un ensemble de zones géographiques, appelées cellules, arrosées par des antennes situées au centre. Les réseaux de mobiles utilisent ces réseaux hertziens cellulaires en permettant le passage d'une cellule à une autre sans couper la communication. Les réseaux sans fil, au contraire, ne permettent que le nomadisme, c'est-à-dire le déplacement de l'utilisateur entre les connexions, l'utilisateur restant immobile lors de la connexion. Les réseaux satellite forment un troisième exemple de réseau hertzien, avec des cellules fixes ou mobiles suivant la position et la vitesse du satellite. L'objectif de cette partie est d'examiner ces trois catégories de réseaux hertziens.

La mobilité est devenue en quelques années une fonction primordiale réclamée par les utilisateurs, d'abord pour la téléphonie puis pour la transmission de données. La mobilité lors d'une communication téléphonique est totalement banalisée depuis le GSM. En revanche, les connexions à haut débit ne le sont que depuis l'arrivée de l'UMTS haut débit, avec le HSDPA, et des connexions Wi-Fi et WiMAX.

Indiquons dès maintenant la distinction entre un réseau de mobiles et un réseau sans fil. Un réseau de mobiles accepte des clients qui se déplacent rapidement, par exemple dans une voiture ou dans un train. La continuité de la communication est assurée par le système. La problématique du sans-fil est assez différente, puisqu'elle consiste, pour l'utilisateur, à rester quasiment fixe mais relié à l'antenne d'accès à des débits bien plus élevés que dans le cas d'une forte mobilité. Les réseaux de mobiles et les réseaux sans fil se sont développés de façon non concertée, ce qui a donné naissance à deux catégories de produits totalement distincts. Comme nous le verrons dans cette partie, une compétition entre ces deux catégories de réseaux a démarré avec l'arrivée du WiMAX mobile, devenu un concurrent sérieux de l'UMTS.

Le chapitre 20 présente les réseaux de mobiles, qui connaissent déjà trois générations de produits, voire quatre ou cinq si l'on compte les nouveaux produits haut débit et très haut débit qui arrivent sur le marché. La première n'achemine que des informations sous forme analogique, la deuxième transfère les éléments binaires dans un circuit, la troisième passe au transport de l'information numérique par une technique paquet, la 3,5G permet le haut débit de l'ordre de 1 à 5 Mbit/s par une interface hertzienne, et la quatrième le très haut débit qui dépasse les 10 Mbit/s et permet l'utilisation de solutions multitechnologie et « multi-homées », dans lesquelles un même client peut avoir plusieurs « home ». On place parfois le « multi-homé » associé à des débits d'une centaine de mégabits par seconde dans la cinquième génération.

Le chapitre 21 s'intéresse à l'ensemble des réseaux sans fil et se penche sur le bouleversement apporté par cette solution. C'est dans ce chapitre que sont examinées les extensions constituées par les réseaux ad hoc et les réseaux mesh.

Les réseaux provenant de la norme IEEE 802.15 sont analysés au chapitre 22, en particulier Bluetooth, UWB et ZigBee.

Le chapitre 23 est dédié à Wi-Fi et à ses nombreuses extensions.

Le chapitre 24 décrit les réseaux issus des groupes IEEE 802.16 et IEEE 802.22, c'est-à-dire WiMAX, WiMAX mobile et WRAN.

Le chapitre 25 est dévolu à Ethernet sur courant porteur. Cette solution présente des caractéristiques si semblables à Wi-Fi que nous avons choisi de la détailler ici.

Le chapitre 26 est dévolu aux réseaux satellite.

La partie se conclut par le chapitre 27, qui aborde la problématique des handovers entre ces différents réseaux. Ces fonctions ont été normalisées par le groupe de travail IEEE 802.21. Nous abordons également dans ce chapitre la convergence fixe-mobile avec l'IMS (IP Multimedia SubSystem) et les possibilités de mixage des technologies sans fil et mobiles avec l'UMA (Unlicensed Mobile Access).

20

Les réseaux de mobiles

Les équipements terminaux qui utilisent la voie hertzienne pour communiquer et qui peuvent se déplacer forment des réseaux de mobiles. Les différents types de réseaux sans fil, correspondant à des terminaux dont la mobilité est fortement limitée, sont traités aux chapitres 21 à 25 et les réseaux satellite au chapitre 26.

Les réseaux de mobiles font partie de la famille des réseaux cellulaires. Une cellule est une zone géographique dont tous les points peuvent être atteints à partir d'une même antenne. Lorsqu'un utilisateur d'un réseau cellulaire se déplace et change de cellule, le cheminement de l'information doit être modifié pour tenir compte de ce déplacement. Cette modification s'appelle un changement intercellulaire, ou handover, ou encore handoff. La gestion des handovers est souvent délicate puisqu'il faut trouver une nouvelle route sans interrompre la communication. La gestion de la mobilité est un autre problème complexe, qui demande généralement deux bases de données, un HLR (Home Location Register), qui tient à jour les données de l'abonné, et un VLR (Visitor Location Register), qui gère le client dans la cellule où il se trouve.

Chaque cellule dispose d'une station de base, ou BTS (Base Transceiver Station), qui assure la couverture radio. Une station de base comporte plusieurs porteuses, qui desservent les canaux de trafic des utilisateurs, un canal de diffusion, un canal de contrôle commun et des canaux de signalisation. L'interface intermédiaire est l'interface air. Chaque station de base est reliée à un contrôleur de station de base, ou BSC (Base Station Controller). Le BSC et l'ensemble des BTS qui lui sont raccordés constituent un sous-système radio, ou BSS (Base Station Subsystem). Les BSC sont tous raccordés à des commutateurs du service mobile, appelés MSC (Mobile services Switching Center). L'interface entre le sous-système radio et le commutateur de service mobile est appelée interface A.

L'architecture d'un réseau de mobiles est illustrée à la figure 20.1.

Figure 20.1
Architecture d'un réseau de mobiles

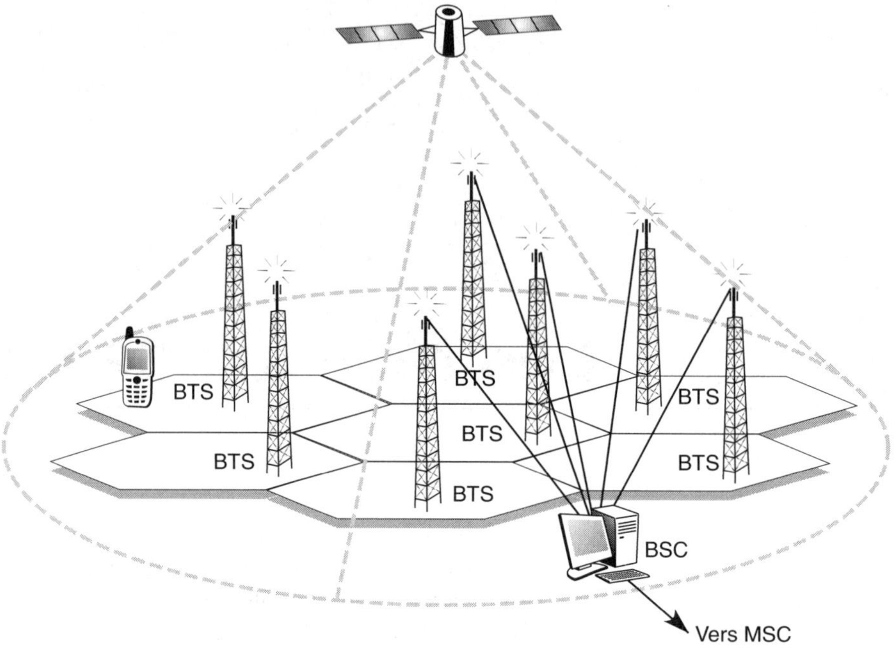

Les cinq générations de réseaux de mobiles

Les communications entre utilisateurs mobiles se développent rapidement et représentent un énorme marché pour cette première décennie du XXIe siècle. Parmi les utilisateurs mobiles, il convient de distinguer ceux qui ont une forte mobilité et qui changent de zone géographique et ceux qui utilisent des accès sans fil et qui restent immobiles ou se déplacent si peu qu'ils restent connectés à la même entrée du réseau.

Trois générations de réseaux de mobiles se sont succédé, qui se distinguent par la nature de la communication transportée :

- communication analogique ;
- communication numérique sous forme circuit, avec deux options : mobilité importante et mobilité réduite ;
- applications multimédias sous forme paquet.

Ces trois générations de réseaux de mobiles sont complétées par deux nouvelles, qui tiennent compte de l'augmentation du débit pour atteindre plus de 10 Mbit/s pour la quatrième génération, avec la possibilité de se connecter à plusieurs réseaux simultanément, et enfin les très hauts débits, de l'ordre de 1 Gbit/s, pour la cinquième génération.

Nous présentons en détail dans cette section les trois premières générations et abordons les deux dernières en fin de chapitre. Les réseaux de mobiles les plus répandus actuellement appartiennent à la deuxième et à la troisième génération.

Les services fournis par la première génération de réseaux de mobiles, sans fil et cellulaires, sont quasi inexistants en dehors du téléphone. Cette génération repose sur une communication analogique. Son succès est resté très faible en raison du coût des équipements, qui n'ont pas connu de miniaturisation. La deuxième génération est passée au circuit numérique. La normalisation d'un faible nombre d'interfaces air a permis le développement de composants en grande série et l'arrivée du téléphone mobile dans le grand public.

Le tableau 20.1 récapitule les différentes générations de réseaux de mobiles.

Génération	Réseau sans fil	Réseau cellulaire
1re génération	CTO, CT1	NMT, R2000, AMPS, TACS
2e génération	CT2, DECT, PHS	GSM, D-AMPS, DCP, PCS1800/1900, IS95A/IS41 et IS136/IS41
2e génération et demie		GPRS, IS95B
3e génération		UMTS, W-CDMA, cdma2000, EDGE, DECT
3e génération et demie	Wi-Fi, WiMAX	HSDPA, HSUP
4e génération	Multitechnologie Wi-xx	HSOPA, UMB

TABLEAU 20.1 • Générations de réseaux de mobiles

La première génération

Les systèmes cellulaires de première génération sont caractérisés par des terminaux analogiques dotés d'une mobilité restreinte et de services limités. Deux standards ont été développés, le CT0 (Cordless Telephone), principalement utilisé aux États-Unis et au Royaume-Uni, et le CT1, utilisé en Europe, notamment en Allemagne et en Italie.

Les réseaux cellulaires de première génération ont été les premiers à permettre à un utilisateur mobile d'utiliser un téléphone de façon continue, n'importe où dans la zone de service d'un opérateur.

Les systèmes téléphoniques sans fil

Les premiers terminaux sans fil sont introduits avec la technologie CT0 aux États-Unis et en Europe au cours des années 1970 pour remplacer les téléphones filaires. Ces terminaux offrent des performances modestes, le canal radio étant fortement parasité et de nombreuses interférences avec les installations électriques environnantes perturbant la qualité des émissions.

Les téléphones sans fil, très chers dans les années 1970, souffrent alors d'un manque de sécurité, d'une faible autonomie et d'une qualité de restitution de la parole en dessous de la moyenne. Cependant, la flexibilité et la portabilité qu'ils proposent les rendent rapidement populaires.

Une nouvelle génération de technologie sans fil, le CT1, est développée au début des années 1980 et est utilisée dans une douzaine de pays européens. Malheureusement, chaque pays en commercialise une version spécifique, ce qui oblige les constructeurs à concevoir autant de versions que de pays. De plus, le CT1 ne permet pas aux terminaux sans fil de communiquer avec des stations de base provenant d'autres constructeurs et souffre de limitations importantes concernant l'itinérance et le handover. Ces téléphones sans fil analogiques fonctionnent autour de 900 MHz. Leur marché n'a jamais été à la hauteur des ambitions des constructeurs, essentiellement à cause de leur prix élevé et de la non-compatibilité entre constructeurs et entre versions de la norme.

Des recherches sur les systèmes sans fil fondés sur la technologie numérique sont menées à partir des années 85 afin de fournir plus de capacité et une meilleure qualité de service. La deuxième génération voit ainsi apparaître une téléphonie à faible mobilité, le Télépoint, reposant sur le standard CT2 (Cordless Telephone of 2nd Generation).

Les systèmes cellulaires

Le concept cellulaire est introduit dans les années 1970 par les Bell Labs. Les systèmes cellulaires sont conçus pour augmenter la mobilité des terminaux. Une cellule est une zone géographique couverte par une antenne de transmission. Un utilisateur est en mesure de passer d'une cellule à une autre sans coupure de la communication. Ce passage, appelé handover ou handoff, permet au terminal de changer de cellule sans interruption. À cette fin, le terminal doit embarquer tous les composants nécessaires à la gestion de la communication.

Le premier système cellulaire opérationnel, l'AMPS (Advanced Mobile Phone System), se met en place aux États-Unis à la fin des années 1970. En Europe du Nord, des opérateurs de télécommunications et des constructeurs lancent une génération assez similaire, le NMT (Nordic Mobile Telecommunication system). Le NMT est développé en Suède, en Norvège, au Danemark et en Finlande au début des années 1980.

D'autres réseaux, fondés sur les concepts de l'AMPS et du NMT, sont également commercialisés, comme le TACS (Total Access Communication System) au Royaume-Uni ou des versions du NMT en France. France Télécom introduit Radiocom 2000 en 1985 et SFR met en place son service en 1989. Tous ces systèmes cellulaires reposent sur une transmission de la voix analogique avec une modulation de fréquence dans les bandes des 450 et 900 MHz.

La deuxième génération (2G)

Les réseaux cellulaires de deuxième génération, tels IS-95 et le GSM pour les réseaux de mobiles et le DECT pour les réseaux sans fil, sont caractérisés par l'introduction de la technologie numérique.

Le DECT (Digital Enhanced Cordless Telecommunications) et le PHS (Personal Handy-phone System) offrent une couverture radio permettant une utilisation en résidentiel (station de base domestique), au bureau (PABX sans fil) et dans la rue (station de base publique). La complexité technique pour accéder au service est assez faible. Le système ne sachant pas effectuer de handover, l'utilisateur doit se trouver impérativement dans une cellule et y rester.

Plusieurs technologies numériques cellulaires font leur apparition au début des années 1990 :

- GSM (Global System for Mobile communications), en Europe, fonctionnant à 900 MHz ;
- DCS 1800 (Digital Cellular System 1800), système équivalent au GSM, mais fonctionnant à des fréquences plus élevées (1 800 MHz) ;
- PCS (Personal Communication System) 1900 et D-AMPS, version numérique de l'AMPS, aux États-Unis ;
- PDC (Pacific Digital Cellular) au Japon.

Les systèmes cellulaires numériques de deuxième génération favorisent la mise au point d'un terminal portable doté d'une autonomie acceptable.

Les systèmes cellulaires

En 1979, la CAMR (Conférence administrative mondiale des radiocommunications) ouvre la bande des 900 MHz aux services mobiles. En 1990, les spécifications de la phase 1 du GSM900 sont figées puis celles du DCS 1800 l'année suivante. En 1992, les réseaux cellulaires de la plupart des grands opérateurs européens GSM900 sont ouverts au public, et, en 1995, les spécifications de la phase 2 du GSM sont approuvées. La phase 2+ est mise en chantier et entre en opération en 2000. La troisième génération démarre également en 2000, mais c'est surtout à partir de 2004-2005 que les premiers grands déploiements se produisent en Europe.

Le GSM est un système complet. Ses spécifications définissent le segment radio, le segment réseau et toutes les interfaces entre les éléments du système. Cela rend possible l'interconnexion des différents réseaux GSM pour offrir un service planétaire. On attend du GSM une qualité de la parole égale, voire supérieure, à celle offerte par la technologie cellulaire analogique disponible, ainsi qu'une sécurité de haut niveau et une itinérance internationale. Les progrès réalisés dans la technologie des composants permettent la mise au point d'un terminal à un coût raisonnable et requérant une faible puissance.

Les spécifications de l'environnement GSM permettent le passage de données à un débit supérieur à celui de la première génération. Une transmission simple de données peut s'effectuer sur le canal radio, mais le débit reste très faible, avec moins de 10 Kbit/s, et rend illusoire l'arrivée de services multimédias.

Deux voies sont suivies pour augmenter le débit :

- HSCSD (High Speed Circuit Switched Data)
- GPRS (General Packet Radio Service)

Nous allons introduire ces deux techniques, que nous reprendrons de façon détaillée à la fin du chapitre.

Le HSCSD autorise la transmission et la réception de données commutées jusqu'à 76,8 Kbit/s. Le GPRS, contrairement au HSCSD, utilise une commutation de paquets, permettant aux ressources radio de n'être utilisées que pendant la transmission des paquets. Ainsi, des débits théoriques supérieurs à 120 Kbit/s peuvent être atteints. En réalité, le débit plafonne à une trentaine de kilobits par seconde. Le GPRS est idéal pour les données se présentant sous la forme de rafales, comme les messages électroniques et l'accès aux services en ligne. HSCSD est plutôt adapté aux transferts de fichiers de grande taille et aux applications multimédias, comme la vidéo mobile.

Aux États-Unis, plusieurs standards se concurrencent : le PCS (Personal Communication System), qui se compose du PCS1800/1900, s'appuyant sur la technologie radio CDMA, également appelé IS-95, le GSM900, s'appuyant sur la technologie radio TDMA, et le D-AMPS, s'appuyant également sur la technologie radio TDMA, aussi appelé IS-136. Il existe aux États-Unis de nombreux terminaux multimodes fonctionnant sur plusieurs de ces systèmes numériques. Certains d'entre eux fonctionnent aussi sur les systèmes analogiques.

Même si le GSM et les autres systèmes de deuxième génération évoluent, ils ne sont pas en mesure de satisfaire les besoins futurs des utilisateurs. Ceux-ci souhaitent communiquer dans tous les environnements avec le même terminal, que ce soit au domicile, au bureau, dans la rue, en voiture, en train, etc. Un nouveau système universel devient nécessaire, regroupant tous les standards déjà développés.

Les réseaux téléphoniques sans fil

En raison de la faible qualité du CT1, plusieurs constructeurs européens ont développé, en 1984, le système CT2 de téléphonie sans fil de deuxième génération. Dans le but d'autoriser un service de Télépoint, c'est-à-dire un service de téléphonie public fondé sur le CT2 dans lequel le client est quasiment immobile, une interface commune, connue sous le nom de CAI (Common Air Interface) est spécifiée en 1988. Son objectif est de fournir une norme uniforme pour le Télépoint public, qui permette aux utilisateurs de changer de réseau et d'opérateur tout en gardant le même terminal.

Le Télépoint

Cette norme concerne l'accès au réseau téléphonique commuté par une interface air en faible mobilité, le terminal ne pouvant effectuer de handover entre deux cellules. Les systèmes de type Télépoint ne fournissent pas de couverture nationale mais peuvent être installés en des endroits où le trafic d'appel est important, comme les gares, aéroports, centres commerciaux et restaurants. Le Télépoint est le premier exemple d'un service de téléphonie personnelle peu onéreux, utilisable en résidentiel, au bureau ou dans des lieux publics, car il se sert du réseau téléphonique existant. En outre, le coût de l'implémentation d'un réseau de stations de base Télépoint est très bas.

Le Télépoint donne donc la possibilité d'établir un réseau public à faible coût, comparativement aux systèmes cellulaires, qui nécessitent une intelligence sophistiquée incluant la gestion de la mobilité. Plusieurs réseaux de Télépoint ont été créés en Europe, tels Rabbit au Royaume-Uni, Bi-Bop en France, Greenpoint aux Pays-Bas et CITEL en Belgique. Le principal inconvénient du Télépoint réside dans l'incapacité quasi permanente des terminaux à recevoir des appels. Il est également impossible avec de tels systèmes d'avoir une conversation continue en déplacement. Tous ces éléments ont empêché le lancement commercial du CT2 dans de bonnes conditions, et la plupart des services de Télépoint européens ont été des échecs.

Le DECT

Le DECT est un standard de télécommunications sans fil conçu par l'ETSI. La plupart des concepts ayant présidé à son lancement s'inspirent d'un système suédois, connu sous le nom de DCT (Digital Cordless Telephone) ainsi que du CT2. Les Suédois ont conçu le DCT parce qu'il leur fallait une nouvelle norme, mieux appropriée que le CT1 aux environnements à grande capacité, comme les PABX sans fil. Le DECT bénéficie en Europe d'une bande de fréquences de 1 880 à 1 900 MHz et offre des services qui vont audelà de ceux fournis par les systèmes précédents. En particulier, l'environnement radio DECT est conçu pour des applications résidentielles et professionnelles ainsi que pour un accès public. De plus, l'interfonctionnement des systèmes DECT dans les zones publiques et privées est fiable.

Développé au Japon à partir de 1989 sur des bases légèrement différentes des systèmes européens, le PHS est un système sans fil offrant un accès public, aussi bien pour un usage domestique que professionnel, à la fois à l'intérieur et à l'extérieur, avec un terminal de poche à très faible coût. Le système PHS est introduit commercialement au Japon en 1995 comme un système d'accès public. Des fonctionnalités supplémentaires sont rapidement ajoutées, comme la mise en place de boucles locales sans fil, la transmission de données à des débits que l'on peut qualifier d'importants (32 ou 64 Kbit/s) et l'itinérance, ou roaming.

Aux États-Unis, plusieurs standards sont également définis au milieu des années 1990 :

- PCI (Personal Communications Interface), qui s'appuie sur le CT2.
- PWT (Personal Wireless Telecommunications), qui repose sur le DECT.
- PACS-UA (Personal Access Communications System), élaboré à partir du PHS.

Les objectifs de tous ces systèmes sont de fournir une couverture extérieure totale dans les zones urbaines ainsi qu'une continuité de service entre les zones publiques et privées et de permettre aux utilisateurs d'émettre et de recevoir des appels. Pour ce type d'application, la technologie sans fil est une solution de rechange aux technologies cellulaires numériques.

Fonctionnement du DECT

Le DECT définit une technique d'interface radio pour des télécommunications sans fil à courte portée. La mobilité offerte par un système DECT est donc réduite. Le DECT couvre seulement l'interface air entre le terminal, ou PP (Portable Part), et la partie fixe, ou FP (Fixed Part), équivalente à une station de base du GSM. L'élément principal de la normalisation du DECT consiste en l'IC (Interface Control), qui définit le fonctionnement de l'interface air et prévoit un ensemble complet de protocoles.

Le DECT ne fournit aucun service. Il procure la connexion radio à un environnement capable de proposer des services, comme le réseau téléphonique, un PABX, le RNIS, un réseau de données d'opérateur, Internet ou tout autre réseau. L'objectif est de permettre la connexion de terminaux sans fil à un PABX ou à un site central dans un environnement cellulaire.

Les cellules sont de taille variable, leur rayon variant de 10 m à 5 km, selon les obstacles susceptibles de freiner la propagation des ondes. Le DECT fournit des services de voix d'une qualité équivalente à celle rencontrée dans les réseaux fixes ainsi qu'un large ensemble de services de données, incluant la connexion au RNIS ou à Internet. Il peut être implémenté comme un simple téléphone sans fil résidentiel ou comme un système complet, capable de prendre en charge tous les services classiques de téléphonie.

Le DECT prévoit tous les outils nécessaires à la mobilité. Les procédures liées à l'identification, aux droits d'accès, à l'allocation de clés, à la récupération de données, à l'authentification, au chiffrement, au transfert intercellulaire, à la recherche de l'abonné et à la localisation du terminal sont décrites dans la norme. Ses recommandations portent essentiellement sur l'interface radio. En tant que technique permettant l'accès à de nombreux réseaux, et donc aux services correspondants, l'interface DECT doit être indépendante des caractéristiques techniques de ces réseaux tout en étant capable de laisser passer les commandes adaptées aux réseaux à atteindre. C'est ce qu'on désigne sous le terme de profil.

Chacun des profils DECT décrit la façon dont l'interface commune est utilisée pour une application particulière. Un profil est un ensemble de commandes et de procédures fournissant une description non ambiguë de l'interface air pour accéder à des services et à des applications spécifiques. Dans la réalité, la plupart de ces profils ont pour objet l'interfonctionnement et l'interopérabilité. L'interfonctionnement désigne la capacité d'utiliser plusieurs systèmes ensemble, tandis que l'interopérabilité se réfère à la possibilité d'utiliser ensemble des équipements de différents fabricants fonctionnant sous des systèmes différents. Le GAP (Generic Access Profile) et le profil d'interfonctionnement entre le DECT et le GSM constituent deux exemples importants de profils.

Le GAP permet l'interopérabilité entre les équipements terminaux et les stations de base. Un terminal d'un premier constructeur peut être compatible avec une station de base d'un second constructeur, à condition que ces deux équipements respectent le profil GAP. Le profil GAP est le profil DECT de base. Il contient les fonctionnalités nécessaires pour supporter des applications telles que la voix, pour des téléphones sans fil domestiques, les PABX sans fil professionnels et les applications à partir d'un accès public. Il inclut la gestion de la mobilité et le contrôle des appels. Les protocoles gérant le contrôle des appels sont fortement liés à la fourniture des services de voix. Les protocoles traitant la gestion de la mobilité couvrent notamment le traçage de la localisation, les identités et les aspects de sécurité.

Les normes DECT spécifient des protocoles autorisant la mobilité mais ne définissent pas comment les éléments de réseau gardent trace de la localisation d'un terminal DECT ni comment délivrer un appel entrant à un terminal. Ces aspects sont en dehors de la norme DECT, qui n'est qu'une technologie d'accès. L'interface DECT permet d'accéder à de nombreux réseaux, même à des systèmes cellulaires comme le GSM. Pour les réseaux GSM, la mobilité étant une fonctionnalité bien définie, il est possible d'utiliser cette fonctionnalité pour fournir la mobilité à travers une interface air DECT. Les composants spécifiques de l'interface commune nécessaires à l'interfonctionnement entre un terminal DECT et un réseau GSM, en particulier l'interface A, sont définis dans le profil d'interfonctionnement DECT/GSM.

L'ETSI a défini les besoins du protocole de l'interface air et la façon dont les protocoles DECT s'interconnectent avec les protocoles GSM au niveau de l'interface A. Ce profil permet à un équipement DECT d'être compatible GSM, c'est-à-dire de bénéficier des services du réseau GSM, tels que grande mobilité, sécurité ou services de messages courts SMS (Short Message Service). La normalisation de ce profil implique des modifications dans la norme DECT afin qu'elle supporte les services GSM.

D'autres profils ont été définis par l'ETSI, comme l'interfonctionnement entre le DECT et le RNIS. Ce dernier profil permet d'accéder à des services du RNIS, avec des transferts de données d'un débit maximal de 64 Kbit/s.

La mobilité dans les réseaux de deuxième génération

La mobilité, caractéristique essentielle des réseaux que nous étudions dans ce chapitre, donne la possibilité de se déplacer dans la zone de couverture sans que la communication soit coupée, et donc de changer de cellule, voire de réseau.

La gestion de la mobilité revêt deux aspects :

- La gestion de la localisation, qui permet au réseau de connaître à tout instant l'emplacement du terminal, des utilisateurs et du point d'accès au réseau avec suffisamment de précision pour acheminer les appels aux utilisateurs appelés là où ils se trouvent.
- Le transfert intercellulaire, ou handover, qui permet d'assurer une continuité des appels lors d'un changement de cellule.

Les réseaux de deuxième génération sont caractérisés par une mobilité spécifique en fonction de leur type. Les réseaux sans fil téléphoniques correspondent à une application particulière des réseaux fixes, dans laquelle l'utilisateur peut disposer des services offerts par le réseau fixe au prix d'une mobilité restreinte de son terminal. Ils proposent à l'utilisateur ce que l'on appelle une mobilité personnelle, en s'appuyant sur les concepts UPT (Universal Personal Telecommunications) de télécommunications personnelles universelles.

Les réseaux cellulaires offrent une plus grande mobilité du terminal. En revanche, ils n'autorisent généralement qu'une faible mobilité personnelle. Pour des systèmes comme le GSM, les fonctions UPT se limitent à la possibilité d'utiliser la carte d'identification qui se trouve à l'intérieur du terminal, la carte SIM (Subscriber Identity Module), dans n'importe quel autre équipement terminal.

La mobilité requiert une gestion, qui s'effectue généralement à l'aide de deux bases de données : le HLR, qui tient à jour les données de l'abonné, et le VLR, qui gère le client dans la cellule où il se trouve. Dans la réalisation de la mise à jour, deux types de localisation sont prévus : lorsque l'IMSI (International Mobile Subscriber Identity) peut être fourni par l'ancien VLR, et lorsque l'IMSI ne peut pas être fourni par l'ancien VLR.

Les figures 20.2 et 20.3 illustrent le handover et la création d'un nouvel enregistrement dans la nouvelle base de données VLR ainsi que les étapes de mise à jour du HLR. Les flèches indiquent l'ordre dans lequel les commandes sont envoyées lors de la procédure de changement de cellule.

Figure 20.2
Handover et création d'un enregistrement dans un nouveau VLR

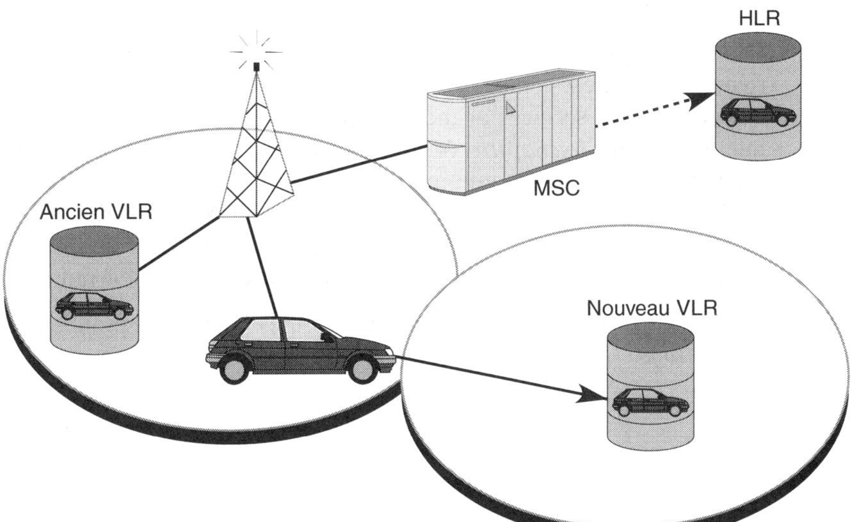

Figure 20.3
Étapes de mise à jour du HLR

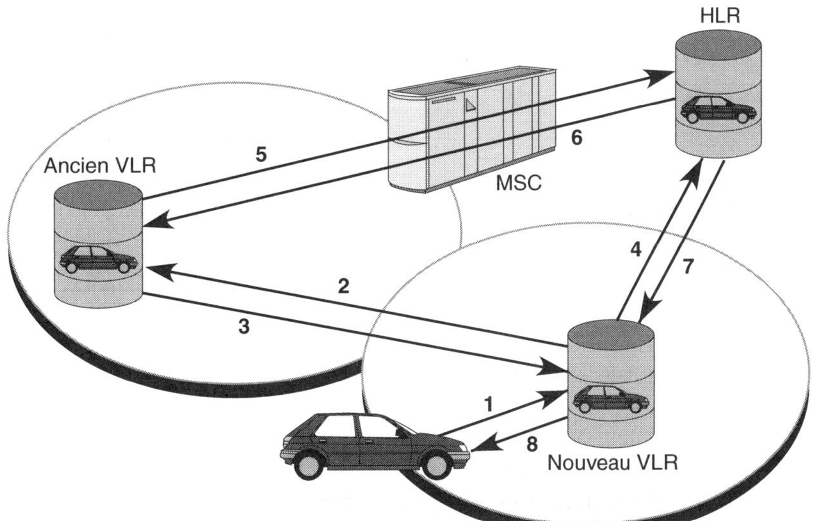

Conclusion sur les réseaux de deuxième génération

Avec les terminaux DECT et PHS, il est possible d'appeler et d'être appelé, donc de transmettre et recevoir des données. Cependant, ces terminaux n'offrent pas une mobilité globale. Les systèmes sans fil s'appuyant sur les réseaux fixes, la mobilité du terminal n'est pas totale. L'utilisateur d'un terminal DECT peut certes se déplacer, mais cette mobilité n'est pas comparable à celle qui caractérise les terminaux GSM.

L'interfonctionnement entre les systèmes sans fil et cellulaires n'a pas fait l'objet d'études approfondies. Par exemple, si un utilisateur veut bénéficier du même service à partir de son terminal DECT et de son terminal GSM, il doit interrompre sa communication pour changer de terminal. Aujourd'hui, des terminaux multimodes GSM/DECT sont disponibles chez certains fabricants de terminaux, mais, la plupart du temps, ces terminaux correspondent à un terminal GSM et à un terminal DECT réunis.

La technologie DECT semble dotée du potentiel nécessaire à une mobilité locale extérieure, mais elle est inadaptée à une mobilité large. Le DECT permet à un utilisateur d'accéder à des services avancés, implémentés dans les réseaux fixes, à l'aide du réseau intelligent *(voir le chapitre 44)* dans le cadre du concept CTI (Computer Telephony Integration). Le GSM offre une mobilité large mais nécessite l'aide des réseaux intelligents CAMEL (Customized Applications for Mobile Network Enhanced Logic) pour implémenter de nouveaux services, plus spécifiques des opérateurs. Au finale, les solutions GSM et DECT sont davantage complémentaires que concurrentes.

La figure 20.4 illustre l'évolution des systèmes mobiles de première, deuxième et troisième générations.

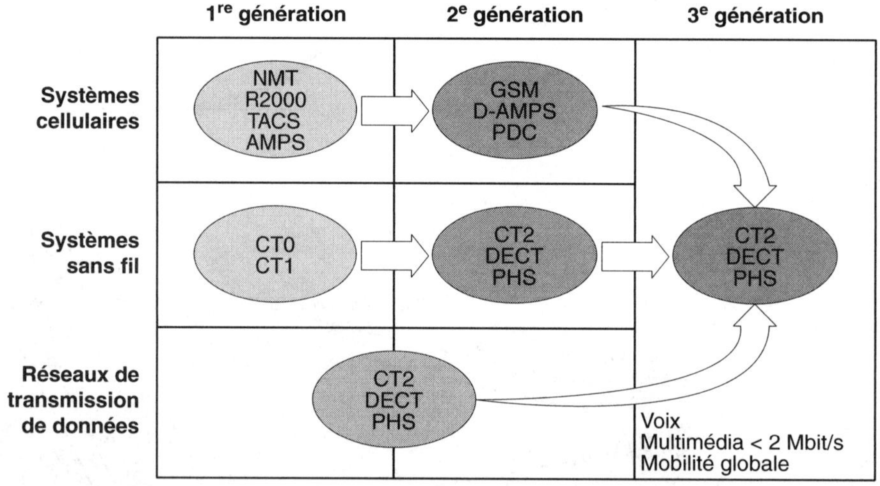

Figure 20.4

Évolution des systèmes de communication mobile

Même si les systèmes cellulaires et sans fil ont évolué dans le but de répondre aux besoins des utilisateurs, les systèmes actuels ne proposent pas tous les services attendus par ces derniers. Le manque de compatibilité entre systèmes est également à souligner. Par exemple, il est difficile de connecter un terminal DECT au réseau GSM, bien qu'un profil DECT/GSM soit défini.

En conclusion, de nouveaux systèmes étaient nécessaires pour une meilleure prise en compte des besoins de l'utilisateur. Ces réseaux devaient être plus universels, en intégrant le cellulaire et le sans-fil. Cela nécessitait de nouveaux standards, dits de deuxième génération et demie et de troisième génération, qui font l'objet des sections suivantes.

La deuxième génération et demie

La deuxième génération est maintenant parfaitement implantée dans de nombreux pays, et la troisième est en cours de mise en place. Cependant, cette mise en place va demander un laps de temps assez long, de l'ordre d'une dizaine d'années. Les raisons à cela sont, d'une part, le besoin de repartir de zéro du point de vue des infrastructures et, d'autre part, un manque de capitaux de la part des opérateurs de mobiles à la suite de l'achat de licences à des prix très élevés dans certains pays comme la Grande-Bretagne ou l'Allemagne. Ce laps de temps est mis à profit pour améliorer la deuxième génération et lui permettre d'approcher les performances de la troisième.

Le GPRS est le nom donné en Europe à l'amélioration de la technique GSM pour obtenir cette deuxième génération et demie. Les Américains ont développé des solutions assez différentes de celles des Européens, comme l'IS-95B, pour réaliser des réseaux transportant des données à des débits plus élevés. Cette solution américaine est assez simple. Elle consiste à allouer à un même utilisateur plusieurs canaux simultanément, c'est-à-dire plusieurs codes, lorsque la technique d'accès employée est le CDMA. Nous verrons beaucoup plus en détail la solution européenne dans une section spécifique dédiée au GPRS dans la suite de ce chapitre.

Les réseaux de la génération 2,5 se caractérisent souvent, comme c'est le cas dans le GPRS, par un double réseau cœur, un réseau cœur pour le transport du téléphone et un réseau cœur pour le transport des données sous forme de paquets. À ce double réseau cœur, s'ajoutent des terminaux spécifiques, capables de gérer à la fois les voies téléphoniques, comme dans le GSM, et les voies de données, beaucoup plus sporadiques.

Les données sont mises dans de tout petits paquets dans le terminal lui-même, où elles attendent que le canal radio soit vide avant d'être émises. En d'autres termes, la téléphonie s'effectue de la même façon que dans la deuxième génération, en utilisant des slots de temps réservés lors de la mise en place du circuit téléphonique. Les circuits de l'interface radio sont prolongés sur les circuits du réseau cœur. On retrouve ici le caractère circuit de la transmission de la deuxième génération. En revanche, les paquets de données attendent des slots libres pour être émis vers le réseau à transfert de paquets.

Pour ces transferts de données, la difficulté consiste à déterminer de façon probabiliste le nombre de clients qui peuvent être acceptés sur une même fréquence, sachant que les clients paquet émettent à des instants aléatoires. Il est donc très difficile de prévoir le moment de passage des paquets sur l'interface radio. Le service est évidemment fortement asynchrone. Le coût est lié au nombre de paquets transmis et non à la durée de la communication, comme lors d'une conversation téléphonique.

Les infrastructures d'un tel réseau sont quasiment identiques à celles du réseau GSM. Il suffit d'ajouter le réseau à transfert de paquets et la gestion des slots vides qui doivent être mis à profit pour émettre des paquets de données. La deuxième génération et demie utilise des réseaux à commutation de trames. Si cette génération se prolonge longtemps, le réseau cœur pour les données se transformera en un réseau ATM ou en un réseau MPLS.

La troisième génération (3G)

Les systèmes de télécommunications mobiles de troisième génération fournissent toute une gamme de services de télécommunications aux utilisateurs fixes et mobiles, situés dans une variété d'environnements autour de la bande de fréquences des 2 GHz. En 1985, l'UIT a commencé ses études des réseaux FPLMTS (Future Public Land Mobile Telephone System), renommés IMT 2000 (International Mobile Telecommunications system for the year 2000) en 1993. L'ETSI a entamé les siennes pour l'Europe en 1990 avec l'UMTS. L'UMTS n'est qu'une des cinq normes de la famille IMT 2000, qui inclut également WCDMA, cdma2000, EDGE et DECT de troisième génération.

Ces systèmes mobiles de troisième génération se présentent comme des concurrents des infrastructures de deuxième génération déjà déployées. Il a toutefois fallu penser à la transition entre les deux générations, qui ne pouvait être instantanée, et à la possibilité de créer un maximum de services communs. La troisième génération améliore la précédente par une qualité du service rendu au moins comparable à celle fournie par les réseaux fixes. De plus, les réseaux IMT 2000, comme l'UMTS, cherchent à fournir de nouvelles avancées significatives incluant l'itinérance mondiale, une large gamme de services, à haut débit ou non, des services audiovisuels et l'utilisation d'un seul terminal dans différents environnements radio. La gamme des services de télécommunications doit pouvoir s'adapter de façon flexible aux besoins des utilisateurs et leur permettre de communiquer indépendamment de leur localisation et de leur méthode d'accès.

Un autre objectif des réseaux de troisième génération est de rendre les services fixes et mobiles compatibles pour former un service transparent de bout en bout pour les utilisateurs.

La liste suivante, extraite de la norme UMTS, présente quelques-unes des conditions requises pour ces réseaux :

- Fournir un seul système intégré, dans lequel l'utilisateur peut facilement accéder aux services UMTS d'une façon uniforme dans tous les environnements, qu'ils soient résidentiels, de bureau ou cellulaires, avec un même équipement, à condition que le terminal soit adapté.
- Fournir des services accessibles à des terminaux portatifs, qu'ils soient portables, montés dans des véhicules, transportables ou fixes, incluant ceux qui sont normalement connectés aux réseaux fixes, dans les environnements aussi bien résidentiels, que publics ou radio.
- Fournir une large gamme de services de télécommunications, incluant ceux fournis par les réseaux fixes, caractérisés par des débits utilisateur pouvant atteindre 2 Mbit/s, ainsi que les services propres aux communications mobiles. Ces services doivent être supportés par les environnements résidentiels, publics et de bureau, dans des zones de densité de population diverses. La qualité, particulièrement en ce qui concerne la voix, doit être comparable à celle fournie par les réseaux fixes comme le RNIS.
- Supporter des services audio, vidéo, texte et graphique, c'est-à-dire les éléments essentiels d'un appel multimédia, et de données.
- Offrir des débits de 64 à 144 Kbit/s en forte mobilité, 384 Kbit/s en mobilité moyenne et 2 à 10 Mbit/s en faible mobilité.
- Supporter la mobilité globale, à savoir la mobilité du terminal, comme dans le GSM, la mobilité personnelle universelle et la mobilité des services, le service étant assuré quels que soient l'accès et le lieu.
- Supporter les utilisateurs itinérants en leur permettant d'accéder aux services de leurs fournisseurs de façon toujours identique, même s'ils se déplacent.
- Permettre la différenciation entre les offres de services des différents réseaux et fournisseurs de services.
- Séparer les concepts de fournisseur de services et d'opérateur.
- Offrir un numéro unique, indépendant du réseau et du fournisseur de services.
- Permettre à un utilisateur piéton d'accéder à tous les services normalement accessibles par les réseaux fixes.
- Permettre à un utilisateur piéton d'accéder à tous les services normalement accessibles par PABX et réseaux locaux.
- Favoriser de petits terminaux, faciles à utiliser, dotés d'une grande autonomie et peu coûteux.
- Introduire facilement des services peu onéreux.

- Optimiser l'utilisation des ressources, en particulier du spectre radio.
- Partager les ressources spectrales entre les multiples opérateurs de réseaux publics et privés.
- Garantir une couverture radio transparente et globale.
- Garantir un accès satellite direct.
- Utiliser la bande de fréquences définie par la Conférence administrative mondiale des radiocommunications en 1992 (1 885-2 025 et 2 110-2 200 MHz).
- Adopter un système ouvert pour accélérer la création et la personnalisation de nouveaux services.
- Supporter une large gamme de services pouvant s'adapter aux souhaits de l'utilisateur.
- Introduire des recommandations dans l'IMT 2000 pour aboutir à une compatibilité entre les différentes normes (UMTS, WCDMA, cdma2000, etc.).

Plusieurs de ces conditions requièrent un seul système intégrant plusieurs environnements fonctionnant de façon concertée. Les services seront disponibles dans toutes les situations dans lesquelles pourra se trouver l'utilisateur, à l'intérieur ou à l'extérieur des zones urbaines denses, même dans les bureaux, dans le cas d'une utilisation intensive, dans les zones reculées, suburbaines et rurales. La figure 20.5 illustre les différents environnements définis pour les réseaux IMT 2000.

Figure 20.5
Environnement des réseaux IMT 2000

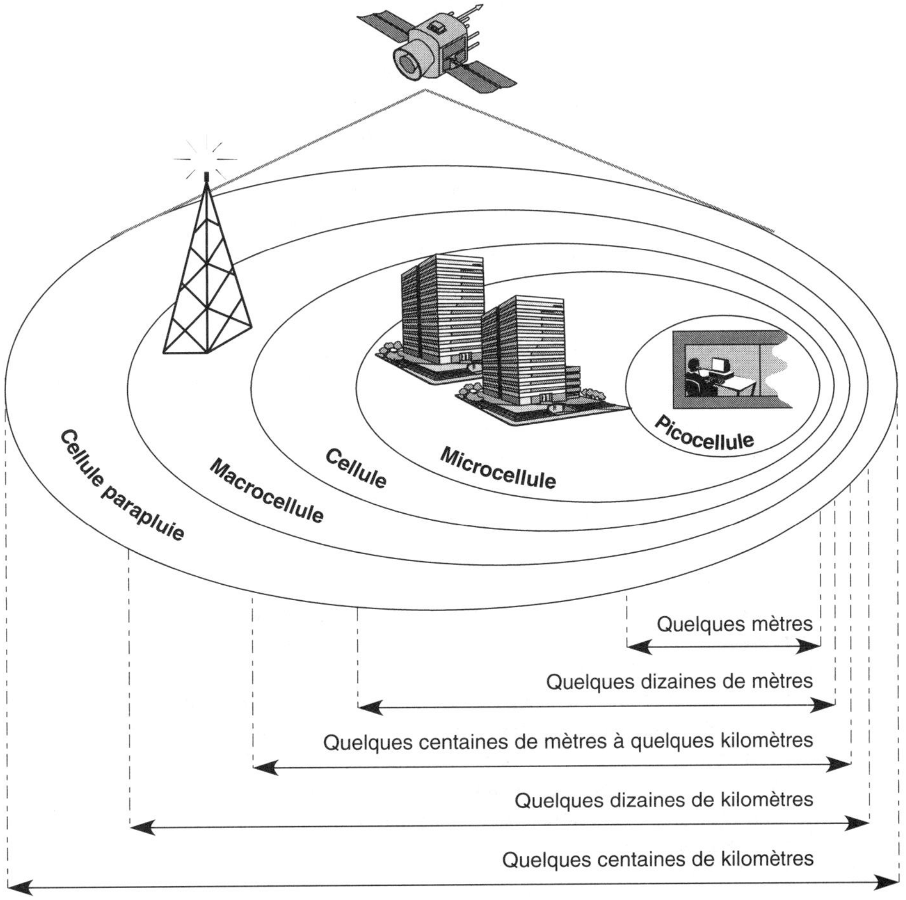

Chacune des quatre zones représentées sur la figure caractérise un environnement spécifique. La première zone, de quelques mètres, correspond à un environnement de grande densité, comme le centre d'une ville, avec des picocellules dans lesquelles le trafic est très important. Dans ce type d'environnement, le débit maximal peut atteindre 2 à 10 Mbit/s, rejoignant, voire dépassant celui des offres ADSL. Dans les deux zones suivantes, de quelques dizaines à quelques centaines de mètres, la mobilité augmente tandis que le débit diminue. Dans la dernière zone, de quelques dizaines à quelques centaines de kilomètres, caractérisée par le composant satellite, la mobilité est globale, avec un débit pouvant atteindre 2 Mbit/s. Les situations terrestre, maritime et aéronautique sont incluses dans les objectifs de ces cellules parapluie. De ce fait, l'utilisateur se trouvant dans un véhicule, sur un bateau ou dans un avion bénéficie d'une disponibilité continue des services.

Les réseaux IMT 2000 utilisent simultanément les techniques cellulaires et sans fil ainsi que le composant satellite, complément des réseaux fixes et mobiles, qui fournit une couverture globale, à l'intérieur et à l'extérieur des bâtiments, ce que ne permet pas un déploiement terrestre conventionnel.

Les services de l'IMT 2000

En principe, les services de l'IMT 2000 doivent être compatibles avec ceux des réseaux de télécommunications fixes en matière de fonctionnalités, d'interface utilisateur, de coût et de qualité. Les réseaux IMT 2000 étendent les services multimédias multipartites, comme ceux fournis par les réseaux fixes, au domaine mobile. Ce point est important, car un utilisateur équipé d'un téléphone mobile peut de la sorte bénéficier avec plus de liberté des services auxquels il a souscrit, sans souffrir d'une perte de qualité de service.

Les services fournis vont de l'audio à la vidéo, en passant par les données et le multimédia. L'utilisateur d'un même terminal doit pouvoir établir et maintenir plusieurs connexions simultanément. Il doit de plus se voir offrir des applications réclamant des paramètres différents de qualité de service. Les services proposés dépendent des propriétés, ou capacités, du terminal ainsi que de l'offre de l'opérateur concerné. Les services demandant de hauts débits de transmission sont concentrés dans les zones de grande densité, comme les centres d'affaires, plutôt que dans les zones suburbaines. Les utilisateurs d'IMT 2000 ne se rendront pas compte qu'un lien radio connecte leur terminal aux réseaux mondiaux de télécommunications.

La stratégie déployée pour intégrer de nouveaux services dans les réseaux IMT 2000 ressemble à ce qui a été conçu dans le cadre des réseaux intelligents *(voir le chapitre 44)*. Elle consiste à définir des capacités de service et non les services eux-mêmes. Les capacités de service concernent les techniques de transport nécessitées par les paramètres de qualité de service ainsi que les mécanismes nécessaires à leur réalisation. Ces mécanismes incluent les fonctionnalités fournies par les différents éléments de réseau, la communication entre eux et le stockage des données associées. Ces capacités normalisées fournissent une plate-forme supportant la voix, la vidéo, le multimédia, les messages, les données et autres téléservices, des applications utilisateur et des services supplémentaires. Elles permettent la création d'un marché pour des services déterminés par les utilisateurs et les fournisseurs de service.

La mobilité globale est impossible à réaliser aujourd'hui du fait de la multiplicité des systèmes et des réseaux. Il est quasiment impossible pour un utilisateur de bénéficier des mêmes services dans les mêmes conditions dans son réseau d'abonnement et dans les réseaux visités. Lorsqu'elle deviendra une réalité, la mobilité des services permettra aux utilisateurs de disposer des mêmes services dans les mêmes conditions, quelle que soit leur localisation. L'itinérance, ou mobilité du terminal, permettra de construire un réseau universel. Les futurs réseaux supporteront de surcroît le concept de VHE (Virtual Home Environment), qui vise à offrir à l'utilisateur un ensemble complet de services ayant une même apparence, que ce dernier se trouve dans son réseau d'abonnement ou dans un autre réseau.

L'offre de mobilité personnelle n'est possible que si l'utilisateur IMT 2000 possède un identificateur indépendant du réseau et du fournisseur de services. Les opérateurs de réseau et les fournisseurs de service pouvant être deux entités distinctes, le fait de posséder un numéro spécifique avec chacune de ces entités rend plus compliquée la fourniture des services, en particulier le routage des appels. C'est pourquoi l'identificateur de l'utilisateur doit être unique. Grâce à ce numéro personnel unique, le seul connu par les appelants, l'utilisateur peut être joint n'importe où dans le monde.

Les réseaux IMT 2000 supportent la portabilité des numéros aux niveaux à la fois du fournisseur de services, de la localisation et des services. La portabilité des numéros au niveau du fournisseur de services implique qu'un identificateur, appelé IMUN (International Mobile User Number), est alloué à chaque nouvel abonné IMT 2000. Un abonné peut changer de fournisseur de services tout en gardant son IMUN, à condition que le nouveau fournisseur de services offre le service concerné dans la même zone géographique. De même, un fournisseur de services peut changer d'opérateur réseau tout en conservant son IMUN. La portabilité de la localisation signifie que chaque abonné peut être appelé indépendamment de sa localisation, et donc de sa mobilité. La portabilité du numéro signifie que le numéro à composer pour joindre un utilisateur est indépendant du service requis.

Le spectre radio doit être utilisé de façon efficace et éventuellement partagé entre différents opérateurs dans le but d'offrir une couverture radio globale, transparente pour l'usager, avec la portion satellite. Il doit être possible pour un terminal IMT 2000 de s'adapter à l'interface radio fournie dans une région spécifique et de déterminer les capacités de services disponibles dans celle-ci. De plus, comme plus d'une interface radio est disponible dans une région donnée, la norme doit prévoir un mécanisme qui permette à un terminal IMT 2000 de sélectionner les interfaces radio capables de fournir les capacités de services appropriées.

Les clients individuels possèdent un profil de services particulier, avec une définition des types de services souscrits, incluant, par exemple, le moment de la journée où ces services sont utilisés. Le fournisseur de services a la charge du contrôle de tous les aspects de service de l'abonné et de l'utilisateur. Quand l'abonné et l'utilisateur sont des entités distinctes, l'abonné contrôle le profil de services de l'utilisateur dans les limites de l'abonnement. L'abonné peut facilement modifier ce profil et décider si l'utilisateur détient le contrôle de l'activation-désactivation des services définis dans le profil de services de l'utilisateur. Tout changement du profil de services doit être effectué de façon sécurisée. Les informations concernant l'utilisateur, nécessaires pour l'identifier sans ambiguïté et permettre son enregistrement pour un service sont enregistrées sur sa carte, de type circuit intégré et comportant l'USIM.

Le concept de profil multiple est introduit dans les réseaux IMT 2000. Un profil multiple permet à un utilisateur d'obtenir certains services de la part d'un fournisseur de services et d'autres services de la part d'un autre fournisseur, et ce à l'aide d'une même carte. Dans le cas où des abonnements multiples sont possibles sur la même carte, si ceux-ci concernent plusieurs fournisseurs de services, un numéro différent est alloué pour chacun d'eux. Pour les appels sortants, l'utilisateur doit être capable de sélectionner le fournisseur de services qu'il préfère pour chaque appel ou en fonction de son abonnement. Plusieurs abonnements multiples peuvent être actifs simultanément. Le standard permet en outre de supporter l'enregistrement multiple sur un même terminal par l'insertion de cartes à puce multiples.

La sécurité des futurs réseaux de mobiles sera un critère essentiel de leur réussite. Les réseaux IMT 20000 prévoient une sécurité mutuelle : le réseau peut authentifier l'utilisateur afin de vérifier qu'il est bien celui qui est autorisé à utiliser les services, et l'utilisateur peut demander à authentifier le réseau au moment de son enregistrement et avant d'initier un service. De même, les réseaux peuvent s'authentifier entre eux. D'autres relations d'authentification seront définies dans les réseaux et seront détaillées par la suite. Ces nouveaux services seront flexibles afin d'être les plus proches possibles des souhaits de l'utilisateur.

Les normes IMT 2000 devront être cohérentes pour garantir la compatibilité entre réseaux. Les futurs réseaux de mobiles seront compatibles avec les systèmes mobiles de deuxième génération, qui continueront à fonctionner (GSM, DCS 1800, DECT, etc.) à pleine capacité, afin d'autoriser le déplacement des utilisateurs à travers le monde. Les réseaux IMT 2000 intégreront les réseaux de mobiles cellulaires et satellite et les réseaux fixes dans un seul système afin de fournir une couverture globale, à l'intérieur et à l'extérieur, de façon uniforme, permettant aux utilisateurs d'accéder aux services, quels que soient le terminal et le réseau qu'ils utilisent et leur emplacement géographique.

En résumé, l'utilisateur d'une technologie de troisième génération bénéficiera d'une offre complète de services grâce à l'intégration des réseaux fixes et mobiles. L'intégration et la compatibilité entre les différents réseaux correspondant à des normes différentes (UMTS, WCDMA, cdma2000, GSM, etc.) autoriseront l'itinérance et l'interfonctionnement. L'utilisateur pourra se déplacer entre réseaux de troisième génération de façon transparente, tout en gardant la continuité des services, même si, dans certains cas, la qualité pourra en pâtir du fait des caractéristiques d'un nouvel environnement radio. Si des accords d'itinérance n'existent pas entre le fournisseur de services de l'utilisateur et le réseau visité par ce dernier, il sera possible d'établir de tels accords. Lorsque plus d'un réseau visité sera disponible, l'utilisateur aura la possibilité de sélectionner manuellement ou automatiquement un réseau particulier, en fonction de son profil de services.

La mobilité dans les réseaux de troisième génération

Le fait d'offrir une mobilité globale, rassemblant mobilité du terminal, mobilité personnelle et mobilité des services, représente l'atout décisif des réseaux de troisième génération.

La mobilité du terminal correspond à la capacité du terminal à accéder aux services de télécommunications, quels que soient l'endroit où il se trouve et sa vitesse de déplacement. Cette mobilité, illustrée à la figure 20.6, implique que le réseau est capable d'identifier, de localiser et de suivre les utilisateurs, indépendamment de leurs mouvements, puis de router les appels vers eux. Un enregistrement précis de la localisation de l'utilisateur et de son terminal associé doit être maintenu. L'itinérance est liée à la mobilité du terminal, puisqu'elle permet à un utilisateur de se déplacer d'un réseau à un autre.

Figure 20.6
Mobilité du terminal

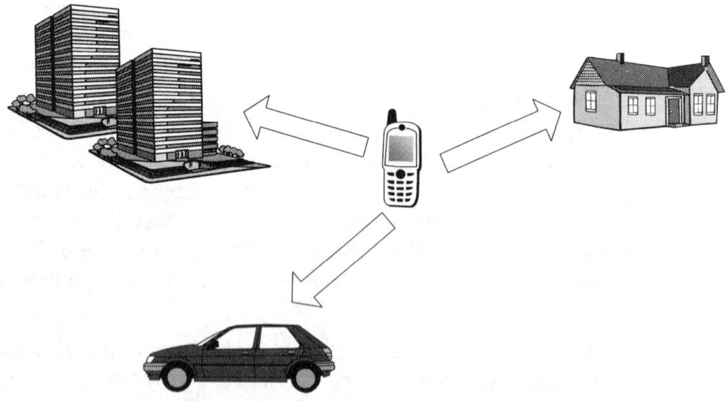

La mobilité personnelle correspond à la capacité d'un utilisateur à accéder aux services de télécommunications entrants et sortants sur tout terminal, à n'importe quel endroit. Sur la base d'un numéro personnel unique, l'utilisateur peut initier et recevoir des appels à partir de n'importe quel terminal. La mobilité personnelle implique la capacité du réseau à identifier les utilisateurs lorsqu'ils se déplacent afin de leur fournir des services en fonction de leur profil de services et de localiser le terminal associé à l'utilisateur pour adresser, acheminer et facturer les appels de l'utilisateur. Cette mobilité personnelle est symbolisée à la figure 20.7.

Figure 20.7
Mobilité personnelle

La mobilité des services, aussi appelée portabilité des services, se réfère à la capacité du réseau à fournir les services souscrits à l'endroit où se trouvent le terminal et ses utilisateurs. Cette mobilité est décrite à la figure 20.8. Les services exacts que l'utilisateur peut demander sur son terminal dépendent de la capacité du terminal à cette localisation et du réseau qui dessert ce terminal. La portabilité des services est assurée par des mises à jour régulières du profil de services de l'utilisateur et l'interrogation de ce profil si nécessaire. La mobilité des services associe les services à un utilisateur et non à un accès particulier du réseau. Les services doivent suivre les utilisateurs lorsque ceux-ci se déplacent.

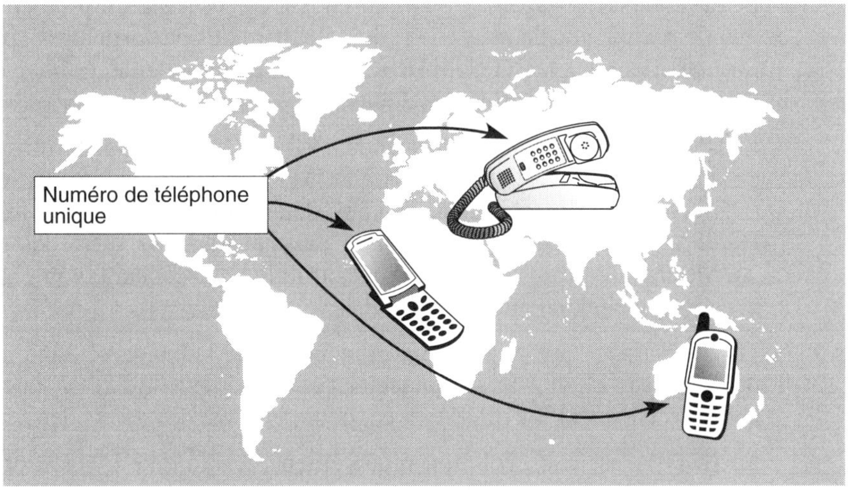

Figure 20.8
Mobilité des services

Lié à la mobilité des services, le VHE (Virtual Home Environment) prend en charge les utilisateurs itinérants en leur permettant d'accéder aux services fournis par leurs fournisseurs de services toujours de la même façon, même s'ils se déplacent. Grâce au VHE, l'utilisateur peut utiliser ses services dans n'importe quel réseau qu'il visite, de la même manière et avec les mêmes caractéristiques que lorsqu'il se trouve dans son propre réseau d'abonnement. Il dispose ainsi d'un environnement personnalisé de services, qui le suit partout où il se déplace. Le VHE sera fourni à condition que les différents réseaux visités par l'utilisateur soient capables de proposer les mêmes fonctionnalités que le réseau d'abonnement.

On regroupe parfois dans le concept de mobilité de l'utilisateur la mobilité du terminal et la mobilité personnelle.

Les générations 3,5G et 4G

On considère souvent que la 3,5G correspond aux hauts débits de données, c'est-à-dire de plus de 1 Mbit/s. Cette valeur est obtenue par la technologie HSDPA dans le sens descendant et par son successeur HSUPA dans le sens montant. Nous détaillons ces deux technologies dans cette section.

Pour entrer dans la quatrième génération, il faut que les débits dépassent la dizaine de mégabits par seconde. On y trouve HSOPA en tant que successeur de la lignée UMTS. Plusieurs réseaux sont candidats à la succession des réseaux sans fil WiMAX mobile et WRAN, que nous examinons au chapitre 24.

La 4G est également liée au mixage de plusieurs technologies simultanément, une station pouvant être connectée en même temps sur plusieurs réseaux. Les applications se déroulant sur l'équipement terminal peuvent ainsi choisir le meilleur réseau par rapport à leurs contraintes de qualité de service, de sécurité, de disponibilité et de gestion de la mobilité. On appelle ces réseaux « multi-homés » parce qu'ils possèdent plusieurs réseaux de base. Ils peuvent recevoir plusieurs adresses IP puisqu'une station est enregistrée dans plusieurs réseaux.

Le HSDPA

Le HSDPA (High-Speed Downlink Packet Access) est un protocole pour la téléphonie mobile parfois appelé 3G+. Ce protocole offre des performances approximativement dix fois supérieures à la 3G (UMTS R5). C'est essentiellement une évolution logicielle qui permet cette augmentation des débits.

Le HSDPA possède un lien descendant — du réseau vers le terminal — en mode paquet en augmentation forte par rapport à l'UMTS. Le HSDPA fait partie de la famille HSPA (High-Speed Protocol Access). Nous détaillons plus loin ses versions plus évoluées HSUPA et HSOPA. Le déploiement existant en 2007 offre des débits de 1,8 Mbit/s, 3,6 Mbit/s, 7,2 Mbit/s et 14,4 Mbit/s sur le lien descendant, voire nettement plus avec la version évoluée, qui atteint 42 Mbit/s.

Un autre aspect encore plus important concerne la bande passante globale, qui permet à de nombreux clients de se connecter simultanément. En 2007, une soixantaine de pays commercialisaient le HSDPA, avec, pour certains, des débits descendants de 3,6 Mbit/s.

Le HSDPA est une évolution relativement simple de l'UMTS, et c'est la raison pour laquelle on la classe dans la 3,5G.

Les principales différences avec l'UMTS viennent des fonctions suivantes :

- Retransmissions beaucoup plus rapides à partir du NodeB grâce à l'algorithme HARQ (Hybrid Automatic Repeat Request).
- Nouvel ordonnancement dans le NodeB bien plus rapide que celui de l'UMTS grâce à l'algorithme FPS (Fast Packet Scheduling).
- Modulation et codage de type AMC (Adaptive Modulation and Coding).

Dans ce dernier protocole, une redondance incrémentale améliore nettement le débit : même lorsqu'un paquet arrive avec une erreur, le paquet erroné est conservé. Il est possible que, même si la retransmission du paquet débouche encore sur un paquet erroné, la combinaison des deux paquets erronés permette de corriger l'erreur.

Le canal descendant est partagé entre les utilisateurs en utilisant l'algorithme d'ordonnancement, puisque celui-ci tient compte de l'état du canal et des facteurs qui peuvent avantager la transmission vers tel utilisateur plutôt que vers tel autre. Pour cela, chaque utilisateur envoie périodiquement une indication de la qualité du signal, et ce jusqu'à 500 fois par seconde. Le NodeB utilise cette information pour ordonnancer les différents émetteurs pour les deux secondes suivantes. Les terminaux qui ont une bonne qualité de réception sur le canal descendant peuvent se voir affecter un débit nettement supérieur à celui des clients qui n'ont pas un bon canal descendant.

Lorsque le NodeB a choisi l'ordonnancement des clients, il optimise aussi le code à utiliser sur le canal. Cela implique que, sur la trame de 2 ms, les clients peuvent utiliser des codes différents. En résumé, chaque client a un débit réel spécifique, qui permet d'utiliser au mieux le canal en fonction de l'état du système.

La fonction de l'algorithme AMC (Adaptive Modulation and Coding) consiste à déterminer la modulation et le code utilisés en fonction de la qualité du canal. Le codage QPSK forme le schéma de base. Cependant, si le canal est de bonne qualité, la modulation 16QAM est adoptée, ce qui double le débit. Le codage QPSK permet d'atteindre 1,8 Mbit/s, et le codage 16QAM 3,6 Mbit/s. Des codages encore plus performants peuvent être utilisés dans certains cas de figure, pouvant permettre de monter jusqu'à des débits de 10,8 Mbit/s.

Parmi les autres améliorations du HSDPA, le débit montant peut atteindre 384 Kbit/s au lieu des 128 Kbit/s de l'UMTS. Le temps de latence de l'accès est bien meilleur, ce qui améliore la qualité de la voix téléphonique.

La release R7 de l'UMTS concerne une nouvelle augmentation des débits sur le lien descendant, avec des vitesses pouvant atteindre 42 Mbit/s. Les technologies permettant cet accroissement de la vitesse proviennent du MIMO (Multiple In Multiple Out) et de l'apparition d'antennes intelligentes.

La version suivante 3GPP R8 est encore plus ambitieuse et donne naissance au HSOPA. Cette technologie d'origine européenne atteint respectivement 100 et 200 Mbit/s respectivement dans les sens montant et descendant.

Le HSUPA

Le HSUPA (High-Speed Uplink Packet Access) s'intéresse à la voie montante, qui devrait atteindre à terme 5,76 Mbit/s.

La spécification du HSUPA se trouve dans le document 3GPP R6 (release 6). Le HSUPA utilise un canal montant amélioré nommé E-DCP (Enhanced Dedicated Channel), qui utilise les mêmes ingrédients que le HSDPA sur le canal descendant : adaptation des communications entre les terminaux et le NodeB pour optimiser l'utilisation globale du canal.

Parmi les algorithmes proposés dans cette norme, citons notamment les suivants :

- TTI (Transmission Time Interval) de longueur réduite.
- Protocole HARQ (Hybrid ARQ), qui effectue de la redondance incrémentale.
- Ordonnanceur de paquets, qui décide quand et comment sont transmis les paquets en utilisant la qualité des communications et l'état des files d'attente du récepteur.

- Possibilité de faire passer des paquets prioritaires, comme ceux de la ToIP hors du champ de l'ordonnancement. Ces paquets sont dits « non-scheduled ». L'objectif est de faire transiter des paquets avec des contraintes fortes non satisfaites par l'ordonnanceur, celui-ci ne tenant pas compte du synchronisme dont certains flots ont besoin.
- Couche MAC tenant compte des priorités des paquets ordonnancés et non ordonnancés. Le débit est déterminé à l'ouverture de la connexion.

Après la technologie HSUPA, le 3GPP a travaillé à une nouvelle amélioration pour aller vers le très haut débit : le HSOPA (High-Speed OFDM Packet Access), qui marque l'entrée dans la quatrième génération de réseaux de mobiles.

Le HSOPA

Le HSOPA (High Speed OFDM Packet Access) est une proposition du 3GPP LTE (Long Term Evolution). On appelle parfois cette norme le *super 3G*. C'est une extension de la Release 8 (R8), qui pourrait correspondre à la release 9 de l'UMTS.

La différence fondamentale du HSOPA avec les deux techniques précédentes provient de l'interface radio, qui est totalement modifiée pour passer à l'OFDMA. Cette interface étant incompatible avec les versions précédentes, HSDPA et HSUPA, il y a bien un changement de génération. Les débits sont de 50 Mbit/s dans le sens montant et 100 Mbit/s dans le sens descendant. Il est prévu que, sur une fréquence de 5 MHz de large, 200 clients puissent être connectés simultanément à haut débit.

Le HSOPA travaillera de concert avec le HSDPA et le HSUPA, de sorte qu'un client devrait pouvoir se connecter sur la meilleure cellule possible par rapport à l'application en cours. Les passages d'une technologie à l'autre se feront de façon transparente.

Un autre objectif de cette norme est de permettre les handovers verticaux avec d'autres catégories de réseaux sans fil, dont WiMAX. Pour cela, le HSOPA utilisera le protocole TCP/IP, et les interconnexions pourront s'effectuer au travers du protocole IP.

L'interface E-UTRA (Evolved UTRA) a pour objectif de fonctionner avec toutes les interfaces radio de type IP, notamment avec la gamme Wi-*xx*. Cette interface utilise l'OFDMA pour le lien descendant et le SC-FDMA (Single Carrier FDMA) sur le lien montant. La technologie MIMO (Multiple Input Multiple Output), que nous détaillons au chapitre 23, est aussi adoptée sur l'E-UTRA, avec un maximum de quatre antennes.

L'adoption de l'OFDMA permet une flexibilité beaucoup plus grande qu'avec le CDMA de troisième génération. L'efficacité spectrale, c'est-à-dire le nombre de bits émis par hertz, est bien meilleure.

Sur la bande descendante, les sous-bandes de l'OFDM seront de 15 kHz, avec un maximum de 2 048 sous-bandes. Les mobiles devront pouvoir recevoir les signaux de l'ensemble de ces 2 048 sous-bandes, mais une station de base n'aura besoin que de 72 sous-bandes. La trame radio est de 10 ms. La modulation est de type 16QAM et 64QAM.

Le LTE et l'UMB

Le LTE (Long Term Evolution) provient du 3GPP et concerne les évolutions à long terme de la 4G, c'est-à-dire des technologies radio mobile utilisant l'OFDMA. L'UMB (Ultra Mobile Broadband) provient du 3GPP2 et a pour but de succéder au cdma2000. L'interface radio provient également de l'OFDMA. Dans les deux évolutions à long terme, les interfaces sont associées à des antennes intelligentes et directives, qui devraient permettre d'atteindre 100 Mbit/s dans le sens montant et 200 Mbit/s dans le sens descendant.

Les deux normes ont été finalisées fin 2007, et la commercialisation des premiers produits devrait débuter vers 2010. L'idée est de suivre les développements effectués par la gamme des Wi-*xx*, qui associe plusieurs tailles de cellules et des handovers verticaux.

Nous aurons donc des solutions tout à fait semblables à l'environnement Wi-*xx* dans le LTE et l'UMB, avec des tailles de cellules plus ou moins grandes, allant de la picocellule à la cellule parapluie. Par l'utilisation massive de petites cellules, les débits annoncés devraient être atteints sans trop de problème.

Les protocoles des réseaux de mobiles

Les protocoles utilisés dans les réseaux de mobiles s'appliquent à quatre types d'interfaces, que nous allons décrire. Nous ne détaillons dans la suite que les protocoles de l'interface air, qui constituent la spécificité des réseaux de mobiles.

L'architecture de l'IMT 2000 peut être décrite par ses interfaces *(voir figure 20.9)*. Les quatre interfaces suivantes sont définies :

- **UIM-MT** (User Identity Module-Mobile Terminal). Située entre la carte à puce, qui détermine l'identité de l'utilisateur, et le terminal mobile, cette interface authentifie l'utilisateur et permet de facturer correctement le client qui effectue une communication.
- **MT-RAN** (Mobile Terminal-Radio Access Network). Située entre le terminal mobile et l'antenne, cette interface est aussi appelée interface radio ou interface air. Lorsqu'on parle de réseaux de mobiles, on pense immédiatement à cette interface, car c'est là que réside la spécificité de ces réseaux.
- **RAN-CN** (Radio Access Network-Core Network). Située entre l'antenne et le réseau cœur du réseau de mobiles, cette interface permet, une fois l'antenne atteinte, de transporter les signaux vers l'utilisateur distant par l'intermédiaire d'un réseau terrestre, que l'on appelle le réseau cœur.
- **CN-CN** (Core Network-Core Network). Située entre deux nœuds de transfert du réseau cœur, cette interface est aussi appelée interface NNI (Network Node Interface).

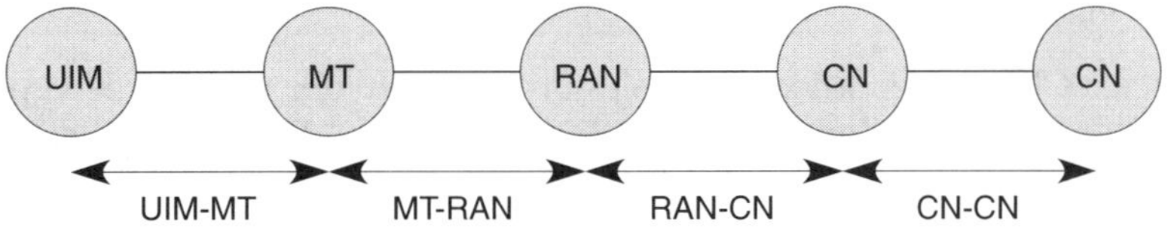

Figure 20.9
Interfaces de l'architecture IMT 2000

Un réseau de mobiles d'opérateur doit posséder toutes ces interfaces. Un réseau privé de mobiles peut ne pas disposer d'interfaces UIT-MT et CN-CN.

L'interface UIM-MT, ou SIM-MT, se situe entre la carte à puce et le terminal mobile. Son rôle principal est de sécuriser la communication qui s'établit à partir du mobile. Une carte à puce est insérée dans le terminal à cet effet. Il existe des cartes à puce sans contact, que l'on porte sur soi et qui communiquent directement avec le terminal, les contrôles d'accès et les vérifications s'effectuant par le biais de cette interface. À mesure que les performances des puces s'accroissent, d'autres services peuvent être mis en place et sécurisés, tel le VHE.

L'interface MT-RAN relie le terminal mobile, de type GSM, UMTS ou autre, à l'antenne ou éventuellement à un autre terminal. Dans le cas des systèmes satellitaires, cette interface permet la connexion directe du terminal au satellite. Elle concerne la traversée de la partie air du réseau et définit comment un terminal accède à l'antenne et réciproquement. L'interface air, ou interface radio, est celle que l'on met en avant dans les réseaux de mobiles et sans fil.

Des algorithmes permettent de déterminer quel terminal est en train de transmettre ou comment le signal est transmis, dans le cas où plusieurs terminaux émettent en même temps tout en restant compréhensibles par l'antenne. Dans le GSM, les stations mobiles parlent à tour de rôle, tandis que dans l'UMTS les mobiles peuvent parler en parallèle. Les interfaces air présentent des différences, qui servent souvent à caractériser une technologie, bien que ce ne soit qu'une des quatre interfaces nécessaires pour obtenir un système complet.

L'interface radio constitue souvent le point le plus sensible du réseau, car les ressources y sont faibles et doivent être optimisées. De nombreux défauts peuvent entacher par ailleurs la qualité de service délivrée par cette interface. Les puissantes rivalités politiques et économiques suscitées par la mise en place de l'interface radio n'ont pas permis aux différents continents de se mettre d'accord sur les grandes directions à emprunter. C'est la raison pour laquelle, par exemple, le GSM n'est pas compatible avec les systèmes américains.

L'interface RAN-CN concerne la transmission de l'antenne au premier commutateur du réseau cœur. Cette interface regroupe plusieurs antennes pour permettre de gérer ces dernières collectivement. Dans le cas de l'antenne satellite, l'interface est interne au satellite puisque l'antenne et le commutateur sont tous deux situés dans le satellite.

Cette interface assure la gestion des appels, en acheminant correctement chaque appel arrivant sur le commutateur du réseau cœur de liaison vers l'antenne adéquate, laquelle diffuse l'information de façon qu'elle soit captée par le client destinataire. Cette interface doit également gérer la mobilité, puisque le client se déplace et peut se trouver connecté à une autre antenne, soit à l'intérieur du même sous-système, soit au sein d'un sous-système indépendant.

L'interface CN-CN décrit les protocoles utilisés entre deux nœuds de la partie fixe d'un réseau de mobiles ou d'un réseau satellite, dans le cas d'une constellation de satellites. Les nœuds du réseau sont constitués par les commutateurs du réseau cœur. Cette interface définit, entre autres choses, la technologie réseau utilisée pour acheminer les informations. La technologie réseau du GSM est la commutation de circuits, tandis que celle du GPRS superpose commutation de circuits et commutation de paquets. L'UMTS met en œuvre la commutation de paquets, d'abord ATM, pour la première génération attendue, puis IP. Dans les environnements satellitaires l'interface est de type ATM.

L'interface CN-CN est également importante dans les constellations de satellites, dans lesquelles les interconnexions des satellites forment par elles-mêmes le réseau fixe. La limitation de cette interface provient de l'impossibilité d'offrir une qualité de service garantie.

L'interface radio

L'antenne d'émission-réception, généralement unique pour chaque cellule, est un élément critique des réseaux de mobiles. Si deux mobiles émettent en même temps, l'antenne ne peut généralement capter qu'un des deux messages. Comme dans les réseaux locaux, il faut une technique d'accès pour sérialiser les arrivées des messages sur l'antenne. Les techniques d'accès sont semblables à celles que l'on trouve dans les réseaux locaux.

Les réseaux satellite présentent la même problématique, avec pour différence essentielle une distance très grande entre les stations.

Les méthodes le plus souvent utilisées dans les réseaux de mobiles sont le FDMA, le TDMA et le CDMA. Ces trois méthodes étant décrites au chapitre 12, nous ne ferons ici que rappeler brièvement leurs différences. Dans la technique CDMA, tous les utilisateurs parlent en même temps, l'antenne étant capable de récupérer correctement tous les signaux qui lui arrivent grâce au code de puissance. Chaque terminal émet sur une fréquence donnée avec une puissance déterminée par le code. Il faut respecter la puissance arrivant au récepteur pour que le déchiffrage soit possible.

L'avantage évident de cette technique est de permettre de garder son code, et donc sa bande passante, sur des cellules connexes. En revanche, une première difficulté consiste à fournir des codes suffisamment différents à chaque utilisateur connecté pour qu'il n'y ait pas d'interférences et que l'antenne soit capable de récupérer les émissions qui s'effectuent en parallèle. Une seconde difficulté consiste à contrôler précisément la puissance d'émission, de façon que le récepteur qui se trouve plus ou moins loin reçoive le signal avec la bonne puissance. La figure 20.10 présente une comparaison des trois grandes techniques d'accès. Dans le CDMA, la bande passante est partagée par les cinq terminaux suivant un code, c'est-à-dire un niveau de puissance de réception.

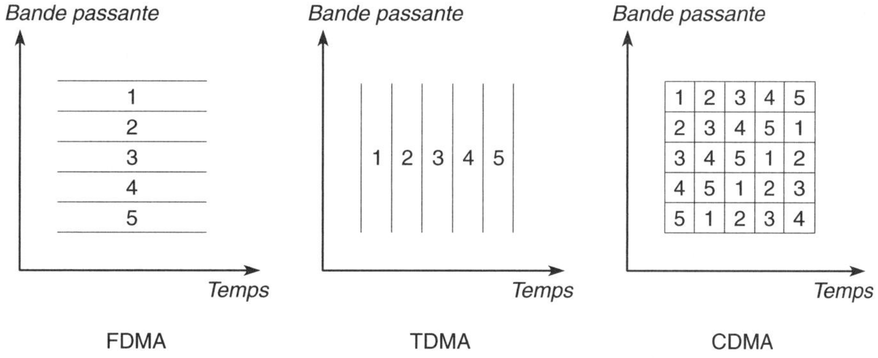

Figure 20.10

Comparaison des techniques d'accès

Les techniques que nous venons de décrire peuvent se superposer. Par exemple, un découpage en fréquences (FDMA) peut être suivi d'un TDMA sur chaque fréquence, comme dans le GSM. Dans l'UMTS, un découpage en fréquence est associé sur chaque fréquence à un TDMA puis sur chaque slot à un CDMA. Le cdma2000 divise la bande passante en grandes sous-bandes auxquelles est appliqué un CDMA. Enfin, le WCDMA (Wideband-CDMA) utilise toute la bande passante en CDMA.

Le GSM

Le GSM a été déployé au départ en Europe et partout dans le monde, à l'exception de l'Amérique, avant d'être adopté par plusieurs opérateurs américains.

La CEPT (Conférence européenne des Postes et Télécommunications) entreprend en 1970 d'établir une norme unique en matière de communication avec les mobiles. Dans le même temps, elle affecte une bande de 25 MHz dans la bande des 900 MHz pour réaliser un réseau cellulaire. Un groupe de travail, le groupe spécial mobile (GSM), est constitué pour réaliser ces études. En 1987, treize pays européens se mettent d'accord pour développer un réseau GSM. En 1990, une adaptation de la bande des 1 800 MHz est mise en place sous le nom de DCS 1800 (Digital Communication System 1 800 MHz). À cette époque, l'ETSI remplace la CETP pour finaliser la normalisation du GSM900 et du DCS 1800. De leur côté, les Américains reprennent une version du GSM dans la bande des 1 900 MHz, sous le nom de DCS1900. Les principes généraux du GSM sont les mêmes pour les trois adaptations.

Le GSM est un environnement complet, rassemblant l'interface air, mais aussi les interfaces entre le système radio et le système de commutation et l'interface utilisateur. Les appels sont contrôlés par la norme Q.931, déjà rencontrée dans le RNIS et le relais de trames.

La station mobile est constituée de deux éléments, le terminal portatif et la carte SIM. Cette carte à puce contient les caractéristiques de l'utilisateur et les éléments de son abonnement.

L'interface radio travaille dans les bandes 890-915 MHz dans le sens montant et 935-960 MHz dans le sens descendant. Une version GSM étendue, le E-GSM, travaille dans les bandes 880-915 MHz dans le sens montant et 925-960 MHz dans le sens descendant. Le réseau DCS 1800 utilise un sens montant entre 1 710 et 1 785 MHz et un sens descendant de 1 805 à 1 880 MHz. Enfin, le PCS1900 se place entre 1 850 et 1 910 MHz dans le sens montant et 1 930 à 1 990 MHz dans le sens descendant. Chaque porteuse radio exige 200 kHz, de telle sorte que 124 porteuses sont disponibles en GSM900, 174 en E-GSM, 374 en DCS 1800 et 298 en DCS1900.

De nombreux canaux sont disponibles sur l'interface radio GSM pour la transmission des données et des différents contrôles :

- Le canal plein débit TCH/FS (Traffic CHannel/Full Speed), au débit net de 13 Kbit/s, pour la transmission de la parole ou des données. Ce canal peut être remplacé par :
  - Le canal demi-débit TCH/HS (Traffic CHannel/Half Speed) à 5,6 Kbit/s.
  - Le canal plein débit pour les données à 9,6 Kbit/s, pour la transmission de données à un débit net de 12 Kbit/s.
  - Le canal demi-débit pour les données à 4,8 Kbit/s, pour la transmission de données à un débit net de 6 Kbit/s.
- Le canal SDCCH (Standalone Dedicated Control CHannel), au débit brut de 0,8 Kbit/s, qui sert à la signalisation (établissement d'appel, mise à jour de localisation, transfert de messages courts, services supplémentaires). Ce canal est associé à un canal de trafic utilisateur.

- Le canal SACCH (Standalone Access Control CHannel), au débit brut de 0,4 Kbit/s, qui est un canal de signalisation lent associé aux canaux de trafic. Son rôle est de transporter les messages de contrôle du handover.
- Le canal FACCH (Fast Access Control CHannel), qui est obtenu par un vol de trames (c'est-à-dire qui utilise la place de certaines trames d'un autre canal) sur le canal trafic d'un utilisateur, dont il est chargé d'exécuter le handover. Il est associé à un canal de trafic et peut servir à des services supplémentaires, comme l'appel en instance.
- Le canal CCCH (Common Control CHannel), qui est un canal de contrôle commun aux canaux de trafic pour faire transiter des demandes d'établissement de communication ou des contrôles de ressources.
- Le canal BCCH (Broadcast Control CHannel), au débit de 0,8 Kbit/s, qui gère le point-à-multipoint.
- Le canal AGCH (Access Grant CHannel), ou canal d'allocation des accès, qui s'occupe de la signalisation des appels entrants.
- Le canal RACH (Random Access CHannel), qui s'occupe de la métasignalisation, correspondant à l'allocation d'un premier canal de signalisation.
- Le canal FCCH (Frequency Control CHannel), qui prend en charge les informations de correction de fréquence de la station mobile.
- Le canal SCH (Synchronous CHannel), qui est dédié aux informations de synchronisation des trames pour la station mobile et pour l'identification de la station de base.

Le protocole de niveau trame chargé de la gestion de la transmission sur l'interface radio provient du standard HDLC, avec quelques modifications pour s'adapter à l'interface air. Plus précisément, ce protocole est appelé LAP-Dm (Link Access Protocol on the Dm channels). Il transporte des trames avec une fenêtre de 1, la reprise éventuelle s'effectuant sur un temporisateur.

Le protocole de niveau paquet est lui-même divisé en trois sous-niveaux :

- La couche RR (Radio Resource), qui se préoccupe de l'acheminement de la supervision.
- La couche MM (Mobility Management), qui prend en charge la localisation continue des stations mobiles.
- La couche CM (Connection Management), qui gère les services supplémentaires, le transport des messages courts SMS et le contrôle d'appel. Ce dernier contrôle reprend en grande partie la recommandation Q.931 du réseau numérique à intégration de services.

Le GSM définit les relations entre les différents équipements qui constituent le réseau de mobiles :

- sous-système radio BSS ;
- sous-système réseau NSS (Network SubSystem), avec ses bases de données pour la localisation des utilisateurs HLR et VLR ;
- relations entre les couches de protocoles et les entités du réseau ;
- interfaces entre sous-système radio (BSS) et sous-système réseau (NSS) ;
- itinérance (roaming).

L'IS-95

L'IS-95 est la principale version normalisée pour la deuxième génération américaine. L'interface air utilise la technologie CDMA. La version IS-95A est celle qui est déployée en Amérique du Nord. La version 1999, IS-95B, augmente les débits numériques. C'est elle que nous prenons comme référence dans cette section.

Le canal de contrôle descendant regroupe le canal pilote, le canal de paging et le canal de synchronisation. Le canal réservé au trafic des utilisateurs est multiplexé avec les canaux de contrôle par des trames de 20 ms. La trame est ensuite codée pour être transportée sur l'interface air. Le canal de synchronisation travaille à la vitesse de 1,2 Kbit/s. Chaque utilisateur possède un canal en division par code (CDMA) et jusqu'à 7 canaux de trafic supplémentaires. Deux taux de trafic ont été définis, l'ensemble 1 propose des débits de 9,6, 4,8, 2,4 et 1,2 Kbit/s, et l'ensemble 2 des débits de 14,4, 7,2, 3,6 et 1,8 Kbit/s. Les trames de 20 ms sont divisées en seize groupes de contrôle de puissance d'une durée de 1,25 ms.

La structure du canal montant est différente. Ce canal est subdivisé en deux canaux, le canal de trafic et le canal de gestion de l'accès. Les trames font également 20 ms et prennent en charge l'ensemble du trafic.

L'IS-95 a trois mécanismes différents pour le contrôle de puissance. Sur le lien montant, un contrôle en boucle ouverte et un contrôle en boucle fermée sont disponibles. Sur le lien descendant, un contrôle en boucle plus lent est implémenté.

Deux technologies de codage de la parole sont utilisées, l'une à 8 Kbit/s et l'autre à 13 Kbit/s. Ce dernier codage utilise le taux de 14,4 Kbit/s du canal de transmission. Le premier codage utilise un codec EVRC (Enhanced Variable Rate Codec) à 8 Kbit/s, s'adaptant aux canaux à 1,2, 2,4, 4,8, et 9,6 Kbit/s pour des décompositions éventuelles du canal dans les débits de 1, 2, 4 et 8 Kbit/s.

L'IS-136

L'IS-136 est une norme américaine pour les téléphones mobiles de deuxième génération utilisant le TDMA. Moins développée que l'IS-95, cette norme offre cependant une base intéressante pour la troisième génération.

Une première amélioration intermédiaire, ressemblant au GPRS, examiné à la section suivante, concerne l'augmentation du flux de données jusqu'à une valeur de 384 Kbit/s. La version suivante introduira des microcellules et des picocellules sur lesquelles l'utilisateur pourra récupérer un grand nombre de tranches dans le TDMA pour atteindre des débits de 2 Mbit/s.

Le GPRS

L'activité majeure de développement de la phase 2+, ou 2,5G, du GSM concerne le GPRS. Ce dernier incarne une nouvelle génération du standard GSM, rendant possible la prise en charge des applications de données à moyen débit dans le cadre de la mobilité. Il constitue en outre une transition vers la troisième génération, caractérisée par le passage d'un débit de 14,4 Kbit/s (9,6 Kbit/s utilisable) à un débit beaucoup plus important, pouvant être multiplié par 8 au maximum.

Le GPRS utilise la même infrastructure que le GSM mais avec un double réseau cœur, celui du GSM, c'est-à-dire d'un réseau à commutation de circuits, et celui d'un réseau à transfert de données. Si l'utilisateur téléphone, l'information transite par le réseau cœur de type circuit téléphonique. Si l'utilisateur émet des paquets, ces derniers sont acheminés par le réseau cœur de type paquet. Le réseau cœur utilise une technique de relais de trames. Nous ne considérons dans la suite que la partie paquet ajoutée au GSM.

Le terminal intègre les composants nécessaires au traitement de la parole téléphonique pour la numériser de façon plus ou moins compressée et se complète d'un modem, qui émet les paquets de l'utilisateur vers le réseau cœur paquet. La traversée de l'interface radio utilise les slots du TDMA qui ne sont pas utilisés par la parole téléphonique.

L'architecture du GPRS est illustrée à la figure 20.11. Cette architecture est composée de divers types de nœuds :

- Les SGSN (Serving GPRS Support Node), qui sont des routeurs connectés à un ou plusieurs BSS.
- Les GGSN (Gateway GPRS Support Node), qui sont des routeurs acheminant le trafic vers des réseaux de données GPRS ou externes.

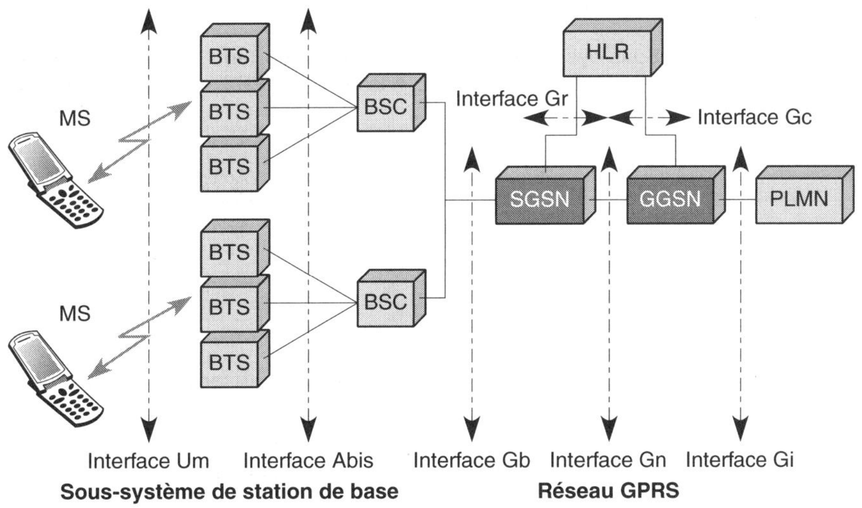

Figure 20.11

Architecture du GPRS

Le réseau GPRS possède deux plans, le plan utilisateur et le plan de signalisation. Les couches de protocoles du plan utilisateur sont illustrées à la figure 20.12.

Par rapport au GSM, le GPRS requiert de nouveaux éléments pour créer un mode de transfert de paquets de bout en bout. De plus, le HLR est amélioré pour les clients qui demandent à transporter des données. Deux services sont permis :

- le point-à-point PTP (Point-To-Point) ;
- le point-à-multipoint PTM (Point-To-Multipoint).

Les transferts de paquets et le routage s'effectuent, comme nous venons de l'indiquer, par les nœuds logiques SGSN. Ils utilisent les passerelles GGSN avec les réseaux de transfert de paquets externes. Dans le réseau GPRS, les unités de données sont encapsulées par le SGSN de départ et décapsulées dans le SGSN d'arrivée. Entre les SGSN, le protocole IP est utilisé. L'ensemble de ce processus est défini comme le tunneling du GPRS.

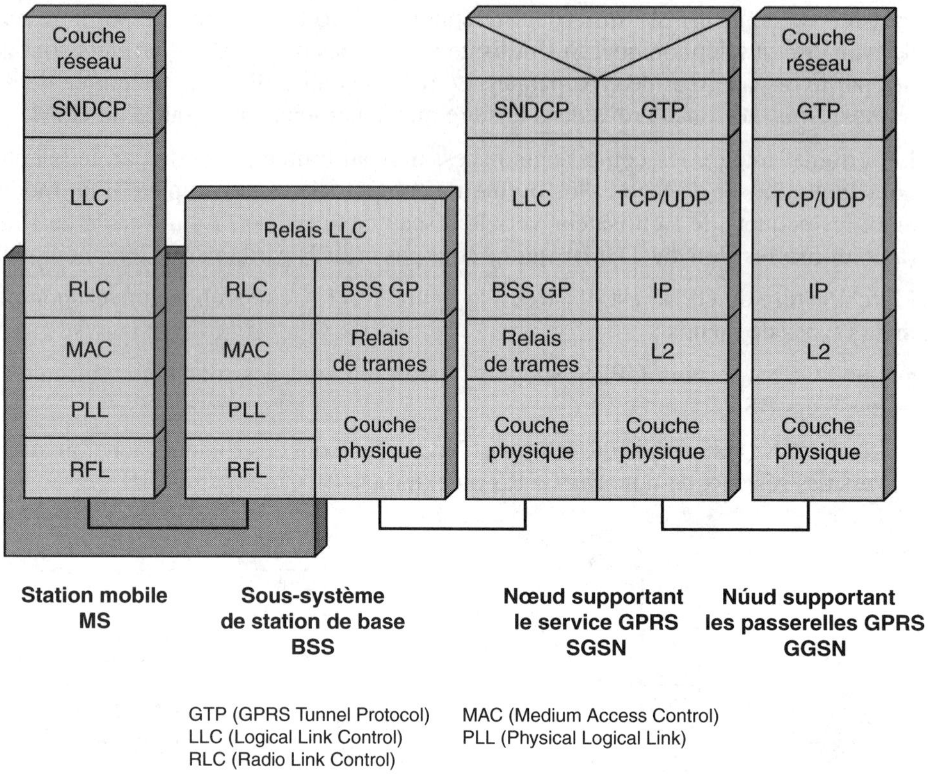

Figure 20.12

Couches de protocoles du réseau GPRS

Le GGSN maintient les informations de routage pour réaliser les tunnels et les maintenir. Ces informations sont stockées dans le HLR. Le protocole en charge de ce travail, le GTP (GPRS Tunnel Protocol) utilise TCP et UDP pour effectuer le transport effectif. Entre le SGSN et les MS, le protocole SNDCP (SubNetwork Dependent Convergence Protocol) effectue le multiplexage de niveau paquet, le chiffrement, la segmentation et la compression. Entre les MS (Mobile Station) et les BSS, le niveau trame est subdivisé en deux sous-couches, la couche LLC (Logical Link Control) et la couche RLC/MAC (Radio Link Control/Medium Access Control).

La couche LLC se sert du protocole LAP-Dm, déjà utilisé pour la signalisation dans l'environnement GSM. Le RLC/MAC s'occupe du transfert physique de l'information sur l'interface radio. Ce protocole prend en charge les retransmissions éventuelles sur erreur par une technique BEC (Backward Error Correction), consistant en une retransmission sélective des blocs en erreur. La technique d'accès s'effectue par le protocole slotted aloha, ou aloha en tranches *(voir le chapitre 16)*. Le protocole RLC/MAC s'appuie sur un protocole de niveau physique effectuant la transmission des éléments binaires sur le support physique et prenant en charge le codage, la récupération de certaines erreurs physiques et même un contrôle de flux.

EDGE (Enhanced Data for GSM Evolution)

En utilisant plusieurs slots dans le GPRS, un utilisateur peut augmenter son débit. Le GPRS offre de surcroît différents taux de codage, permettant d'augmenter le débit lorsque les conditions de propagation sont correctes. Néanmoins, le débit brut sur un slot reste celui du GSM, c'est-à-dire environ 270 Kbit/s. EDGE (Enhanced Data for GSM Evolution) permet de s'affranchir de cette limite, moyennant l'introduction d'une nouvelle modulation, de nouveaux schémas de codage et la généralisation du principe de l'adaptation de lien *(link adaptation)*.

L'association de EDGE et de GPRS est aussi connue sous le nom de E-GPRS (Enhanced-General Packet Radio Service). L'E-GPRS est souvent considéré comme un système de troisième génération. De leur côté, les principes d'EDGE ont été repris et adaptés pour l'évolution de l'IS-136, le standard TDMA américain. Cette évolution est connue sous le nom d'UWC136 ou d'EDGE Compact.

EDGE est issu de la constatation que, dans un système cellulaire, tous les mobiles ne disposent pas de la même qualité de transmission. Le contrôle de puissance tente de pallier ces inégalités en imposant aux mobiles favorisés une transmission moins puissante. Cela permet plutôt d'économiser les batteries des terminaux que d'augmenter les capacités de transmission. Nous verrons qu'avec l'UMTS, qui utilise un accès par répartition en code tel que CDMA, ce contrôle de puissance a un rôle autrement plus important.

EDGE permet à ses utilisateurs de bénéficier de transmissions plus efficaces, augmentant par conséquent le trafic moyen offert dans la cellule. En réalité, EDGE fait correspondre à chaque condition radio rencontrée le schéma de modulation et de codage, ou MCS (Modulation and Codage Scheme), le plus approprié en regard de la qualité de service requise sur la liaison. Pour cela, EDGE a évidemment introduit de nouveaux MCS, en comparaison de ceux existant dans le GSM ou le GPRS.

L'UMTS

La figure 20.13 illustre les évolutions des systèmes de deuxième génération vers des systèmes de troisième génération. L'ETSI propose l'UTRA, la partie radio de l'UMTS, et l'E-GPRS comme évolutions du GSM. De son côté, l'ARIB propose le WCDMA comme évolution du PDC. Ces systèmes sont fondés sur le réseau fixe du GSM.

Les interfaces radio de l'UMTS et du WCDMA étant semblables, la recherche de compromis a consisté à modifier quelques paramètres de la couche physique, tels que la vitesse de modulation ou le nombre de slots par trame. De même, des propositions très semblables, tels le TD-SCDMA chinois et les CDMA I et II coréens, ont été fondues dans l'UMTS.

Issus du monde américain, c'est-à-dire fondés sur un réseau fixe IS-41, on trouve le cdma2000, une évolution de l'IS95, et l'UWC136, (Universal Wireless Communications 136), une évolution de l'IS-136 qui ressemble à s'y méprendre à EDGE.

Soutenant des solutions techniques fondées sur le réseau fixe du GSM, les organismes de normalisation régionaux se sont regroupés autour de l'UMTS pour lui donner du poids en tant que solution candidate à l'IMT 2000. Fin 1998, le 3GPP (Third Generation Partnership Project) a été créé dans ce but. Quelques semaines plus tard, un deuxième groupe mondial, le 3GPP2, était créé autour du cdma2000.

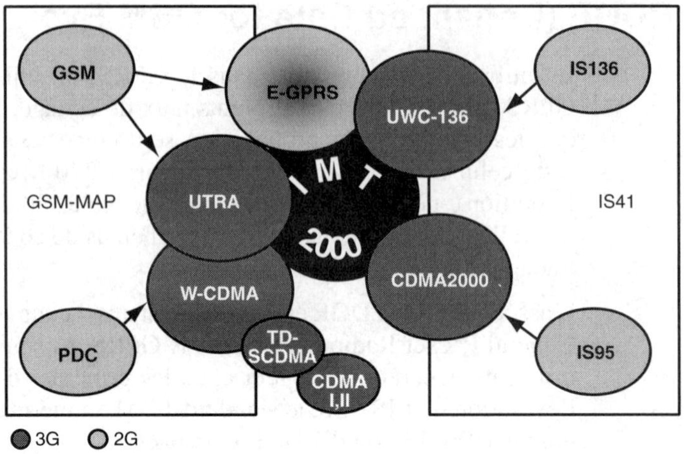

Figure 20.13
Évolution des technologies mobiles 2G-3G

CDMA2000	(Code Division Multiple Access)
CDMA I, II	(Code Division Multiple Access)
E-GPRS	(Enhanced General Packet Radio Service)
GSM	(Global System for Mobile communications)
GSM MAP	(GSM Mobile Application Part)
IMT	(International Mobile Telecommunications System)
IS	(Interim Standard)
TD-SCDMA	(Time Division-Synchronous CDMA)
UTRA	(UMTS Terrestrial Radio Access)
UWC136	(Universal Wireless Communications 136)
W-CDMA	(Wideband-Code Division Multiple Access)

Le 3GPP

Lors de sa création, le 3GPP regroupait des organismes de standardisation régionaux, parmi lesquels l'ETSI pour l'Europe, ARIB et TTC (Telecommunications Technology Committee) pour le Japon, TTA (Telecommunications Technology Association) pour la Corée et T1P1 pour les États-Unis. Peu après, le CWTS (China Wireless Telecommunication Standard) a rejoint le projet.

La structure du 3GPP est semblable à celle de l'ETSI. Le 3GPP est organisé en groupes de travail, les TSG (Technical Specification Group), spécialisés dans un domaine et produisant des spécifications techniques. Ces groupes techniques sont encadrés par une équipe de coordination de projet, qui s'assure que la standardisation progresse au rythme prévu. La figure 20.14 illustre la structure générale du 3GPP.

Figure 20.14
Structure du 3GPP

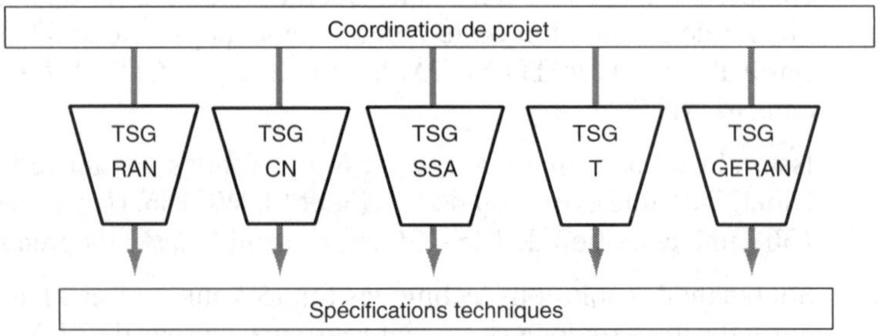

CN	(Core Network)	SSA	(Service and System Aspects)
GERAN	(GSM-EDGE Radio access Network)	T	(Terminaux)
RAN	(Radio Access Network)	TSG	(Technical Specification Group)

Les cinq domaines techniques suivants sont représentés au 3GPP :

- **RAN (Radio Access Network).** Ce groupe étudie l'UTRAN en général, c'est-à-dire les couches basses de l'accès radio, ainsi que les protocoles mis en œuvre sur les interfaces Iu, Iub et Iur. Un dernier sous-groupe spécifie les gabarits d'émission et de réception des stations de base.
- **CN (Core Network).** Traite du réseau fixe et des protocoles associés (signalisation, gestion de la mobilité, établissement d'appel), de l'architecture de service et de l'interconnexion avec les réseaux extérieurs.
- **SSA (Service and System Aspects).** Ce groupe se focalise sur les services, et notamment sur les services de téléphonie, avec la spécification des codecs. Il aborde également les aspects de sécurité et de confidentialité des communications.
- **T (Terminals).** Examine principalement les aspects relatifs à la carte SIM et spécifie les tests de conformité des mobiles.
- **GERAN (GSM Enhanced Radio Access Network).** Ce groupe réunit les travaux sur les évolutions du GSM (GPRS, EDGE).

Le 3GPP fournit un accès gratuit à toutes les spécifications, qu'elles soient définitives ou en cours d'élaboration. Ces dernières sont disponibles par FTP ou par une interface de type Web sur le site du 3GPP. Chaque sous-groupe de travail dispose de surcroît d'une liste de diffusion qui permet de prolonger ou d'initier les débats des réunions plénières. Ces listes sont, elles aussi, d'accès libre.

Après une première procédure de sélection fondée sur des comparaisons techniques, un vote a lieu en janvier 1998 pour statuer sur le concept retenu. Aucune majorité absolue ne se dégageant, l'UMTS serait composite, α pour les bandes appairées (mode FDD) et δ pour les bandes non appairées (mode TDD). Bien que ces deux solutions diffèrent dans l'accès physique, les couches supérieures sont fortement semblables et peuvent apparaître comme deux modes d'une même solution.

En décembre 1998, l'UMTS est transféré au sein du 3GPP, avec pour première conséquence une harmonisation avec la solution WCDMA d'ARIB. Puis une activité plus importante du mode FDD s'est dessinée par rapport au mode TDD, avec cependant un poids important du TDD qui a été choisi par la Chine et son milliard d'utilisateurs potentiels.

Les cinq concepts d'accès radio

L'ETSI a étudié cinq solutions techniques pour l'UTRA (UMTS Terrestrial Radio Access). Communément appelés α, β, γ, δ et ε, ces solutions proposent des schémas d'accès radio différents.

- **α, ou le WCDMA.** Il s'agit d'un CDMA large bande (Wideband CDMA). Le qualificatif « large bande » provient du fait que, comparativement au seul système CDMA existant à l'époque, l'IS95, le WCDMA requiert des canaux beaucoup plus larges, de 5 MHz. L'une des caractéristiques principales du système est sa flexibilité, qui lui permet d'accepter tout type de débit, allant de quelques kilobits par seconde à plusieurs centaines de kilobits par seconde. Cette solution est à l'origine du mode FDD de l'UMTS.

- **β, ou l'OFDMA.** Fondée sur des modulations OFDM (Orthogonal Frequency Division Multiplexing), cette solution mélange en fait TDMA et OFDMA. L'OFDMA consiste à partager les porteuses OFDM entre différents utilisateurs. L'allocation de plus ou moins de porteuses à un utilisateur offre une grande flexibilité dans les débits, mais les variations d'enveloppe du signal OFDM rendent complexe le design des amplificateurs de puissance des terminaux. Cette solution a donc été éliminée au moment des travaux mais est réapparue pour les réseaux de quatrième et cinquième générations.
- **δ, ou le TD-CDMA.** Ce système hybride TDMA-CDMA consiste à prendre une trame TDMA et à multiplexer plusieurs utilisateurs dans un même slot par du CDMA. Pour ce faire, on applique de l'étalement de spectre dans chaque slot, ce qui rend la bande utilisée plus large. Ce concept a été développé dans un premier temps pour des canaux larges de 1,6 MHz puis a donné lieu au mode TDD (Time Division Duplex) de l'UMTS dans des canaux de 5 MHz.
- **γ, ou le W-TDMA.** Le Wideband TDMA, ou TDMA large bande, consiste à prendre un système TDMA de type GSM, mais avec des canaux beaucoup plus larges (1,6 MHz) que les 200 kHz du GSM, sans utiliser d'étalement de spectre. Cette solution assez peu pratique pour accepter des bas débits et offrir les mêmes services de voix que les systèmes 2G a été rejetée.
- **ε, ou l'ODMA.** L'ODMA (Opportunity Driven Multiple Access) est une technique de relais applicable en principe à toutes les autres solutions. Un utilisateur qui ne bénéficie pas de conditions radio favorables communique avec la station de base par l'intermédiaire d'autres mobiles, situés entre l'utilisateur et la station de base, plutôt que d'émettre à pleine puissance et engendrer beaucoup d'interférences. Par de multiples petits bonds, la communication s'effectue dans des conditions correctes. Malheureusement, la possibilité de voir sa batterie se décharger pour d'autres communications que la sienne est assez mal vue par la majorité des utilisateurs. C'est pourquoi cette solution est restée optionnelle, même si elle est devenue très à la mode du fait de l'engouement pour les réseaux ad-hoc *(voir le chapitre 21).*

Architecture

Cette section présente en détail la première version stabilisée de l'UMTS, dite *release* 99, publiée en mars 2000.

Les évolutions de l'UMTS sont abordées à la fin de cette section. Pour éviter de relier ces versions à une date, l'UMTS a choisi de les nommer R5 (*release* 5), R6, etc.

Architecture générale

L'architecture de l'UMTS s'appuie sur la modularité. Ses éléments constituants doivent être indépendants, de façon à autoriser en théorie des mises à jour de telle ou telle partie du système sans avoir à en redéfinir la totalité.

L'UMTS définit trois domaines : le domaine utilisateur, le domaine d'accès radio, ou UTRAN, et le réseau cœur (Core Network). Ces domaines sont séparés par des interfaces, respectivement l'interface Uu et l'interface Iu.

Des strates fonctionnelles sont appliquées à cette architecture de façon à séparer les fonctions en groupes indépendants :

- La **strate d'accès radio** *(transport/access stratum)* contient les protocoles et fonctions relatifs à l'accès radio.
- La **strate de service** *(serving stratum)* contient tout ce qui permet l'établissement d'un service de télécommunications.
- La **strate « personnelle »** *(home stratum)* est dédiée aux fonctions qui permettent de mémoriser et de récupérer les informations relatives à un utilisateur pour personnaliser ses services et environnements.

- La **strate applicative** *(application stratum)* représente les applications qui sont mises en œuvre de bout en bout.

Le domaine utilisateur est similaire à ce qui a été défini en GSM. Il se compose d'un terminal capable de gérer l'interface radio et d'une carte à puce, la carte U-SIM, qui contient les caractéristiques de l'utilisateur et de son abonnement. De même, le domaine du réseau fixe est semblable à celui du GPRS. En revanche, l'accès radio de l'UMTS, l'UTRAN, est complètement différent et est décrit en détail ci-dessous.

Le modèle d'architecture de l'UMTS

L'architecture générale de l'UMTS est illustrée à la figure 20.15.

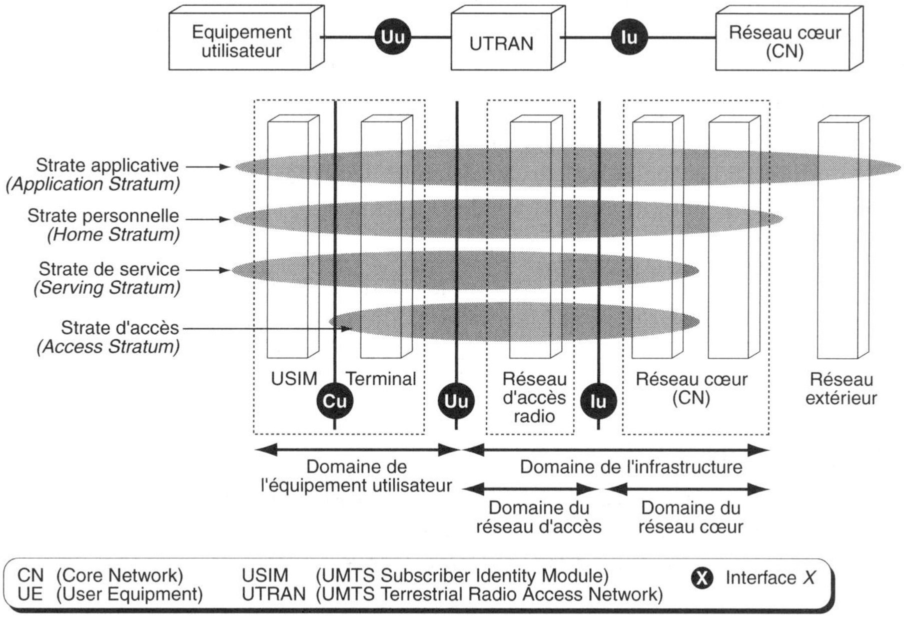

Figure 20.15

Architecture générale de l'UMTS

L'UTRAN regroupe les stations de base, appelées NodeB dans le vocabulaire de l'UMTS, et les contrôleurs de stations de base, ou RNC (Radio Network Controller).

Scindé en deux parties, le réseau cœur est constitué d'un réseau cœur de type circuit et d'un réseau cœur de type paquet. Le réseau cœur circuit est composé, à l'image de celui du GSM, de commutateurs circuits, les MSC (Mobile service Switching Center), de passerelles vers les réseaux téléphoniques publics, les G-MSC (Gateway MSC), et de serveurs dédiés aux SMS, les SMS-GMSC (SMS Gateway MSC).

Le réseau cœur orienté paquet est semblable à celui du GPRS. Il est composé de commutateurs paquet, les SGSN (Serving GPRS Support Node) et les GGSN (Gateway GPRS Support Node), qui relient le réseau de l'opérateur au monde extérieur, lequel peut être représenté par un réseau paquet public ou un réseau paquet d'un autre opérateur. Le réseau situé entre les GGSN et les SGSN est un réseau paquet quelconque, le plus souvent un réseau IP.

Pour gérer les données relatives aux utilisateurs, telles que leur position dans le réseau, leur abonnement, etc., les bases de données introduites dans le GSM sont toujours présentes dans l'UMTS. Il s'agit, entre autres, des HLR (Home Location Register), VLR (Visitor Location Register) et EIR (Equipment Identity Register).

La signalisation échangée entre ces éléments du réseau réutilise le système de signalisation CCITT n° 7, ou SS7.

L'UTRAN

Avant de rejoindre le 3GPP, UTRAN signifiait UMTS Terrestrial Radio Access. Lors de la création du 3GPP, le sigle a perdu son origine européenne pour signifier Universal Terrestrial Radio Access. On y retrouve l'approche modulaire qui domine dans l'UMTS, la signalisation étant séparée du transport des informations. Il existe par conséquent deux catégories de protocoles, les protocoles du plan utilisateur *(user plane protocols)* et les protocoles du plan de contrôle *(control plane protocols).*

La strate d'accès de l'UTRAN est reliée aux autres strates par des points d'accès de services *(service access point)* de trois types : service de contrôle commun, pour la diffusion d'informations générales, service de contrôle dédié, pour un utilisateur spécifique, et service de notification, pour diffuser des informations non pas à toute la cellule mais à des utilisateurs spécifiques.

Les éléments constituant l'UTRAN sont les stations de base, ou NodeB, dans le vocabulaire de l'UMTS, et les contrôleurs de stations de base, les RNC (Radio Network Controller). Un RNC et plusieurs NodeB forment un sous-système radio, ou RNS (Radio Network Subsystem).

Terminologie UMTS-GSM

Plutôt que de reprendre les sigles du GSM, l'UMTS a redéfini la majorité d'entre eux, même s'ils renvoient à des entités similaires dans le réseau d'accès radio.

Le tableau 20.2 compare la terminologie du GSM et celle de l'UMTS relative au réseau d'accès radio.

UMTS	GSM	Commentaire
UE (User Equipment)	MS (Mobile Station)	
NodeB	BTS (Base Transceiver Station)	Un NodeB est moins autonome qu'une BTS.
RNC (Radio Network Controller)	BSC (Base Station Controller)	Un RNC est plus complexe qu'un BSC puisqu'il contrôle complètement les NodeB.
UMSC (UMTS MSC)	MSC (Mobile-services Switching Center)	
RNS (Radio Network Subsytem)	BSS (Base Station Subsystem)	
Interface Iub	Interface Abis	Entre BTS et BSC (NodeB-RNC)
Interface Iu	Interface A	Entre BSC (RNC) et réseau cœur
Interface Iur	Inexistante	Entre 2 RNC.

TABLEAU 20.2 • Comparaison de la terminologie du réseau d'accès radio

Un NodeB est connecté à un RNC par le biais de l'interface Iub, et un RNC l'est au réseau cœur par le biais de l'interface Iu. Contrairement au GSM, l'UTRAN définit une interface supplémentaire entre deux RNC, l'interface Iur. Cette interface a été introduite du fait de la spécificité de l'accès radio, qui est fondé sur du CDMA. Le CDMA permet le *soft-handover,* c'est-à-dire l'établissement de deux chemins ou davantage entre le réseau et un mobile *via* deux stations de base potentiellement différentes. La séparation-combinaison des deux chemins se fait dans l'UTRAN, et il n'y a donc, au-delà du RNC, qu'un chemin possible vers le réseau cœur.

Le RNC qui se trouve à l'extrémité de ce chemin unique entre l'UTRAN et le réseau cœur est appelé RNC serveur (Serving RNC ou SRNC), car c'est lui qui permet à l'utilisateur d'être connecté avec le réseau cœur. Dans le cas d'un mobile en *soft-handover,* le RNC par lequel transite un chemin supplémentaire entre le mobile et le SRNC est appelé DRNC (Drift RNC).

Ces notions de Serving et Drift RNC *(voir figure 20.16)* sont relatives à un utilisateur : un même RNC peut donc être Serving pour un utilisateur et Drift pour un autre. Un RNC est, au départ, un contrôleur de station de base, c'est-à-dire qu'il gère les stations de base à distance. Par conséquent, pour les NodeB, on parle de CRNC (Controlling RNC).

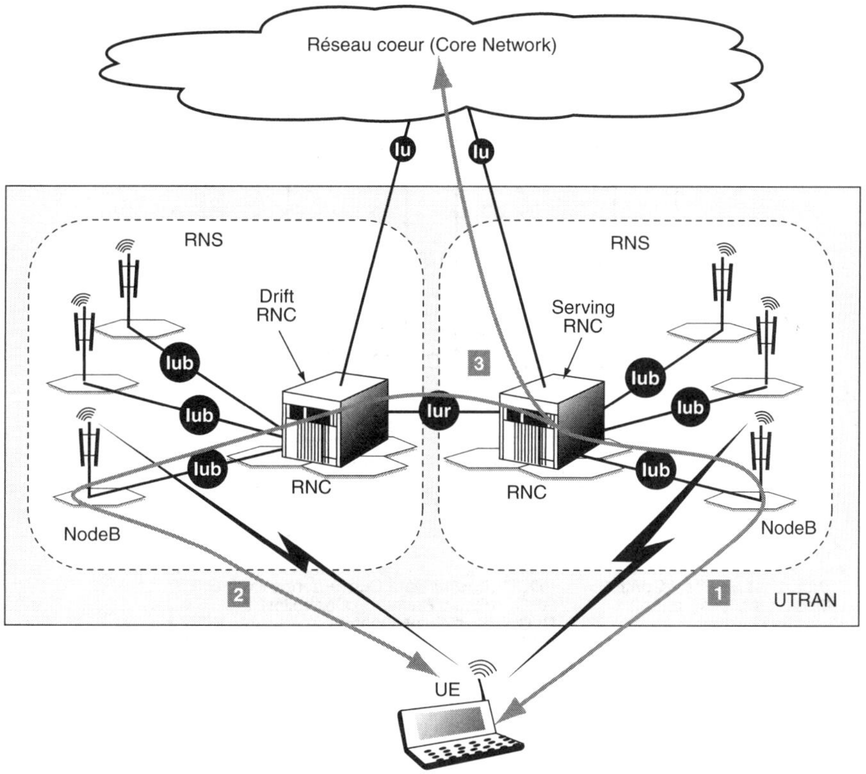

1 **Le mobile est connecté** au réseau coeur *via* son Serving RNC.
2 **Il établit une nouvelle connexion** avec une autre station de base en soft-handover.
3 **Les deux chemins sont recombinés** dans le Serving RNC. Le RNC par lequel transite le nouveau chemin est appelé Drift RNC. Serving et Drift RNC communiquent à travers l'interface Iur.

RNC	(Radio Network Controller)	UE	(User Equipment)
RNS	(Radio Network Subsystem)	UTRAN	(UMTS Terrestrial Radio Access Network)

Figure 20.16

Les notions de Serving et de Drift RNC

La figure 20.17 illustre la découpe en couches de l'UTRAN, qui regroupe une couche physique PHY, une couche de partage des ressources MAC (Medium Access Control), une couche de fiabilisation du lien radio RLC (Radio Link Control), une couche d'adaptation des données PDCP (Packet Data Convergence Protocol) et une entité transverse, le RRC (Radio Resource Controller), qui contrôle le tout. La couche BMC (Broadcast Multicast Control), non finalisée dans la *release* 99 du standard, traite de service de diffusion dans une cellule ou un ensemble de cellules. Ces couches recouvrent les couches 1 et 2 du modèle de référence de l'OSI à 7 couches, même si certaines fonctions du RRC peuvent être rattachées à la couche 3.

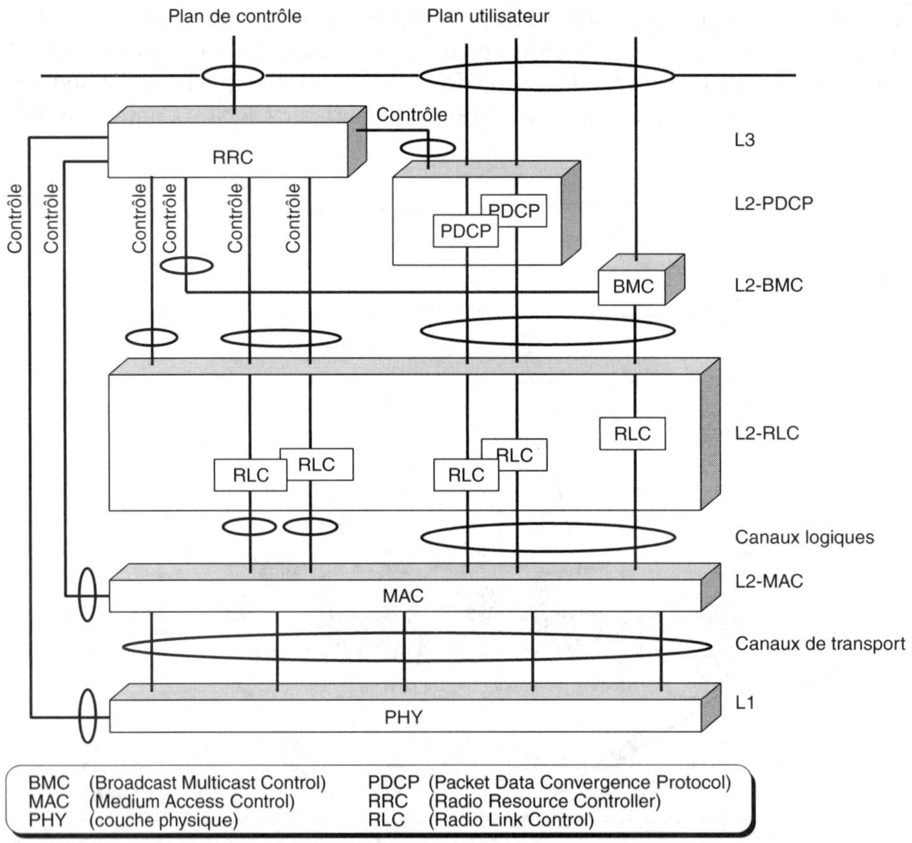

Figure 20.17

Architecture en couches de l'UTRAN

On retrouve dans cette architecture les deux plans de protocole, le plan utilisateur, dont les données traversent les couches PDCP, RLC, MAC et PHY, et le plan de contrôle, auquel appartient le RRC.

Toujours dans l'approche modulaire de l'UMTS, sous la couche physique se trouvent des canaux physiques, entre la couche physique et la couche MAC des canaux de transport et entre le MAC et le RLC des canaux logiques. Ces canaux représentent des points d'accès de services rendus par la couche inférieure à la couche supérieure.

La couche physique

C'est dans cette couche que les modes FDD et TDD de l'UMTS diffèrent le plus. La section suivante présente le mode FDD, qui est considéré comme le mode majeur de l'UMTS puisqu'on lui a alloué plus de fréquences dans le spectre.

Le mode FDD

Comme son nom l'indique, le mode FDD (Frequency Division Duplex) utilise un duplex en fréquences, dans lequel la voie montante et la voie descendante sont séparées en fréquences. Mobile et station de base communiquent en continu et simultanément dans les deux directions. La communication entre la station de base et le mobile s'établit par une technique d'étalement de spectre, qui est à la base du CDMA. Le débit chip est constant : 3,84 Mchip/s.

On appelle canal physique l'association d'une fréquence porteuse, d'une paire de codes, l'un pour l'embrouillage et l'autre pour l'étalement (*scrambling* ou *channelization code*), et d'une durée temporelle exprimée en multiple de chip. Des multiples particuliers sont prédéfinis dans l'UMTS : un slot représente 2 560 chips, une trame 38 400 chips (15 slots), soit respectivement 0,667 ms et 10 ms.

Il existe des canaux physiques dédiés, alloués à un utilisateur en particulier, et des canaux physiques communs, partagés entre tous les utilisateurs. Certains canaux physiques sont visibles des couches supérieures et servent à transmettre les informations des couches supérieures, tandis que d'autres ne sont utiles qu'au bon fonctionnement de la couche physique.

Le tableau 20.3 synthétise les canaux physiques du mode FDD de l'UMTS.

	Nom	Rôle
Dédiés	DPDCH (Dedicated Physical Data CHannel)	Pour le transport des données dédiées à un utilisateur ; bidirectionnel
	DPCCH (Dedicated Physical Control CHannel)	Pour le contrôle du DPDCH ; bidirectionnel
Communs (visibles des couches supérieures)	PRACH (Physical Random Access CHannel)	Pour l'accès initial des mobiles dans le réseau ; UL uniquement
	PCPCH (Physical Common Packet CHannel)	Canal partagé montant ; UL uniquement
	PDSCH (Physical Downlink Shared CHannel)	Canal partagé pour des transmissions descendantes sporadiques ; DL uniquement
	PCCPCH (Primary Common Control Physical CHannel) SCCPCH (Secondary Common Control Physical CHannel)	Diffusion d'information système (primary) ; Paging et réponse des couches hautes aux accès initiaux (secondary) ; DL uniquement
Communs (uniquement couche physique)	AICH (Acquisition Indicator CHannel)	Pour une réponse de la couche physique aux accès initiaux ; DL uniquement
	SCH (Synchronization CHannel)	Permet au mobile de se synchroniser au réseau ; DL uniquement
	CPICH (Common Pilot CHannel)	Canal pilote commun ; permet au mobile de se synchroniser sur la cellule et díestimer la puissance reçue (mesure à l'origine des handovers) ; DL uniquement.

TABLEAU 20.3 • Canaux physiques de l'UMTS FDD

La structure du canal d'accès aléatoire PRACH est adaptée à l'aloha discrétisé, qui est, comme en GSM et dans les autres systèmes radiomobiles, la technique d'accès utilisée. Néanmoins, si, en GSM, deux stations lançant une requête en même temps entrent en collision, ici, le CDMA permet de jouer sur la dimension code : le paquet d'accès initial est étalé par un code parmi 16 choisis aléatoirement par le mobile. Ce code, aussi appelé signature, permet de distinguer plusieurs mobiles entrant dans le réseau quasi simultanément. Cela a bien sûr un coût en termes de complexité, puisque la station de base doit surveiller en permanence les 16 codes possibles.

Le rôle majeur de la couche physique est d'étaler et contracter (« désétaler ») le signal respectivement en émission et en réception, opération à la base de la séparation des utilisateurs en CDMA. L'UMTS définit deux étapes d'étalement. La première consiste à multiplier le signal à transmettre par une séquence de chips au débit beaucoup plus rapide. C'est l'étalement à proprement parler, nommé *scrambling* ou *channelization*. La deuxième étape est la modulation du signal en QPSK.

Le mode TDD

Le mode TDD est fondé sur une méthode d'accès hybride entre le TDMA et le FDMA. La séparation entre le sens montant et le sens descendant se fait dans le temps. Certains slots de la trame — la même que celle définie dans le mode FDD — sont dédiés à la voie montante, et d'autres à la voie descendante. La répartition des slots dans la trame est flexible, quoiqu'il faille avoir au moins un slot montant et descendant, mais un opérateur peut configurer son système avec 14 slots descendants et 1 slot montant.

Le TDD peut donc supporter très facilement du trafic asymétrique, alors que, par construction, le mode FDD est symétrique, autant de spectre étant alloué au sens montant qu'au sens descendant. Le TDD est mis en œuvre dans les bandes non appairées, contrairement au FDD, qui est utilisé dans les bandes appairées.

Alors qu'en FDD une communication peut s'effectuer en continu dans la trame, les slots n'étant qu'une base de temps pour le contrôle de puissance en boucle fermée, en TDD, le slot retrouve toute l'essence du TDMA : une communication est centrée sur un ou quelques slots.

Le fait que le CDMA consiste à partager un slot entre plusieurs utilisateurs a de multiples conséquences. Du fait qu'un utilisateur ne dispose que d'un ou quelques slots pour sa communication, il doit, pour obtenir des débits semblables au mode FDD, transmettre sur un slot à un débit beaucoup plus élevé. Or, le rythme chip est le même en TDD qu'en FDD : 3,84 Mchip/s. Par conséquent, en TDD les facteurs d'étalement sont beaucoup plus faibles qu'en FDD. Du coup, des techniques de réception plus élaborées, trop complexes en FDD, telles que la détection conjointe, sont en pratique réalisables en TDD. De plus, la structure des canaux physiques du TDD est différente. Par exemple, le burst normal du TDD possède une séquence connue du récepteur au milieu du slot, permettant l'estimation de canal slot par slot, exactement comme dans le GSM.

Les communications montantes doivent arriver dans le bon slot de la station de base, car une mauvaise synchronisation pourrait créer des interférences d'un slot à l'autre. Cette contrainte n'existe pas en FDD. Pour y faire face, le mode TDD a défini, à l'instar du GSM, des temps de garde autour du slot pour absorber les différences de temps de propagation des utilisateurs d'une cellule. La taille de ce temps de garde limite l'usage du TDD aux microcellules et aux picocellules. Les stations de base doivent être également synchronisées entre elles, sinon, il pourrait y avoir des interférences entre les slots montants d'une cellule et les slots descendants des cellules voisines, puisque toutes les transmissions sont à la même fréquence — en UMTS, il n'y a pas de planification cellulaire comme dans un système GSM.

Malgré ces différences, le TDD et le FDD présentent sensiblement les mêmes caractéristiques physiques. Ces dernières sont recensées au tableau 20.4.

	FDD	TDD
Accès multiple	W-CDMA	TD-CDMA
Séparation DL-UL	FDD	TDD
Facteur d'étalement	256-4 (UL) 512-4 (DL)	16-1
Handover	Soft	Hard
Fréquence chip	3,84 Mchip/s	Idem
Structure de trame	15 slots par trame de 10 ms	Idem
Filtre de mise en forme	Cosinus surélevé roll-off 0,22	Idem
Espacement des porteuses	5 MHz	Idem
Trame	10 ms, 15 slots, 2 560 chip/slot	Idem
Modulation	QPSK	Idem
Codage	Non codé, convolutif, turbo	Idem
Entrelacement	10, 20, 40 ou 80 ms	Idem

TABLEAU 20.4 • Caractéristiques physiques du FDD et du TDD

Les couches MAC et RLC

La couche MAC effectue l'association des canaux logiques, visibles par la couche supérieure, la couche RLC, et des canaux de transport que lui offre la couche physique. De plus, elle sélectionne le format de transport, du moins dans sa partie dynamique, le plus approprié, compte tenu des conditions radio du moment. Elle gère en outre les priorités entre les flux d'un même utilisateur et entre différents utilisateurs. La couche MAC se contente d'appliquer les règles de priorité érigées par le RRC (Radio Resource Controller), qui a une meilleure connaissance à la fois des différentes QoS requises par les utilisateurs et de la charge de la cellule. La couche MAC est également responsable de la collecte des mesures sur le volume du trafic et les conditions de propagation de la cellule pour les transmettre au RRC.

On retrouve dans la couche MAC le principe de modularité de l'UMTS : comme cette couche doit gérer différents types de canaux, plusieurs entités MAC sont définies : le MAC-b pour les canaux de diffusion, le MAC-c/sh pour les canaux partagés et le MAC-d pour les canaux dédiés. Ces entités ne se situent pas forcément dans le même élément de l'UTRAN. En effet, la gestion des canaux de diffusion est locale à une cellule. Le MAC-b peut donc être localisé dans la station de base. En revanche, à cause du *soft-handover*, la gestion des canaux dédiés doit remonter jusqu'au SRNC. Ainsi, le MAC-d se trouve dans les RNC. Les décisions prises par le MAC-d sont transmises à la cellule *via* le CRNC, en utilisant l'interface Iur, entre SRNC et CRNC, puis l'interface Iub, entre CRNC et NodeB.

Les canaux logiques entre MAC et RLC sont décrits au tableau 20.5. Ils sont séparés en deux groupes, les canaux de contrôle et les canaux de trafic. Les principes d'association entre canaux logiques et canaux de transport que doit respecter la couche MAC sont standardisés.

	Nom	Rôle
Trafic	DTCH (Dedicated Traffic CHannel)	Pour le transfert des données dédiés à un utilisateur ; bidirectionnel
	CTCH (Common Traffic CHannel)	Canal point à multipoint pour le transfert de données à un groupe d'utilisateurs ; DL uniquement
Contrôle	BCCH (Broadcast Control CHannel)	Pour la diffusion d'informations système ; DL uniquement
	PCCH (Paging Control CHannel)	Pour le paging ; DL uniquement
	DCCH (Dedicated Control CHannel)	Pour le transfert d'information de contrôle (établissement d'appel, handover, etc.) dédiée à un utilisateur ; bidirectionnel
	CCCH (Common Control CHannel)	Pour le transfert d'information de contrôle partagée par les utilisateurs (accès initial, réponse à l'accès initial) ; bidirectionnel

TABLEAU 20.5 • Canaux logiques

La couche RLC (Radio Link Control) permet de fiabiliser les transmissions sur l'interface radio, tout en réalisant un contrôle de flux. Les fonctions de la couche RLC sont les suivantes :

- segmentation ;
- réassemblage ;
- concaténation ou bourrage des blocs d'information issus des couches supérieures, pour en faire des paquets de taille acceptée par la couche MAC ;
- détection des duplications ;
- retransmission ;
- remise en ordre des paquets reçus ;
- cryptage.

Trois modes d'opération sont en fait disponibles :

- Le **mode transparent,** qui se contente d'effectuer les opérations de segmentation-réassemblage.
- Le **mode non acquitté,** qui numérote les paquets et détecte les erreurs. Il n'effectue pas de retransmission pour les corriger, l'entité RLC réceptrice ne transmettant pas les paquets erronés à la couche supérieure.
- Le **mode acquitté,** qui est le plus robuste offert par la couche RLC. Lorsqu'un paquet est erroné, des retransmissions sont effectuées suivant la stratégie d'ARQ sélectif.

Le RRC

Le RRC (Radio Resource Controller) est l'« éminence grise » de l'UTRAN. La majorité des échanges de la signalisation entre le mobile et l'UTRAN se fait avec le RRC. De plus, il pilote toutes les autres couches, en fonction des QoS requises sur les communications et de la charge du réseau. Pour cela, il existe des connexions de contrôle entre le RRC et les autres couches de l'UTRAN, comme illustré à la figure 20.18.

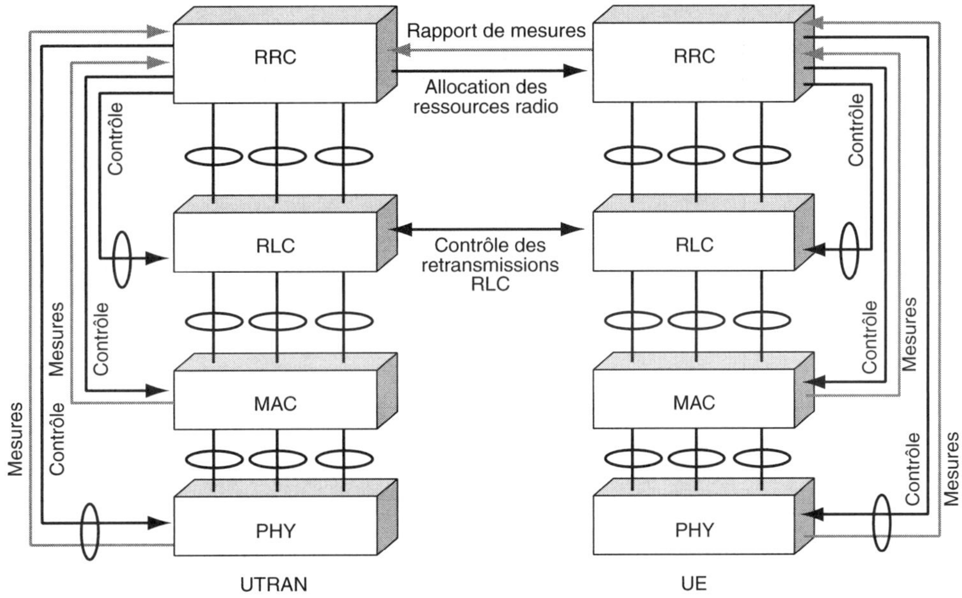

MAC (Medium Access Control) — RRC (Radio Resource Controller)
PHY (couche physique) — UE (User Equipment)
RLC (Radio Link Control) — UTRAN (UMTS Terrestrial Radio Access Network)

Figure 20.18

Schéma de fonctionnement du RRC (Radio Ressource Controller)

Le RRC est aussi le point de contact des échanges de signalisation avec le réseau cœur. Ainsi, en réponse à une demande de connexion du mobile (dans le cas d'un appel sortant ou du réseau cœur pour les appels entrants), l'entité RRC du mobile va négocier avec l'entité RRC du réseau l'ouverture d'un « tuyau » radio, ou RAB (Radio Access Bearer). Ce RAB est doté de paramètres permettant d'en caractériser la qualité de service. Les débits maximal et moyen, la taille des paquets transmis, le délai, le taux d'erreur résiduel et la priorité peuvent être négociés dans l'établissement du RAB. Le RRC, en tenant compte de la charge courante de la cellule, configure alors les couches inférieures pour que la QoS négociée soit respectée. La configuration s'applique aux ressources dans tout l'UTRAN, c'est-à-dire non seulement sur l'interface radio mais également sur l'interface Iub entre NodeB et RNC.

Les interfaces

Comme pour l'ensemble de l'UMTS, un effort de modélisation a porté sur la standardisation des interfaces pour les rendre modulaires. Le modèle générique des interfaces est illustré à la figure 20.19.

Figure 20.19
Le modèle générique des interfaces de l'UTRAN

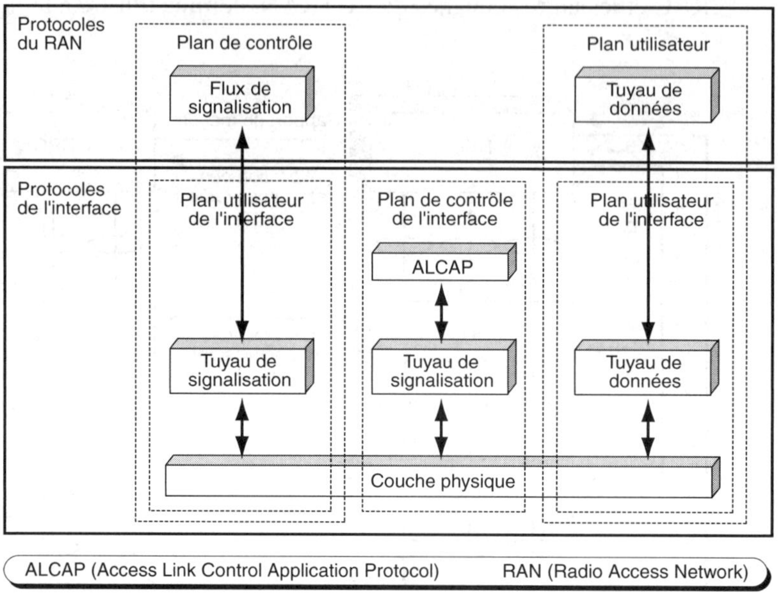

La découpe horizontale permet de séparer ce qui est transporté sur l'interface (Radio Network Layer) d'avec le moyen de transport utilisé sur l'interface (Transport Network Layer). La découpe verticale permet de séparer le plan de contrôle du plan utilisateur. Le plan de contrôle contient tous les messages de contrôle échangés entre les entités de l'UTRAN. Le plan utilisateur contient les protocoles utilisés pour encapsuler les données utilisateur sur les interfaces. Il y a de plus la signalisation locale à l'interface (le Transport Network Control Plane) nécessaire à l'établissement des chemins sur cette interface.

Dans la version 99 des spécifications, les interfaces sont bâties sur de l'ATM. Par conséquent, on retrouve entre l'ATM et la signalisation, dans le plan de contrôle, ou dans les données utilisateur encapsulées, dans le plan utilisateur, toutes les couches d'adaptation classiques d'ATM, telles que l'AAL2, pour l'établissement de circuits, ou l'AAL5, pour le transport des paquets. Du fait de la découpe horizontale, rien n'empêche le remplacement d'ATM par une autre technologie : seule la brique Transport Network Layer serait à changer.

Ce modèle générique ce décline en fonction des interfaces de l'UTRAN. Sur l'interface Iub, entre NodeB et RNC, la signalisation entre RNC et NodeB est contenue dans le NBAP (NodeB Application Part). On y trouve, par exemple, les messages permettant de gérer les ressources radio, tels que création-suppression d'un lien radio, contrôle de puissance, etc. Le plan utilisateur est quant à lui constitué de protocoles d'encapsulation adaptés à tous les types de trafic.

L'interface Iur se situe entre deux RNC. Elle n'existait pas dans le GSM et est due au *soft-handover*. L'ensemble de la signalisation se nomme le RNSAP (Radio Network Subsystem Application Part). Le plan utilisateur comporte les mêmes protocoles que sur l'interface Iub. L'interface Iu permet de connecter l'UTRAN au réseau cœur. Le réseau cœur de l'UMTS est similaire au réseau cœur du GSM-GPRS. L'interface Iu est donc double et est composée d'une interface vers le domaine circuit du réseau cœur (entre UTRAN et U-MSC (UMTS MSC), appelée Iu-CS, et d'une interface vers le domaine paquet (entre UTRAN et 3G-SGSN), appelée Iu-PS.

Les services et la QoS

La philosophie de définition des services de l'UMTS est différente de celle du GSM et de ses évolutions. Plutôt que de standardiser des services, l'UMTS a préféré définir des boîtes à outils permettant de construire des services.

Le GSM n'offre pas la possibilité aux opérateurs de se différencier les uns des autres pour les services de télécommunications, la distinction ne pouvant se faire que sur la couverture d'un territoire — mais désormais tous les opérateurs possèdent une couverture nationale en GSM — ou l'approche commerciale. De plus, l'introduction de nouveaux services en GSM est difficile, compte tenu de la rigidité du système et de la nécessité de standardiser ces services. Cette limitation, particulièrement ressentie par des opérateurs bridés dans la proposition de nouveaux services, disparaît dans l'UMTS.

En effet, l'UMTS, fidèle à son esprit de modularité, spécifie plusieurs outils permettant la création de services variés, spécifiques d'un opérateur. Ces outils permettent de surcroît la création d'un environnement personnalisé, ou VHE (Virtual Home Environment), que l'utilisateur peut retrouver dans son intégrité, quel que soit l'endroit où il se trouve : à son domicile, sur son lieu de travail ou en déplacement.

Parmi ces outils standards, on trouve les systèmes d'exploitation des terminaux mobiles et des cartes SIM, nommés respectivement MExE (Mobile station application Execution Environment) et USAT (USIM Application Toolkit), une architecture de service ouverte, OSA (Open Service Architecture), les services téléphoniques intelligents, ou CAMEL (Customized Applications for Mobile Network Enhanced Logic), et enfin tout ce qui peut venir du monde IP, regroupé dans IP Toolkits.

Le réseau UMTS offre aux opérateurs qui créent ces services destinés aux utilisateurs la possibilité de les caractériser en classes de qualité de service. Pour cela, deux critères ont été retenus. Le premier est la tolérance au délai ; le second la tolérance aux erreurs. La figure 20.20 illustre les différentes classes de QoS et quelques exemples de services associés.

Figure 20.20

Les classes de qualité de service dans l'UMTS

Tolérant aux erreurs	Conversationnel voix et vidéo	Messagerie vocale	Streaming audio et vidéo	Fax
Intolérant aux erreurs	Telnet, jeux interactifs	Commerce électronique, navigation sur Internet	FTP, diapositives, paging	Notification d'arrivée d'e-mail
	Conversationnel (délai < 1 s)	Interactif (délai env. 1 s)	Streaming (délai < 10 s)	Tâche de fond (délai > 10 s)

L'UMTS a spécifié les moyens de définir plus finement les exigences de qualité de service, en particulier dans les RAB, comme expliqué précédemment. Pour respecter ces exigences, une signalisation spécifique a été définie. Son principe consiste à s'assurer de proche en proche, en impliquant toutes les entités du réseau sur le trajet de la communication, que la QoS demandée peut être assurée.

Les débits offerts par l'UMTS sont conformes aux exigences de l'IMT 2000 : 2 Mbit/s pour une mobilité faible et des conditions radio favorables, le mobile ne devant pas trop s'éloigner de la station de base, 384 Kbit/s pour une mobilité moyenne, dans une ville, par exemple, et 144 Kbit/s dans un environnement rural. Bien que ces débits soient techniquement réalisables, ils ne sont que rarement atteints en pratique. L'une des raisons à cela est que, comme dans tout système radio mobile, il existe une différence entre les débits théoriques, vantés dans les approches commerciales, et les débits réels, que constatent les utilisateurs.

Le cdma2000

Le cdma2000 adopté par les Américains ressemble au WCDMA, à quelques notables différences près. En particulier, au lieu de faire du CDMA sur l'ensemble de la bande, la bande passante allouée à la troisième génération est découpée en plusieurs sous-bandes, et le CDMA est appliqué à chacune de ces sous-bandes.

La transition entre la deuxième génération IS-95, que l'on appelle encore IS-95A, et le cdma2000 s'effectue par l'intermédiaire de la norme IS-95B. Cette dernière reste compatible avec l'IS-95A mais augmente fortement les débits des données par l'intégration de plusieurs codes simultanés, huit au maximum, pour un même utilisateur. Un terminal haut débit a la possibilité de gagner jusqu'à sept codes supplémentaires pendant la période de débit crête. Le canal peut être asymétrique, avec des canaux montant et descendant différents. Le contrôle de puissance pour les canaux supplémentaires n'est pas indépendant du canal de base. Le débit total offert dans la version IS-95B est de 76,8 ou 115,2 Kbit/s, suivant que l'on compte le débit total ou le débit utile du canal de base.

L'interface radio du cdma2000 reprend les attributs de l'IS-95 mais avec une largeur de bande de 5 MHz. Elle peut regrouper un nombre de codes supérieur à 8. Un pilote de gestion du canal a été ajouté, permettant des gains significatifs de performances, notamment par une réduction du temps nécessaire au contrôle de puissance. Des turbocodes peuvent être utilisés à la place des codes de convolution.

Des débits pouvant atteindre jusqu'à 2 Mbit/s sont accessibles sur des picocellules à l'intérieur des bâtiments, jusqu'à 384 Kbit/s pour les piétons restant dans une même cellule et jusqu'à 144 Mbit/s pour les véhicules qui effectuent des changements de cellules.

La technique d'accès au support hertzien est fortement modifiée entre l'IS-95 et le cdma2000. Alors qu'il n'y avait que deux états possibles de l'interface IS-95, il y en a quatre avec le cdma2000.

Conclusion

Ce chapitre a présenté les différentes générations de réseaux de mobiles, ainsi que les principaux protocoles utilisés dans ces architectures. Un débat a surgi concernant le manque de débit de la troisième génération en raison de la largeur assez faible de la partie du spectre accordée à cette génération. Une solution à ce problème consiste à densifier fortement le réseau en créant des cellules de plus en plus petites. Cette solution permet, par une meilleure réutilisation des fréquences, d'atteindre les capacités annoncées. Cependant, cette densification est très onéreuse et se heurte de front aux associations de consommateurs, qui voient d'un mauvais œil la multiplication des antennes.

Une autre solution, qui se développe très vite, pour augmenter le débit dans les points où peuvent se trouver un très grand nombre d'utilisateurs, et que nous examinons au chapitre suivant, consiste à utiliser en relais les réseaux sans fil. Étant donné la faible portée des points d'accès de ces réseaux et le volume de données très important qui peut y circuler, cette technique peut être implantée en parallèle des stations de base des réseaux de mobiles. Cette solution est facilement applicable dans les environnements comportant une grande quantité de clients potentiels. On peut donc s'attendre à une forte évolution des infrastructures des réseaux de mobiles dans les années qui viennent.

21

Typologie des réseaux sans fil

Les réseaux sans fil sont en plein développement du fait de la flexibilité de leur interface, qui permet à un utilisateur de changer de place tout en restant connecté. Les communications entre équipements terminaux peuvent s'effectuer directement ou par le biais de stations de base, appelées points d'accès, ou AP (Access Point). Les communications entre points d'accès peuvent être hertziennes ou par câble. Les débits de ces réseaux se comptent en dizaines de mégabits par seconde.

Plusieurs gammes de produits sont actuellement commercialisées, mais la normalisation pourrait encore modifier les choses. Les groupes de travail qui se chargent de cette normalisation proviennent de l'IEEE aux États-Unis et de l'ETSI sur le Vieux Continent. La figure 21.1 décrit les différentes catégories de réseaux suivant leur étendue et la figure 21.2 les normes existantes.

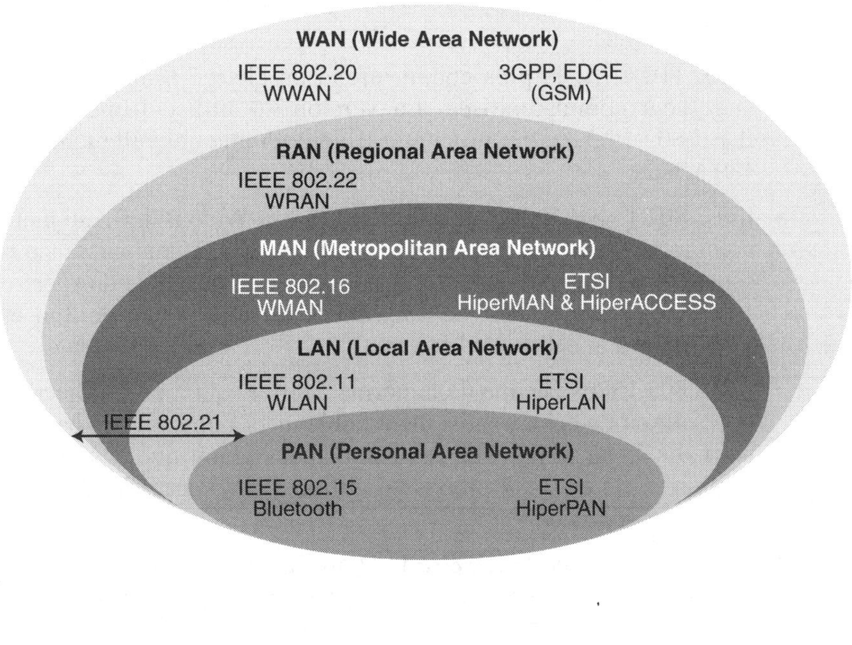

Figure 21.1
Catégories de réseaux sans fil

Les principales normes sont IEEE 802.15, pour les petits réseaux personnels d'une dizaine de mètres de portée, IEEE 802.11, ou Wi-Fi, pour les réseaux WLAN (Wireless Local Area Network), IEEE 802.16, pour les réseaux WMAN (Wireless Metropolitan Area Network) atteignant plus de dix kilomètres, IEEE 802.22, pour les WRAN (Wireless Regional Area Network), et IEEE 802.20, pour les réseaux WWAN (Wireless Wide Area Network), qui correspondent aux solutions cellulaires permettant de recouvrir un pays. Pour cette catégorie de réseaux, nous avons retenu la proposition IEEE 802.20, qui peut être considérée comme une des solutions multimédias à très haut débit concurrentes de la future quatrième génération de réseaux de mobiles.

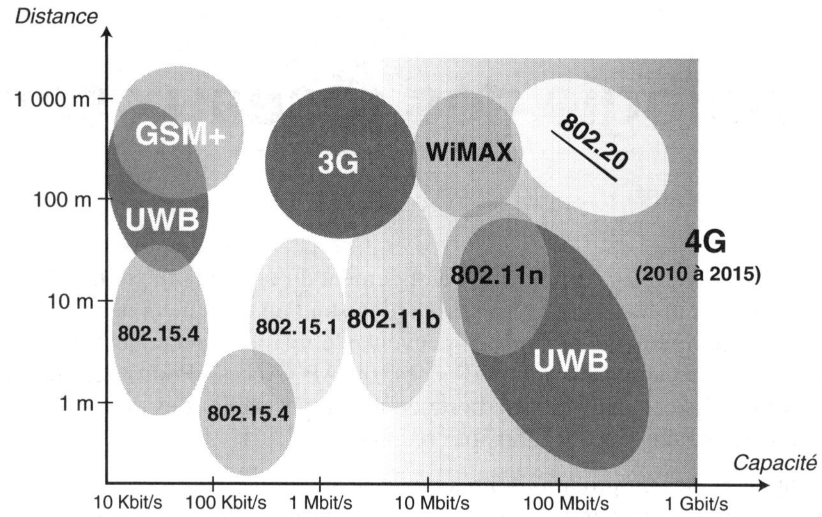

Figure 21.2

Principales normes de réseaux sans fil

Dans le groupe IEEE 802.15, trois sous-groupes normalisent des gammes de produits en parallèle :

- IEEE 802.15.1, le plus connu, prend en charge la norme Bluetooth, aujourd'hui largement commercialisée. La version 3.0 utilise l'interface radio décrite dans IEEE 802.15.3, ce qui procure à Bluetooth une nouvelle jeunesse, avec un débit de 480 Mbit/s.
- IEEE 802.15.3 définit la norme UWB (Ultra-Wide Band), qui met en œuvre une technologie très spéciale, caractérisée par l'émission à une puissance extrêmement faible, sous le bruit ambiant, mais sur pratiquement l'ensemble du spectre radio (entre 3,1 et 10,6 GHz). Le débit est de 480 Mbit/s sur une portée de 3 m et décroît à environ 120 Mbit/s à une dizaine de mètres.
- IEEE 802.15.4 s'occupe de la norme ZigBee, qui a pour objectif de promouvoir une puce offrant un débit relativement faible mais à un coût très bas. ZigBee est avant tout normalisé pour le passage des commandes plutôt que des données. Cependant, une version sortie en 2007 propose d'utiliser l'UWB et offre donc malgré tout un débit important.

Du côté de la norme IEEE 802.11, dont les produits sont nommés Wi-Fi (Wireless-Fidelity), il existe aujourd'hui trois propositions, dont les débits sont de 11 Mbit/s

(IEEE 802.11b) et 54 Mbit/s (IEEE 802.11a et g). Une quatrième proposition, provenant des travaux du groupe IEEE 802.11n, permet d'augmenter fortement le débit, avec une centaine de mégabits par seconde au mieux en débit réel. Les fréquences utilisées se placent dans la bande 2,4-2,483 5 MHz pour les extensions b et g et dans la bande 5,15-5,35 MHz pour 802.11a.

Les réseaux hertziens IEEE 802.16 visent à remplacer les modems ADSL, que l'on trouve sur les réseaux téléphoniques fixes, pour donner à l'utilisateur final des débits du même ordre de grandeur que l'ADSL, jusqu'à plusieurs mégabits par seconde. Ces réseaux forment ce que l'on appelle la boucle locale radio. Plusieurs normes sont proposées suivant la fréquence utilisée. Un consortium s'est mis en place pour développer les applications de cette norme sous le nom de WiMAX. Deux versions sont commercialisées, l'une fixe, dont l'objectif est clairement de remplacer l'ADSL dans les zones rurales, l'autre mobile, permettant d'avoir un modem ADSL dans sa poche et toujours connecté.

Les réseaux régionaux sont étudiés par l'IEEE 802.22. Le rayon de la cellule peut atteindre 50 kilomètres pour les gammes de fréquences en dessous de 1 GHz. La distance potentielle du terminal étant importante, le débit montant est assez limité. En revanche, sur la bande descendante, 4 Mbit/s sont disponibles. L'application de base est la télévision interactive ou les jeux vidéo interactifs.

En ce qui concerne les WAN (Wide Area Network), c'est plutôt l'interconnexion des réseaux précédents qui les supporte. Pour cela, il fallait définir une norme d'interconnexion, qui a été apportée par les spécifications du groupe IEEE 802.21. On peut aussi classer dans cette catégorie la norme IEEE 802.20, qui correspond à des cellules cohérentes et permet les accès large bande.

Les réseaux ad-hoc

Une autre grande catégorie de réseaux sans fil est constituée par les réseaux ad-hoc, dans lesquels l'infrastructure n'est composée que des stations elles-mêmes. Ces dernières acceptent de jouer le rôle de routeur pour permettre le passage de l'information d'un terminal vers un autre, sans que ces terminaux soient reliés directement.

Un réseau ad-hoc est illustré à la figure 21.3.

Figure 21.3
Réseau ad-hoc

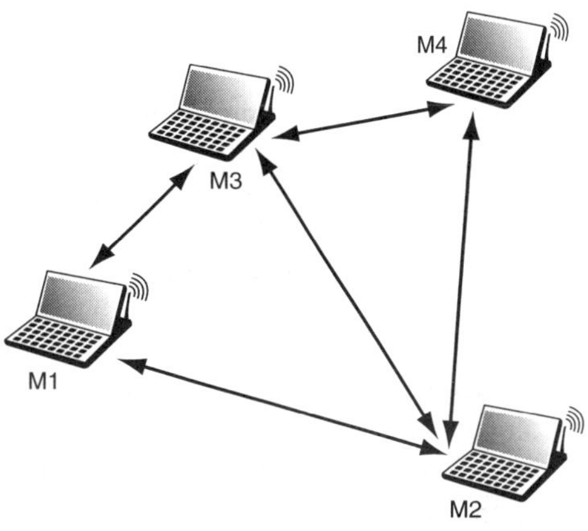

Contrairement aux apparences, les réseaux ad-hoc datent de plusieurs dizaines d'années. Ils visent à réaliser un environnement de communication qui se déploie sans autre infrastructure que les mobiles eux-mêmes. En d'autres termes, les mobiles peuvent jouer le rôle de passerelle pour permettre une communication d'un mobile à un autre. Deux mobiles trop éloignés l'un de l'autre pour communiquer directement peuvent trouver un mobile intermédiaire capable de jouer le rôle de relais.

La difficulté majeure engendrée par ce type de réseau provient de la définition même de la topologie du réseau : comment déterminer quels sont les nœuds voisins et comment aller d'un nœud vers un autre nœud ? Deux solutions extrêmes peuvent être comparées. La première est celle d'un réseau ad-hoc dans lequel tous les nœuds peuvent communiquer avec tous les autres, impliquant une longue portée des émetteurs. Dans la seconde solution, au contraire, la portée hertzienne est la plus courte possible : pour effectuer une communication entre deux nœuds, il faut généralement passer par plusieurs machines intermédiaires. L'avantage de la première solution est la sécurité de la transmission, puisqu'on peut aller directement de l'émetteur au récepteur, sans dépendre d'un équipement intermédiaire. Le débit du réseau est minimal, les fréquences ne pouvant être réutilisées. Dans le second cas, si un terminal tombe en panne ou est éteint, le réseau peut se couper en deux sous-réseaux distincts, sans communication de l'un à l'autre. Bien évidemment, dans ce cas, le débit global est optimisé, puisqu'il peut y avoir une forte réutilisation des fréquences.

Les techniques d'accès sont du même type que dans les réseaux de mobiles. Cependant, du fait que tous les portables jouent le rôle de BSS et qu'ils sont eux-mêmes mobiles, de nouvelles propriétés doivent être apportées à la gestion des adresses des utilisateurs et au contrôle du routage.

La solution développée pour les réseaux ad-hoc prend pour fondement l'environnement IP. Les mobiles qui jouent le rôle de passerelles — le plus souvent l'ensemble des mobiles — implémentent un routeur dans leurs circuits, de telle sorte que les problèmes posés reviennent essentiellement à des problèmes de routage dans Internet, la mobilité étant gérée par le protocole IP Mobile.

Les avantages des réseaux ad-hoc sont leurs extensions très simples, leur couverture physique et leur coût. Toutefois, pour en bénéficier pleinement, un certain nombre d'écueils sont à surmonter, telles la qualité de service et la sécurité, du fait de la mobilité des nœuds.

MANET (Mobile Ad-hoc NETwork) est le groupe de travail de l'IETF qui se préoccupe de la normalisation des protocoles ad-hoc fonctionnant sous IP. Ce groupe s'est appuyé sur les protocoles classiques d'Internet et les a perfectionnés pour qu'ils puissent fonctionner avec des routeurs mobiles.

Deux grandes familles de protocoles ont été définies : les protocoles réactifs et les protocoles proactifs :

- **Protocoles réactifs.** Les terminaux ne maintiennent pas de table de routage mais s'en préoccupent lorsqu'une émission est à effectuer. Dans ce cas, on se sert essentiellement de techniques d'inondation pour répertorier les mobiles pouvant participer à la transmission.

- **Protocoles proactifs.** Les mobiles cherchent à maintenir une table de routage cohérente, même en l'absence de communication.

Les réseaux ad-hoc sont utiles dans de nombreux cas de figure. Ils permettent de mettre en place des réseaux dans un laps de temps restreint, en cas, par exemple, de tremblement de terre ou pour un meeting avec un très grand nombre de participants. Une autre possibilité est d'étendre l'accès à une cellule d'un réseau sans fil comme Wi-Fi. Comme illustré à la figure 21.4, un terminal situé hors d'une cellule peut se connecter à une machine d'un autre utilisateur se trouvant dans la zone de couverture de la cellule. Ce dernier sert de routeur intermédiaire pour accéder à l'antenne de la cellule.

Les réseaux ad-hoc posent de nombreux problèmes du fait de la mobilité de tous les équipements. Le principal d'entre eux est le routage nécessaire pour transférer les paquets d'un point à un autre point du réseau. L'un des objectifs du groupe MANET est de proposer une solution à ce problème. Pour le moment, quatre grandes propositions ont vu le jour, deux de type réactif et deux de type proactif. Parmi les autres problèmes, nous retrouvons la sécurité, la qualité de service et la gestion de la mobilité en cours de communication.

Figure 21.4
Extension de couverture par un réseau ad-hoc

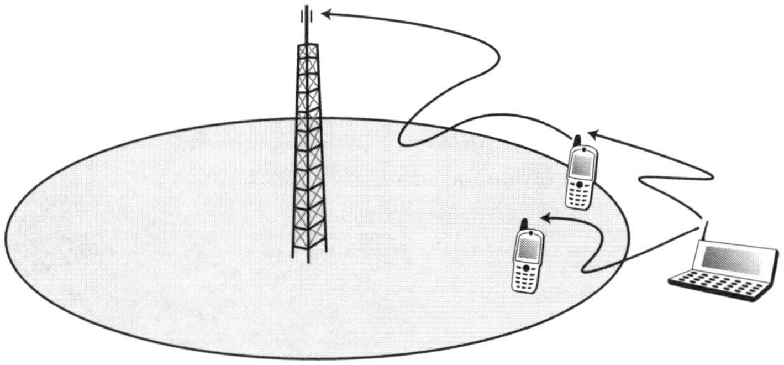

Le routage

Le routage est l'élément primordial d'un réseau ad-hoc. Il faut un logiciel de routage dans chaque nœud du réseau pour gérer le transfert des paquets IP. La solution la plus simple est évidemment d'avoir un routage direct, comme celui illustré à la figure 21.5, dans lequel chaque station du réseau peut atteindre directement une autre station, sans passer par un intermédiaire. Ce cas le plus simple correspond à une petite cellule, d'un diamètre inférieur à 100 m, comme dans un réseau 802.11 en mode ad-hoc.

Le cas classique du routage dans un réseau ad-hoc consiste à transiter par des nœuds intermédiaires. Ces derniers doivent posséder une table de routage apte à diriger le paquet vers le destinataire. Toute la stratégie d'un réseau ad-hoc consiste à optimiser les tables de routage par des mises à jour plus ou moins régulières. Si les mises à jour sont trop régulières, cela risque de surcharger le réseau. Cette solution présente toutefois l'avantage de maintenir des tables à jour et donc de permettre un routage rapide des paquets. Une mise à jour uniquement lors de l'arrivée d'un nouveau flot restreint la charge circulant dans le réseau mais décharge le réseau de nombreux flots de supervision.

Il faut dans ce cas arriver à mettre en place des tables de routage susceptibles d'effectuer l'acheminement dans des temps acceptables.

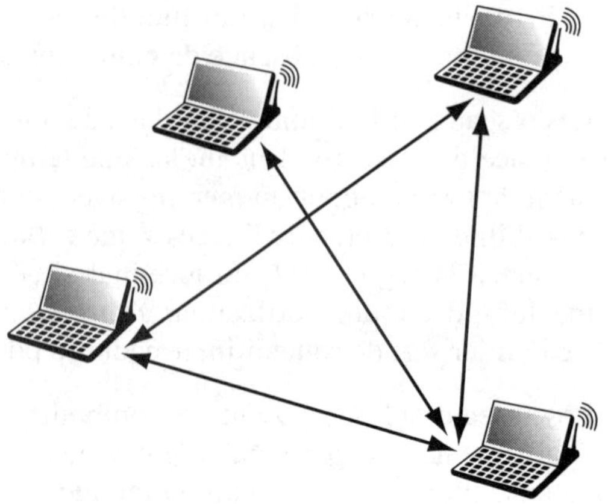

Figure 21.5
Communication directe entre machines d'un réseau ad-hoc

La figure 21.6 illustre le cas d'un réseau ad-hoc dans lequel, pour aller d'un nœud à un autre, il peut être nécessaire de traverser des nœuds intermédiaires. De nombreux écueils peuvent se trouver sur le chemin de la construction de la table de routage. Par exemple, en matière de transmission de signaux, il est possible que la liaison ne soit pas symétrique, un sens de la communication étant acceptable et pas l'autre. La table de routage doit en tenir compte. Les signaux radio étant sensibles aux interférences, l'asymétrie des liens peut par ailleurs se compliquer par l'évanouissement possible des liaisons.

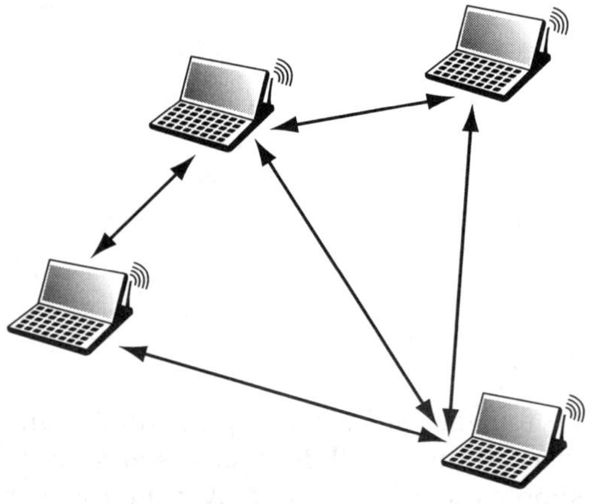

Figure 21.6
Routage par le biais de nœuds intermédiaires

Pour toutes ces raisons, les routes du réseau doivent être sans cesse modifiées, d'où l'éternelle question débattue à l'IETF : faut-il maintenir les tables de routage dans les nœuds mobiles d'un réseau ad-hoc ? En d'autres termes, vaut-il la peine de maintenir à jour des tables de routage qui changent sans arrêt ou n'est-il pas plus judicieux de déterminer la table de routage au denier moment ?

Comme expliqué précédemment, les protocoles réactifs travaillent par inondation pour déterminer la meilleure route lorsqu'un flot de paquets est prêt à être émis. Il n'y a donc pas d'échange de paquets de contrôle en dehors de la supervision pour déterminer le chemin du flot. Le paquet de supervision qui est diffusé vers tous les nœuds voisins est de nouveau diffusé par les nœuds voisins jusqu'à atteindre le récepteur. Suivant la technique choisie, on peut se servir de la route déterminée par le premier paquet de supervision qui arrive au récepteur ou prévoir plusieurs routes en cas de problème sur la route principale.

Les protocoles proactifs se comportent totalement différemment. Les paquets de supervision sont émis sans arrêt dans le but de maintenir à jour la table de routage en ajoutant de nouvelles lignes et en supprimant certaines. Les tables de routage sont donc dynamiques et varient en fonction des paquets de supervision parvenant aux différents nœuds. Une difficulté consiste dans ce cas à calculer une table de routage qui soit compatible avec les tables de routage des différents nœuds de telle sorte qu'il n'y ait pas de boucle.

Une autre possibilité consiste à trouver un compromis entre les deux systèmes. Cela revient à calculer régulièrement des tables de routage tant que le réseau est peu chargé. De la sorte, les performances des flots utilisateur en transit ne sont pas trop modifiées. Lorsque le trafic augmente, les mises à jour sont ralenties. Cette méthode simplifie la mise en place d'une table de routage réactive lorsqu'une demande parvient au réseau.

Les protocoles proposés à la normalisation du groupe MANET sont récapitulés au tableau 21.1. Différentes métriques peuvent être utilisées pour calculer la meilleure route :

- Les vecteurs de distance donnent un poids à chaque lien et additionnent les poids pour déterminer la meilleure route, qui correspond à celle du poids le plus faible.
- Le routage à la source permet de déterminer la meilleure route comme étant celle qui permet au paquet de supervision d'arriver le premier au destinataire.
- Les états des liens indiquent les liens qui sont intéressants à prendre et ceux qui le sont moins.

Métrique	Réactif	Proactif
Vecteur de distance	AODV (Ad-hoc On demand Distance Vector)	DSDV (Destination Sequence Distance Vector)
Routage à la source	DSR (Dynamic Source Routing)	
État du lien		OLSR (Optimized Link State Routing Protocol)

TABLEAU 21.1 • Protocoles ad-hoc

En conclusion, si les études du groupe MANET sont pratiquement finies en ce qui concerne le routage, tout ou presque reste à faire pour la qualité de service, la sécurité et la consommation électrique.

La section suivante décrit brièvement les deux principaux protocoles de routage dans les réseaux ad-hoc normalisés par le groupe MANET.

OLSR

Le protocole OLSR (Optimized Link State Routing) est certainement le plus utilisé des protocoles de routage ad-hoc. Il est de type proactif.

Pour éviter de transporter trop de paquets de supervision, OLSR s'appuie sur le concept de relais multipoint, ou MPR (MultiPoint Relay). Les MPR sont des nœuds importants qui ont la particularité d'être les meilleurs points de passage pour atteindre l'ensemble des nœuds lors d'un processus d'inondation sans diffuser tous azimuts. L'état des liens n'étant envoyé que par les MPR, cela réduit d'autant les messages de supervision.

La connaissance de ses voisins est obtenue par les messages Hello qui sont émis en diffusion. Cela permet de déterminer quels sont les voisins et d'envoyer les informations d'état de lien nécessaires pour l'algorithme de routage. Le message Hello permet également d'indiquer les MPR à ses voisins. Ces messages Hello ne sont destinés qu'aux nœuds voisins et ne peuvent être routés vers un destinataire à deux sauts.

La structure du paquet Hello est illustrée à la figure 21.7.

0	1	2	3
0 1 2 3 4 5 6 7 8 9	0 1 2 3 4 5 6 7 8 9	0 1 2 3 4 5 6 7 8 9	0 1
Reserved		Htime	Willingness
Link Code	Reserved	Link Message Size	
Neighbor Interface Address			
Neighbor Interface Address			
Link Code	Reserved	Link Message Size	
Neighbor Interface Address			
Neighbor Interface Address			

Figure 21.7

Structure du paquet Hello

Le champ Reserved ne contient que des 0, le champ Htime indique l'intervalle de temps entre Hello, le champ Willingness demande à un nœud de devenir un MPR, le champ Link Code permet de faire passer les informations d'état de lien entre l'émetteur et les récepteurs indiqués dans la liste des « Neighbor Interface Address ».

Les paquets TC (Topology Control) sont émis uniquement par les MPR, avec toujours une adresse de broadcast. L'information émise indique la liste de tous les voisins qui ont choisi ce nœud comme MPR et permet, par la connaissance de tous les MPR et l'état des liens, d'en déduire la table de routage. Ces messages sont diffusés sur tout le réseau avec une valeur de 255 dans le champ TTL. La structure du paquet TC est illustrée à la figure 21.8.

0	1	2	3
0 1 2 3 4 5 6 7 8 9	0 1 2 3 4 5 6 7 8 9	0 1 2 3 4 5 6 7 8 9	0 1
ANSN		Reserved	
Advertised Neighbor Main Address			
Advertised Neighbor Main Address			

Figure 21.8

Structure du paquet TC

Le champ Reserved est toujours rempli de 0. Le champ ANSN (Advertised Neighbor Sequence Number) transporte un entier incrémenté à chaque changement de topologie. Cette astuce permet de ne pas prendre en compte des informations qui seraient trop anciennes. Les champs Advertised Neighbor Main Address transportent les adresses IP des nœuds à un saut.

Les paquets MID (Multiple Interface Declaration) sont utilisés lorsque les nœuds ont plusieurs interfaces et qu'il faut signaler l'ensemble des interfaces disponibles.

L'algorithme de sélection des MPR est le suivant. Grâce aux messages Hello, les nœuds peuvent déterminer s'ils sont reliés en full-duplex à leurs voisins. La détermination des MPR ne tient compte que des liens symétriques. Par rapport à un nœud donné, un premier ensemble est déterminé, celui de ses voisins à un saut, l'ensemble A. Pour déterminer les MPR, les messages Hello sont reroutés, ce qui permet de déterminer les nœuds à deux sauts, qui forment un autre ensemble bien déterminé, l'ensemble B. Chaque nœud détermine les liens symétriques avec ses voisins. Pour tous les nœuds de B qui n'ont qu'un et un seul lien symétrique avec un nœud de A, on définit ce nœud de A comme MPR, et on ne tient plus compte des nœuds de B reliés par ce MPR. On réitère le processus jusqu'à ce qu'il n'y ait plus de nœud non relié dans B. Les nœuds MPR sont alors tous déterminés.

AODV

AODV (Ad-hoc On-demand Distance Vector) a été le premier protocole normalisé par le groupe MANET, juste avant OLSR. Il est du type réactif. Ce protocole peut gérer à la fois les routages unicast et multicast.

Lorsqu'un flot de paquets est émis par un nœud, la première action est de déterminer la route par une technique d'inondation. Pour cela, le paquet de requête de connexion mémorise les nœuds traversés lors de la diffusion. Lorsqu'un nœud intermédiaire reçoit une requête de connexion, il vérifie qu'il n'a pas déjà reçu une telle requête. Si la réponse est positive, un message est renvoyé vers l'émetteur pour indiquer l'abandon de cette route.

Le premier message qui arrive au destinataire détermine la route à suivre. La complexité du processus de détermination de la route doit être simplifiée au maximum en évitant les diffusions inutiles. Pour cela, chaque requête de demande d'ouverture d'une route est numérotée, afin d'éviter les duplications, et possède un TTL qui limite le nombre de transmissions dans le réseau.

L'avantage d'AODV est de ne pas créer de trafic lorsqu'il n'y a pas de message à transmettre. La détermination de la route est assez simple et n'implique que peu de calcul dans chaque nœud. Il est évident que les deux inconvénients majeurs résident dans le temps de mise en place de la route et de l'important trafic suscité pour mettre en place les routes.

Les réseaux mesh

Les réseaux mesh *(meshed networks)* sont des réseaux ad-hoc dans lesquels les points de routage sont immobiles. Les clients sont rattachés par un réseau sans fil sur les points d'accès, et les points d'accès sont reliés entre eux par des liaisons sans fil.

L'avantage de ces réseaux est qu'ils peuvent couvrir une zone géographique importante, sans nécessiter de pose de câbles. Par exemple, sur un grand campus, les points d'accès peuvent se mettre sur les toits des différents bâtiments sans que l'architecte du réseau ait à se préoccuper de relier les points d'accès à un système câblé de type Ethernet.

Plusieurs possibilités se font jour pour réaliser un réseau mesh :

- Utiliser la même fréquence que les terminaux, en considérant que les points d'accès sont traités comme des machines terminales. L'inconvénient est bien sûr d'utiliser de la bande passante enlevée aux autres machines terminales. De plus, il faut faire attention que les deux points d'accès ne soient pas trop éloignés et n'obligent l'émetteur et le récepteur à baisser leur vitesse. Cette solution est considérée comme la première génération de réseaux mesh.

- Utiliser des fréquences différentes. Par exemple, un réseau Wi-Fi 802.11b comportant trois fréquences disponibles, il est possible d'utiliser deux cartes de communication avec des fréquences différentes. L'inconvénient est bien sûr de perturber le plan de fréquences, surtout si le réseau est important et possède de nombreux points d'accès. Cette solution fait partie de la seconde génération de réseaux mesh.
- Toujours dans la deuxième génération, le réseau mesh fait appel à une norme différente pour relier les points d'accès entre eux. Par exemple, un réseau mesh 802.11g peut utiliser la norme IEEE 802.11a pour interconnecter les points d'accès.
- On considère que la troisième génération utilise trois fréquences au total. Une pour connecter les clients, et deux pour interconnecter les points d'accès. Dans ce cas, les connexions amont et aval d'un même nœud utilisent des fréquences différentes. Il faut généralement utiliser 802.11a qui possède jusqu'à huit fréquences différentes.

Les réseaux mesh posent des problèmes inédits aux réseaux sans fil, notamment les suivants : comment optimiser les batteries des points d'accès si ceux-ci ne sont pas reliés au courant électrique ? comment optimiser le routage pour ne pas perturber le trafic utilisateur aux points d'accès, surtout s'ils sont déjà saturés ? quelle densité de points d'accès faut-il utiliser, ce qui revient à se poser la question de la puissance des points d'accès ?

L'avantage de cette technologie est d'être capable de se reconfigurer facilement lorsqu'un point d'accès tombe en panne. Les clients peuvent se connecter à un autre point d'accès, quitte à augmenter légèrement la puissance des points d'accès voisins de celui en panne.

Le problème principal est de gérer le routage. Ce dernier est traité dans les points d'accès qui ne sont pas des machines très puissantes, et il faut de ce fait éviter les points d'accès qui supportent beaucoup de trafic provenant des clients raccordés. De nombreuses propositions sont en discussion, en premier lieu celles provenant des réseaux ad-hoc.

Le groupe de travail IEEE 802.11s a également cet objectif. À la suite d'une quinzaine de propositions, le groupe a retenu deux propositions le SEE-Mesh et le Wi-Mesh, qui se sont regroupés pour former une proposition unique. Cette proposition est devenue un standard en avril 2007, après de nombreuses discussions d'implémentation. Les points d'accès et les stations qui possèdent l'algorithme de routage 802.11s sont nommés Mesh Points (MP). Les liaisons radio permettent de les interconnecter. Le protocole par défaut est le HWMP (Hybrid Wireless Mesh Protocol). Ce protocole hybride provient d'une combinaison d'un protocole provenant d'AODV, le RM-AODV (Radio Metric-AODV) et d'un algorithme fondé sur les arbres. Un second protocole peut-être utilisé lorsque les MP l'acceptent : le protocole RA-OLSR (Radio Aware-OLSR).

Le groupe IEEE 802.11s définit également des solutions de sécurité pour les réseaux mesh. Pour cela, il faut définir une authentification mutuelle des MP, générer et contrôler les clés de session, permettre le chiffrement des données sur les lignes du réseau ad-hoc et détecter les attaques. Pour cela, il faut effectuer des authentifications avec le protocole IEEE 802.1x que nous détaillons au chapitre 23. Les clés de session sont gérées par une PKI (Public Key Infrastructure), dont nous verrons les détails au chapitre 38, dédié à la sécurité. La confidentialité est assurée par la norme IEEE 802.11i, décrite au chapitre 23.

Les réseaux de capteurs

Un réseau de capteurs se définit comme un ensemble de capteurs connectés entre eux, chaque capteur étant muni d'un émetteur-récepteur. Les réseaux de capteurs forment une nouvelle génération de réseaux aux propriétés spécifiques, qui n'entrent pas dans le cadre des architectures classiques.

La miniaturisation des capteurs pose des problèmes de communication et de ressources d'énergie. Il faut que le capteur soit suffisamment intelligent pour rassembler l'information requise et l'émettre à bon escient. De plus, le processeur du capteur ne doit pas être utilisé trop intensivement afin de consommer le moins d'énergie possible. Il doit donc incorporer des éléments réactifs plutôt que cognitifs. Enfin, pour assurer un bon débit, la portée des émetteurs-récepteurs doit être nécessairement faible, de l'ordre d'une dizaine de mètres. La mise en place d'un réseau de capteurs pose donc des problèmes de routage, de contrôle des erreurs et de gestion de l'alimentation.

Du point de vue de la communication, l'environnement des protocoles IP est trop lourd et engendre un débit trop important et une surconsommation. Les solutions qui ont été dérivées des réseaux de terrain, ou réseaux industriels temps réel, présentent un meilleur compromis entre efficacité et énergie consommée. Comme les capteurs peuvent être diffusés par centaine au mètre carré, l'adressage IPv6 semble le plus probable. Dans le futur, il faudra sûrement utiliser un environnement de paquets IP encapsulés dans des trames spécifiques à déterminer.

Pour le moment, les problèmes de sécurité et de qualité de service sont mis au second plan par rapport aux problèmes de consommation. Un champ de recherche important est en tout cas ouvert pour rendre les réseaux de capteurs efficaces et résistants.

Les principaux standards radio concernent ZigBee, que nous examinons en détail au chapitre suivant. WiBree et 6LowPAN forment d'autres solutions. Wibree est une technologie très basse consommation d'une portée de 10 m et d'un débit de 1 Mbit/s. Cette solution a été développée par Nokia pour concurrencer à la fois ZigBee et Bluetooth.

Les réseaux 6LowPAN (IPv6 over Low power Wireless Personal Area Networks) proviennent d'un groupe de travail de l'IETF. L'objectif est clairement de permettre la continuité du protocole IP vers des machines peu puissantes et avec une puissance électrique limitée.

L'utilisation de la norme IPv6 pour obtenir un très grand nombre d'adresses pour les immenses réseaux de capteurs pose problème. En effet, les seize octets d'adresse de l'émetteur et les seize octets d'adresse du récepteur plus les champs obligatoires impliquent une mauvaise utilisation de la liaison radio pour transporter ces informations de supervision. Cela devient réellement problématique avec le peu d'énergie du capteur. ZigBee, au contraire, limite la longueur de sa trame à 127 octets, ce qui peut aussi poser des problèmes si l'information à transporter venant d'un capteur est longue.

Ces réseaux de capteurs forment des réseaux mesh, et il leur faut un protocole de routage. L'utilisation d'un protocole comme IEEE 802.11s associé à des adresses IPv6 serait catastrophique pour la longévité de la batterie des capteurs. Pour cette raison, les propositions actuelles sont beaucoup plus simples, avec des protocoles comme LOAD (6LowPAN Ad-hoc Routing Protocol), une simplification d'AODV, DyMO-Low (Dynamic MANET On-demand for 6LowPAN), une simplification de DyMO du groupe de travail MANET, et Hi-Low (Hierarchical Routing over 6LowPAN), qui comporte un adressage hiérarchique. Ces différents protocoles proviennent de proposition de l'IETF et donc de la normalisation des réseaux ad-hoc, mais en ne prenant pas en compte tout ce qui est optionnel.

Une autre caractéristique importante des protocoles des réseaux de capteurs concerne la découverte de service, qui doit permettre la mise en marche du réseau de façon automatique. L'IETF joue également un rôle important dans ce domaine, en proposant plusieurs solutions, dont une orientée vers les capteurs : LowPAN Neighbor Discovery Extension. Ce protocole est une réduction de la norme Neighbor Discovery concernant tous les éléments consommateurs d'énergie, comme les broadcast et la gestion des multicast.

Un réseau de capteurs particulier est proposé par les poussières intelligentes (Smart Dust), dont l'objectif est de développer des capteurs en nanotechnologie et de les relier entre eux par un réseau de type ad-hoc ou mesh. La poussière intelligente tient dans un cube inférieur au millimètre cube, d'où son nom de poussière. Dans cette poussière, se trouvent tous les composants nécessaires pour réaliser un ordinateur communiquant : un processeur, de la mémoire, de la radio, une batterie, etc.

La problématique principale est ici encore la sauvegarde de l'énergie lors de l'exécution des fonctions du capteur. En particulier, la partie réseau doit mener à des communications dépensant très peu d'énergie. L'Université de Berkeley a ainsi conçu un système d'exploitation et des protocoles spécifiques nommés TinyOS et Tiny protocol. Le TinyOS a été écrit dans un langage C simplifié, appelé nesC, qui est une sorte de dialecte destiné à optimiser l'utilisation de la mémoire.

La RFID

La RFID (Radio-Frequency Identification) a été introduite pour réaliser une identification des objets, d'où son autre nom d'étiquette électronique.

Les étiquettes électroniques sont interrogées par un lecteur, qui permet de récupérer l'information d'identification. Les étiquettes électroniques sont utilisées dans de nombreuses applications, allant du suivi d'animaux à des étiquettes pour magasin.

Il existe deux grands types d'étiquettes électroniques : les étiquettes passives et les étiquettes actives. Les étiquettes passives ne possèdent aucune ressource d'énergie. Elles sont allumées par un lecteur qui procure un champ électromagnétique suffisant pour générer un courrant électrique permettant l'émission par une onde radio des éléments binaires stockés dans une mémoire EEPROM constituant l'identification RFID. Une étiquette passive est illustrée à la figure 21.9. L'antenne doit être architecturée de sorte à recevoir le champ électromagnétique du lecteur et émettre son identité.

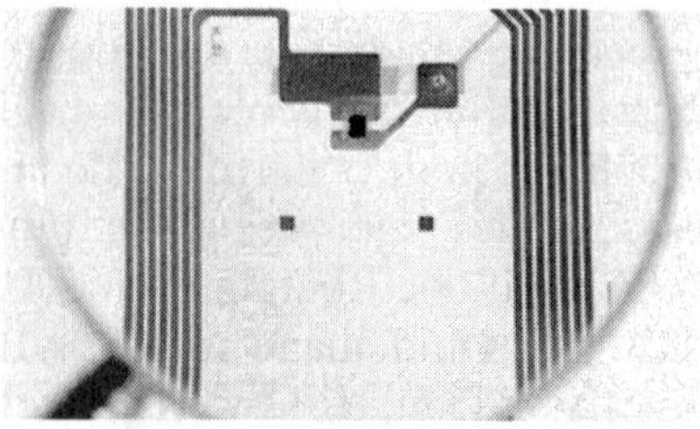

Figure 21.9
RFID passif

Un RFID passif peut être très petit. Les équipements nécessaires étant limités, des tailles d'un dixième de millimètre sur un dixième de millimètre sont suffisantes. Le prix d'une étiquette électronique dépend du nombre d'éléments fabriqués dans une même passe. Il est possible de descendre à cinq centimes d'euro.

Les étiquettes électroniques actives disposent d'une source d'alimentation électrique dans le composant. Le premier avantage très important de ces étiquettes tient à la qualité de la transmission. Une session peut être ouverte entre le lecteur et le RFID de telle sorte qu'une retransmission puisse être réalisée automatiquement en cas de problème. Un autre avantage est la transmission avec une portée de plusieurs mètres entre le RFID et le lecteur, au lieu de quelques centimètres. Un inconvénient pourrait être la durée de vie de la batterie. Cependant, pour une utilisation standard de quelques lectures par jour, il est possible de dépasser la dizaine d'années.

Le RFID actif peut posséder une mémoire plus importante pour le stockage d'attributs associés à la valeur de l'identité.

Un RFID actif est illustré à la figure 21.10.

Figure 21.10
RFID actif

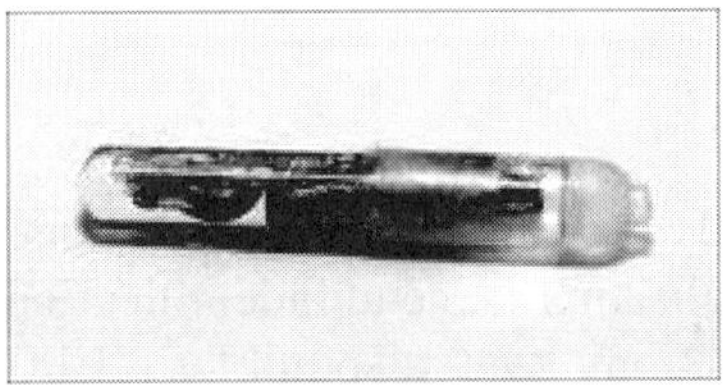

Utilisation des RFID

Une application très connue des RFID est le passeport électronique. Le passeport électronique est défini dans le texte ICAO (International Civil Aviation Organization), Document 9303, Part 1, Volumes 1 et 2 (6e édition, 2006). Le composant de l'étiquette électronique contient les informations qui sont imprimées sur le passeport lui-même, ainsi qu'une photo numérisée du propriétaire du passeport.

Les titres de transport forment une seconde application des RFID. Par exemple, les tickets du métro parisien contiennent une étiquette électronique qui mémorise un ensemble d'informations comprenant la date et l'endroit de l'achat. Des solutions plus sophistiquées sont mises en œuvre dans les transports publics de Séoul, où l'étiquette devient active et contient de l'argent pour permettre l'utilisation d'un même ticket plusieurs fois.

Des barrières de péage pour autoroute utilisent également cette solution de RFID actif, avec des portées de quelques mètres. L'étiquette active permet de soustraire le prix du péage de la somme d'argent stockée dans la mémoire. De même, des barrières de péage pour des remontées mécaniques dans de nombreuses stations de ski françaises utilisent des RFID actifs.

Une autre application assez immédiate est le suivi des voitures pour détecter les voitures volées lors du passage près d'un lecteur.

Enfin, une des applications les plus connues concerne les inventaires et les achats dans les magasins. Les inventaires peuvent s'effectuer plus souvent et avec moins d'erreurs. Les achats posés dans un caddy peuvent de la même façon être lus par le lecteur et apporter une grande simplification à la procédure de paiement des achats dans un magasin.

La technologie RFID

Les fréquences de transmissions du RFID sont indiquées au tableau 21.2. Elles sont déterminées par les organismes de normalisation locaux ou régionaux.

Fréquence pour les RFID	Commentaire
125 kHz (LF)	Première solution permettant une portée relativement importante pour les RFID passifs
13,56 MHz (HF)	Une des fréquences standardisées très utilisée pour les RFID passifs
400 MHz	Quelques utilisations spécifiques, comme la détection des voitures volées
865-868 MHz (UHF)	Bande de fréquences normalisées en Europe pour une utilisation intensive des RFID
902-928 MHz (UHF)	Bande de fréquences normalisée pour l'Amérique du Nord
2,4-2,483 5 GHz	Bande libre ISM dans laquelle devraient se développer de nombreuses applications RFID.

TABLEAU 21.2 • Fréquences de transmission des RFID

EPCglobal

Les RFID ont pour objectif de donner l'identité des objets auxquels ils sont adossés. La normalisation de cette indentification a été réalisée par le consortium EPCglobal. Deux générations sont disponibles : EPC Gen1 et EPC Gen2. Nous nous intéresserons surtout à cette deuxième génération, sortie mi-2006, qui a permis au RFID de devenir une technique industrielle.

EPC Gen2 est l'acronyme d'EPCglobal UHF Class1 Generation 2. Cette spécification est sortie dans sa version 1.1 en mai 2006. Elle prend en charge le protocole entre le lecteur, d'une part, et le RFID et l'identification, d'autre part. L'objectif du protocole est de lire, écrire et tuer un RFID, de telle sorte que les lecteurs vendus par n'importe quel équipementier soient interchangeables.

La procédure de lecture est définie en utilisant un système à base de tranches temporelles (slots) muni d'un système anticollision. En effet, un lecteur pouvant allumer simultanément un grand nombre de RFID, des lectures simultanées des différentes étiquettes entraîneraient des collisions. Une signalisation permet de définir la fréquence, le codage utilisé (entre DSB-ASK, SSB-ASK et PR-ASK) et le débit du canal. Le système anticollision permet à chaque lecture simultanée que seulement la moitié des objets qui ont pu transmettre puisse transmettre de nouveau dans la lecture suivante. Au bout d'un certain nombre de collisions, un seul RFID transmet avec succès. L'algorithme est conçu de telle sorte que chaque RFID passe ensuite à tour de rôle. La vitesse de lecture peut atteindre 640 Kbit/s.

L'identité de l'objet est déterminée par l'EPCglobal Electronic Product Code. La Gen1 utilise 96 bits tandis que la Gen2 passe à 256 bits de longueur. Un exemple de cette identification pour la Gen1 est illustré à la figure 21.11. La figure 21.12 indique les champs de l'identification dans la Gen2. Cette solution est beaucoup plus complexe, car elle fait appel à des filtres intermédiaires qui déterminent les longueurs des champs suivants. Il est à noter que le numéro de série passe de 36 à 140 bits, ce qui permet, pour un article donné, de ne jamais repasser par la valeur 0.

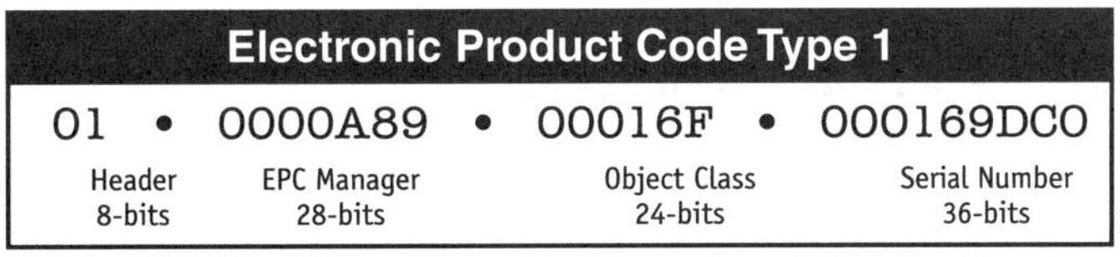

Figure 21.11

Structure de l'Electonic Product Code GEN1

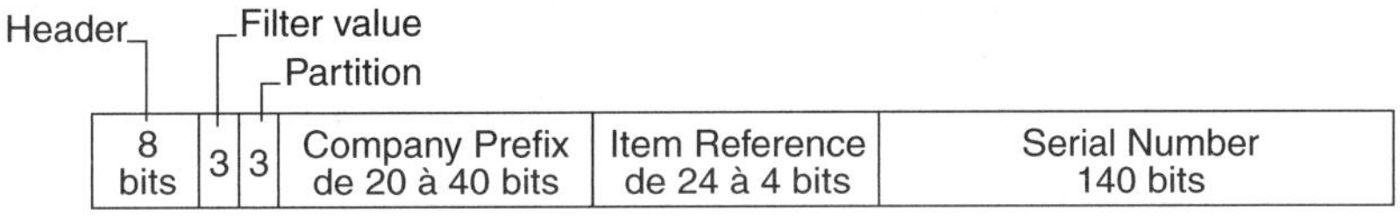

Figure 21.12

Structure de l'Electonic Product Code GEN2

Sécurité des RFID

La sécurité est un problème épineux dans le monde des RFID. En effet, la lecture d'un RFID passif peut se faire facilement à l'aide d'un lecteur d'une personne tierce. De même, la vie privée peut être mise à mal par le suivi et la traçabilité de tout ce qui concerne un individu.

Des solutions sont disponibles, comme le chiffrement de l'identifiant dans l'étiquette ou le changement de la valeur de l'étiquette après chaque lecture. Ces solutions reposent sur un middleware capable d'interpréter les valeurs des étiquettes ou de suivre les changements de valeur.

Les étiquettes actives peuvent ouvrir une session d'authentification permettant un échange avec le lecteur, qui joue alors le rôle de serveur d'authentification. Il faut dans ce cas un circuit électronique dans l'étiquette capable de chiffrer un texte émis par le serveur d'authentification. Cependant, la longueur des clés est si faible que la possibilité de les casser après une suite de tentatives d'authentification n'est pas négligeable. De nombreuses propositions ont été effectuées en utilisant l'algorithme anticollision, qui permet de sérialiser la lecture des étiquettes, pour l'authentification.

Conclusion

Les réseaux sans fil sont devenus un marché porteur en ce début de XXIe siècle. Les terminaux téléphoniques mobiles ont été les grands gagnants de la fin du XXe, mais ils ne sont dévolus qu'aux communications téléphoniques. Les tentatives d'introduire les données par le biais du WAP (Wireless Application Protocol) ont été un échec, essentiellement du fait des médiocres débits offerts par les réseaux de mobiles. Le GPRS apporte un peu plus de débit mais plafonne à 40 Kbit/s. L'UMTS devrait encore augmenter le débit pour les données mais part avec beaucoup de retard sur les réseaux sans fil. En effet, les réseaux sans fil apportent des débits élevés, qui permettent à un PC ou à un PDA de se connecter sans se soucier du câblage et même de se déplacer lentement, à condition de ne pas sortir de sa cellule.

La diffusion massive de stations de travail de poche, telles que Pocket PC, d'une puissance comparable aux PC de bureau, va démultiplier le développement de ces réseaux sans fil, qui se présenteront comme l'entrée du réseau Internet. On donne parfois à un tel réseau, auquel on peut accéder de partout, à tout moment et à haut débit, le nom d'Internet ambiant

Dans un avenir proche, le changement intercellulaire sera possible dans les réseaux sans fil, permettant un déplacement plus important de l'équipement mobile. De surcroît, la téléphonie ne deviendra qu'une application particulière de cette nouvelle génération. On peut donc s'attendre à une diversification des stations terminales de poche capables de se connecter à des réseaux Internet ambiants disponibles dans tous les lieux de passage fréquentés, comme le cœur des villes, les gares, les aéroports, le métro, etc.

Les réseaux de mobiles ont cependant une sérieuse carte à jouer avec la gamme UMTS — HSDPA, HSUPA et HSOPA —, qui permet de concurrencer les réseaux sans fil avec des débits similaires. La qualité des équipements, la sécurité et les prix devraient départager ces deux grandes solutions que sont les réseaux de mobiles et les réseaux sans fil, avec plus certainement un partage du marché.

22

Les réseaux personnels Bluetooth, UWB et ZigBee

Les réseaux personnels se préoccupent des équipements qui se trouvent dans les poches et les cartables pour les relier entre eux avec des débits suffisants pour y faire transiter de la voix, des données et de la vidéo.

La portée de ces réseaux est faible, de l'ordre de quelques mètres. Bluetooth a longtemps été la seule solution, mais elle est aujourd'hui concurrencée par de nombreuses propositions et produits provenant de normes édictées par le groupe de travail IEEE 802.15 de l'IEEE.

WPAN et IEEE 802.15

Le groupe IEEE 802.15 a été mis en place en mars 1999 dans le but de réfléchir aux réseaux hertziens d'une portée d'une dizaine de mètres, ou WPAN (Wireless Personal Area Network), avec pour objectif de réaliser des connexions entre les différents portables d'un même utilisateur ou de plusieurs utilisateurs. Ce type de réseau peut interconnecter un PC portable, un téléphone portable, un PDA ou tout autre terminal de ce type. Trois groupes de services ont été définis, A, B et C.

Le groupe A utilise la bande du spectre sans licence d'utilisation (2,4 GHz) en visant un faible coût de mise en place et d'utilisation. La taille de la cellule autour du point d'émission est de l'ordre du mètre. La consommation électrique doit être particulièrement faible pour permettre au terminal de tenir plusieurs mois sans recharge électrique. Le mode de transmission choisi est sans connexion. Le réseau doit pouvoir travailler en parallèle d'un réseau IEEE 802.11. Sur un même emplacement physique, il peut donc y avoir en même temps un réseau de chaque type, les deux pouvant fonctionner éventuellement de façon dégradée.

Le groupe B affiche des performances en augmentation, avec un niveau MAC pouvant atteindre un débit d'au moins 100 Mbit/s. Le réseau de base doit pouvoir interconnecter au moins seize machines et proposer un algorithme de QoS, ou qualité de service, pour autoriser le fonctionnement de certaines applications, comme la parole téléphonique, qui demande une qualité de service assez stricte. La portée entre l'émetteur et le récepteur atteint une dizaine de mètres, et le temps maximal pour se raccorder au réseau ne doit pas dépasser la seconde. Enfin, cette catégorie de réseau doit posséder des passerelles avec les autres catégories de réseaux 802.15.

Le groupe C introduit de nouvelles fonctionnalités importantes pour particuliers ou entreprises, comme la sécurité de la communication, la transmission de la vidéo et la possibilité de roaming, ou itinérance, entre réseaux hertziens.

Pour répondre à ces objectifs, des groupements industriels se sont mis en place, comme Bluetooth ou la WiMedia Alliance. Bluetooth regroupe plus de 800 sociétés qui ont réalisé une spécification ouverte de connexion sans fil entre équipements personnels. Bluetooth est fondé sur une liaison radio entre deux équipements, tandis que la WiMedia Alliance s'intéresse aux connexions à très haut débit sur une courte portée.

Le groupe de travail IEEE 802.15 s'est scindé en quatre sous-groupes :

- IEEE 802.15.1, pour les réseaux de catégorie C ;
- IEEE 802.15.3 pour les réseaux de catégorie B ;
- IEEE 802.15.4 pour les réseaux de catégorie A ;
- IEEE 802.15.2 pour s'occuper des problèmes d'interférences avec les autres réseaux utilisant la bande des 2,4 GHz.

Le groupe IEEE 802.15 a créé de nouveaux groupes, notamment le TG3c (Task Group 3c), pour étudier les possibilités d'un réseau personnel dans les gammes 57 à 64 GHz non utilisées, ce qui permettrait de monter à des vitesses de transmission de plusieurs gigabits par seconde, et le TC5, qui a pour objectif les réseaux mesh, susceptibles de couvrir une surface géographique bien plus importante qu'un réseau personnel.

Le choix du premier groupe s'est tourné vers Bluetooth, présenté en détail à la section suivante. Le deuxième groupe est orienté vers le haut débit et l'UWB (Ultra Wide Band). Cette interface radio a été récupérée par la WiMedia Alliance et par le groupe SIG (Bluetooth Special Interest Group). Le groupe 802.15.4 définit un réseau à faible portée, de l'ordre de quelques mètres, pour interconnecter tous les capteurs et actionneurs que l'on peut trouver un peu partout, dans les jouets par exemple.

Bluetooth

Le Bluetooth Special Interest Group, constitué au départ par Ericsson, IBM, Intel, Nokia et Toshiba et rejoint par plus de 2 500 sociétés, définit les spécifications de Bluetooth.

C'est une technologie peu onéreuse, grâce à sa forte intégration sur une puce unique de 9 mm sur 9 mm. Les fréquences utilisées sont comprises entre 2 400 et 2 483,5 MHz. On retrouve la même gamme de fréquences dans la plupart des réseaux sans fil utilisés dans un environnement privé, que ce dernier soit personnel ou d'entreprise. Cette bande ne demande pas de licence d'exploitation.

Schémas de connexion

Plusieurs schémas de connexion ont été définis par les normalisateurs. Le premier d'entre eux correspond à un réseau unique, appelé piconet, qui peut prendre en charge jusqu'à huit terminaux, avec un maître et huit esclaves. Le terminal maître gère les communications avec les différents esclaves. La communication entre deux terminaux esclaves transite obligatoirement par le terminal maître. Dans un même piconet, tous les terminaux utilisent la même séquence de saut de fréquence.

Un autre schéma de communication consiste à interconnecter des piconets pour former un scatternet, d'après le mot anglais *scatter,* dispersion. Comme les communications se font toujours sous la forme maître-esclave, le maître d'un piconet peut devenir l'esclave du maître d'un autre piconet. De son côté, un esclave peut être l'esclave de plusieurs maîtres. Un esclave peut se détacher provisoirement d'un maître pour se raccrocher à un autre piconet puis revenir vers le premier maître, une fois sa communication terminée avec le second.

La figure 22.1 illustre des connexions de terminaux Bluetooth dans lesquelles un maître d'un piconet est esclave du maître d'un autre piconet et un esclave est esclave de deux maîtres. Globalement, trois piconets sont interconnectés par un maître pour former un scatternet.

Figure 22.1
Schéma de connexion de terminaux Bluetooth

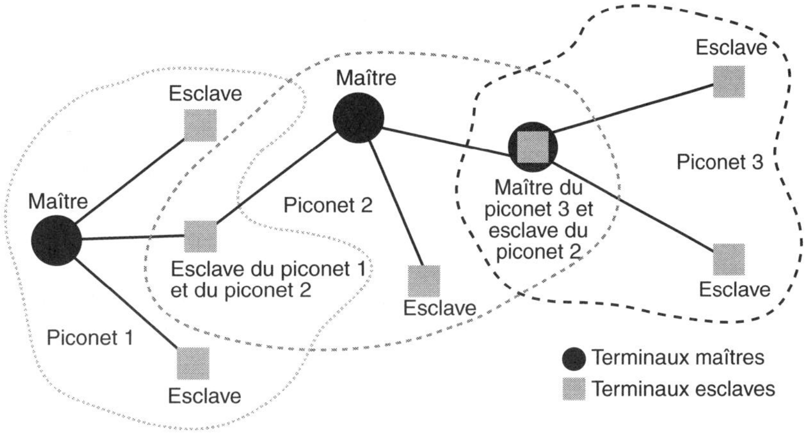

La communication à l'intérieur d'un piconet peut atteindre près de 1 Mbit/s. Comme il peut y avoir jusqu'à huit terminaux, la vitesse effective diminue rapidement en fonction du nombre de terminaux connectés dans une même picocellule. Un maître peut cependant accélérer sa communication en travaillant avec deux esclaves en utilisant des fréquences différentes.

Les communications

La communication sur une liaison Bluetooth entre deux machines peut atteindre un débit de 433,9 Kbit/s dans une communication bidirectionnelle (full-duplex). Les débits sont égaux à 723,2 Kbit/s dans un sens et 57,6 Kbit/s dans l'autre en cas de communication déséquilibrée.

Les communications peuvent être de deux types : asynchrone ou synchrone. Une communication synchrone, ou SCO (Synchronous Connection-Oriented link), permet un débit synchrone de 64 Kbit/s. Ce type de connexion autorise le passage de la parole téléphonique avec une garantie de service. Une communication asynchrone, ou ACL (Asynchronous Connectionless Link), permet des trafics asynchrones avec plus ou moins de protection. Le débit peut atteindre 723,2 Kbit/s.

Plusieurs catégories de communications peuvent être définies sur une connexion Bluetooth : une seule communication asynchrone, trois communications simultanées en SCO ou une SCO avec une ACL symétrique de 433,9 Kbit/s. Cela donne un débit total de la liaison de presque 1 Mbit/s dans le dernier cas. Un terminal esclave ne peut prendre en charge, au maximum, que deux canaux SCO provenant de deux terminaux distincts.

De façon plus précise, le temps est découpé en tranches, ou slots, à raison de 1 600 slots par seconde. Un slot fait donc 625 µs de long, comme illustré à la figure 22.2. Un terminal utilise une fréquence sur un slot puis, par un saut de fréquence (Frequency Hop), il change de fréquence sur la tranche de temps suivante, et ainsi de suite.

Figure 22.2
Découpage en slots

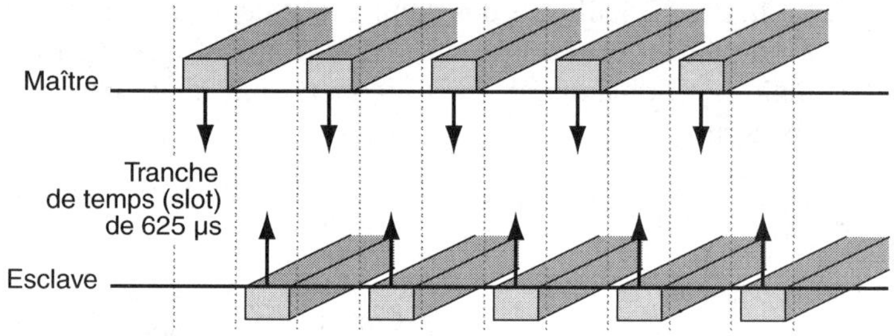

Un client Bluetooth utilise de façon cyclique toutes les bandes de fréquences. Les clients d'un même piconet possèdent la même suite de sauts de fréquence, et, lorsqu'un nouveau terminal veut se connecter, il doit commencer par reconnaître l'ensemble des sauts de fréquence pour pouvoir les respecter. Une communication s'exerce par paquet. En règle générale, un paquet tient sur un slot, mais il peut s'étendre sur trois ou cinq slots *(voir figure 22.3).* Le saut de fréquence à lieu à la fin de la communication d'un paquet.

Figure 22.3
Transmission sur plusieurs slots

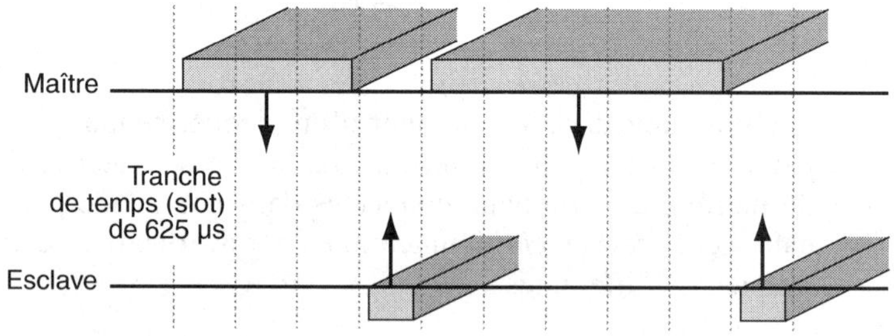

Fonctionnement de Bluetooth

Comme indiqué précédemment, Bluetooth permet la réalisation de petits réseaux personnels de quelques mètres carrés, les piconets. Les terminaux se connectent entre eux par l'intermédiaire d'un maître. La puissance de transmission peut atteindre 100 mW (milliwatt), ce qui permet une émission sur plusieurs dizaines de mètres. Il est possible de réduire cette puissance à 2,5 et 1 mW pour atteindre une portée de quelques mètres.

À une puissance de 100 mW, une batterie peut tenir assez longtemps, à condition d'utiliser des options d'économie d'énergie. Pour cette raison, des états de basse consommation ont été introduits dans la norme Bluetooth, qui autorisent une autonomie de plusieurs jours.

États des terminaux Bluetooth

Les terminaux Bluetooth autorisent des états spécifiques permettant au terminal de dépenser moins d'énergie et donc de prolonger la durée d'utilisation de la batterie. La figure 22.4 illustre les états possibles d'un terminal Bluetooth.

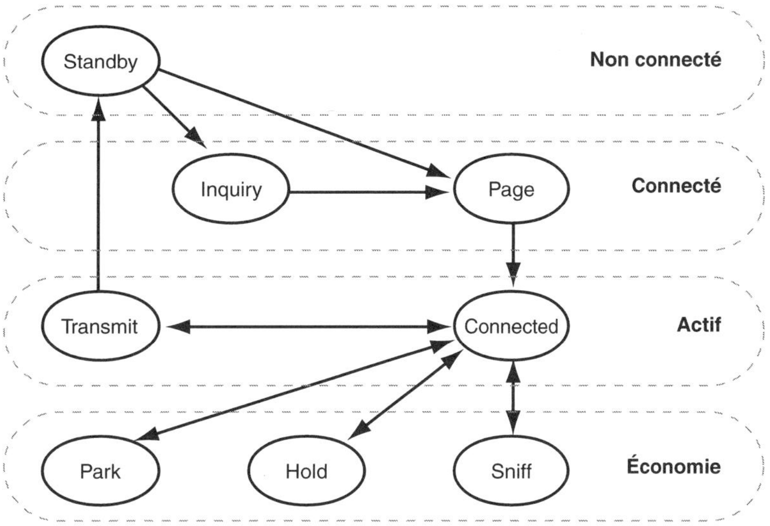

Figure 22.4
États d'un terminal Bluetooth

Dans l'état parqué (Park), le terminal ne peut ni recevoir ni émettre. Il peut seulement se réveiller de temps en temps pour consulter les messages émis par le maître. Utilisant le minimum d'énergie, il n'est pas comptabilisé dans une picocellule et peut donc être remplacé par un autre terminal dans les sept connexions que peut recevoir un maître.

L'état suspendu (Hold) indique que le terminal ne peut que recevoir des communications synchrones de type SCO. Le terminal se met en veille entre les instants synchrones de réception des paquets. L'état de repos actif (Sniff) permet au terminal de décider des slots pendant lesquels il travaille et de ceux pendant lesquels il se met à l'état de repos.

Dans un état de marche normal, le terminal maître doit être dans l'état Inquiry et l'esclave dans l'état Inquiry Scan. Le maître émet une signalisation pour initialiser la communication. Dans ce cas, si l'esclave reçoit les messages, il passe dans un état Inquiry Response, qui lui permet d'envoyer un message au maître lui précisant son adresse et l'état de son horloge. Il passe ensuite dans un nouvel état, Page Scan, dans lequel il attend de recevoir un paquet contenant son adresse sur l'une des neuf fréquences disponibles.

À réception du message, le maître passe à l'état Page, dans lequel il met à jour ses tables de connexion puis envoie un message vers l'esclave. Lorsque l'esclave détecte ce message, il se place dans l'état Slave Response puis répond au maître en indiquant son code d'accès. Le maître se met alors dans l'état Master Response et envoie un paquet Frequency Hopping Synchronization, qui permet à l'esclave de se synchroniser sur l'horloge du maître, puis passe à l'état connecté (Connected). De même, lorsque l'esclave reçoit ce message, il passe à l'état connecté (Connected). Le maître n'a plus qu'à effectuer une interrogation, ou polling, vers l'esclave pour vérifier qu'il y a bien eu connexion.

Techniques d'accès

Bluetooth met en œuvre une technique temporelle synchronisée dans laquelle le temps est divisé en tranches de longueur égale, appelées slots. Un slot correspond au temps élémentaire de transmission d'un paquet. Un paquet peut demander un temps de transmission plus ou moins long, qui ne peut pas accéder cinq slots.

Le format standard d'un paquet Bluetooth est illustré à la figure 22.5.

Figure 22.5
Format d'un paquet Bluetooth

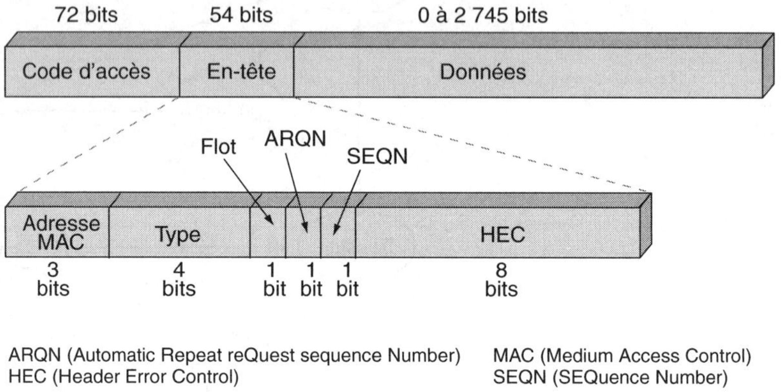

Les 72 premiers bits du paquet permettent de transporter le code d'accès tout en effectuant une synchronisation entre les composants Bluetooth. Cette zone se compose de 4 bits, de préambule 0101 ou 1010, permettant de détecter le début de la trame, puis de 64 ou 68 bits pour le code et enfin de 4 bits de terminaison — lorsque le corps fait 64 bits — permettant de détecter la fin de la synchronisation en utilisant les séries 0101 ou 1010. Les 54 bits suivants consistent en trois fois une même séquence de six champs de longueur 3, 4, 1, 1, 1 et 8 bits. Ces champs servent à indiquer l'adresse d'un membre actif du piconet, ainsi qu'un numéro de code, un contrôle de flux piconet, une demande d'acquittement et un contrôle d'erreur des transmissions. Le champ de 18 bits est répété trois fois de suite pour s'assurer de sa réception correcte au récepteur. La zone de données qui s'étend ensuite de 0 à 2 745 bits contient une zone de détection d'erreur sur un ou deux octets.

Trois grands types de paquets sont définis dans Bluetooth, les paquets de contrôle, les paquets SCO et les paquets ACL. Les paquets de contrôle permettent de gérer les connexions des terminaux Bluetooth entre eux. Les paquets SCO correspondent aux communications synchrones de type SCO, et les paquets ACL aux transferts de données asynchrones.

Dans chacun de ces types de paquets, plusieurs sous-catégories peuvent être distinguées :

- Les paquets DV (Data-Voice), qui portent à la fois des données et de la parole.
- Les paquets DMx (Data-Medium) pour les paquets ACL en mode asynchrone avec un encodage permettant la correction des erreurs en ligne. La valeur *x*, qui vaut 1, 3 ou 5, indique la longueur du paquet en nombre de slots.
- Les paquets DHx (Data-High) pour les paquets ACL en mode asynchrone mais sans correction d'erreur, permettant ainsi un débit effectif plus élevé. De même que précédemment, *x* indique la longueur du paquet.

- Les paquets HVy (High-quality-Voice) pour les paquets SCO en mode synchrone sans correction d'erreur. La valeur y indique le type de contrôle d'erreur dans le paquet. Si $y = 1$, un FEC (Forward Error Correction) de 1/3 est utilisé. Dans ce cas, le corps du paquet contient une redondance par l'émission de trois fois la même information. Si $y = 2$, un FEC de 2/3 est utilisé. Dans ce cas, on transforme à l'aide d'un code la suite d'éléments binaires à transmettre de façon à détecter et corriger les erreurs. Si $y = 3$, aucune protection n'est utilisée.

Sécurité et fonctions de gestion

Trois niveaux de sécurité ont été définis dans Bluetooth. Le premier niveau n'a pas de gestion de sécurité. Le deuxième niveau instaure une sécurité à l'échelon applicatif en introduisant un processus d'identification lors de l'accès au service. Le troisième niveau introduit une sécurité plus importante en travaillant sur la liaison Bluetooth. Un processus d'authentification est mis en place, qui peut être suivi par un chiffrement à l'aide de clés privées pouvant atteindre 64 bits — la norme cite 128 bits comme future extension.

La sécurité est un élément important dans les systèmes de liaison radio puisque l'émission est diffusée et peut potentiellement être captée par les récepteurs environnants. Dans Bluetooth, deux équipements, par exemple deux PDA situés dans les poches de deux utilisateurs du métro, pourraient très bien entrer en communication par hasard. Pour éviter cela, Bluetooth offre des mécanismes d'authentification et de chiffrement au niveau MAC.

La principale technique d'authentification provient d'un programme automatique mis en place dans les terminaux Bluetooth, qui permet l'authentification et le chiffrement par une génération de clés par session. Chaque connexion peut utiliser ou non le mécanisme de chiffrement dans un sens seulement ou dans les deux sens simultanément. Seules des clés de 40 ou 64 bits peuvent être utilisées, ce qui confère une sécurité relativement faible, quoique suffisante pour le type de communication transitant entre deux terminaux Bluetooth. Si une sécurité supplémentaire doit être obtenue, il est nécessaire d'utiliser un chiffrement au niveau de l'application.

L'algorithme de sécurité utilise le numéro d'identité du terminal, ainsi qu'une clé privée et un générateur aléatoire interne à la puce Bluetooth. Pour chaque transaction, un nouveau numéro aléatoire est tiré pour chiffrer les données à transmettre. La gestion des clés est prise en charge par l'utilisateur sur les terminaux qui doivent s'interconnecter.

En utilisant le même procédé pour réaliser le chiffrement dans un scatternet, il est nécessaire de procéder, au début de la mise en relation, à un échange de clés privées entre les possesseurs de piconets indépendants.

Dans un piconet, un système de gestion est nécessaire pour réaliser les fonctions classiques de mise en œuvre des communications. Le processus de gestion des liaisons prend en charge les procédures classiques d'identification ainsi que la négociation des paramètres d'authentification. Il prend également à sa charge la configuration de la liaison, c'est-à-dire la définition des paramètres de fonctionnement. Ce processus de gestion s'effectue par un échange de requêtes-réponses entre les deux extrémités de la liaison.

L'architecture Bluetooth

L'objectif de l'architecture Bluetooth est de permettre l'interconnexion de tout type de terminal qui possède l'interface radio Bluetooth. Cette architecture est composée de deux grands types de couches : les couches matérielles et les couches logicielles, comme l'illustre la figure 22.6.

Figure 22.6
L'architecture Bluetooth

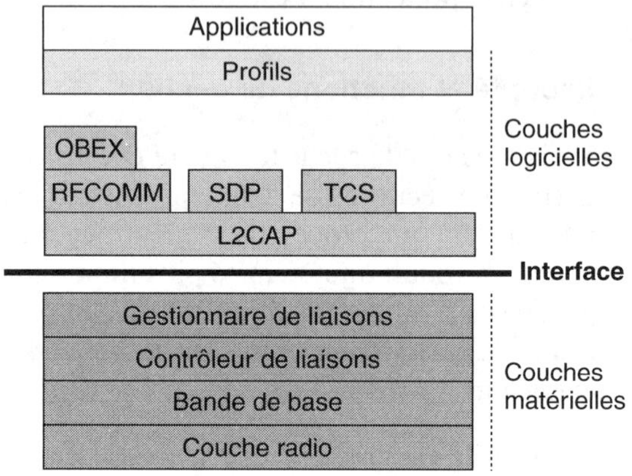

Les couches basses correspondent à la partie transmission sur l'interface radio, que nous avons examinée aux sections précédentes. La distance entre l'émetteur et le récepteur dépend de la puissance d'émission. Trois classes ont été définies : la classe 1 correspond à une puissance de 100 mW et à une portée d'une centaine de mètres, la classe 2, de 2,5 mW et d'une portée d'une quinzaine de mètres, et le classe 3, la plus classique, de 1 mW et d'une portée d'un mètre. Les adresses sont gérées au niveau de la bande de base et sont gérées par l'IEEE sur une longueur de 48 bits.

Le contrôleur de liaison a pour objectif de gérer la configuration de la liaison. Le gestionnaire de liaison vise la sécurité en gérant l'authentification et le chiffrement.

La couche L2CAP (Logical Link Control & Adaptation Protocol) permet de multiplexer les flots qui proviennent des différents protocoles de niveau supérieur. Les protocoles situés au-dessus correspondent à des services de transport sur l'interface série RS-232 (RFCOMM), à la découverte de service avec SDP (Service Discovery Protocol) et au protocole d'échange d'objet OBEX (Object Exchange). Au-dessus de cette couche, des profils d'équipements ont été choisis pour permettre de mettre en place une relation simple entre terminaux de même nature (une vingtaine de profils ont été définis).

Les nouvelles versions de Bluetooth

Une version Bluetooth 2.0 a été définie en 2004, qui permet de multiplier par trois le débit de la première génération et d'atteindre des pointes à 2,1 Mbit/s.

Globalement, il n'y a pas de modification majeure. La version 2.1 EDR (Enhance Data Rate) réduit la complexité des composants et permet de ce fait de diviser la consommation électrique par cinq.

La vraie révolution de Bluetooth arrive avec la version 3.0, ou Next-Gen Bluetooth ou encore Bluetooth UWB. La partie haute de l'architecture n'est pas modifiée, mais la couche matérielle est remplacée par l'UWB (Ultra Wide Band). Cette nouvelle interface permet d'atteindre un débit de 480 Mbit/s.

Les réseaux UWB

Le groupe de normalisation MBOA (MultiBand OFDM Alliance) a défini les éléments de base pour la réalisation d'une vision complète d'un écosystème qui offrirait aux consommateurs un large éventail de produits pour la gestion et le contrôle des réseaux de domicile.

La couche radio UWB (Ultra Wide Band) et la plate-forme de convergence forment ensemble le mécanisme fondamental de transport pour différentes applications, y compris l'IEEE 1394 (FireWire), et le nouveau cadre provenant du consortium DLNA (Digital Living Network Alliance).

L'alliance OFDM multibande (MBOA), établie en 2003 et formalisée dans un groupe d'intérêt (SIG) en 2004, a été établie pour favoriser la production d'une norme globale pour les solutions sans fil de l'UWB. Ses 200 membres comprenaient des industriels des semi-conducteurs, du calcul scientifique, de l'électronique grand public et des dispositifs mobiles.

Les caractéristiques de MBOA pour la couche physique (PHY) et le contrôleur d'accès de médias (IMPER) sont finalisées et disponibles pour les sociétés membres de l'alliance. Cette dernière s'est fondue dans une autre alliance plus importante, la WiMedia Alliance en mars 2005.

WiMedia Alliance

La WiMedia Alliance est un groupement d'industriels ayant avant tout poussé au développement du concept UWB, notamment de couches protocolaires de niveau logiciel.

L'alliance WiMedia vise à favoriser la connectivité et l'interopérabilité des produits UWB. La plate-forme commune illustrée à la figure 22.7 permettra à de multiples applications de fonctionner ensemble sur une interface radio commune.

Figure 22.7
Plate-forme de la WiMedia Alliance

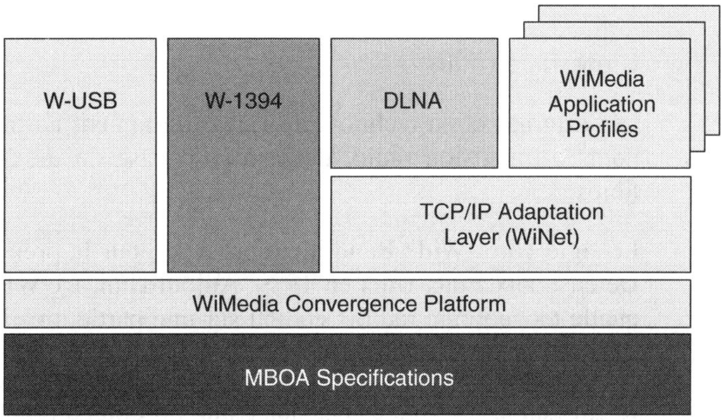

La combinaison de l'interface radio proposée utilisant l'OFDM multibande et de l'architecture de la plate-forme WiMedia permet de réaliser la convergence pour l'exécution des versions sans fil provenant de l'UWB : WUSB, IEEE 1394, WiNet, Bluetooth 3.0 et DLNA.

WiMedia a également défini plusieurs spécifications qui devraient faciliter l'arrivée de nouveaux produits :

- WiNEP (WiMedia Network Encapsulation Protocol), qui permettra de prendre en charge l'environnement TCP/IP.
- WiMCA (WiMedia Alliance's Convergence Architecture), qui définit l'architecture de la plate-forme de convergence de WiMedia. Cette architecture est interopérable par plusieurs fournisseurs pour n'importe quel protocole d'application. La plate-forme établit des politiques équitables pour toutes les entités accédant par le canal radio UWB. Des processus ont en outre été mis en place pour assurer la sécurité et la qualité de service.
- SMP (Streaming Media Profil), qui définit les protocoles et les formats pour le streaming en utilisant des primitives provenant d'UPnP *(voir le chapitre 28).*
- DIP (Digital Imaging & Printing Profile), qui propose un protocole et des formats d'application pour UPnP permettant de réaliser des applications d'imagerie numérique et d'impression.

WUSB et FireWire

Le groupe WUSB a été constitué en 2004 par sept leaders de l'industrie : Agere Systems, HP, Intel, Microsoft Corporation, NEC, Philips et Samsung.

Ce groupe a rapidement proposé une charte définissant les spécifications du WUSB, avec une largeur de bande de 480 Mbit/s. Le WUSB a pour objectif de remplacer les câbles USB2. Cette interface sera de plus en plus disponible en natif sur les cartes mères. En particulier, Intel devrait à terme doter toutes ses cartes mères de l'interface WUSB.

Un deuxième groupe, l'association 1394 Trade, a développé une spécification pour l'utilisation de la technique UWB pour les interfaces IEEE 1394 FireWire à un débit de 400 Mbit/s.

L'interface radio

Les origines de la technologie UWB remontent au travail commencé en 1962 sous les noms d'impulsion radio, de bande de base ou de communications sur des porteuses libres.

Le sigle Ultra-Wide Band a été proposé pour la première fois par le département de la Défense aux États-Unis en 1989. Aujourd'hui, l'UWB définit, selon la FCC, n'importe quelle technologie radio s'étalant sur une partie du spectre occupant plus de 20 % de la fréquence centrale ou au minimum 500 MHz.

Identifiant les avantages des nouveaux produits qui pourraient incorporer cette technologie pour bénéficier des applications publiques de sûreté, d'entreprise et de consommation d'énergie restreinte, la FCC lui a alloué en 2002 une partie du spectre radio utilisable sans licence allant de 3,1 à 10,6 GHz. Une partie additionnelle du spectre est disponible pour les applications médicales, scientifiques et de secours incendie.

Plutôt que d'exiger une interface UWB utilisant l'ensemble de la bande passante disponible, représentant 7.5 GHz, pour transmettre les signaux d'information, la FCC a défini une largeur de bande minimale de 500 MHz à 10dB. Cette largeur de bande minimale, ainsi que d'autres conditions imposées par la FCC, protège la transmission des autres signaux provenant d'utilisateurs de cette partie du spectre. En effet, si la solution d'émettre en dessous du bruit permet de ne pas perturber les autres utilisateurs de cette bande, en revanche ces autres utilisateurs pourraient perturber l'UWB. Par exemple, une connexion UWB dans un aéroport serait perturbée par les radars et autres équipements utilisant la bande UWB.

Il a été montré par de nombreuses expériences qu'une bande de 500 MHz était toujours disponible, même dans les environnements les plus perturbés. Cependant, cette flexibilité permise par le standard de la FCC augmente considérablement les options disponibles pour la conception des systèmes de communication UWB. Les concepteurs sont libres d'employer une combinaison de sous-bandes du spectre pour optimiser le fonctionnement du système, de la puissance nécessaire et de la complexité de conception.

Il est à noter que la puissance permise est inférieure en Europe dans la réglementation édictée par l'ETSI.

Les systèmes UWB peuvent maintenir un même niveau de puissance, comme s'ils employaient toute la largeur de bande, en intercalant des symboles dans les différentes sous-bandes. Dans un système multibande, l'information peut être transmise par la méthode fondée sur les impulsions traditionnelles sur la porteuse de base ou par des techniques plus avancées de multiporteuse.

Les systèmes fondés sur les impulsions sur la porteuse de base transmettent les signaux en modulant la phase d'impulsion. Cette solution provient d'une technologie éprouvée, qui s'appuie sur une conception simple de l'émetteur. Cela ne va toutefois pas sans inconvénients. Il est difficile de rassembler suffisamment d'énergie pour émettre le signal dans un environnement typique d'utilisation, avec beaucoup de surfaces réfléchissantes, en n'employant qu'une chaîne RF simple. Les limitations des temps de commutation peuvent être très strictes, à l'émetteur comme au récepteur.

La technique MB-OFDM (Multi-bandes OFDM) transmet les porteuses multiples simultanément de façon espacée sur des fréquences précises. L'utilisation d'algorithmes rapides de transformée de Fourier garantit une grande efficacité énergétique dans les cas de trajets multiples, tout en n'augmentant que légèrement la complexité de l'émetteur. Les bénéfices de cette solution MB-OFDM incluent la flexibilité et la forte élasticité spectrales ainsi qu'une forte résistance aux interférences radio et aux effets provenant des trajets multiples.

Les techniques de modulation OFDM ont été appliquées avec succès à de nombreux systèmes de communication commercialisés aux performances élevées, notamment Wi-Fi 802.11a/g, WiMAX 802.16a, HomePlug et les normes ADSL.

Fondée sur la technologie CMOS, l'utilisation du spectre de 3,1 à 4,8 GHz est considérée comme optimale pour des déploiements initiaux. La limite supérieure permet d'éviter des interférences avec la bande U-NII, où est localisée l'interface radio 802.11a, et de simplifier la conception des circuits radio et analogiques.

La bande de fréquences des 3,1-4,8 GHz est suffisante pour trois sous-bandes de 500 MHz, comme l'illustre la figure 22.8.

Figure 22.8
Allocation des fréquences pour un système MB-OFDM

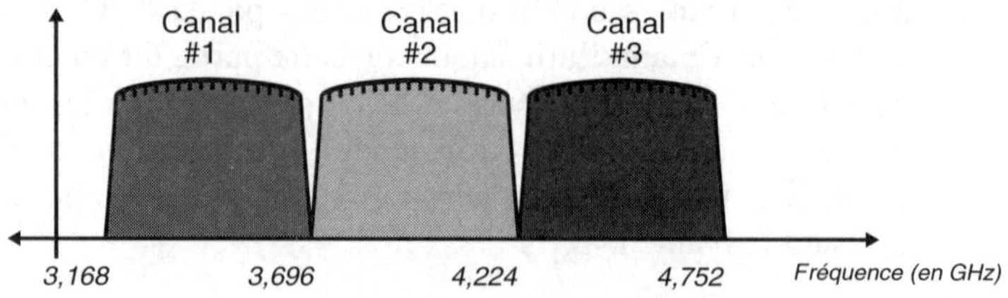

Dans le groupe de travail IEEE 802.15.3, deux solutions ont été développées, une sur la bande classique des 2,4 GHz, qui atteindra une vitesse de 54 Mbit/s effective, et une qui utilise l'ensemble de la bande passante entre 3,1 et 10,7 GHz, mais à une puissance très faible, en dessous du bruit ambiant. De la sorte, cette solution ne gênera pas les applications civiles et militaires utilisant ces bandes.

Le spectre visé par cette technologie est illustré à la figure 22.9.

Figure 22.9
Partie du spectre pouvant être utilisée par l'UWB

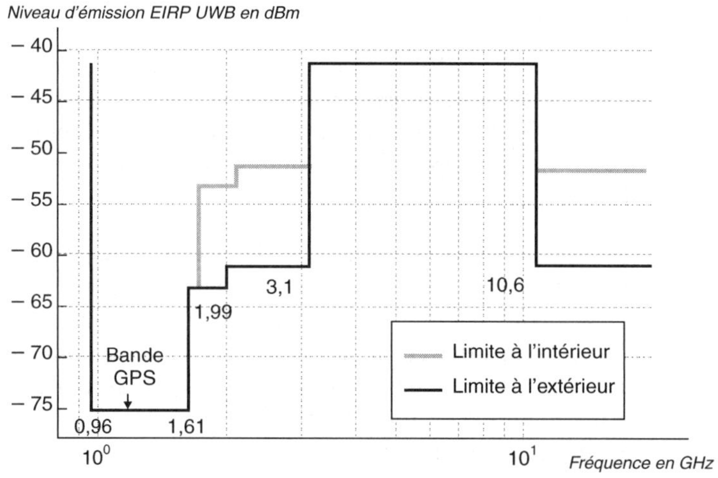

En dépit de la très faible puissance utilisée, la bande passante de plus de 7 GHz permet d'obtenir une vitesse située entre 120 et 480 Mbit/s en fonction des perturbations externes.

Une des propriétés de l'UWB est de pouvoir prendre en charge des communications avec des équipements qui se déplacent à relativement faible vitesse. L'objectif est de connecter et déconnecter ces équipements en des temps extrêmement courts, de l'ordre de la seconde.

Flexibilité spectrale

Étant donné la nature du spectre utilisé par l'UWB, tous les équipements sans fil qui partagent doivent pouvoir coexister. Indépendamment des attributions et des restrictions spectrales actuelles ou futures dans diverses régions du monde, MB-OFDM est capable de s'adapter aux règlements locaux en modifiant dynamiquement de façon logicielle les canaux concernés. Cette flexibilité, que l'on ne trouve pas dans les solutions concurrentes, a permis l'adoption mondiale des systèmes UWB.

Complexité et énergie

Le système MB-OFDM a été spécifiquement conçu pour être le plus simple possible. Une seule chaîne de réception analogique rend l'architecture globale d'une grande simplicité en limitant les symboles transmis à une modulation QPSK. L'espacement relativement grand entre les porteuses permet de réduire le bruit sur les circuits et d'améliorer la robustesse aux erreurs de synchronisation.

La durée de vie des batteries pour les mobiles est un facteur critique pour les utilisateurs. L'accès de type MB-OFDM est capable de tenir plusieurs heures dans des conditions typiques avant qu'une recharge ne soit exigée.

La figure 22.10 illustre les puissances nécessaires, en fonction du débit, estimées pour un système MB-OFDM avec un cœur CMOS de 90 microns.

Débit	Puissance de transmission	Puissance en réception	Puissance en cours de sommeil
110 Mbps	93 mW	155 mW	15 µW
200 Mbps	93 mW	169 mW	15 µW

Figure 22.10

Énergie nécessaire pour l'UWB

Sécurité

La technologie UWB est conçue pour embarquer les éléments nécessaires pour que la sécurité soit assurée en permanence. Des mécanismes de confidentialité sont mis en application à plusieurs niveaux protocolaires afin d'assurer la robustesse nécessaire aux environnements sans fil tout en restant transparents pour les utilisateurs.

L'expérience acquise au fur et à mesure de la croissance des réseaux Wi-Fi et Bluetooth ont également guidé les choix effectués pour l'architecture de sécurité. La plupart des solutions mises en œuvre sont identiques à celles promues par la norme IEEE 802.11i, que nous détaillons au chapitre suivant.

La sécurité des communications est assurée par une authentification et un chiffrement de l'information. L'authentification utilisera sûrement le protocole EAP-TLS (Extensible Authentication Protocol-Transport Layer Security). L'utilisation de l'algorithme AES (Advanced Encryption Standard) avec une clé de 128 bits doit garantir la sécurité du transport de l'information.

Topologie

La topologie des réseaux UWB est en tout point similaire à celle des réseaux Bluetooth, avec des piconets et des scatternets. Les connexions et déconnexions d'une machine à l'intérieur d'un piconet ou à l'intérieur d'un scatternet proviennent essentiellement du déplacement des machines terminales.

Les réseaux UWB pourront fonctionner en mode ad-hoc. La qualité de service sera assurée par l'utilisation simple d'une technique TDMA par découpage dans le temps et l'utilisation de slots déterministes pour les différentes connexions simultanées.

Les couches supérieures

La figure 22.11 illustre différents appareils susceptibles de faire partie d'un réseau UWB.

Figure 22.11
Réseau UWB

L'initiative WiMedia prend en compte plus de couches protocolaires que la simple interface physique. Au-dessus de la couche de communication, deux grandes fonctionnalités devraient être disponibles, l'une concernant la définition de profils applicatifs, comme les applications de streaming, d'imprimante, etc., l'autre la découverte de service.

Le premier logiciel a pour objectif de décider d'une valeur du débit de la connexion en fonction des équipements connectés, ce qui facilitera énormément la négociation entre équipements pour définir un débit déterminé. Le second logiciel doit pouvoir indiquer à l'utilisateur les services disponibles autour de lui, comme une imprimante, un serveur de messagerie électronique, un vidéo-projecteur, etc.

La plate-forme de découverte de service n'est pas étudiée par le groupe UWB mais devrait être choisie chez un partenaire tiers. Les réseaux UWB offrent de nombreuses fonctionnalités intéressantes, qui déboucheront nécessairement sur des produits nouveaux. La faible complexité du système et sa très basse consommation en font un produit particulièrement bon marché pour les communications à haut débit.

Le marché de la WiMedia Alliance

UWB est une technologie radio sans fil pour la transmission point-à-point entre équipements électroniques grand public, les périphériques PC et les dispositifs mobiles, sur de courte distance et à très grande vitesse, tout en consommant peu de puissance. Elle est bien adaptée au transfert de données multimédias, tel que la transmission sans fil de vidéos à partir d'un magnétoscope numérique vers une télévision haute définition dans le salon ou d'un PC mobile vers un vidéo-projecteur dans une salle de conférence pour réaliser une présentation sur grand écran.

Une grande valeur est attachée à la mise en place de dispositifs permettant aux équipements de se découvrir automatiquement et de communiquer, d'imprimer ou de demander un service sans intervention des utilisateurs. En règle générale, cette découverte automatique est impossible au travers d'un environnement câblé utilisant des interfaces incapables de communiquer entre elles.

L'adoption rapide des communications UWB dépendra de leur facilité d'utilisation et de leur coût. Les utilisateurs sont en outre en droit d'attendre un système fiable et fortement testé.

L'interopérabilité est une question clé pour permettre des opérations transparentes pour l'utilisateur, indépendamment des fabricants choisis. Par conséquent, il est crucial que la standardisation des protocoles soit effectuée et que l'ensemble des protocoles soit incorporé dans une plate-forme unifiée, notamment les suivants :

- USB (Universal Serial Bus). Conçue au départ pour raccorder par câble des périphériques à un PC, cette interface est surtout utilisée pour le transfert de données.
- IEEE 1394, également connu sous le nom de FireWire. Spécifiquement conçu pour transmettre des flots multiples de types divers, comme l'audio et la vidéo, cette norme a été adoptée dans beaucoup de foyers pour remplacer les systèmes hétérogènes de diffusion audio, vidéo et de jeu.
- Bluetooth. L'objectif de cette technologie était de remplacer les câbles mais à des débits relativement faibles, tels qu'on en trouve dans les téléphones portables, ordinateurs personnels, PDA, écouteurs, etc.

Si chacun de ces protocoles correspond à des segments de marché différents, les consommateurs en souhaitent l'interopérabilité sans couture. À cet effet, des consortiums d'industriels, comme DLNA (Digital Living Network Alliance), que nous détaillons au chapitre 28, essayent de définir des solutions d'interopérabilité complète à l'intérieur de la maison.

Parmi les applications ciblées, citons notamment les suivantes :

- Téléchargement depuis un caméscope vers un PC pour traitement, puis vers la télévision.

- Synchronisation des données d'un PDA vers un PC.
- Chargement de jeux audio/vidéo vers un PDA.
- Liaison d'un ordinateur portable vers une console de jeu.
- Passerelle résidentielle vers un serveur de jeux.
- Transfert de fichiers audio vers un lecteur MP3 à partir d'une base de données située sur un serveur de la maison.
- Télévision haute définition (HDTV) depuis ou vers le téléviseur pour stocker ou jouer des films. Cette application demande un débit de l'ordre de 20 Mbit/s.
- Communication d'un téléphone portable vers une oreillette.
- Transferts de photos d'un appareil numérique ou d'un téléphone portable.
- Téléchargement de jeux ou de films d'un point d'accès sans fil à un portable dans un lieu public tel qu'une gare.
- Téléchargement d'une présentation vers un vidéo-projecteur.

Autres applications UWB

La partie du spectre choisie par l'UWB est également utilisée pour des applications telles que les radars de contrôle de collision et de découverte d'obstacles, les systèmes de positionnement de personnes, les systèmes d'inventaire automatique et les systèmes de transport intelligent. Plusieurs sociétés développent des technologies pour satisfaire des besoins spécifiques de communication sans fil robuste et sécurisée dans divers secteurs, tels que la santé, les opérations d'urgence ou les environnements militaires.

Dans le domaine de la santé, la localisation des équipements de diagnostic ou le transfert des données des patients dans les milieux hospitaliers peuvent être réalisés par le biais de plates-formes logicielles/matérielles en indiquant le cheminement des objets grâce à un contact radio permanent par le biais d'un réseau de capteurs placés dans le bâtiment.

Dans les opérations de secours, ces systèmes peuvent permettre le positionnement de personnes physiques prises dans un feu ou un accident de produits toxiques ou lors d'un acte de terrorisme. Dans ce dernier cas, signalons que le NASC (Naval Air Systems Command) américain a commandé des systèmes d'intercommunication entre avions par UWB nommés AWICS (Aircraft Wireless Intercommunication Systems).

Les réseaux ZigBee

Les réseaux ZigBee sont l'inverse des réseaux UWB. Leur objectif est de consommer extrêmement peu d'énergie, de telle sorte qu'une petite batterie puisse tenir presque toute la durée de vie de l'interface, mais à un débit extrêmement faible.

Deux types de transferts sont privilégiés dans ZigBee : la signalisation et la transmission de données basse vitesse.

La figure 22.12 illustre un environnement ZigBee pour la domotique.

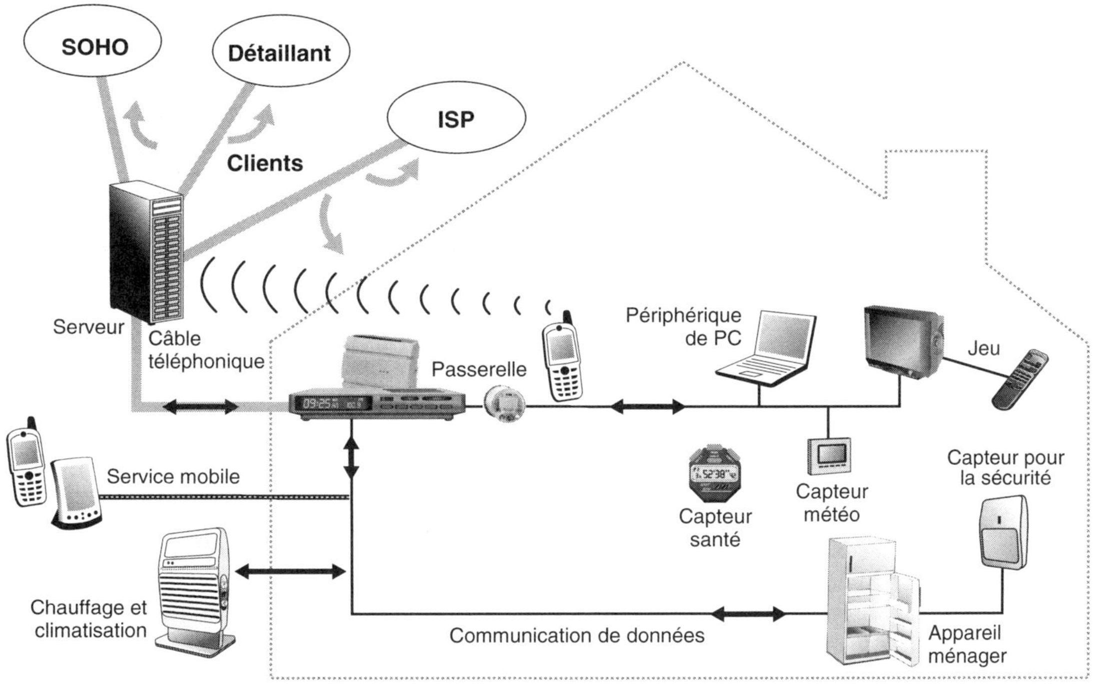

Figure 22.12

Réseau ZigBee pour la domotique

Dans la normalisation, ZigBee peut avoir trois vitesses possibles :

- 250 Kbit/s avec la bande classique des 2,4 GHz ;
- 20 Kbit/s avec la bande des 868 MHz disponible en Europe ;
- 40 Kbit/s avec la bande des 915 MHz disponible en Amérique du Nord.

Ces différentes possibilités sont illustrées à la figure 22.13.

	Bande	Couverture	Débit données	Numéro de canal
2,4 GHz	ISM	Mondiale	250 Kbit/s	16
868 MHz		Europe	20 Kbit/s	1
915 MHz	ISM	Amerique	40 Kbit/s	10

Figure 22.13

Bandes de fréquence et débits de ZigBee

Les réseaux ZigBee devraient arriver en force sur le marché de la commande et des bas débits dans les domaines de la domotique, de la bureautique et de l'automatisme.

Figure 22.14
Architecture d'un réseau ZigBee

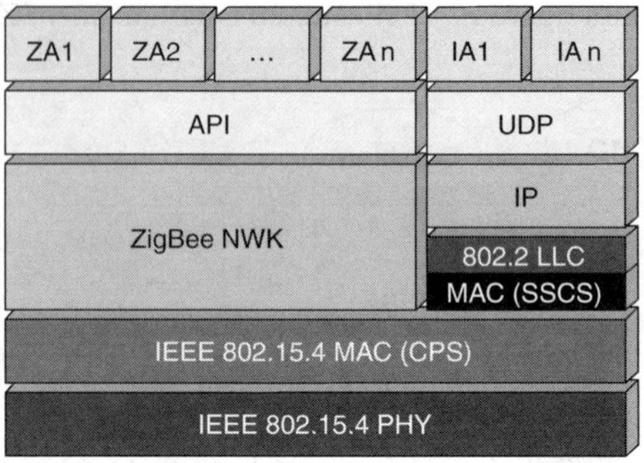

ZA (ZigBee Application)
IA (Industrial Application)
NWK (Network Wireless Key)
LLC (Logical Link Control)
SSCS (Service Specific Convergence Sublayer)
CPS (Common Part Sublayer)

Comme illustré à la figure 22.14, l'architecture d'un réseau ZigBee contient cinq grandes couches. En partant du sommet, on trouve la couche applicative, qui utilise des profils applicatifs prédéterminés, la couche sous-jacente, qui correspond à l'interface applicative ou au protocole UDP si l'application est à distance, la couche ZigBee proprement dite, qui gère la topologie, le routage, la découverte de protocole et la sécurité, la couche MAC et la couche physique.

Le niveau applicatif

L'architecture protocolaire de ZigBee comporte des couches provenant de l'IEEE 802.15.4, comme la couche de contrôle d'accès (IMPER) et la couche physique (PHY) associées à la couche réseau de ZigBee (NWK). Les parties de la pile protocolaire qui nous intéressent dans cette section correspondent à la couche ZA et à l'API illustrée à la figure 22.14. La couche application de ZigBee comprend une sous-couche, le ZDO (ZigBee Device Object), déterminant les objets définis dans les équipements connectés. La sous-couche ZDO contient les tables de maintien des dispositifs d'association. Les responsabilités du ZDO incluent le rôle de l'équipement dans le réseau (coordonnateur ZigBee ou dispositif d'extrémité), la découverte des équipements dans le réseau et la détermination des services applicatifs.

Une API a été définie entre la couche réseau (NWK) et la couche applicative ZA. Cette interface contient un ensemble de services employés par le ZDO pour permettre aux objets applicatifs de communiquer avec la couche réseau.

L'adressage

L'exemple de connexion ZigBee illustré à la figure 22.15 comporte deux équipements communicants, l'un contenant deux commutateurs et l'autre quatre lampes.

Une adresse est donnée à chaque équipement au moment de la connexion au réseau ZigBee. L'interrupteur 1 doit commander les lampes 1, 2 et 3 tandis que l'interrupteur 2 doit éclairer la lampe 4. ZigBee propose un sous-adressage de l'équipement élémentaire qui permet de réaliser ces communications.

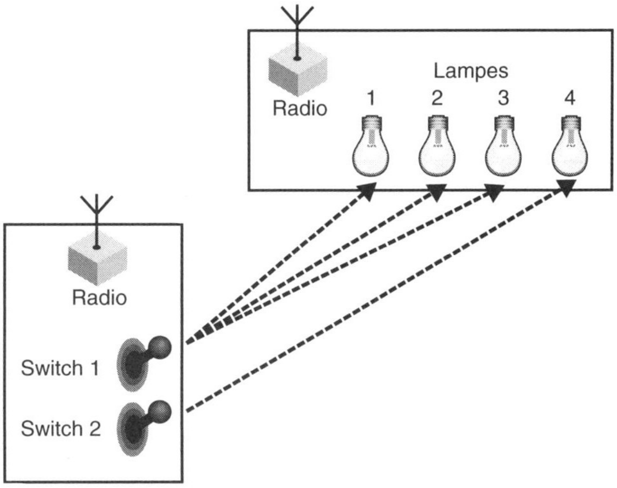

Figure 22.15
Exemple de connexion ZigBee

La découverte des équipements ZigBee environnants s'effectue par des demandes en broadcast. Les adresses récupérées sont soit de type IEEE, soit de la couche réseau de ZigBee, c'est-à-dire NWK. Un échange s'ensuit permettant de découvrir le profil des équipements connectés. Les profils ZigBee sont la clé des communications entre composants ZigBee. Un exemple de profil serait celui d'un interrupteur électrique. Les équipements sont architecturés pour échanger des messages normalisés permettant de déterminer le profil.

La couche réseau fournit la fonctionnalité permettant d'utiliser la sous-couche IMPER d'IEEE 802.15.4 La couche NWK fournit deux services, consultés par deux points d'accès de service : le service de données et le service de gestion de NWK. Ces deux services fournissent l'interface avec la couche application et la couche IMPER.

La sécurité a été fortement introduite dans l'environnement ZigBee avec l'utilisation d'un chiffrement AES et une clé de 128 bits. Globalement, on retrouve la sécurisation introduite par WPA2 dans l'environnement Wi-Fi *(voir le chapitre 23).*

Conclusion

Les réseaux personnels forment encore aujourd'hui un vaste ensemble de solutions allant du très haut débit au très faible débit, avec des consommations électriques très diverses.

Deux grands axes semblent se mettre en place : le haut débit avec UWB et la très basse consommation avec ZigBee. La solution UWB est utilisée par de nombreux réseaux, notamment Bluetooth 3.0, WUSB, FireWire. La solution ZigBee est en bonne voie pour devenir un standard industriel, mais d'autres propositions, notamment à l'IETF avec 6LowPAN, sont toujours en course.

23

Les réseaux Wi-Fi

La norme IEEE 802.11 a donné lieu à trois types de réseaux sans fil, ceux qui travaillent à la vitesse de 11 Mbit/s, ceux qui montent à 54 Mbit/s et ceux à 540 Mbit/s. Les premiers se fondent sur la norme IEEE 802.11b, les seconds sur les normes IEEE 802.11a et g et les troisièmes sur la norme IEEE 802.11n.

Pour le premier type, les fréquences choisies se situent dans la gamme des 2,4 GHz. Dans cette solution de réseau local par voie hertzienne, les communications peuvent se faire soit directement de station à station, mais sans qu'une station puisse relayer les paquets vers une autre station terminale, soit en passant par une borne de concentration, appelée point d'accès, ou AP (Access Point).

L'accès au support physique s'effectue par le biais du protocole MAC, interne au niveau MAC, pour tous les types de réseau Wi-Fi. De nombreuses options rendent toutefois sa mise en œuvre assez complexe. Le protocole MAC se fonde sur la technique d'accès CSMA/CD, déjà utilisée dans les réseaux Ethernet métalliques. La différence entre le protocole hertzien et le protocole terrestre provient de la façon de détecter les collisions. Dans la version terrestre, on détecte les collisions en écoutant la porteuse. Lorsque deux stations veulent émettre pendant qu'une troisième est en train de transmettre sa trame, cela mène automatiquement à une collision *(voir le chapitre 16)*. Dans le cas hertzien, le protocole d'accès permet d'éviter la collision en obligeant les deux stations à attendre un temps différent avant de transmettre. Comme la différence entre les deux temps d'attente est supérieure au temps de propagation sur le support de transmission, la station qui a le temps d'attente le plus long trouve le support physique déjà occupé et évite ainsi la collision. Cette nouvelle technique s'appelle le CSMA/CA (Collision Avoidance).

Comme nous venons de le voir, pour éviter les collisions, chaque station possède un temporisateur avec une valeur spécifique. Lorsqu'une station écoute la porteuse et que le canal est vide, elle transmet. Le risque qu'une collision se produise est extrêmement faible, puisque la probabilité que deux stations démarrent leur émission dans une même microseconde est quasiment nulle. En revanche, lorsqu'une transmission a lieu et que d'autres stations se mettent à l'écoute et persistent à écouter, la collision devient inévitable. Pour empêcher la collision, il faut que les stations attendent avant de transmettre un temps permettant de séparer leurs instants d'émission respectifs. On ajoute pour cela un premier temporisateur très petit, qui permet au récepteur d'envoyer immédiatement un acquittement. Un deuxième temporisateur permet de donner une forte priorité à une application temps réel. Enfin, le temporisateur le plus long, dévolu aux paquets asynchrones, détermine l'instant d'émission pour les trames asynchrones.

La norme IEEE 802.11

Les réseaux Wi-Fi proviennent de la norme IEEE 802.11, qui définit une architecture cellulaire. Un groupe de terminaux munis d'une carte d'interface réseau 802.11 s'associent pour établir des communications directes. Elles forment alors un BSS (Basic Service Set), à ne pas confondre avec le BSS (Base Station Subsystem) des réseaux GSM. La zone occupée par les terminaux d'un BSS peut être une BSA (Basic Set Area) ou une cellule.

Comme illustré à la figure 23.1, la norme 802.11 offre deux modes de fonctionnement, le mode infrastructure et le mode ad-hoc. Le mode infrastructure est défini pour fournir aux différentes stations des services spécifiques, sur une zone de couverture déterminée par la taille du réseau. Les réseaux d'infrastructure sont établis en utilisant des points d'accès, qui jouent le rôle de station de base pour un BSS.

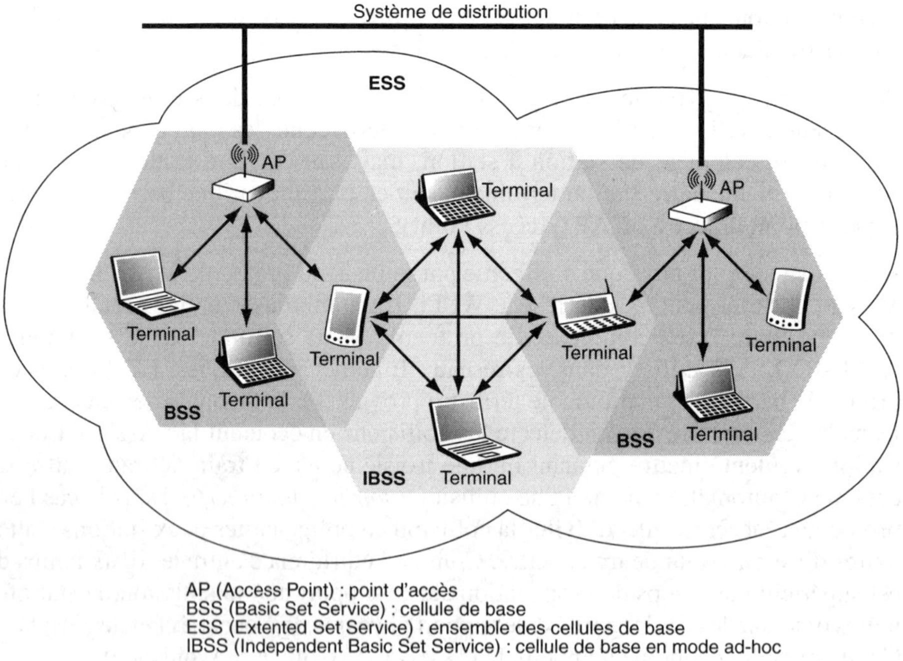

Figure 23.1

Architecture d'un réseau Wi-Fi

Lorsque le réseau est composé de plusieurs BSS, chacun d'eux est relié à un système de distribution, ou DS (Distribution System), par l'intermédiaire de leur point d'accès (AP) respectif. Un système de distribution correspond en règle générale à un réseau Ethernet filaire. Un groupe de BSS interconnectés par un système de distribution forme un ESS

(Extented Service Set), qui n'est pas très différent d'un sous-système radio de réseau de mobiles.

Le système de distribution est responsable du transfert des paquets entre différents BSS d'un même ESS. Dans les spécifications du standard, il est implémenté de manière indépendante de la structure hertzienne de la partie sans fil. C'est la raison pour laquelle le système de distribution correspond presque toujours à un réseau Ethernet mais rien n'empêcherait d'utiliser un réseau Token-Ring ou FDDI. Une autre solution est d'utiliser le réseau Wi-Fi lui-même, ce qui donne les réseaux mesh.

L'ESS peut fournir aux différentes stations mobiles une passerelle d'accès vers un réseau fixe, tel qu'Internet. Cette passerelle permet de connecter le réseau 802.11 à un autre réseau. Si ce réseau est de type IEEE 802.x, la passerelle incorpore des fonctions similaires à celles d'un pont.

Un réseau en mode ad-hoc est un groupe de terminaux formant un IBSS (Independent Basic Service Set), dont le rôle consiste à permettre aux stations de communiquer sans l'aide d'une quelconque infrastructure, telle qu'un point d'accès ou une connexion au système de distribution. Chaque station peut établir une communication avec n'importe quelle autre station dans l'IBSS, sans être obligée de passer par un point d'accès. Comme il n'y a pas de point d'accès, les stations n'intègrent qu'un certain nombre de fonctionnalités, telles les trames utilisées pour la synchronisation.

Ce mode de fonctionnement se révèle très utile pour mettre en place facilement un réseau sans fil lorsqu'une infrastructure sans fil ou fixe fait défaut.

L'architecture Wi-Fi

Comme tous les standards de l'IEEE, 802.11 couvre les deux premières couches du modèle de référence OSI. L'une de ses caractéristiques essentielles est qu'il définit une couche MAC commune à toutes les couches physiques. De la sorte, de futures couches physiques pourront être ajoutées sans qu'il soit nécessaire de modifier la couche MAC.

La couche physique

La couche physique a pour rôle de transporter correctement la suite de signaux 0 ou 1 que l'émetteur souhaite envoyer au récepteur. Elle est divisée en deux sous-couches, PLCP (Physical Layer Convergence Protocol) et PMD (Physical Medium Dependent).

La sous-couche PMD s'occupe de l'encodage des données, tandis que la sous-couche PLCP prend en charge l'écoute du support. Elle fournit pour cela un CCA (Clear Channel Assessment), qui est le signal utilisé par la couche MAC pour savoir si le support est occupé ou non.

IEEE 802.11 définit quatre couches physiques différentes :

- FHSS (Frequency Hopping Spread Spectrum)
- DSSS (Direct Sequence Spread Spectrum)
- IR (Infrarouge)
- OFDM (Orthogonal Frequency Division Multiplexing)

Le FHSS et le DSSS utilisent la bande des 2,4 GHz de l'ISM (Industrial, Scientific, and Medical). Nous reviendrons sur cette bande sans licence. L'infrarouge n'est utilisé que dans les cas où les distances entre les différentes stations sont faibles.

La quatrième couche physique a été définie dans la bande des 5,2 GHz. Grâce au codage OFDM, des débits compris entre 6 et 54 Mbit/s peuvent être atteints. 802.11 est le premier standard à utiliser un codage OFDM pour une communication de type paquet. Cette technologie était jusqu'à présent utilisée pour des systèmes de transmission de données continue, tels que DVB (Digital Video Broadcasting) ou DAB (Digital Audio Broadcasting).

Pour qu'un signal soit reçu correctement, sa portée ne peut dépasser 150 m dans un environnement de bureau, 600 m sans obstacle et 1,5 km avec une antenne extérieure. En règle générale, les stations ont une portée maximale de 50 m. Lorsqu'il y a traversée de murs, cette distance est souvent plus restrictive.

La couche liaison de données

La couche liaison de données est composée essentiellement de deux sous-couches, LLC (Logical Link Control) et MAC. La couche LLC utilise les mêmes propriétés que la couche LLC 802.2. Il est de ce fait possible de relier un WLAN à tout autre réseau local appartenant à un standard de l'IEEE. La couche MAC, quant à elle, est spécifique de 802.11.

Le rôle de la couche MAC 802.11 est assez similaire à celui de la couche MAC 802.3 du réseau Ethernet terrestre, puisque les terminaux écoutent la porteuse avant d'émettre. Si la porteuse est libre, le terminal émet, sinon il se met en attente. Cependant, la couche MAC 802.11 intègre un grand nombre de fonctionnalités que l'on ne trouve pas dans la version terrestre.

Les fonctionnalités nécessaires pour réaliser un accès sur une interface radio sont les suivantes :

- procédures d'allocation du support ;
- adressage des paquets ;
- formatage des trames ;
- contrôle d'erreur CRC (Cyclic Redundancy Check) ;
- fragmentation-réassemblage.

L'une des particularités du standard est qu'il définit deux méthodes d'accès fondamentalement différentes au niveau de la couche MAC. La première est le DCF (Distributed Coordination Function), qui correspond à une méthode d'accès assez similaire à celle des réseaux traditionnels supportant le best-effort. Le DCF a été conçu pour prendre en charge le transport de données asynchrones, dans lequel tous les utilisateurs qui veulent transmettre des données ont une chance égale d'accéder au support.

La seconde méthode d'accès est le PCF (Point Coordination Function). Fondée sur l'interrogation à tour de rôle des terminaux, ou polling, sous le contrôle du point d'accès, la méthode PCF est conçue essentiellement pour la transmission de données sensibles, qui demandent une gestion du délai utilisé pour les applications temps réel, telles que la voix ou la vidéo.

Un réseau en mode ad-hoc utilise uniquement le DCF, tandis qu'un réseau en mode infrastructure avec point d'accès utilise à la fois le DCF et le PCF.

Les techniques d'accès

Comme expliqué précédemment, le DCF est la technique d'accès générale utilisée pour permettre des transferts de données asynchrones en best-effort. D'après le standard, toutes les stations doivent la supporter. Le DCF s'appuie sur le CSMA/CA.

Dans Ethernet, le protocole qui implémente la technique d'accès CSMA/CD contrôle l'accès de chaque station au support et détecte et traite les collisions qui se produisent lorsque deux stations ou davantage transmettent simultanément. Dans les réseaux Wi-Fi, la détection des collisions n'est pas possible. Pour détecter une collision, une station doit être capable d'écouter et de transmettre en même temps. Dans les systèmes radio, la transmission couvre la réception de signaux sur la même fréquence et ne permet pas à la station d'entendre la collision : les liaisons radio ne sont jamais full-duplex. Comme une station ne peut écouter sa propre transmission, si une collision se produit, la station continue à transmettre la trame complète, ce qui entraîne une perte de performance du réseau. La technique d'accès de Wi-Fi doit tenir compte de ce phénomène.

Le protocole CSMA/CA

Le CSMA/CA évite les collisions en utilisant des trames d'acquittement, ou ACK (Acknowledgement). Un ACK est envoyé par la station destination pour confirmer que les données sont reçues de manière intacte.

L'accès au support est contrôlé par l'utilisation d'espaces intertrames, ou IFS (Inter-Frame Spacing), qui correspondent à l'intervalle de temps entre la transmission de deux trames. Les intervalles IFS sont des périodes d'inactivité sur le support de transmission. Les valeurs des différents IFS sont calculées par la couche physique.

Le standard définit trois types d'IFS :

- SIFS (Short Inter-Frame Spacing), le plus petit des IFS, est utilisé pour séparer les transmissions au sein d'un même dialogue (envoi de données, ACK, etc.). Il y a toujours une seule station pour transmettre à cet instant, ayant donc la priorité sur toutes les autres stations. La valeur du SIFS est de 28 µs.
- PIFS (PCF IFS), utilisé par le point d'accès pour accéder avec priorité au support. Le PIFS correspond à la valeur du SIFS, auquel on ajoute un temps, ou timeslot, défini dans l'algorithme de back-off, de 78 µs.
- DIFS (DCF IFS), utilisé lorsqu'une station veut commencer une nouvelle transmission. Le DIFS correspond à la valeur du PIFS, à laquelle on ajoute un temps de 128 µs.

Les terminaux d'un même BSS peuvent écouter l'activité de toutes les stations qui s'y trouvent. Lorsqu'une station envoie une trame, les autres stations l'entendent et, pour éviter une collision, mettent à jour un timer, appelé NAV (Network Allocation Vector), permettant de retarder toutes les transmissions prévues. Le NAV est calculé par rapport à l'information située dans le champ durée de vie, ou TTL, contenu dans les trames qui ont été envoyées. Les autres stations n'ont la capacité de transmettre qu'après la fin du NAV.

Lors d'un dialogue entre deux stations, le NAV est calculé par rapport au champ TTL des différentes trames qui sont envoyées (données, ACK, etc.). Le NAV est en fait un temporisateur, qui détermine l'instant auquel la trame peut être transmise avec succès. Une station source voulant transmettre des données écoute le support. Si aucune activité n'est détectée pendant une période de temps correspondant à un DIFS, elle transmet ses données immédiatement. Si le support est encore occupé, elle continue de l'écouter jusqu'à ce qu'il soit libre. Quand le support devient disponible, elle retarde encore sa transmission en utilisant l'algorithme de back-off avant de transmettre ses données.

Si les données envoyées sont reçues intactes, la station destination attend pendant un temps équivalent à un SIFS et émet un ACK pour confirmer leur bonne réception. Si l'ACK n'est pas détecté par la station source ou si les données ne sont pas reçues correctement ou encore si l'ACK n'est pas reçu correctement, on suppose qu'une collision s'est produite, et la trame est retransmise.

Lorsque la station source transmet ses données, les autres stations mettent à jour leur NAV, en incluant le temps de transmission de la trame de données, le SIFS et l'ACK.

La figure 23.2 illustre le processus de transmission des trames à partir d'un émetteur. Ce processus reprend les différentes attentes que nous venons de détailler.

Figure 23.2
Processus de transmission des trames

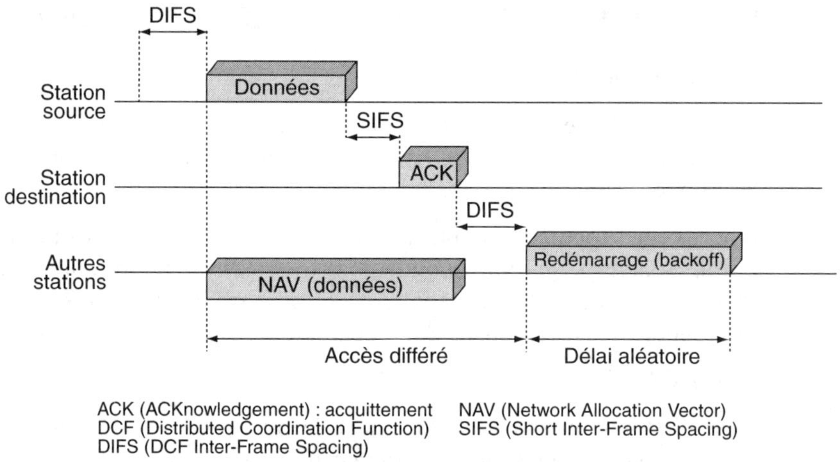

L'algorithme de back-off permet de résoudre le problème de l'accès au support lorsque plusieurs stations veulent transmettre des données en même temps. Dans Wi-Fi, le temps est découpé en tranches, qui correspondent chacune à un timeslot. Contrairement au timeslot utilisé dans l'aloha, qui correspond à la durée minimale de transmission d'une trame, le timeslot utilisé dans Wi-Fi est un peu plus petit que la durée de transmission minimale d'une trame. Il est utilisé pour définir les intervalles IFS ainsi que les temporisateurs pour les différentes stations. Son implémentation est différente pour chaque couche physique.

Initialement, une station calcule la valeur d'un temporisateur, appelé timer de back-off, compris entre 0 et 7 et correspondant à un certain nombre de timeslots. Lorsque le support est libre, les stations décrémentent leur temporisateur jusqu'à ce que le support soit occupé ou que le temporisateur atteigne la valeur 0. Si le temporisateur n'a pas atteint la valeur 0 et que le support soit de nouveau occupé, la station bloque le temporisateur. Dès que le temporisateur atteint la valeur 0, la station transmet sa trame. Si deux ou plusieurs stations atteignent la valeur 0 au même instant, une collision se produit, et chaque station doit générer un nouveau temporisateur, compris cette fois entre 0 et 15.

Pour chaque tentative de retransmission, le temporisateur croît de la façon suivante :

$$[2^{2+i} \times \text{ranf}()] \times \text{timeslot}$$

i correspond au nombre de tentatives consécutives d'une station pour l'envoi d'une trame, et ranf() à une variable aléatoire uniforme comprise entre 0 et 1.

Grâce à cet algorithme, les stations ont la même probabilité d'accéder au support. Son seul inconvénient est de ne pas garantir un délai minimal et donc de compliquer la prise en charge d'applications temps réel telles que la voix ou la vidéo.

La réservation RTS/CTS et le problème de la station cachée

Dans Wi-Fi, l'écoute du support se fait à la fois au niveau de la couche physique, avec le PCS (Physical Carrier Sense), et au niveau de la couche MAC, avec le VCS (Virtual Carrier Sense). Le PCS détecte la présence d'autres stations Wi-Fi en analysant toutes les trames passant sur le support hertzien et en détectant l'activité sur le support grâce à la puissance relative du signal des autres stations.

Le VCS est un mécanisme de réservation fondé sur l'envoi de trames RTS/CTS (Request to Send/Clear to Send) entre une station source et une station destination avant tout envoi de données. Une station source qui veut transmettre des données envoie un RTS. Toutes les stations du BSS entendant le RTS lisent le champ TTL du RTS et mettent à jour leur NAV. La station destination ayant reçu le RTS répond, après avoir attendu pendant un SIFS, en envoyant un CTS. Les autres stations entendant le CTS lisent le champ de durée du CTS et mettent à nouveau à jour leur NAV. Après réception du CTS par la station source, cette dernière est assurée que le support est stable et réservé pour sa transmission de données.

Cela permet à la station source de transmettre ses données ainsi que de recevoir l'ACK sans collision. Comme les trames RTS/CTS réservent le support pour la transmission d'une station, ce mécanisme est habituellement utilisé pour envoyer de grosses trames pour lesquelles une retransmission serait trop coûteuse en terme de bande passante.

La figure 23.3 illustre le processus d'émission d'une trame lorsque la station destination est cachée.

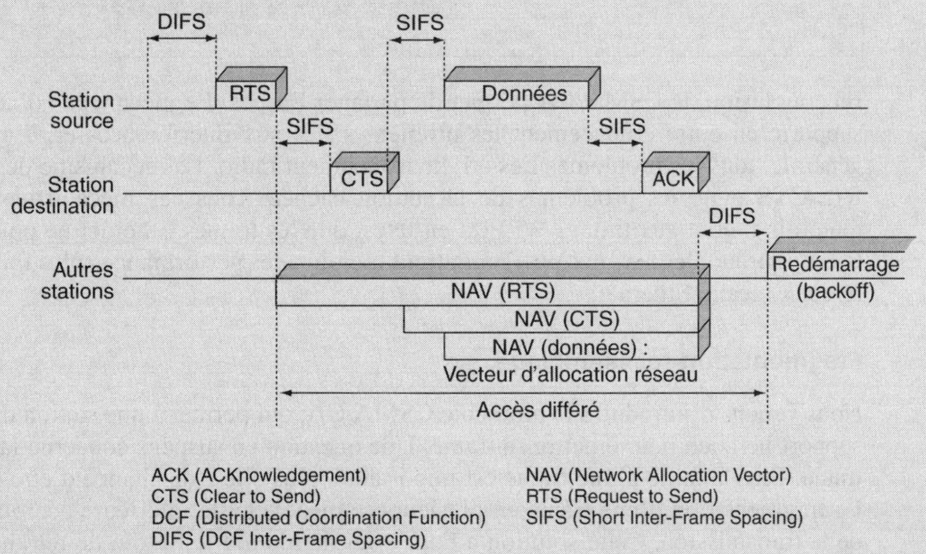

Figure 23.3

Transmission en utilisant les trames RTS/CTS

Les stations peuvent choisir d'utiliser le mécanisme RTS/CTS ou de ne l'utiliser que lorsque la trame à envoyer excède une variable RTS_Threshold ou encore de ne jamais l'utiliser.

Le problème de la station cachée

Un problème spécifique du monde sans fil est le problème de la station cachée. Deux stations situées chacune à l'opposé d'un point d'accès (AP) ou d'une autre station peuvent entendre l'activité de cet AP mais ne pas s'entendre l'une l'autre du fait que la distance entre les deux est trop grande ou qu'un obstacle les empêche de communiquer entre elles. Le mécanisme de réservation RTS/CTS permet de résoudre ce problème.

La figure 23.4 illustre une station B cachée de la station A mais pas de la station C. La station A transmet des données à la station C, mais la station B ne détecte pas l'activité de la station A. Dans ce cas, la station B peut transmettre librement, sans interférer avec la transmission de la station A. Toutefois, si A et C s'échangent des RTS et des CTS, la station B, bien que n'écoutant pas directement la station A, est informée par l'envoi par la station C d'un CTS que le support est occupé. Elle n'essaie donc pas de transmettre durant la transmission entre A et C. Ce mécanisme ne permet pas d'éviter les collisions, puisque des RTS peuvent être envoyés simultanément par A et par B, mais une collision de RTS ou de CTS ne gaspille pas autant de bande passante qu'une collision de données, étant donné que les trames RTS et CTS sont relativement petites.

Figure 23.4
Problème de la station cachée

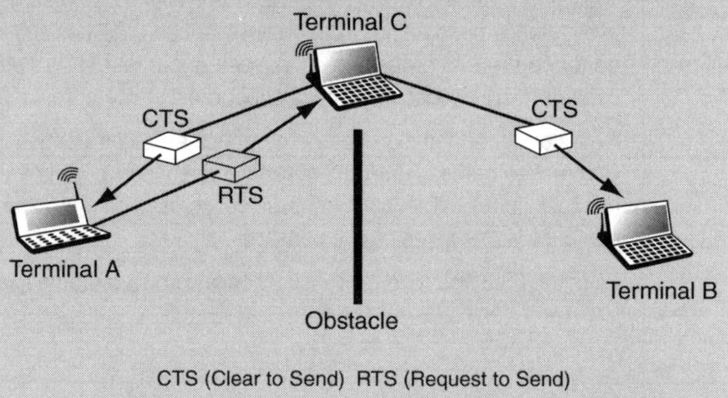

En conclusion, le CSMA/CA permet de partager l'accès. Le mécanisme d'acquittement supporte en outre efficacement les problèmes liés aux interférences et, d'une manière générale, tous les problèmes liés à l'environnement radio. Le mécanisme de réservation RTS/CTS évite les problèmes de la station cachée. Tous ces mécanismes entraînent toutefois l'ajout aux trames Wi-Fi d'en-têtes, que les trames Ethernet ne possèdent pas. C'est pourquoi les réseaux Wi-Fi montrent toujours des performances plus faibles que les réseaux locaux Ethernet.

Fragmentation-réassemblage

Nous venons d'introduire le protocole CSMA/CA, qui permet à une station d'accéder au support hertzien pour émettre sa trame. Une question en suspens concerne la taille de la trame. Plus la taille d'une trame est importante, plus elle a de chance d'être corrompue. La fragmentation d'une trame en plusieurs trames de taille inférieure accroît la fiabilité de la transmission. Cette solution a pour effet de réduire le besoin de retransmettre des données dans de nombreux cas et d'augmenter ainsi les performances globales du réseau. La fragmentation est utilisée notamment dans les liaisons radio, dans lesquelles le taux d'erreur est important.

Wi-Fi utilise un système à saut de fréquence (Frequency Hop), dans lequel le support s'interrompt toutes les 20 ms pour changer de fréquence. Si la trame est petite, la probabilité pour que la transmission soit interrompue est faible. Pour savoir si une trame doit être fragmentée, on compare sa taille à une valeur seuil, appelée Fragmentation_Threshold. Si la taille de la trame est plus grande que ce seuil, la trame est fragmentée. Les fragments ont une taille équivalente à la valeur du seuil Fragmentation_Threshold, sauf pour le dernier, qui peut avoir une taille plus petite.

Quand une trame est fragmentée, tous les fragments sont transmis de manière séquentielle. Le support n'est libéré qu'une fois tous les fragments transmis avec succès ou lorsque la station source ne réussit pas à recevoir l'acquittement d'un fragment transmis. La station destination acquitte chaque fragment reçu avec succès en envoyant un ACK à la station source. La station source garde le contrôle du support pendant toute la durée de la transmission d'une trame en attendant un temps SIFS après la réception d'un ACK ou après la transmission d'un fragment. Si un ACK n'est pas correctement reçu, la station source arrête la transmission et essaie d'accéder de nouveau au support. Lorsque la station source accède au support, elle commence à transmettre à partir du dernier fragment non acquitté.

Si les stations utilisent le mécanisme RTS/CTS, seul le premier fragment envoyé utilise les trames RTS/CTS pour réserver le support. Les autres stations dans le BSS maintiennent leur NAV en extrayant l'information de durée de vie dans les différents fragments et ACK.

La figure 23.5 illustre le processus suivi par l'émetteur pour transmettre une suite de fragments provenant d'une même trame.

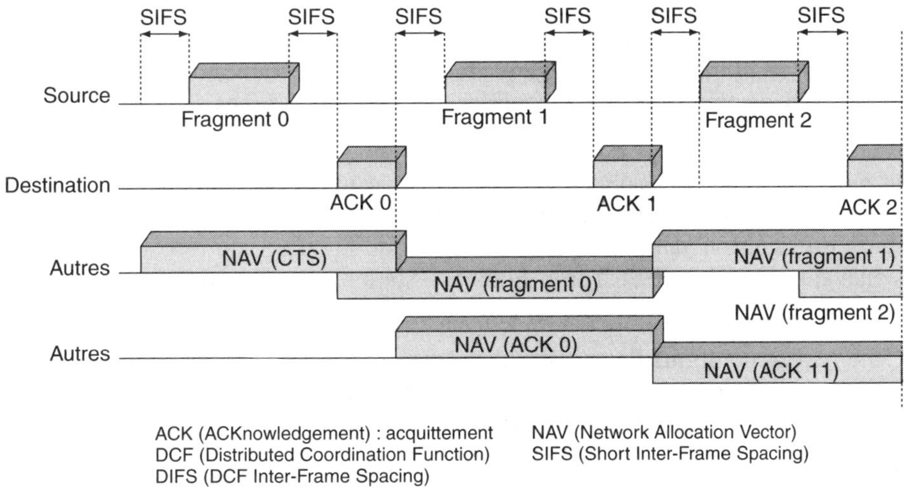

Figure 23.5

Transmission d'une trame fragmentée

La trame est assemblée lorsque la station destination a reçu tous les fragments de la station source.

Fonctionnalités

La norme Wi-Fi induit un fonctionnement qui, pour être classique dans les réseaux sans fil, est souvent négligé dans les réseaux de mobiles. Par exemple, le passage d'une cellule à une autre sans interruption de la communication n'a pas été prévu dans les premières versions, si bien que le handover a dû être introduit dans les nouvelles.

De même, la sécurité a été renforcée pour éviter qu'un client ne prenne la place d'un autre ou qu'il n'écoute les communications d'autres utilisateurs.

Les handovers

Dans les réseaux sans fil, les handovers interviennent lorsqu'un terminal souhaite se déplacer d'une cellule à une autre sans interrompre sa communication. Ils se font à peu près de la même manière que dans la téléphonie mobile, à quelques nuances près. Dans les réseaux sans fil, le handover s'effectue entre deux transmissions de données et non pas au milieu d'un dialogue. Les déconnexions temporaires ne perturbent pas la conversation dans la téléphonie mobile, tandis que, dans les réseaux sans fil, elles peuvent entraîner une perte de performance du réseau.

Le standard ne fournit pas de mécanisme de handover à part entière mais définit certaines règles, telles que la synchronisation, l'écoute passive et active ou encore l'association et la réassociation, qui permettent aux stations de choisir le point d'accès auquel elles veulent s'associer.

Lorsque les terminaux se déplacent, c'est-à-dire lorsqu'ils changent de cellule ou qu'ils sont en mode d'économie d'énergie, ils doivent rester synchronisés pour pouvoir communiquer. Au niveau d'un BSS, les stations synchronisent leur horloge avec l'horloge du point d'accès. Pour conserver la synchronisation, le point d'accès envoie périodiquement des trames balises, ou Beacon Frames, qui contiennent la valeur d'horloge du point d'accès. Lors de la réception de ces trames, les stations mettent à jour leurs horloges pour rester synchronisées avec le point d'accès.

Quand un terminal veut accéder — après allumage ou retour d'un mode veille ou d'un handover — à un BSS ou à un ESS contrôlé par un ou plusieurs point d'accès, il choisit un point d'accès, auquel il s'associe, selon un certain nombre de critères, tels que la puissance du signal, le taux d'erreur des paquets ou la charge du réseau. Si la puissance du signal du point d'accès est trop faible, la station cherche un autre point d'accès plus approprié.

Cette recherche du meilleur point d'accès passe par l'écoute du support. Cette dernière peut se faire de deux manières différentes, passive ou active, selon des critères tels que les performances ou la consommation d'énergie :

- **Écoute passive.** La station attend de recevoir une trame balise venant du point d'accès.
- **Écoute active.** Lorsque la station a trouvé le point d'accès le plus approprié, elle lui envoie une requête d'association par l'intermédiaire d'une trame appelée Probe Request Frame et attend que le point d'accès lui réponde pour s'associer.

Dès que le terminal est accepté par le point d'accès, il se règle sur le canal radio le plus approprié. Périodiquement, le terminal surveille tous les canaux du réseau pour évaluer si un point d'accès possède de meilleures performances. Si tel est le cas, il s'associe à ce nouveau point d'accès et règle son canal radio en conséquence.

Les réassociations s'effectuent lorsqu'une station se déplace physiquement par rapport à son point d'accès d'origine, entraînant une diminution de la puissance du signal. Dans d'autres cas, les réassociations sont dues à des changements de caractéristiques de l'environnement radio ou à cause d'un trafic réseau trop élevé sur le point d'accès d'origine.

Dans ce cas, le standard fournit une fonction d'équilibrage de charge, ou Load Balancing, qui permet de répartir la charge de manière efficace au sein du BSS ou de l'ESS et ainsi d'éviter les réassociations.

La sécurité

Dans les réseaux sans fil, le support est partagé. Tout ce qui est transmis et envoyé peut donc être intercepté. Pour permettre aux réseaux sans fil d'avoir un trafic aussi sécurisé que dans les réseaux fixes, le groupe de travail 802.11 a mis au point le protocole WEP (Wired Equivalent Privacy), dont les mécanismes s'appuient sur le chiffrage des données et l'authentification des stations.

D'après le standard, WEP est optionnel, et les terminaux ainsi que les points d'accès ne sont pas obligés de l'implémenter. Comme nous allons le voir, la sécurité n'est pas garantie avec le WEP, et un attaquant peut casser les clés de chiffrement sans trop de difficulté. La Wi-Fi Alliance, l'organisme en charge de la promotion de Wi-Fi, a développé un deuxième mode de protection, le WPA (Wi-Fi Protected Access), qui résout ces problèmes, au moins pour quelques années. Enfin, le groupe de travail 802 .11a créé un groupe spécifique, IEEE 802.11i, qui propose une solution pérenne, normalisée en juin 2004.

Avant de présenter ces trois protocoles de sécurité, rappelons deux règles de protection élémentaires :

- Cacher le nom du réseau, ou SSID, de telle sorte qu'un utilisateur ne voie pas le réseau et ne puisse donc pas s'y connecter. Cette mesure de sécurité n'est hélas que provisoire. Si un attaquant écoute le réseau suffisamment longtemps, il finira bien par voir passer le nom du réseau puisqu'un utilisateur qui souhaite se connecter doit donner ce SSID.
- N'autoriser que les communications contrôlées par une liste d'adresses MAC, ou ACL (Access Control List). Cela permet de ne fournir l'accès qu'aux stations dont l'adresse MAC est spécifiée dans la liste.

Le WEP

Comme expliqué précédemment, la solution de gestion de la confidentialité et de l'authentification commercialisée avec les équipements Wi-Fi est le WEP.

Les trames transmises sur les réseaux sans fil sont protégées par un chiffrement. Seul un déchiffrement avec la bonne clé WEP statique, partagée entre le terminal et le réseau, est autorisé. Cette clé est obtenue par la concaténation d'une clé secrète de 40 ou 104 bits et d'un vecteur d'initialisation IV (Initialization Vector) de 24 bits. Celui-ci est changé dynamiquement pour chaque trame. La taille de la clé finale est de 64 ou 128 bits.

À partir de la clé obtenue, l'algorithme RC4 (Ron's Code 4) réalise le chiffrement des données en mode flux (stream cipher). Une clé RC4 a une longueur comprise entre 8 et 2 048 bits. La clé est placée dans un générateur de nombres pseudo-aléatoires, ou PRNG (Pseudo-Random Number Generator), issu des laboratoires RSA (Rivest, Shamir, Adleman). Ce générateur détermine une séquence d'octets pseudo-aléatoire, ou keystream. Cette série d'octets, appelée Ksi, est utilisée pour chiffrer un message en clair (Mi) à l'aide d'un classique protocole de Vernam, réalisant un ou exclusif XOR entre Ksi et Mi :

$$Ci = Ksi \oplus Mi.$$

Le message Mi est composé des données qui sont concaténées à leur ICV (Integrity Check Value). La trame chiffrée est ensuite envoyée avec son IV en clair. L'IV est un index qui sert à retrouver le keystream et donc de déchiffrer les données.

Le processus de chiffrement WEP est illustré à la figure 23.6.

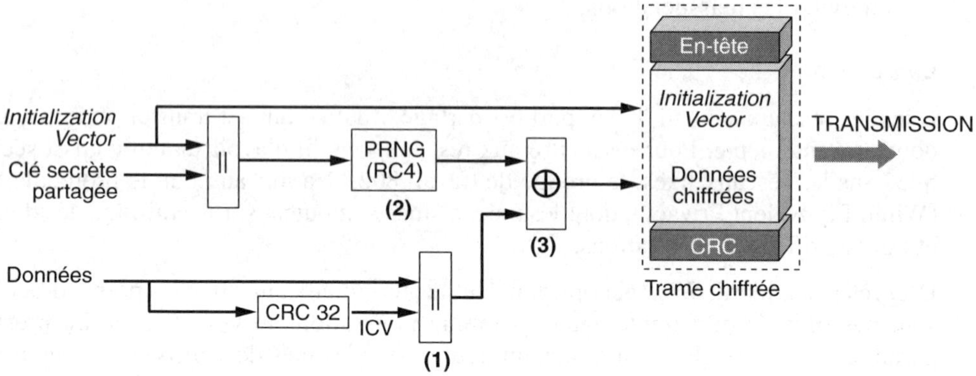

Figure 23.6

Chiffrement d'un paquet WEP

Deux techniques d'authentification sont associées au WEP :

- Open System Authentication
- Shared Key Authentication

Dans la première, qui est le système d'authentification par défaut, l'authentification est explicite. Un terminal peut donc s'associer avec n'importe quel point d'accès et écouter toutes les données qui transitent au sein du BSS. La seconde est nettement meilleure car elle utilise un mécanisme de clé secrète partagée.

Le mécanisme Shared Key Authentication se déroule en quatre étapes :

1. Une station voulant s'associer avec un point d'accès lui envoie une trame d'authentification.
2. Lorsque le point d'accès reçoit cette trame, il envoie à la station une trame contenant 128 bits d'un texte aléatoire généré par l'algorithme WEP.
3. Après avoir reçu la trame contenant le texte, la station la copie dans une trame d'authentification et la chiffre avec la clé secrète partagée avant d'envoyer le tout au point d'accès.
4. Le point d'accès déchiffre le texte chiffré à l'aide de la même clé secrète partagée et le compare avec celui qui a été envoyé plus tôt. Si le texte est identique, le point d'accès lui confirme son authentification, sinon il envoie une trame d'authentification négative.

La figure 23.7 illustre ces étapes.

Une première amélioration de ces mécanismes a été apportée par l'introduction d'une authentification forte avec le protocole IEEE 802.1x. Nous décrivons ce dernier en détail au chapitre 39, consacré à la sécurité. Retenons pour l'immédiat que ce mécanisme est semblable à celui illustré à la figure 23.7.

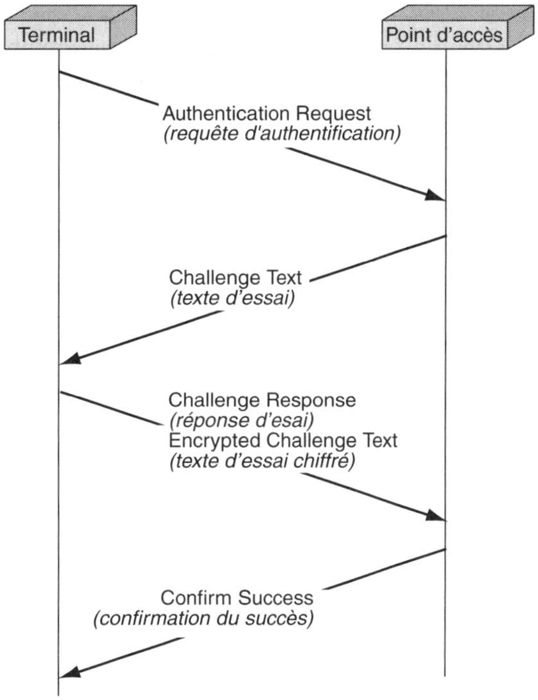

Figure 23.7
Fonctionnement du mécanisme Shared Key Authentication

WPA et IEEE 802.11i

Nous avons déjà souligné les faiblesses du protocole WEP. Le groupe de travail IEEE 802.11i a finalisé en juin 2004 une architecture destinée à combler ces lacunes. En attendant que ce standard arrive sur le marché sous le nom de WPA2, un comité industriel, la Wi-Fi Alliance (anciennement WECA) a édité une recommandation sous le nom de WPA (Wi-Fi Protected Access). Fondé sur un sous-ensemble de 802.11i, WPA utilise le matériel existant (AP, carte réseau sans fil).

Les apports de la norme IEEE 802.11i peuvent être classés en trois catégories :

- définition de multiples protocoles de sécurité radio ;
- éléments d'information permettant de choisir l'un d'entre eux ;
- nouvelle méthode de distribution des clés.

Le standard utilise 802.1x pour l'authentification et le calcul d'une clé maître, nommée PMK (Pairwise Master Key). En mode ad-hoc, cette clé est appelée PSK (Pre-Shared Key) et est distribuée manuellement.

Un RSN (Robust Security Network) 802.11i, ou réseau sécurisé, utilise donc 802.1x pour les services d'authentification et de gestion des clés. Le contrôle d'accès s'appuie sur une authentification forte des couches supérieures. Le RSN doit garantir sécurité et mobilité, intégrité et confidentialité, ainsi que passage à l'échelle et flexibilité.

Sécurité et mobilité

L'architecture sécuritaire doit fournir une authentification du client, indépendamment du fait qu'il se trouve dans son réseau de domiciliation ou dans un réseau étranger. Une architecture avec serveur d'authentification centralisé de type RADIUS (Remote Authentication Dial-In User Server) peut satisfaire à cette exigence. Le client n'a plus à se préoccuper du point d'accès auquel il est associé.

Intégrité et confidentialité

Dans l'architecture 802.1x, un réseau comporte trois éléments en communication : un « supplicant », qui est la station 802.1x demandant à être authentifiée, un « authenticator », le point d'accès, et un serveur d'authentification, ou AS (Authentication Server), le plus souvent RADIUS.

Chaque authenticator partage un secret avec le serveur RADIUS avec lequel il communique. Ce secret est utilisé pour calculer un résumé HMAC-MD5 sur les paquets RADIUS échangés. Chaque paquet RADIUS contient un champ Request Authenticator, qui est un résumé HMAC-MD5 du paquet, calculé avec ce secret. Ce champ est inséré par le serveur RADIUS et vérifié par le point d'accès. Dans l'autre sens de communication, le serveur RADIUS vérifie l'attribut EAP Authenticator présent avec l'attribut EAP Message. Ces deux attributs offrent la possibilité d'une authentification mutuelle par paquet et préservent l'intégrité de la communication entre le serveur RADIUS et le point d'accès.

Puisqu'il est assez facile pour un attaquant équipé d'un outil de réception convenable d'écouter le trafic entre les stations sur le lien sans fil, l'architecture de sécurité proposée vise à fournir des garanties de confidentialité forte. Elle définit en outre un mécanisme de distribution dynamique de clés.

Passage à l'échelle et flexibilité

L'architecture 802.11i est extensible quant au nombre d'utilisateurs pris en charge et à la mobilité. Un utilisateur se déplaçant d'un point d'accès à un autre pourra être réauthentifié rapidement et de façon sécurisée.

De plus, pour répondre aux besoins de déploiement des réseaux sans fil dans les entreprises et les lieux publics, cette architecture de sécurité se veut flexible, afin d'en faciliter l'administration et de prendre en compte l'environnement de déploiement existant.

En séparant l'authenticator du processus d'authentification lui-même, le RSN permet le passage à l'échelle du nombre de points d'accès. La flexibilité est apportée par le fait que le message optionnel EAPoL-Key peut être désactivé pour un déploiement particulier, où la confidentialité des données n'est pas nécessaire.

Le modèle 802.11i précise comment le RSN interagit avec 802.1x. Deux types de protocoles assurent la sécurité au niveau MAC :

- TKIP (Temporal Key Integrity Protocol)
- CCMP (Counter with Cipher Block Chaining Message Authentication Code Protocol)

Un TSN (Transition Security Network) supporte les architectures pré-RSN, en particulier les mécanismes suivants hérités de la norme 802.11 :

- Open Authentication
- Shared Key Authentication
- WEP

Un réseau RSN doit supporter le protocole CCMP. Un TSN peut cependant assurer la transition avec les réseaux antérieurs en implémentant le protocole TKIP.

La figure 23.8 illustre les différents niveaux de sécurité qui doivent être pris en charge pour avoir une architecture sécurisée globale.

Figure 23.8

Niveaux de sécurité dans l'architecture 802.1x

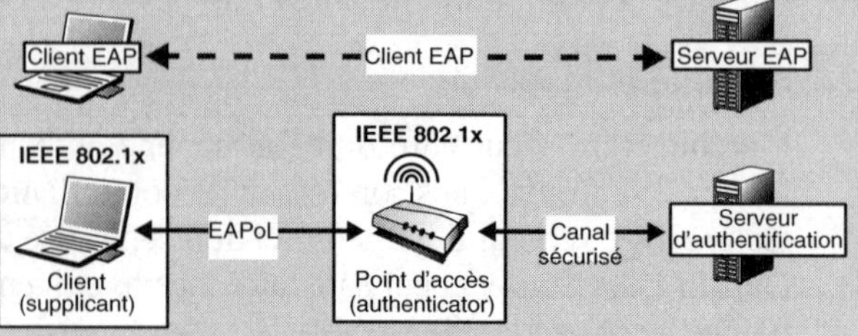

L'authenticator (le point d'accès) et le serveur d'authentification (AS) réalisent une authentification mutuelle et établissent un canal sécurisé. Le modèle 802.11i ne décrivant pas les méthodes utilisées pour mener à bien cette opération, des protocoles tels que RADIUS, IPsec ou TLS/SSL peuvent être mis en œuvre.

Le client 802.1x, ou supplicant, et le serveur d'authentification s'authentifient mutuellement à l'aide du protocole EAP (Extensible Authentication Protocol) et génèrent une clé maître PMK. Les éléments de cette procédure sont transportés par le canal sécurisé, dont les paramètres cryptographiques doivent être différents pour chaque client 802.1x. La clé PMK est partagée entre le client 802.1x et le point d'accès. Ceux-ci utilisent un protocole à quatre passes, ou 4-ways handshake, et des messages EAPoL-Key pour réaliser les opérations suivantes :

1. Confirmation de l'existence de la PMK.
2. Confirmation de la mise en service de la PMK.
3. Calcul de la clé PTK (Pairwise Transient Key) à partir de la PMK.
4. Mise en place des clés de chiffrement et d'intégrité des trames 802.11.
5. Confirmation de la mise en fonction des clés 802.11.

Ce processus est illustré à la figure 23.9.

Figure 23.9
Fonctionnement du protocole à quatre passes 802.11i

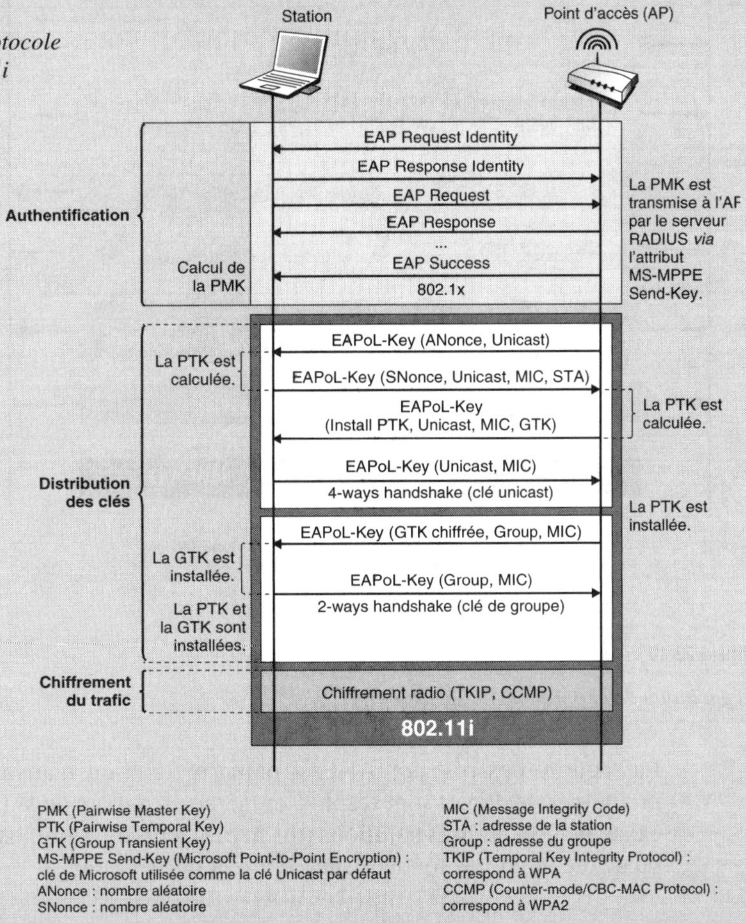

Une clé GTK (Group Transient Key), transmise *via* des paquets EAPoL-Key depuis le point d'accès vers le client 802.1x, permet à ce dernier d'échanger des messages en mode broadcast et optionnellement en mode unicast. Dans le cas du mode dit Pre-Shared Key, la clé PMK est préinstallée entre le client 802.1x et le point d'accès.

Négociation de la politique de sécurité

Un point d'accès diffuse dans ses trames beacon ou probe des éléments d'information, ou IE (Information Element), afin de notifier au client 802.1x les indications suivantes :

- liste des infrastructures d'authentification supportées (typiquement 802.1x) ;
- liste des protocoles de sécurité disponibles (TKIP, CCMP, etc.) ;
- méthode de chiffrement pour la distribution d'une clé de groupe (GTK).

Une station 802.11 notifie son choix par un élément d'information inséré dans sa demande d'association. Cette démarche est illustrée à la figure 23.10.

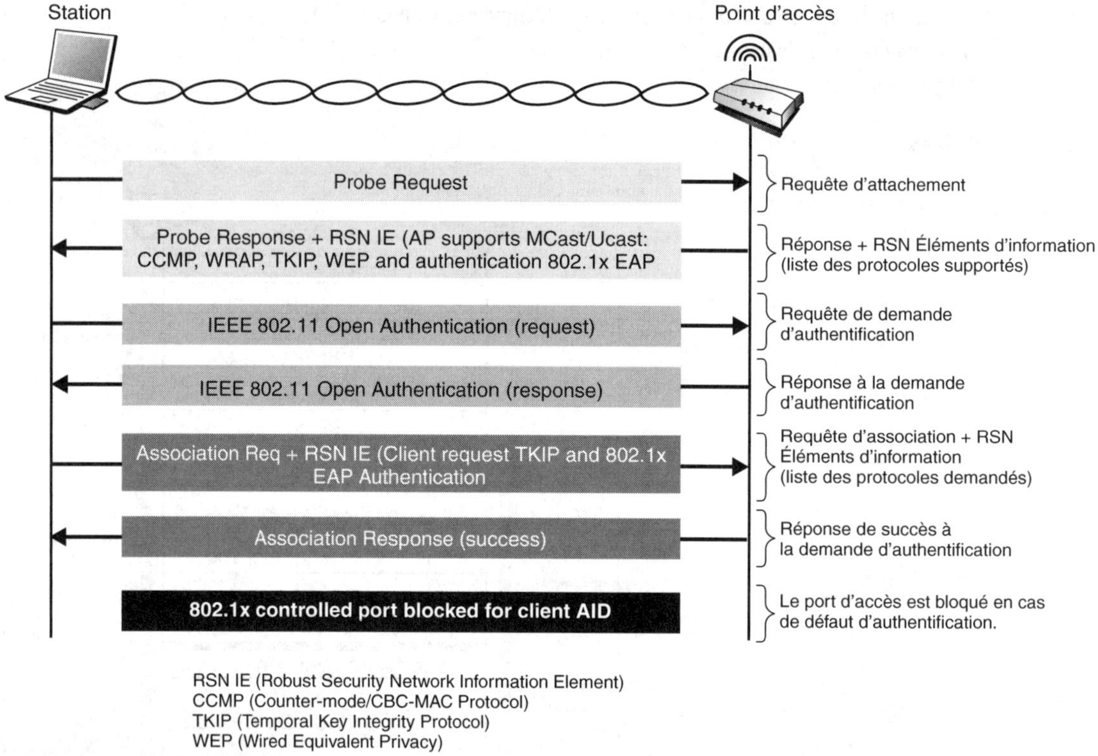

Figure 23.10

Négociation de la politique de sécurité

La sécurité des réseaux Wi-Fi a démarré sous de mauvais auspices. Aujourd'hui, les problèmes de départ sont résolus, et même en dehors de WPA et WPA2 (IEEE 802.11i) il existe de nombreuses solutions très fiables, comme l'utilisation de réseaux privés virtuels ou de technologies fondées sur la carte à puce.

Économie d'énergie

Les terminaux sans fil peuvent être fixes ou mobiles. Le problème principal des terminaux mobiles concerne leur batterie, qui n'a généralement que peu d'autonomie. Pour augmenter le temps d'activité des terminaux, le standard IEEE 802.11 prévoit un mode d'économie d'énergie. Plus précisément, il existe deux modes de fonctionnement d'un terminal :

- Continuous Aware Mode
- Power Save Polling Mode

Le premier correspond au fonctionnement par défaut, dans lequel la station est tout le temps allumée et écoute constamment le support. Le second permet une économie d'énergie. Dans ce cas, le point d'accès tient à jour un enregistrement de toutes les stations qui sont en mode d'économie d'énergie et stocke les données qui leur sont adressées. Les stations qui sont en veille s'activent à des périodes de temps régulières pour recevoir une trame particulière, la trame TIM (Traffic Information Map), envoyée par le point d'accès.

Entre les trames TIM, les terminaux retournent en mode veille. Toutes les stations partagent le même intervalle de temps pour recevoir les trames TIM, de sorte à s'activer au même moment pour les recevoir. Les trames TIM font savoir aux terminaux mobiles si elles ont ou non des données stockées dans le point d'accès. Lorsqu'un terminal s'active pour recevoir une trame TIM et s'aperçoit que le point d'accès contient des données qui lui sont destinées, il envoie au point d'accès une requête, appelée Polling Request Frame, pour mettre en place le transfert des données. Une fois le transfert terminé, il retourne en mode veille jusqu'à réception de la prochaine trame TIM.

Pour des trafics de type broadcast ou multicast, le point d'accès envoie aux terminaux une trame DTIM (Delivery Traffic Information Map).

Les trames Wi-Fi

Les paquets IP composés dans les terminaux du réseau sans fil doivent être transmis sur le support hertzien. Pour cela, ils doivent être placés dans une trame Ethernet. De plus, pour contrôler et gérer la liaison, il est nécessaire d'avoir des trames spécifiques.

Les trois types de trames disponibles dans Wi-Fi sont les suivantes :

- trame de données, pour la transmission des données utilisateur ;
- trame de contrôle, pour contrôler l'accès au support (RTS, CTS, ACK) ;
- trame de gestion, pour les associations ou les désassociations d'une station avec un point d'accès, ainsi que pour la synchronisation et l'authentification.

Toutes les trames Wi-Fi sont composées de la manière illustrée à la figure 23.11.

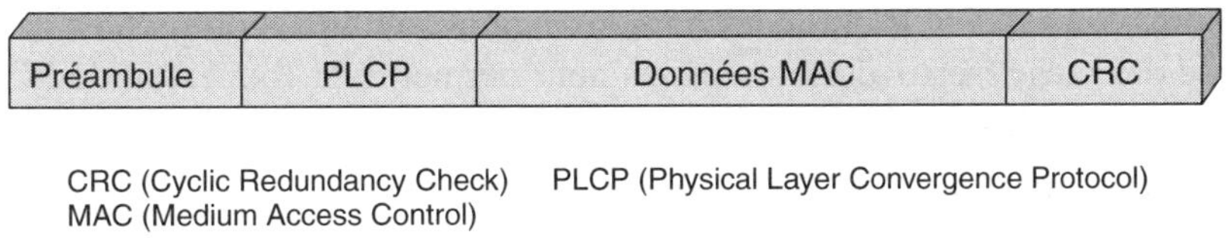

Figure 23.11

Structure d'une trame Wi-Fi

Le préambule est dépendant de la couche physique et contient les deux séquences suivantes :

- Synch, de 80 bits alternant 0 et 1, qui est utilisée par le circuit physique pour sélectionner l'antenne à laquelle se raccorder.
- SFD (Start Frame Delimiter), une suite de 16 bits, 0000 1100 1011 1101, utilisée pour définir le début de la trame.

L'en-tête PLCP (Physical Layer Convergence Protocol) contient les informations logiques suivantes utilisées par la couche physique pour décoder la trame :

- Longueur de mot du PLCP_PDU : représente le nombre d'octets que contient le paquet, ce qui permet à la couche physique de détecter correctement la fin du paquet.
- Fanion de signalisation PLCP : contient l'information concernant la vitesse de transmission entre la carte coupleur et le point d'accès.
- Champ d'en-tête du contrôle d'erreur : champ de détection d'erreur CRC sur 16 bits.

La zone MAC transporte le protocole de niveau sous-jacent, comme illustré à la figure 23.12.

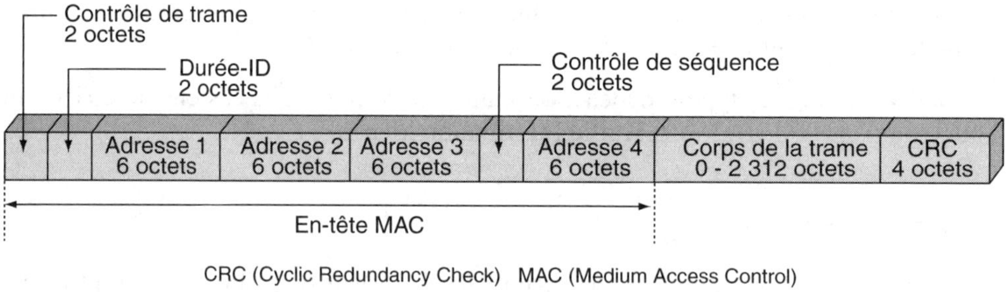

Figure 23.12

Zone MAC

IEEE 802.11a, b et g

Les réseaux Wi-Fi de base proviennent de la normalisation IEEE 802.11b sur la bande des 2,4 GHz. Comme expliqué précédemment, cette norme a pour origine des études effectuées dans le cadre général du groupe 802.11.

En ce début des années 2000, 802.11b s'est imposé comme standard, et plusieurs millions de cartes d'accès Wi-Fi ont été vendues. D'abord déployé dans les campus, les aéroports, les gares et les grandes administrations publiques ou privées, il s'est ensuite imposé dans les réseaux des entreprises pour permettre la connexion de PC portables et d'équipements de type PDA.

Les réseaux 802.11 travaillent avec des points d'accès dont la vitesse de transmission est de 11 Mbit/s et la portée de quelques dizaines de mètres. Pour obtenir cette valeur maximale de la porteuse, il faut que le terminal soit assez près du point d'accès, à moins d'une vingtaine de mètres. Il faut donc, au moment de l'ingénierie du réseau, bien calculer le positionnement des différents points d'accès.

Treize fréquences sont disponibles aux États-Unis dans la bande des 83,5 MHz et quatorze en Europe. Un point d'accès ne peut utiliser que trois fréquences au maximum, car l'émission demande une bande passante qui recouvre quatre fréquences.

Les fréquences peuvent être réutilisées régulièrement. De la sorte, dans une entreprise, le nombre de machines que l'on peut raccorder est très important et permet à chaque station terminale de se raccorder à haut débit à son serveur ou à un client distant.

Des extensions des réseaux Wi-Fi ont été apportées par les normalisations IEEE 802.11g, dans la bande des 2,4 GHz, et IEEE 802.11a, dans celle des 5 GHz. Ces normes ont pour origine des études effectuées dans le cadre de la normalisation HiperLAN (High Performance Local Area Network) de l'ETSI en ce qui concerne la couche physique.

La couche MAC de 802.11b est conservée et est donc différente de la couche équivalente d'HiperLAN, qui est fondée sur ATM. Les réseaux 802.11b et 802.11g sont compatibles dans le sens ascendant. Une carte 802.11g peut donc se connecter à un réseau 802.11b à la vitesse de 11 Mbit/s, mais l'inverse est impossible. On considère que 802.11g est le successeur de 802.11b, et la plupart des équipementiers l'ont adopté. En revanche, les fréquences des réseaux 802.11b et 802.11a étant totalement différentes, il n'y a aucune compatibilité entre eux. Si l'équipement qui souhaite accéder aux deux réseaux comporte deux cartes d'accès, les fréquences peuvent toutefois se superposer.

Pour la partie physique, les propositions suivantes ont été retenues pour les réseaux 802.11a :

- Fréquence de 5 GHz dans la bande de fréquences sans licence U-NII (Unlicensed-National Information Infrastructure), qui ne nécessite pas de licence d'utilisation.
- Modulation OFDM (Orthogonal Frequency Division Multiplexing) avec 52 porteuses, autorisant d'excellentes performances en cas de chemins multiples.
- Huit débits, échelonnées de 6 à 54 Mbit/s. Le débit sélectionné par la carte d'accès dépend de la puissance de réception.

La distance maximale entre la carte et le point d'accès peut dépasser 100 m, mais la chute du débit de la communication est fortement liée à la distance. Pour le débit de 54 Mbit/s, la station mobile contenant la carte Wi-Fi ne peut s'éloigner que de quelques mètres du point d'accès. Au-delà, le débit chute très vite pour être approximativement équivalent à celui qui serait obtenu avec la norme 802.11b à 100 m de distance.

En réalisant de petites cellules, de façon que les fréquences soient fortement réutilisables, un réseau 802.11a permet à plusieurs dizaines de clients par 100 m2 de se partager entre 100 et 200 Mbit/s. Un tel réseau est dès lors capable de prendre en charge des flux vidéo de bonne qualité.

Les niveaux supérieurs au niveau MAC, c'est-à-dire à la couche gérant l'algorithme d'accès CSMA/CD, correspondent à ceux que l'on rencontre dans les réseaux Ethernet.

IEEE 802.11n

Avec les pré-produits IEEE 802.11n, le débit maximal atteint fin 2007 est de 108 Mbit/s, c'est-à-dire le double des standards IEEE 802.11a et 802.11g. Ce débit est obtenu en augmentant la densité d'éléments binaires émis. Les progrès technologiques sont tels dans le domaine de la transmission radio qu'il est aujourd'hui possible d'améliorer très fortement ce débit. Les réseaux 802.11n proposent un débit brut potentiel de 540 Mbit/s. En fait, le débit réel est très inférieur et est de l'ordre de 100 Mbit/s dans le meilleur des cas.

L'objectif du standard IEEE 802.11n est triple :

- Apporter des modifications aux niveaux MAC et PHY de telle sorte que le débit dépasse les 100 Mbit/s pour atteindre au mieux 540 Mbit/s. Pour cela la technologie MIMO est mise en œuvre.
- Améliorer très fortement le débit utile du système au niveau de l'application afin d'obtenir une centaine de mégabits par seconde.
- Rester compatible avec IEEE 802.11a et 802.11g.

On comprend bien les premier et dernier objectifs. Le second n'est pas moins clair si l'on se souvient des débits réels désastreux des premiers réseaux Wi-Fi : 5 à 6 Mbit/s au mieux dans le cas de 802.11b et quelque 20 Mbit/s pour 802.11a et 802.11g. L'objectif du nouveau standard est de proposer une vitesse de transfert effective de l'ordre de 100 Mbit/s.

IEEE 802.11n marque un tournant dans la compatibilité des produits puisqu'elle inclut le standard IEEE 802.11i pour la sécurité et la confidentialité du transport des données sur l'interface radio. Ce dernier standard n'étant pas complètement compatible avec les deux premières générations, notamment avec l'utilisation d'AES, l'augmentation forte de la vitesse est l'occasion d'inciter les utilisateurs à changer complètement leur infrastructure de réseau sans fil.

Le standard IEEE 802.11e, que nous détaillons un peu plus loin, permettant de proposer une qualité de service autour d'une technologie de type DiffServ est également inclus dans 802.11n. Cette intégration permettra de donner des priorités aux différents flux qui traversent le réseau sans fil.

La norme IEEE 802.11n permet en natif de gérer la mobilité en intégrant le standard IEEE 802.11f. D'un réseau sans fil, on peut passer à un autre réseau sans fil, même si la gestion de la mobilité ne se fait qu'à des vitesses faibles, de type piéton.

MIMO

La technologie MIMO (Multiple Input Multiple Output) n'est pas nouvelle, mais elle n'arrive sur le marché qu'en cette fin de la première décennie des années 2000 du fait d'une implémentation très complexe. MIMO a pour objectif de transporter plusieurs flux en parallèle sur des antennes différentes mais en utilisant la même fréquence.

L'idée est de connecter plusieurs antennes sur l'émetteur, lesquelles émettent des flux différents sur la même fréquence. Grâce aux propriétés du multichemin que l'on trouve dans les environnements avec obstacles, les signaux arrivent à des instants différents au récepteur. Si le récepteur est assez puissant, il est capable de déchiffrer les suites binaires qui arrivent à des instants différents. Il faut noter que la technique MIMO n'est satisfaisante que dans des ensembles perturbés avec des obstacles et qu'il faut éviter de l'utiliser en dehors des bâtiments.

Le schéma de fonctionnement de MIMO est illustré à la figure 23.13, en supposant n émetteurs et n récepteurs. MIMO peut fonctionner avec une seule antenne de réception, mais avec le risque de ne pas récupérer tous les signaux. Dans cette figure, la même suite binaire est émise sur l'ensemble des antennes. L'objectif est d'augmenter la qualité de la transmission puisque le récepteur reçoit plusieurs fois le même bit et choisit la valeur la plus fortement reçue. Il faut dans ce cas avoir un nombre impair d'antennes pour être sûr de départager les éléments binaires reçus. La diversité exprime qu'au lieu d'augmenter la qualité en augmentant le nombre de fois où le même bit est transmis, on peut augmenter le débit en transmettant des éléments binaires distincts. Cette deuxième solution est illustrée à la figure 23.14.

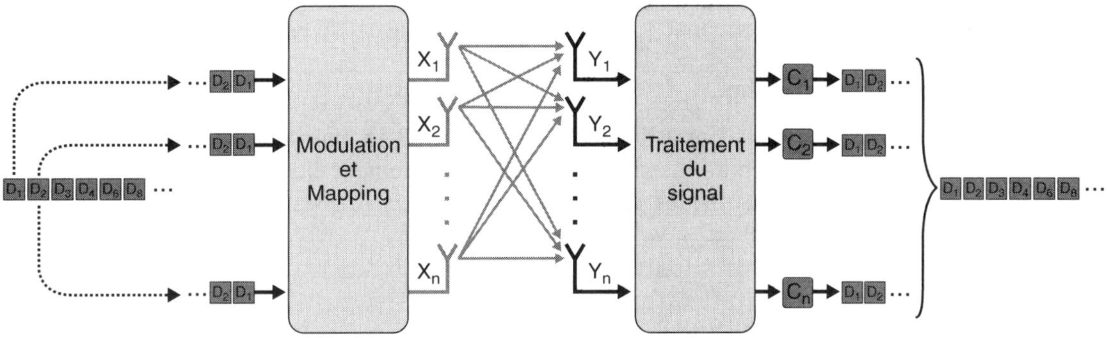

Figure 23.13

La technique MIMO avec augmentation de la qualité

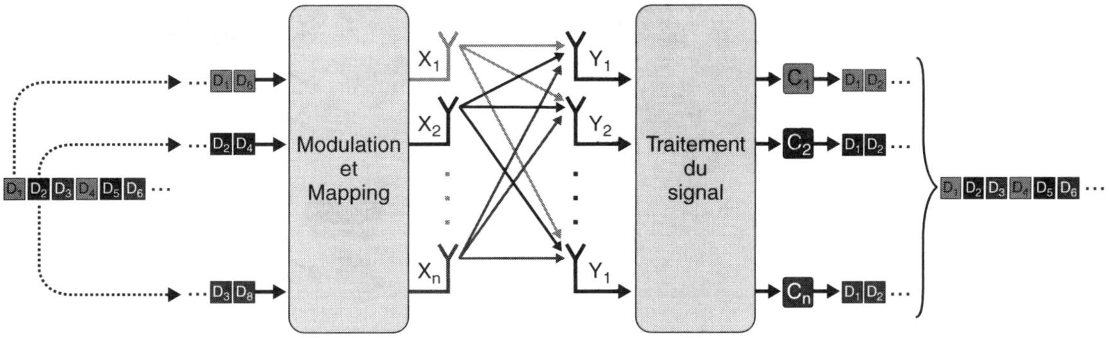

Figure 23.14

La technique MIMO avec augmentation du débit

La qualité de service dans Wi-Fi

La qualité de service est peut-être le problème le plus important des réseaux Wi-Fi, avant même la sécurité. La transmission reposant sur la qualité du lien radio, cette qualité peut se dégrader pour de multiples raisons, comme la présence d'un autre équipement, évoluant dans la même bande de fréquences, celle d'un autre réseau 802.11 ou une distance trop grande entre la station et le point d'accès.

Pour permettre à toutes les stations d'avoir un accès, même minimal, au réseau, IEEE 802.11 incorpore une fonction de variation du débit, appelée Variable Rate Shifting. Cette technique permet de faire varier le débit d'une station selon la qualité de son lien radio. Si, pour une station 802.11b donnée, l'environnement radio se dégrade pour cause d'interférences ou de distance, le débit chute de 11 à 5,5 puis 2 et enfin 1 Mbit/s.

Lorsque les interférences disparaissent ou que la station se rapproche du point d'accès, le débit augmente automatiquement. Il en va de même pour les normes IEEE 802.11a, 802.11g et 802.11n.

De ce fait, le débit d'un point d'accès dépend des clients et non de l'antenne. Pour cette raison, il est particulièrement difficile d'assurer une qualité de service sur Wi-Fi.

Nous allons introduire dans un premier temps cette fonctionnalité de variation du débit, puis nous examinerons une seconde solution proposée au travers de la norme IEEE 802.11e.

Variable Rate Shifting

Les stations 802.11b 1, 2 et 4 illustrées à la figure 23.15 étant proches du point d'accès, leur débit est de 11 Mbit/s. La station 3, qui est légèrement éloignée, n'a que 5,5 Mbit/s, et la station 5, soumise à des interférences, 1 Mbit/s. La station 4, qui se déplace en s'éloignant du point d'accès, voit son débit chuter.

Figure 23.15

Effets sur le débit du Variable Rate Shifting

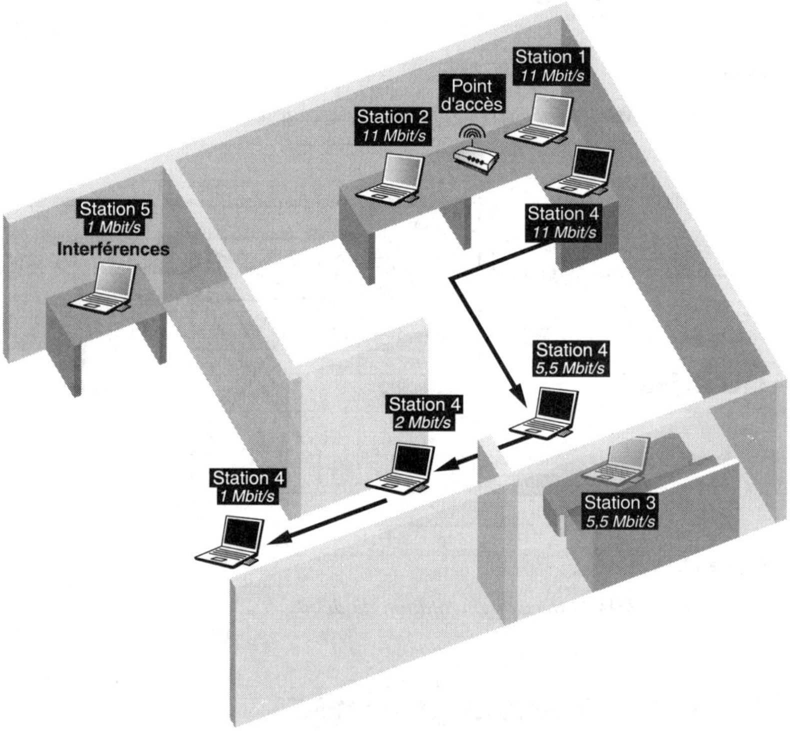

La capacité de passer d'un débit à un autre augmente la zone de couverture du réseau. Comme le montrent les tableaux 23.1 et 23.2, plus la portée est faible et plus le débit est important. Cela vient du fait que les techniques de transmission, notamment le codage et la modulation, utilisées pour transmettre à faible débit autorisent une propagation du signal bien plus grande et donc une portée plus importante. Les valeurs de ces tableaux sont évidemment théoriques. Tout dépend de l'environnement réel dans lequel se situe le réseau. Le tableau 23.2 n'indique les distances que pour les débits correspondant aux réseaux Wi-Fi à 54 Mbit/s. Si une carte 802.11b se connecte sur un point d'accès 802.11g, les débits de 11, 5,5, 2 et 1 sont également possibles avec les distances indiquées dans le tableau 23.1.

Vitesse (en Mbit/s)	Portée à l'intérieur (en mètre)	Portée à l'extérieur (en mètre)
11	15	50
5,5	20	100
2	25	150
1	30	200

TABLEAU 23.1 • Portée d'un réseau Wi-Fi 802.11b

Débit (en Mbit/s)	Portée (en mètre)
54	3
48	6
36	9
24	12
18	14
12	16
9	18
6	20

TABLEAU 23.2 • Portée d'un réseau 802.11a/g en milieu intérieur

Vitesse (en Mbit/s)	CISCO SYSTEMS AIRONET	ORINOCO GOLD/SILVER
11	– 85 dBm	– 82 dBm
5,5	– 89 dBm	– 87 dBm
2	– 91 dBm	– 91 dBm
1	– 94 dBm	– 94 dBm

TABLEAU 23.3 • Sensibilité de deux cartes Wi-Fi 802.11b

Sensibilité

Le passage d'une vitesse de transmission à une autre se fait en fonction de valeurs seuils, dites de sensibilité. Ces valeurs ne sont pas standardisées et sont laissées au soin des constructeurs. Deux produits différents situés en un même endroit peuvent donc offrir des débits différents. Lorsque la station s'éloigne du point d'accès, sa sensibilité accommode la qualité du lien avec le point d'accès, et le débit est modifié. Pour qu'une transmission s'effectue avec succès, la puissance du signal reçue par l'émetteur doit être supérieure ou égale à la sensibilité du récepteur. Ce mécanisme permet de fiabiliser la transmission en cas de mobilité relative de la station.

Bien que ce mécanisme assure un service minimal, il peut devenir un inconvénient. Si la station qui émet se trouve en périphérie de la cellule ou est soumise à des interférences, son débit est de 1 Mbit/s. Les autres stations doivent donc attendre que l'émission des trames à 1 Mbit/s se termine pour avoir accès au support et transmettre à des vitesses plus importantes. Cette faible capacité de transmission influe fortement sur le débit utile du réseau. D'une valeur de 5 Mbit/s dans un réseau où tous les clients communiquent à un débit théorique de 11 Mbit/s, le débit utile total peut chuter à une valeur inférieure à 1 Mbit/s si des clients éloignés émettent à 1 Mbit/s. On constate qu'une seule station à bas débit fait chuter le débit global utile de toute la cellule.

Un autre facteur défavorable au débit est l'utilisation d'une application consommatrice de bande passante. Prenons l'exemple d'un utilisateur qui souhaite regarder une vidéo MPEG-2 en streaming sur son ordinateur portable. Le débit utile d'une telle application peut atteindre 5 Mbit/s, ce qui peut paraître suffisant pour un réseau tel que IEEE 802.11b si personne ne transmet au même instant. Si cet utilisateur se déplace, son débit chute, entraînant une détérioration de la qualité de l'application, voire son arrêt.

IEEE 802.11a et 802.11g utilisent aussi ce mécanisme de variation dynamique du débit, mais avec des effets qui peuvent être encore plus néfastes. Ainsi, le débit peut chuter de 54 Mbit/s à 6 Mbit/s en quelques mètres, soit une baisse de 48 Mbit/s, voire jusqu'à 1 Mbit/s si le client possède une carte 802.11b.

En conclusion, si le mécanisme de variation dynamique du débit permet de conserver une certaine connectivité, c'est au prix d'une importante diminution des performances du réseau, qui peut se révéler catastrophique dans certains cas.

IEEE 802.11e

La qualité de service est indispensable pour assurer le transfert temps réel de données comme la voix ou la vidéo. De tels services demandent des transferts isochrones, c'est-à-dire des transferts de données qui permettent de faire varier le délai entre les différentes trames d'une même transmission. Dans le cas d'une application vidéo, par exemple, plus ce délai est important, plus la qualité se dégrade, qu'elle soit sonore ou visuelle. Pour minimiser ce délai, des mécanismes de priorité ont été introduits par une extension au standard 802.11, appelée 802.11e.

Wi-Fi et la qualité de service

Wi-Fi est utilisé comme un réseau local permettant d'échanger et de transmettre des données. Compte tenu des nombreux avantages apportés par ce type de réseau, il était normal de vouloir l'utiliser pour transmettre de la voix et même de la vidéo. Avec un débit théorique de 54 Mbit/s, IEEE 802.11g est capable de faire passer un trafic de type MPEG-4 ou même MPEG-2 sans aucun problème.

Il faut toutefois modérer cet optimisme, comme nous l'avons indiqué à la section précédente. Dans un tel cas, il faudrait qu'aucun autre trafic, par exemple de données, ne circule sur le réseau et que les stations qui utilisent l'application multimédia soient proches du point d'accès de façon que le mécanisme de variation de débit ne soit pas utilisé, évitant ainsi une chute de performance. Cela fait beaucoup de contraintes pour une simple transmission vidéo. Les mécanismes proposés par 802.11e améliorent justement la qualité de service.

Le taux de perte dans un réseau sans fil est de l'ordre de 10^{-3}, soit le taux de perte minimal pour appliquer une QoS. Le débit de Wi-Fi dépend du nombre de stations situées dans la cellule. La garantie de débit impose donc de limiter le nombre de stations connectées au point d'accès ainsi que de n'autoriser que des débits théoriques élevés. Le paramètre essentiel à prendre en compte est le délai entre les trames envoyées ainsi que sa variation, ou gigue.

La plupart des applications multimédias (voix et vidéo) demandent un trafic temps réel. Si les données d'une application multimédia n'arrivent pas à temps, cela peut stopper le processus de lecture ou engendrer des erreurs, que l'oreille et l'œil humain peuvent facilement voir ou entendre. L'oreille, par exemple, peut tolérer un temps de latence (délai) de 150 ms. Si ce temps augmente, la voix semble lointaine. Il en va de même de la vidéo. Si le délai n'est pas respecté, la vidéo peut apparaître pixellisée, ralentir, comporter des décalages entre le son et l'image, etc., la rendant difficile ou impossible à visionner.

Pour avoir un processus de lecture constant, l'instauration d'un système de priorité permettant de jouer sur le temps de réponse permet de mieux gérer ce type de trafic.

Les approches IntServ et DiffServ *(voir le chapitre 19)* ne sont pas envisageables dans les réseaux Wi-Fi. En effet, ces mécanismes sont définis au niveau 3, niveau réseau, et il n'existe aucun lien, ou mapping, entre le niveau 3 et le niveau 2. Si l'on implémente DiffServ dans un réseau 802.11b souhaitant offrir à une station un débit de 3 Mbit/s, ce débit ne peut être assuré que si la station est seule dans la cellule. Le débit maximal utile d'une station étant de 5 Mbit/s, en supposant un débit théorique de 11 Mbit/s, si une autre station essaye d'émettre sur le support, le débit est partagé entre les deux stations, soit 2,5 Mbit/s. Le débit de 3 Mbit/s ne peut plus être garanti, et DiffServ ne fonctionne pas.

Une solution à ce problème pourrait consister à appliquer un mécanisme de réservation en dehors du réseau Wi-Fi. Comme illustré à la figure 23.16, il serait de la sorte possible de classifier le trafic entrant et sortant pour chaque station du réseau. Le problème est que la somme des débits alloués à chaque station ne devrait pas dépasser le débit maximal utile d'une cellule Wi-Fi. Dans l'exemple de la figure 23.16, le réseau Wi-Fi étant en 802.11b, la somme des débits alloués aux trois stations (2, 2 et 1 Mbit/s) est égale à 5 Mbit/s, soit le débit maximal utile d'une cellule. Cette réservation, c'est-à-dire la classification des flux IP entrants et sortants du réseau Wi-Fi, ne peut donc se faire qu'à l'extérieur du réseau Wi-Fi par l'utilisation d'un classificateur. Une telle solution ne garantit toutefois que le débit et pas le délai, un paramètre important des trafics voix et vidéo.

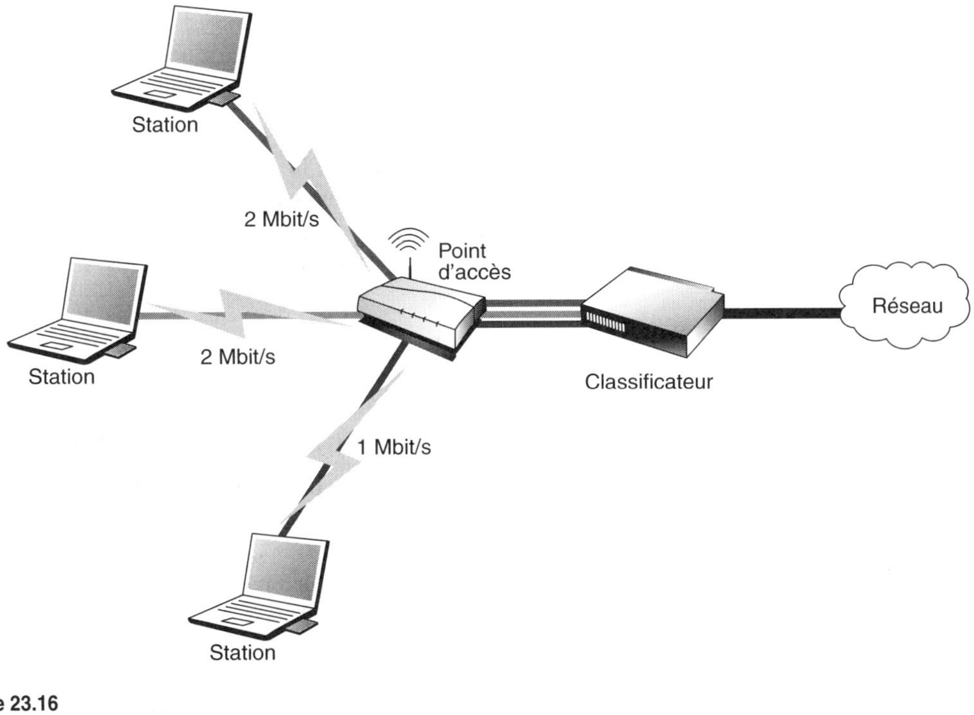

Figure 23.16

Classification du trafic pour un réseau Wi-Fi 802.11b.

Cette solution est actuellement utilisée par de nombreux hotspots Wi-Fi ainsi que par certains FAI afin de garantir un débit moyen à l'utilisateur.

La téléphonie Wi-Fi, un marché en plein essor, ne peut utiliser un tel mécanisme qui ne garantit pas de délai. D'une manière générale, la téléphonie n'exige pas un débit important. Le débit de la parole proprement dite est de 9,6 Kbit/s, ce qui donne un débit réel d'une cinquantaine de kilobits par seconde en tenant compte des éléments binaires introduits pour constituer le paquet puis la trame. Le délai et la gigue sont les paramètres principaux à prendre en compte. Ces derniers ne peuvent être assurés qu'en modifiant les paramètres d'accès définis dans 802.11, comme le propose l'amendement 802.11e.

Gestion des priorités

La norme IEEE 802.11e ajoute de nouvelles méthodes, EDCF (Extended DCF) et HCF (Hybrid Coordination Function), qui améliorent la technique d'accès DCF.

L'EDCF est une évolution du DCF, qui ajoute un système de gestion de priorités lors de l'accès au support. Toujours à la manière du DCF, l'accès au support se fait selon le niveau de priorité de la trame. Les trames de même priorité ont la même probabilité d'accéder au support, tandis que celles de priorité supérieure ont une probabilité plus grande d'accéder au support.

Aujourd'hui, dans les réseaux Wi-Fi, les priorités sont les mêmes pour toutes les stations. Comme les trames de plus haute priorité ne peuvent interrompre le transfert des trames de plus faible priorité, il n'existe aucun moyen d'avoir une garantie sur la qualité de service d'une communication Wi-Fi.

L'EDCF fournit des accès différenciés pour différents types de trafic. Il définit huit niveaux de priorités par l'intermédiaire de catégories de trafic, ou TC (Traffic Categories). Chacune de ces catégories de trafic correspond à une file d'attente ayant, d'une part, un niveau de priorité et, d'autre part, des paramètres spécifiques, en fonction de ce niveau de priorité. Une station en mode EDCF équivaut à huit stations virtuelles traitant chacune différentes catégories de trafic.

Chaque catégorie de trafic comporte des paramètres qui lui sont propres. Ces paramètres correspondent aux valeurs des différents temporisateurs utilisés (IFS, back-off), ainsi qu'aux paramètres utilisés dans le calcul de ces temporisateurs. La catégorie de trafic ayant la plus haute priorité est celle dont les valeurs de ces paramètres sont les plus faibles.

Les valeurs des temporisateurs ne sont pas fixes, comme dans le DCF. L'EDCF utilise toujours les IFS mais ajoute un nouveau temporisateur, l'AIFS (Arbitration IFS), qui joue le même rôle que le DIFS mais avec une valeur dynamique. De même, l'algorithme de back-off est toujours utilisé, mais la valeur de son temporisateur n'est plus fixe.

Le dernier apport de l'EDCF est l'ordonnanceur TxOP (Transmission Opportunities). Le TxOP détermine un temps, cette fois fixe, qui définit quand la station a le droit d'accéder au support et pendant quelle durée. Si plusieurs catégories de trafic veulent accéder au support au même instant, le TxOP encourage le TC de plus haute priorité.

Le fonctionnement de l'ECDF est illustré à la figure 23.17.

L'EDCF fonctionne de la même manière que le DCF, les stations attendant en utilisant divers temporisateurs que le support soit libre avant toute transmission. La différence avec le DCF est que l'EDCF ne définit pas de valeurs fixes pour ces temporisateurs.

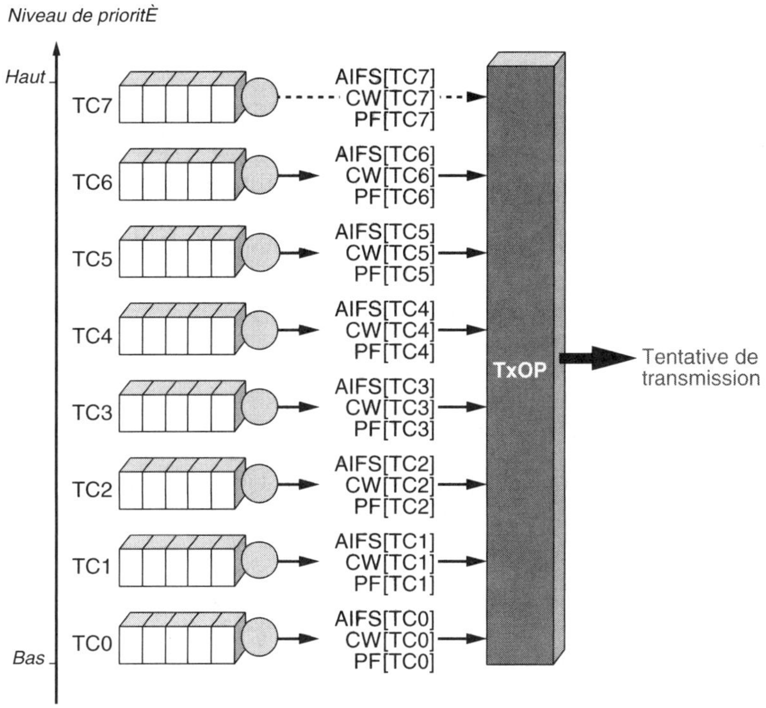

Figure 23.17

Les huit classes de trafics dans l'EDCF

AIFS (Arbitration IFS)

Le DIFS est une durée d'attente utilisée par toutes les stations en mode DCF pour accéder au support. La valeur du DIFS est fixe et dépend de la couche physique utilisée. Seule la station arrivée la première sur le support — en supposant qu'il était auparavant libre — transmet ses données.

L'EDCF introduit un nouveau temporisateur, l'AIFS (Arbitration IFS), qui est utilisé de la même manière que le DIFS. Chaque station en mode EDCF attend un AIFS. Comme l'EDCF peut gérer jusqu'à huit niveaux de priorité, la valeur de l'AIFS n'est plus fixe mais dynamique. Elle varie en fonction du niveau de priorité requis par la station émettrice pour la transmission de sa trame. Cette valeur de l'AIFS est supérieure ou égale à celle du DIFS. Ainsi, la catégorie de trafic de priorité supérieure a une valeur d'AIFS égale à DIFS.

L'utilisation d'un tel système de priorité d'accès au support diminue le risque de collision. La figure 23.18 illustre les différents temporisateurs utilisés lors de l'introduction de la qualité de service.

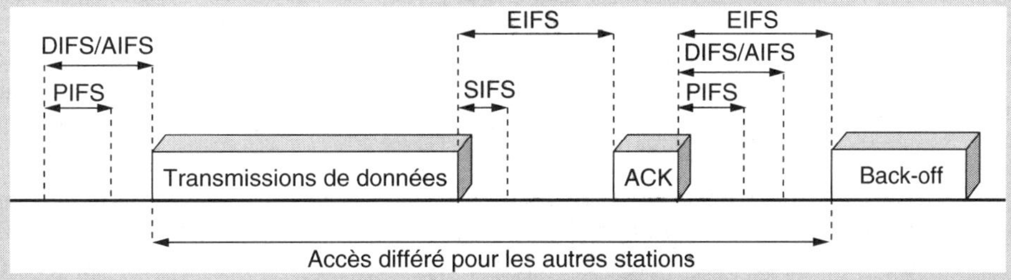

Figure 23.18

Les relations entre les différents temporisateurs

L'algorithme de back-off

Dans le DCF, toute station accédant à un support occupé calcule un temporisateur grâce à l'algorithme de back-off. L'EDCF utilise toujours l'algorithme de back-off, mais, comme pour les temporisateurs IFS, son calcul est dynamique.

Le temporisateur de back-off est utilisé lorsqu'une ou plusieurs stations tente d'accéder au support alors que celui-ci est occupé ou qu'il y a eu des collisions. Pour accéder au support, ces stations attendent d'abord un DIFS. Si le support est toujours libre, elles attendent que le temporisateur de back-off expire. Ce temporisateur est calculé grâce à l'algorithme du même nom.

Cette variation opère sur la taille de la fenêtre de contention. Si cette taille est petite, la station virtuelle attend moins longtemps pour accéder au support par rapport à une station dont la taille de la fenêtre de contention est plus grande.

Pour chaque catégorie de trafic, la taille de la fenêtre de contention varie entre CW_{min} [TCi] et CW_{MAX} [TCi]. La formule permettant le calcul du temporisateur de back-off reste inchangée.

Lors d'une collision, un nouveau temporisateur est calculé. Cette fois, avec l'EDCF, on ne double pas la taille de la fenêtre de contention à chaque collision. La taille de la fenêtre de contention est calculée selon la formule suivante :

$$CW_{new}\,[TCi] = (PF \times (CW_{old}\,[TCi] + 1)) - 1$$

où PF (Persistent Factor) est le facteur persistant. Le paramètre PF est dépendant de la catégorie de trafic.

Si PF = 2, on retourne dans le mode DCF, où la fenêtre de contention est doublée après chaque collision, et l'on revient à l'algorithme de back-off exponentiel. Si PF = 1, la taille de la fenêtre de contention ne change pas. Ainsi, les catégories de trafic de priorités les plus hautes ont une valeur de PF plus petite comparées aux catégories de trafic de priorités les plus basses.

TxOP (Transmission Opportunities)

Une fois qu'une station accède au support et que son temporisateur de back-off expire, elle doit à nouveau retarder sa transmission. Comme expliqué précédemment, l'EDCF introduit un ordonnanceur de trafic, appelé TxOP (Transmission Opportunities), qui correspond à un temps fini dont la valeur est fonction de la classe de trafic utilisée.

Dans le cas où différentes catégories de trafic accèdent au support en même temps, c'est le TxOP qui détermine celle qui accède réellement au support en fonction de son niveau de priorité. Si deux classes de trafic voient leur temporisateur de back-off expirer au même instant, la valeur du TxOP détermine la classe de trafic qui peut émettre les données prioritairement. Étant donné que la classe de trafic de priorité la plus haute possède le TxOP le plus petit, c'est cette classe qui peut émettre en premier, respectant ainsi l'ordre des priorités.

Si une classe de trafic de priorité la plus haute (TC7) accède en même temps qu'une classe de trafic de priorité la plus faible (TC1) au TxOP, celui-ci favorise TC7, qui peut dès lors transmettre sur le support, et signifie à TC1 qu'une collision s'est produite. TC1 doit retransmettre ses informations en initiant l'algorithme de back-off avec ses paramètres caractéristiques :

AIFS [TC1], CW[TC1] et PF[TC1].

En résumé, l'EDCF est la seule méthode d'accès qui permette d'affecter une certaine QoS au réseau Wi-Fi, même s'il n'empêche pas les collisions, obstacle majeur à la fourniture de services garantis. Par ailleurs, la classe de trafic de plus haute priorité utilise un AIFS égal au DIFS. Une classe de trafic TC7 ayant la même probabilité d'accéder au support qu'une station ne possédant pas ce mécanisme de QoS, certains paramètres de QoS ne peuvent donc être garantis. C'est pourquoi il est nécessaire de limiter l'accès au réseau aux stations 802.11e afin d'obtenir un vrai réseau Wi-Fi avec QoS.

802.11e ne spécifie pas non plus la manière dont sont choisies les applications qui ont la plus forte priorité et laisse cette tâche aux constructeurs. Le mapping le plus simple consisterait à affecter une des classes de trafic à un ou plusieurs numéros de port particulier. Chaque application possède un numéro de port permettant de le reconnaître au sein d'un flux de données. Malheureusement, cette notion de port est devenue assez obsolète depuis l'arrivée des réseaux peer-to-peer, qui utilisent des numéros de port dynamiques, voire des numéros de port déjà alloués, comme le port 80 pour HTTP, afin de passer outre les protections de type pare-feu des réseaux. On peut donc imaginer qu'un utilisateur puisse changer le numéro de port de son application afin que cette dernière passe en priorité sur un réseau Wi-Fi 802.11e.

Gestion de la mobilité

La mobilité est une caractéristique essentielle d'un réseau sans fil. Elle permet aux utilisateurs du réseau de se déplacer à leur guise tout en maintenant leur communication en cours.

À l'origine, le standard 802.11 ne permettait pas de maintenir la communication lors d'un déplacement intercellulaire. Lucent, comme d'autres constructeurs, a développé un mécanisme apportant la mobilité au monde Wi-Fi. Ce protocole, appelé IAPP (Inter-Access Point Protocol), est déjà implémenté dans des équipements. Le groupe de travail IEEE 802.11f l'a désigné comme protocole de référence pour la gestion de la mobilité dans 802.11.

L'avenir de 802.11f

Le rôle premier de 802.11f est de permettre une interopérabilité entre points d'accès par le biais d'un mécanisme de gestion des handovers. Cet amendement n'est guère apprécié par les constructeurs du fait qu'il permettra l'utilisation de points d'accès hétérogènes dans un même réseau Wi-Fi. Les équipementiers proposent en effet des mécanismes de gestion des handovers propriétaires, qui nécessitent les mêmes points d'accès pour pouvoir fonctionner.

Dans Wi-Fi, une certaine mobilité n'est possible que si le réseau est en mode infrastructure. Dans le cas d'un réseau formé d'un seul BSS, c'est-à-dire d'une cellule unique contrôlée par un seul point d'accès, le point d'accès permet aux différentes stations d'avoir un service de mobilité restreint à la zone de couverture. Une fois la zone de couverture dépassée, aucune communication n'est possible. Pour un réseau en mode ad-hoc, la mobilité n'est possible que si les stations se voient.

Si le réseau est un ESS (Extended Service Set), c'est-à-dire un réseau composé d'un ensemble de BSS, les stations du réseau ont accès à une zone plus vaste. L'utilisation de certains mécanismes permet aux utilisateurs de se déplacer d'une cellule à une autre sans perte de communication.

Le standard 802.11 ne détaille pas ce mécanisme mais définit certaines règles de base, comme la synchronisation, l'écoute passive et active ou encore l'association et la réassociation, qui permettent aux stations de choisir le point d'accès le plus approprié pour communiquer.

Le groupe de travail 802.11f vise à standardiser un protocole permettant la gestion de la mobilité tout en apportant une certaine interopérabilité entre les points d'accès.

Synchronisation

Lorsque les stations se déplacent, c'est-à-dire lorsqu'elles changent de cellule ou qu'elles sont en mode économie d'énergie, elles doivent rester synchronisées pour pouvoir communiquer. Au niveau d'un BSS, les stations synchronisent leur horloge avec l'horloge du point d'accès.

Pour garder la synchronisation, le point d'accès envoie périodiquement une trame balise, ou Beacon Frame, qui contient la valeur d'horloge du point d'accès lorsque la transmission de cette trame a réellement lieu. Dès réception de cette trame, les stations mettent à jour leur horloge pour rester synchronisées avec le point d'accès. Les trames balises sont envoyés toutes les 32 µs. Cette période peut être toutefois configurable selon le matériel utilisé.

Association-réassociation

Lorsqu'une station entre dans un BSS ou un ESS, soit après une mise sous tension ou en mode veille, soit lorsqu'elle entre directement dans une cellule, elle doit choisir un point d'accès auquel s'associer. Le choix du point d'accès s'effectue selon différents critères, tels que la puissance du signal, le taux d'erreur des paquets ou la charge du réseau. Si les caractéristiques du signal du point d'accès sont trop faibles, la station cherche un point d'accès plus approprié.

L'association, tout comme la réassociation, comporte les différentes étapes suivantes :

1. La station écoute le support.
2. Après avoir trouvé le meilleur point d'accès, elle s'authentifie.
3. Si cette phase réussit, la station s'associe avec le point d'accès et transmet ses données.

Le processus de réassociation est utilisé par une station qui veut changer de point d'accès. Bien qu'elle soit déjà associée à un point d'accès, la station essaye d'écouter le support afin de trouver un point d'accès ayant de meilleures caractéristiques. Si elle en trouve, la station se désassocie du point d'accès d'origine et se réassocie au nouveau point d'accès après s'être réauthentifiée.

L'écoute du support

Avant toute association avec un point d'accès, la station écoute le support sur tous les canaux radio inoccupés selon la réglementation en vigueur afin de découvrir les points d'accès disponibles.

Cette écoute peut se faire de deux manières différentes, active ou passive :

- **Écoute passive.** La station écoute sur tous les canaux de transmission et attend de recevoir une trame balise du point d'accès.
- **Écoute active.** Sur chaque canal de transmission, la station envoie une trame de requête (Probe Request Frame) et attend une réponse. Dès qu'un ou plusieurs points d'accès lui répond, elle enregistre les caractéristiques de ce dernier.

> **Écoute du support**
>
> Le choix des paramètres de transmission sur l'interface radio des points d'accès n'est pas défini dans le standard et est laissé au soin de l'implémentation.

Une fois l'écoute terminée, la station trie les informations récupérées sur les points d'accès et choisit le plus approprié, essentiellement en fonction de la qualité du lien (rapport signal sur bruit).

L'authentification

Une fois le point d'accès choisi, la station doit s'authentifier auprès de lui.

Les deux mécanismes d'authentification suivants peuvent être utilisés pour cela :

- **Open System Authentication.** C'est le mode par défaut. Il ne fournit toutefois pas de réelle authentification car toutes les stations qui l'utilisent sont automatiquement authentifiées.
- **Shared Key Authentication.** Ce mécanisme d'authentification véritable n'est utilisé que si le protocole de sécurité WEP est implémenté sur le point d'accès et la station. Il s'appuie sur une clé secrète partagée, connue à la fois de la station et du point d'accès. Si la clé utilisée par la station est différente de celle du point d'accès, l'authentification échoue.

L'association

Dès qu'une station est authentifiée, elle peut s'associer avec le point d'accès. Elle envoie pour cela une trame de requête d'association, ou Association Request Frame, et attend que le point d'accès lui réponde pour s'associer.

L'association se fait par le biais d'un identifiant, le SSID (Service Set ID). Cet identifiant est défini à la fois au niveau du point d'accès et des stations lorsqu'elles sont en mode infrastructure ou seulement au niveau des stations lorsqu'elles sont en mode ad-hoc. Le SSID définit en réalité le réseau lui-même, puisque c'est le nom du réseau. Il est périodiquement envoyé en clair par le point d'accès dans des trames balises dans toute la zone de couverture du réseau, ce qui permet aux stations en phase d'écoute de le récupérer.

Malheureusement, cette méthode présente une faille de sécurité, qui autorise n'importe qui à accéder au réseau. Une option permet cependant, au niveau du point d'accès, d'interdire la transmission du SSID dans les trames balises. Si la station n'est pas configurée correctement, avec le même SSID que le point d'accès, elle ne peut pas s'associer.

La figure 23.19 illustre les étapes nécessaires que doit suivre une station pour s'associer à un point d'accès.

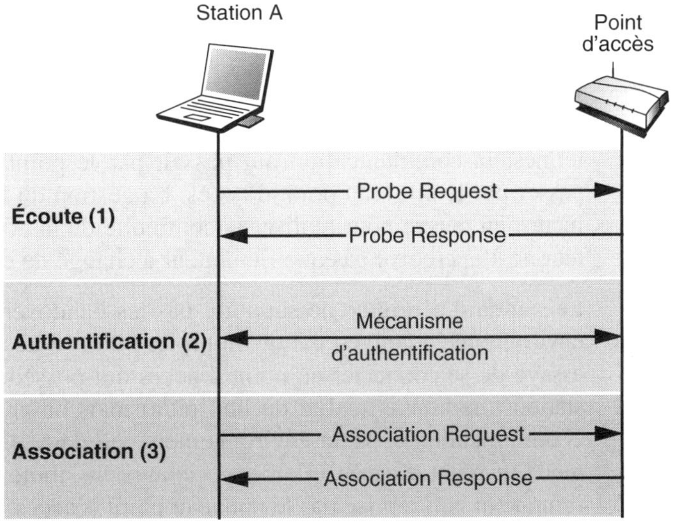

Figure 23.19
Mécanisme d'association d'une station avec un point d'accès

Une fois la station associée avec le point d'accès, elle se règle sur le canal radio de ce dernier et peut commencer à transmettre et recevoir des données.

Périodiquement, la station surveille tous les canaux du réseau afin d'évaluer si un autre point d'accès ne possède pas de meilleures caractéristiques.

La réassociation

Le mécanisme de réassociation est similaire à celui décrit précédemment. Les réassociations s'effectuent lorsqu'une station se déplace physiquement par rapport au point d'accès d'origine, engendrant une diminution de la puissance du signal et entraînant une déconnexion.

Dans certains cas, les réassociations sont dues à des changements de caractéristiques de l'environnement radio ou à un trafic réseau trop élevé sur le point d'accès d'origine. Dans ce dernier cas, le standard fournit une fonction d'équilibrage de charge, ou load-balancing, qui répartit la charge de manière efficace au sein du BSS ou de l'ESS et évite les réassociations.

Les handovers

L'architecture d'un réseau sans fil peut comporter différentes cellules susceptibles de se recouvrir ou d'être disjointes. Dans un tel réseau, les utilisateurs sont généralement mobiles et doivent avoir la possibilité de se déplacer de cellule en cellule. Le déplacement intercellulaire, ou handover, ou encore handoff, est le mécanisme qui permet à tout utilisateur de se déplacer d'une cellule à une autre sans que la communication soit interrompue.

Cette technique est largement utilisée dans la téléphonie mobile. Lorsqu'on se déplace à pied, en voiture ou en train, la communication mobile n'est presque jamais coupée quand on passe d'une cellule à une autre.

Roaming *versus* handover

Le roaming et le handover sont assez souvent assimilés, à tort. Si le handover, ou handoff, correspond au passage d'une cellule à une autre, le roaming est un accord, généralement entre opérateurs, permettant à un utilisateur de se connecter à un autre réseau que celui auquel il est abonné.

La figure 23.20 illustre un handover dans un réseau Wi-Fi. La station mobile connectée au point d'accès 1 doit, à un moment donné, s'associer au point d'accès 2. En d'autres termes, la communication qui passait par le point d'accès 1 doit, à un instant donné, passer par le nouveau point d'accès. La gestion du handover recouvre les mécanismes à mettre en œuvre pour réaliser la continuité de la communication, de sorte que le récepteur ne s'aperçoive pas que l'émetteur a changé de cellule.

Le standard d'origine ne supporte pas les handovers. Si une station se déplace dans un environnement couvert par de multiples points d'accès, et donc de multiples cellules, elle essaye de se connecter au point d'accès qui possède le meilleur signal. Cela assure à la station une bonne qualité du lien radio mais ne permet pas d'offrir la continuité de la communication dans un environnement cellulaire. Chaque fois qu'une station trouve un meilleur point d'accès, elle s'associe avec lui, toute communication en cours étant interrompue et non reprise par le nouveau point d'accès.

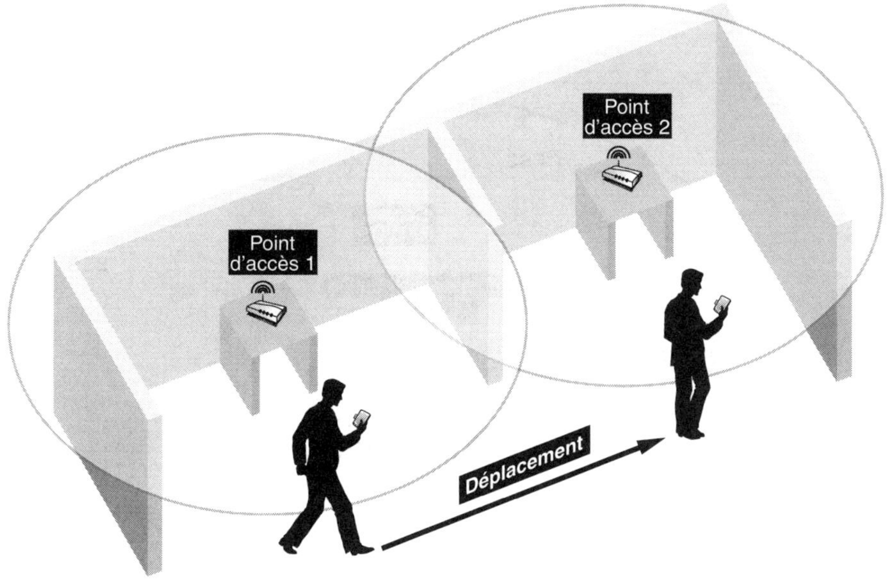

Figure 23.20

Handover dans un réseau sans fil

Le fait qu'il n'y ait pas de handover dans 802.11 est un facteur négatif pour le déploiement de ces réseaux et la vente des matériels correspondants. Certains constructeurs l'ont compris et n'ont pas attendu une éventuelle standardisation pour développer des protocoles de handover propriétaires. Pour en bénéficier, il faut que le réseau soit constitué d'équipements du même constructeur, ce qui présente d'autres contraintes. En l'absence de standard, il ne peut y avoir interopérabilité entre équipements de différents constructeurs.

IAPP (Inter-Access Point Protocol)

Comme expliqué précédemment, le groupe de travail 802.11f vise à la standardisation d'un protocole permettant de gérer les handovers et d'apporter ainsi l'interopérabilité entre des points d'accès de différents constructeurs. Le protocole retenu est l'IAPP (Inter-Access Point Protocol), développé à l'origine par Lucent.

IAPP fait communiquer les différents points d'accès d'un même réseau de façon à permettre à un utilisateur mobile de passer d'une cellule à une autre sans perte de connexion. Le seul lien entre les points d'accès du réseau étant le système de distribution (DS), c'est à ce niveau qu'est utilisé IAPP.

IAPP est un protocole de niveau transport (couche 4 du modèle OSI) qui se place au-dessus d'UDP (User Datagram Protocol). L'avantage d'utiliser UDP est que ce protocole de transport est sans connexion, à la différence de TCP (Transmission Control Protocol), les données étant envoyées directement.

Optionnel, IAPP ne fonctionne qu'avec les points d'accès qui l'implémentent. Il peut être désactivé à tout moment. Par ailleurs, aucun mécanisme de sécurité n'étant implémenté dans IAPP, cette tâche incombe au gestionnaire du système de distribution.

Le fonctionnement d'IAPP est illustré à la figure 23.21.

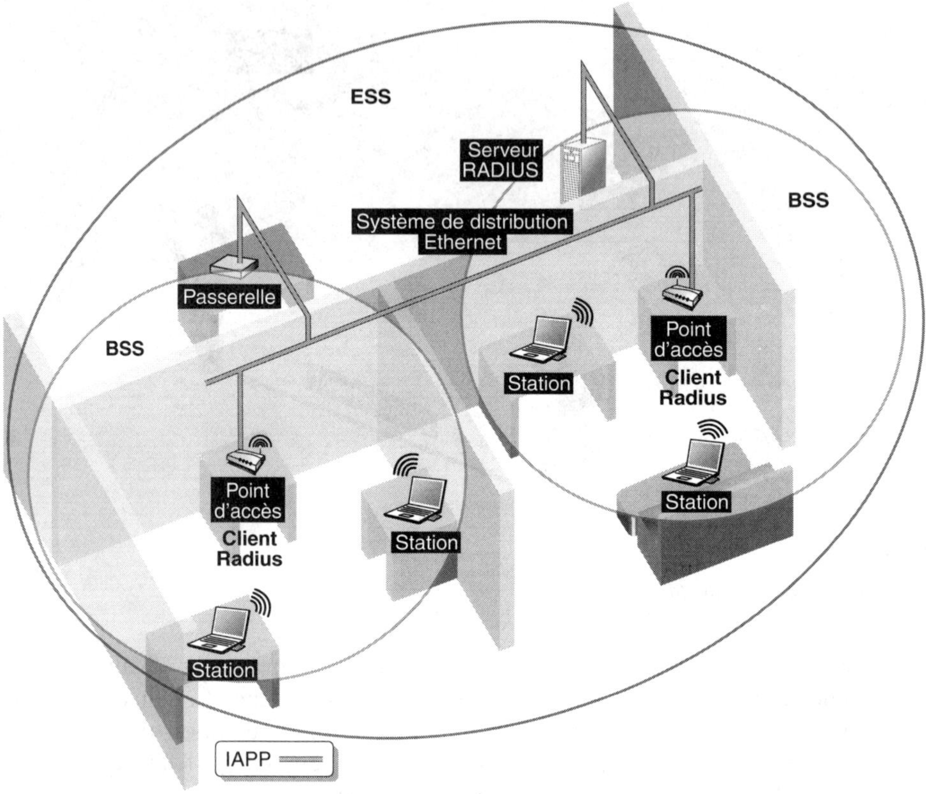

Figure 23.21

Fonctionnement d'IAPP (Inter-Access Point Protocol)

Une caractéristique d'IAPP est qu'il définit l'utilisation du protocole client-serveur d'authentification RADIUS (Remote Authentication Dial-In User Server) afin d'offrir des handovers sécurisés. L'utilisation de ce protocole demande la présence d'un serveur centralisé ayant une vue globale du réseau. Le serveur RADIUS connaît la correspondance d'adresse entre l'adresse MAC des points d'accès et leur adresse IP. Par ailleurs, ce protocole permet de distribuer des clés de chiffrement entre points d'accès.

RADIUS est un protocole client-serveur, dans lequel le serveur est une entité se trouvant sur le système de distribution. Les clients ne sont pas les stations, mais les différents points d'accès du réseau. L'utilisation de RADIUS est optionnelle mais fortement conseillée, ne serait-ce que pour des raisons de sécurité.

IAPP ne résout pas la gestion de l'adressage des stations dans le réseau. L'utilisation de protocoles de niveau système de distribution, tels que DHCP (Dynamic Host Configuration Protocol) ou IP Mobile, est donc fortement recommandée.

Le protocole IAPP définit deux types de mécanismes, la configuration des points d'accès et les handovers proprement dits.

Configuration des points d'accès

Le mécanisme de configuration permet d'instaurer un certain dialogue avec les points d'accès du réseau. Lorsqu'un nouveau point d'accès est installé, il informe les autres de sa présence et leur envoie des informations concernant sa configuration. De la sorte, tous les points d'accès se connaissent et peuvent s'échanger des attributs de configuration, voire les négocier.

Le mécanisme de handover

Un handover se produit chaque fois qu'une station passe d'une cellule à une autre. Pour cela, elle doit se réassocier avec le point d'accès contrôlant cette cellule. C'est la réassociation qui initie le mécanisme de handover.

La figure 23.22 illustre le mécanisme de handover d'IAPP.

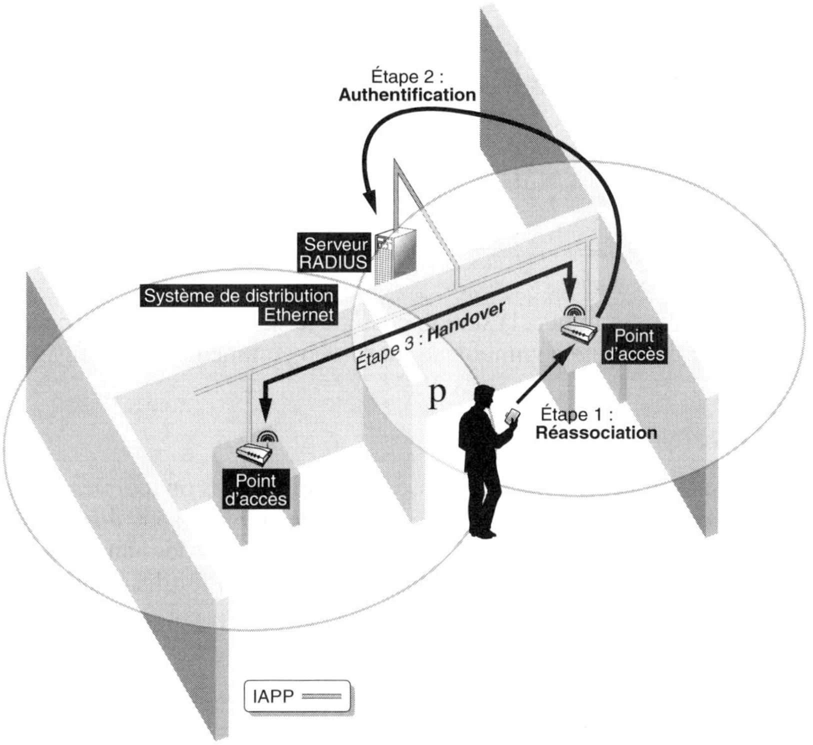

Figure 23.22

Le mécanisme de handover d'IAPP

Dans les échanges d'informations entre le nouveau point d'accès et la station, le nouveau point d'accès connaît l'adresse de l'ancien. Il peut dès lors commencer à dialoguer avec celui-ci.

Avant tout handover, une authentification est nécessaire. L'utilisation de RADIUS entraîne une nouvelle phase d'authentification, qui se produit après chaque réassociation avec un nouveau point d'accès. La station envoie des informations au serveur par l'intermédiaire du point d'accès. Le serveur les vérifie, et, si les données sont correctes, authentifie la station auprès de ce point d'accès. Une fois authentifié, le nouveau point d'accès entre dans la phase de handover.

Pendant cette phase, le nouveau point d'accès envoie une requête à l'ancien par l'intermédiaire du système de distribution. L'ancien point d'accès lui répond et lui transmet toutes les informations nécessaires concernant la station. Ce processus est illustré à la figure 23.23.

Figure 23.23
Phase de négociation du handover

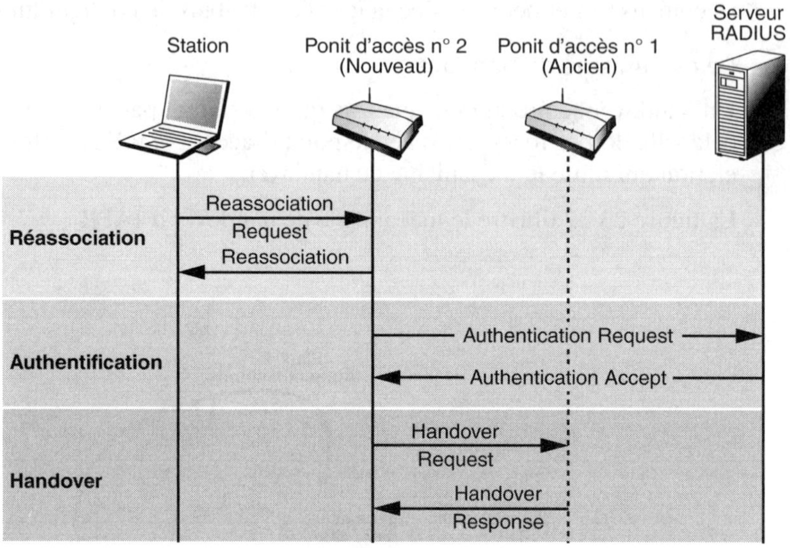

Une fois cette phase terminée, la station possède les paramètres réseau corrects et peut de la sorte soit continuer une communication, soit en commencer une nouvelle.

Économies d'énergie

Les réseaux sans fil peuvent être composés de stations fixes ou mobiles. Les stations fixes n'ont aucun problème d'économie d'énergie puisqu'elles sont directement reliées au réseau électrique. Les stations mobiles sont alimentées par des batteries, qui n'ont généralement qu'une faible autonomie (quelques heures selon l'utilisation).

Pour utiliser au mieux ces stations mobiles, le standard définit deux modes d'énergie, Continuous Aware Mode et Power Save Polling Mode :

- **Continuous Aware Mode.** C'est le mode de fonctionnement par défaut. L'interface Wi-Fi est tout le temps allumée et écoute constamment le support. Il ne s'agit donc pas d'un mode d'économie d'énergie.
- **Power Save Polling Mode.** C'est le mode d'économie d'énergie. Dans ce mode, le point d'accès tient à jour un enregistrement de toutes les stations qui sont en mode d'économie d'énergie et stocke les données qui leur sont adressées dans un élément appelé TIM (Traffic Information Map).

Comme expliqué à la section précédente, les stations d'un BSS sont toutes synchronisées. Cette synchronisation, qui s'effectue par le biais des trames balises, permet d'établir le mécanisme d'économie d'énergie.

Les stations en veille s'activent à des périodes de temps régulières pour recevoir une trame balise contenant le TIM envoyé en broadcast par le point d'accès. Entre les trames balises, les stations retournent en mode veille. Du fait de la synchronisation, une trame balise est envoyée toutes les 32 µs. Toutes les stations partagent le même intervalle de temps pour recevoir les TIM et s'activent de la sorte au même moment pour les recevoir.

Les TIM indiquent aux stations si elles ont ou non des données stockées dans le point d'accès. Lorsqu'une station s'active pour recevoir un TIM et qu'elle s'aperçoit que le point d'accès contient des données qui lui sont destinées, elle lui envoie une trame de requête (PS-Poll) pour mettre en place le transfert des données. Une fois le transfert terminé, la station retourne en mode veille jusqu'à réception de la prochaine trame balise contenant un nouveau TIM.

Le mécanisme d'économie d'énergie ne peut être utilisé qu'au niveau des stations, lesquelles choisissent de l'utiliser ou non. Le fait d'utiliser ce mécanisme peut faire chuter les performances globales de débit du réseau de 20 à 30 %.

Consommation d'énergie

La consommation d'une carte Wi-Fi 802.11b est de 30 mA en réception et de 200 mA en transmission pour le mode normal et de 10 mA pour le mode veille. La consommation d'une carte 802.11a est beaucoup plus importante : 300 mA en réception, 500 mA en transmission et 15 mA en mode veille.

Les équipements Wi-Fi

Un réseau Wi-Fi est réalisé avec de nombreux équipements, comme les points d'accès, les antennes, les ponts, les contrôleurs, etc. Dans cette section, nous allons faire un tour d'horizon de ces équipements afin d'en donner quelques caractéristiques.

Ces équipements étant généralement assez hétérogènes, un groupe de travail de l'IETF s'est penché sur la manière de réaliser des réseaux d'entreprise en utilisant plusieurs équipementiers. Ce groupe, appelé CAPWAP (Control And Provisionning of Wireless Access Point), propose de classifier les architectures Wi-Fi selon trois architectures :

- WLAN autonome (Autonomous WLAN Architecture)
- WLAN centralisée (Centralized WLAN Architecture)
- WLAN distribuée (Distributed WLAN Architecture)

Figure 23.24
Les trois architectures de CAPWAP

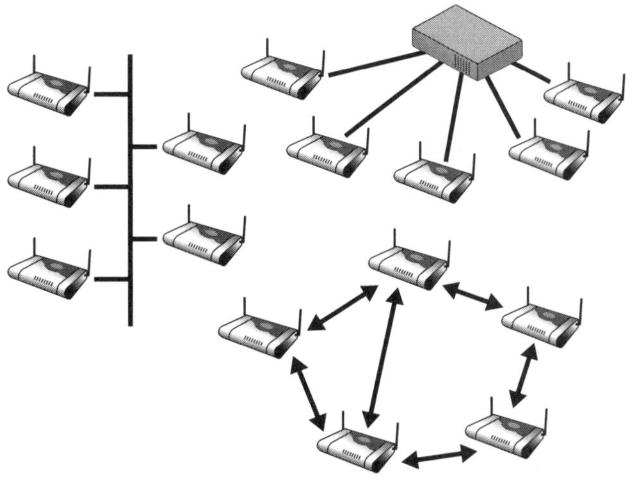

Ces architectures sont illustrées à la figure 23.24. La première, à gauche sur la figure, correspond à des points d'accès « lourds », qui sont autonomes et se gèrent par eux-mêmes.

La deuxième (en haut à droite), utilisée dans les réseaux d'entreprise, fait appel à un contrôleur. Le contrôleur permet de gérer de façon centralisée un grand nombre de points d'accès. La plupart des fonctions sont regroupées dans le contrôleur. Dans ce cas, les points d'accès sont allégés. On parle de points d'accès « légers ». La dernière architecture (en bas) est celle d'un réseau mesh. C'est l'architecture distribuée.

Les points d'accès Wi-Fi

Contrairement aux cartes Wi-Fi, les points d'accès ne sont pas disponibles dans des formats différents. Le choix d'un point d'accès se fait donc en fonction des fonctionnalités proposées.

La fonction première du point d'accès est de permettre les communications dans la zone de couverture. Les fonctionnalités proposées sont assez limitées et dépendent du cadre d'utilisation du point d'accès : domestique, en entreprise ou dans un hotspot.

Certains constructeurs proposent des points d'accès dits logiciels. Ces derniers ne sont rien d'autre que des stations, généralement des ordinateurs fixes, équipées de cartes Wi-Fi dans lesquelles un logiciel est installé pour les transformer en points d'accès. Des logiciels libres, comme Host AP, permettent de configurer une station Wi-Fi en point d'accès.

Les points d'accès domestiques

Le rôle d'un point d'accès domestique est de permettre la connexion sans fil à Internet. Dans le cas où l'on souhaite connecter plusieurs stations, le point d'accès doit permettre le partage de connexion.

Ce type de point d'accès incorpore les mécanismes suivants :

- **Modem ADSL/câble.** L'intégration d'un modem ADSL/câble est de plus en plus courante. Elle évite l'achat de ce type de matériel auprès du FAI, dans le cas où ce dernier ne le fournit pas gratuitement.
- **NAT (Network Address Translation)**. Ce mécanisme permet le partage de la connexion Internet.
- **DHCP** (Dynamic Host Configuration Protocol). Ce mécanisme s'appuie sur une architecture client-serveur pour permettre la configuration automatique des paramètres réseau des terminaux Wi-Fi. DHCP est totalement transparent pour l'utilisateur, mais il faut auparavant que les stations soient configurées pour permettre ce paramétrage automatique.
- **Pare-feu.** Du fait que la connexion Internet est partagée, il est nécessaire d'appliquer un pare-feu pour prévenir toute tentative d'attaque (virus, cheval de Troie ou vers) en bloquant l'utilisation de certaines applications susceptibles d'offrir une porte d'entrée à ces attaques.

La plupart des points d'accès intègrent un commutateur Ethernet 1 à 5 ports permettant le partage de la connexion Internet aussi bien pour le réseau Wi-Fi que pour Ethernet.

Dans le cas où la zone de couverture du point d'accès ne permet pas la connexion de toutes les stations au réseau, une modification d'antenne est nécessaire. Les points d'accès destinés aux particuliers disposent soit d'un connecteur d'antenne, dans le cas où l'antenne du point d'accès est interne, soit de la possibilité de modifier l'antenne ou les antennes externes d'origine. Avant tout changement d'antenne, il faut évidemment vérifier le type de connecteur proposé.

Même si la sécurité est un élément important à prendre en compte, on se contente généralement, dans le cadre d'un réseau Wi-Fi domestique, d'utiliser les mécanismes de base de Wi-Fi :

- Non-diffusion du SSID (Secure Set IDentifier).
- ACL (Access Control List), qui permet de définir les terminaux autorisés à se connecter.
- WEP (Wired Equivalent Privacy), de préférence sur 128 bits, qui permet d'authentifier et de chiffrer les communications au moyen d'une clé définie par l'utilisateur.

Ces mécanismes ne sont pas sans faille, mais on considère qu'ils sont suffisants pour sécuriser les connexions des particuliers. L'ajout de systèmes de sécurité spécifiques entraînerait celui d'équipements réseau supplémentaires, ce qui compliquerait la configuration et engendrerait un coût non négligeable.

Les points d'accès d'entreprise

Contrairement aux points d'accès pour particuliers, les points d'accès d'entreprise possèdent généralement les fonctionnalités de partage de la connexion Internet par routeur, de NAT et de serveur DHCP, ce dernier étant en outre utilisé dans le cadre du réseau Ethernet.

Dans une entreprise, le point d'accès doit faciliter la configuration, l'évolutivité, l'installation et les connexions avec une sécurité accrue.

Les fonctionnalités proposées sont les suivantes :

- **Configuration du point d'accès.** L'optimisation du réseau Wi-Fi est un critère essentiel pour l'administrateur réseau. Cette optimisation passe essentiellement par la configuration de différents paramètres liés à la partie radio ou au standard 802.11. Par exemple, la limitation de la puissance d'émission du point d'accès ou les débits autorisés sont assez souvent des critères déterminants.
- **Évolutivité.** Pour éviter de changer tout le parc d'équipements installé, il est nécessaire que le point d'accès permette l'ajout de modules le transformant en point d'accès multistandard.
- **PoE (Power over Ethernet).** Lors de l'installation d'un point d'accès, ce dernier doit être connecté au réseau de l'entreprise par le biais d'un câble Ethernet et alimenté par une prise électrique. Le PoE réalise les deux fonctions en une, alimentant en électricité tout équipement par le biais du câble Ethernet.
- **Log des événements réseau.** Il est important pour l'administrateur réseau de savoir ce qui se passe sur son réseau pour se prémunir de tout type d'attaque. Le point d'accès doit donc permettre le stockage en mémoire de toutes les connexions, réussies comme échouées.
- **Handover.** Le handover, ou déplacement intercellulaire, permet de garder la transmission en cours lorsqu'on se déplace d'une cellule à une autre, autrement dit d'un point d'accès à un autre. Cette fonctionnalité n'étant pas présente dans le standard 802.11, elle est définie de manière propriétaire par les constructeurs. Si l'entreprise souhaite s'équiper d'un système de téléphonie Wi-Fi, ce mécanisme est nécessaire sous peine d'avoir une coupure de la conversation lors d'une phase de handover.

- **Sécurité.** Compte tenu des faiblesses de sécurité de Wi-Fi, il est nécessaire que le point d'accès incorpore tous les systèmes de sécurité disponibles, comme 802.1x (EAP-TLS, EAP-TTLS ou PEAP), 802.11i, HTTPS et surtout VPN (Virtual Private Network), ou réseau privé virtuel.
- **VLAN (Virtual Local Area Network).** Ce mécanisme permet de créer plusieurs réseaux virtuels au sein d'un même réseau physique et d'allouer des configurations spécifiques pour chaque réseau virtuel créé.

Lorsque la zone de couverture ne permet pas la connexion de toutes les stations en un endroit particulier de l'entreprise ou que le point d'accès doit être utilisé pour établir une liaison directive, ce dernier doit permettre l'ajout d'antennes supplémentaires, ce qui est généralement le cas aujourd'hui.

Si l'entreprise possède plus d'une dizaine de points d'accès, il est utile de disposer d'une solution logicielle ou matérielle permettant de configurer automatiquement tous les points d'accès.

Les points d'accès pour hotspot

Le rôle d'un hotspot est d'offrir des connexions transparentes pour les clients. Le réseau Wi-Fi doit donc accepter toutes les connexions venant de terminaux divers et variés. Les hotspots sont le plus souvent équipés en 802.11b ou 802.11g, très rarement en 802.11a.

Les caractéristiques de ces points d'accès sont similaires à celles des points d'accès d'entreprise, comme la configuration ou l'évolutivité, puisque les hotspots doivent supporter les différents standards.

La transparence des communications nécessite les deux mécanismes suivants :

- **Dynamicité des paramètres réseau.** La configuration des paramètres réseau d'une station peut être statique ou dynamique. Dans le cas où elle est dynamique, l'utilisation de DHCP permet d'allouer ces paramètres dynamiquement. Dans le cas où ces paramètres sont statiques, l'adresse IP de la station et celle du réseau ne correspondent pas, et il est impossible à la station de communiquer avec le réseau hotspot. Ce mécanisme permet d'allouer virtuellement à la station une adresse du réseau hotspot sans qu'elle change physiquement son adresse IP, permettant ainsi à la station de communiquer avec le réseau hotspot.
- **Réacheminement SMTP.** Contrairement aux paramètres réseau d'une station, les paramètres de messagerie POP et SMTP sont configurés manuellement par l'utilisateur ou l'administrateur de la machine. Or les serveurs SMTP étant propres à un FAI ou à une entreprise, lorsqu'on se déplace d'un domaine à un autre, il n'est pas possible d'envoyer de messages. Le réacheminement SMTP permet, de manière transparente, l'envoi d'e-mails sans que l'utilisateur ait à changer la configuration de son client de messagerie. C'est le point d'accès qui se charge de réacheminer l'e-mail en modifiant directement le serveur SMTP. Sachant que la messagerie est l'application la plus utilisée dans un hotspot, avec 80 % du trafic, il est essentiel pour un hotspot d'implémenter cette fonctionnalité.

Le nombre de points d'accès installés dans un hotspot tel qu'un aéroport ou une gare étant de l'ordre d'une centaine, il est indispensable d'avoir une solution logicielle ou matérielle permettant de configurer tous les points d'accès en même temps et non séquentiellement.

Les contrôleurs Wi-Fi

Les contrôleurs jouent un rôle important dans les réseaux d'entreprise. Ils peuvent être liés à un équipementier ou indépendants. Dans le premier cas, les fonctionnalités sont complémentaires entre celles situées dans le point d'accès et celles dans le contrôleur. L'inconvénient majeur est de devoir rester dans le giron de l'équipementier. Les contrôleurs ouverts permettent la connexion de la plupart des points d'accès légers et sont donc beaucoup plus ouverts.

Les principales fonctions d'un contrôleur sont les suivantes :

- Gérer la puissance d'émission des points d'accès pour permettre leur diminution ou augmentation en fonction du champ électromagnétique ou des pannes des autres points d'accès.
- Gérer le choix des fréquences pour adapter le plan de fréquences aux points d'accès.
- Gérer les problèmes de sécurité, par l'introduction d'un serveur d'authentification dans le contrôleur.
- Gérer les problèmes de passage intercellulaire (handover) entre les différentes cellules, même si elles ne sont pas issues de la même technologie.
- Implémenter un logiciel de gestion du nomadisme permettant d'affecter aux utilisateurs concernés les autorisations d'accès et les services auxquels ils ont droit.

Pour aller un peu plus loin dans cette nouvelle génération de gestion du nomadisme, prenons l'exemple du contrôleur Ucopia qui est illustré à la figure 23.25.

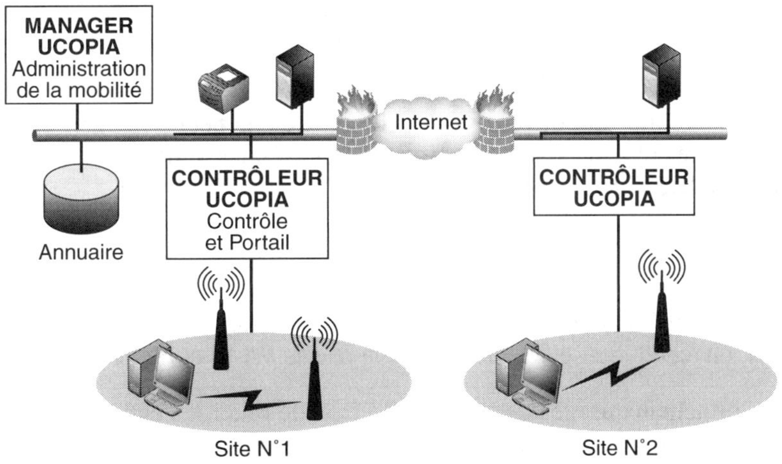

Figure 23.25

Architecture du contrôleur Ucopia

L'ensemble du trafic en provenance des utilisateurs Wi-Fi est redirigé vers le contrôleur Ucopia, qui est en coupure logique (ou physique) entre un parc de points d'accès et le réseau filaire. Le contrôleur filtre les flux Wi-Fi pour appliquer les politiques de sécurité et de nomadisme définies avec le Manager Ucopia. Le contrôleur respecte le standard 802.11i. Le protocole d'authentification entre les postes des utilisateurs Wi-Fi et le contrôleur Ucopia est fondé sur 802.1x/EAP ou HTTPS. Les flux sont chiffrés soit en TKIP, soit en AES. En complément, un VPN de type IPsec peut être établi entre les clients Wi-Fi et le contrôleur. Le serveur d'authentification RADIUS et le Manager Ucopia dialoguent avec le ou les annuaires LDAP à travers le protocole sécurisé LDAPS.

La solution Ucopia permet une gestion très fine du mécanisme d'adressage des utilisateurs du réseau sans fil, en fonction de leur profil et de la configuration du contrôleur. Il est notamment possible d'orienter leur trafic dans différents VLAN sur le réseau filaire en sortie du contrôleur. Les entreprises architecturant très souvent leur réseau en VLAN de manière à isoler les utilisateurs, il est important d'assurer une cohérence entre les infrastructures Wi-Fi et filaire et de continuer à bénéficier des mécanismes d'isolation réseau mis en place sur le réseau filaire. Du côté Wi-Fi, l'organisation du réseau peut également bénéficier d'une structuration en VLAN en encapsulant les SSID par des VLAN et en leur associant des plages d'adresses différenciées.

La solution Ucopia en environnement multisite peut être déployée avec un ou plusieurs contrôleurs Ucopia. Les contrôleurs peuvent être centralisés sur un site ou bien distribués sur différents sites. Indépendamment de l'architecture des contrôleurs, les annuaires peuvent également être centralisés ou répliqués sur chacun des sites. Pour les sites distants comprenant peu de points d'accès et/ou reliés au site principal par une connexion réseau de niveau 3, Ucopia propose un pont permettant d'établir un tunnel émulant un lien de niveau 2 entre le site distant et le site principal. Ainsi, les bornes distantes sont gérées de façon centralisée, sans contrôleur local. La solution Ucopia inclut l'ensemble des modules nécessaires à son fonctionnement, ce qui lui permet d'être proposée dans un mode « clé en main » très simple à mettre en œuvre. Ce packaging convient parfaitement aux petites entreprises ou aux agences déportées d'une grande entreprise, ayant peu de besoins et de moyens d'intégration. À l'inverse, les grandes entreprises, aux infrastructures réseau complexes, souhaitent pouvoir réutiliser les solutions déjà déployées en terme de sécurité ou d'organisation réseau.

Grâce à son architecture ouverte et modulaire, Ucopia peut s'intégrer en souplesse dans les architectures réseau existantes et interopérer avec les outils en place (annuaire LDAP, serveur RADIUS, VPN, DHCP, PKI, etc.).

Les ponts Wi-Fi

Comme un pont Ethernet, un pont Wi-Fi a pour fonction d'étendre le réseau. Dans le cas de Wi-Fi, on étend le réseau Ethernet sur le réseau Wi-Fi et réciproquement.

L'un des principaux usages des ponts Wi-Fi est de relier les bâtiments entre eux grâce à une liaison Wi-Fi spécialisée. Pour cela, le pont doit permettre l'ajout d'une antenne spécifique et le réseau posséder tous les mécanismes de sécurité nécessaires.

La figure 23.26 illustre une liaison directive par l'utilisation de ponts Wi-Fi.

Un autre usage des ponts est d'offrir, par le biais du point d'accès auquel il est connecté, l'accès à Internet à une console de jeux. Toutes les consoles de jeux de dernière génération (PlayStation 2, XBox et GameCube) possèdent en effet une connexion réseau Ethernet. Par le biais d'un module particulier, il suffit de relier le pont Wi-Fi à la console au moyen d'un câble Ethernet pour bénéficier de la connexion.

Ce fonctionnement est illustré à la figure 23.27.

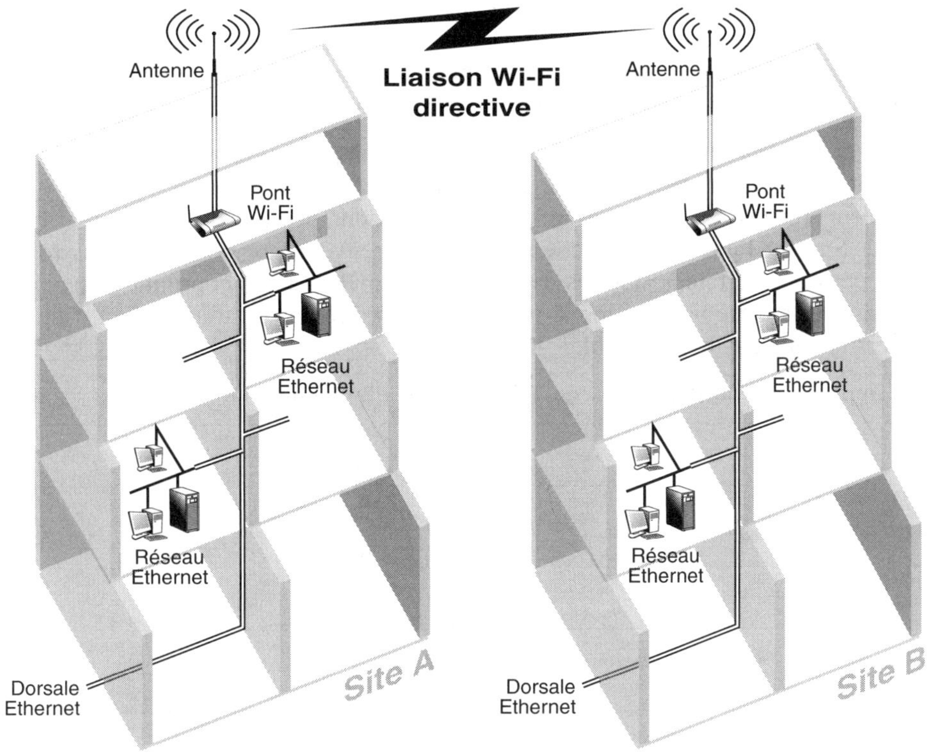

Figure 23.26

Liaison directive Wi-Fi à l'aide de ponts

Figure 23.27

Partage de la connexion Internet avec une console de jeux

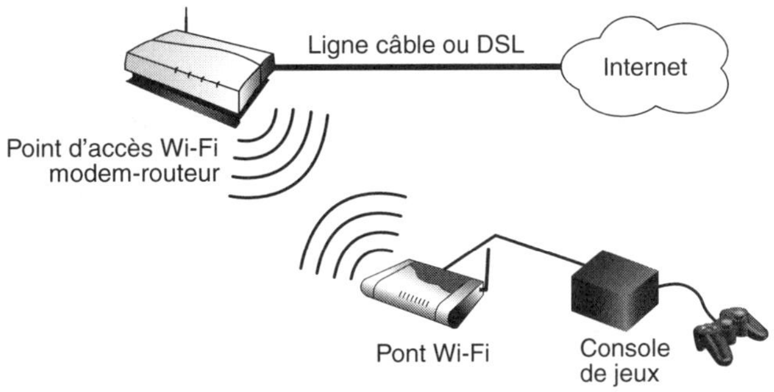

Les antennes Wi-Fi

Dans un réseau Wi-Fi, le signal transmis entre deux stations ou entre une station et un point d'accès peut être soumis à des interférences, dues à des obstacles à franchir ou à des équipements émettant dans la même bande de fréquences. La portée du signal radio est fonction à la fois de ces interférences, des obstacles présents dans l'environnement et de la puissance d'émission.

Si la portée du réseau Wi-Fi ne convient pas à l'utilisation souhaitée, des équipements tels que des amplificateurs permettent d'accroître la zone de couverture en augmentant la puissance du signal transmis, sachant que cette puissance ne doit pas excéder la valeur fixée par l'organisme de régulation local (l'ARCEP en France).

En pratique, chaque carte Wi-Fi est équipée d'une antenne omnidirectionnelle interne, qui ne peut être mobile que si la station elle-même est mobile. Si une station se trouve cachée par un obstacle tel que mur, meuble, personne, etc., ou qu'elle soit assez éloignée du point d'accès, il se peut qu'elle ne puisse accéder au réseau.

Dans certains cas, même si la station et la carte sont placées dans un endroit clos, derrière un bureau, par exemple, l'antenne peut fonctionner correctement. En effet, Wi-Fi permet de récupérer les transmissions issues des réflexions des ondes radio dans l'environnement. Suivant l'environnement, ces réflexions peuvent être plus ou moins fortes, mais cela permet à certaines stations de fonctionner malgré leurs contraintes spatiales. Dans les cas où la carte ne fonctionne pas très bien, voire pas du tout, l'ajout d'une antenne directionnelle est indispensable.

La figure 23.28 illustre un réseau Wi-Fi équipé d'antennes.

Figure 23.28
Réseau Wi-Fi équipé d'antennes

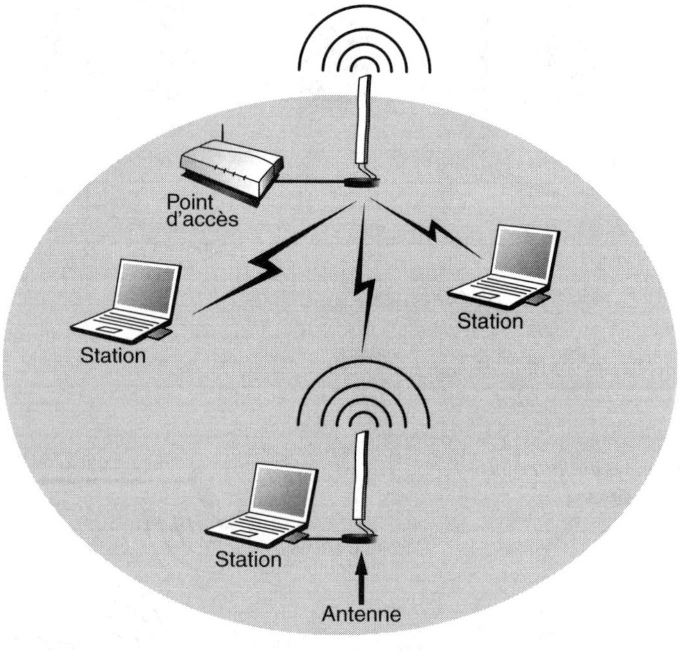

Une antenne peut être utilisée aussi bien par les stations qui se trouvent en périphérie du réseau, là ou le signal est le plus faible, que par le point d'accès ou les ponts pour étendre la zone de couverture du réseau. Le rôle de l'antenne n'est pas d'amplifier le signal, comme le ferait un amplificateur, mais d'améliorer la réception et l'émission des signaux. L'utilisation d'une antenne peut aussi permettre de créer des liaisons directives entre des bâtiments situés à des distances pouvant atteindre 30 kilomètres.

Pour améliorer la couverture d'un réseau Wi-Fi, une antenne omnidirectionnelle est recommandée. Une station peut se satisfaire d'une antenne directionnelle, voire sectorielle. Dans le cas de liaisons Wi-Fi entre bâtiments, le choix est limité aux antennes directives. Cette notion de directivité est liée au gain de l'antenne. Plus le gain est important, plus la directivité est forte et plus la zone de couverture est restreinte.

Cette directivité est exprimée par le gain de l'antenne, qui est calculé en fonction d'une antenne qui rayonnerait de manière homogène, c'est-à-dire à 360°, et aurait comme zone de couverture une sphère parfaite. Ce type d'antenne n'existe que théoriquement, du fait des contraintes physiques des ondes électromagnétiques.

Le gain d'une antenne est exprimé en décibel isotropique (dBi). Ce gain est équivalent à une puissance, d'où les formules suivantes :

$$P = 10^{\frac{G}{10}} \quad \text{et} \quad G = 10\log P$$

où G correspond au gain (en dBm ou dBi) et P à la puissance (en mW).

Le gain et la puissance dépendent de l'antenne et de sa directivité. Les lois françaises restreignent la puissance à une puissance PIRE (puissance isotropique rayonnée effective).

Types d'antennes

Différents types d'antennes sont utilisables en Wi-Fi, notamment omnidirectionnelles ou directionnelles. Les sections qui suivent détaillent les principales caractéristiques de ces antennes.

Omnidirectionnelles, ou omni

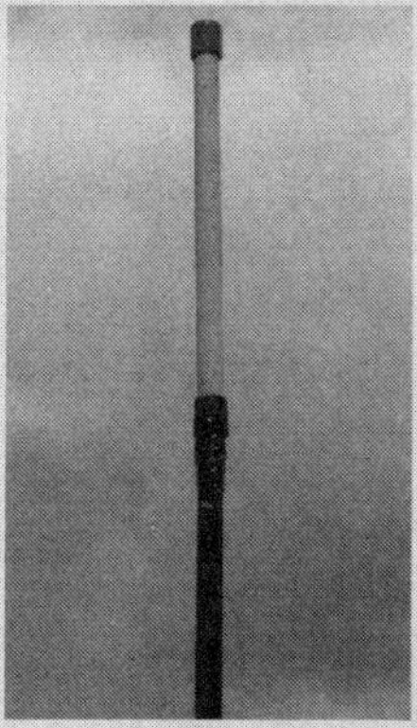

Ces antennes ressemblent à de longs cylindres verticaux, comme illustré à la figure 23.29. Elles constituent l'antenne de base fournie sur les cartes ou les points d'accès. Leur gain est compris entre 2,4 et 15 dBi.

Les antennes omni permettent d'arroser une large zone sur 360˚. Leur inconvénient vient de la qualité souvent médiocre du signal transmis du fait qu'elles captent le bruit de l'environnement ambiant.

Figure 23.29
Antenne omnidirectionnelle

Directionnelles

On pourrait dire de ces antennes qu'il s'agit de moitiés d'omni, puisque leur zone de couverture est comprise entre 180˚ et 60˚. Les principales antennes de ce type sont les Patch, Yagi et paraboles.

Sortes de longs cylindres, les antennes Yagi sont utilisées essentiellement à l'horizontale, comme l'illustre la figure 23.30. Fortement directives (entre 15˚ et 60˚), leur gain est compris entre 10 et 20 dBi.

Les paraboles sont généralement fortement directives (18 à 24 dBi). La figure 23.31 illustre une antenne parabolique.

Figure 23.30
Antenne Yagi

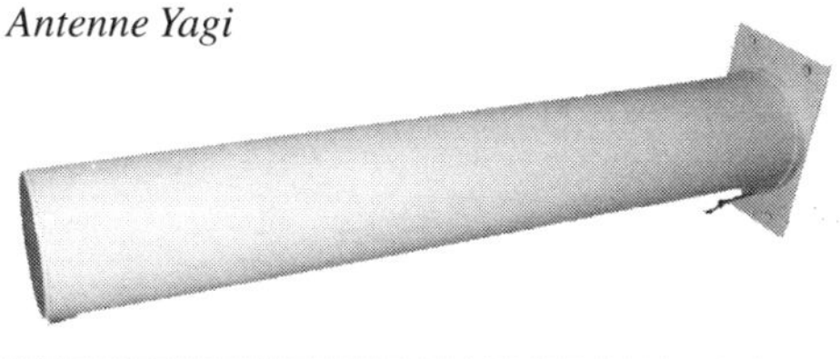

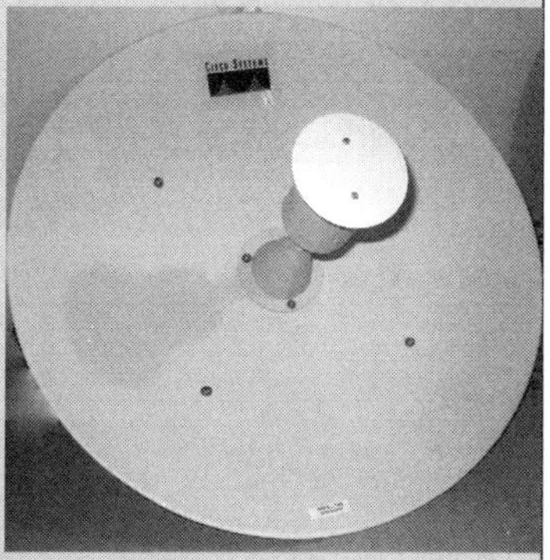

Figure 23.31
Antenne parabolique

Conclusion

Les réseaux Wi-Fi sont aujourd'hui bien implantés, et leur succès ne se dément pas.

Après avoir envahi les domiciles, ils s'attaquent à l'entreprise. Les solutions de téléphonie IP et de télévision (IPTV) sur Wi-Fi se développent également très vite, malgré une qualité de service encore déficiente.

Le futur de Wi-Fi est bien tracé et plusieurs centaines de millions de points d'accès devraient être en place en 2010.

24

Les réseaux WiMAX et WRAN

Les réseaux WIMAX et WRAN sont caractérisés par de grandes cellules, de la taille d'une métropole dans le cas de WiMAX et d'une région dans celui de WRAN. L'objectif de ces réseaux est de couvrir des zones relativement peu peuplées à haut débit. Ces technologies ont en outre la particularité de permettre la mobilité.

Le rayon d'une cellule peut atteindre 50 km dans le cas métropolitain et 100 km dans le cas régional, mais avec des débits inférieurs à la normale. En outrepassant fortement les puissances admises par la réglementation, il serait possible de s'approcher des performances annoncées. En fait, les distances maximales admissibles sont de l'ordre de 10 et 30 km. Dans les zones plus fortement urbanisées, il est possible de diminuer la taille de la cellule en abaissant la puissance d'émission.

L'utilisation des réseaux métropolitains a démarré avec la BLR (boucle locale radio), laquelle n'a rencontré que peu de succès à cause de son coût élevé et de sa complexité de mise en œuvre. Le groupe de travail IEEE 802.16 a commencé son travail sur la normalisation de WiMAX en 2000 pour se stabiliser en décembre 2004. Cette stabilisation a permis à un assez grand nombre d'équipementiers de faire leur entrée sur ce secteur et de mettre sur le marché de premiers produits WiMAX en 2006. La version mobile du groupe de travail IEEE 802.16e s'est stabilisée en décembre 2005, et les premiers produits sont apparus en 2007.

Nous allons commencer par décrire la technologie WiMAX fixe puis mobile. Nous donnerons ensuite quelques informations sur les technologies sans fil concurrentes et terminerons par le WRAN.

WiMAX

WiMAX (Worldwide Interoperability for Microwave Access) est issu d'une initiative lancée en 2001 par l'Alliance WiMAX. Son objectif était de promouvoir le standard 802.16 de l'IEEE en se proposant de vérifier la conformité et l'interopérabilité des équipements. Comme nous allons le voir, de nombreuses possibilités ont été proposées pour réaliser la communication.

WiMAX se présente en deux versions, une version fixe, qui a été finalisée sous le nom de WiMAX IEEE 802.16-2004 et la version mobile IEEE 802.16e-2005.

L'utilisation de WiMAX est très semblable à celle d'un modem ADSL, si ce n'est qu'au lieu d'un câble téléphonique on utilise la voie hertzienne. C'est pourquoi l'on parle de WDSL (Wireless DSL) pour décrire la solution WiMAX fixe. En ce qui concerne la version mobile, son utilisation est identique celle d'un ADSL mobile. L'avantage évident de WiMAX mobile est qu'on l'a toujours sur soi. Avec un équipement muni d'une connexion WiMAX, il est possible de se connecter de partout, tout le temps, y compris en situation de mobilité.

La figure 24.1 illustre la position de WiMAX dans le contexte de réseaux sans fil.

Figure 24.1
Place de WiMAX dans les technologies hertziennes

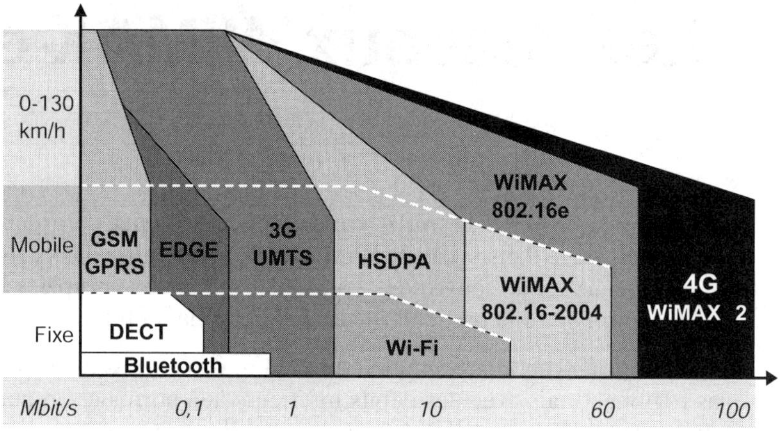

Au sein du groupe 802.16, deux sous-groupes s'occupent des communications dans des fréquences situées, pour le premier, entre 1 et 11 GHz et, pour le second, entre 10 et 66 GHz. En Europe, la normalisation du même domaine s'effectue à l'ETSI (European Telecommunications Standards Institute), où le groupe de travail BRAN (Broadband Radio Access Networks) propose la norme HiperAccess (High-Performance Radio Access), ou HiperLAN 3, comme solution pour les réseaux d'accès à très haut débit. Cette proposition permet de réaliser des réseaux IP ou ATM offrant des débits de l'ordre de 25 Mbit/s.

Le groupe de travail 802.16 a mis en place des sous-groupes, qui se sont attaqués à des problèmes distincts. Le groupe de travail de base a normalisé un accès métropolitain dans la bande des 10-66 GHz avec une vue directe entre les antennes et un protocole point-à-point. Finalisée en 2001, la norme IEEE 802.16 a été complétée par la norme 802.16c de 2002, qui introduit des profils système WiMAX, et par une partie de la norme 802.16d de 2004, qui apporte des correctifs et des fonctionnalités supplémentaires autorisant la compatibilité avec la norme 802.16e.

Sortie en 2003, la norme 802.16a concerne la bande des 2 à 11 GHz, avec la possibilité d'utiliser des protocoles multipoint en plus de l'environnement point-à-point de base. La norme 802.16e a pour objectif d'étendre WiMAX à des machines terminales mobiles, impliquant la possibilité de réaliser des connexions *x*DSL vers des mobiles. Les fréquences utilisées se situent entre 2 et 6 GHz.

Les portées annoncées sont de 50 km à un débit de 70 Mbit/s, mais ces valeurs ne sont que théoriques, puisqu'elles nécessitent une très forte puissance avec une grande directivité et une vue directe. Dans les faits, la distance maximale est d'une dizaine de kilomètres et, suivant la puissance, la directivité et la vue directe, les débits se situent entre 40 et 50 Mbit/s. Plus classiquement, en partageant la ligne et en étant dans des conditions classiques avec des antennes de 90°, le débit maximal est plutôt de l'ordre de 30 Mbit/s. On peut en déduire que le nombre de clients ADSL pouvant bénéficier d'un débit de l'ordre du mégabit par seconde peut atteindre la centaine en « surallouant » la ligne.

Pour augmenter les débits, il faut diminuer la portée en réduisant, par exemple, la puissance. Des débits d'une cinquantaine de mégabits par seconde sont dans ce cas possibles. Pour utiliser WiMAX en ville et bénéficier d'un grand nombre de clients, le diamètre des cellules ne doit pas dépasser 1 km environ.

Couche physique et technique d'accès

La couche physique de WiMAX utilise la technologie OFDM (Orthogonal Frequency Division Multiplexing), qui découpe les fréquences en sous-fréquences orthogonales afin que deux fréquences voisines puissent être utilisées sans interférence.

Pour augmenter le débit des versions les plus évoluées, le MIMO (Multiple Input Multiple Output) est autorisé. Dans ce cas, comme expliqué au chapitre 23 pour IEEE 802.11n, plusieurs antennes peuvent émettre en parallèle sur la même fréquence en jouant sur les multiples chemins suivis par les signaux pour récupérer ces signaux à des instants légèrement différents.

WiMAX demande une technique d'accès puisque l'antenne joue le rôle d'équipement commun à tous les clients. La solution retenue est de type OFDMA (Orthogonal Frequency Division Multiple Access).

La technique d'accès de WiMAX est illustrée à la figure 24.2.

Figure 24.2
Technique d'accès de WiMAX

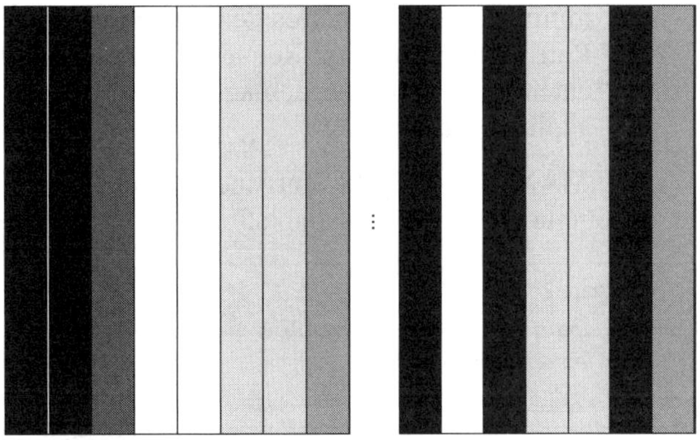

Dans cette figure, les tranches de temps sont données aux différents clients suivant des ordres de priorité. WiMAX possède quatre classes de priorités :

- UGS (Unsolicited Grant Service), la priorité la plus haute, a pour objectif de faire transiter des applications qui ont un débit constant en générant des paquets de longueur constante à des intervalles réguliers. Cette classe reçoit une allocation de tranches à intervalles réguliers de telle sorte que chaque paquet puisse être émis sans attente. Cette classe correspond aux applications de téléphonie classique qui produisent un débit constant. C'est une classe provenant de l'ATM mais un peu plus sophistiquée : le CBR (Constant Bit Rate). Les paramètres de qualité de service sont le Maximum

Sustained Traffic Rate, c'est-à-dire le trafic moyen en période d'émission, le Minimum Reserved Traffic Rate, c'est-à-dire le taux minimal à réserver pour que les paquets puissent passer et le Request/Transmission Policy, qui indique la politique de retransmission. Dans cette classe, si une tranche de temps est réservée, elle ne peut être préemptée par une autre classe. Il y a donc possibilité de perte de la tranche si le client ne l'utilise pas. Comme nous le verrons avec le WiMAX mobile, une autre classe a été ajoutée pour la téléphonie compressée.

- rtPS (real-time Packet Service) correspond à la transmission d'applications de type vidéo. Cette classe prend en charge les applications qui produisent des trames de longueur variable à intervalles réguliers. Les tranches de temps qui ne seraient pas utilisées peuvent être réutilisées. Les paramètres de qualité de service sont les suivants : Maximum Sustained Traffic Rate, Minimum Reserved Traffic Rate, Request/Transmission Policy comme dans l'UGS et Maximum Latency Traffic Priority, qui indique le temps maximal entre deux trames prioritaires.
- nrtPS (non real-time Packet Service) correspond à des applications élastiques qui acceptent une variabilité du délai et dont les paquets ont des tailles variables, mais qui demandent un débit minimal. Cette classe de trafic est bien adaptée au transfert de fichiers et aux applications sans contraintes temporelles mais qui demandent malgré tout un débit minimal pour s'assurer d'être transmis après un temps correspondant à ce débit minimal. Les tranches de temps peuvent être volées par des classes de priorité supérieures si c'est nécessaire à la qualité de service de ces applications. Les paramètres définissant la qualité de service de sont Maximum Sustained Traffic Rate et Request/Transmission Policy ainsi que Minimum Reserved Traffic Rate, correspondant au trafic minimal souhaité par l'utilisateur, et Priority Traffic, correspondant au trafic des trames indispensables à l'application.
- BE (Best Effort) ne demande aucune qualité de service particulière et aucun débit minimal. Les paramètres de cette classe de service sont Maximum Sustained Traffic Rate, Traffic Priority, Request/Transmission Policy. Les services associés sont bien entendu ceux qui ne demandent aucune garantie sur le trafic, comme le trafic des applications Web.

WiMAX utilise également une technique d'adaptation du codage à la qualité de la communication. Cette adaptation est illustrée à la figure 24.3.

Figure 24.3
Adaptation du codage à la qualité de la communication

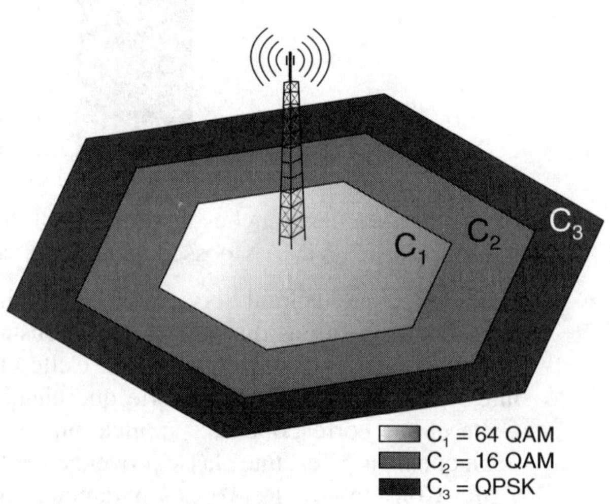

Dans cette figure, le codage utilisé lorsque le client est assez près de l'antenne est le 64QAM, qui permet de faire passer 8 bits à chaque intervalle élémentaire. Si le client s'éloigne et que la qualité du signal se dégrade, ce qui est observé par le nombre de retransmissions, le codage passe au 16QAM et le transport à 4 bits par baud. Si le client est assez éloigné de l'antenne, une nouvelle dégradation implique le passage en QPSK et à l'émission de seulement 2 bits simultanément.

Ce comportement est assez sophistiqué puisqu'il implique une adaptation du terminal à la qualité du signal. Comme dans la plupart des réseaux de la gamme Wi-*xx*, cela crée des difficultés de gestion de la qualité de service des applications puisqu'il n'est pas possible de déterminer à l'avance le débit brut de l'antenne de l'opérateur. Ce débit dépend en fait des terminaux raccordés et non de l'antenne elle-même. Chaque terminal peut en effet transmettre à sa vitesse, allant du simple au quadruple. C'est une des raisons pour lesquelles les tests effectués autour de WiMAX affichent un débit beaucoup plus bas qu'attendu dès que la plupart des terminaux sont situés à des distances de plus de 5 km. C'est aussi pour cela qu'il est recommandé, si l'on veut obtenir un débit approchant 50 Mbit/s, de restreindre la taille des cellules WiMAX à des rayons de quelques kilomètres, idéalement deux ou trois.

La réception de WiMAX nécessite des antennes fixes qui relient la maison ou l'entreprise à l'antenne de l'opérateur. L'irrigation dans la maison ou l'entreprise peut se faire par le biais d'une autre technologie, comme Wi-Fi. Les ordinateurs personnels peuvent toutefois être dotés d'une carte spécifique incluant l'antenne. Des processeurs spécifiques intégrant les composants WiMAX sont également disponibles, mais ils ne sont encore que peu utilisés.

Pour voir se déployer des architectures WiMAX de bout en bout, il faudra attendre l'arrivée de processeurs multitechnologie permettant de se connecter à plusieurs antennes différentes simultanément, comme nous le verrons au chapitre 28.

Couche MAC

La couche MAC de WiMAX possède trois sous-couches :

- La sous-couche de convergence, qui permet d'utiliser la technologie IP que ce soit sur le relais de trames, Ethernet ou l'ATM.
- La sous-couche « Common part », qui permet l'accès au système et l'allocation de bande passante.
- La sous-couche sécurité, qui reprend un certain nombre d'éléments de chiffrement des techniques à l'œuvre dans les réseaux Wi-Fi.

La trame échangée entre l'équipement mobile et la station de base est illustrée à la figure 24.4. Il s'agit d'une trame MAC générique, qui contient les requêtes de bande passante.

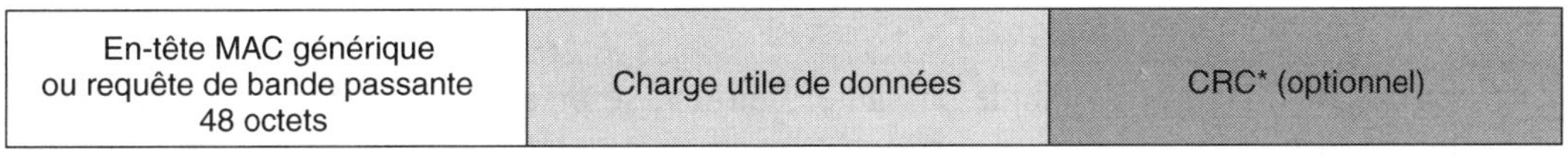

Figure 24.4

La trame MAC WiMAX

Cette trame est composée de trois parties : l'en-tête, qui est soit un en-tête MAC générique, soit une requête de bande passante. La longueur de l'en-tête est de 48 octets. Viennent ensuite les données à transporter et une zone de détection d'erreurs optionnelle.

L'en-tête est illustré à la figure 24.5.

1	1	6	1	1	2	1	3
HT	EC	Type	Rsv	CI	EKS	Rsv	LEN
LEN			CID				
CID			HCS				

Figure 24.5

En-tête de la trame MAC de WiMAX

Les valeurs possibles des différents champs sont les suivantes :

- Le bit HT est égal à 0 si l'en-tête est générique et à 1 si c'est une demande de bande passante.
- Le bit EC indique si la trame est chiffrée : si EC=0 les informations transportées ne sont pas chiffrées. Si EC=1, l'information est chiffrée. Il est à noter que EC doit être égal à 0 si HT=1.
- Le type, sur 6 bits, indique ce que contient le champ d'information. Si le premier bit est égal à 1, le réseau est un réseau mesh. Si le deuxième est égal à 1 c'est qu'un algorithme de ARQ Feedback Payload est appliqué. Si le troisième est égal à 1, une fragmentation du champ d'information ou bien une compression est acceptée. Les deux bits suivants indiquent si la fragmentation ou la compression est effectivement utilisée. Le sixième bit indique si un algorithme de Fast Feedback est utilisé.
- Les bits Rsv (reserved) sont positionnés à 0.
- Le bit CI est un indicateur d'existence d'un CRC. Si CI=0, il n'y a pas de CRC ; si CI=1, la zone de détection d'erreur CRC est présente dans la trame.
- La zone EKS (Encryption Key Sequence) n'a une valeur à prendre en compte que si EC=1. Dans ce cas, elle indique si une clé de chiffrement du trafic est utilisée, la clé TEK (Traffic Encryption Key), et s'il y a un vecteur d'initialisation.
- La zone LEN (Length) tient sur 11 bits, trois dans le deuxième octet et les huit bits du troisième octet. Cette zone indique la longueur en octets de la trame en y incluant l'en-tête et le CRC s'il y en a un.
- Le champ de deux octets CID (Connection Identifier) indique l'identificateur de la connexion.
- Le champ HCS (Header Check Sequence) sert de détection d'erreur pour l'en-tête. Le polynôme générateur est x^8+x^2+x+1.

En cas de demande de bande passante, l'en-tête se présente sous la forme illustrée à la figure 24.6.

Le champ HT est égal à 1 et le champ EC à 0 puisqu'il ne doit pas y avoir de chiffrement. Le champ Type indique le type de bande passante demandée par la trame. Pour le moment, seules sont admises les valeurs 000, pour indiquer une valeur incrémentale, et 001, pour une valeur agrégée. Le champ BR (Bandwidth Request) indique la demande d'une bande passante pour la voie montante en nombre d'octets. Cette demande n'inclut pas les overheads qui proviendraient de la couche physique.

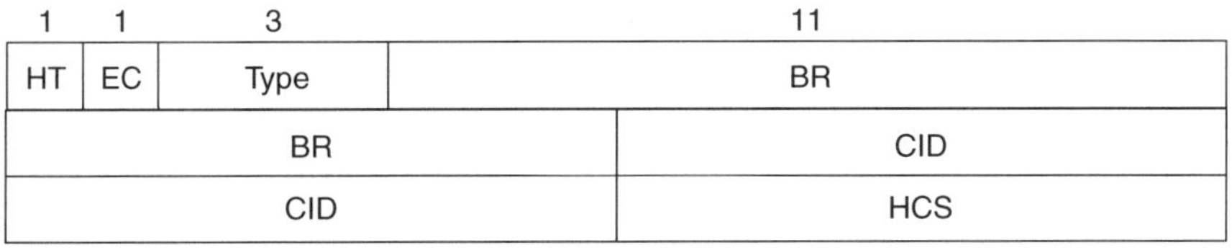

Figure 24.6

Format de l'en-tête pour une demande de bande passante

La couche MAC comporte de nombreuses trames de gestion : quarante-neuf sont indiquées dans la norme IEEE 802.16-2004. La trame possède dans ce cas deux champs, le premier pour indiquer le type de message de gestion et le second pour préciser le contenu de l'information de gestion transportée.

WiMAX mobile

WiMAX mobile correspond à la version mobile de WiMAX fixe. Il existe cependant d'importantes différences entre les deux technologies.

Dans WiMAX mobile, la couche physique OFDM donne naissance à un partage du support de type SOFDMA (Scalable OFDMA), dans lequel les clients prennent un ensemble de fréquences de l'OFDM pendant un certain nombre de tranches. Cette solution permet d'améliorer fortement l'utilisation du canal en récupérant des fréquences ou des tranches inutilisées.

La figure 24.7 illustre cette technique d'accès de WiMAX mobile.

Figure 24.7

Technique d'accès de WiMAX mobile

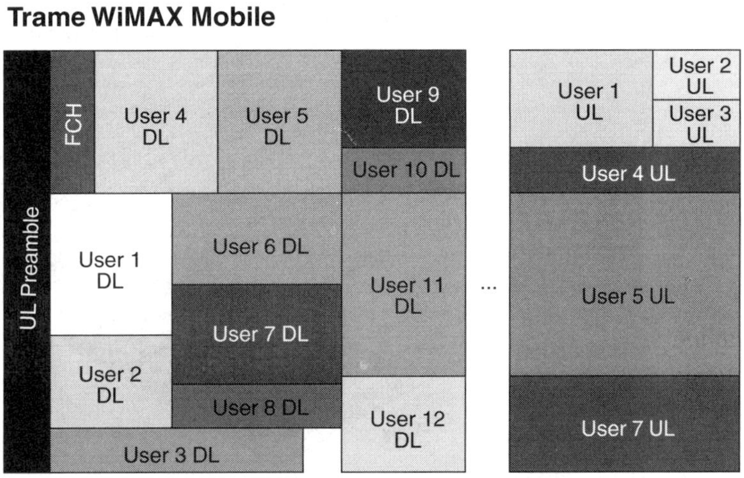

À un instant donné, plusieurs utilisateurs se partagent les fréquences du canal de communication. Ce partage s'effectue en fonction des besoins et des classes de clients.

L'ordonnancement optimal n'est pas toujours simple à trouver, d'autant que certaines fréquences peuvent avoir un meilleur rendement grâce à une qualité supérieure de leur canal.

La couverture peut être améliorée par des antennes directives. WiMAX mobile utilise la diversité d'antenne ainsi qu'une méthode de retransmission automatique (H-ARQ). Cette technique de retransmission permet de garder en mémoire les paquets erronés de telle sorte que la confrontation de plusieurs paquets erronés puisse être suffisante pour rétablir le paquet correctement. Cette technique est fondamentalement différente de celles qui retransmettent les paquets jusqu'à ce que le paquet arrive correctement en entier. Ces techniques sont également utilisées dans les réseaux de mobiles HSDPA et HSUPA.

La couverture et les débits, c'est-à-dire la diversité qui permet soit d'augmenter le débit, soit la qualité de la communication, sont également améliorés par l'utilisation du MIMO. De plus, différentes technologies de codage de nouvelle génération sont utilisées, comme les turbocodes et les LDCP (Low Density Parity Check). Ces solutions permettent d'adapter les communications d'un terminal vers l'antenne de l'opérateur en tenant compte de leurs caractéristiques propres et de la qualité de la transmission, lesquelles sont surtout dépendantes de l'éloignement de l'antenne et des atténuations dues au champ électromagnétique.

Dans WiMAX mobile, une classe de trafic supplémentaire a été introduite pour prendre en charge la parole téléphonique compressée de débit variable. Il s'agit de l'ertPS (enhanced real-time Packet Service). Cette classe correspond à de la téléphonie dans laquelle une compression rend le débit variable ou dans laquelle les silences sont supprimés de telle sorte que le débit devienne également variable. Les paramètres de qualité de service sont Maximum Sustained Traffic Rate, Minimum Reserved Traffic Rate, Maximum Latency Tolerated Jitter et Request/Transmission Policy. Ces paramètres sont les mêmes que dans l'UGS.

Une autre amélioration importante de WiMAX mobile provient de la compression des trames et plus généralement de l'utilisation intensive de la classe ertPS. Ces améliorations sont illustrées à la figure 24.8.

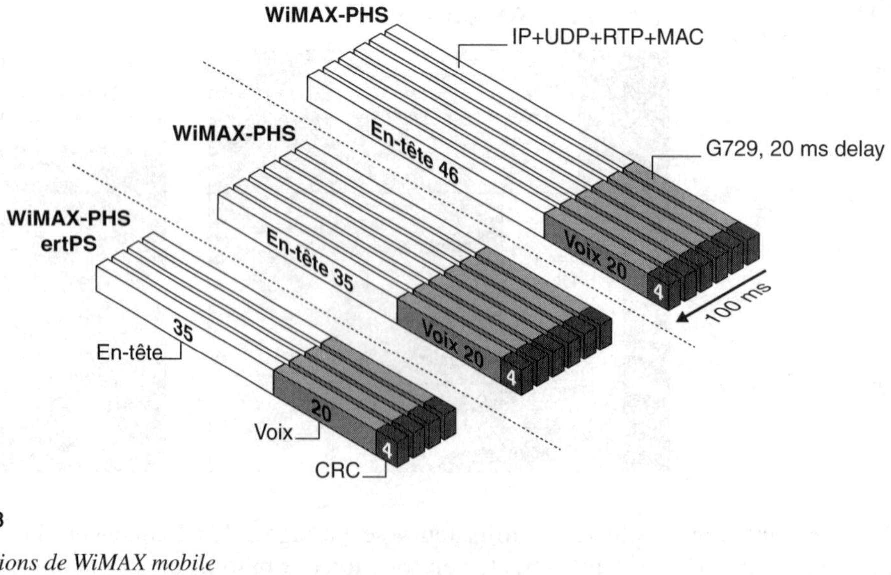

Figure 24.8

Améliorations de WiMAX mobile

La première partie de la figure (en haut) illustre la transmission dans WiMAX (fixe) : les en-têtes font 46 octets de long, la zone de détection d'erreur (CRC 4), fait 4 octets et le paquet (voix) 20 octets de téléphonie. Dans la version WiMAX améliorée, WiMAX-PHS, l'en-tête est compressé, ce qui permet de faire descendre sa longueur de 46 à 35 octets. La partie basse de la figure illustre l'utilisation de la classe ertPS, qui permet de ne rien transmettre pendant les silences.

Comparaison avec les autres technologies

La figure 24.9 situe la technologie WiMAX mobile par rapport aux versions UMTS et cdma2000, qui sont ses concurrentes directes. La différence fondamentale entre elles provient de la partie RAN (Radio Access Network). Dans les versions actuelles de l'UMTS ou du cdma2000, la technologie ATM est fortement utilisée pour l'optimisation de l'utilisation des supports physiques. L'AAL2 permet grâce à ses microtrames de bien remplir les trames ATM. Ce n'est pas le cas des paquets IP, qui ne permettent pas d'utiliser au mieux les capacités de transmission des supports fixes des réseaux WiMAX. Les paquets IP dans les techniques 3G (UMTS et cdma2000) sont transportés en tant qu'éléments binaires. Dans la solution WiMAX mobile, l'architecture est nativement Ethernet et IP.

La comparaison de ces deux architectures illustre la simplicité de WiMAX mobile mais aussi la difficulté à garantir la qualité de service si les canaux ne sont pas de bonne qualité, puisque c'est l'environnement Ethernet/IP qui doit prendre en charge la communication.

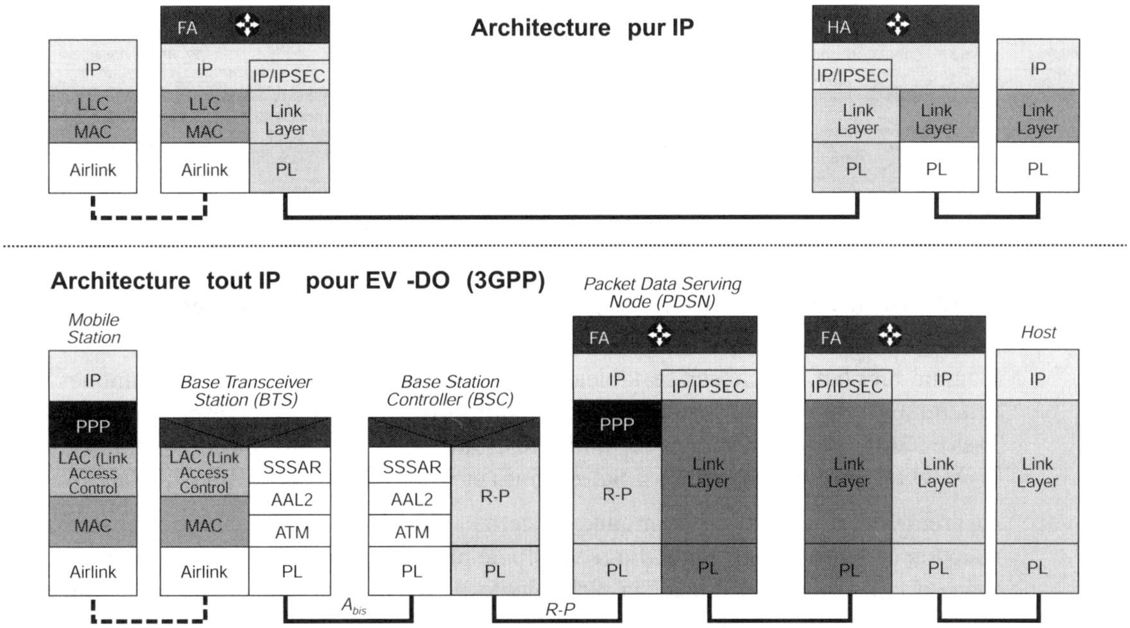

Figure 24.9

Comparaison des technologies UMTS/cdma2000 et WiMAX mobile

Globalement, la compétition entre les deux technologies risque d'être très forte puisque l'objectif est le même : réaliser du multimédia en mobilité avec des débits de quelques mégabits par seconde.

La différence fondamentale entre WiMAX fixe et WiMAX mobile réside dans la gestion des handovers. Trois mécanismes ont été définis dans la norme avec une latence inférieure à 50 ms :

- Hard handoff : le passage d'une cellule à une autre est instantané, et à aucun moment le terminal n'est en communication avec les deux cellules simultanément.
- FBSS (Fast Base Station Switching) : la connexion reste maintenue avec le réseau cœur (core network).
- MDHO (Macro Diversity Handover) : possibilité de réaliser un handover sans couture *(seamless handoff)* qui n'est pas visible du terminal.

Le tableau 24.1 compare les caractéristiques de WiMAX mobile à celles des technologies cellulaires de même génération, c'est-à-dire HSDPA/HSUPA et 1x EV-DO Rev A.

Attribut	1X EV-DO REVA	HSDPA/HSUPA	WIMAX MOBILE
Standard de base	cdma2000/IS 95	WCDMA	IEEE 802.16e-2005
Méthode de duplexage	FDD	FDD	TDD
Canal descendant	TDM	CDM-TDM	OFDMA
Canal montant	CDMA	CDMA	OFDMA
Largeur de bande du canal	1,25 MHz	5 MHz	5, 7, 8,75, 10 MHz
Taille de la trame descendante	1,67 ms	2 ms	5 ms
Taille de la trame montante	6,67 ms	2,1 ms	5 ms
Modulation sur le canal descendant	QPSK, 8PSK, 16QAM	QPSK, 16QAM	QPSK, 16QAM, 64QAM
Modulation sur le canal montant	BPSK, QPSK, 8PSK	BPSK, QPSK	QPSK, 16QAM
Codage	Turbo	CC, Turbo	CC, Turbo
Vitesse maximale du canal descendant	3,1 Mbit/s	14 Mbit/s	32, 46 Mbit/s
Vitesse maxilae du canal montant	1,8 Mbit/s	5,8 Mbit/s	7, 4 Mbit/s
H-ARQ	Fast 4-channel Synchronous IR	Fast 6-channel Asynchronous CC	Multi-channel Asynchronous CC
Ordonnancement	Fast scheduling sur le canal descendant	Fast scheduling sur le canal descendant	Fast scheduling sur le canal descendant et montant
Handover	Virtual Soft Handover	Network Initiated hard handover	Network optimized hard hanover
MIMO	Simple Open Loop Diversity	Simple Open&Closed Loop Diversity	STBC, SM
Beamforming	Non	Non	Oui

TABLEAU 24.1 • Comparaison des techniques cellulaires de nouvelle génération

Comme on peut le voir sur ce tableau, de nombreuses propriétés sont communes aux différentes technologies de nouvelle génération correspondant à des réseaux commercialisés en 2007-2008. Parmi ces technologies, AMC (Adaptive Modulation and Coding), H-ARQ (Hybrid ARQ), FS (Fast Scheduling) et BEH (Bandwidth Efficient Handover).

La première caractéristique commune concerne le codage et la modulation adapatative en fonction de la qualité du canal. La technologie proposée par WiMAX est plus puissante, grâce à la possibilité d'utiliser la technologie AMC sur des paquets de taille variable, aussi bien dans le sens montant que descendant.

La technique de correction des erreurs par une méthode H-ARQ permet, en conservant les paquets erronés, de déterminer le paquet exact sans que l'ensemble des éléments binaires doivent arriver correctement au destinataire. Les techniques de H-ARQ CC (Chase Combining) et H-ARQ IR (Incremental Redundancy) sont les plus utilisées. Dans la première, les paquets retransmis sont les mêmes que ceux transmis la première fois. Dans la seconde, le paquet erroné peut être retransmis à la suite de nouveaux paquets du même flot. Cette solution est beaucoup plus complexe, mais elle permet de continuer à transmettre sans attendre la réussite d'une retransmission.

L'algorithme Fast Scheduling permet de distribuer l'allocation de la bande passante aux clients en tenant compte de la qualité du canal. Il est beaucoup plus efficace de servir les clients qui disposent d'un bon canal que de s'attarder sur ceux dont le canal est de mauvaise qualité.

Les solutions pour effectuer du « Bandwidth Efficient Handover » sont diverses. La technique du soft handover pourrait paraître la plus séduisante. Elle n'est toutefois pas toujours la meilleure, car elle oblige l'équipement terminal à être connecté simultanément sur deux stations de base. Cela exige une gestion de la bande passante plus complexe. Le hard handover est généralement plus efficace et demande moins de ressources.

WiMAX phase 2

La phase 1 du WiMAX que nous avons détaillée précédemment est capable d'offrir des débits en pointe par utilisateur de 4 Mbit/s sur la bande montante et de 23 Mbit/s sur la bande descendante. Étant donné la bande passante globale, cela ne représente que peu de clients par point d'accès. Une phase 2 du standard a été mise en œuvre pour multiplier ces débits au minimum par un ordre de deux et pour apporter une meilleure maintenance, et donc une gestion plus appropriée, des réseaux WiMAX.

Pour cela, le comité IEEE 802.16 a introduit de nouveaux groupes de travail :

- IEEE 802.16g : Network Management Task Group (Management Plane Procedures & Services)
- IEEE 802.16h : License-Exempt Coexistence Task Group
- IEEE 802.16j : Mobile Multihop Relay Task Group
- IEEE 802.16m : Advanced Air Interface Task Group

Le groupe le plus important est le dernier. Il a pour objectif de définir une interface radio améliorée permettant de doubler au minimum les débits pour obtenir 46 Mbit/s dans le sens descendant et toujours 4 Mbit/s dans le sens montant. WiMAX phase 2, sera suivi de WIMAX phase 3, avec l'objectif de démultiplier de nouveau les vitesses pour atteindre plusieurs centaines de mégabits par seconde, voire le gigabit par seconde.

WiMAX phase 2 devrait intégrer l'IMT-Advanced 4G avec des performances de 100 Mbit/s en mobilité et jusqu'à 1 Gbit/s lorsque le terminal est immobile. Les objectifs à long terme des évolutions vers WiMAX phase 3, le LTE et l'UMB *(voir le chapitre 21)* sont d'atteindre les très hauts débits fixés par l'UIT pour le 4G NGMN (Next Generation Mobile Network). Les technologies en cours d'étude pour arriver à ces performances sont le MIMO-AAS et les techniques ad-hoc permettant d'effectuer des relais intermédiaires.

WiBro et IEEE 802.20

WiBro est une solution très semblable à WiMAX développée par la Corée du Sud au tout début des années 2000. En 2004, Intel et LG Electronics se sont mis d'accord pour réaliser une interopérabilité entre les deux techniques. La solution est fortement orientée WiMAX mobile puisque WiBro a choisi de modifier son interface radio pour prendre le SOFDMA.

Le groupe de travail IEEE 802.20 a un objectif semblable. Formé pour réaliser un réseau MBWA (Mobile Broadband Wireless Access), il devait venir en complément de WiMAX, conçu au départ pour être uniquement fixe. Lorsque le groupe 802.16e s'est mis en place, le groupe 802.20 a été suspendu afin de ne pas dupliquer les efforts. Finalement, il a été remis en marche pour aboutir à une proposition de standard pour la très grande mobilité, jusqu'à 500 km/h, et le très haut débit.

Une proposition de Kiocera est en cours de normalisation dans le cadre d'un groupe très restreint d'industriels. En réponse, les industriels de WiMAX ont lancé le groupe IEEE 802.16m et WiMAX phase 2 avec un objectif similaire à celui du groupe 802.20. Comme l'environnement WiMAX est le sixième système inclus dans l'IMT 2000, la technologie IEEE 802.20 n'a quasiment aucune chance de se développer.

WRAN

Le groupe de travail IEEE 802.22 a démarré ses activités en 2004 dans l'objectif de réaliser un réseau hertzien régional. Les bandes de fréquences utilisées viennent en premier lieu du dividende numérique, c'est-à-dire des bandes de fréquences qui seront libérées lorsque la télévision passera totalement et définitivement en numérique. En France, c'est prévu pour 2010. Dans le reste du monde, cela devrait s'étaler entre aujourd'hui et 2015.

Les études portent sur les « canaux blancs » de la télévision, c'est-à-dire les fréquences ou les bandes de télévision qui ne sont pas utilisées ou qui le sont très mal. L'idée est d'introduire une transmission opportuniste qui utilise les bandes inutilisées à certains instants par la télévision en prenant soin de ne pas brouiller les canaux de télévision.

Les fréquences utilisées se situent en dessous de 1 GHz. Elles possèdent les propriétés des bandes de télévision : pénétration par les murs, très bonne portée et haut débit.

Les clients seront munis de systèmes GPS ou Galileo pour localiser l'émetteur. Après interrogation d'une base de données centrale, ils recevront la fréquence sur laquelle ils peuvent émettre avec la puissance et la directivité voulues.

Ces principes de radio « cognitive » sont étudiés depuis quelques années afin d'utiliser beaucoup mieux le spectre. L'état du réseau et le comportement de l'utilisateur pourront impliquer une modification de la fréquence, de la puissance, etc.

En résumé, la radio cognitive définit la possibilité d'utiliser une bande avec licence sans que l'opérateur qui l'utilise soit gêné. Comme de nombreuses bandes sont peu utilisées, il est possible de récupérer une bande passante considérable.

On peut définir deux types de radio cognitive :

- Full Cognitive Radio, où tous les paramètres utilisables le sont.
- Spectrum Sensing Cognitive Radio, où seulement la fréquence radio utilisée est prise en compte.

Deux sous-ensembles sont également discernables :

- utilisation de la radio cognitive dans un environnement sous licence, comme celle proposé par l'IEEE 802.15.2 ;
- utilisation des fréquences d'une bande sans licence, comme celle proposée par l'IEEE 802.19.

La radio cognitive a été surtout développée dans le cadre de la radio logicielle (Software-Defined Radio) et s'est surtout intéressée à la solution Spectrum Sensing Cognitive Radio dans les bandes de télévision. La difficulté essentielle est évidemment de détecter l'utilisation de la bande par son détenteur légal, puis d'arrêter les émissions secondaires et détecter que la bande est de nouveau non utilisée. La détection de l'énergie n'est pas vraiment suffisante pour être sûr que l'on ne va pas perturber les signaux licenciés. L'utilisation s'effectue par une technologie OFDM, dans laquelle seules les sous-bandes correspondant aux bandes libres sont utilisées.

IEEE 802.22 travaillant en mode point-à-multipoint, un signal peut être diffusé sur une large surface et s'adresser simultanément à un ensemble de points. Le système est formé de stations de base, ou BS (Base Station), et d'équipements terminaux. La station de base reçoit de la part des équipements terminaux des rapports réguliers de l'écoute des porteuses. À partir de ces informations, la station de base peut décider de changer ou non de fréquence et définir la puissance d'émission des équipements terminaux.

Le support physique travaille en OFDM et détermine les sous-bandes à utiliser, et le codage de la modulation. Les essais montrent que l'émission sur un canal de télévision de la station de base permet d'acheminer une vingtaine de mégabits par seconde sur 30 km.

Conclusion

Les technologies métropolitaines et régionales sont en pleine expansion. D'autant plus que les techniques dites de « radio cognitive » permettent de trouver de nouvelles voies pour augmenter l'utilisation du spectre hertzien. On peut presque considérer aujourd'hui que le spectre hertzien est pratiquement inutilisé. Cela ouvre des perspectives de déploiement simples et peu coûteuses, avec une faible densité d'antennes.

Ces réseaux sont toutefois fortement dissymétriques, la voie descendante étant beaucoup plus puissante que la voie montante. Dans le cas de la norme IEEE 802.22, le débit montant sera même très faible dès que le terminal sera situé à plusieurs dizaines de kilomètres.

Les réseaux WiMAX mobile sont déjà très demandés dans de nombreux pays, qu'ils soient en développement ou non. De très grands opérateurs, tel Sprint, sont prêts à déployer la première génération puis la deuxième.

L'Europe reste très en retrait du fait de l'attitude de non-concurrence avec l'UMTS et ses dérivés qu'elle a adoptée. Pourtant, les opérateurs retenus pour déployer le WiMAX fixe ont tous opté pour le WiMAX mobile en espérant que l'utilisation du handover, pour le moment interdite, soit autorisée dans le futur.

25

Les réseaux CPL

Les réseaux CPL (courant porteur en ligne) forment une catégorie de réseaux situés entre les réseaux Ethernet sur câble métallique et les réseaux Ethernet hertziens, ou Wi-Fi. Nous avons choisi de traiter les CPL avec les réseaux hertziens parce qu'ils ressemblent en fait davantage aux réseaux Wi-Fi qu'aux réseaux sur câble métallique.

Les réseaux CPL, ou PLC (Power Line Communication), utilisent les réseaux électriques courant fort pour transporter des courants faibles. L'utilisation des câbles électriques n'est pas nouvelle, mais des progrès décisifs ont été réalisés entre 2000 et 2005, permettant d'atteindre des débits comparables à ceux des autres réseaux Ethernet. L'utilisation des CPL dans la boucle locale, c'est-à-dire sur les derniers kilomètres, n'a pas encore rencontré un succès aussi fort que dans l'environnement privé, qui est beaucoup plus restreint.

Un réseau CPL consiste donc en l'implémentation d'un réseau Ethernet sur un câble électrique. La difficulté majeure d'une telle implémentation provient des bruits électromagnétiques des machines qui s'allument et s'éteignent sur le réseau. Ces bruits sont tellement forts à certains instants qu'il n'est pas possible d'écouter les signaux courant faible pendant que l'on émet. C'est la raison pour laquelle, la technique d'accès est de type CSMA/CA (Carrier Sense Multiple Access/Collision Avoidance), comme dans Wi-Fi.

La qualité de la communication est extrêmement fluctuante en fonction de la distance et des bruits électromagnétiques, si bien que chaque bipoint doit calculer sa vitesse de communication. En d'autres termes, chaque fois qu'une communication s'établit, la vitesse de transmission doit être adaptée. On peut aussi interpréter cette propriété en précisant que la capacité annoncée pour un réseau CPL n'est qu'une vitesse brute maximale correspondant à réseau optimal. Dans les faits, la capacité du réseau dépend de l'émetteur et du récepteur et des conditions de fonctionnement du réseau.

Le décollage des produits CPL date de 2006. Depuis lors, cette solution est devenue concurrente des réseaux Ethernet filaires comme hertziens.

Ce chapitre détaille les caractéristiques et principes de fonctionnement des réseaux CPL et examine les principaux produits du marché, essentiellement HomePlug et DS2.

Caractéristiques des réseaux CPL

La technologie CPL consiste à émettre des signaux sur le support physique qui transporte l'électricité. De nombreuses implémentations ont été effectuées depuis les années 1950, comme le relevé de compteur à distance et les applications de domotique à bas débit. Le CPL pour réaliser des communications à haut débit est beaucoup plus récent.

Deux catégories de réseaux CPL doivent être distinguées : le CPL pour réaliser une communication sur la boucle locale et permettre à un utilisateur d'accéder à Internet à haut débit, d'une part, et la transmission de données sur un réseau électrique privé correspondant à un domicile, une entreprise ou au cabinet d'une profession libérale, d'autre part. La première catégorie n'a eu que peu de succès jusqu'à présent pour les hauts débits, compte tenu de la difficulté de traverser un ensemble d'équipements électriques ou de les contourner. Dans ce chapitre, nous ne nous intéressons qu'au CPL dans l'environnement privé.

Dans cet environnement, le câble électrique correspond à un support à accès multiple et diffusion, c'est-à-dire qu'un émetteur connecté au câble voit son signal diffusé sur l'ensemble du câble. Le signal est en grande partie arrêté par le compteur électrique et le disjoncteur, mais pas suffisamment pour que le signal ne puisse être écouté chez les voisins. Des mesures de sécurité doivent donc être prises. Le câble électrique se comporte comme un réseau Ethernet, et plus précisément comme un réseau Wi-Fi. On retrouve donc exactement les caractéristiques d'un réseau Wi-Fi, avec sa technique d'accès et les difficultés d'y apporter de la qualité de service, une forte sécurité et des performances.

La technique d'accès CSMA/CA et est en tout point identique à celle de Wi-Fi. La qualité de service est apportée par un ensemble de quatre classes de clients qui permettent, comme dans IEEE 802.11e, de privilégier certains flots par rapport à d'autres. La priorité s'exerce par des temporisateurs de reprise plus ou moins longs en fonction de la classe de priorité. Cette solution n'est pas complètement efficace lorsque le réseau est saturé puisque les temporisateurs de reprise sont nombreux.

En fonction des interférences électriques, le débit brut peut décroître sans que l'utilisateur puisse le savoir, si ce n'est par le temps plus long nécessaire à la récupération d'un fichier. Le débit brut moyen est très difficile à estimer puisqu'il dépend du bipoint en communication. À chaque trame émise correspond une vitesse brute, de telle sorte qu'il faut faire une moyenne des débits bruts en tenant compte du temps de transmission de chaque trame. Pour un réseau qui posséderait deux bipoints, c'est-à-dire quatre stations communiquant deux par deux, l'une à 100 Mbit/s et l'autre à 1 Mbit/s, il faut cent fois plus de temps pour émettre une trame entre le bipoint lent par rapport au bipoint rapide. En moyenne, le débit n'est donc que très légèrement supérieur à 1 Mbit/s. On peut estimer qu'un réseau CPL a un débit brut moyen à peu près égal à celui du bipoint le plus lent.

Pour éviter cet effondrement des performances, les dernières normalisations intègrent des technologies de partage, comme le TDMA, qui limitent fortement la chute de débit engendrée par les bipoints de mauvaise qualité.

Comme dans les réseaux Wi-Fi, le débit réel est très inférieur au débit brut. On peut estimer de façon très simplifiée que le débit réel est le tiers du débit brut. Si l'on prend l'exemple de la technologie HomePlug, qui possède déjà trois générations, HP 1.0, HP

Turbo et HP AV (Audio Vidéo), les débits bruts maximaux et les débits réels sont récapitulés au tableau 25.1.

Standard	Débit brut	Débit réel
HomePlug 1.0	14 Mbit/s	4,5 Mbit/s
HomePlug Turbo	85 Mbit/s	12 Mbit/s
HomePlug AV	180 Mbit/s	55 Mbit/s

TABLEAU 25.1 • Débits max réels et bruts des réseaux HomePlug

Comme nous l'avons souligné, il faut ajouter une dégradation de la vitesse brute dès que le taux d'erreur sur les communications augmente. Dans le cas de HP 1.0, les vitesses brutes se dégradent de 14 à 12,83 Mbit/s, 10,16 Mbit/s, 8,36 Mbit/s, 6,35 Mbit/s, 4,04 Mbit/s, 2,67 Mbit/s, 0,9 Mbit/s. Comme le débit réel est très inférieur au débit brut, on s'aperçoit qu'il est possible d'avoir un réseau CPL débitant moins de 500 Kbit/s si l'une des stations travaille à la vitesse dégradée de 0,9 Mbit/s.

Le CPL met en œuvre une méthode très similaire à celle de Wi-Fi pour la transmission de données dans le domaine privé. Les contrôleurs Wi-Fi devraient d'ailleurs rapidement prendre en charge les réseaux CPL. Lorsqu'une des deux solutions baissera en régime, l'autre prendra le relais.

L'inconvénient principal des réseaux CPL provient d'une normalisation faible, plusieurs groupes développant des spécifications distinctes. Les principaux de ces groupes sont les suivants :

- IEEE P1901
- Consortium HomePlug
- PLC Forum

La sécurité est une fonctionnalité essentielle pour mettre en œuvre un réseau CPL. Comme indiqué précédemment, les signaux peuvent traverser le compteur électrique, même en la présence de filtres spécifiques. Pour éviter cet inconvénient, il suffit de chiffrer l'information de la même manière que dans Wi-Fi. De plus, le contrôleur peut contenir un serveur RADIUS pour identifier les demandes de connexion.

Fonctionnement des réseaux CPL

Dans le domicile *(voir chapitre 28)*, le signal numérique est émis vers les équipements d'extrémité entre 3 et 148 kHz pour les réseaux bas débit et entre 1 et 30 MHz pour les réseaux haut débit. Chaque équipement dispose de sa propre adresse et peut-être commandé par l'élément émetteur.

Du fait de son rayonnement électromagnétique, le câblage électrique fonctionne comme une antenne, de telle sorte que les interférences avec les ondes radio externes peuvent devenir importantes. Dans la zone des 1 à 30 MHz, qui nous intéresse ici, les interférences avec les radioamateurs et les DRM peuvent poser problème.

Les modems CPL utilisant l'OFDM permettent de gérer approximativement les interférences en n'utilisant pas les sous-bandes correspondant à des fréquences déjà utilisées par d'autres équipements. Une technique de notching a été mise au point pour éteindre et allumer les sous-bandes qui interfèrent avec d'autres émissions. En temps réel, un mécanisme d'analyse du niveau du rapport signal sur bruit permet de réaliser cet algorithme d'ajout et de retrait de certaines sous-bandes de l'OFDM.

Les bandes utilisées par les principaux produits sont indiquées au tableau 25.2.

Réseaux CPL	Bande de fréquences	Nbre de porteuses OFDM
HomePlug 1.0	4,49-20,7 MHz	76
HomePlug AV	2-28 MHz	917
DS2 45 Mbit/s	1,6-30 MHz	100
DS2 200 Mbit/s	2,46-11,725 et 13,8-22,8 MHz	2560
Spidcom	2-30 MHz	900

TABLEAU 25.2 • Débits max réels et bruts des réseaux CPL

Des expériences à des fréquences beaucoup plus élevées que 30 MHz, dans les bandes Wi-Fi à 2,4 et 5,15 GHz ont permis d'obtenir des débits de l'ordre du gigabit par seconde.

Plusieurs modes d'utilisation des réseaux CPL peuvent se présenter : maître-esclave, pair-à-pair et centralisé. Le mode maître-esclave permet à un système central, situé sur le compteur électrique, de jouer le rôle de maître par rapport aux différentes branches de l'arbre composé des câbles électriques partant de ce centre. Le système central joue le rôle de pont entre les différents brins électriques. Le mode pair-à-pair correspond à une technologie Ethernet classique dans laquelle chaque émetteur peut aller directement à chaque récepteur. Le mode centralisé est une combinaison des deux précédents, dans lequel une station maître s'occupe de la gestion et du contrôle et met en place des communications dans le mode pair-à-pair.

La version AV de HomePlug utilise la solution centralisée. La station centralisée décide des tranches de temps accordées aux différentes stations communicant en pair-à-pair. Cette solution permet d'affecter les vitesses de communication pour chaque couple d'émetteur-récepteur.

Comme indiqué précédemment, la technique d'accès CSMA/CA (Carrier Sense Multipla Access/Collision Avoidance) est la même que dans Wi-Fi *(voir le chapitre 23)*.

Une autre propriété importante des technologies CPL concerne l'adaptation des vitesses de transmission pour chaque station. Comme la vitesse de transmission entre un émetteur et un récepteur dépend de la qualité du support et de l'affaiblissement du signal, cette vitesse est tributaire de l'emplacement des deux stations en train de communiquer : si elles sont très éloignées et si du bruit électromagnétique perturbe le support, le débit peut être très bas.

Chaque couple de station transmet à sa propre vitesse, comme une station Wi-Fi et son point d'accès. Pour déterminer la vitesse de transmission, chaque station possède une table « Tone Map » qui indique la meilleure vitesse de transmission par rapport aux autres stations du réseau. Cette table est mise à jour en un temps variant généralement de 10 ms à 1 s.

La figure 25.1 illustre, pour HomePlug 1.0, ce champ Tone Map qui est transmis dans les en-têtes des trames de telle sorte que chaque station qui écoute le support puisse déterminer sa vitesse de transmission.

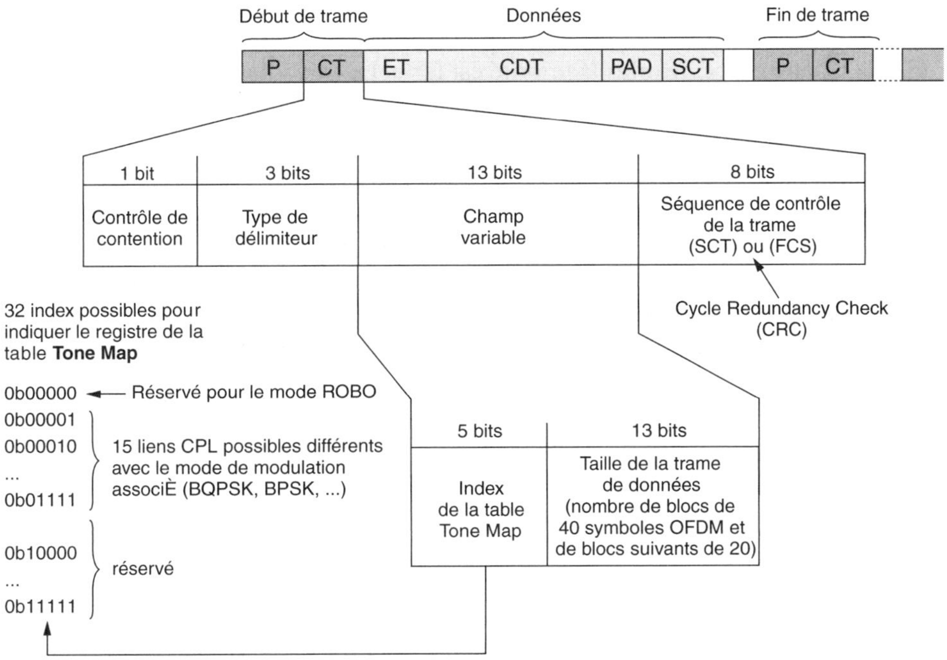

Figure 25.1
Champ Tone Map dans HomePlug 1.0

Le champ d'indication de la vitesse sur 13 bits indique les 15 liaisons possibles ainsi que la modulation associée (DQPSK, DBPSK, etc.). Pour HomePlug AV, le nombre de liaisons est de 255 stations, et le champ tient sur 16 bits.

Le tableau 25.3 indique les différents débits de HomePlug 1.0 en fonction de la technique de modulation utilisée.

Technique de modulation	Paramètre de l'encodeur	FEC (taux de codage du code convolutionel)	Débit PHY (Mbit/s)
DQPSK	23/39 à 238/254	3/4	14,1
DQPSK	23/39 à 238/254	1/2	9,1
DQPSK	23/39 à 238/254	3/4	4,5
ROBO (DBPSK)	31/39 à 43/51	1/2	0,9

TABLEAU 25.3 • Débits du réseau HomePlug 1.0

L'inconvénient de cette solution est qu'elle ne permet pas de déterminer avec précision la capacité du réseau CPL. On peut estimer que le débit moyen du réseau est un peu supérieur au débit de la liaison la plus lente si les débits de chaque liaison sont à peu près équivalents.

Les versions à très haut débit, comme HomePlug AV, proposent des variantes du CSMA/CA permettant d'optimiser les débits. Les affectations du support se font en TDMA pour permettre en particulier le passage d'applications de streaming et des applications temps réel comme la parole téléphonique. Certains slots TDMA sont affectés à ces applications prioritaires et d'autres sont utilisés en CSMA/CA.

Les réseaux CPL introduisent des améliorations de la qualité de service par un système identique à IEEE 802.11e consistant à déterminer la taille de la fenêtre de contention. Plus la fenêtre est petite, plus la priorité est forte. Le choix de cette fenêtre est effectué au moment de l'exécution de l'algorithme de back-off, c'est-à-dire du tirage du temporisateur de reprise.

Comme le support physique n'est pas de bonne qualité, de nombreuses erreurs se produisent. Une reprise sur erreur étant nécessaire, les acquittements sont envoyés dès la réception d'un paquet. Les protocoles ARQ (Automatic Repeat Request) permettent d'effectuer la retransmission. Ils emploient pour cela des paquets d'acquittement positif et négatif ainsi que des paquets « fail », qui indiquent la non-réception du paquet pour cause de mémoire saturée ou de très mauvaise qualité du signal.

Globalement, les performances des réseaux CPL sont extrêmement variables. Malgré l'augmentation des débits bruts, le passage d'un canal de télévision haute définition n'est pas garanti sur la durée.

Sécurité

Comme indiqué précédemment, on retrouve en matière de sécurité les mêmes problématiques que celles rencontrées dans le monde Wi-Fi, atténuées toutefois par le fait qu'il faut pouvoir se connecter physiquement sur le médium électrique pour l'écouter, ce qui est beaucoup plus complexe à réaliser que l'écoute d'un signal radio. Cependant, les signaux véhiculés sur le câble peuvent traverser le compteur électrique et être captés par les voisins. Il faut donc se protéger des écoutes potentielles et des stations pirates à l'intérieur comme à l'extérieur du réseau.

Les attaques peuvent être du même genre que dans Wi-Fi : écoute, modification de l'information, utilisation non autorisée du support, etc.

Le chiffrement est une solution pour contrer les écoutes. Pour cela, il suffit que chaque station chiffre les trames émises avec une clé commune à l'ensemble des utilisateurs du réseau. Le réseau possède une clé de chiffrement, appelée NEK (Network Encryption Key), qui est transmise à l'ensemble des stations pour le chiffrement et le déchiffrement. Elle peut être transportée par deux moyens : une interface de configuration qui introduit la clé dans chaque station ou l'interface électrique, chaque équipement possédant une clé DEK (Default Encryption Key).

L'authentification des équipements entre eux s'effectue à l'aide de la clé NEK. En l'absence de cette clé, la communication n'est pas possible entre équipements non identifiés. Certains réseaux CPL peuvent avoir des fonctions plus évoluées en utilisant également l'adresse MAC pour l'authentification.

L'intégrité des échanges peut être assurée par une signature électronique, qui empêche un attaquant de modifier les informations transportées.

D'autres solutions, comme les contrôleurs ou l'utilisation de cartes à puce et de VPN, peuvent s'ajouter aux fonctions de sécurité proposées par les équipementiers.

Un contrôleur est un équipement par lequel transitent toutes les communications et qui contient un serveur d'authentification ainsi que des fonctions de sécurisation des communications. Un filtre applicatif peut contrôler les applications échangées et détruire certaines trames non reconnues. Le contrôleur peut accélérer certains flots et en ralentir d'autres, jusqu'à éliminer les trames non désirées. Le filtre applicatif peut également jouer un rôle pour la qualité de service en ralentissant les communications entre certains bipoints relativement lents.

L'inconvénient de ce système est qu'il implique une double transmission entre un point et un autre point, de l'émetteur vers le contrôleur et du contrôleur vers le destinataire. Cet intermédiaire peut ralentir le débit, mais il peut également, de façon assez inattendue, l'accélérer. En effet, si le bipoint émetteur-récepteur est éloigné, la vitesse peut être très faible du fait d'un fort affaiblissement. Si un contrôleur intermédiaire permet de retransmettre à une vitesse beaucoup plus grande, il y a un gain évident.

Les cartes à puce peuvent intégrer les mots de passe et les certificats nécessaires pour une authentification de plus haut niveau. Enfin, l'utilisation de VPN (Virtual Private Network) est recommandée lorsque la communication sort du réseau pour aller vers un site distant. Ces différentes solutions de sécurisation sont détaillées aux chapitres 38 et 39.

Les VLAN (Virtual LAN) permettent de définir des réseaux locaux virtuels et donc de séparer les trafics. En règle générale, cette séparation est réalisée par l'utilisation de plusieurs clés NEK. Les sous-réseaux virtuels peuvent être interconnectés entre eux par un pare-feu ou un contrôleur. Cette fonctionnalité permet d'intégrer un réseau CPL dans un réseau d'entreprise.

La normalisation

La normalisation des réseaux CPL est menée par l'Alliance HomePlug, qui gère la majorité des produits vendus au niveau mondial.

D'autres travaux de normalisation proviennent de l'IEEE et de l'ETSI ou de groupes de recherche tels qu'OPERA ou encore d'associations de promotion comme UPA (Universal Powerline association).

IEEE

L'IEEE a créé des groupes de travail pour normaliser les réseaux courant faible sur courant fort. Ces groupes sont les suivants :

- IEEE P1575 (Standard for Broadband over Power Line Hardware), qui s'occupe de la normalisation des installations et de la sécurité du réseau.
- IEEE P1775 (Powerline Communication Equipment-Electromagnetic Compatibility Requirements-Testing and Measurement Methods), qui s'est focalisé sur les rayonnements électromagnétiques et la compatibilité avec les autres équipements radio. Ce groupe a également édicté les mécanismes à utiliser pour effectuer des mesures et des tests sur ces réseaux électriques.
- IEEE P1901 (Draft Standard for Broadband over Power Line Networks Medium Access Control and Physical Layer Specifications), qui a pour objectif de réaliser une normalisation effective d'un réseau CPL. La tâche est difficile puisqu'il s'agit d'unifier l'ensemble des propositions actuelles vers une norme unique. Tous les principaux groupes qui ont travaillé dans le domaine sont présents, comme l'Alliance HomePlug, OPERA, UPA et CEPCA. Un standard est attendu avant 2010. Ce standard s'intéresse uniquement aux hauts débits, de l'ordre de 200 Mbit/s.

HomePlug

La HomePlug Powerline Alliance a été créée en mars 2000 et regroupe une centaine de membres dans l'objectif de créer des standards de fait pour la transmission de données sur les lignes électriques. Quatre lignes de produits ont été spécifiées :

- HomePlug 1.0, atteint la vitesse brute maximale de 14 Mbit/s pour interconnecter des équipements de données. Quatre classes de service sont proposées, comme dans IEEE 802.11e.
- HomePlug AV (Audio Video), permet une vitesse brute de 200 Mbit/s pour prendre en charge plus spécialement la télévision haute définition et la téléphonie sur IP.
- HomePlug BPL (Broadband PowerLine), pour mettre en relation, dans les réseaux de distribution, encore appelés réseaux de collectivité, tout un ensemble de domiciles avec accès Internet.
- HomePlug CC (Command & Control), dont l'objectif est de concurrencer le ZigBee hertzien en prenant en charge à un coût très modéré les connexions avec les capteurs et actionneurs. Cette solution n'offre *a priori* que de très faibles débits.

L'alliance HomePlug est largement en avance sur les autres groupes de normalisation. Nous examinons plus loin son principal produit, HomePlug AV.

OPERA

OPERA (Open PLC European Research Alliance) est un projet de recherche issue de la Commission européenne. Il rassemblait à l'origine tous les grands équipementiers européens intéressés par les réseaux PCL et les applications associées. L'objectif était de développer un réseau CPL à très haut débit.

L'association qui en est issue défend un projet fondé sur les composants de DS2, que nous examinons un peu plus loin dans ce chapitre.

UPA (Universal Powerline Association)

UPA est une association pour la promotion du CPL aussi bien pour la boucle locale que pour les réseaux de domicile. L'objectif est d'aboutir à une spécification permettant de rendre cohérentes les propositions de produits.

UPA se fonde sur la normalisation effectuée par son groupe de travail UPA Digital Home Standard pour le réseau de domicile et pour la boucle locale sur les spécifications OPERA.

Les principaux produits CPL

En l'absence de normalisation effective, de nombreux produits incompatibles entre eux se partagent le marché.

Nous détaillons dans cette section les deux principaux d'entre eux : HomePlug et DS2. Les débits des principaux produits sont illustrés à la figure 25.2.

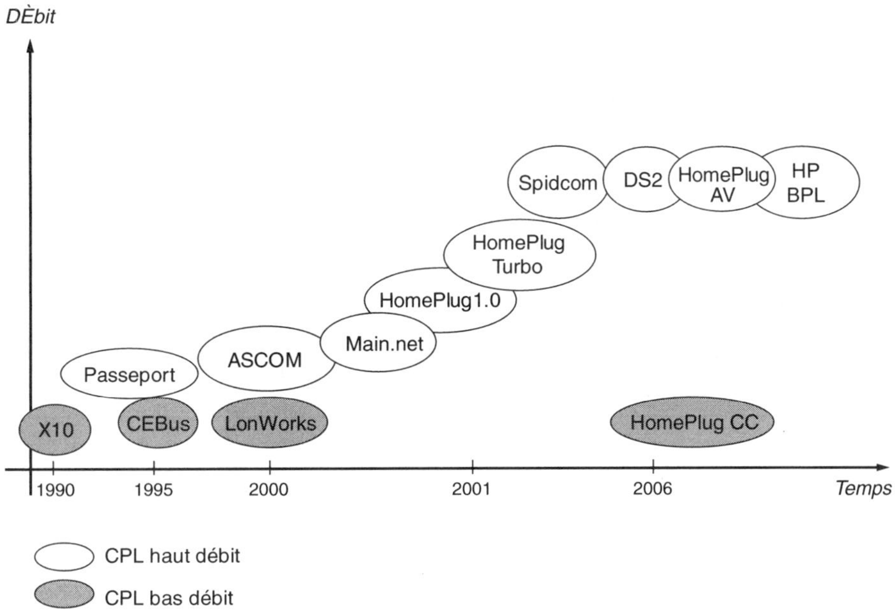

Figure 25.2

Débits des principaux produits CPL

HomePlug

Un réseau HomePlug est constitué de cartes coupleurs reliées aux prises de courant électrique. Une trame de type Ethernet est utilisée mais avec plusieurs modifications afin de tenir compte des contraintes des réseaux électriques.

Nous retrouvons dans ce réseau des caractéristiques similaires à celles des réseaux hertziens, en particulier IEEE 802.11. Les cartes coupleurs s'adaptent à l'environnement électrique en adoptant quatre vitesses différentes. Si le bruit électromagnétique est trop important et perturbe la qualité de la communication, le système dégrade sa vitesse pour continuer à transmettre avec un taux d'erreur acceptable par l'utilisateur. La vitesse de base du réseau, de 14 Mbit/s, se dégrade par palier jusqu'à moins de 1 Mbit/s. Les cartes coupleurs se calent sur la vitesse correspondant au bipoint.

La structure de la trame HomePlug est illustrée à la figure 25.3. Des classes de clients travaillent suivant une priorité indiquée dans l'en-tête de la trame.

Cette structure de trame est suffisamment complexe pour prendre en charge toutes les caractéristiques de ce réseau.

HomePlug AV est la dernière génération de la série et intègre de nouvelles améliorations sur le contrôle et la technique d'accès. En particulier, ce standard intègre un gestionnaire de connexion (Connection Manager) et un coordinateur central, qui rendent la gestion maître-esclave compatible avec les versions HomePlug précédentes. Ils optimisent en outre l'utilisation des bipoints ainsi que les tranches de temps provenant du TDMA introduites dans cette version.

La technologie physique est l'OFDM (Orthogonal Frequency Division Multiplexing), comme dans de nombreux réseaux hertziens, notamment IEEE 802.11a et g.

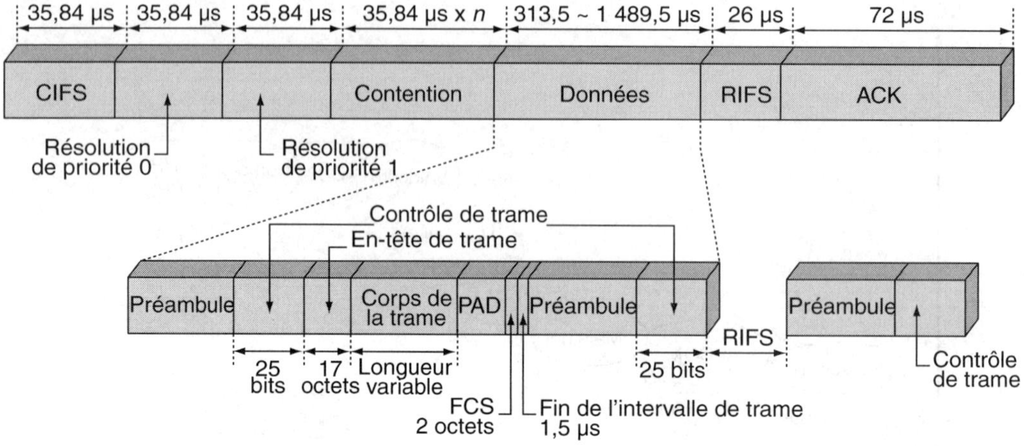

CIFS (Contention Window Inter-Frame Spacing)
RIFS (Response Inter-Frame Spacing)
PAD (Padding)
FCS (Frame Check Sequence)

Figure 25.3

Structure de la trame HomePlug

La fréquence utilisée va de 1 à 30 MHz, avec 917 sous-bandes de fréquences. Suivant la qualité de la transmission sur une sous-bande particulière, la modulation varie pour aller d'une BPSK transportant un bit par sous-fréquence jusqu'à une 1024-QAM transportant 10 bits simultanément.

DS2

DS2 est une société espagnole qui a développé des composants CPL pour les réseaux de domicile et les réseaux d'entreprise. La normalisation sous-jacente est celle de l'UPA, que nous avons introduite précédemment.

Le produit le plus intéressant est le DS2 AV200, qui offre un débit brut maximal de 200 Mbit/s. Ce standard présente une architecture maître-esclave et une administration centralisée avec une interface HTTP, une administration du réseau sous SNMP, des systèmes de sécurité performants, une technique de filtrage des flux améliorant la qualité de service des différentes classes de trafic proposées et la possibilité d'utiliser des VLAN pour séparer les flux provenant de fonctionnalités différentes. Le système de chiffrement est assuré par un algorithme 3DES.

Les bandes de fréquences utilisées se situent entre 2,46 et 11,725 MHz et entre 13,8 et 22,8 MHz. Le nombre de porteuses OFDM est de 2 560. La portée est d'environ 300 mètres.

Conclusion

Les réseaux CPL n'ont connu un démarrage que très tardif du fait des difficultés de mise au point d'un standard, mais leur décollage est acquis depuis 2006.

Les réseaux CPL sont très semblables aux réseaux Wi-Fi, avec de fortes perturbations provenant du courant fort, qui rendent la maîtrise de ces réseaux particulièrement complexe.

Nous avons vu que l'absence de normalisation rendait incompatibles entre eux les principaux produits HomePlug et DS2. Les coûts des composants sont de surcroît légèrement plus élevés que ceux de Wi-Fi.

Le développement des réseaux CPL devrait être assuré par leur pénétration dans les domiciles au travers des InternetBox de deuxième génération et des contrôleurs.

26

Les réseaux satellite

Les réseaux satellite ont connu un essor important au début des années 1990 avant de tomber dans une grave crise de croissance au début des années 2000. Cette crise est due en grande partie à l'agressivité commerciale des opérateurs de réseaux de mobiles terrestres, qui, du fait d'une vive concurrence, ont pratiqué des tarifs très bas.

Le nombre de clients des systèmes satellite est de ce fait resté assez limité, contribuant à confiner ces systèmes à un complément des systèmes terrestres. Un renouveau important est cependant palpable depuis 2005, avec la possibilité d'arroser une toute petite cellule depuis un satellite géostationnaire, ce qui rend ces réseaux beaucoup plus attractifs, grâce à une forte réutilisation des fréquences.

Ce chapitre présente les différentes catégories de réseaux satellite, ainsi que les applications adaptées à cet environnement.

Les catégories de systèmes satellitaires

Les satellites de télécommunications de la première génération sont tous géostationnaires, c'est-à-dire qu'ils décrivent une orbite circulaire autour de la Terre dans un plan voisin de l'équateur, avec une vitesse angulaire égale à celle de la rotation de la Terre sur elle-même. Ils apparaissent ainsi comme sensiblement immobiles pour un observateur terrien, ce qui permet une exploitation simplifiée du satellite. Après avoir connu une éclipse éphémère, ces systèmes géostationnaires reviennent à la mode, sans pour autant relancer l'environnement spatial pour le transport de données.

L'orbite d'un satellite géostationnaire se situe à 36 000 km de la Terre, ce qui implique un trajet aller-retour entre la Terre et le satellite d'approximativement 0,27 s. Ce très long délai de propagation a un impact important sur les techniques d'accès au canal satellite. À cette altitude, parmi trois satellites placés à 120° les uns des autres sur l'orbite géostationnaire, au moins l'un d'entre eux est visible d'un point quelconque de la Terre.

Le signal reçu par le satellite à une fréquence *f1* est retransmis à une fréquence *f2* vers l'ensemble des stations terrestres. Il se produit ainsi une diffusion des signaux. Ces deux propriétés — toutes les stations écoutent toutes les transmissions, et toutes les stations peuvent émettre — permettent d'implanter des schémas de contrôle spécifiques. Il faut noter une certaine ressemblance de ce système avec les réseaux partagés de type LAN, dans lesquels le support est partagé entre plusieurs utilisateurs.

Les fonctionnalités des satellites incluent donc généralement l'accès multiple, c'est-à-dire que tous les utilisateurs peuvent s'adresser simultanément au satellite sans entente préalable entre eux, et la diffusion, par laquelle un signal réfléchi sur le satellite arrive à toutes les machines terminales situées dans sa zone de couverture.

Les caractéristiques des satellites géostationnaires sont les suivantes :

- La puissance d'émission des terminaux et du satellite doit être forte, à moins que l'antenne n'ait un diamètre important. L'importante distance à franchir entre la Terre et le satellite affaiblit énormément les signaux. Le satellite doit donc émettre avec une puissance importante, ou bien l'antenne doit être suffisamment précise pour récupérer des signaux très faibles. Par exemple, un terminal ayant une antenne de 3 dBW (affaiblissement de 3 décibels par watt) exige du satellite une antenne de 10 m de diamètre.
- Le satellite doit disposer de batteries de grande capacité pour émettre à forte puissance, ce qui implique de grands capteurs solaires.
- La couverture des régions polaires pose problème, les zones situées au-dessus de 81° de latitude n'étant pas couvertes et celles situées entre 75° et 81° de latitude devant faire face à une capacité de communication fortement réduite.
- Les capacités de communication sont faibles. En effet, les ondes hertziennes utilisées étant inférieures à 20 GHz, il est difficile de réutiliser des fréquences car il y a une forte diffusion des ondes. De ce fait, la capacité de communication d'un satellite est très faible en comparaison de celle des réseaux terrestres. Cependant, cette restriction est partiellement levée par les satellites géostationnaires de nouvelle génération, qui utilisent un très grand nombre d'émetteurs avec des fréquences très élevées, permettant de décomposer la zone visible du satellite en de petites cellules de quelques kilomètres de diamètre et de réutiliser des fréquences presque comme dans un réseau terrestre.
- Plus l'angle d'inclinaison est grand, plus la trajectoire des ondes est perturbée par les obstacles, ce qui rend les communications difficiles à partir de 50° de latitude. Par exemple, à Londres, une ville située au-dessus de 50° de latitude, les antennes doivent avoir un diamètre plus important que sous l'équateur pour recevoir un signal de même puissance.
- La communication de mobile à mobile entre deux stations qui ne sont pas situées dans la même zone de couverture requiert le passage par un réseau terrestre, les communications entre satellites géostationnaires étant fort complexes.

Ces caractéristiques nécessitent le recours à des satellites lourds, au lancement onéreux, alors que les satellites basse orbite, plus légers, peuvent être lancés par de petites fusées ou par grappes de 6 à 10. Comme nous allons le voir, le principal défaut des satellites basse orbite provient de leur mobilité par rapport à la surface terrestre. Un satellite en orbite à 700 km de la Terre tourne à une vitesse de 5 km/s.

Les orbites basses des LEOS (Low Earth Orbital Satellite) ou moyennes des MEOS (Medium Earth Orbital Satellite) profitent d'une meilleure réutilisation des fréquences. La distance à la Terre de 1 000 km, voire de 700 km, des LEOS permet de réaliser des cellules plus petites que celles des GEOS (Geostationary Earth Orbital Satellite). Pour des cellules de 50 km de diamètre, il est possible de réutiliser jusqu'à 20 000 fois une même fréquence.

La taille des cellules envisagées par les satellites GEOS est maintenant suffisamment petite pour concurrencer les LEOS pour la réutilisation des fréquences. Par l'utilisation de fréquences situées entre 20 et 40 GHz, on peut descendre à des tailles de cellules inférieures à 50 km de diamètre. On pourrait aussi utiliser ces fréquences pour des satellites LEOS, ce qui réduirait d'autant la taille des cellules, mais cette solution n'est pas acceptable dans le cadre des LEOS. Des cellules de l'ordre de 5 km de diamètre impliqueraient une durée de recouvrement par le satellite de l'ordre d'une seconde. Il faudrait alors faire un handover toutes les secondes.

Compte tenu de la proximité d'avec la Terre des LEOS, leurs principaux avantages sont un coût de lancement relativement modique et la faible puissance d'émission qu'ils réclament. Leur inconvénient majeur est occasionné par leur déplacement, puisqu'ils ne sont pas stationnaires. Les communications d'un utilisateur terrestre doivent donc régulièrement changer de satellite par des handovers, comme dans les réseaux de mobiles terrestres.

Suivant la trajectoire des satellites, l'inclinaison de l'orbite et l'orbite elle-même, il est possible de réaliser des réseaux spécifiques pour privilégier des régions particulières. La trajectoire correspond à la forme de l'orbite, qui peut être circulaire ou elliptique. Dans le cas d'une ellipse, la vitesse relative par rapport à la Terre varie, et le satellite peut se positionner pour rester plus longtemps au-dessus de certaines zones. L'inclinaison définit l'orbite par rapport au plan équatorial. Les orbites en rosette sont inclinées assez fortement par rapport au plan équatorial. Dans ce cas, les régions intermédiaires entre le pôle et l'équateur sont les mieux couvertes. Enfin, les orbites équatoriales favorisent bien sûr les pays situés autour de l'équateur.

Les fréquences radio

Les fréquences radio sont divisées en bandes, déterminées par un groupe de travail IEEE, le SRD (Standard Radar Definitions). Les numéros de bandes et les noms sont donnés par l'organisme international de régulation des bandes de fréquences. La figure 26.1 illustre les bandes de fréquences allouées aux systèmes satellitaires.

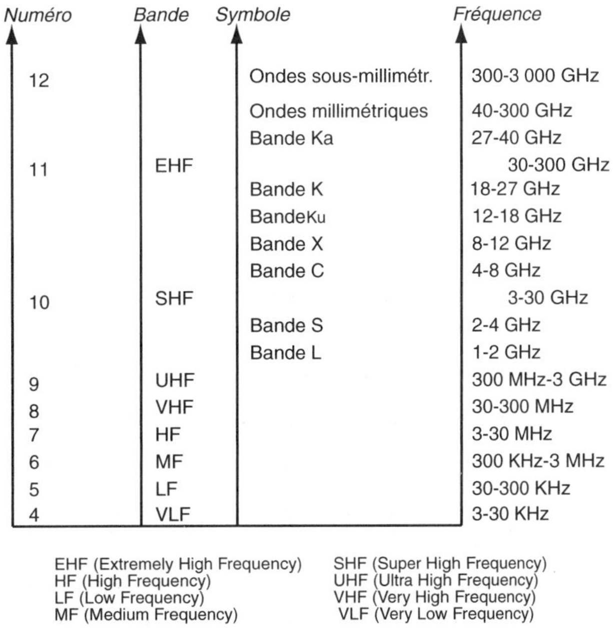

Figure 26.1
Fréquences radio des systèmes satellite

La bande C est la première à avoir été utilisée pour les applications commerciales. La bande Ku accepte des antennes beaucoup plus petites, dites VSAT (Very Small Aperture Terminal), de 45 cm de diamètre seulement. La bande Ka autorise des antennes encore plus petites, et c'est pourquoi la plupart des constellations de satellites l'utilisent. De ce fait, les terminaux peuvent devenir mobiles, grâce à une antenne presque aussi petite que celle des terminaux de type GSM. On qualifie ces terminaux de USAT (Ultra Small Aperture Terminal). En revanche, l'utilisation de la bande S permet d'entrer dans le cadre de l'UMTS et des réseaux de mobiles terrestres.

Les fréquences classiquement utilisées pour la transmission par satellite concernent les bandes 4-6 GHz, 11-14 GHz et 20-30 GHz. Les bandes passantes vont jusqu'à 500 MHz et parfois 3 500 MHz. Elles permettent des débits très élevés, jusqu'à plusieurs dizaines de mégabits par seconde. Un satellite comprend des répéteurs, de 5 à 50 actuellement. Chaque répéteur est accordé sur une fréquence différente. Par exemple, pour la bande des 4-6 GHz, il reçoit des signaux modulés dans la bande des 6 GHz, les amplifie et les transpose dans la bande des 4 GHz. S'il existe n stations terrestres à raccorder par le canal satellite, le nombre de liaisons bipoint est égal à $n \times (n - 1)$. Ce nombre est toujours supérieur à celui des répéteurs. Il faut donc, là aussi, avoir des politiques d'allocation des bandes de fréquences et des répéteurs.

Les très grands projets qui ont été finalisés juste avant les années 2000 ne visent que la téléphonie, par suite d'un manque flagrant de bande passante. Cette limitation est cependant partiellement compensée par le grand nombre de satellites défilant à basse altitude, qui permet une bonne réutilisation des fréquences. Plusieurs grands projets techniquement aboutis se sont effondrés ces dernières années pour des raisons financières, et l'environnement satellite doit se trouver des niches de marché correspondant aux zones non couvertes par les réseaux cellulaires terrestres ou la diffusion massive.

Les techniques d'accès au satellite

Les canaux satellite, comme tous les systèmes à canaux partagés, demandent une technique d'accès. La différence essentielle avec les interfaces radio des réseaux de mobiles provient du long délai de propagation entre l'émetteur et le récepteur. Dans les réseaux cellulaires ou les réseaux locaux, le délai de propagation très court permet de gérer simplement les instants de transmission. Dans le cas de satellites géostationnaires, les stations terrestres ne découvrent qu'il y a eu chevauchement des signaux que 0,27 s après leur émission — elles peuvent s'écouter grâce à la propriété de diffusion —, ce qui représente une perte importante sur un canal d'une capacité de plusieurs mégabits par seconde.

Les techniques d'accès pour les réseaux satellite sont généralement classées en quatre catégories :

- les méthodes de réservation fixe, ou FAMA (Fixed-Assignment Multiple Access) ;
- les méthodes d'accès aléatoires, ou RA (Random Access) ;
- les méthodes de réservation par paquet, ou PR (Packet Reservation) ;
- les méthodes de réservation dynamique, ou DAMA (Demand Assignment Multiple Access).

Les protocoles de réservation fixe réalisent des accès non dynamiques aux ressources et ne dépendent donc pas de l'activité des stations. Les procédures FDMA, TDMA et

CDMA forment les principales techniques de cette catégorie. Ces solutions offrent une qualité de service garantie puisque les ressources sont affectées une fois pour toutes. En revanche, l'utilisation des ressources est mauvaise, comme dans le cas d'un circuit affecté au transport de paquets. Lorsque le flux est variable, les ressources doivent permettre le passage du débit crête.

Les techniques d'accès aléatoires donnent aux utilisateurs la possibilité de transmettre leurs données dans un ordre sans corrélation. En revanche, ces techniques ne se prêtent à aucune qualité de service. Leur point fort réside dans une implémentation simple et un coût de mise en œuvre assez bas.

Les méthodes de réservation par paquet évitent les collisions par l'utilisation d'un schéma de réservation de niveau paquet. Comme les utilisateurs sont distribués dans l'espace, il doit exister un sous-canal de signalisation à même de mettre les utilisateurs en communication pour gérer la réservation. Les méthodes de réservation dynamique ont pour fonction d'optimiser l'utilisation du canal. Ces techniques essaient de multiplexer un maximum d'utilisateurs sur le même canal en demandant aux utilisateurs d'effectuer une réservation pour un temps relativement court. Une fois la réservation acceptée, l'utilisateur vide ses mémoires tampons jusqu'à la fin de la réservation puis relâche le canal.

Les communications par l'intermédiaire d'un satellite montrent des propriétés légèrement différentes de celles d'un réseau terrestre. Les erreurs, en particulier, se produisent de façon fortement groupée, en raison de phénomènes physiques survenant sur les antennes d'émission ou de réception. Au contraire des réseaux locaux, aucun protocole de niveau liaison n'est normalisé pour les réseaux satellite. Plusieurs procédures ont été proposées, mais aucune ne fait l'unanimité. Le délai d'accès au satellite constitue le problème principal, puisque, pour recevoir un acquittement, un temps égal à deux fois l'aller-retour est nécessaire. À ce délai aller-retour, il faut encore ajouter le passage dans les éléments extrémité, qui est loin d'être négligeable. Ce délai dépend bien sûr de la position de l'orbite sur laquelle se trouve le satellite. Lorsque les capacités des liaisons sont importantes, les techniques utilisant des reprises explicites à partir de la trame en erreur ne sont pas efficaces, la quantité d'information à retransmettre devenant très grande. Les techniques sélectives posent également des questions de dimensionnement des mémoires permettant d'attendre l'information qui n'est pas parvenue au récepteur.

Contrairement aux réseaux locaux, les réseaux satellite n'ont pas donné lieu à une normalisation spécifique. Plusieurs protocoles ont été proposés, mais aucun ne s'est vraiment imposé.

Un réseau utilisant un satellite géostationnaire ou un satellite situé sur une orbite moyenne se caractérise par un très long temps de propagation, comparativement au temps d'émission d'une trame. Pour cette raison, il existe des extensions aux procédures classiques, qui permettent l'émission d'un grand nombre de trames sans interruption. Si le débit est très élevé et qu'une procédure HDLC (High-level Data Link Control) avec une méthode SREJ (Selective REJect) soit adoptée, l'anticipation doit être très importante ou bien la longueur des trames très grande. Par exemple, si le débit de la liaison satellite est de 10 Mbit/s, sachant qu'il faut au moins prévoir d'émettre sans interruption pendant un temps égal à deux allers-retours *(voir figure 26.2)*, la valeur minimale de la trame est de 20 Ko. Cette quantité est très importante, et la qualité de la ligne doit être excellente pour qu'un tel bloc de données (160 000 bits) arrive avec un taux d'erreur bit inférieur à 10^{-10}.

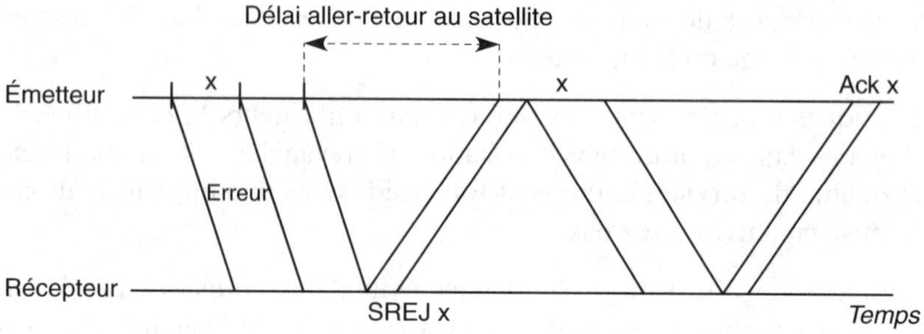

Figure 26.2

Reprise sur une liaison satellite

Les politiques de réservation fixe

Les politiques de réservation fixe, ou FAMA (Fixed-Assignment Multiple Access), utilisées dans les systèmes satellite sont les mêmes que celles utilisées dans les réseaux de mobiles : FDMA, TDMA et CDMA. Pour le moment la technique CDMA n'est pas employée dans les réseaux satellite, mais elle devrait venir en complément des techniques terrestres de troisième génération, telles que l'UMTS, le cdma2000, etc.

Les politiques d'accès aléatoire

Les techniques d'accès aléatoire ont été introduites dans les réseaux locaux. Dans un réseau satellite, où le délai de propagation est très important par rapport aux réseaux locaux, les stations terrestres qui émettent des signaux ne sont informées d'une éventuelle collision de leur paquet que 270 ms après l'émission. L'accès aléatoire consiste donc, pour les stations terrestres, à émettre dès qu'elles ont un paquet de données en leur possession. S'il y a collision, les stations terrestres concernées s'en aperçoivent puisqu'elles écoutent les signaux émis sur le canal. Les paquets perdus sont retransmis ultérieurement, après un temps aléatoire, de façon à réduire au maximum le risque de nouvelles collisions.

La figure 26.3 illustre la collision entre deux paquets sur un canal satellite.

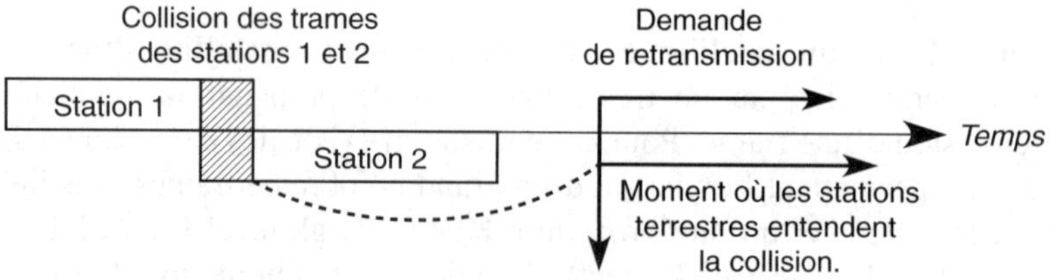

Figure 26.3

Collision entre deux paquets sur un canal satellite

Les deux techniques d'accès aléatoire

Les deux grandes catégories de politiques d'accès aléatoires sont l'aloha et l'aloha discrétisé.

La technique aloha tire son nom d'un mot hawaïen, car elle a pour origine des expériences réalisées à l'Université de Hawaï pour relier les centres informatiques dispersés sur de nombreuses îles. Dans le système aloha, la propriété de diffusion et les codes détecteurs d'erreur permettent aux stations terrestres de savoir si leurs émissions de paquets se sont effectuées correctement. Si ce n'est pas le cas, les paquets sont retransmis après un délai aléatoire. Ce délai est un paramètre essentiel, qui détermine les performances du système.

Des méthodes d'évaluation de performance montrent que, si le nombre de stations terrestres est très grand et tend mathématiquement vers l'infini et qu'aucune politique précise ne soit suivie pour la retransmission des messages perdus dans les collisions, l'utilisation du canal tend vers 0, et le débit devient nul. Les deux grandes politiques de contrôle consistent à allonger les temps avant retransmission en fonction du nombre de paquets en attente de réémission ou bien à stopper les nouvelles émissions dès que le nombre de paquets en attente de retransmission dépasse une valeur fixée à l'avance. Malgré tout, le débit maximal correspond à une utilisation du canal satellite égale à $1/2e = 0{,}184$.

Le concept d'aloha discrétisé repose sur la division du temps en tranches de longueur égale correspondant au temps de transmission d'un paquet, qui, de ce fait, doit avoir une longueur constante. Les collisions se produisent dans ce cas sur l'ensemble de la tranche, et non plus, comme avant, sur des parties de paquets seulement *(voir figure 26.4)*. Les émissions doivent être synchronisées en début de tranche de temps.

Figure 26.4
Aloha en tranches

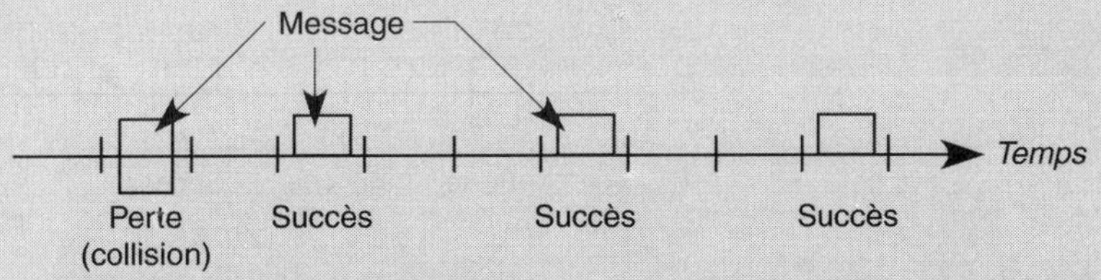

Calculons le taux d'utilisation maximal du canal satellite dans ce dernier cas, en supposant que les demandes d'émission de messages arrivent suivant un processus de Poisson, et que le nombre de stations terrestres est grand. Si S est le débit du canal et G le trafic total en comptabilisant aussi bien les réussites que les échecs, la proportion de réussite S/G est égale à la probabilité de réussite sur une tranche de temps, c'est-à-dire e^{-G}, ce qui correspond à la probabilité qu'un seul paquet à la fois soit émis sur une tranche. Nous obtenons :

$$S = G\,e^{-G}$$

où le débit S est optimisé pour G = 1. Cela permet d'obtenir le taux d'utilisation maximal : $1/e = 0{,}368$. On voit que, en découpant le temps en tranches, on peut doubler le débit du canal. Cependant, ce débit reste faible, et des techniques de réservation peuvent parfois être utilisées pour améliorer les performances du système.

Les protocoles avec réservation par paquet

Les politiques de réservation par paquet sont très nombreuses. Les sections qui suivent en décrivent trois avec plusieurs variantes. Le dénominateur commun de ces méthodes réside dans la faculté de réserver à l'avance des tranches de temps pour les stations qui ont des paquets à émettre.

R-aloha

Les protocoles de réservation par paquets utilisent généralement une partition du temps en tranches fixes. Ces tranches sont regroupées pour former des trames. Une station ne peut émettre dans une tranche que si elle a effectué une réservation. La réservation peut être explicite ou implicite. Par exemple, dans la technique R-aloha, une transmission réussie signifie automatiquement une réservation dans la même tranche de la trame suivante. En effet, en informatique, les messages sont très souvent subdivisés en plusieurs paquets, ce qui signifie qu'une station terrestre qui vient d'émettre un paquet a toutes les chances d'en émettre un autre immédiatement derrière, d'où l'idée de lui réserver des tranches de temps.

La technique aloha avec réservation utilise le principe précédent : les tranches de temps sont réunies en trames d'une longueur supérieure au temps aller-retour, de telle sorte que toutes les stations au début d'une tranche sont au courant de ce qui s'est passé dans la même tranche de la trame précédente. Si une tranche est libre ou reflète une superposition de plusieurs paquets, la tranche correspondante dans la trame suivante est libre d'accès.

Au contraire, si une station *x* réussit une transmission, la tranche correspondante dans la trame suivante lui est réservée, comme l'illustre la figure 26.5. Dès qu'une tranche réservée est inoccupée, elle redevient libre d'accès. Le débit permis par cette technique dépend du nombre de paquets par message. Des débits correspondant à des taux d'utilisation du canal de l'ordre de 1 peuvent être obtenus pour de très longs messages.

Figure 26.5
Aloha avec réservation

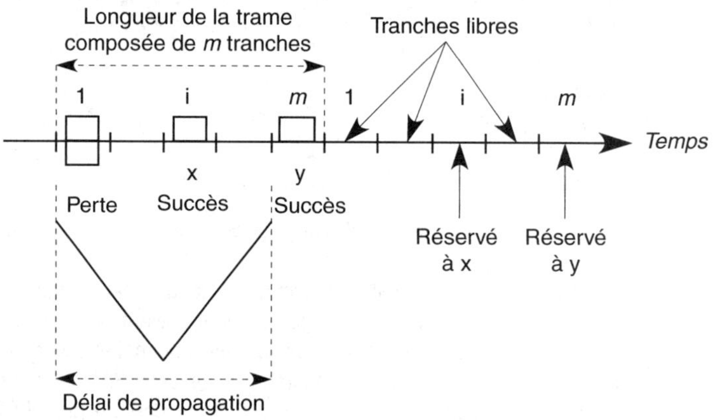

PODA (Priority-Oriented Demand Assignment)

La procédure PODA utilise également une réservation par paquets. Dans ce cas, la trame est divisée en une première partie, qui permet de réaliser des réservations, et une seconde pour le transport des paquets des émetteurs ayant réussi leur réservation. Toutes les stations écoutent la partie réservation et utilisent le même algorithme pour classer les réservations. La frontière entre les deux parties dépend du nombre de stations et de la charge globale.

Dans le cas le plus classique, le temps est découpé en tranches, supposées de longueur égale, correspondant à la durée de transmission d'un paquet. Les tranches sont regroupées en trames, dont la durée est supérieure au temps de propagation aller-retour. Chaque trame débute par une première partie contenant des minitranches de réservation, suivie d'une deuxième partie contenant les tranches d'émission effective des paquets *(voir figure 26.6).*

La méthode aloha permet d'accéder aux minitranches de réservation. Les réussites déterminent une file d'attente fictive dans l'ordre premier arrivé, premier servi. Cette file se vide en servant les clients un par un dans les tranches de temps.

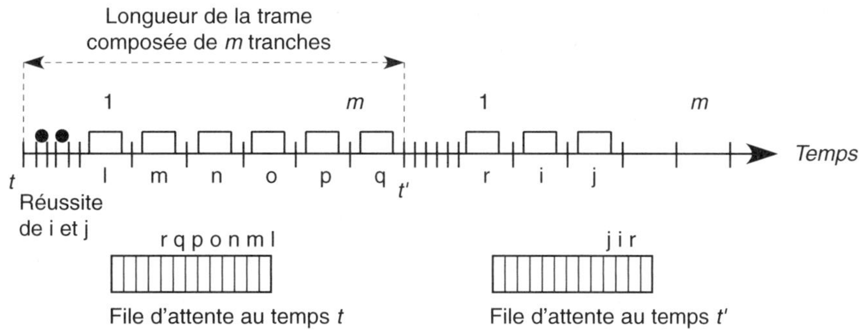

Figure 26.6

Fonctionnement de PODA

La principale lacune de cette méthode provient du manque d'information qu'elle génère, qui ne permet pas de connaître à l'avance le nombre optimal de tranches ni de minitranches dans une trame. Un manque de réussite sur les minitranches peut engendrer un relatif effondrement du débit du système. En revanche, une trop grande réussite peut allonger la file jusqu'à provoquer des débordements.

Réservation ordonnée

Dans la réservation ordonnée, la structure de la trame est la même que dans le cas précédent, mais il y a autant de minitranches dans l'en-tête que de tranches dans la trame et que de stations terrestres. Chaque minitranche est dédiée à une station terrestre. Cela permet à une station terrestre d'avertir les autres émetteurs qu'elle va occuper la tranche qui lui appartient. Dans le cas contraire, la tranche correspondante devient libre, et tous les utilisateurs peuvent y accéder dans un mode d'accès aléatoire. La technique de réservation ordonnée est illustrée à la figure 26.7.

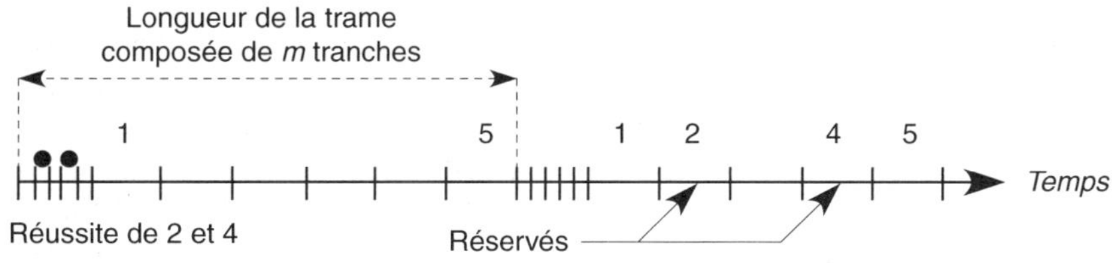

Figure 26.7

Réservation ordonnée

Réservation à tour de rôle

Dans la politique de réservation dite à tour de rôle, le temps est toujours découpé en tranches. Une trame est formée de m tranches, m étant supérieur à n, qui est le nombre de stations terrestres. Les n premières tranches sont réservées aux stations correspondantes. Elles permettent de transporter la valeur d'un compteur indiquant la longueur de la file d'attente de ces stations. Plus précisément, cette valeur indique le nombre de paquets en attente de transmission.

Une file d'attente commune est construite à partir des valeurs transportées dans les n premières minitranches indiquant le nombre de paquets en attente pour chaque station.

Les $m - n$ dernières tranches de la trame sont occupées à tour de rôle par les stations d'émission en attente, suivant la file d'attente commune, comme illustré à la figure 26.8.

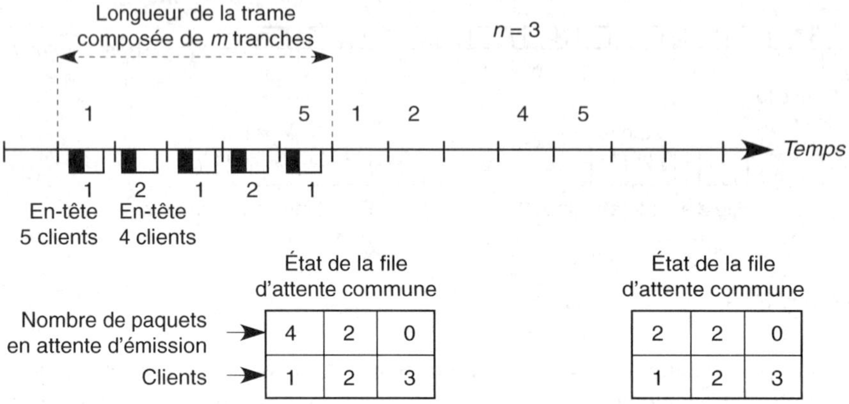

Figure 26.8

Réservation à tour de rôle

Les protocoles de réservation dynamique et les méthodes hybrides

Les protocoles de réservation dynamique allouent les ressources en fonction de la demande des utilisateurs. Des priorités peuvent être attribuées aux différents utilisateurs. Le séquenceur, qui peut se trouver dans le satellite, organise les réservations suivant les niveaux de priorité. Les garanties de service dépendent de l'allocation des ressources. Par exemple, CF-DAMA (Combined Free DAMA) garantit une qualité de service pour les priorités hautes et une distribution équitable des ressources restantes pour les basses priorités.

Techniques hybrides

Un grand nombre de techniques hybrides ont été proposées, parmi lesquelles les trois suivantes :

- L'association d'un protocole FAMA, qui assure une qualité de service pour quelques classes de clients à haute priorité, et d'une politique DAMA, pour partager le reste de la bande passante. Un exemple d'une telle solution est offert par la politique FBA/DAMA, qui fournit une garantie minimale de bande passante sur une partie, le reste de la bande passante étant répartie par une technique DAMA.
- Le schéma RRR (Round-Robin Reservation), qui requiert un nombre de stations inférieur au nombre de tranches nécessaires à la discipline TDMA. Chaque station possède une tranche dédiée. Les tranches restantes sont accédées par les stations suivantes selon un accès aléatoire de type aloha.
- La technique IFFO (Interleaved Frame Flush-Out), dans laquelle la trame est divisée en trois parties, une pour le contrôle, une pour les tranches réservées et une en accès aléatoire. La partie contrôle, qui est subdivisée en minitranches, une pour chaque station, permet d'effectuer des réservations. Tous les émetteurs qui deviennent actifs après le passage de la partie réservation de la trame peuvent accéder aux tranches en libre-service. Si une collision se produit, les stations concernées utilisent leur tranche réservée. Les tranches appartenant à la partie réservée mais qui n'ont pas fait l'objet d'une réservation peuvent être utilisées pour l'accès aléatoire.

Dans les techniques de réservation par paquet, on peut accéder aux minitranches soit nominalement, soit par accès aléatoire. On essaie également d'utiliser au maximum les tranches qui n'ont pas été réservées, et ce par une file d'attente commune, avec une discipline de service déterminée à l'avance ou par un accès aléatoire.

Le temps de réponse en fonction du débit lorsque 50 stations terrestres émettent des messages relativement courts peut fournir un critère de performance des techniques d'accès. Les temps de réponse les meilleurs sont obtenus par l'aloha pour de faibles débits, par la méthode de réservation par paquet pour des débits moyens et par la méthode TDMA pour les taux d'utilisation du canal de l'ordre de 1.

Les satellites de deuxième génération peuvent embarquer du matériel de commutation et de mémorisation. De ce fait, les signaux sont démodulés à bord, et les erreurs en ligne peuvent être détectées, donnant naissance à une nouvelle génération de protocoles.

De nouvelles possibilités d'accès au canal sont également permises pour ces satellites de deuxième génération. L'intelligence introduite dans le satellite permet de ne retransmettre vers la Terre que les paquets corrects. Par exemple, si une politique d'accès aléatoire est utilisée dans le sens montant, les paquets ayant réussi leur transmission sans collision sont placés dans une file d'attente et retransmis vers la Terre dans l'ordre premier arrivé, premier servi. La largeur de bande dans le sens descendant peut de la sorte être beaucoup plus petite que dans le sens montant.

Les couches de protocoles des réseaux satellite

Les communications par l'intermédiaire d'un satellite ont des propriétés différentes de celles des réseaux terrestres. Les erreurs, par exemple, se produisent de façon fortement groupée en réponse à des phénomènes physiques, comme les éclairs magnétiques, sur les antennes d'émission ou de réception.

Au contraire des réseaux locaux, aucun protocole de niveau trame n'a été normalisé pour les réseaux satellite. Il en va de même pour le niveau paquet. Devant cette carence, les protocoles terrestres, que ce soit de niveau trame ou de niveau paquet, ont dû être repris et adaptés aux contraintes des satellites.

Les protocoles de niveau liaison

Plusieurs procédures ont été proposées pour pallier le problème du délai d'accès au satellite. En effet, non seulement un temps égal à deux fois l'aller-retour au satellite est nécessaire avant de recevoir un acquittement, mais il faut ajouter les temps de traversée des stations terrestres et éventuellement des réseaux terrestres, qui sont loin d'être négligeables. Le délai aller-retour dépend en outre de la position de l'orbite sur laquelle se trouve le satellite.

Lorsque les capacités des liaisons sont importantes, les techniques ARQ (Automatic Repeat reQuest) classiques ne sont que peu efficaces, la quantité d'information à retransmettre devenant très grande en cas d'erreur. Les techniques sélectives engendrent des problèmes de dimensionnement des tailles des mémoires nécessaires pour attendre les paquets en cours de retransmission.

Un réseau utilisant un satellite géostationnaire ou sur une orbite moyenne se caractérise par un très long temps de propagation, comparativement au temps d'émission d'une trame. C'est pour cette raison qu'un mode étendu est prévu dans les procédures classiques de reprise sur erreur. Dans le cas du protocole HDLC, le mode étendu permet l'émission de 127 trames sans interruption.

Si la technique de reprise SREJ est adoptée, le nombre de trames émises sans qu'un acquittement soit reçu peut atteindre des valeurs importantes. Il faut donc une fenêtre particulièrement grande ou bien des trames très longues pour que l'émetteur ne soit pas obligé de s'arrêter en atteignant la valeur maximale de trames qu'elle peut transmettre. Par exemple, si le débit de la liaison satellite est de 10 Mbit/s, sachant qu'il faut au moins prévoir d'émettre sans interruption pendant un temps égal à deux allers-retours, la valeur minimale de la trame est de 20 Ko. Cette valeur très importante suppose une excellente qualité de la ligne physique de sorte que le bloc de données de 160 000 bits arrive avec un taux d'erreur bit inférieur à 10^{-10}.

Une première solution pour appréhender ces problèmes est offerte par la méthode des canaux virtuels, qui consiste à découper fictivement le canal unique du satellite en *M* canaux, auxquels on applique un protocole HDLC standard. La figure 26.9 illustre les divers éléments à mettre en œuvre pour faire fonctionner ce protocole. Les trames sont numérotées dans le dispatcheur, lequel affecte les trames dans les différents sous-canaux de façon circulaire. La trame numéro x est placée dans le sous-canal i, si $x = i$ (modulo M). Ensuite, les différents sous-canaux travaillent en parallèle, suivant une méthode TDMA statique dans la plupart des cas, mais qui peut être dynamique dans certaines conditions. Les trames arrivées dans les files d'attente des sous-canaux du récepteur sont remises à une file séquenceur, qui transmet les trames de façon ordonnée à la couche supérieure.

Figure 26.9
Protocole des sous-canaux virtuels

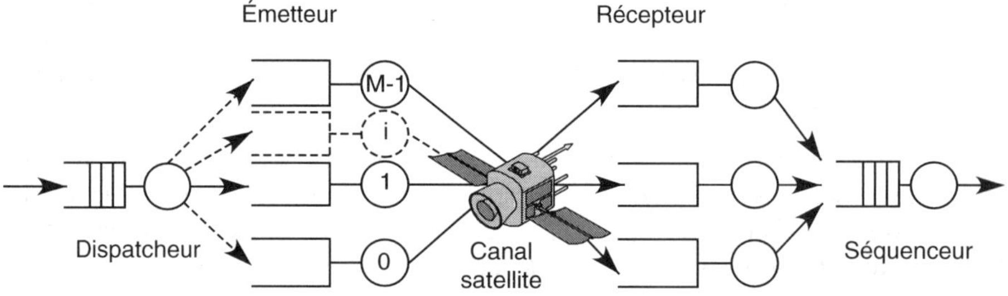

L'avantage de cette méthode est qu'elle permet de travailler sur *M* canaux indépendants simultanément. De ce fait, la fenêtre d'anticipation maximale, en utilisant un HDLC en mode étendu, est de *M* fois 128, ce qui permet d'atteindre la valeur nécessaire à une bonne exploitation de la liaison. En outre, les reprises peuvent s'effectuer en parallèle. Si l'on utilise un protocole HDLC avec une reprise sélective (SREJ), jusqu'à *M* trames successives peuvent être en cours de retransmission. Comme les erreurs arrivent relativement groupées, la possibilité de reprendre en parallèle plusieurs trames qui se suivent est un avantage indéniable.

D'autres solutions de protocoles de liaison ont été proposées, concernant surtout la possibilité d'émettre plusieurs rejets sélectifs, c'est-à-dire sans attendre d'avoir reçu l'acquittement de la trame en cours avant d'émettre une nouvelle requête de retransmission. Une solution également envisagée concerne l'utilisation de codes détecteurs et correcteurs d'erreurs. Cependant, un bilan de la liaison montre que la retransmission unique, sans correction, optimise généralement l'utilisation du canal. Cette propriété vient des taux d'erreur relativement faibles sur les liaisons satellite. Lorsque l'angle d'inclinaison devient prononcé, la solution optimale est moins évidente. En effet, le taux d'erreur augmente fortement lorsqu'on dépasse les 50° de latitude.

De même, pour accéder à des engins interplanétaires, les solutions à base de codage avec correction d'erreur sont indispensables. Dans ces protocoles de liaison, une autre voie a connu un certain succès un peu avant la fin des années 2000 avec les satellites ATM, qui possèdent une infrastructure de commutation embarquée dans le satellite. La normalisation des communications au travers de ces satellites ATM a été prise en compte dans le groupe S-ATM. De par la petite taille des trames ATM, leur nombre transmis sur un canal à haut débit peut devenir très important. Il est donc nécessaire de travailler sur des regroupements de trames ATM dans des supertrames de plus grande taille. Lorsqu'une erreur est détectée, la supertrame est retransmise et non la seule trame ATM, puisque, de toute façon, il n'y a aucun moyen de détection d'une erreur dans la trame ATM. La taille de la supertrame intermédiaire est à optimiser pour que le nombre de trames à retransmettre ne soit ni trop grand ni trop petit.

Les protocoles de niveau réseau

Les réseaux satellite peuvent servir d'accès large bande à des réseaux terrestres ou réaliser des réseaux globaux lorsque des liaisons intersatellites sont mises en place.

Le satellite peut être transparent ou non, un commutateur ou un routeur embarqué permettant de décider de la route à suivre. Des architectures de niveau paquet ont été déterminées par le groupe de normalisation américain TR34.1 de la TIA/EIA.

Les applications qui transitent dans les satellites — qui de plus en plus sont en mode non transparent — appartiennent au monde Internet et transmettent de ce fait des paquets IP. Les solutions permettant de transférer ces paquets IP passent essentiellement par l'utilisation de routeurs ou de LSR (Label Switched Router) et de la technologie MPLS.

La difficulté majeure rencontrée dans ces environnements protocolaires est le contrôle de flux TCP par l'algorithme « slow-start and congestion avoidance ». Dès qu'un paquet IP est perdu ou en retard, le protocole TCP redémarre par une fenêtre de valeur 1. De nombreux algorithmes ont déjà été proposés pour pallier cette forte baisse du débit. La proposition TCP Reno permet une reprise rapide en cas de perte isolée de cellules grâce à un redémarrage de l'algorithme slow-start sur une valeur de la fenêtre bien supérieure à un. Les protocoles TCP SACK, TCP NewReno et autres modifications de TCP Reno ont été proposés pour résoudre les problèmes de reprise sur une perte de plusieurs paquets IP successifs. En fait, quelle que soit la qualité de l'algorithme utilisé, ce dernier est dépendant de nombreux paramètres ainsi que des caractéristiques du satellite et de la liaison. Globalement, TCP SACK et TCP NewReno travaillent correctement sur les constellations LEOS, TCP Reno sur les constellations MEOS et le TCP de base sur les satellites GEOS.

Le contrôle dans les constellations de satellites

Une autre façon d'aborder le problème du contrôle consiste à découper la boucle de réaction, c'est-à-dire la suite des commandes à effectuer pour contrôler un système, en plusieurs sous-boucles indépendantes. Cette solution a été proposée pour les communications par satellite utilisant le protocole TCP sous le nom de VD/VS (Virtual Destination, Virtual Source). La liaison satellite est isolée du reste de la boucle par deux routeurs, qui ne se connaissent que l'un l'autre. Ils forment la source et la destination virtuelle. Cependant, cette solution n'est pas conforme à la caractéristique de contrôle de bout en bout réclamée à ce niveau, la perte d'un paquet à l'intérieur du routeur n'étant pas découverte par le protocole TCP.

Une autre façon d'améliorer les performances consiste à ouvrir plusieurs connexions TCP pour une même application. Cette idée est similaire à celle qui a été indiquée dans le protocole de liaison des sous-réseaux virtuels, mais appliquée à un niveau plus élevé. L'avantage de cette solution est qu'elle reste compatible avec le protocole de base. Un exemple est fourni par le protocole XFTP, qui utilise cette propriété d'ouvrir plusieurs connexions simultanées plutôt qu'une seule.

Une autre solution consiste à choisir la classe ATM la mieux appropriée au service souhaité. Le monde ATM apporte une garantie de service mais en impliquant une interaction entre le point d'accès IP et le réseau ATM, de façon qu'il puisse y avoir continuité de la garantie de service vers le réseau utilisateur.

Le service GFR apporte une garantie supplémentaire en requérant une bande passante minimale et une taille de paquet maximale. Si l'émetteur émet à une vitesse inférieure à la limite et avec une taille de paquet inférieure à la taille maximale, une qualité de service correcte est obtenue. Si la vitesse d'émission dépasse le seuil déterminé dans le service GFR, pour obtenir une qualité de service, il est nécessaire de marquer une certaine proportion du flot avec le bit CLP = 1, de façon que les cellules CLP = 0 rentrent dans les conditions permettant d'obtenir une qualité de service. Avec la connaissance de la valeur du seuil minimal, il est possible d'adapter les valeurs des paramètres de contrôle de TCP pour obtenir une garantie de service. En fait, la gestion des mémoires tampons est particulièrement importante.

Une autre possibilité consiste à utiliser le service ABR sous la pile de protocoles TCP/IP. Le service ABR apporte une qualité de service pour les applications qui sont sensibles aux pertes mais pas au délai de transport. Dans ce cas, le contrôle de flux TCP s'applique assez bien pour réaliser la qualité de service demandée mais avec une utilisation des ressources qui peut être faible. La plupart de ces protocoles supposent que les flots IP ont une priorité de même niveau. Pourtant, plusieurs niveaux de priorités devraient naturellement être affectés aux applications, ce qui faciliterait la prise en charge des flots les plus prioritaires en leur fournissant une qualité de service garantie.

La capacité limitée du satellite pousse les routeurs à agréger les flots de même nature sur un circuit virtuel unique. La classification des flots peut être effectuée par un gestionnaire de qualité de service ou un service DiffServ géré par le routeur d'entrée dans le réseau. Suivant l'indication donnée par le champ ToS d'IPv4 ou la valeur du flow-label d'IPv6, une allocation spécifique peut être réalisée au moyen des cellules RM. L'ATM Forum appelle cette allocation ABR en boucle, ou Weighted Allocation. L'algorithme du max-min, utilisé sur les circuits virtuels ABR, travaille sur un critère d'équité. Cet algorithme a été étendu par des versions utilisant des poids, comme WMM (Weighted Max-Min), dans lesquelles la priorité intervient par un débit minimal déterminé par la valeur MCR (Minimum Cell Rate). L'ATM Forum définit cette solution comme une allocation proportionnelle au MCR. Cet algorithme est bien adapté aux communications par satellite, dans lesquelles le rapport délai sur débit est très grand.

Les systèmes satellite

Un système satellite composé d'un seul satellite est beaucoup plus facile à gérer qu'une constellation de satellites, dans laquelle les satellites doivent se communiquer sans arrêt des données pour que leurs informations soient consistantes.

Les problèmes concernent d'abord l'utilisation optimisée du canal satellite, étant donné le coût des infrastructures. Viennent ensuite la gestion et le contrôle de l'ensemble. Il faut en outre un algorithme pour gérer les handovers.

Les systèmes satellite bande étroite et large bande

Les satellites bande étroite correspondent à la première génération. Ils ont été construits essentiellement pour les services de téléphonie et la diffusion de canaux de télévision. Du fait de la baisse des coûts de mise en orbite d'un satellite et de l'augmentation des performances des stations terrestres, de nombreux services nouveaux se sont ouverts sur les satellites bande étroite, surtout dans le domaine de la transmission de données.

Ces services peuvent être monodirectionnels, ou monovoies, une station terrestre émettant vers une ou plusieurs stations simultanément, sans voie de retour. Si une voie de retour est nécessaire, elle peut être terrestre. Ce type de communication correspond à la diffusion d'informations sans acquittement. Il est également possible de prévoir des voies de retour spécifiques par le satellite. Malheureusement, ces voies de retour ne sont utilisées que par les acquittements et les informations de contrôle et de gestion, procurant ainsi une très mauvaise utilisation de la liaison de retour.

Intelsat et Eutelsat

Deux organisations internationales se consacrent aux services entre stations fixes : Intelsat et Eutelsat. Intelsat a été lancée en 1964 et regroupe aujourd'hui plus de cent vingt pays membres. Son objectif est d'organiser, de coordonner et d'offrir une très grande bande passante à ses membres, dans le but de réaliser des communications téléphoniques, des diffusions de canaux de télévision et des services intégrés pour les grandes entreprises. Intelsat a été fondée par les opérateurs de télécommunications et a installé à leur intention tout un réseau de satellites. Pendant de nombreuses années, Intelsat a eu la complète maîtrise de toutes les communications par satellite. Il a commencé à perdre ce monopole dans les années 1980, lorsque les Européens ont lancé Eutelsat pour coordonner les communications par satellite en Europe et que d'autres organisations nationales ou internationales, telles que Panamsat, ont commencé à offrir des services similaires avec des techniques légèrement différentes.

Intelsat a défini plusieurs standards de stations terrestres. Le premier, le standard A, définit une antenne de 15 à 18 m de diamètre, dans la fréquence des 4-6 GHz. Les derniers standards, D, E, F, définissent des antennes entre 3,5 et 10 m de diamètre, dans des fréquences élargies à 4-6 ou aux bandes 11-12/14 GHz.

Bien que constituée en 1977, Eutelsat n'est une organisation à part entière que depuis 1985, du fait de l'opposition d'Intelsat, craignant pour son monopole. Plus d'une trentaine de membres sont aujourd'hui dénombrés. Le rôle d'Eutelsat est semblable à celui d'Intelsat mais centré sur l'Europe. Eutelsat a élargi son champ de compétences en proposant aux petites entreprises des services de diffusion et de communication intégrés. Une société possédant un grand nombre de succursales peut, d'une seule émission, toucher toutes les succursales et en même temps émettre un message particulier à l'une des succursales. Par exemple, les numéros de cartes Visa volées peuvent être envoyés simultanément à toutes les billetteries et, en même temps, un message particulier peut être adressé à telle ou telle billetterie.

Le champ des VSAT, présentés ultérieurement dans ce chapitre, fait en outre partie des prérogatives d'Eutelsat.

La transmission de données dans les systèmes bande étroite s'effectue dans les spectres 12-14 GHz en TDMA, avec un ajout de canaux de télévision.

Les services mobiles correspondent à des stations terrestres pouvant se déplacer, c'est-à-dire munies d'antennes mobiles, mais à des vitesses très faibles comparées à celles des satellites défilants. Le développement de ces services mobiles est relativement lent du fait de la difficulté d'obtenir des antennes mobiles suffisamment puissantes à des coûts acceptables pour l'utilisateur. Le début des services mobiles s'est effectué dans le cadre des liaisons entre bateaux. Ces développements ont mené à la constitution d'Inmarsat (International Marine Satellite Organization), qui est aujourd'hui, et de très loin, l'organisation la plus importante dans les services mobiles par satellite. Elle compte 66 membres et s'occupe depuis 1989 des services de communications mobiles pour l'aéronautique. Cette association dépend des opérateurs, comme expliqué précédemment, qui revendent les services d'Inmarsat aux utilisateurs.

Les satellites bande étroite

Les fréquences suivantes, concernant l'utilisation de satellites bande étroite, ont été définies en 1987 par la WARC (World Administrative Radio Conference) :

- 1,530-1,544 GHz pour les communications du satellite vers les mobiles terrestres et les bateaux ;
- 1,544-1,545 GHz pour les communications du satellite vers les mobiles en détresse ;
- 1,545-1,599 GHz pour les communications du satellite vers les mobiles aéronautiques ;
- 1,626-1,645 GHz pour les communications des mobiles terrestres et des bateaux vers le satellite ;

- 1,645-1,646 GHz pour les communications des mobiles en détresse vers le satellite ;
- 1,646-1,660 GHz pour les communications des mobiles aéronautiques vers le satellite.

Les antennes dépendent du type de service recherché. Trois grandes possibilités ont été développées :

- antennes Inmarsat A, d'un mètre de diamètre ;
- antennes Inmarsat C, d'un diamètre largement inférieur à 1 m, mais fixes, c'est-à-dire non repliables, pour des communications de données pouvant atteindre 600 Kbit/s ;
- antennes Inmarsat M, d'un diamètre inférieur à 1 m, permettant la téléphonie avec une compression à 6,4 Kbit/s et des données jusqu'à 2,4 Kbit/s.

Les communications d'affaires entre les différents points d'une même société ont commencé à se développer au début des années 1980. Il fallait pour cela des antennes de petit diamètre à des coûts acceptables pour les utilisateurs. Le vrai démarrage a eu lieu avec l'utilisation des VSAT (Very Small Aperture Terminal), dont le début des années 1990 a connu l'essor, aussi bien en Europe qu'aux États-Unis.

Les constellations de satellites

Malgré des échecs fortement relatés par la presse, comme celui d'Iridium, les constellations de satellites offrent toujours des promesses alléchantes pour les communications interpersonnelles, en permettant des communications à tout moment et à tout endroit avec des terminaux de la taille de téléphones GSM.

Les constellations LEOS ont l'avantage de présenter un délai de propagation peu important. Elles requièrent de surcroît une faible puissance d'émission pour atteindre le terminal, de sorte que ce dernier peut être employé pour la communication directe d'un utilisateur mobile avec le satellite. Le retard dû à la propagation se situe aux alentours de 10 ms, ce qui est peu en comparaison des 250 ms pour un satellite GEOS. En revanche, la nécessité d'avoir un grand nombre de satellites pour recouvrir la Terre, ajoutée à la probabilité plus importante d'avoir des zones d'ombre et à l'augmentation de l'effet Doppler constitue des inconvénients certains.

Le problème majeur en matière de communications multimédias concerne la qualité de service dont les applications ont besoin. Cette qualité de service est aisément fournie dans un mode circuit, mais la mauvaise utilisation de la bande passante est inacceptable dans des systèmes coûteux tels que les constellations de satellites.

Le réseau mis en place sur la constellation utilise une technique de transfert de paquets par commutateur ATM ou routeur IP. La méthode de transfert ATM a été choisie par la plupart des opérateurs de constellations, mais la question reste ouverte avec l'arrivée de nouveaux concepts IP, tels que les gigarouteurs, capables de transmettre plusieurs gigabits par seconde, les techniques de réservation présentées précédemment, les nouvelles techniques de routage dépendant de la QoS, les nouveaux contrôles de flux, POS (Packet Over SONET), etc. Il y a de fortes chances que le monde satellitaire adopte à son tour l'utilisation intensive du protocole IP et de ses dérivés.

Les constellations s'attaquent au problème réseau de deux façons très différentes, selon que :

- Le système n'est qu'un réseau d'accès.
- Le système est un réseau complet en lui-même.

Dans le premier cas, l'utilisateur se connecte au satellite pour entrer sur le réseau d'un opérateur fixe. Il n'est pas possible de passer d'un satellite à un autre, et à chaque satellite doit correspondre une station au sol connectée à un opérateur local. Dans la deuxième solution, il est possible de passer directement de l'émetteur au récepteur, en allant de satellite en satellite. Quelques stations d'accès à des opérateurs fixes sont également envisageables, mais surtout pour atteindre les clients fixes.

La configuration de la constellation est importante pour réaliser l'un ou l'autre type de réseau. Il faut notamment essayer de passer au-dessus des zones les plus demandées. Plusieurs catégories d'orbites sont possibles pour cela. Les liaisons intersatellites sont nécessaires lorsque le système n'est pas seulement un réseau d'accès. Le nombre de liaisons intersatellites à partir d'un satellite varie de deux à huit. La figure 26.10 illustre de telles liaisons.

Figure 26.10
Exemple de liaisons intersatellites

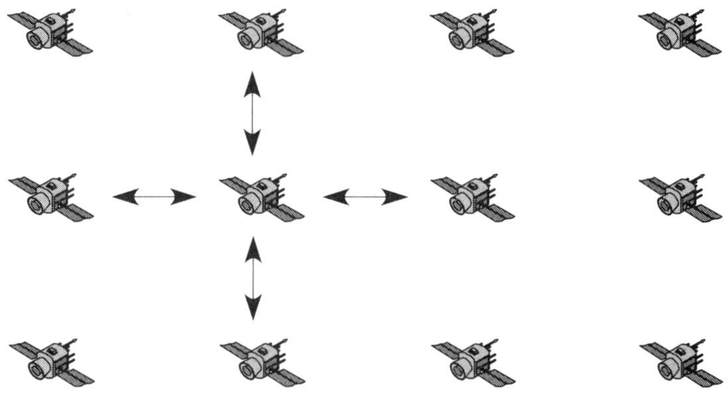

Les handovers satellitaires

Le handover correspond à un changement de cellule à la suite du déplacement soit du client, soit du satellite, qui, en tournant, finit par perdre son client de vue. Dans ce dernier cas, un autre satellite de la constellation prend le relais pour que la communication ne soit pas interrompue. Dans les constellations basse orbite, le satellite se déplace à la vitesse de 4 à 5 km/s, une vitesse bien supérieure à celle du client. Le nombre de handovers dus à un client qui se déplace peut être considéré comme négligeable et constitue en cela un avantage important. Comme la vitesse de défilement d'un satellite est constante et que le client est assimilé à un point fixe, les handovers sont prévisibles pour autant que le client ne termine pas brutalement sa communication.

En règle générale, on distingue deux catégories de handovers :

- Le handover dur *(hard-handover),* dans lequel il ne doit y avoir aucune coupure et où le relais sur la nouvelle cellule commence juste au moment où se termine la communication avec la cellule précédente.
- Le handover mou *(soft-handover),* dans lequel des éléments de communication commencent à transiter par la nouvelle cellule tandis que la cellule précédente est toujours en cours de communication.

Un satellite peut gérer plusieurs cellules — jusqu'à une centaine — grâce à de nombreuses antennes d'émission. Un handover intrasatellite correspond à un handover qui s'effectue entre deux cellules gérées par le même satellite. En revanche, un handover intersatellite correspond à un client qui est pris en charge par une cellule dépendant d'un autre satellite. Le premier type de handover est assez simple, en ce sens qu'un seul et même satellite gère les deux cellules. Un handover intersatellite est nettement plus complexe, car il faut gérer la communication entre les deux satellites sans interruption.

Comme dans le monde du cellulaire terrestre, l'empreinte d'un satellite se divise en cellules pour augmenter la capacité globale du satellite par une amélioration de la réutilisation des fréquences. Chaque cellule correspond à une fréquence de l'antenne du satellite. Deux systèmes s'opposent dans la conception des handovers :

- L'antenne reste fixe sur le satellite, et la zone de couverture défile à vitesse constante sur la surface terrestre. C'est ce qu'on appelle un système à cellules défilantes, ou EMC (Earth-Mobile Cell).
- L'antenne est mobile et pointe vers une cellule fixe sur la surface terrestre. Lorsque le satellite ne peut plus pointer vers la cellule, c'est au satellite suivant sur l'orbite de prendre le relais. C'est la technique EFC (Earth-Fixed Cell).

Dans les systèmes à cellules défilantes, le handover s'effectue en fonction de la mobilité du satellite et non de la vitesse du mobile, qui peut être déclarée négligeable. Deux sortes de handovers peuvent se produire : le handover intrasatellite, c'est-à-dire entre deux cellules gérées par le même satellite, et le handover intersatellite, entre deux cellules gérées par deux satellites distincts. Le nombre de handovers pouvant survenir durant la conversation d'un utilisateur est déterminé par plusieurs facteurs : la durée de l'appel bien sûr, mais aussi la taille de la cellule et la vitesse du satellite, qui dépend de l'altitude.

Si l'on considère une constellation de satellites LEOS à 800 km d'altitude, dans laquelle l'angle d'élévation est de 10°, l'utilisateur effectue un handover intrasatellite (variant suivant la taille de la cellule) approximativement toutes les trente secondes et un handover intersatellite toutes les trois minutes. Les satellites MEOS ont un handover intersatellite toutes les heures et un handover intrasatellite environ toutes les dix minutes.

Un problème assez complexe concerne les politiques à choisir pour assurer qu'un client trouve toujours une place lors d'un handover. Plusieurs solutions ont été proposées, dont celle consistant à distinguer des clients GH (Guaranteed Handover) et des clients ordinaires, qui ne demandent pas cette assurance.

La réservation des canaux nécessaires à cette garantie est initialisée lors de l'ouverture de la demande. Un canal est alors réservé dans toutes les cellules qui seront visitées par l'utilisateur. La durée de cette procédure est déterminée par la durée du service GH, qui doit être connue à l'instant d'ouverture de la communication. Un canal n'est pas réservé dans toutes les cellules visitées, mais seulement dans celles que l'utilisateur GH visitera et situées à une distance inférieure à une valeur critique. Si aucun circuit n'est disponible dans une cellule visitée, l'appel est rejeté. Sinon, un canal est réservé dans chaque cellule.

Pour l'accès aux cellules dont la distance est supérieure à la distance critique, l'utilisateur GH attend d'être à la distance critique pour effectuer une réservation. Si un circuit est disponible, il est réservé. Sinon le client GH émet une demande de réservation qui est mise en file d'attente. Cette requête est bien sûr prioritaire par rapport aux demandes de réservation émanant des clients ordinaires. Enfin, pour que la probabilité d'échec soit faible, le nombre global de client GH doit être raisonnable par rapport au nombre de canaux disponibles.

Une deuxième solution, dite EFC (Earth-Fixed Cell), concerne les cellules fixes par rapport à la Terre. Dans ce cas, la surface de la Terre est décomposée en cellules fixes correspondant aux faisceaux du satellite. Chaque faisceau continue de desservir sa cellule terrestre durant toute la durée de visibilité. Au moment de la disparition de la cellule, le satellite demande à un autre satellite de prendre le relais. En réalité, toutes les cellules sont réaffectées exactement au même instant à un autre satellite, et tous les handovers sont effectués au même moment.

Dans cette solution, les antennes du satellite sont directionnelles et doivent suivre la même cellule. Suite à des limitations physiques, l'angle d'élévation donne le temps exact pendant lequel la cellule est éclairée par le rayon, c'est-à-dire atteinte par les émissions provenant du satellite. Dans le cas EFC, il suffit qu'un client réussisse à s'approprier une fréquence pour la conserver jusqu'à ce qu'il la relâche. Dans ce cas, on peut considérer que le système se comporte comme un réseau terrestre fixe. Si l'on fait abstraction des instants de handovers, le système global n'est pas modifié.

Deux solutions peuvent être suivies pour réaliser les deux types de systèmes : mécanique et électronique. Quand le mouvement du satellite est suffisamment lent, ce qui est le cas des MEOS, la solution mécanique est acceptable. Pour les satellites LEOS, un suivi électronique est conseillé, étant donné la vitesse du satellite par rapport à la Terre.

Conclusion

Les systèmes satellitaires ont connu un grand succès pour la diffusion des programmes de télévision. En revanche, les applications de télécommunications, qui fonctionnent très souvent avec des liaisons point-à-point, ont beaucoup plus de mal à trouver leur place dans ces systèmes.

Cette situation est principalement due à la concurrence des opérateurs terrestres, qui offrent, avec les technologies cellulaires telles que le GSM, des services similaires à moindre prix. Les coûts des réseaux cellulaires terrestres sont devenus si bas que les constellations de satellites n'ont pu s'aligner sur la baisse des prix des minutes de communication.

Les systèmes satellite fonctionnent cependant parfaitement bien, et des études économiques permettront sans doute de trouver des créneaux pour lesquels ils se révéleront compétitifs.

27

Interconnexion fixe/mobile

La convergence fixe/mobile permet à toute application installée sur un serveur d'être utilisée à partir d'un équipement fixe ou mobile. Ce chapitre examine les interconnexions entre les réseaux sans fil, d'une part, et entre les réseaux sans fil et fixes, d'autre part.

Nous commencerons par introduire le concept de handover vertical, puis détaillerons les cas particuliers de la technologie UMA (Unspecified Mobile Access), qui permet de passer d'un réseau Wi-Fi à un réseau GSM.

Nous aborderons ensuite la généralisation des handovers dans un environnement multiréseau (Wi-Fi, WiMAX, Wi-*xx*), ainsi que la normalisation de l'IMS (IP Multimedia Subsystem) qui régit la convergence fixe/mobile.

Les handovers verticaux

Les handovers désignent les changements intercellulaires dans les réseaux de mobiles. Trois catégories de handovers peuvent être répertoriées : les handovers horizontaux, qui permettent à un mobile de passer d'une cellule à une autre cellule de même type ; les handovers diagonaux, qui permettent à un mobile de passer d'une cellule à une autre cellule ayant des caractéristiques similaires, comme le passage d'un réseau Wi-*xx* à un réseau Wi-*yy*, Wi-Fi et WiMAX, par exemple ; les handovers verticaux, qui correspondent à une transition d'une cellule vers une cellule d'architecture complètement différente, comme Wi-Fi vers GSM ou UMTS.

La figure 27.1 illustre des handovers dans un réseau multitechnologie.

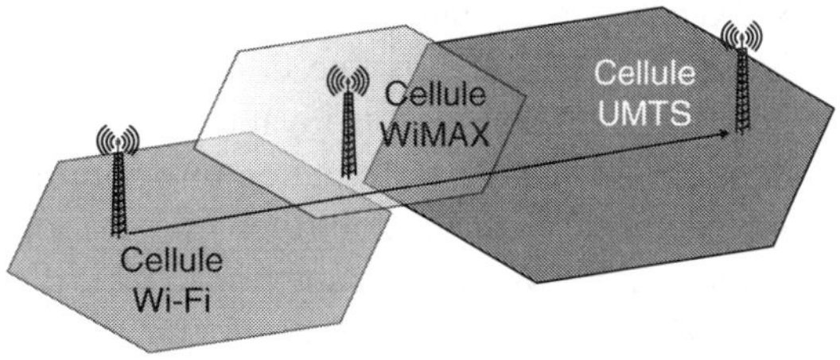

Figure 27.1

Handovers dans un réseau multitechnologie

On ne fait généralement pas de différence entre les handovers diagonaux et les handovers verticaux, qui sont tous intégrés dans les handovers verticaux.

Le changement d'antenne peut se faire de deux façons différentes : en soft-handover, c'est-à-dire en établissant des connexions simultanées avec les deux antennes, et en hard-handover, en demandant le passage instantané d'une antenne à une autre, comme dans le cas du GSM.

La norme IEEE 802.21, Media Independent Handover, décrit les handovers dans le cadre des réseaux Wi-*xx,* par exemple le passage de WiMAX à Wi-Fi et réciproquement.

Dans le cadre d'un handover vertical de type soft, il faut que le terminal soit capable de se connecter simultanément sur l'un et l'autre réseau, par exemple Wi-Fi et WiMAX. Pour un hard-handover, la connexion passe directement d'un réseau à l'autre.

Deux solutions d'interfonctionnement sont possibles : le couplage fort *(tight coupling)* ou le couplage lâche *(loose coupling).* Dans le couplage fort, décrit dans le 3GPP, deux éléments sont ajoutés : le WAG (Wireless Access Gateway) et le PDG (Package Data Gateway). Le couplage lâche est plutôt utilisé quand le réseau Wi-Fi n'est pas géré par un opérateur mais par un utilisateur privé.

Pour les hard-handovers, le moment choisi pour basculer d'une cellule à une autre est déterminé par un algorithme fondé sur le RSS (Relative Signal Strength) : le terminal bascule d'une cellule à l'autre lorsque la réception est plus forte dans cette nouvelle cellule. Il peut aussi se fonder sur d'autres caractéristiques, comme le taux d'erreurs en ligne, le nombre de clients dans chaque cellule, le débit des clients connectés dans les deux cellules, etc. Si l'un des deux points d'accès est à la charge d'un opérateur, il faut aussi tenir compte du coût de connexion, du SLA (Service Level Agreement) de chaque client, etc.

UMA (Unlicensed Mobile Access)

UMA est un standard de fait qui provient en partie de la solution IEEE 802.21, que nous décrivons à la section suivante.

UMA a été développé pour les handovers entre GSM, UMTS, Bluetooth et Wi-Fi. Depuis 2005, l'UMA fait partie de la standardisation de l'ETSI 3GPP effectuée par le groupe de travail GAN (Generic Access Network). L'objectif est de permettre à un terminal voix-données-images connecté sur une antenne Wi-Fi de passer à une antenne GSM sans couture, c'est-à-dire sans interruption de la communication et *vice versa.* Les réseaux Bluetooth et UMTS sont également concernés.

Lorsqu'un terminal se trouve dans une cellule de type GSM ou UMTS, il communique avec une station de base, et la communication s'écoule vers le réseau cœur (Core Mobile Network) en transitant par un contrôleur de station de base. Quand le terminal détecte un réseau Wi-Fi, il établit une connexion IP sécurisée avec une passerelle appelée GAN Controller (GANC) se trouvant dans le réseau de l'opérateur. Le GANC translate le signal provenant du terminal en une communication dont le format est identique à celui qui proviendrait d'un contrôleur de station de base. Lorsque le terminal passe d'une connexion GSM à une connexion Wi-Fi, il est toujours vu comme étant connecté sur un contrôleur de station de base.

L'architecture UMA est illustrée à la figure 27.2.

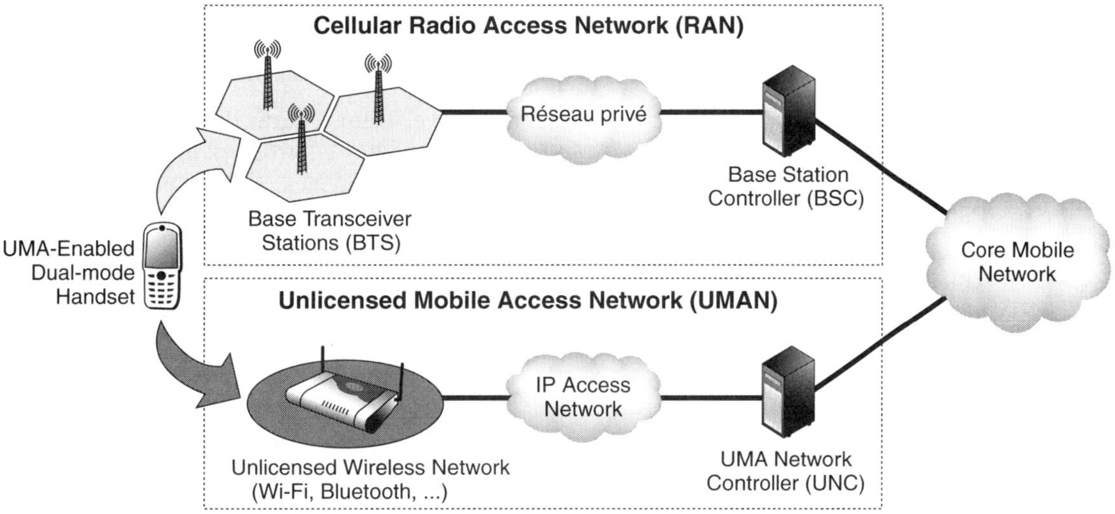

Figure 27.2

L'architecture UMA

Le terminal UMA possède quatre modes opératoires :

- GERAN-only, qui ne permet que le fonctionnement du réseau de mobiles.
- GERAN-preferred, qui utilise de préférence le réseau de mobiles et à défaut le réseau Wi-Fi.
- GAN-preferred, qui utilise de préférence le mode Wi-Fi au mode GSM.
- GAN-only, qui utilise uniquement la connexion Wi-Fi.

L'interface GSM est toujours utilisée pour au moins déterminer la localisation géographique de l'utilisateur et déterminer le serveur GANC à utiliser pour les points d'accès à raccorder.

L'avantage de cette solution pour les opérateurs est de pouvoir déployer des réseaux Wi-Fi bon marché, surtout dans les hotspots. De plus, les communications Internet des utilisateurs s'écoulent beaucoup mieux par Wi-Fi que par les techniques des réseaux de mobiles. De nombreux produits, en France surtout, utilisent cette technologie UMA pour compléter les InternetBox.

Pour le client, l'UMA présente également de grands atouts économiques puisque l'accès par le biais de Wi-Fi est beaucoup moins onéreux que par les techniques de mobilité. Un seul numéro de téléphone peut être associé à l'équipement qui peut-être atteint aussi bien par GSM que par Wi-Fi.

Les désavantages de cette solution proviennent de la relative complexité de mise en place du système global et du poids des téléphones, qui sont légèrement plus lourds afin de pouvoir accueillir les deux systèmes simultanément.

Ce système fonctionne en fait comme une émulation de Wi-Fi en technique GSM. De ce fait, les applications gratuites deviennent payantes, à l'image de la téléphonie Skype, qui doit passer par un circuit.

IEEE 802.21

La normalisation effectuée au sein du groupe de travail IEEE 802.21 est une des plus importantes du groupe 802. Ce standard permet d'interconnecter entre eux les différents réseaux de la gamme Wi-*xx* afin de mettre en œuvre un réseau Internet sans fil de bout en bout.

La figure 27.3 illustre la réalisation de handovers verticaux à partir de trois réseaux de la famille Wi-*xx*. Les points d'accès sont connectés sur des contrôleurs multitechnologie, c'est-à-dire capables de gérer des points d'accès hétérogènes. Lorsqu'un client passe d'un réseau à un autre, il effectue un handover vertical. S'il part de la gauche de la figure pour aller vers la droite, il commence par faire un handover intracontrôleur géré par un seul et même contrôleur. Lors du second changement de cellule, le handover est intercontrôleur, les points d'accès des cellules ne se connectant pas sur le même contrôleur.

Figure 27.3

Handovers verticaux avec IEEE 802.21

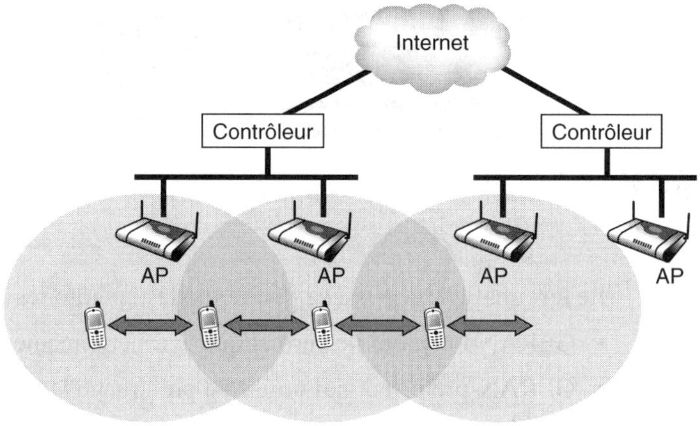

Pour réaliser ces handovers verticaux, il faut que les stations mobiles aient au moins deux interfaces radio différentes susceptibles de marcher en parallèle. Ce cas est illustré à la figure 27.4.

Figure 27.4

Interfaces parallèles dans un équipement mobile

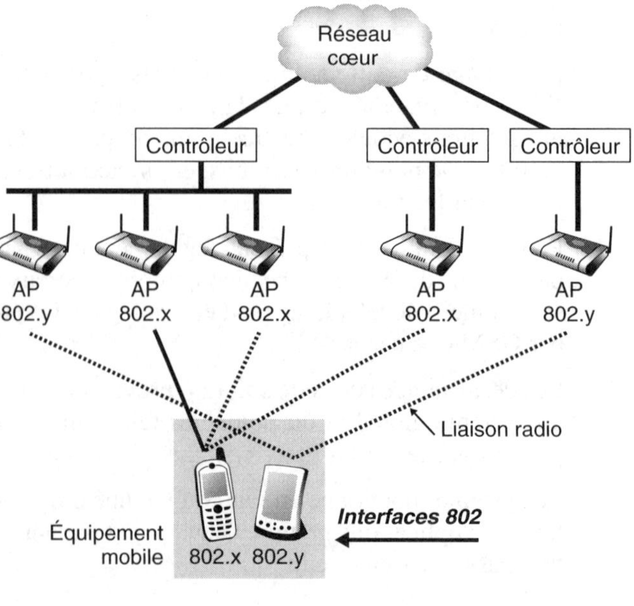

L'objectif de la norme IEEE 802.21 (Media Independent Handover) est de développer des spécifications permettant de récupérer des informations de la couche trame et de la couche réseau pour les transmettre à une couche supérieure afin d'optimiser les handovers entre réseaux multitechnologie. Cette norme reprend à son compte des propositions effectuées dans différents organismes de normalisation, comme le 3GPP et le 3GPP2. Elle vise à permettre le passage intercellulaire entre les différents membres de la famille des réseaux IEEE 802, qu'ils soient sans fil ou filaires.

La norme prend donc en compte les handovers pour les utilisateurs aussi bien mobiles que fixes. Pour les utilisateurs mobiles, les handovers se produisent lors du passage d'une cellule de réseau sans fil à une autre.

Les handovers peuvent aussi se produire en raison d'un espacement de la couverture radio en raison du mouvement du terminal. Pour l'utilisateur stationnaire, les handovers peuvent devenir intéressants lorsque l'environnement alentour se modifie et qu'un nouveau réseau devient plus attractif. Par exemple, un utilisateur peut effectuer un handover pour se connecter sur un réseau à plus haut débit afin de réaliser un transfert de fichiers dans de meilleures conditions.

Les handovers doivent permettre la continuité de service, c'est-à-dire donner les moyens à l'application de rester cohérente par rapport à ses besoins. Par exemple, pour une conversation téléphonique, les utilisateurs ne doivent pas s'apercevoir d'un changement intercellulaire. Pour un transfert de fichiers, l'interruption est possible, mais le transfert doit reprendre là où il a été interrompu lors du changement de cellule.

Le standard IEEE 802.21 permet la coopération entre le mobile et l'infrastructure fixe du réseau pour réaliser les handovers. Le mobile prend en charge la détection des réseaux disponibles, tandis que l'infrastructure physique s'occupe de stocker les informations en provenance du réseau, comme la liste des cellules de voisinage et l'emplacement des mobiles.

Les terminaux et les points d'accès utilisent le mode multitechnologie afin de se connecter à plusieurs technologies radio et de transmettre sur plusieurs interfaces simultanément. Par exemple, le réseau multitechnologie peut avoir des cellules de petite dimension, de type personnel comme Wi-Fi, ou des réseaux personnels de type WiMEDIA et de grandes cellules que l'on rencontre dans les techniques issues du 3GPP, du 3GPP2 ou d'IEEE 802.16.

Le processus de handover est typiquement déclenché par des mesures visant la meilleure attractivité d'un réseau. Ces mesures testent la qualité du signal, le taux d'erreurs de transmission, etc. Ils sont intégrés à la métrique utilisée dans les algorithmes de handover.

L'architecture IEEE 802.21

La norme couvre les trois grands domaines suivants :

- Une architecture permettant la continuité transparente du service pendant qu'un mobile change de cellule. Cette architecture s'appuie sur une pile protocolaire permettant de gérer la mobilité au cours du handover. La description architecturale n'adresse pas les détails d'exécution et ne fournit aucune indication sur la réalisation de l'algorithmique nécessaire. Elle décrit uniquement un modèle de référence du MIH (Media Independent Handover) pour différentes catégories de réseaux sans fil et mobiles.

- L'ajout d'un ensemble de fonctionnalités adaptées aux handovers dans les piles de protocoles de gestion de la mobilité et la création d'une nouvelle entité, appelée *fonction MIH*. Sont définis un ensemble de points d'accès indépendants du service et des primitives associées qui permettent d'accéder aux services de la fonction MIH. La fonction MIH fournit les services suivants :
  - Service MIS (Media Independent Service), qui fournit les informations des interfaces locales ou distances.
  - Service MIC (Media Independent Command), qui fournit l'ensemble des commandes permettant aux utilisateurs MIH d'initialiser des commandes sur les éléments logiciels et matériels concernant les handovers.
  - Service MII (Media Independent Information), qui fournit le modèle d'information et de gestion de cette information pour que la prise de décision de déclenchement des handovers soit la meilleure possible. Le terminal mobile peut accéder à ces informations par le biais de son point d'accès de rattachement.
- La définition de primitives additionnelles dans la couche MAC correspondant aux différentes technologies de réseaux sans fil. Ces primitives permettent de récupérer et d'utiliser les informations de niveau MAC pendant le handover. Le groupe 802.21 encourage les différentes associations de normalisation à reprendre ces éléments dans leurs normes.

La figure 27.5 illustre l'emplacement de la fonction MIH dans la pile protocolaire associée aux handovers et à la gestion de la mobilité.

Figure 27.5
Emplacement de la fonction MIH dans la pile protocolaire IEEE 802.21

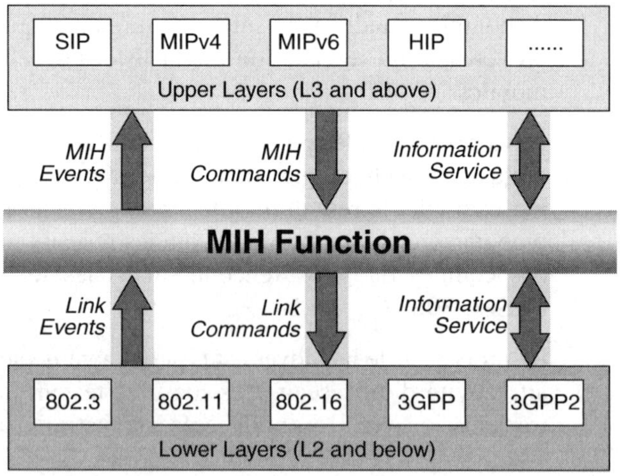

La fonction MIH fournit des services aux couches supérieures grâce à une interface simple (SAP), indépendante de la technologie sous-jacente, et obtient des services des couches inférieures par tout un ensemble d'interfaces dépendantes des réseaux sous-jacents.

Les hypothèses suivantes ont été faites pour le développement de cette norme :

- Le nœud mobile est capable de gérer des interfaces multiples, qui peuvent être avec ou sans fil.

- La fonction MIH est une entité logique, dont la définition n'a aucune implication sur la façon de la mettre en œuvre dans le nœud mobile ou dans l'infrastructure du réseau.
- La fonction MIH sur le terminal mobile reçoit sans interruption des informations sur les caractéristiques des réseaux d'accès. Ces informations proviennent des couches basses de la pile protocolaire, effectuant la gestion de la mobilité, du terminal mobile ainsi que des éléments de réseau.

L'intention des normalisateurs est de fournir des spécifications génériques des couches trame et réseau afin qu'elles ne soient pas dépendantes des caractéristiques des terminaux, des points d'accès ou des réseaux radio. En tant que telles, les spécifications IEEE 802.21 doivent s'appliquer aux familles de réseaux radio provenant du 3GPP, du 3GPP2 et de la famille IEEE 802.

L'interopérabilité et la conformité sont définies de la façon suivante :

- L'implémentation doit permettre aux services d'accéder aux primitives provenant des utilisateurs et de les recevoir. La spécification ne décrit toutefois pas cette implémentation, laissant une certaine liberté de mise en œuvre aux fabricants. Seuls les formats et la sémantique des paramètres de service doivent suivre les recommandations décrites dans le standard.
- Les protocoles indiqués dans le standard 802.21, ainsi que les échanges de messages et la machine d'état doivent être conformes au texte de la norme. Plusieurs classes d'interopérabilité et de conformité dans l'implémentation sont également définies pour un ensemble de caractéristiques obligatoires ou facultatives.

En conclusion, le standard IEEE 802.21 est d'une grande importance dans la construction du futur Internet hertzien puisqu'il permettra le passage sans couture d'un réseau Wi-*xx* à un réseau Wi-*yy*.

L'IMS (IP Multimedia Subsystem)

L'IMS (IP Multimedia Subsystem) est conçu pour fournir aux utilisateurs la possibilité d'établir des sessions multimédias dans un environnement de convergence fixe/mobile. En particulier, la session doit pouvoir être ouverte entre n'importe quel serveur et n'importe quel terminal, qu'ils soient connectés en mobile ou en fixe. À cet effet, le protocole SIP (Session Initiation Protocol), qui a été introduit dans les réseaux IP pour mettre en place les sessions téléphoniques, a été choisi pour sa grande généralité d'ouverture et de fermeture de session.

Le réseau cœur est un réseau à transfert de paquets IP. Les accès sont aussi de type IP ou IP-CAN (IP-Connectivity Access Network). Le rôle de l'IP-CAN est d'interconnecter les terminaux mobiles au réseau cœur.

L'IMS est parfois appelé IP Multimedia Core Network Subsystem. Les entités composant son architecture peuvent être classées en trois catégories : éléments de contrôle de sessions, ou CSCF (Call Session Control Function), éléments assurant l'interfonctionnement avec le domaine circuit (BGCF, MGCF, IM-MGW, SGW), serveurs d'application et ressources média (AS, MRFC, MRFP).

Les entités fonctionnelles de l'architecture de l'IMS sont illustrées à la figure 27.6.

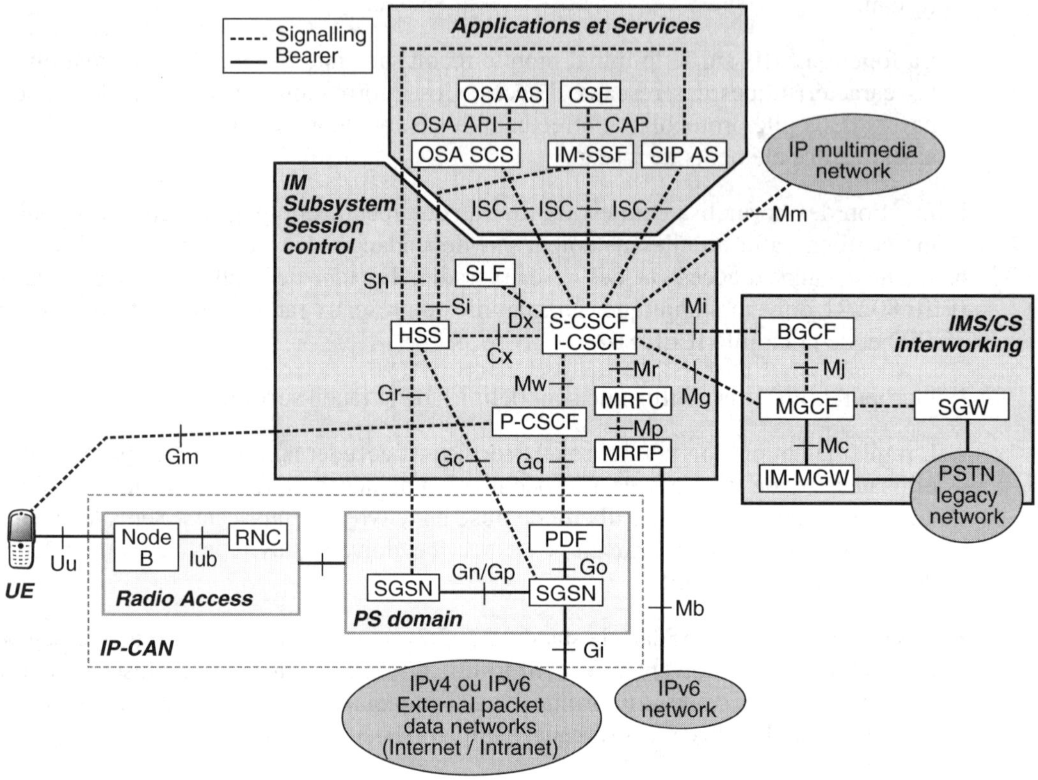

Figure 27.6

Entités fonctionnelles de l'architecture générale de l'IMS

Les entités fonctionnelles de contrôle de sessions sont des évolutions des SIP-Proxy appelés CSCF (Call Session Control Function).

On distingue trois types de CSCF constituant la couche de contrôle de session :

- Proxy-CSCF (P-CSCF). C'est le premier point de contact de l'IMS pour les utilisateurs. Le P-CSCF achemine les messages SIP (messages d'enregistrement REGISTER vers l'I-CSCF et autres messages, par exemple INVITE pour l'établissement de session, vers l'UE et l'I/S-CSCF). Le P-CSCF assure l'intégrité de la signalisation SIP en maintenant une association de sécurité avec l'utilisateur et contrôle l'exécution des politiques de médias en examinant le contenu SDP des messages SIP. Le P-CSCF est en charge de la compression et de la décompression des messages SIP afin de réduire la signalisation sur la voie radio (interface Uu). Enfin, il génère les CDR (Call Data Records), nécessaires à la taxation. Ces CDR sont collectés par le GCF (Gateway Charging Function).
- Interrogating-CSCF (I-CSCF). C'est le point de contact pour toutes les connexions destinées à un utilisateur dans le réseau, en particulier les connexions externes. Pendant la phase d'enregistrement, l'I-CSCF interroge le HSS afin de déterminer le S-CSCF associé à l'utilisateur. C'est le point d'entrée dans le réseau pour toute la signalisation SIP. Il peut également assurer la fonction de THIG (Topology Hiding

Inter-network Gateway) en cachant la configuration et la topologie du réseau par rapport aux réseaux externes ; il intercepte dans ce cas tous les messages SIP entre le P-CSCF et le S-CSCF. Enfin, il génère des CDR.

- Serving-CSCF (S-CSCF). C'est l'entité fonctionnelle responsable de l'enregistrement des utilisateurs (rôle de Registrar au sens de l'IETF) et du contrôle des sessions pour assurer le support des services. Le S-CSCF assure l'authentification et l'autorisation des utilisateurs. Il exécute également les politiques de médias en examinant le contenu SDP des messages SIP et assure l'acheminement des messages SIP entre les différentes entités I-CSCF, S-CSCF, P-CSCF et BGCF. Il assure enfin le déclenchement des services en vérifiant si les critères de filtrage (iFC) reçus du HSS sont remplis ; dans ce cas, il achemine les messages SIP vers un serveur d'applications. Enfin, il génère des CDR.

L'interface ISC (IMS Service Control) se situe entre les S-CSCF et les plates-formes de service. Elle permet l'accès aux services situés dans les serveurs d'applications, ou AS (Application Server). Un AS peut être localisé dans le HPLMN ou dans un réseau tiers. L'interface de contrôle des services (interface ISC) est fondée sur SIP.

Dans l'architecture de service de l'IMS, trois types d'AS hébergent les logiques de service et constituent la couche d'exécution de service : les serveurs d'applications SIP et les serveurs CAMEL et Open Service Access.

Les serveurs d'applications SIP contiennent la logique de service pour les applications SIP. Il s'agit du principal type de serveur d'applications de l'IMS. Notons que les services peuvent, par exemple, être composés de Service Capabilities, comme Presence, Multimedia Messaging et Conferencing.

OSA (Open Service Access) permet l'utilisation de fonctionnalités du système UMTS par des applications tierces *via* une interface ouverte, OSA Application Programming Interface. L'OSA Gateway est l'entité connectée *via* l'interface ISC vers le S-CSCF et supportant l'OSA API vers les applications tierces.

Les applications CAMEL peuvent être accédées *via* l'IM-SSF (IP Multimedia Service Switching Function) spécifiée dans le standard. L'intérêt de cette entité est principalement de permettre la réutilisation par l'IMS des services de réseau intelligent déployés dans les réseaux GSM/UMTS, par exemple le prépaiement. L'IM-SSF est un convertisseur de protocoles SIP-CAP (CAMEL Application Part). Il est toutefois peu probable que cette entité soit largement déployée, la réutilisation des composants de services de réseau intelligent ou le développement d'interfaces SIP sur les serveurs CAMEL étant préférés à cette solution.

Les applications peuvent aussi résider dans les SIP-Proxy ; beaucoup de prototypes existants à ce jour sont limités à ce modèle.

Le MRF (Media Resource Fonction) est l'entité fonctionnelle en charge de la modification des flux médias. Cette entité est utilisée pour le mixage des flux RTP (pont de conférence), pour la génération d'annonces (voix/vidéo), et pour le transcodage. Le MRF est constitué de deux entités fonctionnelles : le MRFC (Media Resource Function Controller), qui interprète les messages SIP issus des serveurs d'applications, et le MRFP (Media Resource Function Processor), qui est responsable du traitement des flux multimédias. Le MRFP est commandé par le MRFC par le biais du protocole H.248.

Le HSS (Home Subscriber Server) est la base de données maître UMTS ou sont stockées les données des utilisateurs. Le HSS inclut le HLR (Home Location Register) et l'AuC (Authentication Centre). Cette entité stocke les identités des utilisateurs, leurs informations d'enregistrement, leurs paramètres d'accès et leurs informations de déclenchement de services. Lorsqu'un même réseau dispose de plusieurs HSS, ce qui est presque toujours le cas, le SLF (Subscription Locator Function) est utilisé pour localiser le HSS associé à un utilisateur donné. Notons que le HSS et le SLF ne font pas partie de l'IMS.

Accès multiple à l'IMS

Dans l'évolution du monde circuit vers le monde paquet (voir les chapitres 1 et 2), un certain nombre de verrous restent à lever pour permettre un déploiement massif de l'architecture NGN (Next Generation Network), principalement l'intégration des nombreuses technologies de réseaux d'accès d'aujourd'hui et de demain et l'intégration dans les équipements terminaux des logiciels d'accès. De même, la transition des réseaux hétérogènes que l'on utilise aujourd'hui vers le NGN est un obstacle à franchir.

La première évolution nécessaire est l'ouverture de l'IMS à de nouveaux réseaux d'accès, ou l'accès multiple. En effet, la réduction des coûts d'investissement et d'exploitation passe par la mutualisation de certains équipements du cœur de réseau, notamment les Proxy SIP.

L'accès à l'IMS à partir de plusieurs types de réseaux d'accès permettra d'offrir des services convergents et des offres fixe/mobile. L'accès au service quel que soit le réseau d'accès est un principe fondateur du NGN. C'est aussi un des principes des architectures B3G (Beyond 3G) ou super-3G ou encore LTE (Long Term Evolution). Pour que l'IMS soit un des piliers de l'architecture B3G et LTE, cette évolution est essentielle.

Plusieurs types de réseaux d'accès alternatifs à l'interface UMTS, Wi-*xx*, *x*DSL et câble doivent être envisagés. Dans la Release 5 de l'UMTS, l'IMS a été défini uniquement pour un accès au travers de l'interface UMTS. Un des apports essentiels de la Release 6 est de fournir des services de façon indépendante de l'accès en prenant en compte un réseau d'accès de type Wi-Fi. Le projet initial était de disposer d'un seul standard IMS commun au 3GPP et au 3GPP2, qui n'utilisent pas le même réseau de connectivité IP. Ce projet initial a ensuite été étendu aux réseaux Wi-*xx*.

Une des idées fortes développée pour l'IMS est l'accès multiple. Il s'agit, d'une part, d'élargir les types de réseaux d'accès pouvant offrir des services SIP en prenant en compte des accès fixes (*x*DSL et câble), et, d'autre part, de proposer des solutions permettant un interfonctionnement des réseaux Wi-*xx* au-delà des mécanismes existants. Il a fallu pour cela étudier les aspects architecturaux et de services liés à un accès à un cœur IMS mutualisé à partir de différentes technologies d'accès et identifier les entités et les mécanismes IMS susceptibles d'être mutualisés. Une réduction des disparités architecturales en jeu est un point clé dans l'élaboration d'offres convergentes et de nomadisme. Elle permettra en outre de bâtir une offre constructeur plus uniforme.

La possibilité de réutiliser les mêmes entités fonctionnelles pouvant supporter des services 3GPP IMS et les services multimédias du NGN est un enjeu essentiel pour l'avenir des télécommunications. L'approche proposée, consistant en la définition d'un IMS indépendant de l'accès, est maintenant soutenue par un grand nombre d'acteurs, parmi lesquels les principaux constructeurs et opérateurs. Ainsi, un opérateur IMS pourra proposer des services convergents, quel que soit le type d'accès disponible, fixe ou mobile.

La figure 27.7 illustre le principe de fonctionnement de l'accès multiple à l'IMS.

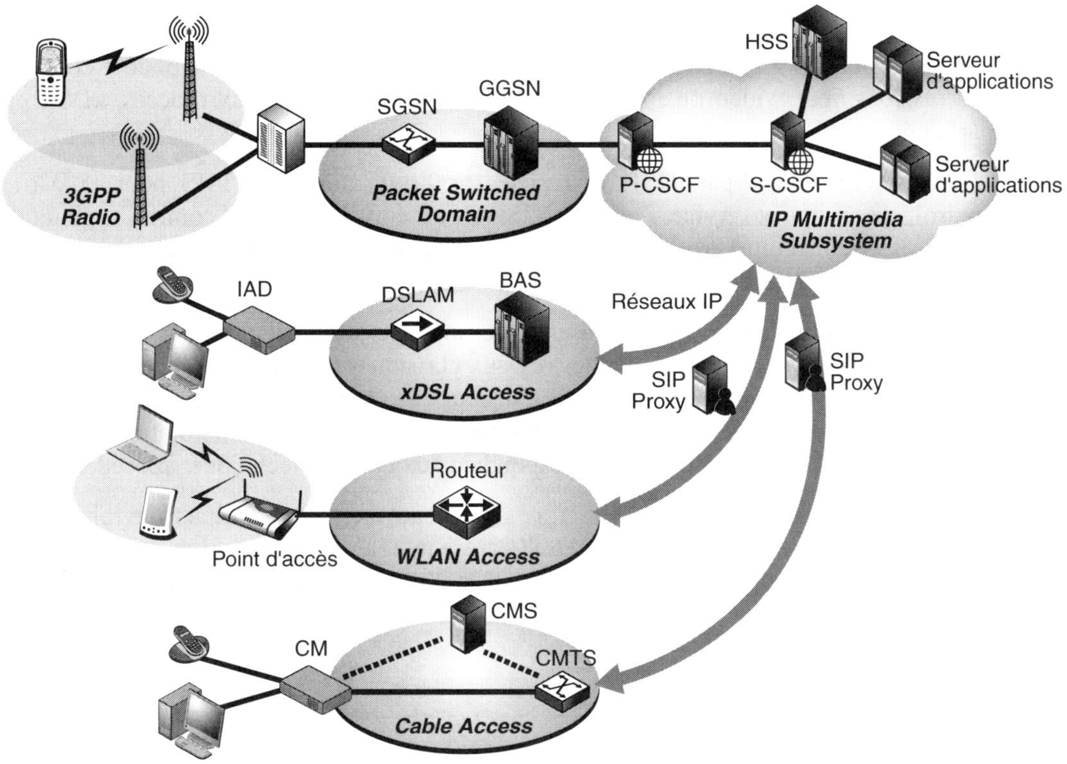

Figure 27.7

Accès multiple à l'IMS

Les bénéfices de l'accès multiple pour un opérateur sont les suivants :

- réduction des coûts d'investissement (CAPEX) et d'opération (OPEX) ;
- backbone IP unique pour plusieurs réseaux d'accès ;
- mutualisation des équipements de contrôle de session pour les réseaux fixes et mobiles ;
- gestion commune des utilisateurs fixes et mobiles et de leurs profils ;
- possibilité pour un opérateur de bénéficier de l'ensemble des revenus provenant du fixe, du mobile, de la voix et d'Internet.

Pour sa part, l'utilisateur tirera de ces évolutions les principaux bénéfices suivants :

- interactions de service résolues dans le cadre de l'accès multiple ;
- services convergents, par exemple offre du service de présence unifiée, de messaging ou de localisation ;
- facturation unique ;
- numéro de téléphone ou identifiant public SIP (SIP URI) unique ;
- à plus long terme, nomadisme et continuité de session interdomaine.

Le projet TISPAN

TISPAN, fusions de TIPHON (Telecommunications and Internet Protocol Harmonization Over Networks) et de SPAN (Services and Protocols for Advanced Networks), est un projet en cours à l'ETSI visant à définir une infrastructure mutualisable pour le contrôle des sessions voix, vidéo ou multimédia entre de multiples réseaux d'accès, *x*DSL en particulier.

L'architecture définie par TISPAN repose sur l'utilisation de l'IMS pour la partie contrôle de session et service. Le projet TISPAN est constitué de sept comités techniques (Services, Architecture, Protocoles, Numbering addressing and routing, Testing, Security et Network Management).

TISPAN souhaite standardiser les réseaux de nouvelle génération pour la fourniture de services NGN en prenant en charge les réseaux classiques à commutation de circuit et en mettant en œuvre la téléphonie sur IP. Plusieurs aspects sont abordés dans différents groupes de travail, tels que services, architecture, protocoles, numérotation, sécurité, qualité de service, administration, correspondant aux comités techniques précédents.

TISPAN définit la nouvelle architecture du réseau fixe. Ses résultats devraient être utilisés pour le renouvellement du RTC (réseau téléphonique commuté), dont les premiers déploiements sont prévus entre 2008 et 2010. Cette architecture est illustrée à la figure 27.8.

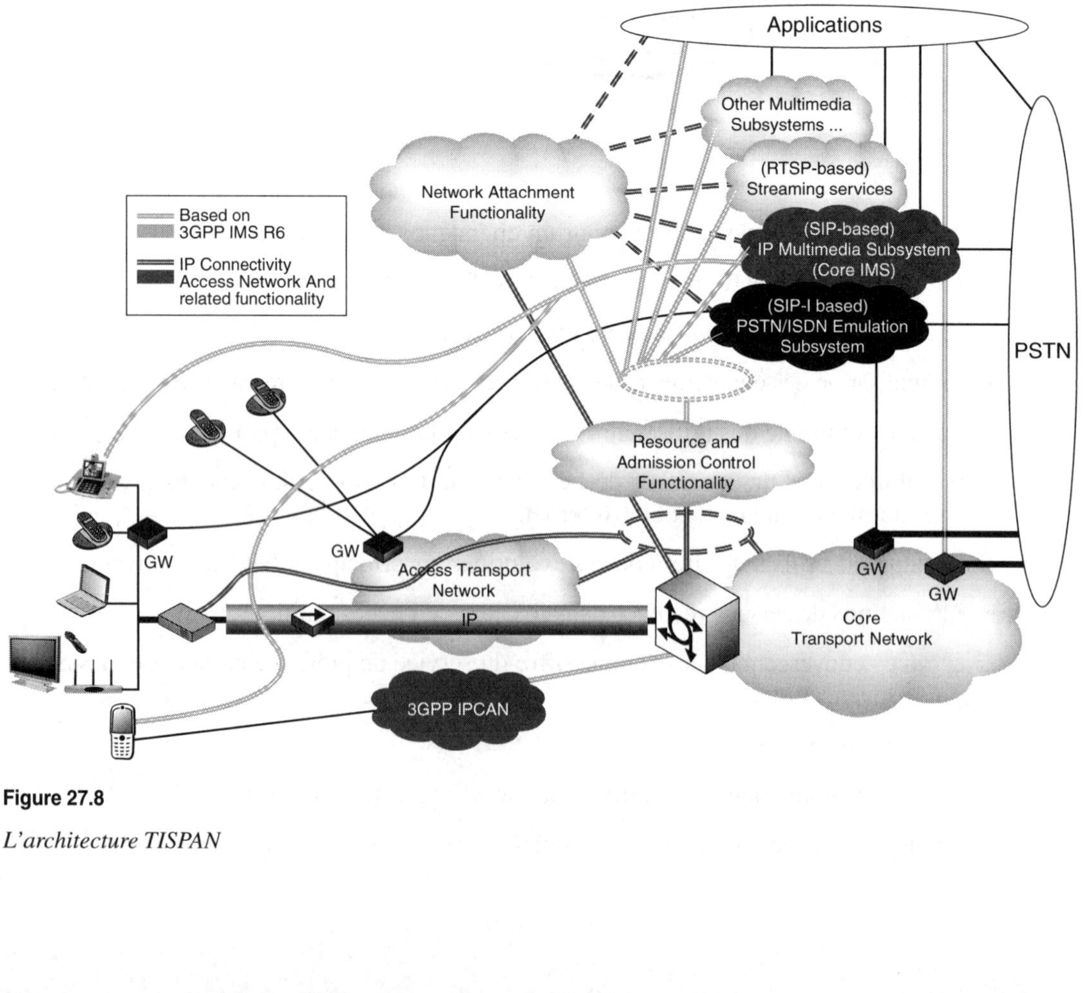

Figure 27.8

L'architecture TISPAN

Conclusion

Ce chapitre a introduit les éléments de converge des architectures réseau permettant d'interconnecter des réseaux radio hétérogènes afin de n'en former qu'un seul, et surtout ceux de la convergence fixe/mobile.

L'objectif de cette convergence est de pouvoir utiliser une application quelconque située sur un serveur connecté au réseau cœur depuis un équipement terminal situé indifféremment dans le réseau fixe ou dans le réseau mobile. Cette convergence devrait permettre aux opérateurs d'effectuer des économies importantes en ne dupliquant pas les applications orientées réseau fixe et réseau mobile.

Partie VIII

Les réseaux de domicile, d'entreprise et d'opérateur

Les réseaux peuvent être assez différents suivant la catégorie dans laquelle ils se trouvent. Dans cette partie, nous nous intéresserons à trois grandes classes de réseaux.

La première est formée des réseaux de domicile, qui, sur une surface relativement restreinte, forment aujourd'hui un véritable réseau pouvant atteindre plus de cent connexions, si l'on considère tous les appareils ménagers, les machines informatiques, les équipements audiovisuels, les jeux, les appareils de télécommunications, les capteurs et bientôt les RFID.

La deuxième catégorie est celle des réseaux d'entreprise, qui ont l'avantage d'être plus facilement maîtrisables que ceux des opérateurs grâce à un nombre de clients connu et à une meilleure connaissance de l'utilisation du réseau.

La dernière catégorie est celle des réseaux d'opérateurs, qui sont les plus complexes à maîtriser du fait d'un nombre d'utilisateurs extrêmement variable, de services très divers et d'accès aux serveurs imprévisibles.

28

Les réseaux de domicile

Les réseaux de domicile forment une nouvelle catégorie de réseaux encore très peu connue. Le domicile est vu par les opérateurs comme une étoile autour de l'accès ADSL. La nouvelle génération de réseaux de domicile devient un petit réseau d'entreprise, avec une centaine de connexions de matériels extrêmement divers provenant de trois mondes distincts : les télécommunications, l'électronique et l'informatique.

Parmi ces équipements, on trouve les téléphones avec et sans fil, offrant des fonctionnalités de vidéophonie, de téléphonie sur IP et de télévision. La haute définition et la parole de meilleure qualité que celle du GSM sont également disponibles.

Les industriels des équipements grand public de la maison proposent des télévisions, des consoles de jeu, des appareils photo et caméras ainsi que des machines à laver, réfrigérateurs, aspirateurs et futurs robots ménagers dotés d'adresses IP.

La difficulté majeure avec ces réseaux est de faire communiquer l'ensemble des équipements entre eux et avec l'extérieur. Nous détaillons dans ce chapitre les couches basses de leur architecture sous-jacente, ainsi que celles permettant à tous les équipements du domicile de s'échanger des informations.

La télésurveillance, les alarmes, les capteurs de présence forment une autre catégorie d'équipements qui doivent pouvoir être ajoutés aux réseaux de domicile pour pouvoir être jointes à distance. S'y ajoutent également les ampoules électriques et plus généralement tout ce qui est connecté au réseau électrique, comme les chaudières et pompes à chaleur.

Le but du réseau de domicile est de connecter tous les équipements pour leur permettre de communiquer avec l'extérieur du domicile et entre eux à l'intérieur du domicile. Les problèmes à résoudre se divisent en deux grandes catégories : la connexion des équipements entre eux par le biais d'un réseau proposant un protocole acceptable par l'ensemble des machines et la gestion des applications communes qui, beaucoup plus qu'une connexion réseau, demandent un interfonctionnement.

Les couches basses de l'architecture

Les couches basses de l'architecture du réseau de domicile, concernant les éléments physiques, les trames et les paquets, sont fondées essentiellement sur Ethernet, que ce soit sous forme hertzienne, courant porteur ou câblée. Ces trois supports se partagent en fait les connexions des équipements du domicile.

Les courants porteurs forment une catégorie importante des réseaux de domicile.

Le CPL

L'utilisation des courants porteurs en ligne, ou CPL, dans le domaine de la domotique est aujourd'hui une réalité qui ne cesse d'attirer des clients. Les distances sont généralement assez faibles, de l'ordre de quelques mètres entre les différentes prises.

L'objectif est de réaliser sur l'ensemble des câbles électriques d'une même habitation un réseau partagé, de telle sorte qu'un message émis par un client par l'intermédiaire de sa prise électrique puisse être capté par l'ensemble des prises électriques de l'habitation. Le tableau électrique n'offrant qu'une faible protection contre la diffusion vers l'extérieur de l'habitation, il faut sécuriser les communications, comme dans les réseaux hertziens, où l'écoute est simple à réaliser.

Puisque le câble est partagé, une technique d'accès de type MAC est requise. La solution la plus souvent proposée est d'utiliser la norme Ethernet, qui permet le partage d'un câble commun. Cependant, contrairement à l'Ethernet classique, qui utilise la technique CSMA/CD comme méthode de partage, Ethernet sur courant porteur utilise la même technique que Wi-Fi c'est-à-dire le CSMA/CA. Il est en effet difficile avec la composante électrique d'écouter en même temps qu'on émet.

Le comportement de ces réseaux est similaire à celui de Wi-Fi : les performances se dégradent dès qu'une des stations subit un fort taux d'erreur en ligne l'obligeant à réduire sa vitesse d'émission. D'une vitesse brute annoncée de 200 Mbit/s, le standard CPL HomePlug AV peut chuter jusqu'à 0,9 Mbit/s.

Les principaux produits pour l'environnement du domicile proviennent de la technologie HomePlug avec les versions 1.0 turbo, Turbo et AV (Audio Video). Ces versions ont des débits bruts annoncés de 14, 80 et 200 Mbit/s. Comme nous l'avons indiqué, ces débits sont très fluctuants en fonction de l'environnement et peuvent chuter fortement, jusqu'à atteindre des vitesses inférieures à 1 Mbit/s.

Le deuxième grand standard, DS2, a la même ambition que HomePlug AV de faire transiter la vidéo et l'audio. Cette solution devrait permettre de faire transiter la télévision par ADSL vers l'ensemble des téléviseurs de la maison. Ces applications seront privilégiées par l'utilisation de priorités.

Dans le domicile, il est possible de mettre en place une passerelle entre le CPL et les autres réseaux Ethernet. La difficulté principale de cette interconnexion réside dans l'adéquation des classes de priorités entre les différents réseaux, qui ne sont pas toujours exactement positionnées de la même façon.

La sécurité de l'information qui transite sur ce réseau constitue également un problème. Le courant faible peut traverser le compteur électrique, même en présence de filtres spécialisés. Il faut donc chiffrer l'information avec une clé, par exemple la clé NEK (Network Encryption Key) de HomePlug, et implémenter cette clé sur l'ensemble des équipements au moyen d'un logiciel de configuration spécifique. Des équipements de type routeur, passerelle, gestion des NAT sont également indispensables. Ils sont très similaires à ceux des réseaux Wi-Fi.

Les réseaux CPL sont décrits en détail au chapitre 24. Rappelons simplement ici que cette solution, aujourd'hui en plein essor, présente l'inconvénient majeur d'une grande instabilité du débit.

Les réseaux hertziens

L'utilisation des méthodes hertziennes s'est propagée avec Wi-Fi, mais de nombreux autres réseaux hertziens ont vu le jour, notamment UWB (Ultra Wide Band).

Ces réseaux étant présentés en détail aux chapitres 22 et 23, nous ne donnons ici que des informations complémentaires utiles aux réseaux de domicile.

Wi-Fi

Wi-Fi est une excellente solution dans le domicile, mais il ne va pas sans un certain nombre de défauts, notamment en raison de son succès.

Dans une grande ville d'un pays développé, il est classique de détecter, en un point donné, une dizaine de réseaux Wi-Fi, voire beaucoup plus. Comme indiqué au chapitre 23, il n'existe que trois fréquences réellement utilisables simultanément. Il existe donc de fortes interférences entre les réseaux Wi-Fi. De ce fait, il n'est pas rare, même avec un débit brut de 54 Mbit/s, qu'un utilisateur ne dispose que d'un débit très bas, en dessous de 1 Mbit/s, du fait d'interférences électromagnétiques.

De plus, certains utilisateurs sont équipés de plusieurs points d'accès, ce qui complique encore l'ingénierie à mettre en œuvre. Il faut dans ce cas modifier non seulement le plan de fréquences, mais la puissance d'émission, comme cela se fait dans les entreprises.

Une solution, qui pourrait devenir un standard dans les réseaux de domicile consiste à implanter Wi-Fi dans chaque prise de courant électrique ou au moins dans une prise de courant de chaque pièce. Cela permet de réduire la taille des cellules et de limiter leur puissance, mais ce n'est pas toujours possible avec les points d'accès bon marché.

Une autre solution pour obtenir un débit et une couverture convenables consiste à adopter les nouvelles technologies Wi-Fi, comme l'IEEE 802.11n, qui devrait offrir un débit raisonnable, même en cas de forte demande, ou les réseaux mesh et les extensions des réseaux ad-hoc.

Du fait des interférences, il faut que les utilisateurs abaissent la puissance d'émission de leur point d'accès, ce qui présente l'inconvénient de réduire la portée. La solution à ce problème consiste à placer des bornes relais (ou bridges), qui communiquent entre elles en Wi-Fi ou par le biais du réseau électrique ou d'un réseau Ethernet spécifique. Les bornes relais servent à la fois de point d'accès et de relais, permettant aux clients de se connecter et de jouer le rôle d'un réseau mesh *(voir le chapitre 21)*. En d'autres termes, dans le futur, les domiciles seront couverts par un ensemble de points d'accès reliés entre eux par des liaisons radio.

Le mode ad-hoc peut être adopté afin d'étendre le réseau de domicile en permettant à un équipement se trouvant hors de portée du point d'accès de se connecter en transitant par une ou deux machines intermédiaires.

UWB

L'Ultra Wide Band provient du groupe de travail IEEE 802.15.3. Cette solution offre un très haut débit, mais sur une courte distance : 480 Mbit/s de débit brut sur 3 mètres. En s'éloignant, le débit diminue pour passer à 120 Mbit/s sur 10 mètres en vue directe. Dans les faits, le débit est assez nettement inférieur et ne traverse pas les murs. Cette solution n'est donc pas complètement adaptée au domicile, sinon en disposant des répéteurs en grand nombre dans les différentes pièces.

L'UWB est une interface radio qui se décline en plusieurs implémentations : essentiellement Bluetooth 3.0, FireWire et WUSB. Pour un produit complet, il est nécessaire d'intégrer les développements réalisés par la WiMedia Alliance qui intègrent différentes possibilités des couches hautes, regroupées parfois sous le nom de WiNET. Les couches hautes contiennent un protocole de reconnaissance de service et de mise en relation des machines terminales. La découverte de service est prise en charge par le standard UPnP, que nous détaillons un peu plus loin dans ce chapitre. La mise en relation des machines terminales est effectuée par un logiciel de négociation de profil entre machines permettant de définir un profil commun pour l'échange de données.

Comme pour les réseaux Wi-Fi, le débit réel d'une connexion UWB est assez difficile à déterminer. Il dépend de nombreux paramètres, tels que la distance entre les équipements qui communiquent, la puissance du signal, mais aussi les perturbations électromagnétiques externes. C'est une solution intéressante mais pas suffisamment universelle pour garantir la qualité de la communication entre deux équipements dans le domicile. En particulier, elle ne traverse pas les murs et demande donc des répéteurs dans toutes les pièces, ainsi qu'un moyen pour passer d'une pièce à l'autre.

Autres solutions

De nombreuses autres solutions pourraient être adaptées à l'univers de la maison, à commencer par un réseau Ethernet standard avec un câblage spécifique. Cette solution est utilisée par de nombreux particuliers en raison de son efficacité. Les domiciles neufs pourraient disposer directement d'un câblage Ethernet dans les murs, mais c'est rarement le cas.

Le réseau Ethernet peut aussi utiliser le câblage téléphonique du domicile. Cette solution n'est toutefois pas toujours satisfaisante, car ces câbles sont de très mauvaise qualité et sont perturbés par les courants de sonnerie.

Une technique potentiellement intéressante, appelée FSO (Free Space Optics), utilise l'infrarouge et est limitée à une pièce. Le réseau se sert de l'électricité et des ampoules pour la diffusion de l'infrarouge.

Un câblage en fibre optique peut être réalisé dans un domicile en continuité de celui d'un opérateur. Cette solution est examinée avec soin actuellement, mais son coût est important, et elle demande la mise en place d'étoiles optiques supplémentaires, ce qui pose des problèmes d'atténuation du signal optique.

Plusieurs solutions pour raccorder des capteurs sont également envisagées, comme l'utilisation de ZigBee ou l'une des propositions du groupe 6LowPAN de l'IETF. L'implémentation de nombreux capteurs devrait permettre de suivre les personnes dans la maison afin d'éteindre ou allumer automatiquement les lumières, de déceler des effractions et de gérer des éléments de sécurité (capteur d'incendie) ou de confort (capteur de température).

Les accès

Les débits des accès au domicile ne cessent d'augmenter, depuis les modems ADSL et InternetBox jusqu'aux accès en fibre optique, de type FTTH (Fiber to the Home). Ces accès utilisent la fibre optique et apportent le Gbit/s par utilisateur. Pour des raisons de coût, l'arrivée de la fibre peut s'arrêter au trottoir avec FTTC (Fiber to the Curb) ou entrer dans le bâtiment avec FTTB (Fiber to the Building). Dans ces deux derniers cas, la continuité s'effectue par le biais de câbles métalliques jusqu'à la porte de l'utilisateur.

La solution FTTH se développe énormément au niveau mondial. La structure de cette boucle locale est totalement différente de celle de la boucle ADSL sur câble métallique. Le signal est diffusé sur la fibre optique par des étoiles passives, ce qui donne un support physique multiaccès partagé, comme Ethernet. De ce fait, la capacité de la fibre optique est partagée par l'ensemble des utilisateurs. Lorsque des utilisateurs sont absents ou n'utilisent que peu leur accès, tout ce qui n'est pas utilisé est repris par les autres clients. En résumé, si un client se trouve seul à utiliser son accès optique, il dispose de toute la capacité du réseau.

Cette révolution de l'accès donne au domicile la puissance d'une très grande entreprise d'il y a cinq. Elle devrait permettre l'arrivée de nouveaux services à très haut débit, comme les murs de présence, le téléchargement de vidéos ou la diffusion de plusieurs canaux de télévision haute définition.

Même si la fibre optique n'arrive pas jusqu'au domicile, d'autres solutions, comme l'ADSL ou le VDSL, devraient être largement suffisantes pour irriguer le domicile. Ces technologies offrent des débits de 25 et 50 Mbit/s, largement acceptables pour prendre en charge toutes les applications moyen et haut débit. Les InternetBox jouent ici un rôle capital. Si elles sont aujourd'hui optimisées pour le Triple ou le Quadruple-Play, elles devraient être dimensionnées pour les applications du domicile dans un avenir proche.

À la question de savoir quel équipement contrôlera le domicile, chacune des grandes catégories d'industriels a sa réponse : les télécommunications poussent l'InternetBox, voire un serveur qui pourrait se trouver au niveau du DSLAM ; l'informatique verrait beaucoup mieux l'ordinateur personnel remplir ce rôle ; les équipementiers grand public travaillent sur une passerelle domestique (Home Gateway), qui se trouverait connectée à l'InternetBox et aux équipements domestiques. Les enjeux sont très élevés, et des milliards de domiciles sont concernés à plus ou moins long terme.

Les couches supérieures de l'architecture

Les couches supérieures ont pour objectif de réaliser la communication entre les équipements du réseau de domicile entre eux. Les exemples les plus classiques concernent la télévision provenant de l'InternetBox à destination de l'un des écrans de la maison ou bien l'enregistrement d'un programme de télévision vers un DVD pouvant se trouver à l'autre bout du domicile.

Les applications de téléphonie présentent moins de difficulté du fait de leur faible débit. En revanche, elles demandent une gestion particulière de la mobilité en environnement de domicile.

En réalité, c'est la superposition de toutes ces applications, certaines à haut débit et avec des contraintes temps réel, d'autres avec des problèmes de consommation électrique, d'autres encore avec du multipoint et des débits importants, qui rend le réseau de domicile complexe à contrôler.

L'objectif des couches supérieures est de déterminer les profils qui doivent permettre de mettre deux machines en communication, en parlant le même langage et en proposant une qualité de service.

La figure 28.1 illustre certains des objets que l'on peut faire communiquer dans la maison.

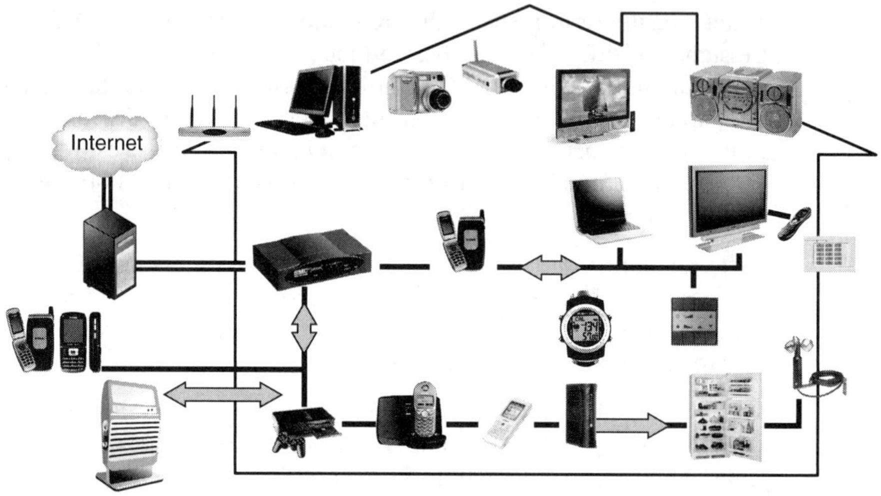

Figure 28.1
L'univers des objets à connecter dans un réseau de domicile

Ces objets à connecter viennent de trois univers différents :

- Télécommunications : équipements téléphoniques et terminaux multimédias mobiles (PDA, les SmartPhones, etc.). Ces objets ont une certaine intelligence, et leur système d'exploitation est capable de supporter des algorithmes de contrôle peu sophistiqués. Leur puissance est très variable, selon l'utilisation autre que téléphonique qui peut être faite de ces terminaux.
- Informatique : ordinateurs portables ou de bureau et plus généralement les équipements qui possèdent un système d'exploitation puissant, de la mémoire et une unité centrale pas trop limitée.
- Électronique grand public : appareils ménagers et électroniques, tels que télévisions, aspirateur, réfrigérateur, etc. Ces équipements disposent d'entrées-sorties analogiques, mais ils sont en train de devenir numériques, permettant leur connexion au réseau de domicile pour y envoyer et en recevoir des paquets IP.

La révolution dans le domaine du réseau de domicile a pour objectif de faire communiquer toutes ces machines très différentes venant d'horizons distincts. Pour cela, toutes les machines devront devenir IP. Ainsi les télévisions deviennent-elles des ordinateurs et les ordinateurs des télévisions. Cette révolution est en cours, même si elle se fait encore peu sentir du fait principalement des coûts de ces équipements IP.

Les industriels du monde de l'informatique ont essayé de développer une technologie de découverte de service aux fonctionnalités minimales, notamment avec le standard UPnP (Universal Plug & Play). Cependant, la découverte de service, si elle est indispensable, n'est pas suffisante pour réaliser la communication. Il est nécessaire de mettre en place une véritable architecture de communication avec le média à utiliser, prenant en compte la vitesse et la qualité de service. Une telle architecture, dite DLNA (Digital Living Network Alliance), effectue un compromis entre l'ensemble des partenaires. Nous l'examinons en détail un peu plus loin dans ce chapitre.

L'architecture DLNA est cependant incomplète, car elle ne prend pas en compte la partie réseau à l'intérieur du domicile. Elle permet essentiellement de mettre d'accord des équipements en vu de communiquer. Pour gérer la qualité de service, la sécurité, la gestion de la mobilité ainsi que la maintenance du réseau de domicile, il faut aller plus loin sur la partie réseau proprement dite. Plusieurs consortiums se proposent d'aller dans ce sens, mais souvent avec des vues partielles. Citons notamment le DSL Forum et surtout HGI (Home Gateway Initiative), que nous détaillons plus loin.

UPnP

UPnP (Universal Plub & Play) est une technologie qui permet la communication des données entre n'importe quelle machine sous le contrôle d'un équipement du réseau domestique. Des DCP (Device Control Protocol) décrivent des méthodes normalisées pour l'interaction entre machines. Ces protocoles utilisent des techniques standards, comme UDP, TCP, HTTP, SSDP ou SOAP. Les descriptions sont effectuées en XML de façon à être totalement compatibles avec le monde Internet.

L'architecture UPnP spécifie six phases d'interaction, comme illustré à la figure 28.2 :

- L'adressage *(Addressing)*, par laquelle les équipements obtiennent leur adresse IP.
- La découverte *(Discovery)*, par laquelle les points de contrôle découvrent l'existence des équipements.
- La description *(Description)*, par laquelle les points de contrôle apprennent à connaître les équipements et leurs services.
- Le contrôle *(Control)*, par laquelle les points de contrôle invoquent les actions à réaliser.
- La notification *(Eventing)*, par laquelle les équipements peuvent notifier des contrôles.
- La présentation *(Presentation)*, par laquelle les équipements peuvent présenter des pages Web aux points de contrôle pour obtenir les états et lancer des interactions.

Figure 28.2
Les six phases d'interaction d'UPnP

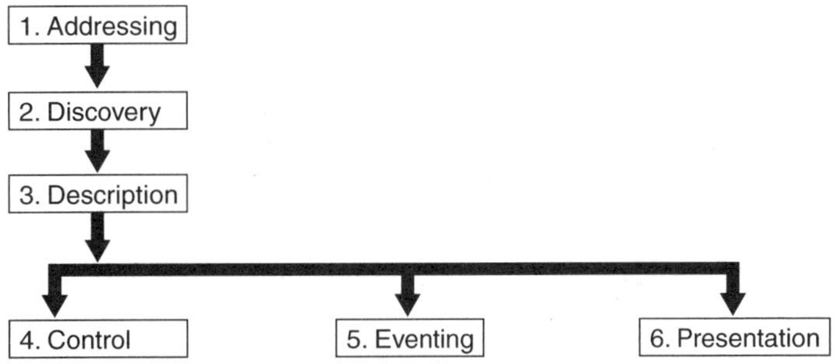

UPnP est un bon début pour l'intercommunication entre des équipements différents, mais il reste insuffisant et peu sécurisé. En particulier, il ne définit pas le média à utiliser pour communiquer, ni le débit, ni la qualité de service nécessaire. C'est la raison de la mise en place de l'initiative DLNA, que nous allons examiner.

DLNA

L'architecture DLNA (Digital Living Network Alliance) provient d'un consortium réunissant tous les grands acteurs des télécommunications, de l'électronique grand public et de l'informatique.

Le consortium comprend environ trois cents membres, dont vingt et un promoteurs (Promoter Members). L'objectif de ce consortium est de fournir les formats de base pour fournir l'interopérabilité des médias. Une de leur tâche importante est de développer des liaisons avec l'ensemble des organismes s'occupant de la normalisation des médias pour uniformiser les présentations et aboutir à un environnement commun, mais sans inventer de nouveaux standards.

DLNA doit également se préoccuper des tests de compatibilité entre les différentes piles protocolaires proposées par les industriels.

L'architecture de DLNA comporte six couches, comme l'illustre la figure 28.3.

Figure 28.3

Les six couches de l'architecture DLNA

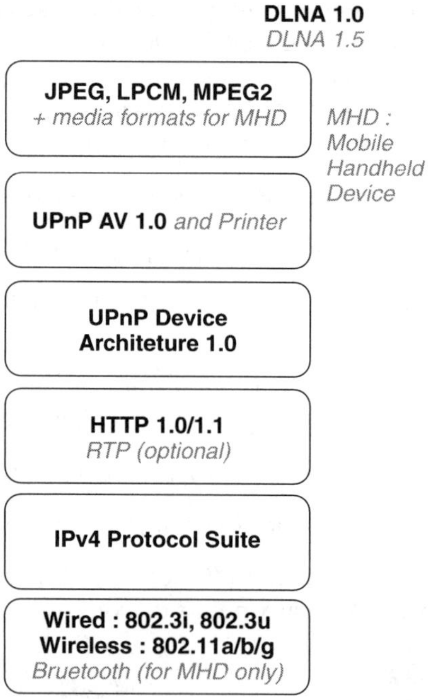

La couche la plus haute détermine les médias qui peuvent être utilisés entre deux équipements. Dans la version DLNA 1.5, les médias acceptables sont JPEG, LPCM et MPEG-2, ainsi que des médias destinés aux équipements d'extrémité mobiles, les MHD (Mobile Handheld Device).

De façon plus précise, les médias et leurs options sont indiqués au tableau 28.1.

Classe	Format de base	Formats optionnels
Image	JPEG	PNG, GIF, TIFF
Audio	LPCM	AAC, AC-3, ATRAC 3plus, MP3, WMA9
AV	MPEG-2	MPEG-1, MPEG-4, AVC, WMV9

TABLEAU 28.1 • Les médias de DLNA

Les couches 5 et 4 reprennent essentiellement UPnP comme technique de découverte des équipements. La couche 3 détermine les protocoles qui peuvent être utilisés entre les équipements d'extrémité. Le principale est HTTP, avec en option RTP.

La couche 2 décrit le protocole de niveau paquet. IPv4 a été choisi comme protocole de base. Le protocole IPv6 pourrait être utilisé en temps voulu.

La couche la plus basse se préoccupe des supports physique et hertzien pour permettre la communication. Les choix tournent autour d'Ethernet avec les Ethernet filaires et la technologie Wi-Fi dans la partie hertzienne. En complément pour les équipements mobiles, la norme Bluetooth a été ajoutée.

L'architecture DLNA est donc beaucoup plus complète que la simple découverte d'équipements. Elle est toutefois encore insuffisante dans les réseaux de domicile pour garantir une communication entre deux équipements avec qualité de service et sécurité.

Le groupe DLNA a fixé, en mars 2006, un certain nombre d'objectifs à atteindre. Ces directives ont pour objectif d'étendre la première génération de DLNA en y ajoutant les équipements d'impression et les mobiles. Les directives précédentes concernaient deux classes d'équipements, appelées DMS (Digital Media Server) et DMP (Digital Media Player). Avec la nouvelle génération, elles concernent douze classes.

Ces nouvelles possibilités sont les suivantes :

- Introduction de la possibilité d'imprimer sur le réseau vers un DMPr (Digital Media Printer), en particulier pour l'impression de photos.
- Possibilité de pousser *(push)* des images, de la vidéo ou du contenu audio d'un serveur vers un équipement de type Player. DLNA n'offre actuellement que la possibilité de tirer *(pull)* le média d'un serveur vers le Player. Cette solution permet de télécharger les images d'un appareil photo numérique vers un PC ou une télévision pour les visionner.
- Possibilité de contrôler la transmission vers un équipement mobile. Par exemple, donner la possibilité à un téléphone portable de transférer une chanson vers un équipement stéréo pour la diffuser.
- Prendre en charge la norme de codage AVC (MPEG-4). C'est le média d'interopérabilité par excellence pour la vidéo. Ce standard est effectivement conçu pour le stockage et le transfert optimisé de contenus vidéo.
- Prise en charge de la technologie Bluetooth.
- Prise en charge du protocole RTP, qui permet d'introduire une meilleure qualité de service applicative *(voir le chapitre 13).*
- Introduction de la qualité de service pour améliorer le transport des applications de type streaming.
- Prise en charge des téléchargements entre équipements mobiles et équipements audio/vidéo.

Modèle de compatibilité

Le consortium DLNA a développé un modèle de compatibilité entre équipements DLNA. Ce modèle est illustré à la figure 28.4. Il définit la compatibilité par le biais de tests de conformité et d'interopérabilité. Des outils de test automatiques ont été développés afin de permettre, entre autres, une certification de la partie UPnP.

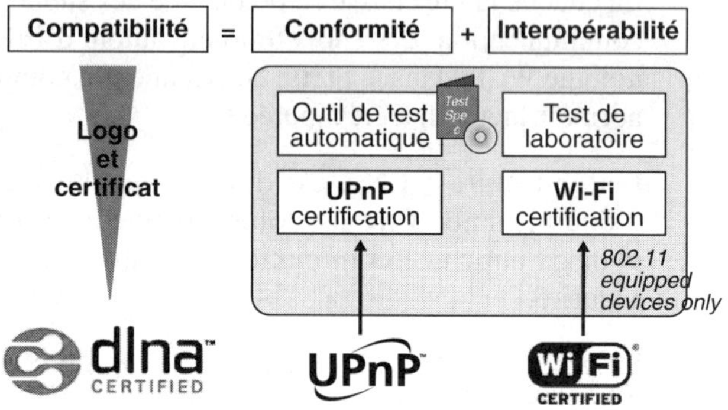

Figure 28.4
Modèle de compatibilité DLNA

Pour pouvoir entrer dans le réseau de domicile facilement, les équipements doivent posséder le sigle DLNA indiqué sur la figure. Malheureusement, les équipements DLNA sont assez nettement plus chers que les autres puisqu'ils incorporent un processeur, de la mémoire, des entrées-sorties, des codeurs, etc.

Comme indiqué précédemment, l'architecture DLNA n'est pas suffisante par elle-même pour garantir la traversée du réseau de domicile. Il faut y ajouter des fonctionnalités internes au réseau de communication lui-même. Les architectures de la section suivante visent à apporter ce complément.

Les autres architectures

Le DSL Forum compte approximativement deux cent cinquante membres, incluant des FAI, des opérateurs, des équipementiers et des industriels du logiciel. Son objectif est de définir une architecture de bout en bout permettant de garantir les communications entre le serveur se trouvant dans un réseau d'opérateur et la machine terminale de l'utilisateur. C'est donc beaucoup plus que le réseau de domicile qui est concerné.

Le DSL Forum se préoccupe en premier lieu de l'architecture et de la gestion des équipements d'extrémité.

L'architecture définie dans le document TR-069 vise l'autoconfiguration, le provisionnement de service dynamique, la gestion du logiciel et du firmware, le contrôle du statut des équipements et des liaisons ainsi que le monitoring de performance, la gestion des logs, le diagnostic, etc.

Pour cela, le Forum a défini un modèle de données commun pour la gestion des équipements et déterminé des modèles d'objets pour des applications comme la VoIP.

Un autre forum très important pour les réseaux de domicile provient du rassemblement d'un certain nombre d'opérateurs de télécommunications au sein du HGI (Home Gateway Initiative), parmi lesquels Orange, BT, DT, Belgacom, Telefonica, Telecom Italia, KPN, TeliaSonera et NTT. Cette initiative essentiellement européenne cherche à définir et normaliser par des spécifications industrielles des passerelles du réseau de domicile.

L'objectif du forum HGI est de spécifier un environnement résidentiel multiservice fondé sur une passerelle située entre l'InternetBox et les équipements résidentiels. La spécification HGI est fondée sur des standards existants. Son objectif est de les compléter afin que la normalisation du réseau de domicile soit complète. En particulier, la spécification est fondée sur les standards du DSL Forum, DLNA, OSGi, DVB, UPnP, ETSI et UMA.

La passerelle HGI devrait ainsi être au cœur du domicile et jouer le rôle de chef d'orchestre de ce réseau.

Conclusion

Le réseau de domicile est devenu un vrai réseau, au même titre que celui d'une petite entreprise d'aujourd'hui. Il faut à la fois gérer le réseau du point de vue des couches basses et des applications afin qu'elles puissent être atteintes de toutes les machines du domicile.

Nous n'avons pas détaillé dans ce chapitre les connexions qui devraient provenir des étiquettes électroniques et des réseaux de capteurs, mais ce sont des extensions qu'il faudra prendre en compte dans un avenir proche. Ces connexions devraient se développer énormément dans le domicile pour introduire de nouveaux paramètres, comme la température extérieure sur la porte de sortie ou la possibilité de retrouver ses livres à l'intérieur de la maison. Dans ce dernier exemple, il suffirait de saisir le nom du livre recherché pour qu'une géolocalisation soit possible au travers d'une étiquette électronique associée et une triangularisation pour obtenir l'emplacement géographique.

D'autres développements sont en cours pour étendre le réseau de domicile. La première extension concerne les « extensions » du domicile, comme la voiture ou la maison de campagne. L'utilisateur doit pouvoir bénéficier dans sa voiture des mêmes services que chez lui. De même, les extensions vers la chambre d'hôtel ou le bureau semblent naturelles. Cependant, ces extensions posent de nouveaux problèmes, surtout si la mobilité est un paramètre supplémentaire à prendre en compte. C'est dans cet objectif que des groupes de travail spécifiques, comme VANET (Vehicular Ad hoc Networks), ont été mis sur pied par l'IETF.

29

Les réseaux d'entreprise

Les entreprises s'échelonnent d'une taille limitée à quelques postes de travail connectés sur un même réseau local à des infrastructures internationales permettant à des milliers de postes de travail de communiquer. Une autre façon de classifier les réseaux d'entreprise consiste à les mesurer en terme de sites à interconnecter.

Nous examinons dans ce chapitre l'intégration des services de données et de parole téléphonique dans un réseau d'entreprise. Nous détaillons ensuite les réseaux d'entreprise à un seul site puis les réseaux d'entreprise multisites.

L'intégration voix-données

Dans un réseau d'entreprise, il faut transporter la parole téléphonique et les données jusqu'au poste terminal de l'utilisateur. D'une façon générale, deux réseaux différents sont mis en œuvre pour cela, comme l'illustre la figure 29.1.

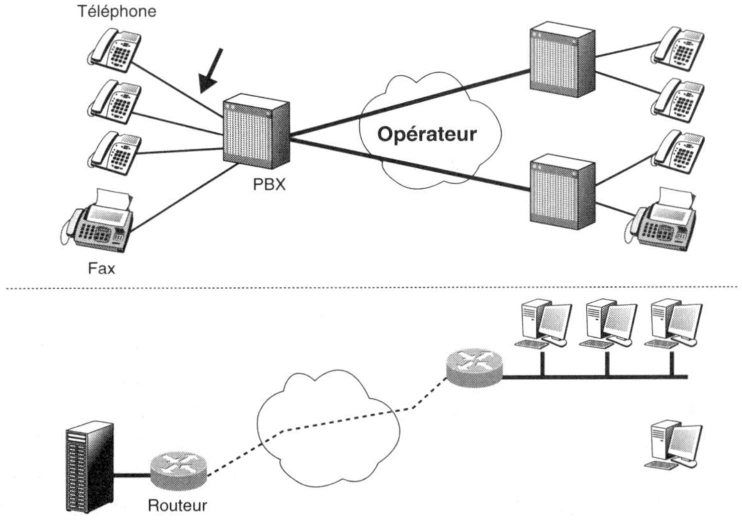

Figure 29.1
Coexistence de deux réseaux d'entreprise

Dans cette figure, un réseau téléphonique formé de combinés téléphoniques est raccordé à un PBX (Private Branch eXchange), ou autocommutateur privé. Le second réseau prend en charge les terminaux informatiques. Parfois, un troisième réseau vient se joindre aux deux premiers pour le transport d'images animées, comme un réseau de télésurveillance ou un réseau de distribution de télévision.

Parmi les nombreuses solutions permettant l'intégration de la voix et des données, nous allons examiner les quatre suivantes :

- intégration de la voix dans le relais de trames ;
- intégration dans un tout-IP ;
- solution hybride ;
- négociation d'un SLA avec un opérateur.

L'intégration de la parole téléphonique dans un réseau relais de trames est fortement utilisée depuis une quinzaine d'années. Elle reste une solution simple et peu onéreuse, même si de nouvelles solutions plus puissantes sont apparues depuis le début des années 2000.

La figure 29.2 illustre l'intégration de la voix et des données par l'intermédiaire d'un VFRAD (Voice Frame Relay Access Device), un équipement capable de remplir des trames LAP-F dans un réseau en relais de trames.

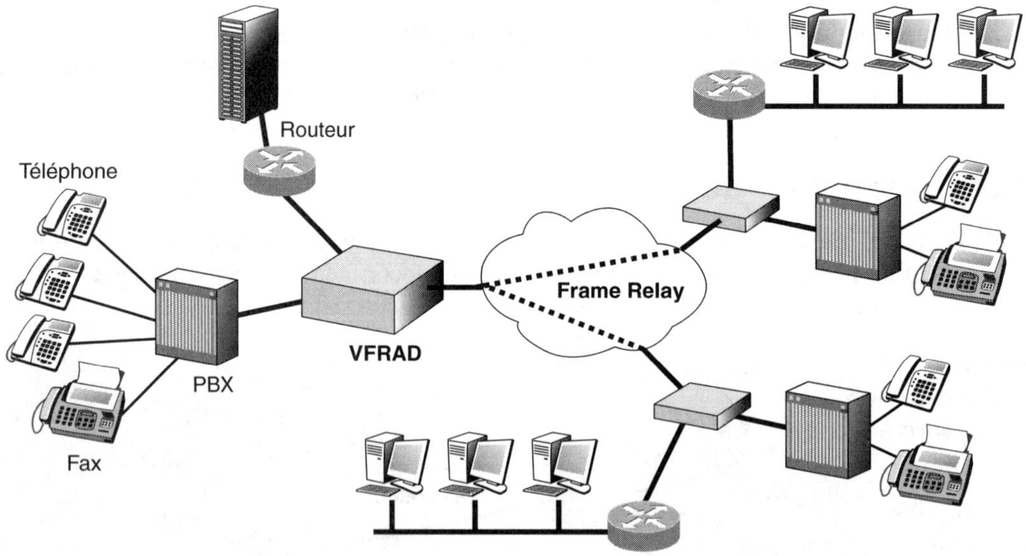

Figure 29.2

Intégration voix-données par un VFRAD

Un VFRAD est un équipement qui permet d'encapsuler dans des trames LAP-F du relais de trames des octets de parole téléphonique et de les multiplexer sur une même liaison virtuelle, qui n'est autre qu'un circuit virtuel de niveau 2 tel que défini dans le relais de trames. Dans cette architecture, il faut autant de VFRAD que d'accès au réseau pour relier les différents sites entre eux. L'intégration n'a lieu que sur le réseau relais de trames, où une même liaison virtuelle permet de transporter les trames de parole et de données. La parole téléphonique peut être restituée à l'arrivée car le relais de trames comporte une option qui garantit le délai de transit dans le réseau.

Avec cette option, le transport de voix utilise une compression de la parole téléphonique à un taux pouvant atteindre 8 Kbit/s. Divers algorithmes de compression sont disponibles. Ils sont détaillés au chapitre 41, consacré à la parole téléphonique en paquets. La figure 29.3 illustre l'intégration des différentes applications dans cette solution.

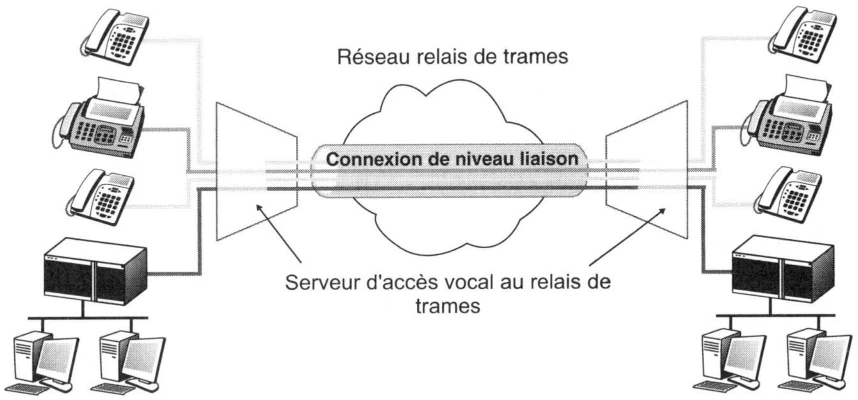

Figure 29.3

Intégration voix-données dans le relais de trames

Cette solution, normalisée en décembre 1998 par le FRF (Frame Relay Forum), met en œuvre un mécanisme simple de point-à-point utilisant un circuit virtuel. La figure 29.4 montre l'encapsulation de plusieurs voix de parole dans une trame suivie d'une trame de données.

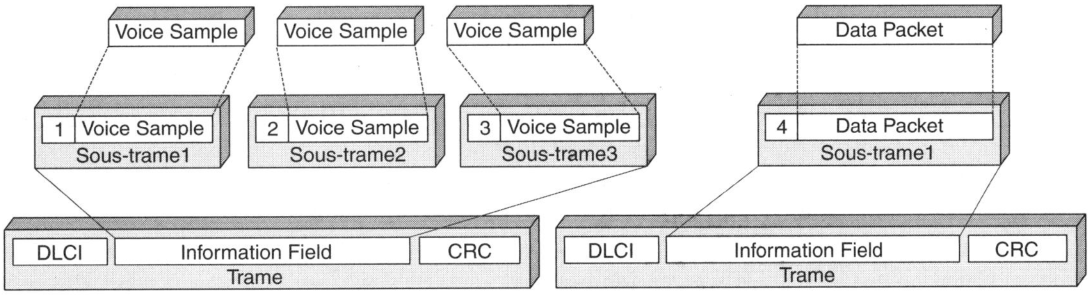

Figure 29.4

Intégration voix-données au niveau trame

La deuxième solution que nous allons étudier est celle de l'intégration dans un même environnement IP de la parole téléphonique provenant de combinés analogiques et des données émises par les terminaux informatiques. Cette solution est décrite à la figure 29.5. Les combinés téléphoniques analogiques sont reliés à un PBX-IP, c'est-à-dire à un autocommutateur privé capable de générer en sortie des paquets IP transportant les octets de parole téléphonique numérisée. Le PBX-IP gère également la supervision en transformant la signalisation téléphonique classique CCITT n° 7 *(voir le chapitre 36)* en une signalisation capable de traverser le monde IP, comme H.323 ou SIP *(voir les chapitres 36 et 42)* et *vice versa.*

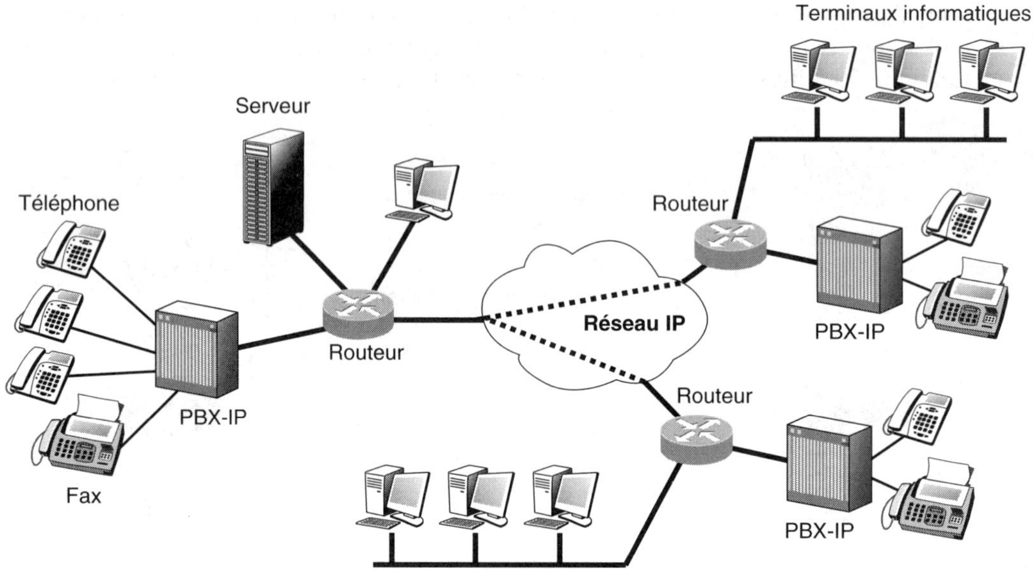

Figure 29.5

Intégration voix-données dans une architecture IP

Dans cette solution, les paquets IP sont encapsulés, au niveau des serveurs et des stations de travail IP, dans des trames Ethernet, lesquelles sont transmises sur un réseau Ethernet jusqu'au routeur de sortie de l'entreprise. Après décapsulation de la trame Ethernet, les paquets IP sont intégrés dans une trame LAP-F du relais de trames pour être acheminés vers le routeur situé de l'autre côté du réseau. Dans ce routeur, la trame LAP-F est de nouveau décapsulée afin de retrouver le paquet IP et d'insérer ce dernier dans une trame Ethernet. Cette trame est acheminée vers le terminal informatique ou vers le PBX-IP.

Le réseau intersite peut être un relais de trames, un réseau IP d'opérateur ou un réseau IP privé de l'entreprise. Le réseau de l'opérateur peut s'appuyer sur des techniques diverses, comme ATM ou MPLS. Dans tous les cas, pour garantir la qualité de service nécessaire à la parole téléphonique, il faut que le réseau intersite soit capable de garantir un temps de transit au travers du réseau. Cette garantie est négociée avec l'opérateur du réseau, opérateur de télécommunications ou gestionnaire du réseau de l'entreprise, de façon que les performances soient compatibles avec la qualité attendue par l'utilisateur. Pour cela, un SLA (Service Level Agreement) est négocié avec l'opérateur du réseau, afin de préciser le temps maximal de transfert à l'intérieur du réseau.

Dans cette solution, le réseau d'entreprise global doit posséder un réseau sur chaque site de l'entreprise et un réseau intersite, tous individuellement capables d'assurer une qualité de service, et donc des temps de traversée bornés. On peut en déduire que le temps de transit d'un équipement terminal à un autre est borné. Ce temps doit rester inférieur à 200 voire 250 ms pour une application de téléphonie. Pour cela, le réseau doit faire appel à des techniques de priorité permettant aux paquets prioritaires de voir le système comme étant quasiment vide. Il faut donc un surdimensionnement du réseau de site par rapport à la somme des débits des différentes voix téléphoniques. Cela n'est généralement pas compliqué à obtenir avec des commutateurs Ethernet qui gèrent les trois bits de priorité IEEE 802.3q et un réseau d'un débit égal à 100 Mbit/s.

Il faut en outre modifier les PBX en PBX-IP de façon que les octets de parole puissent être encapsulés dans des paquets IP. Une autre solution, allant jusqu'au bout de l'intégration dans IP, consiste à avoir des téléphones IP capables de générer directement des paquets IP, de telle sorte qu'il n'y ait plus besoin de PBX-IP. Dans ce cas, un serveur de supervision prend en charge la signalisation afin de permettre, entre autre, de faire sonner le téléphone distant. Nous examinons plus en détail ces téléphones IP au chapitre 41, dédié à la téléphonie informatique. La figure 29.6 illustre cette solution d'intégration du réseau d'entreprise dans un environnement complètement IP.

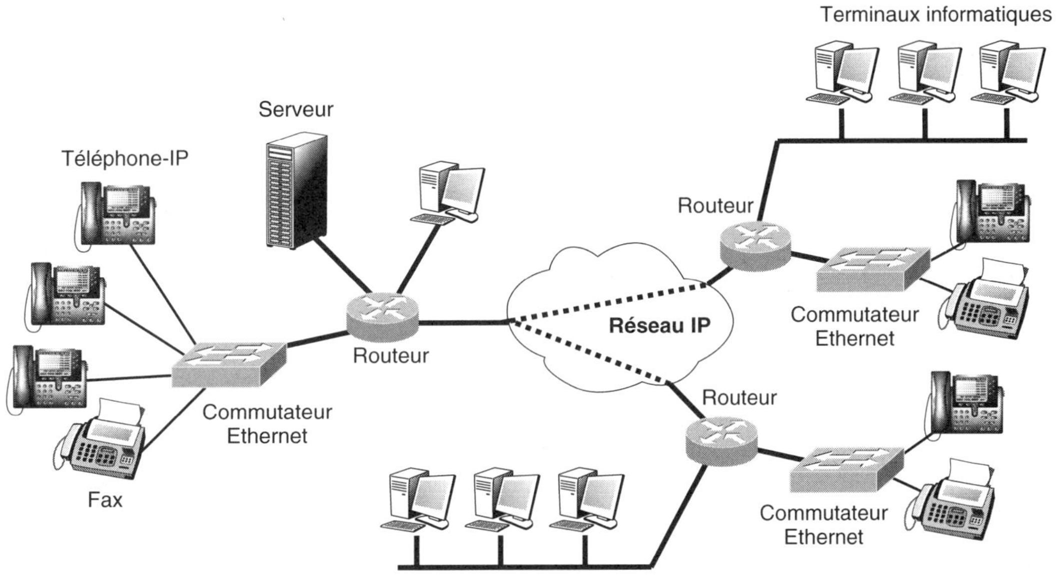

Figure 29.6

Intégration voix-données dans un réseau d'entreprise tout-IP

Les avantages de cette solution proviennent du vrai multiplexage IP et de l'intégration de bout en bout des applications voix et données. Ce très haut degré d'intégration rendra à moyen terme cette solution moins chère. À long terme, les coûts devraient encore baisser grâce à l'arrivée en grand nombre d'opérateurs IP proposant des SLA.

Parmi les inconvénients de cette technique, citons notamment :

- la mutation des équipements à mettre en œuvre à relativement long terme ;
- le coût assez élevé des téléphones IP ;
- la relative incompatibilité entre équipementiers des algorithmes de gestion de la qualité de service.

De nombreuses solutions intermédiaires, comme celle illustrée à la figure 29.7, permettent à l'entreprise de passer doucement d'un environnement non intégré à un environnement intégré. Dans cette figure, le PBX est découpé en plusieurs parties, des PBX-IP et des PBX non-IP. Les PBX-IP produisant les paquets IP sont raccordés aux routeurs, et les octets téléphoniques transitent par la partie IP du VFRAD. Les PBX numériques classiques intègrent pour leur part leurs octets téléphoniques directement dans une trame LAP-F du relais de trames.

Les inconvénients de cette transition sont les suivants :

- nécessité d'avoir des équipements voix sur IP dans l'ensemble des sites de façon à pouvoir récupérer les communications IP pour les envoyer vers des PBX classiques ;
- investissement dans des FRAD intégrant la voix sur IP, c'est-à-dire des routeurs spécifiques relativement chers par rapport aux routeurs tout-IP.

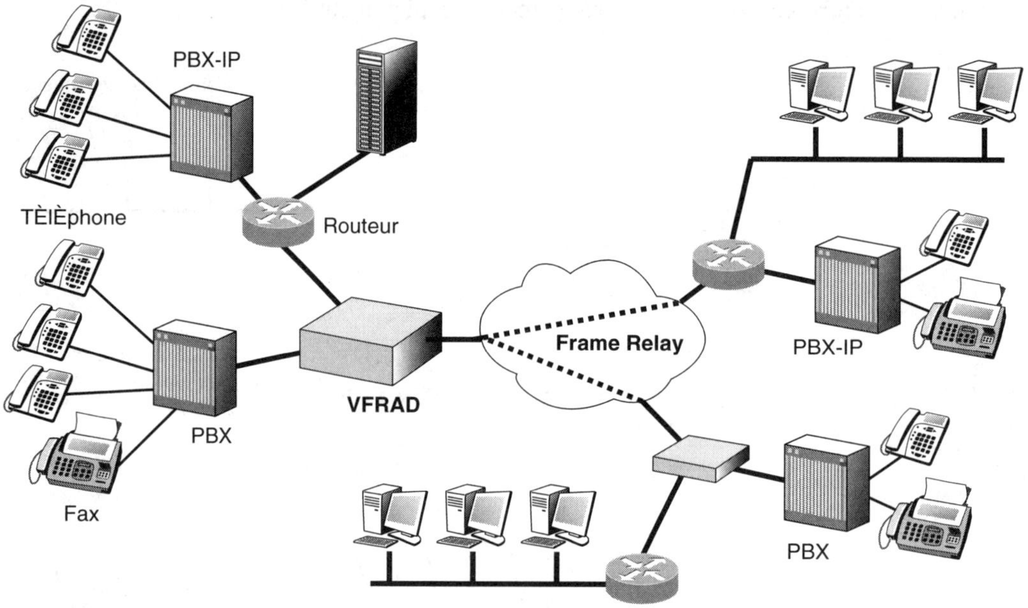

Figure 29.7

Passage d'un environnement non intégré à un environnement intégré

Cette tendance à l'intégration est inéluctable. Vers les années 2010, toutes les entreprises auront intégré sur un même réseau la téléphonie et les données, ainsi que la vidéo. La vidéo génère en effet un flot de paquets synchrones, mais avec des contraintes temporelles moins fortes. Elle s'intégrera au réseau de l'entreprise dès que les interfaces d'accès et les réseaux internes seront suffisamment puissants.

Les entreprises monosites

Dans les petites entreprises, un réseau local, ou LAN, permet aux différents postes de travail de s'échanger de l'information et de se connecter vers l'extérieur. Ce réseau local possède une passerelle permettant aux utilisateurs du réseau d'entreprise de se connecter vers l'extérieur et de recevoir de l'information. Un exemple de réseau d'entreprise monosite est illustré à la figure 29.8.

Dans cette figure, le réseau de l'entreprise est constitué d'un ensemble de réseaux Ethernet commutés de sorte à avoir une duplication des chemins vers les routeurs centraux. Ces derniers redistribuent les paquets vers la périphérie ou envoient les paquets vers

Figure 29.8

Réseau d'entreprise monosite

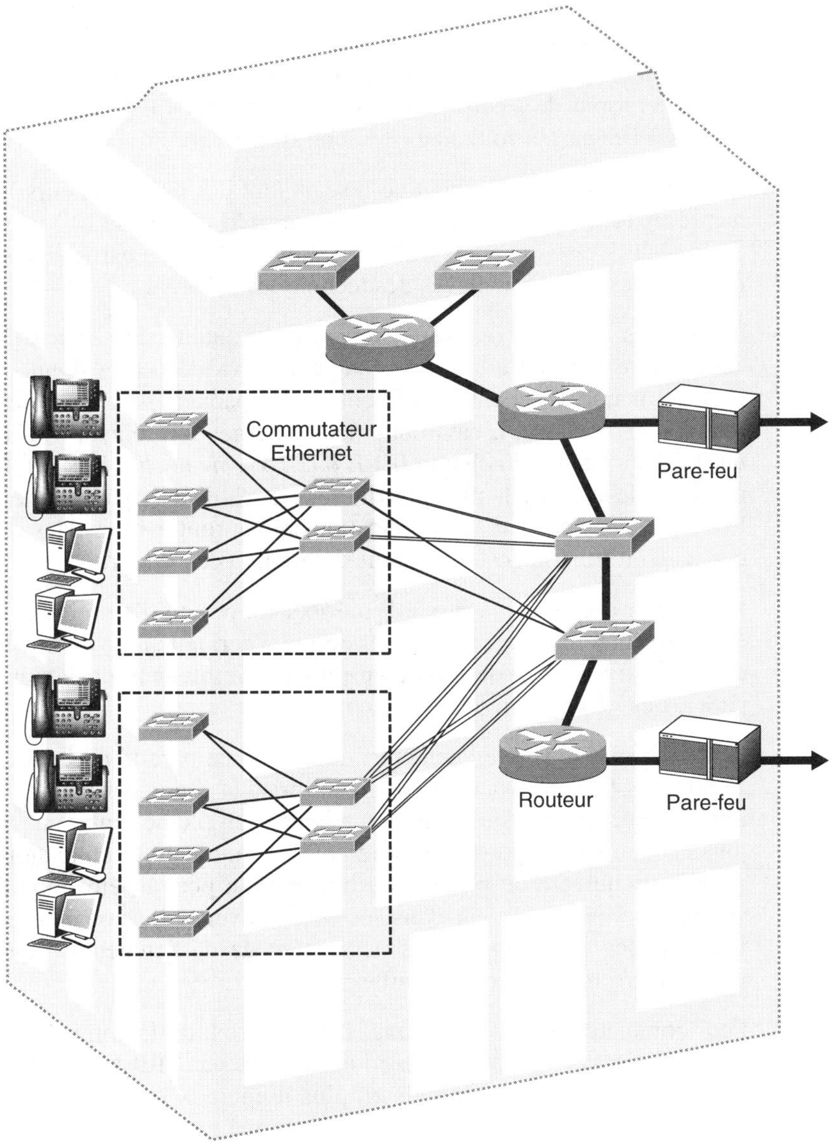

l'extérieur de l'entreprise par l'intermédiaire d'un pare-feu. De plus en plus, les réseaux employés dans l'entreprise sont des réseaux commutés et non plus partagés. La raison de cette mutation tient à l'intégration de la téléphonie, qui nécessite une qualité de service qu'il est impossible de garantir dans les réseaux partagés.

Les réseaux Ethernet

Cette section dresse un panorama des réseaux d'entreprise monosites, sans toutefois entrer dans les détails puisque les différentes technologies utilisées sont décrites dans les différents chapitres de ce livre.

Aujourd'hui, un réseau d'entreprise est essentiellement bâti sur une technologie Ethernet, associée à des réseaux VLAN pour sécuriser et isoler les sous-réseaux.

Le réseau illustré à la figure 29.8 est composé de commutateurs Ethernet et de routeurs IP. Les routeurs IP sont essentiellement situés aux entrées et sorties du réseau d'entreprise pour s'interconnecter aux réseaux des opérateurs. La figure montre deux accès pour des raisons de sécurisation des accès extérieurs. Il peut y avoir d'autres routeurs pour desservir des parties lointaines de l'entreprise.

La majorité des équipements de réseau sont des commutateurs Ethernet permettant de mettre en place des tuyaux de très hautes capacités, allant de 10 Mbit/s jusqu'à 10 Gbit/s. Un des objectifs clairs est de surdimensionner en grande partie le réseau de l'entreprise en profitant des coûts peu élevés des techniques Ethernet.

Le premier point à considérer concerne la qualité de service. Le réseau d'entreprise devant faire transiter à la fois le téléphone, la vidéo et les données, la technologie Diff-Serv est majoritairement implémentée : les paquets sont classifiés et mis en priorité en fonction de la classe. L'environnement Ethernet doit relayer l'information de priorité, ce qu'il fait au travers du champ IEEE 802.1p *(voir le chapitre 16)*. Il faut calculer le débit maximal de la classe la plus prioritaire, c'est-à-dire les paquets de parole téléphonique et l'ensemble des paquets des applications qui auront été mis dans cette classe, et s'assurer que le débit Ethernet est largement supérieur à ces valeurs.

Pour isoler des sous-réseaux à l'intérieur du réseau d'entreprise, l'utilisation de VLAN est particulièrement appréciée. Ces derniers permettent de mettre en œuvre des isolations entre sous-réseaux et de mettre en relation simplement des équipements qui doivent se parler. Les VLAN sont décrits au chapitre 37.

La figure 29.8 montre également l'utilisation de pare-feu. L'objectif des pare-feu est de stopper les flux menaçants pour l'entreprise et d'empêcher que certains flux sortent de l'entreprise. Les pare-feu sont actuellement en pleine mutation. Jusqu'à récemment, ils jouaient sur le champ qui portait le numéro indiquant l'application transportée, ce qu'on appelle un numéro de port. Cette information pouvait être modifiée, mais, surtout, les attaquants s'engouffraient dans les ports ouverts. La nouvelle génération de pare-feu introduit des filtres applicatifs permettant de déterminer les applications qui peuvent passer. Les pare-feu seront détaillés au chapitre 39.

Pour compléter ce bref panorama, il faut introduire la composante radio. Cette composante provient des produits sans fil normalisés par l'IEEE et en particulier de Wi-Fi. Des équipements terminaux de plus en plus nombreux se connectent directement par radio sur des contrôleurs qui peuvent être eux-mêmes des commutateurs Ethernet ou être connectés sur un commutateur Ethernet.

Le passage par une interface radio ne change pas fondamentalement le panorama puisqu'il s'agit toujours de connexion Ethernet. La difficulté provient beaucoup plus d'un problème de dimensionnement puisque les débits sont souvent très inférieurs.

Les sections qui suivent détaillent des types de réseaux d'entreprise qui, s'ils continuent d'exister, disparaissent peu à peu au profit d'Ethernet.

Les réseaux Token-Ring et à jeton

Au cours des années 1980, les réseaux locaux ont connu un énorme développement. Ethernet et Token-Ring sont les deux normes qui ont quasiment occupé tout ce marché. La première a été proposée par le triumvirat DEC, Intel et Xerox, relayé par une grande partie des constructeurs informatiques, tandis que la seconde est l'apanage d'IBM.

Bien que les réseaux Token-Ring ne soient quasiment plus implémentés aujourd'hui, les implémentations existantes sont encore assez nombreuses et méritent que nous nous penchions brièvement sur leur fonctionnement.

Nous commençons par détailler la norme de base, IEEE 802.5, choisie au départ par IBM pour son réseau local Token-Ring à 4 Mbit/s, puis abordons les extensions à 16 puis 100 Mbit/s. La version à 100 Mbit/s est appelée HSTR (High-Speed Token-Ring). Le réseau Cambridge normalisé par le groupe IEEE 802.7 est ensuite présenté de façon à conserver cette norme en mémoire, bien qu'il n'y ait plus aujourd'hui de produit commercialisé selon cette technologie.

L'anneau à 4 Mbit/s

Dans un réseau Token-Ring à 4 Mbit/s, chaque station est connectée à l'anneau par deux circuits, un pour l'émission et un pour la réception. Un jeton libre parcourt l'anneau dès qu'une station est mise en route puis est capté par la station qui veut émettre. Celle-ci le transforme en une trame, qu'elle transmet sur le support physique en régénérant le signal électrique. La figure 29.9 illustre cette technique d'accès.

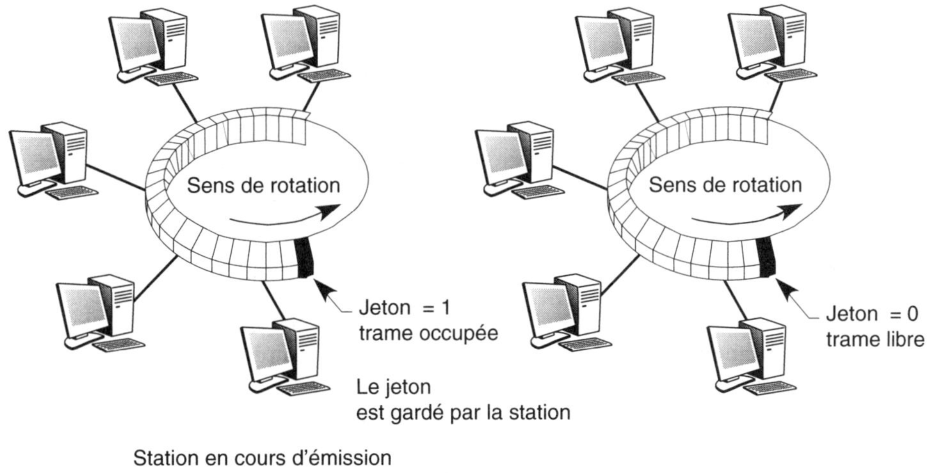

Figure 29.9
Technique d'accès IEEE 802.5

Le destinataire copie la trame au passage et émet un acquittement pour indiquer qu'il a bien recopié le message. Le comportement de l'émetteur se déroule en quatre phases :

1. Reconnaissance de sa trame.
2. Constatation que le destinataire a bien reçu le message.
3. Destruction de sa trame.
4. Réémission d'un jeton libre.

On peut constater que le jeton n'est de nouveau libre qu'après un tour de la boucle, lorsqu'il repasse devant l'émetteur. Cette solution est acceptable, car le temps de propagation est relativement négligeable par rapport au temps d'émission. Pour des vitesses supérieures à 4 Mbit/s, cette hypothèse n'est plus vraie, et la technique d'accès pour l'anneau à jeton à 16 Mbit/s puis par la suite à 100 Mbit/s est complètement différente.

Des priorités peuvent modifier la prise de jeton. Il faut que la station désirant capter le jeton possède un niveau de priorité suffisant. Si ce n'est pas le cas, la station concernée effectue une réservation dans la trame en cours, avec sa propre priorité. Le jeton libre est réémis avec cette priorité. Il existe au total 8 niveaux de priorité.

Le Token-Ring comporte également une fonction moniteur, qui a pour rôle de détecter et corriger les erreurs, telles que :

- Erreurs temporaires : perte de jeton ou de trame, jeton prioritaire non retiré, etc. Dans de telles situations, plus personne ne peut émettre. Chaque station peut corriger, mais une seule, le moniteur actif, peut, à un instant donné, réémettre un jeton. La fonction moniteur peut être assurée par n'importe quelle station du réseau. En pratique, cette charge est assurée par la première station qui se connecte sur l'anneau ou par la station qui a l'adresse la plus haute. La station moniteur doit se signaler aux autres stations.

- Erreurs permanentes : coupure de câbles. Dans ce type de situation, les deux stations incriminées se retirent et s'autotestent. La station défaillante est automatiquement retirée du réseau. Si le problème est dû au câble, il y a notification de l'incident au programme de gestion du réseau.

L'adresse de la carte coupleur intégrée dans la station peut être soit universelle, et codée par le constructeur — l'adressage IEEE garantit que cette adresse est unique —, soit locale. Dans ce dernier cas, elle doit être unique sur le réseau et gérée par l'utilisateur.

L'adresse indiquée dans la trame peut être individuelle, de groupe, de diffusion, sur un ou plusieurs anneaux, ou fonctionnelle (ponts, gestionnaires de réseau, etc.).

L'anneau à 16 ou 100 Mbit/s

Dans le cas de l'anneau à jeton à 16 ou 100 Mbit/s, le coupleur rend immédiatement le jeton, contrairement à celui à 4 Mbit/s, dans lequel le coupleur rend le jeton après que la trame a effectué un tour de la boucle. Il y a donc libération anticipée du jeton dans le cas du réseau à 16 ou 100 Mbit/s. Par ailleurs, la trame est d'une longueur plus importante.

Dans cette technique d'accès, incompatible avec la version à 4 Mbit/s, la station qui souhaite émettre repère le jeton au passage, prend l'octet de contrôle, qui contient le jeton mais également des éléments de supervision et de priorité, et remet cet octet de contrôle sur le support physique, derrière la trame qu'elle vient d'émettre *(voir figure 29.10)*.

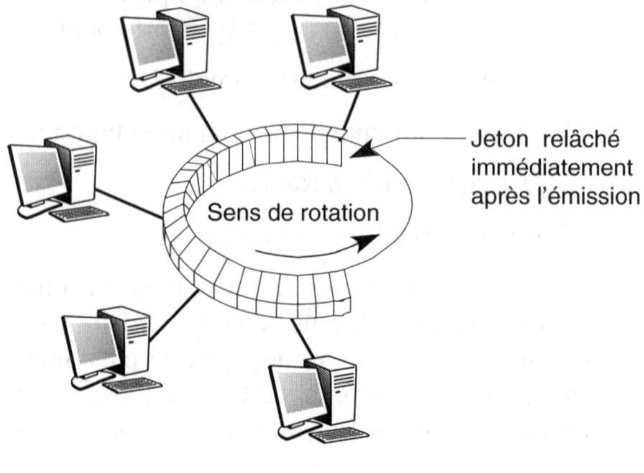

Figure 29.10
Technique d'accès IEEE 802.5 pour la version à 16 ou 100 Mbit/s

Cette solution est beaucoup plus puissante puisque plusieurs trames peuvent être en cours de circulation sur la boucle tandis que, dans le 4 Mbit/s, une seule trame peut circuler à un instant *t*. La version à 16 ou 100 Mbit/s est donc incomparablement plus puissante.

L'échec commercial de ces versions provient essentiellement de leur prix de revient, beaucoup plus élevé que celui des réseaux Ethernet. En revanche, la gestion du Token-Ring est plus simple que celle d'Ethernet, où des registres actifs sont nécessaires dans les cartes de communication installées dans les postes de travail.

Caractéristiques des réseaux Token-Ring

Token-Ring est décrit par la norme IEEE 802.5, qui concerne l'implémentation d'un réseau local en anneau dont l'accès est géré par un jeton. Ce type de réseau fait aussi l'objet de la norme ISO 8802.5. Des standards ont également été adoptés pour l'utilisation de la fibre optique dans un environnement Token-Ring. La fibre et la connectique sont définies dans la norme IEEE 802.8, qui précise la nature de la fibre (62.5/125) et celle du connecteur (duplex ST défini par AMP). Les produits Token-Ring optiques ont été définis par le groupe IEEE 802.5j.

Pour permettre l'augmentation des débits, il faut que la distance à parcourir à partir du répartiteur soit la plus courte possible. Pour cela, plusieurs constructeurs ont développé des concentrateurs actifs, qui régénèrent le signal. En particulier, de nombreux constructeurs commercialisent des unités intelligentes de raccordement pour réseaux Token-Ring, dont les caractéristiques sont les suivantes : simplification de la conception physique du réseau local, plus grande disponibilité, sécurité accrue, autorisant le contrôle d'accès des stations au réseau et meilleure gestion des ressources.

Cette nouvelle unité de raccordement est active et régénère les trames de passage. Elle est prévue pour les grands réseaux et les réseaux à forte croissance.

Les principales caractéristiques d'un concentrateur actif sont les suivantes :

- L'unité active est de conception modulaire. Elle comprend une unité de base, pouvant recevoir différents modules, tels que des modules de raccordement de lobes, permettant la connexion à plusieurs stations terminales raccordées à une même prise du concentrateur, et des modules répéteurs. Elle supporte les paires en cuivre et les fibres optiques.
- L'unité active supporte au maximum 80 stations, son unité de base pouvant accepter jusqu'à 4 modules de raccordement de lobes, reliant chacun 20 stations au maximum.
- Les possibilités améliorées de sauvegarde et de reconfiguration automatiques assurent aux utilisateurs une très grande disponibilité du réseau Token-Ring.
- L'unité permet de contrôler l'accès des stations au réseau et d'en administrer les ressources beaucoup plus facilement. Quelle que soit la nature d'un incident survenu sur le réseau, la conception en double anneau, avec sauvegarde automatique, permet de localiser et de corriger l'incident plus rapidement et donc de réduire le temps d'indisponibilité.

Le Source-Routing

Dans la pratique, il arrive fréquemment que l'on soit amené à interconnecter des réseaux locaux Token-Ring par l'intermédiaire de passerelles, terme générique qui désigne un équipement capable de faire passer des trames d'un réseau vers un autre. Dans le cas qui nous intéresse, la passerelle est un pont, qui utilise l'adresse de niveau MAC pour décider de la porte de sortie du pont, c'est-à-dire l'adresse physique des coupleurs qui se connectent sur la boucle *(voir le chapitre* 32 pour une présentation plus détaillée des passerelles).

Une technique de routage spécifique est mise en œuvre, le Source-Routing, qui détermine le chemin à suivre par les trames lorsque plusieurs chemins sont disponibles dans le réseau. La station source a la responsabilité de trouver une route à travers les divers ponts traversés pour atteindre la station cible. Le message de demande d'ouverture du chemin est pris en compte par tous les ponts rencontrés, qui le recopient et le retransmettent vers tous les autres réseaux connectés. C'est une diffusion qui doit rester contrôlée, de façon que le message de demande ne passe pas deux fois par le même pont. De toutes les copies, c'est la première qui arrive à destination qui détermine le chemin. En d'autres termes, le paquet de demande qui met le moins de temps pour arriver au destinataire détermine le chemin emprunté par les autres trames.

La figure 29.11 illustre le fonctionnement de cette interconnexion.

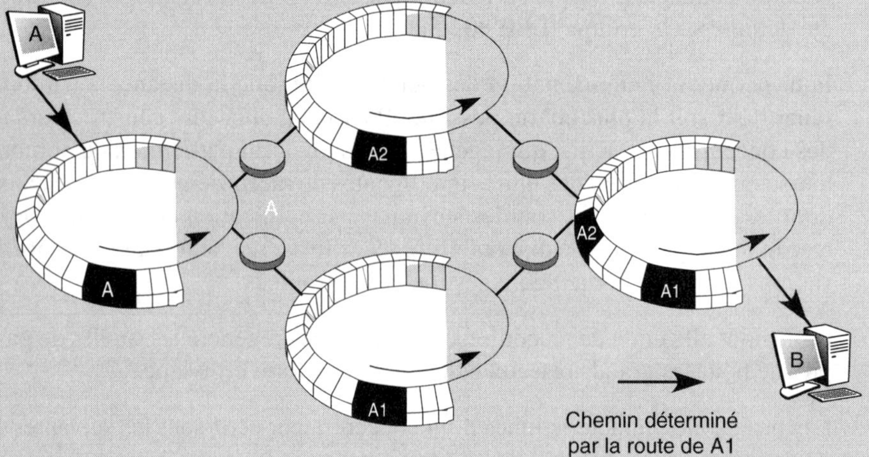

Figure 29.11

Fonctionnement du Source-Routing

Cette méthode offre une meilleure fiabilité du réseau puisqu'il y a un choix entre les différents chemins allant d'une station à une autre. Une aide est également fournie à la gestion du réseau par l'existence d'informations de routage dans les trames acheminées.

Les réseaux FDDI (Fiber Distributed Data Interface)

Le concept FDDI définit un réseau local ou métropolitain performant, pouvant véhiculer des données à haut débit (100 Mbit/s) avec une administration de réseau intégrée. Les réseaux FDDI ont été étudiés aux États-Unis par le comité d'accréditation de standard de l'ANSI (American National Standards Institute) ASC X3T9. Au niveau de l'ISO, le groupe de travail ISO/IEC.JTCl/ SC25 a complété la proposition FDDI pour en faire le standard international ISO 9314.

FDDI est défini comme un réseau local ou métropolitain et semble aujourd'hui la principale solution adaptée à la demande d'interconnexion de réseaux locaux dans un contexte de réseau fédérateur. Les constructeurs offrent déjà des solutions d'interconnexion de type Ethernet et Token-Ring au travers de réseaux FDDI. En résumé, FDDI est une technologie de réseau local pouvant supporter la notion de réseau intégrateur de type métropolitain.

Les avantages de la fibre optique, tels que sa large bande passante, son immunité aux perturbations électromagnétiques et sa faible atténuation, ont poussé à une normalisation de FDDI avec la fibre optique comme support physique. On s'est aperçu depuis quelques années que FDDI pouvait très bien se satisfaire de la paire torsadée pour des distances allant jusqu'à une centaine de mètres. Cette solution a permis de réduire les coûts d'installation et contribué à une augmentation notable du nombre de réseaux FDDI installés dans le monde.

Topologie et fonctionnalités des réseaux FDDI

Les réseaux FDDI reposent sur une topologie en double anneau sécurisé, auquel on attache des stations de type A (possédant une double connexion à chaque anneau), de type B (possédant une double connexion à un seul anneau) et de type C (concentrateurs connectés aux deux anneaux et pouvant relier les stations B).

Cette structure permet de connecter 500 stations de type A et C et 1 000 stations de type B sur une distance de 100 km. L'offre produit FDDI s'oriente vers les cartes et les contrôleurs, ainsi que les ponts et routeurs interconnectant des réseaux locaux de type Ethernet, Token-Ring, DECNet et TCP/IP. Cela permet aux réseaux FDDI d'adopter plus rapidement le cheminement d'un support de réseau local de type backbone que celui d'un support de réseau métropolitain.

Les réseaux FDDI possèdent les caractéristiques suivantes :

- La topologie est en double anneau contrarotatif de façon à pallier les pannes et les défaillances d'un coupleur.
- La longueur de la fibre peut atteindre 200 km, ce qui fait une distance maximale de 100 km lorsque le réseau est à plat.
- Le diamètre de l'anneau, s'il est mis en forme de boucle, est de 31 km.
- La distance maximale entre deux nœuds est de 2 km.
- Le débit théorique maximal est de 100 Mbit/s par boucle.
- La taille maximale des trames est de 45 000 octets.
- La méthode d'accès utilise un jeton temporisé, la synchronisation qui en découle assurant à l'utilisateur une qualité de service au moins du point de vue du débit.
- L'émission s'effectue en bande de base, et le codage des données est de type 4B/5B-NRZI.
- Le support physique consiste en de la fibre optique multimode 62,5/125, mais d'autres possibilités sont acceptables, notamment de la fibre optique monomode, qui porte la distance entre deux nœuds à 60 km au lieu de 2.
- Le nombre maximal de stations est de 500 en classe A et de 1 000 en classe B.
- Les adresses sont sur 16 ou 48 bits.
- Le principal protocole supporté est TCP/IP.

Il existe trois classes d'équipements : la classe A, connectée au double anneau, la classe C, composée des concentrateurs, et la classe B, qui regroupe les équipements connectés à un seul des anneaux par un concentrateur. Cette topologie est illustrée à la figure 29.12.

Figure 29.12
Topologie de la double boucle FDDI

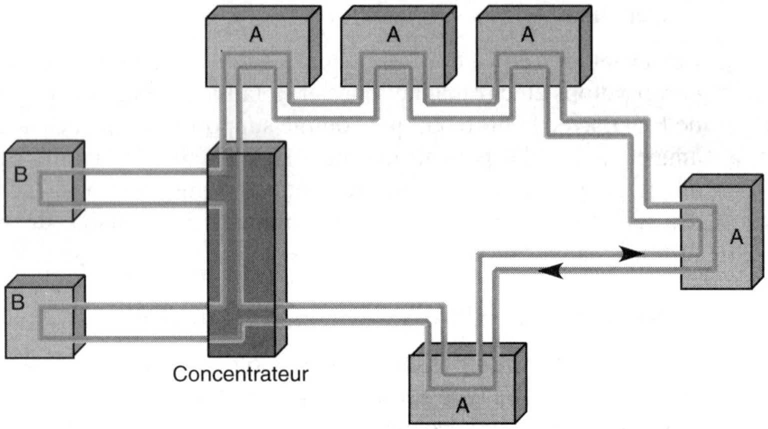

La tolérance aux pannes constitue l'un des grands avantages d'un réseau FDDI. En cas de coupure d'un des anneaux, le réseau utilise le deuxième anneau. En cas de coupures multiples, le réseau se reconfigure automatiquement en un seul anneau, comme illustré à la figure 29.13, ou, si nécessaire, en plusieurs sous-réseaux.

Figure 29.13
Configuration de repli en cas de coupure

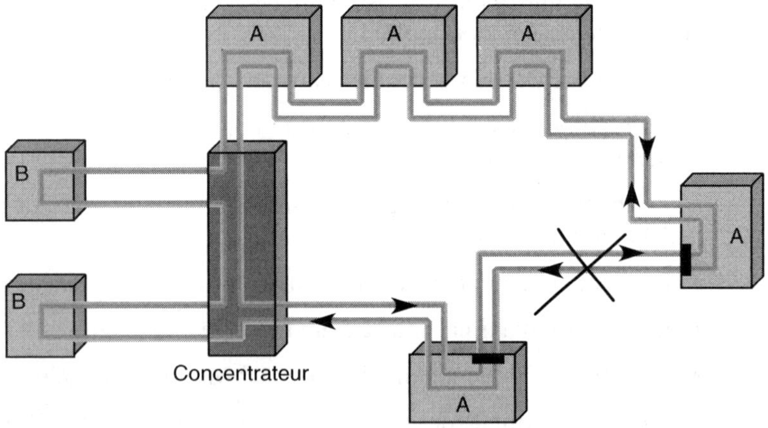

Les stations A ont deux connexions physiques, tandis que les stations B n'ont qu'une connexion à l'anneau primaire par l'intermédiaire d'un concentrateur.

Quatre types de stations coexistent sur l'anneau :

- DAS (Dual Attachment Station) ;
- DAC (Dual Attachment Concentrator) ;
- SAC (Single Attachment Concentrator), ou attachement *via* un autre concentrateur ;
- SAS (Single Attachment Station)

La technique d'accès FDDI

La technique d'accès FDDI est analogue au jeton sur boucle de la norme ISO 8802.5. Cependant, pour assurer les synchronisations nécessaires, de nouvelles fonctionnalités ont été ajoutées au jeton, qui prend le nom de jeton temporisé. Une autre différence importante concerne la mise à disponibilité du jeton : en suivant la norme de base ISO 8802.5, le jeton n'est libéré que lorsque la trame a fait un tour de boucle, ce qui peut être très pénalisant si le délai de propagation est important. Les structures de réseau à jeton étant actives, le coupleur doit être capable de déterminer si le jeton est en train de passer et de reconnaître son adresse pour enlever du réseau les données qui ont été émises.

Dans la technique d'accès à jeton temporisé, il faut, pour pouvoir émettre, satisfaire aux deux contraintes suivantes : avoir le jeton et être accepté par la station de management SMT. La première condition est caractéristique d'un réseau en boucle. En revanche, la seconde est relativement nouvelle, même si elle existait dans des réseaux locaux industriels comme celui de la norme IEEE 802.4.

Lorsqu'une station reçoit l'acceptation de se connecter à l'anneau, le système de gestion lui garantit une qualité de service, qui doit pouvoir se perpétuer indépendamment des autres stations. Pour ce faire, la technique d'accès comporte trois compteurs :

- Le compteur TTRT (Target Token Rotation Timer), qui indique la borne temporelle de garantie d'accès au support physique, en moyenne TTRT et au maximum 2 TTRT. Cette valeur est négociée lors de l'ouverture entre 4 ms et 167 ms.
- Le compteur TRT (Token Rotation Timer), qui est déclenché par chaque station dès qu'elle capte le jeton. Le maximum du TRT est égal à TTRT.
- Le compteur THT (Token-Holding Timer), qui indique le temps maximal alloué à une station pour sa transmission synchrone.

Si le compteur TRT expire avant l'arrivée du jeton, le jeton est en retard sur le TTRT moyen. Seul le trafic synchrone est permis. Si le compteur TRT n'est pas arrivé à expiration lorsque le jeton se présente, celui-ci est en avance sur le TTRT moyen. Dans ce cas, la station peut émettre son trafic synchrone et son trafic asynchrone jusqu'à concurrence de la valeur du TRT.

Un exemple de fonctionnement de FDDI est illustré à la figure 29.14.

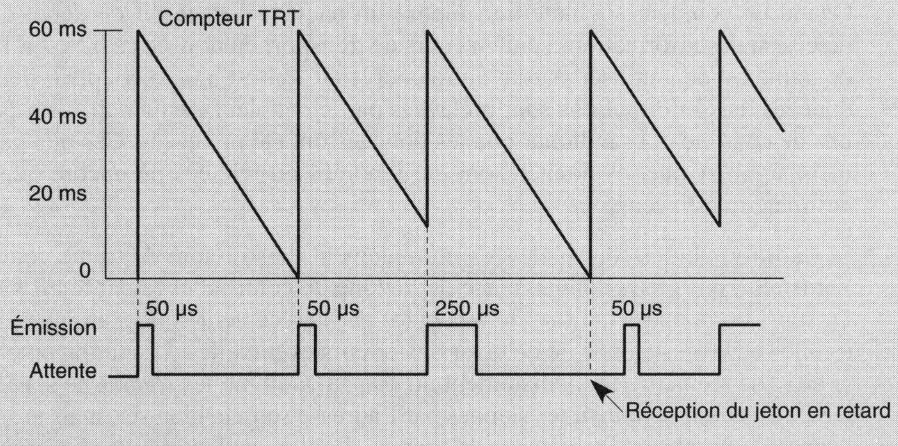

Figure 29.14
Compteurs FDDI (TTRT = 60 ms et THT = 50 µs)

Avant l'invasion par le monde Ethernet, de nombreux produits de réseaux locaux d'entreprise avaient été conçus puis commercialisés avant de disparaître peu à peu. L'un des plus connus provient de la norme IEEE 802.7.

Les réseaux IEEE 802.7 et le Cambridge Ring

La norme IEEE 802.7 a été adoptée à la suite d'une proposition provenant des concepteurs du réseau Cambridge Ring. Le Cambridge Ring est un réseau local informatique constitué d'un ensemble de nœuds en anneau. Ces nœuds sont des répéteurs, qui soit régénèrent le signal numérique, soit sont entièrement raccordés à une station. Les terminaux ou les hôtes sont reliés au réseau par un coupleur indépendant de l'hôte et par une boîte d'accès, qui, elle, est dépendante du terminal connecté.

Les informations véhiculées sur l'anneau sont placées dans des trames de très petite taille, dont la structure est illustrée à la figure 29.15.

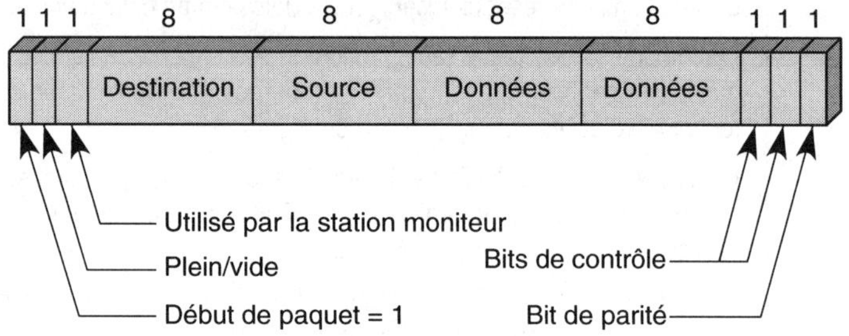

Figure 29.15
Structure des trames du Cambridge Ring

La technique d'accès du Cambridge Ring est appelée slotted-ring. Lors de l'initialisation de l'anneau, une station spécialisée, ou station moniteur, émet des structures de trame sur le support. Le nombre de ces trames dépend de la taille du réseau, et notamment du nombre de stations et de la longueur du câble physique. Entre ces structures de trames, on trouve des signaux, qui indiquent les intervalles sans trame. La station moniteur est également utilisée pour gérer l'anneau. Elle permet d'éliminer les paquets perdus et d'accumuler des statistiques sur les erreurs.

Quand un coupleur souhaite transmettre un paquet, il lit le bit de début de trame, qui précise si des informations sont en cours de transport ou non. Si ce bit est à 1, la structure de trame est déjà utilisée par un autre coupleur ; s'il est à 0, le coupleur peut insérer ses données. Les informations sont prélevées par le coupleur destinataire, qui positionne les bits de contrôle pour indiquer que les données ont été prélevées. Ces bits peuvent également signifier que les données ont été ignorées ou rejetées ou encore que le coupleur destinataire est occupé.

Si les informations sont prélevées normalement, la structure de trame continue jusqu'à l'émetteur, qui prend connaissance de la zone de contrôle et remet le bit plein/vide à 0. De plus, les données qui ont été recopiées par le récepteur sont examinées et comparées à celles envoyées en vue de détecter des erreurs éventuelles. La station émettrice n'a pas le droit de réémettre immédiatement un paquet. Comme les trames ne sont pas numérotées, l'émetteur reconnaît les siennes par l'adresse source, bien sûr, mais aussi parce qu'il connaît le nombre de structures de trames circulant sur le réseau physique. Lorsque le signal STATION OCCUPÉE est indiqué dans les deux bits de contrôle à la station qui récupère la trame, une retransmission a lieu après un temps prédéfini. Plusieurs retransmissions sont permises jusqu'à ce que le coupleur récepteur soit déclaré en panne.

Dans la structure de trame, le bit de parité, un bit associé à un bloc en vue de contrôler l'absence d'erreur au sein de ce bloc *(voir le chapitre 5),* permet surtout de détecter les erreurs systématiques du support. En effet, à chaque passage entre deux répéteurs, le bit de parité est calculé. Lorsqu'une de ses liaisons est défectueuse, le coupleur suivant s'en rend compte et émet un paquet spécial destiné à la station moniteur pour l'avertir de la défaillance.

La vitesse de ce réseau doit être élevée afin que plusieurs structures de trames puissent circuler. Les vitesses de 10 et 50 Mbit/s sont généralement retenues. Une extension, requise pour des vitesses encore plus élevées, est connue sous le nom de réseau Orwell.

Les réseaux d'entreprise multisites

Les réseaux d'entreprise multisites sont globalement formés de deux parties importantes, le réseau à l'intérieur de chaque site et le réseau permettant de relier les sites entre eux. Le réseau à l'intérieur de chaque site peut être vu comme un réseau monosite.

La figure 29.16 illustre un réseau multisite.

Figure 29.16
Réseau d'entreprise multisite

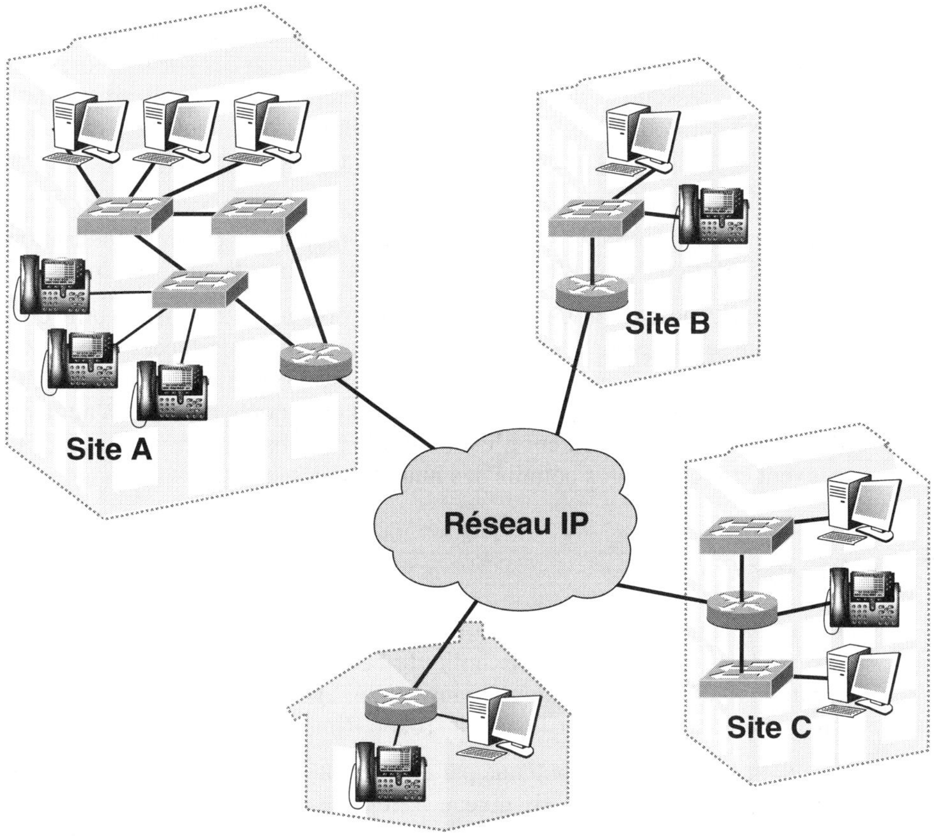

Dans cette figure, l'entreprise comporte trois sites, plus le domicile d'un télétravailleur, tous reliés par un réseau IP. Dans chaque site, on retrouve des postes de travail reliés par un réseau local Ethernet au routeur de sortie de l'entreprise. On trouve également des téléphones IP raccordés à des commutateurs Ethernet et connectés au routeur de sortie. L'architecture de chaque réseau de site est donc un réseau Ethernet, de type commuté ou partagé, capable de gérer des classes de clients afin de traiter les paquets de parole en priorité par rapport aux paquets de données.

Le réseau IP intersite doit offrir qualité de service et sécurité. La qualité de service est celle provenant du réseau privé si l'entreprise a son propre réseau, ce qui est de plus en plus rare, ou celle proposée par l'opérateur. Cette qualité s'exprime par l'intermédiaire d'un SLA.

Suivant l'appartenance du réseau intersite, plusieurs solutions peuvent être envisagées pour la sécurité. La solution la plus classique consiste à chiffrer les paquets qui sortent et à les déchiffrer à l'entrée du site distant. Dans ce cas, on considère que les réseaux de site sont sûrs et que les accès à ces réseaux sont protégés.

Le chiffrement peut être fait de différentes façons, mais les deux protocoles les plus utilisés sont SSL et IPsec, que nous présentons en détail au chapitre 39.

Un réseau privé de liaison intersite revient généralement cher car il faut louer des liaisons qui risquent d'être mal utilisées. La plupart des entreprises font appel à un opérateur de réseau privé virtuel, ou VPN (Virtual Private Network), que nous examinons en détail au chapitre 37. Indiquons juste que ce sont des réseaux d'opérateurs qui sont partagés entre toutes les entreprises clientes de l'opérateur de telle sorte que chaque entreprise ait l'impression que le réseau est destiné à lui seul. L'avantage de cette solution est la forte diminution des prix puisque les ressources sont partagées par les entreprises connectées. De plus, les ressources n'étant pas utilisées en permanence, elles peuvent être réutilisées à la demande. Pour les opérateurs, la difficulté est de calculer les ressources à mettre en place pour qu'il n'y ait pas de surcharge et que les différents SLA contractés soient bien remplis.

Lorsque le réseau prend en charge la téléphonie, le serveur de signalisation peut être soit distribué sur l'ensemble des sites, soit centralisé dans le site principal.

Une solution de plus en plus utilisée par les opérateurs consiste à utiliser des VPN réalisés par un réseau MPLS. Les différentes liaisons entre les accès aux sites de l'entreprise sont matérialisées par des chemins privés, ou LSP (Label Switched Path) privés, sur lesquels un chiffrement peut éventuellement être ajouté de façon à augmenter la sécurité du transport. Ce chiffrement n'est toutefois pas absolument nécessaire puisque les LSP peuvent être considérés comme des tunnels déjà sécurisés.

Conclusion

Les réseaux d'entreprise forment une classe de réseaux assez hétérogène étant donné la diversité des entreprises par la taille, le besoin de qualité de service ou la sécurité. La technologie Ethernet a totalement investi ce segment, si bien que les autres technologies ont quasiment disparu, à l'image du Token Ring, du Cambridge Ring ou de FDDI.

La qualité de service est obtenue par une entente entre la couche IP et Ethernet. L'utilisation de priorités DiffServ de niveau 3, relayée par l'utilisation du champ IEEE 802.1q d'Ethernet, permet de faire correspondre ces priorités DiffServ avec celles des commutateurs Ethernet, garantissant ainsi statistiquement le bien-fondé de cette démarche. Pour parfaire la qualité de service, un surdimensionnement des ressources est nécessaire.

Les réseaux d'entreprise représentent aujourd'hui un marché considérable. Le coût des équipements a tendance à privilégier Ethernet et le surdimensionnement, lequel peut être atteint sans trop de difficulté étant donné la maîtrise d'Ethernet par les gestionnaires de réseaux.

30

Architecture des réseaux d'opérateurs

Les opérateurs ont pour objectif de satisfaire les besoins de leurs clients en matière de réseau. C'est la raison pour laquelle leur première tâche est de connaître le plus précisément possible les demandes des clients. Ces demandes s'effectuent par le biais de SLA (Service Level Agreement).

Les réseaux d'opérateurs doivent en outre être en mesure de transformer ces demandes en une configuration des équipements et des lignes de transmission. Afin d'adapter leur réseau à la demande, les opérateurs ont presque tous opté pour des architectures avec signalisation. Cela consiste, avant d'envoyer le moindre paquet d'un utilisateur, à mettre en place des chemins, éventuellement avec réservation explicite de ressources. Parmi les différentes techniques de signalisation, MPLS est la plus populaire.

Une autre caractéristique importante de ces réseaux concerne l'interconnexion avec les autres opérateurs pour desservir tous les points du globe. C'est normalement le rôle de la normalisation de l'UIT-T. Cependant, cette normalisation est moins bien respectée aujourd'hui, compte tenu de la suprématie de l'IETF, qui ne spécifie pas toujours parfaitement certaines options, rendant les interconnexions entre opérateurs plus délicates.

L'objectif des opérateurs est de vendre un maximum de services à leurs clients. Les premiers d'entre eux sont évidemment la bande passante et les temps de réponse, ainsi que, de plus en plus, la sécurité, la gestion de la mobilité, l'optimisation, etc. Les réseaux privés virtuels, ou VPN (Virtual Private Network), font partie de la panoplie de solutions proposées par les opérateurs. Ce chapitre se penche sur la mise en place de ces réseaux et sur l'apparition de routeurs virtuels. Les opérateurs doivent rendre ces services de façon fiable. Le taux de disponibilité est donc un facteur important.

SLA opérateur

Les réseaux deviennent de plus en plus complexes. Le développement des services s'appuie sur des modèles de plus en plus élaborés, comme si l'imagination concernant le développement de nouveaux services était illimitée.

Les utilisateurs souhaitent avoir accès à des services personnalisés, à travers des terminaux ou des technologies d'accès variés, tout en exigeant des garanties pour les services qu'ils achètent. La réalisation de ces attentes implique la coopération et la coordination entre les fournisseurs de services Internet, ou FAI, les fournisseurs d'applications, ou ASP (Application Service Provider), et les opérateurs réseau, ou NSP (Network Service Provider). Cela implique d'assurer tout à la fois la qualité de service demandée, la gestion de la mobilité et la prise en compte de la sécurité. Pour garantir les droits et définir les obligations de l'utilisateur et du fournisseur de service, un contrat, appelé SLA, est écrit dans un langage de niveau business, compréhensible par ces derniers.

Les sections qui suivent examinent les différentes parties qui constituent un SLA ainsi qu'un ensemble de paramètres pour la qualité de service, la mobilité et la sécurité pouvant être négociés dynamiquement entre l'utilisateur et le fournisseur.

SLA, SLO et SLS

Les réseaux sont caractérisés par l'intégration de plusieurs technologies réseau en une unique technologie sous IP pour permettre le développement de nouveaux services en utilisant des modèles plus complexes. Ces services ne sont plus fournis par un seul fournisseur mais par plusieurs entités business que sont l'opérateur réseau, le fournisseur d'applications (ASP) et le fournisseur d'accès à Internet (FAI). L'ASP et le FAI peuvent être des clients de l'opérateur réseau. La relation entre ces entités n'intéresse généralement pas l'utilisateur final, qui se préoccupe plutôt du niveau de garantie des services qu'il paye.

Comme expliqué précédemment, la négociation entre l'utilisateur final et le fournisseur de service est spécifiée dans un SLA. Le SLA est ensuite traduit en objectifs, nommés SLO (Service Level Objectives). Chaque SLO est à son tour traduit en un ensemble de paramètres formant un SLS (Service Level Specification), comme illustré à la figure 30.1. Le SLO représente les objectifs à réaliser dans le cadre d'un SLA tandis que le SLS représente une interprétation technique du SLO et sert de guide opératoire afin d'aider le fournisseur à implémenter un objectif. Un SLA peut contenir plusieurs SLO pour plusieurs objectifs, tels le SLO pour la mobilité, le SLO pour la sécurité, le SLO pour la qualité de service, etc. Chaque SLO peut contenir à son tour plusieurs SLS.

Figure 30.1

Relations entre SLA, SLO et SLS

Paramètres d'un SLS de QoS

Cette section décrit les paramètres d'un SLS de qualité de service. Nous verrons un peu plus loin les paramètres à ajouter pour la gestion de la mobilité et de la sécurité.

Temps de service

Le temps de service, encore appelé service schedule, indique les temps de début et de fin de service. Ce paramètre spécifie le temps pendant lequel la QoS négociée doit être garantie. Le temps de service peut être l'instant précis du début et le temps précis de la fin du service. Par exemple, le service commence à 13 heures le 20 septembre 2005 et se termine à 17 heures le même jour. Le temps de service peut aussi être déterminé par des horaires périodiques spécifiés par l'heure du jour, le jour de la semaine, la date du mois et le mois de l'année. Par exemple, le service commence tous les jours de lundi à vendredi, de 8 heures à 17 heures, entre septembre et juin de chaque année.

Scope

Le scope est défini comme le point d'entrée et le point de sortie d'un domaine, par exemple, l'interface du routeur d'entrée par lequel le trafic entre dans le domaine et l'interface du routeur de sortie par lequel le trafic sort du domaine.

Paramètres de QoS

Les paramètres de QoS suivants sont définis :

- **Délai.** Délai de transmission d'un paquet IP entre le point d'entrée et le point de sortie du domaine.
- **Gigue.** Variation du délai de transmission des paquets IP entre le point d'entrée et le point de sortie du domaine.
- **Taux de perte.** Pourcentage des paquets perdus pendant la transmission des paquets IP entre le point d'entrée et le point de sortie du domaine.
- **Débit.** Nombre de paquets par seconde sur une interface.

Profil du trafic

Le profil du trafic, aussi appelé descripteur du trafic, est défini par les paramètres suivants :

- paramètres du token-bucket utilisé pour identifier les paquets dans le profil et hors profil ;
- taille maximale du paquet (MTU) ;
- taille minimale du paquet ;
- débit moyen et débit crête.

Traitement en excès

Le traitement en excès spécifie le traitement que le réseau applique aux paquets hors profil. Ce paramètre peut avoir les valeurs suivantes :

- **Dropping.** Le réseau jette les paquets hors profil.
- **Shaping.** Le réseau lisse les paquets hors profil pour les mettre dans le profil (in-profile).
- **Remarking.** Le réseau marque les paquets hors profil pour modifier la classe de service de ces paquets ou pour qu'ils puissent être rejetés avec une probabilité plus grande en cas de congestion.

Identification du trafic

L'identification du trafic, ou Flow Identification, est définie par les paramètres suivants :

- adresse IP de la source et de la destination ;
- numéro de port TCP ou UDP de la source et de la destination ;
- identification de protocole ;
- valeur du DSCP ;
- valeur de l'identificateur de flot (flow-label).

Identification du client

L'identification du client est utilisée pour les fonctions AAA (Authentication, Authorization, Accounting).

Marquage

Le paramètre de marquage spécifie la priorité qui est donnée aux paquets. Par exemple, dans DiffServ la valeur du DSCP est utilisée pour faire le marquage des paquets à l'entrée du réseau.

Mode de négociation

Le mode de négociation définit la manière avec laquelle la négociation est appliquée. En règle générale, il y a deux modes de négociation, le mode prédéfini (predefined-SLS mode) et le mode non prédéfini (non-predefined-SLS mode). Dans le mode non prédéfini, il n'y a pas de contrainte sur les valeurs des paramètres de SLS envoyées par le client. Dans le mode prédéfini, le fournisseur de service propose aux clients des SLS avec des paramètres à une valeur ou une plage de valeurs déterminées à l'avance. Dans ce cas, le client doit choisir le SLS le plus approprié à ses besoins.

Intervalle de renégociation

L'intervalle de renégociation spécifie l'intervalle de temps pendant lequel un SLS négocié ne peut être renégocié.

Fiabilité

La fiabilité est définie par deux paramètres principaux :

- Le temps d'indisponibilité moyen du réseau par an (Mean Down Time).
- Le temps maximal de réparation (Time To Repair) lorsque le service tombe en panne.

Paramètres d'un SLS de mobilité

Les trois premiers paramètres que nous introduisons sont spécifiques du service de mobilité. Les quatre suivants se trouvent déjà dans les paramètres déterminés pour la qualité de service mais avec une vision légèrement différente.

Délai du handover

Cet attribut détermine le délai de rétablissement de la QoS sur le nouveau chemin après un handover. Ce délai peut être divisé en :

- temps nécessaire pour établir la nouvelle route vers le nœud mobile (Establishment time) ;

- temps pour recevoir le premier paquet transmis après établissement du nouveau chemin (Completion time).

Perte de paquet sur handover

Détermine le nombre de paquets que le réseau est autorisé à perdre au cours d'une session à cause d'un handover.

User-roaming

Permet à un utilisateur de demander certains services lors d'un roaming international, tels que cacher sa localisation, masquer son adresse IP, etc.

Scope-mobilité

Définit la région géographique dans laquelle la mobilité de l'utilisateur est prise en compte par son fournisseur de services. Par exemple, si le Scope-mobilité initial d'un utilisateur est la France, ce dernier peut le renégocier s'il doit se rendre aux États-Unis afin de l'étendre à une région géographique englobant ce pays.

Temps de service

Spécifie la période de temps pendant laquelle le service qui a été négocié pour la mobilité est disponible, en précisant la date et l'heure de début et de fin de période. Une période de temps minimale doit être définie dans le cas où le client ou le fournisseur de services désirerait mettre fin au contrat avant les dates prévues.

Marquage global

Donne la possibilité à l'utilisateur de demander un service de bonne qualité sans passer par la négociation du SLS. Une priorité est affectée à chaque client qui demande ce service selon certains critères, comme son profil utilisateur. Si plusieurs clients demandent le même service et si la satisfaction de tous les clients engendre une surcharge pour le réseau, l'administrateur réseau doit repousser certaines demandes en fonction de leur priorité.

Profil du trafic

Donne la possibilité à l'utilisateur de connaître les charges liées au service de mobilité. Dans les réseaux de télécommunications, chaque type de technologie adopte un modèle spécifique pour calculer les charges. Par exemple, dans les réseaux GSM, le coût des appels dépend de la capacité du lien et non des données transmises, tandis que la charge du service paquet dans le GPRS ou l'UMTS est une combinaison de certains paramètres, comme le temps de connexion (time-based), le volume d'information (volume-based), l'heure de la journée (daytime) ou la QoS (délai, probabilité de perte, etc.) exigée pour la transmission des données. Par conséquent, les opérateurs doivent mettre des informations détaillées à la disponibilité de leur client sur les frais du roaming de façon que ces derniers puissent contrôler leur utilisation et vérifier l'exactitude de leur facture.

Les paramètres utilisés pour calculer les frais liés à la mobilité et au roaming spécifient si des tarifs d'une session, d'un appel ou d'un service seront présentés à l'utilisateur par l'intermédiaire de son écran. Ils indiquent également à quel moment ces tarifs seront affichés, par exemple, à la fin d'une session ou d'un appel.

Paramètres d'un SLS de sécurité

Le rôle d'un SLS de sécurité est de fournir les paramètres techniques du SLA pour la négociation de services de sécurité liés à la protection des données de l'utilisateur. Nous détaillons ci-après le SLS de sécurité lié à IPsec, qui est la solution la plus souvent mise en œuvre par les opérateurs.

Temps de service (schedule)

Comme pour le SLS de QoS, le temps de service (schedule) correspond à la durée en seconde pendant laquelle le service est assuré. Ici, le schedule peut aussi être défini en termes de quantité de trafic bénéficiant du service. Il s'exprime sous la forme de la durée divisée par la quantité d'information transportée.

Scope

Ce paramètre détermine les nœuds dans le réseau où l'opérateur peut appliquer le service de sécurité. La mise en place d'une association de sécurité, ou SA (Security Association), entre deux nœuds nécessite la configuration d'un service de sécurité sur ces deux nœuds.

L'application considérée ici est un VPN-IP *(voir le chapitre 37)* de groupe ou personnel, un des nœuds étant le terminal utilisateur. Les VPN peuvent être implémentés selon six modèles différents. La figure 30.2 illustre ces différents modèles. Parmi les nœuds, on trouve les équipements terminaux (End ou End Systems), les CE (Customer Edge) et les PE (Provider Edge). CE et PE sont généralement des routeurs qui se trouvent chez le client ou l'opérateur.

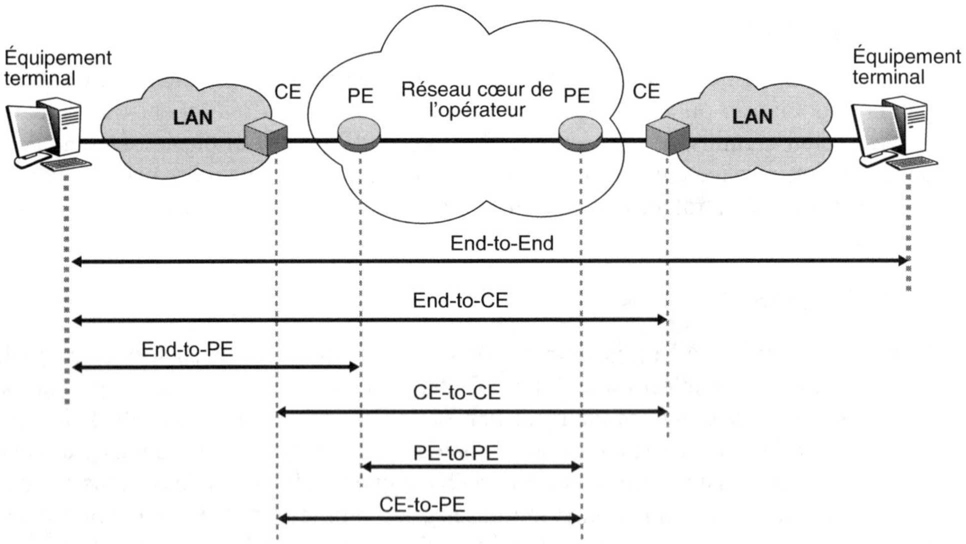

Figure 30.2

Les six modèles de VPN

Parmi ces modèles, le cas du bout-en-bout (End-to-End) n'est pas applicable dans le cadre de la négociation de SLS avec un opérateur. Dans la suite de cette section, nous avons regroupé les modèles End-to-CE et End-to-PE dans la partie VPN personnels. Les modèles CE-to-CE, CE-to-PE et PE-to-PE sont regroupés dans la partie VPN de groupe.

VPN personnel (End-to-CE ou End-to-PE)

Le VPN personnel commence au niveau d'un terminal et prend fin au CE du LAN distant, dans lequel se trouvent les équipements terminaux, ou au PE, qui peut se situer dans un POP (Point of Presence) de l'opérateur. Un équipement de VPN, associé à des fonctionnalités de VPN, disponible dans un CE ou dans un PE est responsable de l'application de services de sécurité entre lui et les équipements terminaux. L'approche End-to-PE peut éviter le besoin de déployer des matériels de VPN ou des fonctionnalités identiques dans le réseau du client. La plupart des VPN personnels sont implémentés selon le modèle End-to-CE.

Considérons un utilisateur distant qui demande la mise en place d'un VPN d'accès distant selon un certain niveau de service auprès du CE ou de l'opérateur du PE. Une négociation peut être mise en place entre le terminal et l'opérateur. Si cette négociation se finalise par un accord d'un certain niveau de service, l'activation du service n'est effective qu'après configuration de l'équipement terminal et du CE ou du PE. Ce schéma de fonctionnement est décrit à la figure 30.3.

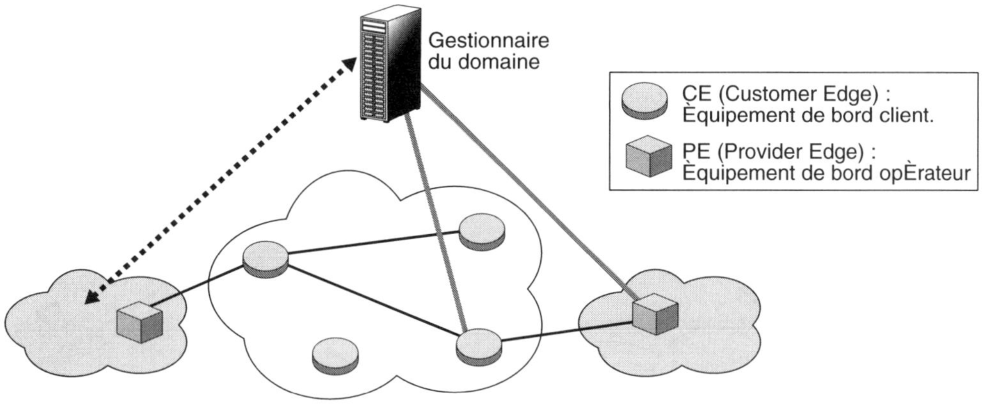

Figure 30.3

Schéma de fonctionnement d'un VPN personnel

VPN de groupe (CE-to-CE, CE-to-PE, PE-to-PE)

Avec un VPN de groupe, pour appliquer des services de sécurité, les équipements terminaux utilisent les équipements de VPN situés dans le périmètre du réseau d'entreprise (CE-to-CE ou CE-to-PE) ou dans le réseau de l'opérateur (CE-to-PE ou PE-to-PE). De cette façon, aucune fonction de sécurité n'a besoin d'être implémentée sur les terminaux. L'implémentation de services de sécurité leur est complètement transparente.

Dans le cas d'une négociation intradomaine, par exemple CE-to-CE, les CE sont gérés par un même opérateur. La négociation du SLS a lieu entre un client situé au niveau d'un réseau d'entreprise et l'opérateur. Si nous prenons l'exemple d'un client situé dans le réseau d'entreprise de gauche de la figure 30.4, le trait en pointillé indique la négociation du SLS pour un VPN à mettre en place entre le CE du réseau de gauche et le CE du réseau de droite.

Une fois la négociation terminée avec succès, l'opérateur peut mettre en place le service demandé en appliquant directement les politiques de sécurité adéquates sur les deux CE. Ce cas s'applique de façon similaire aux modèles CE-to-PE et PE-to-PE.

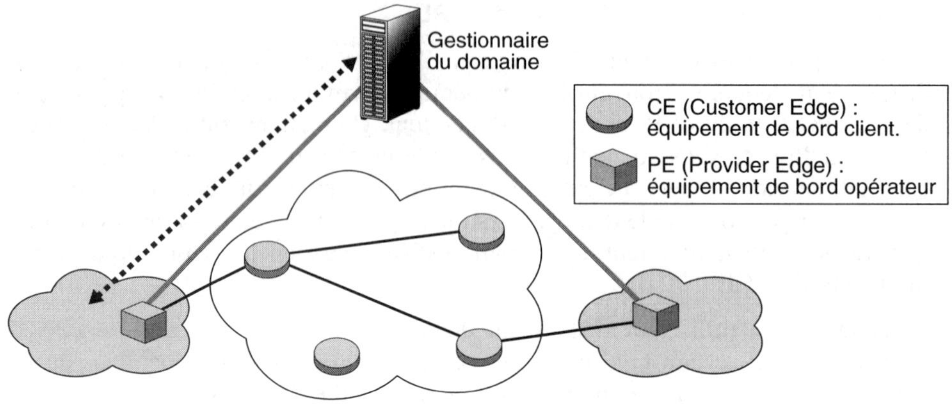

Figure 30.4

Schéma de fonctionnement d'un VPN de groupe

Le cas d'une négociation interdomaine, par exemple CE-to-CE, est illustré à la figure 30.5. Les CE étant gérés par deux opérateurs différents, la négociation a lieu en plusieurs phases. La première phase de négociation se passe entre le client situé au niveau d'un réseau d'entreprise et l'opérateur qui gère son CE.

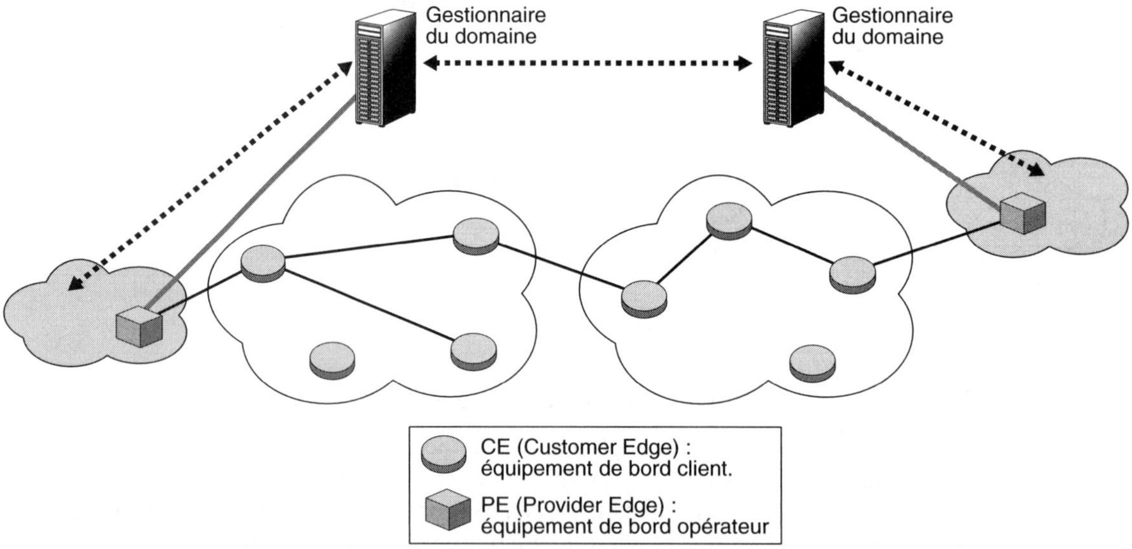

Figure 30.5

Cas d'une négociation interdomaine

Prenons l'exemple d'un client situé dans le réseau d'entreprise de gauche. Le trait en pointillé sur la gauche de la figure indique la négociation du SLS pour un VPN à mettre en place entre le CE du réseau de gauche et le CE du réseau de droite. Une fois cette demande de négociation reçue, l'opérateur de gauche s'aperçoit qu'il ne gère pas le CE distant. Dès lors, il retransmet la demande de négociation du SLS à l'opérateur qui gère le CE distant (les pointillés du centre de la figure). Ce dernier traite la demande de négociation de service.

Deux situations se présentent alors :

- Si l'opérateur de droite l'accepte, une réponse favorable est transmise à l'opérateur de gauche puis au client initiateur de la demande. Les deux opérateurs transmettent les politiques adéquates à leur CE respectif, et ces derniers appliquent les politiques de sécurité.
- Si l'opérateur de droite refuse la négociation, deux possibilités se présentent :
  - L'opérateur distant (de droite) refuse catégoriquement la demande de négociation de service. Une réponse négative est transmise à l'opérateur de gauche puis au client. Le SLS ne peut être appliqué.
  - Le niveau de service demandé n'est pas applicable. Une renégociation du niveau du service de sécurité se met en place.

Identification du trafic

L'identification du trafic à sécuriser a lieu au point d'entrée de l'association de sécurité, ou SA (Security Association), IPsec. Cette information est stockée dans la base de données des politiques de sécurité SPD (Security Policy Database). À l'émission, une fois identifié, le trafic est encapsulé dans l'association de sécurité SA associée. Une SA est une connexion unidirectionnelle, ou simplex, qui apporte les services de sécurité au trafic qu'elle transporte. Deux SA sont nécessaires pour sécuriser une communication bidirectionnelle traditionnelle, une pour chaque direction. Dans ce cas, une identification du trafic à sécuriser a lieu au niveau des deux nœuds entre lesquels les SA sont mises en place.

Dans la réalité, le trafic à sécuriser entre deux points peut ne concerner que le trafic dans un sens, c'est-à-dire le trafic entrant ou sortant. On peut citer l'exemple d'un sous-réseau commercial dont la politique de sécurité est d'assurer le cryptage d'images en haute résolution à destination de ses clients. Dans ce cas, seuls les paquets IP sortants sont concernés. Les paquets IP entrants ne demandent aucune forme de cryptage. Dans ce cas, le client négocie auprès de son opérateur un niveau de service de sécurité pour le SA sortant. Aucun SA entrant n'est mis en place.

Les paramètres qui identifient le trafic à sécuriser, en unidirectionnel comme en bidirectionnel, sont les suivants :

- Adresse IP source (IPv4 ou IPv6) : peut être une adresse unique unicast, anycast ou broadcast (pour IPv4), un groupe multicast, une gamme d'adresses (valeurs inférieure et supérieure, adresse + masque de l'adresse) ou encore une adresse wildcard, c'est-à-dire une adresse réservée pour un invité.
- Adresse IP destination (IPv4 ou IPv6) : peut être une adresse unique unicast, anycast ou broadcast (pour IPv4), un groupe multicast, une gamme d'adresses (valeurs inférieure et supérieure, adresse + masque) ou une adresse wildcard.
- Nom : peut être un identifiant d'utilisateur ou un nom de système en fonction de la nature du nœud qui supporte IPsec. Le nom de système doit être applicable dans tout type de nœud IPsec. On peut se contenter d'un identifiant d'utilisateur au niveau des équipements terminaux, ainsi qu'au niveau des routeurs supportant IPsec pour le traitement du trafic entrant.

L'identifiant d'utilisateur et le nom de système peuvent être des noms d'utilisateur DNS ou des noms X.500.

Les réseaux en mode avec connexion

Les réseaux d'opérateurs sont généralement en mode avec connexion, la mise en place d'un chemin permettant de contrôler au mieux les ressources et de garantir la qualité de service. Au cours des années 1980, les opérateurs de télécommunications ont beaucoup utilisé les circuits, non seulement pour la téléphonie mais également pour les données. La première évolution après la commutation de circuits pure a été le RNIS (Réseau numérique à intégration de services), qui utilise le circuit aussi bien pour la parole téléphonique que pour le transfert de paquets.

Les opérateurs sont ensuite passés à la commutation de paquets sur des circuits virtuels. Les réseaux X.25 comme Transpac ont connu un grand succès dans les années 1980 et 1990. Ils étaient les premiers réseaux en mode avec connexion à permettre un partage des ressources entre tous les paquets acheminés dans le réseau. Les réseaux en relais de trames ont pris le relais. Ces réseaux ont à peu près les mêmes propriétés que les réseaux X.25, si ce n'est qu'au lieu de se servir de circuits virtuels au niveau 3, ils ouvrent des liaisons virtuelles de niveau 2, beaucoup plus simples et moins onéreuses. Ces liaisons virtuelles de niveau 2 permettent en outre de ne pas décapsuler les trames lors des traversées des nœuds de commutation, au contraire des réseaux X.25.

Après le relais de trames, les opérateurs ont choisi la technique de transfert ATM pour proposer des services avec garantie aux utilisateurs. Les réseaux ATM étant des réseaux de commutation de niveau trame, ils sont puissants et peuvent prétendre à des débits importants. Cette technologie a connu un grand succès sans toutefois réussir à s'imposer en raison de son système de signalisation, à la fois spécifique et relativement complexe. Cette complexité provient du choix qui a été fait d'étendre les signalisations précédentes, en particulier celle provenant du RNIS. De surcroît, l'UIT-T s'est trouvée dans l'incapacité de normaliser une interface standard que les équipementiers auraient pu intégrer dans les équipements de réseau. De ce fait, la technologie ATM n'a jamais pu s'imposer sur l'interface utilisateur, où elle a été supplantée par Ethernet et son allié de toujours IP. N'ayant pu s'imposer complètement, la technologie ATM a été remplacée par MPLS. La raison essentielle de cette nouvelle donne est l'introduction d'une signalisation permettant de mettre en place les chemins simplement avec une signalisation IP, puisque IP est un réseau de routage aux adresses universelles.

La technologie MPLS permet d'utiliser les anciens réseaux introduisant de la qualité de service, comme ATM. Le passage d'ATM à MPLS ne pose donc pas vraiment de problème. L'avantage de cette solution MPLS est l'utilisation d'un réseau de signalisation fondé sur IP, assez simple à mettre en œuvre. MPLS peut également utiliser des réseaux Ethernet à partir du moment où Ethernet emploie le mode commuté introduit avec le shim-label.

La figure 30.6 illustre la traversée de plusieurs réseaux spécifiques formant un réseau MPLS afin d'illustrer la transition entre les réseaux de génération ATM et MPLS. La signalisation IP met en place un chemin de la façon suivante :

1. Lorsque le paquet de signalisation arrive au premier nœud, la technique de routage permet de déterminer le routeur suivant à atteindre après la traversée du réseau ATM. La traversée du réseau ATM par la signalisation est classique : un circuit virtuel ATM est ouvert en indiquant l'adresse ATM du routeur suivant, qui est obtenue par une traduction de l'adresse IP en une adresse ATM.

2. Une fois ouvert, le circuit virtuel ATM permet de transporter les différents fragments du paquet de signalisation, qui est reformé au nœud suivant.
3. Les fragments sont réassemblés au routeur suivant grâce à la couche AAL.
4. De nouveau, une fois déterminé le routeur suivant, il faut ouvrir un circuit virtuel ATM pour y transporter le paquet de signalisation IP.
5. De même, pour traverser le réseau Ethernet, un chemin est mis en place, sur lequel les trames Ethernet sont commutées grâce aux références de type shim-label.

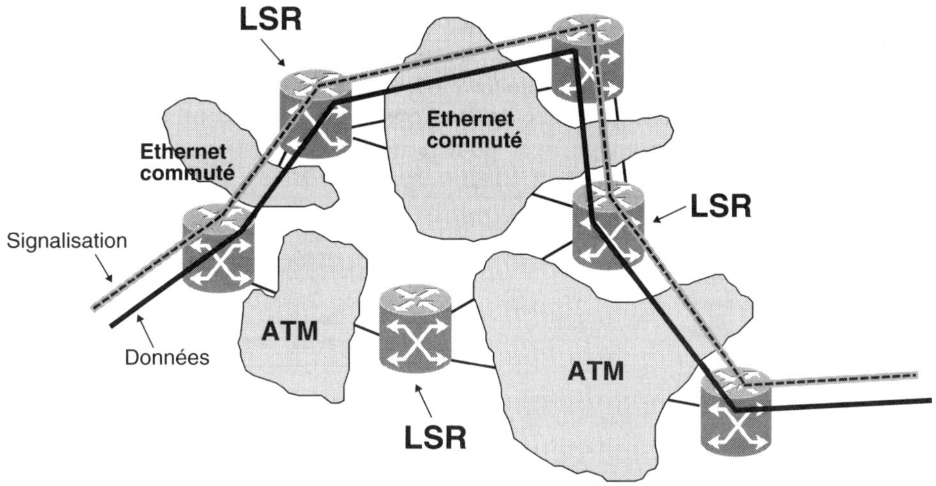

Figure 30.6

Réseau MPLS de transition

La figure 30.7 représente un réseau MPLS de façon conceptuelle. Les opérateurs n'attendent pas l'arrivée d'un client pour ouvrir un LSP mais l'ouvrent dès l'initialisation du réseau. De la sorte, lorsqu'un client se présente, il suffit de regarder l'adresse de sortie du réseau à partir de son adresse IP de destination et d'affecter le client au LSP approprié. Par exemple, entre les deux interfaces A et B, quatre circuits virtuels peuvent proposer un service EF, deux services AF, comme Gold et Bronze, et un service best-effort. Bien d'autres solutions peuvent être mises en œuvre pour affecter les chemins à des services particuliers. Par exemple, à chaque LSP pourrait correspondre une application particulière.

Figure 30.7

Représentation conceptuelle d'un réseau MPLS

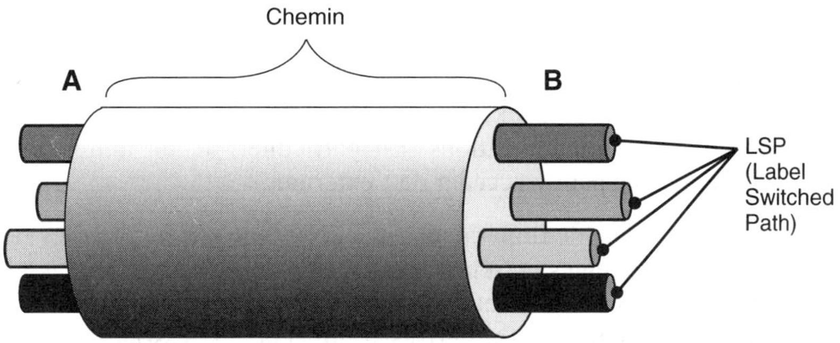

La figure 30.7 représente un cas simple. Dans la réalité, MPLS fait appel à une solution de signalisation formant des FEC (Forwarding Equivalency Classes). Toutes les communications qui ont une même destination se rassemblent sur un même circuit virtuel. Au lieu d'être point-à-point, le chemin se présente sous la forme d'un arbre, dont la racine se trouve chez le destinataire et les feuilles chez les émetteurs.

Les réseaux MPLS seront eux-mêmes remplacés peu à peu par des réseaux GMPLS (Generalized MPLS), qui forment un surensemble de MPLS introduisant des techniques de commutation supplémentaires. L'architecture de GMPSL est illustrée à la figure 30.8. Le plan de gestion utilise des standards classiques, comme SNMP ou le TMN de l'UIT-T. Le plan de transfert est issu principalement de l'UIT-T et de l'IEEE, avec SONET/SDH, G.709 et la commutation Ethernet. Le plan de contrôle provient quant à lui de l'IETF et comporte deux parties, le plan de signalisation, avec pour principaux protocoles RSVP-TE (RSVP-Traffic Engineering) et CR-LDP (Constraint-based Routing/Label Distribution Protocol), et le plan de routage, avec pour principaux algorithmes de routage OSPF-TE (OSPF-Traffic Engineering) et IS-IS-TE.

Figure 30.8
Architecture de GMPLS

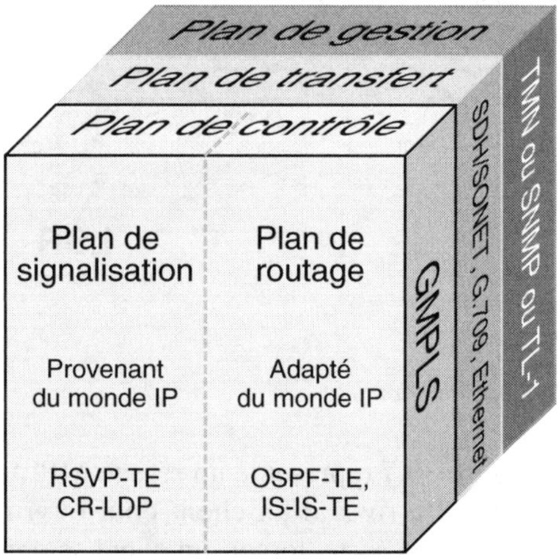

Les réseaux partagés

Les réseaux des opérateurs doivent être partagés entre les clients de telle sorte que chaque client puisse croire qu'il est seul à utiliser les ressources mises à sa disposition par l'opérateur et puisse avoir confiance dans la capacité de l'opérateur à sécuriser ses communications.

De ces principes sont nés les réseaux privés virtuels, que nous étudions en détail au chapitre 37. Un réseau privé virtuel, ou VPN, est, du point de vue de l'entreprise cliente, un ensemble de réseaux de site reliés par un réseau d'opérateur garantissant une forte sécurité des communications. En particulier, aucun autre client que le personnel de l'entreprise ne peut y accéder de l'extérieur.

Du point de vue de l'opérateur, un VPN est un réseau dont les ressources sont partagées entre les différentes entreprises clientes de telle sorte que chaque client ait l'impression d'avoir un réseau dédié et non partagé. Pour l'opérateur, l'avantage de cette solution est énorme. Lorsque les entreprises n'utilisent les ressources qui leur sont affectées que pendant un temps restreint, l'opérateur peut les réaffecter au fur et à mesure des besoins réels des autres entreprises clientes. En d'autres termes, nous avons un multiplexage statistique des équipements logiciels et matériels. Si la probabilité de manquer de ressources est parfaitement calculée, de façon à demeurer infime, le gain financier pour l'opérateur est très important.

Pour garantir le partage, il faut que le réseau se prête à une ingénierie simple, d'où le choix de MPLS et GMPLS.

Une structure de réseau VPN-MPLS est illustrée à la figure 30.9, dans laquelle trois VPN d'entreprise sont représentés. Un VPN-MPLS est un ensemble de chemins, ou LSP, d'un réseau MPLS dédiés aux entreprises se connectant en VPN. Ces VPN d'entreprise sont connectés au réseau de l'opérateur par des points d'accès, ou PE (Provider Edge), appartenant à l'opérateur. Les réseaux d'entreprise sont raccordés au PE par un équipement CE (Customer Edge). Nous avons examiné ces éléments à la section précédente. Sur la figure 30.9, on voit que certains sites peuvent appartenir à plusieurs VPN simultanément.

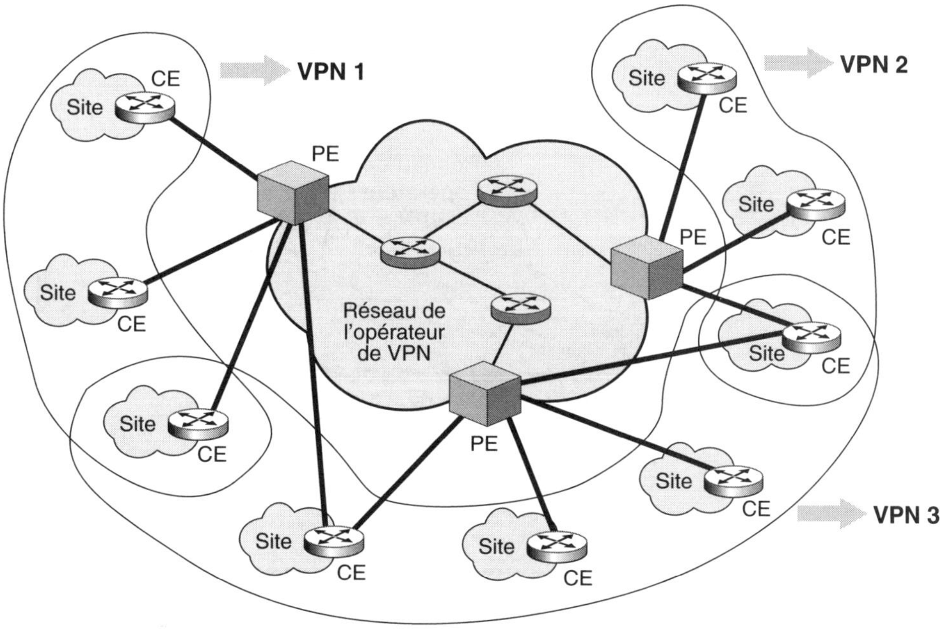

Figure 30.9

Trois VPN d'entreprise sur un réseau d'opérateur

Les routeurs extrémité PE et CE peuvent gérer différents types de services. Le plus important pour les entreprises est la sécurité. Le VPN peut être sécurisé en chiffrant les paquets entrants dans le réseau de l'opérateur. Ce chiffrement peut s'effectuer dans le routeur extrémité de l'opérateur ou de l'entreprise. Bien que les opérateurs présentent cette solution comme une valeur ajoutée à leur offre de VPN, beaucoup d'entreprises préfèrent gérer elles-mêmes leur sécurité et chiffrer les données à l'entrée et à la sortie de leurs sites, en dépit du coût induit.

D'autres fonctionnalités peuvent être prises en charge par l'opérateur, notamment la qualité de service, la gestion de la mobilité ou d'autres types de services de sécurité que la simple confidentialité. Pour cela, la structure du VPN peut avoir son importance.

Deux structures de VPN-MPLS peuvent être mises en place : un VPN selon le modèle overlay et un VPN selon le modèle peer. Dans le modèle overlay, les LSP sont ouverts directement de site à site, tandis que, dans le modèle peer, le routeur de bord se trouve chez l'opérateur. Dans le premier cas, les LSP sont ouverts directement entre CE, de telle sorte que le VPN de l'opérateur ne fasse que multiplexer les LSP sur son propre réseau. Le réseau de l'opérateur ne peut apporter de forte valeur ajoutée puisque l'information est chiffrée chez l'utilisateur. Dans le second cas, l'opérateur a à sa charge la gestion des extrémités des LSP et peut effectuer un multiplexage de plusieurs flots d'entreprise dans des LSP communs, garantissant au réseau de l'opérateur la scalabilité, ou passage à l'échelle.

La figure 30.10 illustre le premier cas de figure, où le VPN démarre dans l'équipement extrémité, ou CE, de l'entreprise. Ce dernier gère les fonctionnalités de routeur, de sécurité IPsec, de terminaison de tunnel IPsec et de pare-feu mais peut aussi gérer des logiciels antivirus, antispam, etc. Le routeur PE de l'opérateur peut également jouer le rôle de pare-feu mais en proportion très limitée puisque les flots du client sont chiffrés. Seuls les paquets de gestion et de contrôle peuvent être vérifiés à ce niveau.

Cette solution revient relativement cher à l'entreprise, car elle doit gérer elle-même toutes les fonctionnalités de l'interconnexion de réseau.

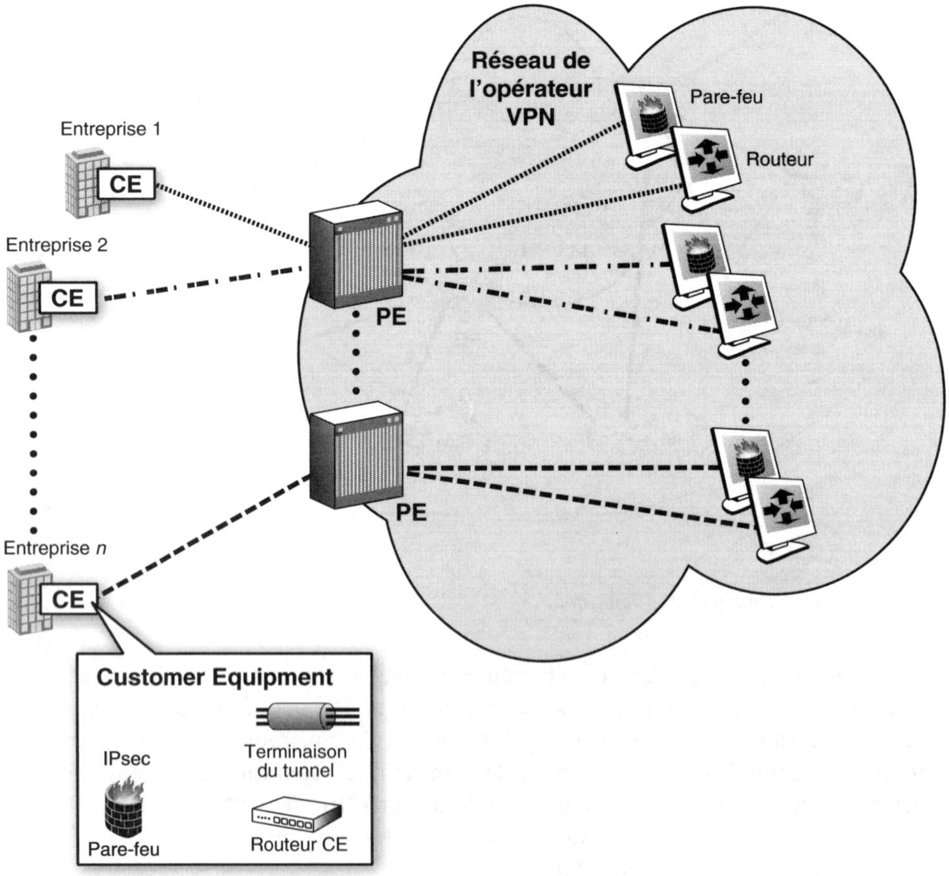

Figure 30.10

VPN géré à partir de l'entreprise cliente

La figure 30.11 illustre un VPN géré par l'opérateur. Cette solution est beaucoup plus flexible puisque les équipements de routage, de pare-feu, de gestion d'IPsec, etc., sont partagés par les clients connectés au routeur PE.

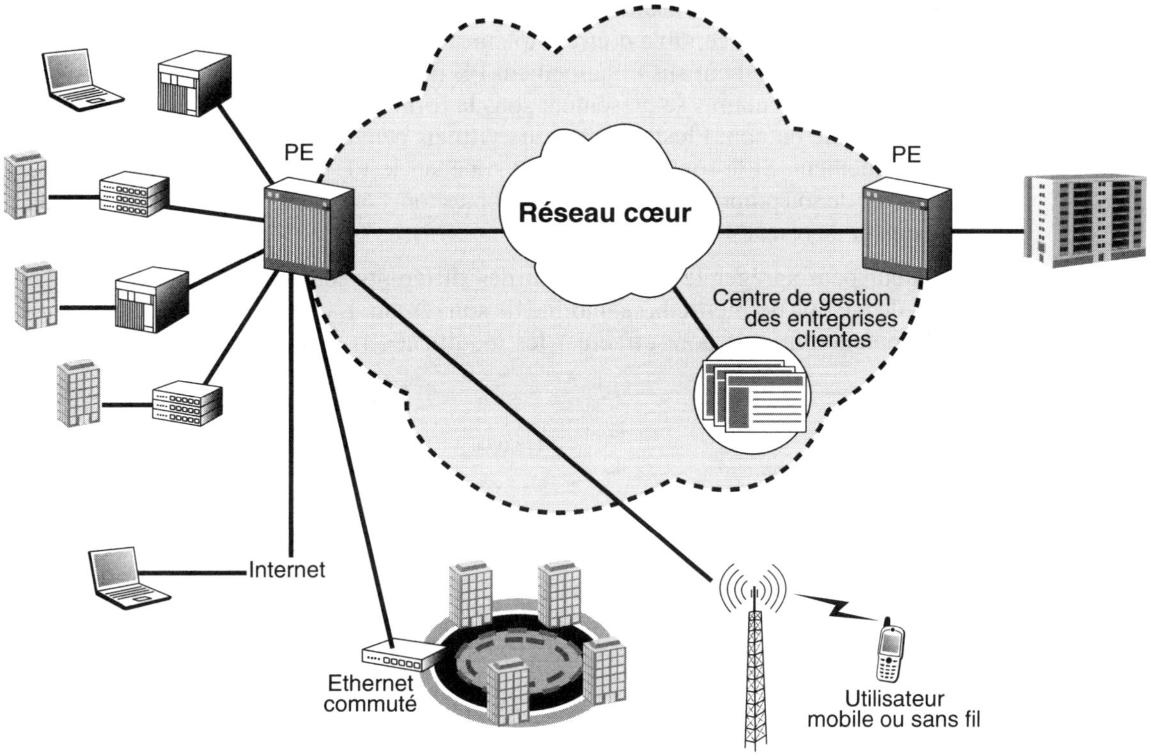

Figure 30.11

VPN géré par l'opérateur

On voit que les machines de l'entreprise peuvent être connectées au routeur extrémité PE par un très grand nombre de solutions, alors que, dans la technique de raccordement au routeur CE, il faut que les matériels de l'entreprise soient connectés directement à l'entreprise. Dans la solution de gestion opérateur, les connexions peuvent s'effectuer par des lignes *x*DSL, des liaisons spécialisées, des réseaux en relais de trames ou ATM ou même par des accès *via* des FAI permettant la connexion de terminaux mobiles ou sans fil. Des connexions Ethernet directes sont également possibles.

L'opérateur peut offrir des services supplémentaires, comme la gestion des équipements de l'entreprise cliente à partir de serveurs situés dans son réseau. Des services de gestion de messagerie électronique, d'impression, de gestion de logiciels ou de programmes métier peuvent être proposés à partir du réseau de l'opérateur. Cette solution apporte un gain à la fois au client et à l'opérateur. Le client n'a plus à gérer de façon privée un ensemble d'équipements. Il a de surcroît la possibilité de se connecter beaucoup plus facilement à ses sites par le biais de FAI intermédiaires et d'ajouter des clients mobiles ou nomades. Pour l'opérateur, le gain statistique est toujours le maître mot. Il est obtenu en partageant des équipements entre plusieurs clients.

Une autre solution qui se développe consiste, pour l'opérateur, à faire appel à des routeurs virtuels, ou VR (Virtual Router). Cette solution est illustrée à la figure 30.12. Un routeur virtuel est l'équivalent d'un routeur matériel, mais avec ses propres algorithmes de routage et la possibilité de mettre en œuvre des fonctionnalités telles que NAT ou DHCP, des gestionnaires de bande passante, etc. Un routeur virtuel est donc un logiciel en technologie objet susceptible d'être implémenté sur une machine de sortie de l'entreprise ou plus généralement sur l'équipement PE de connexion de l'opérateur. Les fonctionnalités supplémentaires se présentent sous la forme d'objets spécifiques, qui peuvent être mis en route ou non. Plusieurs routeurs virtuels peuvent être créés à l'intérieur d'un même équipement. Si le routeur virtuel est situé sur le PE de l'opérateur, chaque client peut disposer de son propre routeur, avec ses propres fonctionnalités, même si, physiquement, l'équipement de réseau PE est unique.

L'opérateur peut agréger les flots sortant des différents routeurs virtuels sur des LSP uniques de façon à permettre la scalabilité de son réseau. L'opérateur possède un contrôleur de routeurs virtuels pour effectuer les modifications de configuration et la gestion du logiciel.

Figure 30.12

Réseau d'opérateur à routeurs virtuels

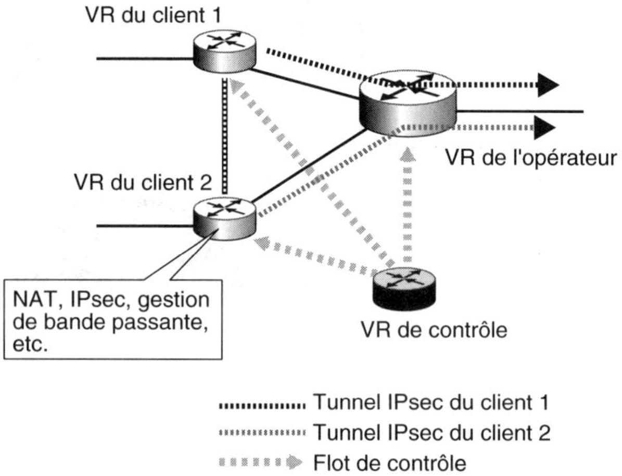

Les opérateurs Ethernet

Ethernet devenant le standard de transport des paquets IP, du fait de la forte coopération entre IP et Ethernet, de nombreux opérateurs commencent à implémenter Ethernet à la place d'ATM ou du relais de trames. La solution Ethernet n'est pas incompatible avec MPLS, bien au contraire, puisque l'Ethernet commuté utilise un shim-label, ou référence, au fonctionnement classique, entrant parfaitement dans ce cadre.

Les solutions Ethernet actuelles permettent de mettre en place cette technologie dans de nombreux contextes, allant du réseau métropolitain au réseau étendu. Les débits vont de 1 à 10 Gbit/s et bientôt 40 et 160 Gbit/s. Les avancées les plus importantes concernent trois types de solutions : les réseaux virtuels Ethernet, pour que l'utilisateur ait l'impression que le réseau distant est relié au réseau de l'entreprise par un réseau Ethernet, les réseaux métropolitains, avec la poussée du MEF (Metropolitan Ethernet Forum) et la possibilité de gérer des boucles haut débit à forte fiabilité, comme sur SONET, avec la norme RPR (Resilient Packet Ring), normalisée par le groupe de travail IEEE 802.17, et l'Ethernet « carrier grade », qui est en train de prendre une place concurrente à celle de MPLS.

Les connexions virtuelles Ethernet

La figure 30.13 illustre un réseau d'opérateur Ethernet utilisant un réseau privé virtuel Ethernet construit à partir d'EVC (Ethernet Virtual Connection). Grâce à cette solution, les VPN-IP ou MPLS sont parfaitement compatibles avec le monde Ethernet.

Figure 30.13
Réseau privé virtuel Ethernet à base d'EVC

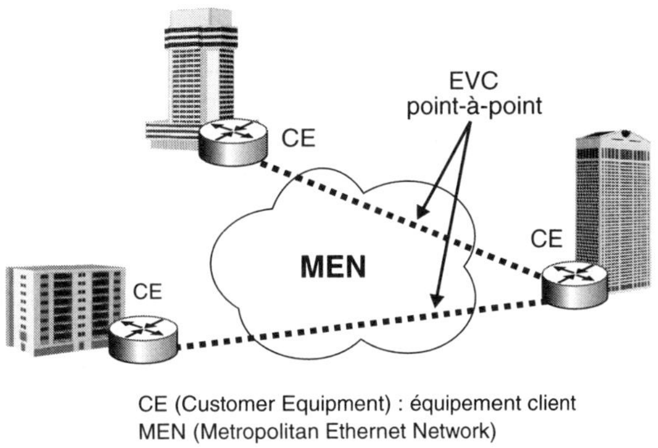

Un EVC peut être soit point-à-point, soit point-à-multipoint, soit encore multipoint-à-multipoint. Un réseau privé virtuel Ethernet peut donc avoir toutes les propriétés des VPN classiques mais avec une efficacité supérieure, puisque le système se trouve au niveau 2, et à un coût bien inférieur grâce aux matériels Ethernet utilisés.

Les réseaux Ethernet MEF

Les réseaux MEF (Metropolitan Ethernet Forum) sont connus depuis longtemps. Ils ont pour objectif d'interconnecter les réseaux d'entreprise dans une même métropole à très haut débit. Les techniques utilisées ont été décrites au chapitre 16. Elles utilisent les réseaux Ethernet commutés à 1 et 10 Gbit/s.

Pour réaliser de la téléphonie sur IP et des services nécessitant des contraintes temporelles fortes, les réseaux d'opérateurs Ethernet permettent d'introduire des priorités, à cette différence près que le champ IEEE 802.1p, qui sert à l'introduction de ces priorités, n'a que 3 bits. Ces 3 bits ne permettent que 8 niveaux de priorités, à comparer aux 14 niveaux définis par l'IETF pour les services DiffServ.

Les niveaux de priorités proposés par le MEF sont les suivants :

- 802.1p-6 DiffServ Expedited Forwarding.
- 802.1p-5/4/3 DiffServ Assured Forwarding.
- 802.1p-5, qui présente la perte la plus faible.
- 802.1p-3, qui présente la perte la plus forte.
- 802.1p-2 DiffServ Best Effort.

Dans l'environnement Ethernet, le contrôle de flux est généralement un problème délicat. Diverses propositions ont été faites pour l'améliorer. En particulier, les méthodes de backpressure proposent l'envoi de messages de contrôle de la part des commutateurs surchargés, qui permettent aux commutateurs connexes de stopper leur émission vers le nœud congestionné pendant un temps indiqué dans la primitive de contrôle.

Le choix effectué par le MEF est un contrôle de type relais de trames, où l'on retrouve exactement les mêmes paramètres :

- CIR (Committed Information Rate)
- CBS (Committed Burst Size)
- PIR (Peak Information Rate)
- MBS (Maximum Burst Size)

Ces différentes propositions montrent que le monde Ethernet est en train de grignoter petit à petit des parts de marché et devrait devenir la technologie numéro un des opérateurs de réseau dans un avenir qui se rapproche.

L'Ethernet « carrier grade »

Un Ethernet *carrier grade* est un réseau Ethernet pour opérateur possédant un certain nombre de fonctions que nous allons résumer.

La première de ces fonctions est la fiabilité. Il faut que les clients puissent être sûrs que leur réseau est en état de marche et qu'il est fiable. Associée à la fiabilité, la disponibilité mesure le temps pendant lequel le réseau n'est pas en état de marche. Nous examinons ces deux fonctions à la section suivante.

Il faut aussi qu'un réseau *carrier grade* ait une protection forte et la possibilité de se restaurer très rapidement en cas de problème. En particulier, la voix téléphonique ne dispose que de quelques centaines de millisecondes pour être acheminée de nouveau après une coupure.

Pour réaliser ces différentes fonctions, il faut des outils d'ajustement des paramètres du réseau. Les clients doivent pouvoir négocier un SLA (Service Level Agreement), et l'opérateur doit pouvoir vérifier qu'il est bien respecté. La détection des pannes et leur signalement sont également nécessaires pour atteindre une disponibilité satisfaisante.

L'objectif global est de ressembler à SONET/SDH, mais avec une solution à base de trame Ethernet, de sorte à diviser le coût associé à SONET par un facteur dix.

Disponibilité d'un réseau d'opérateur

Dans un réseau d'opérateur, la fiabilité est une qualité essentielle. Nous avons représenté au tableau 30.1 les temps d'indisponibilité d'un réseau en fonction du taux de disponibilité, c'est-à-dire la proportion du temps pendant lequel le réseau est disponible. La première colonne indique le taux de disponibilité et les colonnes suivantes le temps d'indisponibilité du réseau par mois et par an.

Les réseaux de télécommunications pour la téléphonie sont actuellement des réseaux « cinq neuf », c'est-à-dire avec un taux de disponibilité de 99,999. Ce taux représente des coupures du service téléphonique égales au total à 5 minutes par an. Actuellement, les réseaux des FAI n'offrent que « trois neuf » et donc un temps de panne de l'ordre de 9 heures par an, un temps beaucoup trop important pour un service téléphonique de qualité. Les opérateurs de télécommunications en mode IP doivent donc faire un énorme effort pour atteindre des taux de deux ordres supérieurs.

Plusieurs solutions pour atteindre des taux de disponibilité acceptables pour les applications utilisateur sont envisageables et même déjà en grande partie implémentées dans les grands réseaux d'opérateurs. La solution la plus utilisée est la réservation de chemins supplémentaires, ou chemins de back-up. Les chemins supplémentaires peuvent être soit réservés et disponibles en permanence, soit réservés mais utilisés par des flots qui cèdent leur place aux flots à sauvegarder.

1	90 %	36,5 j/an	3 j/m	
2	99 %	3,65 j/an	7,3 h/m	
3	99,9 %	8,8 h/an	44 min/m	Bon ISP
4	99,99 %	53 min/an	4,4 min/m	
5	99,999 %	5 min/an	25 s/m	Téléphone
6	99,9999 %	32 s/an	3 s/m	

TABLEAU 30.1 • Taux d'indisponibilité d'une ligne ou d'un réseau

Une protection 1:*N* indique qu'une ligne en back-up est réservée pour *N* lignes en cours d'utilisation, la ligne en back-up pouvant elle-même être utilisée. Une protection 1+*N* indique qu'une ligne en back-up est réservée pour *N* lignes en cours d'utilisation, la ligne en back-up ne pouvant être utilisée que par les lignes à protéger. Plus généralement, une protection *M*:*N* ou *M*+*N* indique que *M* lignes en back-up sont réservées pour *N* lignes actives.

Pour arriver au « cinq neuf » dans un grand réseau où les paquets doivent passer par plusieurs routeurs, il faut protéger très fortement les chemins. En effet, le taux de panne pour une liaison en fibre optique de 1 000 kilomètres est de l'ordre de 0,3 %. Les pannes peuvent avoir de nombreuses raisons, dont la plus importante est la coupure pour travaux de génie civil. Si l'on compte un temps de réparation de 12 heures par panne, qui est déjà une valeur excellente, une redondance de 1:1 ne suffit pas à atteindre les « cinq neuf » car la probabilité que les chemins primaire et secondaire soient tous deux en panne est supérieure à 5 minutes par an. Il faut donc que la ligne de protection soit elle-même protégée.

Dans les réseaux traditionnels, la boucle locale est protégée dans le cadre de SONET par une reconfiguration qui s'effectue en 50 ms. Dans le réseau cœur, il y a toujours un chemin de rechange pour un chemin en panne. Quant à la partie entre le réseau métropolitain et l'utilisateur, sa fiabilisation s'effectue comme pour la téléphonie classique par le biais d'une alimentation indépendante du réseau électrique. Dans ce cas, il est facile d'atteindre les 99,999 %. Cependant, le prix de revient de cette fiabilisation du réseau est assez important, et les opérateurs IP hésitent du fait de la concurrence acharnée sur les prix.

Conclusion

Les réseaux d'opérateurs sont en pleine mutation du fait du passage de la technologie circuit à la technologie IP en utilisant des infrastructures en mode avec connexion, qu'elles soient de type MPLS ou, d'ici peu, Ethernet/MPLS. Vers les années 2010, beaucoup de réseaux d'opérateurs ne travailleront plus qu'en mode paquet IP. Les technologies de réseaux privés virtuels devraient continuer à se développer avec un partage des ressources de plus en plus prononcé pour atteindre les prix les plus bas possibles.

Une autre vision, qui apparaît fortement chez les grands opérateurs, concerne le statut d'opérateur intégré. Cette proposition a pour objectif de mettre à disposition du client les différents réseaux de l'opérateur intégré comme si c'était un réseau unique, même si pour le moment ces réseaux ne sont pas intégrés. Par exemple, un opérateur qui possède un réseau de téléphonie en mode circuit, un réseau pour ses mobiles et un réseau pour le transport des données peut devenir un opérateur intégré en apparaissant auprès de ses clients comme opérant un seul et même réseau. Lorsqu'il téléphone de son combiné fixe, de son portable ou en utilisant de la voix sur IP à partir de son ordinateur personnel, l'utilisateur doit avoir l'impression que les informations sont véhiculées sur le même réseau. La facture est alors unique, ce qui fait la force de ces opérateurs intégrés.

L'intégration complète des réseaux demandera encore quelques années. Des opérateurs comme France Télécom ou British Telecom se sont lancés dans cette direction, avec une intégration complète du réseau sous forme de paquets IP espérée pour la fin de la décennie.

Partie IX

Les équipements réseau

Nous avons rencontré tout au long de ce livre les architectures, les protocoles et de nombreux exemples de réseaux. Cependant, nous n'avons pas encore décrit explicitement les équipements impliqués dans ces réseaux. Les termes de routeur, de commutateur et de passerelle ont souvent été cités, mais les matériels correspondants n'ont été décrits que par leurs fonctionnalités, et non par leur architecture interne.

Dans cette partie, nous entrons, au chapitre 31, dans l'architecture interne des routeurs et des commutateurs et détaillons les nouvelles générations de routeurs portant le nom de gigarouteurs et de térarouteurs et, au chapitre 32, dans celle des diverses catégories de passerelles : répéteur, pont, routeur, b-routeur, contrôleur, etc. Des exemples d'utilisation sont donnés pour bien expliciter le fonctionnement de ces divers équipements.

31

Routeurs et commutateurs

Les technologies de transfert de paquets doivent permettre de transférer une trame arrivant dans un nœud vers une ligne de sortie. Les techniques qui permettent ce transfert sont de deux types, le routage et la commutation. Le routage consiste à transporter des trames ou des paquets avec leur adresse de destination, tandis que la commutation utilise des références pour passer d'un port d'entrée à un port de sortie à l'intérieur d'un commutateur.

La différence entre un routeur et un commutateur réside dans ce qui est transporté dans le champ d'adressage : une adresse complète dans le premier cas et une référence dans le second. La gestion des tables de routage est plus complexe que celle des tables de commutation, qui sont généralement plus petites, puisque seules les connexions actives sont prises en compte.

Dans ce chapitre, nous nous intéressons aux architectures des routeurs et des commutateurs. En fait, leurs architectures internes sont assez similaires. La différence essentielle entre elles vient de la façon de déterminer le nœud suivant à atteindre, c'est-à-dire la bonne porte de sortie du nœud.

Précisons un point de vocabulaire : nous utilisons dans ce chapitre les mots cellule et trame pour désigner l'entité qui doit être routée ou commutée d'une porte d'entrée vers une porte de sortie. En effet, si le mot cellule est dévolu uniquement aux commutateurs ATM, le mot trame est plus large et s'applique à l'ensemble des routeurs et des commutateurs. Le mot paquet est réservé au bloc de niveau 3. Un paquet peut être routé (IP) ou commuté (X.25). Cependant, comme il n'existe pratiquement plus que le paquet IP, on assimile souvent paquet et routeur.

Architecture des routeurs

Les routeurs sont des équipements réseau capables de router les blocs d'information qui leur arrivent. Ces blocs d'information sont des paquets si nous sommes au niveau 3 et des trames si nous sommes au niveau 2. En fait, il n'existe pas vraiment de routeurs de niveau 2. La seule technologie dans laquelle nous pourrions parler de routeur de niveau 2 est Ethernet. Si nous considérons l'adresse MAC Ethernet comme étant une adresse complète de niveau 2, un commutateur Ethernet devrait s'appeler un routeur Ethernet.

En réalité, l'adresse MAC Ethernet est assimilée à une référence. Tous les nœuds d'un réseau Ethernet commuté doivent commuter sur cette référence, qui est égale à l'adresse MAC du destinataire.

Les routeurs les plus connus sont les routeurs IP puisqu'un paquet IP possède l'adresse complète du destinataire du paquet. On a donc tendance à faire l'amalgame entre routeur et routeur IP. Cela n'est pas exact dans la logique des réseaux, puisqu'un routeur pourrait très bien ne pas être un routeur IP. Par exemple, les routeurs IPX ont été très populaires avant l'arrivée massive d'IP.

L'architecture protocolaire d'un routeur est illustrée à la figure 31.1.

Figure 31.1
Architecture protocolaire d'un routeur

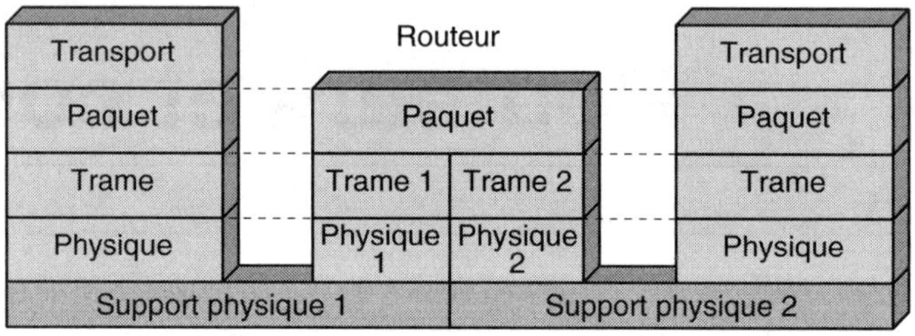

Les routeurs IP se différencient des commutateurs par le traitement de l'adresse du destinataire. Dans un routeur, le traitement s'exerce sur l'adresse complète et la consultation de la table de routage. Dans un commutateur, le traitement s'effectue sur la référence et utilise la table de commutation.

Dans les premiers routeurs, la recherche du port de sortie s'effectuait par logiciel, ce qui ralentissait énormément les transferts. La vitesse globale du routeur est dans ce cas limitée par la puissance de traitement du protocole et des adresses. Pour un routeur logiciel, des ports atteignant un débit de 10 Mbit/s sont envisageables, mais il est très rare de disposer de ports à 100 Mbit/s, ou alors en très petit nombre. Les routeurs matériels utilisent des ASIC (Application Specific Integrated Circuit). Ces microprocesseurs et mémoires rapides leur offrent un niveau de performance sans commune mesure avec celui des routeurs logiciels.

Un routeur est composé d'interfaces d'accès et de sortie, d'un ou plusieurs processeurs, de modules de mémoire et d'une unité d'interconnexion. Cette unité d'interconnexion fait très souvent appel à une technologie de commutation que nous détaillons dans la suite du chapitre. Le paquet est d'abord traité par l'interface d'entrée, puis le processeur de traitement de la table de routage choisit l'interface de sortie, le paquet étant mémorisé dans un module mémoire. Ensuite, le paquet est transféré vers l'interface de sortie par l'unité d'interconnexion. La figure 31.2 illustre l'architecture interne d'un routeur.

La détermination du port de sortie incombe au processeur gérant la table, qui doit trouver la meilleure route pour aller vers l'adresse de destination du paquet. Dans un environnement IP, on utilise pour cela des protocoles de routage de type RIP ou OSPF *(voir le chapitre 18)*. Cela suppose une connaissance de la topologie du réseau et éventuellement des défaillances des liaisons et des fortes congestions. Toujours pour le routage des paquets IP, il faut, dans l'ordre, valider le paquet et ses différents champs puis rechercher le port de sortie, qui peut être local, distant ou multicast. Dans ce dernier cas, il faut éventuellement, après traitement, recopier le paquet sur plusieurs ports de sortie. Il convient ensuite de contrôler le temps de vie du paquet (valeur du champ TTL, ou Time To Live).

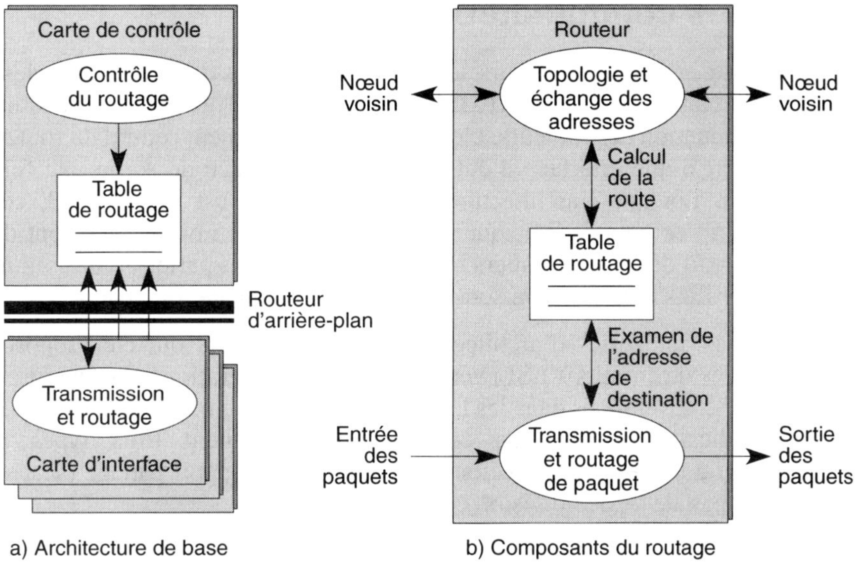

Figure 31.2

Architecture interne d'un routeur

Dans IPv4, il faut recalculer la zone de détection d'erreur. Il en va de même dans IPv6. Éventuellement, il faut fragmenter ou réassembler les paquets pour qu'ils soient compatibles avec les paquets ou les trames de la ligne de sortie.

Pour accélérer la vitesse de traitement, il est possible d'utiliser un cache de routage, comme illustré à la figure 31.3.

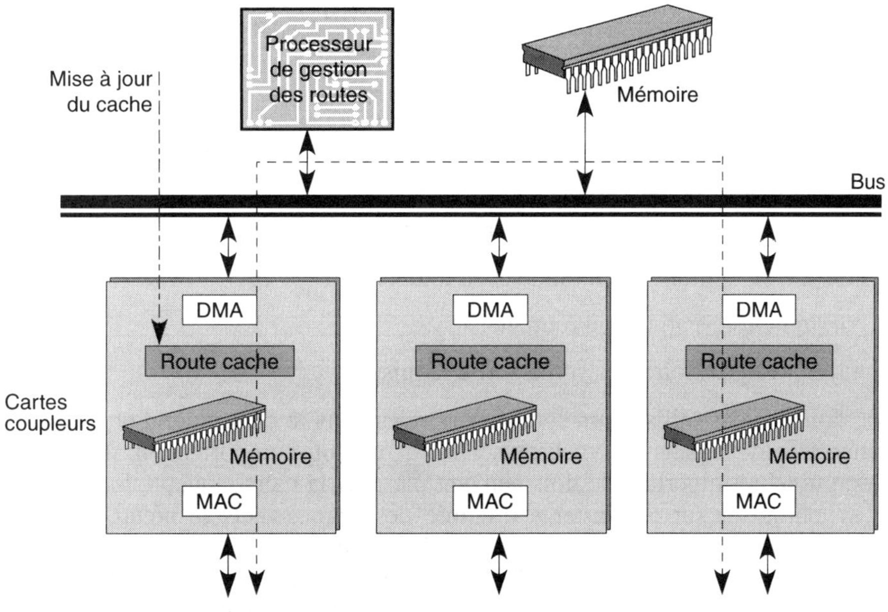

Figure 31.3

Routeurs avec cache mémoire de traitement de l'adresse

Architecture des commutateurs

Les architectures des commutateurs sont assez semblables dans la plupart des technologies de commutation telles que ATM, le relais de trames ou Ethernet ainsi que dans le cœur de commutation des routeurs, c'est-à-dire dans l'élément central du routeur permettant le transfert d'une interface d'entrée vers une interface de sortie une fois le nœud suivant choisi. Lorsque l'architecture du commutateur est de niveau 3, ce sont des paquets qui sont commutés. Lorsque l'architecture est de niveau 2, ce sont des trames. Comme la plupart des commutateurs sont de niveau 2, nous parlerons de commutateur de trames, même s'il s'agit de façon sous-jacente de commutateur de paquets.

De nombreuses catégories d'architecture de commutateurs ont été proposées, et des types très variés de circuits VLSI (Very Large Scale Integration), les fameuses puces de silicium, ont été développés dans les laboratoires de recherche et chez les industriels. Les diverses publications issues de ces travaux distinguent trois types principaux d'architecture : à mémoire partagée (shared-memory), à support partagé (shared-medium) et à division spatiale (space-division).

Étant donné les vitesses élevées des lignes de transmission modernes, les commutateurs doivent pouvoir transférer les trames à des débits extrêmement rapides, de l'ordre de cent mille à un million de trames par seconde et par ligne d'entrée. La réalisation de tels commutateurs demande des composants à haute performance.

Les commutateurs doivent être capables de supporter des trafics tant homogènes que sporadiques. Par ailleurs, la qualité de service fournie par le réseau étant affectée par le délai de transfert de bout en bout et la probabilité de perte de trames, une différenciation des services est nécessaire. Les objectifs et critères de performance de cette différenciation peuvent toutefois être opposés, tels que la perte d'aucune trame, mais avec un temps de latence important, ou au contraire la perte de trame, mais avec un temps de traversée réduit. Un service de commutation avec priorité est donc essentiel pour que les différentes classes de services puissent coexister à l'intérieur d'un même commutateur.

Rôle et fonctionnalités des commutateurs

Un commutateur est un composant avec *n* entrées et *n* sorties qui achemine les paquets arrivant sur les entrées vers leur destination de sortie.

Le rôle d'un commutateur consiste à assurer les trois fonctions essentielles suivantes :

- analyse de l'en-tête de la trame et sa traduction ;
- commutation spatiale, ou routage ;
- multiplexage des trames sur la sortie requise.

Les données des utilisateurs sont transportées dans le champ de données des trames et transférées de manière asynchrone. Du fait de son comportement statistique et parce qu'un nombre important de flots peuvent partager la même liaison, le commutateur doit se synchroniser sur les instants d'entrée des trames dans le nœud. Le commutateur examine l'en-tête de chaque trame pour identifier la porte de sortie de la trame. Cette identification s'effectue soit par l'intermédiaire de la référence qui détermine le chemin, soit par l'adresse complète du destinataire dans le cas d'un routage. Il convertit la zone de supervision en un nouvel en-tête pour le nœud de commutation suivant, gère le routage et envoie des informations de contrôle et de gestion dans les réseaux associés.

Dans un commutateur ATM, la commutation s'effectue à partir du VCI (Virtual Channel Identifier) ou du VPI (Virtual Path Identifier) contenus dans l'en-tête de la cellule. Des mécanismes de contrôle de collision permettent aux trames provenant de différentes entrées d'accéder à la file d'attente d'un même multiplex, qui n'est autre qu'une voie de communication prenant en charge plusieurs flux simultanément. Les trames sont commutées individuellement, l'horloge interne du commutateur travaillant à un rythme correspondant au temps de transmission d'une trame ATM. Par exemple, si la ligne de communication la plus rapide a un débit de 10 Gbit/s, la durée de la transmission d'une trame ATM est de 42,4 ns. Dans ce cas, le commutateur est rythmé à la cadence d'une décision toutes les 42,4 ns.

La réalisation d'un commutateur peut s'effectuer de diverses façons. Dans tous les cas, il faut créer une fonction de stockage, qui peut se trouver à l'entrée, à la sortie ou le long de la chaîne de commutation. À l'intérieur du commutateur, diverses techniques de routage peuvent être mises en œuvre : circuit virtuel, autoroutage ou datagramme. Deux des principales fonctions assurées par le commutateur correspondent au routage et à la mémorisation des trames. Des fonctions optionnelles, telles que le recouvrement d'erreur ou le contrôle de flux, peuvent être éventuellement implémentées dans les commutateurs.

Un commutateur doit satisfaire à de nombreuses contraintes, notamment les suivantes :

- très haut débit ;
- faible délai de commutation ;
- très faible taux de perte de trames ;
- gestion des applications multicast (communication multipoint) ;
- modularité et extensibilité ;
- faible coût d'implémentation.

De plus, un commutateur moderne doit être pourvu de fonctions de distribution et de gestion des priorités.

Les catégories de commutateurs

De nombreux auteurs ont tenté de mettre un peu d'ordre dans la prolifération des propositions de structure des commutateurs. Nous adoptons dans ce livre une classification qui recouvre les architectures de la quasi-totalité des commutateurs et repose sur cinq critères d'architecture :

- architecture interne en fonction du nombre d'étapes élémentaires ;
- type de liaison à l'intérieur du commutateur ;
- technique de commutation interne ;
- contrôle interne du commutateur ;
- position des mémoires et blocages internes.

Les architectures internes se différencient par le nombre d'étapes à traverser. Une étape peut être considérée comme un bloc monolithique traversé en une seule tranche de temps. Plus le nombre d'étapes est faible, plus le temps de réponse est court.

La liaison à l'intérieur du commutateur peut être dédiée ou statistique. Pour les liaisons dédiées, les trames vont d'une porte d'entrée vers une porte de sortie en transitant toujours par le même chemin. Dans le cas statistique, toute trame est apte à emprunter une liaison quelconque à l'intérieur du commutateur. Le routage est déterminé par un algorithme de contrôle.

Le tableau 31.1 récapitule ces cinq catégories de commutateurs et leurs propriétés.

Architecture interne	Liaison interne	Commutation interne	Contrôle du commutateur	Mémoire et blocage
Nombre d'étapes à parcourir	Liaison dédiée Liaison statistique	Répartition dans l'espace Répartition dans le temps	Algorithme de gestion des ressources ; routage, contrôle de flux	Position des mémoires dans le commutateur Possibilité de blocage interne

TABLEAU 31.1 • Critères de classification des commutateurs

Les techniques de commutation interne peuvent se classer en deux grandes catégories : par répartition dans l'espace et par répartition dans le temps. Dans le premier cas, plusieurs chemins parallèles peuvent être mis en place pour véhiculer les trames, tandis que dans le second, les trames se partagent les ressources dans le temps. Pour simplifier la présentation, nous supposerons qu'avec la répartition dans le temps, toutes les trames transitent par une même liaison interne, liaison nécessairement statistique. Dans la réalité, il peut y avoir superposition des deux techniques de commutation : plusieurs liaisons sont possibles, et, sur ces liaisons, il peut y avoir un multiplexage temporel.

Les algorithmes de gestion des ressources permettent le contrôle du commutateur. Ces algorithmes concernent, entre autres, le routage des trames et les contrôles de flux et de congestion.

Blocage et mémorisation

À l'intérieur du commutateur, il peut être nécessaire de mémoriser des trames lorsqu'un phénomène de blocage se produit, c'est-à-dire quand deux trames entrent en compétition pour obtenir une même ressource. Il faut alors mettre une trame en attente. Les mémoires peuvent se situer à l'entrée, à la sortie ou en différents points à l'intérieur du commutateur.

Les différents types de blocages

Comme nous venons de le voir, il existe des commutateurs avec blocage et d'autres sans blocage. On distingue trois types de blocages, le blocage interne, le blocage en sortie et le blocage en tête de file :

- **Blocage interne.** Ce blocage survient lorsque plusieurs trames veulent accéder à la même liaison interne. Des conditions de non-blocage ont été spécifiées pour un réseau Banyan *(voir plus loin dans ce chapitre)*. Un réseau Banyan est non bloquant si les entrées actives $x_1, x_2, \ldots x_k$ et leurs sorties respectives $y_1, y_2, \ldots y_k$ satisfont les relations suivantes :
  - Les sorties sont monotones, c'est-à-dire que $y_1 < y_2 < \ldots < y_k$ ou $y_1 > y_2 > \ldots > y_k$.
  - Les entrées sont concentrées, c'est-à-dire que toute entrée comprise entre deux entrées actives est active.
- **Blocage en sortie.** Comme il n'y a pas de coordination entre les trames qui arrivent en fonction de leur destination, les trames qui parviennent dans la même tranche de temps peuvent être destinées à une même sortie et donc aboutir à un conflit en sortie.

- **Blocage en tête de file, ou HOL (Head Of Line).** Ce blocage intervient dans les files d'entrée du commutateur. Considérons deux files d'entrée avec des trames en tête de file entrant en conflit pour une même sortie. Une de ces trames est acceptée pour le routage interne vers la sortie, tandis que les autres sont bloquées. Cette technique impose la contrainte suivante : les trames situées dans la file d'attente derrière les trames bloquées ne peuvent être transmises vers leur sortie, même si elles sont destinées à des sorties non conflictuelles.

Placement des mémoires

Le placement des mémoires tampons, ou buffers, pour stocker les trames et les moyens permettant de résoudre les contentions en sortie affecte à la fois les performances et la complexité des commutateurs.

La figure 31.4 illustre les différents placements de mémoires envisageables.

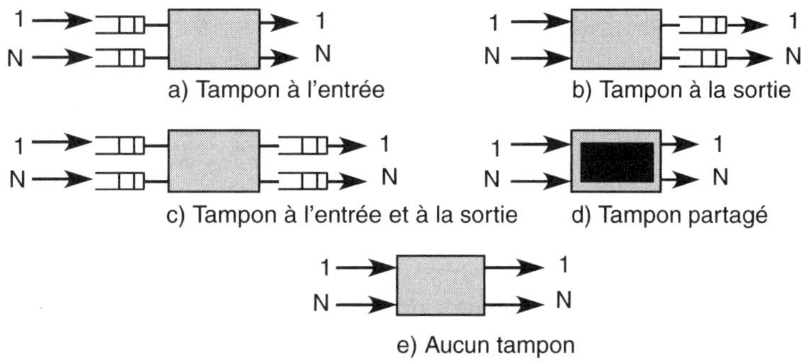

Figure 31.4
Placement des mémoires tampons dans les commutateurs

Les architectures avec mémoire tampon à l'entrée permettent à toute nouvelle arrivée d'être placée dans les mémoires tampons situées au port d'entrée, résolvant de ce fait les problèmes de contention. Les trames en tête de chaque file essaient d'accéder aux liaisons de sortie. Les trames sélectionnées sont délivrées aux ports de sortie, tandis que les autres restent en tête de file pour un nouveau tour d'arbitrage. Le problème majeur de cette architecture est le blocage en position de tête, qui limite le débit.

Les architectures utilisant une file partagée ne rencontrent pas ce type de blocage. Les trames qui se présentent en entrée sont directement soumises au commutateur, et la résolution de contention pour le port de sortie a lieu avant le transport de la trame. Les trames bloquées restent dans le commutateur et sont recyclées vers leur port, où elles sont resynchronées avec l'ensemble des nouvelles arrivées.

Concernant le taux de perte de trames, les commutateurs à mémoire partagée présentent les meilleures performances. En effet, chaque adresse de la mémoire partagée peut être allouée temporairement à n'importe quel port de sortie, et non à un port de sortie particulier. De la sorte, la limite maximale de longueur de chaque file, et notamment des files de sortie, peut être étendue jusqu'au débordement de la mémoire partagée, le taux de perte des trames s'en trouvant réduit.

Les architectures avec mémoires tampons en sortie utilisent des chemins parallèles pour accéder aux ports de sortie. Cela autorise la délivrance de multiples trames simultanément pour chaque destination. Les mémoires tampons situées à chaque port de sortie stockent les trames en attendant l'accès aux liaisons de transmission.

Exemples de commutateurs

Les sections qui suivent présentent les commutateurs les plus connus en fonction des critères que nous avons introduits à la section précédente.

Le commutateur Crossbar

L'un des commutateurs les plus simples se construit en reprenant les concepts des premiers autocommutateurs Crossbar téléphoniques, qui remontent à plusieurs dizaines d'années. Les commutateurs Crossbar électroniques, et non plus mécaniques, font toujours partie, au début des années 2000, des petits commutateurs les plus vendus.

La figure 31.5 illustre le fonctionnement de trois types de commutateurs Crossbar.

Figure 31.5
Commutateurs Crossbar

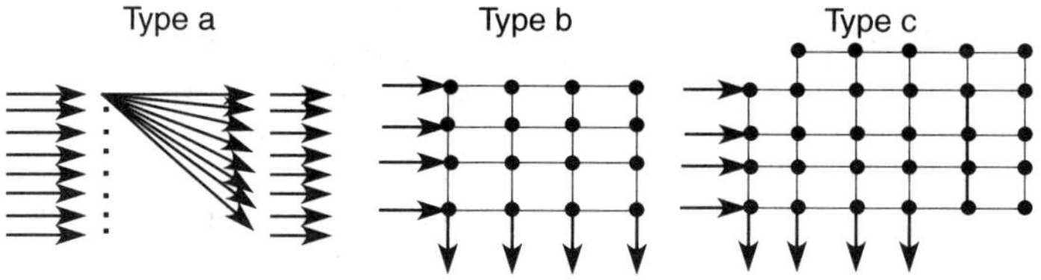

Ces commutateurs Crossbar comportent des flots qui entrent par les flèches de gauche et sortent par les flèches de droite pour le type a et par les flèches du bas pour les types b et c. Le rôle de ces commutateurs est d'acheminer des flots de trames arrivant sur l'une des entrées vers une des sorties. Dans les types b et c, les points noirs indiquent des commutateurs élémentaires permettant à une trame de se diriger vers trois sorties au choix, une sortie vers le haut, une sortie tout droit et une sortie vers le bas. Bien sûr, lorsqu'on arrive aux bords du commutateur, il ne peut y avoir que deux sorties au choix, voire une seule pour le commutateur élémentaire situé en haut à droite.

Le commutateur Crossbar illustré à la partie gauche de la figure (type a) permet, à partir de toute entrée, d'aller directement à toute sortie. De mécaniques au début du siècle, les relais sont devenus électroniques à partir des années 1980. Le commutateur Crossbar de base de type a ne comporte qu'une étape : une trame entrant dans le Crossbar va directement à la ligne de sortie. La liaison est dédiée entre la porte d'entrée et la porte de sortie, la commutation est répartie dans l'espace, et le routage est fixe. Si deux trames se dirigent en parallèle vers une même porte de sortie, des mémoires sont nécessaires soit à la porte d'entrée, soit à la porte de sortie. De ce fait, il n'y a pas de blocage interne au commutateur.

Il existe des commutateurs Crossbar beaucoup plus complexes, dont l'architecture est profondément modifiée. Par exemple, la partie centrale de la figure 31.5 (type b) décrit un commutateur qui permet de mettre en place une ou plusieurs voies entre l'entrée et la sortie. Dans ce cas, il faut n^2 points de connexion pour n entrées et n sorties du commutateur. Un seul chemin peut être envisagé entre une entrée et une sortie. Plusieurs chemins distincts sont disponibles grâce aux commutateurs élémentaires permettant de diriger la trame vers trois directions distinctes (ou deux ou une sur les bords du commutateur). Ces commutateurs n'empêchent pas les collisions potentielles entre les trames sur les chemins internes. Il faut donc stocker les trames dans des mémoires en entrée et mettre en place un mécanisme écoulant un maximum de trames en parallèle. Une autre possibilité consiste à placer des mémoires à chaque point de jonction, ce qui augmente d'autant le nombre d'étapes à franchir en interne.

En se servant des cinq critères que nous avons introduits à la première section de ce chapitre, un commutateur Crossbar avec mémoires se définit par un nombre d'étapes dépendant de la route et des portes d'entrée et de sortie, des liaisons statistiques, une commutation dans l'espace, un routage dynamique et des mémoires intermédiaires nécessaires pour éviter les blocages internes.

On peut modifier le commutateur en agrandissant le nombre de commutateurs élémentaires pour permettre un plus grand nombre de parcours et éviter les collisions. À chaque collision potentielle, la trame est détournée de son chemin direct et doit, soit tourner à gauche, soit aller tout droit. En faisant tourner la trame trois fois à gauche, on finit par retrouver le chemin de départ. On peut se représenter le commutateur comme modélisant les rues de Manhattan, à New York, et la trame comme étant une voiture. Dans Manhattan, pour simplifier la circulation, il est interdit de tourner sur sa gauche, de façon à ne pas couper les flux de circulation. Pour prendre une direction à gauche dans un carrefour, il faut aller tout droit et tourner trois fois à droite. Les commutateurs que nous examinons s'appellent des commutateurs Manhattan pour rappeler cette analogie et la possibilité pour une trame de prendre des chemins détournés pour arriver à la sortie choisie. Un commutateur Manhattan est illustré à la partie droite de la figure 31.5 (type c).

Les caractéristiques comparées des trois architectures Crossbar sont indiquées au tableau 31.2.

	Architecture interne	Liaison interne	Commutation interne	Contrôle du commutateur	Mémoire et blocage
Crossbar (fig 26.5.a)	1 étape	Liaison dédiée	Répartition dans l'espace	Routage fixe	Pas de blocage interne
Crossbar (fig 26.5.b)	*n* étapes	Liaisons statistiques	Répartition dans l'espace	Routage dynamique	Blocage interne résolu par des mémoires
Crossbar (fig 26.5.c)	*n* étapes	Liaisons statistiques	Répartition dans l'espace	Routage spécifique	Blocage interne résolu par le routage

TABLEAU 31.2 • Caractéristiques des commutateurs Crossbar

Le commutateur Banyan et ses extensions

Le commutateur de base qui semble rassembler le plus de suffrages est le commutateur Banyan, illustré à la figure 31.6. Ce commutateur 8x8 possède huit files d'entrée et huit files de sortie. Les trames à commuter se présentent sur la gauche et doivent ressortir sur l'une des huit files de sortie indiquées sur la droite de la figure. Ce commutateur est construit avec douze commutateurs élémentaires, un commutateur élémentaire étant ici un commutateur possédant deux entrées et deux sorties, ce que l'on appelle encore un commutateur 2x2. Ce commutateur comporte trois étages, un étage étant représenté par la traversée d'un commutateur élémentaire 2x2. En d'autres termes, la trame qui se présente sur l'une des huit entrées doit traverser trois commutateurs élémentaires pour atteindre une sortie.

Figure 31.6
Commutateur Banyan

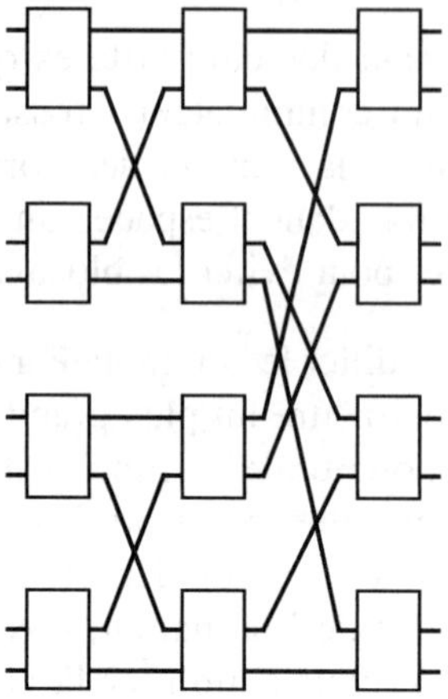

La figure 31.7 illustre la construction d'un commutateur Banyan. À partir des deux premières entrées, celles du haut à gauche, on accède aux huit sorties en utilisant des commutateurs élémentaires à deux entrées et deux sorties. On obtient dans l'étape a de la figure 31.7 un commutateur 2x8, qui possède deux entrées et huit sorties. À l'étape b, on ajoute deux nouvelles entrées et un commutateur élémentaire, qui prend en charge ces deux nouvelles entrées. On relie ce commutateur élémentaire aux entrées libres des commutateurs élémentaires du deuxième étage de l'étape a, ce qui permet de construire un commutateur 4x8. L'étape c permet de passer à un commutateur 6x8 et l'étape d à un commutateur Banyan 8x8 complet.

Figure 31.7
Étapes de construction d'un commutateur Banyan

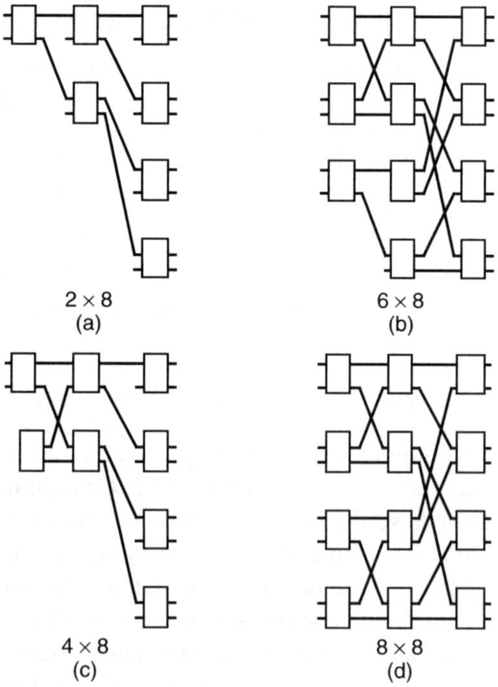

Avec un étage de commutateurs élémentaires, on accède à 2 sorties depuis 2 entrées. Avec deux étages, on accède à 4 sorties depuis 4 entrées, et, plus généralement, avec n étages, on accède à 2^n sorties depuis 2^n entrées, ce qui constitue un avantage par rapport au Crossbar, le nombre de commutateurs élémentaires utilisés pour réaliser le commutateur global étant beaucoup plus petit.

Deux types de collisions entre trames peuvent se produire :

- Deux trames qui convergent vers la même sortie.
- Deux trames qui empruntent la même voie à l'intérieur d'un commutateur élémentaire.

Comme à chaque couple entrée-sortie ne correspond qu'un seul chemin, il n'est pas possible d'éviter la collision en changeant de chemin. De nouveau, pour éviter ces deux types de collisions, on peut ajouter des mémoires à l'entrée, à la sortie ou dans tous les commutateurs élémentaires intermédiaires.

Les commutateurs actuels

Au moins trois possibilités sont utilisées pour les commutateurs d'aujourd'hui :

- plusieurs commutateurs Banyan en série ;
- commutateur Batcher Banyan ;
- commutateur Knock-out.

Commutateurs Banyan en série

Pour deux commutateurs en série, il y a m façons d'aller de l'émetteur au récepteur, si m est le nombre d'entrées et de sorties. Si k commutateurs sont en série, m^{k-1} chemins peuvent être envisagés. Néanmoins, cela ne résout pas directement les problèmes de collisions en sortie et rallonge le délai de transit.

Commutateur Batcher Banyan

Dans un commutateur Batcher Banyan, les trames qui entrent en collision en sortie sont recyclées suivant le principe illustré à la figure 31.8. Le premier commutateur Banyan (trieur) permet de changer de ligne, et le deuxième (sélectionneur) d'opérer une sélection parmi les trames qui ont la même direction et qui entreraient en collision sur la ligne de sortie. Ensuite, le concentrateur permet de diriger la trame soit vers le dernier commutateur Banyan, et donc d'atteindre la ligne de sortie, soit de l'envoyer vers l'une des entrées d'un commutateur de recyclage de type MxM permettant de réintroduire la trame en début de cycle. Le choix de recycler une trame est pris dès que la ligne de sortie sur laquelle doit se rendre la trame est saturée. Une trame peut donc tourner dans le commutateur tant que la ligne de sortie est saturée.

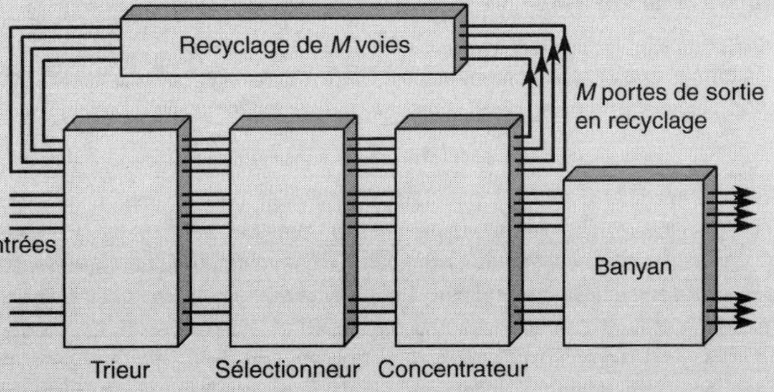

Figure 31.8

Fonctionnement du commutateur Batcher Banyan

Commutateur Knock-out

Dans le commutateur Knock-out illustré à la figure 31.9, à partir d'une ligne d'entrée, les trames sont diffusées vers l'ensemble des interfaces de sortie. Dans l'interface de sortie, un Banyan à *n* entrées permet de faire converger les trames qui se dirigent vers la sortie *n*. Si plusieurs trames se présentent sur le même commutateur élémentaire, l'une d'elles est mise en attente de telle sorte qu'une seule trame sorte vers *n*. Le commutateur interne à l'interface de sortie est illustré à la figure 31.10.

Figure 31.9
Fonctionnement du commutateur Knock-out

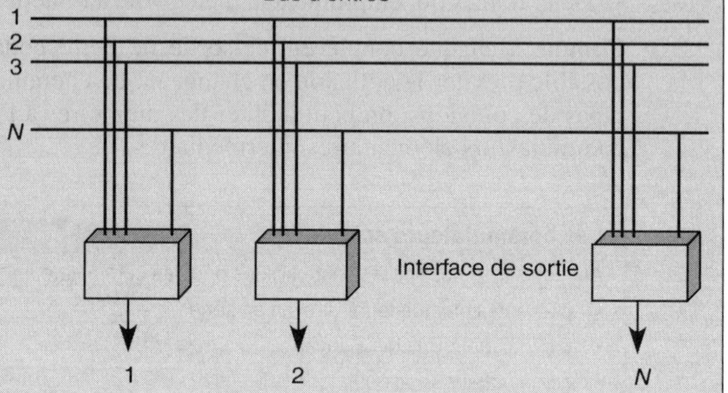

Figure 31.10
Commutateur d'interface d'un Knock-out

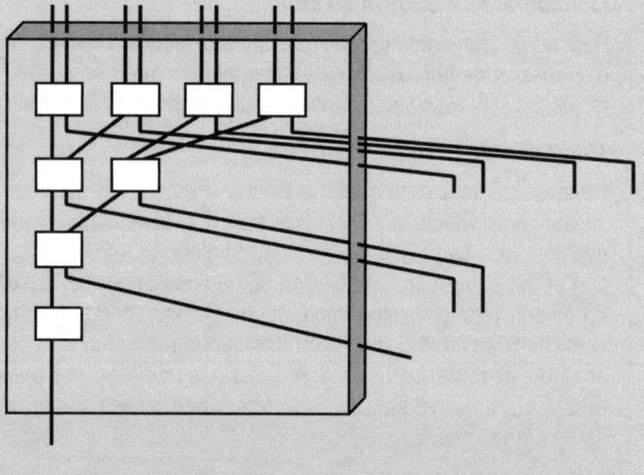

Autres commutateurs

Pour compléter la description des commutateurs actuels, on peut noter que, dans un réseau Banyan, si huit trames arrivent aux huit entrées simultanément, il n'y a qu'une seule possibilité de sortie pour que le parallélisme soit complet. Dans le réseau Banyan, cette possibilité est la suivante :

1 1 ; 2 5 ; 3 3 ; 4 7 ; 5 2 ; 6 6 ; 7 4 ; 8 8.

On peut imaginer d'autres commutateurs, avec des parallélismes différents (commutateurs Δ, Ω, etc.), dans lesquels les chemins suivis par les huit trames arrivant sur les huit entrées sont différents de ceux qui existent dans le commutateur Banyan. Le commutateur Ω permet l'identité, c'est-à-dire que la trame qui se présente sur l'entrée numéro 1 sort par la sortie numéro 1, la trame qui arrive en même temps sur l'entrée numéro 2 sort par la sortie numéro 2, et ainsi de suite. Le commutateur Ω est illustré à la figure 31.11. En prenant, par exemple, la troisième entrée à partir du haut et en suivant toujours tout droit dans les commutateurs élémentaires, on se retrouve sur la troisième ligne de sortie. À la énième ligne d'entrée correspond la énième ligne de sortie.

Figure 31.11
Fonctionnement d'un commutateur Ω

Ce commutateur Ω présente toutefois l'inconvénient de ne plus permettre un routage aussi simple que le Banyan, où l'adresse de sortie autorise, lorsqu'elle est codée en binaire, le routage de la trame : avec un 0, on va vers le haut, et avec un 1 on va vers le bas. L'adresse de sortie 010 est atteinte si la trame est routée vers le haut puis vers le bas puis vers le haut pour terminer, et ce quelle que soit l'entrée. L'avantage global de ce système est de permettre le parallélisme des flux de trames à travers le commutateur.

Aujourd'hui, un regain d'intérêt se fait jour pour les techniques de commutation utilisant un bus partagé, car les progrès technologiques permettent de concevoir des bus atteignant des capacités de transport de plusieurs centaines de gigabits par seconde.

Le tableau 31.3 recense les caractéristiques des différents commutateurs provenant de la source Banyan en fonction des cinq critères que nous avons retenus pour la définition d'un commutateur au début de ce chapitre.

	Architecture interne	Liaison interne	Commutation interne	Contrôle du commutateur	Mémoire et blocage
Banyan élémentaire	1 étape	Liaisons dédiées	Répartition dans l'espace	Autoroutage	Pas de blocage interne
Banyan avec mémoire	*m* étapes	Liaisons dédiées	Répartition dans l'espace	Autoroutage dynamique	Pas de blocage résolu par des mémoires
Batcher Banyan	1 étape (*n* étapes si *n* rebouclages)	Liaisons statistiques	Répartition dans l'espace	Routage spécifique	Blocage interne résolu par le routage
Knock-out	1 étape	Liaisons dédiées	Répartition dans l'espace	Autoroutage	Blocage interne résolu par des mémoires internes

TABLEAU 31.3 • Caractéristiques des commutateurs de type Banyan

D'autres types de commutateurs de trames sont incarnés par le Lambdanet et le ShuffleNet. Ces deux commutateurs utilisent de la fibre optique avec du multiplexage en longueur d'onde, plusieurs faisceaux lumineux étant véhiculés en parallèle dans le cœur de la fibre optique.

Le Lambdanet

La figure 31.12 illustre le fonctionnement d'un commutateur Lambdanet. À partir d'un émetteur, on envoie sur un sous-canal des trames diffusées par une étoile passive centrale vers des sous-canaux correspondant aux nœuds connectés. Pour 16 nœuds au total, il y a une voie aller et 16 voies de retour entre un nœud et l'étoile optique. Toutes ces voies sont multiplexées en longueur d'onde dans une fibre optique monomode. Chaque voie atteint un débit de 10 Gbit/s si nécessaire. Cette technique facilite la diffusion et le multipoint, mais elle est coûteuse. En particulier, les machines terminales doivent avoir 16 récepteurs distincts pour recevoir sur les 16 longueurs d'onde en même temps.

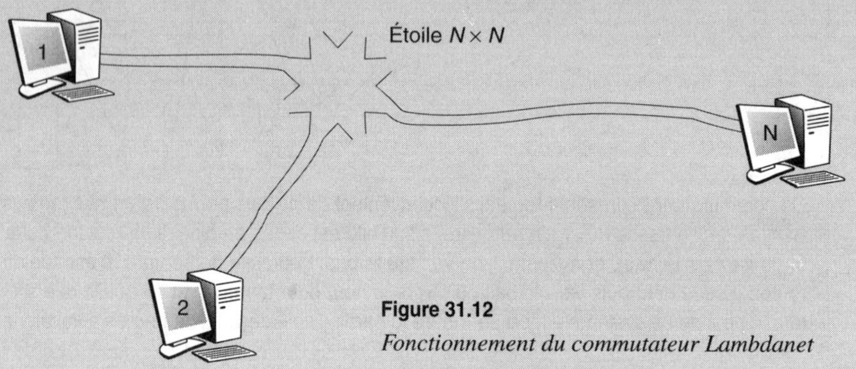

Figure 31.12

Fonctionnement du commutateur Lambdanet

Le commutateur Lambdanet se caractérise par une étape, une liaison dédiée, une commutation spatiale, pas de contrôle *a priori*, des mémoires en sortie et pas de blocage.

Le ShuffleNet

Le commutateur ShuffleNet essaie de concilier les méthodes précédentes par des nœuds intermédiaires de commutation. Pour aller d'un point à un autre point, il faut généralement passer par un ou plusieurs nœuds intermédiaires, comme illustré à la figure 31.13. L'avantage de cette technique est d'avoir plusieurs chemins utiles en cas de panne. Ces chemins ont une longueur variable. S'il y a trop d'embouteillage, on peut toujours prendre un autre chemin, certes plus long, pour atteindre le destinataire. Le support est une fibre qui prend en charge 16 canaux multiplexés en longueur d'onde. Sur la figure, pour aller d'un nœud quelconque à un autre nœud, il faut passer au maximum par 3 nœuds intermédiaires. Par exemple, pour aller du nœud 1 au nœud 3, le nœud 1 émet sa trame vers la sortie 2 ; celle-ci arrive au nœud 6, qui l'envoie vers la sortie 11, ce qui permet au nœud 3 de recevoir l'information. L'avantage de cette technique est de n'avoir à chaque nœud que deux émetteurs et deux récepteurs et de disposer de plusieurs chemins pour aller d'un nœud à un autre.

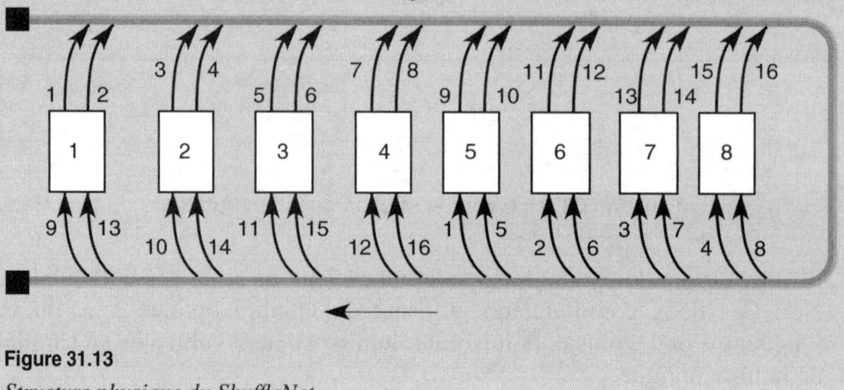

Figure 31.13

Structure physique du ShuffleNet

Le commutateur ShuffleNet se caractérise par plusieurs étapes, une liaison statistique, une commutation spatiale, un contrôle à l'entrée pour optimiser le chemin et des mémoires dans les nœuds intermédiaires pour éviter les blocages.

Un commutateur ShuffleNet peut aussi être réalisé par le maillage illustré à la figure 31.14. Une trame entrant par le nœud 1 et sortant par le nœud 3 doit être émise par le nœud 1 sur la longueur d'onde 2(λ_2) jusqu'à la porte 6, qui retransmet la trame sur la longueur d'onde 11(λ_{11}) jusqu'à la porte 3. Nous pouvons vérifier sur la figure que, partant du nœud 1, la trame arrive bien au nœud 3 après avoir suivi le chemin que nous venons d'indiquer. Il est bien sûr possible de trouver d'autres chemins pour aller du nœud 1 au nœud 3. Par exemple, en partant du nœud 1 sur la longueur d'onde 1, la trame arrive sur le nœud 5, qui envoie la trame sur la longueur d'onde 10, ce qui lui permet d'arriver au nœud 2. À partir de ce nœud, en se replaçant à droite de la figure, nous pouvons envoyer la trame sur la longueur d'onde 4, ce qui lui permet d'arriver au nœud 8, et, enfin, en utilisant la longueur d'onde 15, l'envoyer au nœud 3. Le chemin suivi comporte quatre étapes au lieu de deux dans le choix précédent. Ce deuxième choix n'est cependant pas inutile si le nœud 6 tombe en panne.

Figure 31.14

Structure logique du ShuffleNet

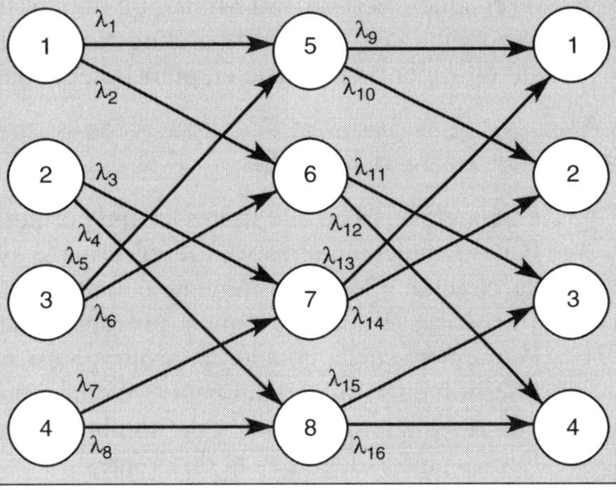

Les techniques que nous venons de décrire sont à la base d'un grand nombre d'architectures de commutateurs actuellement commercialisées. Elles sont fondées sur une répartition dans l'espace. Une génération de commutateurs totalement différente, fondée sur la répartition dans le temps, est analysée à la section suivante.

Les commutateurs à répartition dans le temps

Les architectures à base de Crossbar ou de Banyan utilisent une répartition dans l'espace, qui privilégie l'affectation de voies parallèles pour effectuer le transport des trames entre les portes d'entrée et de sortie. Une autre grande solution consiste à travailler avec une répartition dans le temps, ce que l'on appelle encore répartition statistique, puisque la répartition des trames dans les tranches de temps se fait de façon statistique. C'est la raison pour laquelle on appelle ces commutateurs à répartition dans le temps des commutateurs temporels statistiques.

Dans ces commutateurs, le support physique est commun à l'ensemble des chemins, un découpage dans le temps permettant d'affecter les communications à tour de rôle. Bien évidemment, des solutions mixtes se sont développées, dans lesquelles un commutateur à répartition dans l'espace commence par proposer de multiples chemins entre une entrée et une sortie. Sur chaque chemin, un multiplexage temporel statistique permet ensuite à plusieurs communications de passer simultanément.

L'inconvénient majeur des techniques de répartition dans le temps est l'obligation d'utiliser un bus commun d'une capacité de transport égale à la somme des vitesses des voies d'accès, ce qui représente un coût important. Les commutateurs ATM temporels statistiques commercialisés par de grands équipementiers incarnent toutefois des solutions acceptables du point de vue du coût.

Les commutateurs ATM temporels statistiques

Comme expliqué précédemment, les commutateurs temporels statistiques doivent posséder un bus par lequel transitent toutes les trames. Cette contrainte est très forte : pour 64 entrées avec une interface T_B à 155,52 Mbit/s, qui est l'interface de base normalisée pour les réseaux large bande, le débit du bus doit être de 10 Gbit/s. Le commutateur ATM que nous décrivons ci-après utilise un bus de très grande largeur, d'exactement 424 fils pour les données, une valeur qui correspond à la taille d'une cellule (424 bits). Si le débit de chaque fil est de 100 Mbit/s, on obtient une capacité de transport de 42,4 Gbit/s pour le commutateur. Les deux architectures que nous décrivons reposent, pour la première, sur un support en boucle et, pour la seconde, sur un support en bus.

L'architecture en boucle

La boucle possède 424 lignes, ce qui permet de transporter les cellules en parallèle. Deux lignes supplémentaires sont réservées à la synchronisation et à la supervision. La vitesse de chaque ligne détermine une unité de temps. Si nous supposons une vitesse de 100 Mbit/s, l'unité de temps qui représente la durée d'une transmission est $y = 10$ ns. Pour entrer sur la boucle, un arbitrage est nécessaire. Nous proposons ici d'utiliser une insertion en parallèle, qui peut être considérée comme un arbitrage distribué. Cette solution est implémentée dans de nombreux commutateurs temporels statistiques sous des formes parfois légèrement différentes.

La cellule est introduite et retirée du support par l'émetteur. Cette solution permet de prendre en charge le multipoint ou la diffusion d'une cellule, les nœuds intermédiaires n'ayant qu'à réaliser une copie de la cellule lors de son passage.

Figure 31.15

Support physique du commutateur ATM temporel statistique

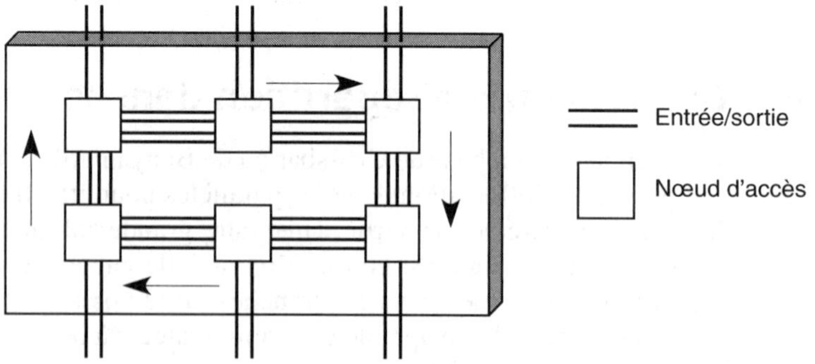

Le support physique illustré à la figure 31.15 est constitué de 6 portes d'entrée-sortie, qui donnent naissance à 6 nœuds internes sur la boucle. Entre ces nœuds, une boucle comportant 424 fils est constituée pour transporter les cellules en parallèle. Dans un nœud, un processus de sérialisation-parallélisation a lieu pour transmettre la cellule en série sur la porte d'entrée-sortie et en parallèle sur le bus interne. Cette partie du commutateur est décrite plus en détail dans l'encadré « L'architecture en bus ».

Nous nous intéressons ici au transport de la cellule d'une porte d'entrée à une porte de sortie, en supposant que la parallélisation a été effectuée.

La cellule est transmise en parallèle, la synchronisation s'effectuant par un signal spécifique sur le fil supplémentaire. Comme la distance est particulièrement petite entre les nœuds d'accès au support, qui se trouvent tous soit sur la même carte physique, soit sur le même circuit imprimé, la synchronisation ne pose aucun problème. Le temps de transmission de la cellule sur le support physique est très court, puisque la transmission s'effectue en parallèle. De plus, dans chaque nœud du support physique, le signal n'a que deux registres à traverser.

L'accès au support physique est détaillé à la figure 31.16. Il utilise deux registres parallèles dont les temps de remplacement sont variables et s'adaptent aux contraintes. Ces deux registres garantissent l'absence de collision sur le support.

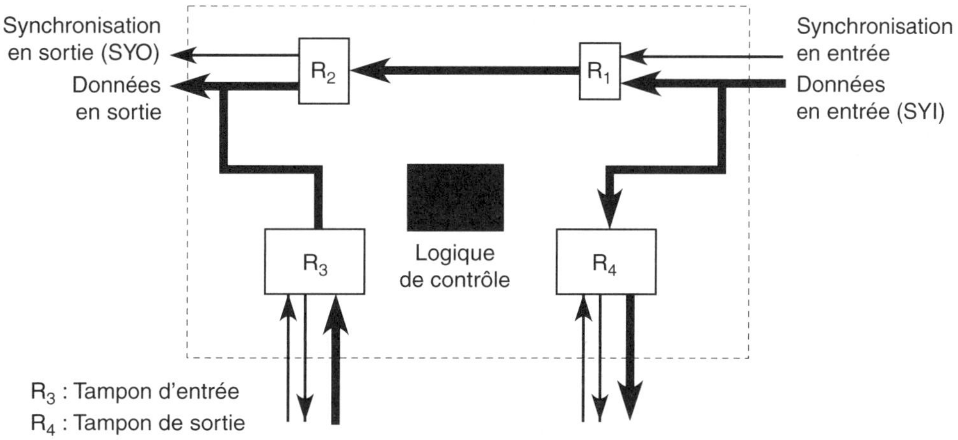

Figure 31.16

Architecture du nœud d'accès au support physique

Soit T_e = 10 ns le temps de remplacement maximal du registre correspondant au temps de transmission d'une cellule. Ce temps de remplacement pouvant en fait être variable, nous supposons ici que les valeurs 2, 4... à 10 ns sont possibles. Ce temps de remplacement dépend de l'activité du nœud, comme nous le verrons plus loin.

Le signal SYO (SYnchronization Out) est transformé en signal SYI (SYnchronization In) sur le fil de synchronisation. Ce signal permet de lire le contenu du registre d'entrée. Il faut noter qu'il n'y a pas d'horloge synchronisée entre les nœuds du support physique.

Le transit d'une cellule

Différents cas de figure peuvent se produire dans le nœud d'accès. Une cellule peut transiter dans un nœud sans que celui-ci soit concerné par l'émission ou la réception. Ce passage est illustré à la figure 31.17. La cellule est stockée dans chaque registre pendant un temps minimal, soit 10 ns dans notre exemple, si le nœud n'est pas dans un état d'insertion. Si le temps de remplacement des registres est supérieur à cette valeur, il faut réduire le plus possible le temps pendant lequel la cellule reste dans les deux registres.

Figure 31.17
Transit dans un nœud

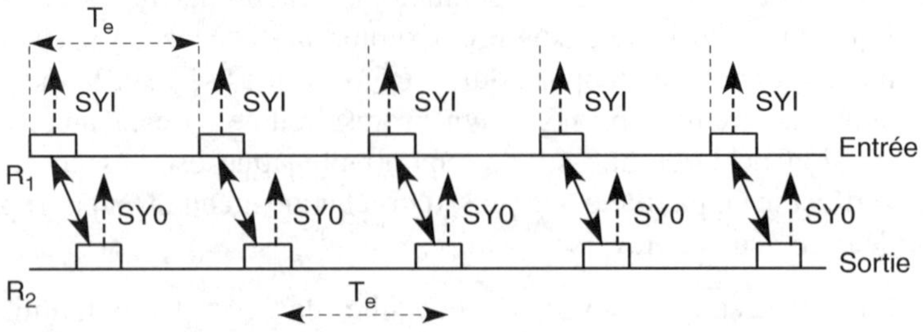

Insertion d'une cellule

Lorsque le registre R_3 d'émission est plein, la cellule contenue au sommet est insérée sur la boucle juste après la transmission. Si une cellule arrive de la boucle, elle est retardée dans le registre R_1 car la plus petite valeur possible du temps de remplacement est utilisée, mais sans qu'il y ait collision avec la cellule qui vient d'être insérée. Comme illustré à la figure 31.18, la cellule *x* est insérée, ce qui retarde la cellule c, qui doit rester un temps de 50 ns dans les registres R_1 et R_2 avant d'être émise.

Figure 31.18
Insertion d'une cellule

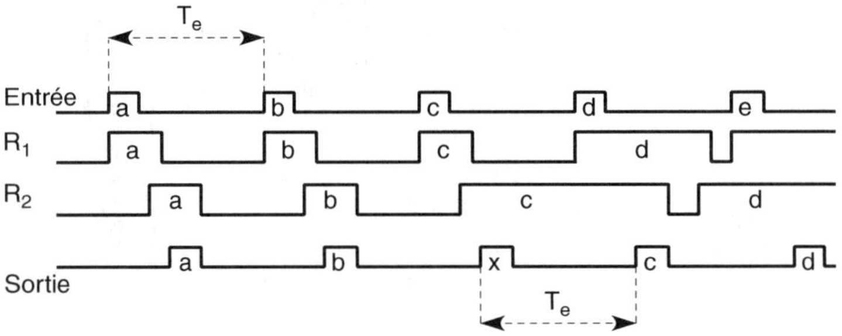

Une fois qu'une cellule est émise, il n'est pas possible d'en transmettre une nouvelle tant que les registres R_1 et R_2 ne retrouvent pas leur état (illustré à la figure 31.18). Pour atteindre cette position, deux possibilités se présentent :

- Attendre un trou suffisamment grand entre deux cellules qui se présentent dans le nœud. Ce cas est illustré à la figure 31.19.
- Attendre qu'une cellule insérée par ce même nœud revienne après un tour de boucle. Lors de son prélèvement du support, le nœud revient à son état de base.

Figure 31.19
Retour en position de base

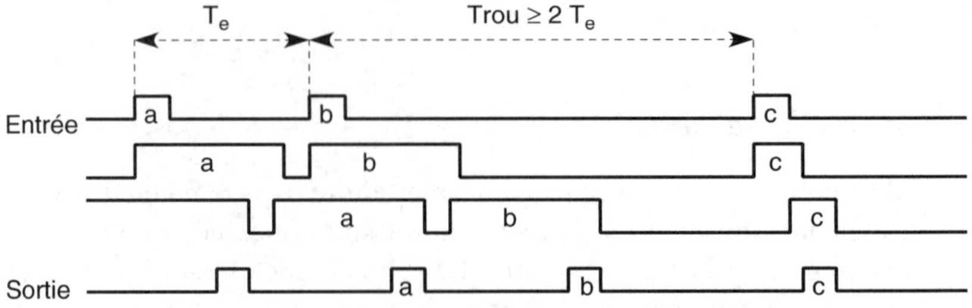

Grâce aux registres dont les temps de remplacement sont variables, il est possible de récupérer facilement des trous, qui, sinon, resteraient inemployés. Cette récupération est illustrée à la figure 31.20.

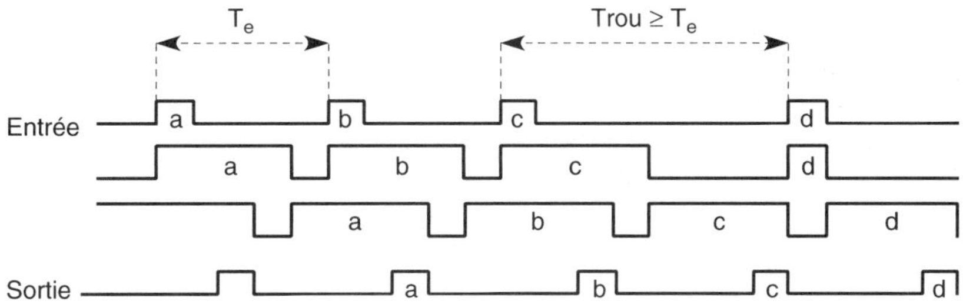

Figure 31.20

Récupération d'un trou sur le support

Les performances de ce commutateur à répartition dans le temps sont bien adaptées aux contraintes des flux ATM grâce à une très grande flexibilité de l'arbitrage distribué du support physique. Tout d'abord, chaque porte du commutateur possède un débit minimal garanti, que nous appelons débit synchrone. Au minimum, une cellule peut être émise durant tous les intervalles de temps égaux au délai de propagation sur la boucle. Dans notre exemple, le temps maximal pour traverser un nœud est de 100 ns. En supposant le délai de propagation négligeable et 64 portes d'entrée-sortie, le temps de propagation maximal sur la boucle est de 6,4 µs. On en déduit que toutes les 6,4 µs, 48 octets d'informations peuvent être pris en charge, ce qui donne un débit minimal de 60 Mbit/s par porte. Le total des débits minimaux est de 3,84 Gbit/s. Cela représente exactement la moitié de la capacité utile du support. Les autres 3,84 Gbit/s peuvent être distribués de façon asynchrone aux différentes portes du commutateur.

Au moins deux possibilités de gestion de la bande asynchrone peuvent être définies :

- Outre son accès synchrone, une porte peut émettre dans les trous du support. Une fois qu'une cellule a pu être émise sur le support, la porte peut conserver le débit supplémentaire qui lui est donné par cette cellule. Il faut dans ce cas qu'à chaque retard de la cellule supplémentaire une nouvelle cellule soit émise immédiatement pour ne pas perdre le trou qui a été conquis.
- Interdire au nœud qui a conquis un trou supplémentaire de le réutiliser immédiatement.

Dans le premier cas, la porte possède un débit complètement garanti et synchrone, tandis que, dans le second, la bande supplémentaire est équitablement répartie entre les nœuds actifs.

D'après les simulations effectuées pour comprendre le comportement d'un tel commutateur ATM, la seconde solution est satisfaisante et s'adapte bien au trafic par à-coups que l'on rencontre dans les réseaux ATM. Nous avons également noté que les bandes passantes synchrones non utilisées sont récupérées par les autres portes en cas de nécessité. Cela se comprend très bien eu égard au temps de transit sur la boucle. Si nous supposons que 32 stations sur 64 sont inactives, le temps de transit d'une cellule sur la boucle est de 3,84 µs — les temps de passage sont de 20 ns dans les stations inactives. Le débit synchrone des stations actives devient donc de 100 Mbit/s.

L'architecture en bus

L'idée de cette architecture est de remplacer le support physique en boucle par une architecture en bus. La topologie en bus présente l'avantage de ne pas se préoccuper du prélèvement des informations qui transitent sur le support physique.

Dans ce nouveau commutateur, un scrutateur d'entrée dispose séquentiellement l'information provenant des *n* portes d'entrée sur le bus. En fonction de l'adresse des destinataires, la cellule est véhiculée ou non vers les portes de sortie. Le système est conçu de façon que, à chaque changement d'information sur le bus, une mémoire soit toujours disponible sur chaque sortie pour recevoir la cellule. Une mémoire de sortie doit impérativement être libérée entre deux pas successifs de scrutation en entrée, ce qui suppose un nombre de mémoires suffisant en sortie et un contrôle entre les entrées et les sorties.

La figure 31.21 illustre le scrutateur d'entrée, les modules d'entrée et de sortie et un distributeur d'horloge.

Figure 31.21
Schéma de fonctionnement d'un commutateur temporel statistique en bus

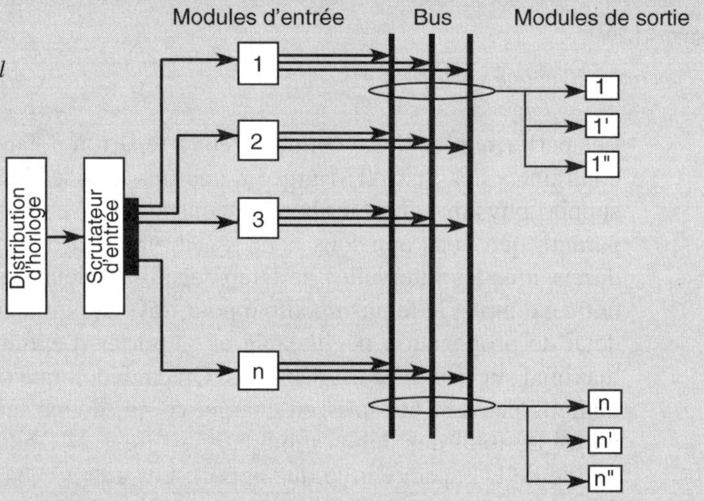

Le scrutateur d'entrée a pour fonction de prendre l'information contenue dans la porte d'entrée et de la déposer sur le bus, en synchronisation avec un signal d'horloge. Lors du top d'horloge suivant, une nouvelle entrée est scrutée, et sa cellule est insérée sur le bus.

Le rôle du module de sortie est d'extraire l'information qui lui est destinée et de la charger en parallèle dans le registre de sortie. Celui-ci est composé de 424 bits plus un bit PI (Presence Information). Tous les registres de sortie reçoivent le contenu du bus, mais seuls sont sélectionnés ceux qui correspondent au décodage d'adresse. Chaque sortie dispose d'un distributeur d'adresses, de telle sorte que, dès qu'une mémoire de sortie est chargée, une nouvelle mémoire libre est connectée.

Conclusion

Nous avons présenté dans ce chapitre une classification des commutateurs. Cette classification repose sur les architectures de commutateurs proposées par les équipementiers de télécommunications.

Ces commutateurs forment également le cœur des équipements que l'on trouve dans les réseaux MPLS et dans les très gros routeurs IP. Qu'il s'agisse d'un commutateur, d'un LSR ou d'un routeur, il faut, une fois la porte de sortie choisie, acheminer l'entité paquet, trame ou cellule vers sa ligne de sortie. Les commutateurs construits pour le monde ATM étant les plus puissants et les moins chers, il n'est pas difficile de comprendre que tous les équipements qui ont pour fonction d'aiguiller des paquets, trames ou cellules utilisent les techniques provenant du monde ATM.

32

Autres équipements

Pour contrecarrer le développement un peu anarchique et la prolifération des solutions réseau constructeur, le modèle de référence a eu pour objectif la standardisation des architectures réseau. L'objectif visé était d'éviter de passer d'une architecture à une autre par le biais de passerelles, toujours coûteuses et complexes à mettre en œuvre.

Les interfaces IP ont résolu en grande partie le problème de l'hétérogénéité des infrastructures réseau. Cependant, les solutions pour transporter un paquet IP restent très diverses, que ce soit à l'intérieur d'une entreprise ou dans un réseau d'opérateur. De plus, l'interconnexion doit également se faire dans les niveaux hauts de l'architecture.

Cela explique pourquoi l'interconnexion de technologies différentes rend nécessaire le recours à des passerelles permettant de relier différentes catégories de réseaux. Avec la multiplication des réseaux, Internet, mobiles, sans fil, etc., à laquelle on assiste depuis quelques années, ces passerelles sont devenues indispensables, tant pour les constructeurs que pour les utilisateurs.

De plus, les équipements intermédiaires que l'on rencontre le long d'un chemin pour résoudre des problèmes spécifiques sont également en plein développement, comme les pare-feu et les appliances en tout genre permettant d'assurer le contrôle du trafic ou la répartition de charge.

La convergence fixe-mobile est une autre raison importante de la multiplication des passerelles, même si les systèmes que l'on met en place depuis 2007 permettent souvent d'exécuter les mêmes applications sur un terminal mobile et sur un terminal fixe. C'est en particulier l'objectif de l'IMS (IP Mobile SubSystem). Les nouveaux réseaux sans fil demandent de surcroît des machines intermédiaires pour gérer les cellules, à l'image des contrôleurs, que nous détaillons dans ce chapitre.

Les passerelles

On ne peut plus concevoir un réseau sans un passage vers l'extérieur. Il faut interconnecter les réseaux pour qu'ils puissent s'échanger des informations. Le nœud qui joue le rôle d'intermédiaire s'appelle une passerelle, ou gateway (terme générique). Ce nœud intermédiaire peut être plus ou moins complexe, suivant la ressemblance ou la dissemblance des deux réseaux à interconnecter. Si les deux réseaux sont identiques, la passerelle est extrêmement simple. À l'inverse, si les deux architectures à interconnecter sont dissemblables, les moyens à mettre en œuvre deviennent vite lourds et complexes.

Si l'on s'en tient strictement à la définition d'une passerelle, on peut réaliser une interconnexion de réseaux à n'importe quel niveau de l'architecture du modèle de référence. Cependant, la règle générale est la suivante : l'utilisation d'une passerelle de niveau N est nécessaire lorsque les couches inférieures à N sont différentes mais que toutes les couches, à partir de la couche N + 1, sont identiques.

Les trois catégories de passerelles les plus répandues sont les ponts, les routeurs et les relais. On distingue également les ponts-routeurs (bridge-routers), qui, bien que non normalisés, sont largement utilisés.

Une hiérarchie de noms a été définie pour prendre en compte le niveau de l'interconnexion en se référant au modèle de référence. Ces différents niveaux sont illustrés à la figure 32.1. Un répéteur est une passerelle de niveau 1, ou physique ; un pont est une passerelle de niveau 2, ou trame ; un relais est une passerelle de niveau 3, ou paquet ; un relais de transport est une passerelle de niveau 4, ou message, etc.

Figure 32.1
Hiérarchie des passerelles

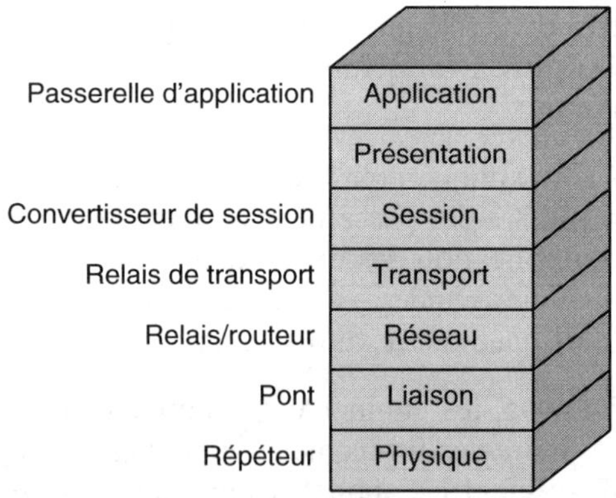

Les termes « commutateur » et « routeur » ne sont pas liés à un niveau. Un commutateur est un organe de type pont lorsque la commutation est effectuée au niveau 2 et de type relais lorsqu'elle est effectuée au niveau 3. Par exemple, un commutateur Ethernet est de type pont tandis qu'un commutateur X.25 est un relais. De même, un routeur est de type pont lorsque le routage est effectué au niveau 2 et de type relais lorsque le routage est effectué au niveau 3. Le terme « routeur » a été tellement associé au routage IP de niveau 3 qu'il semble naturel d'utiliser ce terme pour indiquer un relais de niveau paquet. Cela n'est toutefois exact que pour le monde IP, qui représente tout de même quasiment 99 % des relais de niveau 3. C'est la raison pour laquelle nous avons indiqué à la figure 32.1 le mot routeur à côté du mot relais pour exprimer que la quasi-totalité des relais sont des routeurs IP.

Les répéteurs

Un répéteur est une passerelle de niveau physique entre deux réseaux comportant un niveau trame commun. Par exemple, un répéteur Ethernet est un équipement qui répète automatiquement les trames d'un brin Ethernet vers un autre brin Ethernet.

Le rôle du répéteur est d'envoyer une trame plus loin que ne le permet un simple câble, dont la longueur est limitée par l'atténuation du signal. Si nous prenons l'exemple d'Ethernet à 10 Mbit/s, un câble coaxial blindé ne peut permettre de dépasser une longueur de 500 m sous peine de voir le taux d'erreur devenir inacceptable.

Regardons plus précisément le cas du réseau Ethernet. Nous savons que la longueur maximale d'un réseau Ethernet est limitée à 2,5 km *(voir le chapitre 16),* puisque le temps de propagation d'une extrémité à l'autre du support physique ne peut dépasser 51,2 µs. La question est de savoir comment atteindre ces 2,5 km si la longueur maximale d'un brin ne peut excéder 500 m. La réponse est simple : il suffit de connecter des brins les uns aux autres en utilisant des répéteurs.

Les répéteurs n'empêchent pas les collisions mais rendent difficile leur répétition sur le brin suivant. En effet, un répéteur n'est pas autre chose qu'un registre à décalage, c'est-à-dire un ensemble de registres dans lesquels les informations sous forme de 0 et de 1 viennent se mémoriser et se décalent pour laisser entrer un nouvel élément binaire. Le registre d'entrée s'attend à recevoir un 0 ou un 1 et non un signal provenant d'une superposition. Il est donc très difficile de répéter des signaux qui ne sont ni des 0 ni des 1. C'est la raison pour laquelle les répéteurs remplacent les éléments en collision par une série de bits spécifiques permettant aux autres stations de détecter la collision.

Les répéteurs peuvent éventuellement changer de support physique tout en respectant la structure de la trame en cours d'acheminement. Par exemple, on peut passer d'un support métallique à une fibre optique ou à un support hertzien d'un réseau sans-fil. C'est la raison pour laquelle il est possible de réaliser des réseaux Ethernet ayant des parties métalliques, optiques et hertziennes.

En résumé, un répéteur est un organe inintelligent qui permet d'allonger la longueur du support physique, au contraire d'un pont, qui filtre les messages sur leur adresse de destination.

Les ponts

Le pont, ou bridge, est une passerelle de niveau 2. Cet équipement de réseau assez simple à mettre en œuvre a beaucoup évolué depuis l'apparition des premiers réseaux Ethernet.

Un pont unit des réseaux proches ou distants en remontant jusqu'au niveau trame. Il reçoit une trame et calcule la ligne de sortie grâce à un algorithme de routage ou à la table de commutation. Il filtre les trames reçues en examinant l'adresse de niveau 2 et en ne laissant passer que les trames destinées à l'extérieur.

L'architecture d'un pont est illustrée à la figure 32.2. Le pont crée un réseau virtuel à partir d'un ensemble de sous-réseaux, en ignorant les protocoles des couches supérieures. Les couches MAC peuvent être compatibles ou non. Dans le premier cas, le pont est conçu pour relier des réseaux de même type (Ethernet, Token-Ring, etc.). Dans le second cas, il faut remonter au niveau supérieur, c'est-à-dire à la couche LLC commune puis réencapsuler la trame LLC dans la couche MAC. Le niveau physique pouvant être différent d'un sous-réseau à un autre, on peut qualifier le pont d'interconnexion de deux ou plusieurs supports physiques.

Figure 32.2
Architecture d'un pont

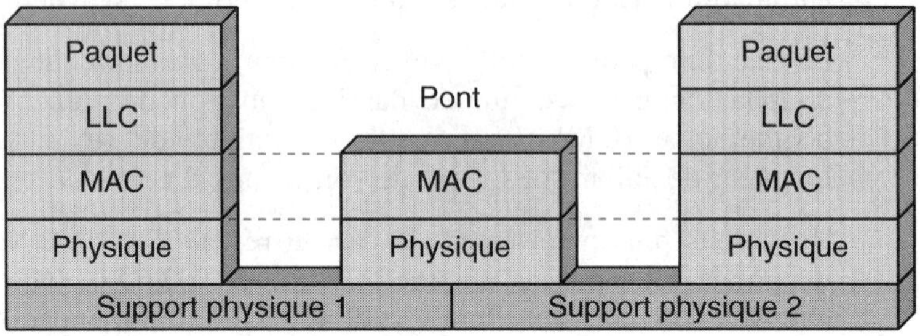

Le pont enregistre dans des tables internes les adresses de toutes les stations connectées au réseau. Si une station est ajoutée ou enlevée, le système doit être reconfiguré. C'est la raison pour laquelle les ponts ne peuvent *a priori* être utilisés que dans des environnements bien localisés. Dès que le nombre de stations est important, la gestion des adresses devient très complexe.

L'interconnexion de sous-réseaux par des ponts permet des débits élevés, puisque le nombre de niveaux à traverser est petit et qu'on ne remonte que d'un niveau pour arriver au niveau trame. Les passerelles de niveau paquet, ou relais, sont moins puissantes puisque, à chaque passage d'un relais, il faut traverser les niveaux 1 puis 2 pour arriver au niveau 3.

Deux grands protocoles de routage de niveau pont, le Source-Routing et le Spanning-Tree, ont été développés respectivement pour les réseaux Token-Ring et Ethernet. Ces protocoles sont toujours utilisés mais parfois pour d'autres catégories de réseaux.

Le protocole Source-Routing

Normalisé par le comité IEEE 802.5, le protocole Source-Routing a été utilisé au départ pour l'interconnexion de réseaux Token-Ring. Ce protocole est toujours fortement utilisé dans d'autres contextes, aussi bien issus des réseaux IP que des réseaux locaux.

Lorsqu'une station X veut envoyer des informations à une station Y, elle envoie en diffusion une trame de découverte du chemin. Un pont qui voit arriver une trame de ce type y ajoute sa propre adresse et retransmet cette trame vers tous les réseaux, à l'exception de celui par lequel la trame est arrivée. La station destination Y voit donc arriver une ou plusieurs trames et retourne à X toutes les trames reçues en utilisant les informations d'acheminement trouvées dans chacune. Ensuite, X peut utiliser les routes que le protocole lui a permis de découvrir. Son choix est guidé par divers paramètres, tels que délais d'acheminement, nombre de ponts traversés, longueur de trame permise, etc.

Les trames constituées par chaque station présentent la structure suivante : elles commencent par l'adresse de destination, suivie de l'adresse source, des informations de routage, de l'adresse DSAP (Destination Service Access Point), de l'adresse

SSAP (Source Service Access Point), des données de contrôle et enfin des données à transporter, pour se terminer par une zone FCS (Frame Check Sequence). Cette suite s'exprime par la séquence :

@Dest.~@Source~Info-routage~DSAP~SSAP~Contrôle~Données~FCS.

La longueur des adresses destination et source est de 2 ou 6 octets, et celle de chaque élément de l'information de routage de 2 octets.

Le protocole Spanning-Tree

Normalisé par le comité IEEE 802.1, le protocole Spanning-Tree est prévu pour l'interconnexion de tout type de réseau. Il consiste en la constitution, à partir de n'importe quelle topologie, d'un arbre qui recouvre parfaitement le réseau et dans lequel, à partir de n'importe quelle feuille de l'arbre, tout point du réseau est accessible.

Pour le bon fonctionnement du protocole, le réseau doit satisfaire aux conditions suivantes :

- Une identification unique (ID) doit être associée à chaque pont du réseau.
- Le pont ayant le plus petit ID doit être choisi comme racine de l'arbre.

Les ponts échangent des messages appelés Hello, dans lesquels ils indiquent leur ID ainsi que l'ID du pont qu'ils considèrent comme la racine de l'arbre par lequel doivent transiter leurs trames. Lorsqu'ils reçoivent une ID inférieure à celle désignée comme leur pont racine, ils rectifient l'ID du pont qui leur sert de racine pour prendre la nouvelle valeur. En d'autres termes, ils déterminent un nouveau pont racine. Avec le temps, chaque pont finit par déterminer la racine de l'arbre, c'est-à-dire le pont racine. Ensuite, chaque pont calcule la distance qui le sépare de la racine. Cette distance est calculée de proche en proche : à chaque pont traversé les distances sont incrémentées de 1.

Sur chaque réseau physique, un pont est choisi comme étant le plus proche de la racine. Si deux ponts d'un même réseau sont à la même distance de la racine, la plus petite ID est choisie. Tout le trafic issu de ce réseau et à destination d'un autre réseau physique passe par ce pont, appelé pont élu. Grâce à ce protocole, tout réseau physique est assimilable à un arbre virtuel, et il n'existe pas de boucle dans le réseau.

On peut reprocher à ce protocole des performances éventuellement dépendantes de la topologie du réseau. De plus, si les ID des ponts ne sont pas définies par le gestionnaire du réseau mais par le constructeur, le pont élu comme racine est indépendant de la volonté du gestionnaire et peut constituer un goulet d'étranglement.

Les relais-routeurs

Comme nous l'avons indiqué au début de ce chapitre, « relais » est le terme normalisé pour indiquer une passerelle de niveau 3, ou paquet. Comme le monde IP a maintenant quasiment l'exclusivité du niveau 3, la tendance est d'utiliser le terme « routeur » pour exprimer un relais de niveau paquet IP. Malheureusement, ce terme peut prêter à confusion lorsqu'on parle d'un routeur de niveau trame. Le concept de routeur n'est pas lié à un niveau mais à une technologie. Parler de routeur, c'est donc le plus souvent parler de routeur IP, et c'est ce que nous allons faire dans ce chapitre. Cependant, il faut se rappeler qu'un routeur de niveau 2 est imaginable, même si ce n'est pas un cas classique, si les trames contiennent l'adresse complète du destinataire. Pour l'étude des routeurs nous renvoyons le lecteur au chapitre 31.

Les routeurs multiprotocoles

Les routeurs multiprotocoles se distinguent par l'éventail de protocoles réseau gérés ainsi que par le nombre et le type des interfaces réseau supportées. Ces produits sont relativement complexes, ce qui explique qu'un faible nombre de sociétés se soit spécialisé dans ces routeurs.

Un routeur multiprotocole possède plusieurs interfaces de niveau trame et plusieurs protocoles de niveau paquet. Lorsque la trame se présente dans le routeur, elle est décapsulée de façon que le paquet soit récupéré. Après examen de la zone d'adresse du paquet, celui-ci peut être transcodé dans le format paquet d'un autre protocole avant d'être encapsulé dans une nouvelle structure de trame.

Les routeurs multiprotocoles peuvent supporter un pont-routeur, ou bridge-router *(voir plus loin)*. Le nœud peut dans ce cas reconnaître la référence ou l'adresse de niveau trame et router ou commuter la trame sans remonter au niveau paquet. Si la référence ou l'adresse de niveau trame n'est pas reconnue, on passe au niveau paquet pour router le paquet sur l'adresse de niveau 3.

À la différence d'un pont, un routeur peut isoler certains segments du réseau et créer des domaines. Il permet d'offrir une bonne isolation entre chaque réseau connecté, évitant ainsi la propagation des signaux émis en broadcast. Actuellement, les vitesses atteintes par les routeurs d'entreprise sont de 10 000 à 15 000 paquets/s et avoisinent souvent les 100 000 paquets/s. Du fait de l'augmentation constante des débits des applications, il a fallu, à la fin des années 1990, se pencher sur la conception de routeurs beaucoup plus puissants, en particulier pour les opérateurs, capables de router d'un à mille millions de paquets par seconde. Nous les détaillons à la section suivante.

Les gigarouteurs

La nouvelle génération de routeurs haut débit, appelés gigarouteurs ou térarouteurs, repose sur une distribution de la table de routage et du traitement du paquet dans l'interface d'accès puis sur l'utilisation d'un commutateur pour transporter le paquet d'un port d'entrée vers un port de sortie.

La figure 32.3 donne une idée de l'architecture d'un gigarouteur. Les gigarouteurs permettent aux ports d'accès d'atteindre des vitesses de 2,5 Gbit/s. On parle de térarouteur pour des vitesses de 10 à 40 Gbit/s. La transmission de paquets IP à ces vitesses est exploitée aujourd'hui par les techniques IP sur SONET et IP sur WDM ou MPLS.

Les commutateurs forment le cœur des routeurs très haut débit pour permettre de réaliser des accès à plusieurs centaines de mégabits voire de gigabits par seconde.

Figure 32.3
Architecture d'un gigarouteur

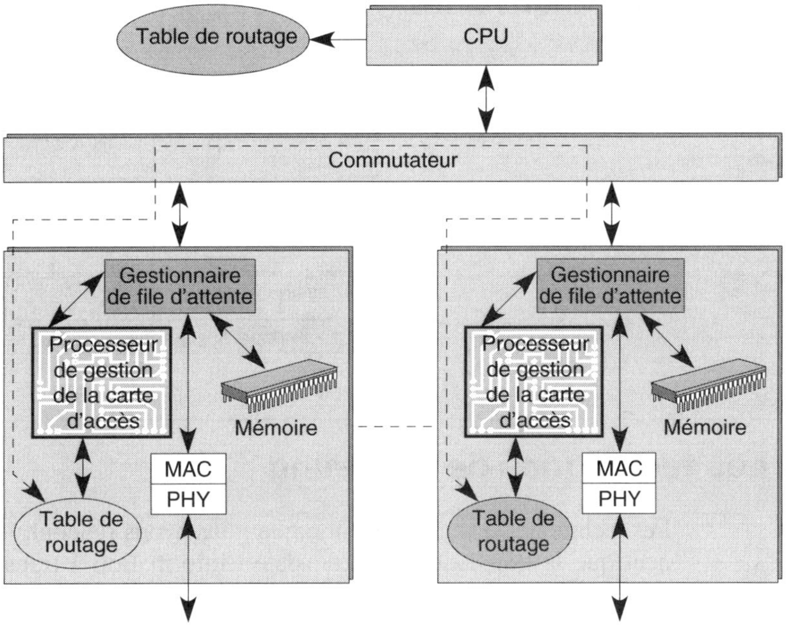

Les bridge-routers

Les bridge-routers, aussi appelés b-routeurs ou ponts-routeurs, ont pour rôle d'allier le meilleur des deux technologies. Ils intègrent, selon les produits, les trois couches basses, physique, liaison et paquet, et essaient d'agir sur le niveau liaison lorsqu'ils en ont la possibilité, faute de quoi ils remontent au paquet pour traiter l'adresse de niveau paquet. En d'autres termes, les bridge-routers reçoivent une trame qui est traitée comme si l'organe était un pont. Si le pont de niveau trame ne permet pas de déterminer la direction dans laquelle il faut envoyer la trame, celle-ci est décapsulée pour récupérer le paquet qu'elle transporte dans sa zone de données. La passerelle a maintenant un paquet à examiner, et elle joue le rôle de passerelle de niveau 3 qui est généralement un routeur IP.

Le bridge-router est un organe assez complexe puisqu'il demande une gestion des tables de niveau trame et de niveau paquet. En revanche, c'est un équipement très performant du point de vue des possibilités de traitement des références et des adresses.

Les relais de transport

Les relais de transport se situent au niveau 4 de l'architecture du modèle de référence. Leur utilisation est recommandée lorsqu'on veut interconnecter des réseaux de niveau message différents. Par exemple, si l'on veut interconnecter une communication sous TCP et une autre sous UDP, il faut passer par des relais de transport. Ces relais peuvent être aussi appelés des routeurs de niveau message, ou routeurs de niveau 4. Il faut en effet remonter jusqu'au niveau transport pour reconstituer le message et examiner l'adresse du niveau correspondant, c'est-à-dire l'adresse qui se trouve dans le message. En pratique, la gamme de leur utilisation est moins variée, et il existe peu de produits de ce type sur le marché.

L'architecture d'un relais est illustrée à la figure 32.4.

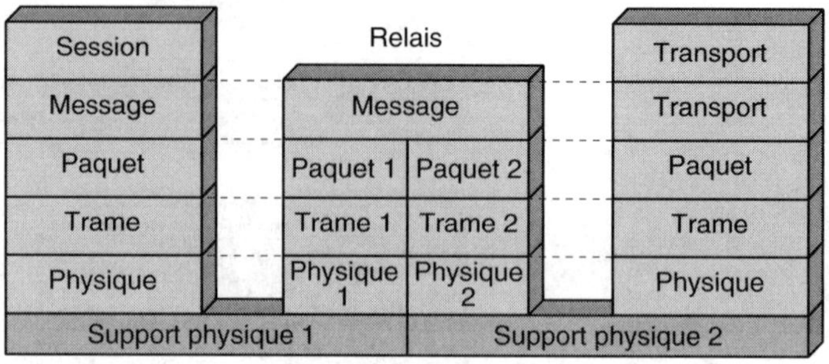

Figure 32.4
Architecture d'un relais

Les techniques de tunneling

Les techniques d'interconnexion que nous avons rencontrées jusqu'à présent ne concernent que la translation : on translate l'information à transporter d'une trame vers une autre trame ou d'un paquet vers un autre paquet. Une autre méthode, totalement différente, appelée encapsulation, consiste à placer une trame à l'intérieur d'une autre trame ou un paquet à l'intérieur d'un autre paquet.

Par exemple, l'interconnexion d'un réseau IPv6 avec un réseau IPv4 peut se faire de la façon suivante. Supposons qu'un client IPv6 souhaite transmettre un paquet IPv6 à un client qui travaille sur une machine terminale IPv6. Supposons également que le seul réseau qui interconnecte ces deux machines soit l'Internet de type IPv4. Une première solution serait de faire une translation, c'est-à-dire de transférer l'intérieur du paquer IPv6 dans le paquet IPv4 et, à l'arrivée, de transférer à nouveau le contenu du paquet IPv4 dans un paquet IPv6. Cette solution est possible mais complexe, car il faut redéfinir complètement les zones de supervision des paquets translatés. C'est la raison pour laquelle on préfère utiliser une autre méthode : dans la machine terminale de l'émetteur, on encapsule le paquet IPv6 à l'intérieur d'un paquet IPv4. Le paquet IPv4 est transporté sur Internet, et, à l'arrivée, on décapsule le paquet IPv4 pour retrouver le paquet IPv6. On a en fait utilisé le réseau IPv4 comme un tunnel.

Pour interconnecter deux réseaux sans recourir à une passerelle, l'utilisation d'un tunnel est classique. C'est ce qu'on appelle faire du tunneling.

Translation et encapsulation

Les deux principaux niveaux d'interconnexion sont, comme nous l'avons vu :

- le niveau liaison, avec des ponts ;
- le niveau réseau, avec des routeurs.

Si l'on reste au niveau pont, deux solutions sont envisageables : la translation et l'encapsulation.

Dans la translation, les adresses source et destination des stations terminales sont véhiculées dans les en-têtes. Dans l'encapsulation, une trame complète venant du réseau local est incluse dans la trame du réseau qui va servir de tunnel. Cette méthode ne demande pas de traitement de la trame, mais, comme elle n'est pas normalisée, elle présente l'inconvénient de se restreindre à un monde homogène, c'est-à-dire d'aller d'une station terminale avec un protocole X à une station terminale utilisant le même protocole X.

La figure 32.5 illustre l'architecture d'une technique d'encapsulation de niveau paquet. On suppose qu'une machine terminale d'une entreprise utilise le protocole IPv6 et qu'elle veuille se connecter à réseau local IPv6. Le client est représenté par la pile de gauche et l'entreprise par la pile de droite. Le protocole indiqué avec la valeur 3' est donc IPv6. Pour interconnecter cette station et le réseau local, seul le réseau Internet IPv4 est disponible. IPv4 est représenté par le protocole indiqué par la valeur 3. La station terminale encapsule son paquet IPv6 (protocole 3') dans un paquet IPv4 (protocole 3). Ce paquet IPv4 est transporté sur Internet jusqu'au routeur d'accès de l'entreprise, qui est symbolisé par la pile de protocoles du milieu. Dans ce routeur, le paquet IPv4 (protocole 3) est décapsulé pour retrouver le paquet IPv6 (protocole 3'). Ce paquet IPv6 est ensuite transporté en IPv6 dans le réseau local, représenté par la partie droite du schéma.

Figure 32.5
Encapsulation de niveau paquet

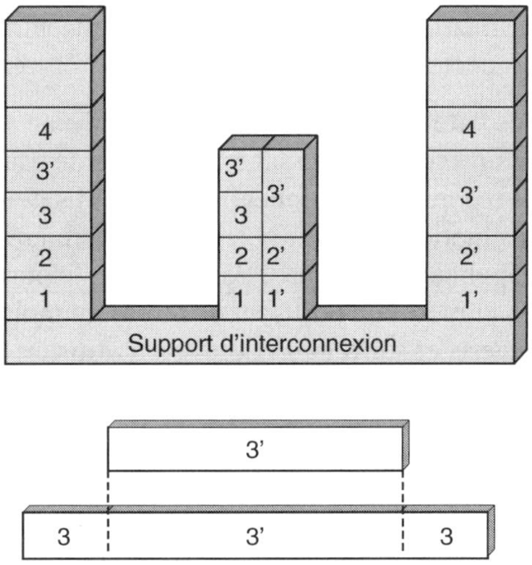

La même solution s'offre au concepteur de réseau pour interconnecter des machines IPv4 par l'intermédiaire d'un réseau IPv6. Il suffit d'encapsuler le paquet IPv4 dans le paquet IPv6 puis, à l'arrivée, de décapsuler le paquet IPv6 pour retrouver le paquet IPv4.

Les deux solutions d'encapsulation sont comparables. Celle qui sera la plus pratiquée dépendra de la façon de passer d'IPv4 à IPv6. Une première solution consiste à supposer qu'un opérateur se décide à proposer un réseau IPv6 pour effectuer le transfert des paquets pour la simple raison qu'avec IPv6 il pourra offrir plus de services à ces clients qu'avec IPv4. Les clients resteront sûrement encore quelque temps en IPv4 avant de passer en IPv6. Il suffira alors d'encapsuler les paquets IPv4 dans les paquets IPv6 de l'opérateur. Maintenant, si ce sont les clients qui décident de passer en IPv6 — parce qu'ils peuvent indiquer plus d'informations dans leurs zones de supervision — mais que les opérateurs restent en IPv4, on aura des encapsulations de paquets IPv6 dans des paquets IPv4.

Les pare-feu

Les fonctionnalités des pare-feu sont analysées en détail au chapitre 39. Nous introduisons dans ce chapitre ces équipements réseau car ils deviennent de plus en plus nécessaires dans les réseaux d'aujourd'hui, même pour un particulier dès lors qu'il se rattache à Internet.

Un pare-feu, ou coupe-feu ou encore firewall, est, comme son nom l'indique, un équipement dont l'objectif est de séparer le monde extérieur du monde intérieur à protéger. Son rôle est de ne laisser entrer que les paquets dont l'entreprise est sûre qu'ils ne posent pas de problème.

Les pare-feu offrent de nombreuses fonctions, dont la principale est de trier ce qui entre ou ce qui sort et de décider d'une action lorsque la reconnaissance a été effectuée. Les actions peuvent aller du rejet du paquet, à sa compression-décompression, en passant par son examen par un antivirus, son ralentissement, son accélération, etc.

Divers moyens sont mis en œuvre pour reconnaître un paquet et plus généralement le flot, comme la reconnaissance de l'application qui transite par le coupe-feu, l'adresse de destination ou l'adresse source, la machine et l'application sur laquelle le distant veut se connecter, etc.

Les pare-feu se distinguent par le niveau auquel ils travaillent. En règle générale, ils sont de niveau 4, ou message : on essaie de trouver dans le message de niveau TCP un moyen de reconnaître l'application. Les utilisateurs se différencient par leurs adresses source et destination mais surtout, dans la première génération, par le numéro de port, qui indique l'application en cours. Par exemple, le port 80 indique une application HTTP. Cependant, les numéros de port sont de moins en moins fiables car les attaquants se servent des ports ouverts et souvent du port 80 en utilisant le protocole HTTP comme d'une capsule dans laquelle ils intègrent leur message. Le concept de numéro de port est introduit aux chapitres 9 et 10 pour IP et TCP.

L'utilisation de numéro de port est assez restrictive, dans la mesure où de plus en plus d'applications possèdent des ports dynamiques, comme FTP, la plupart des applications P2P (Peer-to-Peer) ou les signalisations téléphoniques. De plus, deux clients peuvent déterminer entre eux un numéro de port sur lequel ils souhaitent communiquer.

L'évolution des pare-feu a consisté à monter dans les couches de protocoles de façon à atteindre la couche application afin de pouvoir déterminer l'application en cours. On appelle pare-feu applicatif, ou pare-feu de niveau 7, les pare-feu qui sont capables de distinguer clairement les applications. Si le reproche longtemps adressé aux pare-feu était de prendre beaucoup de temps et de ne pas être capables de déterminer les applications au fil de l'eau, cela n'est plus vrai aujourd'hui. Les produits de pare-feu applicatifs introduits sur le marché depuis quelque temps ne prennent pas plus de temps que la plupart des équipements réseau rencontrés dans le monde IP. Nous pouvons citer le cas du boîtier QoSMOS, qui est capable de filtrer et de déterminer les applications dans un laps de temps très court, de telle sorte que la sortie des paquets n'est retardée que d'un temps maximal égal au temps de traversée d'un routeur courant.

Le pare-feu s'installe souvent dans un boîtier dédié pour simplifier sa mise en œuvre, mais il peut également se trouver en différents points du réseau, allant du routeur au commutateur, en passant par un serveur spécialisé ou le poste client.

Les proxy

Les proxy permettent de rompre avec le modèle classique client-serveur d'une communication en interdisant une connexion directe du client au serveur. Il existe deux types principaux de proxy, les proxy de type applicatif et les proxy de type circuit.

Les proxy applicatifs interviennent au niveau 7, ou application, avec pour objectif de casser le modèle client-serveur pour passer au modèle client-client. Les seconds ne permettent pas une connexion TCP de bout en bout et sont plutôt destinés à du trafic sortant d'utilisateurs authentifiés.

Les proxy applicatifs

Comme expliqué précédemment, les proxy applicatifs interviennent au niveau application du modèle de référence. Leur objectif est de rompre avec le modèle client-serveur classique en le remplaçant par un double modèle client-serveur, comme illustré à la figure 32.6. La relation directe est coupée pour être remplacée par deux relations avec le proxy faisant la transition entre les deux relations c'est-à-dire entre le proxy jouant le rôle de serveur et le proxy jouant le rôle de client. En d'autres termes, une connexion TCP de bout en bout est remplacée par deux connexions mises bout à bout grâce au proxy.

Cette solution apporte une bonne sécurité puisqu'il faut exécuter l'application dans le proxy, ce qui permet de vérifier que le flot de paquets ne forme pas une attaque. On peut réaliser des pare-feu de type proxy qui sont équivalents à des pare-feu de niveau 7. L'inconvénient majeur de cette solution est la lourdeur et la difficulté d'obtenir de bonnes performances.

Figure 32.6
Proxy applicatif

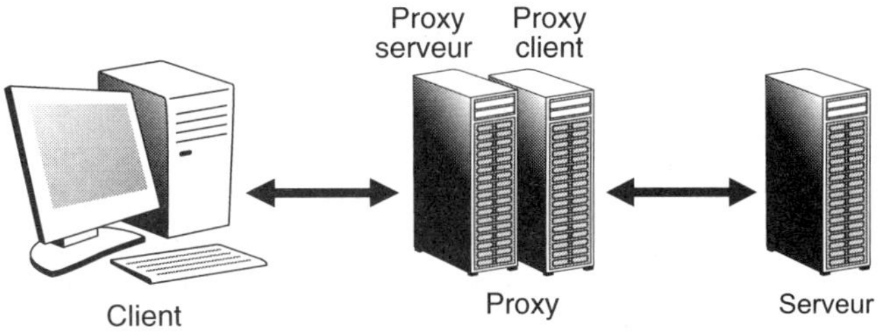

Les proxy circuit

Les proxy de type circuit ont pour objectif de vérifier que la suite de paquets sur un chemin, ou circuit virtuel, est conforme aux RFC correspondantes. En effet, beaucoup d'attaques s'effectuent en insérant dans le flux normal de paquets des paquets d'attaque. Avec un proxy circuit, les différents champs des paquets sont vérifiés afin de garantir qu'aucun paquet ne porte une attaque.

Cette solution offre également une bonne sécurité en demandant une authentification de l'utilisateur qui va utiliser le chemin, au début de sa connexion.

Les appliances

Les appliances sont des boîtiers qui possèdent une ou plusieurs fonctions bien déterminées et qui s'insèrent facilement dans le réseau. L'avantage de ces boîtiers est généralement de pouvoir démarrer une nouvelle fonctionnalité sans avoir à programmer ni à adapter les logiciels existants. Les appliances peuvent servir à la sécurité, et donc intégrer un pare-feu, mais aussi, par le biais de fonctionnalités spécifiques, à la gestion de la qualité de service.

Cette section est essentiellement consacrée aux appliances permettant d'effectuer de la surveillance de la qualité de service et de l'accélération de flux IP.

Les appliances sur la surveillance des flux permettent de déterminer les différents flux qui transitent sur Internet et, après reconnaissance, de les traiter. Les traitements peuvent être extrêmement divers suivant les boîtiers (perte, compression, mise en attente, accélération, etc.).

Pour la reconnaissance de flux, de nombreuses possibilités sont aujourd'hui disponibles, la plus classique consistant à utiliser les numéros de port. Cependant, comme les applications les plus modernes utilisent des ports dynamiques, cette solution s'avère parfois désastreuse du point de vue de la reconnaissance des flots et donc de la sécurité ou de la gestion des flots de paquets IP. Une solution, développée par la société QoSMOS, consiste à reconnaître les flots par leur grammaire, c'est-à-dire l'ensemble des règles à suivre pour réaliser l'écriture des messages applicatifs. Comme la grammaire est unique pour chaque application, il est possible de reconnaître un flot, même s'il est encapsulé dans d'autres flots, comme dans des tunnels L2TP. Une fois le flot reconnu, le boîtier peut effectuer une fonction décidée par le gestionnaire du réseau et programmée à l'avance.

On peut classer parmi les appliances les commutateurs ou les routeurs de niveau 4 ou 7, c'est-à-dire capables de commuter ou de router en fonction d'informations recueillies au niveau message ou applicatif. Par exemple, en fonction d'un numéro de port ou d'une reconnaissance de l'application, la décision de routage ou de contrôle peut différer.

Nous pouvons également ranger dans les appliances les accélérateurs de flots IP. Ces accélérateurs intègrent un moyen permettant de faire parvenir à l'émetteur une réponse plus rapidement ou d'effectuer un transfert de données, d'un point vers un autre, en moins de temps que sans accélérateur. Les accélérations peuvent s'effectuer aux différents niveaux de l'architecture. En règle générale, plus le niveau est bas, plus l'accélération globale est importante. À l'inverse, plus le niveau est haut, plus l'accélération est lente et destinée à des applications particulières. Par exemple, il est possible de compresser le flux de niveau 1, et de réduire ainsi le nombre de paquets à transmettre, ou de diminuer leur taille, ce qui entraîne une charge moindre à l'intérieur du réseau et donc un meilleur temps de transit. Au niveau 2, on peut concevoir des accélérateurs pour la correction d'erreur lorsque le taux d'erreur est important. Au niveau 3, on peut jouer sur les adresses IP et sur le contenu des en-têtes des paquets IP. Enfin, aux niveaux supérieurs, on peut travailler sur des applications particulières plutôt que sur toutes les applications simultanément, comme aux niveaux 1, 2 et 3.

Les appliances concernent également l'accélération par la mémorisation d'informations dans des caches intermédiaires, c'est-à-dire dans des mémoires tampons qui se situent relativement près des entrées du réseau des opérateurs. On met dans le cache soit des pages entières d'information, si celles-ci sont fortement demandées, de telle sorte qu'il ne soit pas nécessaire d'aller rechercher la page sur le serveur d'origine, qui peut se situer à l'autre bout de la terre. On peut également mémoriser une partie de la page et ne chercher que des informations complémentaires. Par exemple, pour une page Web qui possède un fond assez gourmand en octets, seul le fond est gardé en un cache à proximité du client, et seules sont demandées au serveur les informations de type texte à mettre à jour. Les débits mesurés dans cette solution ne représentent que 5 à 20 % du débit total nécessaire au transport de la page complète.

Les contrôleurs

Les contrôleurs forment une nouvelle génération de boîtiers dont l'objectif est de contrôler un certain nombre d'autres machines. Ils sont notamment utilisés pour la gestion des points d'accès dans les réseaux Wi-Fi.

Un contrôleur a pour rôle de rassembler des fonctionnalités auparavant réparties dans les différents points d'accès. Au lieu d'augmenter la complexité de ces derniers, on a préféré regrouper certaines de leurs fonctions dans le contrôleur. On y trouve notamment des éléments de gestion de la puissance d'émission des points d'accès, ainsi que de la fréquence à utiliser. Les fonctions de sécurité, telles qu'un serveur d'authentification, sont également gérées par le contrôleur. Les clients s'authentifient sur le contrôleur, lequel peut jouer le rôle de proxy pour un serveur d'authentification plus global de l'entreprise. Des fonctions de découverte de points d'accès pirates sont également souvent introduites dans les contrôleurs.

Le contrôleur possède bien entendu des fonctions de contrôle proprement dites, comme le contrôle des handovers, lorsque des clients passent d'une cellule à une autre cellule. Le handover peut être intra-contrôleur, les deux cellules étant gérées par le même contrôleur, ou inter-contrôleur, lorsque les deux cellules n'appartiennent pas au même contrôleur.

Le contrôleur peut posséder de nombreuses fonctions de gestion du nomadisme. Par exemple, le contrôleur Ucopia illustré à la figure 32.7 implémente de nombreuses fonctionnalités, notamment les suivantes :

- gestion de la sécurité par une authentification par portail captif, certificat, carte CPS ;
- identification de l'utilisateur, du poste et des conditions de connexion et contrôle d'accès par profil métier ;
- traçabilité en suivant les lois 2001-1062, 2003-237, LCT du 23 mars 2006 ;
- accès nomade zéro configuration ;
- gestion des personnels permanents ou de passage et des visiteurs ;
- intégration des annuaires, VLAN, VPN, PKI, carte CPS, etc.
- supervision et l'administration centralisée multisite et redondance pour des raisons de disponibilité ;
- indépendance et évolutivité des équipements réseau ;
- gestion simultanée des connexions filaires et sans fil ;
- gestion des points d'accès hétérogènes Wi-Fi a/b/g/n et WiMAX ;
- provisionnement du service (forfait jour, crédit temps).

Les contrôleurs de communication sont amenés à se développer de plus en plus pour prendre en charge des fonctions communes à l'intérieur d'un réseau et décharger les autres équipements de ces fonctions.

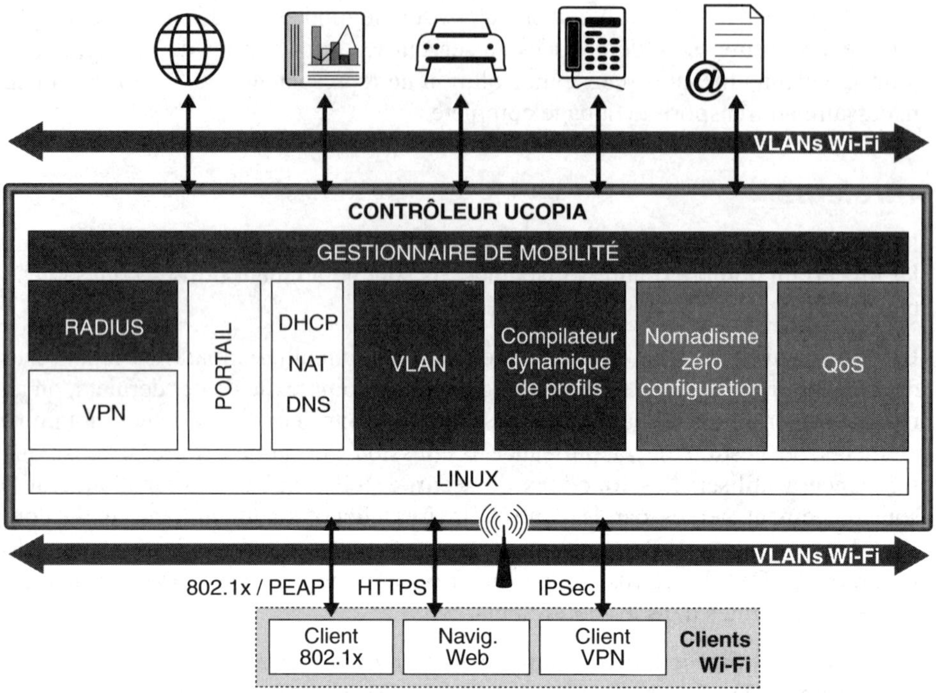

Figure 32.7

Fonctions d'un contrôleur Ucopia

Conclusion

La convergence au niveau paquet vers la technologie IP n'empêche pas une persistance des techniques d'interconnexion de réseaux. En effet, au niveau trame, une forte diversité existe encore entre les trames ATM, Ethernet, LAP-F, PPP et Ethernet. De même, au niveau paquet, la percée d'IPv6 va demander des interconnexions IPv4-IPv6 pendant un certain temps encore.

La tendance des grands opérateurs est de faire converger tous leurs réseaux cœur (réseau téléphonique, réseaux de données, réseaux cœur des réseaux de mobiles, etc.) vers un réseau unique de transport de paquets IP. Pour acheminer ces données, les paquets IP sont soit routés dans des routeurs, soit encapsulés dans des trames, pour être le plus souvent commutés. Pour permettre une sécurité du transport de ces paquets, de nombreuses solutions sont commercialisées avec plus ou moins de puissance et de succès.

Nous avons vu que les appliances offraient diverses fonctions tout en restant généralement simples à mettre en œuvre. Leur rôle principal est d'améliorer les performances du réseau par des moyens extrêmement divers.

Partie X

Le contrôle et la gestion

Les réseaux ne pourraient fonctionner s'il ne s'y trouvait un contrôle des flots qui y transitent et une gestion des équipements. La différence entre contrôle et gestion est parfois ténue. En règle générale, on considère qu'un contrôle correspond à une action temps réel, c'est-à-dire à une action qui doit être effectuée instantanément pour répondre à une demande ou à un problème de la part du réseau. La gestion correspond à une action qui n'a pas besoin d'être effectuée en temps réel. Par exemple, l'action d'arrêter un flot de paquets pour le rerouter, suite à la panne d'un nœud, est une action de contrôle. En revanche, l'envoi d'une facture à un utilisateur, c'est-à-dire le fait de récupérer les informations nécessaires à l'établissement de cette facture, est une action de gestion puisqu'il n'est pas nécessaire de le faire instantanément.

Cette partie contient quatre chapitres. Le chapitre 33 examine les fonctions de contrôle et s'intéresse aux moyens de contrôler les flux des utilisateurs pour que les clients obtiennent la qualité de service dont ils ont besoin. Cette qualité de service peut s'exprimer à l'aide de paramètres de performance, comme le temps de réponse ou le taux de perte des paquets.

Le chapitre 34 s'intéresse à la gestion d'un réseau et, de façon sous-jacente, aux grandes fonctionnalités de la gestion, telles la comptabilité, la planification, la sécurité, les pannes et la gestion des performances. Nous décrivons dans ce chapitre les différentes architectures de gestion qui peuvent être mises en place pour réaliser ces fonctions.

Les chapitres 35 et 36 présentent des technologies spécifiques, capables de mettre en place des contrôles ou de la gestion, voire, de plus en plus souvent, les deux à la fois, puisque les recherches actuelles tendent à intégrer les fonctions de contrôle et de gestion. Ces deux chapitres concernent, d'une part, les VPN et, d'autre part, les contrôles et la gestion par politique. Les VPN permettent, à partir d'un problème spécifié, de mettre en place une architecture apte à le résoudre. Par exemple, un VPN peut résoudre les problèmes de sécurité dans une entreprise. Les contrôles et la gestion par politique proposent une solution pour configurer le réseau de telle sorte qu'il puisse rendre exactement le service souhaité par les utilisateurs.

33

Le contrôle de flux et de congestion

Les techniques de contrôle et de gestion de flux sont capitales dans le monde des réseaux. Les réseaux à transfert de paquets ou de cellules sont comme des autoroutes : s'il y a trop de trafic, plus personne ne peut avancer. Il faut donc contrôler le réseau et les flux qui y circulent. Le contrôle de flux est préventif, puisqu'il limite les flots d'information à la capacité de transport du support physique. Le contrôle de congestion a pour objet d'éviter la congestion dans les nœuds et de résoudre les embouteillages lorsqu'ils sont effectifs.

Les deux termes, contrôle de flux et contrôle de congestion, peuvent être définis de manière plus précise :

- Le contrôle de flux est un accord entre deux entités, la source et la destination, pour limiter le débit de transmission du service en considérant les ressources disponibles dans le réseau.
- Le contrôle de congestion représente l'ensemble des actions entreprises afin d'éviter et d'éliminer les congestions causées par manque de ressources.

Selon ces définitions, le contrôle de flux peut être considéré comme un cas particulier du contrôle de congestion. Tous deux permettent d'assurer une qualité de service, ou QoS (Quality of Service).

La qualité de service est définie par la recommandation E.800 de l'UIT-T de la façon suivante : « Effet collectif du service de performance qui détermine le degré de satisfaction d'un utilisateur du système. » Cette définition très générale est précisée dans la recommandation I.350, qui définit la QoS et la performance de réseau, ou NP (Network Performance).

La performance de réseau NP s'évalue en fonction de paramètres qui ont une signification pour l'opérateur du réseau et qui sont utilisés pour jauger le système, sa configuration, son fonctionnement et sa maintenance. La NP est définie indépendamment des performances du terminal et des actions de l'utilisateur. La qualité de service se mesure à l'aide de variables d'état, qui peuvent être directement observées et mesurées à l'endroit où l'utilisateur accède au service.

La figure 33.1 illustre comment les concepts de QoS et de NP peuvent être appliqués dans un environnement réseau. De son côté, le tableau 33.1 établit les distinctions entre QoS et NP.

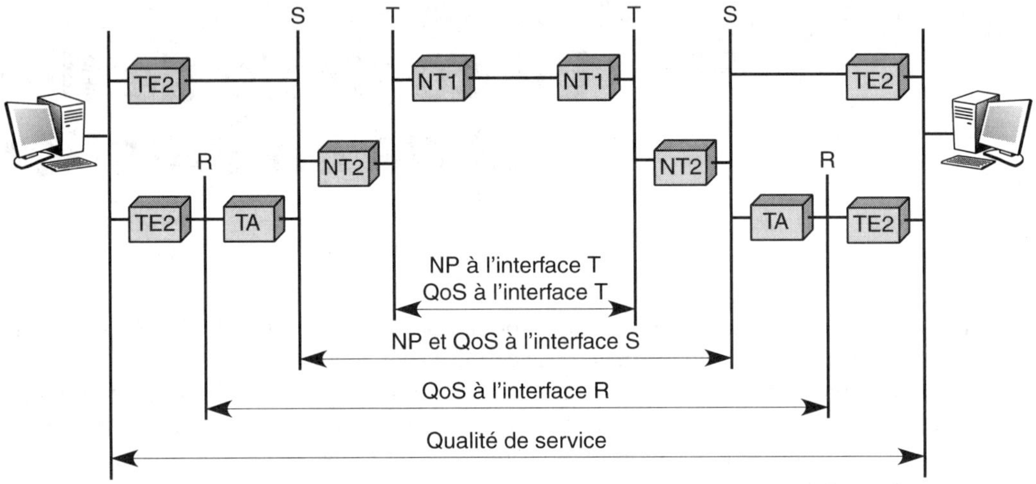

Figure 33.1
Qualité de service (QoS) et performance du réseau (NP)

Qualité de service (QoS)	Performance du réseau (NP)
Orientée client	Orientée réseau
Attribut du service	Attribut de l'élément de connexion
Effet observable par l'utilisateur	Influe sur la planification, la gestion de performance et la maintenance.
Entre les points d'accès	Entre les deux points de la connexion réseau

TABLEAU 33.1 • Distinction entre QoS et NP

Une matrice 3x3 a été développée par l'UIT-T dans l'annexe à la recommandation I.350 pour déterminer les paramètres à prendre en compte dans la valeur de la QoS et de la performance de réseau. Cette matrice est illustrée à la figure 33.2. Elle détermine six zones, qui doivent être définies explicitement. Par exemple, si l'on examine la première colonne, il faut déterminer la capacité des accès, celle du transfert d'informations utilisateur et enfin la capacité maximale susceptible d'être gérée lors du désengagement d'un utilisateur. La deuxième colonne correspond aux paramètres qui permettent d'assurer la validité des actions d'accès, de transfert et de désengagement. La dernière colonne se préoccupe des paramètres qui assurent le fonctionnement sécurisé de l'accès, du transfert et du désengagement.

Figure 33.2
Matrice 3x3 définissant QoS et NP

	Capacité	Validité	Sécurité de fonctionnement
Accès			
Transfert d'informations utilisateur			
Désengagement			

Le contrôle de flux est une des fonctionnalités essentielles du transfert de trames ou de paquets. Il s'agit de gérer les paquets de façon qu'ils arrivent au récepteur dans le laps de temps le plus court et surtout en évitant les pertes, en cas de surcharge, par écrasement dans les mémoires tampons des nœuds intermédiaires.

Le contrôle de congestion a pour objectif de sortir d'une congestion lorsque le contrôle de flux n'a pas permis de l'empêcher.

Le contrôle de flux s'effectue par une contrainte sur le nombre de paquets qui circulent dans le réseau. Cette limitation s'exerce soit sur le nombre de paquets en transit d'une entrée à une sortie ou sur l'ensemble du réseau, soit sur le nombre de paquets ayant le droit d'entrer à l'intérieur du réseau par unité de temps. À ces contrôles peuvent s'ajouter des techniques d'allocation des ressources, de façon à garantir qu'il n'y aura pas de congestion. Les sections qui suivent détaillent quelques-uns de ces contrôles de flux.

Pour plus de détails, les principales techniques de contrôle de flux et de congestion sont présentées au chapitre 8.

Le contrôle de flux dans les réseaux IP

Les réseaux IP présentés aux chapitres 18 et 19 ont leur propre contrôle de flux, que nous allons examiner en détail. Ces contrôles suivent l'orientation classique des réseaux informatiques : on essaie de donner beaucoup d'importance à la station de travail, qui, de fait, contient les mécanismes de contrôle. En particulier, le protocole TCP, qui se trouve dans la station terminale, gère le contrôle de trafic.

Le contrôle de flux dans TCP

Les principes du contrôle de flux ont été arrêtés à la fin des années 1980 et constituent ce que l'on appelle le TCP Tahoe. De nouveaux algorithmes ont été ajoutés dans les années 1990, en particulier les mécanismes de prévention des congestions par le biais de l'algorithme RED (Random Early Discard). TCP Reno est le nom de l'implémentation intégrant ces nouvelles fonctionnalités.

Le principe de base du contrôle est fondé sur l'algorithme slow-start. Le contrôle s'effectue par une fenêtre, qui augmente ou diminue suivant la valeur du délai aller-retour des paquets dans le réseau. La fenêtre augmente de façon exponentielle jusqu'à ce qu'une perte soit constatée. La dernière valeur acceptable avant la perte est appelée seuil de saturation, et l'on détermine une valeur SS_threshold (Slow-Start_threshold) égale à la moitié de ce seuil de saturation arrondi à la valeur inférieure. Après la perte, la valeur de la fenêtre est remise à 1 puis se met de nouveau à augmenter.

À partir de là, la croissance se fait en deux phases. La première phase, le slow-start de nouveau, commence par une fenêtre de taille 1, correspondant à un segment TCP. À chaque réception d'un acquittement, la fenêtre double de valeur. Même en partant d'un flux faible au départ, on arrive rapidement à un débit important, surtout si le délai aller-retour, ou RTT (Round Trip Time), du réseau est court. Cette procédure est maintenue jusqu'à ce que la fenêtre atteigne la limite SS_threshold, indiquant un nouveau processus de croissance de la fenêtre, qui devient beaucoup plus limitée, puisqu'on approche de la limite de saturation de la connexion. On passe alors dans une phase dite de Congestion Avoidance.

La fenêtre évolue de façon linéaire, augmentant d'un segment supplémentaire chaque fois qu'un ensemble de segments est reçu correctement. À chaque nouvelle perte de paquet, le seuil de saturation détermine une nouvelle valeur du SS_threshold, et l'algorithme redémarre par un slow-start. La figure 33.3 illustre un exemple d'accroissement de la fenêtre de contrôle dans TCP Tahoe. La taille de la fenêtre ne peut dépasser la taille maximale définie par l'utilisateur au début de la connexion. S'il n'y a pas de perte de paquet lorsque la fenêtre atteint cette valeur maximale, la fenêtre devient fixe jusqu'à ce qu'une perte survienne.

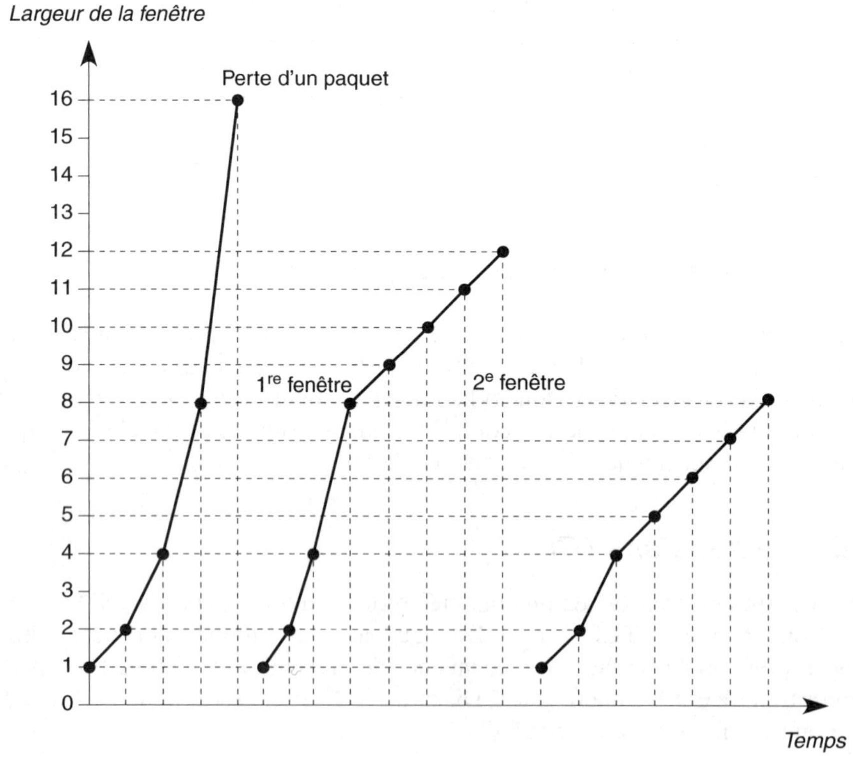

Figure 33.3

Exemple d'accroissement de la fenêtre de contrôle dans TCP Tahoe

L'interprétation correcte de la valeur du RTT reçu lorsqu'un acquittement se présente constitue une difficulté majeure. En effet, le récepteur a pu mettre un certain temps à émettre ce paquet, même si le réseau n'est pas congestionné. L'estimation d'une perte de paquet représente un autre problème. Un acquittement qui arrive déséquencé peut constituer un motif d'alarme, même si ce n'est pas forcément une indication de perte puisque le paquet qui n'a pas été acquitté a très bien pu passer par un autre chemin.

Pour une bonne estimation de la perte, il faut demander au récepteur d'envoyer un acquittement à chaque segment reçu. L'acquittement du dernier paquet en séquence correctement reçu permet de déterminer l'état de la communication. Lorsque le récepteur reçoit un paquet qui n'est pas en séquence, il émet un acquittement du dernier paquet en séquence de telle sorte que l'émetteur, à la réception d'un acquittement qu'il a déjà reçu, peut avoir une première intuition qu'un paquet est perdu. Comme le routage peut fausser la détection, le même acquittement doit être reçu trois fois avant que le paquet soit déclaré perdu. Cette solution permet de retransmettre beaucoup plus rapidement les segments perdus que celle consistant en l'attente d'un temporisateur, qui doit forcément être long pour tenir compte des aléas du réseau.

Des améliorations ont été apportées à cet algorithme, en particulier dans TCP Reno, qui propose de ne pas repasser par la phase du slow-start. Celle-ci requiert en effet un certain temps pour transporter un seul segment, ce qui repousse d'autant la détection de trois acquittements successifs identiques à des temps importants. En revanche, en cas d'erreurs multiples, les performances des deux algorithmes sont fortement dégradées, si bien que de nouveaux algorithmes ont dû être proposés, comme TCP NewReno, pour éviter les redémarrages sur le temporisateur déclenché à l'émission de chaque segment et arrivant à échéance lorsque le paquet n'a pas été acquitté dans un temps donné.

Les nouvelles versions de TCP ont fait surgir un nouveau problème, à savoir l'utilisation d'un protocole de reprise de type Go-back-n, qui demande la retransmission à partir du premier segment perdu, même si des segments postérieurs ont été bien reçus. L'équivalent dans le modèle de référence est le Reject du protocole HDLC. Pour améliorer les performances, surtout si la liaison est longue ou le débit très élevé, il convient d'utiliser des acquittements sélectifs comme le SREJ, le rejet sélectif du protocole HDLC. La version de TCP qui intègre ce protocole est TCP SACK (RFC 2018). Les acquittements négatifs indiquent le numéro de séquence du premier et du dernier octet à retransmettre.

Le contrôle de flux dans IP

Les algorithmes de contrôle de flux et de qualité de service peuvent être mis en place au niveau IP et plus précisément dans les routeurs IP. Nous allons en décrire quelques-uns.

L'algorithme RED (Random Early Discard) permet aux extrémités de réduire leur trafic par la perte d'un ou de plusieurs paquets lorsqu'une situation de congestion semble menacer. En effet, comme nous l'avons vu, TCP réduit sa fenêtre dès la perte d'un paquet. L'idée est donc de forcer la perte d'un paquet pour réduire le débit, d'où le nom de la méthode : on perd un paquet sans attendre sa perte par saturation. Dans la définition de RED, il faut se méfier des pointes de trafic instantanées qui pourraient pousser à la perte d'un paquet, alors même que cette pointe ne serait que ponctuelle. À cet effet, l'algorithme RED travaille avec deux seuils. En dessous du premier seuil, tout va bien.

Le premier seuil franchi, le nœud peut commencer à perdre quelques paquets sélectionnés pour réduire le trafic de certaines sources. Au-dessus du deuxième seuil, tous les flots passant par le routeur IP sont concernés.

Les protocoles RSVP et ICMP, qui sont présentés au chapitre 18, peuvent également apporter une garantie de service. Pour compléter ces protocoles dans le but d'obtenir une qualité de service plus grande, l'IETF a créé plusieurs groupes de travail pour présenter des algorithmes plus élaborés. Nous allons examiner trois de ces groupes.

Le service IntServ, présenté en détail au chapitre 19, intègre deux niveaux de service différents avec des garanties de performance. C'est un service orienté flot, c'est-à-dire que chaque flot peut faire sa demande spécifique de qualité de service. Pour obtenir une garantie précise, le groupe de travail IntServ a considéré que seule une réservation de ressources était capable d'apporter à coup sûr les moyens de garantir la demande. Deux sous-types de services sont définis : le service IntServ, avec une garantie totale ou avec une garantie partielle, et le service best-effort. Ces deux types correspondent aux services rigides avec contraintes à respecter et aux services dits élastiques, dans lesquels les flots n'ont pas de contraintes fortes.

Le service IntServ pose le problème du passage à l'échelle, ou scalabilité Le contrôle IntServ se faisant sur la base de flots individuels, les routeurs du réseau IntServ doivent garder en mémoire les caractéristiques de chaque flot. Une autre difficulté concerne le traitement des différents flots dans les nœuds IntServ : quel flot traiter avant tel autre lorsque des milliers de flots arrivent simultanément avec des classes et des paramètres associés tous distincts ?

Comme il n'y a pas de réponse précise à tous ces problèmes, une autre grande technique de contrôle, appelée DiffServ *(voir sa présentation détaillée au chapitre 19)*, essaie de trier les flots en un petit nombre bien défini, en multiplexant les flots de même nature dans des flots plus importants mais toujours en nombre limité.

Le rôle de DiffServ est d'agréger les flots en quelques classes offrant des services spécifiques. La qualité de service est assurée par des traitements effectués dans les routeurs spécifiés par un indicateur situé dans le paquet. Les points d'agrégation, auxquels les trafics entrants sont agrégés en un seul flot, sont placés à l'entrée du réseau.

Le contrôle de flux dans les réseaux ATM

Les réseaux ATM doivent pouvoir prendre en charge toutes les catégories de demandes de service possibles. Les récents progrès dans les domaines techniques de la commutation, du multiplexage et de la transmission par fibre optique ont rendu possible l'intégration de tous les types de services de communication, tels les services à haut débit et haute qualité, comme la TVHD ou le transfert de grands volumes de données à haute vitesse, mais aussi les services à faible débit et sans contrainte au niveau des erreurs, comme la parole téléphonique.

Les difficultés du contrôle de flux ATM proviennent des différentes qualités de service requises par tous ces services. L'efficacité de la gestion de la bande passante réalisée par le multiplexage statistique des services constitue l'un des avantages des réseaux ATM. Cependant, ce multiplexage à débit irrégulier peut créer des congestions internes.

Le multiplexage statistique et le contrôle des réseaux ATM

Dans un multiplexage statistique, une ligne du réseau peut être partagée par plusieurs circuits virtuels. L'allocation des ressources est réalisée de façon statistique. Le total des débits crêtes (Σp_i) des connexions se partageant la même liaison peut dépasser la bande passante *(B)* de la ligne :

$$\sum_{i=1}^{n} p_i > B$$

- B : bande passante disponible ;
- p_i : débit crête de la connexion i ;
- n : nombre de connexions simultanées sur la ligne.

Le total des débits moyens (Σa_i) ne doit pas dépasser la bande passante de la source :

$$\sum_{i=1}^{n} a_i \leq B$$

a_i = débit moyen de la connexion i.

Le gain réalisé par le multiplexage statistique peut être défini de la façon suivante :

$$\sum_{i=1}^{n} p_i = \text{SMG (Statistical Multiplexing Gain)}$$

L'augmentation du SMG est réalisée au prix d'une réduction de la qualité de service, exprimée sous la forme d'un délai de transit, d'un taux de perte ou d'une gigue (variation du délai de transfert par cellule). En règle générale, le SMG dépend du nombre de connexions et de la bande passante du conduit virtuel.

Prenons comme exemple les résultats de statistiques sur le comportement de la vidéoconférence, où le débit moyen est de 5 Mbit/s et le débit crête de 15 Mbit/s. Quand 16 connexions de vidéoconférence sont établies sur une ligne à 155 Mbit/s, le taux de perte est négligeable si 10 Mbit/s sont alloués à chaque connexion au lieu de 15 Mbit/s. Dans ce cas, la valeur du SMG est 1,5. Dans le cas d'un multiplexage de 30 sources, la bande passante requise s'approche de la somme des débits moyens, et la valeur du SMG atteint 3, mais avec un taux de perte de paquets important et des images projetées sérieusement endommagées. Le contrôle d'admission de connexion, ou CAC (Connection Admission Control), doit décider si une nouvelle demande de connexion est acceptable ou non en considérant la charge du réseau, la bande passante disponible, les descripteurs de trafic de la nouvelle connexion et la QoS requise.

De très grands débits sont possibles dans les réseaux ATM grâce aux fonctions simplifiées des nœuds intermédiaires. En fait, il n'y a pas de contrôle de flux au niveau de la couche ATM, ce qui nécessite l'application de certaines stratégies de contrôle pour limiter des trafics entrants dans le réseau. On peut dire que les stratégies de contrôle de congestion pour les réseaux ATM sont plutôt préventives que réactives.

Pour certains types de données sensibles aux pertes mais peu exigeants en délais de propagation (données de types 3/4 ou 5 de la couche AAL), on peut utiliser un mécanisme de contrôle de flux au niveau de la couche AAL ou d'une couche supérieure. Ce mécanisme peut être utilisé soit comme une méthode de reprise des cellules erronées ou perdues, soit comme une méthode de contrôle de flux réactive sur une congestion, soit encore comme une méthode de synchronisation entre l'émetteur et le récepteur. Dans le cas où une méthode de contrôle de flux réactive est utilisée, un nombre suffisant de tampon est exigé pour les services de données dans les nœuds intermédiaires. Ainsi, les cellules éventuellement bloquées lors des débordements peuvent être reçues. Pour les services temps réel, un nombre trop important de tampons peut dégrader le temps de réponse. Même pour ce type de service, le contrôle de flux de bout en bout peut améliorer l'utilisation des ressources et le taux de perte des cellules.

La mise en œuvre des techniques de contrôle de congestion dépend des types de commutateurs utilisés.

Par exemple, l'ordonnancement des priorités dans un commutateur est inutile si ce dernier ne dispose pas de mémoire tampon. Même s'il existe des mémoires tampons dans le commutateur, les performances sont influencées par plusieurs facteurs, tels que la taille de la mémoire, l'architecture du commutateur, le type de mémoire, etc.

Un développement réussi des méthodes de contrôle du réseau ATM exige des interactions douces entre les méthodes de contrôle de congestion, les fonctions OAM (Operations And Maintenance), les mécanismes de transport VC/VP, les commutateurs ATM, etc.

La qualité de service et le contrôle d'admission

Le groupe d'étude XVIII de l'UIT-T a énormément travaillé sur le problème du contrôle de flux dans les réseaux ATM, car c'était un élément stratégique pour le succès de cette technique de transfert.

Rappelons que le mode de transfert temporel asynchrone ATM (Asynchronous Transfer Mode) est le mode de transfert cible pour le RNIS large bande. L'information est transmise dans des blocs de taille fixe (53 octets), appelés cellules, chacune d'elles étant constituée d'un en-tête de 5 octets et d'un champ d'information de 48 octets. Les cellules sont transmises dans un circuit virtuel, et le routage se fonde sur l'identificateur de voie virtuelle VCI (Virtual Channel Identifier) et l'identificateur de conduit virtuel VPI (Virtual Path Identifier) de l'en-tête de la cellule. Le réseau ATM adopte une architecture simplifiée, fondée sur une commutation de cellules en mode avec connexion. Il n'y a ni contrôle d'erreur, ni contrôle de flux au niveau de la couche ATM. L'acheminement des cellules n'est pas dynamique. Les cellules appartenant à une même connexion sont transportées en séquence à travers le réseau, le long d'un circuit virtuel.

L'ATM a été choisi comme mode de transfert pour le RNIS large bande au détriment de son concurrent, le mode de transfert temporel synchrone, ou STM (Synchronous Transfer Mode), en raison du gain économique qu'il apporte grâce au multiplexage statistique. Cependant, le multiplexage statistique de trafic en rafale peut provoquer des problèmes de congestion. Les travaux de l'UIT-T visent à minimiser cette congestion et à maximiser le taux d'utilisation du réseau, tout en garantissant la qualité de service spécifiée par l'utilisateur. Ces efforts ont abouti à la définition d'un contrat de trafic dépendant de la qualité de service requise par l'utilisateur et à la normalisation des fonctions de gestion de trafic.

Avant d'examiner plus avant ces fonctions, définissons la qualité de service. Une classe de qualité de service peut préciser des paramètres de performance (QoS spécifiée) ou non (QoS non spécifiée). Dans ce dernier cas, on parle de service best-effort, c'est-à-dire du meilleur effort possible de la part du réseau pour satisfaire la demande de l'utilisateur.

L'utilisateur et l'opérateur du réseau ATM négocient, *via* l'interface UNI, un contrat de trafic. Ce contrat de trafic doit contenir une classe de QoS, un descripteur de trafic sur la connexion demandée et une définition de la conformité.

Le descripteur de trafic est un sous-ensemble des paramètres de trafic qui servent à décrire les caractéristiques du trafic des cellules sur la connexion. Ce descripteur contient un nombre de variable qui diffère selon qu'il s'agit des recommandations de l'UIT-T ou des propositions de l'ATM Forum.

es variables UITT sont les suivantes :

- Descripteur du trafic source, qui peut lui-même contenir :
  - le débit crête PCR (Peak Cell Rate) ;
  - le débit projeté SCR (Sustainable Cell Rate).
- Durée des rafales tolérées BT (Burst Tolerance).
- Tolérance de gigue CDV (Cell Delay Variation).
- Algorithme du taux de génération des cellules GCRA (Generic Cell Rate Algorithm), qui définit la conformité du trafic. Deux paramètres sont utilisés : le temps minimal entre deux émissions de cellule et une capacité de mémorisation maximale. Lorsqu'une cellule se présente et que la capacité maximale est atteinte (cellule non conforme), soit cette cellule est détruite, soit elle est émise en surplus, soit elle prend la place d'une autre cellule, qui, elle-même, peut être détruite ou envoyée en surplus. C'est là que le bit CLP devient opérationnel : si la cellule est envoyée en surplus, elle est marquée par le bit CLP = 1, qui permet à un nœud interne du réseau de la détruire en cas de congestion. Il y a donc deux classes de priorité : CLP = 0, qui correspond aux cellules les plus prioritaires, et CLP = 1, pour les cellules pouvant être détruites dans le réseau.

- Paramètres expérimentaux, qui permettent de faire passer dans la demande des caractéristiques spécifiques, correspondant le plus souvent à des propriétés propres à des constructeurs.

L'ATM Forum a déterminé un ensemble de combinaisons de paramètres de trafic pour simplifier les demandes. Le bit CLP est égal soit à 0, soit à 0 ou 1, ce que nous indiquons respectivement par CLP = 0 et CLP = 0 + 1 :

- PCR pour CLP = 0 et PCR pour CLP = 0 + 1 ;
- PCR pour CLP = 0 et PCR pour CLP = 0 + 1 avec un marquage demandé par le réseau en cas de cellule non conforme ;
- SCR pour CLP = 0 et PCR et BT pour CLP = 0 + 1 ;
- SCR pour CLP = 0 et PCR et BT pour CLP = 0 + 1 avec marquage ;
- PCR pour toutes les cellules CLP = 0 + 1 ;
- PCR, SCR et BT pour toutes les cellules CLP = 0 + 1 ;
- Best-effort service, PRC pour toutes les cellules CLP = 0 + 1.

Le contrôle d'admission de connexion

On désigne par contrôle d'admission de connexion, ou CAC, l'ensemble des actions exécutées par le réseau au cours de la mise en place de la connexion pour déterminer si cette demande de connexion doit être acceptée ou refusée. La demande d'ouverture de la connexion fait partie de la demande CAC. C'est la principale méthode de contrôle de congestion préventive dans les réseaux ATM.

Cette méthode permet d'accepter ou de rejeter une nouvelle demande de connexion en considérant la bande passante disponible, le descripteur de trafic de la nouvelle connexion et son exigence en terme de qualité de service. L'objectif du CAC est d'accepter une nouvelle connexion si les ressources sont suffisantes et d'assurer la qualité de service demandée pour les connexions déjà ouvertes.

Dans les réseaux de type STM, la décision est simple. Si la somme des débits crête, comprenant le débit crête de la nouvelle demande de connexion sur un VP ou sur une liaison donnée, ne dépasse pas la bande passante disponible comme l'indique la formule suivante :

$$\sum_{i=1}^{N} p_i < B$$

la demande d'une nouvelle connexion est acceptée.

Cette approche simple peut être adoptée pour toutes les sources de trafic de VBR, ou débit binaire variable, et de CBR, ou débit binaire constant. Cependant, il est possible d'obtenir une utilisation optimisée des ressources par le multiplexage statistique de sources de trafic VBR.

Puisque le réseau ATM doit supporter des VC avec des exigences diverses de QoS (délai d'établissement d'une connexion, taux de perte des cellules, délai de transmission, etc.), la conception de méthodes CAC efficaces est complexe. La méthode la plus simple pour s'attaquer à ce problème, tout en satisfaisant les diverses demandes de QoS, consiste à classer les sources de trafic en fonction de leurs caractéristiques, des exigences de QoS, etc. Ensuite, la bande passante d'une liaison ou d'un VP est allouée pour chaque classe et contrôlée indépendamment.

Les techniques de contrôle de flux ATM

De nombreuses techniques de contrôle de flux ont été définies par l'UIT-T pour l'ATM :

- Le contrôle des paramètres de l'utilisateur et du réseau UPC/NPC (Usage Parameter Control/Network Parameter Control) regroupe l'ensemble des actions exécutées par le réseau pour surveiller et gérer le trafic offert à l'accès utilisateur et à la conformité de la connexion ouverte à l'accès réseau. Le principal objet de cette technique est de protéger le réseau contre des violations du contrat de trafic pouvant conduire à une dégradation de la qualité de service sur des connexions d'autres utilisateurs.

- La gestion de priorité par l'utilisateur peut employer deux classes de services pour la perte des cellules. Si le bit CLP est à 0, la cellule est prioritaire. Si cet élément binaire est 1, la cellule est moins prioritaire et peut être détruite dans un nœud congestionné.
- La gestion des ressources du réseau NRM (Network Resource Management) regroupe les prévisions d'attribution des ressources du réseau pour optimiser la séparation des trafics en fonction des caractéristiques du service.
- Les techniques de rétroaction (feed-back) forment l'ensemble des actions exécutées par les usagers et le réseau pour réguler le trafic sur les connexions ATM.

Parmi les méthodes de gestion de trafic permettant d'éviter les surcharges du réseau, on trouve les mécanismes de contrôle de trafic visant à rendre le trafic conforme au contrat de trafic (traffic shaper), les protocoles de réservation rapide FRP (Fast Reservation Protocol) et EFCI/BCN (Explicit Forward Congestion Indication/Backward Congestion Notification).

Le défi est toujours de concevoir des mécanismes de contrôle de flux qui permettent d'utiliser efficacement les ressources du réseau et de satisfaire la qualité de service requise. Dans les réseaux traditionnels, c'est le mécanisme de contrôle de flux par fenêtre qui est surtout utilisé. Dans les réseaux ATM, en revanche, du fait que le délai de propagation est très long par rapport au temps d'émission, les protocoles de type « envoyer et attendre » ne sont pas performants. Plusieurs autres méthodes de contrôle de flux adaptatif peuvent également être implémentées au niveau de la couche AAL ou à un niveau supérieur. En règle générale, ces contrôles travaillent sur la taille de la fenêtre, ou sur le débit, la valeur des paramètres étant décidée par le nœud destinataire en fonction de l'état du réseau.

Les hypothèses implicites à ce système, telles que la connaissance de l'état du réseau ou le temps de propagation suffisamment court pour faire un aller-retour de l'information sur l'état du réseau, posent toutefois problème. Même si une congestion dans le réseau est détectée, il est difficile de prévoir sa durée, de localiser à temps le nœud congestionné, de mesurer l'importance de la congestion et donc d'en déduire la taille de la fenêtre.

Plusieurs contrôles d'accès et de trafic ont été définis par l'UIT-T. Le rôle du contrôle des paramètres de l'utilisateur et du réseau UPC/NPC est de protéger les ressources réseau contre des utilisateurs malveillants et des fonctionnements involontaires susceptibles de dégrader la qualité de service des connexions établies auparavant. L'UPC/NPC a pour fonction de détecter les violations des contrats et d'exécuter les fonctions appropriées.

Pour éviter les pertes de cellules causées au niveau UPC/NPC, l'émulation de l'UPC/NPC peut être réalisée au niveau de l'émetteur. Cette fonction est appelée STS (Source Traffic Smoothing) pour la distinguer de l'UPC/NPC. Du point de vue de l'utilisateur, la fonction STS présente des inconvénients puisqu'elle introduit un délai supplémentaire et nécessite des mémoires tampons supplémentaires.

L'algorithme VSA (Virtual Scheduling Algorithm) recommandé dans la norme I.371 représente une première possibilité pour détecter les situations irrégulières et redonner un flux acceptable par le contrat de trafic. Il a pour rôle de surveiller le débit crête d'une connexion ATM tout en garantissant une limite sur la gigue. En termes simplifiés, si une cellule arrive plus tôt que prévu, elle est mise en attente jusqu'à l'instant où elle aurait dû arriver. À ce moment seulement, elle est émise sur le réseau et est conforme. Si la cellule arrive plus tard que prévu, soit elle arrive dans un intervalle suffisamment court pour rester conforme à la gigue — elle est alors conforme —, soit elle arrive trop tard pour rester dans la limite acceptable et est jugée non conforme. Les cellules conformes sont indiquées par CLP = 0, et les cellules non conformes par CLP = 1.

Le leaky-bucket est un autre mécanisme de l'UPC/NPC et du STS. Il est composé d'un compteur *(c)*, d'un seuil *(t)* et d'un taux de vidage, le leaky-rate *(l)*. Le compteur est incrémenté chaque fois qu'une cellule arrive dans le tampon et décrémenté par le leaky-rate. Si une cellule arrive au moment où la valeur du compteur est égale au seuil, elle n'est pas mémorisée dans le tampon. En d'autres termes, quand le tampon est plein, la cellule qui arrive est rejetée.

$c = c + b(p - l)$ si cette valeur est inférieure à t, sinon $c = t$.

Pendant la durée d'un silence de longueur s, le compteur est diminué comme suit :

$c = c - sl$ si cette valeur est supérieure à 0, sinon $c = 0$.

Si le débit crête de la source est *p* et la durée de la rafale *b*, le compteur est augmenté à la fin de la rafale de la façon suivante :

Un trafic en avalanche peut être transformé en l'une des formes illustrées à la figure 33.4. Ces formes sont dessinées sans qu'il soit tenu compte de la séquence réelle des cellules détruites ou marquées. Les hauteurs a et a' correspondent respectivement au débit conforme (cellules ordinaires) et au débit non conforme (cellules marquées). La longueur b' correspond à la durée de la rafale après la mise en forme par le leaky-bucket. Les paramètres b et p représentent respectivement la longueur de la rafale et le débit crête du trafic offert au leaky-bucket. Un choix approprié des valeurs des paramètres I et b permet de redonner au trafic la forme désirée. Par exemple : un service de données sensible aux pertes mais qui tolère des délais peut être remis en forme (*s*1 sur la figure). Cette fonction peut être exécutée dans un terminal afin de respecter le contrat de trafic. Dans ce cas, un tampon suffisamment grand est nécessaire pour le terminal. Si l'état du réseau est connu à temps, la perte des cellules peut être évitée grâce au contrôle dynamique du débit du leaky-bucket (leaky-rate).

Figure 33.4
Effet de contrôle du leaky-bucket

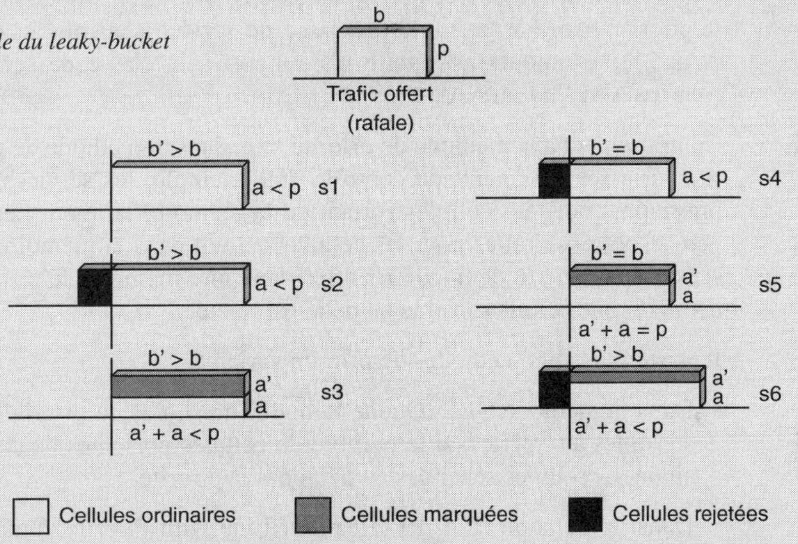

Un délai inacceptable peut provenir d'une attente trop longue dans une grande mémoire tampon. Pour les services sensibles au délai, comme la vidéo ou la parole téléphonique, le choix des formes s2, s3, s4 ou s5 est préférable.

Le contrôle de flux des classes de services ATM étant détaillé au chapitre 15, nous ne le reprenons pas ici.

Les méthodes de contrôle de congestion

On a remarqué que, dans un réseau à commutation de paquets, quand bien même chaque source respectait son contrat de trafic, des congestions pouvaient apparaître en raison de la superposition de plusieurs trafics. Diverses publications ont proposé des méthodes de rejet sélectif de cellules pour soulager le réseau en cas de congestion. Par exemple, quand le bit CLP (Cell Loss Priority) de l'en-tête de la cellule est marqué (CLP = 1), la cellule est détruite en priorité lorsqu'une congestion est détectée. Ces méthodes peuvent être utiles pour décongestionner le réseau sans pour autant dégrader de manière significative la qualité de service. Cependant, il peut en résulter un gaspillage des ressources du réseau et des nœuds intermédiaires, particulièrement lorsque la durée de congestion est très longue.

Comme nous venons de le voir, si le bit de priorité de perte de cellule est marqué (CLP = 1), la cellule peut être rejetée en cas de congestion. Le CLP peut être marqué soit par les terminaux source, indiquant que la cellule a des informations non essentielles, soit par la méthode UPC/NPC, signifiant que la cellule viole la limite de trafic négociée avec la méthode CAC.

La technique par priorité

Une solution pour le contrôle de flux, que nous n'avons pas encore examinée, consiste à associer une priorité à un circuit virtuel et à traiter les cellules suivant cet ordre de priorité. Cette priorité peut être fixe ou varier dans le temps. On a dans ce dernier cas affaire à des priorités variables. Différentes publications ont montré que la méthode d'ordonnancement de la priorité dans un nœud de commutation pouvait engendrer un taux d'utilisation des ressources du nœud assez élevé. La méthode la plus simple est celle de la priorité fixe. Par exemple, la classe de service sensible au délai (service AAL-1 et AAL-2) est toujours prioritaire par rapport à la classe de service sensible à la perte (service AAL-3/4 ou AAL-5).

Contrairement à la méthode de priorité fixe, dans la méthode de priorité variable, la priorité varie selon le point de contrôle. Par exemple, les services sensibles au délai sont prioritaires pour les cellules sortant de la mémoire tampon. Les services sensibles aux pertes sont prioritaires pour les cellules entrant dans la mémoire tampon : si une cellule sensible à la perte demande à entrer dans une mémoire lors du débordement de cette dernière, une cellule sensible au délai est rejetée.

Il existe plusieurs méthodes de priorité variable :

- Dans la méthode QLT (Queue Length Threshold), la priorité est donnée aux cellules sensibles aux pertes, si le nombre de cellules présentes dans la file dépasse un seuil, sinon les cellules sensibles au délai ont la priorité.
- Dans la méthode HOL-PJ (Head Of Line with Priority Jumps), plusieurs classes de priorité sont prises en compte. La plus grande priorité est donnée à la classe de trafic qui requiert des délais stricts. La priorité non préemptive est donnée aux cellules de haute priorité. Enfin, les cellules de basse priorité peuvent transiter vers une file d'attente plus prioritaire, lorsque le délai maximal d'attente est atteint.
- Dans la méthode push-out, ou partage partiel de tampons, le rejet sélectif est réalisé dans les éléments de commutation. Une cellule non marquée peut entrer dans un tampon saturé si des cellules marquées sont en attente de transmission. Une des cellules marquées est rejetée et la cellule non marquée entre dans le tampon. Si le tampon ne compte que des cellules non marquées, la cellule non marquée arrivante est rejetée. Dans la méthode de partage partiel du tampon, lorsque le nombre de cellules dans le tampon atteint un seuil donné, seules les cellules non marquées peuvent entrer dans ce tampon.

La méthode de push-out peut être améliorée de différentes façons. Par exemple, au lieu de détruire la cellule marquée la plus vieille ou la plus récente dans la file d'attente, il serait possible de détruire les cellules marquées en plus grand nombre, correspondant à un même message. En effet, si l'on détruit une cellule, toutes les cellules appartenant au même message sont détruites à l'arrivée ; donc, autant les détruire directement dans le réseau. C'est le but de ce push-out amélioré.

Le contrôle de congestion réactif

Le contrôle de congestion réactif est nécessaire lorsque des rafales simultanées provoquent des surcharges instantanées dans les nœuds. La congestion peut se développer à la suite d'une incertitude sur le trafic ou à cause d'une modélisation incorrecte du comportement statistique des sources de trafic.

L'UIT-T a inclus le mécanisme EFCI/BCN dans ses recommandations. Le rôle du mécanisme EFCI (Explicit Forward Congestion Indication) est de transporter les informations de congestion le long du conduit virtuel entre l'émetteur et le récepteur. Les cellules qui passent dans un nœud surchargé sont marquées dans l'en-tête. Dans le nœud de destination, la réception de cellules dont les indicateurs de congestion sont marqués (PTI = 010 ou 011) signale la présence d'une congestion dans certains nœuds du chemin. Le mécanisme BCN (Backward Congestion Notification) permet de renvoyer les informations sur la congestion au nœud émetteur. Celui-ci peut réagir en diminuant son trafic. La notification vers l'émetteur s'effectue par le flux OAM F4. Cette méthode nécessite un mécanisme de contrôle de flux efficace, réactif à la congestion interne.

Dans les réseaux traditionnels, le mécanisme de contrôle de flux par fenêtre a été le plus souvent utilisé. Plusieurs études récentes proposent des méthodes adaptatives de contrôle de flux par fenêtre. La taille de la fenêtre est calculée par le destinataire ou augmentée automatiquement par l'arrivée d'un acquittement. Ces méthodes sont développées pour les services de données et peuvent être liées au contrôle d'erreur. Le très long délai de propagation par rapport au temps d'émission rend cependant difficile l'utilisation d'un mécanisme de contrôle de flux par fenêtre. De plus, ces méthodes partent d'hypothèses fortes, telles que la connaissance de l'état du réseau ou bien le temps de propagation suffisamment court pour effectuer un aller-retour de l'information de gestion.

Gestion rapide des ressources

Il est possible d'exercer un contrôle en adaptant les réservations de ressources dans le réseau au trafic entrant. Évidemment, ce contrôle est très délicat à mettre en place étant donné l'écart entre les vitesses de transmission et les délais de propagation. La méthode FRP (Fast Reservation Protocol) a été fortement soutenue par la France auprès des organismes de normalisation de l'ATM et a été adoptée au milieu des années 1990. Elle se décline en deux variantes, FRP/DT (Fast Reservation Protocol/Delayed Transmission) et FRP/IT (Fast Reservation Protocol/Immediate Transmission). Dans le premier cas, la source n'émet qu'après avoir réservé les ressources nécessaires à la transition du flux des cellules, et ce au niveau de tous les nœuds intermédiaires. Dans la seconde version, les cellules sont précédées d'une cellule de demande d'allocation de ressources et sont suivies par une cellule de libération des ressources.

Le contrôle de flux dans les réseaux Ethernet

À partir du moment où une commutation est mise en place, il faut ajouter un contrôle de flux puisque les paquets Ethernet peuvent s'accumuler dans les nœuds de commutation. Ce contrôle de flux est effectué par le paquet Pause. C'est un contrôle de type back-pressure, dans lequel l'information de congestion remonte jusqu'à la source, nœud par nœud. À la différence des méthodes classiques, le nœud amont est informé d'une demande d'arrêt des émissions, avec précision du temps pendant lequel il doit rester silencieux. Cette période de temps peut être brève, si le nœud est peu congestionné, ou longue, si le problème est important. Le nœud amont peut lui-même estimer, suivant la longueur de la période de pause qui lui est imposée, s'il doit faire remonter un signal Pause ou non vers ses nœuds amont.

Cette technique doit permettre de faire remonter jusqu'à la source les informations du réseau. Cependant, de nombreuses difficultés doivent être contournées par le logiciel de supervision. Par exemple, il faut éviter qu'au travers d'une boucle une information d'arrêt ne revienne à la station qui l'a émise, car on aurait alors une situation de deadlock, ou blocage.

La figure 33.5 illustre le fonctionnement du contrôle de flux dans un réseau Ethernet. Dans cet exemple, le nœud central s'aperçoit qu'il approche de la saturation, et il envoie vers son nœud de droite une commande Pause de 200 ms lui demandant de ne plus rien lui envoyer pendant 200 ms. Il envoie également vers le nœud du dessus une commande Pause de 100 ms et vers le nœud du dessous une commande Pause pour lui pour demander d'arrêter ses transmissions pendant 200 ms. Enfin, il émet une commande Pause vers le nœud à sa gauche en lui demandant de ne plus rien lui envoyer pendant un temps de 50 ms. Toujours dans ce schéma, le nœud de droite, qui reçoit une commande Pause de 200 ms, s'aperçoit que lui-même risque d'avoir des problèmes de saturation s'il ne peut plus rien émettre vers sa gauche pendant 200 ms. Il décide donc d'envoyer deux commandes Pause de 100 et de 50 ms aux deux nœuds qui sont en amont de lui.

Figure 33.5
Contrôle de flux dans Ethernet

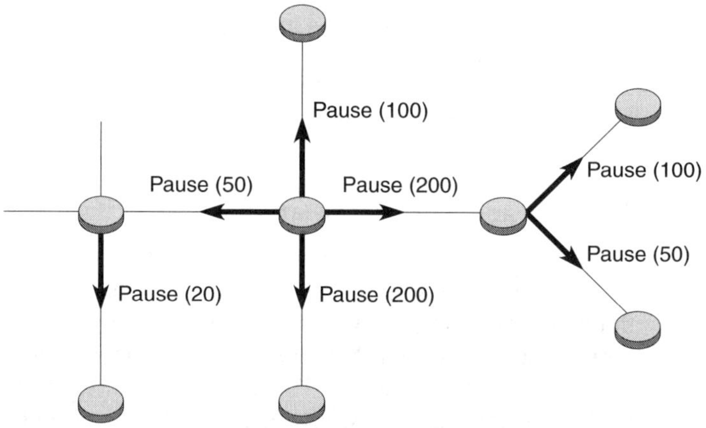

Comme nous venons de le voir, Ethernet s'étend vers le domaine des WAN privés en utilisant les techniques de commutation. Pour les réseaux locaux partagés, la tendance actuelle est plutôt à l'augmentation des débits, avec le Gigabit Ethernet et le 10 Gigabit Ethernet, présentés en détail au chapitre 16.

Une autre solution de contrôle de flux a été introduite dans Ethernet par le MEF (Metro Ethernet Forum), qui est en tout point similaire au relais de trame, que nous présentons à la section suivante.

Le contrôle de flux dans le relais de trames

Le contrôle de flux dans le relais de trames est assuré par un contrat de trafic qui détermine en premier lieu un débit moyen à respecter par l'utilisateur, le CIR (Committed Information Rate). Ce contrôle très simple consiste à demander à l'utilisateur d'émettre un flux de débit constant, ou presque. Ainsi, l'opérateur connaît les flux qui transitent dans les nœuds de commutation et peut planifier l'ouverture ou le refus de nouvelles demandes de liaisons virtuelles. Précisons que le CIR doit être garanti pour des périodes de longueur T. Si T est relativement long, le trafic peut excéder le CIR pendant une partie de ce temps T et être en dessous dans une autre partie. Pour respecter cette moyenne, la quantité maximale d'informations que l'émetteur peut envoyer pendant le temps T est indiquée par $T \times$ CIR = CBS (Committed Burst Size).

Il est toutefois possible d'émettre des trames au-delà de la moyenne déterminée dans le contrat. Pendant une courte période de temps, le débit peut être supérieur à celui précisé dans le CIR. Cependant, le débit ne peut pas dépasser la valeur EIR (Excess Information Rate). Les trames engendrant un débit supérieur sont automatiquement détruites à l'entrée du réseau. Sur la période T, le trafic supplémentaire peut atteindre en moyenne la valeur EBS (Excess Burst Size), qui est égale à $T \times$ (EIR – CIR) = EBS. En résumé, sur la période de longueur T, la quantité totale d'informations peut atteindre $T \times$ EIR.

Comme nous venons de le voir, durant cette période T, l'utilisateur peut dépasser le trafic négocié dans le CIR, mais, à chaque dépassement de la valeur CIR, l'utilisateur se sert du bit DE (Discard Eligibility) pour indiquer les trames supplémentaires qui forment la quantité EBS. L'utilisateur qui dépasse son contrat de trafic a intérêt à marquer les trames qui ne sont pas très importantes par rapport à la qualité de service, de façon que l'opérateur puisse les détruire dans le réseau en cas de surcharge. Le bit DE = 1 indique que la trame peut être détruite.

Deux bits supplémentaires ont été introduits dans la structure de trames pour permettre la mise en place d'un contrôle de flux :

- le bit FECN (Forward Explicit Congestion Notification) ;
- le bit BECN (Backward Explicit Congestion Notification).

Le premier de ces bits permet à un nœud congestionné de faire connaître son état au récepteur. Quant au second, il a pour fonction de faire remonter la connaissance de l'état de congestion d'un nœud à l'émetteur. La figure 33.6 illustre l'utilisation de ces deux bits. Le bit FECN est mis à 0 en sortant de l'émetteur avec la référence a. Lorsqu'il transite dans le nœud congestionné, il passe à la valeur 1 et arrive au récepteur avec la référence d en portant la valeur FECN = 1, qui indique au récepteur qu'un des nœuds traversés dans le circuit virtuel est congestionné. Dans l'autre sens, un processus analogue se produit : le bit BECN est mis à 0 en sortant de la station terminale. Ce bit est modifié par le nœud congestionné, qui le transforme en la valeur 1. À l'arrivée au récepteur, celui-ci prend conscience que la route sur lequel il envoie des trames possède un nœud congestionné.

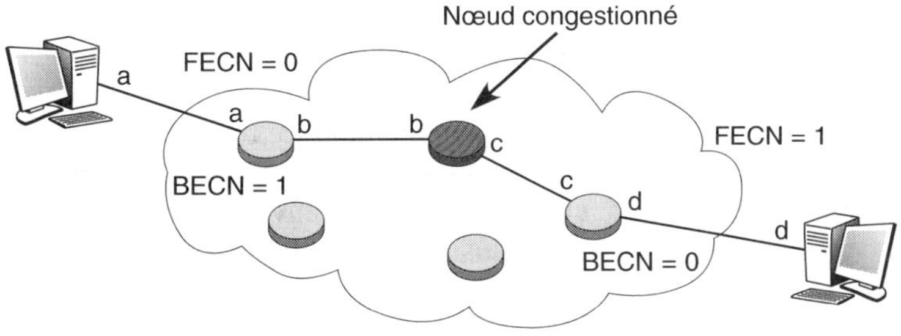

Figure 33.6

Contrôle de congestion dans le relais de trames

Les bits FECN et BECN sont toujours mis à 0, respectivement par l'émetteur et le récepteur, dans la structure de la trame émise sur la liaison virtuelle. Lorsque ces bits passent par un nœud congestionné, ils sont automatiquement mis à 1. Le récepteur et l'émetteur sont donc informés de l'état de congestion d'un nœud par la réception de ces deux bits à 1.

L'information concernant une congestion sur la liaison virtuelle est assez sommaire, puisque la seule chose qu'on sache est qu'un nœud a dépassé un certain seuil de trafic ou un nombre de mémoires tampons utilisées sur la liaison virtuelle. Les actions que doivent entreprendre l'émetteur et le récepteur sont totalement laissées à l'initiative de l'opérateur ou de l'utilisateur.

Il existe des intervalles de temps pendant lesquels aucune trame ne transite du récepteur vers l'émetteur. Dans ce cas, une trame de supervision, appelée CLLM (Consolidated Link Layer Management), est utilisée pour transporter des informations de supervision. Cette trame permet à un nœud congestionné de diffuser vers ses voisins son état de congestion. Les nœuds voisins peuvent à leur tour avertir leurs voisins, et ainsi de suite. Cette trame de supervision est émise sur un circuit virtuel de numéro 1023 lorsque le DLCI est sur 2 octets.

Conclusion

Le contrôle de flux est primordial dans un réseau à transfert de paquets, car il permet d'acheminer dans de bonnes conditions tous les paquets vers leur récepteur. Il sert en outre au contrôle de la qualité de service en attribuant des priorités plus ou moins fortes aux différents flux.

Le monde IP s'est beaucoup préoccupé du contrôle de flux. En effet, lorsque plusieurs centaines de machines terminales émettent en même temps, il faut mettre en place un contrôle assez fin pour qu'il n'y ait pas de congestion dans un des routeurs du réseau.

Depuis une dizaine d'années, les préoccupations du monde IP se sont tournées vers le contrôle de la qualité de service par l'intermédiaire du contrôle de flux. La solution pour effectuer ce contrôle de la qualité de service consiste à se fonder sur deux classes de services aux priorités graduelles. Pour la classe la plus prioritaire, il suffit de limiter le nombre de paquets en transit dans le réseau pour que la qualité de service soit obtenue. Pour la seconde classe, des contrôles de flux sophistiqués doivent être mis en place pour obtenir la qualité de service désirée.

De nombreux efforts restent encore à faire pour contrôler de façon fine les millions de flots d'Internet afin que tous les utilisateurs soient satisfaits du comportement du réseau.

D'autres techniques de contrôle de flux concernent l'ATM, Ethernet ou le relais de trames. En fait, il y a superposition des contrôles de flux de niveaux 2 et 3, ces deux contrôles n'étant pas liés alors qu'ils ont une influence forte l'un sur l'autre. Par exemple, si le contrôle de niveau 2 bloque un paquet, le paquet n'est pas acquitté ou est acquitté en retard, ce qui met en route le contrôle de flux de niveau 3. Les futurs contrôles de flux devraient voir une action beaucoup plus forte entre les deux niveaux.

34

La gestion de réseau

La gestion de réseau correspond aux actions qui permettent de prendre en charge la configuration, la sécurité, les pannes, l'audit des performances et la comptabilité. La prise en charge de toutes ces fonctions n'est pas un mince problème. De nombreux travaux de normalisation ont été effectués dans ce domaine, mais tous n'ont pas encore abouti. Cependant, une architecture de gestion de réseau et certains protocoles et services ont déjà été adoptés comme standards. Deux grandes tendances se font jour depuis plusieurs années : associer la gestion de service à la gestion de réseau et rapprocher la gestion de réseau et le contrôle de réseau.

La gestion de réseau recouvre de nombreuses opérations, telles que l'initialisation des paramètres de configuration du système, la gestion des erreurs, les statistiques, les diagnostics, la gestion des alarmes et leur rapport, la reconfiguration, la gestion des ressources, la sécurité, etc. Ces activités sont présentées plus précisément par la suite.

Pour interconnecter deux systèmes de gestion, une norme doit être respectée, qu'elle soit de droit ou de fait. Dans les normes de droit, on retrouve la normalisation provenant de l'ISO, que l'on appelle CMIS/CMIP, et celle de l'UIT-T, qui porte le nom de TMN (Telecommunications Management Network), en français RGT (réseau de gestion des télécommunications). Ces deux normes ne sont pas vraiment concurrentes mais plutôt complémentaires.

La norme la plus utilisée est SNMP (Simple Network Management Protocol), qui provient de l'environnement Internet. Les grands constructeurs ont, quant à eux, développé des plates-formes qui permettent d'avoir :

- un service de transport entre les différents processus applicatifs ;
- des adaptateurs de protocoles traduisant les messages échangés ;
- des piles de protocoles de communication ;
- des services supplémentaires internes, comme les annuaires.

Une autre direction, que nous abordons au chapitre suivant, concerne la gestion et le contrôle par politique.

Fonctions de base de la gestion de réseau

Suivant le type de système, les tâches de gestion varient et doivent donc être identifiées et analysées. Des services et des protocoles de gestion sont nécessaires pour gérer les ressources logicielles et matérielles d'un réseau.

L'identification et la mise en œuvre des tâches de gestion sont complexes en raison de la nature distribuée du système. On peut citer les fonctions suivantes :

- **Démarrage et arrêt du réseau.** Fonction de base liée à la configuration du réseau et à l'initialisation des paramètres.
- **Traitement des alarmes.** Permet au réseau de réagir à n'importe quel dysfonctionnement, comme la perte du contrôle d'accès, par exemple.
- **Redémarrage du réseau.** Nécessaire à la reprise d'activité suite à une panne du coupleur, d'une liaison, etc.
- **Reconfiguration du réseau.** Fonction liée à l'ajout ou à la suppression de points d'accès de terminaux. Par exemple, des éléments du réseau doivent pouvoir être mis hors circuit en cas de mauvais fonctionnement.
- **Contrôle de la qualité.** Fonction liée aux techniques de contrôle, aux caractéristiques opérationnelles du réseau et à la gestion des rapports de changement d'états.

Les moniteurs de gestion peuvent être matériels ou logiciels. Les moniteurs matériels s'occupent des phénomènes rapides, tandis que les moniteurs logiciels sont plutôt orientés application.

Les moniteurs de gestion doivent prendre en charge les fonctions suivantes :

- **Tests et diagnostics.** Les erreurs du système doivent être détectées. Un message de diagnostic peut être émis pour signaler qu'une erreur s'est produite et qu'un traitement peut avoir lieu. On doit pouvoir mettre un élément du système en état de diagnostic afin d'exécuter des séquences de tests.
- **Compte rendu d'alarmes.** Fonction destinée à notifier à l'opérateur du système tout mauvais fonctionnement.
- **Contrôle du réseau.** Fonction liée à l'allocation et à la désallocation des ressources et à leur contrôle (prévention des abus et des famines, manque de ressource, etc.).

Le système de gestion peut contrôler tous les changements. Il est aussi responsable des allocations de noms et d'adresses et des associations entre elles.

Le modèle de référence OSI a contribué au développement de réseaux hétérogènes. Cette hétérogénéité se traduit par l'interconnexion de matériels issus de constructeurs différents (Bull, IBM, DEC, HP, etc.) et par l'interconnexion de réseaux de différents types, par exemple un réseau grande distance (X.25 ou autre) relié à un réseau local (Ethernet, etc.).

L'échange d'informations entre systèmes hétérogènes a été rendu possible par l'intermédiaire de la normalisation de l'ISO. De plus, dans son rôle de transporteur de l'information, un réseau doit garantir une certaine qualité de service (débit, temps de réponse, etc.) à ses utilisateurs. Afin d'assurer une qualité de service, il est nécessaire de gérer convenablement de multiples composants (nœud, ligne, abonné, application, etc.).

Cette gestion est à la charge d'entités spécifiques, les entités de gestion. L'ensemble de ces entités et leurs activités constituent la gestion de réseau.

Chaque fournisseur de réseau propose des outils permettant de mettre en place une telle gestion. Toutefois, la répartition de ces fonctions par rapport aux sept couches du modèle OSI est entièrement à l'appréciation du constructeur. De ce fait, si l'on dispose de deux systèmes hétérogènes, il est très difficile de faire coopérer les différents outils de gestion de réseau de chaque système.

Les deux architectures qui se sont développées en premier, il y a une vingtaine d'années, proviennent du modèle Internet, avec SNMP, et du modèle de référence OSI (Open System Interconnexion) normalisé par l'ISO. Le modèle ISO est aujourd'hui en chute libre, mais il reste un modèle au même titre que le modèle de référence. Au contraire, SNMP a pris totalement le devant de la scène en se présentant sous diverses formes que nous allons étudier dans ce chapitre.

La gestion ISO

La gestion ISO consiste à faire remonter dans un processus appelé SMAP (System Management Application Process) toutes les informations de gestion par l'intermédiaire d'une entité d'application de la couche 7, appelée SMAE (System Management Application Entity), et à les traiter à ce niveau.

Ces informations se présentent sous la forme d'objets dont la syntaxe est normalisée sous le nom d'ASN.1. D'autres choix auraient pu être faits, comme une entité de gestion, à chaque niveau de la hiérarchie ISO, capable de prendre les décisions de gestion de ce niveau, mais tel n'est pas le cas. En outre, toutes les informations de gestion sont mémorisées dans une base de données, appelée MIB (Management Information Base). Cette MIB est, d'une part, remplie par les informations provenant des couches de protocoles à gérer et, d'autre part, consultée par le processus de gestion SMAP. L'entité SMAE récupère les informations demandées par le SMAP par une interface nommée SMI (System Management Interface). Cette architecture est illustrée à la figure 34.1, qui montre également la gestion de couche qui s'effectue, avec des processus de gestion associés à chaque couche.

Figure 34.1
Modèle de gestion ISO

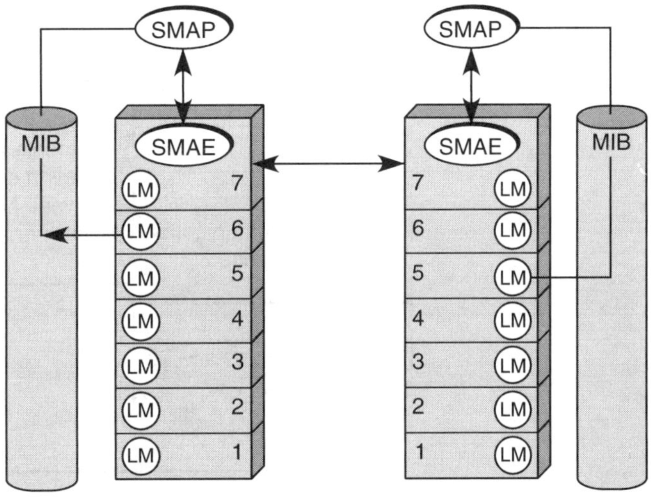

La gestion ISO comprend trois types d'activités :

- la gestion système, ou Systems-Management ;
- la gestion de couche, ou Layer Management (LM sur la figure 34.1) ;
- la gestion d'opération de couche (Layer Operation).

La gestion système définit l'échange de l'ensemble des informations de gestion concernant les ressources (objets gérés) utilisées dans un système ouvert. Ces échanges se font au niveau 7 de l'architecture du modèle de référence entre entités d'application pour la gestion système SMAE (System Management Application Entity), comme illustré à la figure 34.2.

Figure 34.2
Échanges de niveau gestion de système

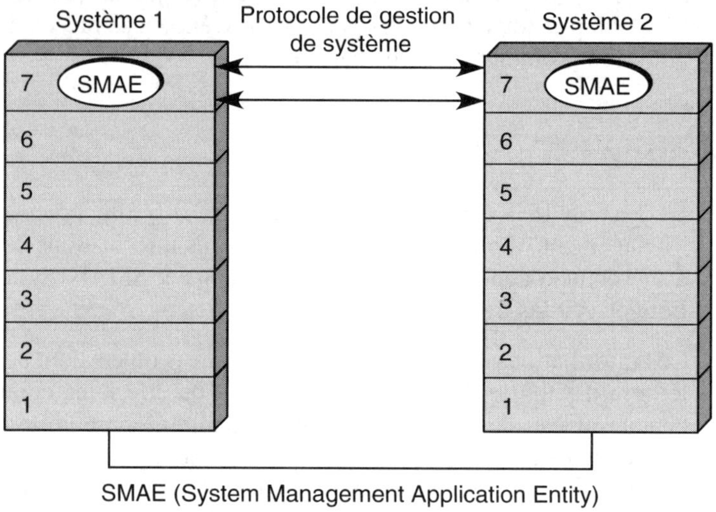

La gestion de couche, schématisée à la figure 34.3, définit les échanges d'informations concernant la gestion d'une couche *N* particulière. Ces informations ne concernent que les ressources propres à cette couche (mémoires tampons, temporisateurs, connexions, etc.). Cette gestion de couche correspond à des protocoles spécifiques, utilisés uniquement pour la gestion.

Figure 34.3
Échanges de niveau gestion de couche

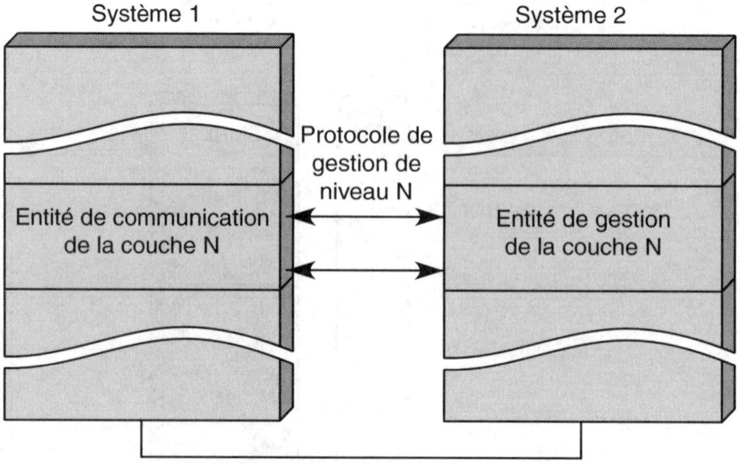

Plusieurs instances de communication sont concernées par ces échanges, qui peuvent se faire soit *via* des protocoles de système (au niveau 7), soit *via* des protocoles de gestion spécifiques de la couche concernée. On peut citer comme exemple de ces derniers le NCMS (Network Connection Management Subprotocol), qui est un additif au protocole de transport OSI et qui spécifie un sous-protocole de gestion de connexions de réseau.

La gestion d'opération de couche couvre les échanges d'informations relatives à une instance de communication (une opération) dans une couche donnée. Cela englobe les données véhiculées par les protocoles de communication OSI. Ces échanges d'opération de couche sont illustrés à la figure 34.4. En voici deux exemples :

- les trames U dans le protocole HDLC ;
- les données de tarification dans les paquets X.25.

Nous revenons plus loin sur la gestion système, puisque les seules normes développées à l'heure actuelle sont relatives à ce type d'activité.

Figure 34.4
Échanges au niveau d'une opération de couche

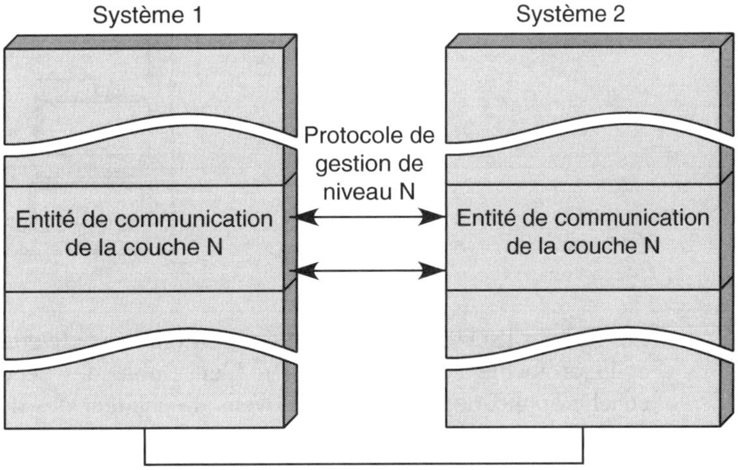

La gestion système CMIS/CMIP

La gestion système est au cœur du modèle de gestion ISO. C'est là que se prennent les décisions de gestion et que sont élaborées les demandes d'information nécessaires à la réalisation de cette gestion. Comme nous l'avons vu, la gestion système est effectuée par l'entité d'application SMAE, qui regroupe généralement quatre ASE.

Les services rendus par ces quatre ASE sont les suivants :

- SMAS (System Management Application Service), ou services d'application de la gestion système ;
- CMIS (Common Management Information Service), ou services communs à toutes les fonctions de gestion ;
- ACSE (Association Control Service Element), ou éléments de services de contrôle d'association ;
- ROSE (Remote Operation Service Element), ou éléments de services d'opération à distance.

Chacun de ces services repose sur un protocole spécifique :

- SMASE s'appuie sur le protocole MAP (Management Application Protocol), qui transporte des MAPDU.
- CMIS s'appuie sur le protocole CMIP (Common Management Information Protocol), qui transporte des CMIPDU.
- Le service rendu par ACSE, utilisant les quatre primitives A-ASSOCIATE, A-RELEASE, A-ABORT et A-P-ABORT, est réalisé par le protocole ACSE, qui transporte des ACSE-PDU.
- Le service rendu par ROSE, utilisant les cinq primitives RO-INVOKE, RO-RESULT, RO-ERROR, RO-REJECT-U et RO-REJECT-P, est réalisé par le protocole ROSE, qui transporte des ROSE PDU.

La figure 34.5 illustre l'architecture de l'entité d'application SMAE avec ses quatre ASE.

Figure 34.5
Architecture de l'entité SMAE

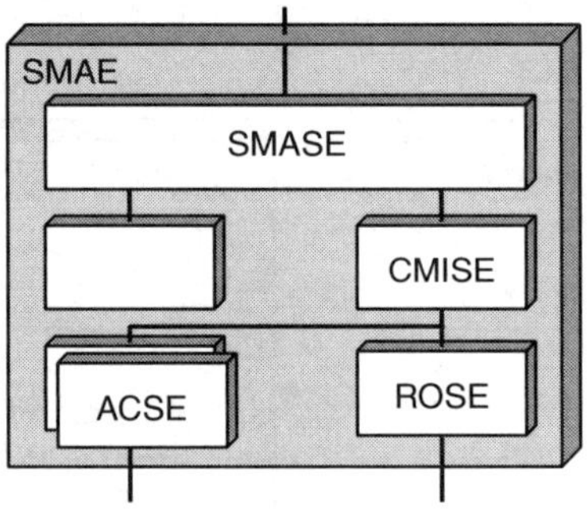

Les normes ISO 9595 et ISO 9596 spécifient respectivement le service commun (CMIS) et le protocole commun (CMIP). L'ensemble des services communs situés dans la couche application fournit les moyens d'échanger des données de gestion entre entités CMISE.

En résumé, une entité d'application SMAE est constituée d'un élément de service de gestion de système SMASE (System Management Application Service Element), d'un élément de service d'information de gestion commune CMISE (Common Management Information Service Element) et d'un élément de service de contrôle d'association ACSE (Association Control Service Element). Le SMASE définit la syntaxe et la sémantique de l'information de gestion transférée par des MAPDU. Les services de l'élément ACSE sont utilisés pour initialiser et terminer les associations.

Par abus de langage, le protocole de gestion d'un réseau OSI est identifié à CMIP/CMIS. En réalité, la gestion du modèle de référence est réalisée par l'entité d'application SMAE. Le service de communication utilisé par le SMASE peut être fourni par un CMISE (CMIS Element) ou tout autre ASE, comme FTAM (File Transfer and Access Management) ou TP (Transaction Processing).

L'utilisation de CMIS requiert la présence d'un ROSE, élément de service pour les opérations distribuées, qui permet de véhiculer de manière asynchrone des échanges de type question-réponse entre sites distants.

Pour compléter cette architecture de gestion du modèle de référence de l'ISO, indiquons que le processus de gestion SMAP travaille sur treize fonctions administratives qui ont été regroupées dans cinq domaines fonctionnels, ou SMFA (Specific Management Functional Area) : la configuration (Configuration Management), la sécurité (Security Management), les pannes (Fault Management), l'audit de performances (Performance Management) et la comptabilité (Accounting Management). Ces fonctions sont détaillées à la section suivante, et les cinq domaines de gestion dans une section spécifique.

Dernier point important, le processus de gestion SMAP peut être soit un processus gérant (Managing Process), soit un processus agent (Agent Process). Les utilisateurs des processus SMAP, que l'on appelle MIS-users (Management Information Service-users), peuvent donc être soit des agents, soit des gérants. Les rôles d'agent et de gérant ne sont pas assignés définitivement. Certains MIS-users peuvent, selon les opérations, être agent ou gérant.

Le service SM

Le service rendu par l'entité SMASE au processus SMAP à travers l'interface SMI (System Management Interface) s'effectue par l'intermédiaire des treize fonctions suivantes :

- Object Management Function
- State Management Function
- Relationship Management Function
- Alarm Reporting Function
- Event Report Management Function
- Log Control Function
- Security Alarm Reporting Function
- Security Audit Trail Function
- Access Control Function
- Accounting Meter Function
- Workload Monitoring Function
- Test Management Function
- Summarization Function

Les services associés à ces fonctions sont parfois appelés SMIS (Specific Management Information Service), mais ce terme trompeur est peu utilisé.

À titre d'exemple, les primitives de service de la fonction Object Management Function sont au nombre de six :

- pt-create
- pt-delete
- pt-event-report
- pt-get
- pt-set
- pt-action

Comme nous allons le voir, elles correspondent aux primitives du service CMIS.

Le service commun CMIS

CMIS (Common Management Information Service) est le service rendu par l'élément de service d'application CMISE. Six éléments de service ont été retenus dans CMIS pour les services de notification de gestion :

- M-CREATE, qui permet à un gérant de demander à un agent la création d'informations concernant des objets de gestion.

- M-DELETE, qui permet à un gérant de demander à un agent la destruction d'informations concernant des objets de gestion.
- M-EVENT-REPORT, qui permet à un agent de signaler à un gérant les changements d'état d'un objet de gestion sans y être sollicité.
- M-GET, qui permet à un gérant de demander à un agent la valeur des attributs d'un objet de gestion.
- M-SET, qui permet à un gérant de demander à un agent de positionner les valeurs des attributs d'un objet de gestion.
- M-ACTION, qui permet à un gérant de demander à un agent d'entreprendre une action trop complexe pour pouvoir être exprimée à l'aide des services précédents.

Trois autres éléments de service concernent les associations :

- M-INITIALIZE, qui permet l'association entre deux utilisateurs.
- M-TERMINATE, qui permet l'achèvement normal de l'association.
- M-ABORT, qui permet la rupture brutale de l'association par un utilisateur.

Un additif autorise l'ajout d'un service d'annulation :

- M-CANCEL-GET, qui permet à un utilisateur de demander à ne pas recevoir les résultats du GET précédent.

Grâce aux unités fonctionnelles supplémentaires, il est possible de disposer d'autres services. On trouve, par exemple :

- Le service de réponses multiples (Multiple Replies), qui permet à un système d'indiquer à un système distant qu'il peut recevoir plusieurs réponses concernant sa demande de service.
- Le service de filtre (Filter) et de profondeur de sélection (Scope), qui permet à un système d'indiquer à un système distant que l'opération demandée s'applique à plus d'un objet de gestion.

Le protocole commun CMIP

Le protocole CMIP (Common Management Information Protocol) permet à des utilisateurs du service commun CMIS d'effectuer leurs échanges. C'est un protocole de niveau 7, qui spécifie les procédures d'échange d'informations administratives entre ASE. La syntaxe abstraite normalisée ASN.1 (Abstract Syntax Notation 1) est utilisée pour spécifier les éléments de protocole CMIP.

MIB (Management Information Base)

La MIB (Management Information Base) contient l'ensemble des informations de gestion existant dans un système ouvert donné. Ces données administratives se présentent sous la forme de compteurs, de seuils, de répertoires de noms et d'adresses, etc. L'organisation et la mise en œuvre de la MIB ne font pas l'objet d'une normalisation.

Il est possible d'accéder à la MIB localement, par l'intermédiaire de mécanismes non normalisés, ou à distance, *via* des protocoles OSI tels que des protocoles de gestion de système, des protocoles de gestion de couche ou des protocoles de couche.

Fonctions de gestion spécifiques

Comme expliqué précédemment, les fonctions administratives ont été regroupées dans cinq domaines fonctionnels, ou SMFA (Specific Management Functional Area). Ces domaines concernent :

- la configuration (Configuration Management) ;
- la sécurité (Security Management) ;
- les pannes (Fault Management) ;

- l'audit de performances (Performance Management) ;
- la comptabilité (Accounting Management).

Les sections qui suivent décrivent les caractéristiques de chacun de ces domaines.

Gestion de la configuration

L'inventaire des ressources nécessaires à l'initialisation et au lancement du réseau ainsi que la gestion de noms et d'adresses sont à la charge de la gestion de la configuration. Les objets utilisés au niveau de chaque couche du modèle de référence possèdent une adresse N-SAP (Service Access Point de niveau N).

Les propriétés de chaque ressource sont précisées. Par exemple, l'une des propriétés d'un N-SAP concerne le nombre de connexions qu'il peut supporter. Le statut d'un composant peut être spécifié (occupé, disponible, en panne). Les différentes relations entre les ressources sont également représentées. On discerne deux types de relations, les relations statiques, comme les N-entités accessibles à travers un N-SAP, et les relations dynamiques, comme la correspondance entre une N-connexion et une (N – 1)-connexion à un instant donné.

Pour gérer une configuration, quatre procédures sont nécessaires :

- collecte des informations sur l'état du système ;
- contrôle de l'état du système ;
- sauvegarde de cet état en établissant un historique ;
- présentation de l'état du système.

Lors de la collecte des informations, le processus application responsable de la configuration doit consulter certains paramètres dans les différents systèmes du réseau. Ces données sont contenues dans les MIB des systèmes. Chaque système possède sa MIB.

Au cours du contrôle de l'état du réseau, il convient d'entreprendre certaines actions afin de maintenir une cohérence de la configuration, ainsi que de modifier des paramètres et d'ajouter une ressource. Ces opérations peuvent être protégées par des mots de passe dans le but de n'autoriser l'accès qu'à des personnes habilitées à modifier la configuration. Il est possible de déclencher ces opérations à partir d'un système distant. L'administrateur d'une couche est chargé de sauvegarder l'état des ressources de sa couche. Il dispose pour cela d'un accès en écriture sur la MIB.

La présentation de l'état du système indique la liste des nœuds actifs et celle des machines connectées à un nœud. Des primitives d'accès à la MIB en lecture sont disponibles pour le processus application responsable de la configuration.

Gestion de la sécurité

Avant de définir les services de sécurité, il convient de recenser les menaces potentielles. Les causes d'une infraction sont soit accidentelles, soit délibérées. Les premières sont essentiellement dues au mauvais fonctionnement du système, par exemple la livraison incorrecte d'un message à la suite d'une adresse erronée. La seconde catégorie met en jeu un certain savoir afin de passer outre les mécanismes de protection.

Les conséquences de certaines attaques (écoute des messages ou observation du trafic) ne modifient pas le fonctionnement du système. Ces attaques se classent dans la catégorie des infractions passives. Au contraire, les infractions actives ont la possibilité de perturber le déroulement des opérations. Dans cette dernière catégorie, on distingue :

- La mascarade, dans laquelle une entité se fait passer pour une autre afin d'obtenir ses pouvoirs.
- La duplication d'un message.
- La modification d'un message.
- La perturbation d'un service, comme la génération de trafic afin de fausser l'algorithme de routage.
- La modification des services d'une entité. Par exemple, la manipulation de l'entité validant les mots de passe peut autoriser l'accès à un espion.
- L'ajout de service à une entité, comme une entité relais qui, en plus de sa fonction de routage, duplique les messages vers un espion.

Mécanismes de protection

Pour se prémunir des mascarades, il faut se doter d'un service d'authentification des entités. L'authentification peut être obtenue au moyen d'une signature digitale. Deux procédures sont alors mises en œuvre, la production et la vérification. Une signature doit être reconnaissable par l'ensemble des autres entités mais ne peut être produite que par une seule. L'utilisation de mots de passe ou le recours à un « notaire », c'est-à-dire une tierce personne susceptible de certifier l'identité des individus, sont aussi possibles.

La duplication ou la modification des données est rendue caduque par l'utilisation de mécanismes de cryptage. Ce procédé ne permet pas aux indiscrets d'exploiter les renseignements dans un temps raisonnable.

Il existe deux types de cryptosystèmes, ou systèmes de chiffrement *(voir le chapitre 38)*, les systèmes à clé secrète (symétriques) et les systèmes à clé publique (asymétriques). Dans les premiers, la connaissance de la clé de chiffrement permet de déduire celle de déchiffrement, ce qui donne à cette solution un caractère symétrique. Dans un système à clé publique, l'émetteur dispose d'un annuaire renfermant les clés de cryptage utilisées par le destinataire. La clé de décryptage ne peut pas être obtenue à partir de celle de cryptage dans un temps réaliste et n'est connue que du destinataire.

Si les entités relais sont suspectées de fraude ou ne possèdent pas les mécanismes de sécurité suffisants, ces entités suspectes peuvent être évitées par des mécanismes de contrôle du routage, comme en propose, par exemple, le protocole IP.

Procédures requises

Le contrôle et la distribution des informations utilisées pour assurer la sécurité constituent l'une des fonctions de la gestion. Un sous-ensemble de la MIB est consacré aux informations de sécurité, ou SMIB (Security MIB). Il renferme, entre autres, les clés de cryptage et la liste des droits d'accès. L'échange des données entre SMIB s'effectue à l'aide de protocoles de gestion, de niveau application.

Les procédures nécessaires à la mise en place des mécanismes de protection concernent la distribution des mots de passe et des clés, le choix de clés de travail utilisées durant un échange et la remontée des événements concernant les tentatives de violation du système de sécurité.

Gestion des pannes

Lors d'un fonctionnement anormal d'un système, deux types de défauts peuvent être mis en cause :

- Les défauts internes, qui résultent d'un composant en panne. À chaque utilisation du composant, le défaut se manifeste. Ce type de problème présente donc un caractère répétitif.
- Les défauts externes, qui dépendent de l'environnement du système. Par exemple, la présence d'un goulet d'étranglement dépend du trafic autour du goulet. Les défauts externes ne se produisent que lorsqu'un contexte particulier est réalisé. Ce contexte dépendant de plusieurs facteurs, ces défauts se produisent de façon intermittente. Leur résolution est plus difficile que celle des défauts du premier type.

Le passage d'un état de fonctionnement correct à celui de panne n'est pas instantané. Un composant commence à fournir un service dégradé avant de tomber en panne. La durée du mode dégradé est plus ou moins longue.

Le traitement d'une panne se décompose en quatre étapes : signalisation du fonctionnement anormal, localisation, réparation et confirmation du retour au fonctionnement normal.

Signalisation du fonctionnement anormal

Trois outils permettent de détecter les défauts : les messages d'erreur, les tests et les seuils. Un composant s'apercevant d'une anomalie génère automatiquement un message d'erreur vers un fichier d'erreur (Error Log). Trois attributs caractérisent une erreur : l'identificateur du composant, le type d'erreur et sa date.

L'identificateur de la ressource permet de déterminer le domaine de gestion responsable de celle-ci. Les principales ressources recensées dans le modèle OSI sont les N-entités, les N-SAP et les N-connexions.

Pour localiser l'erreur dans le temps, il est nécessaire d'avoir une date absolue entre les différents systèmes. Le trafic induit par les messages d'erreur ne doit pas perturber celui des données. Pour limiter le nombre de reports, la mise en place de compteurs permet de signaler des erreurs cumulées. Un compteur reflète les occurrences d'une erreur pendant une certaine durée. Les attributs d'un compteur comprennent un identificateur, le type d'erreur, la date de début, la date de fin et la valeur du compteur.

Un degré de sévérité est attribué à une erreur. Quatre degrés sont retenus :

- Panne interne : la ressource est incapable d'assurer un service.
- Panne externe : la ressource est incapable d'assurer un service à la suite d'une cause externe.
- Panne intermittente : la ressource ne réussit pas toujours à assurer le service.
- Mode dégradé : la ressource assure un service minimal.

À l'aide de ces degrés, des mécanismes de filtrage sont construits, ne rapportant les erreurs qu'au-delà d'un certain degré.

Les tests représentent le deuxième outil permettant de détecter des problèmes dans le réseau. On distingue deux types de tests : les tests de sécurité et les tests de diagnostic. Les premiers ont pour but de tester un maximum d'éléments en un minimum de temps.

Plusieurs composants sont éprouvés en parallèle. Au contraire, les composants sont mis à l'épreuve en séquence lors des tests de diagnostic.

Les seuils sont le troisième outil de détection des défauts. En fixant des seuils, il n'est possible d'émettre des alarmes que lors de leur franchissement. On se dote ainsi d'un mécanisme d'anticipation d'erreur. La valeur du seuil est déterminée de façon empirique.

Localisation des défauts et réparation

L'établissement d'un diagnostic comporte deux étapes. La première se présente comme une analyse du passé. Elle se résume à un examen des messages d'erreur et des résultats des tests de sécurité. Si la panne n'est pas localisée au terme de cette étape, il convient de déclencher des tests de diagnostic. Ces tests s'effectuent de façon méthodique, les composants étant éprouvés en séquence. À chaque étape, on essaie de localiser avec plus de précision un élément défectueux. Ces tests pouvant avoir une durée assez longue, il est possible de les suspendre et de les reprendre ultérieurement. Il est envisageable d'utiliser les techniques de l'intelligence artificielle pour automatiser les diagnostics.

Les problèmes logiciels sont résolus en réinitialisant les attributs des ressources et en rechargeant certaines parties du logiciel. Cela revient à faire véhiculer des blocs d'information sur les protocoles de gestion. Une fois la réparation effectuée, il est souhaitable de confirmer explicitement le retour au fonctionnement normal.

Les éléments de service pour la gestion des pannes

L'ISO a recensé un ensemble de services spécifiques de gestion des pannes. La signalisation des incidents met en jeu trois primitives de service :

- FM-ERROR-REPORT, qui permet à un agent SMAP de signaler une erreur à un gérant SMAP.
- FM-GET-ERROR-COUNTER, qui permet à un gérant SMAP de demander à un agent SMAP la valeur d'un compteur.
- FM-ZERO-ERROR-COUNTER, qui permet à un gérant SMAP de demander à un agent SMAP de remettre un compteur à zéro.

La localisation des pannes s'effectue au moyen de tests. Le déroulement des tests est géré à l'aide des primitives de services suivantes :

- FM-INITIATE-TEST, qui permet à un gérant SMAP de demander à un agent SMAP de déclencher un test.
- FM-TEST-REPORT, qui permet à un agent SMAP de restituer le résultat du test à un gérant SMAP.
- FM-TEST-STATUS, qui permet à un gérant SMAP de demander à un agent SMAP les états intermédiaires d'un test.
- FM-TEST-ABORT, qui permet à un gérant SMAP d'abandonner un test.
- FM-TEST-SUSPEND, qui permet à un gérant SMAP de suspendre un test.
- FM-TEST-RESUME, qui permet à un gérant SMAP de reprendre un test suspendu.

L'audit de performances

La gestion des performances permet d'évaluer les performances des ressources du système et leur efficacité. Les performances d'un réseau sont évaluées à l'aide de quatre paramètres : le temps de réponse, le débit, le taux d'erreur bit et la disponibilité. L'évaluation de ces performances s'effectue à partir de statistiques. Le traitement des statistiques se déroule en quatre étapes : la collecte, le contrôle, le stockage et la présentation.

La collecte des informations consiste à mettre à jour un ensemble de compteurs et de temporisateurs (timers). Les compteurs reflètent le nombre de N-PDU, de retransmissions, de déconnexions, etc. Les temporisateurs servent à dater les informations des compteurs. Un gérant est chargé de mettre à jour les compteurs relatifs à la couche sous son autorité. Le contrôle de la collecte consiste à autoriser ou non la lecture des compteurs et à les réinitialiser.

Les statistiques sont stockées dans la MIB. Un gérant dispose d'un accès en écriture sur la MIB afin de sauvegarder la valeur des compteurs et des temporisateurs. Les informations relatives au nombre de TPDU traités par un système sont stockées dans la MIB selon le format illustré au tableau 34.1.

Enregistrement MIB	Identificateur
Système	Nom du système OSI
Couche	Transport
Date début	Heure
Date fin	Heure
Compteur	TPDU
Valeur compteur	Entier

TABLEAU 34.1 • Informations relatives aux TPDU stockées dans la MIB

Un SMAP a la possibilité de déclencher l'analyse de statistiques stockées dans la MIB à l'aide de la requête M-P-ANALYSE, requête qui permet les opérations suivantes : enregistrement MIB, vérification d'un ID de connexion, localisation, type, date de début et date de fin. Les résultats de l'analyse sont stockés dans la MIB. Pour obtenir ces résultats, un SMAP dispose de la requête M-P-ANALYSE RESULTS pour effectuer un enregistrement dans la MIB, vérifier un ID de connexion et relever la valeur du compteur de PDU.

Un SMAP peut également lire les statistiques et demander leur effacement de la MIB à l'aide de la primitive M-P-READ. Cette requête permet d'effectuer un enregistrement dans la MIB, de vérifier un ID de connexion et d'effectuer un effacement si nécessaire.

Gestion de la comptabilité

Cette gestion a pour fonction de relever les informations permettant d'évaluer les coûts de communication. Cette évaluation est établie en fonction du volume et de la durée de la transmission. Les relevés s'effectuent à deux niveaux du modèle OSI : le niveau réseau et le niveau application.

Au niveau réseau, les informations utilisées pour la comptabilité sont :

- le nombre d'APDU émis/reçus ;
- le nombre de caractères émis/reçus ;
- la date de début/fin de la connexion.

Quatre étapes marquent le déroulement de la comptabilité : la négociation, l'activation, la collecte et le rapport. La négociation permet de désigner les responsables des relevés.

L'activation déclenche la collecte des informations, et un rapport des relevés est transmis par un agent à un gérant chargé d'établir la facturation.

Au niveau réseau, on discerne deux types de nœuds, ou systèmes relais : les nœuds avec fonction comptable et les nœuds sans fonction comptable. Un nœud comptable assure la comptabilité d'un ou de plusieurs nœuds non comptables. Les relations entre ces deux types de nœuds sont établies au cours de la phase de négociation. L'activation déclenche la collecte des informations. L'agent SMAP d'un nœud comptable collecte les informations comptables de niveau réseau durant la totalité de la connexion réseau (NETWORK CONNECT REQUEST/NETWORK RELEASE REQUEST). Les noms des entités origine et destinataire sont également repérés.

L'agent SMAP d'un nœud comptable transmet un rapport des relevés vers le gérant SMAP chargé d'établir la facturation en utilisant les primitives de services CMISE M-CONFIRMED-EVENT REPORT et M-NON CONFIRMED-EVENT REPORT.

Le gérant SMAP a la possibilité de demander les relevés d'un agent SMAP en utilisant la primitive de service CMISE M-GET ATTRIBUTES.

Problématique de la gestion ISO

La gestion des réseaux est devenue primordiale dans les environnements réseau. De ce fait, la plupart des constructeurs de réseaux offrent un système de gestion plus ou moins compatible avec la normalisation ISO.

La figure 34.6 résume le fonctionnement de la gestion ISO. Les protocoles de couches viennent déposer leurs informations dans la MIB, qui peut être interrogée par les processus de gestion.

Figure 34.6
Architecture de la gestion ISO

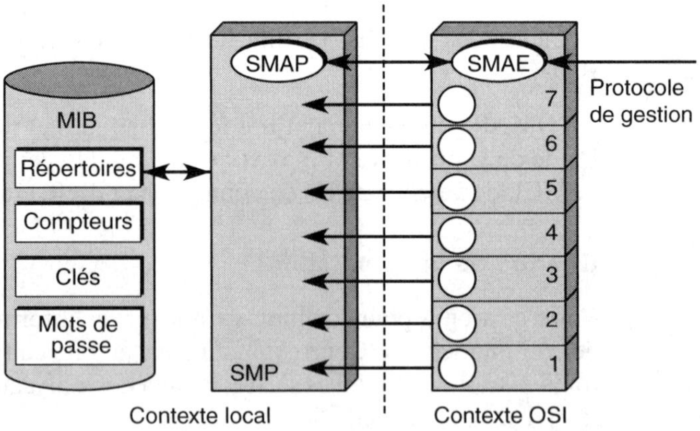

Cette architecture est conçue pour être générale, ce qui constitue son défaut par rapport à la simplicité de SNMP. En effet, les objets dans la gestion ISO peuvent devenir très complexes mais surtout spécifiques pour une implémentation donnée du modèle. De ce fait, la plupart des produits compatibles ISO ne sont que faiblement compatibles entre eux puisque les objets sont spécifiques, tout en étant conformes à la norme.

L'approche TMN

La présente section donne un bref aperçu du TMN (Telecommunications Management Network) en s'appuyant sur la série de recommandations M.3000 de l'UIT-T. Cet organisme de normalisation décrit une architecture physique et fonctionnelle capable de prendre en charge la gestion de tous les types de réseaux de télécommunications.

Le TMN est une norme de l'UIT-T applicable aux réseaux publics et privés, aux réseaux à commutation de circuits et de paquets et aux équipements associés. Même si, dans la recommandation M.3010, l'architecture du TMN est conceptuellement définie comme une base de travail pour tous les types de réseaux, dans les faits, le TMN est plutôt orienté vers l'administration des réseaux à circuits commutés que l'on rencontre dans les environnements de télécommunications. En effet, il n'est pas évident que l'architecture du TMN couvre rigoureusement toutes les possibilités de configuration physique susceptibles d'être rencontrées.

Le TMN détermine une structure de fonctions, de protocoles et de messages que l'administrateur de réseau peut sélectionner. Ces ensembles forment les spécifications d'un système TMN. En revanche, le TMN ne spécifie pas le système d'administration de réseau. Il ne renseigne en rien sur l'implémentation du système et ne spécifie pas la manière dont les fonctions TMN sont mises en œuvre. Seule est disponible une liste de fonctions qui peuvent être utilisées par l'administration de réseau. De plus, le TMN est applicable uniquement pour l'administration des ressources de communication. Cela signifie qu'il ne l'est pas pour l'administration des applications.

Le TMN identifie cinq catégories de fonctions de gestion, définies dans la recommandation X.700 : la gestion des fautes, la gestion comptable, la gestion de configuration, la gestion des performances et la gestion de la sécurité.

Cette architecture propose un découpage en couches des fonctions de gestion. Quatre grandes catégories ont été déterminées par l'UIT-T :

- Business Management
- Service Management
- Network Management
- Element Management

Le premier niveau concerne les besoins de l'entreprise et de la gestion de l'entreprise au niveau global. Le niveau de gestion de service se préoccupe des points d'accès aux utilisateurs et de l'administration des services offerts aux utilisateurs. Ces services peuvent aussi s'adresser aux fournisseurs de services. Le niveau de gestion gère les éléments du réseau, le mot élément étant pris ici au sens d'un ensemble d'éléments de base. Le dernier niveau gère cet ensemble d'éléments de base pris individuellement, comme les lignes, les multiplexeurs, les commutateurs, etc.

Architecture du TMN

Le TMN offre une structure de réseau définie, qui permet l'interconnexion de différents types de systèmes d'exploitation et des équipements de télécommunications regroupés en architectures hétérogènes. Cela rend possible l'administration de différents réseaux et fournit un ensemble de normes à respecter par les constructeurs des équipements de télécommunications. De façon conceptuelle, c'est un réseau indépendant, qui interface les réseaux de télécommunications en différents points pour en recevoir les informations et en contrôler les opérations.

Le TMN utilise les architectures normalisées existantes, comme le modèle OSI ou celui de l'UIT-T pour l'ATM. Dans le cas du modèle OSI, on retrouve naturellement l'architecture de gestion normalisée par l'ISO avec l'environnement CMIP/CMIS. Pour le modèle UIT-T, qui est beaucoup plus large que le modèle OSI, la partie spécifique concernant la gestion des équipements s'effectue avec CMIS/CMIP.

Architecture physique

Le TMN se fonde conceptuellement sur un réseau de communication de données, appelé DCN (Data Communication Network), séparé du réseau de télécommunications à gérer, comme illustré à la figure 34.7.

Figure 34.7
Architecture physique du TMN

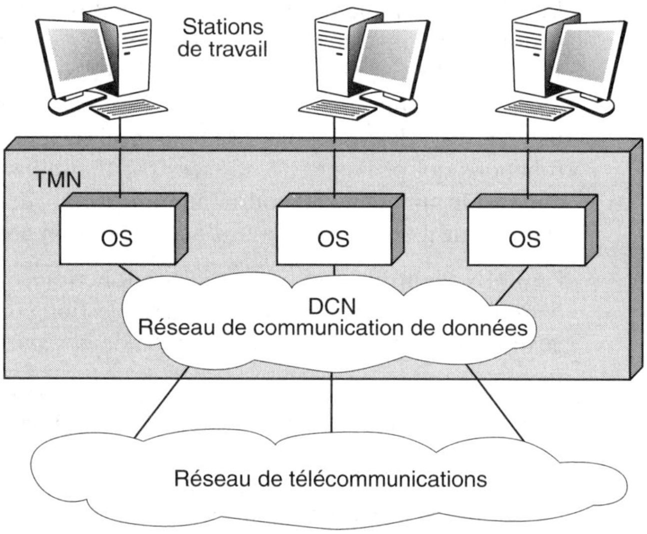

Le TMN est divisé en cinq catégories de blocs fonctionnels principaux :

- OSF (Operations System Function), ou bloc fonctionnel des systèmes d'exploitation, traite les informations d'administration prises en charge et contrôle la réalisation des différentes fonctions d'administration de télécommunications. En d'autres termes, un bloc OSF offre des applications d'administration. Il existe trois types d'OSF : les OSF de base, qui gèrent les éléments de réseau, les OSF du réseau, qui réalisent les fonctions de TMN relatives au réseau en coopérant avec les OSF de base, et les OSF de service, qui fournissent les moyens de gérer les services de télécommunications.
- NEF (Network Element Function), ou bloc fonctionnel d'élément de réseau, qui communique avec un TMN dans le but d'être géré. Il peut être considéré comme un objet administré.
- MF (Mediation Function), ou bloc fonctionnel de médiation, qui opère sur l'information transitant entre les blocs NEF et OSF dans le but d'établir une communication entre les fonctions primitives et le stockage des données. Il doit également adapter, filtrer et condenser l'information du NEF d'une manière conforme à la demande de l'OSF. Parmi les exemples de MF, citons les convertisseurs de protocole, les

contrôleurs de communication, les gestionnaires de prise de décision, les éléments de stockage des données, etc.

- DCF (Data Communication Function), ou bloc fonctionnel de communication de données, qui offre les moyens de transporter les informations relatives à l'administration des télécommunications entre les blocs fonctionnels. Son existence est souvent supposée implicite.
- WSF (Work Station Function), ou bloc fonctionnel du poste de travail, qui offre les moyens de communication entre les blocs fonctionnels et l'utilisateur.

Un sixième bloc fonctionnel, le bloc d'adaptation, a été ajouté pour permettre une meilleure intégration dans un environnement hétérogène. Ce bloc propose une interface permettant la connexion des éléments de réseau ne supportant pas les interfaces normalisées. Il propose de raccorder des réseaux s'appuyant sur un système de gestion propriétaire. Ce bloc peut être considéré comme similaire à NEF.

Les blocs fonctionnels ci-dessus sont connectés de façon hiérarchique, comme illustré à la figure 34.8. Les points de référence de cette figure, indiqués par les valeurs f, g, q, x, sont expliqués dans la suite.

Figure 34.8

Architecture fonctionnelle du TMN

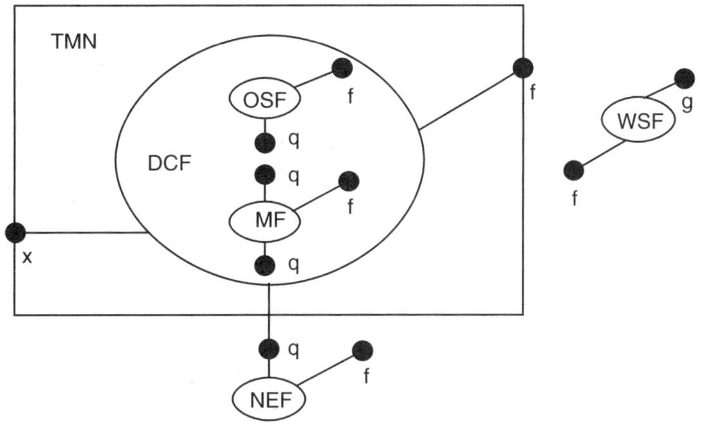

Les points de références définissent un point conceptuel d'échange d'information entre des blocs ayant des fonctions distinctes. Un point de référence devient une interface quand les blocs de fonctions connectés sont réalisés dans des équipements séparés. Il existe cinq types de points de référence : q, f, g, x et m.

- Les points de référence q connectent les blocs de fonctions entre NEF et MF, MF et MF, MF et OSF, OSF et OSF, soit directement, soit *via* le DCF. Plus précisément, l'interface q1 se place entre NEF et MF, q2 entre deux MF et q3 entre les équipements se connectant à un OSF.
- Les points f connectent les stations WSF.
- Les points g sont des points entre les WSF et les utilisateurs.
- Les points x connectent un TMN à un autre réseau d'administration incluant d'autres TMN.
- Les points m permettent le raccordement d'éléments non-TMN vers un bloc d'adaptation QAF. Cette interface est en dehors du champ du TMN.

Comme illustré à la figure 34.9, l'architecture physique du TMN, schématisée ici avec les interfaces, est calquée sur l'architecture fonctionnelle.

Figure 34.9
Architecture physique du TMN

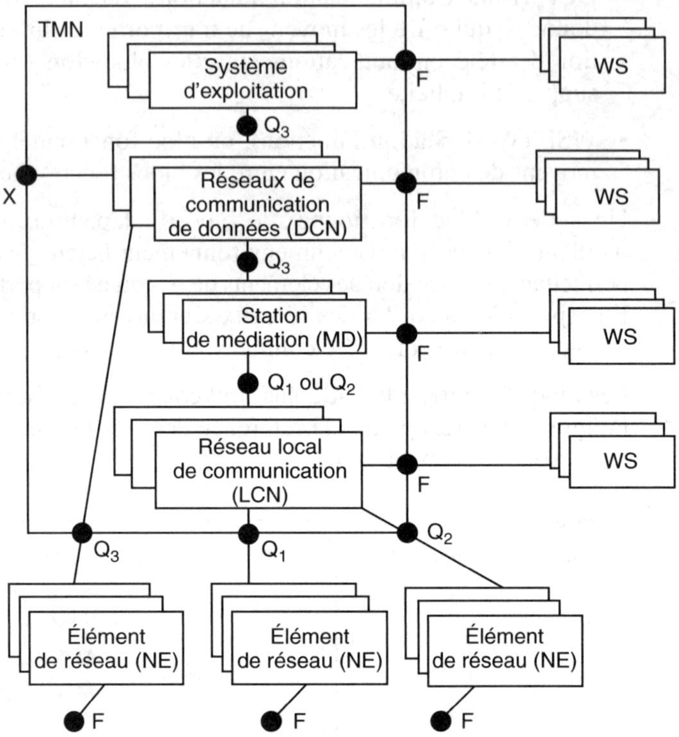

Les interfaces normalisées sont définies en correspondance avec les points de référence. Elles sont signalées par des lettres majuscules pour les différencier des points de référence. L'interface Q est appliquée au point de référence q, F au point f, X au point x, etc. La figure 34.10 montre un exemple de relations entre une configuration physique et une configuration de référence dans laquelle le DCF est implicite.

Q3 est l'interface qui normalise les équipements les plus complexes, comme les nœuds de commutation. Les spécifications de cette interface suivent diverses recommandations de l'UIT-T. La recommandation G.503 recommande l'utilisation de l'interface D au niveau physique ainsi qu'au niveau 2, et X.25 au niveau 3. Pour les niveaux supérieurs, on se réfère aux protocoles de la gestion OSI.

Le système d'exploitation est le système qui exécute les OSF. Les NE sont constitués des équipements de télécommunications (groupe ou partie d'équipement) et des équipements qui exécutent les NEF. Ils comportent une ou plusieurs interfaces standards de type Q. Le LCN est un réseau de communication dans un environnement TMN. Il supporte le DCF en un point de référence de type q_1 ou q_2. Le DCN est un réseau de communication dans un environnement TMN, qui supporte le DCF en un point de référence de type q_3. Le MD est le matériel actif qui exécute les OSF, et le WS le matériel actif qui exécute le WSF.

Dans le TMN, les éléments physiques doivent contenir plus d'un bloc fonctionnel. Il est aussi possible que les objets administrés (NE) contiennent plus d'un bloc fonctionnel.

Figure 34.10

Exemples de relations entre une configuration physique et une configuration de référence

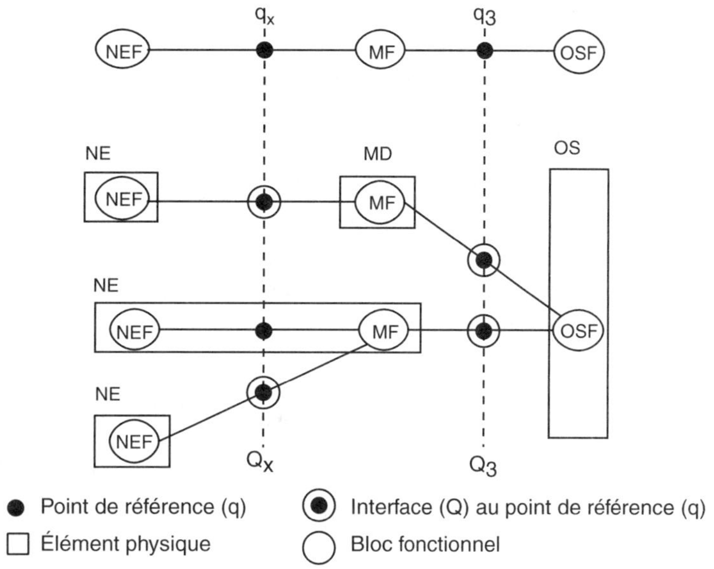

Architecture fonctionnelle

L'architecture fonctionnelle du TMN offre les moyens de transporter et de traiter les informations relatives à l'administration des réseaux de communication. Elle définit les points de référence, les interfaces et les protocoles. Elle offre aussi une description des fonctions nécessaires à l'administration d'un réseau de télécommunications. Ainsi, il existe une liste des fonctions de base utilisées par les fonctions d'application du TMN.

Les fonctions générales du TMN constituent le support pour les applications du TMN. Elles peuvent être considérées comme équivalentes aux services d'information d'administration commune de l'administration OSI. Les cinq aires fonctionnelles correspondantes sont souvent appelées FCAPS par référence à leurs cinq initiales :

- Fault Management, ou gestion des fautes, qui regroupe les alarmes, la localisation des fautes et les tests.
- Configuration Management, ou gestion des configurations, qui comporte la définition de la configuration, le statut de la configuration, l'installation, l'initialisation, les inventaires, les reprises, la restauration, etc.
- Accounting Management, ou gestion de la comptabilité, qui comprend la récupération, l'émission et la modification des factures.
- Performance Management, ou gestion des performances, qui inclut l'obtention et la récupération d'informations de performance, le filtrage de ces informations, la gestion du trafic, etc.
- Security Management, ou gestion de la sécurité, qui nécessite un contrôle d'accès au réseau et aux applications ainsi qu'à des composants du TMN.

Les applications TMN sont des applications d'administration utilisant l'infrastructure du TMN et s'exécutant sur le réseau d'administration. Elles ne doivent pas être confondues avec les applications de communication, qui s'exécutent sur le réseau de communication.

Le rôle de l'UIT-T est de spécifier toutes les interfaces du TMN. Ces spécifications permettent d'assurer la compatibilité des dispositifs interconnectés pour accomplir une fonction d'application du TMN donnée, indépendamment du type du dispositif ou du fournisseur. À cet effet, des protocoles de communication compatibles et une méthode de représentation des données (acceptable pour les messages) sont nécessaires. Cela inclut en outre la définition des messages génériques compatibles avec les fonctions d'application TMN.

Le modèle informationnel de la gestion TMN

Le TMN doit permettre à des informations de gestion traversant les points de référence d'avoir un modèle commun défini par le modèle informationnel. Une approche orientée objet a été choisie en commun avec l'ISO. En suivant cette approche, les ressources sont représentées comme des classes d'objets gérés. Les règles définies par l'ISO pour la gestion système et la représentation des objets sont reprises par l'UIT-T. Les classes d'objets gérés sont spécifiées dans la notification internationale de gestion ISO GDMO (Guidelines for the Definition of Managed Objects).

Le modèle informationnel d'un réseau générique GNMI (Generic Network Information Model) a pour rôle d'identifier et de standardiser les classes d'objets gérés qui se retrouvent dans tous les réseaux de télécommunications. Cette approche devrait permettre de définir des services de gestion indépendants de la technologie utilisée et de la manière de réaliser le réseau physique. Le modèle GNMI détermine les classes de base qui sont utilisées dans les architectures de réseau d'opérateur.

Pour conclure cette section sur l'architecture TMN, indiquons qu'elle est fortement utilisée, en particulier chez les opérateurs, même si souvent la gestion d'équipements spécifiques est effectuée par SNMP. En fait, les solutions de gestion utilisées dans les grands réseaux mettent en jeu, la plupart du temps, à la fois le TMN et SNMP.

La gestion dans les réseaux Internet avec SNMP

SNMP (Simple Network Management Protocol) est un protocole simple de gestion de réseau développé par un groupe de travail de l'IETF dans le cadre de la définition d'un système de gestion pour les réseaux utilisant les protocoles TCP/IP. Trois versions se sont succédé dans le temps : SNMPv1, SNMPv2 et SNMPv3.

Le protocole de gestion SNMPv1 est très répandu dans le domaine des réseaux locaux, principalement pour le contrôle de réseaux locaux interconnectés. C'est aujourd'hui un standard de fait quasi incontournable pour les réseaux qui n'appartiennent pas au monde des télécoms.

SNMP a été approuvé par l'IAB (Internet Activities Board), responsable des spécifications de TCP/IP. Plusieurs documents définissent ce standard, parmi lesquels :

- RFC 1155 SMI (Structure of Management Information)
- RFC 1156 MIB (Management Information Base)

- RFC 1157 SNMP Protocol
- RFC 1158 MIB II (Management Information Base II)

Dans ce cadre, trois composants essentiels ont été définis :

- Le protocole SNMP, situé au niveau application de l'architecture en couches de TCP/IP, définit la structure formelle des communications.
- La base d'informations de gestion, ou MIB (Management Information Base), regroupe l'ensemble des variables relatives aux matériels et aux logiciels supportés par le réseau et définit les objets de gestion dans l'environnement TCP/IP.
- Les spécifications de la structure de l'information de gestion SMI (Structure of Management Information) définissent comment sont représentées dans la MIB les informations relatives aux objets de gestion (ressources) et comment sont obtenues ces informations.

Le protocole SNMP

Toutes les stations du réseau possèdent une base de ressources. Une station de gestion, la NMS (Network Management Station), contient une base maître qui représente toutes les ressources du réseau et les informations de gestion associées.

La structure des paquets SNMP est définie par la syntaxe ASN.1 (Abstract Syntax Notation 1). L'environnement SNMP est destiné à surveiller la performance d'un réseau, à détecter et à analyser ses fautes ainsi qu'à configurer ses éléments.

Les premiers produits implémentant SNMP sont apparus à la fin des années 1980 dans de petites entreprises du marché TCP/IP, parmi lesquelles Cisco Systems, qui était alors minuscule, Advanced Computer Communications et Proteon Inc. Depuis, la quasi-totalité des constructeurs informatiques, dont IBM et Hewlett Packard, ont intégré le support de SNMP dans leur architecture globale de gestion de réseau.

Les systèmes SNMP possèdent deux éléments-clés :

- L'agent logiciel, qui fonctionne dans les stations gérées. Ces stations sont généralement des nœuds de réseau IP, qui peuvent être des systèmes hôtes (stations de travail, serveurs, etc.), des équipements de transmission (multiplexeurs, etc.), des sondes ou des routeurs. Chaque agent comprend une MIB, base d'objets gérés, et des variables.
- La station de gestion de réseau (manager), système hôte qui contient le protocole de gestion de réseau et les applications de gestion. Elle est généralement composée d'un calculateur contenant une console et une base de données représentant tous les périphériques gérés du réseau et toutes les variables MIB de ces agents. Elle permet de récolter et d'analyser les données relatives aux équipements physiques connectés au réseau (ponts, routeurs, hubs) et de les gérer. Un agent peut être géré par plusieurs stations centrales. Certains agents, appelés agents proxy, permettent à un système de gestion SNMP de gérer des nœuds ne supportant pas la suite des protocoles Internet, c'est-à-dire des nœuds dialoguant avec un protocole propriétaire ou ISO.

La figure 34.11 illustre l'architecture SNMP.

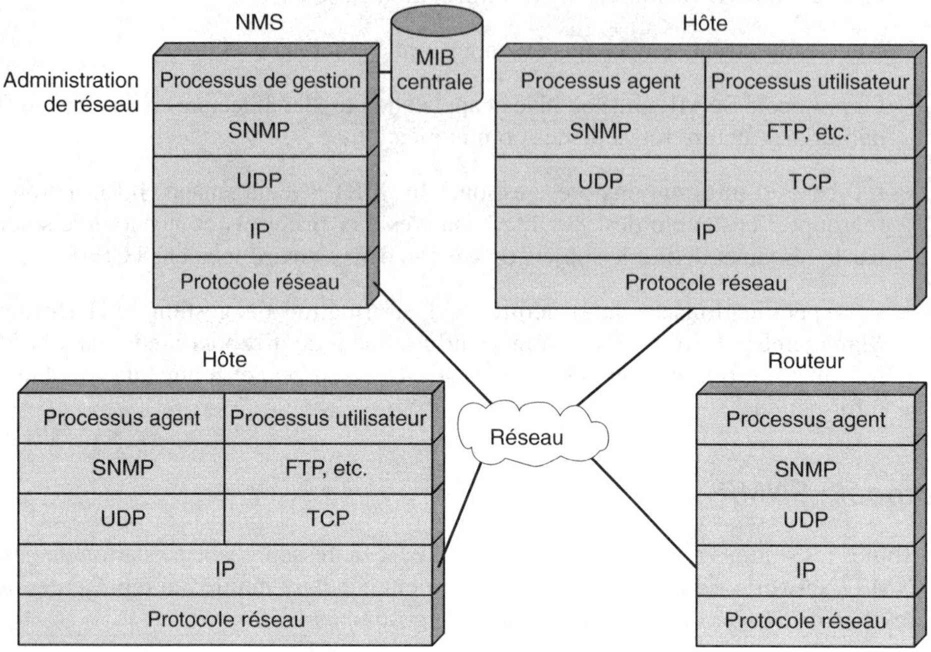

Figure 34.11

Architecture SNMP

La syntaxe des informations de gestion, intitulée SMI (Structure and Identification of Management Information for TCP/IP Based Internet), définit comment chaque élément d'information, concernant les périphériques gérés et les agents, est représenté dans la base d'information de gestion.

La syntaxe utilisée est un sous-ensemble de celle définie par la norme ASN.1.

Seuls quatre types de données sont utilisés :

- Integer : type de données qui n'accepte que des valeurs entières.
- Octet String : suite de 0 ou de plusieurs octets pouvant accepter des valeurs comprises entre 0 et 255.
- Object Identifier : suite de numéros référençant un objet enregistré par une autorité compétente.
- Null.

Deux types de données structurées sont autorisés : les listes et les tables à deux dimensions.

La MIB (Management Information Base) contient l'ensemble des variables gérées suivantes :

- Jeu de variables ayant trait à la fois au matériel et au logiciel.
- Jeu de points de test et de contrôle qu'un système supportant la gestion SNMP est censé vérifier.

La MIB attribue des noms aux éléments selon une hiérarchie d'enregistrements définie par l'ISO pour le nommage des objets réseau. Il en résulte une structure dans laquelle les variables ayant une relation logique sont regroupées en table. Par exemple, les variables concernant la vitesse, le taux d'erreur et les adresses d'interfaces de communication sont placées dans une table interface. Les objets de la MIB sont classés en une structure hiérarchisée de classes d'objets.

Le premier niveau de cette hiérarchie de classes d'objets de la MIB, ou MIB 1, comprend les huit groupes d'objets suivants :

- system : pour la gestion du nœud lui-même ;
- interfaces : pour les ports et interfaces réseau ;
- address translation : pour la traduction d'adresses IP ;
- IP (Internet Protocol) ;
- ICMP (Internet Control Message Protocol) ;
- TCP (Transmission Control Protocol) ;
- UDP (User Datagram Protocol) ;
- EGP (Exterior Gateway Protocol).

Suivant le type d'équipement à gérer, seuls certains groupes d'objets peuvent être implémentés.

Cette structure propose un grand nombre d'entrées permettant de décrire la majorité des objets réseau, mais certains fabricants ont défini leur propre MIB. Des entrées propres aux constructeurs ont donc été prévues dans cette organisation. De nombreuses extensions ont été effectuées au cours du temps, et des objets spécifiques de chaque nouveau protocole forment aujourd'hui le corps de plusieurs RFC.

La MIB 2 comprend, outre ce qui a été défini pour la MIB 1, des attributs ou objets, et deux groupes supplémentaires d'objets ont été définis : transmissions et SNMP. La MIB 2 gère environ 200 variables.

Une autre version, RMON MIB (Remote MOnitor Network Management Information Base), permet d'étendre les possibilités de SNMP. Elle autorise les moniteurs distants à contrôler les flux de trafic circulant à travers le réseau et est notamment utilisée pour les sondes.

RMON a été ratifié par l'IETF en novembre 1991 (RFC 1271). Le standard RMON couvre neuf groupes de données :

- Les statistiques, telles que le taux de collision pour un réseau Ethernet.
- Les historiques, qui décrivent le comportement du réseau pendant certaines périodes.
- Les alarmes.
- Les données relatives à la gestion des hôtes (enregistrement des hôtes sur le réseau, etc.).
- Les données se rapportant à la gestion de N hôtes, qui regroupent les statistiques d'hôtes faisant partie d'un groupe vérifiant un critère commun relatif à une donnée statistique.

- Les matrices de trafic, qui contiennent des données relatives aux communications entre groupes d'adresses.
- Les filtres.
- Les paquets capturés, qui contrôlent les données envoyées aux stations de gestion.
- Les événements générés par les agents.

RMON définit des variables relatives au contrôle du trafic sur les réseaux de niveau trame tels qu'Ethernet. Le protocole SNMP est le langage que les agents et les stations de gestion (managers) utilisent pour communiquer. C'est un protocole asynchrone de type question-réponse.

Les stations de gestion interrogent les agents pour observer leur fonctionnement et leur envoient des commandes pour leur faire exécuter certaines tâches. Les agents adressent les informations requises aux stations de gestion. Certains événements du réseau, tels que des erreurs de transmission, peuvent déclencher des alarmes envoyées aux stations de gestion. Cependant, l'envoi de messages de façon spontanée de l'agent vers le manager est limité. Les managers effectuent une interrogation périodique des agents de manière à vérifier leur état.

Si SNMP a l'avantage d'être simple, ses capacités à l'égard de la sécurité sont toutefois limitées, principalement en ce qui concerne l'authentification.

Les requêtes SNMP

Le protocole SNMP est un protocole sans connexion, qui utilise principalement le protocole UDP (User Datagram Protocol). Un système SNMP supporte trois types de requêtes : GET, SET et TRAP :

- **GET.** La commande GET REQUEST permet aux stations de gestion (managers) d'interroger les objets gérés et les variables de la MIB des agents. La commande GET NEXT REQUEST permet aux stations de gestion de recevoir le contenu de l'instance qui suit l'objet nommé. Grâce à cette commande, les stations de gestion peuvent balayer les tables des MIB. La commande GET RESPONSE est le message retourné par les entités interrogées (agents) en réponse aux commandes de type GET REQUEST, GET NEXT REQUEST et SET REQUEST.
- **SET.** La commande SET REQUEST permet aux stations de gestion de modifier la valeur d'un objet de la MIB ou d'une variable et de lancer des périphériques. SET REQUEST autorise, par exemple, un manager à mettre à jour une table de routage.
- **TRAP.** La commande TRAP permet à un agent de notifier un événement. Cette alarme, envoyée lors de la détection d'une anomalie par l'agent (initialisation de l'agent, arrêt de l'agent, dépassement d'un seuil, etc.), n'est pas confirmée par le manager. À l'exception des messages d'alarme (TRAPS), chaque message SNMP contient, entre autres :
  - un identificateur de requête ;
  - une liste de variables (noms et valeurs) ;
  - un champ pour les types d'erreurs ;
  - un index d'erreur signalant le numéro de la variable en erreur.

Tous les agents ne supportent pas obligatoirement toutes les commandes. Ainsi, SET REQUEST n'est pas toujours implémentée, car le protocole SNMP n'étant pas pourvu de dispositifs de protection, un mauvais usage de cette commande peut endommager des objets du réseau.

SNMP ne stocke et ne restitue que des types de données simples et ne travaille pas, à la différence de CMIP, sur des structures de données complexes. La plupart des fournisseurs d'outils d'interconnexion ont intégré SNMP dans leur offre. Le protocole SNMP est largement utilisé pour la gestion des matériels d'interconnexion de réseaux locaux, tels que ponts, routeurs, passerelles, hubs, etc.

SNMPv2 et SNMPv3

Une version plus avancée de SNMP, SNMPv2, a été proposée à l'IETF, mais elle n'a pas engendré de produits en grand nombre, et l'on peut même parler dans son cas d'échec cuisant. En revanche, la version SNMPv3 est bien acceptée par les entreprises, et de nombreuses implémentations sont disponibles sur le marché.

Le tableau 34.2 recense les principales RFC et normes du monde IP pour la gestion de réseau des domaines SNMPv2 et v3.

RFC	Titre de la RFC
RFC 1901	Introduction to community-based SNMPv2
RFC 1902	Structure of management information for SNMPv2
RFC 1903	Textual conventions for SNMPv2
RFC 1904	Conformance statements for SNMPv2
RFC 1905	Protocol operations for SNMPv2
RFC 1906	Transport mappings for SNMPv2
RFC 1907	Management Information Base for SNMPv2
RFC 1908	Coexistence between version 1 and version 2 of the internet-standard Network Management Framework
RFC 2573	SNMPv3 applications
RFC 2263	SNMPv3 applications
RFC 2273	SNMPv3 applications
RFC 2574	User-based Security Model (USM-SNMPV3)

TABLEAU 34.2 • RFC du domaine SNMPv2 et SNMPv3

SNMPv2 essaie principalement de limiter les flots d'information de contrôle par une nouvelle commande GETBULK et une commande GET améliorée. Pour prendre en charge la coopération entre managers, SNMPv2 introduit deux nouvelles caractéristiques : une commande INFORM et une MIB manager à manager. Un manager utilise une commande INFORM pour envoyer une information non sollicitée à un autre manager. Il peut, par exemple, signaler un débit excessif sur une ligne de communication. Cette information est consignée dans la nouvelle MIB manager à manager.

En septembre 1996, l'IETF a formé un nouveau comité dans le but d'examiner les problèmes de sécurité dans SNMP. Début 1997, ce comité a proposé une nouvelle génération, appelée SNMPng, qui rassemble les possibilités de SNMPv2 en incluant de nouveaux éléments de sécurité. Après un certain nombre d'améliorations supplémentaires, ce protocole SNMPng s'est transformé en SNMPv3, standard du domaine depuis la parution des RFC correspondantes, en 1998.

SNMPv3 est composé de trois modules :

- Message Processing and Control, qui définit la création et les fonctions d'analyse des messages.
- Local Processing, qui s'occupe des contrôles d'accès et de l'exécution des données.
- Security, qui permet l'authentification et le chiffrement ainsi que la prise en compte de contraintes de temps de certains messages SNMP.

L'amélioration la plus importante apportée par SNMPv3 concerne la sécurité, notamment l'authentification, le secret et le contrôle d'accès *(voir les chapitres 38 et 39).*

Comparaison de CMIP et de SNMP

CMIP et SNMP doivent, à terme, coexister. L'objectif de SNMP, qui était d'obtenir une gestion correcte à un coût raisonnable, a été atteint. Sa facilité d'utilisation et sa simplicité d'implémentation ont favorisé son rapide développement dans le monde TCP/IP. Cette simplicité pose néanmoins quelques problèmes lorsqu'il s'agit de gérer de nouveaux équipements et logiciels non conformes aux standards SNMP, les fournisseurs étant contraints d'écrire des extensions propriétaires.

Contrairement à CMIP, SNMP est un protocole de type datagramme, c'est-à-dire un protocole travaillant dans un mode sans connexion. De plus, les systèmes SNMP reposent sur IP, et donc sur un autre protocole de type datagramme. Cependant, SNMP peut être utilisé dans des environnements autres qu'IP, par exemple, pour la gestion de ponts 802.1. CMIP, quant à lui, se doit de fournir un cadre d'architecture pour systèmes distribués et une application de gestion. Sa portée, qui est plus ambitieuse que celle de SNMP, a provoqué de nombreuses critiques, car elle engendre une forte complexité ainsi qu'une implémentation délicate.

Une autre différence importante entre SNMP et CMIP réside dans la façon de représenter l'information. CMIP distingue les notions d'objets et d'attributs, alors que SNMP ne possède pas la notion d'attribut : un objet peut être un système à gérer comme une caractéristique qui décrit ce système. Un attribut peut correspondre à l'état du système ou à un paramètre décrivant comment le système devrait fonctionner dans des conditions optimales. À chaque objet est associée une description unique, et un objet ne peut pas être défini à partir d'un autre.

CMIP utilise six primitives et effectue une distinction très nette entre un objet et ses attributs. CMIP et SNMP fournissent tous deux des directives sur la définition des objets de gestion et permettent aux fournisseurs d'ajouter tout ce qu'un système a besoin de savoir pour contrôler un objet. Le fait que SNMP ne fasse pas la distinction entre objet et attribut a de fâcheuses conséquences : la réutilisation d'un attribut ou d'une définition pour présenter une information générique est impossible, d'où la difficulté de gérer de nouveaux objets. Sous CMIP, un certain nombre d'objets totalement différents peuvent avoir un attribut commun, par exemple l'état opérationnel. SNMP n'est pas apte à supporter la notion d'héritage, contrairement à CMIP, et ne fournit pas le concept d'évolution d'un objet. En revanche, SNMP autorise les fournisseurs à définir de nouveaux objets et à les stocker de façon que les systèmes de ces fournisseurs puissent être gérés. Cette aide a sans doute contribué au développement de SNMP.

SNMP et CMIP sont tous deux spécifiés en ASN.1, mais SNMP est restrictif en ce qui concerne le codage des éléments complexes, comme les listes. De même, les deux protocoles comportent un certain nombre d'options qui permettent aux fournisseurs d'étendre les informations transportées par ces protocoles.

Les deux protocoles ont trois primitives en commun :

- GET, qu'un système gérant envoie à un agent en vue d'obtenir la valeur d'un objet.
- SET, utilisé pour initialiser la valeur d'un attribut.
- EVENT-REPORT, ou TRAP dans la terminologie SNMP, qui permet de signaler une occurrence d'un événement important concernant un objet.

Les performances de SNMP et de CMIP sont à peu près équivalentes. Leur fiabilité dépend essentiellement de la qualité de développement du logiciel et du mécanisme de transport des données. L'architecture CMIP est plus ouverte aux extensions, dans la mesure où elle peut davantage accepter de nouvelles définitions d'objets. La distinction entre objet et attributs rend cependant les extensions plus difficiles que dans SNMP. Enfin, la place mémoire nécessaire pour stocker les informations de gestion donne sans aucun doute un avantage à SNMP, qui est beaucoup plus concis que CMIP.

Le protocole CMOT (Common Management Information Services and Protocol Over TCP/IP), promu par un groupement de constructeurs réunis sous le nom de Netman, devrait offrir le moyen de gérer les éléments d'un réseau TCP/IP à partir de logiciels de gestion ISO. Le protocole CMOT implémente les prémices de la gestion définies par l'ISO, tels ROSE et ACSE.

Une couche présentation a été développée et intégrée à CMOT de façon que ROSE et ACSE puissent s'y référer. Cette couche de présentation, LPP (Lightweight Presentation Protocol), travaille au-dessus d'UDP ou de TCP et assure la présentation des messages dans l'environnement TCP/IP.

Cette version de SNMP pallie un certain nombre d'inconvénients de la précédente. Elle permet notamment de diminuer le nombre de paquets générés sur le réseau et offre la possibilité à une station d'être à la fois manager et agent.

La gestion par le Web

SNMP est devenu le protocole standard pour la gestion de réseau en se développant au début en parallèle à la version ISO, représentée par CMIP/CMIS, puis en prenant pratiquement l'ensemble du marché. Cependant, le processus de décision n'est pas inclus dans le protocole de gestion. L'ajout d'un environnement Web permet d'intégrer la gestion dans le système d'information des entreprises. C'est l'un des rôles de l'architecture de gestion WBEM (Web-Based Enterprise Management).

WBEM provient d'une initiative de plus de soixante-quinze sociétés visant à définir une architecture de gestion complète pour l'entreprise. Les composants principaux de cette architecture sont les suivants :

- Modèle de données simple et extensible pour définir et manipuler les états du système.
- Architecture côté client utilisée pour implémenter le modèle comme un ensemble d'objets.
- Modèle de distribution globale et de propagation des informations entre les clients et les sites où les actions de gestion sont décidées.

Le processus de normalisation a été réalisé sous l'égide du DMTF (Distributed Management Task Force) et de l'IETF. Le premier modèle adopté, en avril 1997, est le CIM (Common Information Model). Son principe de fonctionnement consiste à réutiliser l'environnement Web pour gérer le réseau.

Deux nouveaux modules de gestion sont ajoutés :

- CIMOM (CIM Object Manager), pour interpréter les requêtes en utilisant le modèle d'information.
- HMMP (HyperMedia Management Protocol), un protocole d'encodage qui permet le transport d'informations de gestion dans d'autres protocoles, tels que TCP/IP.

L'architecture WBEM

Comme expliqué précédemment, WBEM permet de gérer les réseaux et les applications à partir d'un navigateur Web. WBEM décrit une architecture, un protocole, un schéma de gestion et un gestionnaire d'objets. Il doit permettre de prendre en charge les cinq aires de gestion et de donner naissance à un modèle de données adapté à la gestion de systèmes, de réseaux et d'applications. La proposition utilise le HTML pour la description des informations et HTTP.

Illustrés à la figure 34.12, les principaux composants de WBEM sont les suivants :

- HMMS (HyperMedia Management Schema), qui définit un schéma, ou une description, des données indépendant de leur implémentation et acceptant les données de différentes sources.
- HMMP (HyperMedia Management Protocol), qui définit un protocole permettant d'accéder aux données de gestion et fournit des solutions de gestion indépendantes de la plate-forme et de la distribution.
- HMOM (HyperMedia Object Manager), qui propose une définition générique pour les applications de gestion. Ce composant permet d'agréger les données de gestion et utilise un ou plusieurs protocoles pour fournir une représentation uniforme au navigateur utilisant HTML.

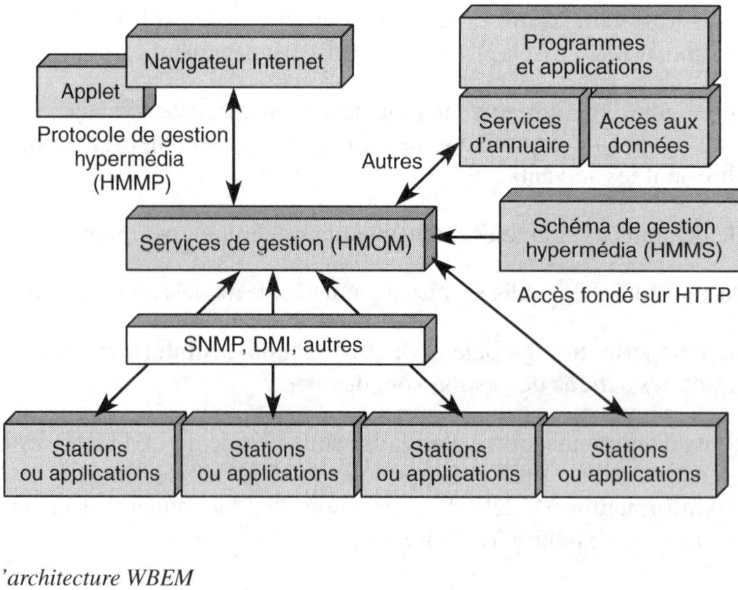

Figure 34.12

Composants de l'architecture WBEM

JMAPI (Java Management API)

Dans la perspective de l'unification de la gestion de réseau à travers le Web, JMAPI (Java Management API) a été définie par le consortium Java afin de simplifier la gestion. L'initiative JMAPI a principalement consisté en une extension du noyau de Java pour y intégrer des mécanismes permettant de développer des logiciels de gestion de réseau fondés sur le Web.

JMAPI est un ensemble de classes dérivées permettant d'accéder aux services de gestion SNMP sous-jacents. Grâce à cette approche, il est possible de s'affranchir des problèmes de portabilité des applications et d'obtenir des capacités étendues d'affichage.

Au niveau le plus haut, JMAPI propose une interface de navigateur, un module de gestion et des équipements à gérer. L'interface utilisateur du navigateur est le mécanisme par lequel un administrateur peut accéder aux opérations de gestion. Le module de gestion définit les mécanismes qui prennent en charge les objets gérés. Il inclut des interfaces objet pour les agents, des interfaces de notification et des interfaces avec les objets gérés.

L'architecture JMAPI est illustrée à la figure 34.13.

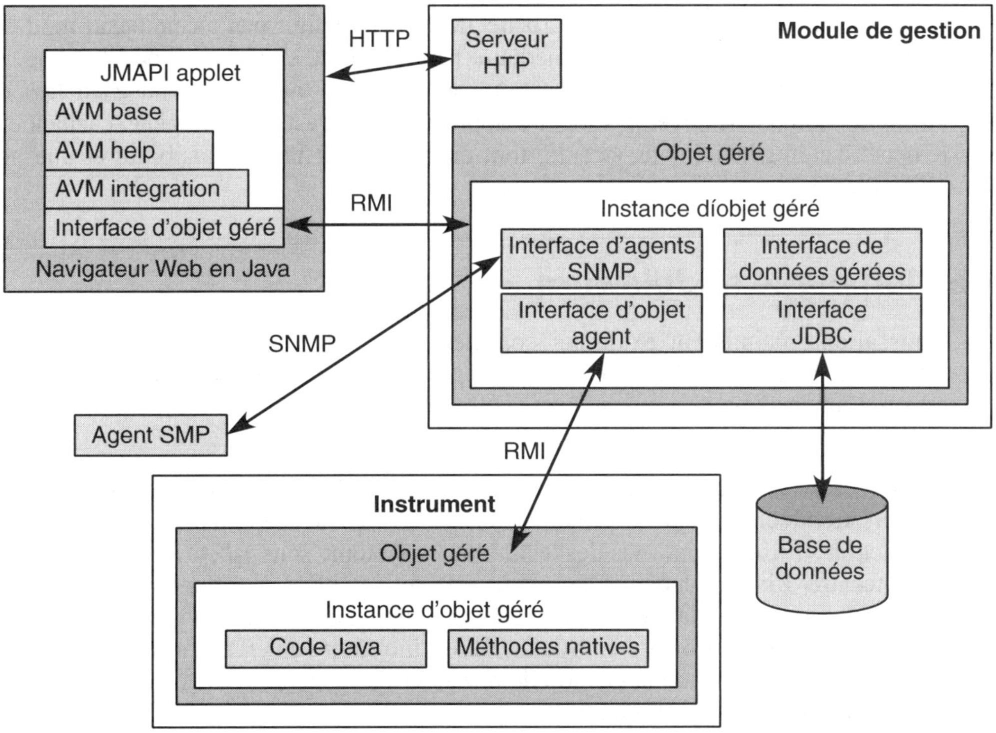

Figure 34.13

Architecture JMAPI

Tout l'intérêt de JMAPI est de distribuer géographiquement différents composants du système et de rendre possible les interactions entre composants grâce à RMI (Remote Method Invocation). Dans ce cas, le gestionnaire de réseau devient complètement indépendant du protocole de gestion spécifique, et l'on peut dès lors télécharger différentes applets au niveau du site agent pour réaliser des tâches de gestion sans surcharger le réseau.

Ce type d'intégration est illustré à la figure 34.14.

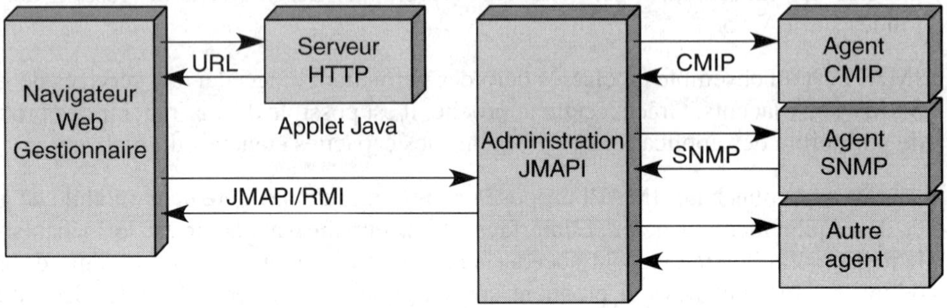

Figure 34.14

Exemple d'intégration de Java dans le modèle agent-manager

Dans son utilisation actuelle, l'approche JMAPI ne définit pas un nouveau modèle de gestion mais offre un niveau intermédiaire permettant de s'affranchir de l'hétérogénéité des systèmes et des protocoles de gestion sous-jacents. L'approche fondée sur Java offre un environnement de développement d'applications de gestion homogène, cachant entièrement l'hétérogénéité sous-jacente, tout en permettant une extensibilité et une portabilité simples.

La gestion par le middleware

Nous allons maintenant examiner comment le middleware, c'est-à-dire un logiciel intermédiaire entre les équipements et les processus de décisions, peut aider à la réalisation d'un système de gestion de réseau intégré en prenant l'exemple du middleware CORBA.

Dans le cadre de la gestion de réseau, l'architecture CORBA (Common Object Request Broker Architecture) a pour principal intérêt d'offrir aux applications de gestion une abstraction suffisante vis-à-vis des technologies système sous-jacentes. Elle permet ainsi de concentrer l'intelligence sur les services de gestion plutôt que sur la manière d'interagir avec le système ou la communication entre applications. Néanmoins, il est nécessaire de spécialiser ces environnements de manière à introduire un ensemble de fonctionnalités communes spécifiques de la gestion de réseau et permettant de mieux maîtriser le cycle de vie des services de gestion.

Cette gestion est illustrée à la figure 34.15.

L'intégration de l'existant est un aspect crucial de la gestion de réseau, du fait notamment du parc logiciel et matériel déjà présent et du délai d'adoption par les constructeurs d'une nouvelle approche. Dans cette optique, de nombreuses initiatives ont été lancées afin de définir des mécanismes de migration du modèle agent-manager de CMIP/CMIS vers un modèle client-serveur CORBA.

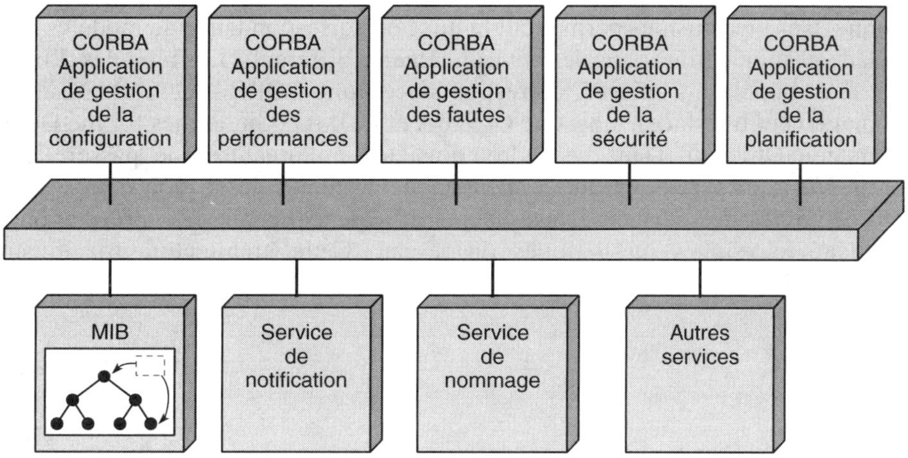

Figure 34.15

CORBA et la gestion de réseau

Ces différentes initiatives ont abouti à la spécification de mécanismes permettant d'intégrer soit des objets issus de la normalisation ISO dans des environnements CORBA, soit des objets CORBA dans un environnement ISO. Ces deux approches correspondent à des processus d'intégration distincts : l'encapsulation ou la passerelle, comme illustré à la figure 34.16.

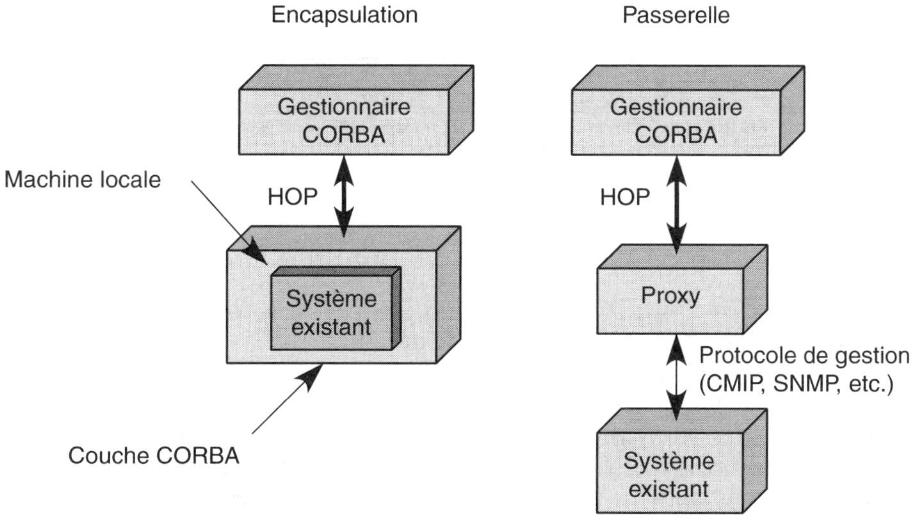

Figure 34.16

Intégration des objets de gestion par encapsulation ou passerelle

Ces travaux ont été repris par le groupe de travail XoJIDM (Joint Inter-Domain Management) de l'X-Open et du NM Forum et le groupe de télécommunications de l'OMG (Object Management Group) afin d'uniformiser les différentes approches d'intégration.

Les passerelles ont pour rôle de mettre en place des mécanismes de conversion dynamique. Ces mécanismes permettent la mise en correspondance de modèles d'information de gestion définis dans des environnements différents. Les modèles d'information les plus importants mis en correspondance sont CORBA et SNMP/SMI (System Management Interface), ainsi que CORBA et GDMO (Guidelines for the Definition of Managed Objects). Dans ce cadre, plusieurs architectures de passerelles ont été proposées, qui permettent au concepteur de systèmes de gestion de s'affranchir des protocoles et des services sous-jacents afin de collecter des informations sur les éléments physiques ou logiques du réseau. Cette architecture est illustrée à la figure 34.17.

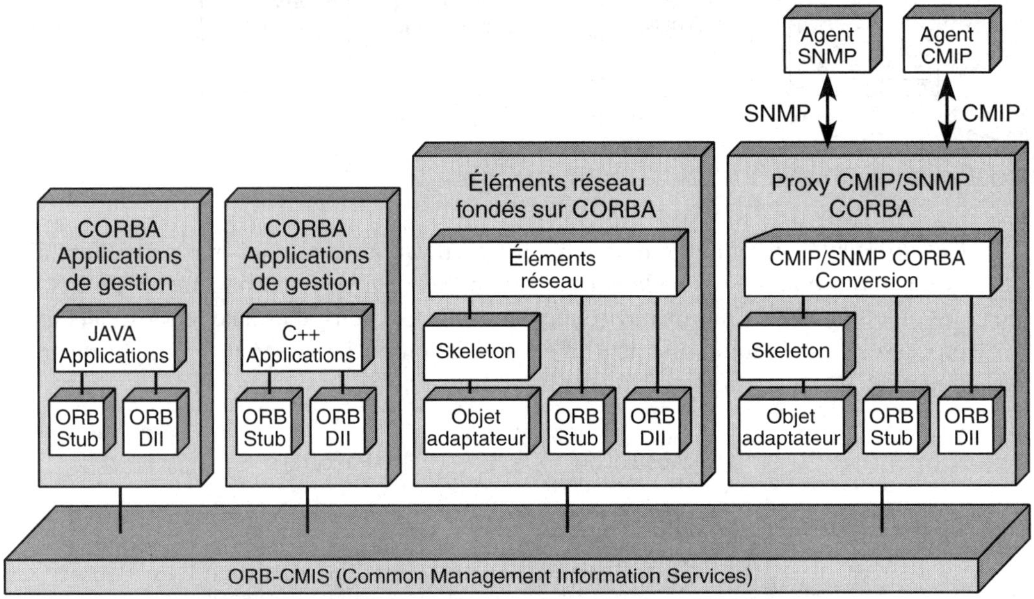

Figure 34.17

Intégration de CORBA dans le modèle agent-manager

Architecture Java/CORBA des systèmes de gestion

L'intégration de CORBA et de Java dans le même middleware offre à la gestion de réseau des perspectives séduisantes. Cette intégration, déjà réalisée dans certains middlewares, permet de résoudre les problèmes d'interopérabilité entre des applications Java et des applications développées dans d'autres langages. Il est notamment possible de rapprocher le processus de traitement des informations de gestion du système cible, par exemple le nœud du réseau lui-même, de façon à diminuer le trafic et à distribuer le contrôle. L'introduction des technologies agent dans la gestion de réseau en est facilitée. Les agents ne sont autres que des programmes autonomes possédant une certaine intelligence (agents intelligents) et pouvant se déplacer (agents mobiles) et communiquer entre eux à travers le réseau. Cette approche peut être utilisée dans le cadre de la gestion de réseau afin de disposer d'une plus grande efficacité dans le contrôle.

Dans ce contexte, le gestionnaire a la possibilité de déléguer complètement certaines tâches et de les distribuer sur le réseau sans avoir à contrôler d'une manière centralisée le déroulement des processus. Une fois les tâches achevées, les agents reviennent vers le centre de gestion pour rendre compte de l'exécution de la tâche ou des tâches qui leur ont été assignées. Les agents sont supportés dans leur déplacement par des interfaces CORBA, tandis que Java fournit la base de l'environnement d'exécution sur les nœuds du réseau. Dans ce cadre, l'OMG a spécifié les interfaces permettant de mettre en place les fonctionnalités des agents mobiles fondées sur CORBA.

Le modèle DME

DME (Distributed Management Environment) est un modèle d'architecture pour la gestion des réseaux locaux. Mis au point par l'OSF (Open Software Foundation), qui regroupe la plupart des grands constructeurs informatiques (IBM, DEC, Bull, Hewlett Packard, etc.), DME a pour but de résoudre le problème de la gestion de réseaux hétérogènes en proposant un environnement de traitement réparti.

Plusieurs points ont permis les avancées suivantes :

- DCE (Distributed Computing Environment), qui est un environnement développé pour le traitement distribué en milieu hétérogène.
- DME, qui s'appuie sur DCE et permet de gérer les ressources d'un environnement réseau contenant des systèmes, des éléments de réseau et des applications. Il s'agit d'un environnement assez complexe, qui inclut de nombreux composants :
  - Une interface utilisateur de gestion, qui permet d'obtenir une vue unique des objets de l'environnement.
  - Un ensemble de services destinés à la gestion des objets de l'environnement (logiciels, matériels, impression, configuration, etc.).
  - Des services de gestion permettant la mise en œuvre d'un modèle de gestion.
  - Des services d'objets qui gèrent les objets de l'environnement, tels un gestionnaire de requêtes inclus dans DME pour localiser et enregistrer les objets stockés dans les serveurs d'objets.
  - Des serveurs d'objets.
  - Des services de gestion d'événements provenant de requêtes du modèle OSI ou d'architectures non compatibles par l'intermédiaire d'un langage de description. Les communications sont fournies à distance par des RPC (Remote Procedure Call) ou en local par des IPC (Inter Process Communication).
  - Des protocoles de gestion, notamment une interface CMIP, une interface SNMP et un protocole de gestion spécifique de l'OSF, qui utilise les RPC pour communiquer.
  - Des outils de développement, qui comprennent des langages et des compilateurs ainsi que des appels système. Ces appels système, ou API (Application Programming Interface), reposent le plus souvent sur une architecture orientée objet. Pour les applications de gestion, l'API définie par l'OSF se fonde sur le protocole CMIS.

En conclusion, DME est une plate-forme de développement complète, qui doit pouvoir s'interfacer avec tous les grands standards d'aujourd'hui et de demain.

Conclusion

Commençons cette conclusion par une comparaison des différents systèmes de gestion de réseau. Le tableau 34.3 compare les caractéristiques des principaux protocoles conduisant à une gestion de réseau.

	CMIP	SNMP	DMI	HTTP
Modèle informationnel	Orienté objet	Orienté objet	Orienté objet	Hypermédia
Langage	GDMO	SMI	MIF	HTML
Architecture	Manager-agent, manager-manager	Manager-agent, manager-manager	Manager-agent	Client-serveur
Primitive	M-Get, M-Set, M-Action, M-Create, M-Delete, M-Event-Report	Get, Set, action implicite (effets secondaires), Trap	Get, Set, action implicite, Add, Delete, Event	Get, Post, Link Ne supporte pas la primitive Trap.
Mode de communication	Orienté transactions Requête/réponse	Requête/réponse	Requête/réponse	Requête/réponse asynchrone
Adressage	Par filtrage	Par arbre	Par attribut	URL
Application de gestion	Cinq aires fonctionnelles	Non spécifiée	Non spécifiée	Plug-in Java
Organisme de standardisation	ITU-T, ISO/OSI	IETF	DMTF	IETF

TABLEAU 34.3 • Comparaison des solutions proposées pour la gestion de réseau

Le système de gestion nécessite une définition de sa structure, de son fonctionnement et des protocoles d'échange. La gestion de ressources distribuées est une tâche complexe, qui requiert une bonne fiabilité, certaines opérations devant pouvoir être réalisées en dépit d'une quelconque panne. De plus, des contraintes de temps réel sont souvent à prendre en compte.

Ce chapitre a présenté l'environnement de gestion OSI, ainsi que les autres solutions constructeur disponibles sur le marché. SNMP est le protocole aujourd'hui de loin le plus utilisé. Ayant été développé pour gérer les architectures TCP/IP, la vogue de l'environnement TCP/IP lui a fortement profité. L'avantage de SNMP par rapport à la normalisation ISO est sa simplicité, puisque c'est un environnement inspiré de la normalisation ISO mais simplifié. On ne trouve que trois primitives dans SNMP, au lieu de six dans CMIP : GET, SET et EVENT. De plus, le logiciel SNMP a été fortement simplifié par rapport à celui de l'ISO car il n'est pas possible d'adresser un attribut d'un objet de gestion, ce qui est possible dans l'architecture OSI. Enfin, des architectures plus globales s'appuyant sur le succès du Web se mettent en place et devraient prendre le devant de la scène dans ce domaine.

Enfin, la gestion de réseaux continue à progresser surtout dans le sens de la généralisation : il faut gérer les éléments de réseau mais également de plus en plus les applications qui tournent autour ainsi que l'ingénierie, la planification et la sécurité du réseau sous surveillance. Le nom de OSS (Operation Support System) a été adopté pour cette généralisation de la gestion de réseaux.

35

La gestion et le contrôle par politique

Les opérateurs de télécommunications et les gestionnaires de réseau ont besoin d'automatiser le processus de configuration des nœuds et des équipements réseau. Cette automatisation vise à la fois à contrôler les flux d'information qui transitent dans ces nœuds et à gérer plus facilement les équipements réseau. De là est née la gestion par politique, à laquelle on peut ajouter le contrôle, qui en fait partie de façon intrinsèque. La terminologie anglo-saxonne correspondante est PBM (Policy-Based Management). Le mot *policy* est traduit dans ce livre par politique, mais on aurait aussi bien pu choisir règle.

Le propos de ce chapitre est de présenter ce nouveau paradigme, consistant à gérer et contrôler les réseaux par l'intermédiaire de politiques. Nous commencerons par introduire les politiques puis détaillerons l'architecture associée au protocole de signalisation utilisé dans cet environnement.

Les politiques

Une politique s'exprime sous la forme « si condition alors action ». Par exemple, « si l'application est de type parole téléphonique, alors mettre les paquets en priorité Premium ». Cette section s'intéresse à la définition syntaxique et sémantique d'une politique puis examine en détail les politiques et leur utilisation pour le contrôle, ainsi que le protocole de signalisation permettant de transporter les paramètres des politiques et les différentes solutions pour mettre en œuvre le contrôle par politique.

Une politique peut se définir à différents niveaux. Le niveau le plus haut correspond à celui de l'utilisateur, la détermination d'une politique s'effectuant par une discussion entre l'utilisateur et l'opérateur. On utilise pour cette discussion soit le langage naturel, soit des règles déjà préparées par l'opérateur du réseau. Dans ce dernier cas, l'utilisateur ne peut que choisir parmi ces règles la politique qu'il souhaite voir appliquer. On parle alors de politique définie au niveau business. Cette politique doit être traduite dans un langage de niveau réseau permettant de déterminer le protocole réseau de gestion de la qualité de service et son paramétrage. Enfin, il faut traduire ce langage de niveau réseau en un langage de bas niveau correspondant à la programmation des nœuds du réseau, ce que l'on peut appeler la configuration du nœud.

Ces différents niveaux de langage, business, réseau et configuration, sont pris en charge par un groupe de travail de l'IETF appelé Policy. Le modèle retenu provient d'un autre groupe de travail, le DMTF (Distributed Management Task Force) et porte le nom de CIM (Common Information Model). Les extensions sont aujourd'hui développées conjointement par les deux groupes de travail.

L'objectif de ce travail de normalisation des modèles d'information liés aux différents niveaux de langage est d'obtenir un modèle général qui puisse se décliner en modèles d'information par domaine, ainsi qu'une représentation indépendante des équipements et des implémentations. La figure 35.1 illustre le modèle le plus général possible à partir du modèle de base.

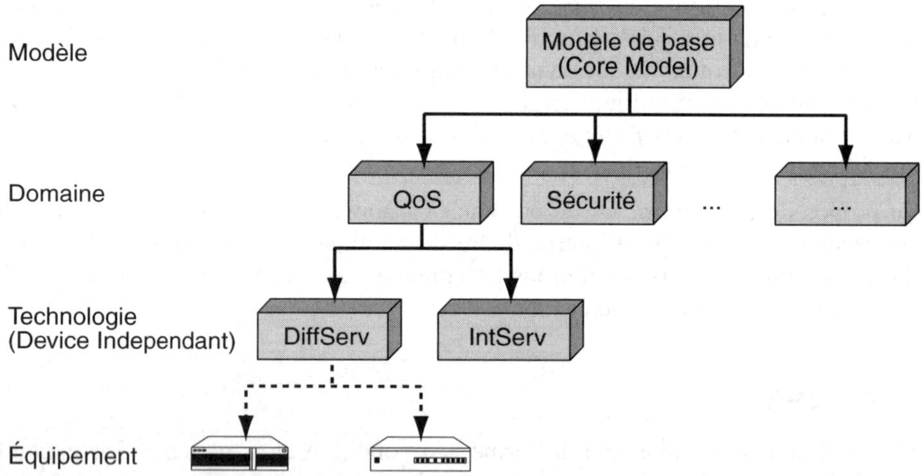

Figure 35.1

Structure du modèle CIM

Si l'on ne se préoccupe que de la branche QoS, ou qualité de service, la structure des modèles successifs permet de passer de la définition générale d'une politique de qualité de service à la configuration d'un routeur.

La figure 35.2 illustre la succession de modèles allant vers de moins en moins d'abstraction et s'approchant de la description d'une configuration.

Figure 35.2
Structure des modèles associés à la QOS

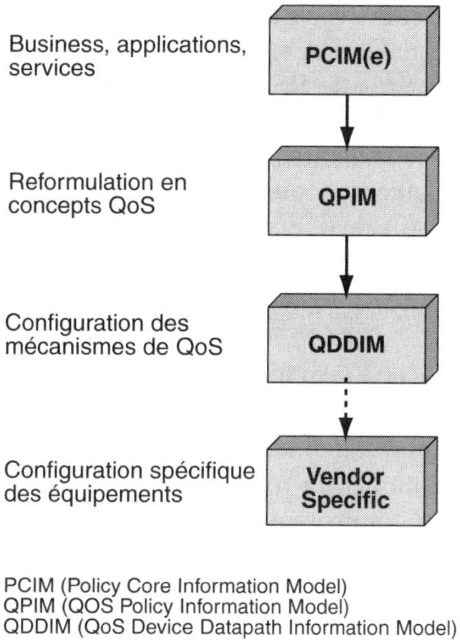

PCIM (Policy Core Information Model)

PCIM définit le modèle de description des politiques, quel que soit leur domaine d'application. Le réseau est considéré comme une machine à états, c'est-à-dire un système qui ne peut prendre que des états définis à l'avance. Les politiques servent dès lors à contrôler les changements d'état en identifiant l'état courant et en définissant les transitions possibles.

Le modèle est fondé sur deux hiérarchies de classes, les classes structurelles, qui forment les éléments de base des politiques, et les classes d'association, qui déterminent les relations entre les éléments. Les politiques forment un ensemble de conditions vraies ou fausses qui peuvent être composées pour réaliser une politique plus complexe. Ces politiques forment à leur tour un ensemble d'actions associées aux conditions qui modifient la configuration d'un ou plusieurs éléments et qui introduisent des ordres d'exécution, comme la priorité des flots ou l'ordonnancement des paquets dans le réseau.

PCIMe (PCIM extension) a pour fonction de rendre le modèle PCIM plus flexible en permettant aux différents domaines d'homogénéiser leurs concepts. Les principales extensions concernent une meilleure gestion des priorités, l'ajout de variables et de valeurs, la définition de variables générales, l'ajout de règles simplifiées fondées sur les variables, la possibilité d'avoir des règles conditionnées par d'autres règles, la condition de filtrage de paquets IP à base de conditions, etc.

QPIM (QoS Policy Information Model)

Le rôle de QPIM est de fournir un format standard pour les politiques de QoS en intégrant les environnements IntServ et DiffServ, tout en restant indépendant des protocoles d'accès, des méthodes de stockage et des techniques de contrôle de QoS (files d'attente, etc.). QPIM doit en outre faciliter une représentation formelle de règles abstraites humaines

Les actions possibles sur la définition de la QoS sont le classement par catégorie, l'adéquation par rapport aux fonctionnalités de RSVP, comme la modification de certains paramètres de RSVP, l'acceptation ou non d'une requête et la conformité au modèle COPS-RSVP et enfin les actions liées aux politiques de provisioning, comme le marquage, le lissage, la perte de paquets, l'ordonnancement, etc. D'autres extensions ont été ajoutées, notamment dix-sept variables liées à RSVP, ainsi que la définition formelle de profils de trafic pour DiffServ et IntServ.

QDDIM (QoS Device Datapath Information Model)

Le modèle QDDIM permet de s'approcher de la configuration des routeurs en étendant QPIM, qui définit des actions sur les paquets, par le biais d'actions sur les équipements tout en restant indépendant des implémentations. Le rôle de QDDIM est de permettre de programmer un routeur ou un équipement réseau, indépendamment de l'équipementier qui le commercialise. Pour cela, QDDIM utilise une syntaxe générale permettant de décrire précisément l'action que doit apporter la politique à appliquer sur les composants de l'équipement réseau.

Architecture d'un contrôle par politique

Le contrôle par politique implique plusieurs composants *(voir figure 35.3)*. Les nœuds du réseau prennent le nom de PEP (Policy Enforcement Point). Les politiques y sont appliquées pour gérer les flux des utilisateurs. Le PDP (Policy Decision Point) est le point qui prend les décisions et choisit les politiques à appliquer aux PEP. La communication entre le PEP et le PDP s'effectue par le biais du protocole COPS (Common Open Policy Service). Le système comporte également une console utilisateur, qui contient des outils de gestion des politiques. Ces derniers permettent notamment d'entrer les politiques dans une base de données, nommée Policy Repository, qui entrepose les règles de politique que le PDP vient rechercher pour les appliquer aux nœuds du réseau.

Figure 35.3

Architecture d'un système géré par politique

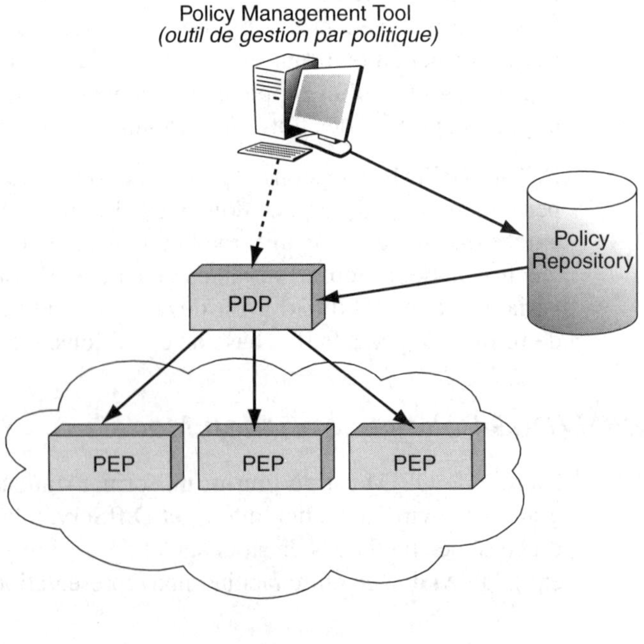

Des variantes de ce schéma de base peuvent inclure plusieurs PDP susceptibles de gérer un même nœud de transfert du réseau. Dans ce cas, les PDP ont des rôles différents, comme nous le verrons par la suite. Une autre variante correspond à une décentralisation des fonctions du PDP dans des PDP locaux, appelés LPDP (Local Policy Decision Point). En règle générale, un PDP gère un seul domaine administratif, et les règles de politique sont communes à la configuration de l'ensemble des nœuds du domaine.

Un problème de cohérence se pose lorsque le client émetteur et le client récepteur ne se trouvent pas dans le même domaine administratif. Dans ce cas, les PDP des deux domaines doivent négocier pour se mettre d'accord sur les règles de politique à adopter pour que la communication se déroule de bout en bout avec la qualité voulue. Ce cas est illustré à la figure 35.4.

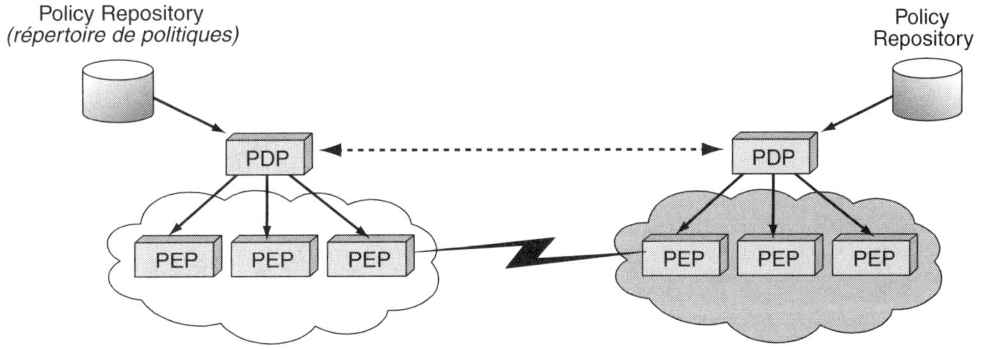

Figure 35.4

Architecture de gestion par politique sur une interconnexion de deux domaines administratifs

Le PDP (Policy Decision Point)

Le PDP est défini comme une entité logique prenant des décisions politiques pour elle-même ou pour d'autres éléments réseau qui demandent ses décisions. Le PDP, que l'on peut aussi appeler serveur de politiques, est donc le point central qui doit décider des politiques à appliquer dans le réseau. Il s'agit en quelque sorte d'un organe de décision, qui recherche les informations dont il a besoin dans de nombreux serveurs communiquant directement avec lui de façon à prendre une décision. Ces serveurs peuvent être locaux, ce qui est le cas le plus général, mais ils peuvent aussi être distants.

La figure 35.5 illustre un PDP et ses serveurs principaux.

Les principaux serveurs sont, dans l'ordre :

- Le Policy Repository, dans lequel le PDP vient rechercher les règles de politique. Cette mémoire communique avec le PDP par le biais du protocole LDAP, ce qui explique son nom de serveur LDAP.
- Un Bandwidth Broker, qui gère la bande passante disponible dans le réseau. Ce serveur de bande passante connaît la topologie et les caractéristiques du réseau, ce qui lui permet de distribuer les ressources du réseau à bon escient.
- Un Security Broker, ou serveur de gestion de la sécurité au moment de la connexion, qui est généralement un serveur AAA (Authentication, Authorization, Accounting).

Figure 35.5
Un PDP et ses serveurs

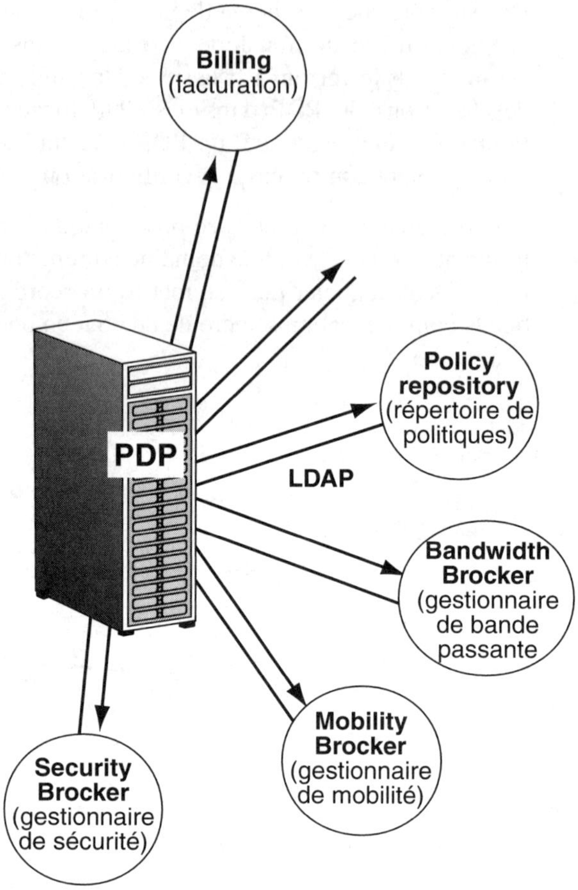

Ce serveur peut également gérer la sécurité du transport de l'information sur les supports physiques.

- Un Mobility Broker, ou serveur de mobilité, qui peut être apte à gérer la continuité de la qualité de service.
- Un serveur de facturation (Billing), qui se révélera essentiel dans les prochains réseaux Internet qui délivreront de la qualité de service.

Il peut exister des serveurs complémentaires, comme la PIB (Policy Information Base), qui garde en mémoire les modèles informationnels pouvant être utilisés pour représenter une politique sous une syntaxe particulière. D'autres serveurs se révéleront sûrement très importants à l'avenir, comme le serveur de métrologie et de tuning, qui doit être capable de vérifier que les ressources mises à la disposition d'un utilisateur le sont effectivement.

Le rôle du PDP consiste à identifier les règles de politique qui sont applicables aux différents PEP et à déterminer les règles à appliquer stratégiquement à ces PEP. Le PDP doit également se préoccuper de la traduction des règles de politique dans des formats compréhensibles des nœuds comme les PIB. De plus, il doit pouvoir communiquer avec d'autres serveurs internes pour prendre ses décisions. Enfin, le PDP assure la distribution des configurations. En résumé, le PDP décide des règles à appliquer et envoie les ordres de configuration aux nœuds du réseau.

Les PEP (Policy Enforcement Point)

Les PEP sont des entités logiques qui appliquent les décisions politiques prises par le PDP dont elles dépendent. Les PEP sont généralement les nœuds du réseau, qui peuvent être de différents types : routeur, commutateur ou LSR (Label Switched Router). Un PEP peut également être un pare-feu ou un équipement intermédiaire entre le client et le réseau. Le client peut lui-même posséder un client PEP sur son terminal. Dans les réseaux de mobiles à carte à puce, il est fréquent de considérer qu'un PEP d'accès se trouve sur la carte à puce. Son rôle est essentiellement réduit à la gestion de la sécurité et non de la qualité de service, mais il est imaginable d'implémenter la gestion de QoS dans les cartes à puce dès que celles-ci seront assez puissantes pour effectuer cette gestion.

Un PEP doit être facilement accessible et paramétrable par le PDP de sorte qu'il soit possible de le configurer sans problème. Il peut être configuré par un message COPS mais aussi par une requête SNMP ou une commande CLI (Command Line Interface), qui est la commande la plus simple pour configurer manuellement un équipement de réseau. Le PEP fait le lien entre la représentation externe (PIB ou MIB) et la configuration interne de l'équipement et doit être capable de recevoir des requêtes de différents types provenant de l'utilisateur. En particulier, le PEP doit être apte à comprendre les requêtes RSVP. Le PEP s'assure de la cohérence des politiques locales et surveille leur bonne application. Enfin, il peut intégrer des fonctions d'ingénierie ou de facturation.

COPS (Common Open Policy Service)

COPS est le protocole de signalisation développé par l'IETF pour transporter les demandes de configuration et retourner les politiques à appliquer. Au départ, le protocole COPS devait permettre de prolonger RSVP vers le PDP et assurer les fonctions de contrôle d'admission au réseau en les fondant sur des politiques.

C'est un protocole requête-réponse simple pour l'échange d'informations de politiques entre un serveur de politique, ou PDP, et un client, ou PEP. La figure 35.6 illustre ce schéma de base.

Figure 35.6
Fonctionnement du protocole COPS

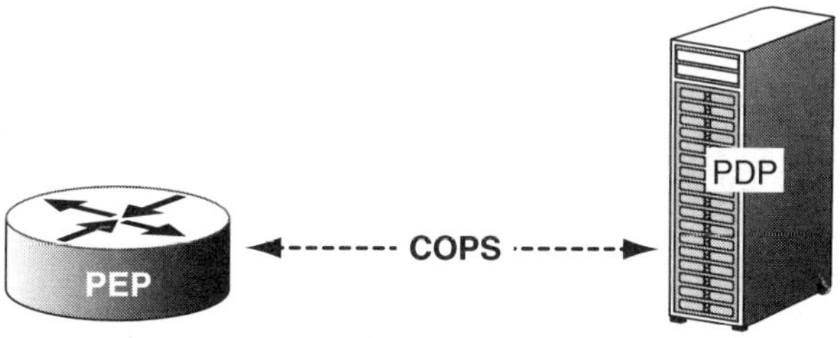

Le PEP peut être un routeur supportant RSVP ou un routeur supportant un service de gestion de la qualité de service, comme DiffServ, ou encore un nœud appliquant un contrôle quelconque. Le PEP fournit des informations au PDP concernant les décisions prises et les politiques installées. COPS transporte les messages d'erreur faisant suite à la détection d'un problème lors de l'installation d'une politique ou à un échec détecté lors de l'installation de la configuration sur le PEP.

Le PEP est responsable de la mise en place d'une connexion TCP avec le PDP. Il utilise cette connexion TCP pour envoyer des requêtes et recevoir les décisions du PDP. Le PEP doit rendre compte au PDP de l'exécution de ces décisions. De même, le PEP est responsable de la notification au PDP des modifications du PEP. Le PEP est en outre responsable de la suppression d'un état devenu inacceptable à la suite d'une modification demandée par le client ou d'une décision prise et envoyée par le PDP.

Le PEP peut être configuré et commandé par une décision locale *via* son LPDP (Local Policy Decision Point). Le PEP doit faire parvenir les caractéristiques de cette décision locale au PDP, lequel prend la décision finale. Si cette décision est différente de celle définie en local, le PDP l'envoie au PEP pour application.

La figure 35.7 décrit le système de communication entre un PDP et un PEP.

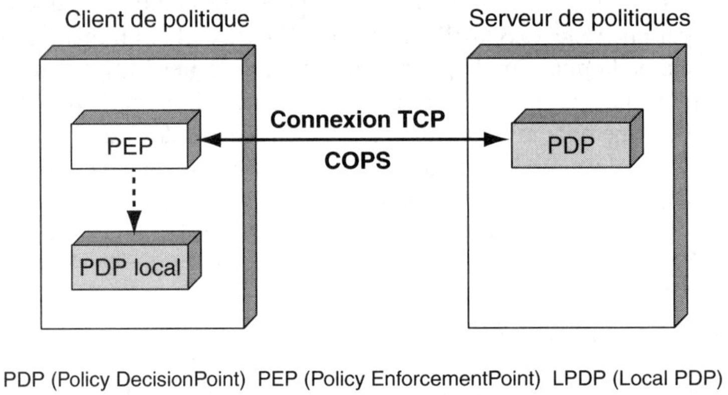

Figure 35.7

Architecture de base d'un environnement contrôlé par politique

Le PDP est la composante de l'environnement PBN (Policy-Based Networking), qui contrôle directement le PEP. Le PDP choisit parmi les politiques disponibles dans la base, ou Policy Repository, contenant les informations de politique, la politique adaptée pour configurer le routeur.

Les règles de politique utilisées par le PDP sont saisies par la console de gestion de l'opérateur puis mises à disposition du PDP par le Policy Repository où elles sont déposées. À l'intérieur des nœuds, le PEP peut être accompagné d'un LPDP (Local PDP), dont le rôle est de remplacer le PDP en cas de besoin. La présence du LPDP est facultative. Ce point de contrôle local est utilisé pour prendre une décision locale en l'absence du PDP.

Le PDP peut utiliser différents mécanismes et protocoles de communication avec des serveurs qui lui sont attachés pour réaliser des fonctions spécifiques, comme l'authentification, la facturation ou le stockage d'informations de politique.

Le fonctionnement général du modèle de gestion par politique est illustré à la figure 35.8.

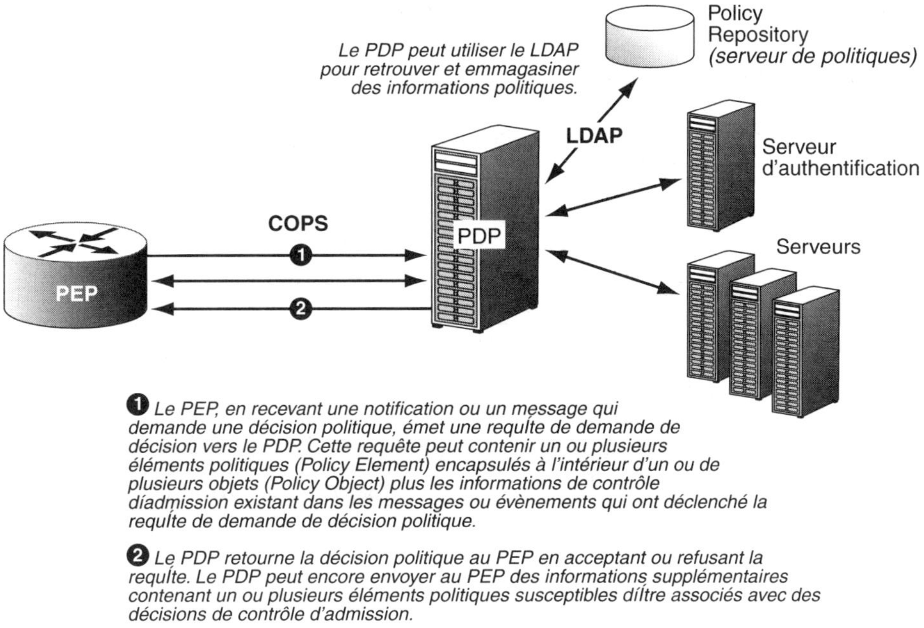

Figure 35.8

Fonctionnement global d'un environnement de contrôle par politique

Caractéristiques principales du protocole COPS

Le protocole COPS emploie un modèle client-serveur, dans lequel le PEP envoie des messages de requête (Request), de mise à jour (Update) et de suppression (Delete) au PDP. Le PDP retourne des messages contenant les décisions prises.

TCP est utilisé comme protocole de transport pour fiabiliser l'échange des messages entre le PEP et le PDP. Aucun mécanisme supplémentaire n'est à mettre en œuvre pour réaliser une communication fiable entre un PDP et un PEP. Le protocole est extensible, la communication pouvant prendre en charge plusieurs types d'information (Client Specific Information) sans exiger de modification de la part du protocole COPS.

Le protocole fournit les éléments de sécurité nécessaires pour l'authentification, la protection contre les attaques malveillantes et l'intégrité du message. COPS peut aussi utiliser d'autres protocoles spécifiques pour gérer les problèmes de sécurité. Ainsi, IPsec ou TLS (Transaction Layer Security) peuvent être mis en œuvre pour authentifier et sécuriser la connexion entre le PEP et le PDP.

Les états des configurations mises en place par la communication sous forme de requêtes-décisions sont partagés entre le PEP et le PDP. Les décisions du PDP peuvent être émises d'une manière asynchrone, c'est-à-dire à tout instant, pour modifier l'état du système installé. Le protocole permet au PDP d'envoyer l'information de configuration au PEP et permet au PDP de supprimer les états du PEP lorsqu'ils ne sont plus valides.

La figure 35.9 illustre un message COPS comprenant un en-tête avec différents champs de contrôle, suivi des champs objet. Chaque champ objet est composé de la même façon, en commençant par la longueur de l'objet, la définition de l'objet, le type d'objet et enfin le contenu et les valeurs associées de l'objet. La figure 35.10 décrit l'échange des messages dans une communication COPS.

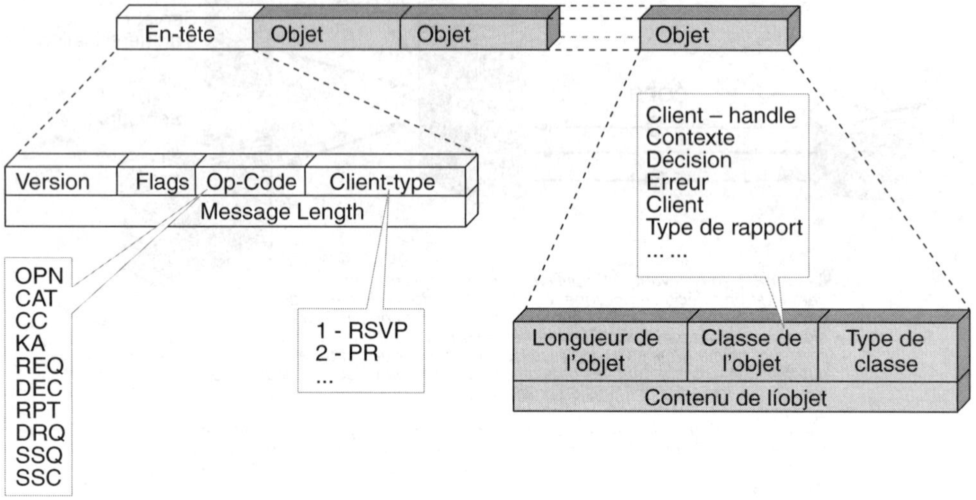

Figure 35.9

Message COPS

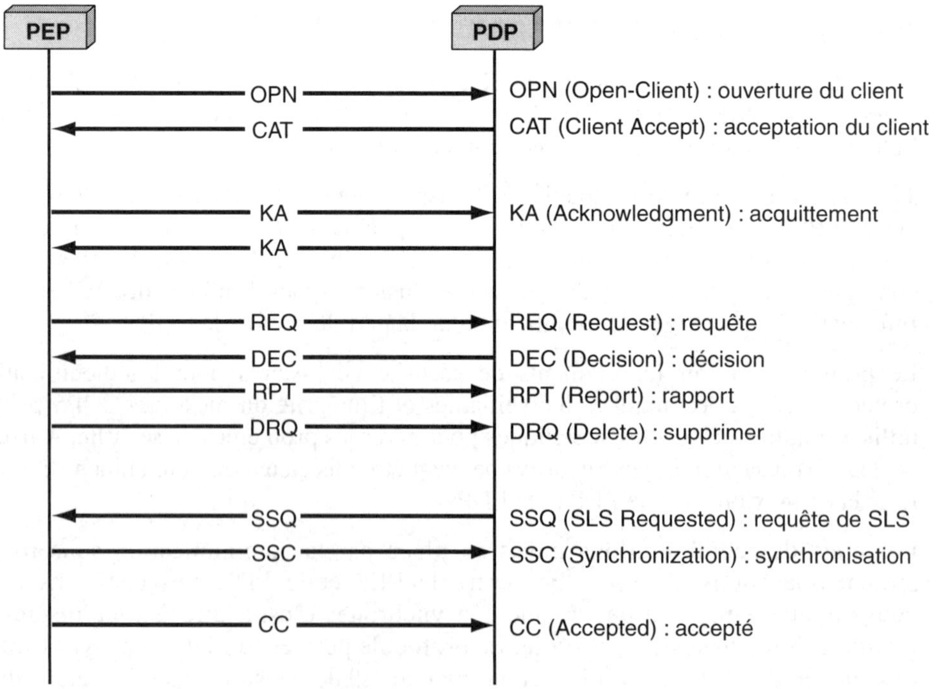

Figure 35.10

Échange de messages dans une communication COPS

COPS et les modèles de gestion par politique

Les deux modèles principaux de gestion et de contrôle par politique sont le provisioning et l'outsourcing.

Dans le cas de l'outsourcing (Outsourcing Policy Model), le PDP reçoit les requêtes (Policy Requests) de demande de configuration de la part des PEP et décide ou non d'autoriser la connexion en temps réel sans qu'un lien préalable soit tissé entre l'utilisateur et l'opérateur du réseau. Si la demande d'accès est acceptée, le PDP envoie la configuration proposée au nœud d'accès, qui la propose à son tour au client demandeur.

Le fonctionnement général de l'outsourcing est le suivant :

1. Le client effectue une demande de connexion à un réseau auquel il n'est pas abonné.
2. Cette demande appelle une décision concernant l'accès au réseau : l'opérateur accepte ou non la connexion du client.
3. Le client doit donc faire une requête au réseau. Le protocole RSVP est le vecteur le plus classique pour effectuer cette demande.
4. Celle-ci arrive au nœud d'entrée du réseau, ou edge router, qui la dirige vers le PDP grâce à une requête COPS.
5. Une fois la décision prise par le PDP, une réponse transitant par le protocole COPS indique au nœud d'entrée si la demande RSVP est acceptée ou non.
6. En cas d'acceptation, la requête RSVP peut continuer son chemin pour ouvrir une route satisfaisant la demande de l'émetteur.

Nous détaillons cette solution un peu plus loin dans ce chapitre.

Dans le cas du provisioning (Provisioning Policy Model), les politiques sont entrées à la console de gestion de l'opérateur à la suite d'une discussion entre le client et l'opérateur. Cette discussion débouche sur un SLA (Service Level Agreement), qui correspond à un contrat entre l'utilisateur et le gestionnaire du réseau détaillant les caractéristiques du service qui doit être rendu par l'opérateur et les dispositions administratives en cas de problème. La partie technique du SLA s'appelle le SLS (Service Level Specification). Le SLS donne lieu à l'introduction de politiques dans la base de données de l'opérateur, politiques qui devront être appliquées dès que le client présentera un flux à l'entrée du réseau.

Les politiques sont distribuées en temps réel par le PDP. Le PDP décide si la politique doit être installée en permanence dans les PEP traversés par le client ou non, suivant les caractéristiques techniques de la demande du client. Si les politiques sont implémentées directement dans les nœuds, le PDP les envoie au travers d'une commande COPS. Les nœuds d'accès sont alors prêts à recevoir les demandes d'accès des flots négociés dans le SLA-SLS. Les nœuds d'accès sont capables de traiter en temps réel ces demandes. Le provisioning est souvent associé à la technique DiffServ, dans laquelle les flots peuvent être classifiés suivant diverses classes. Dans ce cas, les paquets des clients entrants sont marqués avec la priorité négociée dans le SLS et transmis aux routeurs par la politique correspondante. La figure 35.11 illustre le fonctionnement d'une politique de provisioning associée à DiffServ.

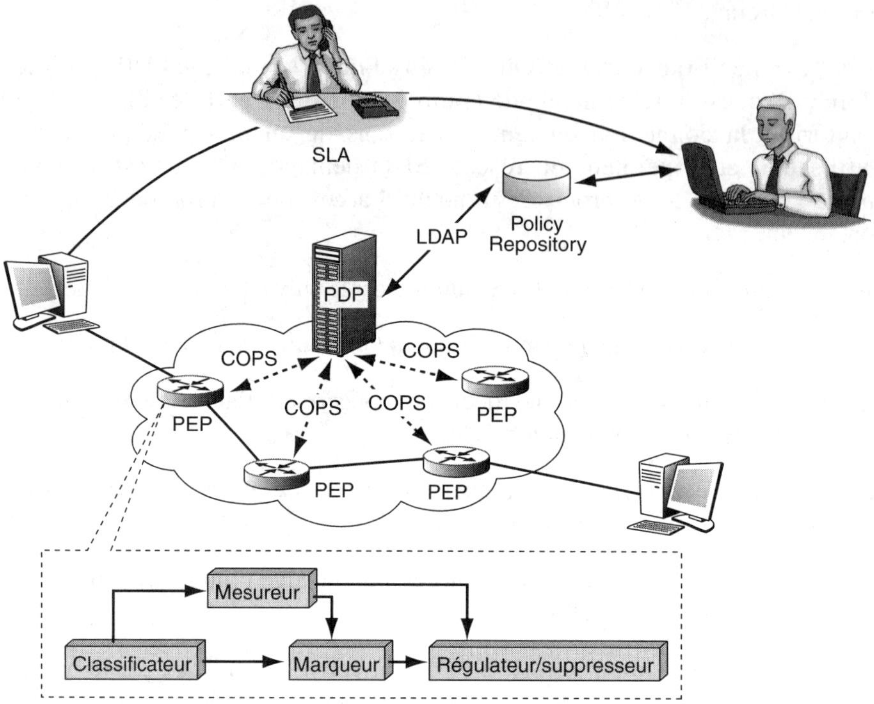

Figure 35.11

Fonctionnement d'une solution de provisioning

La figure 35.12 présente les requêtes échangées entre le PDP et le PEP pour une communication de provisioning (PR) avec un protocole COPS qui prend alors le nom de COPS-PR. Cette communication s'effectue par l'émission d'une requête REQ du PEP vers le PDP. Le PDP répond par une commande DEC précisant la configuration à mettre en œuvre dans le PEP.

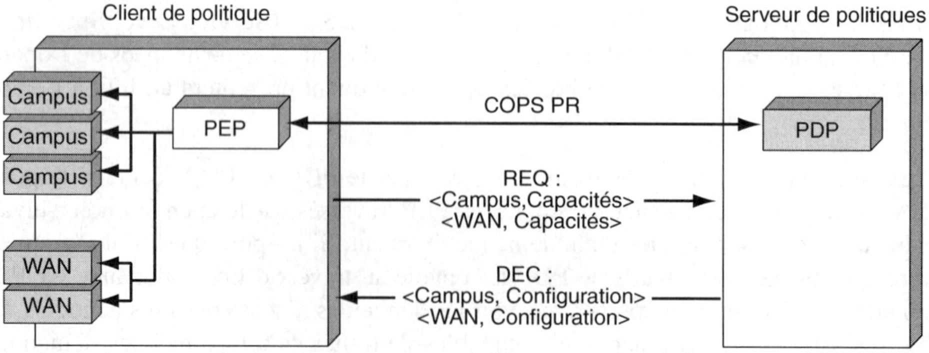

Figure 35.12

Fonctionnement de COPS-PR sous DiffServ

La pile du protocole COPS peut être divisée en trois couches conceptuelles distinctes : le protocole de base, les directives dépendant du type de client (client-type) et la représentation des données de politique (Policy Data Représentation).

L'IETF a proposé COPS comme protocole de communication pour faciliter l'échange des informations de politique entre le PDP et les PEP. Avant d'effectuer un échange de données de politique, le PEP doit initialiser la communication en ouvrant une connexion TCP avec le PDP. C'est là une des différences les plus importantes par rapport aux systèmes de gestion classiques de réseau, comme SNMP, dans lesquels le serveur initialise la communication avec le client avant d'envoyer l'information de configuration en utilisant une connexion UDP. L'utilisation d'une connexion TCP augmente la fiabilité du protocole COPS.

COPS-RSVP et le modèle d'outsourcing

RSVP a été choisi comme protocole de signalisation entre le client et le réseau pour gérer la QoS dans le modèle d'outsourcing. À la suite de l'arrivée d'un message RSVP dans le nœud d'accès, un protocole COPS spécifique, COPS-RSVP, est mis en jeu afin d'utiliser les objets de RSVP.

Quand le PEP reçoit un message RSVP sollicitant une décision pour la configuration des nœuds que son flot va traverser, les objets de RSVP sont encapsulés à l'intérieur de l'objet Signaled Client SI dans un message de requête COPS envoyé au PDP. Le PDP décide alors si ce message RSVP doit être accepté ou non puis envoie sa décision au PEP par un message de réponse. D'autres informations de supervision peuvent être envoyées par le PDP, suite à la même requête, si le PDP s'aperçoit que la décision politique originale a besoin d'être modifiée ou supprimée.

Dans le cas où le PDP détecte l'absence d'un objet RSVP essentiel dans la requête, il retourne un message d'erreur <Error> dans le message de décision, qui doit indiquer MANDATORY CLIENT-SPECIFIC INFO MISSING. Dans le cas où le PDP détecte l'absence d'un objet RSVP optionnel dans la requête, il retourne une décision négative.

Pour chaque message de décision reçu, le PEP envoie un rapport au PDP, qui inclut les actions prises pour assurer que les politiques décidées par le PDP ont été convenablement installées et pour détecter d'éventuelles anomalies. De la sorte, le PDP reste bien informé de la politique installée dans le PEP.

Dans le protocole RSVP, l'objet Policy Data joue le rôle d'un conteneur de transport des messages RSVP qui arrivent au PEP, le PEP communiquant l'objet Policy Data au PDP. Le PDP prend alors une décision fondée sur le contenu de l'objet Policy Data. Le PDP peut aussi modifier ou remplacer le Policy Data par un message Outgoing RSVP, qui permet à RSVP de se propager dans le réseau.

COPS-PR et le modèle de provisioning

Le provisioning n'inclut pas de mécanisme de signalisation de QoS mais comporte un modèle de type push. La configuration des routeurs est effectuée par le PDP en poussant l'information de configuration dans les nœuds une fois le SLA négocié avec l'utilisateur. Le mot *provisioning* (approvisionnement) provient de cette solution dans laquelle on réserve des ressources à l'avance, l'utilisateur les trouvant mises à sa disposition dans les nœuds du réseau lorsqu'il se connecte.

Au départ, le PDP choisit les règles de politique qu'il appliquera à un utilisateur en considérant les informations du SLA-SLS négocié au départ avec l'utilisateur. Ces décisions sont ensuite envoyées d'une manière asynchrone du PDP au PEP pour réaliser la configuration décidée par le PDP. Le PDP effectue un calcul de probabilité en fonction de tous les SLA-SLS des clients abonnés puis envoie l'information de configuration au PEP, telle que le changement de politique demandé directement par l'utilisateur en modifiant son abonnement, à une heure prédéterminée, à l'expiration d'un compte, etc. Le PEP confirme que l'installation de configuration est réussie à la suite du message de configuration.

Le protocole COPS-PR peut être utilisé pour mettre en place différentes configurations de gestion de la qualité de service, comme DiffServ, MPLS, etc. Les données transportées par COPS-PR forment un ensemble de données de politique. Ces données prennent le nom de PIB (Policy Information Base), ou base de données des informations de politique. La PIB est utilisée avec le protocole COPS et, dans le cas du provisioning, avec COPS-PR. Le modèle de description de l'information de politique décrit le format des informations de politique échangées entre le PEP et le PDP. La PIB contient des informations décrivant le service associé aux politiques et les techniques de classification des paquets. Elle est extensible, de sorte à permettre l'adjonction de nouveaux types de paramètres.

Interactions entre les PEP et le PDP

Au démarrage d'un PEP, celui-ci ouvre une connexion COPS avec son PDP. Une fois la connexion établie, le PEP envoie au PDP des informations à propos de lui-même sous la forme d'une requête de configuration. La requête inclut toutes les informations spécifiant le client, telles que les types de matériel et de logiciel utilisés, qui sont nécessaires à une configuration. Durant cette phase, le client peut spécifier la taille maximale du message COPS-PR.

Le PDP répond à la requête de configuration en transmettant l'ensemble des politiques acceptées par le PDP concernant ce PEP. À réception de ces politiques de configuration, le PEP les organise et les installe. Si le PDP change son comportement ou est averti par le PEP d'un changement de contexte, suite, par exemple, à une panne, le PDP envoie une nouvelle configuration avec les primitives INSTALL, UPDATE et DELETE pour modifier la configuration du PEP. Si la configuration du PEP doit changer de manière radicale, suite à une demande de configuration non disponible dans le nœud, le PEP envoie de façon asynchrone de nouvelles informations au PDP dans un message UPDATE REQUEST CONFIGURATION. À réception de cette requête, le PDP fait parvenir au PEP les informations nécessaires à la gestion de l'implantation de la nouvelle politique et, bien sûr, à l'effacement des politiques qui ne sont plus nécessaires.

Nous avons vu que COPS utilisait une connexion TCP entre le PEP et le PDP. La connexion TCP est initialisée par le PEP. Chaque serveur PDP écoute la connexion sur le port 3288. Il existe au moins un PDP par domaine administratif. Le PEP peut obtenir l'adresse du PDP par le service de gestion du réseau ou par le mécanisme de localisation de service, ou SRVLOC (Service Location). Un PEP peut supporter plusieurs types de clients. Dans ce cas, il doit envoyer plusieurs messages CLIENT-OPEN, de façon que chaque connexion spécifie un type de client particulier.

Le PEP effectue sa requête à un ou plusieurs PDP au travers d'une ou de plusieurs connexions TCP. Un PDP qui a une adresse et un numéro de port peut supporter plusieurs types de clients. Il est donc possible qu'un PEP ouvre plusieurs connexions avec plusieurs PDP. C'est le cas lorsque plusieurs PDP physiques séparés, et non logique dans un seul PDP, supportent différents types de clients. Il est important de noter que, pour une classe de clients donnée (client type), il ne peut exister qu'un PDP par domaine administratif. La figure 35.13 illustre ce type d'architecture. L'éditeur de politique est généralement un ordinateur personnel qui permet d'entrer les politiques par l'intermédiaire d'un clavier.

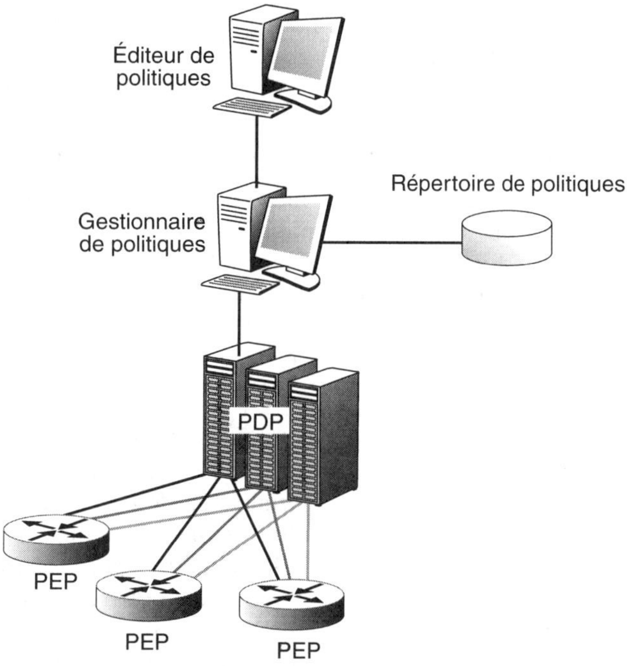

Figure 35.13
Architecture à plusieurs PDP

Pour distinguer les différents types de clients, le client est identifié dans chaque message. Les classes de clients peuvent se servir de données propres à leur classe et réclamer l'application de politiques spécifiques.

Le PEP doit passer par les étapes suivantes pour arriver à une décision politique :

1. Un événement local ou un message demande au PEP de se configurer suivant une politique particulière.
2. Le PEP créé une requête COPS contenant les informations provenant du message de demande d'admission et les éléments de politique à appliquer.
3. Le PEP peut consulter une base de données de configuration locale (Local Configuration Database) pour identifier un ensemble d'éléments de politique (Policy Element) qui peuvent être évalués localement. Le PEP passe alors la requête au LPDP (au cas où il en possède un), lequel, à son tour, renvoie une décision, appelée résultat partiel.
4. Le PEP émet une requête contenant tous les éléments de politique, accompagnés du résultat partiel du LPDP, vers le PDP, lequel prend la décision finale.
5. Le PDP retourne la décision finale au PEP et indique la politique à implémenter dans le nœud.

Le PDP doit éventuellement être informé de l'échec du LPDP en ce qui concerne la décision locale à prendre ainsi que de l'échec de l'admission, par manque de ressources, par exemple. Le PDP peut à tout moment envoyer des notifications au PEP pour demander une modification concernant une décision, générer une erreur de politique (Policy Error) ou envoyer un message d'avertissement (Warning Message).

La sécurité dans COPS

La sécurité dans COPS est négociée une fois pour toutes au début de la connexion et couvre ainsi toutes les communications utilisant cette connexion. Si une sécurité particulière est demandée pour une connexion, elle doit être négociée durant l'échange initial, pendant la phase CLIENT-OPEN/CLIENT-ACCEPT, en spécifiant un CLIENT-TYPE égal à zéro (CLIENT-TYPE = 0 est réservé à la négociation de la sécurité).

Si un PEP n'est pas configuré pour utiliser la version COPS Security avec un PDP, le PEP envoie tout simplement au PDP un message CLIENT-OPEN pour un CLIENT-TYPE disponible. Le PEP envoie sa demande de sécurité au PDP à l'aide d'un message CLIENT-OPEN possédant un CLIENT-TYPE = 0 avant même d'ouvrir un autre CLIENT-TYPE. Si le PDP reçoit un message CLIENT-OPEN avec un CLIENT-TYPE = 0 après qu'un autre CLIENT-TYPE a été ouvert avec succès, le PDP retourne un message CLIENT-CLOSE avec CLIENT-TYPE = 0 pour ce PEP.

Le premier message CLIENT-OPEN doit spécifier un CLIENT-TYPE = 0 et indiquer le PEP ID (identité du PEP) et l'objet d'intégrité de COPS. Cet objet d'intégrité contient un numéro de séquence initialisé par le PEP, que le PDP incrémente durant la communication suivant l'échange du message initial CLIENT-OPEN/CLIENT-ACCEPT. La valeur de l'ID identifie l'algorithme et la clé utilisés pour sécuriser la communication. Le PDP accepte l'algorithme et la clé de sécurité du PEP en validant le message reçu par le biais de la clé identifiée par la valeur de l'ID. Le PDP envoie alors au PEP un message CLIENT-ACCEPT avec un CLIENT-TYPE = 0 en portant un champ d'intégrité pour vérifier la correction de l'information. Cet objet d'intégrité contient le numéro de séquence initialisé par le PDP, numéro que le PEP doit incrémenter durant toute la communication avec le PDP. Ce numéro permet de bien séquencer les différents messages que s'échangent le PEP et le PDP.

Conclusion

Le contrôle et la gestion par politique ont été lancés par les grands opérateurs et les équipementiers de télécommunications pour faciliter le contrôle et la gestion de leurs réseaux. Jusqu'à une époque récente, les routeurs et les commutateurs étaient configurés à la main, grâce à des lignes de commande émises depuis une console opérateur. L'idée du contrôle par politique a consisté à automatiser ce processus, depuis la demande utilisateur jusqu'à la configuration.

Cette solution de contrôle et de gestion par le biais d'un serveur centralisé se heurte toutefois à l'opposition des partisans d'un Internet totalement décentralisé, dans lequel aucune ressource capitale n'est centralisée.

Si cette technique de contrôle doit connaître un bel avenir, cela passera sans doute par sa transformation en un système un peu moins centralisé grâce aux PDP locaux, qui pourraient se trouver dans chaque PEP du réseau.

36

La signalisation

Le transport de l'information de commande, ou signalisation, est un aspect capital de l'infrastructure des réseaux. On peut même dire que l'avenir des réseaux réside dans la capacité de les piloter et d'automatiser leur configuration. L'objectif est de signaler une information, par exemple celle de déclencher les processus de mise en place de l'infrastructure, afin qu'une application puisse se dérouler.

La signalisation est depuis longtemps étudiée par les organismes de normalisation, et plus particulièrement par l'UIT-T. Elle a beaucoup évolué au cours des dix dernières années et elle continue à s'adapter aux bouleversements du monde IP. Par exemple, la signalisation SIP (Session Initiation Protocol) est devenue en quelques années la plus importante dans le monde des réseaux. Elle est notamment utilisée à des fins de convergence dans l'IMS (IP Multimedia SubSystem).

Ce chapitre ne vise pas à dresser un panorama exhaustif des protocoles de signalisation. Nous en abordons un grand nombre dans l'ensemble de l'ouvrage, en les introduisant directement dans les chapitres traitant des architectures ou des protocoles de service concernés. Le présent chapitre se contente d'introduire quelques notions de base et de les accompagner d'un certain nombre d'exemples éloquents, qui, même s'ils sont introduits par ailleurs dans l'ouvrage, représentent des cas importants.

Nous commençons par donner les raisons d'être de la signalisation et présenter les principales fonctions dont elle s'occupe. Nous introduisons ensuite les exemples de signalisation les plus importants, avec les protocoles RSVP, COPS, SIP, MGCP, H323 et COPS, ainsi que les protocoles associés au concept de middle box. Nous terminons avec le CCITT n° 7 (en anglais SS7), qui a longtemps été la norme de signalisation la plus répandue, du fait de son adoption ancienne par les réseaux de type circuit, notamment le réseau téléphonique.

Caractéristiques de la signalisation

La signalisation désigne les moyens à mettre en œuvre pour transmettre une information telle que l'ouverture ou la fermeture d'un chemin. Elle existe dans tous les réseaux, y compris ceux qui, comme IP, souhaitent la réduire au minimum afin de préserver la simplicité du système. La signalisation doit donc être capable de fonctionner selon toutes les techniques du monde des réseaux, en particulier des réseaux IP.

La signalisation demande généralement un mode routé. En effet, il faut indiquer à qui la signalisation est adressée et, pour cela, exhiber l'adresse complète du récepteur dans le paquet de signalisation. Tous les réseaux commutés ont donc besoin d'un réseau routé pour mettre en œuvre la signalisation.

La signalisation est capable de prendre en charge des services à différents niveaux de l'architecture. Par exemple, elle doit être capable d'effectuer une négociation de SLA, de demander l'authentification d'un utilisateur, de collecter des informations sur les ressources disponibles, etc. Le protocole de signalisation doit être extensible de façon à permettre l'arrivée de nouveaux services de façon simple. Le protocole de signalisation doit de plus être modulaire et flexible, afin de répondre aux besoins de chaque application particulière. La modularité facilite l'ajout de nouveaux modules lors des phases de développement.

Fonctionnement de la signalisation

Un protocole de signalisation comporte deux modes de fonctionnement : *dans la bande* (inband) et *hors bande* (outband). Dans le premier cas, les messages de signalisation sont transportés dans le chemin de données, tandis que dans le second ils sont indépendants du chemin suivi par les données.

Une autre caractéristique de la signalisation est la possibilité de couplage (path-coupled) ou au contraire de découplage du chemin (path-decoupled). Dans le premier cas, la signalisation suit les données dans la bande ou hors bande en empruntant la même succession de nœuds. Par exemple, le protocole RSVP est path-coupled et le protocole SIP est path-decoupled.

La signalisation doit être capable de fonctionner à la fois dans les modes interdomaines et intradomaines. La signalisation doit également pouvoir fonctionner en modes bout-en-bout, bordure à bordure et end-to-edge (signalisation entre un end-host et un edge-node).

Dans l'environnement Internet hétérogène actuel, il existe un grand nombre de protocoles de signalisation, plus ou moins adaptés aux différentes applications. Cette grande diversité a poussé l'IETF à créer le groupe de travail NSIS (Next Step in Networking) afin de proposer une nouvelle norme unique destinée à rassembler toutes les précédentes.

D'une façon générale, un protocole de signalisation doit pouvoir coopérer avec d'autres protocoles. Pour ce faire, il doit être capable de transporter les messages d'autres protocoles de signalisation. Il est aussi possible de définir des interfaces permettant de transformer un message concernant un protocole en un message concernant un autre protocole.

La signalisation doit supporter la gestion de toutes les ressources du réseau. Elle prend en charge le transport des informations permettant d'exprimer les demandes des applications en terme de réservation et d'allocation de ressources. Pour ce faire, la signalisation interagit avec des entités spécifiques, telles que les serveurs de gestion de ressource, comme les bandwidth brokers, ou serveurs de bande passante. Enfin, la signalisation doit supporter la négociation de SLA entre un utilisateur et un fournisseur ou entre fournisseurs et la configuration des entités dans le réseau selon le nouveau SLA.

La signalisation peut supporter le monitoring des services et les états des entités dans le réseau et prendre en charge la facturation des services.

Afin de valider les demandes de service d'un utilisateur, la signalisation est aussi utilisée pour réaliser une authentification. Elle permet en ce cas de transporter les informations nécessaires à cette interaction. Ce transport doit être suffisamment générique pour autoriser les mécanismes existants et à venir.

La sécurité

La signalisation joue un rôle très important dans la sécurisation d'un réseau. En premier lieu, elle doit être elle-même sécurisée. Les primitives doivent pouvoir s'authentifier pour garantir qu'elles ne proviennent pas d'attaquants. La signalisation doit aussi implémenter des moyens de protection des messages de signalisation contre leur modification malicieuse. Elle doit en outre permettre de détecter qu'un ancien message est réutilisé, afin d'éviter le rejeu, et de cacher les informations de topologie du réseau. Elle peut enfin supporter des mécanismes de confidentialité des informations, tels que le chiffrement.

Les protocoles de signalisation peuvent coopérer avec les protocoles d'authentification et les agréments de clés (Key Agreement) pour négocier les associations de sécurité.

La signalisation doit aussi posséder des moyens pour négocier des mécanismes de sécurité selon les besoins des applications et des utilisateurs.

La mobilité

La signalisation joue un rôle important dans la gestion de la mobilité. Elle intervient dans les diverses actions à effectuer quand le mobile change de cellule, quand il effectue un roaming, lorsqu'il négocie son SLA ou bien pour la mise en place d'une application.

Quand un handover a lieu, la signalisation doit être capable de rétablir la connexion et de reconstituer rapidement et efficacement les états installés dans la nouvelle station de base. Le processus de rétablissement peut être local ou de bout en bout. Si le réseau mobile est surchargé, la signalisation des handovers doit avoir une priorité plus élevée que celle d'une signalisation démarrant une nouvelle connexion.

La charge du réseau

Dans une situation normale, le trafic de signalisation occupe une part peu importante du trafic du réseau. Cependant, dans certaines situations de congestion, de panne ou de problème, le trafic de signalisation peut augmenter de façon significative et créer une sévère congestion de la signalisation dans le réseau. Par exemple, une erreur de routage d'un paquet de signalisation peut entraîner une explosion en chaîne des messages de notification. Un protocole de signalisation doit être capable de maintenir la stabilité de la signalisation.

La signalisation doit être robuste, efficace et consommer le moins possible de ressource dans le réseau. Ce dernier doit être capable de fonctionner, même dans le cas d'une forte congestion.

Le réseau doit être capable d'assigner une priorité aux messages de signalisation. Cela permet de réduire les délais de transit des signalisations correspondant à des applications fortement prioritaires. Il faut également faire attention aux attaques par déni de service, qui peuvent saturer le réseau par des messages de signalisation de haute priorité.

Le protocole de signalisation doit permettre de regrouper des messages de signalisation. Cela peut concerner, par exemple, le regroupement des messages de rafraîchissement, comme RSVP, afin d'éviter de rafraîchir individuellement les états de réservation, ou soft-state.

La signalisation doit pouvoir passer l'échelle (scalabilité), c'est-à-dire s'appliquer à un petit réseau aussi bien qu'à un immense réseau de plusieurs millions de nœuds. Elle doit aussi être capable de prendre en charge et de modifier les différents mécanismes de sécurité en fonction des besoins en performance des applications.

Le protocole RSVP

Le protocole RSVP (Resource reSerVation Protocol) est conçu pour supporter la réservation unicast et multicast de ressources de bout en bout. Repris dans l'environnement IntServ (Integrated Services), RSVP est un protocole de signalisation modulaire, qui offre la possibilité de définir de nouveaux objets pour des extensions à venir. Il supporte le soft-state, fonctionne en mode path-coupled et fait la réservation en mode receiver-initiator, c'est-à-dire depuis le récepteur vers l'émetteur.

Des extensions de RSVP ont été proposées pour permettre la livraison fiable de messages de signalisation (message ACK/NACK) et le regroupement des messages de rafraîchissement dans un seul message SREFRESH. Une autre proposition d'extension permet l'agrégation des demandes de réservation de ressources pour augmenter la performance et la scalabilité du protocole.

Caractéristiques de RSVP

Une caractéristique importante de RSVP est de permettre la réservation de ressources dans un mode multicast. Il est difficile d'utiliser le mode émetteur vers récepteur pour prendre en charge la réservation de ressources en multicast puisqu'on ne connaît pas les caractéristiques du récepteur au démarrage de la demande de réservation. C'est la raison pour laquelle RSVP fonctionne en mode récepteur vers émetteur.

Dans ce mode, c'est le récepteur des données qui déclenche et maintient la réservation des ressources dans le réseau. En d'autres termes, l'émetteur envoie une demande au récepteur, lequel déclenche la primitive de réservation de ressources et l'envoie vers l'émetteur. Le paquet portant cette primitive effectue la réservation dans les nœuds traversés en allant du récepteur vers l'émetteur. La raison de ce choix tient à la nécessité d'effectuer une réservation adéquate puisque la primitive de réservation connaît les caractéristiques de l'émetteur et du récepteur, et pas seulement celles de l'émetteur. Par exemple, si l'émetteur demande un débit de 1 Mbit/s mais que le récepteur ne puisse recevoir qu'un débit de 128 Kbit/s, il est inutile de réserver une bande passante de 1 Mbit/s, 128 Kbit/s suffisant.

Le maintien d'une réservation repose sur la notion de soft-state au niveau des nœuds intermédiaires et d'extrémité. Les soft-states sont des états périodiquement réactivés, permettant de mettre à jour dynamiquement le chemin à réserver en fonction des arrivées et des départs de participants et des changements de route. L'état de réservation peut donc être périssable, grâce à l'usage d'un temporisateur.

Les autres caractéristiques importantes de RSVP sont les suivantes :

- RSVP transporte et maintient des paramètres de contrôle de trafic (QoS) et de contrôle de politique (Policy Control) qui lui sont opaques. En fait, RSVP véhicule des structures d'objets définissables en dehors de lui.
- RSVP est pris en charge aussi bien par IPv4 qu'IPv6. Les composants du protocole sont définis pour cela pour IPv4 comme pour IPv6. Par exemple, les objets FILTER_SPEC sont définis différemment en IPv4 et en IPv6.
- RSVP est unidirectionnel. Il n'établit donc de réservation pour les flux de données que dans un seul sens. La réservation de ressources pour des transferts bidirectionnels requiert deux sessions RSVP indépendantes.
- RSVP n'est pas un protocole de routage. La signalisation RSVP utilise des protocoles de routage qui déterminent le chemin vers la destination. Précisons que RSVP fournit un mode opératoire transparent aux routeurs qui ne le supportent pas. Les routeurs non RSVP-aware routent les paquets IP qui transportent les messages RSVP comme des paquets normaux.

Fonctionnement de RSVP

Le protocole de signalisation RSVP met en place une connexion logique appelée session. Une session RSVP est définie par les trois éléments suivants :

- adresse IP destination (unicast ou multicast) ;
- identifiant du protocole sur IP ;
- port destination (optionnel pour IPv4), TCP ou UDP.

Le modèle RSVP se fonde sur l'échange de deux messages fondamentaux, les messages Path et Resv *(voir figure 36.1)* :

- Le message Path (à l'initiative de l'émetteur) permet à l'émetteur du flux de données de spécifier les caractéristiques du trafic qu'il va générer.
- Le message Resv (à l'initiative du récepteur) permet à un récepteur ayant préalablement reçu un message Path de spécifier la QoS requise et de déclencher la réservation sur le chemin. Ce message suit le même chemin que celui du message Path mais dans le sens inverse.

Les principaux messages qui ont été définis dans RSVP sont les suivants :

- Message d'erreur :
  - PathErr, envoyé à l'émetteur qui a créé l'erreur.
  - ResvErr, envoyé vers le récepteur pour notifier une erreur en fusionnant les demandes de réservation.
- Message de confirmation de réservation :
  - ResvConf, utilisé pour indiquer le succès de la réservation si le récepteur ne reçoit pas le message ResvErr.

- Message de suppression :
  - PathTear, envoyé vers le récepteur pour supprimer l'état Path qui a été établi par le message Path.
  - ResvTear, envoyé vers l'émetteur pour supprimer l'état Resv qui a été établi par le message Resv.

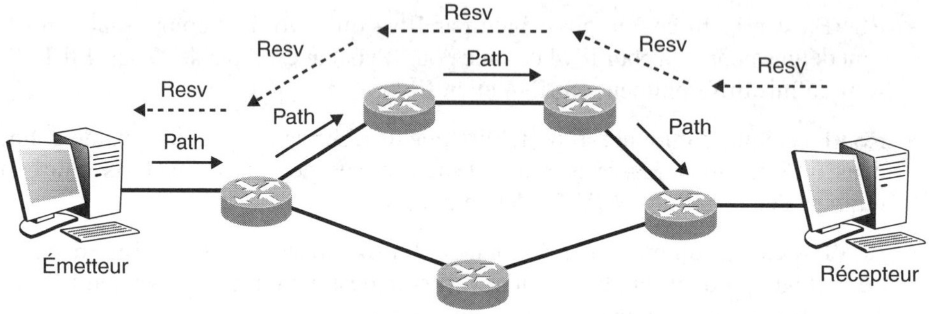

Figure 36.1

Fonctionnement du protocole RSVP

Format des messages de RSVP

Un message RSVP est constitué d'un en-tête commun et d'un nombre variable d'objets en fonction du type du message :

<RSVP message>::=<En-tête commun><ensemble des objets RSVP>

Comme illustré à la figure 36.2, l'en-tête du message RSVP est structuré de la façon suivante :

0 3	7	15	31
Vers	Flags	Msg_Type	RSVP checksum
Send_TTL		(Reserved)	RSVP length

Figure 36.2

En-tête du message RSVP

- Vers (4 bits) : version du protocole.
- Flags (4 bits) : drapeau.
- Msg_Type :
  - Path
  - Resv
  - PathErr
  - ResvErr
  - PathTear
    - ResvTear
    - ResvConf

- RSVP Checksum (16 bits).
- Send_TTL : contient au départ la valeur du champ TTL du datagramme IP qui transporte le message RSVP. Grâce à ce champ, il est possible de détecter la traversée de routeurs non-RSVP. En effet, ceux-ci décrémentent le champ TTL IP et pas celui de RSVP, alors que les routeurs RSVP modifient les deux valeurs.
- RSVP Length (16 bits) : indique la longueur du message RSVP en octets.

La structure d'un objet RSVP *(voir figure 36.3)* suit celle de TLV (Type/Length/Value) :

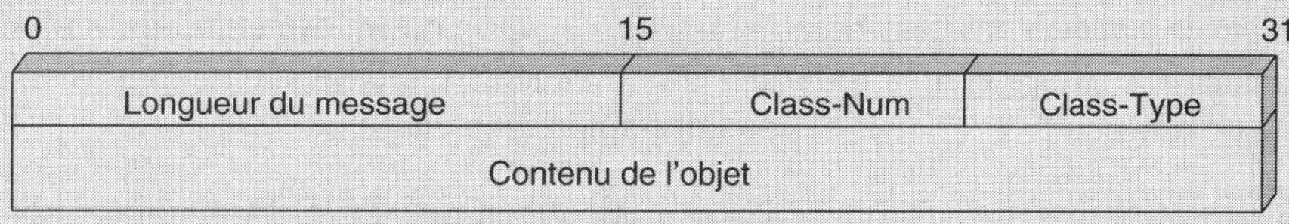

Figure 36.3
Structure d'un objet RSVP

- Longueur (16 bits) : indique la longueur de l'objet RSVP en octets.
- Class-Num : identifie la classe de l'objet.

Les classes qui sont définies sont récapitulées au tableau 36.1.

Numéro de la classe d'objet	Description
0 NULL	Ignoré par le récepteur
1 SESSION	Contient l'adresse IP destination, le protocole ID sur IP et le port de destination (obligatoire dans tous les messages).
3 RSVP_HOP	Transporte l'adresse IP du nœud RSVP qui a émis le message.
4 INTEGRITY	Données d'authentification
5 TIME_VALUES	Fréquence de rafraîchissement utilisée par le créateur du message
6 ERROR_SPEC	Spécifie une erreur dans un message PathErr, ResvErr ou ResvConf.
7 SCOPE	Transporte une liste des émetteurs de données vers lesquels les informations dans le message doivent être transmises.
8 STYLE	Style de réservation
9 FLOW_SPEC	Définit la QoS demandée.
10 FILTER_SPEC	Définit un sous-ensemble de paquets d'une session qui doit recevoir la QoS demandée (spécifié dans FLOW_SPEC) dans un message RESV.
11 SENDER_TEMPLATE	Contient l'adresse IP de l'émetteur et autre information pour identifier l'émetteur.
12 SENDER_TSPEC	Définit la caractéristique de trafic de l'émetteur de données.
13 ADSPEC	Transporte des données de OPWA.
14 POLICY_DATA	Transporte l'information de politique.
15 RESV_CONFIRM	Transporte l'adresse IP du récepteur qui a demandé la confirmation.

TABLEAU 36.1 • Classes d'objets RSVP

La signalisation H.323

En 1996, l'UIT (Union Internationale des Télécommunications) proposa la famille de protocoles H.32x, très fortement soutenue par Microsoft et Intel. L'UIT parvint rapidement à convaincre les différents équipementiers et fournisseurs de services de la nécessité d'adopter pour norme commune ces protocoles H.32x.

Sans être précurseurs ni de la téléphonie, ni de la vidéo, ni même de la conférence, ces protocoles constituent l'initiative la plus aboutie et la plus marquante des débuts de la signalisation multimédia. La généralisation progressive et systématique de H.323 a fini par faire céder les plus récalcitrants des acteurs du multimédia, qui ont abandonné leurs solutions propriétaires, pourtant très évoluées. La ToIP (Telephony over IP) trouvait là son protocole fédérateur et pouvait prendre son envol.

Les premiers travaux sur H.323 ont débuté en mai 1995. Depuis lors, six versions standardisées se sont succédé, apportant leurs lots de nouveautés et d'améliorations.

Initialement prévue dans le cadre très restreint des réseaux locaux n'apportant aucune garantie de qualité de service, la version 1 de la recommandation H.323 de l'IUT-T prit le nom de « Systèmes et équipements visiophoniques pour réseaux locaux offrant une qualité de service non garantie ». Il faudra attendre les versions suivantes pour qu'elle soit renommée « Système de communication multimédia fonctionnant en mode paquet ». Tout porte à croire que ses concepteurs n'avaient pas imaginé rencontrer un tel succès auprès des industriels, et que le protocole a ensuite évolué pour adresser des réseaux plus étendus, de type Internet.

Cette version balbutiante présentait de sévères limitations, notamment des performances, illustrées, par exemple, par la lenteur de la mise en place d'une communication ou la sécurité, totalement absente. Surtout, la spécification était imprécise quant à la manière d'implémenter le protocole, ce qui entraîna d'importants problèmes d'interopérabilité entre les différents constructeurs.

Remarquable à bien des égards, la version 2 (1998) améliora considérablement un protocole encore instable et perfectible, en particulier les délais d'établissement d'une communication grâce à la procédure de FastConnect, qui permettait de paralléliser les annonces.

Une autre nouveauté fut incarnée par la procédure H.245 tunneling, qui permettait d'encapsuler des messages H.245 dans des messages H.225.0 (Q.931). De nouveaux services étaient supportés par le protocole, dont les classiques services de renvoi et de transfert d'appel, et des mécanismes de sécurité étaient rassemblés dans la spécification H.235. Cette dernière couvrait la plupart des mécanismes de sécurité, incluant l'authentification et le cryptage des flux de données.

Des paramètres de gestion de la qualité de service étaient ajoutés dans les messages de signalisation, permettant de s'intégrer dans une architecture de type DiffServ ou RSVP, par exemple. Néanmoins, la gestion elle-même de la qualité de service ne faisait pas partie du protocole, H.323 n'offrant aucune garantie de réservation de ressources. Seuls des paramètres de qualité de service pouvaient être ajoutés dans la structure des paquets et pouvaient être utilisés par les terminaux. Au niveau du réseau cœur, ces paramètres devaient être exploités et traités par des mécanismes externes au protocole.

Plus généralement, la manière d'ajouter des services supplémentaires était décrite dans le document H.450.1, qui définissait une plate-forme générique.

Les documents suivants, numérotés H.450.x (x > 1) décrivent de tels services :

- H.450.2 détaille le service de transfert d'appel, qui transforme une communication entre deux postes A et B en une communication entre A et un autre poste C. Elle est classiquement utilisée dans les entreprises pour mettre l'appelant en relation avec la personne souhaitée.
- H.450.2 détaille le service de redirection d'appel, qui remplace un poste appelé par un autre, avec ou sans condition.

Grâce au support du DTMF (Dual-Tone Multi-Frequency), le protocole H.323 version 2 permettait la création de nouveaux services vocaux. Au contraire de la téléphonie par impulsion, les codes DTMF correspondent à des fréquences. En assignant à chaque touche du terminal un code DTMF unique, il devenait possible à un serveur d'interpréter les saisies de l'utilisateur appelant et de lui fournir un service adéquat en retour. Auparavant, les messages de signalisation ne transmettaient qu'une partie de ces informations DTMF, ce qui ne permettait pas d'interpréter pleinement ces signaux.

Enfin, la recommandation H.323 permettait d'utiliser des alias à la place des adresses IP afin d'identifier les utilisateurs. Ces alias respectent le format des URL traditionnellement utilisées pour désigner une ressource unique sur Internet.

Globalement, la version 3 de H.323 (1999) a apporté moins de nouveautés fondamentales que la précédente. Si la version 2 corrigeait en profondeur plusieurs imperfections de la norme initiale, la 3 contribuait à l'amélioration du protocole, sans le bouleverser en profondeur.

Retenons notamment les trois améliorations suivantes de cette version :

- Gestion de nouveaux services complétant la gamme existante, tels que les suivants :
  - CLIP (Connected Line Identification Presentation), ou présentation de l'identification de l'appel, aussi connu par son appellation commerciale d'affichage du numéro, qui permet à l'appelé de connaître le numéro d'appel de l'appelant.
  - CLIR (Connected Line Identification Restriction), ou restriction de l'identification de l'appel¸ plus connu sous son appellation commerciale de masquage du numéro, qui permet à l'appelant de limiter les possibilités d'identification de son numéro.
- Ajout de services destinés à compléter la série H.450.x, tels que la mise en attente ou la notification d'appel ou de message en attente.
- Intégration avec la signalisation SS7, utilisée classiquement dans les réseaux téléphoniques commutés.

L'annexe E de la norme prévoyait l'utilisation du protocole de transport UDP au lieu de TCP, les deux protocoles pouvant être utilisés au choix.

La version 4 (2000) a axé ses développements sur la robustesse, à la fois en terme de passage à l'échelle (scalabilité), de flexibilité et de fiabilité. Le protocole confirmait ainsi sa suprématie par une technologie solide et véritablement en phase avec les besoins et les usages de tous types, y compris professionnels. La recommandation proposait pour cela des changements radicaux par rapport aux versions précédentes.

Afin d'offrir un cadre de développement stable à la norme, cette version 4 proposait de formaliser les améliorations sous forme d'extensions au protocole, mais sans modifier ses fondations. Autrement dit, les améliorations ne remettaient plus en cause le principe de fonctionnement du protocole mais se présentaient sous la forme de modules génériques, appelées GEF (Generic Extensibility Framework).

Le protocole H.323 devenait de la sorte stable, tout en autorisant des enrichissements progressifs. Il offrait en outre un bon niveau de souplesse puisque les équipementiers étaient libres d'implémenter certaines extensions des GEF et pas d'autres, tout en restant compatibles avec le socle du standard. De fait, le protocole atteignait une certaine maturité, et ses acteurs n'étaient plus obligés de suivre en permanence les évolutions et de mettre à jour la norme pour garantir la compatibilité.

La notion de *gatekeeper alternative,* permettant le basculement des appels en cas de panne d'un gatekeeper, ou « garde-barrière », était explicitée dans le document. À cette fin, l'annexe R proposait des mécanismes permettant de modifier dynamiquement le routage des appels en cas de panne.

Dans cette version, le protocole H.323 se rapprochait du protocole MGCP (Media Gateway Control Protocol), dont les travaux étaient menés en parallèle. Il offrait en effet une nouvelle conception architecturale, qui décomposait l'équipement de passerelle originale, jugé trop lourd, en deux sous-parties. Cette nouvelle répartition reprenait le modèle proposé conjointement entre le groupe de travail numéro 16 de l'IUT-T et le groupe de travail MEGACO de l'IETF. L'IUT en proposera une nouvelle recommandation, numérotée H.248, que nous détaillons ultérieurement dans ce chapitre.

Le protocole RTP (Real-time Transport Protocol) permet de séparer les flux audio et vidéo, ce qui offre aux récepteurs une plus grande flexibilité en leur permettant de choisir indifféremment de recevoir l'un ou l'autre, avec un système de priorité. L'inconvénient de ce système est que le récepteur doit synchroniser les deux flux pour transmettre de façon parfaitement homogène la diffusion du son avec la vidéo en simultané. Cela suppose des capacités complémentaires, à la fois de l'émetteur, qui sépare la voix de la vidéo, et du récepteur, qui assure la synchronisation des deux flux.

Avec la version 4 de H.323, le protocole proposait une solution de rechange facultative permettant de multiplexer la voix et la vidéo dans un même flux, de manière que l'émetteur n'ait plus à se soucier de la synchronisation de la vidéo par rapport à la voix et qu'il puisse jouer les données sans que des décalages du son et de l'image soient perceptibles.

En plus de proposer la gestion de nouveaux services, la version 4 permettait la mobilité de l'utilisateur et l'intégration avec les réseaux GSM et UTMS. En outre, le concept « d'enregistrements additionnels » donnait aux utilisateurs la possibilité de s'enregistrer plusieurs fois auprès des gatekeepers avec plusieurs pseudonymes différents. Les paquets UDP étant trop courts pour permettre de spécifier dans une même requête tous les pseudonymes à enregistrer, ce mécanisme d'enregistrements additionnels permettait de générer à la suite plusieurs courtes requêtes venant compléter les précédents enregistrements.

L'adressage H.323 était fixé, et une URL H.323 pouvait désormais prendre la forme *h323:utilisateur@domaine*, où le préfixe *h323* spécifiait qu'il s'agissait d'une adresse à interpréter par le protocole H.323, la partie *utilisateur* était un identifiant de l'utilisateur (ou éventuellement d'un service) et la partie *domaine* désignait l'entité capable de traduire cette URL, classiquement le gatekeeper susceptible de prendre en charge la résolution de cette adresse. La façon de résoudre effectivement cette adresse ne sera donnée que dans la version suivante.

La version 5, de 2002, est mineure par rapport aux précédentes. On peut la considérer comme une version de maintenance, qui répondait à un certain nombre de demandes et besoins. Reprenant la philosophie de stabilité initialisée par la version 4, avec le cadre générique des GEF, cette version 5 proposait des améliorations, avec la série de recommandations H.460.x, dont le tout premier document, H.460.1, expliquait ce nouveau dispositif. La recommandation H.460.9 permettait quant à elle aux terminaux de fournir les statistiques RTCP.

L'annexe O expliquait comment utiliser les serveurs de domaines DNS (Domaine Name Server) pour effectuer les résolutions de noms des adresses (URL) utilisées dans les identifications des abonnés H.323. L'interrogation des serveurs DNS pouvait s'effectuer selon différents procédés, tel ENUM (tElephone NUmber Mapping), qui associe un nom identifiant un utilisateur (par exemple l'utilisateur dont l'identifiant est *albert@exemple.com*) avec un numéro de téléphone conventionnel (au format à dix chiffres, comme 0102030405), ou A Record (Address Record), qui associe un nom d'utilisateur avec une adresse IP (192.168.1.15 pour une adresse en réseau local, par exemple).

La version 5 gérait le protocole SCTP (Stream Control Transmission Protocol) comme solution de rechange aux protocoles de transport TCP et UDP.

Au centre de la version 6, de 2006, on retrouve une philosophie modulaire, avec de multiples perfectionnements et des procédures simplifiées et épurées, destinées à rendre H.323 encore plus accessible. Quelques améliorations sont aussi proposées, comme des supports plus larges, par exemple, de codecs (GSM, iLBC et H.264 sont pris en charge) ou de spécifications de QoS (H.361 notamment).

Le concept de *gatekeeper affectée,* imposant un gatekeeper fixe à un terminal, complète celui de *gatekeeper alternatif* offert depuis la version 4. En termes de sécurité, les mécanismes sont complètement refondus. Le document de référence H.235 est restructuré et décomposé en plusieurs recommandations, numérotées de H.235.0 à H.235.9.

Les recommandations H.460.17, H.460.18 et H.460.18 répondent au problème de la traversée des réseaux avec translation d'adresse IP, ou NAT (Network Address Translation) et des filtres pare-feu, qui pénalisait le protocole H.323. Pendant longtemps, les communications H.323 ne pouvaient en effet être mises en place dans les entreprises utilisant un plan d'adressage privé et des solutions de pare-feu, car le protocole H.323 utilise des ports dynamiques qui ne sont généralement pas supportés par les pare-feu ordinaires.

La translation des adressages privés et logiciels des pare-feu est une solution déployée aujourd'hui presque systématiquement dans les entreprises, ainsi que bien souvent chez les particuliers. Si certains pare-feu perfectionnés et onéreux proposent des méthodes propriétaires pour permettre aux flux H.323 d'être filtrés correctement, la solution générale n'est véritablement donnée que dans ces nouvelles recommandations H.460.

Ces dernières spécifient les procédures à implémenter dans les gatekeepers et les terminaux pour passer les translations d'adresses et traverser les pare-feu. Le principe de ces procédures est de conserver une connexion persistante TCP entre les terminaux et le gatekeeper pour assurer les communications.

Une nouvelle entité est introduite pour permettre aux terminaux n'implémentant pas encore les procédures de la version 6 de H.323 de traverser quand même les réseaux nattés et filtrés. Il s'agit en ce cas d'un proxy particulier auquel s'adressent les terminaux et qui agit comme un intermédiaire pour relayer les messages de signalisation vers leur destinataire. En quelque sorte, si les terminaux n'arrivent pas à joindre leurs correspondants parce que leurs flux sont difficilement interprétés, le proxy interprète et reformate les flux avant de les envoyer vers leur destinataire. Ces derniers utilisent eux aussi le proxy afin que leurs flux soient conformes à ce qu'attendent les émetteurs.

Architecture et fonctionnalités du protocole H.323

Le protocole H.323 s'articule autour d'une architecture particulière décrite dans ce qui suit. Cette architecture concentre les fonctionnalités autour d'entités, et, pour cette raison, le protocole H.323 est considéré comme fortement centralisé. Nous allons définir et détailler chacune des entités introduites par le protocole H.323.

Les quatre entités d'une architecture H.323

Le protocole H.323 axe très fortement ses communications sur une typologie d'équipements en proposant une architecture sur laquelle se fonde son fonctionnement.

La terminologie anglaise étant couramment employée dans les documentations françaises, il convient de la connaître. Dans ce qui suit, les premiers termes donnés peuvent être considérés comme les plus courants.

Une architecture H.323 est généralement composée des quatre catégories d'entités suivantes :

- Terminaux (au minimum deux). Ce sont les équipements de traitement destinés aux utilisateurs, leur permettant d'émettre et de recevoir des appels. Deux terminaux doivent au minimum être présents pour qu'une communication ait lieu.

- Gatekeeper, ou garde-barrière. C'est l'équipement permettant la localisation des utilisateurs. Ces derniers peuvent s'identifier entre eux par des noms, auxquels il faut attribuer l'adresse IP correspondante dans le réseau ou, si l'appelé n'est pas situé dans un réseau IP, la localisation de l'entité intermédiaire à joindre pour l'appel. Outre cette fonction primordiale, un gatekeeper remplit tout un ensemble de fonctions complémentaires de gestion et de contrôle des communications, certaines étant indispensables et d'autres facultatives.

- Passerelle, ou gateway. C'est l'équipement permettant à des utilisateurs du réseau IP de joindre les utilisateurs qui sont actifs sur d'autres types de réseaux téléphoniques, RTC, RNIS ou RTC. On peut avoir autant de passerelles différentes que nécessaire, suivant la nature des réseaux non-IP à interconnecter.

- MCU (Multipoint Control Unit), ou unité de contrôle multipoint, parfois appelée pont multipoint. C'est l'équipement permettant la gestion des conférences, c'est-à-dire les communications multimédias mettant en jeu plus de deux interlocuteurs. Ces derniers doivent préalablement se connecter à la MCU, sur laquelle s'établissent les demandes et négociations des paramètres à utiliser lors de la conférence.

Ces quatre entités sont illustrées à la figure 36.4.

Figure 36.4
Architecture de H.323

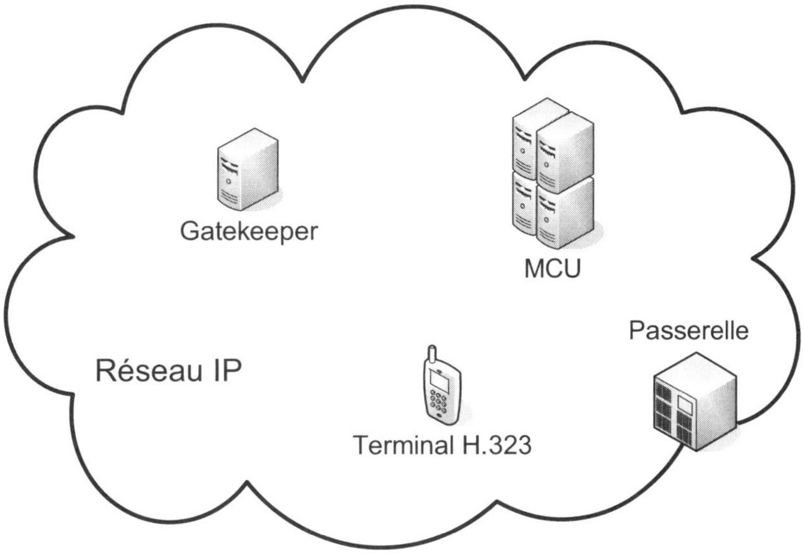

Avant de détailler chacune de ces entités, les deux définitions suivantes doivent être connues :

- **Points de terminaison.** Terminaux, gateway et MCU sont des entités auxquelles les émetteurs peuvent s'adresser directement pour communiquer. Contrairement au gatekeeper, qui joue un rôle intermédiaire de contrôle et de gestion, ces entités sont des points de terminaison des appels (aussi appelés endpoints).
- **Zone et système H.323.** La nomenclature H.323 définit deux notions qu'il convient de bien connaître et différencier :
  - Un système H.323 est défini comme un ensemble de deux terminaux au minimum, d'autres éléments pouvant être ajoutés.
  - Une zone H.323 est un ensemble de deux terminaux avec un gatekeeper au minimum, d'autres éléments pouvant être ajoutés.

Autrement dit, une zone H.323 est un système H.323 associé à un gatekeeper et éventuellement, mais pas nécessairement, à des entités additionnelles, comme une MCU ou une gateway. Chaque entité peut être présente en grand nombre.

La figure 36.5 illustre ces notions de manière hiérarchique. Système et zone correspondent à des considérations logiques. Cela signifie que plusieurs réseaux locaux peuvent être regroupés dans une même zone H.323 et dépendre d'un même gatekeeper.

À l'inverse, il est possible d'avoir plusieurs zones H.323 et de les faire communiquer entre elles.

Figure 36.5

Système et zones H.323

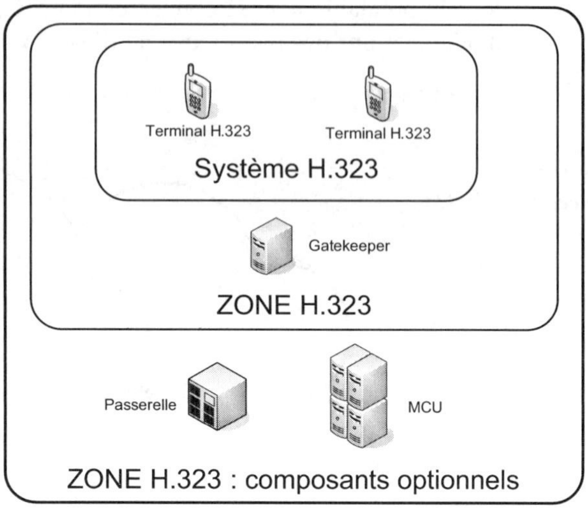

Le terminal H.323

Équipement de base des interlocuteurs, le terminal peut prendre la forme d'un téléphone IP, en apparence semblable à n'importe quel autre appareil téléphonique utilisé dans la téléphonie RTC, ou d'un logiciel téléphonique installé sur un ordinateur ou un assistant personnel de type PDA équipé d'un micro et d'une sortie audio. On parle dans ce cas de softphone.

Pour qu'un terminal soit de type H.323, il doit respecter les prérequis fonctionnels suivants :

- Support des protocoles H.225.0 et H.245 (obligatoire). Ces protocoles, dont le premier utilise des protocoles hérités du RNIS, avec Q.931 et RAS, ont à leur charge d'effectuer la partie signalisation proprement dite dans un système H.323. C'est pourquoi leur gestion est requise par les terminaux.
- Support des protocoles RTP/RTCP (obligatoire). Une fois la liaison établie entre les interlocuteurs, la session multimédia peut commencer. Le transport des données recourt au protocole RTP, auquel est associé le protocole RTCP afin que l'application téléphonique H.323 utilisée dans le terminal puisse réguler son débit selon l'état du réseau. Ces deux protocoles sont donc aussi nécessaires au terminal H.323.
- Support du codec G.711 (obligatoire). Un terminal H.323 doit être capable de gérer l'audio et, suivant les usages, les textes, images et éventuellement vidéos. Pour cela, il doit nécessairement supporter au moins le codec audio G.711, selon l'une de ces deux variantes : PCM (Pulse Code Modulation), la loi μ utilisée en Amérique du Nord et en Asie, et MIC (modulation, impulsion et codage), la loi A utilisée dans le reste du monde. Le support des autres codecs audio et de l'ensemble des codecs vidéo est laissé libre et optionnel dans la spécification du protocole H.323.
- Support de liaisons asymétriques (optionnel). Les terminaux peuvent être disposés de façon à établir des communications asymétriques, pour lesquelles la réception de données se fait avec un codec différent de celui utilisé pour l'envoi. Par exemple, un même terminal peut utiliser le codec G.222 en réception et le codec G.711 en émission. Cela permet d'affiner les débits selon les capacités des terminaux.

À titre d'exemple, considérons deux terminaux A et B, dont le premier a un débit descendant (en réception, ou *download*) fort, mais un débit montant (envoi, ou *upload*) faible, et le second a un débit montant et descendant fort. Le terminal A peut utiliser un codec de très bonne qualité pour la réception et un codec de moins bonne qualité pour l'envoi. Parallèlement, le terminal B doit s'adapter aux capacités de son correspondant en utilisant le même codec de bonne qualité pour l'envoi et le même codec de moins bonne qualité pour la réception. Les liaisons sont de la sorte asymétriques.

- Support du multicast (optionnel). Si le terminal doit servir à la mise en place de conférences, le multicast doit être géré par le terminal. Il permet de dialoguer sans l'intervention d'une entité spécialisée, telle qu'une MCU, en diffusant ses messages dans le réseau, sous réserve que ce dernier dispose de routeurs qui autorisent la diffusion en multicast.

Comme l'illustre la figure 36.6, des terminaux peuvent parfaitement communiquer entre eux en utilisant le protocole H.323 sans l'intervention d'autres éléments architecturaux. Ils forment ainsi un système H.323 autonome, mais leurs communications ne peuvent profiter de la gamme de services fournis par les autres entités. En particulier, les utilisateurs doivent impérativement connaître l'adresse IP de leur correspondant pour pouvoir les joindre. En outre, ils restent cloisonnés dans un réseau purement IP, ce qui représente une contrainte très limitative pour H.323, qui vise à offrir une large communication entre différents types de réseaux.

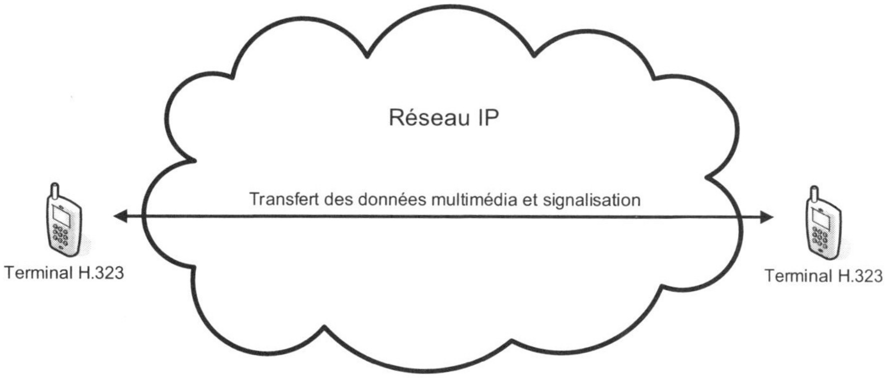

Figure 36.6

Communication entre deux terminaux H.323

Le gatekeeper

Facultatif de manière générale, le gatekeeper est requis pour toutes les opérations de contrôle et de gestion des communications. Il offre de la valeur ajoutée aux communications en proposant plusieurs fonctions, dont la première consiste à assurer la localisation des abonnés. Progressivement, le gatekeeper est devenu un élément central, dans lequel se concentrent toutes les fonctionnalités additionnelles, offrant une gamme de services complémentaires. L'architecture de H.323 est donc fortement centralisée autour de lui.

Si un gatekeeper est présent dans une zone H.323, tous les terminaux doivent nécessairement s'y enregistrer et y solliciter l'autorisation d'effectuer des appels, en émission comme en réception.

Localisation des abonnés

Pour permettre la localisation des utilisateurs dans un réseau IP utilisant H.323, le gatekeeper effectue la conversion d'un alias en une adresse IP.

Un alias est un identifiant associé à un utilisateur. Chaque utilisateur est localisé dans le réseau IP par une adresse IP, mais cette adresse peut être attribuée dynamiquement. Pour être joignables, les utilisateurs ne sont pas identifiés par cette adresse IP, qui est impropre à les qualifier pleinement et univoquement, mais par un alias qui les représente et que les utilisateurs peuvent s'échanger pour se contacter.

Le gatekeeper se charge d'effectuer la correspondance entre les alias et les adresses IP. Les utilisateurs qui ne sont pas situés dans un réseau IP doivent aussi pouvoir être joignables par les utilisateurs du réseau IP. C'est à nouveau le gatekeeper qui permet de les localiser.

Un alias peut être défini de plusieurs façons :

- une adresse de type e-mail, éventuellement préfixée de l'indication *h323:* spécifiant qu'il s'agit d'un alias H.323 ;
- une adresse de type numéro de téléphone (recommandation E.164 de l'UIT-T) ;
- une chaîne de caractères Unicode quelconque ;
- une adresse de type URL ;
- une adresse IP, éventuellement suffixée du numéro de port à utiliser.

Les adresses suivantes sont donc des alias H.323 valides : *albert@domaineH323.com, albert323, 132.227.55.155:1720, 0323323323,* etc.

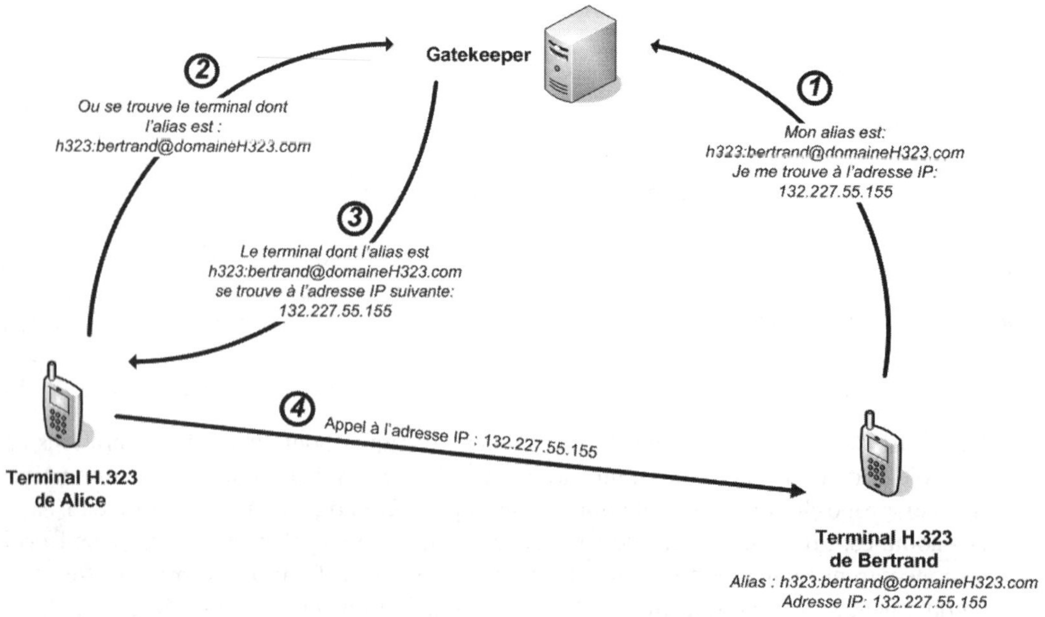

Figure 36.7

Traduction d'adresses par le gatekeeper

La translation d'un alias vers une adresse IP est illustrée à la figure 36.7. Lors de sa connexion au réseau IP, Bertrand indique au gatekeeper sa localisation dans le réseau (étape 1), comme tout utilisateur qui se connecte. Le gatekeeper a sauvegardé cette association de l'alias avec l'adresse IP correspondante dans sa base de données. Lorsqu'Alice souhaite joindre Bertrand, elle ignore sa localisation mais dispose de son alias. En sollicitant le gatekeeper (étape 2), Alice peut donc déterminer la localisation de Bertrand (étape 3) puis initialiser un appel vers ce dernier (étape 4).

Autres fonctionnalités du gatekeeper

Initialement chargé d'assurer seulement la traduction d'adresses, le gatekeeper est progressivement devenu un équipement de point de contrôle dans lequel se concentre l'ensemble des fonctionnalités complémentaires du réseau.

Parmi elles, les fonctionnalités suivantes sont spécifiées dans la norme comme indispensables et implémentées systématiquement dans tous les gatekeepers :

- Contrôle d'admission. Si la bande passante ne permet pas d'établir un nouvel appel dans une zone H.323, la gateway est habilitée à interdire de nouveaux appels et à établir une liste de priorités d'appels licites.
- AAA (Authentication, Authorization, Accounting), ou authentification, autorisation et comptabilisation. L'authentification permet de connaître l'identité de la personne connectée, tandis que l'autorisation indique quels sont les droits (et éventuellement les conditions) attribués à la personne qui s'est authentifiée.
- Gestion des flux. Le gatekeeper peut implémenter un gestionnaire de bande passante pour décider de l'allocation de bande affectée aux terminaux. Il est en outre possible de limiter le nombre d'intervenants dans une conférence et de rejeter certaines demandes de flux (par exemple en n'autorisant que la voix à un utilisateur qui réclame l'audio et la vidéo).

Signalisation routée et directe

Pour mettre en relation deux utilisateurs, il est possible d'utiliser deux moyens différents pour faire transiter la signalisation dans le réseau :

- un mode indirect, ou routé, la signalisation entre les correspondants passant par le gatekeeper ;
- un mode direct, la signalisation entre les correspondants ne faisant intervenir que ces correspondants, sans entité intermédiaire.

Dans le mode indirect, toute la signalisation passe systématiquement par le gatekeeper. Ce dernier garde donc la supervision totale de la communication et peut intervenir ensuite lors des négociations entre les utilisateurs, en interdisant certains flux vidéo, par exemple, ou en sauvegardant les paramètres négociés lors de l'appel, ce qui peut être utilisé à des fins de facturation notamment.

Comme l'illustre la figure 36.8, l'inconvénient immédiat de cette méthode est que le gatekeeper, déjà fortement sollicité dans une zone H.323, l'est davantage encore puisqu'il fait transiter l'ensemble des messages de signalisation.

Figure 36.8
Signalisation en mode indirect

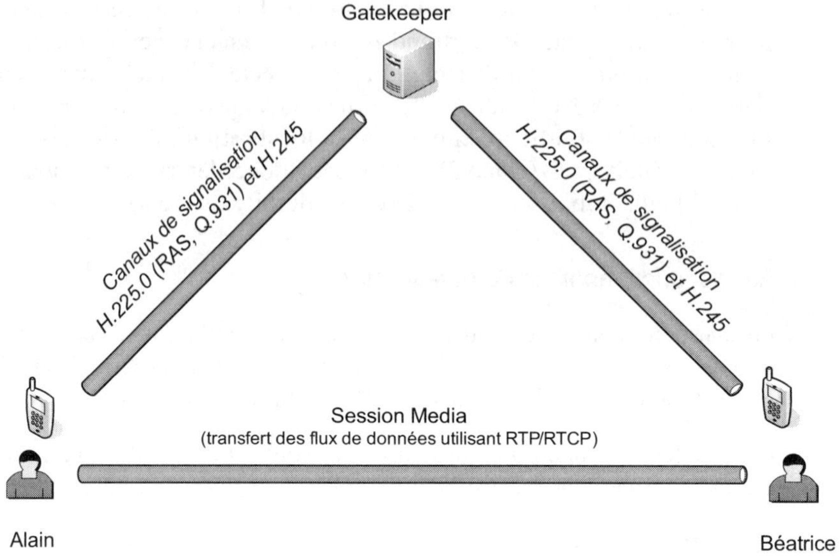

Seule la partie signalisation de l'appel est concernée par cette redirection vers le gatekeeper, la transmission des flux multimédias eux-mêmes ne faisant pas intervenir le gatekeeper mais seulement les utilisateurs finaux.

Dans le mode direct, les interlocuteurs s'échangent la signalisation entre eux, comme l'illustre la figure 36.9. Le gatekeeper joue cependant toujours son rôle, et les intervenants l'utilisent pour effectuer préalablement à l'appel la traduction d'adresse permettant de localiser le terminal appelé puis pour s'y authentifier et être soumis au contrôle d'admission ainsi qu'à toutes les fonctionnalités dont dispose le gatekeeper. Ce n'est qu'ensuite que les informations de signalisation sont envoyées uniquement entre les correspondants, exactement comme pour un appel dans un système H.323 ne faisant pas intervenir de gatekeeper.

Figure 36.9
Signalisation en mode direct

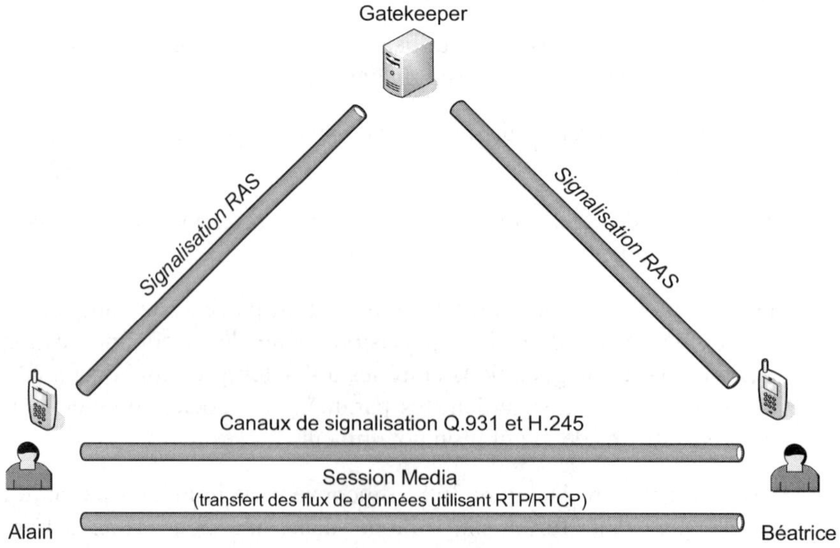

Les messages H.323

Bien plus qu'un protocole, H.323 renvoie à une plate-forme complète décrivant comment des protocoles se combinent pour assurer la signalisation. Pour être fonctionnel, H.323 doit impérativement utiliser d'autres protocoles, qui forment son ossature. Les plus importants d'entre eux sont les standards fondamentaux H.225.0, qui exploite les protocoles RAS, Q.931, hérité du RNIS, et H.245.

Le protocole H.225.0 met en place un canal de signalisation d'appel et d'enregistrement afin d'assurer la mise en relation des interlocuteurs. Le protocole H.245 permet quant à lui de créer un canal de contrôle pour la négociation des paramètres de la communication (codeur utilisé, contrôle de flux, etc.).

Les couches protocolaires de ce modèle sont illustrées à la figure 36.10.

Figure 36.10
Couches protocolaires de H.323

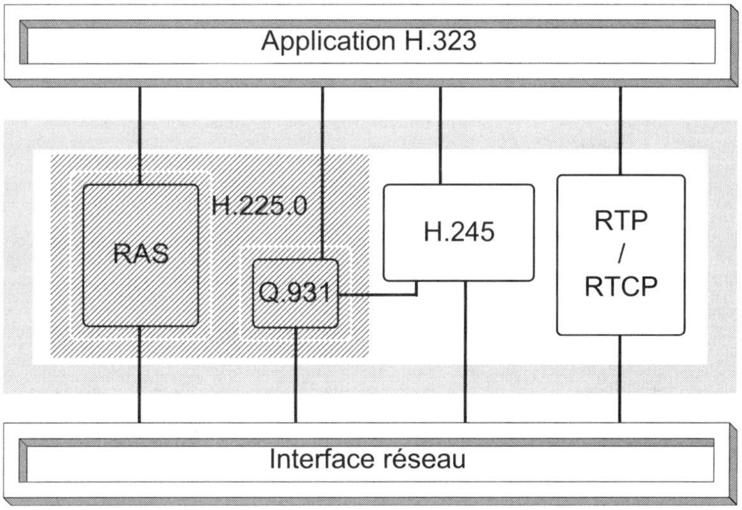

Initialement, les protocoles H.245 et Q.931 ne supportaient que le protocole de transport TCP, mais, depuis la version 3 de H.323, ils supportent indifféremment TCP et UDP.

Le protocole H.245, la signalisation de contrôle de connexion

Le protocole H.245 gère l'ouverture du canal de contrôle, l'établissement du canal de transmission, la négociation des paramètres (comme le codec utilisé) et le contrôle de flux ainsi que la fermeture du canal de contrôle. Comme pour le protocole Q.931, tous les messages H.245 ne sont pas exploitables dans le protocole H.323, qui n'en utilise qu'une faible proportion.

Initialement, les messages H.245 ne devaient être diffusés qu'après le message Q.931 SETUP. Pour optimiser les temps d'établissement d'une communication, les versions suivantes de H.323 ont fortement suggéré que les échanges H.245 s'établissent en parallèle ou même avant le message Q.931 SETUP.

Les autres protocoles

Bien d'autres protocoles sont utilisés dans la spécification H.323. Le tableau 36.2 récapitule les principaux d'entre eux.

Protocole	Description
RTP (Real Time Transport Protocol)	Assure l'horodatage des paquets au niveau de l'émetteur pour permettre la synchronisation au niveau du récepteur.
RTCP (Real Time Transport Control Protocol)	Retourne des informations statistiques sur la qualité de la connexion du récepteur vers l'émetteur, afin que ce dernier puisse adapter ses envois en conséquence.
H.235.x	Les protocoles de sécurité à utiliser dans un système H.323 sont décrits dans les documents H.235 sous dix sections référencées de H.235.0 à H.235.9.
H.450.x	La série H.450.x définit un ensemble de protocoles pour la mise en ú uvre de services supplémentaires. Alors que la spécification H.450.1 propose simplement un cadre générique, les suivantes spécifient la fourniture de services divers, comme le transfert d'appel (H.450.2), la mise en attente d'appel (H.450.4), l'indication d'un appel pendant un autre appel (H.450.6), la présentation de l'appelant (H.450.8), le renvoi d'appel (H.450.9), etc.
H.460.x	La série H.460.x définit un ensemble d'extensions qu'il est possible d'apporter au protocole de base. Par exemple, le document H.460.9 détaille comment un point de terminaison peut envoyer des informations de qualité de service pour permettre à ce dernier d'optimiser le routage des appels.
X.680	C'est le document de référence pour la syntaxe ASN.1 qui est utilisée dans le codage des données H.323.
X.691	Ce document définit les règles d'encodage des paquets (Packet Encoding Rules) pour la transmission réseau.
T.120	Spécification pour l'échange de données lors des conférences, offrant la fiabilité des échanges et l'interopérabilité entre les constructeurs, tout en préservant une indépendance vis-à-vis du type de réseau utilisé.
T.38	Définit la manière de relayer les communications pour les fax.
V.150.1	Définit la manière de relayer les communications pour les modems.
H.26x	Ces documents détaillent les codecs normalisés pour les transmissions multimédias. Les deux plus utilisés sont H.261 pour le codage vidéo à débits multiples de 64 Kbit/s par seconde et H.263 pour le codage vidéo à faible débit.
H.510	Ce document décrit un support pour la mobilité des utilisateurs en leur fournissant des services analogues quel que soit le terminal qu'ils utilisent.

TABLEAU 36.2 • Principaux protocoles de H.323

SIP (Session Initiation Protocol)

SIP est un protocole de signalisation dont la première version est apparue sous forme de draft à l'IETF en 1997 dans le groupe de travail MMUSIC. Repris dans le groupe SIP en 1999, il a été normalisé en mars 1999 sous la RFC 2543. La RFC 3261 décrit une nouvelle version de SIP dont l'objet est de réviser la RFC 2543, devenue de ce fait obsolète, en corrigeant ses erreurs et en apportant des détails sur les scénarios d'utilisation. Des compléments au protocole ont été définis dans les RFC 3262 à 3265.

SIP a pour objectif l'établissement, la modification et la terminaison de sessions multimédias entre deux terminaux. Il ne définit pas le corps de ses messages. Le corps, qui contient la description du média (vidéo, audio, codeur, etc.), est décrit par le protocole SDP (Session Description Protocol). Outre la description du flux, SIP peut transporter les médias utilisés dans une session, ou *session media*, en particulier des informations de QoS ou de sécurité. Le média de session est dissocié des échanges SIP.

Héritant du modèle HTTP, le mode d'échange est de type client-serveur, avec une relation d'égal à égal entre les deux. Les messages SIP sont des requêtes, aussi appelées méthodes, qui engendrent des messages en retour, les réponses. SIP peut fonctionner au-dessus de plusieurs protocoles de transport. UDP est pour l'instant le plus utilisé, mais l'utilisation de TCP est aussi définie, ainsi que le transport par d'autres protocoles, tel SCTP (Stream Control Transmission Protocol). Avec UDP, SIP assure la fiabilité à partir d'accusés de réception positifs et de temporisateurs.

SIP est conçu pour être évolutif. Seules les fonctions de base sont obligatoires, des extensions pouvant être supportées ou non par les différentes entités qui s'échangent leur capacité.

Deux modes de communication sont possibles, le réseau décidant du mode :

- Mode direct : les deux entités SIP représentant les terminaux communiquent directement.
- Mode indirect : des entités intermédiaires faisant partie du réseau relaient les messages échangés.

Les entités SIP

SIP comporte plusieurs catégories d'entités, dont les plus classiques sont les entités utilisatrices et les entités réseau. Ces entités s'échangent des messages.

Les entités utilisatrices

Les entités utilisatrices sont appelées agents utilisateur, ou UA (User Agent) ou encore plus simplement terminal utilisateur. Les UA ouvrent, modifient et terminent les sessions pour le compte de l'utilisateur. Concrètement, dans l'application multimédia du terminal utilisateur, il s'agit de la partie du programme qui permet de recevoir et d'établir les sessions. Elle regroupe deux composantes, l'une qui agit en tant que client (UAC) et initialise les sessions à la demande de l'utilisateur, l'autre qui agit en tant que serveur (UAS) et qui est responsable de la réception de toutes les sessions à destination de l'utilisateur. Les UA conservent des informations sur l'état de la session et sont dits pour cela *stateful*.

L'association des requêtes et des réponses entre deux entités de type UA constitue un dialogue.

Par analogie, on peut remarquer que la même chose se produit avec le protocole HTTP dans une application Web : un utilisateur exploite son navigateur comme client pour envoyer des requêtes et contacter une machine serveur, laquelle répond aux requêtes du client. La différence essentielle par rapport aux applications classiques utilisant HTTP est qu'en téléphonie un terminal doit être à la fois utilisé pour joindre un interlocuteur et pour appeler. Chaque terminal possède donc la double fonctionnalité de client et de serveur.

Lors de l'initialisation d'un appel, l'appelant exploite la fonctionnalité client de son terminal (UAC), tandis que celui qui reçoit la communication exploite sa fonctionnalité de serveur (UAS).

La communication peut être clôturée indifféremment par l'User Agent Client ou l'User Agent Server.

De nombreuses implémentations de clients SIP sont disponibles sur les plates-formes les plus courantes, Windows, Linux ou Mac. Elles sont le plus souvent gratuites, sous licence GPL.

Les entités réseau

SIP définit trois entités logiques de type serveur faisant partie du réseau et agissant pour étendre son fonctionnement.

Le serveur proxy (proxy server)

Le serveur proxy a une fonction de relais. Il accepte les requêtes ou les réponses SIP en provenance d'un terminal ou d'un autre serveur proxy et les fait suivre. Ce serveur peut conserver des états de l'avancement des sessions pour lesquelles il intervient. Il est dit dans ce cas *stateful*. Dans le cas inverse, il est dit *stateless*.

Le serveur proxy (parfois appelé serveur mandataire) permet d'initialiser une communication à la place de l'appelant. Il joue le rôle d'intermédiaire entre les terminaux des interlocuteurs et agit pour le compte de ces derniers. Le serveur proxy remplit les différentes fonctions suivantes :

- localiser un correspondant ;
- réaliser éventuellement certains traitements sur les requêtes ;
- initialiser, maintenir et terminer une session vers un correspondant.

Lorsqu'un utilisateur demande à un serveur proxy de localiser un correspondant, ce dernier effectue la recherche, mais, au lieu de retourner le résultat au demandeur, comme le ferait un serveur de redirection, il utilise cette réponse pour effectuer lui-même l'initialisation de la communication en invitant le correspondant à ouvrir une session.

Bien que fournissant le même type de service de localisation qu'un serveur de redirection, un serveur proxy va donc plus loin que la simple localisation en initialisant la mise en relation des correspondants de façon transparente pour le client. Il peut acheminer tous les messages de signalisation des terminaux, de l'initialisation de la communication à sa terminaison, en passant par sa modification. En contrepartie, le serveur proxy est une entité beaucoup plus sollicitée que le serveur de redirection, et donc plus lourde.

Chaque terminal peut et devrait en principe disposer d'un tel serveur sur lequel se reposer pour interpréter, adapter et relayer les requêtes. En effet, le serveur proxy peut reformuler une requête du terminal UAC afin de la rendre compréhensible par le serveur auquel s'adresse l'UAC. Cela accroît la souplesse d'utilisation du terminal et simplifie son usage.

Les serveurs proxy jouent aussi un rôle collaboratif, puisque les requêtes qu'ils véhiculent peuvent transiter d'un serveur proxy à un autre, jusqu'à atteindre le destinataire. Notons que le serveur proxy ne fait jamais transiter de données multimédias, et qu'il ne traite que les messages SIP.

On distingue deux types de serveurs proxy :

- Proxy *statefull*, qui maintient pendant toute la durée des sessions l'état des connexions.
- Proxy *stateless*, qui achemine les messages indépendamment les uns des autres, sans sauvegarder l'état des connexions.

Les proxy *stateless* sont plus rapides et plus légers que les proxy *statefull*, mais ils ne disposent pas des mêmes capacités de traitement sur les sessions.

Serveur d'enregistrement (Registrar Server)

Les UA de son domaine viennent s'enregistrer auprès de lui. Il renseigne ensuite le service de localisation, qui, lui, n'est pas défini par SIP. Le protocole généralement utilisé pour accéder à ce service est LDAP.

Deux UA peuvent communiquer entre eux sans passer par un serveur d'enregistrement, à la condition que l'appelant connaisse l'adresse IP de l'appelé. Cette contrainte est fastidieuse, car un utilisateur peut être mobile et donc ne pas avoir d'adresse IP fixe, par exemple s'il se déplace avec son terminal ou s'il se connecte avec la même identité à son travail et à son domicile. En outre, l'adresse IP peut être fournie de manière dynamique par un serveur DHCP.

Le serveur d'enregistrement offre un moyen de localiser un correspondant avec souplesse, tout en gérant la mobilité de l'utilisateur. Il peut en outre supporter l'authentification des abonnés.

Dans la pratique, lors de l'activation d'un terminal dans un réseau, la première action initialisée par celui-ci consiste à transmettre une requête d'enregistrement auprès du serveur d'enregistrement afin de lui indiquer sa présence et sa position de localisation courante dans le réseau. C'est la requête REGISTER, que nous détaillons plus loin, que l'utilisateur envoie à destination du serveur d'enregistrement. Celui-ci sauvegarde cette position en l'enregistrant auprès du serveur de localisation.

L'enregistrement d'un utilisateur est constitué par l'association de son identifiant et de son adresse IP. Un utilisateur peut s'enregistrer sur plusieurs serveurs d'enregistrement en même temps. Dans ce cas, il est joignable simultanément sur l'ensemble des positions qu'il a renseignées.

Serveur de redirection (Redirect Server)

Le serveur de redirection répond à des requêtes en donnant les localisations possibles de l'UA recherché. Ce serveur de redirection agit comme un intermédiaire entre le terminal client et le serveur de localisation. Il est sollicité par le terminal client pour contacter le serveur de localisation afin de déterminer la position courante d'un utilisateur.

L'appelant envoie au serveur de redirection une requête de localisation d'un correspondant. Il s'agit en réalité d'un message d'invitation, qui est interprété comme une requête de localisation. Le serveur de redirection joint le serveur de localisation afin d'effectuer la requête de localisation du correspondant à joindre. Le serveur de localisation répond au serveur de redirection, lequel informe l'appelant en lui fournissant la localisation trouvée. Ainsi, l'utilisateur n'a pas besoin de connaître l'adresse du serveur de localisation.

Serveur de localisation (Location Server)

SIP fait aussi référence à une quatrième entité, qui n'entre pas dans les dialogues SIP mais offre le service de localisation sur lequel les entités logiques SIP viennent s'appuyer. Ce serveur joue donc un rôle complémentaire par rapport au serveur d'enregistrement en permettant la localisation de l'abonné.

Le serveur de localisation contient la base de données de l'ensemble des abonnés qu'il gère. Cette base est renseignée par le serveur d'enregistrement. Chaque fois qu'un utilisateur s'enregistre auprès du serveur d'enregistrement, ce dernier en informe le serveur de localisation.

Presque toujours, le serveur de localisation et le serveur d'enregistrement sont implémentés au sein d'une même entité. On parle alors souvent non pas de serveur de localisation, mais de service de localisation d'un serveur d'enregistrement, tant ces fonctionnalités sont proches et dépendantes.

Les serveurs de localisation peuvent être collaboratifs. Le fonctionnement d'un serveur d'enregistrement est analogue à celui d'un serveur DNS dans le monde Internet : pour joindre un site Internet dont on ne connaît que le nom, il faut utiliser un serveur DNS, qui effectue la conversion (on parle de résolution) du nom en adresse IP. Ce serveur a connaissance d'une multitude d'adresses, qu'il peut résoudre parce qu'elles appartiennent à son domaine ou qu'il a la capacité d'apprendre dynamiquement en fonction des échanges qu'il voit passer. Dès qu'un nom lui est inconnu, il fait appel à un autre DNS, plus important ou dont le domaine est plus adéquat. De la même manière, les serveurs de localisation prennent en charge un ou plusieurs domaines et se complètent les uns les autres.

Un exemple d'échange entre entités SIP est illustré à la figure 36.11.

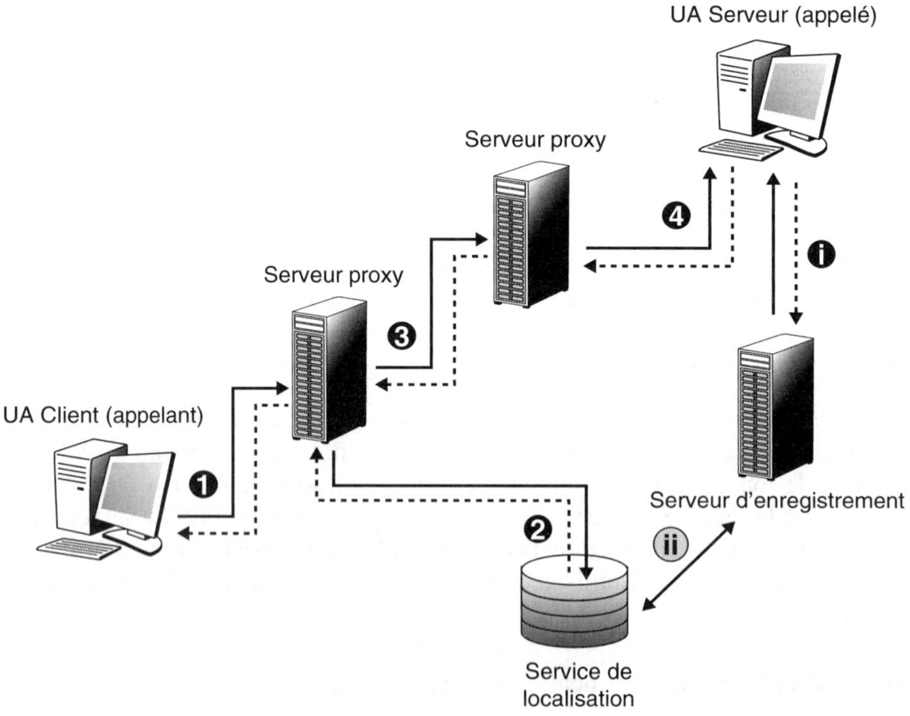

Figure 36.11

Exemple d'échange entre entités SIP lors d'un établissement de session

Les messages SIP

Il existe deux catégories de messages SIP, les requêtes et les réponses. Les messages sont codés en langage textuel. Le message comprend trois parties, comme illustré à la figure 36.12.

Figure 36.12

Structure des messages SIP

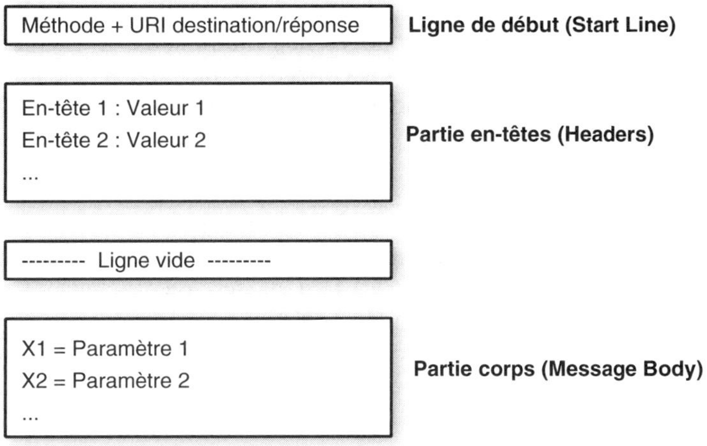

Les messages initialisés par les UAC (User Agent Client) à destination d'un ou de plusieurs UAS (User Agent Server) sont appelés requêtes ou méthodes, par analogie avec HTTP.

SIP n'utilise que six méthodes fondamentales pour formuler ses requêtes. Cela indique très nettement la volonté de simplicité de ses concepteurs. Ces méthodes sont détaillées dans la RFC 3261. Elles doivent être supportées par tous les terminaux et serveurs sollicités. À ces méthodes fondamentales, ont été ajoutées des méthodes supplémentaires, destinées à diverses améliorations, qui ne sont pas forcément implémentées par tous les terminaux.

Notons que l'établissement d'un appel peut ne faire intervenir que trois de ces méthodes fondamentales (INVITE, ACK et BYE).

Initialiser une session avec *INVITE*

La méthode INVITE permet d'initialiser une communication en invitant un correspondant à y participer. Elle peut aussi être utilisée pour une conférence afin d'inviter plusieurs interlocuteurs à communiquer au sein d'une même session.

Le corps du message de cette méthode fournit à l'appelé les paramètres de session souhaités et supportés par l'appelant. Ce dernier spécifiera, par exemple, le codec souhaité et le type de flux requis (voix, vidéo, etc.). En règle générale, l'appelant ne se contente pas d'une seule proposition mais offre de multiples possibilités de paramètres. Ses préférences sont définies par l'ordre dans lequel apparaissent ses propositions.

Notons qu'une autre utilisation classique de cette méthode consiste à renégocier dynamiquement de nouveaux paramètres de session. Par exemple, si, durant une session déjà établie, l'un des interlocuteurs souhaite enrichir la voix par la vidéo, il fait sa demande par une requête d'invitation.

Confirmer les paramètres de session avec *ACK*

La méthode ACK correspond à un acquittement de l'appelant, qui peut être utilisé dans deux cas de figure :

- Elle fait suite à l'acceptation d'un appel par l'appelé. Avec la méthode d'invitation, l'émetteur a fait connaître au récepteur les paramètres qu'il supporte et ses préférences. En réponse, le récepteur en a fait autant. Au final, l'émetteur compare les paramètres supportés par les deux terminaux et indique par la méthode ACK ceux qui seront utilisés. Dans le corps de ce message, la méthode décrit l'ensemble des paramètres de session à adopter au cours de la session. Si le corps de la méthode d'acquittement est vide, les paramètres proposés par l'appelant pourront être adoptés pour la session.
- Elle fait suite à une réponse de localisation fournie par un serveur de redirection. Une fois la détermination de la position de l'appelé effectuée, le serveur de redirection retourne le résultat à l'UAC (User Agent Client). Celui-ci valide la réception de ce résultat par la méthode ACK.

S'informer sur le serveur avec *OPTIONS*

La méthode OPTIONS permet d'interroger un serveur SIP, y compris l'entité UAS (User Agent Server) sur différentes informations. Elle comporte globalement deux volets : l'état du serveur et ses capacités.

Par exemple, cette méthode offre la possibilité de savoir si un utilisateur que l'on souhaite appeler est présent, c'est-à-dire disponible pour initialiser une communication. Cette réponse est pratique en ce qu'elle donne des informations sur un serveur, sans avoir à initialiser une communication pour autant. Autrement dit, la requête ne fait pas sonner le poste du récepteur, puisqu'elle n'établit pas d'appel, mais agit comme un indicateur de présence.

Avec cette méthode, il est possible d'obtenir des informations sur un serveur relativement aux types de médias supportés (audio, vidéo, données), aux codecs supportés, aux méthodes supportées et aux options d'appels, si le serveur en a diffusé. Le serveur qui reçoit cette requête répond par son état et ses capacités.

Terminer une session avec *BYE*

La méthode BYE permet de libérer une communication. Cette requête peut être émise indifféremment par l'appelant ou par l'appelé. Elle n'attend pas d'acquittement, puisqu'une terminaison d'appel peut être décidée unilatéralement.

Abandonner une demande avec *CANCEL*

Cette méthode annule une requête dont la réponse n'est pas encore parvenue au demandeur. Elle ne permet pas d'interrompre une session, mais indique que la réponse n'est plus attendue et qu'il n'est donc pas nécessaire de traiter la requête.

Par exemple, une demande de recherche d'un utilisateur peut solliciter plusieurs serveurs de localisation en parallèle, qui vont tous rechercher la présence de l'abonné dans leur base de données et retourner le résultat de la recherche. Dès qu'un serveur a trouvé l'abonné, les autres serveurs n'ont plus besoin de poursuivre leur recherche. Un message d'annulation leur est donc envoyé.

Autre exemple, si un utilisateur envoie un message d'invitation INVITE et qu'il attende la réponse de l'appelé, il peut à tout moment émettre un message CANCEL afin d'annuler l'invitation sans avoir à attendre la réponse de l'appelant.

La méthode CANCEL est nécessairement acquittée par un message ACK pour signifier que l'annulation est prise en compte.

Enregistrer sa localisation avec *REGISTER*

Cette méthode permet d'enregistrer son adresse IP auprès d'un serveur d'enregistrement. Elle permet donc d'assurer le service de localisation.

L'information enregistrée correspond à une entrée dans la base spécifiant la correspondance d'une adresse SIP avec une adresse IP.

Cette entrée a une durée de vie limitée. Passé ce délai, le serveur de localisation la supprime de sa base de données. Par défaut, la durée est d'une heure. Périodiquement, chaque terminal doit rafraîchir cette entrée pour la conserver en base ou, s'il est mobile, la modifier le cas échéant.

Une autre manière de gérer la durée de vie de l'enregistrement est d'utiliser le champ *expire* de la méthode afin d'imposer une durée de validité fixe, qu'il n'est pas nécessaire de mettre à jour. Le risque dans ce cas est que si l'abonné se déconnecte du réseau sans l'indiquer au serveur d'enregistrement, il reste considéré comme actif dans le réseau (une tentative infructueuse de communication est initialisée).

Méthodes complémentaires

Plusieurs méthodes complémentaires ont été définies comme des extensions aux méthodes précédentes afin d'enrichir les communications SIP. Leur implémentation n'est toutefois pas systématique, et certains terminaux peuvent ne pas en supporter certaines. Néanmoins, ces méthodes apportent des fonctionnalités pratiques. Les huit méthodes d'extension classiquement utilisées sont les suivantes :

- **INFO.** Décrite dans la RFC 2976, cette méthode donne des informations complémentaires sur la session en cours (puissance de réception, qualité du son, codecs utilisés, etc.). Seules des données informatives sont envoyées en réponse à cette commande, ce qui ne modifie aucunement la session en cours.
- **REFER.** Décrite dans la RFC 3515, cette méthode permet d'indiquer au récepteur du message une ressource. Elle autorise de la sorte différents services de relais, en particulier la redirection d'appel.
- **UPDATE.** Décrite dans la RFC 3311, cette méthode met à jour les paramètres d'une session multimédia.
- **PRACK.** Décrite dans la RFC 3262, cette méthode fournit une sécurisation des réponses provisoires. PRACK est l'acronyme de Provisional Reliable ACK.
- **MESSAGE.** Décrite dans la RFC 3428, cette méthode est utilisée pour l'envoi de messages instantanés. Le contenu de cette méthode peut être fait en MIME, ce qui offre une liberté pour le transport des différents types de contenus.

- **SUBSCRIBE.** Décrite dans la RFC 3265, cette méthode permet de demander une notification d'événement. Un client envoyant au serveur cette requête réclame d'être informé lorsque certains événements surviennent. Par exemple, un utilisateur peut souhaiter être averti lorsqu'un de ses contacts termine sa communication en cours. Il interroge alors le serveur pour lui demander d'être prévenu lorsque le contact devient disponible. Si le serveur accepte cette demande, il notifie les événements correspondant à l'abonnement de l'utilisateur pendant toute la durée spécifiée dans le champ *expires* inséré dans l'en-tête du message. Au-delà de cette durée, la notification n'est plus active. La notification est effectuée par le serveur au moyen de la commande NOTIFY.
- **NOTIFY.** Décrite dans la RFC 3265, cette méthode permet de recevoir une notification pour les événements auxquels on a souscrit. Lorsqu'un client a envoyé une demande de notification d'événement par la méthode SUBSCRIBE, le serveur concerné lui envoie les notifications réclamées par la méthode NOTIFY.
- **PUBLISH.** Décrite dans la RFC 3903, cette méthode permet d'afficher l'état d'une requête à laquelle on a souscrit par la méthode SUBSCRIBE.

Les scénarios de session

Différents scénarios d'établissement de médias de session sont possibles. La figure 36.13 illustre un scénario qui met en évidence une caractéristique majeure de SIP : lors de sa réponse, l'UAS peut déclencher un échange direct des messages SIP à venir (a) ; de leur côté, les serveurs proxy peuvent obliger les messages SIP qui vont suivre à passer par eux (b).

Figure 36.13

Exemple d'établissement de session SIP

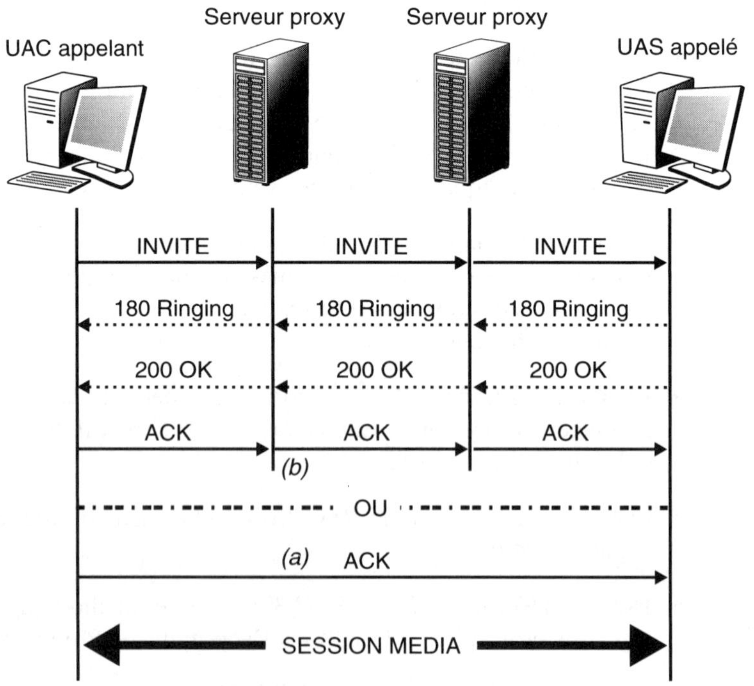

SDP (Session Description Protocol)

SDP est une syntaxe de description de médias normalisée dans la RFC 2327 d'avril 1998. Cependant, comme nous le verrons un peu plus loin, SDP n'offre pas de possibilité complète de négociation de capacité de média. Issue du groupe MMUSIC de l'IETF précédant SIP, sa première application a été la description de sessions multicast combinée avec le protocole d'annonce de session multimédia SAP (Session Announcement Protocol), qui officie très largement dans le réseau multicast expérimental MBONE (Multicast Backbone).

SDP est ensuite devenu le protocole naturel de description des médias de session intégrés à l'établissement de session réalisé avec le protocole SIP.

La syntaxe de description de SDP suit un codage textuel. Une description de session est en fait une suite ordonnée de lignes, appelées fields, représentées par une lettre. Le nombre de fields est volontairement limité de façon à faciliter le décodage (*via* un parser). Le seul moyen d'étendre SDP est de définir de nouveaux attributs.

Le format général d'un field est *x* = paramètre1 paramètre2… paramètre*N*.

Les principales informations caractérisant le média de session sont les suivantes :

- adresse IP (ou nom d'hôte) : adresse de réception du flux média ;
- numéro de port pour la réception des flux ;
- type de média : audio, vidéo, tableau blanc, etc. ;
- schéma d'encodage (PCM A-LAW, MPEG-2, etc.

Le format du champ caractérisant le média de session est m = media port transport format-list, avec :

- media : audio, vidéo, application, données, contrôle ;
- port : numéro de port de réception du média ;
- transport : RTP/AVP (Audio Video Profiles) ou UDP ;
- format-list : liste d'informations complémentaires sur le média, ou Media Payload Type.

Plusieurs types de payload peuvent être listés. S'ils sont listés, il s'agit d'un choix proposé. Pour ouvrir *n* canaux audio il faut présenter *n* champs media.

Échange des caractéristiques du média de session

Le besoin de qualité de service nécessaire à la session est déduit des caractéristiques du média de session. Ces caractéristiques définies par SDP et présents dans le corps des messages SIP sont les suivantes :

- extrémités d'échange de flux : adresses IP source et destination et numéros de ports source et destination ;
- type de média échangé : audio, vidéo, etc. ;
- mode de codage utilisé : liste des codecs utilisés pour chaque flux, par exemple G.711 ou G.723.1.

Lors de l'initialisation d'une session SIP, seules les caractéristiques du média de l'émetteur sont connues. Elles sont déterminées par l'UAC en fonction de la demande de l'application utilisateur, application de téléphonie sur IP, par exemple. L'UAC qui initialise la demande d'établissement de session ne connaît pas *a priori* les informations concernant la partie caractéristique du média de l'UAS qu'il sollicite. Après l'arrivée de la sollicitation à l'UAS, la faisabilité de l'établissement de session est déterminée et, dans l'affirmative, les caractéristiques du média de session sont identifiées.

Il ne faut pas perdre de vue qu'un média de session classique résulte de l'échange de deux flux de média :

- flux de média de l'initiateur vers le sollicité ;
- flux de média du sollicité vers l'initiateur.

Dans cette version de SIP (RFC 2543), l'échange des caractéristiques du média de session donne très peu de latitude pour la négociation. En effet, l'UAS qui reçoit les caractéristiques du média de session souhaité dispose du type de média et de la liste des codecs relatifs proposés par l'UAC de départ. Il est précisé que la station qui initialise la communication indique dans sa liste des codecs ceux avec lesquels il veut recevoir le flux média et le fait qu'il aimerait émettre ce flux. Dans sa réponse, l'UAS précise sa liste de codecs, qui peut être ou non un sous-ensemble de la liste de l'émetteur. Il indique lui aussi la liste des codecs avec lesquels il veut recevoir le flux média. La RFC SDP précise que, lorsqu'une liste de codecs est donnée, elle spécifie les codecs qui peuvent être utilisés pendant la session avec un ordre de préférence, le premier étant considéré comme le codec par défaut de la session.

Dans le meilleur des cas, l'UAS sollicité accepte la liste des codeurs qui lui sont proposés (flux sollicité à initiateur). Inversement, l'UAC initiateur accepte celle qui lui est proposée (flux initiateur à sollicité). Pour qu'une session puisse avoir lieu, il faut au minimum que chacun accepte le premier codeur spécifié dans la liste qui lui est proposée. Autrement, la session ne peut avoir lieu.

L'échange des caractéristiques de média est illustré à la figure 36.14.

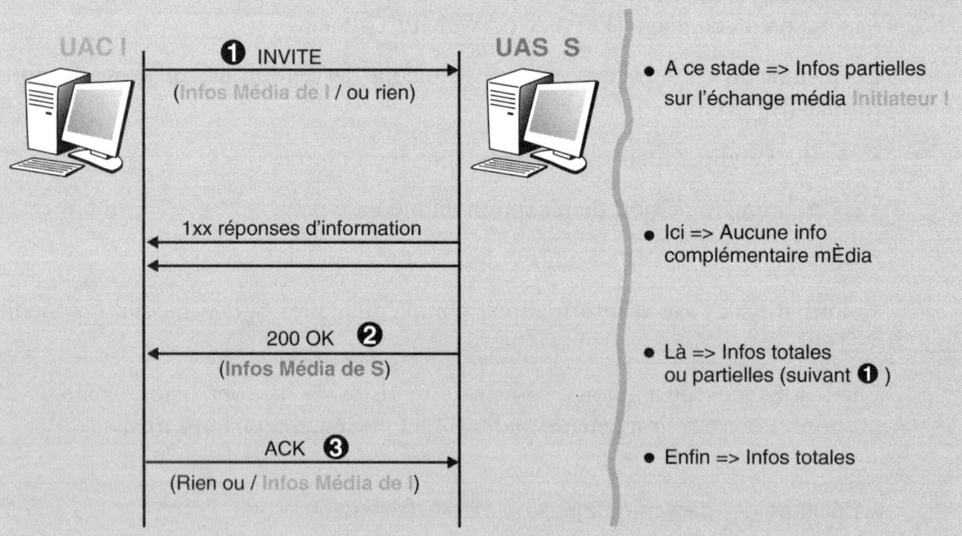

Figure 36.14

Échange des caractéristiques de média dans le protocole SIP

La figure 36.15 présente un exemple mettant en évidence les extensions qui ont été apportées en 2002. Ces nouvelles possibilités ont un impact important. En effet, les informations caractérisant le média ne se trouvent plus uniquement dans les messages principaux de l'établissement de session INVITE, 200 OK et ACK mais dans les messages provisoires, tel 180 RINGING, et les messages intermédiaires de modification UPDATE. Cela rend toutefois l'intégration plus complexe.

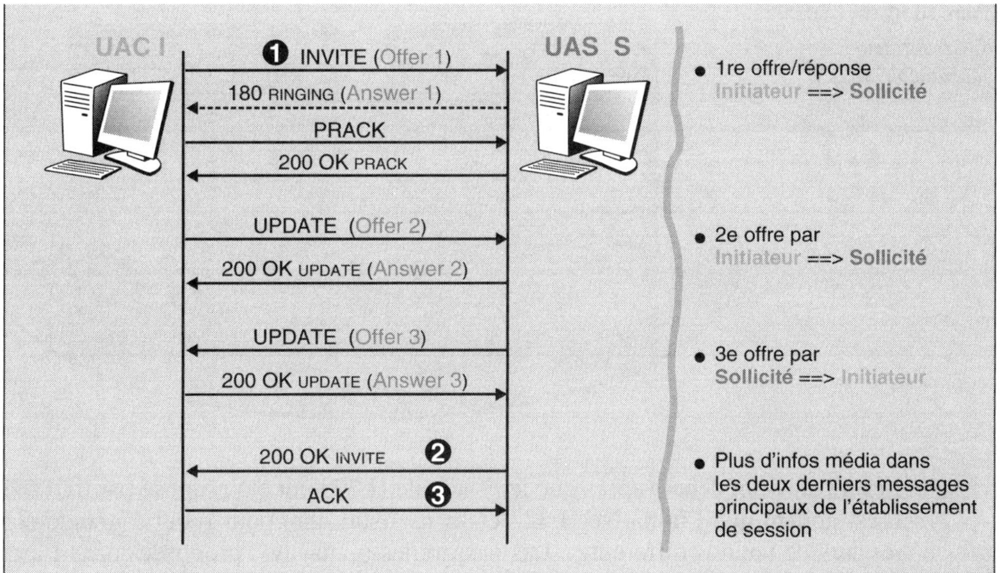

Figure 36.15
Échange des caractéristiques média dans SIP

Le protocole MGCP

L'une des raisons ayant expliqué l'émergence et le succès du protocole H.323 est le besoin de regrouper les différents acteurs du multimédia, qu'ils soient équipementiers ou fournisseur de services, autour de normes communes. La concurrence engendrée par le protocole SIP a réduit cet effet d'universalité puisque les réseaux IP ont désormais une solide solution de rechange à H.323. Dès lors, se pose la question de la communication entre des réseaux de nature différente (ATM, RNIS, RTC ou IP) ou bien de même nature mais exploitant des protocoles de signalisation différents (H.323, SIP ou autre).

Si les passerelles ont déjà été introduites avec le protocole H.323, elles demeurent des entités complexes, onéreuses et non administrables, qui plus est fortement sollicitées alors qu'elles tiennent difficilement la montée en charge. Pour combler ce nouveau besoin, le protocole MGCP (Media Gateway Control Protocol), ou protocole de contrôle des passerelles multimédias, a été proposé.

Il fonctionne au niveau applicatif et permet d'offrir une couverture plus large en fédérant toutes les signalisations, qu'elles soient de type IP ou RTC entre autres. C'est le maître d'œuvre de l'interopérabilité entre tous les protocoles de signalisation et tous les réseaux, de quelque nature qu'ils soient.

Comme l'illustre la figure 36.16, qu'il s'agisse de la signalisation CCITT n° 7 (SS7), utilisée dans un réseau commuté, H.323 ou SIP, le protocole MGCP est conçu pour relier et faire communiquer l'ensemble de ces réseaux.

MGCP est aujourd'hui utilisé par les FAI pour assurer le contrôle et l'administration à distance des InternetBox mises à disposition de leurs abonnés.

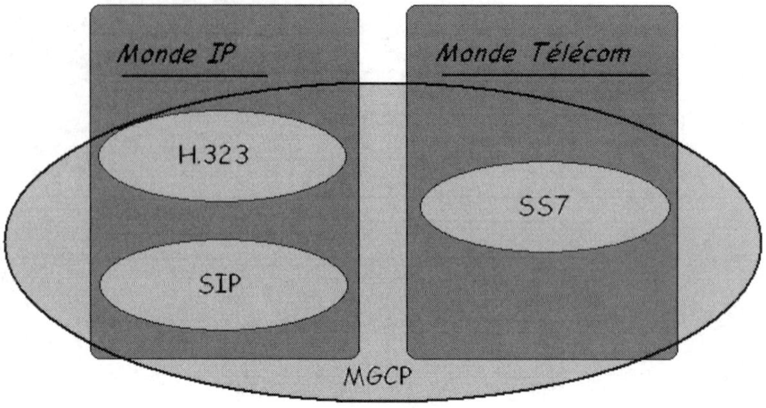

Figure 36.16
Rôle fédérateur du protocole MGCP

Les travaux ont débuté après que le protocole H.323 eut été proposé par l'UIT. Très vite, il est apparu que l'initiative H.323 était insatisfaisante pour relier à grande échelle des réseaux de natures différentes. Les passerelles (gateways) proposées dans l'architecture H.323 sont des éléments complexes et coûteux, ce qui pose problème dans le monde IP. Plus le nombre de réseaux à traverser pour établir une communication est important, plus l'est aussi celui des passerelles sollicitées.

Progressivement, un certain nombre d'initiatives ont été lancées, dont l'idée-force est de disposer d'un réseau dont toutes les passerelles multimédias soient des composants simples. Ces passerelles sont reliées à un contrôleur maître concentrant toute l'intelligence du réseau et centralisant les décisions. C'est le modèle maître-esclave. L'architecture générale qui conceptualise les entités de contrôleur et de passerelle multimédia, et plus généralement le modèle maître-esclave, fut initialement proposée dans le projet TIPHON (Telecommunications and Internet Protocol Harmonization Over Networks) de l'ETSI. La première tentative de protocole de communication entre ces entités fut SGCP (Simple Gateway Control Protocol), en 1997. Proposée par Telcordia (anciennement BellCoRe, acronyme de Bell Communications Research), elle reçut le soutien de Cisco. TIPHON est le protocole précurseur de MGCP.

En 1998, l'opérateur de télécommunications Level 3 Communications (groupe XCOM Technologies) a mis en place un comité consultatif technique, ou TAC (Technical Advisory Council), réunissant une douzaine d'industriels renommés, comme Ericsson, Lucent, Nortel, Alcatel, 3Com et Cisco. Avec ces membres fondateurs, le TAC sera à l'origine de la conception d'un protocole de contrôle des entités réseau sur Internet, nommé IDCP (Internet Device Control Protocol). Ses spécifications seront présentées à ITU, l'IETF et l'ETSI.

En octobre 1998, avec le soutien d'importants constructeurs, tels que Cisco et Alcatel, le protocole MGCP a été standardisé à l'IETF par le groupe de travail MEGACO (Media Gateway Control). Celui-ci réalisait la fusion des initiatives SGCP et IDCP. MGCP s'inscrit dans la droite ligne de la version 1.1 du protocole SGCP, qui servira de socle principal à MGCP.

En plus de dériver de SGCP, MGCP s'est enrichi de nombreuses fonctionnalités proposées dans IDCP. En octobre 1999, la RFC 2705 présentait la première version de MGCP. Elle sera rendue obsolète en janvier 2003 par la RFC 3435, qui sera complétée par la RFC 3661, en décembre 2003.

Architecture et fonctionnement

Pour communiquer entre deux réseaux de nature différente, il est nécessaire d'utiliser une passerelle. Cette entité prend en charge à la fois la signalisation pour l'établissement, la gestion et la terminaison de la communication, mais aussi la conversion des signaux pour l'adaptation des flux d'un réseau vers un autre. MGCP sépare ces deux aspects en entités distinctes, l'une pour contrôler les appels, l'autre pour appliquer le contrôle ordonné par la première entité.

MGCP fonctionne selon une architecture centralisée permettant de faire communiquer et de contrôler différentes entités appartenant à des réseaux distincts. Il se fonde sur l'hypothèse que les terminaux des utilisateurs peuvent être des composants de base peu coûteux et sans aucune intelligence, réduits à des fonctionnalités élémentaires.

Les passerelles sont également des entités simples. En fournissant un service générique, elles restent indépendantes de leur constructeur. Pour leur donner des directives permettant le traitement des services, ces passerelles multimédias sont reliées à une entité centrale. Le protocole MGCP assure le contrôle et l'échange de messages de signalisation entre ces passerelles, réparties dans un réseau IP, et le contrôleur de passerelles, chargé de l'administration et de la gestion dynamique des passerelles.

MGCP fait éclater le modèle architectural proposé avec H.323 en décomposant le rôle des passerelles et en externalisant toute leur intelligence sur une entité centrale. Pour réaliser cette distinction, MGCP définit les entités suivantes :

- Le Call Agent, qui sert à piloter et administrer les passerelles de manière centralisée.
- Les passerelles, qui maintiennent la connectivité entre réseaux de nature différente.

Le Call Agent

Le Call Agent, également appelé contrôleur de passerelles multimédias ou encore SoftSwitch, selon une terminologie non officielle mais courante, a pour fonction de contrôler les passerelles et de concentrer toute l'intelligence ainsi que la prise de décision dans le réseau.

Entité logique, pouvant être localisée n'importe où sur le réseau, le Call Agent est spécifiquement responsable de l'établissement, de la maintenance et de la terminaison des appels établis entre des terminaux appartenant à des réseaux de nature différente.

Comme ces opérations sont initialisées au niveau des passerelles multimédias, le Call Agent intervient pour contrôler l'activité de ces dernières et leur donner les directives de traitement de ces opérations. Il est en quelque sorte le maître d'œuvre et d'opération des communications entre les réseaux.

Dans la mesure où il contribue à centraliser le réseau autour de lui, le Call Agent est une entité fortement sollicitée. De ce fait, il devient un élément sensible dans le réseau, particulièrement en cas de panne. Néanmoins, cette centralisation n'intervient que pour arbitrer et assurer la maintenance et la gestion des échanges de signalisation. Elle n'entre pas en jeu dans les communications intra-réseau. En outre, pour gérer les pannes, il est plus simple de mettre en place des doublures, sous forme de Call Agents redondants, que de rendre toutes les passerelles multimédias redondantes.

Il est possible d'avoir plusieurs Call Agents, chacun ayant en charge un parc de passerelles multimédias. Par exemple, chaque opérateur peut gérer ses propres passerelles par un Call Agent propriétaire. Le protocole MGCP ne définissant pas de mécanisme de synchronisation entre Call Agents, on doit considérer indépendamment chaque Call Agent et les passerelles qu'il contrôle.

Fondamentalement, MGCP repose sur un modèle maître-esclave, et il n'est pas dans son objectif de fournir des mécanismes de communication entre les agents de contrôle, qui sont des entités de même nature, auxquelles le modèle maître-esclave ne convient pas. Pour faire communiquer entre eux plusieurs Call Agents, un protocole tel que SIP peut être utilisé afin de négocier les paramètres de communication.

Les passerelles multimédias

Selon le protocole MGCP, la notion de passerelle est assez floue et couvre un vaste ensemble de définitions, notamment les suivantes :

- Passerelle d'opérateur téléphonique, pour faire le lien entre un réseau téléphonique et un réseau IP. Les opérateurs de téléphonie alternatifs, par exemple, utilisent souvent le réseau RTC de l'abonné comme réseau de base puis basculent les flux de l'abonné vers un réseau IP (lequel présente l'avantage d'être à commutation de paquets, donc sans réservation de ressources, et ainsi moins coûteux qu'un réseau à commutation de circuits) sur de longues distances internationales, avant de basculer à nouveau les flux de l'appelant vers le réseau RTC auquel le terminal du destinataire est connecté.

- Passerelle résidentielle de type box (boîtier exploitant le modem, le câble ou les technologies xDSL), généralement mise à disposition par le FAI. Ce boîtier fait la liaison entre le réseau IP des utilisateurs et le réseau d'accès téléphonique de l'opérateur. Nous en verrons une illustration un peu plus loin dans ce chapitre.

- PBX d'entreprise faisant la liaison entre le réseau IP de l'entreprise et le réseau téléphonique RTC de l'opérateur. Au sein de l'entreprise, des téléphones IP ou des softphones peuvent être utilisés en interne pour exploiter les services complémentaires qu'offre le réseau IP et permettre la convergence des flux sur un support unique. Comme le réseau de l'entreprise est connecté à une liaison RTC, une passerelle est toutefois nécessaire.

Par rapport aux passerelles initialement prévues dans le protocole H.323, les passerelles multimédias sont simplement dépourvues de la fonctionnalité de traitement des appels. Elles s'en remettent pour cela au Call Agent. Néanmoins, elles conservent intact leur emplacement physique, à la frontière entre les deux réseaux de nature distincte, alors que le Call Agent peut être situé n'importe où, comme l'illustre la figure 36.17.

X, Y ou Z représentent des réseaux quelconques (RNIS, ATM, IP, RTC, etc.). Sur chacun de ces réseaux, le protocole de signalisation intra-réseau de son choix peut être utilisé, par exemple SIP ou H.323 dans un réseau IP, ou SS7 dans un réseau RTC. MGCP ne peut s'appliquer au sein de ces réseaux, mais seulement à leur périphérie afin d'assurer la gestion et le traitement des communications inter-réseau.

On observe deux niveaux de communications : l'un qui fait intervenir les réseaux et les passerelles multimédias et l'autre les passerelles multimédias et le Call Agent. Le protocole MGCP s'applique exclusivement à transmettre de la signalisation entre le Call Agent et les passerelles. Les flux de données multimédias (voix, vidéo, données) entre deux terminaux appartenant à des réseaux différents ne transitent jamais par le Call Agent.

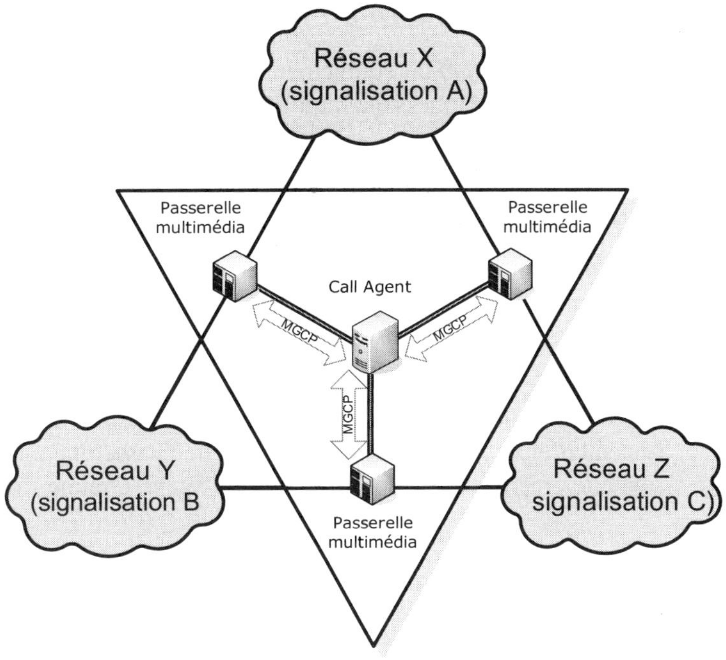

Figure 36.17
Places des passerelles et du Call Agent dans l'architecture MGCP

Une fois que le Call Agent en a donné l'autorisation, ces flux sont véhiculés de poste terminal à poste terminal, en passant uniquement par la passerelle.

Le rôle de la passerelle multimédia est donc réduit à l'acheminement cohérent des données, ce qui implique qu'elle accomplisse les tâches suivantes :

- conversion du signal ;
- adaptation au support ;
- compression des données ;
- conversion de la signalisation ;
- multiplexage ;
- mise en paquets.

Les passerelles multimédias se retrouvent ainsi réduites à leur fonctionnalité première et fondamentale de transmission : elles travaillent au niveau du média lui-même et assurent les traitements des données, sans la logique de traitement. Toutefois, ces actions ne sont réalisables qu'en accord avec le Call Agent, dont les passerelles sont les exécutants.

Globalement, le mode de fonctionnement des passerelles est donc allégé par rapport à H.323 et le réseau devient constitué d'éléments simples et configurables.

Les communications MGCP passent systématiquement par le protocole UDP, choisi pour optimiser les délais de traitement des envois.

S'il n'est pas mentionné, le Call Agent utilise par défaut le port 2727 pour ses communications, tandis que les passerelles utilisent le port 2427.

Principes d'établissement d'une communication

On appelle *endpoint* un équipement dit de terminaison, qui représente soit la source soit la destination d'un message multimédia.

Un routeur réseau n'est pas un endpoint puisqu'il se contente d'acheminer des données, sans être à l'origine de l'envoi. Le Call Agent n'est pas non plus un endpoint, puisqu'il ne traite pas des messages multimédias.

Dès lors qu'une entité participe aux échanges de médias et se place comme source ou destinataire de ces échanges, même si elle n'est pas la source initiale ou le destinataire final et qu'elle ne joue qu'un rôle d'intermédiaire dans ces échanges, elle est considérée comme en endpoint. Les terminaux des utilisateurs sont des endpoints de référence.

Supposons que nous souhaitions connecter deux terminaux, appelés des endpoints. Chacun d'eux se trouve localisé derrière une passerelle multimédia. Ces deux passerelles sont elles-mêmes contrôlées par un Call Agent, comme l'illustre la figure 36.18.

Figure 36.18
Mise en relation de deux endpoints

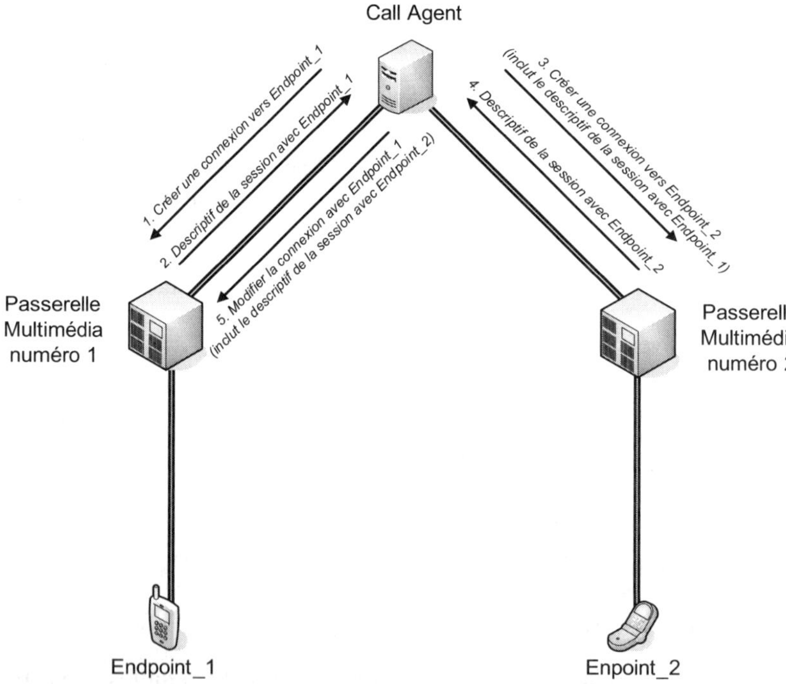

Pour mettre en relation les deux endpoints, les cinq étapes suivantes sont nécessaires :

1. **Requête de création de connexion vers la première passerelle.** Le Call Agent sollicite la création d'une connexion avec un endpoint auprès de la passerelle concernée.

2. **Réponse de la première passerelle.** Celle-ci se charge de joindre le endpoint et lui attribue les ressources nécessaires à la communication : une session est créée entre la passerelle et le endpoint. En retour, la passerelle envoie au Call Agent un descriptif de la session créée. Ce descriptif contient l'ensemble des paramètres permettant de joindre le endpoint, incluant l'adresse IP de ce dernier, le port UDP sur lequel la communication est en attente et les codecs supportés.

3. **Requête de création de connexion vers la seconde passerelle.** Le Call Agent procède de la même façon pour le second endpoint et sa passerelle : il sollicite cette dernière en lui envoyant un message pour la création d'une connexion avec le second endpoint. En plus, et dans le même message, le Call Agent lui fait parvenir le descriptif de session que lui a retourné la première passerelle.
4. **Réponse de la seconde passerelle.** La seconde passerelle joint le endpoint concerné et alloue les ressources nécessaires à cette communication. En retour, elle transmet au Call Agent un descriptif de session contenant les paramètres permettant de joindre le second endpoint.
5. **Mise en relation des deux endpoints.** Le Call Agent contacte la première passerelle et lui transmet le descriptif de la session retournée par la seconde passerelle. Comme une connexion existe déjà avec le endpoint, il n'est pas nécessaire de créer une nouvelle connexion. Il suffit de modifier celle qui existe et de la compléter. C'est donc une commande de modification qui est effectuée par le Call Agent.

Une fois ces étapes achevées, la communication débute dans les deux sens. Elle peut être modifiée à tout moment par le Call Agent, qui peut imposer, par exemple, un changement de codec, d'adresse IP ou de port. De même, le Call Agent peut mettre fin à la communication à tout moment en envoyant un message aux passerelles, qui doivent alors rompre les connexions.

On peut résumer tous les états possibles d'une passerelle multimédia comme illustré à la figure 36.19.

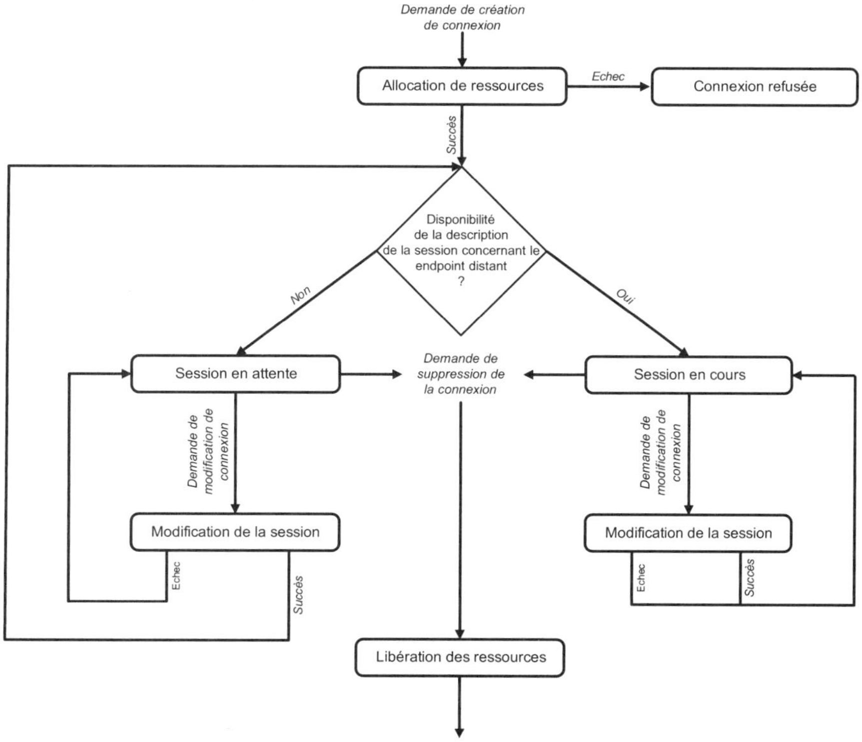

Figure 36.19

Diagramme d'états d'une passerelle

Les messages MGCP

La communication avec MGCP obéit à un modèle de type client-serveur. Un message MGCP est soit une requête soit une réponse à une requête. Il est constitué sous forme textuelle, ce qui simplifie son usage (traitement sans compilateur, donc plus rapide, et débogage immédiat), et présente plusieurs analogies avec le protocole SIP. Ainsi, une transaction MGCP est-elle constituée d'une requête et de la réponse à cette requête, éventuellement précédée de réponses temporaires. Le format d'un message MGCP est illustré à la figure 36.20.

Figure 36.20
Format d'un message MGCP

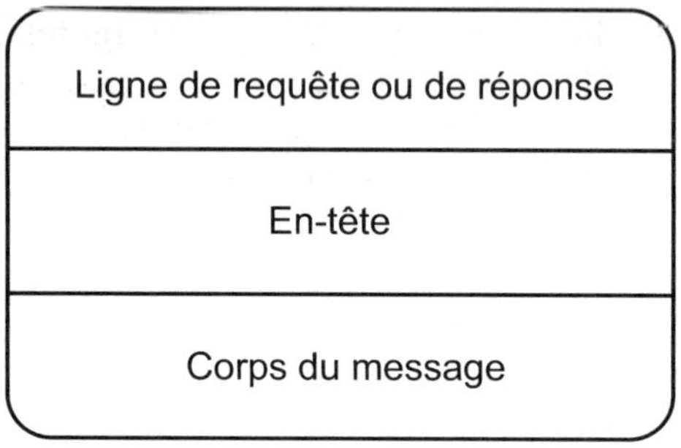

Dans ce message, on distingue trois parties :

- Ligne de requête ou de réponse : notifie la commande à exécuter (s'il s'agit d'une requête) ou le résultat de la commande (s'il s'agit d'une réponse). C'est une partie indispensable.
- En-tête : spécifie la liste des paramètres du message. C'est une partie facultative.
- Corps du message : décrit les paramètres de la session à établir. C'est une partie facultative.

Plusieurs lignes peuvent constituer chacune des parties. On sépare chaque ligne par des retours chariot, ou CR (Carriage Return), et des sauts de ligne, ou LF (Line Feed), ou par des retours chariot seulement.

Notons que, dans la RFC 3435, la partie spécifiant la ligne de requête ou de réponse et celle spécifiant l'en-tête sont regroupées.

Les requêtes

Le protocole MGCP définit neuf requêtes permettant de spécifier l'action à entreprendre. Les commandes sont lancées entre le Call Agent et les passerelles (Media Gateway). Comme MGCP est un protocole de type maître-esclave, toutes les entités n'ont pas des possibilités comparables, et ces commandes ne peuvent être lancées qu'à l'initiative de l'une de ces entités, soit le Call Agent, soit la Media Gateway.

On distingue donc deux catégories de commandes : celles qui sont lancées par le Call Agent vers une ou plusieurs passerelles et celle qui vont dans l'autre sens, de la passerelle vers le Call Agent.

À chaque requête correspond un code en quatre lettres de caractères ASCII, qui permet de condenser la taille de la requête. Les neuf requêtes et leur code respectif sont récapitulés au tableau 36.3.

Format complet	Format abrégé
AuditConnection	AUCX
AuditEndpoint	AUEP
CreateConnection	CRCX
DeleteConnection	DLCX
EndpointConfiguration	EPCF
ModifyConnection	MDCX
NotificationRequest	RQNT
Notify	NTFY
RestartInProgress	RSIP

TABLEAU 36.3 • Les 9 requêtes MGCP et leur format abrégé

Le dispositif middle box et l'architecture MIDCOM

Une *middle box* est un dispositif de réseau intermédiaire permettant d'implémenter des services divers tels qu'un filtrage de paquets, un VPN, une détection d'intrusion, une translation d'adresse NAT ou un pare-feu. Une middle box est donc une appliance située entre deux équipements de réseau, d'où son nom de middle box. En fait, middle box et appliance sont deux noms désignant pratiquement les mêmes équipements. Middle box est le terme utilisé par l'IETF, appliance étant surtout le terme des industriels commercialisant des boîtiers intermédiaires.

Ces boîtiers nécessitent de l'intelligence pour faciliter la traversée du flux applicatif. Cela rend leur maintenance difficile et dégrade leur performance. D'où l'idée de déplacer l'intelligence de ces boîtiers dans des agents MIDCOM communiquant avec le boîtier à l'aide du protocole MIDCOM. Les agents MIDCOM exécutent des fonctions ALG (Application Level Gateway), qui examinent le flux applicatif et aident la middle box à remplir ses fonctions.

Le protocole MIDCOM s'exécute en trois phases : établissement de la session, session et rupture de la session. La communication entre le boîtier et l'agent se déroule de façon transparente pour l'utilisateur final. Les agents peuvent résider dans les hôtes finals, des serveurs proxy des applications, des passerelles applicatives ou dans la middle box.

Seuls des agents MIDCOM autorisés peuvent influencer le fonctionnement du boîtier. L'autorisation d'un agent requiert une inscription, pendant laquelle les agents suppléent leur profil à la middle box ou au MIDCOM PDP que la middle box consulte. Ce profil détermine les opérations autorisées. L'inscription est souvent une opération manuelle.

L'architecture d'une middle box est illustrée à la figure 36.21.

Figure 36.21
Architecture d'une middle box

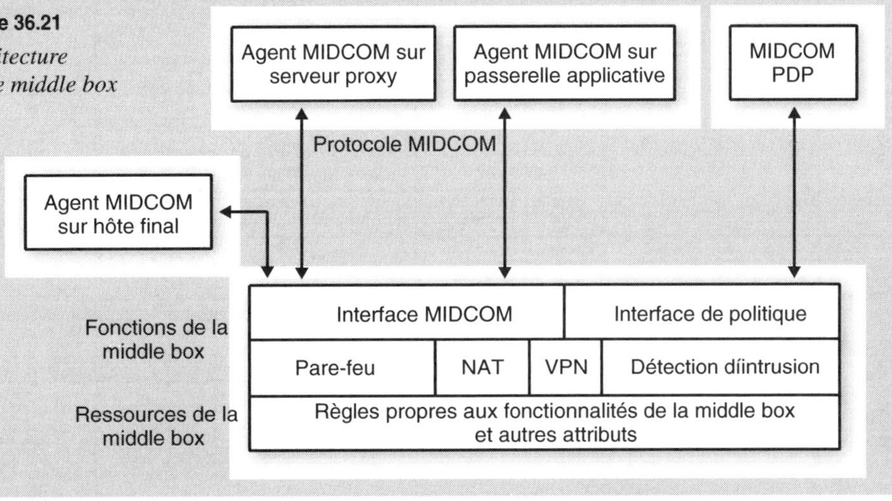

Un agent MIDCOM assistant un pare-feu, par exemple, peut lui demander d'autoriser l'accès au trafic d'une application.

Les sections suivantes illustrent le fonctionnement temporel d'une *middle box* par des exemples d'applications temps réel, notamment avec l'implémentation de fonctionnalités de pare-feu et de NAT dans une middle box pour la téléphonie SIP.

Implémentation d'une fonction de pare-feu dans une middle box

Prenons le cas d'un téléphone SIP externe au réseau qui souhaite communiquer avec un téléphone interne. L'agent MIDCOM résidant dans le SIP proxy demande à la middle box pare-feu du réseau de débloquer les ports nécessaires aux flux RTP (Real-time Transport Protocol) et RTCP (Real-Time Control Protocol) dans les deux sens. La figure 36.22 en illustre le fonctionnement.

Figure 36.22

Téléphonie SIP à travers une middle box implémentant la fonction de pare-feu

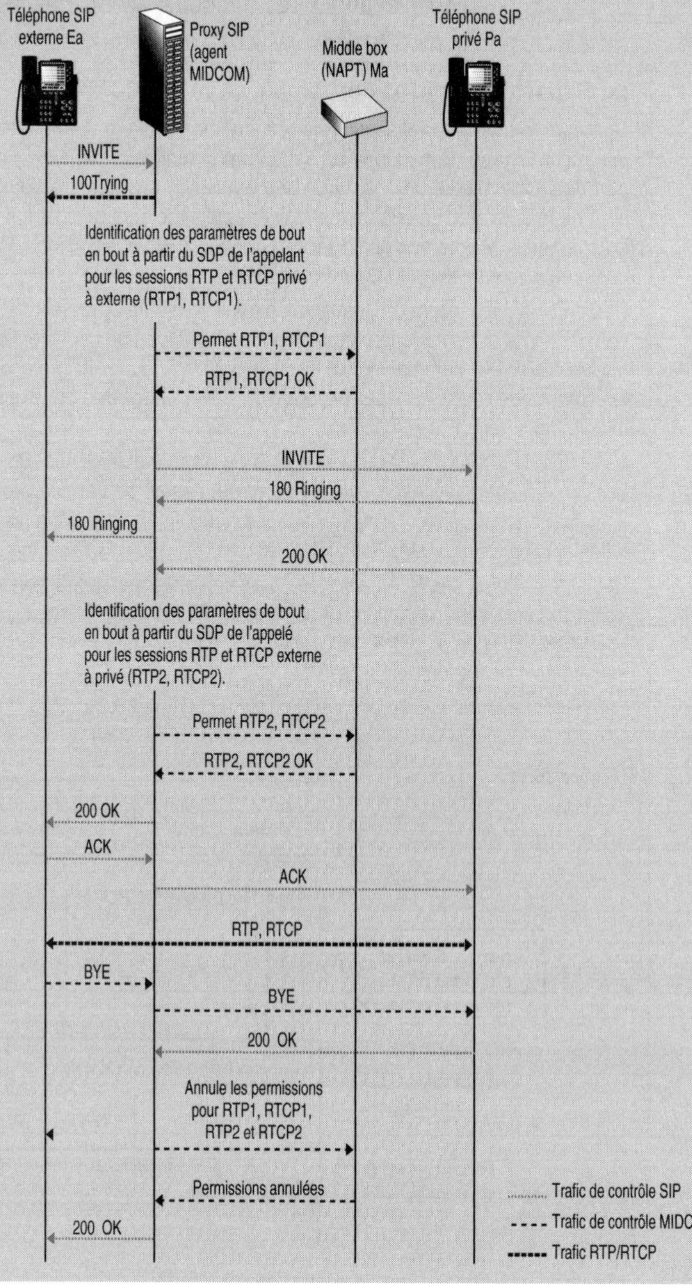

Implémentation de NAT dans une middle box

La middle box est configurée pour rediriger les appels SIP entrants vers l'adresse privée du téléphone SIP. La commande INVITE est destinée à l'adresse NAT externe. Les appels SIP sont des sessions TCP/UDP sur le port 5060.

Nous utilisons la notation suivante :

Ma : adresse externe de la middle box ;

Pa : adresse interne du téléphone SIP ;

Ea : adresse du téléphone SIP externe.

Le proxy SIP demande les descripteurs de la session NAT pour les deux flux entrant et sortant. Les ports dynamiques utilisés pour le flux média sont contenus dans la partie SDP du message SIP. Après le 200 OK reçu par le proxy du téléphone privé, l'agent demande à la middle box d'allouer des descripteurs de session NAT pour le trafic entrant de sorte que les ports réservés pour RTP2 et RTCP2 soient contigus. Bien que les flux média entrants et sortants soient indépendants, ils sont liés à la même session SIP. Quand le message BYE est envoyé, toutes les ressources sont libérées.

La figure 36.23 illustre l'interaction entre un proxy SIP et une middle box implémentant la fonctionnalité NAT.

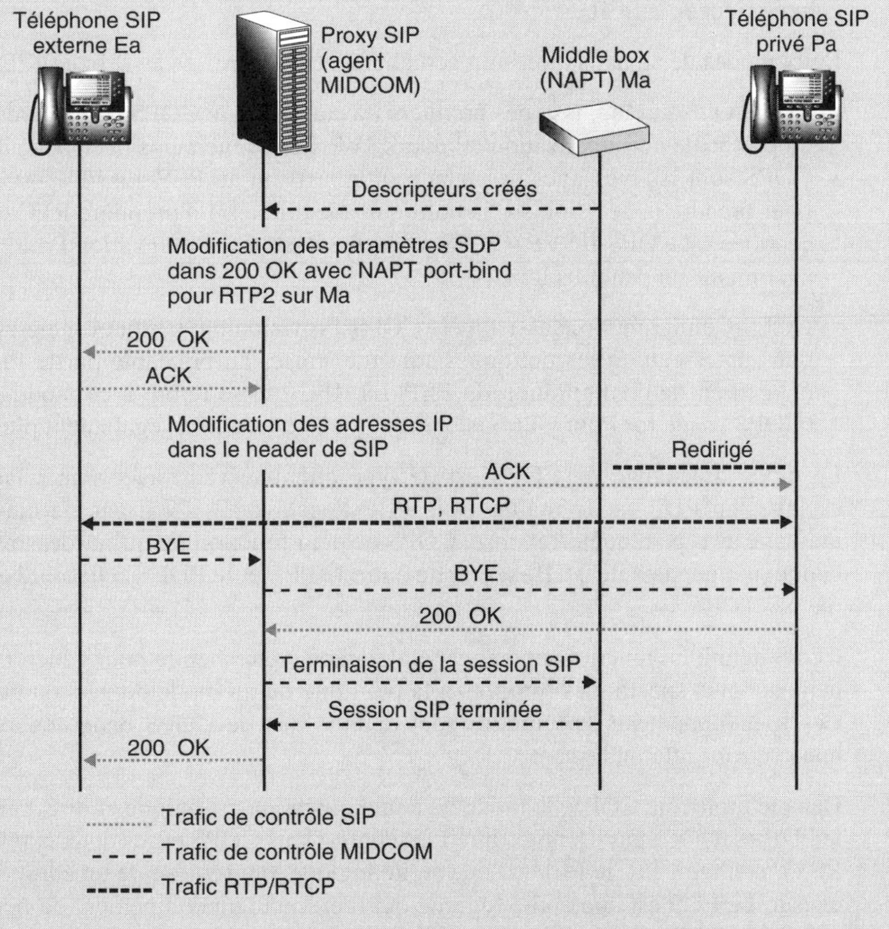

Figure 36.23

Téléphonie SIP à travers une middle box implémentant la fonction NAT

COPS (Common Open Policy Service)

COPS est un protocole d'échange de politiques. Il a été introduit au chapitre précédent en même temps que l'architecture globale du contrôle par politique. Cependant, nous ne sommes pas entrés dans le détail du protocole COPS en tant que signalisation, et c'est ce que nous allons faire ici.

Le protocole COPS est issu de travaux démarrés en 1996 dans le contexte de la réservation de ressources. COPS a été étendu en 1999 dans un contexte plus large dans le groupe de travail RAP (Resource Allocation Protocol) de l'IETF et normalisé par la RFC 2748 de janvier 2000.

Dans sa version actuelle, COPS a pour objectif l'échange d'informations de politiques réseau entre un PDP (Policy Decision Point) et un PEP (Policy Enforcement Point). Le PDP et le PEP font partie de l'architecture de gestion de réseau à base de politique définie par les groupes PFWG (Policy Framework Working Group) et DMTF (Distributed Management Task Force) de l'IETF. Le rôle du PDP est de prendre des décisions sur les politiques réseau, tandis que celui du PEP est d'appliquer les décisions que lui a communiquées le PEP.

Deux modes de signalisation sont actuellement standardisés au sein de l'IETF :

- COPS-Outsourcing, issu des premiers travaux, intègre COPS dans un réseau où existe un protocole de signalisation tel que RSVP. Les événements déclencheurs d'échanges COPS sont les messages de signalisation arrivant au PEP. Le PDP est alors sollicité pour prendre la décision sur la politique à appliquer. La première RFC qui se réfère à ce mode est COPS-RSVP (COPS usage for Resource ReserVation Protocol), que nous examinons un peu plus loin.
- COPS-Configuration, aussi appelé COPS-Provisioning, permet l'intégration de COPS dans un réseau où les politiques sont transmises au préalable par le PDP au PEP et engendrent la configuration du PEP. La RFC qui se réfère à ce mode est COPS-PR (COPS usage for Policy Provisioning), que nous étudions également plus loin.

Le mode d'échange de COPS est de type client-serveur, avec une relation maître à esclave. Le PDP est le maître et le PEP l'esclave. Il n'y a pas de classification de message de type requête/réponse. COPS ne peut fonctionner qu'au-dessus de TCP. Une connexion persistante TCP est établie entre le PEP et le PDP. La fiabilité est donc assurée par TCP.

COPS définit un fonctionnement général, qui peut être étendu pour générer des fonctionnements plus spécifiques, propres à la politique ou au mode de gestion de la politique. Ces fonctionnements spécifiques sont définis hors de COPS dans des extensions que nous verrons ultérieurement.

Dans le protocole COPS, le mode de communication est unique et direct entre le PEP et le PDP, et il n'y a pas d'entités intermédiaires. Dans COPS et ses deux extensions COPS-RSVP et COPS-PR, le PEP est une entité logique, qui représente un équipement actif du réseau. Le PDP est une entité logique qui représente un équipement de management du réseau. En retour des requêtes du client, il envoie des décisions. C'est le fonctionnement naturel dans le mode outsourcing. Le PEP et le PDP conservent l'état des requêtes/décisions échangées, selon un fonctionnement « stateful ». L'architecture complète dans laquelle s'insère COPS est illustrée à la figure 36.24.

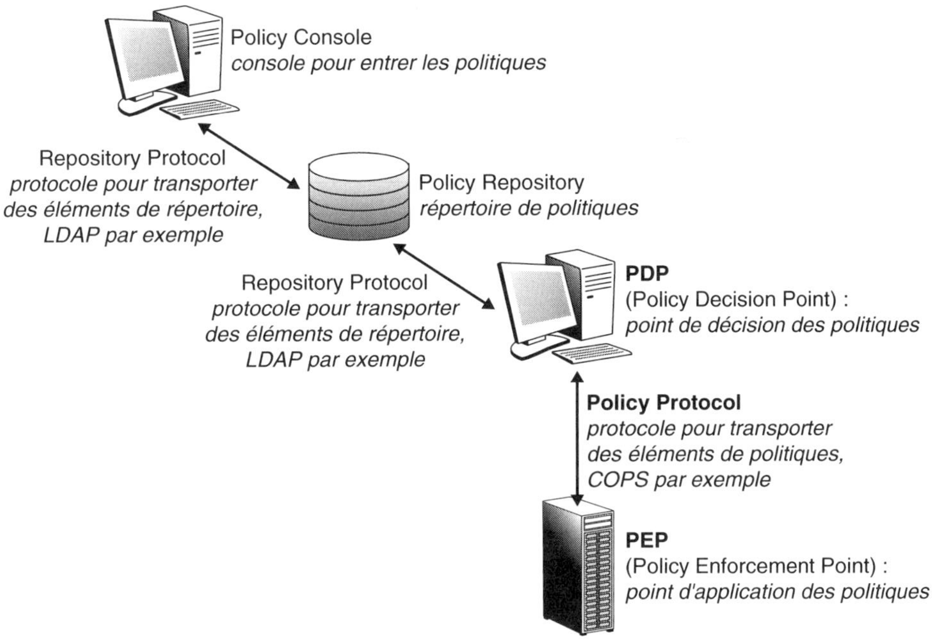

Figure 36.24

Architecture de gestion de réseau par politique

Les messages COPS

Les messages COPS ont tous la même structure générale : un en-tête commun donnant les informations sur le type du message et un corps transportant les objets spécifiques. Cette structure est représentée à la figure 36.25.

Figure 36.25

Format général des messages COPS

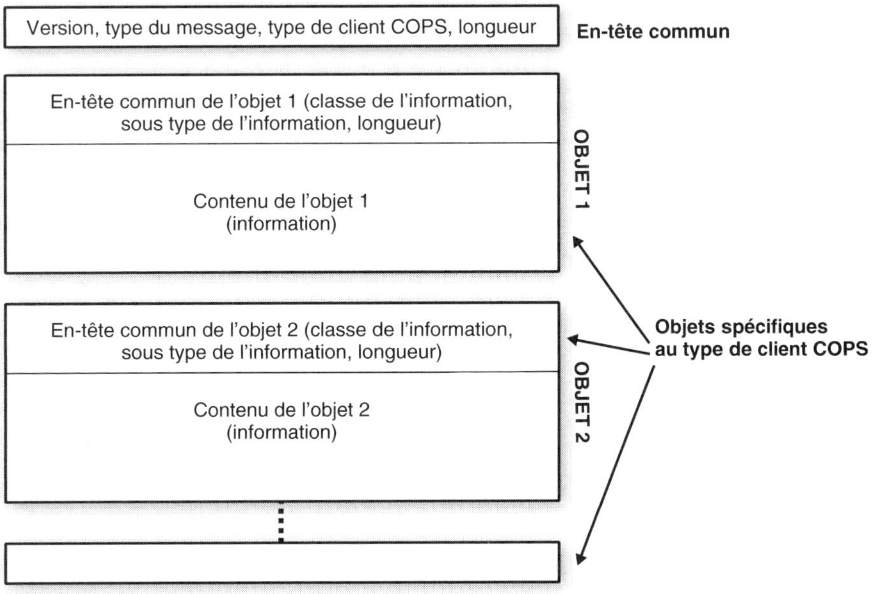

COPS comporte les 16 classes d'objets, ou plutôt classes d'information de contenu d'objets, récapitulées au tableau 36.4. La structure des objets est soit précisée dans la RFC, soit étendue et définie dans les extensions du protocole.

C-Num	Classe de líobjet	C-Type	Objet
1	Handle (Handle)	1	Client ñ Handle
2	Context (Context)	1	Context
3	In Interface (IN-Int)	1 2	IPv4 address + Interface IPv6 address + Interface
4	Out Interface (OUT-Int)	1 2	IPv4 address + Interface IPv6 address + Interface
5	Reason Code (Reason)	1	Reason Code
6	Decision (Decision)	1 2 3 4 5	Decision Flags Stateless Data Replacement Data Client Specific Decision Data Named Decision Data
7	LPDP Decision (LPDPDecision)	1 2 3 4 5	Decision Flags Stateless Data Replacement Data Client Specific Decision Data Named Decision Data
8	Error (Error)	1	Error
9	Client Specific Info (ClientSI)	1 2	Signaled ClientSI Named ClientSI
10	Keep-Alive Timer (KATimer)	1	Keep-alive Timer value
11	PEP Identification (PEPID)	1	PEP Identification
12	Report Type (Report-Type)	1	Report Type
13	PDP Redirect Address (PDPRedirAddr)	1 2	IPv4 + TCP port IPv6 + TCP port
14	Last PDP Address (LastPDPAddr)	1 2	IPv4 Address IPv6 Address
15	Accounting Timer	1	Accounting timer value
16	Message Integrity	1	HMAC digest

TABLEAU 36.4 • Classes d'objets de COPS

Dans COPS-RSVP, la classe d'objets Context object est utilisée pour transporter le type de message RSVP et la classe Client specific information pour transporter les objets RSVP.

Dans COPS-PR, de nouveaux objets sont encapsulés dans les sous-types Named Client-Specific Information object et Named Decision Data Object. Les objets spécifiques sont issus d'une base d'information de politiques, ou PIB (Policy Information Base), relative à chaque type de client COPS. L'ensemble de ces PIB réunies compose la PIB générale. Cette PIB suit la même convention que la MIB SNMP. Les formats d'encodage actuellement définis pour le stockage des informations et leur transport sont ASN.1 (Abstract Syntax Notation 1) et BER (Basic Encoding Rule).

Les messages sont définis d'une manière générale dans la RFC COPS, leur utilisation spécifique étant précisée dans les RFC d'extension. Le tableau 36.5 récapitule les 10 messages COPS regroupés par sens de circulation.

Message PEP —> PDP	Message PDP —> PEP	Message PDP <—> PEP
REQUEST (demande de politique)	DECISION (envoi de politique)	CLIENT CLOSE (fin de prise en compte de client COPS)
REPORT STATE (rÈsultat díinstallation de politique)	SYNCHRONIZE STATE REQUEST (demande de synchronisation)	KEEP ALIVE (Signal díexistence)
DELETE REQUEST STATE (fin díapplication de politique)	CLIENT ACCEPT (prise en compte de client COPS)	
CLIENT OPEN (demande de prise en compte de client COPS)		
SYNCHRONIZE STATE COMPLETE (fin de synchronisation)		

TABLEAU 36.5 • Messages COPS

Scénarios de contrôle de politique

Les scénarios de contrôle de politique COPS dépendent du mode de contrôle de politique. Cependant, on peut illustrer les échanges de messages COPS par la décomposition en étapes de la figure 36.26.

Figure 36.26
Échanges COPS

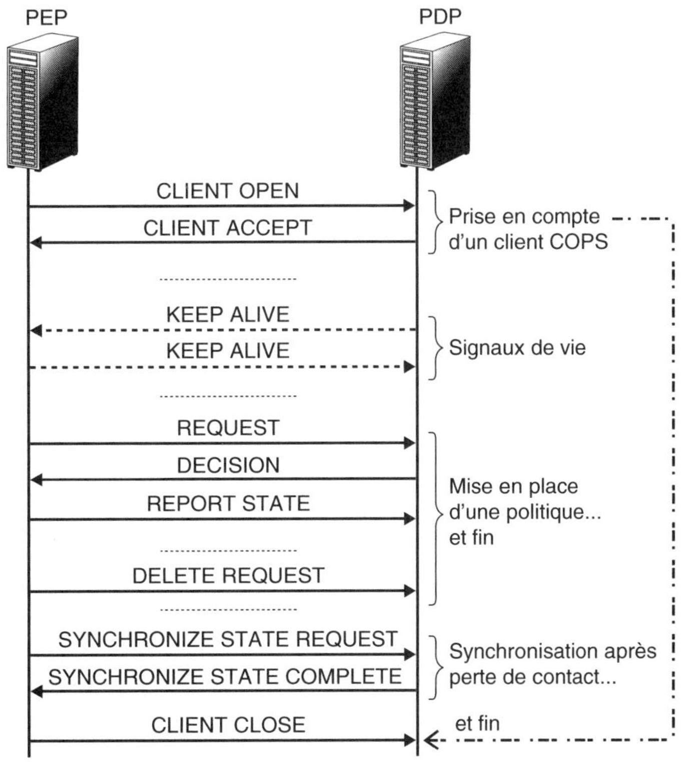

Les extensions de COPS

Le protocole COPS peut être étendu en introduisant de nouveaux types de clients. Nous ne décrivons ici que les deux extensions les plus répandues, COPS-RSVP et COPS-PR.

COPS-RSVP (COPS usage for RSVP)

La RFC 2749 de janvier 2000 précise les directives d'usage pour le support de COPS dans un environnement RSVP. C'est dans cette première optique que COPS a été développé par le groupe de travail RAP (Resource Allocation Protocol) afin de fournir un mécanisme de contrôle d'admission à partir de requêtes sur les ressources réseau. Cela a donné lieu à la création d'une extension pour RSVP permettant de prendre en charge le contrôle d'admission par politique, qui spécifie notamment l'objet POLICY-DATA transporté par les messages RSVP et utilisé pour le contrôle par politique par les PEP et le PDP. La RFC 2750 décrit cette extension.

Comme expliqué précédemment, le mode de fonctionnement de COPS-RSVP est l'outsourcing, dans lequel les événements déclencheurs sont les messages RSVP.

Les détails de l'architecture COPS-RSVP sont peu développés dans les RFC 2749 et 2750. On peut cependant déduire les informations suivantes :

- Un PEP est un client RSVP.
- Un client RSVP n'est pas forcément un PEP.
- Un client RSVP sur un routeur extrémité du domaine est forcément un PEP.

L'architecture COPS-RSVP est illustrée à la figure 36.27.

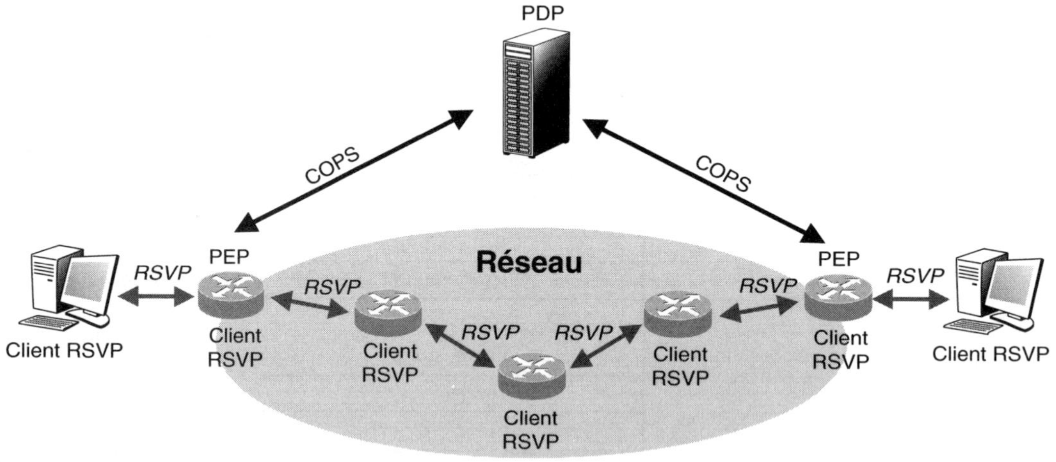

Figure 36.27

Architecture COPS-RSVP

Les types de messages RSVP générant des requêtes COPS sont Path, Resv, PathErr et ResvErr. Tous les objets reçus dans ces messages sont encapsulés dans les requêtes COPS. Trois contextes objet sont définis pour la génération de requêtes COPS du PEP vers le PDP en fonction des événements/actions RSVP :

- Incoming-Message request : lors de l'arrivée d'un message RSVP, une sollicitation pour l'accepter ou le rejeter est envoyée du PEP au PDP.

- Resource-Allocation request : lors de l'arrivée d'un message RSVP Resv, une sollicitation pour injecter (commit) les ressources dans le flux RSVP est envoyée du PEP au PDP.
- Outgoing-Message request : lorsque le PEP doit faire suivre un message RSVP sortant, il sollicite le PDP, qui accepte ou refuse cette sortie et fournit l'objet POLICY-DATA qui sera encapsulé dans le message RSVP.

Lors de l'établissement d'une réservation RSVP, plusieurs sollicitations sont déclenchées. Le nombre de messages COPS engendrés dépend de nombreux paramètres. Dans un fonctionnement normal d'une réservation pour une session point-à-point (unicast), le nombre de ces messages peut être minimisé par regroupement de plusieurs contextes objet dans une même requête COPS. C'est le cas avec le contexte objet combiné In & Allocation & Out pour traiter l'arrivée d'un message Resv et l'affectation des ressources associées et pour le faire suivre.

COPS-PR (COPS usage for Policy Provisioning)

La RFC 3084 de mars 2001 précise les directives d'usage pour la prise en charge de COPS dans un environnement à base d'approvisionnement de politiques. Cette prise en charge est indépendante du type de la politique devant être approvisionnée (QoS, sécurité, etc.) et développe les mécanismes et conventions utilisés pour l'échange d'information en mode provisioning entre des PEP et des PDP.

Le mode provisioning se différencie du mode outsourcing par le fait qu'il n'y a plus de corrélation entre un événement se produisant dans un PEP et la décision relative du PDP. Le PDP peut envoyer directement des informations de provisionnement au PEP suite à une sollicitation externe ou à un ensemble d'événements s'étant produits dans le PEP ou encore à toute autre combinaison.

Le provisionnement des ressources dans un réseau est souvent fondé sur les SLA et s'opère aux frontières du réseau. Cela confère un aspect statique au modèle COPS-PR, où les échanges entre PEP et PDP sont espacés par des temps longs comparativement au modèle dynamique du mode outsourcing.

Les événements externes susceptibles de déclencher des décisions directes du PDP vers le PEP peuvent être les suivants :

- Utilisateur sollicitant des services réseau *via* une interface Web de l'application centrale de gestion.
- Serveur H.323 sollicitant des ressources pour le compte d'un utilisateur voulant établir une visioconférence.

Ces sollicitations externes arrivent directement au PDP. Cependant, la RFC ne décrit pas le mode de communication entre le serveur H.323 et le PDP. D'un autre côté, le PEP peut lui aussi solliciter directement le PDP. Dès l'ouverture de la connexion globale entre PEP et PDP, c'est-à-dire juste après l'échange Client Open ← → Client Accept, le PEP sollicite le PDP pour obtenir l'ensemble des politiques à approvisionner en son sein. Il peut ensuite le faire à chaque modification de sa configuration, telle que le retrait d'une carte d'interface.

Pour représenter les informations de politique approvisionnée à échanger entre les PEP et le PDP, une base d'information de politiques PIB (Policy Information Base) est introduite. La PIB est représentée par un arbre, dans lequel les branches identifient les classes de politiques, ou PRC (Provisioning Class), et les feuilles les instances de ces PRC, ou PRI (Provisioning Instance), qui sont échangées entre PEP et PDP. Ces PIB sont stockées à la fois dans les PEP et le PDP.

Si l'on regarde l'application du modèle provisioning à la gestion des politiques de QoS, on voit tout de suite son adéquation avec le modèle DiffServ. Dans le modèle DiffServ, les équipements du réseau sont configurés au préalable pour appliquer des mécanismes de qualité de service à l'ensemble des flux du réseau. L'architecture DiffServ définit deux catégories d'équipements, les routeurs extrémité (edge routers) et les routeurs internes. Les premiers doivent classifier les flux et leur affecter un DSCP (DiffServ Code Points), qui sera utilisé dans la suite par tous les seconds pour traiter les paquets avec le comportement associé à ce DSCP particulier. La mise en place de politiques de contrôle de QoS dans cette architecture se fait par l'implantation d'un PEP COPS-PR au niveau de chaque routeur extrémité.

L'architecture de l'environnement COPS-PR pour un réseau DiffServ est décrite à la figure 36.28.

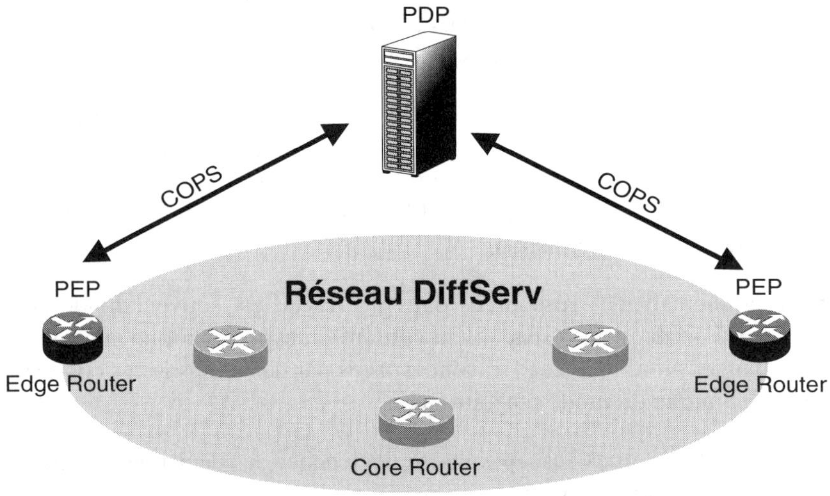

Figure 36.28

Architecture COPS-PR pour un réseau DiffServ

La signalisation CCITT n° 7 (SS7)

Le protocole CCITT n° 7 (SS7 en anglais) a été mis au point par l'UIT-T dans le cadre de la transmission de la signalisation sur les réseaux publics. Le protocole LAP-D, que nous verrons par la suite, véhicule la signalisation sur la terminaison d'abonnés. Au moment de leur passage dans le réseau public proprement dit, les informations de supervision sont prises en charge par un réseau spécifique de type datagramme, le réseau sémaphore, qui suit la recommandation CCITT n° 7 décrivant les couches du protocole. Cette architecture est compatible avec le modèle de référence.

Le protocole de niveau 2 est de type HDLC. Il a été légèrement modifié pour prendre en compte les contraintes temps réel de la signalisation. Tous les algorithmes sont semblables à ceux de HDLC, excepté celui des reprises sur erreur. La détection se fait toujours par la zone de contrôle. La structure de la trame CCITT n° 7 est illustrée à la figure 36.29.

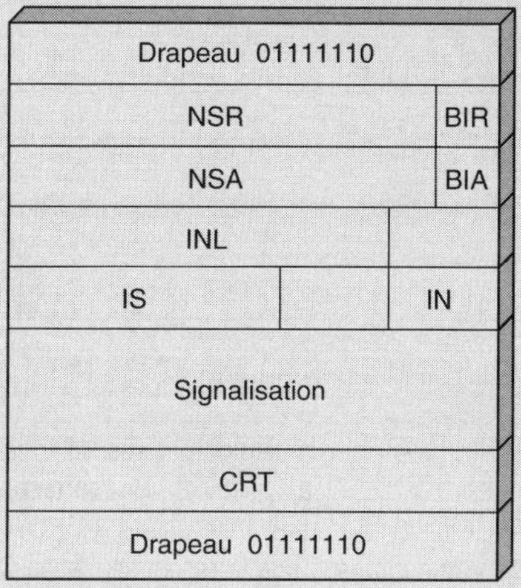

Trois types de trames sont disponibles dans la procédure :

- Les PDU de signalisation sans champ d'information.
- Les PDU avec un champ d'information, qui servent aux contrôles de la procédure elle-même. C'est par ce type de trame que le contrôle de flux de la liaison est effectué. Lorsque la procédure n'a pas de signalisation utilisateur à transmettre, elle émet en continu des trames de ce type, en acquittant la dernière trame bien reçue. On a ainsi une duplication des acquittements, ce qui est très utile en cas de perte d'acquittement. Un autre avantage de ces trames est qu'elles détectent presque instantanément une rupture de la liaison.
- Les PDU avec un champ d'information, qui transportent la signalisation de bout en bout. Pour cette catégorie, on trouve un numéro de trame sur 7 bits situé dans le deuxième octet de la trame, juste derrière le drapeau, ainsi qu'un deuxième numéro de séquence dans le troisième octet de la trame. Ces deux numéros, associés aux bits BIR (indicateur de bit arrière) et BIA (indicateur de bit avant), permettent un contrôle avant et arrière de la procédure.

Les trames contiennent encore un indicateur de longueur sur 6 bits, le champ INL, un indicateur de service dans le champ IS sur 4 bits et un indicateur national IN sur 2 bits.

Deux techniques de reprise sur erreur sont disponibles. La première est conforme à la procédure HDLC. La seconde permet une récupération plus rapide et une duplication des réémissions. Cette seconde technique est particulièrement appréciable dans les réseaux où le temps de propagation est très long, comme les réseaux satellite. À chaque réémission, si le support est libre, on retransmet toutes les trames depuis la trame en erreur, et l'on recommence jusqu'à ce qu'il y ait une nouvelle signalisation à émettre. Cette politique permet de dupliquer ou tripliquer, c'est-à-dire faire trois copies, les reprises et de prévoir, le cas échéant, plusieurs trames successives erronées.

Pour compléter les caractéristiques de la procédure CCITT n° 7, indiquons que les coupleurs extrémité possèdent des compteurs d'erreur, qui comptabilisent le nombre de trames erronées par unité de temps. Si le compteur dépasse une valeur déterminée par le gestionnaire du réseau, la liaison est fermée.

Le niveau réseau de la recommandation CCITT n° 7 spécifie un réseau datagramme puisque les données à transmettre sont extrêmement courtes, de l'ordre de quelques octets. Nous allons décrire brièvement le protocole de niveau réseau.

Les avis Q.702 à Q.704 de l'UIT-T décrivent le protocole CCITT n° 7. Le niveau 3 prend surtout en charge le problème de l'adressage. Celui-ci est décrit dans les recommandations Q.711 à Q.714.

En particulier, la norme 84 définit le sous-système de commande des connexions sémaphore SCCP (Signaling Connection Control Part). Le paquet de niveau 3 est illustré à la figure 36.30.

Figure 36.30

Paquet de niveau 3 du protocole CCITT n° 7

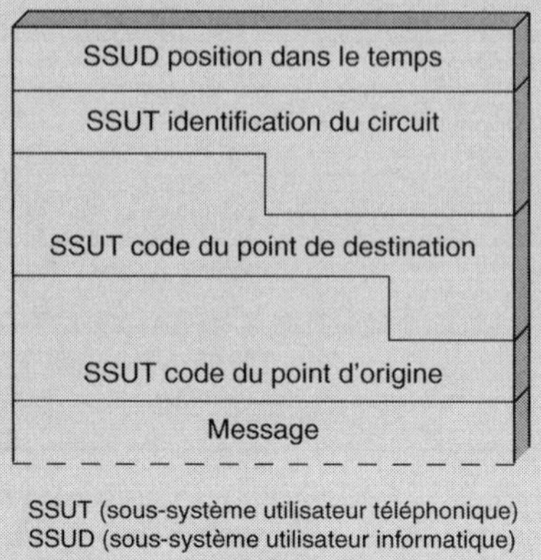

Deux sous-systèmes ont été normalisés : le sous-système correspondant aux applications téléphoniques, dans les avis Q.721 à Q.725, et celui correspondant aux applications informatiques. Ils sont appelés respectivement TUP (Telephone User Part) et DUP (Data User Part).

Le service de transport de la recommandation CCITT n° 7 assure pour le compte du niveau session un transport de bout en bout des TSDU. Il offre cinq classes de services spécifiques suivant le type de relation entre les deux extrémités.

Conclusion

Nous avons examiné dans ce chapitre les principales caractéristiques des protocoles de signalisation. Nous avons vu quelques exemples avec les protocoles de signalisation les plus connus, comme RSVP, H.323, SIP, MGCP et COPS, qui se situent à différents niveaux de l'architecture : le niveau 3 pour RSVP et COPS, qui cherchent à effectuer une allocation de ressources de niveau 3, et le niveau 7 pour SIP.

Le nombre de protocoles de signalisation du monde IP est très important du fait que la normalisation s'est effectuée en suivant les services de niveaux réseau et application et que chaque technologie a introduit ses propres protocoles de signalisation. Le groupe de travail NSIS (Next Step In Signaling) de l'IETF essaie d'introduire un protocole de signalisation unique. Plus exactement, il s'agit d'un protocole de signalisation à deux niveaux, le premier au niveau transport, qui introduit la normalisation de la structure du paquet de signalisation transportant les différentes catégories de signalisation, et le second au niveau de la couche application pour la signalisation du service.

L'architecture du protocole GIMPS (General Internet Messaging Protocol for Signaling), qui semble devoir être le prochain protocole normalisé, est décrite à la figure 36.31.

Figure 36.31

Architecture du protocole GIMPS

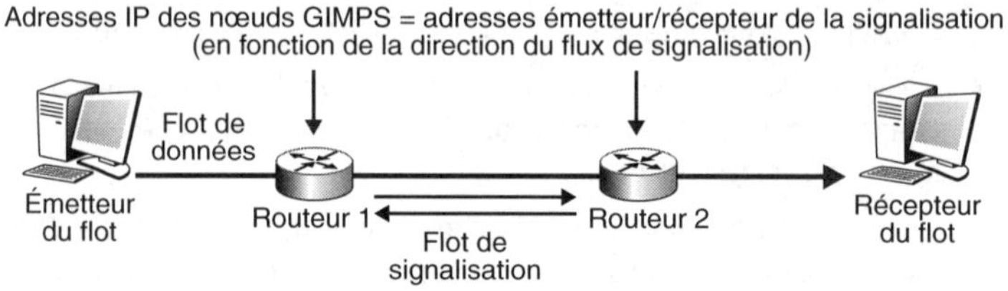

37

Les VPN

Les VPN (Virtual Private Network), ou réseaux privés virtuels, forment une classe particulière de réseaux partagés. Dans de tels réseaux, les ressources d'un réseau réel peuvent se trouver distribuées à un instant donné entre plusieurs réseaux, de telle sorte que chaque sous-réseau puisse croire que le réseau réel appartient à lui seul.

Ce chapitre décrit les différentes catégories de réseaux privés virtuels permettant d'introduire des fonctions susceptibles d'améliorer la gestion d'une entreprise. Ces catégories proviennent soit du type de réseau mis en place, soit du niveau d'architecture, 2 ou 3, soit encore du type de fonction recherchée (sécurité, qualité de service, etc.). Ces différentes catégories ne sont pas indépendantes mais se recoupent. Par exemple, un VPN IP est à la fois un VPN permettant de créer un réseau virtuel IP et un VPN de niveau 3. De même, un VPN IPsec est à la fois un VPN de niveau 3 et un VPN de sécurité. Les VPN MPLS sont plus complexes, car ils appartiennent à la fois au niveau 2 et au niveau 3.

Un réseau privé virtuel peut être défini comme un ensemble de ressources susceptibles d'être partagées par des flots de paquets ou de trames provenant de machines autorisées. Les VPN peuvent utiliser des technologies et des protocoles quelconques. La gestion de ces ressources nécessite un haut niveau d'automatisation pour obtenir la dynamique nécessaire au fonctionnement d'un VPN. Pour obtenir cette dynamique, les ressources permettant d'acheminer les paquets au destinataire doivent être gérées avec efficacité.

Les informations de gestion à prendre en compte pour cela sont les suivantes :

- Informations de topologie, permettant de déterminer les points d'accès vers les sites qui doivent être interconnectés par le VPN.

- Informations d'adressage, permettant la localisation des points d'accès et des sites qui doivent être interconnectés par le VPN.

- Informations de routage, qui permettent d'atteindre les sites du VPN.
- Informations de sécurité, pour l'établissement et l'activation des filtres laissant ou non passer les paquets.
- Informations de qualité de service, en d'autres termes les paramètres déterminés dans le SLS (Service Level Specification) pour le contrôle des ressources nécessaires à la qualité de service.

Les grandes catégories de VPN

Les catégories de VPN permettent de différencier ces derniers suivant différents critères, tels que le type de réseau mis en place, comme les VPN d'entreprise, le niveau auquel est géré le VPN, niveau trame ou niveau paquet, le protocole utilisé ou le type de fonction recherché, comme la sécurité ou la qualité de service. Toutes ces catégories se recoupent fortement, comme nous allons le voir.

Deux grandes catégories permettent toutefois de classifier les VPN en fonction de celui qui gère le réseau :

- Les VPN d'entreprise, qui forment le réseau logique d'interconnexion de plusieurs sites d'une entreprise, permettent en outre à des utilisateurs hors des sites de se connecter sur ce réseau logique.
- Les VPN d'opérateurs, qui forment le réseau physique et permettent de constituer des réseaux logiques pour les entreprises.

Dans la première catégorie, on trouve les VPN IPsec, les VPN SSL et les VPN d'encapsulation permettant de réaliser des tunnels entre les points d'accès aux différents sites d'une entreprise. Dans la deuxième catégorie, on trouve les VPN qui font appel à des chemins de niveau 2 pour être mis à la disposition des entreprises.

Les VPN classés par niveau de protocole sont les VPN de niveau trame, de niveau paquet et de niveau applicatif.

Ce chapitre introduit d'abord les VPN d'entreprise et d'opérateurs puis examine les propriétés des VPN par niveau de protocole et par fonctionnalité.

Les VPN d'entreprise

Les entreprises doivent prendre en charge un nombre croissant d'utilisateurs, qui peuvent être fixes, connectés par un réseau sans fil ou reliés à un réseau de mobiles. Un VPN d'entreprise répond à ces exigences en constituant un réseau capable de desservir ces différents utilisateurs grâce à l'apport de fonctionnalités spécifiques.

Les VPN d'entreprise et les CPE-VPN (Customer Premise Equipment-VPN) sont des réseaux de données privés qui permettent de partager les infrastructures de télécommunications d'un opérateur entre plusieurs entreprises clientes, tout en maintenant une confidentialité des transmissions par l'utilisation de tunnels et de procédures de sécurité. Ces solutions sont totalement différentes des réseaux privés ou des réseaux loués, dans lesquels l'infrastructure n'appartient qu'à l'entreprise qui l'a achetée ou qui loue les lignes de communication. Les infrastructures ne sont pas partagées avec d'autres utilisateurs.

Un CPE-VPN ne s'occupe que des liaisons intersites tandis qu'un VPN d'entreprise est plus large, incluant la possibilité pour un client se trouvant à l'extérieur de l'entreprise de se connecter aux différents sites de l'entreprise.

Le rôle des VPN d'entreprise est de permettre à une société de posséder un réseau en propre, comme si l'infrastructure lui appartenait, à un coût très inférieur à celui de l'achat d'un réseau privé. Fonction essentielle de ces réseaux, la sécurité doit permettre aux différents usagers qui se partagent les ressources d'être protégés des écoutes. Cette catégorie de VPN a été la première à s'imposer.

La gestion globale de VPN de ce type peut être effectuée dans la partie du réseau appartenant à l'entreprise. L'opérateur qui fournit les ressources pour l'interconnexion des réseaux de l'entreprise ne fait que diriger les paquets d'un site à un autre par le biais d'un tunnel, sans que le client puisse voir par où passent les paquets entre l'entrée du tunnel et la sortie. Ce qui se passe entre l'entrée et la sortie ne concerne pas le client. Le filtrage des paquets est effectué par les machines d'accès, qui appartiennent au client et se situent à l'entrée et à la sortie du tunnel. L'opérateur du réseau utilisé pour réaliser le VPN n'offre aucun service supplémentaire. Il se contente de vendre des tunnels dans son réseau. La gestion et la sécurité des VPN sont effectuées par l'utilisateur.

Le réseau d'interconnexion, qui est de plus en plus souvent le réseau Internet, est utilisé comme réseau d'opérateur. Cela permet d'obtenir des interconnexions à partir de n'importe quel point du globe à un coût très bas. Les limites de cette catégorie de VPN résident dans l'impossibilité d'offrir de la qualité de service sur Internet.

Une nouvelle génération de VPN d'entreprise est apparue au milieu des années 1990 avec l'arrivée d'opérateurs de VPN offrant des fonctionnalités supplémentaires. Dans ces nouveaux réseaux, un SLA (Service Level Agreement) est négocié entre l'opérateur et l'entreprise pour définir précisément les droits de chacun et les performances attendues dans le VPN. La partie technique du SLA est le SLS. Si l'entreprise souhaite faire transiter de la parole téléphonique, le SLS propose un temps de transfert dans le réseau de l'opérateur inférieur à une cinquantaine de millisecondes. La demande de l'entreprise peut porter sur d'autres propriétés, comme la sécurité ou la mobilité. La gestion du VPN est généralement effectuée par l'opérateur et non plus par le réseau du client. Nous revenons sur ce type de VPN dans la suite du chapitre.

Les VPN d'opérateurs

Les opérateurs ont réagi rapidement à la demande de VPN des entreprises. Après avoir mis en place des réseaux loués, qui n'appartenaient qu'à l'entreprise cliente, ils ont proposé des solutions de partage des infrastructures en sécurisant suffisamment les connexions de site à site par des protocoles de type IPsec ou SSL. L'avantage de cette offre à partir d'un réseau partagé est de permettre à un client extérieur aux sites de l'entreprise de se connecter de façon sécurisée, comme s'il était dans l'entreprise.

Au départ, les VPN d'opérateurs provenaient de la mise en place de tunnels PPTP, L2F, L2TP mais aussi MPLS, que nous examinons plus en détail à la section suivante. Ils ont ensuite offert les services sur mesure que nous connaissons actuellement, que ce soit pour la sécurité, la qualité de service ou la gestion de la mobilité. La négociation avec l'opérateur s'effectue par le biais d'un SLA, sa partie technique, le SLS, indiquant les performances attendues du VPN. Par exemple, si la société veut y faire transiter sa téléphonie privée, il faut que le temps de traversée des tunnels ne dépasse pas la cinquantaine de millisecondes.

Pour réaliser ces diverses fonctionnalités, l'opérateur doit posséder un réseau dont il sait lui-même apprécier la qualité de service. C'est la raison pour laquelle la plupart des opérateurs de VPN mettent en place des réseaux MPLS sur lesquels une ingénierie de performance est disponible.

Les VPN de niveaux 2, 3 et 7

Les VPN de niveau trame, de niveau paquet et de niveau application datent de la fin des années 1990. Ils sont caractérisés par des tunnels, qui permettent le transit des trames, pour les VPN de niveau trame, des paquets, pour les VPN de niveau paquet, ou des messages, pour les VPN de niveau application. Les avantages et les inconvénients de ces VPN sont semblables à ceux des architectures des niveaux correspondants.

Un VPN peut donc se définir par le niveau d'architecture déterminé par la technologie employée. Par exemple, si le VPN est constitué de réseaux Ethernet, il est de niveau trame (niveau 2). Si le VPN est constitué de réseaux IP, c'est un VPN de niveau paquet (niveau 3). Si le VPN est mis en place pour une application comme HTTP, le VPN est de niveau application (niveau 7).

Les sections qui suivent détaillent ces différentes catégories de VPN.

Les VPN de niveau 2

Les premiers VPN d'entreprise mis en place étaient de niveau 2. Leur rôle était de transporter des trames d'un port d'entrée à un port de sortie, comme illustré à la figure 37.1.

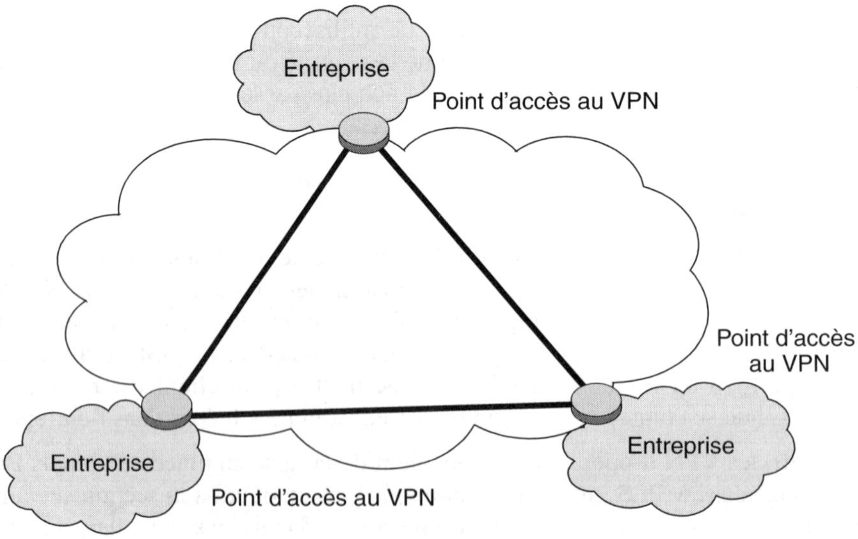

Figure 37.1

Exemple de VPN de niveau 2

Dans ce type de VPN, les trois accès à l'utilisateur sont interconnectés par des circuits virtuels permanents de niveau trame, qui peuvent provenir d'un relais de trames ou d'un réseau ATM. Les fonctions de filtrage, pour ne laisser entrer que les trames des utilisateurs du VPN, sont assurées par les points d'accès appartenant à l'entreprise. L'opérateur ne fait que fournir les circuits virtuels qui acheminent les paquets IP encapsulés dans les trames LAP-D d'un relais de trames ou les cellules d'un réseau ATM. Éventuellement, l'opérateur peut introduire un centre de gestion capable de configurer les points d'accès de l'utilisateur et d'apporter une intelligence au VPN.

De nombreux autres types de tunnels peuvent être mis en œuvre pour réaliser ces VPN, mais ces solutions sont plutôt en décroissance aujourd'hui. On peut citer en premier lieu le protocole PPTP (Point-to-Point Tunneling Protocol), surtout poussé par Microsoft et utilisant des techniques d'authentification du client qui se connecte par des techniques telles que MS-Chap *(voir le chapitre 38).* L'objectif de cette solution est de connecter un client à son entreprise par le biais d'un tunnel prenant son départ dans le réseau du FAI. Le paquet IP est encapsulé dans une trame PPP, laquelle peut être chiffrée puis elle-même encapsulée dans la trame d'un protocole qui forme un tunnel, par exemple, L2TP. Cette dernière encapsulation utilise le protocole GRE (Generic Routing Encapsulation) normalisé par l'IETF dans les RFC 1701 et 1702.

Une autre solution de tunnel, proposée par Cisco Systems avec L2F (Layer 2 Forwarding), définie par la RFC 2341, reste peu utilisée. Une dernière solution, plus fortement utilisée, est le tunnel L2TP (Layer 2 Tunneling Protocol), développé à partir de 1999 et normalisé par l'IETF dans la RFC 2661. L'objectif de cette solution est d'étendre les deux techniques de tunnel précédentes en permettant l'accès par modem ADSL. Dans cette solution, des trames PPP sont encapsulées dans des trames L2TP. La version L2TPv3, en cours de normalisation au cours de l'année 2004, étend l'identification de tunnel de 16 à 32 bits. Cela permettra d'augmenter le nombre de tunnels et de s'adapter ainsi beaucoup mieux aux réseaux à très haut débit.

Une nouvelle génération de VPN de niveau trame, les VPN Ethernet, a fait son apparition au début des années 2000 pour réaliser des VPN peu onéreux et offrant une grande souplesse d'utilisation. Les VPN Ethernet sont conçus autour des réseaux Ethernet, que ces derniers soient partagés ou commutés. Ces VPN ressemblent aux VPN de niveau 3 *(voir ci-après),* dans lesquels les paquets IP sont remplacés par des trames Ethernet. Les équipements Ethernet peuvent être dispersés sur toute la planète tout en appartenant à un même VPN, le point d'accès étant l'équipement lui-même, muni de son adresse Ethernet.

Les VPN de niveau trame sont aujourd'hui délaissés au profit des VPN de niveau paquet, qui offrent plus de souplesse, comme nous allons le voir.

Les VPN de niveau 3

Le niveau paquet (couche 3) étant aujourd'hui un niveau IP, les VPN de niveau 3 sont appelés VPN IP. Cette génération de VPN date du début des années 2000. Elle permet de rassembler toutes les propriétés que l'on peut trouver dans les réseaux intranet et extranet, notamment le système d'information d'une entreprise distribuée. La solution IP permet d'intégrer à la fois des terminaux fixes et des terminaux mobiles.

Un VPN IP est illustré à la figure 37.2. Les entreprises A, B et C ont des VPN de niveau IP. Leurs points d'accès sont des routeurs IP, qui laissent entrer et sortir de l'entreprise les paquets IP destinés aux autres succursales.

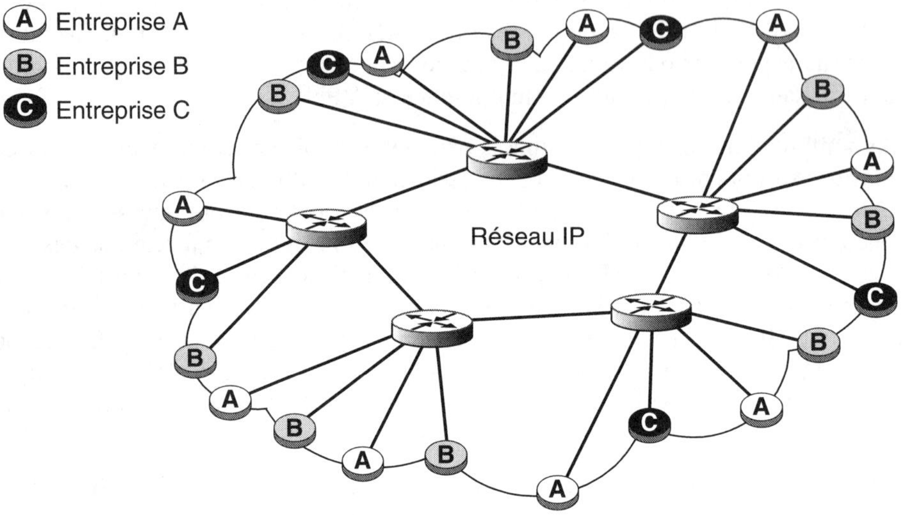

Figure 37.2

Exemple de VPN IP

Sur cette figure, les clients d'un même VPN utilisent le réseau IP pour aller d'un point d'accès à un autre point d'accès appartenant au VPN. La qualité de service et la sécurité sont prises en charge par l'utilisateur. Comme la sécurité est un élément essentiel de ces réseaux, la première génération de VPN IP a utilisé le protocole IPsec pour réaliser les communications. Ce protocole permet de créer des tunnels chiffrés en proposant à l'utilisateur de choisir ses algorithmes de chiffrement et d'authentification. Les points d'accès des VPN communiquent entre eux par l'intermédiaire de ces tunnels chiffrés.

Une difficulté nouvelle pour l'opérateur consiste à configurer les nœuds dynamiquement, de sorte à rendre le service défini par l'ensemble des SLA. Une solution qui se développe, que nous examinons un peu plus loin, repose sur la configuration par politique. Avant d'examiner cette technique de configuration, nous allons introduire les autres types de VPN.

Les VPN MPLS

Une grande tendance de ce début des années 2000 en matière de VPN consiste à utiliser des réseaux MPLS. La souplesse de MPLS autorise l'utilisation de fonctionnalités de niveau 2 et de niveau 3. C'est la raison pour laquelle on appelle parfois ces réseaux privés virtuels des VPN de niveau 2,5.

MPLS met en place des tunnels, appelés LSP (Label Switched Path), qui ne sont autres que des circuits virtuels. Ces LSP sont toutefois beaucoup plus souples d'usage que des circuits virtuels et offrent en outre une qualité de service. La figure 37.3 illustre le premier modèle de VPN MPLS utilisé, le modèle *overlay* (recouvrement). Il ressemble aux VPN d'entreprise en ce qu'il confie à un opérateur externe la mise en place d'un réseau à partir d'une infrastructure partagée. Sur la figure, deux entreprises se partagent un réseau d'opérateur avec des LSP différents. L'une des entreprises possède un point d'accès, sur lequel arrivent deux LSP, provenant de deux autres sites, pour des raisons de fiabilité : si l'un des points d'accès tombe en panne, le second continue à offrir le service. La restriction fondamentale de ce modèle réside dans la scalabilité, ou passage à l'échelle, qui est extrêmement coûteuse, puisque, si dix sites existent déjà et que l'on veuille en ajouter un onzième, il faut mettre en place dix nouveaux LSP.

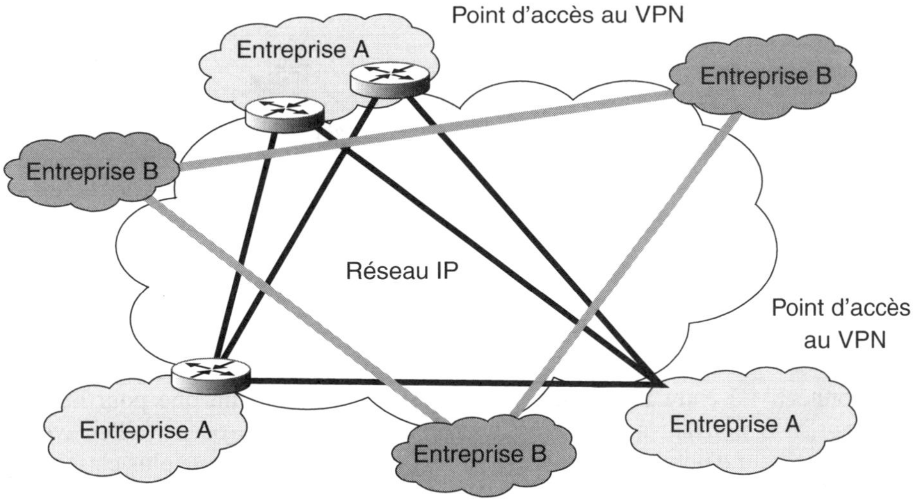

Figure 37.3

Exemple de VPN MPLS overlay

Une deuxième solution de VPN MPLS, appelée *peer model,* rend possible le passage à l'échelle, ou scalabilité, en facilitant l'augmentation du nombre de sites à interconnecter. Ce modèle doit permettre à l'opérateur de VPN d'augmenter le nombre de VPN jusqu'à atteindre plusieurs centaines de milliers de sites, si nécessaire. Une autre fonction sous-jacente de ces VPN Peer concerne la possibilité pour l'opérateur d'offrir de nouveaux services sur mesure à l'utilisateur et de prendre en charge son infrastructure réseau, surtout si l'utilisateur n'a pas de fortes compétences dans le domaine du routage Internet.

Cette solution combine les apports de plusieurs technologies :

- Les informations de routage sont distribuées partiellement.
- Les tables de routage sont multiples.
- Les adresses utilisées sont du nouveau type VPN IP.

La figure 37.4 illustre un VPN Peer. La différence essentielle avec le modèle overlay provient du routeur d'accès à MPLS. Dans l'overlay, le point d'accès au réseau MPLS se trouve dans le réseau utilisateur. Dans le modèle VPN Peer, le routeur d'accès se trouve chez l'opérateur, de sorte qu'un flot provenant d'un client du VPN peut se diriger à volonté vers n'importe quel point du VPN en utilisant le réseau MPLS.

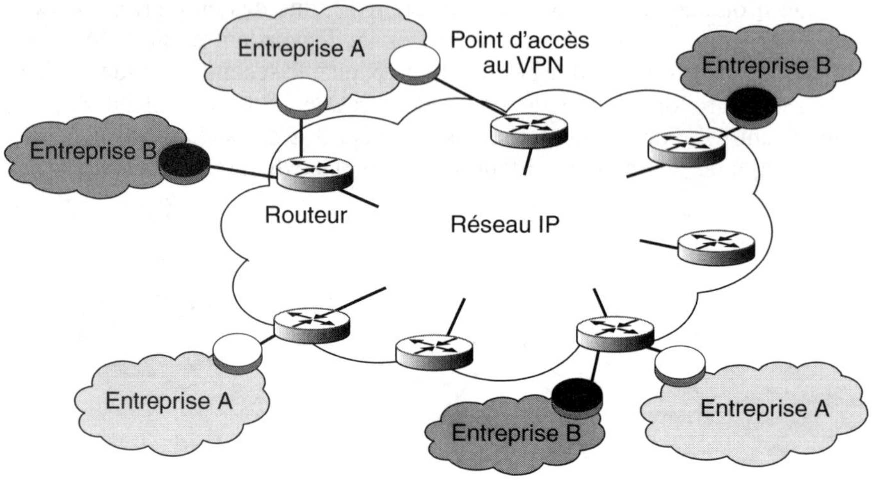

Figure 37.4

Exemple de VPN MPLS Peer

Le premier algorithme de routage à mettre en œuvre pour router les paquets doit assurer une connectivité entre les sites. Ce routage peut n'être défini que pour l'entreprise A, l'entreprise B pouvant avoir un autre protocole de routage ou travailler avec un autre algorithme pour déterminer le routage. L'algorithme de routage le plus classique dans les VPN MPLS utilise le protocole BGP (Border Gateway Protocol).

Quatre étapes définissent la distribution des éléments de routage :

1. Les informations de routage proviennent du client et sont envoyées vers le point d'accès de l'opérateur. Les protocoles RIP (Routing Information Protocol), OSPF (Open Shortest Path First) et BGP peuvent être utilisés par le client du VPN.
2. Au point d'entrée de l'opérateur, les informations de routage sont exportées dans l'algorithme BGP de l'opérateur.
3. Au point de sortie, les informations BGP sont rassemblées pour être transmises vers l'utilisateur.
4. Toujours au point de sortie, les informations de routage sont exportées vers l'utilisateur sous une forme propre à l'utilisateur.

Cette solution permet de transporter sur un VPN MPLS BGP les informations d'un point du VPN vers n'importe quel autre point du VPN. Grâce à ce mécanisme, des tables de routage spécifiques peuvent être mises en place pour chaque VPN.

Un problème d'adressage est posé par le fait que le routage BGP utilisé par l'opérateur suppose que l'adresse IP soit unique pour un utilisateur. Or ce n'est pas vrai puisqu'un client peut utiliser plusieurs VPN simultanément dans un même réseau d'opérateur. Une solution à ce problème consiste à rendre les adresses utilisées sur plusieurs VPN uniques pour chaque VPN en créant à cet effet de nouvelles adresses, dites adresses VPN IP. Ces adresses sont construites par concaténation d'un champ de longueur fixe, appelé Route Distinguisher, et d'une adresse IP standard. Le rôle de ce champ est de rendre unique l'adresse globale d'un utilisateur vis-à-vis de l'opérateur. Pour être sûr que cette adresse globale est unique, le Route Distinguisher contient trois champs : le type, sur 2 octets, le numéro du système autonome, sur 2 octets également, et un numéro déterminé par l'opérateur du VPN, sur 4 octets. Pour l'algorithme BGP, il n'y a aucune différence entre travailler sur la seule adresse IP ou sur l'adresse VPN IP.

Ces VPN MPLS BGP des opérateurs offrent une grande souplesse à leurs clients. Un de leurs grands avantages est qu'ils peuvent utiliser des LSP avec des classes de priorités. Cela permet à un utilisateur de travailler avec des classes de services correspondant à ces priorités. Ces VPN procurent en outre à l'opérateur des fonctionnalités spécifiques, allant de la configuration au traitement d'applications de diverses natures. L'avantage pour l'entreprise est de pouvoir externaliser de nombreux services auprès de l'opérateur de VPN.

Les VPN de niveau 7

Le niveau application (couche 7) peut également être utilisé pour mettre en place des VPN. Dans ce cas, seule l'application concernée est transportée dans le tunnel. Le plus classique de ces VPN est le VPN SSL, qui utilise un tunnel SSL. SSL (Secure Sockets Layer) a été créé par Netscape pour protéger le transport de pages Web entre un client et un serveur. Présenté en détail au chapitre 39, SSL a été étendu à plusieurs reprises par les versions v2 puis v3. Une déclinaison importante a été apportée ensuite par TLS (Transport Layer Security), qui peut être considéré comme la version v3.1 de SSL.

SSL assure l'authentification du serveur de telle sorte que le client sache qu'il s'adresse au bon serveur. Cette authentification s'appuie sur un chiffrement asymétrique, par le biais de certificats à clé publique *(voir le chapitre 39)*. SSL s'appuie essentiellement sur HTTP, mais d'autres protocoles peuvent l'utiliser, comme HTTPS (HyperText Transfer Protocol Secure sockets), LDAPS, Telnet, IMAPS, POP3S, etc.

On compare souvent les VPN IPsec et SSL. Il existe en effet beaucoup de similitudes entre eux, mais également d'importantes différences, en particulier le fait qu'ils ne sont pas situés au même niveau de l'architecture, 3 pour IPsec et 7 pour SSL. Un VPN SSL ne prend en compte que les applications qui lui sont associées et a l'avantage d'être plus léger qu'un VPN IPsec, lequel ne fait pas de distinction entre les applications et peut prendre en charge tous les types de flux.

Les VPN fonctionnels

Les VPN peuvent se concevoir pour réaliser des tâches particulières, comme la sécurité ou la qualité de service, mais aussi des tâches beaucoup plus spécifiques, comme le partage d'une ressource. Le cas le plus classique pour l'opérateur de VPN est d'offrir les fonctions de portail d'accès, de logiciel applicatif, de machine de calcul ou de PABX IP.

Les VPN de sécurité

Les VPN utilisent une infrastructure d'interconnexion qui peut être publique ou privée. L'infrastructure publique se ramène essentiellement à Internet. La sécurité étant évidemment moins forte dans ce cas, la mise en place de pare-feu et de modules de chiffrement et d'identification est impérative.

La sécurité d'un VPN est assurée dans le cas classique par les tunnels qui sont mis en place entre les points d'accès du VPN. Un simple circuit virtuel propose déjà une sécurité importante, puisqu'il est assez difficile pour un utilisateur externe de prendre la place d'un autre en utilisant les références adéquates.

Pour bénéficier d'une sécurité complète, il faut une authentification des équipements aux deux extrémités puis une autorisation et enfin un chiffrement. Ces différentes fonctions peuvent être réalisées par l'intermédiaire de serveurs AAA (Authentication, Authorization, Accounting) par l'intermédiaire de protocoles tels que RADIUS ou Diameter *(voir le chapitre 38)*.

Les échanges au sein de l'opérateur de VPN peuvent être sécurisés en utilisant des tunnels dans lesquels trames, paquets ou messages sont chiffrés. Les circuits virtuels étant déjà des sortes de tunnels, il suffit de chiffrer les paquets avant de les émettre. Une solution pour cela consiste à utiliser IPsec, qui donne un cadre normalisé à la fois au tunnel et au chiffrement.

Les pare-feu forment une autre pièce essentielle de l'accès sécurisé au réseau de l'utilisateur en empêchant les flux non désirés d'entrer dans le réseau du client du VPN. Les pare-feu ont pour rôle de filtrer les flux en les reconnaissant. La méthode la plus classique de filtrage consiste à examiner la valeur du port, transportée par les protocoles TCP et UDP, et à en déduire si le type d'application est acceptable ou non par le VPN. Nous verrons au chapitre 39 que cette technique est en pleine évolution, après une certaine stabilité pendant une dizaine d'années.

Les VPN de qualité de service

Les VPN peuvent procurer une qualité de service aux applications de l'utilisateur. Pour cela, il faut que le réseau de l'opérateur puisse effectuer une différenciation du trafic. Cela revient, d'une part, à reconnaître le trafic et à le classer et, d'autre part, à mettre à disposition du VPN un mécanisme capable de gérer la qualité de service.

Ce mécanisme peut être d'un des quatre types suivants :

- Le réseau de l'opérateur est surdimensionné, et les paquets du client voient le réseau comme étant vide et donc le traversent rapidement.
- Le réseau obéit à la gestion de qualité de service DiffServ et classifie les flots grâce à des classificateurs.
- Le réseau est de type MPLS, et divers LSP, correspondant aux qualités de service, sont ouverts. L'avantage de cette solution est la forte sécurisation de la qualité de service.
- Le réseau est géré par politique, et la qualité de service est garantie par une configuration automatique des routeurs.

La qualité de service est souvent négociée entre l'utilisateur et l'opérateur de VPN par un SLA, qui permet de définir de façon explicite à la fois les attentes de l'utilisateur et les engagements de l'opérateur. Les SLA portent souvent sur des temps de transit au travers du réseau de l'opérateur ou sur des taux de perte de paquet mais aussi sur des paramètres plus spécifiques, comme le moment d'ordre 2 du temps de réponse. Par exemple, pour un VPN capable de faire transiter de la parole téléphonique, il faut un temps de transit limité, qui ne dépasse pas 50 ms. Il faut de surcroît s'assurer que les 50 ms représentent un temps maximal de traversée, et non un temps moyen. Avec un temps moyen de 50 ms et une très forte variance du temps de réponse, il serait impossible de réaliser de la téléphonie sur IP.

La qualité de service est de plus en plus proposée par les VPN et demandée par les utilisateurs.

Les VLAN

Les VLAN (Virtual LAN) suivent les mêmes concepts que les VPN, mais appliqués aux réseaux locaux d'entreprise.

Au départ, un VLAN est un domaine de diffusion limité, qui se comporte comme un réseau local partagé. La différence avec un vrai réseau local provient de l'emplacement géographique des clients, qui peut être quelconque. L'idée est d'émuler un réseau local et donc de permettre à des clients parfois fortement éloignés géographiquement d'agir comme s'ils étaient sur le même réseau local. Cette vision est moins utilisée aujourd'hui, et les VLAN comme les VPN servent surtout à mettre en place des fonctions de gestion de l'entreprise.

Pour fonctionner, un VLAN doit être doté de mécanismes assurant la diffusion sélective des informations. Pour cela, est ajoutée dans la trame une adresse spécifique, que l'on peut associer à une adresse de niveau paquet. Les nœuds du réseau supportant les VLAN doivent être capables de gérer cette adresse supplémentaire. Les VLAN permettent d'éviter le trafic en diffusion en autorisant certains flux à n'arriver qu'à des points spécifiques, déterminés par le VLAN. Le VLAN offre en outre à l'entreprise une solution à de nombreux problèmes de gestion.

On peut assimiler un VLAN à un VPN qui utiliserait comme réseau d'interconnexion le réseau local de l'entreprise au lieu du réseau d'un opérateur. La définition d'un VLAN peut prendre diverses formes, en fonction des éléments suivants :

- numéro de port ;
- protocole utilisé ;
- adresse MAC utilisée ;
- adresse IP ;
- adresse IP multicast ;
- application utilisée.

Un VLAN peut aussi être déterminé par une combinaison des critères précédents ainsi que par d'autres critères de gestion, comme l'utilisation d'un logiciel ou d'un matériel commun.

Les VLAN offrent une solution pour regrouper les stations et les serveurs en ensembles indépendants, de sorte à assurer une bonne sécurité des communications.

Ils peuvent être de différentes tailles, mais il est préférable de recourir à de petits VLAN, de quelques dizaines de stations tout au plus. Il faut en outre éviter de regrouper des stations qui ne sont pas situées dans la même zone de diffusion. Si c'est le cas, il faut gérer les tables de routage dans les routeurs d'interconnexion. Le champ permettant de réaliser cette diffusion vers l'ensemble des points d'accès du VLAN est situé dans la structure de trame illustrée à la figure 37.5.

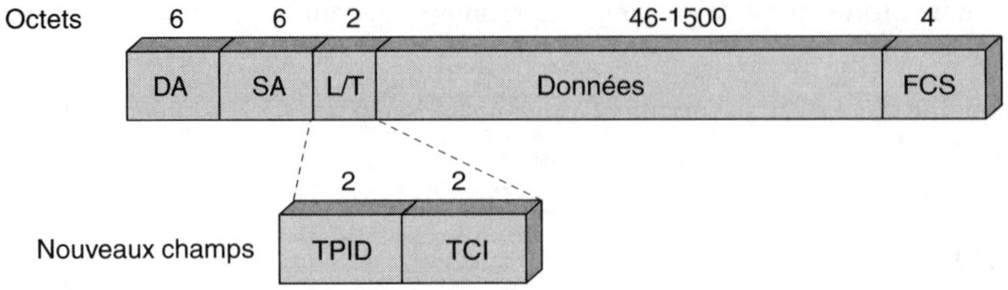

DA (Destination Address) : adresse de destination
SA (Source Address) : adresse source
L/T (Length/Type) : longueur/type
FCS (Frame Check Sequence)
TPID (Tag Protocol Identifier) : identificateur du protocole de référence
TCI (Tag Control Information) : information sur le contrôle de la référence

Figure 37.5

Nouveaux champs d'extension de la trame Ethernet pour les VLAN

La valeur du champ TPID (Tag Protocol IDentifier) n'a été définie que pour le cas Ethernet. Sa valeur est 0x8100.

Le champ TCI (Tag Control Information) est illustré à la figure 37.6. Il comprend :

- Un champ de niveaux de priorités sur trois éléments binaires, qui permet de déterminer jusqu'à huit niveaux de priorité.
- Un bit CFI (Canonical Format Indicator), qui indique que les données de la trame sont sous un format non canonique, c'est-à-dire non déterminé par des règles classiques.
- Un champ VLAN ID, qui identifie l'appartenance au VLAN de la trame et permet son routage vers les différents points du VLAN.

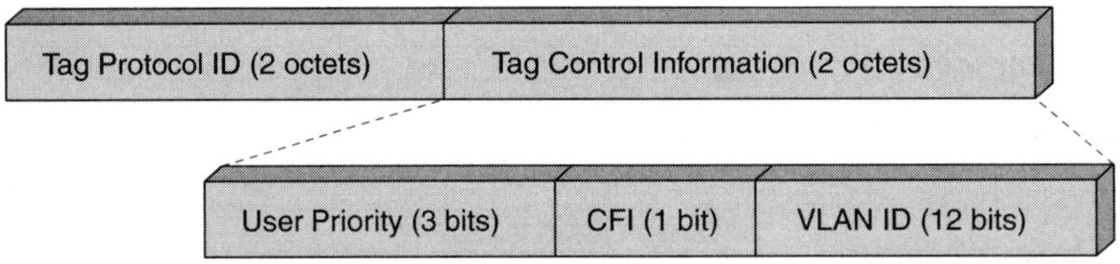

User Priority : priorité de l'utilisateur
CFI (Canonical Format Indicator) : identificateur du format canonique
VLAN ID (identificateur du VLAN)

Figure 37.6

Champ TCI de la trame Ethernet pour VLAN

Les trois bits de priorité jouent un rôle de plus en plus important dans les VLAN avec qualité de service. Ils permettent de mettre en place une correspondance entre la gestion de la qualité de service DiffServ et le niveau trame du réseau Ethernet. Par exemple, un VLAN de téléphonie IP permet de réserver la plus haute priorité utilisateur, celle correspondant à la classe Premium, ou EF, de DiffServ, aux applications de téléphonie.

Configuration d'un VPN par politique

Une difficulté rencontrée par les opérateurs concerne la configuration de leur réseau pour permettre aux différentes entreprises connectées d'obtenir les performances qu'elles sont en droit d'attendre après négociation de leur SLS.

Une solution à ce problème se fonde sur la gestion par politique, décrite en détail au chapitre 35, et dont nous ne donnons ici qu'un bref aperçu.

La gestion par politique consiste à définir, à partir du SLA, un ensemble de règles, ou politiques (en anglais *policy*), qui déterminent le fonctionnement du réseau vis-à-vis d'un utilisateur. Ces politiques relèvent du principe « si condition alors action ». Une fois déduites des SLS, les politiques sont entreposées dans un répertoire, appelé Policy Repository. Elles sont ensuite traduites dans une syntaxe correspondant au niveau de transport des paquets. Par exemple, si la syntaxe se place au niveau de la gestion DiffServ, il faut traduire les politiques en classes EF, AF et BE, avec les paramètres de configuration des nœuds. Une fois cette traduction effectuée, il faut aller plus loin et traduire la syntaxe de niveau réseau en une syntaxe de niveau configuration, c'est-à-dire de niveau physique.

Les divers composants d'une technique de contrôle par politique sont illustrés à la figure 37.7. Ils comprennent un PDP (Policy Decision Point), qui a pour rôle de décider des politiques à appliquer, des PEP (Policy Enforcement Point), qui sont les routeurs et autres équipements de réseau qui doivent être configurés par les politiques décidées par le PDP, le Policy Repository, qui mémorise les politiques des utilisateurs des VPN, et un outil de gestion de politique, ou Policy Management Tool, qui permet d'entrer les politiques.

Figure 37.7
Fonctionnement du contrôle par politique

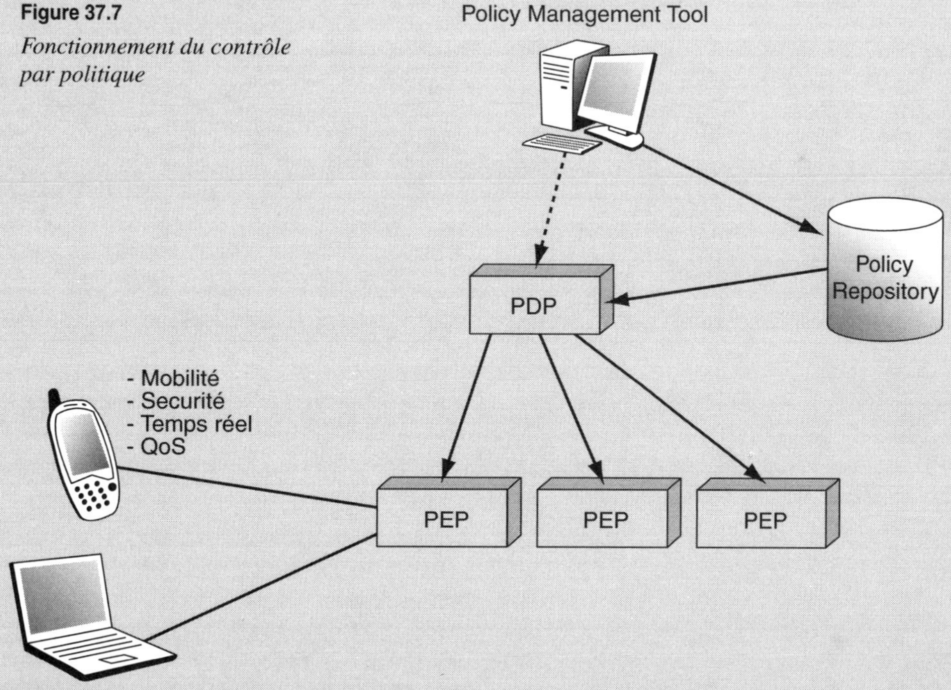

Les deux méthodes utilisées pour la configuration sont le provisioning et l'outsourcing. Dans le premier cas, l'ordre de configuration est directement descendu dans les nœuds du réseau pour être appliqué aux VPN des utilisateurs. Dans le second, il n'y a pas de SLA négocié au préalable, et le SLS se négocie en temps réel, de sorte qu'il faut effectuer les traductions également en temps réel.

Conclusion

Les opérateurs proposent à leurs clients différents types de VPN, classiques, comme les VPN d'entreprise, ou spécialisés.

Les VPN forment un nouveau paradigme, qui s'étend rapidement à l'ensemble des entreprises, même les toutes petites, qui ne peuvent s'offrir de réseau privé. Dans le même temps, ils deviennent de plus en plus sophistiqués et permettent de prendre en charge le contrôle et la gestion des réseaux d'entreprise. Ils sont de ce fait promis à un grand avenir.

Comme nous l'avons montré au chapitre 16, la technologie Ethernet *carrier grade* permet d'encapsuler les VPN et d'apporter ainsi à la fois de la sécurité et de la qualité de service.

Partie XI

La sécurité

La sécurité est une fonction incontournable des réseaux. Puisqu'on ne voit pas son correspondant directement, il faut l'authentifier. Puisqu'on ne sait pas par où passent les données, il faut les chiffrer. Puisqu'on ne sait pas si quelqu'un ne va pas modifier les informations émises, il faut vérifier leur intégrité. Nous pourrions ajouter une longue suite de requêtes du même genre qui doivent être prises en charge par les réseaux.

Globalement, on peut diviser la sécurité en deux parties : la sécurité à l'ouverture de la session et la sécurité lors du transport de l'information. Les techniques pour réaliser ces deux formes de sécurité sont extrêmement diverses, et il s'en invente de nouvelles tous les jours. De même, les pirates, à chaque attaque contrée, vont un peu plus loin pour contourner les défenses. Ce jeu de poursuite n'est pas de nature à faciliter la présentation des mécanismes de sécurité. Dans cet ouvrage, nous nous limitons à l'environnement réseau, sans nous pencher sur la sécurité physique des terminaux ou des logiciels.

Le chapitre 38 propose une vue générale des éléments de sécurité dans un réseau, en suivant la proposition de l'ISO en matière de sécurité. Cette proposition a été effectuée en même temps que le modèle de référence. Nous présentons ensuite les mécanismes de sécurité les plus classiques, tels que l'autorisation, l'authentification, le chiffrement, la signature, etc. Le chapitre 39 s'intéresse plus particulièrement au monde IP et aux protocoles qui implémentent les mécanismes décrits au chapitre 38.

38

Vue générale des mécanismes de sécurité

La sécurité du transport de l'information est une préoccupation primordiale dans le domaine des réseaux. Pendant de longues années, la sécurité d'un équipement demandait une isolation complète de l'environnement extérieur, et aucune communication avec une machine externe n'était possible. C'est encore très souvent le cas aujourd'hui.

Ce chapitre examine les mécanismes fondamentaux de sécurité mis en œuvre dans les réseaux, ainsi que les algorithmes de chiffrement et d'authentification.

Les services de sécurité

En informatique, le terme sécurité recouvre tout ce qui concerne la protection des informations. L'ISO s'est attachée à prendre toutes les mesures nécessaires à la sécurité des données durant leur transmission. Ces travaux ont donné naissance à un standard d'architecture international, ISO 7498-2 *(OSI Basic Reference Model-Part 2: Security Architecture).* Cette architecture est très utile pour tous ceux qui veulent implémenter des éléments de sécurité dans un réseau car elle décrit en détail les grandes fonctionnalités et leur emplacement par rapport au modèle de référence.

Trois grands concepts ont été définis :

- Les fonctions de sécurité, qui sont déterminées par les actions pouvant compromettre la sécurité d'un établissement.
- Les mécanismes de sécurité, qui définissent les algorithmes à mettre en œuvre.
- Les services de sécurité, qui représentent les logiciels et les matériels mettant en œuvre des mécanismes dans le but de mettre à la disposition des utilisateurs les fonctions de sécurité dont ils ont besoin.

La figure 38.1 recense les services de sécurité et les niveaux de l'architecture OSI où ils doivent être mis en œuvre.

Cinq types de service de sécurité ont été définis :

- La confidentialité, qui doit assurer la protection des données contre les attaques non autorisées.
- L'authentification, qui doit permettre de s'assurer que celui qui se connecte est bien celui qui correspond au nom indiqué.
- L'intégrité, qui garantit que les données reçues sont exactement celles qui ont été émises par l'émetteur autorisé.
- La non-répudiation, qui assure qu'un message a bien été envoyé par une source spécifiée et reçu par un récepteur spécifié.
- Le contrôle d'accès, qui a pour fonction de prévenir l'accès à des ressources sous des conditions définies et par des utilisateurs spécifiés.

Dans chacun de ces services, il peut exister des conditions particulières, indiquées à la figure 38.1.

Figure 38.1

Sécurité et niveaux de l'architecture OSI

	Niveau 1	2	3	4	5	6	7
Confidentialité							
avec connexion	Oui	Oui	Oui	Oui		Oui	Oui
sans connexion		Oui	Oui	Oui		Oui	Oui
d'un champ particulier						Oui	Oui
Authentification			Oui	Oui			Oui
Intégrité							
avec reprise			Oui	Oui			Oui
sans reprise				Oui			Oui
díun champ particulier							Oui
Non-répudiation							Oui
Contrôle d'accès			Oui	Oui			Oui

Si l'on reprend les cinq services de sécurité présentés précédemment en étudiant les besoins de l'émetteur et du récepteur et en les répertoriant, on obtient le processus suivant :

1. Le message ne doit parvenir qu'au destinataire.
2. Le message doit parvenir au bon destinataire.
3. L'émetteur du message doit pouvoir être connu avec certitude.
4. Il doit y avoir identité entre le message reçu et le message émis.
5. Le destinataire ne peut contester la réception du message.
6. L'émetteur ne peut contester l'émission du message.
7. L'émetteur ne peut accéder à certaines ressources que s'il en a l'autorisation.

Le besoin 1 correspond à un service de confidentialité, les besoins 2 et 3 à un service d'authentification, le besoin 4 à un service d'intégrité des données, les besoins 5 et 6 à un service de non-répudiation, et le besoin 7 au contrôle d'accès.

Les mécanismes de chiffrement

Le chiffrement est un mécanisme issu d'une transformation cryptographique. Le mécanisme inverse du chiffrement est le déchiffrement. La normalisation dans ce domaine est quelque peu complexe, pour des raisons essentiellement politiques. De ce fait, l'ISO a supprimé ce type de normalisation de son cadre de travail à la suite de la publication des algorithmes DES (Data Encryption Standard). L'ISO est alors devenue une simple chambre d'enregistrement des algorithmes de chiffrement.

La première norme ISO du domaine, ISO 9979, se préoccupe du problème relatif aux « procédures pour l'enregistrement des algorithmes cryptographiques ». Une vingtaine d'algorithmes sont aujourd'hui déposés à l'ISO ou chez d'autres organismes de normalisation. Des normes complémentaires, comme les procédures de chiffrement de messages (ISO 10126), les modes opératoires d'un algorithme de chiffrement par blocs de *n* bits (ISO 10116) ou les caractéristiques d'interfonctionnement avec la couche physique (ISO 9160) ont été publiés par l'ISO.

Les principaux mécanismes de chiffrement normalisés par l'ISO sont les suivants :

- Le mécanisme de bourrage de trafic consiste à envoyer de l'information en permanence en complément de celle déjà utilisée de façon à empêcher les fraudeurs de repérer si une communication entre deux utilisateurs est en cours ou non.
- L'authentification utilise un mécanisme de cryptographie normalisé par la série de normes ISO 9798 à partir d'un cadre conceptuel défini dans la norme ISO 10181-2. Dans cette normalisation, des techniques de chiffrement symétrique et à clés publiques sont utilisées.
- L'intégrité est également prise en charge par l'ISO. Après avoir défini les spécifications liées à la normalisation de l'authentification dans la norme ISO 8730, cet organisme a décrit le principal mécanisme d'intégrité, le CBC (Cipher Block Chaining), dans la norme ISO 8731. La norme ISO 9797 en donne une généralisation. La norme ISO 8731 décrit un second algorithme, le MAA (Message Authenticator Algorithm).
- La signature numérique est un mécanisme appelé à se développer de plus en plus. Pour le moment, la normalisation s'adapte aux messages courts, de 320 bits ou moins. C'est l'algorithme RSA, du nom de ses inventeurs (Rivest, Shamir, Adleman), qui est utilisé dans ce cadre (ISO 9796). Le gouvernement américain possède son propre algorithme de signature numérique, le DSS (Digital Signature Standard), qui lui a été délivré par son organisme de normalisation, le NIST (National Institute for Standards and Technology).
- La gestion des clés peut également être mise en œuvre dans les mécanismes de sécurité. Elle comprend la création, la distribution, l'échange, le maintien, la validation et la mise à jour de clés publiques ou secrètes. En matière d'algorithmes symétriques, la norme ISO 8732 fait référence. De même, la norme ISO 11166 fait référence pour les algorithmes asymétriques.

Les mécanismes de sécurité pour la messagerie électronique ont été définis par l'UIT-T, dans la série de recommandations X.400. Cette série fournit la description des menaces et les clés d'utilisation de l'algorithme cryptographique RSA pour résoudre ces problèmes.

Le second apport de l'UIT-T en matière de sécurité concerne les annuaires et fait l'objet de la recommandation X.509. Les annuaires électroniques peuvent également être le lieu de dépôt des clés publiques, et l'UIT-T a introduit des concepts de certificats de clés publiques et des mécanismes de gestion de ces certificats.

Les algorithmes de chiffrement

Les algorithmes de chiffrement permettent de transformer un message écrit en clair en un message chiffré, appelé cryptogramme. Cette transformation se fonde sur une ou plusieurs clés. Le cas le plus simple est celui d'une clé unique et secrète, que seuls l'émetteur et le récepteur connaissent.

Les systèmes à clés secrètes sont caractérisés par une transformation f et une transformation inverse f^{-1}, qui s'effectuent à l'aide de la même clé. C'est la raison pour laquelle on appelle ce système « à chiffrement symétrique ». Cet algorithme est illustré à la figure 38.2.

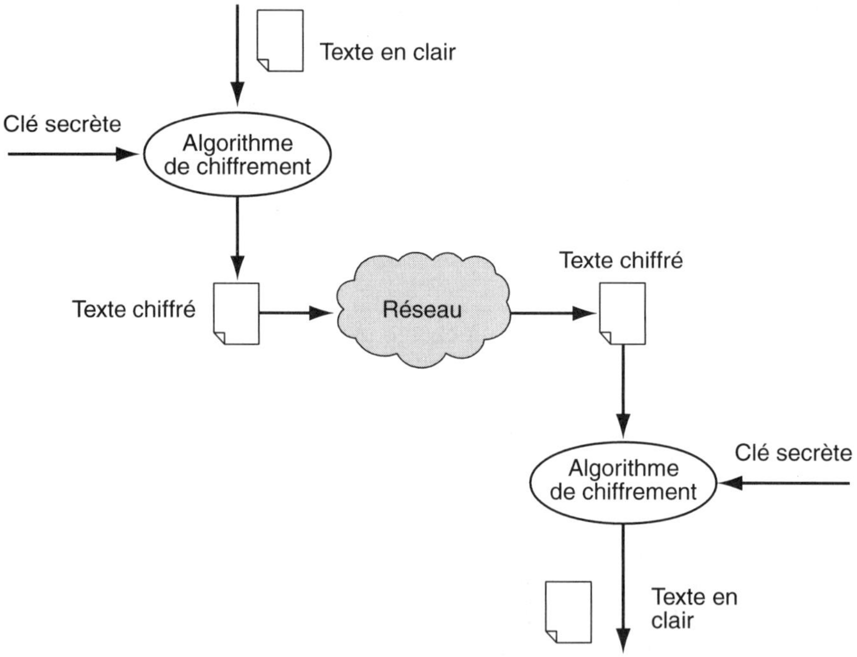

Figure 38.2

Algorithme de chiffrement symétrique

Le plus connu des algorithmes de chiffrement est le DES. Pour chaque bloc de 64 bits, le DES produit un bloc chiffré de 64 bits. La clé, d'une longueur de 56 bits, est complétée par un octet de détection d'erreur. De cette clé de 56 bits, on extrait de manière déterministe 16 sous-clés de 48 bits chacune. À partir de là, la transformation s'effectue par des sommes modulo 2 du bloc à coder et de la sous-clé correspondante, avec des couplages entre les blocs à coder.

Les algorithmes à sens unique sont ceux dont la transformation en sens inverse est quasiment impossible à effectuer dans un laps de temps admissible. Diffie-Hellman constitue un premier exemple de ce type d'algorithme. Soit X et Y un émetteur et un récepteur qui veulent communiquer. Ils se mettent d'accord sur deux valeurs non secrètes, μ et p. L'émetteur X choisit une valeur a secrète et envoie à Y la valeur $x = \mu_a \bmod p$. De même, Y choisit une valeur b secrète et envoie à X une valeur $y = \mu_b \bmod p$. Si les valeurs μ et p sont suffisamment grandes, le fait de retrouver a ou b à partir de x ou y est à peu près impossible. X et Y décident que la clé commune est le produit ab et que le message chiffré est obtenu par $\mu_{ab} \bmod p$.

Les algorithmes de chiffrement à clé publique sont des algorithmes asymétriques. Le destinataire est le seul à connaître la clé de déchiffrement. La sécurité s'en trouve accrue puisque même l'émetteur ne connaît pas cette clé. L'algorithme le plus classique et le plus utilisé est RSA, qui utilise la quasi-impossibilité d'effectuer la fonction d'inversion d'une fonction puissance. La clé permettant de déchiffrer le message et que seul le destinataire connaît est constituée de deux nombres, p et q, d'environ 250 bits chacun. La clé publique est $n = pq$. Comme n est très grand, il est quasiment impossible de trouver toutes les factorisations possibles. La connaissance de n ne permet pas d'en déduire p et q. À partir de p et de q, on peut choisir deux nombres, e et d, tels que $ed = 1 \bmod (p-1)(q-1)$. De même, la connaissance de e ne permet pas de déduire la valeur de d.

L'algorithme de chiffrement s'effectue de la façon suivante : si M est le message à chiffrer, le message chiffré est obtenu par $M_e \bmod n$ et l'algorithme de déchiffrement par $(M_e)_d$.

La figure 38.3 illustre le fonctionnement de l'algorithme asymétrique.

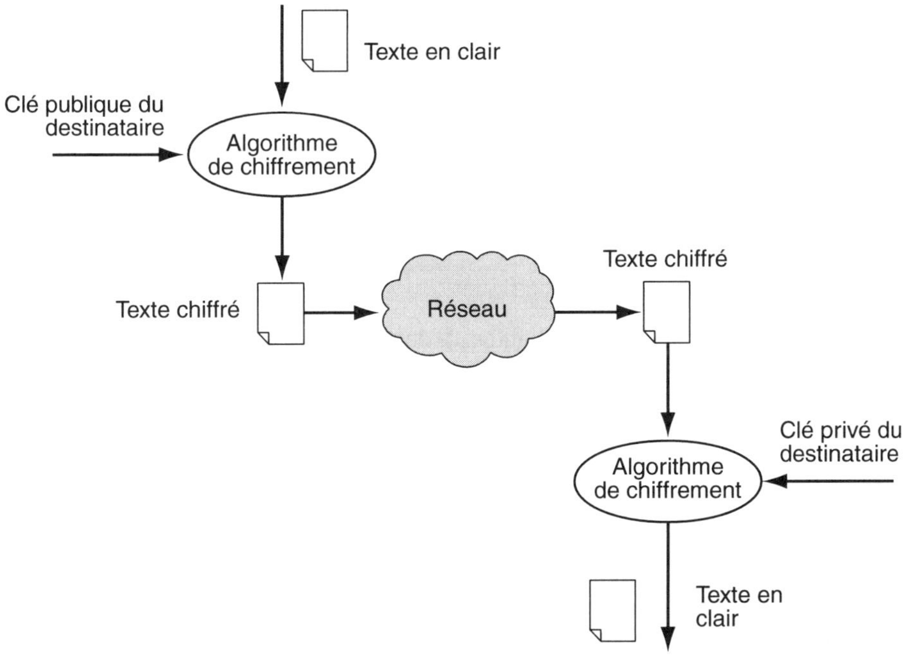

Figure 38.3

Algorithme de chiffrement asymétrique

Les signatures électroniques font également partie de la panoplie des mécanismes indispensables à la transmission de documents dans un réseau. La signature a pour fonction d'authentifier l'émetteur. Celui-ci code le message de signature par une clé qu'il est le seul à connaître. La vérification d'une signature s'effectue par le biais d'une clé publique. En utilisant l'algorithme RSA, l'émetteur signe le message M par M_e mod n, et le récepteur porte cette valeur à la puissance d pour vérifier que $(M_e)_d = M$. Si cette égalité se vérifie, la signature est authentifiée.

Solutions de chiffrement

Le chiffrement représente la méthode suivie pour que l'information ne puisse pas être lue par une autre personne que le destinataire. Les techniques de chiffrement que l'on utilise sont toutes *a priori* violables, mais il faudrait pour cela utiliser une machine de calcul extrêmement puissante et la faire tourner pendant plusieurs années.

Nous allons introduire les principaux algorithmes qui permettent de chiffrer une suite d'éléments binaires en la transformant en une nouvelle suite d'éléments binaires, qui, elle, ne peut être lue sans la clé de déchiffrement :

- DES, de 1977, à clés symétriques. Les données sont codées par blocs de 64 bits avec une clé de 56 bits. Cet algorithme est très utilisé dans les applications financières. Il est également utilisé dans un chaînage dit par bloc CBC (Cipher Block Chaining). Il existe de nombreuses variantes de l'algorithme DES, comme 3DES, qui utilise trois niveaux de chiffrement, ce qui implique une clé de chiffrement sur 168 bits.
- RC4, RC5 (Rivest's Code #4, #5), de 1987, à clés symétriques. Ce sont des algorithmes propriétaires, diffusés par la société RSA Security Inc. Ils utilisent des clés de longueur variable pouvant atteindre 2 048 bits. Ils sont surtout utilisés au niveau applicatif lorsqu'une application a besoin d'être fortement sécurisée. Ils demandent une puissance de calcul importante, qui ne pourrait être maintenue sur un flot continu à haut débit à des niveaux inférieurs de l'architecture.
- IDEA (International Data Encryption Algorithm), de 1992, à clés symétriques. Cet algorithme développé en Suisse est surtout utilisé pour la messagerie sécurisée PGP, que nous détaillons un peu plus loin dans ce chapitre.
- Blowfish, de 1993, à clés symétriques.
- AES (Advanced Encryption Standard), de 1997, à clés symétriques.
- RSA (Rivest, Shamir, Adleman), de 1978, à clés asymétriques (RFC 2437).
- Diffie-Hellman, à clés asymétriques.
- El Gamal, à clés asymétriques.

L'ensemble des techniques que nous venons d'énumérer est difficile à mettre en œuvre dès que le débit d'une application, d'un flot ou d'un lien augmente. C'est la raison pour laquelle, les techniques symétriques et asymétriques sont utilisées conjointement. Pour cela, on recourt à des clés de session, qui ne sont valables que pour une communication déterminée. Les informations de la session sont codées grâce à une clé secrète permettant de réaliser un chiffrement avec beaucoup moins de puissance qu'une clé asymétrique. Seule la clé secrète est codée par un algorithme de chiffrement asymétrique pour être envoyée au destinataire.

Les certificats

Une difficulté qui s'impose à la station d'un réseau qui communique avec beaucoup d'interlocuteurs consiste à se rappeler de toutes les clés publiques dont elle a besoin pour récupérer les clés secrètes de session. Pour cela, il faut utiliser un service sécurisé et fiable, qui délivre des certificats. Un organisme offrant un service de gestion de clés publiques est une autorité de certification, appelée tiers de confiance. Cet organisme émet des certificats au sujet de clés permettant à une entreprise de les utiliser avec confiance.

Un certificat est constitué d'une suite de symboles (document M) et d'une signature. Le format de certificat le plus courant provient du standard X.509 v2 ou v3. La syntaxe utilisée est l'ASN.1.

L'authentification

L'authentification a pour objectif de vérifier l'identité des processus communicants. Plusieurs solutions simples sont mises en œuvre pour cela, comme l'utilisation d'un identifiant (login) et d'un mot de passe (password). L'authentification peut s'effectuer par un numéro d'identification personnel, comme le numéro inscrit dans une carte à puce, ou code PIN (Personal Identification Number).

Des techniques beaucoup plus sophistiquées, comme les empreintes digitales ou rétiniennes, se développent de façon industrielle en ce début des années 2000. Cependant, leur utilisation est assez complexe et ne peut être mise en place que dans un contexte particulier, comme un centre de recherche de l'armée.

L'authentification peut être simple ou mutuelle. Elle consiste essentiellement à comparer les données provenant de l'utilisateur qui se connecte à des informations stockées dans un site protégé. Des attaques sur les sites mémorisant les mots de passe forment une classe importante de piratage.

L'intégrité des données

L'intégrité des données consiste à prouver que les données n'ont pas été modifiées. Elles ont éventuellement pu être copiées, mais aucun bit ne doit avoir été changé.

Une première possibilité pour garantir l'intégrité des données transportées dans un paquet est de les chiffrer. En effet, si les données sont impossibles à déchiffrer par le récepteur, c'est qu'elles ont été modifiées. Cette solution permet à la fois de garantir la confidentialité et l'intégrité.

Une seconde possibilité provient des techniques de signature. Une signature, déterminée par l'ensemble des éléments binaires composant un message, est nécessaire pour en assurer l'intégrité. Le chiffrement joue le rôle de signature dans la première possibilité. Une signature plus simple que le chiffrement est suffisante dans le cas d'une demande d'intégrité uniquement. Pour cela, on utilise des fonctions de hachage, qui calculent une empreinte digitale qu'il suffit de vérifier au récepteur pour prouver que la suite d'éléments binaires n'a pas été modifiée. Pour que l'empreinte ne puisse être modifiée par hasard lors de la transmission, c'est-à-dire pour que le pirate ne puisse à la fois déterminer l'algorithme de hachage utilisé et recalculer une nouvelle valeur de l'empreinte sur la suite d'éléments binaires modifiés, une fonction de chiffrement doit être appliquée à la signature.

Les plus célèbres techniques de signature sont les suivantes :

- MD5 (Message Digest #5), de 1992, défini dans la RFC 1321. Ce sont des fonctions conçues par Ron Rivest qui produisent des empreintes de 128 bits.
- SHA-1 (Secure Hash Algorithm), de 1993, pour les fonctions de hachage. Cette technique permet de réaliser une empreinte de 160 bits.

La non-répudiation

Les services de non-répudiation consistent à empêcher le démenti qu'une information a été reçue par une station qui l'a réclamée. Ce service permet de donner des preuves, comme on peut le faire par télex. De manière équivalente, on peut retrouver la trace d'un appel téléphonique, de telle sorte que le récepteur de l'appel ne puisse répudier cet appel.

La fonction de non-répudiation peut s'effectuer à l'aide d'une signature à clé privée ou publique ou par un tiers de confiance qui peut certifier que la communication a bien eu lieu.

Caractéristiques des algorithmes de sécurité

Cette section présente quelques caractéristiques des algorithmes de sécurité, en commençant par les algorithmes de chiffrement, puis analyse leurs performances temporelles.

Les algorithmes de chiffrement

Les algorithmes de chiffrement les plus classiques sont DES et 3DES. Le nouveau standard AES est intégré dans cette partie car il est attendu comme le remplaçant des algorithmes précités.

Nombre de rounds

La plupart des algorithmes de chiffrement par clés symétriques utilisent le chiffrement en utilisant deux transformations : une substitution et une permutation. Un « round » est complété lorsque ces deux transformations sont effectuées une fois.

En règle générale, on considère que plus le nombre de round est élevé, plus la sécurité apportée est grande. En revanche, plus le nombre de round est élevé, plus on consomme de ressources, si bien que les temps de réponse peuvent s'en ressentir. C'est la raison pour laquelle AES est devenu très prisé. Cet algorithme ne demande pas un effort de calcul aussi important que les algorithmes DES, tout en étant plus sûr.

Le nombre de round n'est cependant pas toujours le critère le plus important. Certains algorithmes sont beaucoup plus puissants que d'autres, tout en ayant beaucoup moins de rounds.

DES et 3DES

DES applique 16 rounds. 3DES, qui est une succession de trois algorithmes DES, applique $3 \times 16 = 48$ rounds.

Algorithme	Nombre de round
DES	16 rounds
3DES	48 rounds

AES

AES applique 10 rounds avec une clé de 128 bits, 12 rounds avec une clé de 192 bits et 14 rounds avec une clé de 256 bits.

Algorithme	Nombre de round
AES	10 rounds pour une clé de 128 bits 12 rounds pour une clé de 192 bits 14 rounds pour une clé de 256 bits

Longueur de la clé

En règle générale, plus la clé est longue, plus l'algorithme est résistant à une attaque exhaustive. La force d'un algorithme symétrique, dédié à la confidentialité ou à l'intégrité, peut être mesurée en terme de *work factor* associé à une attaque « exhaustive », ou attaque de force brute. Cette attaque consiste à tester toutes les clés possibles. Si une clé a une longueur de n bits, il existe 2^n possibilités de clés différentes, et il faudrait en moyenne 2^{n-1} essais pour trouver la valeur de la bonne clé. On considère que plus la clé est grande, plus la probabilité de la trouver est faible et donc plus grande est la sécurité. La sécurité correspond ici à la résistance de l'algorithme symétrique à une attaque exhaustive.

DES et 3DES

Figure 38.4
Principe de fonctionnement de 3DES

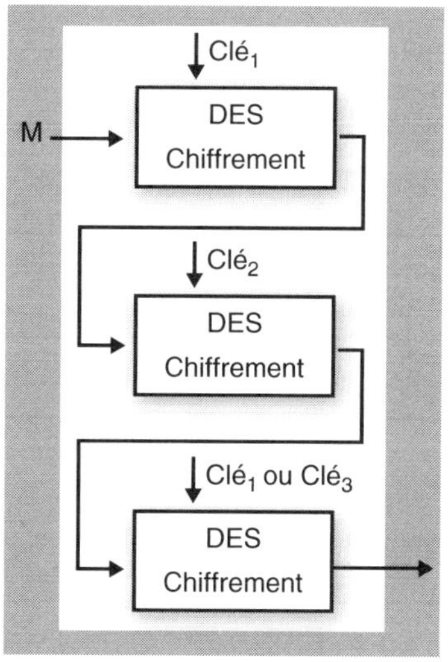

DES utilise une clé de 56 bits. 3DES, qui est illustré à la figure 38.4, étant une succession de trois DES, si K1 = K3, 3DES utilise une clé de $2 \times 56 = 112$ bits. Si K1 ? K3, c'est une clé de $3 \times 56 = 168$ bits.

Algorithme	Longueur de la clé secrète
DES	56 bits
3DES	112 ou 168 bits

AES

L'algorithme AES peut utiliser une clé sécrète de 128, 192 ou 256 bits.

Algorithme	Longueur de la clé secrète
AES	128, 192 ou 256 bits

La performance temporelle

Le temps de traitement de l'algorithme de chiffrement influe sur les caractéristiques temporelles du flux à sécuriser. Un algorithme lent ne permet pas de chiffrer le flux d'une application temps réel sur certaines machines, alors même qu'il peut apporter davantage de sécurité qu'un algorithme plus rapide mais moins sûr. On peut utiliser le nombre de round de l'algorithme pour lui associer un facteur de performance temporelle. Si l'on considère une confidentialité utilisant DES et 3DES, nous pouvons décrire le niveau de sécurité et les performances comme indiqué au tableau 38.1.

Nombre de round	Longueur de la clé secrète	Niveau de sécurité	Performance (rapidité pour QoS)
16 (DES)	56 bits	★	★★
48 (3DES)	112 bits (2 clés)	★★	★
48 (3DES)	168 bits (3 clés)	★★★	★

TABLEAU 38.1 • Performance des algorithmes DES

Pour une confidentialité utilisant uniquement l'AES, à la fois plus sûr et plus rapide que le DES, nous obtenons les performances décrites au tableau 38.2.

Nombre de round	Longueur de la clé secrète	Niveau de sécurité	Performance (rapidité pour QoS)
10	128 bits	★	★★★
12	192 bits	★★	★★
14	256 bits	★★★	★

TABLEAU 38.2 • Performance de l'algorithme AES

Si nous tentons de classifier les niveaux de sécurité des algorithmes DES, 3DES et AES, nous obtenons les valeurs décrites au tableau 38.3.

Nombre de round	Niveau de sécurité	Performance (rapidité pour QoS)
DES	★	★★
3DES (112)	★★	★
3DES (168)	★★★	★
AES (128)	★★★★	★★★★★
AES (192)	★★★★★	★★★★
AES (256)	★★★★★★	★★★

TABLEAU 38.3 • Classification des niveaux de sécurité des algorithmes DES et AES

Des compromis sont nécessaires pour décider du niveau de confidentialité à apporter et de la rapidité de l'algorithme à utiliser. Ce choix peut dépendre de la puissance des machines qui chiffrent et déchiffrent.

Les algorithmes d'authenticité

Les services d'intégrité des données et d'authentification de leur origine sont deux services inséparables. C'est pourquoi on les rassemble sous le terme d'authenticité. La solution la plus classique est d'utiliser un chiffrement permettant à la fois de vérifier l'intégrité et de chiffrer les données. Par exemple, l'authenticité apportée par IPsec s'effectue par l'ajout d'un code d'authentification de message, ou HMAC (Hashing Message Authentication Code).

Dans le cas d'IPsec, qui est le protocole de sécurité le plus utilisé avec SLL, les algorithmes que doit fournir par défaut toute implémentation sont HMAC-MD5 et HMAC-SHA-1. La sécurité fournie par l'algorithme HMAC est directement liée à l'algorithme de hachage sous-jacent, tels MD5 pour HMAC-MD5, SHA-1 pour HMAC-SHA-1, etc.

Dans SHA-1, la fonction de compression demande 4 rounds, chacun constitué de 20 étapes, soit 80 étapes. Dans MD5, la fonction de compression demande 4 rounds, chacun constitué de 16 étapes, soit 64 étapes. On peut dire que pour le chiffrement d'un texte donné, SHA-1 est un peu plus lent que MD5. Chacune de ces fonctions prend en entrée une clé secrète en plus des données auxquelles on souhaite appliquer le hachage. La taille de ces clés est différente selon l'algorithme utilisé.

Pour établir un niveau entre ces différents algorithmes, on peut se fonder sur la force de chacun. La force de l'algorithme est mesurée en terme de facteur de travail associé à une force d'attaque brute, donc liée à la longueur de la clé secrète. Les attaques par force brute sont plus difficiles si SHA-1 est utilisé. Pour cela, SHA-1 est considéré comme étant plus sûr que MD5.

Les niveaux de service d'authenticité

Les niveaux d'authenticité peuvent être classés en fonction de la longueur de la clé secrète et des performances de l'algorithme. Cette classification est récapitulée au tableau 38.4.

Algorithme	Longueur de la clé secrète	Niveau d'authenticité	Performance (rapidité pour QoS)
MD5	128 bits	★	★★
SHA-1	160 bits	★★	★

TABLEAU 38.4 • Niveaux des services d'authenticité

SHA-1 est considéré comme plus sûr que MD5, mais le choix de MD5 au lieu de SHA-1 dans un HMAC peut se justifier pour la performance.

Protection contre le rejeu

Malgré le chiffrement, il est possible d'effectuer une attaque par rejeu, c'est-à-dire en rejouant une séquence de paquets à laquelle l'attaquant ne comprend rien mais qui correspond à ce que le serveur attend. En d'autres termes, il est possible pour un attaquant de recopier des trames pendant une authentification et de réutiliser les mêmes trames ultérieurement.

La protection contre le rejeu repose sur un numéro de séquence. Elle se présente souvent sous forme d'option : l'utilisateur peut, sur demande explicite, bénéficier d'une protection contre le rejeu en numérotant ses paquets dans le champ Chiffrer du paquet de telle sorte qu'une recopie ne puisse être utilisée puisque le récepteur attend un numéro de série parfaitement déterminé entre l'émetteur et le récepteur.

Les algorithmes d'authentification

Comme nous l'avons vu à plusieurs reprises, l'authentification est une fonction de sécurité essentielle. Le protocole d'authentification utilisé le plus souvent provient de la norme IEEE 802.1x. Cette norme est très générale et s'applique aussi bien aux réseaux terrestres qu'aux réseaux hertziens.

Nous détaillons ici la procédure IEEE 802.1x mais renvoyons au chapitre suivant pour la description des algorithmes les plus utilisés, qui appartiennent au monde IP.

IEEE 802.1x s'appuie essentiellement sur le protocole EAP, que nous examinons beaucoup plus en détail au chapitre 39. EAP est un protocole d'authentification général, qui supporte de multiples méthodes d'authentification, telles que Kerberos, TLS, MS-Chap, SIM, etc. De nouveaux mécanismes d'authentification peuvent ainsi être définis au-dessus d'EAP. Seul le champ type du paquet EAP, codé sur un octet, limite le nombre de mécanismes d'authentification. Le standard EAP a été conçu comme protocole générique pour le transport du trafic des protocoles d'authentification. Il est construit autour d'un modèle de communication demandant un défi (challenge), auquel une réponse doit être apportée pour qu'il y ait authentification.

Comme illustré à la figure 38.5, quatre types de messages EAP permettent de réaliser l'authentification d'un client sur un serveur :

- EAP Request : demande d'authentification ;
- EAP Response : réponse à une requête d'authentification ;
- EAP Success : pour indiquer le succès de l'authentification ;
- EAP Failure : pour informer le client du résultat négatif de l'authentification.

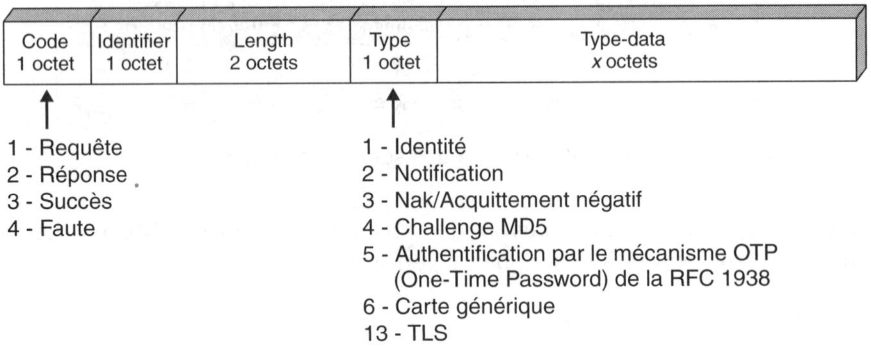

Figure 38.5

Format d'un paquet EAP

La norme IEEE 802.1x met en présence un supplicant, que l'on appelle client, un authenticator, qui est un contrôleur de communication, et un serveur d'authentification. Le client est un équipement terminal relié par une liaison filaire ou sans fil. Le contrôleur est un équipement intermédiaire qui peut être intégré dans un routeur ou dans un commutateur. Il peut aussi s'agir d'un contrôleur Wi-Fi ou même d'un point d'accès Wi-Fi compatible avec la norme IEEE 802.11. Ces points d'accès compatibles sont généralement haut de gamme et réservés au monde professionnel. Le contrôleur est un organe qui possède un port contrôlé, lequel peut être ouvert ou fermé en fonction de la réussite ou non de l'authentification. Le serveur d'authentification est le plus souvent de type RADIUS *(voir le chapitre 39)*.

La figure 38.6 illustre cette configuration.

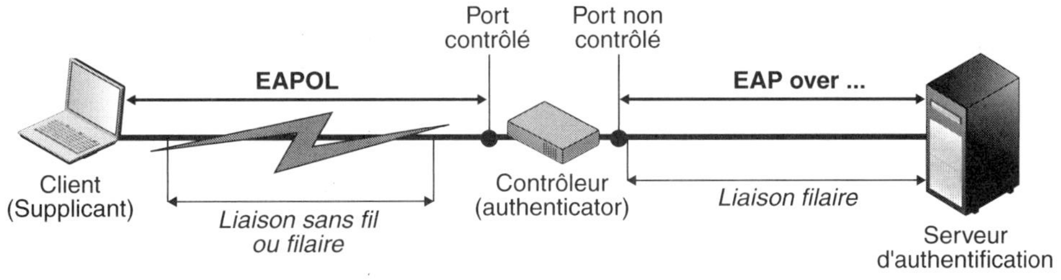

Figure 38.6

Configuration d'une authentification IEEE 802.1x

IEEE 802.1x utilise le protocole EAP pour mettre en communication le client et le serveur d'authentification *via* le contrôleur. Le protocole EAP est encapsulé dans une trame émise sur la connexion avec ou sans fil entre le client et le contrôleur et adaptée à la communication entre le contrôleur et le serveur d'authentification.

L'authentification EAP se déroule de la manière suivante :

1. Lorsque la phase d'établissement de la liaison est terminée, le serveur d'authentification envoie une demande d'identité.
2. Le client envoie un paquet EAP RESPONSE dans lequel il fournit son identité et les méthodes d'authentification qu'il supporte. La phase d'authentification débute à cet instant.
3. Le serveur envoie un défi au client.
4. Le client y répond par un message EAP RESPONSE, dans lequel il envoie le défi chiffré avec sa clé secrète.
5. Le serveur met fin à la phase d'authentification par l'intermédiaire d'un paquet de succès ou d'échec.

Si la phase d'authentification s'est bien déroulée, le serveur d'authentification peut transmettre une clé de chiffrement au client, lequel l'utilise pour chiffrer les données émises. Cette dernière phase est optionnelle pour le protocole EAP, car elle dépend du protocole d'authentification utilisé.

Le protocole EAP étant extensible, tout mécanisme d'authentification peut être encapsulé à l'intérieur des messages EAP, comme l'illustre la figure 38.7. Au niveau supérieur de la figure se trouvent les méthodes d'authentification, comme TLS, MS-Chap, SIM, etc. Vient ensuite le niveau d'encapsulation de la méthode d'authentification de la trame EAP. La trame EAP elle-même est encapsulée dans une trame de transport. Cette encapsulation peut s'effectuer soit dans une trame EAP over RADIUS, soit dans une trame EAPoL (EAP over LAN), qui est utilisée dans les réseaux locaux, en particulier les réseaux locaux sans fil de type Wi-Fi.

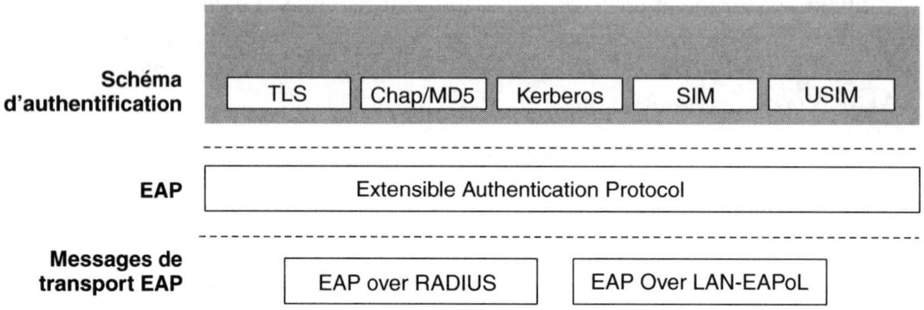

Figure 38.7

Architecture d'EAP

Un autre atout d'EAP est qu'il est conçu pour fonctionner au-dessus de la couche liaison. Il ne nécessite donc pas le niveau IP mais inclut son propre support pour la livraison et la retransmission. Développé pour être utilisé avec PPP, c'est un protocole générique qui supporte la majorité des normes de niveau liaison.

Autres mécanismes d'authentification

D'autres mécanismes d'authentification, plus simples dans leur conception et liés à des environnements différents, sont couramment utilisés. Les sections suivantes présentent brièvement les deux plus connus, OTP et Kerberos. OTP (One-Time Password) introduit un changement du mot de passe à chaque tentative d'authentification. C'est pourquoi on l'appelle mécanisme à mot de passe valable une seule fois. Kerberos est fondé sur une architecture client serveur à chiffrement symétrique.

OTP (One-Time Password)

Fondé sur un algorithme de hachage répété récursivement afin de générer des mots de passe à usage unique, OTP a fait l'objet de plusieurs tentatives de sécurisation par carte à puce.

L'algorithme OTP fonctionne de la façon suivante :

1. Dans le cas des mots de passe défi/réponse, le serveur envoie un défi aléatoire (random challenge) au client.
2. Le client manipule ce défi en introduisant son secret et envoie la réponse au serveur.
3. Le serveur effectue le même travail et compare les résultats.

L'inconvénient de ce mécanisme est qu'il est possible pour un attaquant de rejouer le même mot de passe une fois que celui-ci a été intercepté. Pour y remédier, on utilise une liste de mots de passe, chacun d'eux n'étant valable que pour une tentative d'authentification. Une telle liste est constituée de mots de passe générés et utilisés séquentiellement par le client à chaque tentative d'authentification. Les mots de passe étant indépendants, il est impossible de prévoir un mot de passe à partir de ceux utilisés précédemment.

La procédure S/KEY

Dans la procédure S/KEY, qui est un cas particulier de la méthode OTN, une liste de mots de passe à usage unique de 64 bits de longueur est générée par le serveur à partir du mot de passe de l'utilisateur. Cela permet au client d'utiliser le même mot de passe sur des machines différentes. La taille des mots de passe OTP est un bon compromis entre sécurité et facilité d'emploi pour l'utilisateur.

Les 8 octets du mot de passe de l'utilisateur sont concaténés avec une séquence aléatoire, ou *seed*. Une fonction de hachage MD4 est appliquée au résultat de la concaténation, puis le résultat obtenu est réduit à 8 octets par un XOR des deux moitiés. Ce résultat, appelé s, est fourni en entrée de l'étape suivante.

Le premier mot de passe à usage unique est produit en exécutant n fois la fonction de hachage sur s. Le mot de passe OTP de rang i (p_i) est produit en appliquant la fonction de hachage $n - i$ fois. Les deux équations suivantes indiquent le calcul du premier mot de passe (exécution de n fois la fonction de hachage sur s) et du i-ème mot de passe (exécution de n-i fois la fonction de hachage sur s) :

$$p_0 = f_n\,(s)$$

$$p_i = f_{n-i}\,(s)$$

Un attaquant qui a surveillé l'utilisation du mot de passe p_i n'est pas en mesure de générer le prochain mot de passe de la séquence (p_{i+1}) puisque la fonction de hachage est irréversible.

Quand un client tente d'être authentifié, la séquence d'octets aléatoires et la valeur courante de i sont passées au client. Le client retourne le prochain mot de passe. Le serveur sauvegarde dans un premier temps une copie de ce mot de passe puis lui applique la fonction de hachage :

$$p_i = f\,(f_{n-i-1}\,(s)) = f\,(p_{i+1})$$

Si l'égalité ci-dessus n'est pas vérifiée, la requête échoue. Dans le cas contraire, le fichier de mots de passe est mis à jour avec la copie du mot de passe OTP qui a été sauvegardé. Cette mise à jour avance la séquence de mots de passe.

Ce mécanisme empêche les attaques par rejeu mais n'a malheureusement aucun effet sur les attaques actives.

Kerberos

Kerberos est un algorithme d'authentification fondé sur une cryptographie. L'utilisation de cet algorithme ne permet pas à une personne qui écoute le dialogue d'un client à l'insu de ce dernier de se faire passer pour lui plus tard. Ce système permet à un processus client travaillant pour un utilisateur donné de prouver son identité à un serveur sans avoir à envoyer de données dans le réseau.

Kerberos a été développé à partir des années 1980 et en est aujourd'hui à la version v5, qui peut être considérée comme le standard Kerberos. L'idée sous-jacente est que le processus client doit prouver qu'il possède la clé de chiffrement qui est connue des seuls utilisateurs de base et du serveur.

La suite simplifiée des requêtes qui vont être échangées est illustrée à la figure 38.8.

Figure 38.8
Suite simplifiée des requêtes Kerberos

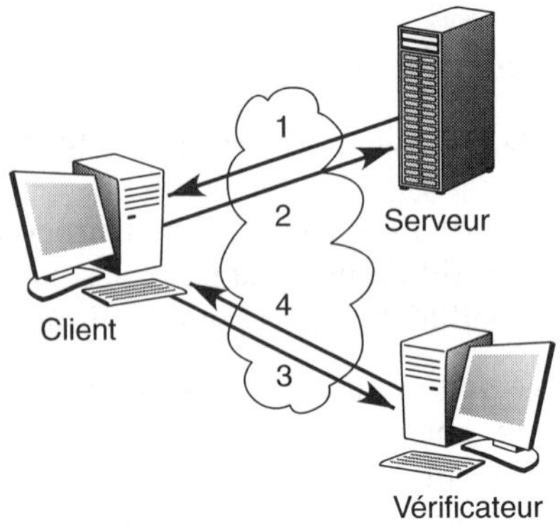

Le client et le processus client ne connaissent pas la clé de chiffrement de base utilisée pour l'authentification. Quand un client doit répondre à une demande d'authentification, il se met en contact avec le serveur pour générer une nouvelle clé de chiffrement et se la faire envoyer de façon sécurisée. Cette nouvelle clé est appelée clé de session. Le serveur utilise un ticket Kerberos pour envoyer la clé de session au vérificateur par l'intermédiaire du client.

Le ticket Kerberos est un certificat provenant, comme nous venons de le voir, du serveur d'authentification. Il est chiffré avec la clé de base que ne connaît pas le client. Le ticket contient des informations, parmi lesquelles la clé de session qui est utilisée pour l'authentification, le nom de l'utilisateur de base et un temps d'expiration après lequel la clé de session n'est plus valide. Puisque le ticket est chiffré avec la clé de base, connue seulement du serveur et du vérificateur, il est impossible au client de modifier le ticket sans que cela passe inaperçu.

À la figure 38.8, la demande 1 de vérification génère la réponse 2, qui délivre un ticket de vérification et la clé de session. Les messages 3 et 4 permettent l'authentification en prouvant que le client connaît la clé de session incluse dans le ticket. À la réception du ticket Kerberos, le vérificateur le déchiffre, extrait la clé de session et utilise celle-ci pour déchiffrer le nom du serveur. Si la même clé a été utilisée pour chiffrer le nom du serveur et le déchiffrer, la vérification de la zone de détection d'erreur, ou checksum, donne un résultat positif.

Cette solution peut paraître insuffisante, puisqu'un utilisateur malveillant peut intercepter les requêtes et les rejouer à la place du vérificateur. Pour cette raison, le vérificateur doit s'assurer que le temporisateur d'utilisation du ticket n'est pas dépassé. À ce stade, il est supposé que l'identité du client a été authentifiée par le vérificateur. Le client peut aussi demander à vérifier l'identité du serveur. Une authentification mutuelle est alors effectuée.

Exemples d'environnements de sécurité

Un environnement de sécurité fait référence à un ensemble d'équipements qui peuvent se faire confiance grâce à des mécanismes de sécurité qui leur permettent d'entrer dans le même cercle de confiance. Les sections suivantes présentent quelques exemples de mécanismes permettant d'introduire des éléments de sécurité.

PGP (Pretty Good Privacy)

PGP est un algorithme permettant de sécuriser la messagerie électronique en lui apportant authentification et confidentialité. PGP permet le chiffrement et la signature de documents par le biais d'un chiffrement symétrique avec IDEA ou DES, d'une fonction de hachage MD5 ou SHA-1 et d'une clé RSA.

Le texte à envoyer est chiffré par l'algorithme IDEA. La signature utilise MD5. L'algorithme RSA est utilisé pour l'échange de la clé privée nécessaire à IDEA. L'authentification par signature implémente une fonction de hachage SHA-1, et la confidentialité un des nombreux algorithmes disponibles, comme IDEA, 3DES, Diffie-Helman, RSA, etc.

L'infrastructure PKI

La distribution sécurisée de clés publiques est une question cruciale pour un système global sécurisé, à laquelle l'infrastructure PKI (Public Key Infrastructure) offre une solution.

Les principales fonctions réalisées par une infrastructure PKI pour la gestion des certificats sont les suivantes :

- Enregistrement de demandes et vérification des critères pour l'attribution d'un certificat. L'identité du demandeur est vérifiée ainsi que le fait qu'il soit bien en possession de la clé privée associée.
- Création des certificats.
- Diffusion des certificats entraînant la publication des clés publiques.
- Archivage des certificats pour assurer la sécurité et la pérennité.
- Renouvellement des certificats en fin de période de validité.
- Suspension des certificats : cette fonction peut être utile si le propriétaire estime ne pas avoir besoin temporairement de son certificat. Cependant, n'étant pas aisée à mettre en œuvre, elle est essentiellement administrative, et il n'existe pas de standard d'implémentation.
- Révocation de certificats pour péremption, perte, vol ou compromission de clés.
- Création et publication des listes de révocation des certificats. Il y a révocation du certificat en cas de fin de validité ou de clé privée divulguée, perdue ou compromise. Il n'existe aucun protocole standard qui permette d'effectuer une révocation automatiquement. Il faut donc recourir à des moyens administratifs. Ceux-ci doivent être implémentés avec un maximum de sécurité, le demandeur de la révocation devant en particulier prouver qu'il est bien le propriétaire de la clé publique ou privée devenue inutilisable. Les listes de révocation doivent, d'une part, être protégées afin d'éviter toute corruption et, d'autre part, être accessibles en permanence et le plus à jour possible. Pour un fonctionnement correct, les listes de révocation nécessitent une synchronisation des horloges de tous les acteurs concernés.
- Délégation de pouvoir à d'autres entités reconnues de confiance. Toute communauté de personnes peut créer sa propre infrastructure PKI. Dans ce cas, une étude de faisabilité est nécessaire en s'appuyant sur de nombreux critères.

Un critère important lors du déploiement d'une PKI est le format des certificats numériques utilisés. Le format le plus largement accepté est le X.509 de l'UIT-T. En plus d'une clé publique, un certificat contient généralement un nom, une adresse et d'autres informations décrivant le porteur de la clé secrète.

Tous les certificats sont signés par la banque de données qui enregistre les clés publiques des membres de la communauté. Pour devenir membre de la communauté, un abonné doit réaliser deux choses :

- Fournir au service d'annuaire une clé publique et des informations d'identification, de telle sorte que les autres personnes soient capables de vérifier la signature de son certificat.
- Obtenir la clé publique du service d'annuaire de façon à permettre une vérification de la signature des autres personnes.

Un certificat étant signé, il est non falsifiable. Son authenticité ne dépend pas du canal par lequel il a été reçu mais est intrinsèque.

Une autorité de certification (AC) émet, gère et révoque les certificats. La clé publique du certificat de l'AC doit être reconnue de confiance par tous les utilisateurs finals. Les certificats émis aux utilisateurs finals sont appelés certificats utilisateur (end-user certificates), et ceux émis pour validation entre les différents AC certificats d'AC (CA-certificates).

Une seule autorité de certification pour le monde entier ne serait pas appropriée. Il est nécessaire que l'architecture PKI soit distribuée, les AC étant autorisées à certifier d'autres AC. L'AC peut déléguer son autorité à une autorité subordonnée en émettant un certificat d'AC, créant ainsi une hiérarchie de certificats. La séquence ordonnée de certificats, de la dernière branche à la racine, est appelée chemin ou chaîne de certification. Chaque certificat contient le nom de l'émetteur du certificat, c'est-à-dire le nom du certificat directement supérieur dans la chaîne. En règle générale, il peut y avoir un nombre arbitraire d'AC sur le chemin entre deux utilisateurs. Pour obtenir la clé publique de son correspondant, un utilisateur doit vérifier le certificat de chaque AC. Ce procédé est appelé validation du chemin de certification.

Quand plusieurs AC sont utilisées, la manière dont les AC sont organisées est très importante pour construire l'architecture PKI. Certaines PKI utilisent un modèle hiérarchique, appelé hiérarchie générale, où chaque AC certifie ses pères et ses fils. D'autres PKI utilisent une variante de la hiérarchie générale dans laquelle les AC certifient seulement leurs fils et l'AC racine dans tous les chemins de certification.

Dans une architecture « top-down », tous les utilisateurs doivent utiliser la plus haute AC comme racine. Cela nécessite que tous les utilisateurs obtiennent une copie de la clé publique de l'AC la plus haute avant d'utiliser la PKI. Tous les utilisateurs doivent pleinement avoir confiance dans l'AC racine, ce qui la rend impraticable pour une PKI globale. La certification croisée (cross-certification) aide à réduire la longueur du chemin, au risque d'en compliquer la découverte. La figure 38.9 illustre un exemple de chemin de certification.

Dans l'optique d'une communication extérieure à l'entreprise, l'interopérabilité des PKI est essentielle. Les principaux efforts de normalisation en ce sens émanent des laboratoires RSA, avec les normes PKCS (Public-Key Cryptography Standards). Ces normes font office de standard et sont unanimement adoptées, notamment pour la cryptographie et l'échange de clés. Parallèlement, l'IETF produit des normes plus générales, avec les RFC

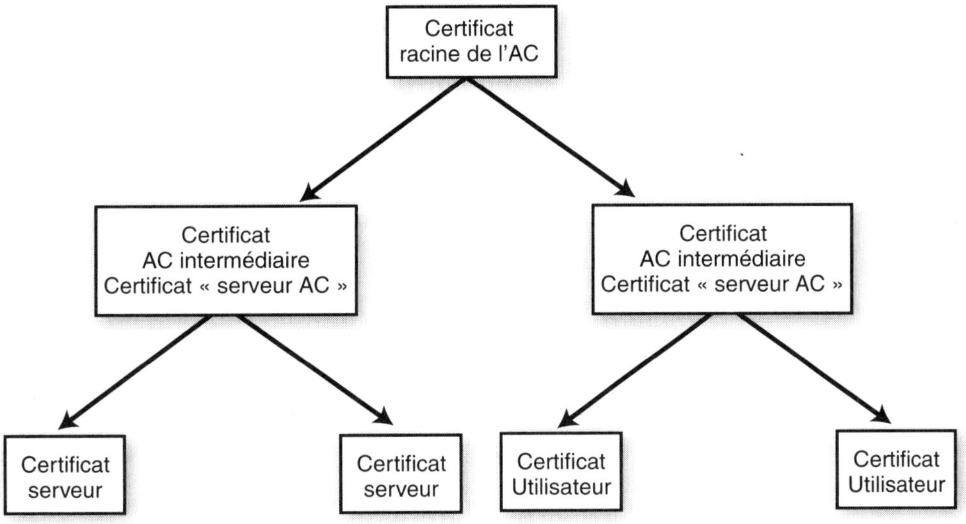

Figure 38.9

Exemple de chemin de certification

PKIX (Public Key Cryptography eXtension). Cependant, certains aspects demeurent encore insuffisamment normalisés, comme les politiques et les pratiques de certification ou les paramètres des certificats.

PKCS (Public-Key Cryptography Standards)

PKCS est un ensemble de standards pour la mise en place des IGC (infrastructure de gestion des clés). Coordonnés par RSA, ces standards définissent les formats des éléments de cryptographie :

- PKCS#1, RSA Cryptography Specifications Version 2, RFC 2437 ;
- PKCS#2, inclus dans PKCS#1 ;
- PKCS#3, Diffie-Hellman Key Agreement Standard Version 1.4 ;
- PKCS#4, inclus dans PKCS#1 ;
- PKCS#5, Password-Based Cryptography Standard Version 2 ;
- PKCS#6, Extended-Certificate Syntax Standard Version 1.5 ;
- PKCS#7, Cryptographic Message Syntax Standard Version 1.5, RFC 2315 ;
- PKCS#8, Private-Key Information Syntax Standard Version 1.2 ;
- PKCS#9, Selected Attribute Types Version 2.0 ;
- PKCS#10, Certification Request Syntax Version 1.7 ou CSR (Certificate Signing Request), RFC 2314 ;
- PKCS#11, Cryptographic Token Interface Standard Version 2.10 ;
- PKCS#12, Personal Information Exchange Syntax Standard Version 1.0 ;

- PKCS#13, Elliptic Curve Cryptography Standard Version 1.0 ;
- PKCS#14, Pseudorandom Number Generation Standard Version 1.0 ;
- PKCS#15, Cryptographic Token Information Format Standard Version 1.1.

Les virus

Les virus sont des programmes, généralement écrits en langage machine, susceptibles de s'introduire dans un ordinateur et de s'y exécuter. L'exécution peut produire de nombreux effets, allant du blocage d'une fonction à la destruction des ressources de l'ordinateur, comme l'effacement de la mémoire ou du disque dur, en passant par l'émission de messages incontrôlés.

Les logiciels antivirus ont pour fonction de détecter la présence de virus sur une machine et de les détruire. Cependant, comme nous allons le voir, certains virus sont résistants, et les logiciels antivirus peuvent avoir du mal à les détecter.

On dénombre un très grand nombre de techniques de virus, notamment les suivantes :

- *Boot sector virus,* ou virus travaillant sur le programme de démarrage. Ce programme se met en route au moment de la mise en marche de la station terminale. Le virus se trouve sur le disque dur et peut se dupliquer sur les disquettes ou les CD. Suivant son origine, le virus bloque un certain nombre de fonctions, parfois de façon aléatoire afin de ne pas se faire détecter. Il peut aussi empêcher tout démarrage de la machine en ne permettant pas à une instruction importante du programme de démarrage de se dérouler.
- *File infected virus.* Ce sont les plus courants. Ils s'attachent à un programme exécutable particulier et, en s'exécutant, bloquent la mise en route du programme, tout en s'attachant à d'autres programmes.
- *Polymorphic virus.* Le rôle de ces virus est de ne pas se faire détecter, tout en causant un certain nombre d'ennuis à l'utilisateur. Ils se modifient en passant à un autre programme, de telle sorte qu'ils sont parfois très difficiles à détecter puisque non répertoriés dans une forme spécifique à un programme.
- *Stealth virus,* que l'on peut traduire par virus furtifs. Comme les précédents, ils tentent de ne pas se faire détecter facilement tout en occasionnant des dégâts aux programmes auxquels ils s'accrochent. Une des méthodes qu'ils emploient le plus fréquemment consiste à s'incruster dans les programmes en prenant la place de quelques lignes de code de telle sorte que la taille exacte du programme reste inchangée.
- *Encrypted virus.* Ces virus forment une famille très délicate à repérer puisqu'ils sont chiffrés et que les antivirus n'ont pas la possibilité de les déchiffrer pour les détecter. Ces virus doivent pouvoir être déchiffrés pour être mis en œuvre. Ils nécessitent donc un environnement qui leur est adapté. Ils utilisent généralement les techniques de chiffrement utilisées classiquement dans les systèmes d'exploitation qu'ils attaquent.
- *Worms,* ou vers. Ces virus sont de nature différente. Ce sont eux-mêmes des programmes qui transportent des virus. Beaucoup d'attaques sur les messageries s'effectuent en attachant un vers au message. L'utilisateur à qui l'on a fait croire à l'utilité de ce programme l'ouvre et l'exécute. Le virus attaché peut alors commencer à infecter la machine.

- *Trojan horses*, ou chevaux de Troie. Ces virus bien connus sont des programmes qui s'introduisent à l'intérieur de l'ordinateur et donnent des renseignements à l'attaquant externe. Le code du cheval de Troie est généralement encapsulé dans un programme système nécessaire au fonctionnement de l'ordinateur.
- *Time bomb virus*. Ces virus sont liés à l'horloge du système et se déclenchent à une heure déterminée à l'avance.
- *Logical bombs*, ou bombes logiques. Ces virus se déclenchent lorsqu'un certain nombre de conditions logiques sont vérifiées.

Il est de plus en plus difficile de détecter les virus, les pirates essayant de les encapsuler dans des programmes innocents. Les parades à ces attaques sont nombreuses, quoique jamais complètement efficaces. La solution la plus simple consiste à se doter d'un antivirus mis à jour régulièrement.

Conclusion

Pour définir la sécurité, on peut partir de la couche application en disant qu'une application est sécurisée si l'utilisateur qui s'en sert a été identifié et authentifié, si les données transportées n'ont pas été modifiées, si les données n'ont pu être interceptées et si elles ont une valeur juridique.

À partir de cette définition, on peut considérer que la sécurité consiste en cinq types d'opération :

- identification d'un utilisateur ;
- authentification d'un utilisateur ;
- intégrité des données ;
- confidentialité des données ;
- non-répudiation.

Les outils à mettre en œuvre pour assurer ces opérations proviennent de différents horizons et progressent rapidement pour tenter de rattraper le retard sur les attaquants, qui ont toujours une longueur d'avance. Le chapitre suivant examine les algorithmes de sécurité les plus utilisés dans le monde IP.

39

La sécurité dans l'environnement IP

Les échanges de données s'effectuent généralement entre un client et un serveur, mais les applications peer-to-peer, qui vont directement d'un client à un autre client, deviennent de plus en plus courantes. En règle générale, le client se sert d'un identifiant déterminé par un login et un mot de passe mis en clair sur le réseau. Le client est donc identifié, et il obtient l'autorisation d'accéder au serveur grâce à son mot de passe. Cependant, cette solution peut se révéler bien faible face à des pirates. L'absence d'authentification de la provenance des paquets IP rend possible de nombreuses attaques, comme les dénis de service *(denial of service)*, c'est-à-dire le refus ou l'impossibilité pour un serveur de fournir l'information demandée.

Il existe de nombreuses familles d'attaques dans le réseau Internet. Ce chapitre commence par donner un certain nombre d'exemples de ces attaques avant d'examiner les parades possibles.

Les attaques par Internet

Les attaques concernent deux grands champs : celles qui visent les équipements terminaux et celles qui visent le réseau Internet lui-même. Elles ne sont pas totalement décorrélées puisque les attaques des machines terminales par Internet utilisent souvent des défauts d'Internet.

Les attaques du réseau Internet lui-même consistent à essayer de dérégler un équipement de routage ou un serveur, comme les serveurs DNS, ou à obstruer les lignes de communication. Les attaques des machines terminales consistent à prendre le contrôle de la machine pour effectuer des opérations non conformes. Très souvent, ces attaques s'effectuent par le biais des logiciels réseau qui se trouvent dans la machine terminale. Cette section explicite quelques attaques parmi les plus classiques.

Les attaques par ICMP

Le protocole ICMP (Internet Control Message Protocol) est utilisé par les routeurs pour transmettre des messages de supervision permettant, par exemple, d'indiquer à un utilisateur la raison d'un problème. Un premier type d'attaque contre un routeur ou un serveur réseau consiste à générer des messages ICMP en grande quantité et à les envoyer vers la machine à attaquer à partir d'un nombre de sites important.

Pour inonder un équipement de réseau, le moyen le plus simple est de lui envoyer des messages de type ping lui demandant de renvoyer une réponse. On peut également inonder un serveur par des messages de contrôle ICMP d'autres types.

Les attaques par TCP

Le protocole TCP travaille avec des numéros de port qui permettent de déterminer une adresse de socket, c'est-à-dire d'un point d'accès au réseau. Cette adresse de socket est formée par la concaténation de l'adresse IP et de l'adresse de port. À chaque application correspond un numéro de port, par exemple 80 pour une application HTTP.

Une attaque par TCP revient à utiliser un point d'accès pour faire autre chose que ce pour quoi il a été défini. En particulier, un pirate peut utiliser un port classique pour entrer dans un ordinateur ou dans le réseau d'une entreprise. La figure 39.1 illustre une telle attaque. L'utilisateur ouvre une connexion TCP sur un port correspondant à l'application qu'il projette de dérouler. Le pirate commence à utiliser le même port en se faisant passer pour l'utilisateur et se fait envoyer les réponses. Éventuellement, le pirate peut prolonger les réponses vers l'utilisateur de telle sorte que celui-ci reçoive bien l'information demandée et ne puisse se douter de quelque chose.

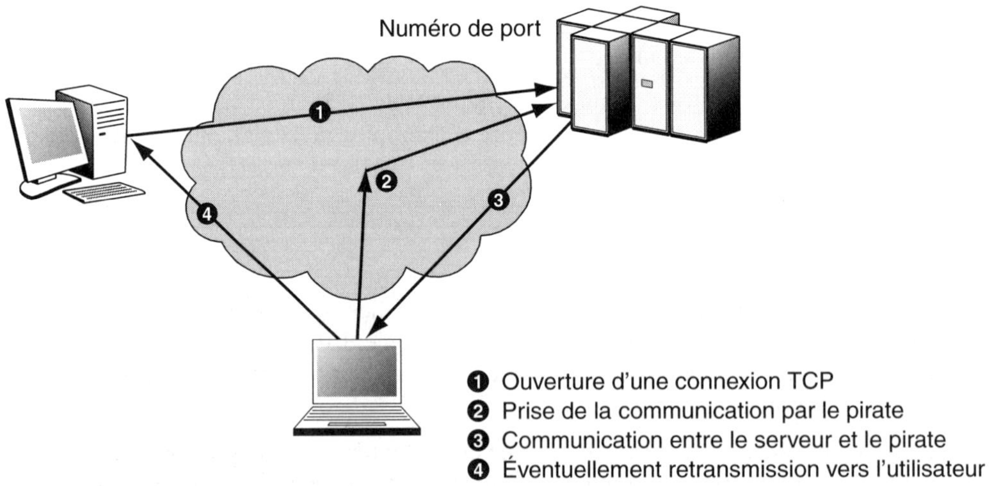

Figure 39.1

Attaque par le protocole TCP

Nous verrons en fin de chapitre comment les pare-feu, ou firewalls, essaient de parer ce genre d'attaque en bloquant certains ports.

Les attaques par cheval de Troie

Dans l'attaque par cheval de Troie, le pirate introduit dans la station terminale un programme qui permet de mémoriser le login et le mot de passe de l'utilisateur. Ces informations sont envoyées à l'extérieur par le biais d'un message vers une boîte aux lettres anonyme.

Diverses techniques peuvent être utilisées pour cela, allant d'un programme qui remplace le gestionnaire de login jusqu'à un programme pirate qui espionne ce qui se passe dans le terminal.

Les attaques par dictionnaire

Beaucoup de mots de passe étant choisis dans le dictionnaire, il est très simple pour un automate de les essayer tous. De nombreuses expériences ont démontré la facilité de cette attaque et ont mesuré que la découverte de la moitié des mots de passe des employés d'une grande entreprise s'effectuait en moins de deux heures.

Une solution simple pour remédier à cette attaque est de complexifier les mots de passe en leur ajoutant des lettres majuscules, des chiffres et des signes comme !, ?, &, etc.

Les autres attaques

Le nombre d'attaques possibles est bien trop grand pour que nous puissions les citer toutes. De plus, de nouvelles procédures d'attaque s'inventent chaque jour.

Les attaques par écoute consistent, pour un pirate, à écouter une ligne de communication et à interpréter les éléments binaires qu'il intercepte. Les attaques par fragmentation utilisent le fait que les informations de supervision se trouvent dans la première partie du paquet à un emplacement parfaitement déterminé. Un pirate peut modifier la valeur du bit de fragmentation, ce qui a pour effet de faire croire que le message se continue alors qu'il aurait dû se terminer. Le pare-feu voit donc arriver une succession de fragments qui suivent les fragments de l'utilisateur sans se douter que ces fragments complémentaires ont été ajoutés par le pirate.

Les algorithmes de routage sont à la base de nombreuses attaques. En effectuant des modifications sur les tables de routage, le pirate peut récupérer de nombreuses informations qui ne lui sont pas destinées ou dérouter les paquets, lesquels, par exemple, vont effectuer des boucles et saturer le réseau.

De la même façon, de nombreuses attaques sont possibles en perturbant un protocole comme ARP (Address Resolution Protocol), soit pour prendre la place d'un utilisateur, soit en captant des données destinées à un autre.

Les parades

Les parades aux attaques sont nombreuses. Elles relèvent autant du comportement humain que de techniques spécifiques. Nous allons examiner les principales : l'authentification, l'intégrité du flux, la non-répudiation, la confidentialité du flux et la confidentialité au niveau de l'application.

L'authentification

Une première parade visant à empêcher qu'un autre terminal que celui prévu ne se connecte ou bien qu'un terminal ne se connecte sur un serveur pirate est offerte par les méthodes d'authentification. L'authentification peut être simple, et ne concerner que l'utilisateur, ou mutuelle, et impliquer à la fois le client et le serveur.

Dans des applications de type Telnet, e-mail ou LDAP, le client s'authentifie avec un mot de passe auprès du serveur pour établir ses droits. Dans une application de commerce électronique (HTTP), il est nécessaire d'authentifier le serveur puis le client, généralement à l'aide d'un mot de passe. Le protocole HTTP ne possédant pas de moyen efficace d'authentification du client, la société Netscape a introduit vers 1995 la notion de cookie, destinée à identifier un flux de requêtes HTTP disjointes.

L'intégrité du flux de données

L'intégrité d'un flux de données demande qu'il ne puisse y avoir une altération des informations transportées. Un pirate pourrait en effet modifier une information pour tromper le récepteur. Il est à noter qu'intégrité ne signifie pas confidentialité. En effet, il est possible que l'information ne soit pas confidentielle et qu'elle puisse être recopiée, sans que cela pose de problème à l'utilisateur. Cependant, l'utilisateur veut que son information arrive intègre au récepteur.

La solution classique à ce genre de problème consiste à utiliser une empreinte. À partir de l'ensemble des éléments binaires dont on souhaite assurer l'intégrité, on calcule une valeur, qui ne peut être modifiée sans que le récepteur s'en rende compte. Les empreintes regroupent les solutions de type empreinte digitale, signature électronique, analyse rétinienne, reconnaissance faciale et, d'une manière générale, tout ce qui permet de signer de façon unique un document. Ces différentes techniques de signature proviennent de techniques d'authentification puisque, sous une signature, se cache une authentification.

Dans les réseaux IP, la pratique de la signature électronique est de plus en plus mise en œuvre pour faciliter le commerce et les transactions financières.

La non-répudiation

La non-répudiation consiste à empêcher l'éventuel refus d'un récepteur d'effectuer une tâche suite à un démenti de réception. Si la valeur juridique d'un fax est reconnue, celle d'un message électronique ne l'est pas encore. Pour qu'elle le soit, il faut un système de non-répudiation. Les parades visant à éviter qu'un utilisateur répudie un message reçu proviennent essentiellement d'une signature unique sur le message et sur son accusé de réception, c'est-à-dire une signature qui ne serait valable qu'une seule fois et serait liée à la transmission du message qui a été répudié. Un système de chiffrement à clés publiques peut être utilisé dans ce contexte.

Une autre solution, qui se développe, consiste à passer par un notaire électronique, qui, par un degré de confiance qui lui est attribué, peut certifier que le message a bien été envoyé et reçu.

Une difficulté importante de la non-répudiation dans une messagerie électronique provient de la vérification que le récepteur en a pris possession et a lu le message.

Il n'existe pas de règle aujourd'hui sur Internet pour envoyer des messages de type lettre recommandée. Le récepteur peut, par exemple, recevoir le message dans sa boîte aux lettres électronique mais ne pas le récupérer. Il peut également recopier le message dans la boîte aux lettres de son terminal et le supprimer sans le lire.

Les techniques de non-répudiation ne sont pas encore vraiment développées dans le monde IP. En effet, cette fonction de sécurité est souvent jugée moins utile que les autres. Cependant, elle est loin d'être absente. En effet, dans le commerce électronique elle est capitale pour qu'un achat ne puisse être décommandé sans certaines conditions déterminées dans le contrat d'achat. Cette fonction serait également utile dans des applications telles que la messagerie électronique, où l'on aimerait être sûr qu'un message est bien arrivé.

Même si la non-répudiation n'est pas implémentée de façon automatique, elle est proposée dans de nombreuses applications qui en ont besoin.

La confidentialité

La confidentialité désigne la capacité de garder une information secrète. Le flux, même s'il est intercepté, ne doit pas pouvoir être interprété. La principale solution permettant d'assurer la confidentialité d'un flux consiste à le chiffrer. Les systèmes de chiffrement ont été présentés au chapitre 38.

Aujourd'hui, étant donné la puissance des machines qui peuvent être mises en jeu pour casser un code, il faut utiliser de très longues clés. Les clés de 40 bits peuvent être percées en quelques secondes et celles de 128 bits en quelques minutes sur une très grosse machine. Une clé RSA de 128 bits a été cassée en quelques heures par un ensemble de machines certes important mais accessible à une entreprise.

Pour casser une clé, il faut récupérer des données chiffrées, parfois en quantité importante, ce qui peut nécessiter plusieurs heures d'écoute, voire plusieurs jours si la ligne est à faible débit. Une solution à ce problème de plus en plus souvent utilisée consiste à changer de clé régulièrement de telle sorte que l'attaquant n'ait jamais assez de données disponibles pour casser la clé.

Dans la réalité, il est plus facile de pirater une clé que d'effectuer son déchiffrement. Une parade pour contrer les pirates réside dans ce cas dans un contrôle d'accès sophistiqué des bases de données de clés.

La confidentialité est aujourd'hui un service fortement utilisé dans le monde IP. IPsec en est un très bon exemple, et nous le détaillons un peu plus loin dans ce chapitre. De nouvelles méthodes, comme le chiffrement quantique, sont à l'étude et pourraient déboucher sur des méthodes encore plus sûres.

La sécurité dans les protocoles

Conçus avant les années 2000, les protocoles du monde IP n'ont pas intégré de fonctions de sécurité. De nombreuses failles de sécurité existent donc, qui sont comblées régulièrement par des RFC spécifiques.

Les attaques sur les protocoles de gestion ou de contrôle peuvent facilement arrêter le fonctionnement d'un réseau. Il suffit, par exemple, de faire croire aux accès que le réseau est saturé ou que les nœuds sont en panne pour que les performances du réseau s'effondrent totalement.

La sécurité dans SNMP

La RFC 2274 définit le modèle USM (User-based Security Model) de sécurité de SNMP, qui offre à la fois une authentification et un service de sécurité.

Les principales attaques dont SNMP peut être l'objet sont les suivantes :

- Modification de l'information : une entité peut altérer un message en transit généré par une entité autorisée pour modifier une opération de type comptabilité, configuration ou opération.
- Mascarade : une entité prend l'identité d'une entité autorisée.
- Modification à l'intérieur d'un flot de messages : SNMP est construit pour gérer un protocole de transport en mode sans connexion. Les messages peuvent être réordonnés d'une façon différente de celle d'origine et détruits ou rejoués d'une autre manière. Par exemple, un message qui redémarre une machine peut être copié puis rejoué ultérieurement.
- Ordre de secret : une entité peut observer les échanges entre un manager et son agent et apprendre les valeurs des objets gérés. Par exemple, l'observation d'un ensemble de commandes capables de modifier un mot de passe permettrait à un utilisateur de modifier le mot de passe et d'attaquer le site.

Le modèle de sécurité USM ne prend pas en compte les deux fonctionnalités suivantes :

- Refus de service : un attaquant interdit l'échange d'informations entre un manager et son agent. Nous avons vu au chapitre 34, consacré à la gestion de réseau, que les échanges d'information de gestion s'effectuaient entre un manager de gestion et ses agents. Si le manager ne reçoit plus les informations du réseau et *vice versa,* les agents ne reçoivent plus les commandes du manager, et le processus de gestion du réseau ne peut plus s'effectuer. On appelle cette attaque un refus de service, puisque le service de gestion refuse de travailler.
- Analyse de trafic : un attaquant observe le type de trafic qui s'effectue entre un manager et son agent. L'analyse permet de détecter les ordres qui sont passés et les remontées d'information. Après analyse du trafic, le pirate peut faire croire au manager que le trafic est totalement différent de ce qu'il est effectivement dans le réseau.

Pour contrer ces différentes attaques, deux fonctions cryptographiques ont été définies dans USM : l'authentification et le chiffrement. Pour les réaliser, le moteur SNMP requiert deux valeurs : une clé privée et une clé d'authentification. Ces valeurs sont des attributs de l'utilisateur qui ne sont pas accessibles par des primitives SNMP.

Deux algorithmes d'authentification sont disponibles : HMAC-MD5-96 et HMAC-SHA-96. L'algorithme HMAC utilise une fonction de hachage sécurisée et une clé secrète pour produire un code d'authentification du message. Ce protocole fortement utilisé dans Internet est décrit en détail dans la RFC 2104.

IPsec (IP sécurisé)

Le monde TCP/IP permet d'interconnecter plusieurs millions d'utilisateurs, lesquels peuvent souhaiter que leur communication reste secrète. Internet transporte de plus un grand nombre de transactions de commerce électronique, pour lesquelles une certaine confidentialité est nécessaire, par exemple pour prendre en charge la transmission de numéros de carte bancaire.

L'idée développée dans les groupes de travail sur la sécurité du commerce électronique dans le monde IP consiste à définir un environnement contenant un ensemble de mécanismes de sécurité. Les mécanismes de sécurité appropriés sont choisis par une association de sécurité *(voir ci-après)*. En effet, toutes les communications n'ont pas les mêmes caractéristiques, et leur sécurité ne demande pas les mêmes algorithmes.

Chaque communication se définit par sa propre association de sécurité. Les principaux éléments d'une association de sécurité sont les suivants :

- algorithme d'authentification ou de chiffrement utilisé ;
- clés globales ou spécifiques à prendre en compte ;
- autres paramètres de l'algorithme, comme les données de synchronisation ou les valeurs d'initialisation ;
- durée de validité des clés ou des associations ;
- sensibilité de la protection apportée (secret, top secret, etc.).

La solution IPsec introduit des mécanismes de sécurité au niveau du protocole IP, de telle sorte qu'il y ait indépendance vis-à-vis du protocole de transport. Le rôle de ce protocole de sécurité est de garantir l'intégrité, l'authentification, la confidentialité et la protection contre les techniques rejouant des séquences précédentes. L'utilisation des propriétés d'IPsec est optionnelle dans IPv4 et obligatoire dans IPv6.

Une base de données de sécurité, appelée SAD (Security Association Database), regroupe les caractéristiques des associations par l'intermédiaire de paramètres de la communication. L'utilisation de ces paramètres est définie dans une autre base de données, la SPD (Security Policy Database). Une entrée de la base SPD regroupe les adresses IP de la source et de la destination, ainsi que l'identité de l'utilisateur, le niveau de sécurité requis, l'identification des protocoles de sécurité mis en œuvre, etc.

Le format des paquets IPsec est illustré à la figure 39.2. La partie la plus haute de la figure correspond au format d'un paquet IP dans lequel est encapsulé un paquet TCP. La partie du milieu illustre le paquet IPsec. On voit que l'en-tête IPsec vient se mettre entre l'en-tête IP et l'en-tête TCP. La partie basse de la figure montre le format d'un paquet dans un tunnel IPsec. La partie intérieure correspond à un paquet IP encapsulé dans un paquet IPsec de telle sorte que le paquet IP intérieur soit bien protégé.

Figure 39.2
Format des paquets IPsec

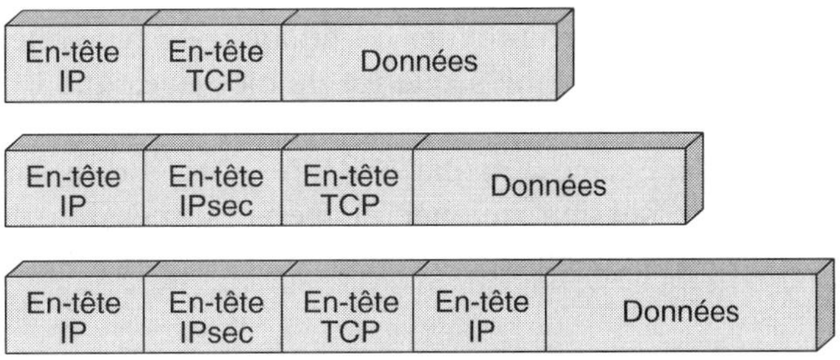

Dans un tunnel IPsec, tous les paquets IP d'un flot sont transportés de façon totalement chiffrée. Il est de la sorte impossible de voir les adresses IP ni même les valeurs du champ de supervision du paquet IP encapsulé. La figure 39.3 illustre un tunnel IPsec.

Figure 39.3
Tunnel IPsec

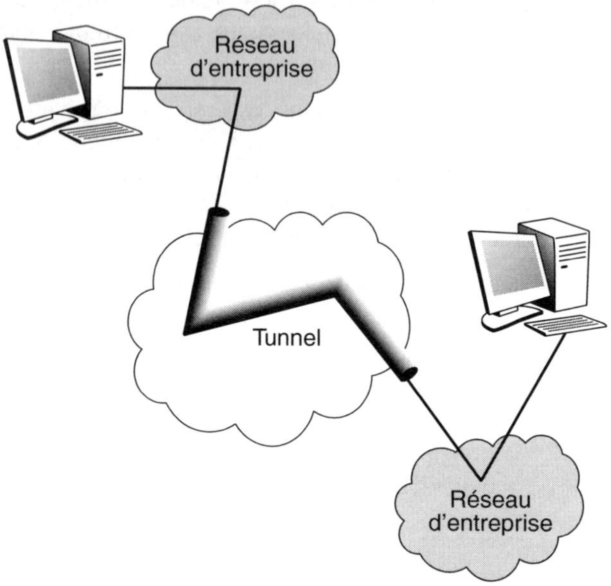

L'en-tête d'authentification

L'en-tête d'authentification est ajouté immédiatement derrière l'en-tête IP standard. À l'intérieur de l'en-tête IP, le champ indiquant le prochain protocole inclus dans le paquet IP (champ Next-Header) prend la valeur 51. Cette valeur précise que les champs IPsec et d'authentification sont mis en œuvre dans le paquet IP. L'en-tête IPsec possède lui-même un champ indiquant le protocole encapsulé dans le paquet IPsec. En d'autres termes, lorsqu'un paquet IP doit être sécurisé par IPsec, il repousse la valeur de l'en-tête suivant, qui était dans le paquet IP, dans le champ en-tête suivant de la zone d'authentification d'IPsec et met la valeur 51 dans l'en-tête de départ.

La figure 39.4 présente le détail l'en-tête d'authentification. Comme indiqué précédemment, cet en-tête commence par la valeur indiquant le protocole transporté. Le champ LG (Length), sur un octet, indique la taille de l'en-tête d'authentification. Vient ensuite une zone réservée, sur 2 octets, qui prend place avant le champ sur 4 octets, donnant un index des paramètres de sécurité, qui décrit le schéma de sécurité adopté pour la communication.

Le champ numéro de séquence, qui contient un numéro de séquence unique, est nécessaire pour éviter les attaques de type rejeu, dans lesquelles le pirate rejoue exactement la même séquence de messages que l'utilisateur par une copie pure et simple. Par exemple, si vous consultez votre compte en banque et qu'un pirate recopie vos messages, même chiffrés, c'est-à-dire sans les comprendre, il peut, à la fin de votre session, rejouer la même succession de messages, qui lui ouvrira les portes de votre compte.

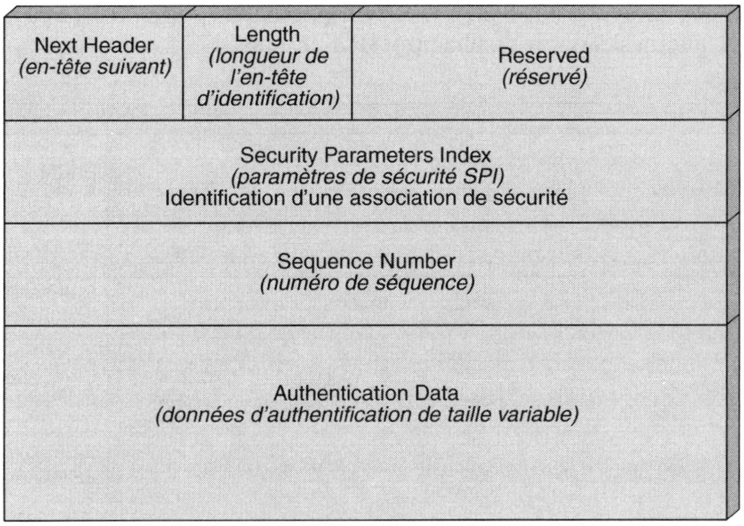

Figure 39.4

Format de l'en-tête d'authentification

L'en-tête d'authentification se termine par les données associées à ce schéma de sécurité. Il transporte le type d'algorithme de sécurité, les clés utilisées, la durée de vie de l'algorithme et des clés, une liste des adresses IP des émetteurs qui peuvent utiliser le schéma de sécurité, etc.

L'en-tête d'encapsulation de sécurité

Pour permettre une confidentialité des données, tout en garantissant une authentification, IPsec utilise une encapsulation dite ESP (Encapsulating Security Payload), c'est-à-dire une encapsulation de la charge utile de façon sécurisée. La valeur 50 est transportée dans le champ en-tête suivant (Next-Header) du paquet IP pour indiquer cette encapsulation ESP.

La figure 39.5 illustre ce processus d'encapsulation. On s'aperçoit que l'encapsulation ESP ajoute trois champs supplémentaires au paquet IPsec : l'en-tête ESP, qui suit l'en-tête IP de départ et porte la valeur 50, le Trailer, ou en-queue, ESP, qui est chiffré avec la charge utile, et le champ d'authentification ESP de taille variable, qui suit la partie chiffrée sans être lui-même chiffré.

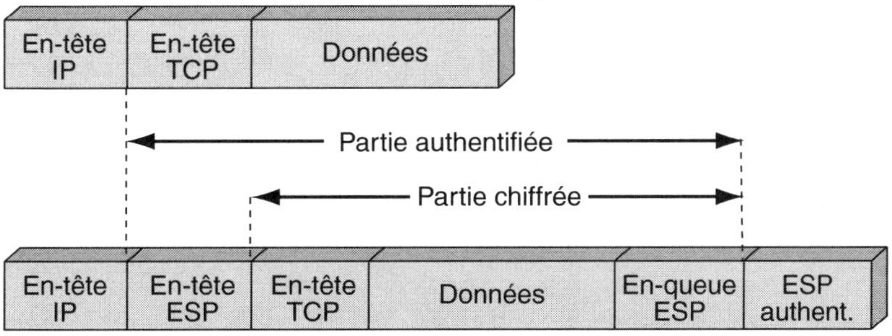

Figure 39.5

Processus d'encapsulation ESP

Le paquet ESP est repris à la figure 39.6 de façon un peu plus détaillée en ce qui concerne les champs internes, à partir du champ ESP d'en-tête.

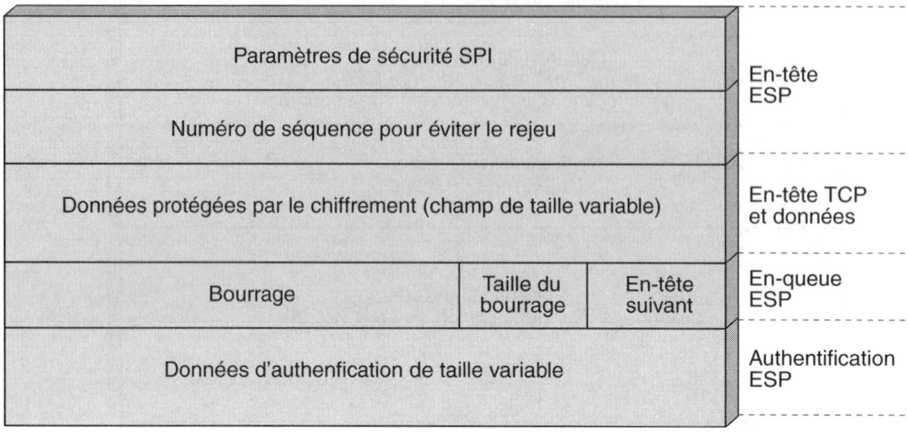

Figure 39.6

Format de l'en-tête ESP

La première partie de l'encapsulation reprend les paramètres SPI (Security Parameter Index) et numéro de séquence que nous avons déjà décrits dans l'en-tête d'authentification. Vient ensuite la partie transportée et chiffrée. L'en-queue ESP comporte une zone de bourrage optionnelle, allant de 0 à 255 octets, puis un champ longueur du bourrage (Length) et la valeur d'un en-tête suivant.

La zone de bourrage a plusieurs raisons d'être. La première provient de l'adoption d'algorithmes de chiffrement, qui exigent la présence d'un nombre de 0 déterminé après la zone chiffrée. La deuxième raison vient de la place de l'en-tête suivant, qui doit être aligné à droite, c'est-à-dire prendre une place en fin d'un mot de 4 octets. La dernière raison est que, pour contrer une attaque, il peut être intéressant d'ajouter de l'information sans signification susceptible de leurrer un pirate.

Les compléments d'IPsec

Dans IPsec, le chiffrement ne s'effectue pas sur l'ensemble des champs, car certains champs, que l'on appelle *mutable,* changent de valeur à la traversée des routeurs, comme le champ TTL (durée de vie). Dans le calcul du champ d'authentification, le processus ne tient pas compte de ces champs mutables.

Les algorithmes de sécurité qui peuvent être utilisés dans le cadre d'IPsec sont déterminés par un certain nombre de RFC :

- Pour l'en-tête d'authentification :
  - HMAC avec MD5 : RFC 2403 ;
  - HMAC avec SHA-1 : RFC 2403.
- Pour l'en-tête ESP :
  - DES en mode CBC : RFC 2405 ;
  - HMAC avec MD5 : RFC 2403 ;
  - HMAC avec SHA-1 : RFC 2404.

La sécurité dans IPv6

Le protocole IPv6 contient les mêmes fonctionnalités qu'IPsec. On peut donc dire qu'il n'existe pas d'équivalent d'IPsec dans le contexte de la nouvelle génération IP.

Les champs de sécurité sont optionnels. Leur existence est détectée par les valeurs 50 et 51 du champ en-tête suivant (Next-Header). Globalement, la sécurité offerte par IPv6 est donc exactement la même que celle offerte par IPsec. Elle est toutefois plus simple à mettre en œuvre puisque le protocole de sécurité est dans le protocole IPv6 lui-même. On peut en déduire que la sécurisation des communications sera beaucoup plus simple avec la nouvelle génération de réseau qui utilisera IPv6.

Cela pose toutefois d'autres problèmes. Si tous les flux sont chiffrés, par exemple, il n'y a plus moyen de reconnaître les numéros de port ou les adresses source et destination, et les applications deviennent transparentes. Toutes les appliances intermédiaires, comme les pare-feu ou les contrôleurs de qualité de service, deviennent inutilisables. L'information sur le type d'application véhiculé ne se trouve qu'à la source ou à la destination, et c'est là qu'il faut venir la rechercher. De nouvelles architectures de contrôle sont donc à prévoir avec l'arrivée d'IPv6, ce qui constitue une raison de repousser cette arrivée dans beaucoup d'entreprises.

SSL (Secure Sockets Layer)

SSL est un logiciel permettant de sécuriser les communications sous HTTP ou FTP. Ce logiciel a été développé par Netscape pour son navigateur et les serveurs Web.

Le rôle de SSL est de chiffrer les messages entre un navigateur et le serveur Web interrogé. Le niveau d'architecture où se place SSL est illustré à la figure 39.7. Il s'agit d'un niveau compris entre TCP et les applicatifs.

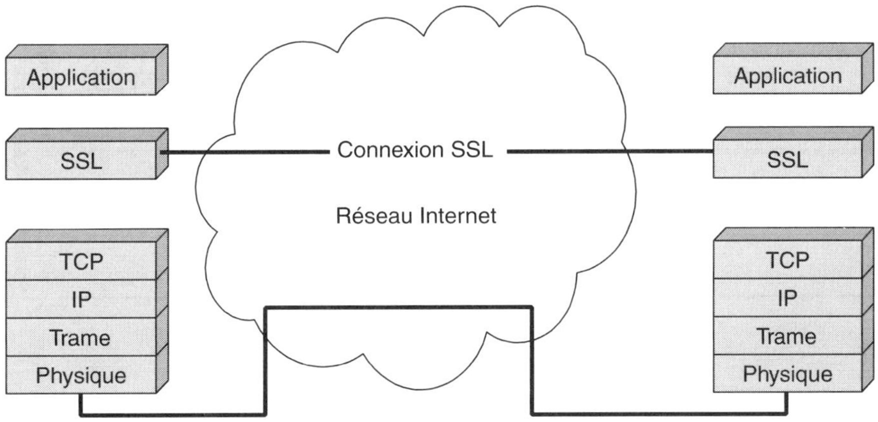

Figure 39.7

Architecture SSL

Les signatures électroniques sont utilisées pour l'authentification des deux extrémités de la communication et l'intégrité des données.

L'initialisation d'une communication SSL commence par un handshake, c'est-à-dire une poignée de main, qui permet l'authentification réciproque grâce à un tiers de confiance. La communication se continue par une négociation du niveau de sécurité à mettre en œuvre et peut se dérouler avec un chiffrement associé au niveau négocié à la phase précédente.

Les inconvénients du protocole SSL proviennent de l'utilisation d'un tiers de confiance et de la nécessité d'ouvrir le port associé à SSL dans les pare-feu. Nous verrons ultérieurement dans ce chapitre la signification exacte de l'expression « ouvrir un port ».

Le protocole SSL a vu son champ d'action dépasser la simple sécurisation d'une communication Web. Il est notamment utilisé dans le commerce électronique pour sécuriser la transmission du numéro de carte de crédit. Un autre protocole, S-HTTP (Secure HTTP), assez semblable à SSL, a été développé pour sécuriser les communications sous HTTP, mais il est beaucoup moins utilisé.

L'authentification de SSL s'appuie sur la cryptographie asymétrique par le biais de certificats à clé publique. Un client peut s'authentifier automatiquement auprès d'un serveur SSL utilisant la paire de clés publiques nécessaire. SSL peut utiliser différents mécanismes de chiffrement. En règle générale, la négociation entre le client et le serveur SSL permet de définir le meilleur algorithme commun. Classiquement, un serveur SSL utilise une clé publique RSA pour établir un ensemble de clés secrètes partagées utilisées avec un algorithme de chiffrement RC4 pour le chiffrement des données et MD5 pour l'intégrité.

Le protocole SSLv3 propose une architecture plus évoluée, qui contient un générateur de clés, des fonctions de hachage et des algorithmes de chiffrement et de gestion de certificats. Cette architecture est représentée à la figure 39.8.

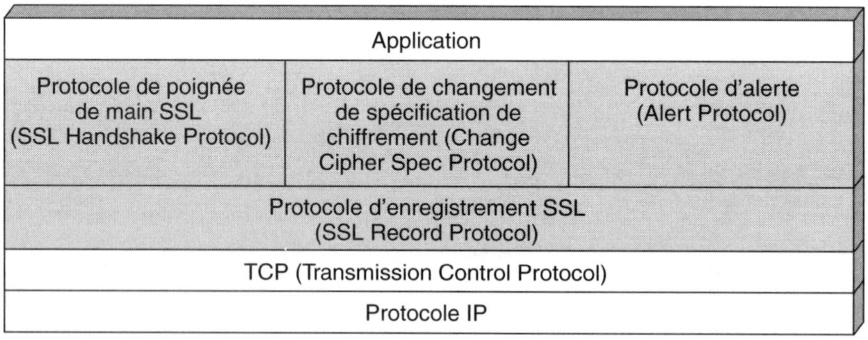

Figure 39.8

Architecture du protocole SSLv3

Le protocole de changement de spécification de chiffrement permet de modifier l'algorithme de chiffrement en cours de communication de sorte à garantir la confidentialité des données transportées. Le protocole d'alerte permet d'envoyer des alertes, accompagnées de leur importance. Ces alertes peuvent être un certificat inconnu, révoqué, expiré, etc. Les alertes de haut niveau entraînent l'arrêt de la communication.

Le protocole Handshake a pour objectif d'authentifier le serveur depuis le client, de négocier la version du protocole, de sélectionner les algorithmes de chiffrement, d'utiliser des techniques de chiffrement à clé publique pour générer et distribuer des clés secrètes et d'établir des connexions SSL chiffrées.

Messages du protocole Handshake

Les messages échangés pour réaliser le protocole Handshake sont les suivants :

- ClientHello : initialisation de la communication par l'envoi d'un hello du client vers le serveur.
- ServerHello : en retour du message précédent, cette réponse peut contenir un certificat et demander une authentification de la part du client.
- ServerKeyExchange : si les certificats ne sont pas pris en charge, ce message permet d'effectuer l'échange de clés publiques.
- ServerHelloDone : permet d'indiquer que la partie serveur du message hello est achevée.
- CertificateRequest : requête envoyée par le serveur au client lui demandant de s'authentifier. Le client répond soit avec un message envoyant le certificat, soit avec une alerte indiquant qu'il ne possède pas de certificat.
- CertificateMessage : message qui envoie le certificat réclamé par le serveur.
- NoCertficate : message d'alerte qui indique que le client ne possède aucun certificat susceptible de correspondre à la demande du serveur.
- ClientKeyExchange : échange de la clé du client avec le serveur.
- Finished : message qui conclut le handshake pour indiquer la fin de la mise en place de la communication.

Le protocole d'enregistrement SRP (SSL Record Protocol) n'est qu'une encapsulation des protocoles situés juste au-dessus, comme le protocole Handshake.

Le protocole SSLv3.0 et son successeur TLS1.0 ne présentent que des différences mineures entre eux mais ne sont cependant pas interopérables. La principale différence entre les deux concerne les méthodes de chiffrement puisque TLS n'impose aucune restriction.

Les protocoles d'authentification

Nous commencerons par introduire le protocole PPP et tous ses dérivés, puis nous examinerons l'extension EAP (Extensible Authentication Protocol), qui est devenue le standard de transport des informations d'authentification dans le monde des réseaux IP.

PPP (Point-to-Point Protocol)

PPP a été défini en juillet 1994 dans la RFC 1661. Protocole de niveau trame, il permet de transporter un paquet d'un nœud vers un autre nœud. Bien que conçu initialement pour transporter des paquets IP, il peut prendre en compte d'autres protocoles de contrôle, que nous détaillons également dans ce chapitre.

La structure de la trame PPP est illustrée à la figure 39.9.

Flag	Addr	Control	Protocol	Information	CRC	Flag
0x7E	0x7E	03	2 octets	1 500 octets max.	2 octets	0x7E

Figure 39.9

Structure de la trame PPP

Le champ Protocol, sur 2 octets, identifie le type de paquet inclus dans la trame PPP. Les valeurs de ce champ sont indiquées au tableau 39.1.

Valeur	Protocole encapsulé
0x0021	IP
0xC021	LCP (Link Control Protocol)
0x8021	NCP (Network Control Protocol)
0xC023	PAP (Password Authentication Protocol)
0xC025	LQR (Link Quality Report)
0xC223	CHAP (Challenge Handshake Authentication Protocol)

TABLEAU 39.1 • Valeurs du champ Protocol de la trame PPP

Un diagramme des états du protocole PPP est illustré à la figure 39.10.

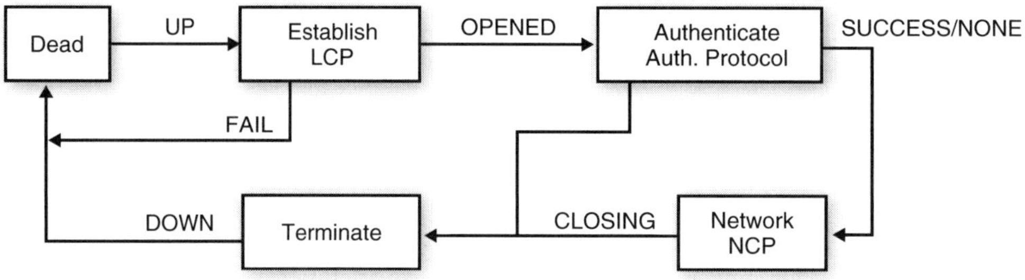

Figure 39.10

Diagramme des états de PPP

La liaison est d'abord mise en place par le protocole LCP (Link Control Protocol). Une fois l'ouverture effectuée, une authentification des extrémités a lieu pour sécuriser la liaison. Les protocoles de la famille CHAP (Challenge Handshake Authentication Protocol) ont été développés dans ce but. Une fois la liaison sécurisée, le protocole de contrôle NCP (Network Control Protocol) prend la suite pour déterminer les protocoles de niveau paquet qui vont utiliser la liaison.

LCP (Link Control Protocol)

Le protocole LCP permet d'ouvrir une liaison PPP et donne les moyens de négocier les options mises en œuvre par PPP, comme la taille des MTU.

Il existe onze types de paquets LCP, identifiés par un code sur 1 octet. Les options sont encodées sous la forme d'un code sur 1 octet, d'un identificateur sur 1 octet et d'une longueur sur 2 octets. Elles sont suivies par les données transportées, dont la longueur est précisée par le champ Length.

Les différents codes qui peuvent être utilisés dans le paquet LCP sont les suivants :

- (1) requête de configuration ;
- (2) accusé (ACK) de configuration ;

- (3) non accusé de configuration (NAK) ;
- (4) requête de terminaison ;
- (6) accusé de terminaison ;
- (7) rejet de code ;
- (8) rejet de protocole ;
- (9) requête d'écho ;
- (10) réponse d'écho ;
- (11) requête d'élimination.

L'identificateur du deuxième octet de LCP définit les options suivantes :

- (1) MRU (Maximum Receive Unit) ;
- (3) protocole d'authentification ;
- (4) protocole de qualité (mesure de la qualité de la ligne utilisée) ;
- (5) nombre magique (détection de boucles ; client et serveur sur le même système hôte) ;
- (7) compression du champ protocole (de 2 octets à 1-PFC) ;
- (8) compression des champs adresse et contrôle de la trame HDLC (ACFC).

NCP (Network Control Protocol)

Le protocole NCP est défini dans la RFC 1332. Il permet de configurer des types de réseaux différents susceptibles d'utiliser la liaison PPP, par exemple IP ou DECnet. Issu de l'architecture réseau de la société DEC, qui a disparu au cours des années 1990, DECnet n'est plus employé aujourd'hui. Dans le cadre des réseaux IP, le protocole utilisé est IPCP (Internet Protocol Control Protocol).

IPCP utilise seulement les sept premiers types de paquets de LCP. Une option de compression peut être utilisée. Dans ce cas, le code indiqué dans le champ protocole des trames PPP est 0x002D. Une adresse IP peut être attribuée par le serveur au client.

PAP (Password Authentication Protocol)

PAP (Password Authentication Protocol) est un protocole d'authentification par mot de passe défini dans la RFC 1334 en 1992.

La demande d'authentification du protocole PAP est indiquée par la présence de la valeur C023 dans le champ Protocol de la trame PPP. Les champs du paquet PAP sont illustrés à la figure 39.11. La longueur de la zone de données transportant le protocole d'authentification est de 4 octets.

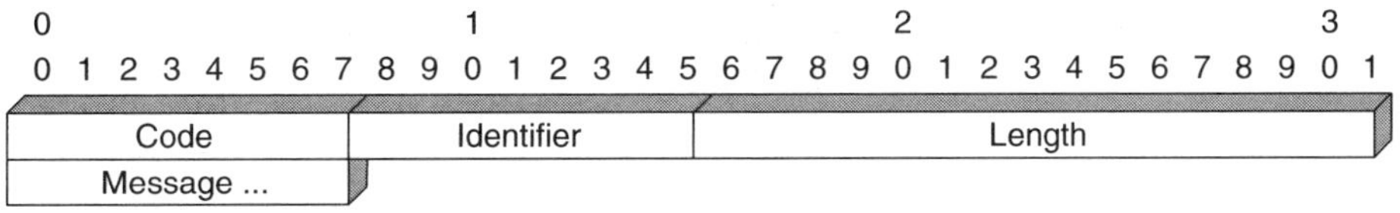

Figure 39.11

Format du paquet PAP

Le champ Code identifie la nature du paquet PAP. Il peut s'agir d'une requête d'authentification (Authentication Request) avec la valeur 1, d'un acquittement positif (Authenticate ACK) avec la valeur 2 ou d'un acquittement négatif de la demande (Authenticate NACK) avec la valeur 3. La structure des paquets correspondants est illustrée aux figures 39.12 et 39.13.

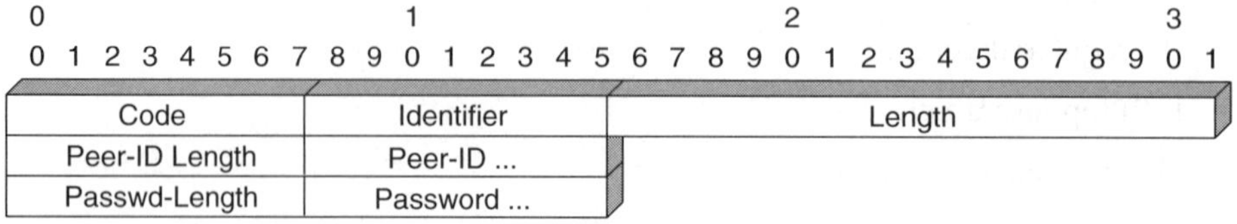

Figure 39.12

Structure du paquet de requête d'authentification

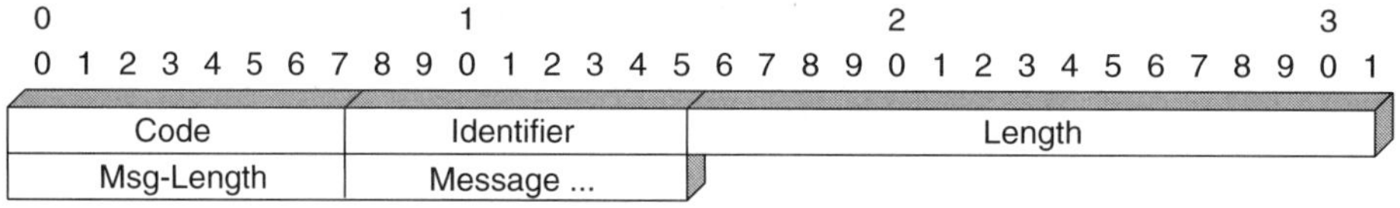

Figure 39.13

Structure du paquet d'authentification et de non-authentification

Le champ Identifier contient le numéro d'une requête et de la réponse associée. Le champ Length détermine la longueur totale du paquet PAP.

CHAP (Challenge Handshake Authentication Protocol)

Le protocole CHAP a été normalisé par la RFC 1334en 1994.

La demande d'authentification CHAP est indiquée par la valeur C223 dans le champ Protocol de la trame PPP. La figure 39.14 illustre le processus d'authentification du protocole CHAP.

Figure 39.14

Processus d'authentification du protocole CHAP

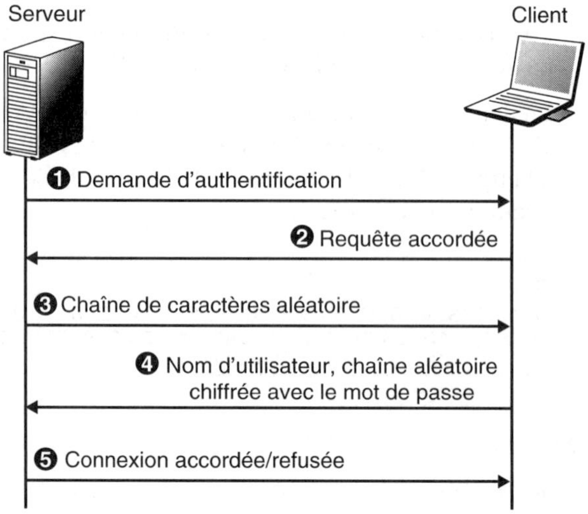

Le format du paquet CHAP est illustré à la figure 39.15.

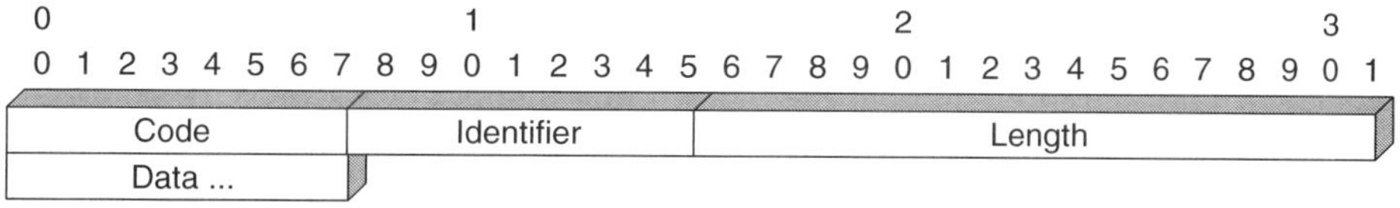

Figure 39.15

Format du paquet CHAP

Lorsque le champ code du paquet CHAP vaut 1-Challenge ou 2-Response, le paquet a la structure illustrée à la figure 39.16. Si le code vaut 3-Success ou 4-Failure, la structure du paquet prend la forme illustrée à la figure 39.17. Dans ces paquets, le champ Identifier indique le numéro d'une requête et de la réponse associée, et le champ *Length* la longueur totale du paquet PAP.

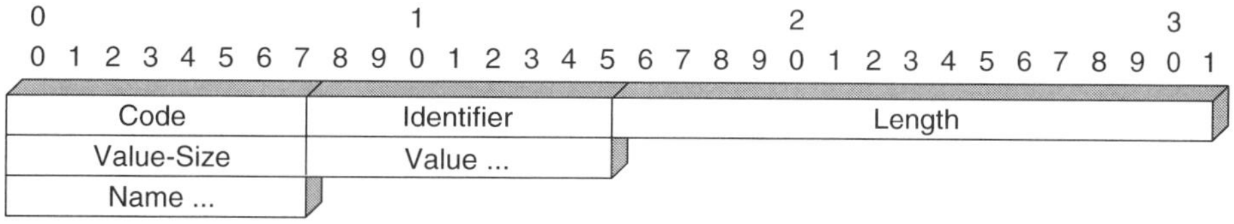

Figure 39.16

Paquet Challenge/Response

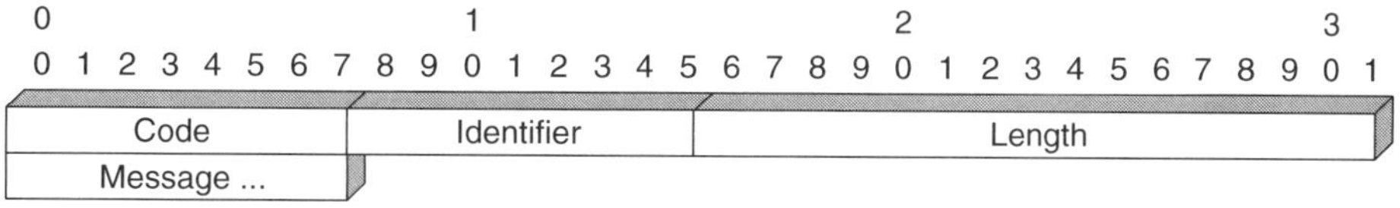

Figure 39.17

Paquet Success/Failure

MS-CHAP-V1

Le protocole MS-CHAP-V1 a été proposé par Microsoft et normalisé par l'IETF sous la RFC 2433 en 1998. Ce protocole est compatible avec la RFC de base datant de 1994.

Dans l'univers Microsoft, la sécurité d'un ordinateur personnel est fortement corrélée au mot de passe de son utilisateur. Ce dernier n'est jamais stocké en clair dans la mémoire de la machine. À partir d'un mot de passe, une empreinte MD4 de 16 octets est calculée puis mémorisée par le système hôte. Cette valeur, parfois nommée clé NT (NtPassword-Hash) est complétée par cinq octets nuls. On obtient ainsi 21 octets, interprétés comme une suite de trois clés DES de 56 bits chacune.

La méthode MS-CHAP-V1 est une authentification simple. Le serveur d'authentification produit un nombre aléatoire de 8 octets, et l'authentifié utilise ses trois clés DES pour chiffrer cet aléa, ce qui génère une réponse de 24 octets.

La demande d'authentification MS-CHAP-V1 est indiquée par la valeur C223 dans le champ Protocol de la trame PPP, complétée par un numéro d'algorithme prenant la valeur 0x80. Le format des paquets MS-CHAP-V1 est identique à celui des paquets CHAP. Les formats permettant de transporter les indications *Challenge/Response* et *Success/Failure* sont également les mêmes que dans le protocole CHAP. La différence provient de la taille du challenge, qui est de 8 octets. La taille de la réponse est de 25 octets, 24 octets pour les formats LAN manager et Windows NT et 1 octet (Use Windows NT compatible Challenge Response Flag) indiquant la disponibilité du format Windows NT. Le champ Name indique l'identifiant du compte utilisateur, c'est-à-dire nom de domaine plus le nom d'utilisateur.

Les indications 3-Success et 4-Failure comportent toujours une zone Identifier, qui donne le numéro d'une requête et de la réponse associée, et un champ *Length*, qui précise la longueur totale du paquet PAP.

Les messages portant les valeurs E, C et V indiquent :

- E : Error-Code ;
- R : retry allowed(1/0) ;
- C : new-challenge-value(16 hexadecimal value) ;
- V : decimal-version-code.

Deux nouvelles indications, les valeurs 5 et 6, permettent de modifier un mot de passe. Pour la valeur 5-Change Password Packet (version 1), les champs ont la valeur 5 pour le code et une longueur de 72 octets.

Ces 72 octets se décomposent de la façon suivante :

- 16 octets pour Encrypted LAN Manager Old password Hash ;
- 16 octets pour Encrypted LAN Manager New Password Hash ;
- 16 octets pour Encrypted Windows NT Old Password Hash ;
- 16 octets pour Encrypted Windows NT New Password Hash ;
- 2 octets pour Password Length ;
- 2 octets pour Flags.

Dans la deuxième version du changement de mot de passe, le code 6 est utilisé. La longueur du champ est de 1 114 octets, qui se décomposent de la façon suivante :

- 516 octets pour Password Encrypted with Old NT Hash ;
- 16 octets pour Old NT Hash Encrypted with New NT Hash ;
- 516 octets pour Password Encrypted with Old LM Hash ;
- 16 octets pour Old LM Hash Encrypted With New NT Hash ;
- 24 octets pour LAN Manager compatible challenge response ;
- 24 octets pour Windows NT compatible challenge response ;
- 2 octets pour Flags1.

Les mécanismes d'authentification de Windows NT utilisent un mot de passe. Ce dernier est constitué d'une chaîne Unicode de 256 caractères au plus. Le NTPasswordHash est le résultat d'un Hash MD4 produisant 16 octets (128 bits). Ce NTPasswordHash est complété par 5 octets nuls. On obtient ainsi 21 octets, décomposés en trois clés DES de 7 octets. Le challenge de 8 octets est chiffré par les trois clés DES, qui produisent une réponse de 24 octets : DES1(challenge), DES2(challenge), DES3(challenge).

Le PasswordHash (128 bits) est également utilisé comme clé de chiffrement RC4 dans les messages de modification de mot de passe. Un mot de passe est complété pour atteindre 256 caractères (512 octets) par une suite aléatoire. Cette valeur concaténée à la taille réelle (un entier de 4 octets) est chiffrée par la clé RC4, soit 516 octets.

MS-CHAP-V2

Le protocole MS-CHAP-V2 a été normalisé en 2000 par l'IETF sous la RFC 2759. MS-CHAP-V2 est une extension du protocole précédent, avec lequel il est compatible. L'objectif de cette nouvelle version est d'offrir une sécurité supérieure aux connexions d'accès distant en corrigeant certains problèmes de la précédente, comme la faiblesse des clés de chiffrement.

La demande d'authentification MS-CHAP-V2 est indiquée par la valeur 0x81 du champ Algorithm du protocole CHAP. Le format des paquets de la version 2 est similaire à celui de la version 1.

Le processus d'authentification est le suivant : le serveur d'authentification délivre un nombre aléatoire de 16 octets (AuthenticatorChallenge) ; le client 802.1x calcule un nombre de 8 octets à partir de cette valeur, d'un aléa (PeerChallenge) qu'il génère et du nom de l'utilisateur (login) ; ce paramètre est chiffré comme dans MS-CHAP-V1 par la clé NT pour obtenir une valeur de 24 octets.

Dans une plate-forme Microsoft, un annuaire stocke le nom des utilisateurs et leur mot de passe. La taille de la réponse est de 49 octets, qui se décomposent de la façon suivante :

- 16 octets pour le Peer-Challenge, qui porte un nombre aléatoire ;
- 8 octets réservés et codés à zéro ;
- 24 octets pour le format de réponse NT (NT-Response)
- 1 octet réservé et codé à zéro.

Le champ Name indique l'identifiant du compte utilisateur (nom-de-domaine\nom-utilisateur). Pour les codes 3-Success et 4-Failure, la longueur du champ Message est de 42 octets.

Le format de ce champ est S=<auth_string> M=<message>, auth_string étant une chaîne de 20 caractères ASCII et message un texte affichable compréhensible.

Lorsqu'un message d'erreur est envoyé en retour, il se présente sous la forme suivante :

```
E=Error-Code R=retry allowed(1/0) C=new-challenge-value(32 hexadecimal value)
➥V=decimal-version-code
```

La longueur du code 7, qui indique un changement de mot de passe, est de 586 octets, qui se décomposent de la façon suivante :

- 516 octets pour Encrypted-Password ;
- 16 octets pour Encrypted-Hash ;

- 16 octets pour Peer-Challenge ;
- 8 octets pour Reserved ;
- 24 octets pour NT-Response ;
- 2 octets pour Flags (réservé et codé à zéro).

Comme pour la version précédente, les mécanismes d'authentification que l'on trouve dans NT comprennent le mot de passe, qui est une chaîne Unicode de 256 caractères au plus. Pour la génération de la NT-Response, une procédure (ChallengeHash) fondée sur la fonction SHA-1 produit un nombre (challenge) de 8 octets à partir du nombre aléatoire AuthenticatorChallenge, d'un nombre aléatoire PeerChallenge et du UserName.

Le Password est associé à une empreinte MD4 de 16 octets (NTPasswordHash), étendue à 21 octets, et interprété comme une série de trois clés DES de 7 octets. Le champ Challenge (8 octets) est chiffré par les trois clés DES, DES1(challenge), DES2(challenge) et DES3(challenge). Ces 24 octets constituent la NT-Response. Le PasswordHash (128 bits) est utilisé comme clé RC4 pour le chiffrement d'un nouveau mot de passe. Les deux premières clés DES déduites d'un PasswordHash sont utilisées pour le chiffrement du NtPasswordHash associé au nouveau mot de passe.

EAP (Extensible Authentication Protocol)

Le problème de la gestion de la mobilité des utilisateurs est devenu critique dès lors que les internautes ont massivement utilisé des modems et le protocole PPP pour accéder aux ressources offertes par leurs fournisseurs de services. Les systèmes d'exploitation ont donc intégré les fonctionnalités afin de renforcer la sécurité des nomades :

- authentification des utilisateurs par des méthodes de défi telles que CHAP, MS-CHAP ou MS-CHAP-V2 ;
- chiffrement des trames PPP, par exemple à l'aide de l'algorithme MPPE (Microsoft Point-To-Point Encryption), défini par la RFC 3078 en mars 2001 ;
- méthodes de calcul des clés de chiffrement (MS-MPPE-Recv-Key et MS-MPPE-Send-Key) ;
- distribution des clés par le protocole RADIUS.

Le besoin de compatibilité avec des infrastructures d'authentification diversifiées et la nécessité de disposer de secrets partagés dans ces environnements multiples ont conduit à la genèse du protocole EAP, capable de transporter des méthodes d'authentification indépendamment de leurs particularités.

Le protocole EAP fournit un cadre peu complexe pour le transport de protocoles d'authentification. Un message comporte un en-tête de 5 octets et des données optionnelles, comme illustré à la figure 39.18.

Il existe quatre types de messages, identifiés par un code de 1 octet :

- Request : 1
- Response : 2
- Success : 3
- Failure : 4

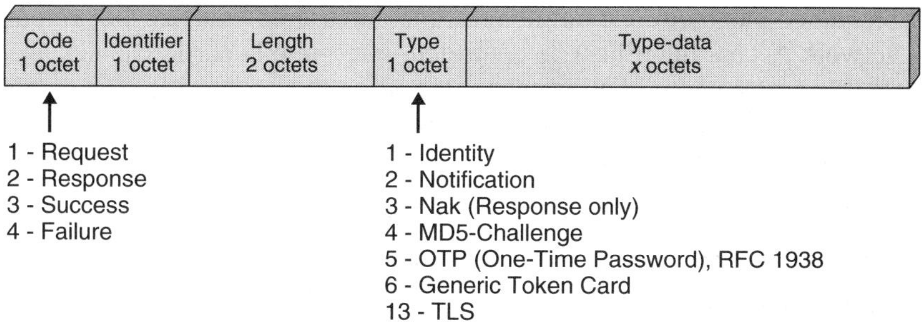

Figure 39.18

Format d'un message EAP

Chaque message est étiqueté à l'aide d'un nombre Identifier compris entre 0 et 255. L'étiquette d'une réponse est égale à celle de la requête correspondante. La longueur totale du message, codée sur deux octets, est comprise entre 4 et 65 535.

Le champ Type, compris entre 0 et 255, précise la nature des informations transportées. Les principales d'entre elles sont les suivantes :

- 1 : message relatif à l'identité (Identity).
- 2 : notification. Ce message contient une information affichable, et la réponse à une notification est obligatoirement une notification.
- 3 : notification d'une erreur (NAK).
- 4 : protocole d'authentification à base de défi MD5 (EAP-MD5).
- 6 : OTP.
- 13 : transport de TLS (EAP-TLS).
- 18 : méthode d'authentification fondée sur une carte SIM (EAP-SIM) pour le GSM 11.11, qui est la norme utilisée dans les réseaux GSM.
- 23 : EAP-AKA. Mise en œuvre des cartes USIM définies pour l'UMTS.
- 25 : PEAP. Méthode d'authentification du serveur, fondée sur TLS, et du client variable (MS-CHAP-V2, OTP, TLS, etc.).
- 26 : transport de MS-CHAP-v2.

Dans un réseau sécurisé avec 802.1x, une authentification EAP demande trois éléments : un supplicant que l'on appelle dans le langage courant un client, un authenticator que l'on appelle contrôleur et un serveur d'authentification. Un authenticator est un contrôleur de communication compatible 802.1x. La plupart des contrôleurs de communication dans les réseaux Ethernet sont compatibles 802.11x. Les points d'accès Wi-Fi professionnels sont souvent compatibles 802.1x et jouent le rôle d'authenticator. L'authentification se déroule de la manière suivante :

1. Lorsque la phase d'établissement de la liaison est terminée, le contrôleur envoie une requête d'identité.
2. Le client envoie un paquet EAP RESPONSE, dans lequel il fournit son identité et les méthodes d'authentification qu'il supporte. L'identité de l'utilisateur est indiquée par la valeur EAP-ID associée au message EAP-RESPONSE.IDENTITY.

3. Lorsque ce paramètre est similaire à une adresse de courrier électronique, ou NAI (Network Access Identifier), le contrôleur interprète la partie gauche, avant le caractère @, comme un login utilisateur et la partie droite comme le nom de domaine d'un serveur RADIUS. Une session d'authentification est initiée par le contrôleur grâce au message EAP-REQUEST.IDENTITY.
4. Le serveur d'authentification envoie alors un défi au client.
5. Le client y répond à nouveau par un message EAP RESPONSE.
6. L'authentification se poursuit par une suite de requêtes et de réponses (EAP-REQUEST.TYPE et EAP-RESPONSE.TYPE), relatives à un type, ou scénario d'authentification, particulier et échangés entre le serveur RADIUS et le client 802.1x.
7. Le contrôleur met fin à la phase d'authentification par l'intermédiaire d'un paquet de succès (EAP-SUCCESS) ou d'échec (EAP-FAILURE) qu'il aura reçu du serveur d'authentification AAA (Authentication, Authorization, Accounting). C'est ce dernier qui prend la décision d'accepter ou de refuser l'accès au réseau.
8. Si la phase d'authentification s'est bien déroulée, le serveur d'authentification peut transmettre une clé de chiffrement au contrôleur, qui l'utilisera pour chiffrer les données envoyées au client.

Cette dernière phase est optionnelle pour le protocole EAP, car elle dépend du protocole d'authentification utilisé.

Ce processus est illustré à la figure 39.19 où un point d'accès Wi-Fi compatible IEEE 802.1x joue le rôle du contrôleur, mais cette solution est évidemment générale et s'applique aussi bien à des réseaux hertziens qu'à des réseaux terrestres.

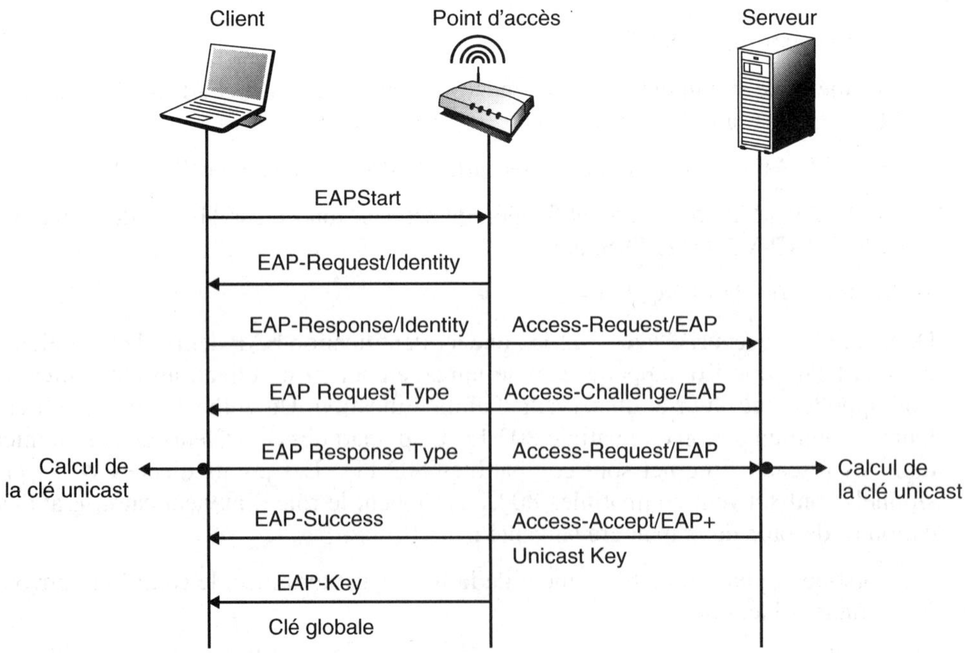

Figure 39.19

Session d'authentification

Un des points faibles du protocole EAP est sa vulnérabilité aux attaques par déni de service. Un pirate peut en effet écouter une session EAP et émettre à l'intention du client 802.1x un message d'échec (EAP-FAILURE). Il ne peut toutefois obtenir la clé globale délivrée par le message EAP-RESPONSE-TYPE car cette dernière est chiffrée et signée par la clé unicast dont il ne connaît pas la valeur.

Les procédures d'authentification liées à EAP

Comme expliqué précédemment, EAP (Extensible Authentication Protocol) est devenu le tunnel standard pour l'authentification. On met en place ce tunnel pour réaliser la procédure d'authentification elle-même. Un vaste choix de mécanismes d'authentification est possible. LEAP (Lightweight Extensible Authentication Protocol) est la solution choisie par Cisco Systems pour ses premiers équipements de réseau sans fil. FAST-EAP devrait être un des standards mis en avant par Cisco à l'avenir, LEAP montrant quelques faiblesses dans des cas particuliers comme l'attaque par dictionnaire pour peu que les mots de passe ne soient pas sophistiqués. EAP/SIM et EAP/TLS sont les deux grands standards du moment. Ils correspondent aux choix effectués par les opérateurs de réseaux de mobiles et par de nombreux éditeurs de logiciels, dont Microsoft. Deux solutions supplémentaires, PEAP (Protected EAP) et EAP par carte à puce, sont poussées par Microsoft pour la première et par les équipementiers de la carte à puce pour la seconde.

LEAP (Lightweight Extensible Authentication Protocol)

L'architecture LEAP s'appuie sur la procédure d'authentification disponible sur les plates-formes Windows.

L'authentification LEAP fonctionne de la façon suivante *(voir figure 39.20) :*

1. À partir du mot de passe utilisateur, on calcule une empreinte MD4 de 16 octets. Cette dernière est complétée par cinq octets nuls. On obtient ainsi une suite de 21 octets interprétée sous la forme de trois clés DES de 7 octets, soit 56 bits. Le mécanisme d'authentification, de type CHAP, consiste à chiffrer un nombre aléatoire de 8 octets à l'aide des trois clés DES associées à un utilisateur, ce qui produit une réponse de 24 octets. LEAP est associé au type EAP 17 (0x11) pour réaliser une double authentification, entre le serveur d'authentification et le supplicant (utilisateur du réseau), d'une part, et entre l'authenticator (point d'accès) et le serveur d'authentification, d'autre part.

2. Au terme d'un scénario d'authentification réussi entre supplicant et serveur RADIUS (correspondant aux phases 1 à 5 de la figure 39.20), les deux entités déduisent une clé de session SK (unicast), qui est transportée à l'aide d'un attribut propriétaire (CISCO-AVPAIR, LEAP SESSION-KEY) du protocole RADIUS. LEAP supporte également des mécanismes de mise à jour de clés WEP, soit par la négociation d'une session RADIUS limitée (Session Timeout), soit par des demandes périodiques de réauthentification par le supplicant à l'aide des trames EAP LOGOFF et EAP START.

Le format du paquet LEAP est illustré à la figure 39.21.

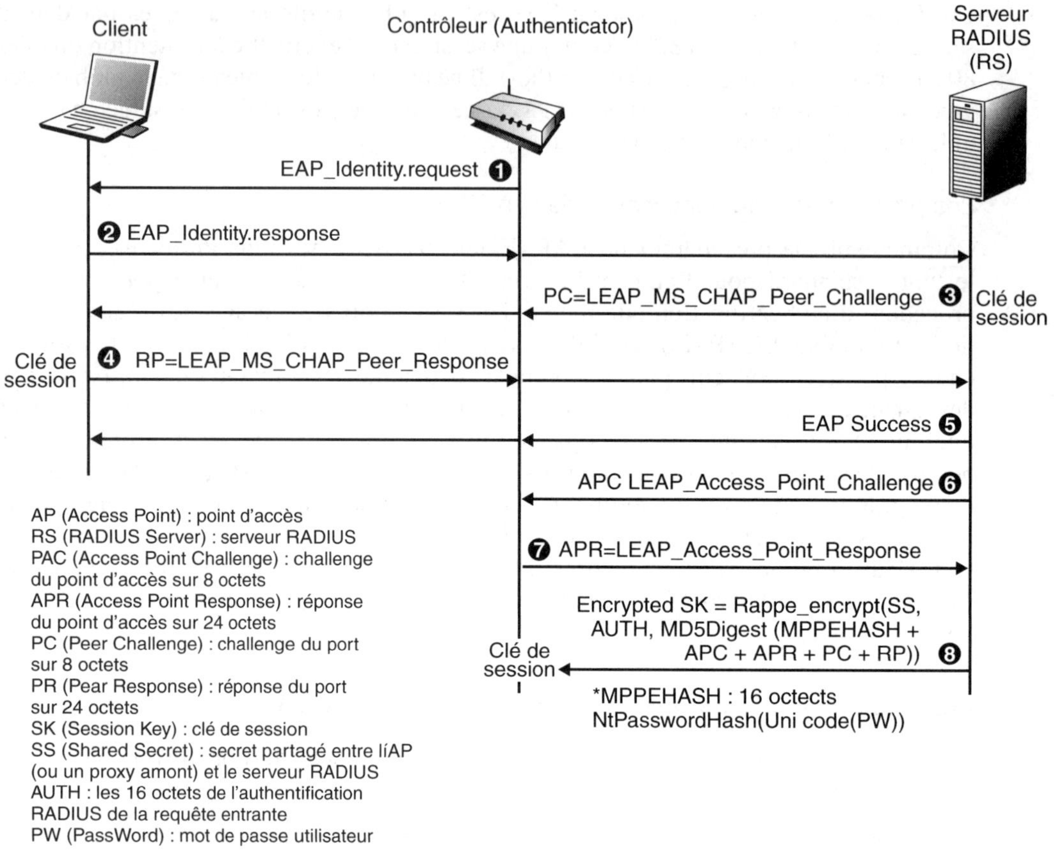

Figure 39.20

Processus d'authentification LEAP

Figure 39.21

Paquet LEAP

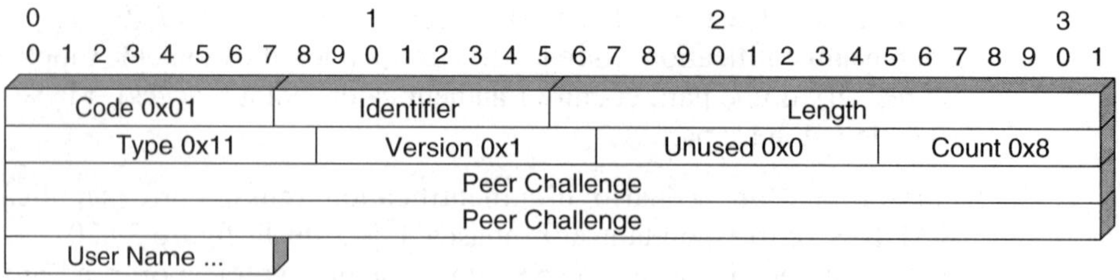

EAP-FAST

EAP-FAST (Extensible Authentication Protocol-Flexible Authentication via Secure Tunneling)a été développé par Cisco Systems pour résoudre une faille de sécurité de son protocole propriétaire LEAP (Lightweight EAP), que nous venons d'examiner, lorsque les mots de passe ne sont pas assez sophistiqués.

Ce protocole vise notamment à contrer les attaques par dictionnaire utilisées avec succès contre LEAP. Contrairement à PEAP, que nous verrons un peu plus loin dans ce chapitre, qui est le fruit d'une alliance entre Cisco, Microsoft et RSA Security, EAP Fast ne requiert pas la mise en place d'une infrastructure complexe de distribution de certificats pour l'établissement de tunnels sécurisés entre machines terminales.

EAP FAST est intégré dans l'ensemble des produits Aironet de Cisco ainsi que dans son serveur VPN Cisco Secure ACS. Les partenaires de Cisco auront aussi accès au standard dans le cadre de la spécification Cisco Compatibility Extensions 3.0.

De façon plus précise, EAP-FAST est une architecture de sécurité de type client-serveur, qui chiffre les transactions EAP au moyen d'un tunnel TLS. Cette solution est assez semblable à PEAP, à la différence essentielle près que le tunnel EAP-FAST est établi à l'aide de secrets forts, qui appartiennent aux utilisateurs. Ces secrets sont appelés PAC (Protected Access Credentials). Ils sont générés par le serveur Cisco Secure ACS à l'aide d'une clé maître connue uniquement du serveur Cisco Secure ACS. Les handshakes réalisés par des secrets partagés étant beaucoup plus rapides à mettre en œuvre qu'une PKI, EAP-FAST est plus simple à mettre en place que les solutions qui chiffrent les transactions EAP, comme EAP-TLS ou PEAP.

EAT-FAST s'exécute en trois phases :

- La phase 0, spécifique d'EAP-FAST, consiste à ouvrir un tunnel sécurisé entre les machines terminales en utilisant les certificats PAC. Le tunnel est établi par un échange de clés au moyen d'une procédure de type Diffie-Hellman. Si l'authentification EAP-MSCHAPv2 réussit, le serveur Cisco Secure ACS donne un certificat PAC à chaque client. Cette phase 0 est optionnelle si les certificats sont introduits par une autre méthode assurant le secret des certificats.
- En phase 1, le serveur Cisco Secure ACS et les machines terminales établissent des tunnels TLS grâce aux PAC présents dans les machines terminales. La façon dont le PAC a été introduit dans la machine terminale est indépendante de la phase 1.
- En phase 2, le serveur Cisco Secure ACS authentifie les certificats des machines terminales par l'intermédiaire d'un EAP-GTC, qui est protégé par le tunnel TLS créé à la phase 1. Le protocole EAP-FAST ne supporte pas d'autre type d'EAP. Cisco Secure ACS autorise un service réseau au travers du point d'accès si la phase 2 s'est déroulée avec succès.

Cette solution est présentée par Cisco comme étant aussi simple que LEAP et aussi sécurisée que PEAP. En fait, EAP-FAST est un compromis entre les deux. Le fait de ne pas utiliser de PKI semble plus simple mais est en réalité aussi difficile à mettre en œuvre pour obtenir une bonne sécurité. De plus, la sécurité n'est pas aussi bonne qu'avec PEAP car la phase 0 peut conduire à des attaques décisives si elle n'est pas aussi sécurisée que peut l'être une PKI.

EAP-SIM (Subscriber Identity Module)

Une solution classique d'authentification est proposée par les opérateurs de téléphones mobiles de deuxième génération, ou GSM, selon une procédure d'authentification réalisée entre le serveur de l'opérateur et la carte SIM (Subscriber Identity Module) située dans le terminal de l'utilisateur. Cette authentification utilise non pas le protocole EAP mais des protocoles provenant de l'ETSI effectuant un travail comparable.

Les sections qui suivent décrivent ce mécanisme avant de présenter EAP-SIM, une extension normalisée d'EAP pour le monde IP que les opérateurs peuvent, par exemple, utiliser dans les hotspots.

L'authentification du GSM

Le GSM est un standard de téléphonie mobile défini par l'ETSI (European Telecommunications Standards Institute). Il supporte des opérations de sécurité telles que l'authentification de l'utilisateur et le chiffrement entre le réseau nominal, où l'abonné est inscrit, et la carte SIM de l'abonné.

Les éléments du réseau GSM intervenant dans ces fonctions de sécurité sont les suivants :

- AuC (Authentication Center), ou centre d'authentification du réseau de l'opérateur.
- HLR (Home Location Register), ou base de données des abonnés de l'opérateur, qui mémorise les données de chaque abonné, telles que son identité internationale, ou IMSI (International Mobile Subscriber Identity), son numéro de téléphone, son profil d'abonnement, etc. Il stocke aussi pour chaque abonné le numéro de VLR courant.
- VLR (Visitor Location Register), ou base de données des seuls abonnés localisés dans la zone géographique gérée.

Les données d'authentification sont stockées dans la carte SIM et ne sont pas chargées dans le terminal mobile. La procédure d'authentification consiste donc en un échange de messages entre la carte SIM et le réseau.

Lors de l'inscription d'un nouvel abonné, une clé Ki (jusqu'à 128 bits) lui est attribuée. Cette clé est secrète et n'est stockée que sur sa carte SIM et sur l'AuC de l'opérateur.

La procédure d'authentification se déroule de la façon suivante :

1. Le réseau transmet au mobile un nombre aléatoire RAND, codé sur 128 bits.
2. La carte SIM du mobile calcule la signature de RAND grâce à l'algorithme d'authentification A3 et sa clé Ki. Le résultat, SRES (32 bits), est envoyé par le mobile au réseau.
3. Le réseau compare SRES avec le résultat calculé de son côté. Si les deux coïncident, l'abonné est authentifié.

Une fois l'abonné authentifié, le chiffrement est effectué selon l'algorithme A5. Il utilise la clé Kc, de 64 bits, calculée à partir de la clé secrète Ki et du nombre aléatoire RAND, selon l'algorithme A8.

Il suffit au réseau de disposer d'un triplé (RAND, SRES, Kc) pour authentifier un abonné et activer le chiffrement de ses communications. Cependant, le réseau ne calcule pas ces données en temps réel. L'AuC prépare des triplés pour chaque abonné et les transmet à l'avance au HLR, qui les stocke. Le VLR qui a besoin d'un triplé en effectue la demande le moment venu.

La procédure d'authentification entre l'équipement mobile et le VLR/HLR est illustrée à la figure 39.22.

L'algorithme A5 est implémenté dans chaque terminal et dans le réseau. Les implémentations des algorithmes A3 et A8, aussi appelés COMP128, existent sur Internet, mais aucun standard n'a encore été publié.

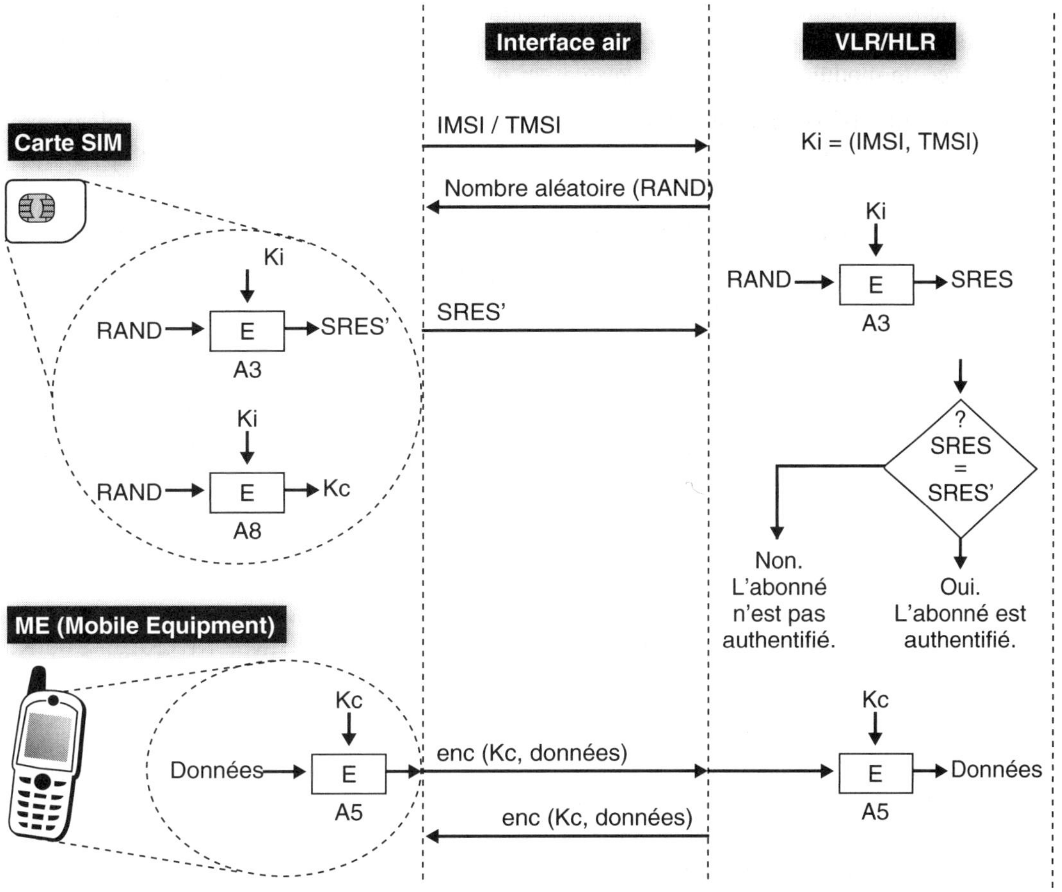

Figure 39.22

Authentification dans les réseaux GSM

L'authentification EAP-SIM

Les hotspots, ou zones publiques à forte densité de population, telles que gares, aéroports, etc., peuvent être vus par les opérateurs de mobiles comme une extension possible de leur réseau. Il existe pour ces hotspots un mécanisme d'authentification mutuelle fondé sur le module SIM, appelé EAP-SIM. Ce protocole complète les procédures d'authentification utilisées par le GSM en fournissant une authentification entre le centre d'authentification de l'opérateur mobile et chaque module SIM. Les algorithmes d'authentification sont présents à la fois dans le réseau et dans toutes les cartes à puce SIM.

La solution EAP-SIM interagit directement avec les cartes à puce existantes. Sur le terminal, le composant logiciel qui implémente le protocole EAP-SIM peut utiliser PC/SC (Personal Computer/Smart Card), un environnement défini par un groupe d'industriels mené par Microsoft, pour communiquer directement avec la carte à puce de l'abonné. Une telle configuration ne nécessite aucune modification du réseau cœur GSM pour implémenter EAP-SIM. Par contre, il est nécessaire d'implémenter les communications entre le serveur d'authentification et le HLR/AuC, côté serveur, et entre le logiciel EAP-SIM et la carte SIM, côté client.

Une solution innovante a également été mise en place par un des fabricants majeurs de téléphones portables, permettant à une carte réseau 802.11 de communiquer directement avec un module SIM intégré, sans passer par le terminal, renforçant ainsi la sécurité.

L'identité (EAP-ID) est obtenue par la concaténation du caractère 1 de la valeur, exprimée en une suite de chiffres ASCII, de l'IMSI, du caractère @ et du nom de domaine de l'opérateur (EAP-ID = 1IMSI@operator.com).

L'authentification EAP-SIM se déroule de la manière suivante *(voir figure 39.23) :*

1. Soit C le client et A le point d'accès. Dans ce processus, A utilise trois triplés d'authentification (RAND, Kc, SRES) :

   $$C \rightarrow A: RC$$

   Lors de cette première étape, le client C envoie au point d'accès A un défi aléatoire Rc.

2. A répond au client par la liste des trois nombres aléatoires RAND1, RAND2 et RAND3 provenant de trois triplés. Il envoie aussi le MAC calculé sur ces 3 nombres et sur Rc (MACk) :

   $$A \rightarrow C: RAND1, RAND2, RAND3, MACk[\ldots, RAND1, RAND2, RAND3, Rc]$$

3. La clé K, permettant le calcul de MACk, a été préalablement calculée par le point d'accès par dérivation d'une clé maître MK=SHA[...,Kc1,Kc2,Kc3,Rc,...], où Kc1, Kc2 et Kc3 sont les clés Kc des 3 triplés.

   $$C \rightarrow A: MACk[\ldots, SRES1, SRES2, SRES3]$$

4. Quand C reçoit MACk et la liste de nombres aléatoires RAND, il vérifie le MACk. Pour ce faire, C utilise Ki (présente sur la carte à puce de l'utilisateur et partagée avec le serveur d'authentification) pour retrouver les clés Kc1, Kc2 et Kc3. Ces dernières lui permettent de générer MK, qu'il utilise pour calculer K par dérivation.

5. Avec cette même clé K, C calcule le MAC sur les trois valeurs SRES des triplés et envoie le résultat au point d'accès. À son tour, A vérifie le MAC et la liste de SRES qu'il a reçus du réseau GSM. Si les résultats obtenus sont identiques, C est authentifié.

Grâce à la technologie EAP-SIM, les opérateurs de téléphonie peuvent utiliser leur base de données client (HLR) pour assurer la facturation des services sans fil.

EAP-TLS (Transport Layer Security)

L'authentification EAP-TLS (Transport Layer Security) est devenue la technique d'authentification la mieux reconnue et est considérée comme l'une des plus solides grâce à l'authentification mutuelle qui est exercée. En fait, TLS n'est qu'une extension de la procédure SSLv3, qui est fortement utilisée pour les authentifications de niveau application entre client et serveur Web.

Cette solution EAP-TLS est celle qui a été choisie par de très nombreuses entreprises. Microsoft, par exemple, en possède une version en standard dans son système d'exploitation depuis Windows 2000.

Défini par la RFC 2716 d'octobre 1999, EAP-TLS s'appuie sur une infrastructure de type PKI. Le serveur RADIUS et le client du réseau sont munis de certificats délivrés par une autorité de certification (Certificate Authority) commune.

Le format du paquet EAP-TLS est illustré à la figure 39.24.

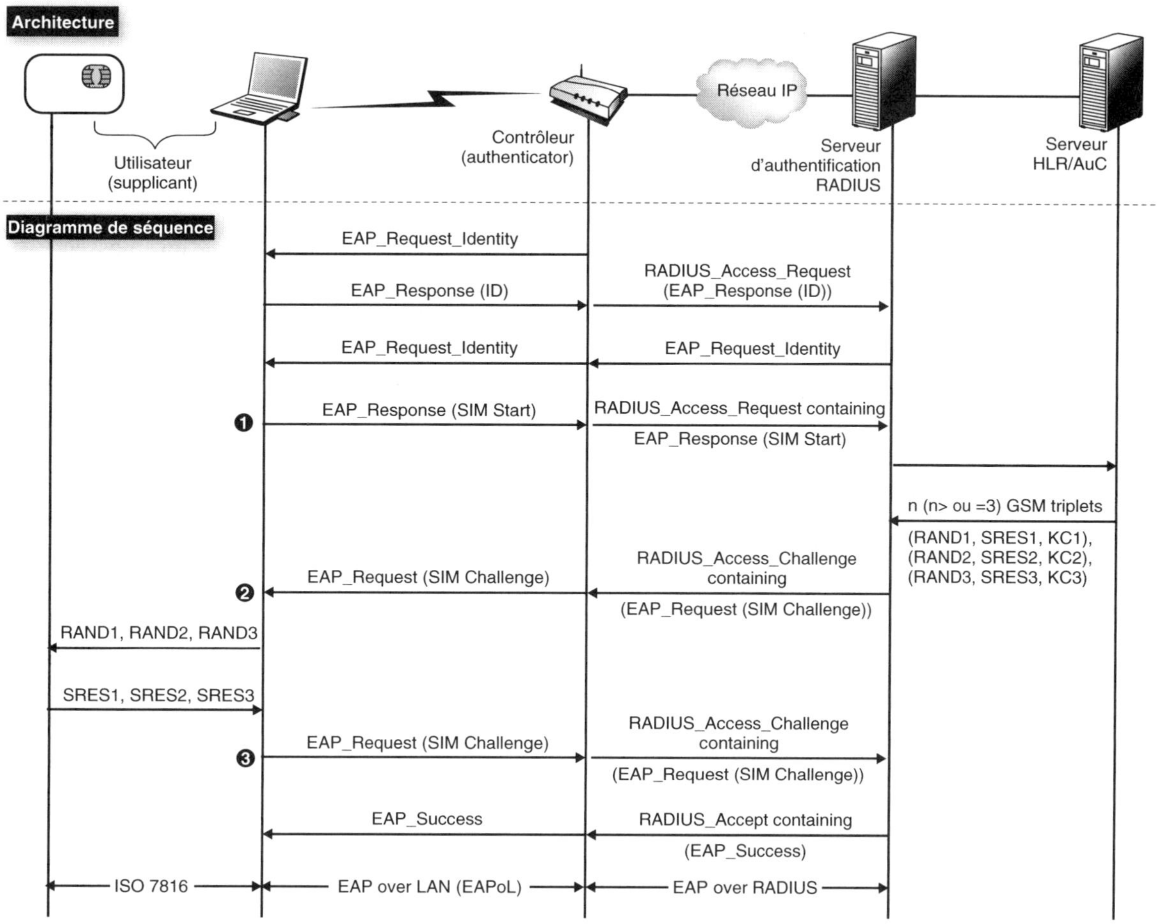

Figure 39.23

Authentification EAP-SIM

Bits 0–31 (0 1 2 3 4 5 6 7 8 9 0 1 2 3 4 5 6 7 8 9 0 1 2 3 4 5 6 7 8 9 0 1)

Bits 0–7	Bits 8–15	Bits 16–31
Code	Identifier	Length
Type	Flags	TLS Message Length
TLS Message Length		TLS Data ...

Figure 39.24

Paquet EAP/TLS

EAP-TLS utilise le handshake TLS pour permettre au client et au serveur d'échanger leur certificat numérique, fondement de l'authentification. Le serveur présente un certificat au client, que ce dernier valide. Optionnellement, le client présente son certificat au serveur. Le certificat peut être protégé côté client par un mot de passe, un code PIN ou une carte à puce.

Une conversation EAP-TLS entre un client demandant un accès au réseau et le point d'accès se déroule de la façon suivante :

1. Le point d'accès envoie un paquet EAP-REQUEST/IDENTITY.
2. Le client répond par un paquet EAP-RESPONSE/IDENTITY, contenant l'identité de l'utilisateur.
3. Le serveur envoie un paquet EAP-TLS/START.
4. La réponse du client est un paquet EAP-RESPONSE contenant un message TLS CLIENT_HELLO HANDSHAKE. Le message CLIENT_HELLO contient la version TLS du client, un nombre aléatoire et une liste d'algorithmes de chiffrement supportés par le client.
5. Le serveur envoie un paquet EAP-REQUEST dont les données contiennent un message SERVER_HELLO HANDSHAKE. Ce message spécifie la version de TLS du serveur, un autre nombre aléatoire, un identifiant de session et un message CIPHERSUITE correspondant à l'algorithme de chiffrement choisi.
6. Le client répond par un paquet EAP-RESPONSE, dont le champ de données encapsule un message TLS_CHANGE_CIPHER_SPEC et un message FINISHED_HANDSHAKE.

La figure 39.25 illustre les différents messages envoyés lors de la phase d'authentification. Ce cas représente une authentification réussie entre l'authentifiant et le client.

Le TLS Master Secret, ou MSK (Master Session Key), est le secret partagé entre le client et le serveur, résultat de la phase de handshake.

Les données suivantes sont dérivées à partir de MSK :

- clé de chiffrement client (MSK(0,31)) ;
- clé de chiffrement serveur (MSK(32,63)) ;
- clé d'authentification client pour le calcul du MAC côté client (MSK(64,95)) ;
- clé d'authentification serveur pour le calcul du MAC côté serveur (MSK(96,127)) ;
- deux vecteurs d'initialisation (IV).

La hiérarchie des clés dérivées est illustrée à la figure 39.26.

La clé de chiffrement client, aussi appelée PMK (Pairwise Master Key), est transmise au point d'accès *via* l'attribut RADIUS MS-MPPE-RECV-KEY. La clé WEP sera chiffrée avec cette clé puis signée avant d'être remise au client.

Le serveur d'authentification peut vérifier si le certificat d'un client est révoqué. Inversement, le client peut vérifier la validité du certificat du serveur. Cette vérification ne peut toutefois s'effectuer qu'une fois la phase de connexion achevée. En effet, un client en train d'initier une conversation de niveau liaison n'a pas de connectivité.

Le transport de messages TLS pose essentiellement un problème de segmentation. La taille d'un enregistrement TLS est d'au plus 16 384 octets, mais le protocole RADIUS limite sa charge utile à 4 096 octets. De surcroît, la taille des trames 802.11 est limitée à 2 312 octets. EAP-TLS doit donc supporter un mécanisme de segmentation des enregistrements. Contrairement à l'usage courant de TLS, mettant en œuvre une authentification simple du serveur, EAP-TLS utilise une authentification mutuelle entre le serveur RADIUS et le client 802.1x *(voir figure 39.27).*

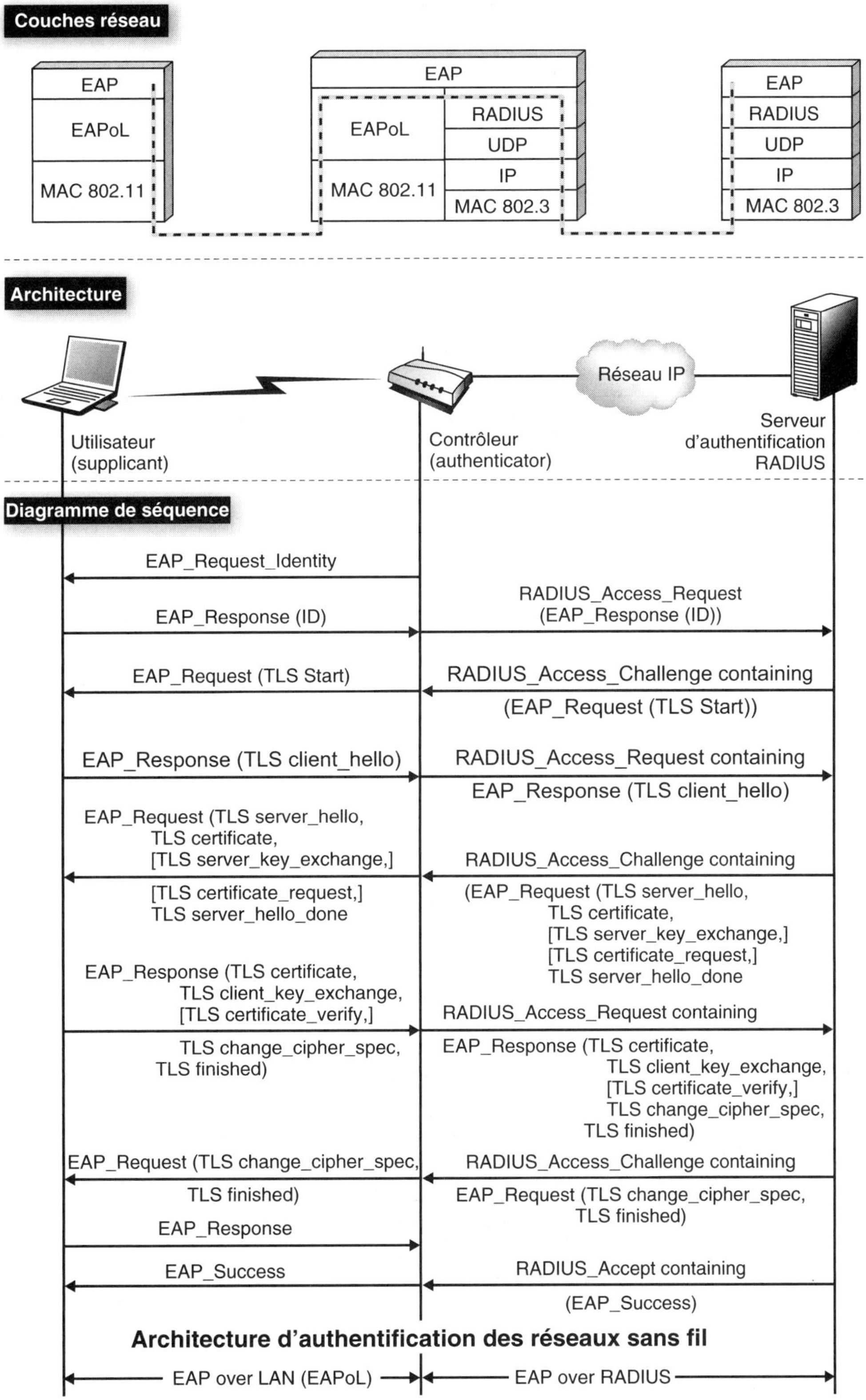

Architecture d'authentification des réseaux sans fil

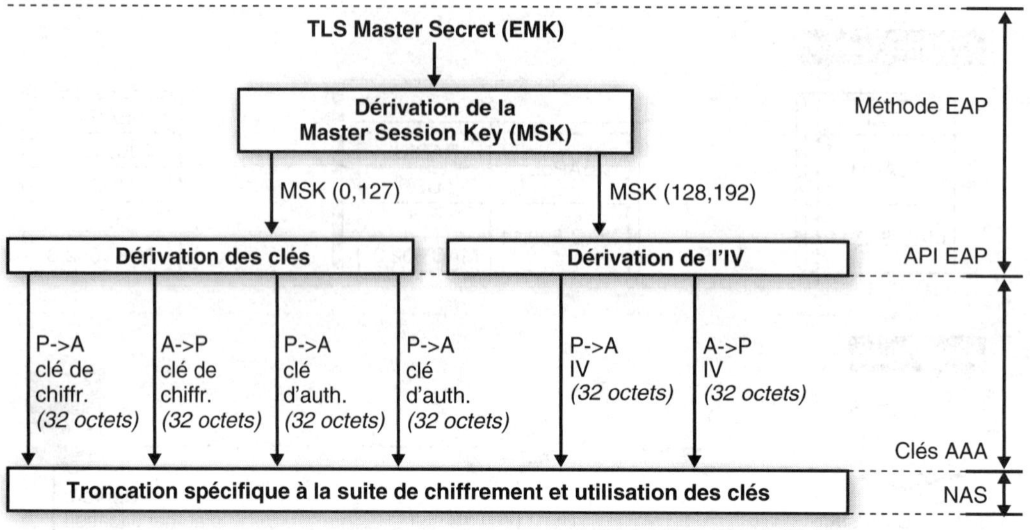

Figure 39.26

Schéma de dérivation des clés dans EAP-TLS

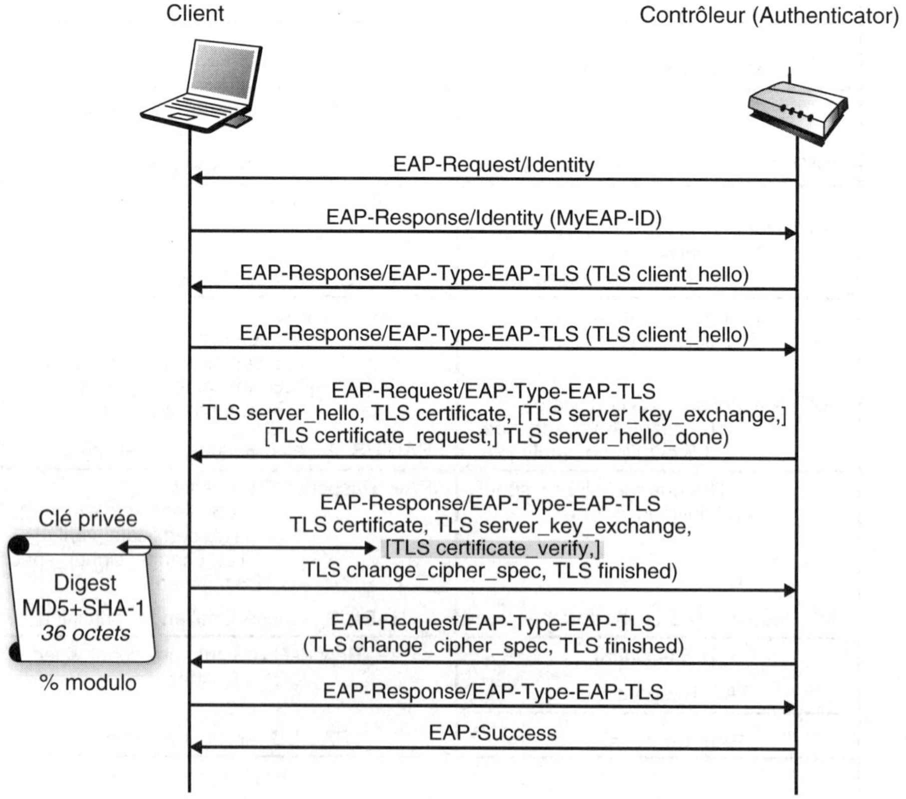

Figure 39.27

Authentification mutuelle EAP-TLS

L'usage d'une clé privé par le client 802.1x soulève le problème critique de la sécurité requise par son stockage ainsi que de la mise en œuvre d'un tel composant. Dans les plates-formes informatiques usuelles, cette sécurité est assurée par des mots de passe permettant de déchiffrer et d'utiliser la clé privée. La carte à puce constitue une solution de rechange plus sécurisée à cette méthode.

L'utilisation de l'authentification à base de certificats numériques oblige à posséder une infrastructure PKI convenable. Si une telle infrastructure n'est pas déployée, les certificats client entraînent un surplus important de gestion. Toutefois, EAP/TLS est nativement supporté sur les plates-formes Windows, où le certificat client peut être stocké dans une carte à puce.

PEAP (Protected Extensible Authentication Protocol)

Les installations sans fil actuellement déployées utilisent des protocoles d'authentification hétérogènes. De ce fait, la mobilité du client est difficile à gérer. Pour une entreprise, EAP offre l'avantage de réutiliser dans son environnement sans fil des mécanismes déjà adoptés dans l'environnement filaire.

La sélection d'une méthode d'authentification est une décision stratégique pour le déploiement sécurisé d'un réseau. La méthode d'authentification conduit au choix du serveur d'authentification, qui, à son tour, conduit au choix du logiciel client. Dans le cas où une infrastructure PKI n'est pas déjà déployée, il existe d'autres méthodes d'authentification, présentant un niveau de sécurité équivalent à celui obtenu avec les certificats numériques et permettant de s'affranchir des barrières liées à la mise en place d'une infrastructure PKI. Ces méthodes permettent aussi de protéger les procédures d'authentification du client fondées sur des mots de passe.

Par exemple, EAP-TTLS (Tunneled Transport Layer Security) et PEAP conservent les fortes fondations cryptographiques de TLS et d'EAP mais utilisent d'autres mécanismes pour authentifier le client.

Ces protocoles établissent d'abord un tunnel sécurisé TLS, après quoi le client authentifie le serveur *(voir figure 39.28).*

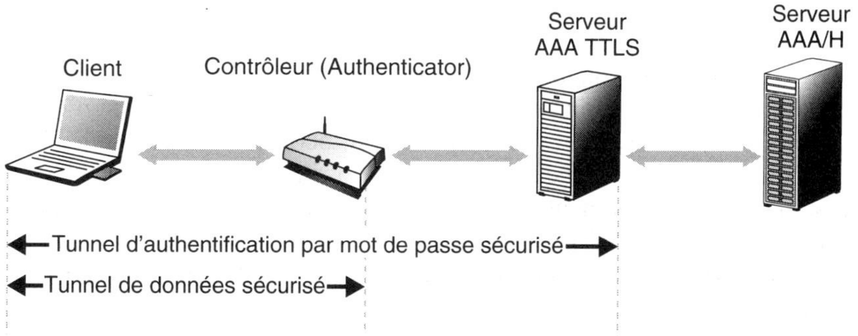

Figure 39.28

Tunnels PEAP et EAP-TTLS

Dans une seconde étape, des paquets d'authentification sont échangés. TTLS échange des AVP (Attribute-Value Pairs) avec un serveur, qui les valide pour tout type d'authentification. Le format des paires de valeurs d'attributs est illustré à la figure 39.29.

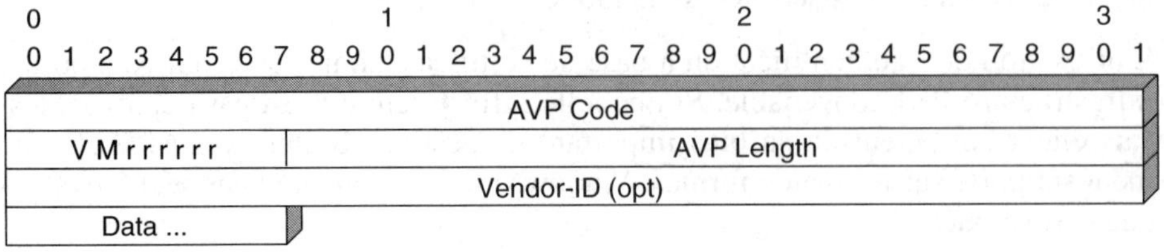

Figure 39.29

Format des paires de valeurs d'attributs

PEAP utilise le canal TLS pour protéger un second échange EAP. MS-CHAP-V2 peut être utilisé pour les clients n'ayant pas de PKI. Pour les clients ayant une PKI, EAP-TLS peut être utilisé. L'avantage de PEAP par rapport à l'EAP-TLS classique est que l'identité du client est protégée lors de l'échange.

La figure 39.30 illustre le principe de fonctionnement de PEAP.

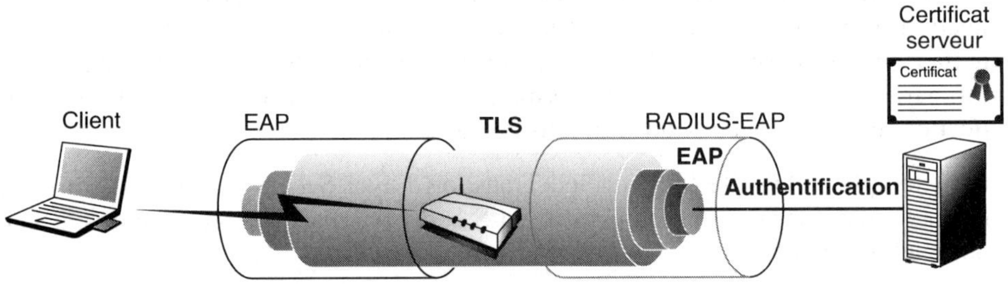

Figure 39.30

Principe de fonctionnement de PEAP

RADIUS (Remote Authentication Dial-In User Server)

Quel que soit le choix du mécanisme d'authentification entre le client et le serveur d'authentification, les paquets EAP sont généralement acheminés grâce au protocole RADIUS. RADIUS est depuis longtemps le protocole AAA (Authentication, Authorization, Accounting) le plus largement adopté. Utilisé par les FAI pour authentifier les utilisateurs, il est principalement conçu pour transporter des données d'authentification, d'autorisation et de facturation entre des NAS (Network Access Server) distribués, qui désirent authentifier leurs utilisateurs et un serveur d'authentification partagé.

RADIUS utilise une architecture client-serveur qui repose sur le protocole UDP. Les NAS, qui jouent le rôle de client, sont responsables du transfert des informations envoyées par l'utilisateur vers les serveurs RADIUS. Ces derniers prennent en charge la réception des demandes d'authentification, l'authentification des utilisateurs et les réponses contenant toutes les informations de configuration nécessaires aux NAS. Les serveurs RADIUS peuvent également agir comme proxy pour d'autres serveurs RADIUS.

Si un équipement mobile a besoin d'accéder au réseau en utilisant RADIUS pour l'authentification, il doit présenter au NAS des crédits d'authentification (identifiant utilisateur, mot de passe, etc.). Ce dernier les transmet au serveur RADIUS en lui envoyant un ACCESS-REQUEST. Le NAS et les proxy RADIUS ne peuvent interpréter ces crédits d'authentification car ces derniers sont chiffrés entre l'utilisateur et le serveur RADIUS destinataire. À réception de cette requête, le serveur RADIUS vérifie l'identifiant du NAS puis les crédits d'authentification de l'utilisateur dans une base de données LDAP (Lightweight Directory Access Protocol) ou autre.

Les données d'autorisation échangées entre le client (le NAS) et le serveur RADIUS sont toujours accompagnées d'un secret partagé. Ce secret est utilisé pour vérifier l'authenticité et l'intégrité de chaque paquet entre le NAS et le serveur.

La figure 39.31 illustre le format type d'un paquet RADIUS. L'authentifiant du message sur 128 bits n'est autre qu'un résumé HMAC-MD5 du paquet échangé, calculé à l'aide du secret partagé.

Figure 39.31

Format type d'un paquet RADIUS

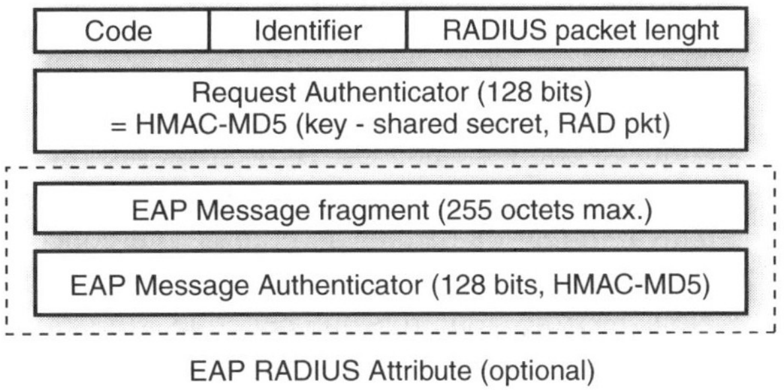

RADIUS peut supporter plusieurs mécanismes d'authentification. Il peut utiliser, par exemple, des procédures de défi/réponse (Chap) et des messages ACCEPT-CHALLENGE. L'authentification par mot de passe, ou PAP (Password Authentication Protocol), est aussi prise en charge. Les serveurs RADIUS répondent aux demandes d'authentification par des messages ACCESS-ACCEPT ou ACCESS-REJECT. Les paquets ACCESS-ACCEPT fournissent les informations de configuration nécessaires pour autoriser les clients RADIUS à commencer une connexion sécurisée avec des utilisateurs.

Les pare-feu

Un pare-feu est un équipement de réseau, la plupart du temps de type routeur, placé à l'entrée d'une entreprise afin d'empêcher l'entrée ou la sortie de paquets non autorisés par l'entreprise. La situation géographique d'un pare-feu est illustrée à la figure 39.32.

Figure 39.32

Situation d'un pare-feu dans l'entreprise

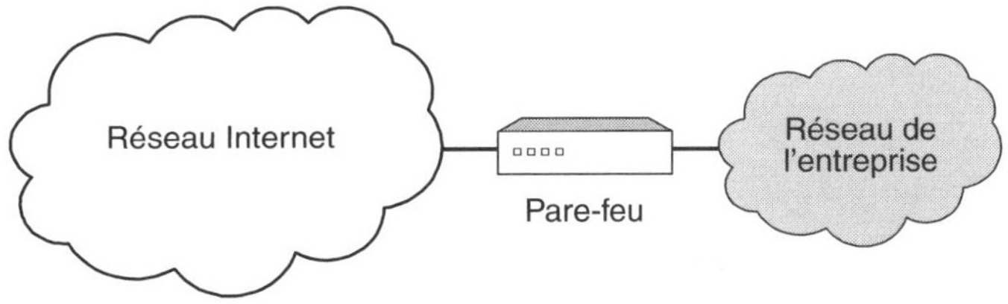

Toute la question est de savoir comment reconnaître les paquets à accepter et à refuser. Il est possible de travailler de deux façons :

- interdire tous les paquets sauf ceux d'une liste prédéterminée ;
- accepter tous les paquets sauf ceux d'une liste prédéterminée.

En règle générale, un pare-feu utilise la première solution en interdisant tous les paquets, sauf ceux qu'il est possible d'authentifier par rapport à une liste de paquets que l'on souhaite laisser entrer. Cela comporte toutefois un inconvénient : lorsqu'un client de l'entreprise se connecte sur un serveur à l'extérieur, la sortie par le pare-feu est acceptée puisque authentifiée. La réponse est généralement refusée, puisque le port sur lequel elle se présente n'a aucune raison d'accepter ce message s'il est bloqué par mesure de sécurité. Pour que la réponse soit acceptée, il faudrait que le serveur puisse s'authentifier et que le pare-feu lui permette d'accéder au port concerné.

L'autre option est évidemment beaucoup plus dangereuse puisque tous les ports sont ouverts sauf ceux qui ont été bloqués. Une attaque ne se trouve pas bloquée tant qu'elle n'utilise pas les accès interdits.

Avant d'aller plus loin, considérons les moyens d'accepter ou de refuser des flots de paquets. Les filtres permettent de reconnaître un certain nombre de caractéristiques des paquets, comme l'adresse IP d'émission, l'adresse IP de réception, parfois les adresses de niveau trame, le numéro de port et plus généralement tous les éléments disponibles dans l'en-tête du paquet IP. Pour ce qui concerne la reconnaissance de l'application, les filtres sont essentiellement réalisés sur les numéros de port utilisés par les applications. Nous verrons toutefois un peu plus loin que cette solution n'est pas imparable. Un numéro de port est en fait une partie d'un numéro de socket, ce dernier étant, comme expliqué au chapitre précédent, la concaténation d'une adresse IP et d'un numéro de port. Les numéros de port correspondent à des applications. Les principaux ports sont recensés au tableau 39.2.

Un pare-feu contient donc une table, qui indique les numéros de port acceptés.

Le tableau 39.3 donne la composition d'un pare-feu classique, dans lequel seulement six ports sont ouverts, dont l'un ne l'est que pour une adresse de réseau de classe C spécifique.

Les pare-feu peuvent être de deux types, proxy et applicatif. Dans le premier cas, le pare-feu a pour objectif de couper la communication entre un client et un serveur ou entre un client et un autre client. Ce type de pare-feu ne permet pas à un attaquant d'accéder directement à la machine attaquée, ce qui donne une forte protection supplémentaire. Dans le second cas, le pare-feu détecte les flots applicatifs et les interrompt ou non suivant les éléments filtrés. Dans tous les cas, il faut utiliser des filtres plus ou moins puissants.

Quelques ports réservés TCP		
N° de port	Service	Rôle
1	tcpmux	Multiplexeur de service TCP
3	compressnet	Utilitaire de compression
7	echo	Fonction écho
9	discard	Fonction d'élimination
11	users	Utilisateurs
13	daytime	Jour et heure
15	netstat	État du réseau
20	ftp-data	Données du protocole FTP
21	ftp	Protocole FTP
23	telnet	Protocole Telnet
25	smtp	Protocole SMTP
37	heure	Serveur heure
42	name	Serveur nom d'hôte
43	whols	Nom NIC
53	domain	Serveur DNS
77	rje	Protocole RJE
79	finger	Finger
80	http	Service WWW
87	link	Liaison TTY
103	X400	Messagerie X.400
109	pop	Protocole POP
144	news	Service News
158	tcprepo	Répertoire TCP
Quelques ports réservés UDP		
7	echo	Service écho
9	rejet	Service de rejet
53	dsn	Serveur de nom de domaine
67	dhcp	Serveur de configuration DHCP
68	dhcp	Client de configuration DHCP

TABLEAU 39.2 • Principaux ports TCP et UDP

Port accepté	Adresse IP
21	*
23	*
25	Adresse réseau C à adresse réseau B
43	*
69	*
79	*

TABLEAU 39.3 • Composition d'un pare-feu classique

Les filtres

Comme expliqué précédemment, les filtres sont essentiellement appliqués sur les numéros de port. La gestion de ces numéros de port n'est toutefois pas simple. En effet, de plus en plus de ports sont dynamiques. Avec ces ports, l'émetteur envoie une demande sur le port standard, mais le récepteur choisit un nouveau port disponible pour effectuer la communication. Par exemple, l'application RPC (Remote Procedure Call) affecte dynamiquement les numéros de port. La plupart des applications P2P (Peer-to-Peer) ou de signalisation de la téléphonie sont également dynamiques.

L'affectation dynamique de port peut être contrôlée par un pare-feu qui se comporte astucieusement. La communication peut ainsi être suivie à la trace, et il est possible de découvrir la nouvelle valeur du port lors du retour de la demande de transmission d'un message TCP. À l'arrivée de la réponse indiquant le nouveau port, il faut détecter le numéro du port qui remplace le port standard. Un cas beaucoup plus complexe est possible, dans lequel l'émetteur et le récepteur se mettent directement d'accord sur un numéro de port. Dans ce cas, le pare-feu ne peut détecter la communication, sauf si tous les ports sont bloqués. C'est la raison essentielle pour laquelle les pare-feu n'acceptent que des communications déterminées à l'avance.

Cette solution de filtrage et de reconnaissance des ports dynamiques n'est toutefois pas suffisante, car il est toujours possible pour un pirate de transporter ses propres données à l'intérieur d'une application standard sur un port ouvert. Par exemple, un tunnel peut être réalisé sur le port 80, qui gère le protocole HTTP. À l'intérieur de l'application HTTP, un flot de paquets d'une autre application peut passer. Le pare-feu voit entrer une application HTTP, qui, en réalité, délivre des paquets d'une autre application.

Une entreprise ne peut pas bloquer tous les ports, sans quoi ses applications ne pourraient plus se dérouler. On peut bien sûr essayer d'ajouter d'autres facteurs de détection, comme l'appartenance à des groupes d'adresses IP connues, c'est-à-dire à des ensembles d'adresses IP qui ont été définies à l'avance. De nouveau, l'emprunt d'une adresse connue est assez facile à mettre en œuvre. De plus, les attaques les plus dangereuses s'effectuent par des ports qu'il est impossible de bloquer, comme le port DNS. Une des attaques les plus dangereuses s'effectue par un tunnel sur le port DNS. Encore faut-il que la machine réseau de l'entreprise qui gère le DNS ait des faiblesses pour que le tunnel puisse se terminer et que l'application pirate s'exprime dans l'entreprise. Nous verrons à la section suivante comment il est possible de renforcer la sécurité des pare-feu.

Pour sécuriser l'accès à un réseau d'entreprise, une solution beaucoup plus puissante consiste à filtrer non plus aux niveaux 3 ou 4 (adresse IP ou adresse de port) mais au niveau applicatif. Cela s'appelle un filtre applicatif. L'idée est de reconnaître directement sur le flot de paquets l'identité de l'application plutôt que de se fier à des numéros de port. Cette solution permet d'identifier une application insérée dans une autre et de reconnaître les applications sur des ports non conformes. La difficulté avec ce type de filtre réside dans la mise à jour des filtres chaque fois qu'une nouvelle application apparaît. Le pare-feu muni d'un tel filtre applicatif peut toutefois interdire toute application non reconnue, ce qui permet de rester à un niveau de sécurité élevé.

La sécurité autour du pare-feu

Comme nous l'avons vu, le pare-feu vise à filtrer les flots de paquets sans empêcher le passage des flots utiles à l'entreprise, flots que peut essayer d'utiliser un pirate. La structure de l'entreprise peut être conçue de différentes façons. Deux solutions générales sont mises en œuvre. La première est illustrée à la figure 39.33, et la seconde à la figure 39.34.

Dans le premier cas, la communication, après avoir traversé le pare-feu, se dirige au travers du réseau d'entreprise vers le poste de travail de l'utilisateur. Dans ce cas, il faut que les postes de travail de l'utilisateur soient des machines sécurisées afin d'empêcher les flots pirates qui auraient réussi à passer le pare-feu d'entrer dans des failles du système de la station. Comme cette solution est très difficile à sécuriser, puisqu'elle dépend de l'ensemble des utilisateurs d'une entreprise, la plupart des architectes réseau préfèrent mettre en entrée de réseau une machine sécurisée, que l'on appelle machine bastion *(voir figure 39.34).*

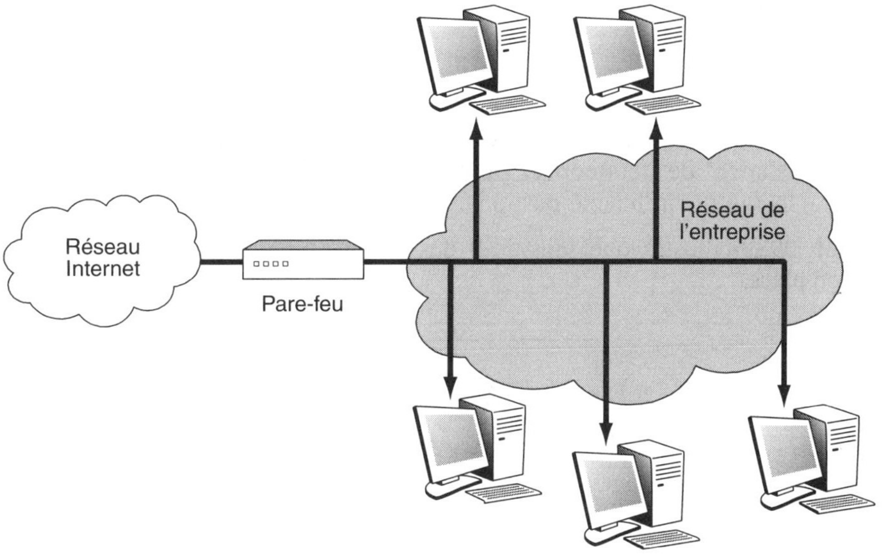

Figure 39.33

Place d'un pare-feu dans l'infrastructure réseau

La machine bastion apporte quelques difficultés supplémentaires de gestion. En effet, elle prend en charge l'ouverture et la fermeture des communications d'un utilisateur avec l'extérieur. Par exemple, un client avec son navigateur ne peut plus accéder à un serveur externe puisque la machine bastion l'arrête automatiquement. Le bastion doit être équipé d'un serveur proxy, et chaque navigateur être configuré pour utiliser le proxy. La communication se fait donc en deux temps. L'utilisateur communique avec son proxy, et celui-ci ouvre une communication avec le serveur distant. Lorsqu'une page parvient au proxy, ce dernier peut la distribuer au client. Le bastion peut d'ailleurs servir de cache pour les pages standards utilisées par une entreprise.

Le défaut de cette dernière architecture provient de sa relative lourdeur, puisqu'il est demandé à une machine spécifique d'effectuer le travail réseau pour toutes les machines de l'entreprise. De plus, la sécurité de toute l'entreprise peut être menacée si l'ordinateur

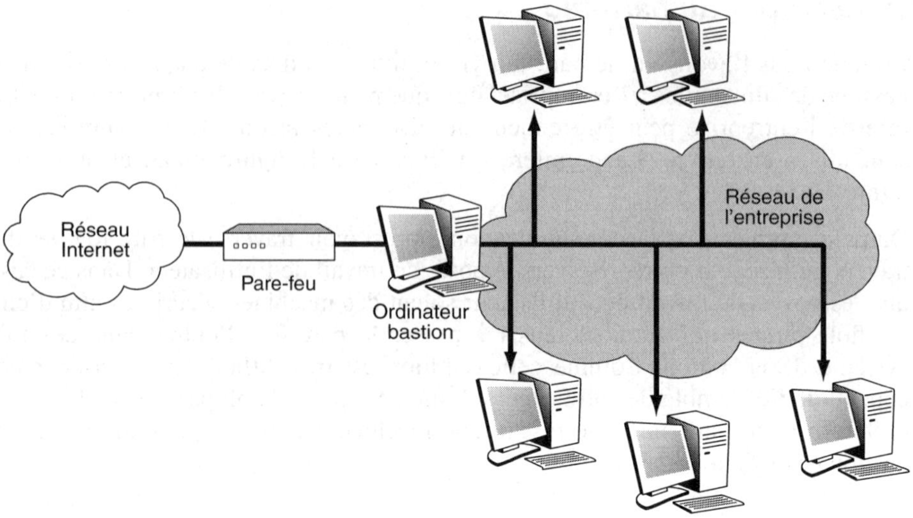

Figure 39.34

Pare-feu associé à une machine bastion

bastion n'est pas parfaitement sécurisé, car un pirate externe peut avoir accès à l'ensemble des ressources de l'entreprise. De fait, l'architecture de sécurité peut s'avérer plus complexe lorsqu'un ordinateur bastion est mis en place.

La figure 39.35 illustre quelques-unes des architectures de sécurité qui peuvent être mises en place.

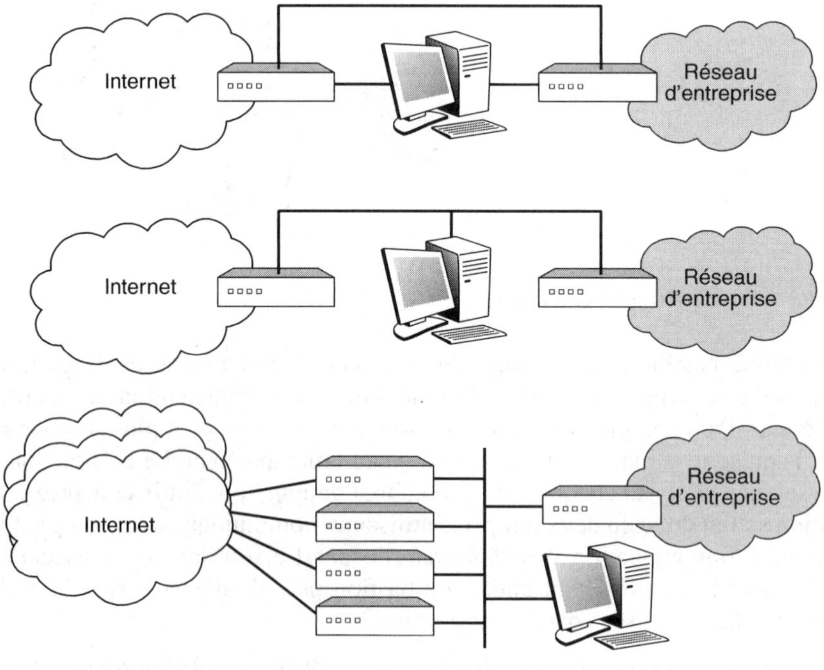

Figure 39.35

Architectures de sécurité avec machine bastion

La partie supérieure de la figure représente une organisation assez classique, dans laquelle l'ordinateur bastion est protégé des deux côtés par des pare-feu, pour filtrer aussi bien ce qui arrive de l'entreprise que ce qui arrive de l'extérieur. Le schéma montre deux pare-feu. Il est possible d'utiliser un seul pare-feu connecté à l'ordinateur bastion. Il est aussi possible de mettre en place manuellement une connexion directe entre les deux pare-feu pour effectuer des tests et des mises au point.

La deuxième partie de la figure est assez semblable à la précédente. Elle montre toutefois une organisation un peu différente, utilisant un réseau local pour relier les deux pare-feu et l'ordinateur bastion. La troisième partie de la figure montre une architecture encore plus complexe, dans laquelle une entreprise peut accéder à plusieurs opérateurs simultanément. Dans ce cas, un pirate peut entrer dans le réseau d'un opérateur en provenance d'un autre opérateur en passant par la passerelle d'une entreprise. Là, le piratage ne vise pas l'entreprise mais une autre entreprise, située sur le réseau de l'opérateur piraté. Pour sécuriser ce passage, l'ordinateur bastion doit de nouveau jouer le rôle de proxy, empêchant le passage direct.

Conclusion

La sécurité dans Internet est un problème complexe pour la simple raison qu'elle n'a pas été introduite en même temps que les protocoles de base. Pour arriver à vendre des produits rapidement, les équipementiers ont laissé la sécurité de côté en pensant pouvoir facilement l'ajouter par la suite. En réalité, l'effort à faire pour ajouter les éléments de sécurité dans un environnement qui n'a pas été conçu pour cela pose de nombreux problèmes, dont les utilisateurs prennent conscience peu à peu.

Des efforts énormes sont déployés en ce sens depuis une dizaine d'années. Toutefois, même si l'on dispose maintenant de toute une batterie d'outils pour assurer la sécurité d'un réseau IP, ils ne sont généralement pas faciles à utiliser.

Les applications

Lorsqu'on construit un réseau, c'est pour y écouler du trafic. Ce trafic provient des applications qui se déroulent sur le pourtour du réseau. Ces applications sont en nombre infini, et notre propos n'est pas d'entrer dans leur détail, ni même de les présenter. Cette partie se focalise sur le comportement que doit adopter le réseau pour que telle ou telle application s'y exécute à la satisfaction du client.

Dans le monde des réseaux, les applications se classent en deux grandes branches, les applications rigides et les applications élastiques. Le mot rigide indique que l'on ne peut pas modifier les caractéristiques définissant le flot de l'application sans risquer de voir cette dernière ne plus s'exécuter. L'exemple le plus classique d'application rigide est la parole téléphonique, puisque le flot des octets composant la parole doit arriver au destinataire à des instants précis et avant un temps limite très court. Si cette rigidité n'est pas respectée par le réseau, l'application ne peut se dérouler convenablement. Les contraintes qui en découlent sur le réseau sont fortes, et tous les réseaux ne peuvent y satisfaire.

Au contraire d'une application rigide, une application élastique accepte une déformation de son flot. Des paquets peuvent arriver en retard sans que l'application soit compromise. Les données informatiques font partie de cette catégorie. Lorsqu'on effectue, par exemple, un transfert de fichier, il n'est pas nécessaire que les paquets arrivent à la microseconde près, et quelques centaines de millisecondes, voire une seconde, suffisent. Les réseaux n'ont dès lors pas besoin de contrôles aussi puissants que lors du transport d'applications rigides.

Nous nous intéressons aux applications élastiques au chapitre 40 et aux applications rigides au chapitre 41. Ce dernier est consacré à la parole téléphonique, une des applications les plus rigides que l'on puisse trouver. Le chapitre 42 est dévolu aux applications multimédias, qui intègrent à la fois la voix, la vidéo et les données et posent de ce fait des problèmes supplémentaires. Le chapitre 43 examine les applications développées pour les réseaux de mobiles. Ces applications sont, pour certaines, élastiques, comme les transferts de données, et, pour d'autres, rigides, comme les applications dérivées de la parole téléphonique.

40

Les applications élastiques

Internet a démarré avec des applications simples, comme le courrier électronique et le transfert de fichiers, pour finir par offrir des services extrêmement complexes, dans lesquels il est possible de naviguer pour rechercher l'information souhaitée.

Sans prétendre à l'exhaustivité, puisque plus d'une application nouvelle est créée et déployée chaque jour, les sections suivantes présentent les applications classiques, avant d'aborder une application qui connaît de nombreux développements, le pair à pair ou P2P.

Les applications Internet classiques

Les applications les plus classiques d'Internet comprennent la messagerie électronique SMPT, le transfert de fichiers FTP, le terminal virtuel Telnet, l'accès aux pages de fichiers distribués NFS et les applications liées au Web.

SMTP (Simple Mail Transfer Protocol)

SMTP a été l'une des premières applications Internet. Il définit une messagerie électronique relativement simple, qui se sert des adresses Internet, de type guy.pujolle@eyrolles.fr, où la deuxième partie représente le nom du domaine qui gère le serveur de messagerie.

La syntaxe utilisée dans la messagerie Internet est également très simple : un en-tête, comportant quelques éléments de base, comme l'objet du message, l'émetteur, le récepteur, la date et le corps du message. Le tout est en ASCII.

Depuis 1993, un nouveau protocole de contenu a été défini avec le protocole MIME (Multipurpose Internet Mail Extensions), qui permet d'introduire dans le message des formats multimédias. Il peut, bien sûr, s'agir de l'ASCII, mais aussi de l'hypertexte HTML, du son de qualité téléphonique, des images au format JPEG, des fichiers Binhex, MacWrite, Microsoft Word, ODA, PostScript, etc.

FTP (File Transfer Protocol)

FTP est un protocole de transfert de fichiers, qui permet de garantir une qualité de service. Le transfert s'effectue entre deux adresses extrémité du réseau Internet. L'application FTP est de type client-serveur, avec un utilisateur, ou client, FTP et un serveur FTP.

Dans le cas du FTP anonyme, il faut se connecter sous un compte spécial et donner par convention son adresse de messagerie électronique comme mot de passe.

FTP met en place une session temporaire dans le but de transférer un ou plusieurs fichiers. Le transfert a lieu par l'intermédiaire du logiciel client, auquel on donne l'adresse de la machine FTP sur laquelle on souhaite récupérer les fichiers. Une fois le transport effectué, la session est fermée.

Telnet

Telnet est une application de connexion à distance, qui permet de connecter un terminal à une machine distante. C'est l'application de terminal virtuel.

La connexion Telnet utilise le protocole TCP pour transporter les informations de contrôle nécessaires à l'émulation de la syntaxe du terminal. Dans la plupart des cas, Telnet est utilisé pour établir une connexion entre deux machines considérées comme des terminaux virtuels. Telnet permet aux machines en communication de négocier des options entre elles par le biais d'ensembles préétablis.

NFS (Network File System)

NFS a pour fonction d'assurer un accès transparent à des ressources distantes sur un réseau, en donnant l'impression à l'utilisateur que ces ressources sont locales, et ce quels que soient les réseaux et protocoles utilisés de manière sous-jacente. De ce fait, NFS ne désigne pas à proprement parler une application spécifique d'Internet mais une application plus générale, qui pourrait se concevoir sur tout type de système distribué.

Le système NFS est en outre indépendant du système d'exploitation, même s'il doit maintenir la sémantique UNIX, puisqu'il s'agit aujourd'hui d'un standard d'accès aux fichiers UNIX.

Usenet News

Les Usenet News correspondent à des forums d'utilisateurs ayant en commun un sujet de discussion. Chaque utilisateur du groupe peut ajouter ses propres documents sous forme de fichiers ASCII. Le forum possède une liste d'utilisateurs, lesquels sont libres de supprimer leur nom ou de l'ajouter lorsqu'ils le veulent. Il n'existe aucun administrateur pour ces services. Les bornes à ne pas franchir correspondent à des règles de bonne conduite, définies dans une « netiquette », sans grande précision toutefois.

Le protocole NNTP (Network News Transfer Protocol) a été développé pour permettre aux utilisateurs d'accéder aux serveurs Usenet et de discuter entre eux.

Gopher

Gopher est un système de fichiers répartis sur des serveurs distribués, accessibles par le biais de menus communs à l'ensemble des serveurs. Ce système distribué a été développé par l'Université du Minnesota.

WAIS (Wide-Area Information Search)

WAIS est un système de type client-serveur, qui permet d'effectuer des recherches dans des bases de données distribuées. Ce système est compatible avec les serveurs Web et Gopher.

WWW (World-Wide Web)

Le World-Wide Web est un système de documents hypermédias distribués, créé par le CERN (Conseil européen pour la recherche nucléaire) en 1989. Ce système travaille en mode client-serveur et utilise les logiciels navigateurs tels que Mosaïc, Netscape ou Microsoft Internet Explorer pour permettre à l'utilisateur de naviguer dans le système de bases de données distribuées.

Les clients et les serveurs du Web utilisent le protocole de communication HTTP (HyperText Transfer Protocol). Le langage sous-jacent, HTML (HyperText Markup Language), permet de définir une utilisation spécifique du document. Les liens hypertextes indiqués par des zones de texte permettent de relier les documents entre eux, quelle que soit la localisation géographique de ces documents. L'ensemble de ces liens entre documents forme la toile d'araignée, ou Web, sur laquelle il est possible de naviguer.

Les applications de recherche d'informations sur le Web génèrent un volume de données très important, qui représente une proportion considérable du volume total des informations qui transitent sur Internet. L'application Web est en outre à l'origine de l'intranet, qui a pour fonction de mettre en place un système d'information privé d'entreprise.

Le Web offre des services de commerce électronique grâce à la simplicité de la relation entre le client et le serveur. Si la sécurité représente encore un frein à son développement, l'algorithmique correspondante existe et se met en place petit à petit.

Le groupe de travail SGML (Standard Generalized Markup Language) du consortium W3C a proposé il y a quelques années le standard XML (eXtensible Markup Language) pour remplacer à la fois le SGML et le HTML comme formats d'échange de données. Ce nouveau langage utilise des balises, ou tags, qui sont non pas prédéfinies mais déterminées par l'application.

Chaque document XML se compose de deux parties :

- Une structure logique, ou DTD (Document Type Definition), qui définit les éléments constituant le document.
- Le document physique constituant l'instance du document. Ce document physique est composé d'éléments imbriqués à l'aide des balises. Chaque élément correspond à un attribut simple ou composé. Les éléments peuvent être imbriqués jusqu'à une profondeur quelconque.

En résumé, XML permet de définir des documents organisés sous forme de bases de données hiérarchiques flexibles, appelées bases de données semi-structurées.

Les applications P2P

Les applications P2P, aussi appelées P2P, font partie du panorama d'Internet depuis le début des années 2000, et des pointes de plus de 50 % du trafic Internet global ont été observées. Ces applications, qui ont été popularisées par Napster, correspondent à des trafics allant directement de machines terminales à machines terminales.

Dans cette configuration, une machine terminale est à la fois un client et un serveur. Il n'y a donc plus de serveurs centraux qui regroupent l'ensemble des informations. L'information est distribuée sur l'ensemble des machines connectées à Internet. Parmi les nombreuses applications P2P, on compte les échanges de contenu, le travail collaboratif, les messageries instantanées, les outils de recherche, etc. Une architecture P2P est illustrée à la figure 40.1.

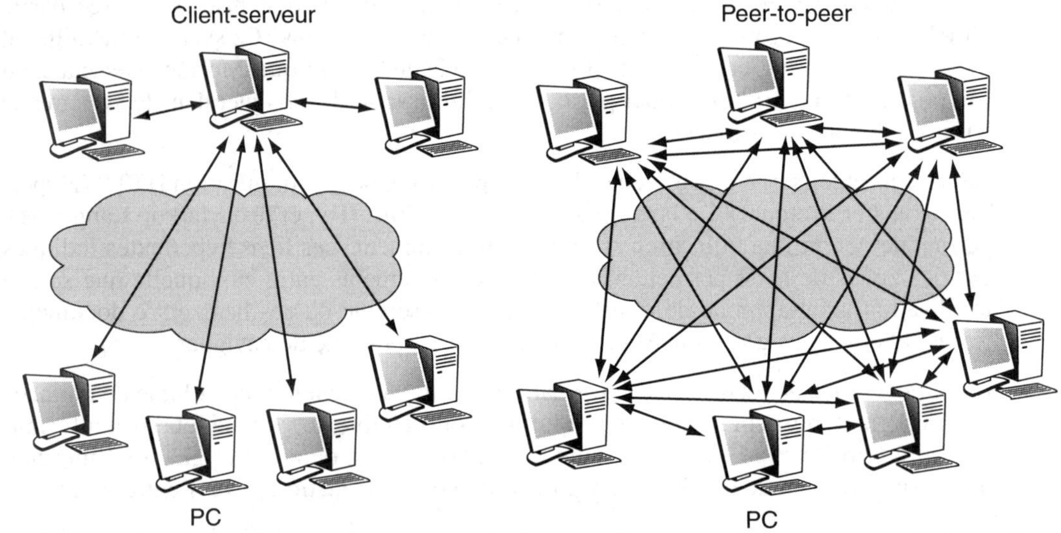

Figure 40.1

L'architecture P2P comparée à l'architecture client-serveur

La classe la plus connue d'application P2P est représentée par les logiciels d'échange de fichiers multimédias tels que Audiogalaxy, KaZaA, etc. Ces applications permettent de récupérer des données situées n'importe où dans le monde en se connectant directement sur une station de travail possédant les données recherchées. La récupération de fichiers musicaux MP3 ou de fichiers vidéo illustre ce fonctionnement.

Le travail collaboratif concerne la mise en commun de documents, avec possibilité de les modifier, entre différents utilisateurs situés dans des lieux géographiques différents. Les messageries instantanées permettent d'envoyer les messages directement au destinataire, sans passer par un serveur de messagerie intermédiaire. Enfin, les moteurs de recherche distribués directement sur les machines terminales ont de plus en plus de succès, même s'ils surchargent le travail effectué par les machines terminales.

Bien d'autres applications ont été développées selon cette architecture, notamment le calcul distribué sur un grand nombre de machines personnelles. Les chercheurs plaçaient de grands espoirs dans cette technologie pour concurrencer les gros ordinateurs parallèles.

Ils ont été déçus par la perte de puissance dissipée dans les communications entre machines. En revanche, le jeu distribué devrait devenir rapidement une application pilote des réseaux NGI.

Le principe des réseaux P2P

L'avènement des réseaux pair à pair (an anglais *peer-to-peer,* ou P2P) est l'un des événements qui a le plus marqué le développement d'Internet ces dernières années. La part ainsi que la nature des flux P2P dans Internet pose aujourd'hui le problème de l'adaptation des réseaux à ce nouveau type de communication.

Le développement des réseaux P2P pose de façon aiguë les trois questions suivantes :

- Questions éthiques : le modèle de valeurs fondant la pratique de l'Internet est celui d'une philosophie communautariste dans laquelle les internautes ne sont plus simplement consommateurs (« clients ») mais aussi acteurs (« serveurs »).
- Questions juridiques : ces questions concernent notamment le droit d'auteur (contenus multimédias, logiciels piratés), la sécurité (logiciels nuisibles, vers, espions, etc.) et la protection des personnes (circulation de documents portant atteinte à la dignité humaine). Ces questions, qui ont toujours accompagné le développement d'Internet, sont devenues cruciales avec le P2P. Napster, premier réseau P2P grand public a été fermé pour raisons juridiques en raison du grand nombre de copies illégales circulant sur ce réseau. L'émergence de Napster a eu un impact considérable en introduisant auprès du grand public le partage de fichiers distribué sans contrôle. De nos jours, le problème du contrôle des flux d'Internet continue de se poser, et la question de savoir s'il est possible, voire souhaitable, de contrôler Internet, et de quelle façon, fait toujours débat.
- Questions techniques : les réseaux P2P font l'objet de nombreuses recherches, tant leur impact sur les infrastructures existantes est important. La recherche dans l'amélioration des réseaux P2P et dans l'adaptation des infrastructures conduit à de véritables défis conceptuels et techniques.

Ces trois types de questions se nourrissent les unes les autres. Par exemple, l'abandon du modèle client-serveur semble être une traduction d'un modèle de valeurs « communautariste » dans lequel les internautes participent activement au développement d'Internet. Napster ayant été fermé pour des raisons juridiques, les développeurs et les utilisateurs ont opté pour des architectures décentralisées et banalisées.

Définitions

Un réseau est un ensemble de machines interconnectées qui permet l'échange d'informations et le partage des ressources physiques (unité centrale, mémoire de stockage, bande passante, imprimante, etc.), de fichiers, la diffusion d'informations et ainsi de suite. Ces réseaux ont été initialement fondés sur des architectures client-serveur.

Selon l'architecture client-serveur, il n'y a qu'une entité centrale plus puissante, le serveur, et plusieurs entités, la plupart du temps de puissances inférieures, les clients. Le serveur est l'unité d'enregistrement centrale aussi bien que le seul fournisseur de services aux clients. Un client ne demande que le contenu ou l'exécution des services, sans partager aucune de ses ressources propres. Avec ce modèle, le contrôle et la responsabilité de l'information diffusée dépendent du serveur.

Une telle architecture présente beaucoup d'inconvénients, l'existence d'un point central étant le plus évident. L'architecture P2P se pose comme une solution de rechange à l'architecture client-serveur en offrant une répartition du trafic et de la charge, une résistance aux fautes et l'anonymat.

Un réseau P2P consiste en un ensemble de pairs et de liens virtuels entre ces pairs. En d'autres termes, des nœuds et des liens de recouvrement définissent tout un réseau placé au-dessus de l'infrastructure physique. Chaque pair hôte comporte un ensemble d'objets (fichiers de musique, articles, etc.) et de ressources physiques (mémoire de stockage, bande passante, unité centrale, etc.).

Un système P2P est un système reparti utilisant l'architecture de réseaux P2P. Un service P2P est un service fourni par les pairs d'un système P2P. L'application P2P est un service ou un ensemble de services P2P s'exécutant sur des pairs au bénéfice des utilisateurs du système.

Le terme P2P fait référence aux systèmes et applications qui utilisent ces ressources réparties avec l'objectif d'accomplir des tâches critiques d'une façon décentralisée. Le terme P2P provient aussi de la relation réciproque entre entités de même statut pour réaliser des échanges d'objets. Les utilisateurs des systèmes P2P ont besoin de mécanismes qui localisent et récupèrent ces objets dans le réseau.

Le mécanisme de *lookup* consiste à localiser un objet dans le réseau, spécifié par une clé unique d'identification. Le mécanisme de *search* localise un objet en fonction de mots-clés d'identification ; le mot-clé d'identification pouvant être le nom ou des métadonnées décrivant des propriétés de l'objet souhaité.

Classification des systèmes P2P

Trois grandes catégories de systèmes P2P peuvent être identifiées : centralisé, décentralisé et hybride. La catégorie décentralisé peut encore être divisée en décentralisé mais structuré et décentralisé et non structuré. La différence principale entre ces systèmes est le mécanisme utilisé pour rechercher des ressources dans le réseau P2P.

Réseaux P2P centralisés

Dans les systèmes P2P centralisés, la description et l'adresse des ressources sont stockées dans un annuaire d'un serveur central. Les nœuds envoient des requêtes au serveur central pour trouver quels nœuds ont les ressources désirées. Le serveur ne fournit que la capacité de recherche et négocie les téléchargements entre clients. Le contenu reste du côté client, ne passant jamais par le serveur.

Après avoir reçu une requête d'un pair, l'index central recherche le meilleur pair dans son annuaire pour répondre à la requête. Le meilleur pair est celui qui est le plus économique, le plus rapide ou le plus disponible selon les besoins de l'utilisateur. Lorsque le nombre de participants devient trop grand, ce modèle comporte quelques inconvénients dus à son infrastructure centralisée, notamment la surcharge de l'annuaire chargé de recueillir des informations sur tous les participants. Cette catégorie de réseaux P2P ne passe malheureusement que mal à l'échelle et peut tomber en panne à cause d'un seul nœud. Napster a été l'exemple le plus connu reposant sur ce modèle.

Napster

Napster peut être considéré comme le premier réseau P2P. Son architecture est centralisée. Cela signifie que les éléments du réseau informent un serveur central des fichiers dont ils disposent et qu'ils le contactent pour obtenir les coordonnées (adresse IP et numéro de port) d'un élément possédant les fichiers recherchés.

Chaque utilisateur doit exécuter le logiciel Napster sur l'ordinateur (client) afin de participer au partage des fichiers. Étant connecté à Internet, le client établit une connexion TCP avec le serveur central Napster et lui déclare les fichiers partagés. Ce serveur détient un annuaire avec toutes les adresses IP des clients participants, ainsi qu'une liste des ressources partagées.

Le fichier en lui-même ne transite pas par le serveur central, qui fonctionne simplement comme un moteur de recherche. Une fois l'adresse IP trouvée, les ordinateurs clients peuvent se connecter directement entre eux. Il ne s'agit donc pas d'un réseau totalement pair à pair. Sans le serveur central, le réseau ne peut pas fonctionner.

Réseaux P2P décentralisés et non structurés

Les systèmes décentralisés et non structurés sont ceux au sein desquels il n'existe ni annuaire centralisé, ni contrôle sur la topologie du réseau, ni adresse sur l'emplacement des fichiers. Gnutella ou FreeNet en sont des exemples. Ce réseau est formé de nœuds, qui rejoignent le réseau d'après certaines règles simples.

L'emplacement des fichiers n'est fondé sur aucune connaissance de la topologie. Pour trouver un fichier, un nœud demande à ses voisins. La méthode la plus courante est l'inondation, dans laquelle la requête est propagée à tous les voisins dans un certain rayon.

Ces architectures non structurées sont extrêmement résistantes aux nœuds entrant et sortant du système. Par contre, l'actuel mécanisme de recherche passe mal à l'échelle et génère une charge importante pour les participants au réseau.

Gnutella

Gnutella a été le premier réseau P2P totalement décentralisé. Succédant à Napster, dont la centralisation présentait une forte faiblesse, Gnutella a tiré profit de cette expérience. Gnutella est un protocole ouvert, décentralisé pour des recherches distribuées sur une topologie plate de pairs.

Selon Gnutella, tous les pairs sont à la fois serveur et client. Ce protocole n'a pas de répertoire centralisé et n'a aucun contrôle sur la topologie ou l'emplacement des fichiers. Le réseau est formé avec des pairs joignant le réseau d'après certaines règles simples. L'emplacement des données n'est fondé sur aucune connaissance de la topologie. Pour localiser un objet, un client demande à ses voisins qui, eux-mêmes, demandent à leurs voisins. Ce système permet simplement l'entrée et la sortie des clients, mais le mécanisme utilisé passe mal à l'échelle et génère de fortes charges dans le réseau.

La première version de Gnutella utilisait un mécanisme d'inondation pour la recherche mais posait problème pour le passage à l'échelle. Les dernières versions utilisaient des « super-pairs » ou « ultra-pairs », c'est-à-dire des pairs disposant de la meilleure bande passante, pour améliorer les performances du routage dans le réseau. Cependant, ces versions restaient encore limitées par les mécanismes d'inondation utilisés dans les interconnexions des « ultra-pairs ». De nombreuses applications d'échange de fichiers implémentent le protocole Gnutella, comme Limewire, BearShare, Gnucleos ou Phex.

Le protocole Gnutella définit le moyen dont les clients sont interconnectés dans le réseau. Il consiste en des descripteurs (Ping, Pong, Query, QueryHit et Push) utilisés pour la communication entre les clients et d'un ensemble de règles qui gèrent leurs échanges, les échanges s'effectuant sous TCP.

Lorsqu'un client cherche un objet, il lance une requête (Query) en spécifiant cet objet à tous ses voisins. Si l'un des voisins possède l'objet en question, il répond à la requête en renvoyant une réponse (QueryHit) au voisin qui lui a retransmis la requête, spécifiant où l'objet peut être téléchargé (son adresse IP et son port TCP). La réponse remonte de proche en proche jusqu'au client qui a initialisé la requête. Le client initiateur de la requête choisit ensuite les fichiers à télécharger en envoyant directement une requête de téléchargement au client qui possède le fichier. Si le nœud qui a reçu la requête ne peut la satisfaire, il propage la requête à tous ses voisins, sauf celui qui a initialisé le mouvement.

En d'autres termes, Gnutella inonde le réseau pour trouver l'objet désiré. Néanmoins, pour ne pas inonder le réseau durant un temps trop long, un temporisateur TTL (Time-To-Live) est utilisé, comme dans le protocole IP. La valeur attribuée au TTL est généralement 7. Lorsqu'il arrive à zéro, la requête n'est plus renvoyée.

Lorsqu'un client souhaite rejoindre le réseau, il doit connaître au moins un autre client déjà connecté, et c'est à ce dernier que le nouveau client est rattaché. Étant connecté, un client envoie périodiquement des requêtes (Ping) à ses voisins. Cela permet de sonder le réseau à la recherche d'autres clients. Tous les clients qui reçoivent un Ping répondent avec un Pong contenant l'adresse et la quantité de données partagées. La responsabilité de déterminer la fréquence d'émission des Ping revient aux programmes utilisant Gnutella. En effet, des Ping fréquents permettent d'assurer les liens entre un client et le reste du réseau, puisque, dans l'environnement dynamique que propose Gnutella (les clients rejoignent et quittent le réseau sans arrêt), la connexion n'est pas fiable.

Si un client se trouve derrière un pare-feu, il est impossible d'établir une connexion TCP avec lui. Afin de pallier ce problème, le client peut établir par lui-même une connexion TCP et télécharger les fichiers vers le client distant. Le descripteur Push a donc la mission de « dire » au client serveur qu'il doit initialiser le transfert.

Les réseaux P2P décentralisés structurés

Les systèmes décentralisés mais structurés n'ont pas de serveur central de répertoire mais disposent d'une topologie strictement contrôlée, dans laquelle les fichiers sont stockés à des endroits spécifiques afin de faciliter les recherches. Ils sont dits structurés parce qu'au-dessus du réseau physique sous-jacent, les nœuds sont reliés par un réseau de recouvrement fondé sur certaines contraintes et connectant les pairs selon une structure particulière (anneau, espace cartésien multidimensionnel, etc.). Ce type de réseau n'offre que des services et des cadres de travail communs fondés sur le P2P (routage et localisation) mais ne constitue pas une application P2P (partage de fichiers, etc.).

Les systèmes P2P décentralisés structurés mettent en œuvre un algorithme de recherche dans lequel une ressource donnée est assignée de façon univoque à un pair pour un état donné du système. L'assignation est faite en minimisant une métrique prédéfinie sur un espace numérique d'identifiants partagé par les pairs et les ressources. L'algorithme de recherche est complètement déterministe, et les liens entre les pairs sont établis suivant des règles bien définies.

L'infrastructure de recherche fonctionne comme une table de hachage distribuée, ou DHT (Distributed Hash Table), implémentée à travers les pairs. Cette structure permet la découverte efficace des données par le biais de clés. Elle est particulièrement appropriée au développement de réseaux à grande échelle. Dans cette catégorie, on peut placer Chord, CAN (Content Adressable Network), Tapestry, Pastry, Kademlia et Viceroy.

Pour trouver un fichier dans un réseau P2P classique, on inonde le réseau de requêtes en interrogeant les ordinateurs connectés jusqu'à trouver un ordinateur qui le détient. Pour améliorer la recherche des données, les concepteurs des réseaux P2P se sont tournés vers des structures de données connues. L'amélioration des algorithmes de recherche nécessite d'organiser le réseau, donc de le structurer. Les tables de hachage distribuées représentent la version décentralisée de la structure classique du hachage. Une table de hachage est une fonction injective d'un ensemble K de clés vers un ensemble V de valeurs. Concrètement, il s'agit d'un tableau de correspondance entre des clés et des valeurs. L'intérêt d'une table de hachage réside dans la rapidité des algorithmes de recherche d'un élément.

Une table de hachage distribué (DHT) « hache » le nom du fichier recherché. Pour cela, la DHT utilise une fonction de hachage sécurisée pour faire correspondre à chaque nom de fichier son « empreinte » sous forme d'une chaîne de bits de longueur fixe. Cette fonction de hachage garantit que pour deux ressources différentes les clés générées sont uniques. Ainsi, la clé permet d'identifier et de retrouver la ressource de manière fiable. Les nœuds en charge d'une empreinte sont ceux dont l'identifiant en est le plus proche.

Dans le cadre des DHT, les fonctions de hachage standards telles que SHA-1 ou MD5 sont les plus utilisées. La table de hachage est distribuée, car les informations qui concernent le fichier sont localisées sur un nœud (un ordinateur connecté) dont le numéro (adresse IP) sur le réseau est le plus proche du nombre issu du hachage. Les identifiants de fichiers et de nœuds évoluent dans le même espace de référence.

Les DHT permettent d'éclater une table de hachage sur plusieurs nœuds. Chaque machine est responsable d'un ensemble K de clés. Pour rechercher un élément, il faut donc chercher d'abord le nœud qui supervise l'ensemble de clés associées, puis l'interroger. Cette distribution pose de nombreux problèmes, notamment pour maintenir cohérente la structure du réseau. Une solution consiste à doter ces nœuds d'une topologie connue (anneau pour Chord), qui permet d'explorer et de mettre à jour la structure.

Les DHT présentent de bonnes propriétés du fait de l'utilisation d'un modèle P2P pur : aucun pair ne joue de rôle particulier ou central, et chacun agit de manière strictement équivalente.

On confère aux DHT les propriétés suivantes :

- **Fiabilité.** L'utilisation d'un algorithme de découverte et de routage permet, pour une clé donnée, de déterminer le pair d'identifiant le plus proche. Dans des conditions statiques, une réponse négative à une requête signifie que la ressource requise n'est pas disponible dans la communauté.
- **Performance.** Dans des conditions normales de fonctionnement, le nombre de sauts nécessaires est limité. Par exemple, dans une communauté de 106 pairs utilisant une base d'identifiants hexadécimale, la longueur moyenne d'une requête avoisine cinq sauts.
- **Passage à l'échelle (scalabilité).** Deux caractéristiques confèrent aux DHT de bonnes performances de passage à l'échelle. La première est liée au nombre moyen de sauts

nécessaires au routage des requêtes, qui reste petit, même dans le cas de communautés comptant un grand nombre de participants. La seconde est relative aux tables de routage, qui restent elles aussi d'une taille raisonnable en regard du nombre de participants.

- **Équilibrage de charge et de trafic.** L'utilisation de fonctions de hachage pseudo-aléatoires régulières pour les identifiants de pairs et de clés permet de créer des communautés équilibrées, où les pairs ont statistiquement en charge une part égale de ressources à référencer. Cet équilibre de la charge induit celui du trafic au sein de la communauté, dans l'hypothèse où chaque ressource est sollicitée de manière équivalente.
- **Tolérance aux fautes.** Du fait de l'absence de centralisation, qui exclut tout point central, les DHT présentent une bonne tolérance aux suppressions aléatoires de nœuds. Les requêtes peuvent être acheminées même si une partie des nœuds disparaît. Par contre, chaque nœud racine d'une ressource particulière s'apparente à un point central. Des mécanismes de redondance sont souvent mis en place pour éviter l'inaccessibilité d'une ressource présente dans une DHT.
- **Coût de maintenance.** La nature dynamique du modèle P2P nécessite la mise en place d'un processus de maintenance garantissant le bon fonctionnement d'une DHT. Les données référencées par une DHT doivent être accessibles de manière fiable, et celle-ci doit garantir un niveau de performance donné. Le processus de maintenance, exécuté de manière asynchrone par chaque pair, vise à vérifier régulièrement que les entrées des tables de routage sont en accord avec les propriétés de la structure topologique et que les pairs référencés sont joignables.

Les réseaux P2P hybrides

Les réseaux hybrides permettent de résoudre certains des problèmes de l'approche purement distribuée, tout en gardant l'efficacité de la solution centralisée. Les réseaux fondés sur un tel mécanisme de localisation et de routage de données peuvent supporter un nombre de pairs de l'ordre du million.

Cette solution combine les caractéristiques des modèles centralisé et décentralisé. La décentralisation garantit notamment l'extensibilité, la tolérance aux fautes et le passage à l'échelle. La centralisation partielle implique quelques centres serveurs qui contiennent des données importantes pour le système. Chaque utilisateur élit son « super-pair », qui fait office de serveur central pour des nœuds locaux et qui peut communiquer avec d'autres « super-pairs ». FastTrack, KaZaA, BitTorrent, eDonkey/eMule sont quelques exemples de ce système, que nous allons détailler.

FastTrack

FastTrack est un réseau hybride de partage de fichiers qui supporte des recherches de métadonnées. Les pairs forment un recouvrement structuré fondé sur l'architecture des « super-nœuds » (SN) et des nœuds ordinaires (NO) pour faciliter les recherches. Les SN sont constitués par les nœuds qui ont le plus de bande passante, le plus de capacité disque et le plus de puissance de traitement. Ces nœuds facilitent les recherches en cachant les métadonnées. Toutes les requêtes leur sont envoyées. Ensuite, une recherche fondée sur la diffusion du genre Gnutella est effectuée.

Les principales applications qui implémentent le réseau FastTrack sont KaZaA, Grokster et Morpheus. Nous allons juste décrire KaZaA qui est certainement l'application P2P la plus connue.

KaZaA

Les utilisateurs disposant d'une connexion très rapide sont immédiatement considérés comme des SN et jouent alors le rôle de serveur. Ce sont eux qui hébergent la liste des fichiers partagés par les clients. Les serveurs principaux ne gèrent que les connexions et la liste des SN. Cette méthode permet au réseau KaZaA de disposer d'une quantité croissante de serveurs de recherche en fonction du nombre de clients présents.

Les SN restent des pairs et partagent et téléchargent aussi des fichiers. Le temps d'unité centrale consommé par la fonction de SN est de l'ordre de 10 %. Un client peut refuser de devenir SN. Les SN communiquent entre eux pour les recherches. En fonction du temporisateur TTL des paquets, la recherche est plus ou moins importante dans le réseau. Les échanges entre clients se font *via* le protocole HTTP 1.1.

KaZaA est le client le plus connu du réseau. Il est aussi le plus complet puisqu'il a été conçu par les auteurs du réseau. Une version dite Spyware Free est disponible sous le nom de KaZaA Lite. Aucun client connu ne peut se connecter à une autre plate-forme que Windows. Il faut également disposer d'Internet Explorer et de Windows Média Player.

Lorsqu'un NO exécute l'application pour appartenir au réseau, il établit une connexion TCP avec le SN (NO-SN) et envoie les données à partager (appelées métadonnées) par la suite. Ce mécanisme permet aux SN de maintenir une table des fichiers partagés parmi les NO.

D'une façon générale l'algorithme utilisé fonctionne de la façon suivante :

1. Contact d'un SN afin de lui fournir la requête. Selon l'origine, la requête peut directement contacter un SN ou être retransmise par les différents pairs intermédiaires jusqu'à atteindre un SN.
2. Attente les résultats fournis par le SN. Les résultats obtenus sont sous la forme d'une liste des couples pairs et de l'ensemble de ressources répondant à la requête.
3. Choix parmi ces résultats du NO et de la ressource répondant le mieux à la requête. Si les résultats fournis ne sont pas satisfaisants, un élargissement du champ de la requête est possible. Un SN n'étant responsable que d'une partie des NO, il peut contacter l'ensemble des SN qu'il connaît, afin de leur soumettre la requête.
4. Établissement d'une connexion TCP directe avec le NO choisi pour récupérer la ressource désirée.

KaZaA permet ainsi l'hétérogénéité parmi les pairs participants. Pour mieux en profiter, il est possible de regrouper les pairs selon plusieurs hiérarchies. Les pairs de plus haute hiérarchie doivent tenir compte de diverses contraintes, notamment la durée de la connexion, la bande passante, la capacité de l'unité centrale et la possibilité d'avoir des nœuds avec des adresses IP publique et privé.

BitTorent

BitTorent (ou simplement BT) est un réseau P2P hybride qui permet le partage des fichiers à travers Internet. L'efficacité de ce réseau augmente lorsqu'il y a beaucoup de clients connectés, car plus il y a de clients qui téléchargent, plus il y a de clients qui partagent, et il n'est pas nécessaire d'attendre dans une file virtuelle pour commencer à télécharger.

BT étant un protocole Open Source, diverses applications peuvent l'implémenter, notamment Azureus, ABC, BitComet, etc., certaines d'entre elles offrant diverses améliorations, notamment une interface graphique améliorée, des plug-in, etc.

Bien que fondé sur la centralisation des informations sur un serveur, BitTorrent soulage la bande passante en permettant aux clients (les pairs) de s'échanger des parties des fichiers qu'ils ont téléchargées. Le serveur fonctionne alors comme une graine (en anglais *seed*) qui démarre le processus et envoie au moins une copie entière du fichier originel. On peut supprimer la ressource du serveur au bout d'un certain temps et laisser les clients s'échanger entre eux, ceux qui ont un fichier complet devenant eux-mêmes des graines.

Ce réseau utilise aussi des techniques de téléchargement appelées *multisourcing,* qui permettent de télécharger un même fichier depuis différents pairs. La division des fichiers en morceaux évite de devoir attendre qu'un utilisateur dispose des parties adjacentes à la partie déjà téléchargée. Il est toutefois toujours nécessaire de centraliser ces informations en un seul et même endroit.

Cette centralisation est effectuée par un « traqueur » (en anglais *tracker*), qui enregistre l'activité relative aux différents fichiers qu'il référence. L'adresse du traqueur est indiquée dans le fichier « torrent ». C'est lui qui contient les informations permettant aux clients de télécharger les contenus. Le traqueur utilise un simple protocole sur une couche au-dessus de HTTP dans lequel un téléchargeur envoie l'information sur le fichier. Le traqueur répond avec une liste aléatoire des contacts des clients qui sont en train de télécharger le même fichier. Ces clients sont appelés des sangsues (en anglais *leechers*). Les sangsues utilisent ensuite cette information pour se connecter entre elles.

Le protocole est conçu pour décourager les *free-riders*. Par rapport à d'autres réseaux P2P, BT présente plusieurs avantages en termes de partage de fichiers. Dès que des parties du fichier sont téléchargées, elles sont disponibles pour les autres clients. De plus, un système de « récompense » permet de recevoir plus si l'on donne plus. Celui qui donne peu ou pas du tout ne reçoit rien. Cette technique est appelée « *tit-for-tat* ».

Les dernières mises à jour de BT comportent un moteur de recherche, ce qui manquait à BT et constituait une de ses principales faiblesses. Cette nouveauté fait suite à une mise à jour qui doit permettre de décentraliser les traqueurs. Les traqueurs forment une sorte de fichier source qui devait être hébergé auparavant par un serveur unique. Désormais, BT utilise à des fins de décentralisation les fichiers du protocole Kademlia. Ce système doit permettre d'alléger la bande passante nécessaire pour mettre les fichiers en ligne. Grâce à ces traqueurs décentralisés et à son moteur de recherche, BT a amélioré considérablement son efficacité.

eDonkey et eMule

Le réseau eDonkey (ou eD2k) a été développé par MetaMachine en septembre 2000, mais c'est au cours de l'année 2001 qu'il a connu son véritable essor. L'application eD2k est un réseau P2P hybride pour le partage des fichiers dont les applications clientes sont exécutées par les pairs situés aux extrémités de la chaîne et qui ne sont donc connectés qu'à un seul serveur. Les serveurs sont semblables aux « super-nœuds » de KaZaA, sauf qu'ils ne sont pas connectés entre eux. eD2k est gratuit et existe en versions Windows et Linux.

Dans tous les cas, il permet le téléchargement de différentes ressources en utilisant un protocole de transfert de fichiers multisource, appelé MFTP (Multicast File Transfer Protocol).

Le projet eMule est né en 2002 à la suite du mécontentement d'un utilisateur à propos du fonctionnement des clients eD2k. Initialement fondé sur le réseau eD2k, eMule utilise depuis la version v.42.1 deux réseaux différents : le réseau eD2k classique, fondé sur des serveurs, et un réseau sans serveur, fondé sur Kademlia. Par nature, les deux réseaux disposent des mêmes fonctions et permettent tous deux, par des moyens différents, de trouver les utilisateurs et les fichiers désirés.

Chaque client eD2k est préconfiguré avec une liste de serveurs et doit en choisir un pour se connecter et accéder au réseau. Lorsqu'un client établit une connexion TCP avec un serveur, ce dernier vérifie si les autres clients peuvent librement communiquer avec le nouveau client. Cela signifie que les autres clients peuvent établir des connexions TCP directement avec ce nouveau client. Si la réponse est affirmative, le serveur assigne au nouveau client une ID forte (high ID). Sinon, le serveur assigne au nouveau client une ID faible (low ID).

Le protocole MFTP utilisé dans le réseau eD2k permet d'optimiser les temps de téléchargement. Dans un système classique, le client ne peut télécharger des fichiers qu'à partir de pairs sources disposant du fichier complet. Grâce au MFTP, un client peut à la fois télécharger une partie d'un fichier à partir de plusieurs sources et partager les parties déjà téléchargées. L'efficacité de cette approche est évidente puisqu'au moment du téléchargement d'une partie d'un fichier à partir d'un client, cette même partie peut aussitôt être transférée aux autres clients.

L'architecture hybride d'eD2k est proche de celle des « super-nœuds » et nœuds ordinaires du réseau FastTrack/KaZaA. Il ne fonctionne pas à partir d'un cluster centralisé de type Napster, mais l'application elle-même fonctionne selon un principe centralisé. Simplement, il n'existe pas de serveurs pour centraliser sous forme de pointeurs toutes les ressources disponibles sur chaque client. Un serveur eMule, par exemple, ne stocke jamais de fichiers, mais joue le rôle d'une table d'index.

Conclusion sur le P2P

Les problématiques des réseaux P2P ne se résument pas à la question de l'algorithme de recherche. Les recherches actuelles ouvrent de nombreuses pistes visant à mieux utiliser la topologie sous-jacente et à structurer le réseau afin de le rendre plus équilibré et plus fiable.

Les réseaux P2P permettent de déployer de nouvelles fonctionnalités, de nouveaux protocoles et de nouvelles applications au-dessus des réseaux IP existants sans nécessiter de routeurs, ce qui présente un grand intérêt tant technique qu'économique ou éducatif.

Si le P2P est apparu à ses débuts comme un réseau peu fiable, conçu par des utilisateurs pour échanger des fichiers souvent illégalement, il est devenu un véritable domaine de recherche fournissant des modèles fiables. On peut dès lors concevoir de nombreuses applications légales de distribution des données : logiciels ou contenus multimédias libres de droits ou même contenus propriétaires chiffrés avec une gestion payante des droits de déchiffrement.

Un critère permettant de prédire l'avenir d'une technologie est la rapidité de son adoption par les utilisateurs. Or les utilisateurs n'adoptent pas une technologie mais des applications. Le P2P permet d'introduire des applications dans lesquelles l'utilisateur n'est pas seulement un consommateur mais aussi un fournisseur. La décentralisation n'est pas un objectif mais un outil, grâce auquel la puissance de chaque PC peut être mieux utilisée.

Les applications M2M et T2T

Les applications M2M, ou machine à machine, ont été introduites depuis de nombreuses années. Au départ, les machines étaient de gros ordinateurs, mais aujourd'hui toutes sortes de machines sont capables de communiquer sur Internet et de s'adresser aux autres machines.

Les communications M2M se déroulent entre machines qui ont besoin d'informations supplémentaires pour continuer leur exploitation ou envoyer un résultat vers l'extérieur. Il existe aujourd'hui des millions de machines communicantes. Cependant, pour des raisons de sécurité, il faut qu'une machine soit capable de s'authentifier. De nombreuses fonctionnalités sont exigées dans ce domaine, comme la fiabilité ou la possibilité de passer à l'échelle.

Les principales machines travaillant en M2M sont des machines de sécurité, de paiement, de distribution, de télécommunications, etc. Les applications M2M ont besoin d'une plate-forme logicielle servant d'intermédiaire entre machines afin que l'opérateur ou le gestionnaire du réseau d'entreprise puisse contrôler les processus.

Dans les applications T2T, ou *thing-to-thing,* qui commencent à apparaître, une chose peut être n'importe quel type de machine connectée à Internet. Plus spécifiquement, on utilise ce vocable de *thing* pour les RFID, ou étiquettes électroniques. L'objectif du T2T est de permettre la communication de n'importe quelle « chose » à n'importe quelle autre « chose ». Dans ce cadre, comme dans le M2M, il est nécessaire d'avoir un middleware intermédiaire pour gérer le processus et apporter une certaine intelligence, dont les RFID et la plupart des machines sont dépourvues.

Les applications audio et vidéo

L'audio et la vidéo constituent des applications très importantes pour les réseaux IP. Nous avons présenté au début de ce livre la difficulté posée par le transport des applications isochrones dans un réseau à transfert de paquets. Ce sont des applications mal adaptées à l'environnement Internet dès que la contrainte d'interactivité doit être prise en compte, comme dans le cas de l'acheminement de la parole téléphonique. Les applications audio non-temps réel, comme la récupération de fichiers musicaux MP3, ne posent pas les mêmes problèmes. Cependant, les réseaux IP de nouvelle génération peuvent acheminer de la parole.

De nombreuses évolutions des protocoles audio et vidéo ont vu le jour en quelques années pour s'adapter à cette nouvelle génération et prendre la place des applications classiques des environnements IP.

Pour l'environnement Internet, nous avons vu que l'audio et la vidéo interactive requéraient des temps de réponse du réseau en deçà du seuil des 300 ms, et plus généralement de 150 ms pour conserver une qualité professionnelle acceptable. La différence entre les codeurs-décodeurs audio provient de la façon de transporter de l'information redondante pour arriver à pallier l'arrivée de paquets en retard et donc détruits au récepteur. Les codages étant de plus en plus puissants, on arrive aujourd'hui à reconstituer la parole téléphonique avec une déformation à peine perceptible et une perte de l'ordre de 20 % des paquets, si les paquets perdus ne sont pas en série mais dispersés.

Ces applications doivent prendre en compte le débit permis par Internet. Dans le domaine de l'audio, on s'achemine vers de fortes compressions permettant de descendre en dessous de 10 Kbit/s. Le surdimensionnement ou les protocoles de réservation de ressources tels que RSVP ou encore les processus de contrôle de type DiffServ autorisent une présence bien plus grande de ces applications dans l'environnement Internet.

Les applications multicast

Les autorités d'Internet ont beaucoup investi dans les applications multicast, qui s'adressent simultanément à plusieurs destinataires, et de nombreuses possibilités sont aujourd'hui offertes dans ce domaine.

Une application multicast est illustrée à la figure 40.2. Le PC 1 doit envoyer en multicast un message aux PC 2, 3, 4, 5 et 6. Pour cela, le PC 1 envoie un message au premier routeur du réseau auquel il est connecté. Celui-ci en fait deux copies et les envoie vers deux routeurs, etc. Cette solution économise énormément de trafic par rapport au cas où il faudrait envoyer, du terminal 1 vers le réseau, cinq copies destinées aux cinq terminaux du multicast.

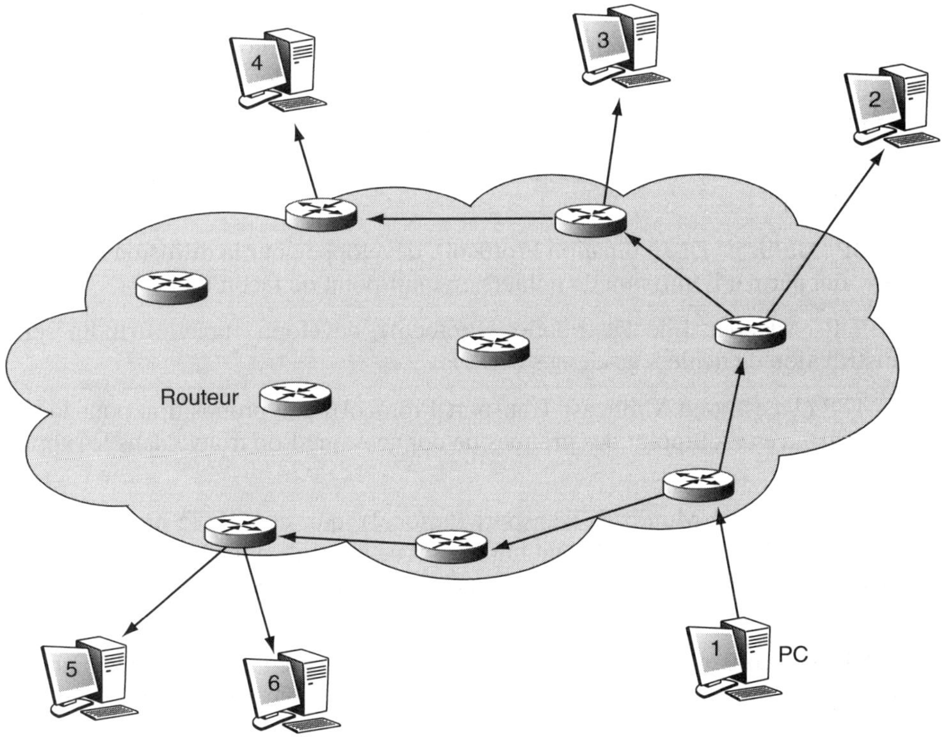

Figure 40.2

Application multicast

Le réseau de base s'appelle le MBONE (Multicast Backbone). Les utilisateurs du MBONE peuvent envoyer et recevoir des paquets provenant d'applications multipoint. Le MBONE s'intéresse plus particulièrement aux applications de téléconférence interactive.

Intégré dans Internet, le MBONE est un réseau architecturé pour supporter les applications multipoint. Le service rendu est de type best-effort en temps réel et en multipoint entre les hôtes du réseau. Il peut être utilisé, entre autres, pour les conférences, séminaires et groupes de travail, pour les logiciels de jeu distribué ou pour la gestion de groupe ou simplement la diffusion de programmes audio. Un annuaire des sessions en cours est maintenu à jour pour permettre aux utilisateurs potentiels de se joindre au multipoint. La difficulté vient de la gestion des applications, qui doit tenir compte du débit des participants et de leur localisation géographique.

Le MBONE a démarré en 1992 avec 20 nœuds et des routeurs capables de gérer le multicast. La connectivité des routeurs du MBONE est assurée par des tunnels implémentés entre les stations. Les paquets IP sortant de ces tunnels peuvent être diffusés sur le réseau local rattaché. Le routage entre les routeurs multicast est pris en charge par le protocole DVMRP (Distance-Vector Multicast Routing Protocol). De nouveaux protocoles sont apparus pour améliorer la gestion du multipoint, en particulier PIM (Protocol-Independent Multicast), qui gère le routage, mais aussi des protocoles applicatifs, comme RTP (Real-time Transport Protocol), présenté en détail au chapitre 19, pour le transport de la parole.

Des fonctionnalités importantes de sécurité ont été ajoutées au MBONE pour permettre la reconnaissance d'utilisateurs se joignant aux machines connectées. De nombreux protocoles multipoint ont été proposés dans ce cadre, notamment MTP (Multicast Transport Protocol) versions 1 et 2, les plus classiques, quoiqu'ils aient vieilli.

Parmi les nouvelles propositions, on peut citer :

- Muse, développé pour transmettre des news sur le MBONE en multipoint *via* le standard NNTP.
- MDP (Multicast Dissemination Protocol), développé pour la diffusion d'images satellite, qui permet l'émission de fichiers en multipoint de façon fiable.
- AFDP (Adaptive File Distribution Protocol), développé pour offrir un service de distribution de fichiers au-dessus d'UDP.
- TMTP (Tree-Based Multicast Transport Protocol), une proposition pour la transmission fiable en multipoint des groupes de données que l'on trouve dans les applications distribuées.
- RMTP (Reliable Multicast Transport Protocol), qui, comme le protocole précédent, s'intéresse à l'émission fiable en multipoint de blocs de données, mais avec une différence dans l'organisation des correspondants en groupes de façon à minimiser le retour des acquittements.
- MFTP (Multicast File Transfer Protocol), un protocole assez semblable au précédent pour la transmission fiable de blocs de données en mode diffusion, multipoint ou unicast.
- STORM (Structured-Oriented Resilient Multicast), qui a également pour objectif de proposer un protocole fiable et interactif et dont la nouveauté réside dans l'organisation des membres en groupes dynamiques.

Conclusion

Les applications des réseaux IP ont évidemment un impact direct sur le client. Ce chapitre a décrit les plus importantes d'entre elles, en particulier les applications P2P, qui consomment les trois quarts des débits d'Internet. À l'image de Skype, des applications de téléphonie ou de diffusion vidéo sont aujourd'hui de type P2P en ce sens que la signalisation emploie le P2P pour mettre en correspondance les utilisateurs. En revanche, une fois la connexion réalisée, les paquets portant les octets de téléphonie ne suivent pas le principe du pair à pair. La téléphonie sur IP et la télévision sont détaillées au chapitre suivant.

Les applications M2M et T2T sont en train de se développer fortement et devraient être à la base de nombreuses applications Internet. Ces applications ne sont pas tant importantes par les flux engendrés que par leur utilisation dans des applications métier.

41

La téléphonie informatique

L'application téléphonique va rester l'application dominante pendant encore de nombreuses années, en raison notamment de l'émergence de nouveaux et immenses marchés, comme celui de la Chine. Même si la majorité du débit total sur les lignes de télécommunications ne correspond plus à de la téléphonie numérique traditionnelle mais à de la téléphonie sur Internet, le chiffre d'affaires des opérateurs est encore fortement lié aux applications téléphoniques.

La parole téléphonique a été traditionnellement prise en charge par les réseaux à commutation de circuits, mais le passage vers les réseaux à transfert de paquets, essentiellement de type IP, est inéluctable. En 2010, quasiment l'ensemble des communications téléphonique s'effectueront par paquet. Le passage au tout-IP permet d'intégrer les services de données et de téléphonie dans un même réseau. Beaucoup d'entreprises intègrent leur environnement téléphonique dans leur réseau à transfert de paquets pour, d'une part, faire baisser les coûts des communications et, d'autre part, simplifier la maintenance en passant de deux réseaux à gérer (téléphonie et données) à un seul (données).

Ce chapitre examine dans un premier temps l'évolution de la téléphonie vers les réseaux Internet et intranet puis aborde l'intégration téléphonie-informatique, aussi appelée CTI (Computer Telephony Integration).

L'application téléphonique

La difficulté de faire de la téléphonie par paquet provient de la contrainte temporelle très forte due à l'interaction entre individus. Le temps de latence doit être inférieur à 300 ms si l'on veut garder une interaction humaine acceptable. Si l'on souhaite une bonne qualité de la conversation, il ne faut pas que la latence soit supérieure à 150 ms. Un cas encore plus complexe se produit lorsqu'il y a un écho, c'est-à-dire un signal qui revient à l'oreille de l'émetteur. L'écho se produit lorsque le signal rencontre un obstacle, comme l'arrivée sur le combiné téléphonique. L'écho qui repart en sens inverse est numérisé par un CODEC et traverse sans problème un réseau numérique. La valeur normalisée de la latence de l'écho étant de 56 ms, pour que l'écho ne soit pas gênant à l'oreille, il ne faut pas que le temps aller dépasse 28 ms, en supposant un réseau symétrique qui prend le même temps de réponse à l'aller et au retour. Il faut donc que, dans les équipements terminaux, les logiciels extrémité soient capables de gérer les retards et de resynchroniser les octets qui arrivent. En règle générale, les équipements modernes, comme les terminaux GSM, possèdent des suppresseurs d'écho évitant cette contrainte temporelle forte.

La voix simple en paquet n'est pas aussi contraignante que la parole téléphonique car elle n'implique aucune contrainte temporelle. Dans le cas d'IP, il ne faut donc pas confondre la téléphonie sur IP (ToIP) et la voix sur IP (VoIP).

L'application de téléphonie est donc complexe à prendre en charge en raison de son caractère interactif et de sa forte synchronisation. Rappelons *(voir le chapitre 6)* les trois opérations successives nécessaires à la numérisation de la parole, qu'elle soit téléphonique ou non :

1. **Échantillonnage.** Consiste à prendre des points du signal analogique au fur et à mesure qu'il se déroule. Il est évident que plus la bande passante est importante, plus il faut prendre d'échantillons par seconde. C'est le théorème d'échantillonnage qui donne la solution : il faut échantillonner à une valeur égale à au moins deux fois la bande passante.

2. **Quantification.** Consiste à représenter un échantillon par une valeur numérique au moyen d'une loi de correspondance. Cette phase consiste à trouver la loi de correspondance de telle sorte que la valeur des signaux ait le plus de signification possible.

3. **Codage.** Consiste à donner une valeur numérique aux échantillons. Ce sont ces valeurs qui sont transportées dans le signal numérique.

La largeur de bande de la voix téléphonique analogique est de 3 200 Hz. Pour numériser ce signal correctement sans perte de qualité, puisqu'elle est déjà relativement mauvaise, il faut échantillonner au moins 6 400 fois par seconde. La normalisation a opté pour un échantillonnage de 8 000 fois par seconde. La quantification s'effectue par des lois semi-logarithmiques. L'amplitude maximale permise se trouve divisée en 128 échelons positifs pour la version américaine PCM, auxquels il faut ajouter 128 échelons négatifs dans la version européenne MIC. Le codage s'effectue donc soit sur 128 valeurs, soit sur 256 valeurs, ce qui demande en binaire 7 ou 8 bits de codage. La valeur totale du débit de la numérisation de la parole téléphonique s'obtient en multipliant le nombre d'échantillons par le nombre d'échelons, ce qui donne :

- 8 000 × 7 bit/s = 56 Kbit/s en Amérique du Nord et au Japon ;
- 8 000 × 8 bit/s = 64 Kbit/s en Europe.

Beaucoup d'autres solutions ont été développées par rapport aux qualités et aux défauts de l'oreille :

- AD-PCM (Adaptive Differential-Pulse Code Modulation), ou MIC-DA (Modulation par impulsion et codage-différentiel adaptatif) ;
- SBC (Sub-Band Coding) ;
- LPC (Linear Predictive Coding) ;
- CELP (Code Excited Linear Prediction).

La section suivante fait un tour d'horizon des principaux codeurs audio.

Les codeurs audio

Les codeurs audio associés aux différentes techniques citées précédemment sont nombreux. On trouve notamment les codecs classiques mais aussi de nouveaux codeurs bas débit. La figure 41.1 illustre les vitesses de sortie des différentes normes de codeurs de la voix téléphonique fondées sur un échantillonnage standard à 8 kHz. L'ordonnée représente la qualité du son en réception, qui est évidemment un critère subjectif. Nous avons aussi représenté les codeurs utilisés dans les réseaux de mobiles GSM et les normes régionales.

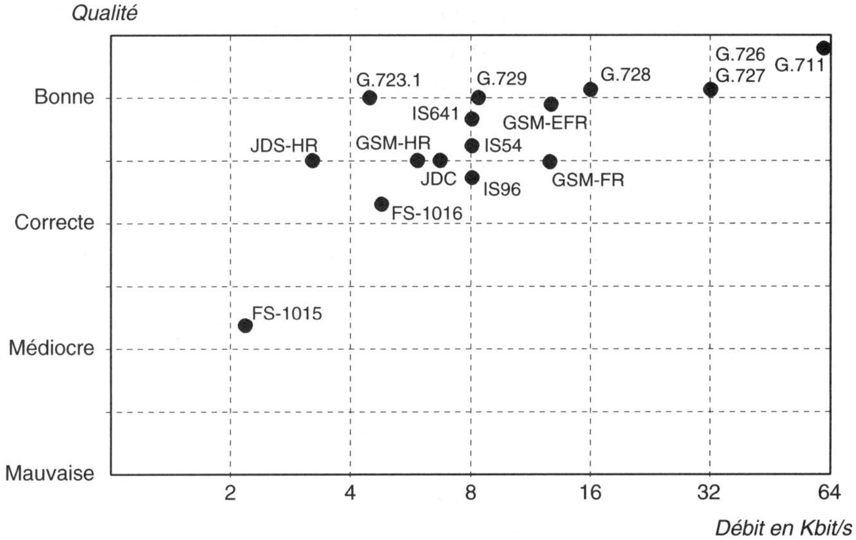

Figure 41.1

Codeurs audio

Pour l'audio haute définition, on considère une bande passante plus importante puisque l'oreille humaine est sensible aux fréquences de 20 à 20 000 Hz. L'échantillonnage s'effectue sur 40 kHz, et c'est la valeur de 44,1 kHz qui a été choisie. Le codage effectué sur un CD tient sur 16 bits par échantillon, ce qui donne 705,6 Kbit/s.

Parmi les nombreux codeurs propriétaires qui existent sur le marché, citons :

- StreamWorks à 8,5 Kbit/s ;
- VoxWare à 2,4 Kbit/s avec le codeur RT24 ;
- Microsoft à 5,3 Kbit/s avec la norme G.723 ;
- VocalTec à 7,7 Kbit/s.

La recommandation G.711 correspond à la numérisation classique à 64 Kbit/s en Europe ou 56 Kbit/s en Amérique du Nord. G.723 est une compression de la parole utilisée par de nombreux industriels, entre autres Microsoft, qui l'utilise dans l'environnement Windows. Le débit descend à presque 5 Kbit/s. G.726 est la norme adoptée pour la compression de la parole en codage différentiel adaptatif en 16, 24, 32 ou 40 Kbit/s. Dans ce cas, au lieu de coder l'échantillon en entier, on n'envoie que la différence avec l'échantillon précédent, ce qui permet un codage sur beaucoup moins d'éléments binaires.

G.727 utilise aussi un codage différentiel, qui apporte des compléments au codage précédent. Cette recommandation indique comment changer, en cours de numérisation, le nombre de bits utilisés pour coder les échantillons. Elle est particulièrement utile dans le cadre des réseaux qui demandent à l'application de s'adapter en fonction de la charge du réseau. G.728 est une compression à 16 Kbit/s utilisant une technique de prédiction, qui consiste à coder la différence entre la valeur réelle et une valeur estimée de l'échantillon à partir des échantillons précédents. On comprend que cette différence peut être encore plus petite que dans la technique différentielle. Si l'estimation est bonne, la valeur à transporter avoisine toujours 0. Très peu de bits sont alors nécessaires pour acheminer cette différence. Les standards FS proviennent du ministère américain de la Défense.

Les codeurs les plus récents sont G.723.1, G.729 et G.729.A. Le codeur G.723.1 permet un débit compris entre 5,3 et 6,4 Kbit/s. Les deux codeurs G.729 donnent un débit de 8 Kbit/s, mais la qualité de la communication est meilleure. Ce codec a été choisi pour compresser la voix dans l'UMTS.

La parole téléphonique est une application très contraignante, comme nous l'avons vu à plusieurs reprises dans cet ouvrage. La première contrainte provient de l'interactivité entre les deux utilisateurs, qui limite le temps aller-retour à une valeur de 600 ms au maximum. Les normes de l'UIT-T portent cette valeur à 800 ms. Cependant, pour avoir une bonne qualité de la communication, il faut descendre à 300 ms aller-retour. Suivant les protocoles sous-jacents, plusieurs méthodes permettant de satisfaire à ces contraintes ont été développées à la fin des années 1990, que nous allons examiner.

La téléphonie sur ATM et le relais de trames

La technique de transfert ATM a été conçue pour transporter de la parole téléphonique de type G.711 à 64 Kbit/s. La raison de la petite taille de la cellule se trouve dans cette fonctionnalité. Les 48 octets de données de la trame sont remplis en 48 fois 125 µs, c'est-à-dire 6 ms, ce qui reste acceptable, même lorsqu'il y a des échos et que le temps de transit doit rester inférieur à 28 ms. Si la parole téléphonique est compressée par un codeur G.729 à 8 Kbit/s, il faut un temps de 48 ms de remplissage des 48 octets de données puisque le signal donne naissance à 1 octet toutes les 1 ms. Cette section examine la technique AAL-2 introduite dans la commutation ATM pour réaliser le transport de la voix téléphonique et plus particulièrement la téléphonie UMTS. Avant d'aborder l'AAL-2, introduisons les techniques préalables, qui sont encore utilisées dans les réseaux ATM.

L'émulation de circuit CES (Circuit Emulation Service) a été la première solution pour transporter de la téléphonie en paquet. Cette émulation de circuit utilise l'AAL-1 de l'environnement ATM, et plus précisément le service CBR (Constant Bit Rate), présenté au chapitre 15. Les PABX interconnectés par cette solution utilisent des interfaces E1 normalisées (G.703 et G.704). Le service ATM est de type circuit virtuel permanent. La signalisation sur l'interface est portée dans l'IT16 de l'interface E1.

Une autre solution, VTOA (Voice and Telephony Over ATM), ne privilégie pas de protocole AAL spécifique mais demande le support du service VBR-rt (Variable Bit Rate-realtime). Le PABX est relié au nœud d'accès du réseau de l'opérateur par un canal de type E1 structuré. La signalisation utilise encore l'IT16 de l'interface ou un circuit virtuel permanent dédié. Des normes classiques, comme le CCITT n° 7 ou Q-SIG (Q-Interface Signaling Protocol), une signalisation développée par l'UIT-T, sont utilisées. La parole elle-même est transportée par des liaisons permanentes ou commutées.

AAL-2

L'AAL-2 (ATM Adaptation Layer de type 2) correspond à la troisième couche du modèle ATM. C'est la couche qui s'occupe de la fragmentation et du réassemblage des messages pour obtenir des blocs à la dimension des cellules ATM. Comme nous allons le voir, l'AAL-2 détermine des fragments qui peuvent être tout petits de façon à ne pas perdre de temps à attendre des octets téléphoniques et à envoyer les fragments aussi vite que possible.

Les solutions précédentes concernent essentiellement la parole numérique sous forme de flux à 64 Kbit/s. En réalité, la parole est de plus en plus souvent compressée, comme nous l'avons vu au début de ce chapitre. Lorsque la compression est forte, comme lors de l'utilisation du codeur G.723.1, qui diminue le débit du flot à 6,3 Kbit/s, le temps de remplissage d'un paquet ATM devient très long, même pour une petite cellule.

Un calcul simple montre que, pour remplir une cellule de 48 octets à la vitesse de 6,3 Kbit/s, il faut plus de 60 ms. Ce temps est inacceptable si la communication génère des échos ou si d'autres temps d'attente incompressibles s'ajoutent. C'est notamment le cas de la parole numérique dans les réseaux de mobiles, où, au temps de remplissage de la cellule, s'ajoute un temps d'accès important sur l'interface air. Une solution possible, mais guère enthousiasmante, à ce problème est de ne remplir que partiellement les cellules. En supposant, par exemple, une compression de 50 %, amenant le débit à 32 Kbit/s, si l'on veut garder les mêmes contraintes que pour des flux à 64 Kbit/s, il ne faut remplir les cellules qu'à moitié. Cette solution induit un flux à 64 Kbit/s de cellules à moitié remplies.

Le rôle de l'AAL-2 est de remplir une cellule d'octets provenant de plusieurs connexions de parole, mais avec des débits variables pour les différentes voies basse vitesse. La solution du multiplexage de voies de débit constant est simple, puisqu'il suffit de connaître le numéro de l'octet pour récupérer le numéro de la connexion. Lorsque les flux sont variables, il faut ajouter une information pour savoir à quelle voie de parole appartient le segment.

Dans l'AAL-2, ce multiplexage de plusieurs voies de parole est effectué par des minitrames, appelées paquets CSP (Common Part Sublayer). La minitrame AAL-2 est illustrée à la figure 41.2.

Figure 41.2
Minitrame de l'AAL2

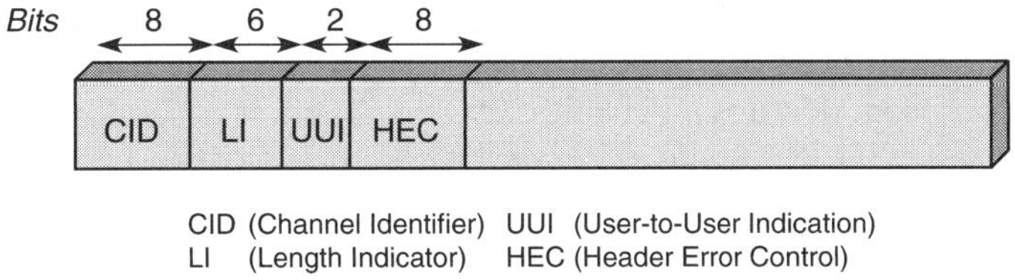

L'en-tête de la minitrame tient sur 3 octets. La zone CID (Channel IDentifier) est un identificateur de la voie de parole. Sa longueur de 1 octet permet de multiplexer jusqu'à 248 voies de parole (les valeurs 0 à 7 sont réservées). Le champ LI (Length Indicator) indique la longueur de la minitrame. Le champ UUI (User-to-User Indication) permet de transmettre de l'information d'une extrémité à l'autre de la connexion. Le champ HEC (Header Error Control) permet la détection et la correction des erreurs sur les deux octets précédents de l'en-tête. La longueur maximale d'une minitrame est de 64 octets, si bien que le transport d'une minitrame requiert parfois plus d'une seule cellule. Exactement 44 octets de longueur maximale sont nécessaires à son encapsulation dans une cellule ATM.

Les minitrames sont donc encapsulées dans les cellules ATM, et des bits de bourrage complètent la cellule pour arriver à une longueur de 47 octets, un octet étant réservé, comme dans l'AAL-1, pour transmettre des informations de contrôle. La cellule AAL-2 est illustrée à la figure 41.3.

Figure 41.3
Cellule AAL-2

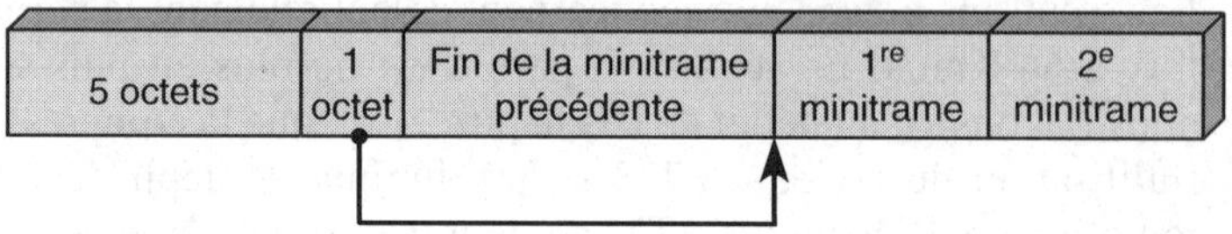

L'octet de contrôle permet de pointer sur le début de la première minitrame encapsulée. En effet, il se peut que le début d'une minitranche ait été transporté dans une cellule précédente. Pour trouver cette valeur, il faut connaître la longueur de la dernière minitrame et compter les octets déjà envoyés dans la fin de la cellule précédente. Le pointeur est utile lorsqu'une cellule est perdue et qu'il faut retrouver le début d'une minitrame. Le pointeur requerrant 6 bits, il reste 2 bits, qui permettent d'effectuer une numérotation modulo 2 et une vérification de parité.

En conclusion, malgré la surcharge engendrée par l'en-tête des minitrames, l'AAL-2 est beaucoup plus efficace que l'utilisation d'une connexion unique pour une voie de parole.

Le relais de trames

Le problème du transport de la parole dans le relais de trames est similaire à celui que l'on trouve dans les réseaux ATM. Sur une liaison virtuelle, où les paquets peuvent atteindre plus de 4 000 octets, il est indispensable de multiplexer sur une même liaison plusieurs voies de parole. La proposition FRF.11 du Frame Relay Forum décrit une solution de minitrame semblable à celle de l'AAL-2 pour transporter les voies de parole.

La possibilité d'avoir un commutateur occupé par la transmission d'une longue trame LAP-F crée toutefois une difficulté supplémentaire. Il faut donc un mécanisme de priorité pour laisser passer les petits paquets portant de la parole téléphonique. Les solutions mises en œuvre pour transporter de la téléphonie, qu'elle soit IP ou sous forme d'octets, sont décrites au chapitre 29.

La téléphonie sur IP

La parole sur les réseaux IP a été abordée au chapitre 2 lors de l'examen du transport d'applications isochrones. La problématique du transport de la parole téléphonique dans des environnements IP est assez différente suivant que l'on est sur un réseau IP non contrôlé, comme Internet, ou sur un réseau permettant l'introduction d'un contrôle, comme le réseau privé d'une compagnie, de type intranet, ou celui d'un FAI.

Sur l'Internet de première génération, il faut que le réseau soit peu chargé pour que la contrainte de 300 ms soit respectée. Sur les réseaux intranet et ceux des fournisseurs d'accès à Internet, mais aussi ceux des opérateurs, le passage de la parole est possible à condition de contrôler le réseau pour que le temps total de transport, y compris la paquétisation et la dépaquétisation, soit limité.

De nombreuses solutions ont été proposées, comme VoIP (Voice over IP) de l'IMTC (International Multimedia Teleconferencing Consortium). Dans ces solutions, il a d'abord fallu définir un codeur normalisé. Le choix s'est généralement porté sur G.723, mais d'autres solutions sont opérationnelles, comme le codeur G.711. Le paquet IP doit être le plus court possible, et il faut multiplexer plusieurs voies de parole dans un même paquet, de façon à raccourcir le temps de remplissage et à limiter les temps de transfert dans le réseau. Si les routeurs peuvent gérer des priorités, ce qui est possible en utilisant des services de type DiffServ, la parole téléphonique est acheminée beaucoup plus facilement dans le laps de temps demandé.

Plusieurs organismes de normalisation, de droit ou de fait, travaillent sur ce sujet particulièrement prometteur. Dans les organismes de droit, l'ETSI, l'organisme de normalisation européen, a mis sur pied le groupe TIPHON (Telecommunications and Internet Protocol Harmonization Over Networks). Le projet porte sur la parole et le fax entre utilisateurs connectés, en particulier sur des réseaux IP. Le cas où un utilisateur travaille sur un réseau IP et un autre sur un réseau à commutation de circuits, qu'il soit téléphonique, RNIS, GSM ou UMTS, entre également dans le cadre des études de TIPHON. Les activités de TIPHON concernent en outre la validation de solutions pour transporter la parole téléphonique par le biais de démonstrateurs. Il s'agit d'expériences en vraie grandeur visant à démontrer l'efficacité des solutions. L'ETSI travaille pour cela en collaboration avec l'UIT-T et l'IETF mais aussi avec les groupes IMTC et VoIP.

L'UIT-T travaille de son côté activement sur le problème de la téléphonie sur IP dans trois groupes du SG 16 (voir en annexe pour le détail des groupes de travail de l'UIT-T) : le WP1 pour les modems (série V), le WP2 pour les codecs (série G) et le WP3 pour les terminaux (série H). L'objectif de l'UIT-T est de développer un environnement complet et non pas simplement un terminal ou un protocole.

Au sein de l'IETF, de nombreux groupes de travail s'attaquent à des problèmes spécifiques, parmi lesquels :

- AVT (Audio Video Transport), qui utilise le protocole RTP (RFC 1889 et 1890) pour effectuer la communication en temps réel.
- MMUSIC (Multiparty Multimedia Session Control), qui utilise le protocole SIP, présenté en détail au chapitre 36 et que nous explicitons à nouveau un peu plus loin dans ce chapitre.
- IPTel (IP Telephony), qui définit un protocole de localisation des passerelles et un langage permettant de mettre en communication des circuits et des flots IP.
- PINT (PSTN IP Internetworking), qui utilise également le protocole SIP.
- FAX (Fax over IP), qui stocke et émet des fax par l'intermédiaire de messages électroniques.
- MEGACO (Media Gateway Control), qui détermine un protocole entre une passerelle et son contrôleur.

- SIGTRAN (Signal Translation), qui propose l'utilisation du passage des commandes de la signalisation CCITT n° 7 dans des paquets IP.
- ENUM (E.164/IP translations), qui gère les translations d'adresses E.164 vers des adresses IP.

Respecter la contrainte temporelle est une première priorité pour le transport de la parole téléphonique. Une seconde priorité concerne la mise en place d'une signalisation pour mettre en connexion les deux utilisateurs qui veulent se parler.

Les protocoles de signalisation utilisés pour le transport et la gestion de la parole sous forme de paquets IP regroupent essentiellement H.323 et SIP (Session Initiation Protocol). Nous avons introduit la signalisation H.323 au chapitre 36. Ce protocole a été défini dans un environnement de télécommunications, à la différence de SIP, qui provient de l'informatique et plus spécifiquement du Web. SIP peut utiliser le code HTTP ainsi que la sécurité qui y est liée. Il peut en outre s'accommoder des pare-feu de protection. SIP met en place des sessions, qui ne sont que des appels téléphoniques entre un client et un serveur. Comme nous l'avons vu, six primitives HTTP sont utilisées pour cela : INVITE, BYE, OPTIONS, ACK, REGISTER et CANCEL.

La VoIP est devenue une application classique grâce aux possibilités de numérisation et à la puissance des PC, qui permettent d'annuler les échos. L'élément le plus contraignant reste le délai, surtout lorsqu'il faut traverser des terminaux de type PC, des modems, des réseaux d'accès, des passerelles, des routeurs, etc.

On peut considérer que le PC demande un temps de traversée d'une centaine de millisecondes, le modem de quelques dizaines de millisecondes, la passerelle également d'une centaine de millisecondes et le réseau IP de quelques dizaines de millisecondes. Le total montre que la limite des 300 ms pour avoir une interactivité est rapidement atteinte. Si l'on dépasse les 150 ms de transit et que l'on s'approche des 300 ms, la qualité de la communication s'en ressent, comme lors d'une conversation par satellite.

Détaillons la mise en place de la communication. Il faut utiliser une signalisation pour mettre en place la session. Premier élément, la localisation du récepteur (User Location) s'effectue par une mise en correspondance de l'adresse du destinataire (adresse IP ou téléphonique classique) en une adresse IP. Le protocole DHCP et les passerelles spécialisées sont des éléments de solution pour déterminer les adresses des récepteurs. L'établissement de la communication passe par une acceptation du terminal destinataire, que ce soit un téléphone, une boîte vocale ou un serveur Web. Comme nous l'avons vu, plusieurs protocoles de signalisation peuvent être utilisés, comme H.323, de l'UIT-T, SIP ou SDP, de l'IETF.

Les protocoles de signalisation

Nous avons déjà examiné en détail le protocole SIP au chapitre 36. Rappelons quelques éléments de ce protocole avant d'aborder SDP et surtout RTP-RTCP.

Comme son nom l'indique, SIP (Session Initiation Protocol) est utilisé pour initialiser la session. Une requête SIP contient un ensemble d'en-têtes qui décrivent l'appel, suivis du corps du message, contenant la description de la demande de session. SIP est un protocole client-serveur, qui utilise la syntaxe et la sémantique de HTTP. Le serveur gère la demande et fournit une réponse au client.

Trois types de serveurs gèrent différents éléments : un serveur d'enregistrement (Registration Server), un serveur relais (Proxy Server) et un serveur de redirection (Redirect Server). Ces serveurs travaillent à trouver la route. Le serveur proxy détermine le prochain serveur (Next-Hop Server), qui, lui-même, trouve le suivant, et ainsi de suite. Des champs supplémentaires de l'en-tête précisent les options, comme le transfert d'appel ou la gestion de conférence téléphonique.

Le protocole SDP (Session Description Protocol) est utilisé pour décrire les sessions multimédias pour la partie téléphonique mais aussi pour d'autres applications distribuées, comme la radio sur Internet.

SDP permet le transfert de nombreuses informations, notamment les suivantes :

- flots correspondant aux médias de l'application ;
- pour chaque flot, adresse de destination, unicast ou multicast ;
- pour chaque flot, numéro de port UDP ;
- type de charge transportée ;
- instants de synchronisation (par exemple, l'instant de début d'un programme de télévision diffusée) ;
- origine de la demande de communication.

Le protocole RTP (Real-time Transport Protocol) prend le relais pour le transport de l'information proprement dite *(voir le chapitre 19)*. Son rôle est d'organiser les paquets à l'entrée du réseau et de les contrôler à la sortie pour reformer le flot avec ses caractéristiques (synchronisme, perte, etc.). C'est un protocole qui travaille au niveau transport et essaye de corriger les défauts apportés par le réseau.

Les fonctions de RTP sont les suivantes :

- Le séquencement des paquets par une numérotation permettant de détecter les paquets perdus, ce qui est essentiel pour la recomposition de la parole. La perte d'un paquet n'est pas en soi un problème, s'il n'y en a pas trop de perdus. En revanche, repérer qu'un paquet a été perdu est impératif car il faut en tenir compte et éventuellement le remplacer par une synthèse déterminée en fonction des paquets précédant et suivant.
- L'identification de ce qui est transporté dans le message pour permettre, par exemple, une compensation en cas de perte.
- La synchronisation entre médias, grâce à des estampilles.
- L'indication de tramage. Les applications audio et vidéo sont transportées dans des trames dont la dimension dépend des codecs effectuant la numérisation. Ces trames sont incluses dans les paquets pour être transportées et doivent être récupérées facilement au moment de la dépaquétisation afin que l'application soit décodée simplement.
- L'identification de la source. Dans les applications en multicast, l'identité de la source doit être déterminée.

RTP utilise le protocole RTCP (Real-Time Control Protocol) pour transporter les informations supplémentaires suivantes pour la gestion de la session :

- Retour de la qualité de service lors de la demande de session. Les récepteurs utilisent RTCP pour renvoyer vers les émetteurs des rapports sur la QoS. Ces rapports comprennent le nombre de paquets perdus, la gigue et le délai aller-retour.

Ces informations permettent à la source de s'adapter, c'est-à-dire, par exemple, de modifier le degré de compression pour maintenir la QoS.

- Synchronisation supplémentaire entre médias. Les applications multimédias sont souvent transportées par des flots distincts. Par exemple, la voix et l'image, ou même une application numérisée sur plusieurs niveaux hiérarchiques, peuvent voir les flots générés suivre des chemins distincts.
- Identification. Les paquets RTCP contiennent des informations d'adresse, comme l'adresse d'un message électronique, un numéro de téléphone ou le nom d'un participant à une conférence téléphonique.
- Contrôle de la session. RTCP permet aux participants d'indiquer leur départ d'une conférence téléphonique (paquet Bye de RTCP) ou simplement une indication de leur comportement.

Le protocole RTCP demande aux participants de la session d'envoyer périodiquement ces informations. La périodicité est calculée en fonction du nombre de participants à l'application.

Un autre protocole utilisable est RTSP (Real-Time Streaming Protocol), dont le rôle est de contrôler une communication entre deux serveurs où sont stockées des informations multimédias audio et vidéo. RTSP offre des commandes assez semblables à celles d'un magnétoscope, telles qu'avance, avance rapide, retour, pause, etc. Ce protocole peut être très utile dans le cadre de la téléphonie sur IP en permettant l'enregistrement d'une téléconférence pour la réentendre ultérieurement, la vision d'une séquence vidéo, l'enregistrement de message téléphonique, etc.

Un autre point important pour réaliser la communication de l'émetteur vers le récepteur concerne les fonctionnalités de la passerelle permettant de passer d'un réseau à transfert de paquets à un réseau à commutation de circuits, avec les problèmes d'adressage, de signalisation et de transcodage que cela pose. Ces passerelles se démultiplient entre FAI et opérateurs télécoms.

Pour finaliser l'ouverture d'un appel, le protocole SIP envoie une requête à la passerelle. Le premier problème est de déterminer quelle passerelle est capable de réaliser la liaison circuit pour atteindre le destinataire. En théorie, chaque passerelle peut appeler n'importe quel numéro de téléphone. Cependant, pour réduire les coûts, il vaut mieux choisir une passerelle locale.

Les réseaux de téléphonie IP d'entreprise

Les réseaux de téléphonie d'entreprise utilisant le protocole IP sont disponibles sur le marché depuis le début des années 2000. L'objectif de ces réseaux est d'intégrer le réseau de données et le réseau téléphonique en un seul et même réseau. La norme IP est bien sûr à la base de cette intégration.

La parole téléphonique est numérisée, et les octets sont mis dans des paquets IP les plus courts possibles afin qu'il n'y ait pas trop de perte de bande passante. La compression de la parole avec G.729, par exemple, qui est très utilisé, donne naissance à des trames de 16 octets toutes les 16 ms. Si l'on veut de la qualité, il faut s'arrêter à cette valeur de 16 octets par paquet IP. Les paquets IP sont transportés avec la contrainte de 150 ms de délai jusqu'au poste du destinataire.

Dans l'entreprise, on utilise des trames Ethernet pour effectuer le transport. On place donc le paquet IP dans une trame Ethernet, qui possède une longueur de 64 octets. Au débit de 8 Kbit/s du codec G.729 correspond un débit de 32 Kbit/s sur le réseau Ethernet. Si l'on utilise un réseau Gigabit Ethernet, la trame minimale est de 512 octets, et le débit d'une seule parole téléphonique devient de 256 Kbit/s.

Pour la contrainte temporelle à respecter, il ne faut perdre aucun temps. Le premier point où des pertes de temps sont possibles provient potentiellement du traitement du son, effectué par une carte son dans un PC si le PC est utilisé comme téléphone. Ces cartes son ont généralement un temps de réaction très lent, de l'ordre d'une quarantaine de millisecondes, ce qui est inacceptable. Il faut donc utiliser des téléphones spécifiques, que l'on appelle téléphones IP. Un téléphone IP est un routeur qui encapsule directement les octets dans un paquet IP. Ce routeur possède des sorties Ethernet de façon que le téléphone puisse se connecter directement sur le réseau de l'entreprise. La figure 41.4 illustre un téléphone IP.

Figure 41.4
Téléphone IP

Toujours pour perdre le moins de temps possible dans le transport, le réseau ne doit posséder aucun réseau Ethernet partagé, le partage engendrant une perte de temps importante. Il faut donc utiliser uniquement des réseaux Ethernet commutés, si possible au débit de 100 Mbit/s, pour être sûr que le débit des paroles superposées ne pose pas de problème. Enfin, il faut que les paquets IP ou les trames portant les paquets IP de parole soient prioritaires partout dans le réseau d'entreprise. Pour cela, il faut se servir, par exemple, des priorités de type DiffServ au niveau paquet et des priorités de niveau trame dans Ethernet. Les priorités de niveau 2 correspondent à la norme IEEE 802.1p, qui définit un champ de 3 bits pour gérer jusqu'à huit classes de priorités.

Mise en œuvre de la téléphonie sur IP

Après avoir évoqué les caractéristiques principales des protocoles supportant la téléphonie sur IP, nous décrivons dans cette section le processus à suivre pour installer une téléphonie sur IP, ou ToIP (Telephony over IP), dans une entreprise possédant plusieurs sites. Les éléments à prendre en compte doivent suivre une architecture à quatre niveaux, comme illustré à la figure 41.5.

Figure 41.5

Architecture d'un réseau de téléphonie sur IP

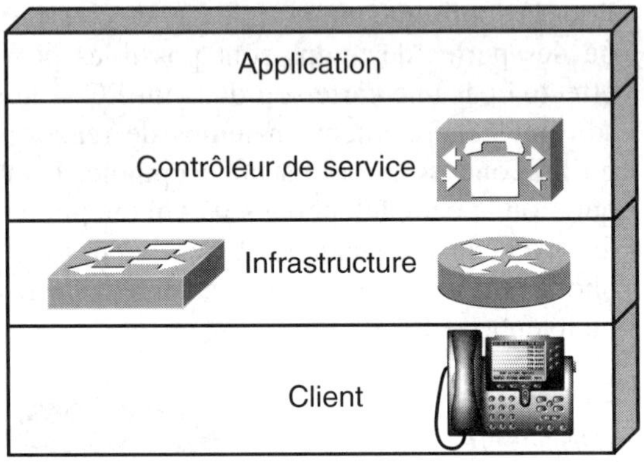

Un réseau d'entreprise assez standard est décrit à la figure 41.6. Il contient deux sites, l'un principal et l'autre secondaire. Le réseau est composé d'un réseau local dans chaque site. Les deux réseaux locaux sont reliés par un réseau WAN, qui peut-être, par exemple, un réseau privé virtuel. Ce réseau est composé de commutateurs Ethernet formant un réseau local Ethernet commuté. Sur ce réseau local, on trouve aussi bien des téléphones IP que des stations de travail. Les stations de travail peuvent être connectées aux téléphones IP ou directement au commutateur Ethernet. Les deux réseaux locaux Ethernet commutés sont connectés à des routeurs d'entrée-sortie de l'entreprise, et les deux routeurs sont reliés entre eux par un réseau étendu, par exemple un réseau privé virtuel d'opérateur.

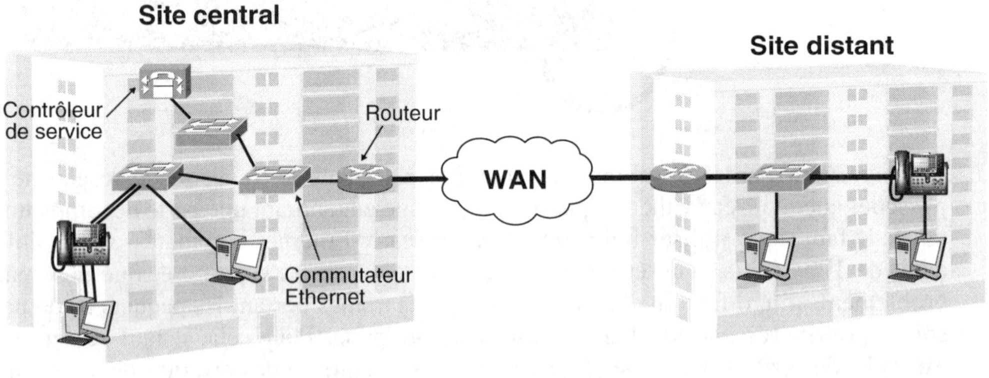

Figure 41.6

Réseau intégrant la téléphonie sur IP

En remontant l'architecture par le bas, nous trouvons tout d'abord les téléphones IP. Ce sont des routeurs de niveau 3 capables d'encapsuler des octets de téléphonie. Les postes de travail peuvent également être utilisés comme téléphones, mais il faut faire attention à ce que la carte son soit de bonne qualité pour ne pas trop retarder la mise en paquet des octets téléphoniques. Ces postes de travail un peu spécifiques sont connectés par Ethernet, généralement à 100 Mbit/s, avec la priorité disponible la plus haute. La zone DSCP du paquet IP est positionnée sur la classe de service EF (Expedited Forwarding), et le paquet est encapsulé dans une trame Ethernet de priorité la plus haute, cette priorité étant indiquée par la zone IEEE 802.1p. Les autres machines, qui ne produisent pas de la parole, ou plus précisément les autres applications positionnent le DSCP à une valeur AF ou BE moins forte que celle utilisée pour la téléphonie sur IP. L'entreprise doit donc se munir de routeurs DiffServ capables de traiter la priorité au niveau IP et de commutateurs Ethernet capables de gérer les classes de priorités IEEE 802.1p.

Si la valeur du DSCP est normalisée, celle du champ IEEE 802.1p l'est beaucoup moins. Tout d'abord, ce champ ne contient que 3 bits de priorité, ce qui donne naissance à 8 classes de priorités, alors que DiffServ en comporte 14. Ensuite, il faut vérifier que les équipementiers suivent les mêmes règles pour déterminer la valeur du champ IEEE 802.1p. Toujours au niveau du transport, il faut faire une évaluation du temps maximal de transit dans chaque site afin d'en déduire le temps maximal de traversée du réseau WAN. Une fois cette valeur connue, il est possible de déduire le temps maximal de transit dans le réseau. L'entreprise doit alors négocier un SLA avec son opérateur et lui demander que cette contrainte soit satisfaite dans la partie technique, c'est-à-dire le SLS. La valeur maximale du temps de transit se situe généralement autour de 50 ms.

En passant à la couche supérieure, il faut introduire un contrôleur de service capable de déclencher les processus de recherche du correspondant et d'initialiser la signalisation permettant l'ouverture de la session. Le contrôleur de service peut être centralisé sur un seul site, même si les deux sites sont assez distants. Ce contrôleur de service peut gérer un grand nombre de services, tels que la téléphonie, les passerelles, les ports TAPI (Telephony API) et JTAPI (Java TAPI), la messagerie, les conférences, etc. Ce contrôleur de communication peut éventuellement prendre en charge des terminaux analogiques de générations précédentes ou des lignes de sortie plus classiques allant vers un opérateur de téléphonie fixe.

Les applications de téléphonie sur IP grand public

Une première application de téléphonie sur IP grand public est proposée par les opérateurs de téléphonie pour offrir des communications internationales à tarif local. Elle consiste à rassembler un grand nombre de voies téléphoniques classiques et à les encapsuler dans un même paquet IP, qui peut devenir assez long. L'utilisateur se connecte en local sur un point de présence d'un opérateur IP, lequel multiplexe toutes les voies téléphoniques sur une même liaison IP, transatlantique par exemple. À la sortie de la liaison IP transatlantique, la parole recouvre sa composition normale et est envoyée de façon classique au destinataire.

Des applications grand public telles que Skype ou MNS (Microsoft Network Service) proposent de la téléphonie sur IP de bout en bout. Pour cela, il faut généralement passer par un modem ADSL aux deux extrémités de la communication afin que le débit soit accepté sur la boucle locale. Skype fait appel à une technique P2P pour rester le plus simple possible et ne pas avoir de contrôle centralisé. La signalisation de MNS est quant à elle gérée par une base de données centralisée mais qui peut être distribuée sur plusieurs sites.

Skype

Avec plus de 100 millions d'utilisateurs dans le monde, Skype, leader mondial de la téléphonie sur Internet et pionnier des offres de téléphonie grand public sur Internet, bouleverse l'industrie des télécommunications en modifiant en profondeur les habitudes des consommateurs.

Chaque jour, 150 000 nouveaux utilisateurs téléchargent cette solution de téléphonie sur Internet qui utilise la technologie peer-to-peer (P2P) qui propose deux services différents : une offre gratuite entre utilisateurs équipés du logiciel pour une exploitation purement Internet et une offre payante, qui permet de joindre et d'être joint *via* Internet tandis que les correspondants utilisent la téléphonie traditionnelle RTC.

Skype est l'un des premiers logiciels grand public à avoir permis la jonction entre la téléphonie du monde Internet et celle du monde RTC. C'est sans doute là la clé de son succès. Grâce à une qualité d'écoute excellente, une facilité d'utilisation ne nécessitant généralement aucune configuration (y compris dans les infrastructures réseau déployant des pare-feu), une mobilité accrue, une gamme de services complémentaires et un prix incomparablement moins cher que la téléphonie traditionnelle, Skype s'est répandu de manière virale.

Skype a été lancé le 29 août 2003 à l'initiative de Niklas Zennström, un Suédois de 36 ans, et Janus Friis, une Danois de 26 ans, tous deux experts en technologies de peer-to-peer puisqu'ils avaient fait frémir l'industrie des loisirs au début des années 2000, avec le logiciel KaZaA qu'ils avaient conçu.

Microsoft et Google d'abord, puis Yahoo! et News Corporation (la société de Rupert Murdoch), s'intéressent à Skype, mais, en 2005, ses deux fondateurs créent la surprise en vendant la société à eBay, un acteur pour le moins inattendu dans le domaine des télécoms.

Architecture de Skype

Comme expliqué précédemment, Skype fonctionne selon un mode décentralisé et une architecture peer-to-peer (P2P), c'est-à-dire de poste à poste, ou point à point, ou encore de pair en pair ou d'égal à égal, dans lequel chaque poste intermédiaire est susceptible de jouer le rôle de relais et de participer de manière dynamique au processus d'acheminement des paquets.

Le client logiciel n'est pas seulement utilisé par le possesseur du logiciel. Il est mis à contribution pour les besoins d'autres utilisateurs et sert de support de transmission aux flux de ces derniers. Chaque élément du réseau (on parle de nœuds) constitue à la fois un client, qui peut demander un service, et un serveur, qui peut agir pour le compte d'un autre client. Ce modèle distribue ainsi totalement ses traitements, à l'opposé du traditionnel modèle client-serveur, dans lequel chaque entité joue exclusivement le rôle de serveur ou de client, ce qui nécessite de centraliser les flux vers des centres de contrôles.

Le terme peer-to-peer est parfois utilisé pour désigner toute communication directe entre un poste et un autre, indépendamment du mode de routage des données utilisé. C'est là un abus de langage, puisque le routage caractérise la technologie P2P et définit un moyen de transporter des informations faisant intervenir des terminaux intermédiaires de proche en proche jusqu'au véritable destinataire. Skype est d'ailleurs le seul softphone parmi ceux que nous présentons dans les chapitres suivants qui puisse utiliser un mode de routage de type peer-to-peer.

Limiter les ressources

Le modèle décentralisé peer-to-peer proposé par Skype fait reposer l'intelligence de son réseau sur les utilisateurs eux-mêmes, et non sur des serveurs centraux. Dès lors, le passage à l'échelle est permis à moindres frais, puisque chaque nouvel utilisateur est potentiellement une source de traitement pour l'ensemble du réseau. Skype a ainsi pu s'étendre sur toute la planète sans avoir à s'intéresser directement aux ressources de traitement de la montée en charge. C'est l'un des secrets de sa réussite.

Traverser les pare-feu

Une condition essentielle de la réussite de ToIP est la possibilité de traverser les pare-feu. Les communications de ce type exploitent des ports dynamiques qui ne sont généralement pas ouverts par ces pare-feu. Par ailleurs, le réseau sur lequel se trouve l'utilisateur peut mettre en œuvre un mécanisme de NAT (Network Address Translation), ou translation d'adresse réseau, qui donne à l'utilisateur une adresse IP non routable sur Internet. Pour ces deux raisons, la communication directe entre correspondants est impossible.

Skype a trouvé la parade en exploitant différentes techniques. L'une d'elle consiste en l'utilisation de ports standards, qui sont étrangers à la téléphonie sur IP, mais qui présentent l'avantage d'être le plus souvent ouverts par les pare-feu. C'est le cas du port 80, associé généralement au Web pour le protocole HTTP.

Skype permet en outre d'utiliser des ressources situées à l'extérieur de la zone protégée par le pare-feu. Cette ressource peut être un utilisateur parmi d'autres, choisi pour accomplir cette tâche selon un algorithme propriétaire. Les flux IP de Skype suivent ainsi un chemin détourné lorsque le chemin direct est impossible. Ce sont de tels chemins qu'empruntent les communications entre utilisateurs de Skype, lesquels se prêtent à la fonctionnalité de routage sans en avoir conscience et pour les besoins d'autres clients.

Ce type de connexion s'effectue aux dépens des utilisateurs intermédiaires, mais à un débit faible, de 0,5 kg-octet par seconde, qui ne perturbe que très peu ces derniers. Ceux-ci sont en outre sélectionnés en fonction de la bande passante dont ils disposent afin d'assumer la charge supplémentaire induite par ces communications. L'idée du transfert relayé est d'avoir une communication, fût-elle de qualité médiocre, plutôt que pas de communication du tout.

Si l'architecture de Skype est globalement décentralisée, il existe cependant des serveurs centralisés, qui assurent un ensemble de fonctionnalités annexes indispensables à la communication. Par exemple, pour savoir si un utilisateur est connecté ou non, le logiciel se connecte à l'un de ces serveurs, qui informe de la disponibilité de tous les contacts.

Skype et la sécurité

Si aucune attaque ou vulnérabilité critique concernant le logiciel n'a encore été recensée, de nombreux spécialistes déplorent la facilité avec laquelle le logiciel parvient à traverser et se jouer des pare-feu censés bloquer les flux non autorisés. De ce fait, ces experts recommandent d'interdire l'utilisation du logiciel dans un cadre professionnel.

De leur côté, les autorités s'inquiètent du manque de transparence du logiciel, qui se comporte comme une boîte noire. Il n'est donc pas possible de savoir s'il contient une porte dérobée, accessible à partir d'Internet, pas plus qu'il n'est possible de savoir si des données sensibles sur les utilisateurs ne sont pas envoyées à leur insu.

Quant au fondement même du logiciel, le peer-to-peer, puisque les communications peuvent être acheminées *via* des ordinateurs intermédiaires, elles peuvent faire l'objet d'écoutes clandestines par ces mêmes intermédiaires.

De même, les pièces jointes transmises par l'outil de transfert de fichiers de Skype ne sont pas soumises à des contrôles d'antivirus. Même si l'on peut supposer que les interlocuteurs sont dignes de confiance, il n'est va pas forcément de même des fichiers qu'ils transfèrent qui peuvent avoir été corrompus.

Selon un raisonnement paranoïaque, on pourrait imaginer que toutes les communications soient relayées vers des serveurs centraux qui les enregistreraient, agissant comme un système automatisé de profiling des utilisateurs. Techniquement, ce serait parfaitement réalisable. Dans le doute, et dans la mesure où Skype refuse d'ouvrir les spécifications de son protocole, on comprend la méfiance de certains.

Chez Skype, on garantit que le logiciel est parfaitement sécurisé et ne présente aucun risque pour l'internaute. Le cryptage se fait de bout en bout, au moyen de l'algorithme de chiffrement symétrique AES (Advanced Encryption Standard), le standard utilisé par les organisations gouvernementales aux États-Unis. AES utilise un cryptage sur 256 bits. La négociation des clés symétriques AES s'effectue par un RSA de 1 536 à 2 048 bits.

Si les spécifications générales du protocole ne sont pas rendues publiques, explique-t-on chez Skype, c'est uniquement pour offrir au logiciel une protection supplémentaire et éviter de donner aux pirates l'occasion d'y chercher des failles.

En entreprise, même si des administrateurs souhaitent bloquer l'utilisation de Skype chez les utilisateurs de leur réseau, dans la pratique il est très difficile de mettre en place une politique de sécurité qui prenne en compte les spécificités du logiciel. Le cryptage rendant impossible le filtrage, il n'est même pas possible de protéger le logiciel d'attaques malicieuses ou de le rendre compatible avec un système de détection d'intrusion IDS (Intrusion Detection System) puisque les échanges ne sont pas analysables.

Plusieurs sociétés proposent des logiciels qui détectent et bloquent les flux de Skype. Appelés SkypeKiller, ces logiciels poussent la reconnaissance de l'analyse protocolaire jusqu'au niveau applicatif, et pas uniquement en se fondant sur les protocoles de transport ou les ports, afin d'empêcher les flux Skype de traverser le réseau.

Évolution des PABX

Les PABX sont les autocommutateurs téléphoniques qui gèrent les communications téléphoniques de type circuit. Leur évolution s'est accélérée au cours des quinze dernières années pour aboutir aujourd'hui à la quatrième génération. Ces différentes générations se sont enrichies d'une multitude de services et offrent désormais la possibilité de transmettre des données. Après un développement assez anarchique, la mise en place d'un réseau de communication entre PABX hétérogènes est devenue indispensable aux grandes entreprises. Cette communication entre PABX s'est concrétisée par la normalisation des échanges entre autocommutateurs.

L'environnement PABX s'est enrichi d'une extension lui permettant de prendre en charge des services évolués, comme le télémarketing ou la gestion des appels par menu grâce à l'association de processeurs informatiques. Nous présentons à la fin de ce chapitre cette intégration de la téléphonie et de l'informatique, appelée CTI (Computer Telephony Integration).

Les autocommutateurs privés

Un autocommutateur assure une liaison temporaire entre deux lignes d'abonnés (communication locale) ou entre une ligne d'abonné et une jonction allant vers un autre autocommutateur. L'autocommutateur se subdivise en deux sous-ensembles principaux : le réseau de connexion, à travers lequel s'effectue la connexion, et les organes de commande, qui effectuent les différents dialogues permettant l'établissement de la communication.

Fonctionnellement, on peut distinguer :

- les équipements individuels de ligne permettant le raccordement des postes téléphoniques ou des circuits ;
- le réseau de connexion ;
- l'unité de commande qui gère la traduction, la maintenance, les équipements de signalisation, etc. ;
- les organes de collecte et de distribution de la signalisation voie par voie ;
- les organes de collecte et de distribution de la signalisation par canal sémaphore.

Le numéro de l'appelé est la seule source d'information pour l'autocommutateur. Ce numéro doit être analysé, ou traduit, en fonction du plan de numérotation. En règle générale, un premier chiffre indique que l'appelé est sur le même PABX que l'appelant. Les chiffres suivants désignent la ligne correspondant à l'appelé. Si le premier chiffre ne correspond pas au chiffre de l'autocommutateur, cela signifie que l'appelé est situé sur un autre autocommutateur. Dans ce cas, les premiers chiffres représentent le numéro de l'autocommutateur de l'appelé, et les derniers la ligne correspondant à l'appelé.

Cette architecture peut devenir plus complexe si l'on ajoute de nouvelles fonctionnalités, telles que des interfaces avec les réseaux locaux, des applications de messagerie vocale, etc. Un exemple de PABX IP avec des fonctionnalités de connexion à de la téléphonie classique est détaillé à la figure 41.7.

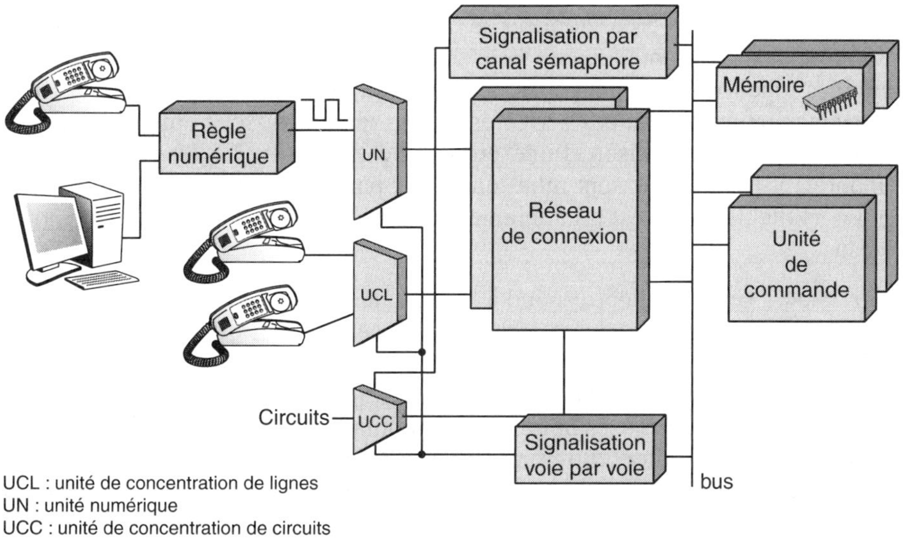

Figure 41.7

Architecture générale d'un PABX

Un commutateur temporel permet d'émettre des voies entrantes dans un ordre quelconque sur les voies du multiplex de sortie. Il est constitué d'une mémoire tampon réceptionnant les IT (intervalles de temps) entrants et d'une mémoire de commande gérant la mémoire tampon. On distingue les commutateurs à commande aval et ceux à commande amont.

En mode de commande aval, les IT sont inscrits au fur et à mesure dans la mémoire tampon. La mémoire de commande contient à chaque instant l'adresse, en mémoire tampon, de l'échantillon à transmettre sur le multiplex de sortie. Si l'ITi entrant doit être connecté à l'ITj sortant, les octets de données entrant sur l'ITi doivent être envoyés sur l'ITj en sortie.

En mode de commande amont, les IT entrants sont inscrits dans la mémoire tampon, sous le contrôle de la mémoire de commande, dans l'ordre où ils sont lus avant d'être envoyés sur le multiplex de sortie. Ainsi, le mot i de la mémoire de commande contient l'adresse j où inscrire l'ITi entrant.

Les différentes générations de PABX

Issu de la technologie électromécanique, le type le plus ancien de commutateur privé a duré près de cent ans. La première génération de commutateurs électroniques est apparue dans les années 1960. La commutation est pilotée par un calculateur universel, et le réseau de connexion est de type spatial. Le raccordement au réseau public s'effectue *via* des groupements de lignes analogiques.

Dans un commutateur spatial, électronique ou électromécanique, l'établissement et la libération d'une communication se font respectivement par la mise en place et la rupture d'un certain nombre de points de connexion. Une fois un itinéraire établi, il sert de support exclusif à une seule communication.

La deuxième génération, datant du milieu des années 1970, offre la commutation de données, mais la voix et les données se trouvent sur des lignes séparées. L'interface avec les terminaux reste analogique. Si le calculateur intégré gérant la commutation offre certaines fonctionnalités nouvelles, telles que la numérotation abrégée ou l'interdiction d'appeler l'international, ces dernières restent largement sous-employées (IBM 3750 et TBX de Philips) en raison d'une ergonomie médiocre. Le réseau de connexion est temporel, et les abonnés sont reliés entre eux par l'intermédiaire d'une ligne multivoie. Un intervalle de temps est régulièrement affecté à chaque connexion, ce qui simplifie le réseau.

La troisième génération correspond à l'avènement des réseaux numériques à intégration de services, au début des années 1980. Elle est caractérisée par le multiplexage de la voix et des données sur la même porte du PABX, soit sur une même paire torsadée, soit sur deux. La transmission est généralement analogique. Le PABX étant entièrement numérique, des codecs équipent ses portes. La commutation est de type temporel, mais les voix et les données sont traitées différemment dans le PABX. Ces commutateurs offrent également des interfaces numériques à 64 Kbit/s, où peuvent se connecter divers terminaux et téléphones numériques. Le raccordement au réseau public devient lui aussi numérique grâce à des liaisons MIC (modulation par impulsion et codage) à 2 Mbit/s. Ces liaisons autorisent la sélection directe à l'arrivée et permettent aux centraux publics d'envoyer au PABX des informations relatives au coût de la communication (taxation), qui peuvent donc être retransmises à l'utilisateur au cours de la communication.

Une troisième génération et demie, de conception modulaire, est apparue au début des années 1990. Elle associe un commutateur de circuits à 64 Kbit/s et un commutateur de paquets X.25 ou relais de trames, chacun ayant son propre processeur. Ainsi, les variations du trafic de données ne pénalisent pas la qualité des services téléphoniques.

La quatrième génération est intervenue avec les PABX-IP, au milieu des années 1990, pour gérer des flux de paquets IP. Il est possible de connecter à la fois des téléphones numériques, les octets étant paquétisés dans des paquets IP, et des téléphones IP, qui envoient directement des paquets IP.

Une cinquième génération est à l'étude avec un cœur complètement IP. Cette génération ressemble à maints égards aux routeurs IP avec des signalisations SIP ou H.323.

PABX et transmission de données

Le débat en cours depuis quelques années sur les rôles respectifs des PABX et des LAN (réseaux locaux) dans la communication d'entreprise est aujourd'hui clos, les deux réseaux étant considérés comme complémentaires. Le PABX est parfaitement adapté au transport de la voix (64 Kbit/s/ligne), mais il peut également transporter des données à faible débit (jusqu'à 256 Kbit/s par ligne en interne). Le réseau local est adapté au transfert de données haut débit (10 Mbit/s pour un réseau Ethernet) mais pas à celui de la voix, du fait de contraintes temporelles trop strictes, sauf exception. Le tableau 41.1 récapitule les caractéristiques comparées des PABX et des réseaux locaux.

Recommandation par type de réseau / Type des informations transférées	H.310 RNIS LB ATM	H.320 RNIS BE	H.321 RNIS LB ATM	H.322 ISO-Ethernet	H.323 Réseaux à transfert de paquets	H.324 Réseaux téléphoniques
Vidéo	H.262 (*) MEPG 2 H.261 (*)	H.261 (*)	H.261 (*)	H.261 (*)	H.261 (*) H.263	H.261 (*) H.261 (*)
Audio	MPEG1 (*) G.711 (*) G.722 G. 728	G.711 (*) G.722 G.728	G.711 (*) G.722 G.728	G.711 (*) G.722 G.728	G.711 (*) G.722 G.728 G.723.1 G.729	G.723 (*) G.729
Données	T.120	T.120	T.120	T.120	T.120	T.120
Multiplex	H.222.0 (*) H.222.1 (*)	H.221 (*)	H.221 (*)	H.221 (*)	H.245 (*)	H.223 (*)
Contrôle	H.242 (*)	H.242 (*)	H.242 (*)	H.242 (*)	H.245 (*)	H.245 (*)
Signalisation	Q.2931	Q.931	Q.931	Q.931	H.225.0 (*) Q.931	-

TABLEAU 41.1 • Comparaison des PABX et des réseaux locaux

Pour satisfaire les besoins des utilisateurs, les deux techniques de commutation, paquet et circuit, doivent pouvoir être offertes sur les PABX. La première optimise les circuits physiques en y multiplexant plusieurs communications tandis que la seconde permet des débits élevés.

Les communications en mode circuit se font soit par modem, soit par intégration dans un raccordement numérique. L'accès d'un système informatique au service de circuits s'effectue par le biais d'un adaptateur de terminal chargé d'adapter la vitesse du terminal à celle du circuit (64 Kbit/s) et de supporter la fonction d'établissement de la communication. Les normes V.110 ou ECMA 102 sont utilisées pour l'adaptation de la vitesse et X.21 pour l'interface d'accès.

De même, les communications en mode paquet se font soit par modem, soit par intégration dans un raccordement numérique. Les relations entre terminaisons de standards différents sont automatiquement établies. Le PABX peut aussi établir en mode circuit une relation entre un terminal et un équipement de passerelle, lequel, selon les modèles, est situé dans le PABX.

Aujourd'hui, on distingue deux types d'architecture de PABX. Le premier privilégie la commutation de circuits pour le raccordement de terminaux. Les accès en transmission de données sont traités comme des communications téléphoniques, le PABX ayant alors surtout un rôle de concentrateur de terminaux. L'optimisation du câblage est atteinte par l'utilisation des câbles téléphoniques pour le transfert des données.

Cette solution est plutôt destinée aux entreprises ayant peu de postes de travail informatiques par rapport aux téléphones ou qui emploient des applications à faible taux d'utilisation. Elle nécessite la mise en place d'un réseau local en cas de transmission de données importantes.

Certains commutateurs peuvent accéder à des réseaux locaux. C'est le cas des autocommutateurs munis d'une URM (unité de raccordement multiservice). Celle-ci peut recevoir des cartes d'interface pour permettre à un terminal asynchrone d'accéder à un réseau. De même, certains PABX sont dotés d'un interfaçage Ethernet. Chaque carte Ethernet peut supporter 24 connexions, et plusieurs cartes peuvent être installées en parallèle. Cet équipement permet le raccordement d'un système, *via* un câblage en paire torsadée, à un débit à 10 ou 100 Mbit/s.

Le second type d'architecture entraîne également la cohabitation PABX-LAN, les deux étant fournis cette fois par le même équipementier. Le LAN et le PABX sont alors reliés par une passerelle. Celle-ci permet à un utilisateur occasionnel, connecté au PABX, d'accéder à l'ensemble des ressources informatiques raccordées au LAN. De même, un utilisateur du LAN atteint les serveurs connectés au PABX et les réseaux publics raccordés à celui-ci. Ce type d'architecture profite pleinement de la complémentarité PABX-LAN et du plan de câblage unique.

La signalisation entre PABX

La signalisation entre les PABX peut se faire voie par voie ou par canal sémaphore. Jusqu'à présent, la première méthode est la plus utilisée. L'information utile et la signalisation empruntent les mêmes circuits physiques dans le réseau. Une bande de fréquences est réservée en mode spatial et 1 octet en mode temporel. Dans ce mode temporel, les paroles téléphoniques sont transportées dans des octets, et un octet particulier est réservé à la signalisation, par exemple l'octet transporté dans l'intervalle de temps Numéro 16 d'une communication en mode MIC (modulation, impulsion et codage).

La seconde méthode est caractérisée par l'utilisation d'un réseau de signalisation séparé du réseau transportant le trafic utile. Les informations relatives à chaque appel sont échangées sous forme de messages transportés par un canal annexe de transmission de données, commun à tout un groupe de circuits. Il y a quelques années, cette signalisation était propre à chaque constructeur.

On compte aujourd'hui une centaine de types de signalisation privée inter-PABX, dont aucune n'est normalisée. Les organismes de normalisation ont par la suite proposé le protocole D, du nom du canal de signalisation dans lequel il est mis en œuvre, pour permettre la communication entre PABX hétérogènes et une gestion du réseau (réacheminement et reconfiguration en cas de surcharge de trafic ou de défaillance d'un commutateur, etc.). Adapté par l'ECMA (European Computer Manufacturers Association), ce protocole a été normalisé par l'ETSI sous le nom de Q-SIG (141 et 143). Cette norme s'aligne sur le protocole Q.932 de l'UIT-T utilisé pour l'interconnexion des autocommutateurs privés et des centraux publics.

Les caractéristiques principales du protocole de signalisation, que ce soit Q-SIG ou Q.932, sont les suivantes :

- Gestion des communications de type circuit ou paquet.
- Capacité à transmettre des informations de nature différente (signalisation, téléaction, maintenance, etc.).
- Fiabilité, due à l'emploi de méthodes efficaces de détection et de correction d'erreur grâce à l'utilisation d'une signalisation de type transmission de données.
- Extension du vocabulaire de la signalisation : il suffit pour toute nouvelle application d'indiquer aux logiciels des calculateurs l'élaboration et l'interprétation des nouveaux messages.

Parallèlement aux travaux de l'ECMA, un groupe de constructeurs, mené par Alcatel et Siemens, a fondé le forum IPNS (ISDN PBX Networking Standard), dont l'objectif est la normalisation des compléments de services offerts par les protocoles propriétaires. L'utilisation d'un protocole normalisé tel que Q-SIG devrait permettre de rassembler au sein d'un même réseau des PABX de constructeurs différents. Rappelons que la procédure CCITT n° 7 est le protocole choisi pour la signalisation entre commutateurs du RNIS. Ce protocole de signalisation n'est pas accessible par l'utilisateur, l'interfonctionnement avec le protocole Q-SIG se faisant dans les commutateurs d'abonnés.

L'intégration téléphonie-informatique

L'intégration de la téléphonie et de l'informatique n'est pas une nouveauté. Prévue depuis longtemps, la nécessité de cette alliance a commencé à se faire sentir dans les produits à partir de 1995. Cette intégration, qui a pris le nom de CTI, est née d'un groupe de travail sur le CSTA (Computer Supported Telephony Applications), et c'est l'ECMA qui a pris les choses en main en créant le groupe de travail TG11.

Un premier rapport a décrit les objectifs du CSTA :

- téléphonie évoluée (messagerie vocale, accès divers au réseau, téléconférence téléphonique, etc.) ;
- télémarketing ;
- service de clientèle ;
- micro-ordinateur comme centre de communication ;
- service de contrôle et d'alarme ;
- accès aux données de l'entreprise.

Ces services s'obtiennent par l'adjonction d'un équipement supplémentaire, qui s'interconnecte au PABX par une liaison CTI. Les terminaux sont connectés à ce serveur de téléphonie, tandis que les combinés téléphoniques continuent, bien sûr, à être connectés au PABX.

Éditeurs de logiciels et constructeurs de produits CTI

Les principales entreprises qui commercialisent des interfaces de programmation ou des produits de CTI sont les suivantes :

- Microsoft et Intel, avec l'interface TAPI (Telephony API) ;
- Novell, avec l'interface TSAPI (Novell Telephony Server API) ;
- Dialogic's, avec Dialogic's CT-Connect ;
- IBM Callpath ;
- Sun XTL Teleservice ;
- Hewlett Packard ACT ;
- Tandem CAM.

Tous ces produits de CTI visent à permettre au client qui téléphone d'atteindre l'agent capable de lui répondre par une synthèse vocale, par fax ou par toute autre solution viable. Ils visent également à mettre en mémoire les réponses d'un utilisateur.

Regardons d'un peu plus près l'interface de programmation TAPI de Microsoft-Intel, qui fait partie de l'architecture WOSA (Windows Open Services Architecture) de Microsoft. Plus exactement, WOSA est une plate-forme qui intègre les différents logiciels destinés aux applications du système d'information d'une entreprise. Outre l'application TAPI, WOSA contient ODBC (Open DataBase Connectivity), MAPI (Messaging Application Programming Interface), LSAPI (Licensing Server Application Program Interface), ainsi que des services de communication, comme le RPC de Microsoft.

TAPI est une interface générique d'appel de services. Trois objets ont été définis :

- L'objet ligne, qui caractérise la configuration et les numéros d'appel.
- L'objet appel, qui représente la mise en liaison avec le correspondant.
- L'objet téléphone, qui définit la configuration statique et les caractéristiques des combinés.

L'évolution de la CTI consiste en son intégration dans un environnement Internet permettant une connectivité totale de tous les éléments nécessaires à la vie d'une entreprise. Il devient dès lors possible de mettre en place des stratégies extrêmement évoluées d'utilisation des communications téléphoniques arrivant dans l'entreprise. De plus, il est relativement simple d'évoluer vers le multimédia.

Une des avancées immédiates provient des boîtes aux lettres universelles, capables de gérer toutes sortes de messages, de paroles, de fax, d'e-mail, etc. Il est possible, par exemple, d'effectuer une synthèse de parole à partir d'un e-mail ou d'un fax, de traduire une parole en fax, etc.

En résumé, l'association de la téléphonie et de l'informatique est en train de s'imposer par le biais de logiciels grand public. Cette intégration commence à faire partie de la vie de tous les jours.

Conclusion

Ce chapitre a effectué un bref tour d'horizon de la téléphonie en paquet et plus particulièrement de la téléphonie sur IP.

L'hégémonie de la téléphonie sur IP est inéluctable étant donné le gain financier procuré en quelques années par l'intégration des réseaux de données et de paroles téléphoniques. La téléphonie est cependant une application particulièrement difficile à mettre en œuvre du fait de son temps réel et de son flux continu.

Pour le moment, les solutions consistent surtout à surdimensionner les équipements et les liaisons en ne tenant compte que des clients effectuant de la téléphonie sur IP.

42

Le multimédia et la vidéo

Le multimédia concerne tout ce qui a trait à l'utilisation de plusieurs supports d'information en même temps. L'application multimédia type rassemble la voix, les données et l'image. D'autres propriétés peuvent se rajouter, comme le multipoint, le coopératif, etc. Nous ne nous intéressons dans ce chapitre qu'aux propriétés du multimédia liées à la communication et non à son traitement dans les équipements terminaux.

Dans les réseaux de la génération bande étroite, les différents médias passaient par des réseaux indépendants. Les difficultés de cette technique venaient de la remise simultanée des différents supports et de la trop grande capacité requise pour le transport de certains médias. Si le problème de débit est en partie résolu avec les réseaux large bande et les techniques de compression, restent les problèmes de coopération entre machines terminales et de synchronisation des médias, ces derniers passant par le même réseau mais pas par les mêmes logiciels.

Le groupe de normalisation ISO/IEC/JTC1 a effectué un travail important en produisant un ensemble de normes qui permettent de mettre en place des communications multimédias entre utilisateurs. Les principales normes que nous pouvons retenir sont les suivantes :

- JPEG (Joint Photographic Experts Group)
- MPEG (Moving Pictures Expert Group)
- MHEG (Multimedia and Hypermedia Expert Group)
- VRML (Virtual Reality Modeling Language)

De son côté, l'UIT-T a normalisé de nombreux assemblages de différents codeurs pour réaliser des équipements terminaux multifonctions. Nous examinerons ces propositions après avoir abordé les codeurs individuellement.

Le tableau 42.1 récapitule les différentes possibilités d'équipements terminaux multimédias avec les recommandations associées. Le signe (*) signifie que le codeur correspondant est obligatoire dans l'assemblage.

Recommandation par type de réseau / Type des informations transférées	H.310	H.320	H.321	H.322	H.323	H.324
	RNIS LB ATM	RNIS BE	RNIS LB ATM	ISO-Ethernet	Réseaux à transfert de paquets	Réseaux téléphoniques
Vidéo	H.262 (*) MEPG 2 H.261 (*)	H.261 (*)	H.261 (*)	H.261 (*)	H.261 (*) H.263	H.261 (*) H.261 (*)
Audio	MPEG1 (*) G.711 (*) G.722 G. 728	G.711 (*) G.722 G.728	G.711 (*) G.722 G.728	G.711 (*) G.722 G.728	G.711 (*) G.722 G.728 G.723.1 G.729	G.723 (*) G.729
Données	T.120	T.120	T.120	T.120	T.120	T.120
Multiplex	H.222.0 (*) H.222.1 (*)	H.221 (*)	H.221 (*)	H.221 (*)	H.245 (*)	H.223 (*)
Contrôle	H.242 (*)	H.242 (*)	H.242 (*)	H.242 (*)	H.245 (*)	H.245 (*)
Signalisation	Q.2931	Q.931	Q.931	Q.931	H.225.0 (*) Q.931	-

Tableau 42.1 • Équipements terminaux multimédias

Il existe des standards UIT-T plus anciens, comme H.100, qui détermine les qualités requises pour le codage de la visiophonie, et H.120, qui recommande la compression pour la faire passer sur un accès primaire. La recommandation H.110 définit les techniques de compression des codecs (codeur-décodeur).

D'autres groupes de normalisation ont proposé des architectures pour les communications multimédias, comme l'ATM Forum, DAVIC (Digital Audio VIsual Council) ou DVB (Digital Video Broadcasting). Nous donnerons quelques indications sur leurs orientations générales.

Codage et compression

Le codage et la compression sont les deux composantes du succès du multimédia et notamment de l'intégration de la vidéo aux autres applications multimédias. Les progrès réalisés en quelques années sont considérables, et des standards stables se sont mis en place.

Les applications multimédias posent le problème de trouver le meilleur compromis entre complexité et temps réel. On considère que, pour retrouver exactement la qualité du signal original, la compression doit être limitée à un facteur 3. C'est le cas des images dans des applications où la qualité est primordiale, comme la radio aux rayons X. Pour des images fixes ou de la vidéo, on obtient des facteurs variant de 10 à 50, avec une moyenne des taux de compression de 20 pour les images fixes et des facteurs de 50 à 200 pour la vidéo, avec une moyenne de 100.

Ces compressions, qui déforment très légèrement l'image, exploitent les capacités de récupération de l'œil humain. L'œil est beaucoup plus sensible à la luminance, ou brillance, des images qu'à la chrominance, ou couleur. On trouve cette caractéristique dans le codage de la télévision haute définition, où la résolution de la luminance repose sur une définition de l'image de 720 points sur 480, alors que le signal de chrominance n'exploite qu'une définition de 360 sur 240 points. De plus, par point, la luminance demande davantage de bits de codage que la chrominance.

Les sections qui suivent examinent les grandes normes dans le domaine du codage et de la compression.

JPEG (Joint Photographic Experts Group)

JPEG est le groupe qui s'occupe de la standardisation des images. Après adoption de la norme de base JPEG, ce groupe a continué ses efforts pour aboutir à la norme JPEG2000. JPEG a pour objectif de trouver une bonne solution pour les applications travaillant sur des images. Le marché recherché concerne la transmission d'images sur des réseaux dont la bande passante peut être assez faible, les applications client-serveur de type Web, la photographie numérique, les bibliothèques d'images et de photos, les fac-similés, les reproductions laser, les scanners et les photocopieurs numériques.

L'image en couleur peut être représentée par différentes techniques de codage :

- RGB (Red, Green, Blue), qui utilise les trois couleurs de base.
- YUV, avec Y pour la luminance et UV pour les signaux de chrominance.
- CMYK (Cyan, Magenta, Yellow, Black).

L'image est composée de blocs de 8 points sur 8 points. À chaque bloc, on applique une transformation en cosinus discrète, ou DCT (Discrete Cosine Transform). Le résultat de cette transformation est quantifié. Dernier maillon du processus de compression, les coefficients obtenus sont compressés par un codage de Huffman.

La recommandation H.261

Pour la visioconférence, l'UIT-T recommande H.261, parfois appelé p*64, parce que le débit sur le canal demande un multiple de 64 Kbit/s avec pour p une valeur maximale de 30. Pour p = 1, un canal de visioconférence est disponible avec une qualité relativement médiocre. Pour p = 32, la visioconférence donne d'excellents résultats.

Dans un premier temps, il a fallu définir le format de l'image acceptable par les différents pays, soit, en Europe, 625 lignes/50 Hertz et, en Amérique du Nord et au Japon, 525 lignes/60 Hertz. Cela a donné naissance au format commun intermédiaire CIF (Common Intermediate Format) et au format de base QCIF (Quarter-CIF), qui est le quart du format de l'image, avec pour résultat un format de 288 lignes à 30 Hz pour un quart d'image.

La figure 42.1 illustre le fonctionnement du codeur H.261.

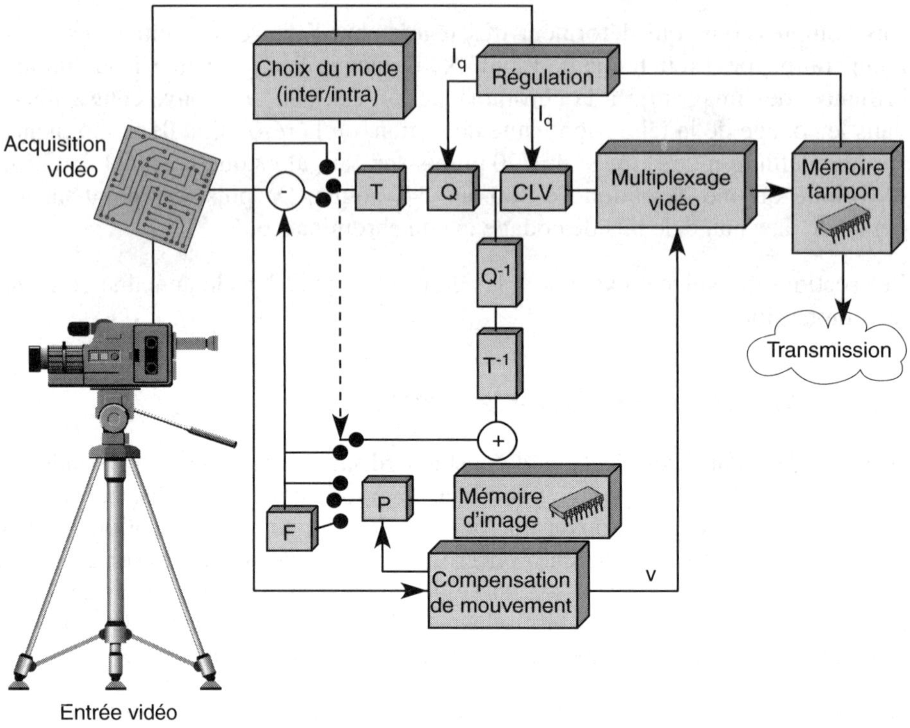

Figure 42.1

Fonctionnement du codeur H.261

Comme on le voit, plusieurs techniques sont employées simultanément pour permettre une compression optimale. Les informations à coder sont constituées du signal de luminance Y et des signaux de chrominance U et V. Les paramètres de ce format donnent les caractéristiques suivantes :

- nombre de points par ligne : Y = 360, U = 180 et V = 180 ;
- nombre de lignes par image : Y = 288, U = 144 et V = 144 ;
- nombre d'images par seconde : 29,97.

Le nombre d'échantillon pour chaque composante est divisé par 2 : c'est le minimum que le codec H.261 doit pouvoir traiter. Le nombre d'image par seconde peut être de 7,5, 10, 15 ou 30. Ces caractéristiques donnent des débits de base de 36,6, 18,3, 12,2 et 9,1 Kbit/s. Pour le format QCIF, il suffit de diviser par 4 les débits précédents.

Les techniques suivantes sont utilisées pour la compression : prédiction par une boucle sur l'image précédente reconstituée par le codage, transformation en cosinus discrète, codage entropique des données, multiplexage vidéo des différentes informations et enfin régulation du débit. Nous reviendrons sur ces différentes techniques à la section dévolue à MPEG-2.

Le codage donne naissance à un flot de données irrégulier placé dans un train numérique. Le train numérique est divisé en multitrames de 512 bits. Il démarre par 1 bit pour la synchronisation, puis viennent 493 bits pour les données vidéo et enfin 18 bits pour la correction d'erreur. Le code de détection et de correction des erreurs utilisé est le BCH (Bose-Chaudhuri-Hocquenghem). En effet, il est souhaitable de récupérer les erreurs quand la compression est importante, car une erreur introduit des erreurs sur l'image suivante et une perte de qualité d'autant plus importante que la compression est forte. Le train numérique est illustré à la figure 42.2.

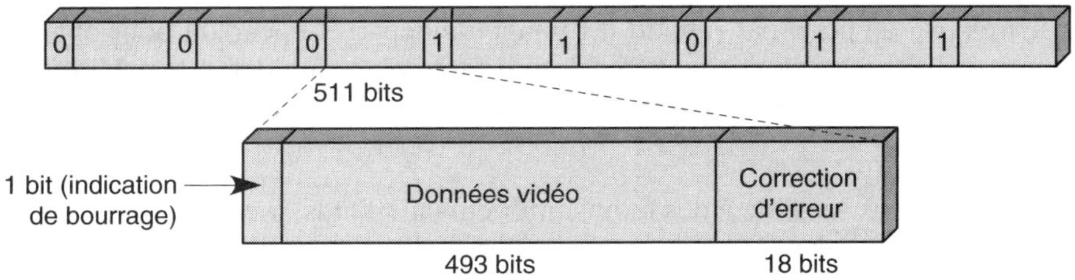

Figure 42.2

Train numérique du codage H.261

Le train numérique est multiplexé dans un champ plus vaste, le champ de multiplexage vidéo, qui inclut la synchronisation vidéo, les adressages des macroblocs codés, les indications du type de codage des macroblocs, le pas de quantification, qui permet de réduire ou d'augmenter le débit du codeur suivant l'espace disponible, et les différents codages internes. La figure 42.3 illustre ce champ, organisé en quatre niveaux : le niveau image, le niveau groupe de blocs, le niveau macrobloc et le niveau bloc.

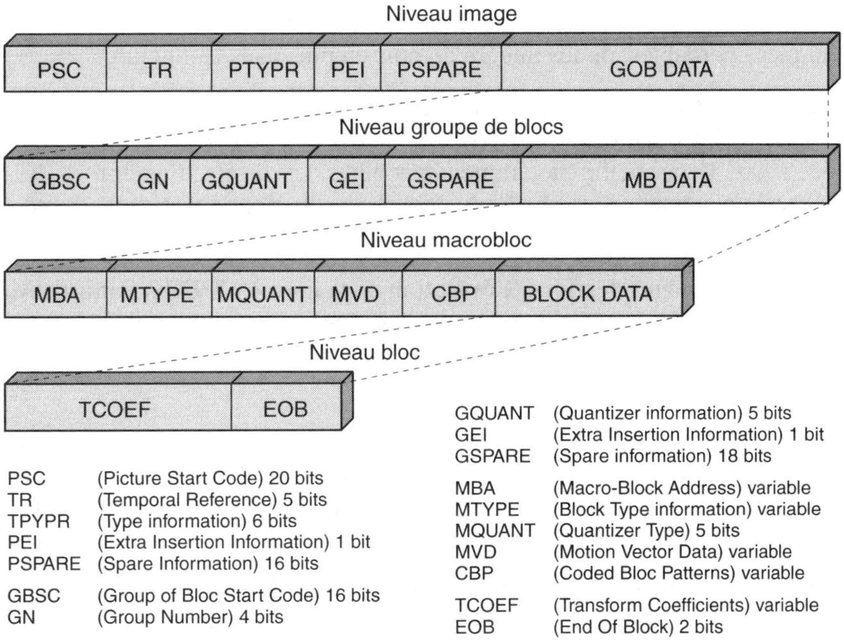

Figure 42.3

Multiplexage vidéo

MPEG (Moving Pictures Expert Group)

Le standard MPEG est sûrement le plus important pour le transport des images animées. Il intervient aussi bien dans la télévision numérique terrestre que dans la transmission de vidéo ou dans le streaming vidéo sur des combinés téléphoniques mobiles.

Comme H.261, le standard MPEG utilise des algorithmes de compression inter- et intra-trames. Le débit descend jusqu'à une valeur de 1,5 Mbit/s pour une qualité télévision, avec très peu de perte par rapport à l'image de départ. Cependant pour obtenir une très bonne qualité pour l'image de télévision, il faut prévoir un débit de 4 Mbit/s. Beaucoup de FAI qui offrent de la télévision par l'intermédiaire des accès ADSL ont choisi un débit de 3 Mbit/s.

L'œil n'étant pas sensible à des temps inférieurs à 100 ms, il est possible de jouer sur les paramètres du nombre d'image et sur la compression pour diminuer le débit. Bien qu'il permette la diffusion de vidéos de très bonne définition, le standard MPEG-1 est optimisé pour un format de 352 par 240 en 20 images par seconde.

La norme MPEG-2 a été développée en 1994 pour améliorer la transmission des images animées grâce à des images entrelacées. MPEG-2 est optimal pour une dimension de 720 par 480 pixels à 60 images par seconde. Les codecs MPEG-2 Audio Layer 3, dits MP3, permettent de compresser une musique de qualité CD par un facteur 10. Le MP3 reste très utilisé, même si l'on peut faire beaucoup mieux aujourd'hui.

Apparu en 1998, le standard MPEG-4 est bien adapté aux bandes passantes très étroites. Il permet de stocker un DVD sur CD-ROM ou de transmettre une vidéo à des débits très faibles, pouvant descendre à 9,6 Kbit/s pour s'adapter à la bande du GSM, par exemple. La norme MPEG-4 permet une compression très forte en incluant, le cas échéant, les éléments nécessaires à la reconstruction de l'image à l'autre extrémité. Pour rendre ces techniques abordables, on les intègre de plus en plus dans le silicium.

La norme MPEG-7 a pour objectif de permettre la description des données multimédias et l'ajout d'informations. La dernière norme, le MPEG-21, date du début des années 2000. Il permettra notamment de gérer les droits d'auteur et de protéger la propriété intellectuelle lors de l'échange, de la distribution et de la vente de données numériques.

Les sections suivantes décrivent l'évolution de la norme MPEG à partir de MPEG-2, qui est aujourd'hui l'un des principaux standards pour la distribution d'images animées.

MPEG-2

Le codage MPEG utilise trois types de trames, I, P, B, qui se distinguent par les techniques de compression utilisées : codage interne (Intra-coded, ou I frames), codage de façon prédictive (Predictive coded, ou P frames) et codage de façon prédictive bidirectionnelle (Bi-directional predictive coded, ou B frames).

Les trames I se servent d'une compression spatiale utilisant des transformées en cosinus discrètes, ou DCT, qui n'ont aucune référence à d'autres trames. Les trames P utilisent une compression DCT et une compensation de mouvement, ou MC (Motion Compensation), avec des références aux précédentes trames I ou P. Les trames B utilisent une compression DCT et une interpolation MC avec les trames I et P précédentes et suivantes. Pour augmenter l'efficacité du codage, un arrangement se compose généralement d'une succession de trames I, P, B, qui reviennent régulièrement. Cette séquence est appelée groupe d'images, ou GOP (Group Of Pictures). Une telle succession est illustrée à la figure 42.4.

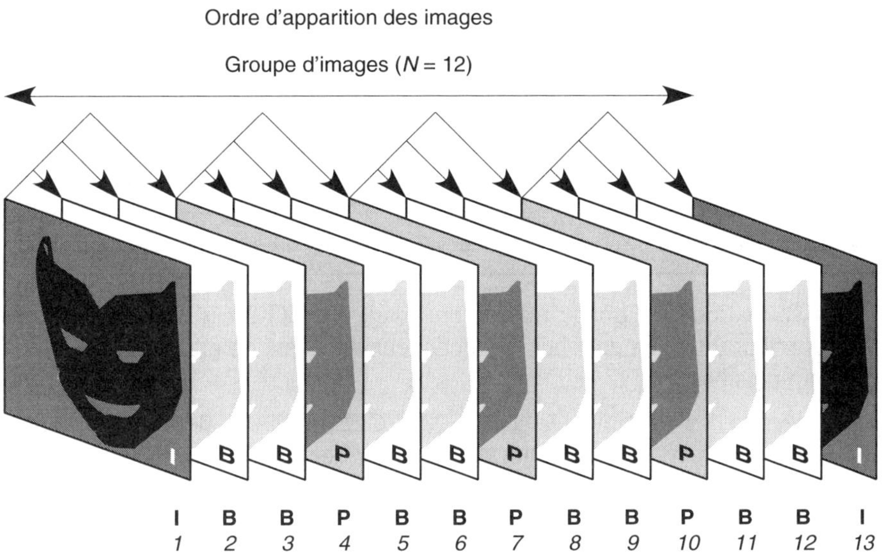

Figure 42.4

Groupe d'images, ou GOP

Dans ces images, ce sont des blocs de 8 points sur 8 points qui sont codés. Les 64 points sont numérotés par une méthode en zigzag et codés en différentiel. Un point sert de référence, les autres étant codés en fonction de la différence avec ce point et non en absolu. Cette utilisation d'un mode différentiel est classique en compression, lorsque les points à coder les uns derrière les autres varient peu. En effet, coder une différence, qui est souvent minime, nécessite moins de bits que le codage absolu de la valeur initiale.

Une fois ces 64 points codés, une fonction complexe, de type $f(x,y)$ = {transformée en cosinus inverse}, permet de corréler les 64 points. À partir de cette fonction, en inversant, on peut retrouver la valeur d'un point de coordonnées x et y. Une fois cette transformée effectuée, on peut encore compresser par une quantification. En termes approximatifs, cela consiste à simplifier plus ou moins le résultat de la fonction $f(x,y)$. Lorsqu'on effectue la fonction inverse, si l'on a beaucoup simplifié, le résultat est une approximation grossière. Si, au contraire, la quantification a été importante, la transformée inverse est précise.

On poursuit ensuite par une compression finale en utilisant une compression de Huffmann, qui consiste à remplacer les suites de mots — suites d'éléments binaires provenant du flot à transporter, lui-même obtenu par codage et compression des images — par une nouvelle suite dans laquelle les mots qui reviennent très souvent sont recodés sur peu de bits et les mots très rares sur des suites de bits beaucoup plus longues que l'original. On considère que, par un codage de Huffmann, on peut gagner de 25 à 50 %.

Exemple de compression de Huffmann

Supposons que l'on ait à transporter la suite binaire 100011000011110010001100. Si l'on prend des mots de 4 bits, il faut transporter la suite 1000 1100 0011 1100 1000 1100. Si l'on code les mots par les valeurs suivantes :

- 1100 par 1
- 1000 par 01
- 0011 par 001

nous pouvons remplacer la séquence de départ par 0110011011, et donc une suite de 24 bits par une suite de 10 bits. La compression est assez forte dans cet exemple, mais il est possible de trouver, dans une suite quelconque, des mots de 4 bits qui n'apparaissent pas souvent et qui, eux, vont être codés par une valeur de beaucoup plus de 4 bits.

Cette technique est employée par tous les logiciels de compression que l'on utilise sur Internet.

La transformation de l'image initiale en image MPEG-2 est complexe, de sorte qu'un codeur revient relativement cher. Un décodeur, fabriqué en grande série, atteint des prix beaucoup plus bas.

Si l'on regarde dans le temps, le codage MPEG-2 produit un débit très irrégulier, comme illustré à la figure 42.5. Les images I, qui représentent, dans le cas classique du GOP illustré à la figure 42.4, un peu plus de 50 % du trafic, forment les pointes de trafic représentées à la figure 42.5.

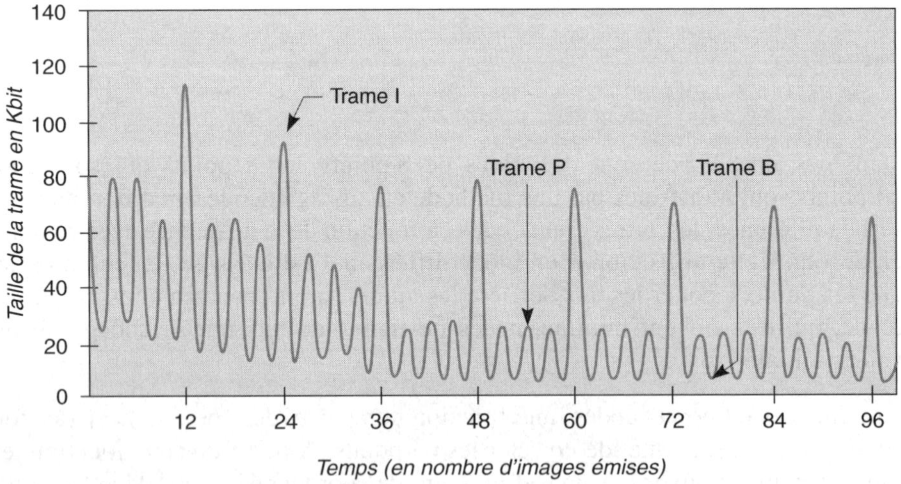

Figure 42.5

Impact du codage sur le flux d'un codec MPEG-2

Les garanties de qualité de service qui doivent être apportées au transport des différentes images sont très diverses. Si les trames I ne doivent pas être perdues, en revanche, les trames P et encore plus les trames B ont moins d'importance. La perte d'une de ces trames n'est donc pas catastrophique pour la qualité de la vidéo.

D'autres informations sont également capitales pour reformer les images animées à l'autre extrémité du réseau. Il s'agit de celles concernant la synchronisation, les références d'horloge et les données système. Ces informations constituent ce qu'on appelle le PES (Packetized Elementary Stream).

On comprend la difficulté de l'acheminement de la vidéo puisque, suivant ce que l'on transporte, la qualité de service varie. Deux grandes voies se présentent pour transmettre un canal MPEG :

- On essaie de rendre le flot constant, et l'on utilise un canal de type CBR (Constant Bit Rate). Le flux constant est obtenu par un facteur de quantification variable, ce qui donne une qualité d'image variable dans le temps. La qualité de l'image dépend du facteur de quantification et donc de la compression : plus le facteur de quantification est bas, plus la compression est forte, et plus l'image est dégradée. Plus le facteur de quantification est grand, plus la compression est faible, et plus la qualité de l'image est bonne.
- On utilise un canal de débit variable, qui s'adapte aux variations du flux MPEG, et c'est un service de type VBR (Variable Bit Rate). On peut aussi utiliser des services avec une faible garantie de délai d'acheminement si l'application de vidéo n'est pas interactive. Par exemple, un service AF (Assured Forwarding) avec perte de paquets dans un réseau IP travaillant en mode DiffServ peut très bien transporter une voie de vidéo MPEG-2 si la latence est calculée de telle sorte que les informations soient présentes lorsque le récepteur rejoue la vidéo. Des temps de retard de 5 à 15 s sont envisageables pour de la télévision à la demande puisque la capacité de mémorisation requise aux extrémités à la vitesse de 3 Mbit/s représente entre 2 et 6 Mo, ce qui devient négligeable sur un équipement de type PC.

Une fois la compression MPEG-2 effectuée, il faut assembler en un même flux les diverses informations à transmettre. À cet effet, MPEG-2 effectue un multiplexage qui repose sur quatre syntaxes :

- PES (Packetized Elementary Stream), qui rassemble les différentes composantes, audio, vidéo et télétexte, en une représentation uniforme. Cette syntaxe se préoccupe de la synchronisation entre les différents médias qui composent le flux.
- Section, qui assure la mise en paquets du flux d'information sans se préoccuper de synchronisation mais en tenant compte des problèmes de protection, essentiellement par des zones de contrôle d'erreur de type CRC.
- PS (Program Stream), qui regroupe plusieurs flux PES contribuant à un même programme en y ajoutant la signalisation nécessaire.
- TS (Transport Stream), qui regroupe des flux PES mais de programmes différents avec la signalisation correspondante. Cette syntaxe assure l'encapsulation du flot dans des paquets de longueur fixe, de 188 octets. Cette longueur peut s'adapter de plusieurs façons à la technique de transfert ATM, comme nous le verrons par la suite.

Les deux syntaxes PS et TS ne sont pas utilisées simultanément. C'est la syntaxe TS qui a été retenue pour la transmission des flux vidéo dans les bouquets de télévision numérique.

La norme MPEG-2 comporte trois parties principales :

- MPEG-2-1, qui s'intéresse à la couche système et à la représentation du multiplexage des flux.
- MPEG-2-2, qui s'intéresse à la compression vidéo.
- MPEG-2-3, qui s'intéresse à la compression audio.

La signalisation représente une autre partie importante de MPEG-2. Cette signalisation se présente sous forme de tables, appelées PSI (Program Specific Information), qui fournissent les informations nécessaires pour identifier les éléments du multiplex et y accéder. Quatre types de tables ont été définis :

- PAT (Program Allocation Table), qui fournit la correspondance entre numéro de programme et identificateur de la table décrivant les composantes de ce programme.
- PMT (Program Map Table), qui fournit les identificateurs des composantes d'un programme ainsi que leurs caractéristiques primaires.
- NIT (Network Information Table), qui décrit les paramètres physiques du réseau. Le contenu de la table NIT est privé et n'est pas spécifié dans la norme MPEG. Cette table optionnelle pour MPEG est utilisée dans le DVB.
- CAT (Conditional Access Table), qui spécifie les identificateurs des tables d'accès. Cette table est aussi optionnelle pour MPEG.

MPEG-4

L'objectif de MPEG-4 est de proposer un standard le plus large possible dans le domaine de l'audiovisuel pour les années 2000. Cette nouvelle norme prend en compte le contenu des signaux audiovisuels, un codage encore amélioré par rapport à MPEG-2 et un accès simple et universel au réseau et au terminal.

L'idée de base est un codage fondé sur l'objet. Il faut, dans un premier temps, détecter les contours et les mouvements. Ces objets sont ensuite codés avec des techniques similaires à celles que l'on vient de décrire. Ils peuvent aussi être modifiés à la demande, ce qui laisse présager de multiples possibilités d'adaptation. En d'autres termes, le codage doit reconnaître et identifier des objets, mesurer l'intérêt de chaque objet en fonction du service qui doit être rendu et coder les objets en fonction des objectifs. Cette solution présente l'avantage de pouvoir dégrader certains objets non essentiels et d'adapter la quantité d'informations à transmettre au service à fournir.

Une autre amélioration apportée par MPEG-4 par rapport à MPEG-2 concerne la hiérarchisation des flux. Chaque objet peut être codé en un ensemble de flux comportant une priorité quant à son importance. Le flux de niveau 1 est le plus important. Il peut être complété par un flux de niveau 2 puis par un flux de niveau 3, etc. Cette solution permet au flux vidéo de s'adapter à la capacité du canal de communication en dégradant plus ou moins les images, c'est-à-dire en supprimant quelques flux secondaires.

L'accès est universel en ce sens que l'image doit s'adapter à la qualité du terminal et que le transport du flux peut être acheminé sur n'importe quel réseau en adaptant la compression.

Le langage MSDL (MPEG System Description Language) a été développé pour la syntaxe MPEG-4. C'est un langage de description de scènes audiovisuelles. Sa syntaxe est organisée en plusieurs domaines :

- MSDL-A : architecture d'implémentation méthodologique et session programmable ;
- MSDL-O : description des objets traités et de leurs liens ;
- MSDL-R : format décrivant l'algorithme à utiliser ;
- MDSL-B : code exécutable binaire du décodeur ;

- MDSL-S : spécification du train binaire ;
- MDSL-M : organisation et multiplexage du train binaire.

La syntaxe inclut la négociation entre codeur et décodeur en vue de leur interfonctionnement. Trois niveaux de flexibilité ont été définis pour assurer une compatibilité.

MPEG-7

MPEG-7 est assez différent des générations précédentes. Son objectif étant de permettre une meilleure indexation, c'est un standard de description d'objets vidéo. MPEG-7 établit un ensemble de standards de description pour représenter différents types d'informations multimédias. Il définit en outre des classifications de description ainsi qu'un langage pour spécifier les schémas de description. MPEG-7 réalise enfin une jonction avec la norme XML (eXtensible Markup Language).

XML provient d'un groupe de travail du consortium W3C. C'est un format d'échange standard sur le Web. Comme le HTML, le langage de première génération du Web, XML est un langage à balises, ou tags. Les balises représentent une définition de structures intégrées aux données. Il est conçu comme un sous-ensemble du SGML (Standard Generalized Markup Language).

La description des objets est associée au contenu lui-même pour permettre la recherche rapide et efficace des informations qui intéressent l'utilisateur. Les objets peuvent prendre des formes très diverses, comme des images, des graphiques, de l'audio et des vidéos. Ils doivent contenir de l'information sur la façon dont ces éléments sont combinés dans une présentation multimédia pour réaliser ce qui est appelé le scénario. La description peut être attachée à n'importe quel objet multimédia, quel que soit le format de la représentation. Comme la description de MPEG-7 ne dépend pas de la représentation de l'objet, le standard s'appuie fortement sur MPEG-4, qui fournit les moyens de coder des objets audiovisuels.

La description standardisée des différents types d'information peut nécessiter un certain nombre de niveaux sémantiques. Pour prendre l'exemple d'un objet visuel, un niveau d'abstraction bas donne la description de la forme, de la taille, de la texture, de la couleur et de la composition, tandis que les plus hauts niveaux d'abstraction donnent des informations sémantiques décrites en langage naturel et codées sous une forme adaptée.

En plus de la description du contenu, il peut être nécessaire d'inclure d'autres informations, comme le format, le type de compression utilisée ou la taille. Cette information aide à déterminer si l'objet peut être lu par l'utilisateur. Une autre information peut être la condition d'accès aux objets, le copyright ou le prix.

VRML (Virtual Reality Modeling Language)

Le groupe VRML est à l'origine de la norme du même nom, qui est un format de fichier extensible destiné à décrire un monde interactif en trois dimensions et des objets spécifiques, comme des scènes complexes ou des présentations de réalité virtuelle en conjonction avec le Web.

VRML permet de sortir de l'espace à deux dimensions imposé par les pages HTML en décrivant un espace virtuel dans lequel il est possible de se déplacer physiquement. Il est, par exemple, possible de décrire une boutique virtuelle avec des articles et des vendeurs. Des séquences audio et vidéo sont associées pour obtenir des renseignements supplémentaires.

Les programmes VRML décrivent des formes (sphères, cubes, cônes, cylindres, etc.), des éclairages, des sons, des liens hypertextes, ainsi que leur agencement dans l'espace, leur texture, leur couleur, leur matériau, etc. Une fois interprété, le langage VRML s'affiche en 3D, et l'utilisateur peut se déplacer dans cet environnement. La première version, VRMLv1.0, a été remplacée à la fin des années 1990 par VRMLv2.0, qui permet d'animer des objets, d'introduire des scripts d'animation, de développer des sons en 3D et plus généralement d'introduire des objets vidéo.

MHEG (Multimedia and Hypermedia Expert Group)

Le groupe MHEG a été fondé pour développer un décodeur de contenu qui serait intrinsèquement adapté aux principales caractéristiques du système de télévision numérique. Ce décodeur doit donc prendre en charge tous les systèmes de télévision numérique, en particulier le DVB. Il se charge aussi bien de l'audio que de la vidéo et doit pouvoir associer du texte et des données graphiques à des événements spécifiques.

Le groupe MHEG en est à la version MHEG-7, qui définit des objets en code déclaratif, appelant des codes procéduraux externes. MHEG facilite la communication en temps réel et la présentation d'informations multimédias. Les applications MHEG doivent pouvoir être supportées par des terminaux bas de gamme, ce qui implique une puissance de communication assez importante.

DVB (Digital Video Broadcasting)

Le consortium DVB a joué le rôle de pionnier pour imposer la télévision numérique en utilisant MPEG-2 comme mode de codage et de compression. Les progrès considérables effectués sur la compression de l'image animée et la normalisation de MPEG-2 ont permis l'introduction de la télévision numérique, qui s'est vite imposée.

La normalisation par l'ETSI des propositions du consortium DVB a permis la mise en place de nombreux standards :

- DVB-S, pour la télévision par satellite. C'est le plus ancien des standards, et il est utilisé presque universellement. Il faut un canal de 36 MHz pour transporter un canal d'un débit de 38 Mbit/s. Un canal DVB peut transporter de façon entrelacée environ 6 canaux de télévision.
- DVB-C, pour la télévision numérique par câble de flux MPEG-2. Ce standard est fondé sur le DVB-S, mais avec une modulation modifiée, utilisant du QAM à la place du QPSK. Le médium de transport, le câble, étant moins bruité que la voie satellite, on supprime une couche de protection d'erreur, ce qui permet de faire descendre le débit nécessaire à 8 Mbit/s pour un canal DVB.
- DVB-T, pour la télévision numérique par diffusion terrestre. Cette norme a été approuvée en 1997. Les informations sont codées selon la norme MPEG-2, DVB définissant le mode de transport et les systèmes de protection d'erreur. La modulation COFDM a été retenue, sous les formes 2K (1 705 porteuses) et 8K (6 817 porteuses). Chacune de ces porteuses est elle-même modulée en QAM et QPSK.
- DVB MC/S, pour les systèmes de diffusion multipoint par micro-ondes.
- DVB-SI, pour les services de télévision et d'information en ligne. MPEG-2 permet de séparer les informations système des informations spécifiques du programme vidéo. DVB met à disposition un système ouvert d'insertion d'informations système, qui permet au terminal ou à l'utilisateur de naviguer à travers les services. On peut donc retrouver toutes les informations nécessaires pour réaliser un zapping simplifié ou

concernant les programmes (heure de début et de fin d'une émission, type de l'émission, etc.).

- DVB-CI, pour le contrôle d'accès et l'interface avec le récepteur. L'interface commune est une interface normalisée entre une carte PCMCIA et le terminal numérique. C'est cette interface qui permet à un terminal DVB d'accepter différents types de contrôle d'accès, comme Viaccess, Mediaguard ou Irdeto.
- DVB-CA, un système d'embrouillage commun. Pour réaliser le décryptage, une clé d'embrouillage est transmise codée dans le flux. Si l'on a souscrit le bon abonnement, un module fournit la clé en clair au module de désembrouillage. Le désembrouillage s'effectue grâce à la clé en clair.

Les progrès continuent à une vitesse toujours aussi importante, et les flux vidéo devraient passer des normes MPEG-4 aux normes MPEG-7 puis MPEG-21 de 2005 à 2008.

La difficulté de la télévision diffusée provient d'un débit très variable dans le temps, qui doit s'adapter à un tuyau de capacité fixe. Les algorithmes doivent donc compresser plus ou moins fortement l'information en fonction du temps et des ressources disponibles sur le support. Si le tuyau est presque vide, on peut améliorer la qualité de l'image. Si, au contraire, le tuyau est pratiquement rempli par les informations provenant de la source, une dégradation de la qualité de la transmission vidéo est une solution acceptable si la qualité de service demandée par l'utilisateur le permet. Pour optimiser globalement le transfert de l'application, un mécanisme de contrôle est indispensable.

Une autre solution pour offrir une image vidéo avec la qualité de service désirée par l'utilisateur serait évidemment que l'opérateur de télévision offre des connexions à débit variable, permettant ainsi à l'application d'utiliser à chaque instant le débit optimal et de conserver la qualité de service tout en évitant un abonnement à un tuyau de capacité constante dans le temps.

La télévision numérique

La télévision numérique est aujourd'hui proposée par toutes sortes d'opérateurs, depuis les câblo-opérateurs et opérateurs de télévision hertzienne, comme pour la TNT (télévision numérique terrestre), jusqu'aux opérateurs de télécommunications et aux FAI, grâce aux accès haut débit de type ADSL ou modem câble.

La TNT

La diffusion numérique terrestre, ou hertzienne, utilise le principe classique de la diffusion dans les bandes VHF/UHF, mais ces dernières, au lieu de transporter les images et le son en analogique, les véhiculent après numérisation et compression, selon la norme MPEG-2/DVB-T. Ce système permet de transporter le flux des informations sous forme numérique. Le codage de l'information est différent suivant que l'on s'occupe du son ou de la vidéo. Le codage vidéo a retenu MPEG-2, tandis que le codage audio est réalisé grâce au procédé Musicam, qui utilise les propriétés de l'oreille humaine pour ne coder que les informations nécessaires.

Les nouvelles techniques numériques avec compression des informations transmises permettent de diffuser dans une largeur de bande équivalente à un canal analogique cinq ou six programmes organisés en multiplex de programmes. Les techniques d'accès conditionnel reposent sur trois niveaux fonctionnels : l'embrouillage et le désembrouillage des signaux, la gestion des signaux de contrôle d'accès et enfin la gestion des titres d'accès liés aux modes de commercialisation. Cette ressource favorise l'enrichissement de nouvelles offres de services très facilement différentiables, qui peuvent être commercialisées par abonnement ou par paiement à la séance.

Le codage du canal DVB s'effectue en suivant le principe de la modulation COFDM (Coded Orthogonal Frequency Division Multiplexing), qui consiste à répartir l'information sur un grand nombre de porteuses distinctes et orthogonales modulées individuellement. Son principal avantage est son excellent comportement en présence d'échos dus aux réflexions sur des montagnes ou des bâtiments.

Les réseaux de télévision numérique terrestre utilisent les bandes de fréquences allouées à la télévision analogique. La ressource nécessaire peut être obtenue selon deux voies, qui mettent en valeur le potentiel de la modulation COFDM :

- **Réseau monofréquence (SFN).** Un seul et même canal est utilisé par tous les émetteurs pour couvrir le même territoire.
- **Réseau multifréquence (MFN).** Il s'agit du principe actuellement utilisé pour les réseaux de diffusion de la télévision analogique. La ressource est alors essentiellement liée à la capacité qu'offre le numérique d'utiliser les canaux adjacents des diffusions analogiques actuelles. C'est sur cette base que la France, comme la plupart des pays européens, dégage une ressource de six canaux pour la nouvelle TNT. En d'autres termes, chaque canal actuel (TF1, France 2, France 3, Canal+, La Cinquième/ARTE, M6) offrira six canaux à la place d'un canal, de telle sorte que les six chaînes principales offriront au total 36 canaux de télévision numérique.

Ce multiplexage des canaux numériques est illustré à la figure 42.6.

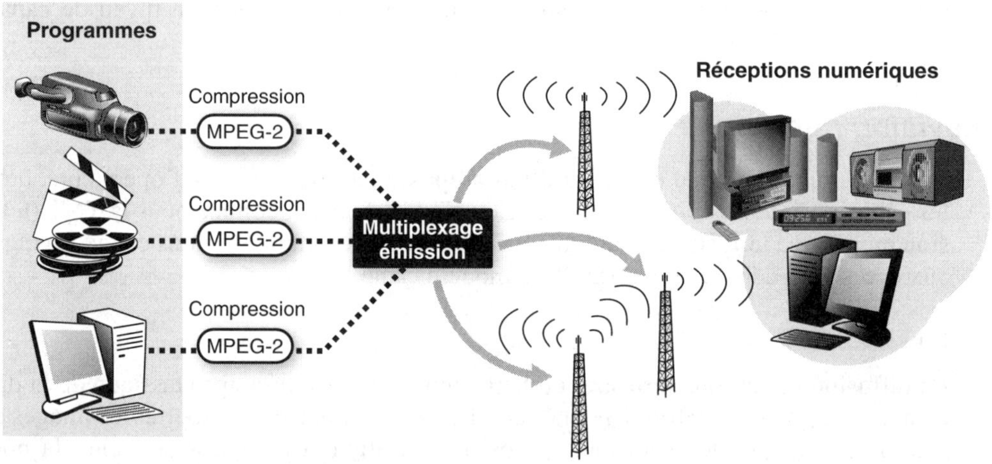

Figure 42.6

Multiplexage des canaux de télévision numériques

La TV sur ADSL

Une deuxième solution pour amener des bouquets de canaux de télévision numérique jusqu'à l'utilisateur concerne le passage par les modems ADSL. Ces accès ADSL sont capables d'offrir des interfaces à des débits de plusieurs mégabits par seconde. Lorsqu'un canal de 3 Mbit/s est réservé pour la télévision avec un codage de type MPEG-2, la qualité est satisfaisante. Une proposition proche de DivX, qui est un sous-ensemble de MPEG-4, a été étudiée avant d'être mise de côté au profit de MPEG-2 pour réaliser des set-top-boxes bon marché.

Actuellement, les réseaux des FAI sont suffisamment puissants pour réaliser une diffusion de canaux de télévision mais pas encore pour réaliser de la vidéo à la demande. En effet, dans la télévision diffusée, c'est le même canal de télévision qui arrive chez chaque utilisateur en multicast tandis que, pour une VoD (Video on Demand), il faut un flot spécifique avec un fort débit pour chaque utilisateur individuellement. La somme de ces débits individuels est aujourd'hui trop importante pour les réseaux des FAI.

La Webdiffusion

Un service de diffusion de médias par Internet, ou Webdiffusion, est une solution client-serveur de médias audio, image et vidéo disponibles sur Internet. Ce type de service comprend un programme client, qui permet de décoder le son et la vidéo, et un programme serveur, dont les données audio et vidéo sont emmagasinées sur le serveur en un format encodé par un autre utilitaire d'encodage. La figure 42.7 illustre cette architecture.

Figure 42.7
Diffusion de médias sur Internet

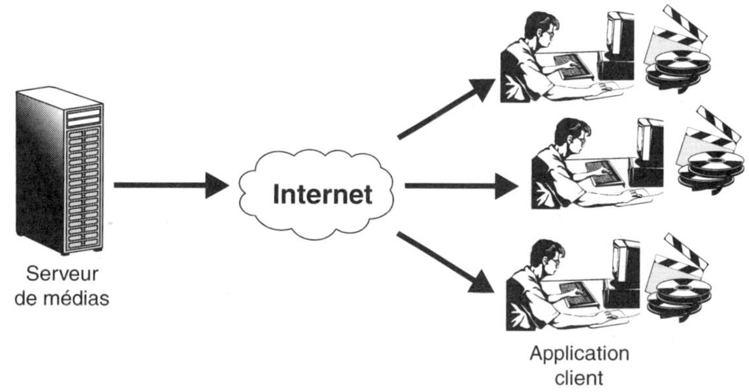

La Webdiffusion, ou Webcast, désigne l'émission audio ou vidéo diffusée sur le Web, en direct ou en différé, que l'internaute peut écouter ou visualiser sur l'écran de son ordinateur grâce à un lecteur multimédia. De nombreux logiciels permettent la Webdiffusion, dont RealNetworks, Windows Media Player ou Apple QuickTime.

Au lieu d'avoir un service de diffusion, il est également possible d'utiliser Internet pour réaliser des visioconférences, qui peuvent permettre une communication de personne à personne, comme avec MSN Messenger, ou une communication vers plusieurs personnes simultanées, comme avec CUSeeMe, Ivisit ou IrisPhone. Dans le cas de la visioconférence de type Web, la taille des images est fortement réduite et convertie dans l'un des formats propres à la visioconférence, par exemple un quart de QCIF 144×176 pixels. L'animation est réduite à une dizaine d'images par seconde. Les techniques de compression peuvent être propriétaires, mais elles ressemblent toutes à MPEG-2. Lors de la compression, chaque image est analysée par bloc de 8×8 points. Pour chacun de ces blocs, sont étudiées les variations de luminosité, de couleur et de position par rapport à l'image précédente. La première image d'une séquence vidéo est transmise intégralement. Seules ses variations sont transmises par la suite. De temps à autre, une image entière est intercalée pour conserver une qualité correcte.

Les terminaux multimédias

Les terminaux multimédias font appel à plusieurs médias pour communiquer avec l'utilisateur. Ces différents médias doivent être transmis à distance si deux machines multimédias veulent communiquer par l'intermédiaire d'un réseau. En d'autres termes, deux ou plusieurs terminaux multimédias doivent pouvoir communiquer entre eux au travers d'un réseau.

Les médias utilisés proviennent de la parole, de la vidéo et des données. Chacun de ces médias possède ses propres contraintes. Pourtant, il faut essayer d'utiliser la même signalisation et les mêmes commandes pour simplifier la gestion de l'ensemble. La normalisation joue un rôle important dans cette intégration des médias lors de l'émission des flots. En particulier, l'UIT-T a normalisé durant les années 1990 plusieurs terminaux multimédias. La notion de multimédia pour un terminal ne s'applique pas dans la terminologie réseau aux fonctions multimédias du terminal mais aux protocoles réseau supportés par le terminal.

Le standard H.323, dont la normalisation s'est achevée en 1997, décrit les protocoles réseau à mettre en œuvre dans un terminal multimédia, appelé terminal H.323. La figure 42.8 illustre la composition générale des protocoles qui doivent être implémentés dans un terminal pour que l'on puisse parler de terminal multimédia H.323. À la place du mot protocole, on emploie parfois celui de codeur, puisque les protocoles peuvent être implémentés en matériel dans un codeur.

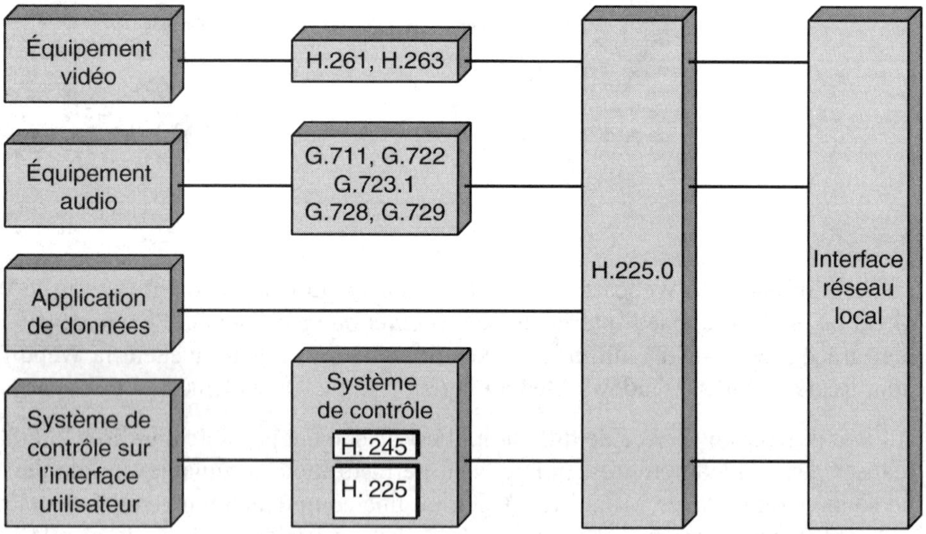

Figure 42.8

Protocoles des terminaux H.323

Pour l'équipement vidéo, le choix des codeurs est soit H.261, précédemment présenté, soit H.263.

La figure 42.9 illustre le fonctionnement de l'équipement multimédia H.324 pour les lignes téléphoniques classiques. On y trouve le modem V.34, qui permet d'atteindre des vitesses de transmission de plus de 30 Kbit/s mais qui, associé à une compression, approche les 50 Kbit/s. On s'aperçoit qu'il est possible d'atteindre des vitesses approchantes sur des connexions d'abonnés analogiques aussi bien que numériques à 64 Kbit/s.

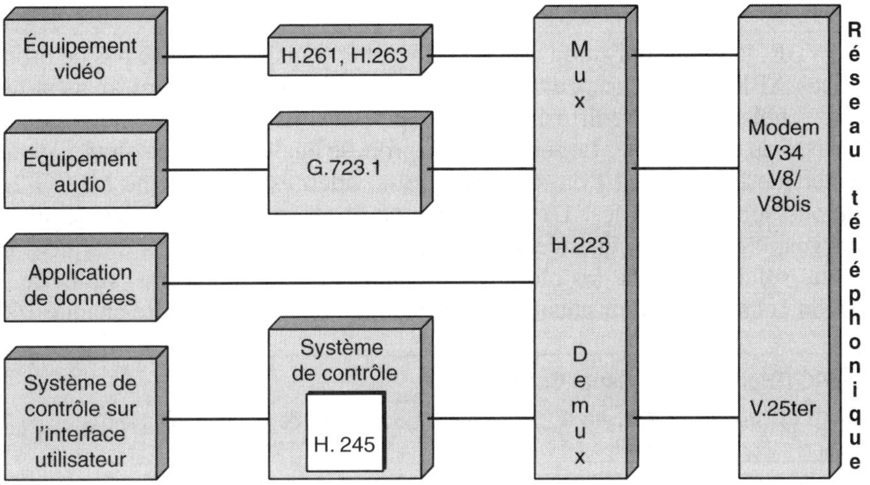

Figure 42.9

Protocoles des terminaux H.324

On retrouve dans ce terminal multimédia de nombreux codeurs déjà vus, qui correspondent aux débits les plus bas, afin de respecter les capacités de transfert des interfaces sur le réseau téléphonique.

Le transport de la vidéo

Le multimédia concerne le transport de données en association avec la parole et la vidéo. Nous avons longuement vu dans cet ouvrage les problèmes liés au transport des données et de la parole téléphonique. Cette section se concentre sur le transport de la vidéo.

Le transport de la vidéo est dépendant du type d'application, en particulier si elle est interactive ou non. Dans le cas d'une application interactive, le délai aller-retour est limité à 600 ms. Dans le cas d'une application de vidéo unidirectionnelle, sans voie de retour, le délai peut bien sûr être beaucoup plus long. Il suffit de différer la reproduction des images avec un délai constant, qui peut être de 5 s, voire nettement plus. La seule difficulté dans ce dernier cas est de faire attendre le client devant son écran pendant les quelques secondes nécessaires au départ.

La vidéo sur ATM

La première manière de créer un flot vidéo constant consiste à utiliser un codeur adapté, par exemple H.320, et de choisir le service CBR (Constant Bit Rate) de l'ATM. Lorsqu'une interactivité existe dans la communication, cette solution est la plus utilisée. La seconde solution consiste à utiliser un service VBR-rt (Variable Bit Rate-real-time) sur une AAL-5.

La vidéo sans interactivité peut être prise en charge par plusieurs sortes de services. Il faut que les octets du flot soient remis à des instants précis, mais ces derniers peuvent être retardés par rapport au temps d'entrée dans le réseau. Il est possible de regarder un programme de télévision, par le biais d'un service de vidéo à la demande, ou VoD, avec, par exemple, 10 s de retard sur son émission. Les services VBR, ABR, GRF et ABT sont des candidats possibles pour réaliser le transfert.

Avec VBR, la synchronisation est contrôlée, et le transport ne pose pas de problème. Les services ABR et GFR ne peuvent garantir complètement le retard, mais si le temps de latence choisi avant la rediffusion de l'image est suffisant, il est démontré qu'une resynchronisation est possible. Le service ABT propose également une solution garantissant le transfert de la vidéo. Si l'on suppose que la vidéo est sous forme MPEG-2, plusieurs solutions sont acceptables. La taille du bloc d'information est calculée sur un groupe d'images, c'est-à-dire généralement 12 images représentant 1/2 s de vidéo. L'avantage de cette solution est que les blocs représentent un débit à peu près similaire. Une autre solution consiste à définir chaque bloc à chaque image, c'est-à-dire chaque 1/25 s.

DAVIC (Digital Audio VIsual Council)

DAVIC est un groupement créé en 1994, dont l'objectif est de définir un ensemble d'outils pour véhiculer les applications audiovisuelles.

L'architecture DAVIC est schématisée à la figure 42.10. Cinq empilements protocolaires, notés S1 à S5, permettent de prendre en charge une communication vidéo. S1 correspond à une communication entièrement gérée par la norme MPEG, qui propose un format pour des trames MPEG véhiculées dans des cellules ATM. Le schéma S2 est orienté IP. Dans ce cas, DAVIC décrit les protocoles à utiliser au-dessus d'IP pour transporter la vidéo. La pile S3 est également une pile au-dessus d'IP mais utilisant un protocole de niveau UDP. S4 et S5 sont les piles protocolaires pour la signalisation et la gestion.

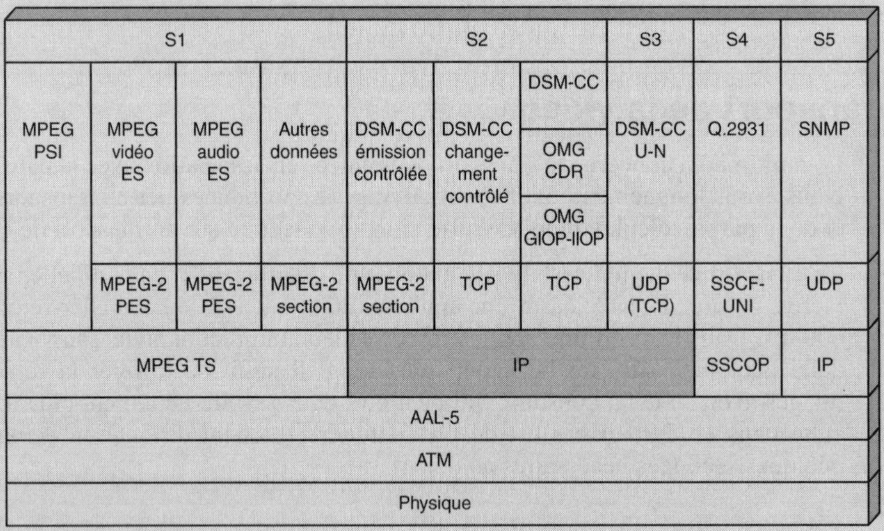

Figure 42.10
Architecture DAVIC

Une première architecture de DAVIC est appliquée aux réseaux sans fil utilisés dans la boucle locale radio, ou BLR. Les principales fréquences utilisées se trouvent dans les bandes des 3,5 GHz et 10,5 GHz, qui donnent une bande disponible de 1,75 MHz, et la bande des 26 GHz, qui offre une bande disponible de 3,5 MHz. Les interfaces de transmission ont été proposées par le groupe DAVIC, par le groupe qui s'occupe de la normalisation du DVB et par l'ETSI, dans sa proposition BRAN (Broadband Radio Access Network).

Le groupe DAVIC propose pour la transmission de vidéo l'utilisation de LMDS (Local Multipoint Distribution Service) sur l'interface physique. DAVIC ne précise que l'interface qui doit permettre le transport de cellules ATM ou de paquets MPEG-2 de 188 octets. La transmission s'effectue par un schéma QPSK (Quadrature Phase Shift Keying). La vitesse de modulation du signal s'effectuant entre 16,7 et 33,3 Mbaud/s, avec la modulation QPSK, le débit du canal radio se situe entre 26,9 et 53,8 Mbit/s en débit utile. DAVIC recommande une interface radio dans son architecture de transport de la vidéo et de l'audio, qui utilise des fréquences entre 400 et 700 MHz sur la bande montante, ce qui correspond aux recommandations de DVB. Le canal descendant utilise des fréquences entre 950 et 2 050 MHz.

La liaison entre la station de base et l'utilisateur forme le canal descendant, la liaison dans l'autre sens étant le canal montant. Le canal descendant est découpé en slots avec un partage du temps suivant une technique TDM (Time Division Multiplexing) de la station de base vers les stations utilisateur. C'est une topologie point-à-multipoint gérée par l'émetteur. Le canal montant est découpé en slots de type TDMA (Time Division Multiple Access) de façon que les différents terminaux extrémité puissent accéder en parallèle sur les slots du canal.

La technique d'accès choisie dans le cas de l'interface DAVIC se présente sous deux formes :

- accès garanti par l'utilisation de slots réservés à l'avance par le biais de la technique RS (Reserved Slot) ;
- accès par contention sur les slots par le biais de la technique CS (Contention Slot).

Les slots montant et descendant sont configurés en trames déterminées par un groupe de slots. Un slot dans le sens montant permet de transporter un paquet MPEG-2 tandis que, dans l'autre sens, le format d'un slot correspond à une cellule ATM. Pour assurer une synchronisation entre les trames montantes et descendantes, une même longueur a été normalisée, correspondant à 3 ou 6 ms.

Le flot des paquets MAC est bidirectionnel entre le NIU (Network Interface Unit) du côté de l'utilisateur et le AIU (Air Interface Unit) du côté de la station de base. Le protocole MAC est fondé sur une technique hybride de réservation et de contention. Les cartes NIU actives entrent en compétition pour accéder à des slots CS pour transmettre leur besoin en bande passante à la carte AIU. Des collisions peuvent se produire sur ces slots CS puisque les stations peuvent correspondre non pas directement entre elles mais uniquement par le biais de la station de base. Lorsque la transmission sur le slot CS réussit, c'est-à-dire se passe sans collision, la demande de la carte NIU est prise en compte par une allocation de slots réservés (RS) à la station concernée. La composition des slots réservés et des slots en contention est indiquée par la station de base dans l'en-tête de chaque trame. Cet en-tête est diffusé sur l'ensemble des cartes NIU de telle sorte que les terminaux n'utilisent que leurs slots réservés ou les slots en contention. Il est bien évident que la distribution du nombre de slots réservés en fonction du nombre de slots disponibles dans une trame est importante.

Cette technique garantit un débit à partir du moment où un succès sur un slot en contention a été noté. En revanche, elle ne peut garantir à l'avance le débit d'un utilisateur. La proposition du groupe DAVIC s'adapte bien à un environnement Internet.

La vidéo sur Internet

La vidéo est de plus en plus souvent transportée sur des réseaux IP avec l'apparition de la télévision sur Internet. Pour cela, il faut une qualité de service adaptée à la qualité visuelle désirée. Les techniques de gestion de la qualité de service les plus utilisées sont DiffServ dans les réseaux d'entreprise et MPLS dans les réseaux d'opérateur.

Concernant DiffServ, les applications de streaming sans voie de retour, comme la télévision ou la vidéo à la demande, utilisent un service, ou PHB (Per Hop Behavior), de type AF (Assured Forwarding), avec une probabilité de perte de paquet acceptable par le codeur-décodeur choisi pour la communication. En règle générale, il s'agit d'un service de type Olympique Bronze mais avec une priorité la plus haute possible. Il faut éviter que des paquets arrivent en retard par rapport au temps de latence qui a été choisi pour la communication. Cette solution permet d'obtenir un coût de communication très bas.

Lorsqu'il existe une voie de retour, cela indique généralement un fonctionnement avec interactivité humaine et donc un temps de transit inférieur à 300 ms, voire 150 ms pour une bonne qualité de l'interactivité. Cette contrainte correspond à la téléphonie ToIP ou à la visioconférence interactive de bonne qualité. Dans ce type d'application, il faut choisir un service EF (Expedided Forwarding), beaucoup plus cher.

Dans le cadre d'un réseau MPLS, les solutions sont assez similaires, surtout si l'on considère un réseau MPLS-DiffServ. Dans ce cas, il faut choisir un chemin, ou LSP (Label Switched Path), correspondant au meilleur PHB pour réaliser le service. Si le réseau MPLS ne suit pas la norme DiffServ, l'application doit choisir la meilleure catégorie de LSP pour le service attendu. Beaucoup d'opérateurs MPLS ouvrent des LSP spécifiques aux applications pour essayer de bien faire correspondre le SLA demandé par l'application avec la qualité de service rendue.

Conclusion

Le multimédia et la vidéo se diffusent rapidement dans le monde des réseaux à transfert de paquets. Cette montée en puissance provient d'une moindre limitation des capacités des accès nécessaires à la vidéo et de la mise en œuvre de nouveaux protocoles de transport des applications de type streaming. Les solutions intègrent la compression, permettant de limiter les volumes à transporter, et la gestion d'une qualité de service.

Les différents opérateurs de transport de données commencent à s'affronter pour la distribution d'images animées. Internet est en train de prendre l'ascendant dans cette catégorie d'applications, qui pourrait remettre en cause la télévision numérique terrestre ou au moins la ralentir.

L'intégration des données, de la parole et de la vidéo dans les réseaux d'entreprise et d'opérateurs est inéluctable du fait du gain apporté par la gestion d'un seul réseau au lieu de deux ou trois. Il reste encore à simplifier les multiplexages des différentes applications et à franchir quelques étapes pour la compression, la syntaxe et la sémantique des flux de vidéo.

43

Protocoles et applications pour l'Internet mobile

À partir des années 2010, les applications dans l'environnement mobile seront les mêmes que dans les environnements fixes. L'augmentation des débits procurée par les réseaux UMTS, HSDPA, HSUPA, HSOPA et les réseaux sans fil Wi-Fi et WiMAX sera telle que données, parole et vidéo se superposeront, même si la qualité de la parole ou de l'image restera inférieure à l'équivalent en réseau fixe.

Pour le moment, les applications pour réseaux de mobiles sont assez différentes de celles que l'on trouve dans les réseaux fixes du fait des très faibles débits disponibles sur les interfaces hertziennes en comparaison des vitesses d'accès aux réseaux filaires. De plus, il faut différentier les applications pour les réseaux sans fil et les réseaux de mobiles étant donné les fortes différences de débit aujourd'hui.

Dans les réseaux sans fil, les débits s'approchent des valeurs atteintes dans le fixe, ce qui induit un développement rapide du multimédia sur ce type de réseau. Les protocoles utilisés ne sont d'ailleurs pas différents des principaux protocoles présentés au chapitre précédent. En revanche, les débits des interfaces des réseaux de mobiles restent d'un ordre de grandeur faible comparé aux autres réseaux, allant de 9,6 Kbit/s pour le GSM à quelque 30 Kbit/s pour le GPRS, une centaine de kilobits par seconde pour Edge et peut-être quelques centaines de kilobits par seconde en pointe pour l'UMTS. Les réseaux 3,5G et 4G offrent pour leur part des débits allant d'un mégabit par seconde à plusieurs dizaines de mégabit par seconde.

Les réseaux de l'Internet mobile

L'environnement du GSM se présente sous la forme illustrée à la figure 43.1.

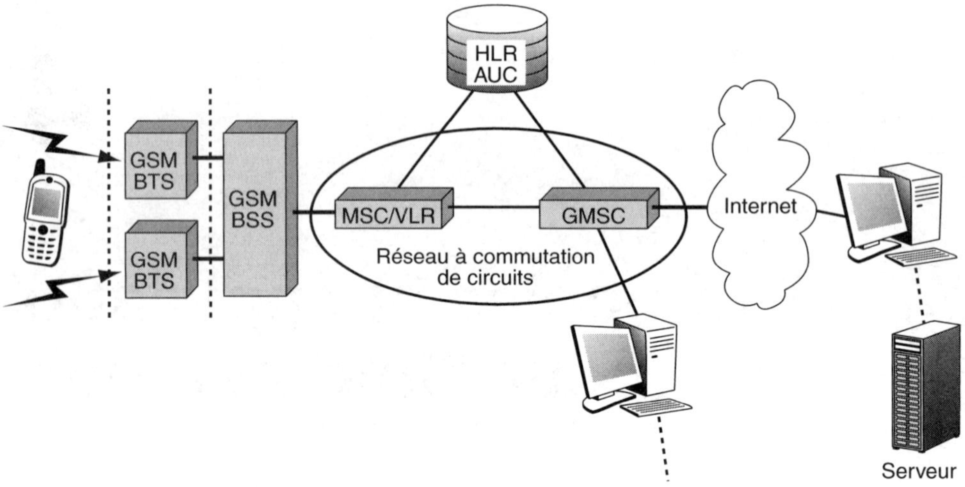

Figure 43.1

Architecture du GSM

Les applications se déroulent sur un serveur, et les utilisateurs y accèdent *via* une interface hertzienne puis un réseau à commutation de circuits. Ce réseau peut mener directement à un serveur qui gère le portail de l'opérateur mobile. En règle générale, les serveurs que le portable peut atteindre se trouvent sur Internet, ce qui demande la traversée d'un réseau à transfert de paquets IP. Entre le réseau à commutation de circuits et le réseau IP, se trouvent des passerelles spécifiques, qui transforment les syntaxes pour les rendre plus condensées. En effet, les débits sur ce réseau sont limités par l'interface radio et par le débit du réseau à commutation de paquets, qui est de 9,6 Kbit/s pour le GSM.

L'évolution de cet environnement est illustrée à la figure 43.2. Il correspond à l'architecture mise en place pour le GPRS.

Le serveur est toujours situé sur le réseau IP ou sur le réseau à transfert de paquets, mais la différence fondamentale avec la figure précédente provient de l'existence d'un réseau à transfert de paquets de type relais de trames dans la toute première génération. Les débits augmentent, mais, généralement, seuls trois ou quatre slots de temps sur une fréquence donnée peuvent être utilisés en parallèle. Cela porte le débit utile théorique à $3 \times 9{,}6$ ou $4 \times 9{,}6$ Kbit/s, c'est-à-dire environ 30 ou 40 Kbit/s. Ce débit maximal pour les réseaux GPRS ne reste accessible que si l'interface radio est loin d'être saturée. Les applications du GPRS ne sont donc pas fondamentalement différentes des applications construites pour le GSM.

L'étape suivante est illustrée à la figure 43.3.

L'environnement UMTS de première génération introduit de nouvelles cellules, avec une interface radio beaucoup plus puissante, et met en place entre la station de base et le réseau cœur un réseau à commutation de trames de type AAL-2. Dans cette première étape, le réseau cœur, ou CN (Core Network), est en fait constitué de deux réseaux, un réseau à commutation de paquets et un réseau à commutation de circuits. Dans les toutes

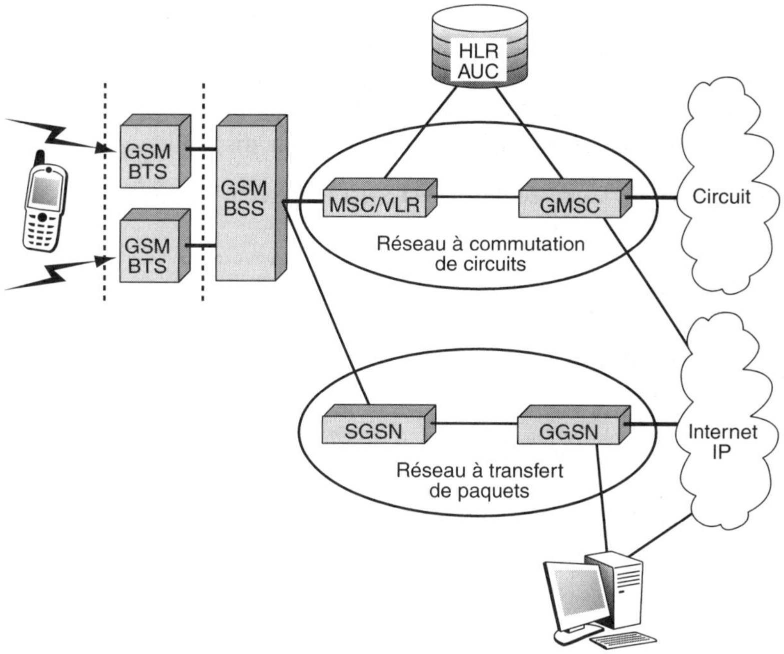

Figure 43.2

Architecture du GPRS

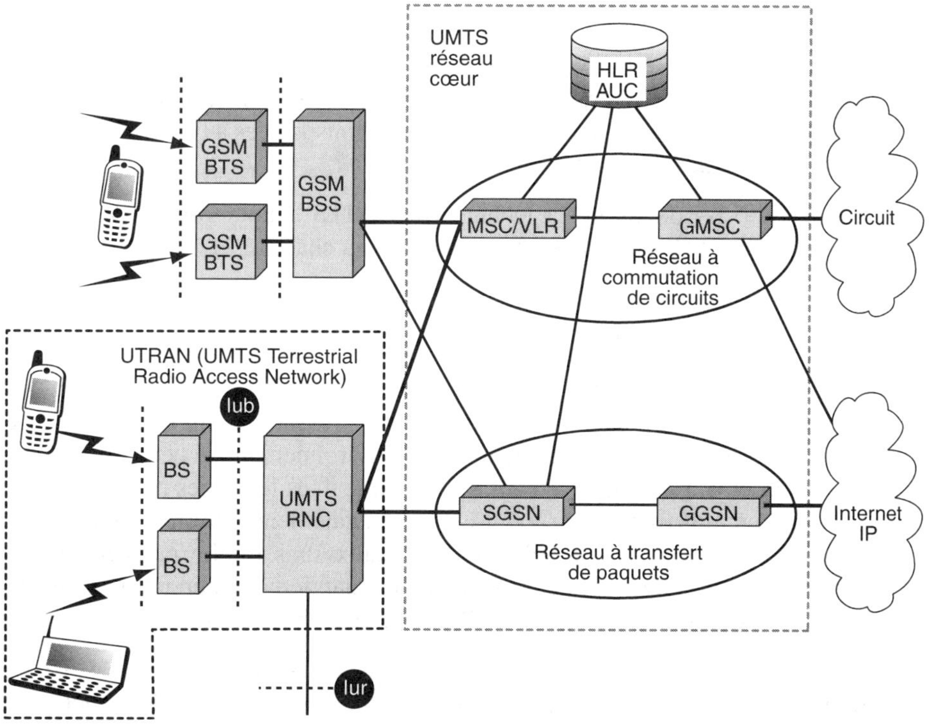

Figure 43.3

Architecture de la première génération de l'UMTS

premières générations de l'UMTS, la parole téléphonique empruntait les circuits pour être conduite au combiné du destinataire. Maintenant, la parole est mise dans des trames AAL2 pour être transportée dans le réseau à commutation de paquets. Dans cette génération, il y a coexistence du réseau GSM-GPRS et du réseau UMTS. Les terminaux sont bistandards, et la connexion s'effectue sur la cellule disponible.

La dernière étape de l'arrivée de l'UMTS est illustrée à la figure 43.4.

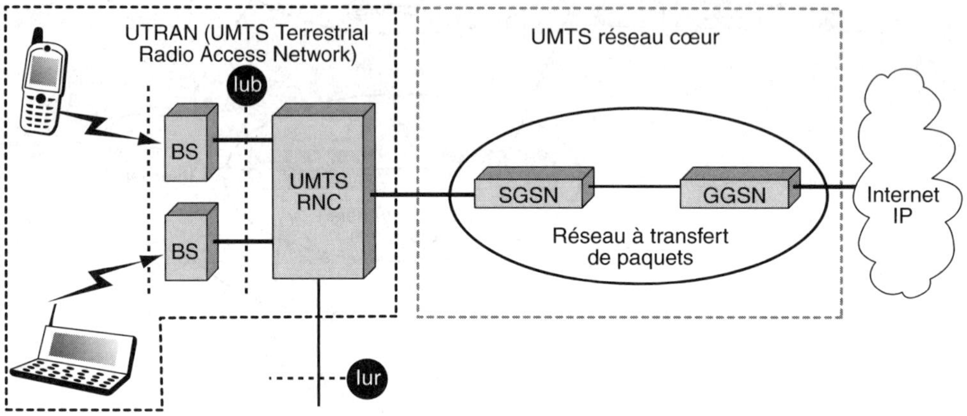

Figure 43.4

Environnement ultime de l'UMTS

Cette étape ultime pour aboutir à l'environnement UMTS consiste à remplacer le réseau à commutation de trames ATM par un réseau à transfert de paquets IP. Ce réseau est en fait le réseau IP de l'opérateur, servant aussi bien aux connexions fixes qu'aux connexions mobiles. Toutes les applications sont transportées à l'intérieur des paquets IP, que ce soit les données, la parole ou la vidéo.

L'augmentation des débits de la technologie UMTS a pour origine les améliorations HSDPA, HSUPA et HSOPA présentées en détail au chapitre 21.

Les réseaux de l'Internet sans fil

Comme expliqué aux chapitres 23 et 24, les points d'accès des réseaux sans fil se démultiplient, et des villes entières sont couvertes par les réseaux Wi-Fi et WiMAX. Les cellules Wi-Fi étant toutes petites, le câblage de cet environnement ne peut s'effectuer que sur des zones densément peuplées. WiMAX se déploie dans les zones rurales étant donné sa portée beaucoup plus importante. L'UMTS peut également couvrir les villes et les zones rurales en complément des techniques de réseaux sans fil. Le passage intercellulaire d'une cellule Wi-Fi à une cellule UMTS est dès maintenant opérationnel dans plusieurs réseaux d'opérateurs. Ces passages intercellulaires s'appellent des handovers verticaux.

On différentie aujourd'hui les handovers horizontal, diagonal et vertical. Un handover horizontal concerne le passage d'une cellule à une autre dans la même technologie. Un handover diagonal concerne le passage d'une cellule à une autre mais entre deux technologies utilisant la même couche trame et un handover vertical lorsque les architectures des deux réseaux sont complètement différentes.

Le réseau Internet sans fil complète donc le réseau Internet mobile, et *vice versa*. Ce nouvel environnement est illustré à la figure 43.5. Nous l'appelons Internet mobile pour ne pas avoir à indiquer chaque fois qu'il est constitué à la fois d'une partie dédiée aux mobiles et d'une partie affectée aux terminaux sans fil.

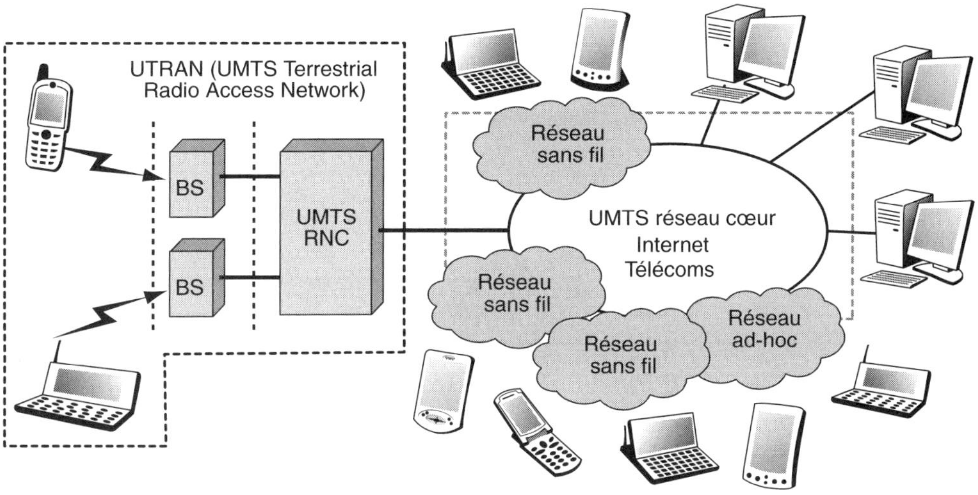

Figure 43.5

Environnement de l'Internet mobile

Contrôle et gestion de l'Internet mobile

Avant de faire passer des applications dans le réseau Internet mobile, il faut pouvoir le contrôler et le gérer. Cette section examine trois grandes classes de fonctions nécessaires à cet environnement : le contrôle du réseau, la sécurité et la gestion de la mobilité. Nous insistons essentiellement sur la dernière fonction, étant donné que les deux premières ont été en grande partie traitées dans des chapitres spécifiques, respectivement les chapitres 33-34 et 38-39.

Le contrôle de l'Internet mobile

Comme l'Internet fixe, l'Internet mobile doit être contrôlé. D'une manière générale, un système de gestion tel que SNMP est capable de réaliser un contrôle du réseau. Malheureusement, SNMP est un protocole lourd, qui réagit lentement, et il ne peut remplacer un vrai système de contrôle réagissant en temps réel. La solution montante provient du contrôle par politique, présenté en détail au chapitre 36 et illustré à la figure 43.6 pour le cas de l'Internet mobile.

Le PDP (Policy Decision Point) prend les décisions de configuration des nœuds du réseau, appelés PEP (Policy Enforcement Point). PDP et PEP se concertent par l'intermédiaire du protocole COPS (Common Open Policy Service). Les règles qui peuvent être appliquées aux mobiles se trouvent dans une base de politiques (Policy Repository), ces dernières ayant été introduites grâce à un système de gestion de politique.

Nous n'en dirons pas plus, ici, le lecteur pouvant se reporter aux chapitres 35 et 36.

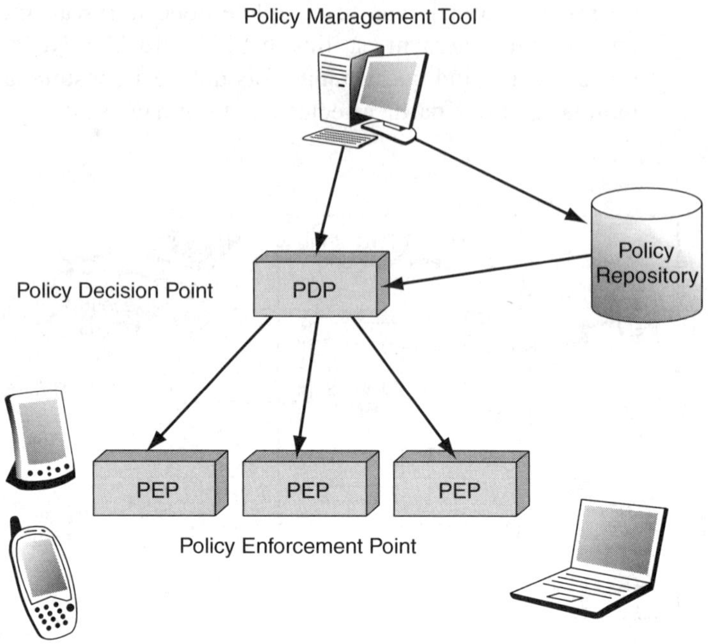

Figure 43.6
Contrôle par politique dans l'Internet mobile

La sécurité dans l'Internet mobile

Comme dans tous les réseaux, la sécurité est un problème pour l'Internet mobile. La mobilité le complique encore puisque l'utilisation d'une interface radio permet facilement à un tiers d'écouter la porteuse et de recopier ce qui est transporté *(voir chapitres 38 et 39).*

La sécurité de l'Internet mobile reprend la plupart des protocoles qui ont été définis pour le fixe, et que l'on peut regrouper en deux grandes catégories : les protocoles qui assurent, au moment de la mise en place de la communication, que ce sont les bons processus qui communiquent et ceux qui assurent que la communication elle-même est sécurisée par un chiffrement.

Gestion de la mobilité

La gestion de la mobilité désigne la possibilité de continuer la communication dans les meilleures conditions possibles, même lors d'un déplacement du terminal. Classiquement, la gestion de la mobilité s'effectue par l'intermédiaire d'un agent de domiciliation (Home Agent), qui détient les caractéristiques de l'utilisateur, et d'un agent visité (Foreign Agent), qui gère le client localement. Dans l'environnement de l'Internet mobile, où les cellules peuvent devenir toutes petites, il n'est plus concevable qu'à chaque changement de cellule l'agent visité avertisse l'agent de domiciliation, au risque de surcharger démesurément le réseau. Il faut donc cacher à cet agent que le terminal se déplace. Nous allons présenter assez succinctement les quatre propositions conduisant à la maîtrise de ces changements intercellulaires : Cellular IP, Hawaii, TeleMIP et EMA.

Pour bien replacer le problème, rappelons que IP Mobile *(voir le chapitre 19)* permet de gérer la mobilité mais en passant par l'agent Home et que cette technique ne s'applique qu'à des déplacements lents ou à des changements de lieu de l'utilisateur, et non du terminal. Un utilisateur mobile n'a pas de terminal à lui ou du moins ne se déplace pas avec son terminal mais se reconnecte sur un terminal qu'il trouve dans le lieu visité. On parle en ce cas de micromobilité. Dans les applications avec terminal mobile, le terminal suit l'utilisateur, et l'application se déroule toujours sur le même terminal. On parle alors de macromobilité.

Cellular IP

L'objectif de Cellular IP, un groupe de travail de l'IETF, est de permettre la gestion rapide des handovers. Cellular IP se fonde sur IP Mobile pour la gestion de la mobilité entre domaines.

L'architecture de Cellular IP est illustrée à la figure 43.7. L'interface avec le monde extérieur du domaine Cellular IP s'effectue par le biais d'une passerelle.

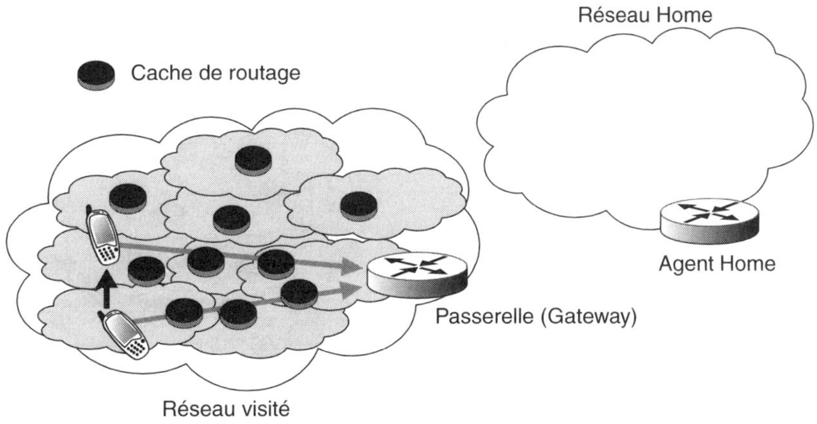

Figure 43.7

Fonctionnement de Cellular IP

Le réseau visité est constitué de petites cellules, dans lesquelles se déplace le terminal mobile. La mobilité est gérée par la passerelle (gateway) par laquelle il faut transiter aussi bien pour entrer que pour sortir. Cette passerelle émet régulièrement des messages de supervision, appelés Beacon, qui permettent aux stations mobiles de connaître la meilleure route pour atteindre la passerelle. L'information est mémorisée dans des caches de routage (routing cache) permettant aux stations de connaître à tout moment les routes à suivre pour aller vers la passerelle. Lorsque la station mobile est silencieuse, lors de la réception d'un appel, la passerelle émet un message en paging pour rechercher la station appelée. La station se réveille alors et utilise les caches de routage pour déterminer la route à suivre pour envoyer sa réponse.

Hawaii

La technique Hawaii est assez similaire à Cellular IP, la seule différence concernant la recherche d'un terminal lors d'un appel de l'extérieur. Cette recherche s'effectue toujours par un message de paging mais en utilisant une adresse multicast Internet. L'ensemble des stations appartenant au domaine possède une adresse multicast permettant d'effectuer une diffusion. L'avantage de ce système par rapport à Cellular IP, qui inonde automatiquement, peut provenir d'adresses multicast sélectives correspondant, par exemple, à des classes de clients ayant des qualités de service distinctes. L'émission multicast peut alors être plus restreinte.

Hawaii permet en outre d'utiliser RSVP avec l'adresse multicast pour contrôler la qualité de service sur le domaine.

TeleMIP (Telecommunication-Enhanced Mobile IP)

TeleMIP est une troisième solution, qui donne à la station mobile, lors de chacun de ses déplacements à l'intérieur du domaine géré par une passerelle, une nouvelle adresse IP provisoire, appelée CoA (Care-of-Address).

Chaque cellule comporte une station de type agent visité. La station mobile possède deux adresses provisoires CoA, l'une pour le domaine et l'autre pour la cellule. Cette modification de l'adresse provisoire à chaque changement de cellule permet à la station mobile de faire connaître à la passerelle la nouvelle cellule dans laquelle se trouve le terminal mobile. De la sorte, à l'arrivée d'un nouvel appel, la passerelle peut s'adresser au mobile recherché *via* l'agent visité. Cette stratégie est illustrée à la figure 43.8.

Figure 43.8
Fonctionnement de TeleMIP

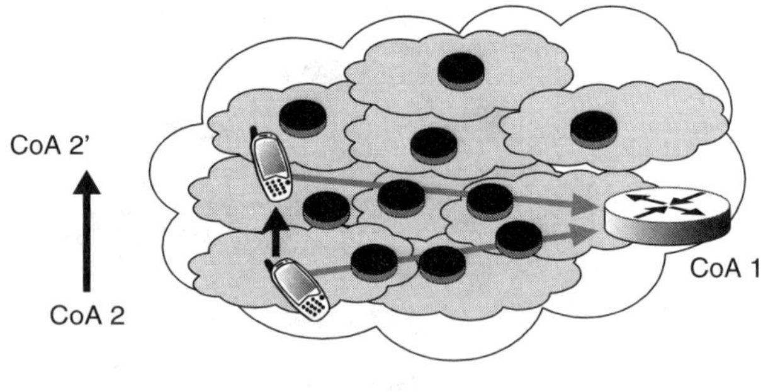

EMA (Edge Mobility Architecture)

Disponible industriellement en 2005, la technologie EMA consiste à déterminer la situation géographique du terminal mobile par le biais d'un réseau ad-hoc. À l'arrivée d'un appel, l'ensemble des cellules dépendant de la passerelle se comporte comme s'il était un ensemble de stations ad-hoc. Plusieurs algorithmes ont été testés pour le routage dans ce réseau ad-hoc. Ce sont ceux que nous avons introduits au chapitre 21.

Les applications de l'Internet mobile

Les applications de l'Internet mobile regroupent de nombreux services, comme le WAP, i-Mode, les services de radiomessagerie de type pager, les applications à base de HTML allégé, les jeux distribués, la télévision interactive, ainsi que des services liés à la parole. Ces applications ont en commun de ne gérer aucune persistance de l'information sur le terminal mobile connecté, tout se passant sur un serveur d'applications.

La puissance des nouveaux terminaux mobiles virtuels, comme les PDA, change fondamentalement les choses. Ces terminaux se comportent comme des ordinateurs standards, et les applications y sont traitées comme sur une machine terminale fixe. En conséquence, des protocoles tels que le WAP deviennent totalement inutiles, puisqu'il suffit d'utiliser directement HTTP.

Les applications sans persistance

Les applications de base de l'Internet mobile sont de type client-serveur, le terminal ne servant que d'affichage. Le débit des communications est très faible, si bien que la syntaxe utilisée est particulièrement importante. Les sections qui suivent font un rapide tour d'horizon de ces applications de base.

Le WAP (Wireless Application Protocol)

Le WAP utilise un langage particulier dérivant du XML, appelé WML (Wireless Markup Language), ainsi qu'un langage de script, WMLScript, qui autorise la transmission de pages Internet sur des téléphones portables. La structure d'une communication WAP est illustrée à la figure 43.9.

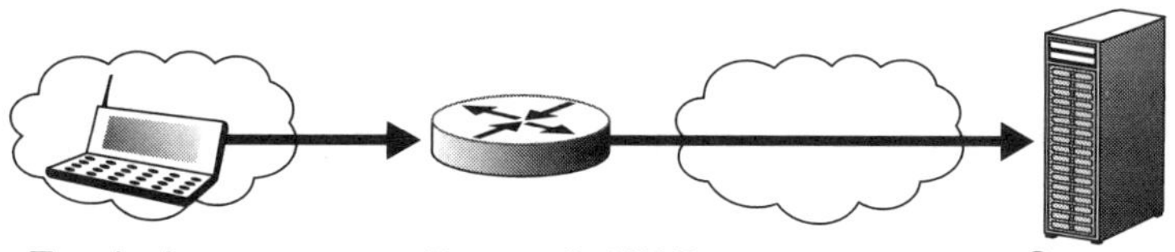

Figure 43.9

Communication WAP

Les terminaux peuvent être des téléphones WAP, des PDA, des Handheld PC, etc. Ils possèdent un micronavigateur, qui est soit chargé par l'utilisateur, soit fourni avec le terminal. Ce micronavigateur est généralement dépendant de l'équipementier.

Le WAP peut être transporté dans des SMS, que nous examinons en détail ultérieurement dans ce chapitre. Lorsqu'un message WAP ne dépasse pas 400 caractères, il peut tenir dans un seul SMS, faute de quoi il est découpé en morceaux de 160 octets et transporté dans plusieurs messages SMS successifs. Cette solution n'est généralement pas celle retenue par les opérateurs de mobiles, qui préfèrent ouvrir un circuit GSM à 9,6 Kbit/s entre le terminal et une passerelle WAP, laquelle fait office d'intermédiaire entre le serveur de contenu WML et le micronavigateur. Cette passerelle gère les demandes de pages et effectue les codages *ad hoc*.

La communication s'effectue par l'intermédiaire d'un modem, disponible sur l'équipement terminal, et d'un pool de modems attaché à la passerelle WAP. Enfin, les technologies GPRS permettent de transporter les données sous forme de paquets à des vitesses plus importantes, pouvant atteindre 30 Kbit/s. L'UMTS, si le WAP est maintenu comme standard, permettra d'acheminer les pages plus rapidement.

L'architecture protocolaire du WAP est illustrée à la figure 43.10.

Le protocole de niveau applicatif qui remplace le HTML se fonde sur les entités WAE (Wireless Application Entity). Le protocole WSP (Wireless Session Protocol) propose une connexion élémentaire entre le micronavigateur et la passerelle WAP.

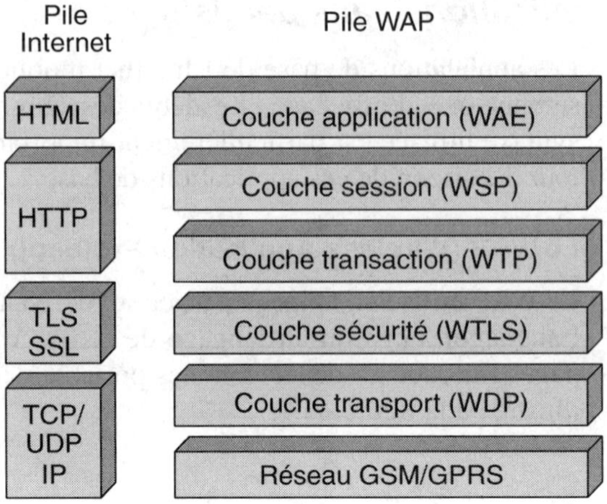

Figure 43.10
Architecture protocolaire du WAP

Le protocole WTP (Wireless Transaction Protocol) détermine trois classes de transactions, les classes 0, 1 et 2, permettant respectivement :

- les transactions sans accusé de réception ;
- les transactions avec accusé de réception mais sans message de réponse ;
- les transactions requête-réponse.

Le protocole WTLS (Wireless Transport Layer Security), fondé sur le protocole TLS présenté au chapitre 38, fournit des fonctions d'intégrité des données, de chiffrement pour l'authentification et de non-répudiation. Enfin, WDP (Wireless Datagram Protocol) est un protocole de transport ressemblant à TCP.

La norme WAP 2.0 correspond davantage à la technologie Internet de base en s'ouvrant au langage xHTML.

i-Mode

Le standard japonais i-Mode, de NTT DoCoMo, utilise du C-HTML (Compact HTML), c'est-à-dire du HTML sans cadre, animation Flash ni JavaScript.

Le C-HTML est un sous-ensemble du HTML destiné à fonctionner sur des navigateurs mobiles allégés. Il est en cela comparable au format utilisé sur certains navigateurs Internet équipant les assistants personnels de type Pocket PC. L'ergonomie globale des téléphones i-Mode reste cependant assez proche de celle des téléphones GSM ou GPRS, avec un écran certes de petite taille, mais en couleurs.

Comme le langage utilisé par i-Mode est dérivé du HTML, il ne nécessite pas d'étape intermédiaire de conversion en binaire, à l'inverse du WAP, qui réclame l'emploi d'une passerelle. L'accès aux pages se fait en direct, comme pour les assistants personnels, *via* les couches réseau. Grâce à la technique i-Mode, qui permet d'afficher rapidement une page sur l'écran couleur, et à une stratégie marketing bien ciblée vers les jeunes, NTT DoCoMo est devenu le premier opérateur de mobiles à réaliser des bénéfices sur un système équivalent au WAP. Au japon, le trafic de l'Internet mobile est à présent supérieur au trafic généré par la voix téléphonique grâce à cette application i-Mode.

SMS (Short Message Service)

Les technologies SMS ne sont apparues que lentement, aucun opérateur ne voyant en cette technique un avenir important. Longtemps négligés par le grand public et les professionnels, les SMS connaissent pourtant un formidable essor, qui coïncide avec le relatif échec des services Internet et intranet mobiles de type WAP.

Les contraintes des messages SMS sont assez fortes. Les messages sont limités à 160 caractères dans le modèle traditionnel, la saisie des messages est pénible, et le temps de mise en œuvre finalement long par rapport au dépôt d'un message sur un répondeur, pour un prix à peu près identique. Cependant, contrairement au WAP, le marché du SMS vise la totalité des possesseurs de téléphones mobiles, ce qui, dans une étape intermédiaire, compte beaucoup dans son succès. Par ailleurs, les opérateurs ont vite vu dans le SMS et ses dérivés, telles que le téléchargement de sonneries ou d'images sur les mobiles, une opportunité de revenus.

Les entreprises ont fini par plébisciter ce type d'application 2G en l'utilisant pour garder le contact avec leur personnel à travers les notions d'alerte et d'accusé de réception. Progressivement, le SMS se complexifie, et le transport de messages autres que du texte est devenu très prisé. Il permet de mettre en œuvre, par exemple, des services de transport de photos, de discussion partagée et de véritables applications de commerce électronique.

De plus en plus fréquemment, les techniques de push SMS sont employées en complément des services Internet mobiles tels que le WAP. Avec le SMS, et grâce à la combinaison des usages push et pull, les opérateurs et les entreprises ont trouvé le moyen d'accéder directement à l'abonné, le client ou le collaborateur, et donc de lui apporter une véritable valeur ajoutée. Le SMS se comprend comme un équivalent du message électronique dans le monde de l'Internet mobile. Il s'utilise de plus en plus souvent en attachant des fichiers de son, d'image, voire de vidéo.

L'usage des SMS en mode texte n'est pas suffisant dans un modèle d'application mobile à forte valeur ajoutée. Plusieurs technologies, la plupart du temps utilisées d'une manière combinée, sont d'ores et déjà à l'œuvre dans les applications 2G dites avancées.

Le push OTA (Over The Air)

Le principe du push OTA permet, par l'envoi de messages SMS contenant du texte ou du binaire, d'effectuer des actions à distance sur des téléphones mobiles sans autre intervention de leur propriétaire que de réceptionner le message. Chaque élément d'information ainsi envoyé peut nécessiter un ou plusieurs SMS, selon la taille et le type des données envoyées.

Dès à présent, les opérateurs de SMS sont capables de transmettre par ce biais les services suivants sur les terminaux les plus récents :

- **Paramétrage d'accès WAP (WAP Provisioning).** Cet usage, consistant à paramétrer à distance l'accès WAP d'un téléphone, est l'un des plus répandus actuellement. Il permet aux fournisseurs de services mobiles, ainsi qu'aux portails mobiles indépendants et aux opérateurs télécoms, de configurer à distance le profil de connexion WAP de leurs abonnés, une tâche fastidieuse pour un non-initié.
- **Mélodies et icônes.** Cet autre usage du push OTA très répandu dans le grand public consiste à télécharger des sonneries, ou *ringtones,* sur son téléphone mobile.

Les icônes, qui permettent, par exemple, de modifier l'arrière-plan de son écran de mobile, sont également très prisées.

- **Contacts et agenda.** Il est possible de télécharger adresses et noms de contacts, ou vCards, sur son mobile de même que de mettre à jour des entrées dans l'agenda du téléphone. Ces techniques d'OTA peuvent également être utilisées pour alimenter son mobile en informations issues d'un intranet, par exemple.

MMS (Multimedia Messaging Service)

Avec les services MMS, un nouveau format de messages courts multimédias est arrivé sur le marché en 2002. Dans un premier temps, plusieurs grands constructeurs avaient lancé une solution intermédiaire, baptisée EMS (Enhanced Messaging Service), qui permet en théorie d'envoyer 255 messages SMS simultanément et fournit un nouveau standard pour leur présentation. Le service EMS introduit des images et des sons dans les messages tout en améliorant la présentation du texte.

Plusieurs tentatives d'amélioration du SMS ont été introduites, mais la grande simplicité d'utilisation du SMS, qui est sa principale qualité, lui a permis de résister jusqu'à l'arrivée des MMS. Ceux-ci se développent maintenant rapidement, surtout avec l'arrivée massive de téléphones portables intégrant des appareils photo numériques.

Le SMS Cell Broadcast

Le standard GSM précise deux types de SMS :

- SMS/PP (SMS Point-to-Point)
- SMS/CB (SMS Cell Broadcast)

Le SMS/PP permet d'envoyer un message de texte d'un téléphone GSM vers un autre, tandis que le SMS/CB permet d'envoyer un ou plusieurs messages sous forme de broadcast à tous les téléphones situés à l'intérieur d'une zone déterminée, couverte par une ou plusieurs cellules radio.

Les messages CB (Cell Broadcast) peuvent contenir au maximum 93 caractères, mais il est possible d'enchaîner jusqu'à 15 messages pour former un macromessage. À chaque message CB est assignée une classe, déterminant le type d'information et la langue utilisés, de façon à permettre aux téléphones de visualiser sélectivement les messages CB.

De la même manière que les messages courts SMS s'appuient sur un centre de SMS (SMSC) présent chez l'opérateur, les messages de type Cell Broadcast s'appuient sur un centre de Cell Broadcast (CBC), lui aussi présent chez l'opérateur. La plupart des fournisseurs de SMSC proposent également des CBC, et certains opérateurs de SMS fournissent des connecteurs et des services très originaux fondés sur les CBC du marché.

Si un abonné regarde bien la documentation de son téléphone, il saura comment accéder aux canaux émis par la station de base (BTS). Mais cette manipulation depuis un mobile demeure anonyme. Lorsque l'utilisateur reçoit une communication de la BTS, il reste le seul à le savoir. Ce premier modèle ne permettant pas d'accéder à l'abonné lui-même, les opérateurs se sont tout d'abord désintéressés de ces canaux au profit du SMS. Cependant, il est désormais techniquement possible de configurer des canaux de manière transparente pour l'utilisateur grâce aux technologies OTA et donc, à travers la personnalisation de ces canaux, de proposer des services à forte valeur.

L'utilisateur s'abonne à partir de son portail mobile à des thèmes particuliers informations boursières, programmes de théâtre, promotions commerciales, etc. _ en fournissant son numéro de téléphone mobile. Grâce aux technologies OTA, le portail mobile est à même de configurer plusieurs canaux CB du téléphone mobile de l'utilisateur afin que chacun d'eux reçoive les informations émises par le portail mobile. Chaque canal CB correspond en pratique à un thème d'information distinct.

Le fournisseur d'applications 2G fait ainsi d'une pierre deux coups : il identifie précisément l'abonné et ouvre la porte à un modèle de diffusion large d'informations. De son côté, l'abonné peut recevoir une image ou un message court multimédia de type EMS ou apprendre qu'il ne lui reste que quinze minutes pour profiter d'une promotion dans le centre commercial le plus proche de sa cellule radio. Le texte du message peut en outre contenir un lien vers un autre service, que celui-ci soit WAP, SMS ou même vocal.

Les e-applications

L'Internet mobile supporte toutes les applications électroniques, comme le réseau Internet classique. Seule la manipulation est un peu plus complexe. Sa particularité vient de la mobilité du terminal et des spécificités de la voie radio, qui pose des problèmes de sécurité et de gestion de la mobilité.

La plupart des services d'achat à partir d'un mobile, ce que l'on appelle le m-commerce, peuvent générer jusqu'à trois flux de SMS :

1. Le premier envoie l'information relative à la promotion en cours au client potentiel : c'est le mailing SMS.
2. Le deuxième retourne l'approbation du client et sa signature digitale à l'organisme vendeur.
3. Le dernier informe le client que sa transaction est réalisée.

De nombreuses transactions de commerce électronique s'effectuent au travers des portables. Le client s'abonne le plus souvent à un service, qui lui envoie au moment voulu les informations nécessaires pour prendre une décision. En cas d'acceptation du client, celui-ci envoie un SMS signé notifiant son acceptation de l'offre. L'opérateur du service peut alors envoyer une confirmation de la transaction.

Les exemples de tels services sont nombreux. Ils ne concernent que des cas assez simples, correspondant à du commerce électronique pour des objets déterminés à l'avance, comme des places disponibles pour un spectacle. La publicité par le push est acceptable si l'utilisateur en a accepté les contraintes au départ.

Des téléphones mobiles commencent à accueillir des lecteurs de carte à puce pour pouvoir payer la transaction directement. Globalement, le commerce Internet mobile se développe tout de même avec retard en comparaison de la même application implémentée dans le fixe. Ce retard ne pourra se résorber qu'avec une augmentation des débits et une interface avec le terminal beaucoup plus performante que celle d'aujourd'hui.

La parole et la vidéo

La parole téléphonique ainsi que la vidéo ont eu comme spécificité de devoir transiter par des voies de communication à faible débit dans les premiers réseaux de l'Internet mobile. Avec la montée en puissance des débits de ces réseaux, la problématique revient à ce que nous avons vu aux chapitres 41 et 42.

L'apport progressif des générations GSM, GPRS et UMTS concerne la compression. Cette compression a pour objectif de réduire considérablement le volume des flots applicatifs. Les solutions consistent à dégrader la qualité, que ce soit pour le téléphone ou la vidéo. Le débit le plus bas possible pour rester dans une qualité acceptable est de 9,6 Kbit/s pour une voie de parole téléphonique, avec possibilité de dégradation à 4,8 Kbit/s. Dans ce dernier cas, la voix est hachée et de qualité très inférieure à la qualité classique proposée par le réseau téléphonique commuté.

La montée en puissance des réseaux de mobiles a résolu les problèmes de qualité de la téléphonie pour peu que le client soit connecté à une antenne avec une bonne réception. Les téléphones UMTS, HSDPA et leurs successeurs proposent même de la qualité de téléphonie supérieure à la téléphonie classique.

La télévision et la vidéo en streaming présentent un débit régulier et des contraintes temporelles fortes. Ces applications sont disponibles depuis l'arrivée de l'UMTS et leur qualité globale ne fait que s'améliorer, notamment du fait des hauts débits offerts par les techniques HSDPA et HSOPA. Les réseaux 4G offriront même des débits suffisants pour de la télévision haute définition.

Les applications persistantes

Les applications persistantes, qui demandent une forte puissance locale pour pouvoir se dérouler sur la machine terminale, ont commencé à voir le jour avec les équipements de type Pocket PC. Ces derniers jouissent d'une puissance de processeur de plusieurs centaines de mégahertz et d'une mémoire de plusieurs dizaines de mégaoctets. Ces équipements terminaux sont amenés à s'étendre, et le terminal de l'Internet mobile ressemblera sans doute à un ordinateur personnel ultraportable de quelques centaines de grammes avec un écran de 600×800.

Sur ces équipements, l'utilisateur peut travailler en mode déconnecté et se connecter automatiquement lors de la demande d'informations extérieures au terminal. Ces Pocket PC sont munis de nombreux coupleurs pour aller vers l'extérieur : UMTS, mais aussi Bluetooth, Wi-Fi, etc.

La difficulté provient du choix à effectuer en ce qui concerne l'opérateur auquel le terminal doit se connecter. En effet, le terminal mobile doit choisir le réseau de l'opérateur de l'Internet mobile qui lui convient le mieux, au meilleur coût possible. Une solution est illustrée à la figure 43.11, dans laquelle un terminal possède quatre coupleurs d'accès à quatre réseaux différents, qui peuvent éventuellement appartenir au même opérateur. Le terminal négocie avec le PDP (Policy Decision Point) de chaque réseau, et, grâce à un agent intelligent, choisit le réseau qui lui convient le mieux : meilleurs prix pour un coût donné, meilleure qualité de service, meilleure sécurité, etc.

Le PDP Home du terminal est introduit dans le schéma pour indiquer qu'il pourrait jouer un rôle important, par exemple pour négocier directement, à la place du terminal, avec les réseaux accessibles depuis le terminal mobile. Cette proposition pourrait permettre aux utilisateurs de ne plus avoir besoin de forfait mais de choisir leur opérateur en fonction des circonstances.

Le même problème se pose dans le cas d'un seul opérateur qui aurait plusieurs types de réseaux disponibles au même endroit, par exemple, Wi-Fi, WiMAX et UMTS. Le terminal doit être capable de déterminer lequel de ces réseaux est le mieux à même de remplir

Figure 43.11
L'Internet mobile du futur

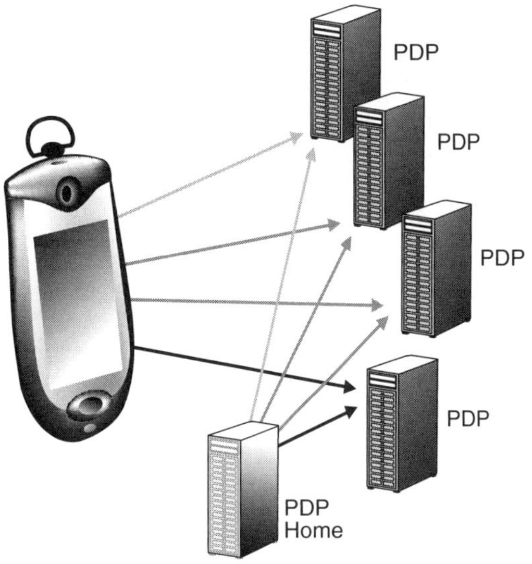

les fonctions nécessaires à l'application. Dans ce cas, il s'agit d'une communication dans un environnement multitechnologie.

Une autre possibilité qui se développe concerne le « multi-homing », c'est-à-dire la possibilité de communiquer avec plusieurs cellules de technologie différente. De nouveau, si nous prenons l'exemple précédent des trois réseaux Wi-Fi, WiMAX et UMTS, il pourrait très bien y avoir une communication de parole téléphonique passant par WiMAX, une communication P2P passant par Wi-Fi et une application métier passant par l'UMTS. Le choix du réseau s'effectue sur des critères de coût, de qualité de service ou tout autre critère déterminé par l'utilisateur.

Le « multi-homing » soulève de nombreuses difficultés de mise en place puisqu'il faut gérer le fait que l'utilisateur a plusieurs *homes* et que, lors d'un déplacement, l'ensemble de ces *homes* doit être capable de le suivre de façon synchronisée. Plusieurs groupes de travail de l'IETF se penchent sur cette question, et des solutions sont déjà disponibles, à l'image de celles des groupes de travail MONAMI6 (Mobile Nodes and Multiple Interfaces in IPv6) et MIPSHOP (Mobility for IP Performance, Signaling and Handoff Optimization).

Conclusion

Ce chapitre a tracé les perspectives de l'arrivée de l'Internet mobile. Peu de surprises peuvent être dénombrées puisque l'Internet mobile ne fait que suivre l'Internet fixe avec un peu de retard, dû à la limitation des débits des interfaces radio.

C'est aujourd'hui un monde qui se construit un peu en marge d'Internet, car il nécessite des passerelles transformant les applications Internet dans des versions moins gourmandes en bande passante et parfois mieux protégées. D'ici à quelques années, Internet fixe et Internet mobile seront totalement intégrés dans un seul et même réseau.

Les applications mobiles de deuxième génération, telles que les services Internet ou intranet mobiles de type i-Mode, les portails mobiles multiaccès ou les minimessages de type SMS s'orientent vers des usages plus complexes. Ces derniers mêlent progressivement image, voix, technologie d'envoi de SMS multimédias et de Cell Broadcast. L'avènement du GPRS et des smartphones a conforté cette orientation plus riche et personnalisée des applications 2G et 2,5G.

Les grandes familles d'applications de troisième génération supplantent progressivement les usages 2G et 2,5G, leur mise en œuvre passant probablement par une longue phase de cohabitation des réseaux, et donc des applications mobiles.

Partie XIII

L'intelligence dans les réseaux

L'intelligence est un terme classique en informatique, qui désigne simplement la capacité de communiquer, de raisonner et de décider. Jusqu'au début des années 2000, l'intelligence dans les réseaux était très faible. Les concepts de réseaux intelligents, qui datent du début des années 1990, introduisent une intelligence primaire, dont le rôle est d'adapter automatiquement des composants du réseau aux demandes des utilisateurs, mais sans raisonnement et uniquement en suivant des règles définies à l'avance. Le chapitre 45 est en grande partie dévolu à cette vision de l'intelligence dans les réseaux. Il introduit en outre les réseaux autonomes, qui ont tendance à remplacer les réseaux programmables ou les réseaux actifs. Un réseau autonome est un réseau qui est capable de s'autoconfigurer et dont les nœuds peuvent devenir autonomes en cas de panne ou de coupure des communications.

Depuis le début des années 2000, l'intelligence réelle, c'est-à-dire à base de raisonnement, apparaît dans certains composants du réseau pour prendre des décisions de contrôle ou de gestion. Les organes qui prennent les décisions proviennent du domaine de l'intelligence artificielle et des objets intelligents. En particulier, les systèmes multiagents commencent à faire leur apparition pour gérer la sécurité ou les pannes. Le chapitre 44 est consacré à cette introduction d'une véritable intelligence dans les réseaux.

44

Les réseaux à base d’intelligence

Jusqu’à une époque récente, la transmission des informations se faisait oralement ou par écrit, essentiellement à l’aide du téléphone, du télex et de la télécopie. Aujourd’hui, l’utilisation de réseaux spécialisés permet d’acheminer tous les types de supports d’information : son, données informatiques, image, vidéo, etc. Nous sommes entrés dans l’ère des communications d’applications multimédias,, qui représentent un pont entre les télécommunications et l’informatique, deux domaines dont les frontières formelles restent floues.

La complexité de ces réseaux et de leurs applications ne fait que croître, et une aide adaptée au contrôle et à la gestion de ces environnements est indispensable. C’est dans ce but que l’intelligence entre en force dans les réseaux. Ce chapitre examine les éléments capables d’apporter cette maîtrise aux réseaux.

Les agents intelligents

Les agents intelligents constituent une première catégorie d’outils dont l’introduction à grande échelle pourrait modifier les environnements de gestion et de contrôle en les rendant plus autonomes et plus réactifs. Nous allons examiner les raisons de cette puissance puis la façon de construire des systèmes multiagents.

Gestion d’un environnement complexe

Les réseaux étant de plus en plus complexes, la gestion de ces environnements est devenue nécessaire pour de multiples raisons, que nous allons examiner. Les environnements réseau sont aujourd’hui dynamiques. Des applications nombreuses et variées se superposent et rendent le contrôle des ressources difficile. Le gain statistique, c’est-à-dire ce que l’on gagne en traitant les paquets de façon statistique, dans les réseaux à transfert de paquets est indéniable, mais, si les flux dépassent trop fortement les capacités du réseau, un effondrement des performances est inévitable.

Les environnements réseau sont par nature distribués, ce qui complique leur contrôle et leur gestion. De plus, le gigantisme impose un contrôle encore plus fin. Le dimensionnement est un problème complexe à appréhender, et l'on peut affirmer qu'il n'existe pas d'outil véritablement efficace dans ce domaine, dans la mesure où les paramètres à prendre en compte dans un environnement de réseau complexe sont difficiles à apprécier. On a le choix entre débit, temps de réponse, taux d'utilisation des coupleurs de ligne et des unités centrales, taux d'erreur bit, taux d'erreur paquet, taux de reprise et taux de panne. En outre, les valeurs de la moyenne, de la variance et parfois des moments d'ordre supérieur doivent être prises en considération pour avoir une idée réelle des performances.

L'ingénierie de la conception du réseau présente deux grands aspects, le qualitatif et le quantitatif. Le qualitatif correspond souvent à une sécurité de fonctionnement, dans le sens où il est possible de prouver que le système est stable ou qu'il n'existe pas d'état dans lequel le réseau se bloque. L'aspect quantitatif fait référence aux valeurs des paramètres indiqués au paragraphe précédent, le but d'une analyse quantitative étant de montrer que ces valeurs sont raisonnables pour un bon fonctionnement du réseau.

La sécurité est une fonction importante pour laquelle peut intervenir de l'intelligence. Aujourd'hui, une certaine normalisation permet de mieux cerner les problèmes, et quelques grandes classes de sécurité ont été définies, correspondant à des besoins bien exprimés par les utilisateurs. On peut facilement imaginer l'apport d'outils intelligents dans le monde de la sécurité pour reconnaître les anomalies, les analyser, donner un diagnostic, proposer une solution et résoudre le problème.

La gestion est également un domaine où les agents intelligents peuvent jouer un rôle moteur. Lorsqu'un réseau est en état de marche, il faut l'administrer, c'est-à-dire être en mesure de contrôler toutes les opérations qui se déroulent dans le réseau, depuis les pannes jusqu'à la comptabilité en passant par la sécurité, la gestion des performances et la gestion des noms des utilisateurs.

Plusieurs domaines d'administration spécifiques utilisent déjà des composants intelligents, notamment les suivants :

- configuration (configuration management) ;
- sécurité (security management) ;
- pannes (fault management) ;
- audit des performances (performance management) ;
- comptabilité (accounting management).

L'intelligence des agents peut provenir de différents horizons. Le schéma le plus classique émane de l'intelligence artificielle distribuée, ou IAD.

L'intelligence artificielle signifie que l'on se met à la place d'un être humain pour réaliser une tâche. L'IAD équivaut à une société d'agents autonomes travaillant en commun pour aboutir à un objectif global. Il existe de nombreuses raisons pour se diriger vers l'utilisation de l'IAD, notamment les suivantes :

- Points de vue différents. Lorsque les données deviennent de plus en plus précises, des incohérences peuvent survenir dans la base de règles. Les façons d'exprimer les connaissances sont différentes selon qu'on s'adresse à l'utilisateur, au développeur ou au technicien. De plus, deux experts possédant la même expertise n'arrivent pas toujours au même résultat. Les points de vue sont également souvent contradictoires : l'un veut privilégier les coûts, et donc un système moins cher, alors que l'autre choisit de développer la publicité, et donc un système plus cher. L'utilisation de l'IAD permet, par négociation, d'aboutir à un compromis entre différentes options.

- Adéquation au monde réel. D'une manière générale, c'est toujours un groupe d'experts, avec des qualifications et des spécialités différentes, qui parvient, par collaboration, à réaliser un objectif fixé. De plus, s'il semble aisé de comprendre et donc de modéliser le comportement des individus (l'ensemble de leurs échanges) grâce aux nombreuses études sociologiques disponibles, en revanche le fonctionnement du cerveau et le raisonnement sont moins connus.

Pour ces raisons, l'application de l'intelligence artificielle distribuée s'impose peu à peu dans le cadre de la maîtrise des réseaux.

Les systèmes multiagents

Un agent est une entité autonome, capable de communiquer avec d'autres agents, ainsi que de percevoir et de représenter son environnement. L'ensemble de ces agents en interaction forme les systèmes multiagents. On classe ces derniers selon de nombreux critères, tels que la taille des agents, leur nombre en interaction, les mécanismes et les types de communication, le comportement, l'organisation et le contrôle de chaque agent, la représentation de l'environnement, etc.

À partir de ces critères, on distingue deux grandes catégories de système multiagent :

- les systèmes d'agents cognitifs ;
- les systèmes d'agents réactifs.

Les agents cognitifs ont une représentation explicite de l'environnement et des autres agents. Ils savent tenir compte de leur passé et fonctionnent selon un mode social d'organisation. Les systèmes dotés de ce type d'agent ne possèdent qu'un petit nombre d'agents. Plusieurs niveaux de complexité peuvent être envisagés :

- Les processus dans lesquels les acteurs mettent en œuvre des primitives de communication.
- Les modules communicants, qui utilisent des protocoles de communication spécialisés (requêtes, commandes).
- Les agents coopératifs, qui font intervenir des notions de compétence, de représentation mutuelle et d'allocation de tâches.
- Les agents intentionnels, qui utilisent des notions d'intention, d'engagement et de plans partiels.
- Les agents négociants, qui mettent en œuvre la résolution de conflit par négociation.
- Les agents organisés, qui agissent selon une réglementation et des lois sociales.

Les agents communiquent entre eux à l'aide d'un langage et utilisent des protocoles de communication. C'est une communication intentionnelle, qui comporte essentiellement deux types, la communication par partage d'information et la communication par envoi de messages.

La communication entre agents est réalisée par partage d'information lorsque la solution courante du problème est centralisée dans une structure de données globale, partagée par tous les agents. Cette structure contient initialement les données du problème et est enrichie au cours de la résolution jusqu'à obtention de la solution. Elle constitue le seul moyen de communication entre les agents.

Ce type de communication est souvent désigné par le modèle du tableau noir, ou blackboard, développé dans de nombreuses publications. Les agents déposent et lisent une information dans une zone de données commune, le tableau noir, comme illustré à la figure 44.1.

Figure 44.1
Fonctionnement du tableau noir

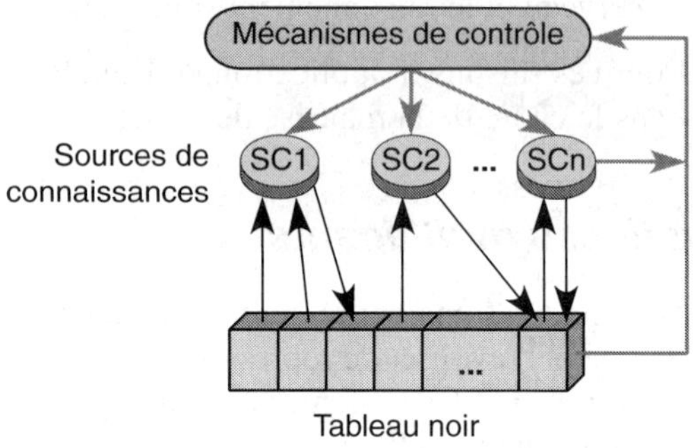

Un système de tableau noir comporte les trois éléments de base suivants :

- Le tableau noir, dans lequel tous les éléments engendrés durant la résolution sont stockés. Cette structure de données est partagée par les agents et est organisée de manière hiérarchique, ce qui permet de considérer la solution en plusieurs niveaux de détails.
- Les agents, qui engendrent et stockent leurs hypothèses dans le tableau noir. Ce sont des modules indépendants, appelés sources de connaissances. Leur rôle est de coopérer pour résoudre un problème donné. Les sources de connaissances sont indépendantes, puisqu'elles s'ignorent mutuellement et ne réagissent qu'aux événements de changement du tableau noir.
- Un dispositif de contrôle, qui assure le fonctionnement du système en fonction d'une certaine stratégie. Son rôle est, entre autres, de résoudre les conflits d'accès au tableau noir entre les agents, ceux-ci intervenant sans être déclenchés. En l'absence de contrôle centralisé, en effet, les sources de connaissance réagissent de manière opportuniste, c'est-à-dire du mieux qu'elles peuvent. Ce dispositif de contrôle fonctionne lui-même selon le modèle du tableau noir.

Les tableaux noirs ont l'avantage d'offrir une structuration et une méthode automatique (découpages et hiérarchie) dans la manière d'aborder un domaine de connaissance. Ils présentent aussi l'intérêt d'organiser des « paquets » de règles dans les systèmes à règles de production. Cependant, leur manque de mémoire locale ne leur autorise pas un véritable fonctionnement multiagent. En règle générale, les systèmes multiagents utilisent un tableau noir pour chaque agent.

Les systèmes multiagents fondés sur la communication par message sont caractérisés par la distribution totale à la fois des connaissances, des résultats partiels et des méthodes utilisées pour aboutir à un résultat *(voir figure 44.2)*. Certains langages d'acteurs incarnent bien ce type de système. La communication peut se faire en point-à-point ou par diffusion.

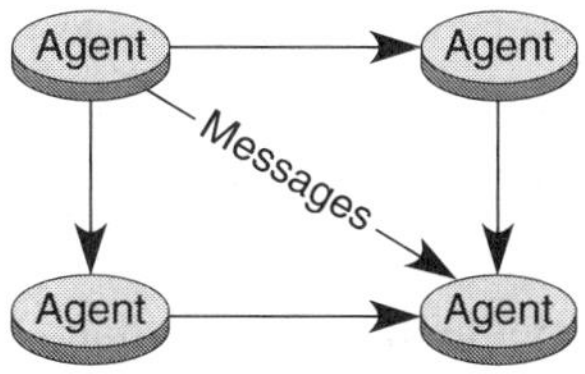

Figure 44.2
Fonctionnement d'un système multiagent

Un tel système s'articule autour de deux composantes :

- **Traitement local.** À l'inverse des systèmes fondés sur le tableau noir, les connaissances ne sont plus concentrées dans un même espace mais réparties entre les différents agents. Un agent ne peut manipuler que sa base de connaissance locale, envoyer des messages aux autres agents qu'il connaît, que l'on appelle ses accointances, et créer de nouveaux agents. À un instant donné, les agents n'ont pas une vision globale du système et ne possèdent qu'un point de vue local sur les éléments.
- **Envoi de messages avec continuation.** Quand un agent envoie un message, il précise à quel agent la réponse au message doit être adressée. Il peut s'agir de l'agent émetteur du message mais aussi d'un autre agent, spécialement créé pour la circonstance.

Les agents ont une connaissance plus ou moins précise des autres agents du système. Ils doivent connaître et représenter les compétences de ces agents, ainsi que les tâches qui se réalisent à un instant donné, les intentions et les engagements des agents. Cet aspect des choses pose le problème de la représentation de ce type de connaissance ainsi que celui de sa mise à jour.

Le principe de l'allocation de tâches constitue l'un des points essentiels des systèmes multiagents cognitifs. Un problème se compose d'un certain nombre de tâches réalisées par des agents qui regroupent l'ensemble des solutions partielles pour obtenir la solution globale *(voir figure 44.3).*

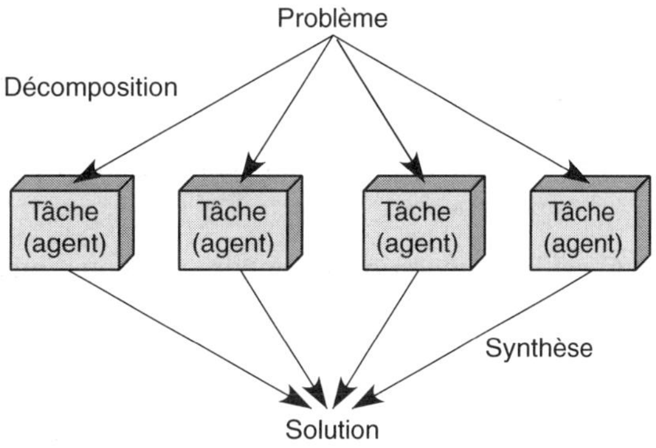

Figure 44.3
Résolution de problèmes

Pour réussir l'allocation de tâches, il faut connaître les compétences de chacun des agents, décomposer un problème en sous-problèmes, répartir les activités de résolution en fonction des agents et, au besoin, répartir à nouveau ces activités de façon dynamique.

Les modèles d'allocation de tâches peuvent être regroupés en deux catégories :

- **Allocation centralisée.** Dans cette approche modulaire, un agent décompose un problème en sous-problèmes et distribue ceux-ci aux autres agents, qui se retrouvent sous son autorité. Dans ce cas, les actions sont cohérentes, mais il y a un problème de fiabilité et d'extensibilité. De plus, un agent est entièrement dédié à la répartition de tâches. Le système n'est donc pas utilisé au maximum de ses capacités.

- **Allocation décentralisée, ou distribuée.** Chaque agent est capable de décomposer son problème en sous-problèmes et de répartir ainsi les tâches associées. Tous les agents ont le même poids dans la prise de décision. Ce type d'allocation convient à des applications ayant déjà une structure distribuée. La fiabilité et les possibilités d'extension sont meilleures que dans le modèle précédent, mais le maintien de la cohérence est plus difficile à réaliser.

Les méthodes pour décomposer un problème peuvent être de trois sortes :

- Statiques : chaque agent connaissant les compétences des autres agents, les sous-problèmes peuvent être attribués aux agents les plus qualifiés.
- Dynamiques : les agents se concertent afin de répartir les sous-problèmes de manière plus efficace.
- Mixtes : chaque agent connaît les compétences des autres agents, mais cette connaissance est remise à jour de manière périodique.

L'autonomie des agents repose sur la notion d'intentionnalité. On peut différencier l'intention dans l'action de l'intention d'accomplir une action dans le futur. Dans ce dernier cas, il s'agit d'un but persistant. Pour qu'un agent ait l'intention d'accomplir une action, il faut qu'il estime que l'action est possible, qu'il envisage de s'engager à la réaliser, qu'il estime que si certaines conditions sont remplies il peut accomplir l'action et enfin qu'il ne cherche pas à en réaliser toutes les conséquences. On peut toutefois se demander ce qui se passe lorsque l'action a été accomplie par un autre agent, lorsqu'un agent possède deux intentions ou dans quelles conditions un agent peut abandonner son intention.

Il existe actuellement deux approches pour la coopération entre agents :

- Volontaire : les agents interagissent de façon non conflictuelle, qu'ils aient le même but ou non.
- Conflictuelle : les agents peuvent avoir des buts identiques mais des vues divergentes, voire opposés.

C'est la coopération volontaire qui nous intéresse ici, puisqu'elle reflète une interaction des agents pour la résolution distribuée de problèmes. On peut réaliser une planification pour agents multiples ou une planification distribuée. Dans le premier cas, il existe un agent coordinateur qui constitue et réalise les plans et gère les conflits. En ce qui concerne la planification distribuée, chaque agent est capable de produire ses propres plans, qui seront fusionnés pour un résultat global. On peut également envisager la résolution distribuée de problèmes comme une assistance mutuelle. Un agent résout le problème, et un autre critique la solution obtenue.

Dans le domaine de la résolution distribuée, quatre modes de coopération sont envisageables lorsque la notion de hiérarchie est présente :

- Commande : un agent décompose un problème en sous-problèmes, qu'il répartit entre les autres agents selon leurs compétences. Ces derniers résolvent leur sous-problème et renvoient les solutions partielles à l'agent centralisateur *(voir figure 44.4)*.

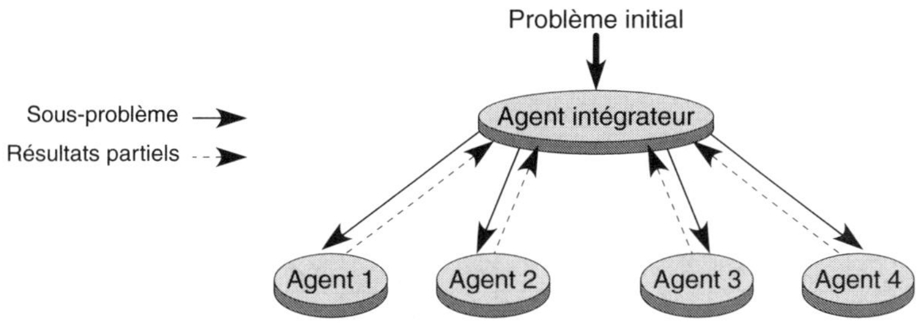

Figure 44.4

Fonctionnement du mode commande

- Diffusion : un agent décompose encore le problème, mais les agents intéressés par la résolution des sous-problèmes décident s'ils passent ou non à l'action. Les résultats sont envoyés ensuite à tous les agents du système.
- Appel d'offres : un agent décompose le problème en sous-problèmes, dont il diffuse la liste. Les agents intéressés par une tâche envoient une offre à l'agent qui a engendré cette tâche. Ce dernier choisit une offre parmi celles à sa disposition. Il distribue ensuite les sous-problèmes aux agents qu'il a choisis *(voir figure 44.5)*. Les résultats partiels sont ensuite retournés, comme dans le mode commande.

Figure 44.5

Fonctionnement du mode appel d'offres

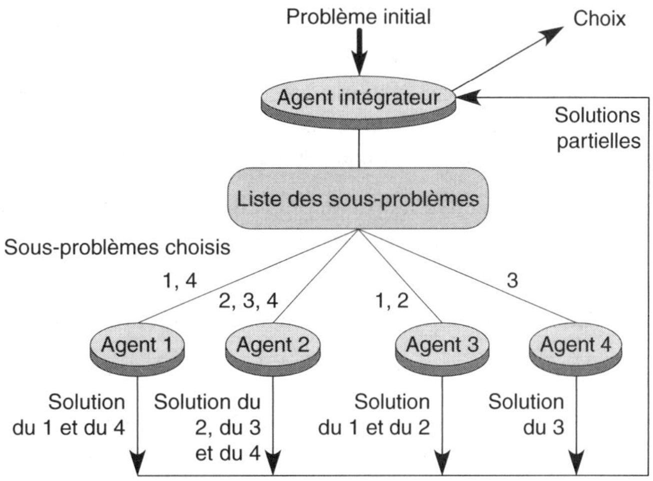

- Compétition : comme dans les autres modes, le problème est décomposé en sous-problèmes par un agent central. Les agents choisissent la ou les tâches qu'ils vont réaliser. Les résultats partiels sont envoyés à l'agent centralisateur, qui décide de la solution parmi tous les résultats engendrés *(voir figure 44.6)*.

Lorsque la notion de hiérarchie n'est pas présente, les agents peuvent fonctionner selon un mode de partage des tâches, par négociation, par exemple, ou échanger des résultats partiels.

Parler de négociation dans le cas du partage des tâches revient à évoquer un concept et une structure d'interactions (le réseau contractuel) relevant fortement de l'intelligence artificielle distribuée. Le réseau contractuel est composé d'un ensemble d'agents, qui

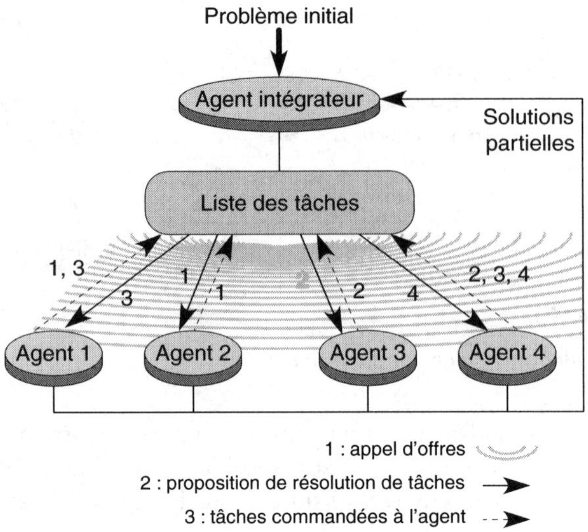

Figure 44.6
Fonctionnement du mode compétition

peuvent passer des contrats selon un protocole fixe. Les agents doivent effectuer des tâches qu'ils peuvent décomposer. S'ils ne sont pas en mesure d'effectuer ces sous-tâches, faute de compétences, de temps ou de moyens, ils peuvent tenter de les sous-traiter en lançant un appel d'offres. Les agents intéressés envoient une offre à l'agent demandeur, appelé manager, qui choisit l'agent auquel il attribue la tâche. Un contrat est alors établi. Ce modèle est calqué sur les protocoles d'appel d'offres des contrats publics.

Le réseau contractuel représente une allocation de tâches dynamique et distribuée par appel d'offres. Ce système présente de nombreux avantages (distribution des décisions, extensibilité, etc.) mais reste entaché de nombreux problèmes (conception hiérarchique, coût élevé de communication, rigidité de la procédure, etc.).

Les conflits peuvent être de plusieurs ordres : accès à une ressource, solutions différentes à un problème donné, conflits d'intérêt et de buts, etc. Pour tenter de remédier à ces conflits, on peut :

- Établir un contrôle centralisé et donc mettre en place un agent avec un poids supérieur.
- Nommer un agent capable d'établir un arbitrage entre différents points de vue.
- Établir une négociation entre les différents agents en conflit afin d'aboutir à une situation qui les satisfasse par une série d'échanges, de tractations et de compromis.

Les systèmes d'agents réactifs

Un agent réactif n'a pas une représentation explicite de son environnement et ne peut tenir compte de son passé. Son mode de fonctionnement est simple et suit un ensemble de décisions préprogrammées, de type stimulus-réponse. L'organisation s'effectue selon un mode biologique, et le nombre d'agents présents dans un tel système est très élevé. La communication est non intentionnelle. Les agents laissent, par exemple, des traces de leur présence, ou signaux, qui peuvent être perçus par d'autres agents. On parle alors de communication par environnement.

Ce type d'agent résulte du postulat suivant : de l'interaction d'un grand nombre d'agents simples peuvent émerger des organisations complexes.

On peut considérer plusieurs niveaux de complexité pour un agent réactif :

- stimulus-réponse : simples réactions à l'environnement ;
- coordination d'actions élémentaires : mécanismes d'inhibition, relations entre actions élémentaires ;
- coopération réactive : mécanismes de recrutement entre agents, agrégation d'agents élémentaires ;
- reproduction : mécanismes de reproduction d'agents réactifs ;
- organisation d'agents réactifs.

L'écorésolution est une technique de résolution de problèmes fondée sur l'utilisation d'agents réactifs. La résolution de problèmes est ici considérée comme le résultat d'un ensemble d'interactions. Cette conception s'oppose aux approches classiques en résolution de problèmes, telles que l'exploration d'espaces d'états, qui pose des problèmes d'explosion combinatoire.

L'approche de la résolution distribuée de problèmes repose sur une conception radicalement différente : celle de l'apparition de configurations comme états stables ou stationnaires d'un système dynamique, dont l'évolution est due à des interactions provenant des comportements de petits agents assez simples.

Dans les systèmes classiques, toutes les données se trouvent dans l'énoncé, le système se bornant à trouver comment passer de la configuration initiale à l'état final. Au contraire, dans le phénomène de l'écorésolution, la détermination est seulement locale. Les agents sont caractérisés par des comportements de satisfaction, d'agression et de fuite. Le problème lui-même est défini par une population d'agents autonomes, qui cherchent à se satisfaire. Le résultat final est la conséquence d'une interaction non déterministe. Le modèle définit la combinaison des comportements.

D'une façon quasi générale, on peut caractériser le comportement des agents par un ensemble d'éléments :

- Une condition de satisfaction locale, qui décrit un état stable pour l'agent, compte tenu des informations dont il dispose. Cette condition ne repose pas sur des critères objectifs mais sur les croyances et les caractéristiques locales des agents.
- Une condition locale de rejet, c'est-à-dire un ensemble de contraintes décrivant les situations que rejette temporairement un agent (celles qu'il cherche à fuir).
- Une réaction de survie, c'est-à-dire un ensemble d'actions (satisfaction, agression, fuite) qui sont accomplies pour que l'agent puisse s'approcher de sa condition de satisfaction en évitant les situations néfastes.
- Une fonction de coût énergétique, qui permet de choisir l'action de moindre coût à réaliser.
- Une information.

Cette méthode évite l'explosion combinatoire classique lors de la résolution de problèmes, mais, en contrepartie, la solution trouvée n'est pas forcément la meilleure. L'écorésolution de problèmes peut être utilisée de façon privilégiée pour des problèmes structurellement distribués ou dans le cadre d'un univers évolutif.

En conclusion de cette section, on peut avancer que l'étude de l'apprentissage, du temps réel ou de la distribution correspond à une nécessité dans le domaine de la gestion réseau.

C'est toutefois le dernier point qui semble le plus intéressant, dans la mesure où les systèmes multiagents constituent en quelque sorte une généralisation des techniques des systèmes experts. De ce fait, ils apportent une valeur ajoutée aux systèmes conventionnels de l'intelligence artificielle en proposant un nouveau type d'architecture, faisant intervenir aussi bien la communication que le raisonnement interne. Les aspects d'ouverture et de distribution les rendent intéressants pour un système de gestion réseau.

En ce qui concerne l'aspect temps réel, l'approche adoptée par l'intelligence artificielle semble moins claire. Pourtant, c'est une étape indispensable dans la conception d'un système d'administration des réseaux. En effet, les temps de réponse à une panne, par exemple, doivent être minimaux, même si cela ne revêt pas la même importance que dans les systèmes d'aide à la décision ou au commandement.

L'apprentissage constitue encore le talon d'Achille des systèmes à base de connaissances. Tant que ceux-ci ne pourront améliorer, augmenter et affiner leurs connaissances grâce à leur propre expérience, ils dépendront de la bonne volonté et de la disponibilité des experts et de la qualité d'une mise à jour manuelle.

Les agents réseau

Un agent réseau est un composant logiciel qui utilise soit un service lié au réseau (courrier électronique, transfert de fichiers, Web, etc.), soit le réseau lui-même, comme dans le cas des agents mobiles que nous examinons à la section suivante.

Un agent réseau peut être défini de multiples façons. Nous avons choisi de le définir comme un composant logiciel qui agit au nom de son utilisateur. Il est évident que cette définition est beaucoup plus réductrice que celle donnée par les chercheurs en intelligence artificielle, qui envisagent l'agent comme un composant logiciel capable de rendre un service, avec une certaine possibilité de raisonnement et de communication.

Les agents réseau assurent généralement des tâches simples. Par exemple, ils filtrent des messages électroniques en utilisant un ensemble de mots-clés. Ainsi, l'agent peut être confondu avec un programme classique. Certains agents sont beaucoup plus élaborés. L'utilisateur peut demander à un agent de lui organiser une réunion, par exemple. Pour ce faire, l'agent doit décomposer cette tâche en sous-tâches et coopérer avec les agents des différents participants.

Il existe trois catégories principales d'agents réseau :

- les agents Internet ;
- les agents intranet ;
- les agents assistants, ou bureautiques.

Nous allons examiner ces trois catégories d'agents, qui peuvent elles-mêmes être décomposées en sous-catégories.

Les agents Internet

Les agents Internet proviennent essentiellement des applications développées pour ce réseau. On y trouve les agents suivants :

- Agents de recherche du Web : fournissent à un utilisateur des services de recherche sur le Web.

- Agents serveur du Web : résident sur un site Web spécifique pour fournir des services.
- Agents de filtrage d'information : filtrent des informations selon des critères spécifiés par l'utilisateur.
- Agents de recherche documentaire : retournent un ensemble personnalisé d'informations correspondant à la demande de l'utilisateur.
- Agents de notification : indiquent à un utilisateur des événements susceptibles de l'intéresser.
- Agents de service : fournissent des services spécialisés à des utilisateurs.
- Agents mobiles : se déplacent d'un lieu à un autre afin d'exécuter les tâches spécifiques d'un utilisateur.

Les agents intranet

Les agents intranet proviennent également des applications Internet mais sont personnalisés pour un environnement privé. Quatre types d'agents sont reconnus :

- Agents de personnalisation coopérative : permettent l'automatisation du workflow à l'intérieur d'une entreprise.
- Agents d'automatisation : automatisent le workflow d'une entreprise.
- Agents de base de données : fournissent des services agent à l'utilisateur de bases de données.
- Agents courtiers de ressources : réalisent l'allocation de ressources dans les architectures client-serveur.

Les agents assistants ou bureautiques

Les agents assistants sont, comme leur nom l'indique, des composants logiciels capables d'apporter une aide à un utilisateur dans l'utilisation d'un produit. Ces agents assistants sont souvent appelés agents bureautiques car on les rencontre essentiellement comme agents d'interface dans les suites bureautiques commercialisées pour le grand public.

Les trois grandes catégories d'agents assistants sont les suivantes :

- Agents système : fournissent une aide à l'utilisateur pour qu'il puisse se servir du système d'exploitation.
- Agents d'application : fournissent une aide à l'utilisateur pour qu'il emploie correctement une application particulière.
- Agents de suite logicielle : fournissent une aide à l'utilisateur pour que celui-ci puisse travailler avec des applications corrélées.

Les agents mobiles

Un agent mobile est un agent logiciel qui peut se déplacer entre plusieurs points. Cette définition implique qu'un agent mobile est aussi caractérisé par un modèle d'agent de base. En plus du modèle de base, chaque agent logiciel définit un modèle de cycle de vie, un modèle de calcul, un modèle de sécurité et un modèle de communication. Un agent mobile est de surcroît caractérisé par un modèle de navigation. L'agent mobile peut être implémenté en utilisant les codes mobiles ou les objets distants. Des exemples de la première catégorie proviennent des agents de TCL (Tool Command Language), un langage agent, et de Telescript. La deuxième catégorie est représentée par les aglets *(voir ci-après)*.

Pour utiliser les agents mobiles, un système doit incorporer une plate-forme agent. Cette plate-forme doit permettre toutes les fonctionnalités dont les agents ont besoin, en particulier le modèle de navigation. Pour le cycle de vie, il faut définir les services de création, de destruction, de démarrage, de suspension, d'arrêt, etc. Le modèle de calcul indique les moyens de calcul de l'agent. Le modèle de sécurité décrit la façon dont les agents ont le droit d'accéder aux ressources du réseau et aux terminaux. Le modèle de communication définit les modes de communication entre agents et entre un agent et une autre entité, comme le réseau. Le modèle de navigation se charge de tous les transports de l'agent entre deux entités du réseau.

L'intégration du code par une machine Java est déjà très puissante, mais des chips Java pourraient renforcer encore l'intégration des agents dans les systèmes actuels. De nouveaux progiciels, comme Jini, pourraient encore accentuer la puissance des agents mobiles. La taille de ces agents dépend de leurs fonctions. Par exemple, les agents mobiles de contrôle de la sécurité peuvent être très gros et contenir plusieurs milliers de lignes de code. Il faut noter que ces agents mobiles peuvent augmenter leurs fonctions en chargeant du code *via* le réseau.

Pour que les codes mobiles puissent s'imposer, ils doivent être normalisés. L'OMG a déjà proposé un premier standard indépendant de la plate-forme utilisant fortement CORBA.

Une autre façon d'introduire les agents mobiles consiste à les définir comme des processus logiciels qui se substituent à l'utilisateur pour interagir en toute liberté dans le réseau avec des serveurs. L'autonomie fonctionnelle des agents mobiles, qui est un de leurs points forts, sollicite le minimum de ressources de communication. Le langage Telescript, de General Magic, constitue l'un des premiers outils de développement d'agents mobiles, aux côtés du langage Java.

Plusieurs projets relevant du concept d'agent mobile ont été lancés, dont celui d'IBM, qui a permis de mettre en œuvre un environnement de développement d'agents mobiles appelé AWB (Aglet WorkBench). Les aglets sont des agents mobiles écrits en Java, qui utilisent un protocole de transfert d'agents, appelé ATP (Agent Transfer Protocol). British Telecom propose un prototype de système fondé sur des agents mobiles pour le contrôle des réseaux de télécommunications.

Les agents mobiles Telescript intègrent les instructions de l'utilisateur concernant une tâche spécifique et se déplacent aux endroits nécessaires à l'exécution de leur tâche, par exemple l'achat de billets. Les sites qui réceptionnent ces agents mobiles agissent comme des hôtes et assurent la sécurité de l'exécution des programmes de l'agent.

De nombreux autres exemples de conception et d'utilisation d'agents mobiles dans les environnements de télécommunications sont mentionnés dans diverses publications. En particulier, les virus peuvent être considérés comme de tels agents. Trois cibles se retrouvent dans ces travaux :

- les caractéristiques du langage pour fournir les besoins des agents mobiles ;
- l'implémentation de ces besoins à partir d'extensions du système d'exploitation pour bénéficier des avantages des agents mobiles ;

- le système d'agents mobiles, considéré comme une application spécialisée, fonctionnant au-dessus du système d'exploitation.

En résumé, les systèmes d'agents mobiles existants s'appuient soit sur des classes Java, soit sur des langages de script interprétés, soit sur des services existants du système d'exploitation. Il existe des contraintes pour limiter les possibilités et pour contrôler les agents mobiles. Ces contraintes proviennent des points suivants : sécurité, identification, portabilité, mobilité, communication, gestion des ressources, contrôle et gestion des données.

Pour comparer l'approche agent avec l'approche client-serveur, il faut rappeler que, dans l'architecture client-serveur, des programmes spécialisés sont implémentés en vue de satisfaire le plus de clients possible. Le processus client s'exécute le plus souvent sur une machine distante et communique avec le serveur pour accomplir une tâche. Cette approche peut générer une forte hausse du trafic sur le réseau, laquelle, suivant le type de réseau, peut arriver à congestionner le réseau. Le concept d'agent mobile propose de rapprocher le client de la source et de réduire le trafic engendré en déplaçant les requêtes des clients au niveau des serveurs.

Les réseaux intelligents

L'expression « réseaux intelligents » concerne à une autre catégorie de réseaux, qui sont des réseaux qui peuvent s'adapter assez simplement à l'introduction d'un nouveau service. Ces réseaux sont totalement différents de ceux qui intègrent des agents intelligents.

Les architectures de réseau développées jusqu'à aujourd'hui ne permettent de prendre en compte que des services simples, ne faisant appel qu'à une seule application, tels les services de messagerie électronique, de transfert de fichiers, de traitement transactionnel, etc. Il est possible d'associer plusieurs applications pour réaliser un nouveau service en utilisant l'architecture mise en place dans la couche application. On peut ainsi transporter un document EDI (échange de données informatisé) dans un message électronique.

La complexité de la gestion et du contrôle des équipements de réseau s'accroît énormément dès lors que l'on sort du cadre du réseau et que l'on y intègre les applications. En effet, l'utilisateur désire avoir une vue globale du service qu'il demande, depuis son fonctionnement jusqu'à son coût, en passant par les problèmes de sécurité et de qualité de service. Le plus simple pour un utilisateur serait qu'il puisse définir exactement ce qu'il souhaite du réseau. Le rôle du réseau intelligent est justement de pouvoir s'adapter à la demande des utilisateurs.

Un premier exemple de service de réseau intelligent est le suivant : au début des années 1980, un grand utilisateur demande à son opérateur de mettre en place un service de renseignements téléphonique à destination de ses clients qui puisse, au moment le plus chargé, fournir un standard par département et, au moment le moins chargé, au milieu de la nuit, un seul standard répondant pour toute la France. Le client n'a aucune idée du numéro de téléphone à choisir en fonction de l'heure de la journée.

Ce service ne pouvait guère être mis en place à l'époque. Cependant, les opérateurs ont compris le message et ont lancé le numéro 800, ex-numéro vert en France. Ce numéro permet de diriger l'appel d'un client vers le standard le plus proche qui comporte une opératrice disponible. L'application 800 paraît simple. Elle a cependant demandé huit ans de développement. C'était le premier service intelligent à voir le jour. La raison de ce temps extrêmement long est due à l'impossibilité de programmer certains autocommutateurs pour leur dire que s'ils reçoivent un numéro qui commence par 800, ils doivent faire un travail très spécial, qui consiste à interroger une base de données pour trouver le numéro de téléphone à appeler.

Avec l'expérience retirée de la mise en place de ce service, les autocommutateurs sont devenus plus intelligents, et les concepts du réseau intelligent ont suivi. De nouveaux services intelligents, surtout associés à la téléphonie, sont nés, comme la facturation par carte de crédit et tous les numéros spéciaux qui existent aujourd'hui.

Le rôle d'un réseau intelligent est de mettre en place et d'adapter l'infrastructure du réseau de communication de façon à prendre en charge des fonctionnalités d'un nouveau service. Cette adaptation doit également déterminer l'environnement de contrôle et de gestion associé au réseau. De façon assez simpliste, on peut représenter le réseau intelligent comme une couche de protocoles située entre les ressources réseau et l'utilisateur, comme illustré à la figure 44.7.

Figure 44.7
Place du réseau intelligent dans l'architecture réseau

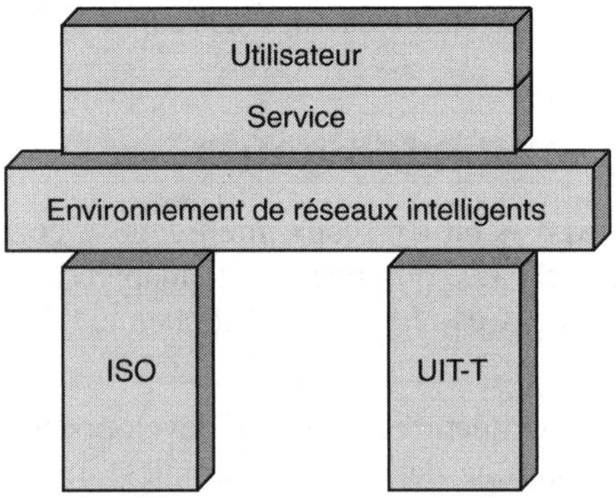

Pour introduire de façon correcte les différents composants logiciels et matériels nécessaires à la réalisation d'un réseau intelligent ou d'une architecture ayant les mêmes propriétés, il faut modéliser de façon efficace les fonctionnalités du réseau traité. Les sections qui suivent décrivent le modèle de base du réseau intelligent avant de s'intéresser aux outils permettant de modéliser les fonctionnalités indispensables d'un tel réseau. Nous terminons par l'architecture TINA, que les opérateurs de télécommunications développent en ce sens.

INCM (Intelligent Network Conceptual Model)

Pour définir un réseau intelligent, il faut un modèle précisant l'architecture et les interfaces de référence. L'objectif d'un réseau intelligent étant de s'adapter à la demande de l'utilisateur, ces interfaces doivent permettre une adaptation simple des ressources du réseau. Un tel réseau est en fait intelligent grâce à ces interfaces.

Le modèle conceptuel définissant l'architecture normalisée d'un réseau intelligent est aujourd'hui parfaitement défini. Il s'agit du modèle INCM (Intelligent Network Conceptual Model), qui peut être utilisé pour construire une architecture de réseau intelligent satisfaisant aux exigences suivantes :

- indépendance par rapport à la réalisation du service ;
- indépendance par rapport à la réalisation du réseau ;

- indépendance par rapport aux industriels ;
- indépendance par rapport à la technologie.

Le modèle INCM est illustré à la figure 44.8. Il contient quatre couches, que nous allons décrire en détail.

Figure 44.8
Plans de l'architecture du modèle de réseau intelligent

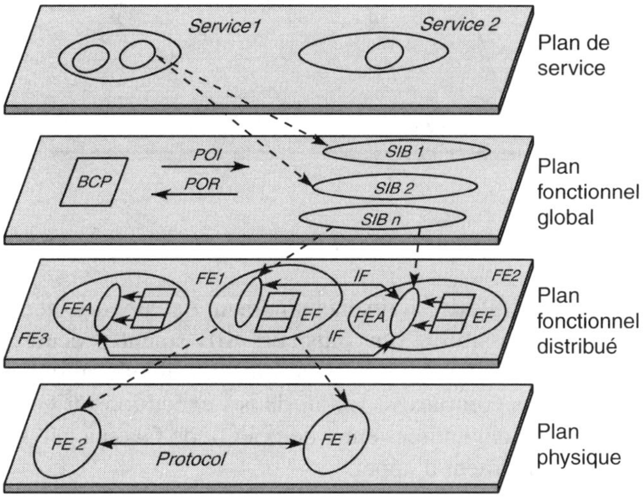

BCP (Basic Call Process)
SIB (Service Independent Building block)
FEA (Functional Entity Action)
POI (Point Of Initiation)
POR (Point Of Return)
EF (Elementary Function)
IF (Information Flows)
FE (Physical Entity)

Le plan de service

Le plan de service concerne la définition des services que l'utilisateur peut demander. Ces services peuvent être plus ou moins complexes, mais il s'agit généralement d'une superposition de services élémentaires. Un service élémentaire est appelé SF (Service Feature). La demande de l'utilisateur peut rassembler plusieurs services élémentaires pour former un nouveau service. Le service élémentaire SF est réalisé par un module qui se situe dans la couche sous-jacente : le plan fonctionnel global.

Le plan fonctionnel global

Le plan fonctionnel global contient les modules de base, ou SIB (Service-Independent Building). Ces modules doivent être considérés comme des blocs indépendants de la distribution. À ces blocs correspondent des services ou des parties de service. La distribution n'est prise en compte que dans le plan fonctionnel distribué, le réseau étant interprété comme une machine virtuelle.

Dans ce plan, le processus BCP (Basic Call Process) et les processus GSL (Global Service Logic) sont des SIB spécialisés. Les GSL permettent de chaîner les SIB entre eux pour réaliser un service. Le GSL décrit donc entièrement le service.

Le BCP est un SIB qui contient toutes les fonctionnalités permettant de gérer un appel. Cette gestion utilise deux types de points de synchronisation : les POI (Point Of Initiation) et les POR (Point Of Return). Les POI déterminent à quel moment du traitement il faut appeler le GSL et selon quels critères. Les POR définissent les points au niveau desquels le GSL peut réactiver le réseau pour continuer le processus de service. Ce processus est illustré à la figure 44.9.

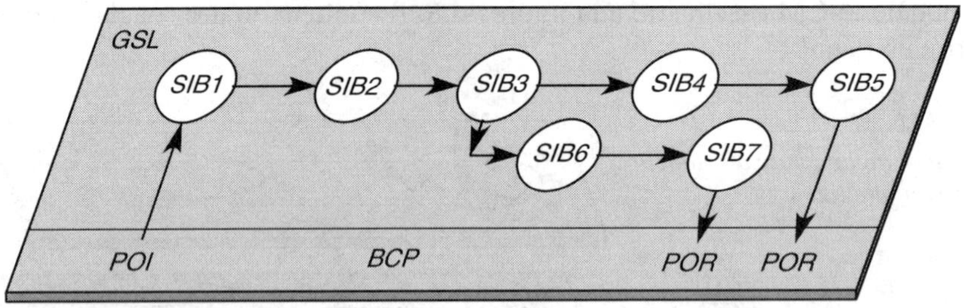

Figure 44.9

Fonctionnement d'un processus GSL

Le GSL décrit un enchaînement linéaire d'exécution de SIB. Le parallélisme, c'est-à-dire la possibilité que plusieurs SIB soient exécutés en parallèle, ne devrait pas tarder. Ce parallélisme devrait apporter des améliorations à la définition de services futurs encore plus complexes. Enfin, dans l'exécution du GSL, plusieurs demandes de POR peuvent être engendrées entre deux POI, de façon à gérer, par exemple, divers événements lors du traitement d'appel.

Les SIB peuvent être extrêmement nombreux. En voici quelques exemples :

- Charge, qui définit les procédures de taxation.
- Compare, qui permet de comparer deux valeurs.
- Limit, qui limite le nombre d'appels à un service.
- Log Call Information, qui permet de stocker des informations sur l'appel en cours.
- Queue, qui permet de mettre un appel en attente.
- Screen, qui permet de vérifier la présence d'un identifiant.
- Service Data Management, qui permet de lire, de créer, d'ajouter ou de supprimer des données dans un fichier.
- Status Notification, qui permet de connaître l'état des ressources du réseau.
- Translate, qui traduit des données de l'utilisateur en termes accessibles au système.
- User Information, qui permet au système de correspondre avec un utilisateur.
- Verify, qui vérifie la syntaxe des informations émises par l'utilisateur.

Le plan fonctionnel distribué

Le plan fonctionnel distribué a pour rôle d'identifier les modules (et leurs relations) nécessaires à la réalisation du réseau intelligent. Ces modules possèdent des fonctions décrites dans la recommandation Q.1204 de l'UIT-T. La description de cette architecture est indépendante de sa réalisation. Celle-ci doit être très flexible, de façon à permettre l'introduction de nouvelles fonctionnalités, indispensables à l'extension des possibilités du réseau intelligent.

Une correspondance assez simple doit être réalisée entre les entités fonctionnelles du plan fonctionnel distribué et les modules SIB (Service-Independent Building) du plan fonctionnel global. Plus précisément, la réalisation de chaque SIB doit s'effectuer à l'aide d'au moins une unité fonctionnelle. Les fonctions de base de l'entité fonctionnelle sont gérées par des actions d'entité fonctionnelle, ou FEA (Functional Entity Action).

> **Construction d'une application intelligente**
>
> En ayant en tête cette représentation du modèle de réseau intelligent, il est possible de comprendre la construction d'une application intelligente.
>
> Le client choisit les services élémentaires dont il a besoin pour réaliser son service global. Il définit ainsi dans le plan de service le service désiré. Une fois le service déterminé, le modèle lui indique les SIB dont il a besoin et l'ordre dans lequel il doit les mettre en œuvre. En d'autres termes, il construit, grâce aux briques de logiciel dont il dispose, le logiciel dont il a besoin pour réaliser son service. C'est le travail effectué dans le plan fonctionnel global.
>
> Pour distribuer ce logiciel global sur le réseau, le client peut soit le distribuer dans tous les nœuds du réseau, soit le placer en un emplacement unique. Le rôle du plan fonctionnel distribué est d'effectuer la distribution du logiciel global. La dernière étape consiste à déterminer où implanter physiquement les briques logicielles.

Les entités fonctionnelles

Une entité fonctionnelle est un groupe unique de fonctions destinées à rendre un service. Une ou plusieurs entités fonctionnelles peuvent être situées sur une même entité physique. Deux entités fonctionnelles distinctes peuvent contenir des fonctions identiques. Les entités fonctionnelles communiquent entre elles par des flux d'information (Information Flow).

Les principales entités fonctionnelles sont les suivantes :

- CCAF (Call Control Agent Function), qui gère l'interface entre l'utilisateur et le réseau.
- CCF (Call Control Function), qui établit, manipule et relâche les appels des utilisateurs dans leur demande de service.
- SSF (Service Switching Function), qui est souvent associée au CCF et permet de réaliser la connexion entre un utilisateur et l'entité de contrôle du service (SCF).
- SCF (Service Control Function), qui contrôle le bon déroulement du module CCF lors de son exécution de sorte qu'il atteigne les entités fonctionnelles de service nécessaires à la réalisation du service demandé par l'utilisateur.
- SDF (Service Data Function), qui contient toutes les informations et fonctions nécessaires pour qu'une entité SCF ait accès en temps réel à un service de réseau intelligent demandé par l'utilisateur.
- SRF (Specialized Resource Function), qui contient des ressources spécifiques qui peuvent s'avérer nécessaires à un service de réseau intelligent.

Les entités fonctionnelles que nous venons de décrire servent à l'accès et à la mise en place du service dans un réseau intelligent mais n'ont pas de fonctionnalités correspondant au service. Il s'agit d'entités fonctionnelles communes, permettant de mettre en place le service.

Les entités fonctionnelles suivantes servent, elles, à créer et gérer les services :

- SCEF (Service Creation Environment Function), qui permet la création de nouveaux services de réseau intelligent.

- SMAF (Service Management Agent Function), qui définit une interface entre le gestionnaire du service et la fonction de gestion SMF.
- SMF (Service Management Function), qui doit prendre en charge la gestion des services ouverts dans le cadre du réseau intelligent et coordonne les SCF et les SDF.

Les relations entre les entités fonctionnelles sont nombreuses. La figure 44.10 en fournit un exemple simplifié. Elle schématise également des éléments physiques que nous allons aborder ci-après.

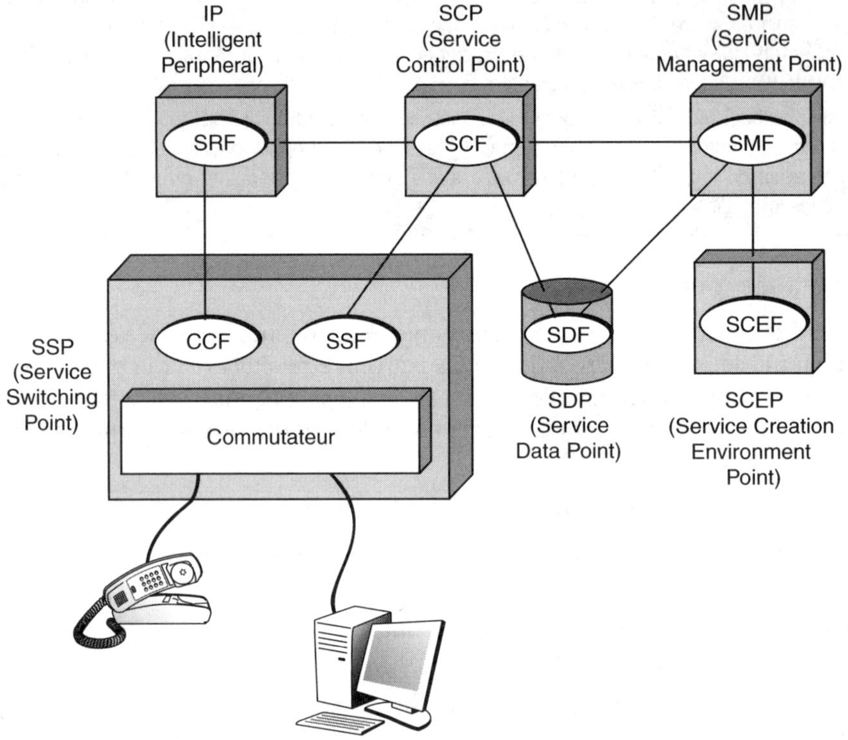

Figure 44.10

Exemple de relations entre les entités fonctionnelles

Le plan physique

Le plan physique du modèle conceptuel de réseau intelligent identifie les différentes entités physiques et les interfaces entre ces entités. L'architecture du plan physique doit être en cohérence avec le modèle conceptuel INCM. Pour cela, cette architecture doit satisfaire aux exigences suivantes :

- À une entité fonctionnelle du plan fonctionnel distribué correspond une entité physique.
- Une entité fonctionnelle ne peut être découpée et correspondre à deux entités physiques. En d'autres termes, une entité fonctionnelle correspond à une entité physique ou à une partie d'une entité physique.
- Des copies d'une même entité fonctionnelle correspondent à des entités physiques différentes.

- Les entités physiques peuvent être regroupées pour former une architecture physique.
- Les entités physiques peuvent offrir des interfaces standards.
- Les entités physiques sont capables de développer des entités physiques fondées sur une correspondance avec des entités fonctionnelles, et ce avec des interfaces standards.
- Les industriels peuvent adapter leurs produits à de nouvelles technologies sans revoir les principes de l'architecture.

De nombreuses entités physiques ont été définies pour le réseau intelligent, notamment les suivantes :

- SSP (Service Switching Point). Ce sont les points d'accès des utilisateurs au réseau intelligent. Ils sont avant tout des points de commutation, qui se chargent des informations provenant des machines terminales. Les SSP peuvent communiquer avec les autres entités physiques, et en particulier avec les SCP. Un SSP contient une fonction de contrôle d'appel, ou CCF (Call Control Function), une fonction de service de commutation, ou SSF (Service Switching Function), et, si le SSP est un point d'accès utilisateur, une fonction d'agent de contrôle des appels, ou CCAF (Call Control Agent Function). D'autres fonctions plus spécialisées peuvent être disponibles dans un SSP, telles une fonction de ressources spécialisées, ou SRF (Specialized Resource Function), et une fonction de données de service, ou SDF (Service Data Function).
- SCP (Service Control Point). Contient les programmes de logique de service, ou SLP (Service Logic Programs), qui sont utilisés pour rendre le service demandé. Les SCP peuvent posséder des SLP identiques. Un SCP contient une fonction de contrôle de service, ou SCF (Service Control Function), et peut avoir une fonction de données de service, ou SDF (Service Data Function). Le SCP peut accéder à des données situées dans une autre entité physique, soit directement, soit par l'intermédiaire du réseau de signalisation. Le SCP est souvent connecté à des SSP pour traiter les demandes utilisateur qui nécessitent l'intervention du réseau intelligent. La connexion s'effectue par l'intermédiaire du réseau sémaphore.
- SDP (Service Data Point). Les SDP contiennent toutes les données qui seront utilisées par les programmes de logique de service (SLP). Un SDP comporte une fonction de données de service, ou SDF (Service Data Function). Il est possible d'accéder au SDP soit directement, par un SCP ou un SMP, soit par le réseau sémaphore.
- IP (Intelligent Peripheral). Les IP disposent de ressources spécifiques pour permettre une adaptation des commandes de service à la demande utilisateur. Ces ressources très générales incluent :
  - Les annonceurs, par exemple l'organe qui indique le nouveau numéro de téléphone d'un abonné qui a déménagé.
  - Des organes de synthèse de la parole.
  - Des organes de reconnaissance de la parole.
  - Des organes nécessaires à la réalisation d'une téléconférence.
  - Des organes pour intégrer des données venues de l'extérieur.
  - Des générateurs de tonalité.
  - Des tests en synthèse de la parole.
  - Des convertisseurs de protocole.

Fonctionnellement, un IP contient une fonction de ressources spécifiques SRF (Specialized Resource Function) ou une fonction de contrôle d'appel CCF (Call Control Function). Ces deux fonctions permettent d'accéder aux ressources de l'entité physique IP à partir du SSP.

- AD (ADjunct). L'entité physique AD est fonctionnellement équivalente à celle de SCP. Elle contient les mêmes entités fonctionnelles. La spécificité de l'AD est d'être connecté directement à un SSP. L'interface entre les deux entités peut permettre de très hauts débits et générer de nouveaux services. Un AD peut être connecté à plusieurs SSP, et plusieurs AD peuvent être connectés au même SSP.
- SN (Service Node). Le SN sert à contrôler les services rendus par le réseau intelligent. Un SN communique directement avec un ou plusieurs SSP par le réseau sémaphore. Fonctionnellement, un SN peut contenir un SCF, un SDF, un SRF, un SSF et un CCF. D'une manière similaire à l'AD, la fonction de contrôle de service SCF d'un SN reçoit des messages du SSP, exécute les SLP et renvoie des messages au SSP. Les SLP peuvent être développés par l'environnement de création de nouveaux services.
- SSCP (Service Switching and Control Point). Cette entité physique est une combinaison des SCP et SSP dans un même nœud. Elle contient les fonctions SCF, SDF, CCAF et SSF.
- SMP (Service Management Point). Le SMP réalise les contrôles nécessaires à la gestion du service. Les exemples de fonctions que cette entité physique doit contrôler sont nombreux et vont de la gestion des bases de données de gestion, à la surveillance du réseau, en passant par les tests sur le réseau et la gestion du trafic, des anomalies, de la comptabilité, etc. Un SMP contient la fonction de gestion du service, ou SMF (Service Management Function), ainsi que, optionnellement, celle d'accès à la gestion du service, ou SMAF (Service Management Access Function) et celle d'environnement de création de service, ou SCEF (Service Creation Environment Function).
- SCEP (Service Creation Environment Point). Un SCEP permet de définir, de développer et de tester un nouveau service de réseau intelligent. Il peut charger le logiciel correspondant dans le SMP. Le SCEP contient la fonction d'environnement de création de services, ou SCEF. L'unité physique SCEP travaille directement avec l'unité SMP.
- SMAP (Service Management Access Point). L'unité physique SMAP permet à certains utilisateurs d'accéder directement à l'unité physique SMP. Un SMAP peut notamment constituer l'interface unique d'un utilisateur avec plusieurs SMP. Un SMAP contient une fonction d'accès à la gestion du service, ou SMAF. Les SMAP communiquent directement avec les SMP.

Modélisation des fonctionnalités

La mise en place d'un réseau intelligent requiert des outils informatiques avancés, tels que des techniques objet, des bases de données distribuées, des bases de connaissances, des techniques provenant de l'intelligence artificielle, etc. L'intelligence est presque absente des architectures que nous avons rencontrées à la section précédente. C'est là un paradoxe, même si une certaine intelligence primaire se cache dans cette adaptation.

Le temps nécessaire à l'introduction de nouveaux services intelligents a été jusqu'à présent très long et se compte en années. Par exemple, l'introduction du numéro vert ou des cartes téléphoniques a demandé de nombreuses années du fait qu'il fallait implanter de nouvelles commandes dans tous les commutateurs et points de gestion. L'introduction des SIB et de l'infrastructure des réseaux intelligents va permettre de diviser par 10, voire par 100, ces temps de mise en œuvre.

Les techniques utilisées proviennent des architectures orientées objet, qui offrent une grande souplesse de mise en œuvre et une gestion simplifiée par la suite. Les bases de données distribuées forment également un thème clé pour le stockage des connaissances et des informations.

L'intelligence artificielle est à la base de très nombreux outils qui commencent à être utilisés dans le logiciel du réseau intelligent. En effet, les systèmes qui nous intéressent sont particulièrement complexes, et l'on ne sait plus aujourd'hui gérer cette complexité avec des machines centralisées de type séquentiel. Les corrélations entre événements sont telles que des systèmes à base de règles et de connaissances sont plus aptes à répondre aux problèmes de diagnostic et plus généralement aux demandes des systèmes de gestion. La distribution pousse vers une nouvelle direction : l'intelligence artificielle distribuée.

Par l'introduction du concept d'intelligence artificielle distribuée, on doit pouvoir parvenir à une automatisation de la mise en place de l'infrastructure associée au service. Ce type d'implémentation prend en compte la complexité due à la distribution des fonctionnalités. Des systèmes multiagents cognitifs peuvent aussi être introduits dans le plan fonctionnel global pour permettre de corréler, filtrer, diagnostiquer et prendre des décisions. Ce type d'environnement est présenté au chapitre 44.

ODP (Open Distributed Processing)

Cette section s'intéresse à la modélisation des fonctionnalités nécessaires pour réaliser un réseau distribué. À ce titre, nous examinons ODP et le modèle d'architecture G.805 de l'UIT-T.

L'architecture ODP propose un modèle très général, qui a pour objet de décrire la sémantique et l'architecture des systèmes répartis ouverts. Défini dans les normes ISO et UIT-T X.901, X.902 et X.903, ce modèle se fonde sur deux concepts de base, à savoir une distribution objet et une découpe des systèmes en « points de vue » *(voir plus loin)*.

À la fin des années 1980, l'ISO s'est efforcé de dépasser la seule normalisation des protocoles de communication et a essayé d'organiser les protocoles dans un contexte plus vaste, celui d'un système distribué, mis en place dans le cadre d'une entreprise. Le rôle d'ODP est de normaliser les outils de conception et de gestion globale de la distribution des traitements dans l'univers réparti d'une entreprise.

L'ensemble des documents normatifs comprend quatre parties :

- La partie 1, non normative, regroupe les objectifs d'ODP, un aperçu d'ODP, les concepts clés et des éléments de base de l'architecture.
- La partie 2 contient le modèle descriptif. Ce modèle définit les concepts de la modélisation (objets, interfaces, états, interactions, etc.), les concepts de spécification (composition, décomposition, compatibilité, type, classe, etc.) et les concepts architecturaux (organisation, propriétés des objets, nommage, etc.).
- La partie 3 contient le modèle prescriptif. Celui-ci permet de caractériser un système ouvert à l'aide de techniques descriptives aptes à détecter si les contraintes définissant un système ODP sont satisfaites.
- La partie 4 décrit la sémantique architecturale, c'est-à-dire la manière dont les concepts de modélisation et le modèle prescriptif peuvent être représentés par une technique de description formelle.

Cinq points de vue, représentant autant d'approches d'un même problème — un point de vue apporte une description abstraite du système — ont été définis par les normalisateurs :

- Le point de vue Enterprise (entreprise) envisage la place du système distribué dans l'entreprise. Il concerne essentiellement l'utilisation du système distribué et la gestion de l'entreprise.
- Le point de vue Informational (information) concerne les informations manipulées par le système distribué et l'usage que l'on peut en faire.
- Le point de vue Computational (traitement) vise l'organisation fonctionnelle du système. En d'autres termes, il implique la définition des logiciels qui participent aux systèmes distribués.
- Le point de vue Engineering (ingénierie) est relatif à la distribution des ressources du système distribué, c'est-à-dire à la façon de construire le système distribué pour que les traitements puissent se faire dans les meilleures conditions possibles.
- Le point de vue Technology (technologie) concerne les choix d'implantation des composants physiques (matériels, logiciels, systèmes de gestion, protocoles, etc.).

L'architecture ODP s'appuie sur la notion d'objet. Un objet est caractérisé par un identificateur, un état et un comportement. L'accès à un objet s'effectue par des interfaces, qui déterminent les interactions entre l'objet et son environnement. Nous reviendrons sur la normalisation des environnements objet au chapitre suivant.

Dans ODP, on définit également les aspects d'un système. Ces aspects sont identifiés par les problèmes que doit résoudre le système de traitement réparti et existent généralement dans les différents points de vue. Deux catégories ont été définies, qui regroupent, d'une part, les aspects qui nécessitent la répartition (traitement, stockage et accès utilisateur) et, d'autre part, les aspects supportant la distribution (communication, identification, gestion et sécurité).

Des fonctions génériques ont aussi été définies pour la construction des systèmes ODP. Elles sont décrites selon les points de vue et regroupées en quatre classes : gestion, répertoire, sécurité et transparence.

Le modèle de référence ODP (RM-ODP) définit un ensemble de concepts architecturaux pour la construction d'un système ODP. Orientés objet, les systèmes ODP sont définis en terme d'interactions d'un ensemble de composants objets avec les interfaces identifiées. Des templates, ou « patrons », d'objets sont introduits pour décrire les contraintes en fonction desquelles les objets sont instanciés. Les objets résultant des templates sont organisés dans une famille de classes liées par la relation entre sous-classe et superclasse.

Le modèle G.805 et UML

Le modèle G.805 a été élaboré à la fin des années 1990 pour définir les principales fonctionnalités des réseaux. Il a pour rôle de représenter tous les types de réseaux et tous les protocoles associés.

Trois fonctions de base ont été identifiées : les fonctions de connexion, d'adaptation et de terminaison. Les fonctions de connexion concernent l'établissement de connexions entre deux points. Les fonctions d'adaptation correspondent à la mise en forme des données d'un utilisateur en vue de leur émission sur un réseau. Les fonctions de terminaison correspondent au contrôle et à la gestion effectués sur le service de transport du réseau. Outre ces principes fonctionnels, la recommandation G.805 introduit un ensemble de concepts pour modéliser les couches de protocoles, les différents niveaux d'abstraction et les entités de transport.

Les entités du processus de modélisation sont essentiellement les suivantes :

- Les sous-réseaux formés des points qui peuvent être connectés directement. Le mot sous-réseau remplace le mot réseau, trop générique.
- Les connexions de liens, qui représentent les connexions définies une fois pour toutes entre deux points.
- Les connexions de sous-réseaux, qui correspondent à des connexions pouvant être modifiées avec le temps.
- Les liens, qui correspondent à des capacités de transfert entre deux sous-réseaux.
- Les trails, qui correspondent à des connexions de bout en bout.
- Les points de connexion, qui forment les extrémités d'une connexion.
- Les points de terminaison, qui constituent les extrémités d'un trail.

Ces différentes fonctionnalités constituent un modèle complet permettant d'établir des architectures de réseau avec leurs fonctionnalités. Des extensions ont été réalisées à la fin des années 1990 pour que soit pris en compte l'aspect service, qui n'apparaît pas vraiment dans la modélisation de base. Contrairement au modèle ODP, la description n'est pas du tout orientée objet. Des sous-ensembles ont été déterminés pour la description d'architectures spécifiques, comme G.803, qui vise les architectures SDH (Synchronous Digital Hierarchy).

Décrire une architecture fonctionnelle est une chose, mais arriver à utiliser ces concepts simplement en est une autre. Pour cela, il faut unifier les notations. À cet égard, UML (Unified Modeling Language) constitue une réponse possible pour une notation unifiée acceptée par les industriels. Finalisée en 1999 par l'OMG (Object Management Group), la norme UML repose sur des concepts fondés sur un métamodèle, c'est-à-dire un modèle réalisé à partir des modèles de base, bien formalisés. UML s'appuie fortement sur C++ et non sur les nouveaux langages apportant une forte distribution, comme Java. Cependant, les outils UML offrent de nombreux moyens de génération vers les principaux langages de programmation.

TINA (Telecom Information Networking Architecture)

L'initiative TINA est plus large que le concept de réseau intelligent. Elle consiste à développer une plate-forme ouverte pour accueillir tous les types de services.

Le concept de réseau intelligent est né du besoin de développer une architecture globale capable d'appréhender l'ensemble des problèmes posés par la mise en place d'un nouveau service, depuis ceux à traiter par l'utilisateur jusqu'à ceux à traiter par le réseau. Tous les SIB doivent être les mêmes pour tous les opérateurs pour qu'un service puisse être accessible depuis tous les clients de tous les opérateurs. Il faut donc que tous les opérateurs désirant développer un réseau intelligent se mettent d'accord sur les composants divers et variés (service élémentaire, SIB, etc.) nécessaires à sa réalisation. Plusieurs initiatives ont été élaborées par différents types de groupements pour essayer de créer un consortium mondial capable d'imposer une vue uniforme du réseau intelligent.

Finalement, l'initiative qui a réellement lancé le mouvement pour développer un réseau intelligent sur la planète a été prise par des organes de normalisation, et plus particulièrement par l'UIT-T, qui a développé le modèle conceptuel du réseau intelligent INCM (Intelligent Network Conceptual Model), présenté à la première section de ce chapitre.

Une cinquantaine d'opérateurs de télécommunications ont regroupé leur force pour donner naissance à l'architecture TINA (Telecommunications Information Networking Architecture). Le groupe TINA-C (TINA Consortium) a défini une architecture très générale, la plus ouverte possible, susceptible de prendre en charge tous les types de services large bande et multimédias, y compris les grands standards du monde des télécommunications, tels ODP (Open Distributed Processing), IN (Intelligent Network), TMN (Telecommunications Management Network) et CORBA (Common Object Request Broker Architecture).

L'architecture TINA est divisée en trois sous-ensembles : une architecture de traitement, une architecture de service et une architecture de gestion. Un service TINA est déterminé par des composants de service, qui sont des unités de logiciel, appelées objets de traitement. L'exécution de ces objets est réalisée par un environnement distribué d'exécution, le DPE (Distributed Processing Environment). Cet environnement s'appuie sur un noyau, le noyau DPE, et des services DPE.

Parmi les exemples de services DPE, citons les services rendus par des intermédiaires, appelés traders, les serveurs de noms, qui permettent d'identifier et de localiser les unités de logiciels nécessaires à l'exécution, les serveurs de sécurité et les serveurs de transactions.

L'architecture de traitement suit le modèle ODP. C'est une architecture orientée objet. Dans TINA, le composant de base, l'objet, est appelé USCM (Usage, Substance, Core, Management), car il est défini par les éléments suivants : un noyau (core), décrivant la nature de l'objet indépendamment de son utilisation et de sa gestion, un usage, décrivant son apparence pour l'utilisateur, une gestion (management), décrivant les opérations de gestion et de maintenance, et une substance, représentant sa dépendance vis-à-vis des autres composants du système.

Un autre principe de l'architecture de traitement est l'indépendance des composants logiciels vis-à-vis des services et de leur environnement distribué ainsi que vis-à-vis de la technologie déployée pour réaliser le système.

Le modèle d'interaction qui définit comment les composants peuvent interagir est décrit dans le document *TINA Computational Modeling Concepts*. Les interfaces sont spécifiées indépendamment du langage de programmation utilisé (GDMO, OMG IDL, OSF IDL). Pour réaliser les spécifications d'interface de TINA, une extension d'IDL (Interface Definition Language) a été développée sous le nom d'ODL (Object Definition Language).

L'architecture de service décrit le moyen de construire des services de tout type : accès, transport, gestion, information, etc. De nouveau, les services sont décrits indépendamment des moyens qui permettent leur mise en œuvre. L'architecture du réseau intelligent en est la base.

L'architecture de gestion décrit l'ensemble des services de gestion à mettre en œuvre pour administrer le système. L'architecture de base retenue pour la gestion est le TMN. Cette architecture est décrite au chapitre 34 traitant de la gestion de réseau.

On peut définir TINA comme une architecture à six niveaux, comme illustré à la figure 44.11.

Figure 44.11
Architecture TINA

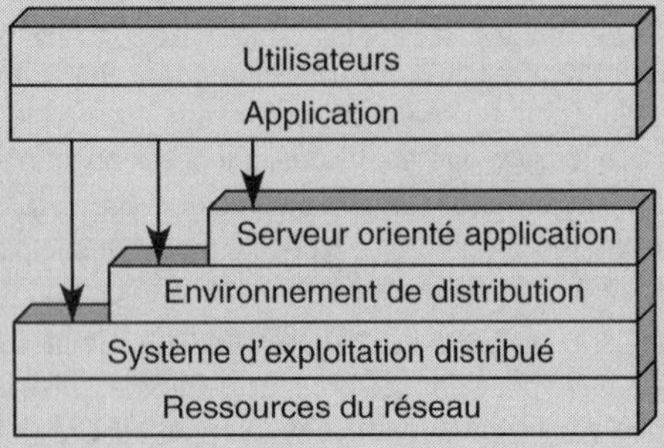

Le niveau le plus haut concerne l'utilisateur et sa vision dans l'entreprise du service qu'il souhaite obtenir. Le deuxième niveau s'intéresse au service lui-même : il en définit les objectifs. Le niveau 3, appelé Serveur orienté application (Application-Oriented Server), fournit un ensemble de ressources conceptuelles capables de répondre à la demande d'un nouveau service. Cette réponse est envisagée de façon centralisée, sans que sa réalisation effective sur un réseau entre en ligne de compte. Le niveau 4, ou Support de l'environnement distribué (Distribution Support Environment), prend le relais de la couche précédente pour réaliser de façon conceptuelle la distribution de la solution proposée par le niveau 3. Le niveau 5 doit établir avec le précédent une adéquation entre la distribution proposée au niveau conceptuel et sa prise en charge par le système d'exploitation distribué et le système d'interconnexion. Enfin, le dernier niveau se préoccupe des ressources physiques du réseau, lesquelles doivent être mises en place pour prendre en charge le nouveau service.

Entre le service et les couches sous-jacentes, les interfaces peuvent être multiples, suivant que le service demandé a déjà fait l'objet d'une réalisation partielle ou globale. Le cas le plus classique et le plus simple consiste à passer directement du service aux ressources distribuées lorsque l'infrastructure est déjà préparée à recevoir le service. À l'extrême inverse, il faut passer par le serveur orienté application lorsque le nouveau service n'est pas répertorié dans les cas déjà réalisés. Dans cette architecture, les deux interfaces importantes sont celles illustrées à la figure 44.12.

Figure 44.12
Interfaces du réseau intelligent

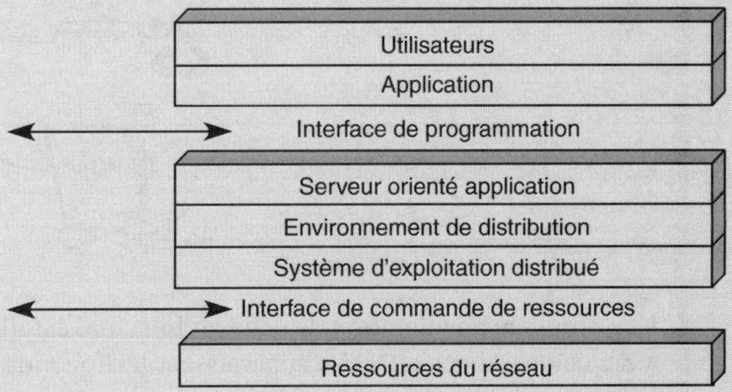

L'interface la plus haute, ou interface de programmation, fait transiter la demande d'un nouveau service, c'est-à-dire la description de sa logique et de ses données associées. Les logiques permettront de bâtir, dans le niveau 3, des briques de base répondant aux besoins des services. Ces briques de base, ou SIB (Service-Independent Building), doivent être indépendantes les unes des autres et réutilisables. Il faut en outre que l'interface de programmation mette en place la demande de service et les SIB correspondants. Dans cette interface, on ne s'intéresse pas à la distribution. La correspondance est centralisée, ce qui facilite la relation service-logique de base.

La seconde interface, ou interface de commande de ressources, a pour fonction de mettre en correspondance la solution conceptuelle et sa réalisation au sein d'une architecture réelle distribuée. Cette réalisation s'effectue dans un environnement hétérogène. En d'autres termes, l'interface de commande de ressources doit disposer des ressources nécessaires à la réalisation du nouveau service.

Réalisation d'un réseau intelligent

Plusieurs générations de réseaux intelligents ont été introduites pour tenir compte de la complexité croissante de l'environnement réseau.

La première génération, ou IN/1 (Intelligent Network/1), est assez simple : le client accède au point de commutation, appelé SSP (Service Switching Point), où un logiciel détecte s'il s'agit d'une demande de service dépendant du réseau intelligent. Le SSP prend également en charge le transfert de cette demande vers l'infrastructure du réseau intelligent. Si la réponse est positive, la demande est prise en compte par ce même logiciel, qui s'occupe de l'ouverture du circuit. La mise en place des ressources nécessaires s'effectue par l'intermédiaire du point de contrôle des services, ou SCP (Service Control Point). Celui-ci peut aussi s'adresser à un organe spécialisé, le système d'administration du service.

Cette première génération IN/1 est illustrée à la figure 44.13.

Figure 44.13
Architecture IN/1

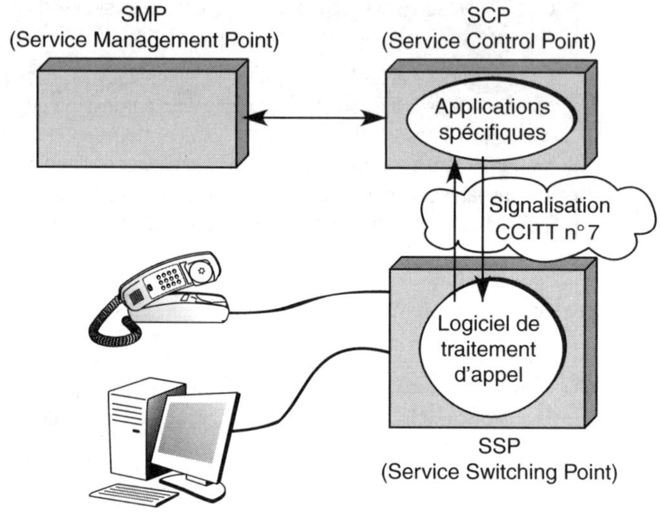

Une première amélioration de cette architecture est illustrée à la figure 44.14. Dans cette architecture, appelée IN1/+, apparaissent les fonctions élémentaires, ou EF (Elementary Function), qui forment les éléments de base dans les points d'accès au service. Ces éléments doivent être choisis ou adaptés à la prise en compte d'un nouveau service. Dans cette architecture IN1/+, à partir de la requête utilisateur de demande d'un nouveau service, la fonction trigger demande de l'aide au SCP, soit localement, soit à distance. À l'aide d'applications préspécifiées, le SCP peut renvoyer des ordres de mise en route ou d'adaptation des entités fonctionnelles. Les commandes-réponses entre le point d'accès et le point de contrôle des services s'effectuent par l'intermédiaire du réseau de signalisation. Ce réseau suit la recommandation CCITT n° 7 dans cette génération.

L'architecture IN/2, la plus évoluée aujourd'hui, est illustrée à la figure 44.15.

Cette architecture intègre les modules de base, ou SIB. Ce sont les modules rencontrés dans le plan fonctionnel global de l'architecture des réseaux intelligents. Les fonctions élémentaires EF sont coordonnées par des entités FEA (Functional Entity Action). Les regroupements de fonctions élémentaires permettent de mettre en place l'infrastructure physique pour desservir un nouveau service. Cette définition de l'architecture ressemble fortement à celle de la couche application du modèle de référence OSI, où les ASE (Application Service Element) sont coordonnés par des entités adaptées. Dans cette architecture IN/2, on trouve également un environnement de création de service, activé dès que le service ne peut être rendu par les SIB disponibles. Cet environnement, appelé SCE (Service Creation Environment), crée de nouveaux modules de base SIB et les fonctions élémentaires associées EF.

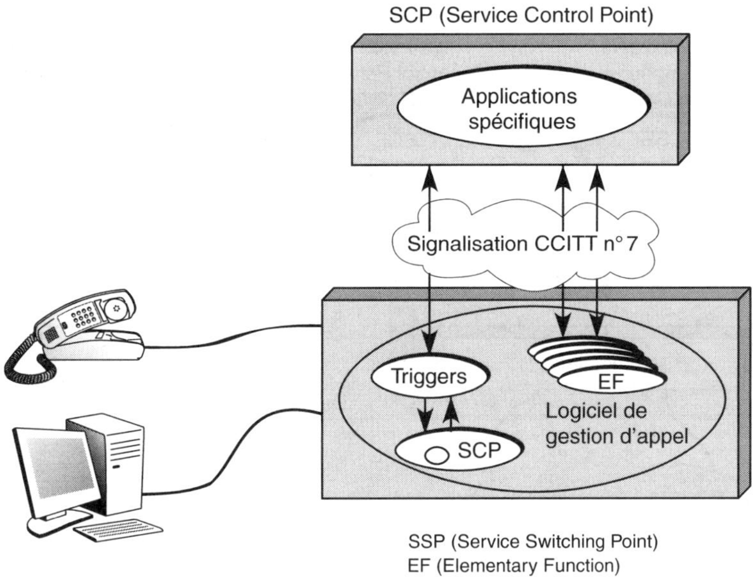

Figure 44.14

Architecture IN/1+

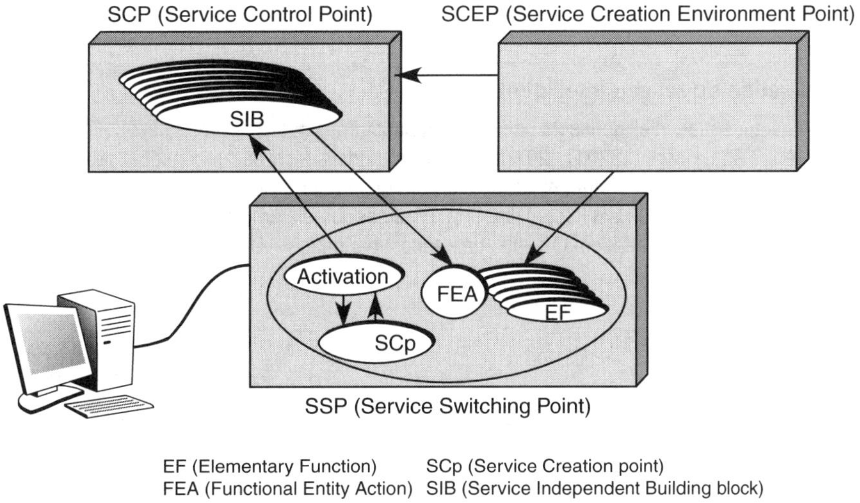

Figure 44.15

Architecture IN/2

Les différents éléments de ces architectures peuvent être distribués de façons différentes. À la figure 44.16, les différentes fonctions que nous avons rencontrées sont représentées avec les équipements physiques susceptibles de les accueillir. Les fonctions de contrôle de service sont incluses dans le point de contrôle des services (SCP).

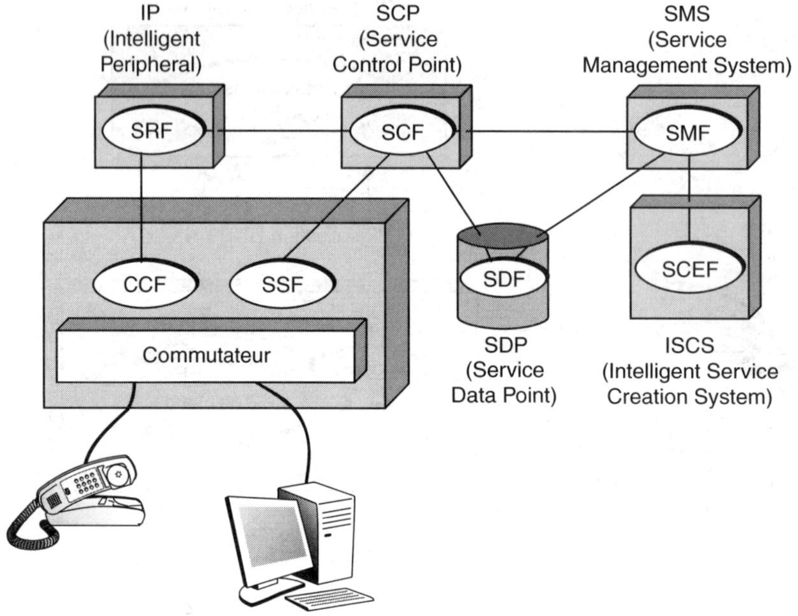

Figure 44.16

Architecture matérielle de l'IN/2

Normalisation du réseau intelligent

Les normes du réseau intelligent sont parfaitement structurées. Elles se présentent sous la forme illustrée à la figure 44.17. La série I.320/Q.120Y concerne la modélisation et les concepts de l'architecture des réseaux intelligents. Les différents niveaux sont référencés par la valeur Y. Plusieurs phases du réseau intelligent sont prévues : les CS (Capability Set). Pour chaque ensemble, une série de normes sont introduites dans la recommandation Q.1200. Les recommandations Q.12XY concernent le niveau Y de l'ensemble X.

Figure 44.17

Normalisation du réseau intelligent

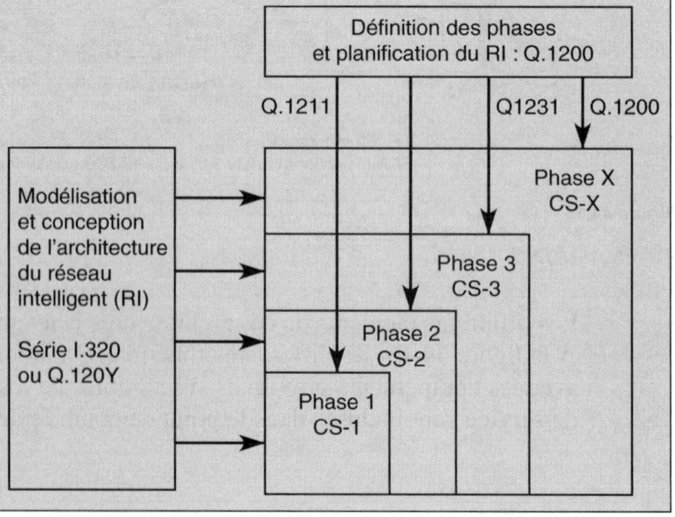

Conclusion

Les réseaux intelligents ont constitué l’un des grands chantiers des années 1990 pour le monde des télécommunications. Si la plupart des opérateurs utilisent les concepts du réseau intelligent, l’énorme bouleversement attendu, qui aurait dû imprégner tous les produits réseau du monde télécoms, n’a toutefois pas eu lieu. Ce relatif échec provient d’une évolution trop rapide des télécommunications et de l’adoption du monde IP pour les futurs réseaux de télécommunications.

Le concept de réseau intelligent a été en partie repris dans le monde applicatif des réseaux Internet pour essayer d’adapter le mode de transport d’Internet aux applications. Des protocoles tels que SOAP (Simple Object Access Protocol) peuvent être considérés comme des langages informatiques visant à réaliser un réseau Internet intelligent.

L’évolution naturelle des réseaux intelligents entre dans la phase des réseaux autonomes. Ces derniers sont capables de s’autoconfigurer et de prendre la place des systèmes classiques, qui font souvent appel à un centre de contrôle ou à des algorithmes distribués particulièrement complexes.

45

Les réseaux autopilotés

Jusqu'en 2008, les réseaux ont été remarquablement statiques, et un ingénieur réseau devait souvent être présent pour prendre les choses en main dès qu'un problème survenait. Pour les très grands réseaux, plusieurs dizaines d'ingénieurs réseau pouvaient être nécessaires pour assurer la maintenance et gérer les problèmes divers et variés qui survenaient.

L'objectif des réseaux autopilotés est de garantir un pilotage automatique du réseau par le biais d'un logiciel capable de gérer les algorithmes de contrôle d'une façon coordonnée et d'optimiser de ce fait le fonctionnement du réseau.

Au début des années 2000, une première tentative a consisté à utiliser des réseaux programmables et des réseaux actifs. Les recherches n'ont pas été totalement concluantes pour des raisons de sécurité et de coût. Une nouvelle génération a été lancée à partir de 2005 avec les réseaux dits « autonomic », c'est-à-dire à la fois autonomes et spontanés. Nous traduirons ce terme par *autonome*.

Un réseau autonome jouit de la faculté de s'autoconfigurer pour satisfaire ses besoins sans attendre de réaliser des contrôles et de la gestion. Il convient de distinguer ces deux derniers termes parce que la gestion n'est pas temps réel, à la différence du contrôle. Les réseaux autonomes doivent donc être capables de réagir en temps réel.

Ce chapitre commence par décrire les premières tentatives du début des années 2000 puis examine en détail les réseaux autonomes.

Les réseaux actifs

Les réseaux actifs sont similaires aux autres réseaux à transfert de paquets et de trames. L'unité de base transférée dans ce réseau est le paquet. Les nœuds ont pour mission d'examiner les différents champs du paquet, qui ont un emplacement parfaitement déterminé. En particulier, le champ d'adresse permet de déterminer le port de sortie. C'est une machine virtuelle qui interprète les différents champs du paquet. On peut considérer que cette machine virtuelle est une interface paquet, ce que l'on appelle classiquement une API réseau, ou NAPI (Network Application Programming Interface). Pour un réseau IP, l'API IP est le langage défini par la syntaxe et la sémantique de l'en-tête IP. Dans les réseaux que nous connaissons, la machine virtuelle est fixe, et le langage utilisé primaire.

On peut dire des réseaux actifs que les nœuds fournissent une API réseau programmable. Si l'on considère que, dans un réseau IP, l'en-tête du paquet fournit les entrées de la machine virtuelle, on peut définir un réseau actif comme un réseau dans lequel les nœuds possèdent une machine virtuelle qui exécute le code contenu dans l'en-tête des paquets.

De nombreuses catégories de réseaux actifs peuvent être définies à partir des attributs suivants :

- Puissance d'expression du langage, qui détermine le degré avec lequel le réseau va pouvoir être programmé. Le langage peut aller d'ordres simples à des langages très évolués. Plus le langage est simple, plus le temps de traitement est court. À l'inverse, plus le langage est puissant, plus du sur-mesure peut être mis en œuvre.
- Possibilité de définir un état stable à partir des précédents messages du même flot, de façon que la rapidité d'exécution puisse être augmentée sans qu'il soit nécessaire de redéfinir un état de la machine virtuelle.
- Granularité du contrôle, qui permet de modifier le comportement d'un nœud pour tous les paquets qui le traversent, quel que soit le flot auquel il appartient, ou, à l'autre extrême, de ne modifier le comportement du nœud que pour le seul paquet en cours de traitement. Tous les cas intermédiaires sont possibles, en particulier le comportement commun sur un même flot ou sur un même ensemble de flots.
- Moyen de donner les ordres de programmation : il est possible de considérer que les ordres aux nœuds actifs sont donnés par des paquets spécifiques, par exemple des paquets de signalisation, et non plus par un ordre indiqué par un langage plus ou moins évolué contenu dans l'en-tête des paquets.
- Architecture des nœuds, pour regarder à quel niveau de cette architecture interviennent les commandes ou, en d'autres termes, à quel niveau se trouve l'interface de programmation. L'architecture peut influer sur les choix du logiciel et du matériel. En particulier, elle peut utiliser des processeurs reconfigurables, à des niveaux conceptuels plus ou moins élevés.

Les fonctionnalités des nœuds des réseaux actifs sont partagées entre l'environnement d'exécution et le système d'exploitation du nœud. La figure 45.1 illustre une telle architecture de réseau actif.

Figure 45.1
Architecture des réseaux actifs

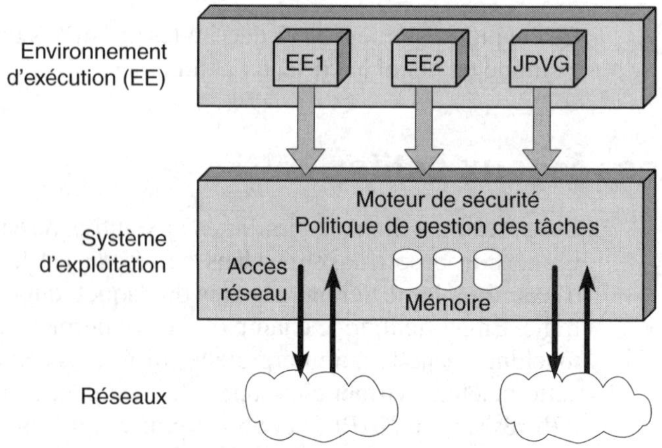

Il est possible d'envoyer des commandes sur l'environnement d'exécution par le biais d'un protocole d'encapsulation, appelé ANEP (Active Network Encapsulation Protocol). L'en-tête d'un paquet ANEP contient un champ d'identification du type de paquet. Plusieurs environnements d'exécution pouvant être présents dans un nœud actif, l'adresse du nœud nécessite une adresse complémentaire.

Les interfaces existantes incluent :

- l'interface d'accès à l'environnement d'exécution ;
- l'interface entre l'environnement d'exécution et le système d'exploitation du nœud ;
- l'interface d'accès au système d'exploitation du nœud.

Les réseaux programmables

Les réseaux programmables forment une partie des réseaux actifs, dont le rôle est de développer un ensemble d'abstractions logicielles des ressources du réseau permettant d'accéder à ces ressources par leur abstraction.

L'objectif de ces réseaux est de rendre les nœuds programmables pour les adapter aux demandes des utilisateurs et des services. Les commandes de programmation, qui peuvent être effectuées tant par un réseau de signalisation que par des paquets utilisateur contenant des programmes de contrôle, peuvent attaquer les nœuds à différents niveaux d'abstraction. L'IEEE a lancé un groupe de travail destiné à normaliser ces interfaces.

Le modèle de référence P.1520

La figure 45.2 illustre les différentes couches du modèle de référence P.1520, qui est l'une des propositions de l'ISO pour définir les niveaux des interfaces programmables. En d'autres termes, l'architecture P.1520 propose une programmation des nœuds actifs au niveau de quatre interfaces, nommées V, U, L et CCM.

	Applications des utilisateurs finals	
Interface V		
	Algorithmes pour les services de communication à valeur ajoutée créés par les opérateurs réseau, les utilisateurs et les tiers	Niveau des services à valeur ajoutée (VASL)
Interface U		
	Algorithmes pour le routage, la gestion de connexion, le contrôle d'admission, etc.	Niveau des services génériques réseau (NGSL)
Interface L		
	Équipements réseau virtuels (représentation logicielle)	Niveau équipement réseau virtuel (VNDL)
Interface CCM		
	Éléments physiques (matériel, espace de noms)	Niveau PE

Figure 45.2
Le modèle de référence P.1520

En haut de l'architecture, nous trouvons le niveau VASL (Value-Added Services Level), dont les entités sont les algorithmes de bout en bout qui confèrent de la valeur ajoutée aux services exécutés par les couches inférieures. Ces services peuvent être de type gestion des flots en temps réel, synchronisation des flots de différents médias, etc.

Le niveau sous-jacent, NGSL (Network Generic Services Level), comporte des entités qui sont les algorithmes travaillant sur les fonctions de la couche réseau, comme les algorithmes de mise en place de circuits ou de chemins virtuels dans un réseau ATM ou d'ouverture d'un flot dans un environnement IP. Cette couche doit également avoir une connaissance des sous-réseaux. Dans le même ordre d'idée, la structuration en VPN fait partie de cette couche.

Le niveau VNDL (Virtual Network Device Level) possède des entités qui sont des représentations logiques des ressources matérielles et logicielles des composants du réseau.

La dernière couche est composée des éléments physiques du réseau. Cette couche PE (Physical Element) gère le matériel et l'espace d'adresse physique pour atteindre ces éléments physiques. On y trouve les commutateurs ATM et les routeurs IP.

Associés à ces différentes couches, quatre types d'interfaces ont été définis :

- L'interface V, qui permet à une application d'accéder à la couche VASL. Elle fournit un grand ensemble d'API pour écrire des logiciels de haut niveau permettant d'ajouter une plus-value aux applications.
- L'interface U (Upper Interface), qui se trouve entre les couches VASL et NGSL et qui présente les fonctionnalités de la couche NGSL à la couche VASL. L'interface U travaille sur les services génériques des réseaux et sur les propriétés des ouvertures des connexions entre applications ou entre clients et serveurs.
- L'interface L (Lower Interface), qui permet d'utiliser les ressources de la couche VNDL par la couche NGSL. L'interface L permet de traiter les états des ressources réseau, comme une table de commutation ATM ou une table de routage IP.
- L'interface CCM (Connection Control and Management), qui permet d'accéder aux ressources physiques. Cette interface n'est pas une interface programmable, à la différence des précédentes, mais un ensemble de protocoles permettant l'échange et le contrôle des informations à un niveau bas de l'architecture.

La figure 45.3 illustre cette architecture pour un environnement IP.

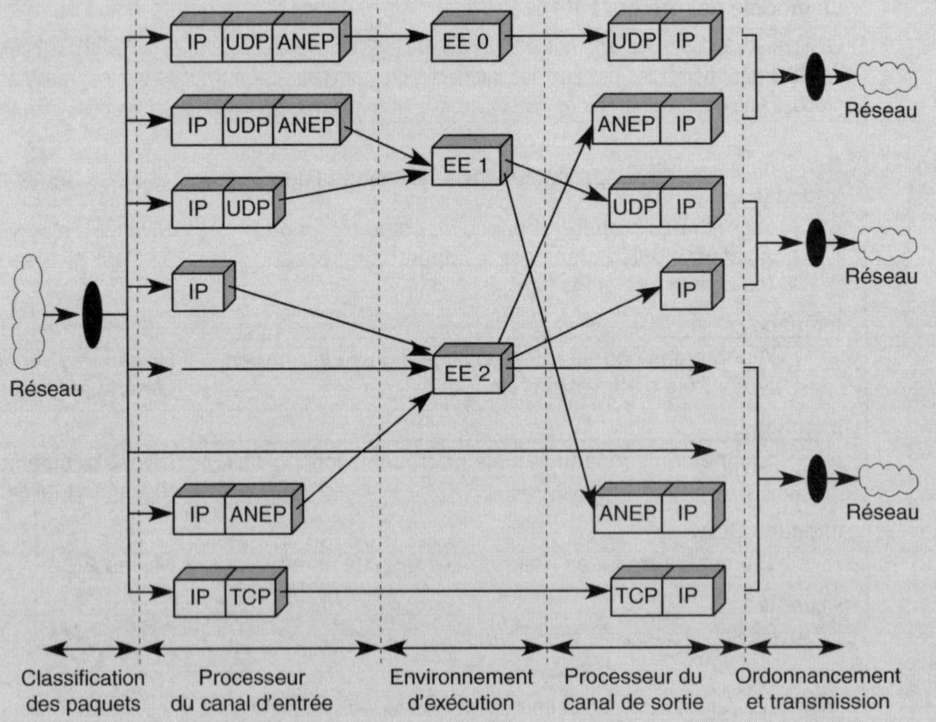

Figure 45.3
Application du modèle P.1520 à un réseau IP

Les réseaux autonomes

Le concept de réseau actif et programmable est en train d'être remplacé par le concept de réseau autonome. Un réseau autonome est un réseau qui n'a pas besoin de centre de gestion ou de centre de contrôle pour prendre ses décisions. Un réseau autonome est donc un réseau qui peut décider par lui-même la façon dont il se comporte. C'est un concept qui a été introduit pour les réseaux NGN (Next Generation Network), dont l'objectif est de remplacer tous les réseaux existants en intégrant tous les médias de communication.

Un réseau autonome doit être capable de s'autogérer, de détecter les problèmes, de réparer lui-même les pannes et de s'autocontrôler lorsqu'aucune communication n'est pas possible.

Les éléments de réseau doivent participer eux-mêmes à la construction d'un réseau autonome avec des propriétés diverses, comme l'optimisation des ressources, la reconnaissance automatique de l'environnement (context-aware) et l'organisation automatique de la sécurité. L'objectif est de comprendre comment apprendre les bonnes décisions, quelle influence ont les différents éléments de réseau et, plus globalement, comment optimiser le comportement du réseau. Les outils pour arriver à ce type de système autonome proviennent des systèmes multiagents que nous avons détaillés au chapitre 44.

L'auto-organisation d'un réseau IP passe d'abord par le besoin d'avoir une vue globale du réseau et de comprendre les conséquences d'un événement quelconque qui se produit dans le réseau. Ensuite, le réseau doit être capable de réagir à l'événement.

Les réseaux autonomes peuvent se concevoir sur d'autres réseaux qu'IP pour des objectifs très particuliers, comme des réseaux avec des missions critiques ou des réseaux interplanétaires où le centre de contrôle met tellement de temps à communiquer avec les sondes qu'il est impossible de prendre des décisions en temps réel.

Définition des réseaux autonomes

Une première définition des réseaux autonomes est illustrée à la figure 45.4.

Figure 45.4
Définition d'un réseau autonome

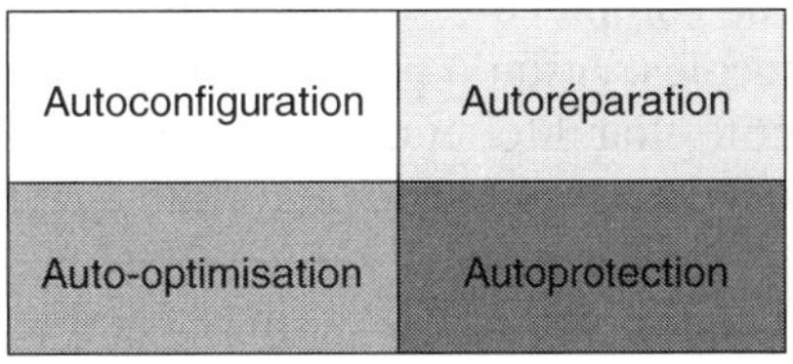

Les réseaux autonomes sont capables de s'autoconfigurer pour s'adapter dynamiquement aux modifications de l'environnement, de s'auto-optimiser pour lui donner une efficacité opérationnelle toujours optimisée, de s'autoréparer pour lui permettre d'avoir une fiabilité importante et de s'autoprotéger pour sécuriser les ressources et les informations qui transitent.

Pour réaliser ces différentes fonctions, les réseaux autonomes doivent posséder un certain nombre d'attributs :

- connaître leur état interne (self-aware) ;
- connaître leur environnement (environment-aware) ;

- être capables de comprendre les caractéristiques de leurs performances (self-monitoring) ;
- être capables de changer leur état interne (self-adjusting).

Pour atteindre ces objectifs, il faut changer l'architecture des réseaux. Les réseaux autonomes proposent donc une nouvelle architecture à quatre plans, qui ajoute un plan de connaissance aux trois plans habituels que sont le plan de données, le plan de contrôle et le plan de gestion, qui ont été introduits par les réseaux ATM *(voir le chapitre 15).*

La figure 45.5 illustre la nouvelle architecture des réseaux autonomes. L'objectif du plan de connaissance est de rassembler les connaissances du réseau et d'obtenir pour chaque point du réseau une vision plus ou moins globale.

Figure 45.5

L'architecture des réseaux autonomes

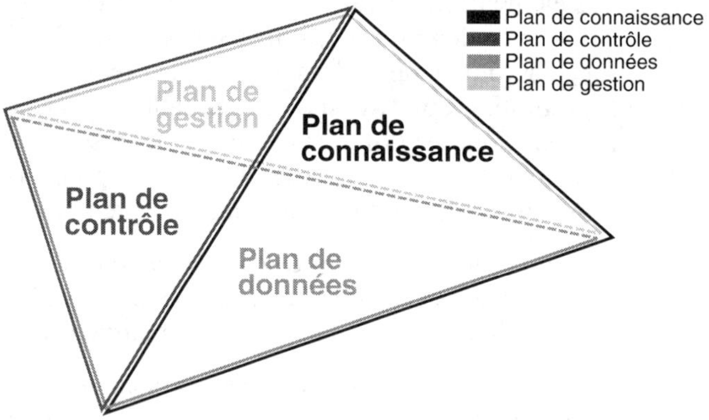

Le plan de connaissance (Knowledge Plane) a pour objectif de piloter les algorithmes de contrôle qui se trouvent dans le plan de contrôle (Control Plane), lequel contrôle le plan de données (Data Plane), qui correspond aux quatre premières couches de l'architecture classique des réseaux. Le plan de gestion (Management Plane) a pour charge d'administrer les trois autres couches.

L'objectif du plan de connaissance est de rendre le réseau plus intelligent en lui permettant de comprendre son comportement, ce qui a donné lieu à une nouvelle génération de protocoles. Jusqu'à présent, chaque algorithme de contrôle (routage, qualité de service, sécurité, fiabilité, etc.) devait aller rechercher par lui-même les éléments dont il avait besoin. Par exemple, un algorithme de routage tel que OSPF recherche les états des liens en amont et en aval jusqu'aux entrées et sorties du réseau. Ces informations sont exploitables par d'autres algorithmes, comme un algorithme de contrôle de la qualité de service ou de la congestion ou encore de l'admission dans le réseau. En utilisant un plan de connaissance, cette information se trouve dans ce plan, et chaque algorithme de contrôle peut aller la chercher à l'instant où il en a besoin.

À terme, les protocoles normalisés devraient être modifiés pour tenir compte de ce plan de connaissance. Un autre avantage du plan de connaissance est la possibilité d'utiliser dans un algorithme de contrôle des informations qui n'auraient pas pu être prises en compte dans l'algorithme normal.

Il est évidemment important de ne pas rendre le réseau trop lourd à force de transporter des connaissances en tout genre et en quantité importantes. Pour cela, il est possible d'utiliser des « vues situées ». Ces dernières proviennent du monde de l'intelligence artificielle et indiquent la prise en compte de connaissances qui sont situées dans une vue à déterminer. On peut ainsi définir une vue située par le nombre de sauts nécessaires pour aller chercher l'information, par exemple à un ou deux sauts, etc.

La figure 45.6 illustre une vue située à un saut.

Figure 45.6
Vue située à un saut

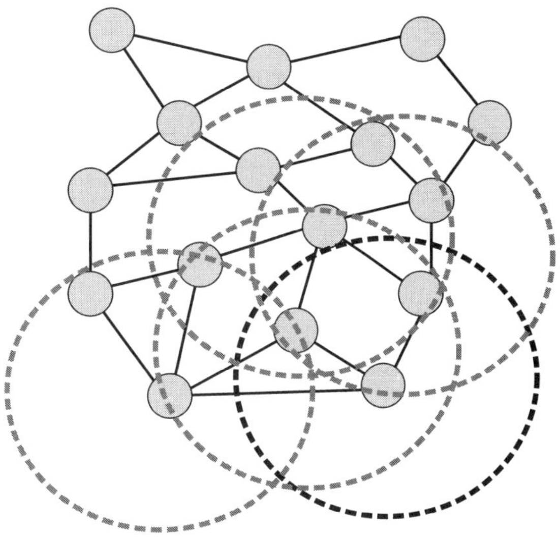

La vue située à un saut présente l'avantage de très bien passer à l'échelle puisque le transport des connaissances est limité. Cela n'empêche pas les connaissances de se diffuser dans le réseau puisqu'un point recevant une connaissance l'intègre dans ses propres connaissances et la diffuse à ses voisins. Cette connaissance est cependant moins fraîche que si la vue située était un peu plus grande.

Une optimisation de la vue située doit donc être réalisée en fonction des connaissances dont ont besoin les algorithmes de contrôle. Il faut pour cela répondre aux questions lesquelles ? où ? et quand ? « Lesquelles » référence les connaissances nécessaires à l'optimisation d'un algorithme ; « où » concerne la portée de la vue située ; « quand » indique les rafraîchissements nécessaires pour que la connaissance soit exploitable. En partant de ces différents paramètres, il est possible de générer des vues situées un peu plus complexes que la seule définition à un saut, les informations de liens et toutes les secondes.

Conclusion

Doucement, mais sûrement, l'intelligence arrive dans les réseaux. Cette intelligence englobe la communication, le raisonnement et la décision. Les systèmes multiagents fournissent le socle principal de cette intelligence, qui permet de prendre des décisions de contrôle ou de gestion lorsqu'il en est temps. Nous n'en sommes encore qu'aux prémices, et l'intelligence ne devrait être omniprésente dans les réseaux qu'à partir des années 2010.

La sécurité est un des premiers bénéficiaires de cette intelligence. Par exemple, un composant intelligent, de type réseau de neurones, est capable d'analyser la saisie d'une personne sur un clavier et d'arrêter la communication en cas de saisie non reconnue.

L'intelligence dans les réseaux est donc un vaste champ de recherche, qui devrait déboucher rapidement sur l'implémentation de beaucoup plus d'intelligence dans les équipements de réseau tels que routeurs, pare-feu et boîtiers intermédiaires.

Partie XIV

Les réseaux du futur

Cette dernière partie s'oriente vers la conclusion du livre. Avant cela, nous allons examiner les différentes voies qui s'ouvrent aux opérateurs pour se diriger vers la future génération de réseaux, ou NGN (Next Generation Network). Cette génération a pour ambition d'intégrer tous les réseaux que nous connaissons : le réseau téléphonique, les réseaux de données, les réseaux cœur des opérateurs de mobiles, les réseaux de distribution de la télévision, les réseaux ambiants, etc. Si l'unanimité se fait depuis quelque temps sur le paquet IP, tout reste à décider sur la façon de transporter ce paquet IP d'une extrémité à l'autre du réseau.

Le chapitre 46 introduit les grandes tendances en matière de réseau et les architectures potentielles du NGN. Le chapitre 47 présente l'Internet de troisième génération, qui fait appel à des mécanismes intelligents et à la virtualisation pour donner aux utilisateurs la qualité de service, la sécurité et la mobilité dont ils ont besoin, et tire quelques conclusions générales.

46

Les grandes tendances

Les bouleversements qui se produisent dans le domaine des réseaux sont principalement dus à l'augmentation des vitesses de transmission, à l'apparition du multimédia, à une demande croissante de qualité de service et de mobilité et à l'utilisation intensive des réseaux dans la vie professionnelle et privée.

Tout d'abord, l'augmentation des débits, passant de quelques bits par seconde à des millions, voire des milliards de bits par seconde, ne fait que suivre avec un certain retard l'évolution des capacités de calcul des processeurs. La raison de ce retard s'explique par les liaisons physiques, qui, du fait des milliers de kilomètres à câbler, ne peuvent être miniaturisées, à la différence des processeurs de calcul des ordinateurs. Le prix de revient du transport d'un bit n'a que peu baissé, contrairement à ce qu'on aurait pu penser au début des années 1970, avec l'apparition de la fibre optique, des guides d'ondes et autres technologies extrêmement prometteuses. Le besoin en débit a cependant donné naissance à d'énormes réseaux optiques, dont la capacité est loin d'être utilisée.

Une autre direction pour prendre en charge les applications multimédias a été de travailler sur les techniques de codage et de compression. Le transport des images animées ne demande maintenant que quelques centaines de kilobits par seconde.

La deuxième raison du bouleversement actuel en matière de réseau est l'apparition du multimédia au cours des années 1990 et son intégration dans un réseau unique. Les applications multimédias ont des caractéristiques tellement différentes des transports classiques de données ou de voix que le pari de l'intégration de toutes ces applications en un même réseau n'était pas une évidence. L'ATM a été le premier choix technique pour cette intégration. Internet, au contraire, a misé sur une évolution consistant à passer d'une technique de transfert adaptée à l'informatique à une solution de routage-commutation pour le multimédia. La technologie Internet s'est améliorée et est devenue plus appropriée pour le transport des informations isochrones.

La synchronisation entre les médias a été un problème qui a plutôt avantagé la solution Internet, c'est-à-dire le contrôle du réseau par les machines terminales. La raison de cet avantage est simple. Prenons comme exemple la transmission des deux voies d'un canal stéréophonique. L'oreille humaine est sensible à une légère désynchronisation des sons qui arrivent dans les oreilles gauche et droite. Cette désynchronisation devient perceptible à l'oreille à partir d'une vingtaine de microsecondes. Pour l'application stéréophonique, il faut redonner les octets correspondant aux deux voies à des instants extrêmement précis. Si cette resynchronisation s'effectue au niveau des logiciels du réseau, elle doit être répétée au niveau terminal. Il est possible d'en déduire qu'une seule resynchronisation peut être effectuée directement au niveau de l'équipement terminal. En d'autres termes, s'abonner chez un opérateur à une fonctionnalité de resynchronisation n'est pas vraiment utile, puisqu'il faut de toute façon recommencer le processus de resynchronisation dans la machine terminale.

Le multipoint a aussi été fortement introduit par le multimédia et ses applications coopératives. Pour réaliser une application multipoint, la technique ATM est bien adaptée au niveau physique : à une porte d'entrée d'un commutateur peuvent être associées plusieurs portes de sortie. Cela s'exprime par l'association de plusieurs références de circuits et de conduits virtuels à une même référence d'entrée. Dans Internet, le multipoint, tout en restant simple, se gère à un niveau logique, ce qui lui confère une puissance bien supérieure.

Le multiplexage s'effectue naturellement dans Internet, où tous les clients sont jugés équivalents, avec les mêmes droits et les mêmes contraintes. Du côté de l'ATM, le multiplexage s'effectue en fonction de la qualité de service. C'est là que s'exprime le mieux l'avantage de la technique ATM, puisqu'elle a, depuis sa naissance, pris en compte la qualité de service demandée par l'utilisateur, au contraire d'Internet, qui offre uniquement, dans sa première génération, le service best-effort. La solution Internet s'est fortement améliorée avec l'apparition de la nouvelle génération Internet, ou Internet NG (Next Generation), comme on l'appelle parfois, par l'introduction de techniques de réservation et de contrôle de la QoS, permettant de donner une garantie aux utilisateurs.

La gestion de la mobilité et du nomadisme est aussi une propriété essentielle des réseaux du XXIe siècle, dans lesquels les clients veulent se déplacer tout en restant connectés. Le monde IP apporte des solutions à ce problème avec IP Mobile et Cellular IP, qui gèrent la mobilité lente aussi bien que rapide. Des progrès restent à faire pour simplifier le processus de suivi du client dans des environnements ad-hoc ou dans des réseaux de capteurs.

La nouvelle génération de réseaux NGN doit intégrer tous les réseaux existants, c'est-à-dire les réseaux de données de type Internet, les réseaux téléphoniques, que ce soit le réseau téléphonique commuté ou le réseau cœur d'un opérateur de mobiles, et les réseaux de vidéo pour effectuer de la diffusion de télévision ou de la vidéo à la demande, ou VoD (Video on demand). Avant d'examiner les directions techniques de ce réseau NGN, nous allons examiner la période transitoire que nous vivons, pour entrer ensuite dans une vision plus futuriste.

Les tendances 2010

Les réseaux des années 2010 devraient converger vers un réseau unique, intégrant l'ensemble des services nécessaires à la vie d'une entreprise ou à la satisfaction des besoins des utilisateurs d'un opérateur. L'objectif principal d'un tel réseau unique sera la réduction des coûts de gestion et de maintenance grâce à l'intégration des réseaux téléphoniques circuit, des réseaux cœur des réseaux de mobiles, des réseaux de données, des réseaux de vidéo, etc.

Cette intégration vers un réseau unique a cependant déjà échoué à plusieurs reprises au cours de l'histoire des télécommunications. L'objectif du RNIS était déjà d'intégrer les réseaux du début des années 1980. Ensuite, avec l'apparition de l'ATM en 1988, beaucoup pensaient que l'intégration se ferait autour de cette norme, conçue dans cette optique, et nombre de prédictions annonçaient un réseau unique ATM pour le début des années 2000. Le monde IP a perturbé cette progression de l'ATM en dominant le marché de l'interface utilisateur. On peut désormais envisager, mais cela n'est qu'une hypothèse, que les années 2010 verront l'arrivée d'un réseau unique avec une interface utilisateur IP et l'utilisation massive d'Ethernet, aussi bien dans les réseaux fixes que mobiles, personnels, locaux, métropolitains ou régionaux. La section suivante esquisse les directions possibles pouvant mener à ce réseau unique.

Les deux grandes familles de réseaux

Penchons-nous d'abord sur les deux grandes familles de réseaux toujours représentées schématiquement par l'informatique et les télécommunications : les réseaux sans signalisation et les réseaux avec signalisation.

La figure 46.1 illustre les principaux réseaux de ces deux catégories.

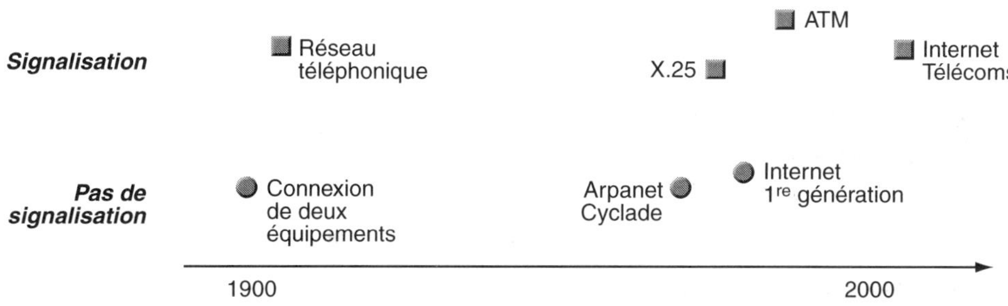

Figure 46.1

Les deux grandes familles de réseaux, avec et sans signalisation

Les réseaux sans signalisation vont d'une communication simple d'individu à individu jusqu'à Internet. L'information est véhiculée dans des paquets, qui portent l'adresse complète du destinataire, de telle sorte que ces paquets se suffisent à eux-mêmes pour atteindre ce dernier. Au contraire, dans un réseau avec signalisation, aucune information ne peut transiter d'un émetteur vers un récepteur tant que la communication n'a pas été signalée au récepteur. Dans pratiquement tous les cas, on profite de la signalisation pour mettre en place dans le réseau un chemin, sur lequel des ressources peuvent être réservées.

Les réseaux avec signalisation sont nombreux dans le monde des télécommunications. Le premier d'entre eux a dû être le réseau téléphonique, la gestion de la signalisation par des opératrices ayant été remplacée par une signalisation automatique par la suite, utilisant le protocole CCITT n° 7. Les réseaux à commutation de type X.25 puis relais de trames et ATM proviennent d'idées émanant du secteur des télécommunications. Comme nous allons le voir, une des idées fortes du monde des télécommunications a été de construire un réseau IP avec une signalisation, que l'on appelle le réseau Internet Télécoms. C'est l'une des raisons d'être du groupe de travail NSIS (Next Step In Signaling) de l'IETF que de normaliser une signalisation forte dans le monde IP.

Une fois le domaine des réseaux séparé en deux grandes familles, on peut rechercher les différentes directions que peuvent prendre les réseaux de demain. Dans chacune de ces familles, deux grandes possibilités s'offrent aux architectes réseau, ce qui donne quatre architectures.

Les quatre architectures du NGN

Les quatre architectures possibles pour réaliser le NGN sont illustrées à la figure 46.2. La partie haute de la figure regroupe les deux possibilités de la famille sans signalisation, le surdimensionnement et les priorités, et la partie basse celles de la famille avec signalisation, le chemin MPLS/GMPLS et le contrôle par des signalisations provenant du monde de l'informatique, notamment SIP (Session Initiation Protocol).

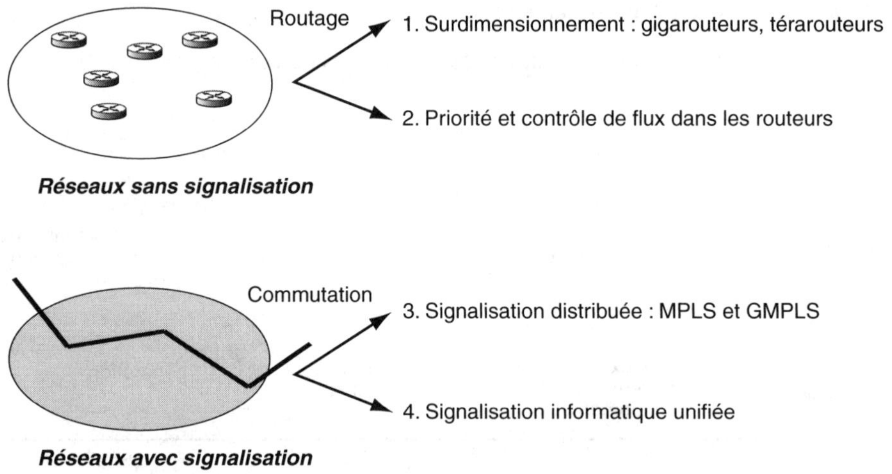

Figure 46.2

Les quatre architectures du NGN

Le surdimensionnement

La première de ces solutions concerne un réseau IP natif dans lequel les artères du réseau ainsi que les nœuds de transfert, les routeurs dans le cas présent, sont surdimensionnés. Cette possibilité est réaliste puisque les progrès technologiques depuis le début des années 2000 conduisent à un débit des tuyaux de communication qui augmente plus vite que la demande des utilisateurs. Les routeurs suivent le même chemin avec les gigarouteurs et même les térarouteurs dans lesquels un million voire un milliard de paquets peuvent être routés chaque seconde. En 2004, la capacité totale des réseaux était utilisée approximativement à 50 % au moment des pointes de trafic.

Le surdimensionnement est assez couramment utilisé mais d'un coût élevé. En effet, les équipements de transmission permettant de dépasser le gigabit par seconde restent très chers. Le surdimensionnement entre 2005 et 2010 devrait encore être une pratique courante.

Les priorités

Toujours dans le domaine des réseaux sans signalisation, et donc avec routage, une seconde solution s'est mise en place à partir de l'idée suivante : au lieu de surdimensionner le réseau pour l'ensemble des utilisateurs, pourquoi ne pas le surdimensionner uniquement pour les applications qui ont besoin d'une forte qualité de service ? En adoptant un environnement avec priorités et en limitant le nombre de flots utilisant la plus haute priorité, les clients prioritaires auront l'impression d'avoir un réseau surdimensionné, comme s'il leur était quasiment dédié, et obtiendront en conséquence une très bonne qualité de service.

Cette solution nécessite qu'il n'y ait pas de congestion pour les clients les plus prioritaires et impose donc de trouver un moyen de limiter le nombre de ces derniers. La solution la plus souvent évoquée consiste à imposer aux clients prioritaires un tarif suffisamment dissuasif pour que leur nombre soit limité. On avance la valeur de 15 % de l'ensemble des ressources d'un réseau affectées aux clients prioritaires. Cette valeur provient de modèles mathématiques, qui montrent que la probabilité de congestion dans les moments de pointe reste négligeable.

Une architecture NGN pourrait consister à choisir une technologie IP native avec une gestion des priorités de type DiffServ en limitant le nombre de clients dans la classe Premium ou EF (Expedited Forwarding).

MPLS-GMPLS

Dans les réseaux avec signalisation, une première solution provient de MPLS-GMPLS, présentée en détail au chapitre 17. Elle revient à tracer des circuits virtuels, ou LSP (Label Switched Path), sur lesquels circulent des paquets IP encapsulés dans différents types de trames, mais plus spécifiquement ATM et Ethernet. L'avantage de cette solution est l'ingénierie de performance qu'on peut lui appliquer, permettant de bien dimensionner les chemins.

Les extensions GMPLS seront très en vogue entre 2008 et 2012, avec des commutations diverses, comme les commutations en longueur d'onde. Une autre innovation, présentée au chapitre 17, concerne la commutation par burst, ou burst-switching, c'est-à-dire par un ensemble de paquets représentant une transmission de quelques dizaines de millisecondes. Cette solution peut se placer entre la commutation de paquets et la commutation en longueur d'onde.

L'idée est de commuter un ensemble de paquets sur un chemin mais pour une durée non pas de quelques nanosecondes mais, comme nous venons de l'indiquer, de quelques dizaines de millisecondes. La commutation d'un seul paquet demande en effet beaucoup de temps de supervision puisqu'il faut modifier les chemins de chaque paquet. Dans une commutation en longueur d'onde, la bande passante est très mal utilisée puisque les applications travaillent par à-coups. La commutation par burst est un bon compromis entre ces deux techniques, qui se rapproche de la commutation de paquets lorsque les bursts sont très courts et de la commutation en longueur d'onde lorsqu'ils sont très longs.

La signalisation informatique unifiée

Dans le cas de MPLS/GMPLS, la signalisation est essentiellement due à la mise en place d'un chemin, le LSP (Label-switched Path).

Le futur s'intéresse aussi à la convergence des applications afin qu'elles puissent s'exécuter aussi bien sur les réseaux fixes que mobiles. L'utilisation de la signalisation applicative SIP a déjà été introduite pour l'IMS (IP Multimédia Subsystem), qui marque la convergence fixe/mobile. Cette architecture est détaillée au chapitre 27.

Les technologies 2010

En 2010, il pourrait ne rester que deux technologies principales dans le monde des réseaux, IP et Ethernet. Ces deux technologies sont complémentaires : le paquet IP a besoin d'une trame pour être transportée et Ethernet pourrait offrir cette trame. La prépondérance d'IP ne fait pas de doute et est facilement explicable bien que, comme nous allons le voir, quelques défauts puissent encore remettre en cause cette suprématie. L'arrivée massive d'Ethernet n'est pas vraiment surprenante étant donné sa simplicité et son expansion dans tous les domaines : le réseau local, bien sûr, mais aussi les réseaux sans fil, avec notamment Wi-Fi, les réseaux métropolitains, avec IEEE 802.17 et le MEF (Metropolitan Ethernet Forum), et les réseaux étendus, avec les normes du 10GbE et bientôt des 40 et 160GbE. MPLS et GMPLS devraient utiliser de plus en plus la commutation Ethernet au détriment de la commutation ATM.

La remise en cause du monde IP pourrait provenir de la consommation d'énergie. En effet, les protocoles TCP/IP demandent beaucoup de puissance électrique et donc une forte consommation d'énergie. On pourrait résumer cette propriété par le fait que l'architecture TCP/IP a été conçue pour les réseaux riches en énergie. On a pu montrer que le protocole TCP consommait beaucoup d'énergie à cause de sa gestion de la communication, qui utilise de nombreux temporisateurs et recourt à des algorithmes complexes. Ce problème n'est pas visible dans les équipements de réseau et les terminaux qui sont reliés directement à l'électricité. Même les portables qui ont des batteries importantes ne sont pas sensibles à ce phénomène. Il faut descendre au niveau des terminaux mobiles, tels les PDA, smartphones, etc., pour commencer à sentir l'inconvénient de l'architecture TCP/IP lorsque celle-ci est utilisée dans toute sa puissance.

Le problème apparaît clairement lorsqu'on considère les réseaux de capteurs ou les réseaux d'équipement en nanotechnologie *(voir le chapitre 21),* qui ont une infime réserve d'énergie et pour lesquels la transmission d'un seul octet nécessite un effort important. Comme il y aura de plus en plus de réseaux de ce type dans l'Internet ambiant, on peut se poser la question du besoin d'une nouvelle architecture de communication qui consommerait 10 à 50 fois moins que l'environnement TCP/IP. Les recherches dans ce domaine ne font que commencer.

La virtualisation

La virtualisation n'est pas une technique neuve, puisqu'elle a été introduite sur les premiers gros ordinateurs, qui utilisaient une mémoire virtuelle, c'est-à-dire une mémoire qui, au lieu d'être en RAM, se trouvait sur un disque dur. Toute l'astuce était de ramener les pages de mémoire du disque dur sur la mémoire RAM juste avant que l'unité centrale en ait besoin. Ensuite, un certain nombre de mécanismes ont été implémentés dans cette solution afin que l'utilisateur ait l'impression que les services dont il a besoin sont sur une machine à proximité, alors qu'ils sont situés sur une machine lointaine.

La virtualisation en réseau est un peu différente. Elle a été lancée par un projet américain appelé GENI, dans lequel Intel proposait de construire un routeur uniquement constitué de sa partie matérielle, sans aucun système d'exploitation réseau. Les éditeurs de logiciels n'avaient plus qu'à implémenter leur système sur la machine.

L'avantage de la virtualisation réside dans la possibilité d'implanter plusieurs systèmes d'exploitation réseau sur une même machine à l'aide d'un « hyperviseur ». Un routeur virtuel se présente comme illustré à la figure 46.3.

Figure 46.3

Un routeur virtuel

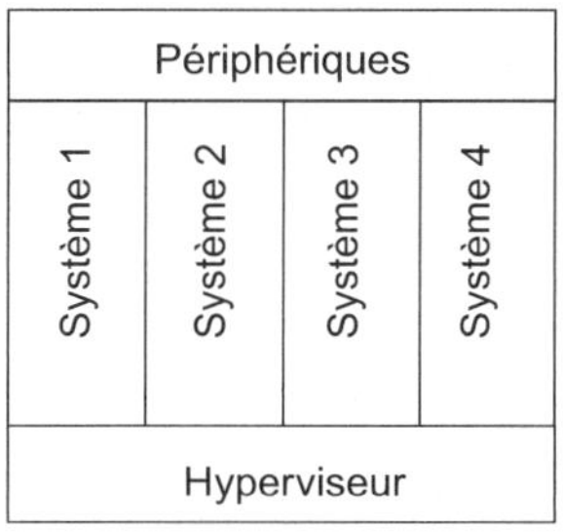

Un routeur virtuel n'est donc qu'une instance d'un routeur physique, et plusieurs routeurs virtuels peuvent s'exécuter en même temps sur un même routeur physique. On obtient alors la possibilité de déployer plusieurs réseaux, que l'on peut appeler des réseaux virtuels, sur le même réseau physique.

Un tel environnement est illustré à la figure 46.4, dans laquelle les réseaux A, B, C et D coexistent sur les mêmes routeurs et les mêmes lignes physiques.

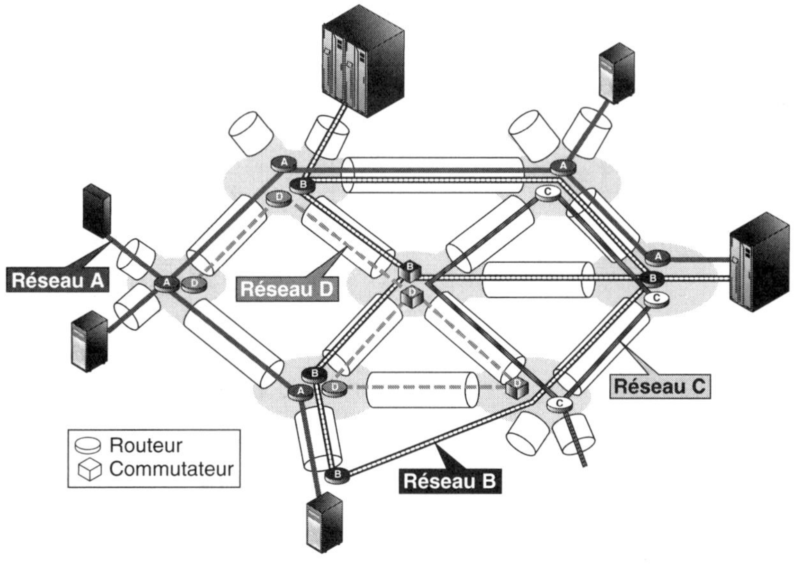

Figure 46.4

Virtualisation des routeurs

Les avantages de cette technique de virtualisation sont nombreux. Le premier est de pouvoir faire tourner sur le même réseau des réseaux virtuels utilisant des technologies totalement différentes. On peut, par exemple, obtenir un premier réseau utilisant le système d'exploitation réseau IOS de Cisco, un deuxième utilisant JUNOS de Juniper, un troisième et un quatrième utilisant les systèmes d'Alcatel-Lucent et de Nortel, et ainsi de suite. Il est également possible de faire tourner plusieurs *releases* différentes du même système d'exploitation réseau.

Un second avantage de la virtualisation concerne l'utilisation des ressources. Il est évident que les ressources peuvent être beaucoup mieux utilisées en mettant en marche et en arrêtant des routeurs virtuels ou encore en les déplaçant : si un routeur est trop chargé, il est possible de déplacer un ou plusieurs routeurs virtuels vers d'autres routeurs physiques.

Les ressources sont totalement isolées si on le souhaite, de telle sorte qu'une sécurité bien plus importante est permise. Si l'un des routeurs virtuels tombe en panne, cela n'affecte pas les autres. Si, bien sûr, un routeur physique tombe en panne, tous les routeurs virtuels seront eux-mêmes en panne. L'isolation des réseaux protège également contre les attaques globales.

On peut en conclure que la virtualisation a de nombreux avantages et est aujourd'hui vue comme la possibilité de passer d'une technologie à une autre sans se compliquer trop la vie.

Les désavantages de la virtualisation sont liés à la surcharge apportée par l'hyperviseur et aux besoins de mémoire et de puissance de calcul, surtout si l'on veut séparer totalement les différents domaines.

La technologie de virtualisation que nous venons de décrire est la première à être apparue en matière de réseau et sûrement l'une des plus intéressantes. Il est possible de virtualiser de nombreux équipements et de logiciels. Par exemple, la virtualisation d'un contrôleur Wi-Fi, comme celui proposé, par exemple, par le contrôleur Ucopia, permet de gérer des points d'accès totalement différents tout en ayant l'impression que c'est le même système qui gère le point d'accès.

Il est également possible de virtualiser des couches protocolaires, comme l'illustre la figure 46.5.

Figure 46.5
Virtualisation de protocoles

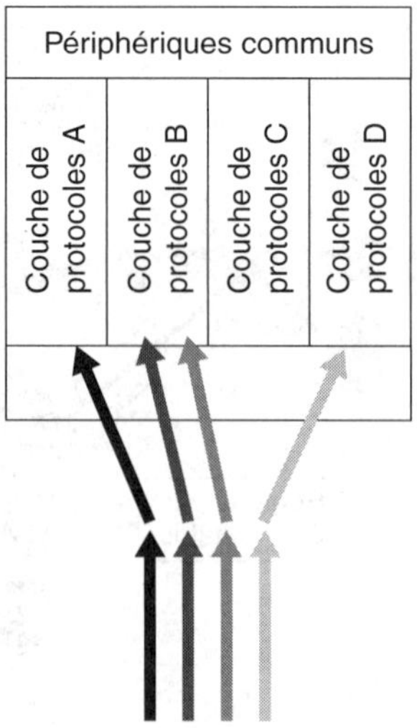

Dans cette figure, le système d'exploitation supporte toute une série de piles protocolaires adaptées à différents problèmes, comme le manque d'énergie, la sécurité, la qualité de service, l'augmentation de la disponibilité, etc. Chaque sous-réseau virtuel peut utiliser sa propre pile protocolaire (A, B, C ou D) et en changer en cas de découverte d'un problème, tel qu'une batterie presque vide ou une attaque DDOS.

Il est également possible de virtualiser des liens physiques ou hertziens. Pour un lien physique, il est possible de faire croire à des utilisateurs qu'ils ont leur propre lien physique, comme s'il n'était pas partagé alors qu'il l'est. Il est de même possible de virtualiser des liens hertziens en faisant croire à un utilisateur qu'il a son propre point d'accès Wi-Fi alors qu'il est déjà partagé.

En conclusion, la virtualisation est une technique importante, qui permet d'introduire de nouvelles technologies sans douleur en les introduisant comme des réseaux virtuels particuliers. Il est ainsi possible de tester sur un réseau opérationnel de nouvelles architectures sans prendre de risque. Cette solution permet également de penser au long terme puisque la solution transitoire est déjà inventée avec la virtualisation. Lorsque l'architecture du futur sera trouvée, elle pourra entrer petit à petit dans le monde des réseaux grâce à la virtualisation.

L'autonomie

Au chapitre précédent, nous avons détaillé les réseaux « autonomic », que nous avons appelés autonomes. Leur objectif est d'alimenter les algorithmes de contrôle avec des connaissances bien choisies. Le plan de connaissance est chargé de récupérer ces connaissances en fonction des demandes des algorithmes de contrôle.

Cette technologie permettra de piloter les réseaux de demain. Le pilotage ne s'effectuera pas seulement sur les paramètres des algorithmes, mais sur les algorithmes eux-mêmes. Avec la virtualisation, il est possible d'avoir plusieurs algorithmes virtuels. Il faut donc choisir le meilleur afin d'optimiser le fonctionnement du réseau. Le plan de connaissance est précisément chargé d'offrir un état du réseau et de permettre le choix du meilleur algorithme virtuel.

La sécurité

La sécurité, capitale pour les réseaux d'aujourd'hui, le sera encore plus à l'avenir. Avec Internet, il faut inventer de nouveaux procédés garantissant la non-divulgation de nombreux éléments, comme la localisation, le nom de ceux qui sont authentifiés, etc. Pour cela, de nouveaux procédés devront être mis en œuvre, comme la traçabilité fermée ou l'anonymat traçable.

Parmi les différentes solutions envisageables, nous allons détailler la carte à puce, qui devrait être largement répandue en 2010.

Figure 46.6
Architecture matérielle de la carte à puce

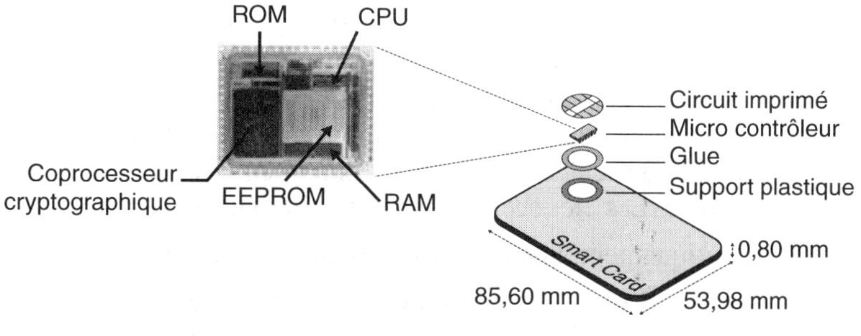

La figure 46.6 illustre une carte contenant tous les éléments physiques d'un ordinateur classique, à savoir un microprocesseur, une mémoire ROM, une mémoire RAM, une mémoire persistante, généralement de l'EEPROM, un bus de communication et une entrée/sortie. Jusqu'à l'apparition des nouvelles cartes à puce USB, le canal de communication était un goulet d'étranglement, mais ce n'est plus le cas désormais.

Le cœur de la plupart des cartes à puce repose sur un microprocesseur 8 bits d'une puissance de calcul de l'ordre de 1 à 3 MIPS (million d'instructions par seconde) à une fréquence de 3,5 MHz. Ce type de microprocesseur met 17 ms pour exécuter l'algorithme de chiffrement DES (Data Encryption Standard), par exemple. Il est à noter que la puissance du processeur de la carte à puce augmente à une telle vitesse que de nouvelles cartes de sécurité pourront supporter des algorithmes beaucoup plus lourds.

Les architectures 32 bits fondées sur des processeurs RISC à 1 million de transistors constituent la nouvelle génération de microprocesseurs, d'une puissance de calcul de l'ordre de 30 MIPS à 33 MHz. De tels microprocesseurs ne mettent qu'environ 50 µs pour exécuter un DES et 300 ms pour un chiffrement RSA avec une clé de 2 048 bits.

Outre le processeur, les différents types de mémoire sont les éléments principaux du microcontrôleur. Ils servent à enregistrer des programmes et des données. Les microcontrôleurs de carte à puce sont des ordinateurs à part entière. Ils possèdent généralement entre 1 et 8 Ko de mémoire RAM, entre 64 et 256 Ko de mémoire ROM et entre 16 et 128 Ko d'EEPROM.

La quantité de mémoire EEPROM disponible sur une carte à puce a été longtemps limitée du fait que l'EEPROM n'était pas conçue spécifiquement pour les cartes à puce et que ses limites physiques de miniaturisation étaient atteintes. La mémoire Flash a permis de s'affranchir de cette contrainte. C'est ainsi que l'on a vu apparaître de premiers prototypes de carte à puce à 1 Mo de mémoire persistante de type Flash.

La protection de la carte à puce est principalement assurée par le système d'exploitation. Le mode d'adressage physique pour l'accès aux données n'est disponible qu'après que la carte a été personnalisée et remise à l'utilisateur. L'accès aux données s'effectue au travers d'une structure logique de fichiers sécurisés par des mécanismes de contrôle d'accès.

La carte à puce est beaucoup utilisée dans les réseaux de téléphonie mobile (cartes SIM) ou par la mise en place des infrastructures à clés publiques (PKI). Cette technologie a permis aux opérateurs d'exploiter leur réseau en limitant très fortement le nombre de fraudes, assurant par là même une rentabilité financière. Elle est également le support légal de la signature électronique reconnue par de nombreux pays.

La carte à puce EAP traite directement le protocole EAP dans la puce sécurisée. Bien que cette liste ne soit pas exhaustive, les principales applications visées sont EAP-SIM et EAP-TLS.

Les avantages d'un EAP-TLS effectué dans une carte à puce sont nombreux. L'authentification est tout d'abord indépendante d'un éditeur de logiciel, par exemple Microsoft. De plus, la sécurité fournie est bien meilleure qu'avec EAP-TLS réalisé en logiciel par le processeur d'un ordinateur personnel puisqu'il est toujours possible pour un logiciel espion introduit dans le PC de capturer les clés. L'avantage de la carte à puce est que l'ensemble des calculs s'effectue dans la carte et qu'il ne sort de la carte à puce qu'un flux chiffré. Les clés secrètes ne sortent jamais de la carte à puce.

Schématiquement, une carte EAP assure les quatre services suivants :

- **Gestion d'identités multiples.** Le porteur de la carte peut utiliser plusieurs réseaux sans fil. Chacun d'eux nécessite un triplet d'authentification, EAP-ID (valeur délivrée dans le message EAP-RESPONSE.IDENTITY), EAP-Type (type de protocole d'authentification supporté par le réseau) et crédits cryptographiques, c'est-à-dire l'ensemble des clés ou paramètres utilisés par un protocole particulier (EAP-SIM, EAP-TLS,

MS-CHAP-V2, etc.). Chaque triplet est identifié par un nom (l'identité), dont l'interprétation peut être multiple (SSID, nom d'un compte utilisateur, mnémonique, etc.).

- **Affectation d'une identité à la carte.** L'identité de la carte est une fonction du réseau visité. La carte peut posséder en interne plusieurs identités et s'adapter au réseau auquel le PC et la carte à puce sont connectés.
- **Traitement des messages EAP.** La carte à puce étant doté d'un processeur et de mémoires, elle peut exécuter du code et traiter des messages EAP reçus et en envoyer en réponse.
- **Calcul de la clé unicast.** En fin de session d'authentification, le tunnel EAP peut-être utilisé pour la transmission d'informations diverses, comme des clés ou des profils. Il est possible de faire transiter une clé de session, par exemple, et de la mettre à disposition du terminal désirant accéder aux ressources du réseau sans fil.

La figure 46.7 illustre une procédure d'authentification entre un serveur d'authentification et une carte à puce EAP. Le flot des primitives traverse les logiciels du PC, c'est-à-dire d'abord le logiciel EAP, qui ne réalise qu'une transition des paquets EAP vers le serveur RADIUS d'un côté et vers la carte à puce de l'autre, puis le système d'exploitation de la machine, qui prend en charge l'interface avec la carte à puce, et enfin l'interface IEEE 802.11 de la liaison sans fil.

Figure 46.7

Procédure d'authentification

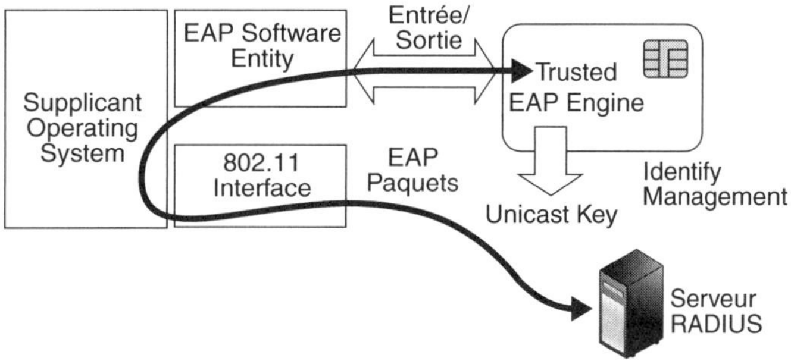

Pour parfaire la sécurité, il est possible de mettre des cartes à puce également du côté serveur pour que l'algorithme EAP-TLS du serveur d'authentification se déroule également dans la carte à puce. Avec les nouvelles cartes à puce pouvant stocker jusqu'à 1 Go, il est possible de mémoriser les logs nécessaires à la traçabilité. Il est évident que plus il y a de clients, plus le nombre de cartes à puce doit être augmenté.

Un exemple de cette sécurisation forte est illustré à la figure 46.8.

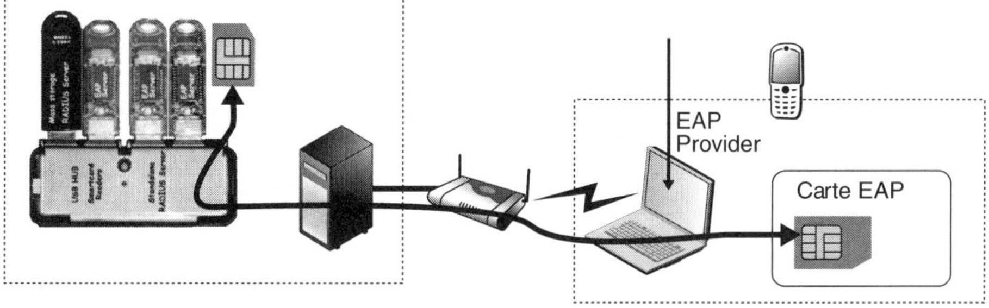

Figure 46.8

Une architecture forte de sécurisation

Conclusion

Ce chapitre a présenté quelques directions de développement pour les années à venir. On s'aperçoit que certaines techniques vont disparaître à plus ou moins long terme, comme le relais de trames et ATM, tandis que d'autres vont se conforter, comme MPLS et Ethernet.

On peut cependant prévoir plusieurs types d'architectures de réseau en fonction de l'objectif à atteindre. On restera sûrement en IP, avec une forte utilisation d'Ethernet pour le transport des paquets IP, dans le cadre des réseaux sans signalisation destinés au grand public.

Il y aura aussi des réseaux beaucoup plus orientés vers les professionnels, dotés de fortes garanties, obtenues grâce aux chemins mis en place par la signalisation et par une configuration automatisée par des contrôles par politique. MPLS et GMPLS devraient prédominer dans cette catégorie de réseaux, qui utilisera également de plus en plus la commutation Ethernet.

Dans un avenir un peu plus lointain, la suprématie du couple IP-Ethernet devrait s'étendre dans les deux mondes, sans signalisation aussi bien qu'avec signalisation. La remise en cause de l'architecture Internet pourrait survenir pour des questions de consommation d'énergie ou plus généralement de complexité, en proposant de revenir aux origines d'IP, c'est-à-dire de se servir d'IP comme d'un protocole d'interconnexion de réseaux. Chaque réseau serait doté d'un protocole sur mesure optimisant certaines caractéristiques importantes pour l'utilisateur.

En fin de chapitre, nous avons évoqué quelques pistes importantes pour les réseaux des années 2010, comme la virtualisation, l'autonomie et l'introduction d'une sécurité de plus haut niveau.

47

Perspectives et conclusion

Dans ce dernier chapitre, nous souhaitons prolonger un peu plus nos réflexions sur l'avenir des réseaux en donnant notre vision de ce que pourrait être l'Internet de troisième génération.

Cet Internet 3 introduira des réseaux qui se piloteront tout seuls et feront appel à l'intelligence à l'intérieur du réseau. Les technologies provenant des réseaux dits autonomes et de la virtualisation devraient constituer le socle de cette nouvelle génération.

L'Internet 3

Par un premier pas essentiel, l'Internet 1 introduit la notion de paquet d'informations. Grâce à la numérisation en des suites de bits 0 et 1, l'information à véhiculer se regroupe en paquets de quelques centaines de bits pouvant être transmis sur les lignes de télécommunications. Les utilisateurs envoient leurs paquets plus ou moins simultanément sur les portes d'entrée du réseau. Des lignes de communication internes prennent en charge les paquets pour les acheminer vers leurs destinataires respectifs. Lorsqu'un utilisateur ne parle pas ou n'émet rien, aucune ressource n'est monopolisée à son intention, contrairement au bon vieux réseau téléphonique, qui, dans ce cas, laisse le circuit inutilisé.

La bataille s'engage alors entre une intelligence dans le poste de travail et une intelligence dans le réseau, autrement dit entre l'informatique, qui veut vendre des PC de plus en plus gourmands, et les télécommunications, qui souhaitent imposer un cœur de réseau puissant, capable d'offrir une panoplie de services réseau. La première solution fournit un réseau bon marché, avec des terminaux relativement chers à la périphérie. La seconde accepte des terminaux bas de gamme, mais le coût de l'accès au réseau devient important. Aucun des deux combattants ne peut gagner, puisque, de toute évidence, la solution consiste à partager l'intelligence entre le terminal et le réseau. Pour compliquer cette première étape, les câblo-opérateurs perturbent le jeu avec leurs accès haut débit vers l'utilisateur et la mainmise sur l'interface avec le téléviseur.

La deuxième génération d'Internet, l'Internet 2, explose au début des années 2000. Les prototypes se succèdent, vBNS, Abilene, ou VTHD (vraiment très haut débit) construit par France Télécom. La différence avec l'Internet 1 est nette. L'intelligence gérant le transport dans le réseau se partage entre le terminal et les équipements réseau. L'intelligence consiste ici à noter en clair dans le paquet la sémantique des informations transportées. Grâce à cette connaissance, les nœuds traversés peuvent privilégier le traitement de certains flux au détriment d'autres. Par exemple, un paquet contenant de la parole téléphonique devient hautement prioritaire afin de réduire le temps de traversée du réseau et de rejouer la parole correctement à l'oreille du destinataire.

Une deuxième révolution concerne un domaine connexe, celui du codage de l'information. Des progrès fulgurants permettent d'atteindre des compressions considérables. Pour transporter un canal de télévision couleur au début des années 80, le débit nécessaire se comptait en une centaine de mégabits par seconde. Pour atteindre la même qualité d'image aujourd'hui, 1 Mbit/s est suffisant, et demain 100 Kbit/s. La compression atteint un facteur de 1 000. Ces valeurs s'obtiennent en temps réel, tous les calculs nécessaires étant effectués en quelques millisecondes. Ces progrès s'expliquent, bien sûr, par l'augmentation de la puissance des processeurs mais aussi par le perfectionnement des algorithmes de compression.

Dans le même temps, la parole téléphonique se contente de 1 000 ou 2 000 bits par seconde. Quant aux informations des serveurs Web, elles sont compressées dans des proportions moindres, certes, la protection contre les erreurs imposant davantage de redondance, mais importantes. Dans un certain sens, les progrès pour compresser les flots d'information sont plus importants que la progression du débit des utilisateurs et des applications. Un débit de 10 Mbit/s par utilisateur représente un excellent compromis pour l'interface avec le réseau. Un calcul à partir de cette valeur pour un pays de la taille de la France montre que si 60 millions d'habitants transmettent à pleine charge en même temps, un débit de 600 000 Gbit/s s'exerce sur le réseau. En comparaison, les câbles posés en ce milieu de la première décennie du XXIe siècle acceptent des capacités de 40 Gbit/s. Pour un pays comme la France, 12 500 longueurs d'onde de ce type seraient suffisantes pour tout transporter, ce qui représente 12 ou 13 câbles à 1 000 longueurs d'onde. En 2005, une dizaine de câbles étaient suffisants pour supporter à eux seuls tout ce trafic, les plus hautes capacités pour une seule fibre optique atteignant 128 Tbit/s.

Cependant, ce raisonnement comporte quelques faiblesses, car un utilisateur peut envoyer de l'information vers plusieurs points en même temps, ce qui démultiplie les débits, et des applications autres que la parole, comme la télévision, la vidéo à la demande ou l'accès à de grandes masses de données, pourraient accentuer encore la demande. Néanmoins, on peut considérer que le problème du débit est presque résolu dans les cœurs de réseau.

La troisième révolution en cours concerne l'accès de l'utilisateur au réseau et *vice versa.* 100 Mbit/s par utilisateur sont-ils envisageables ? L'arrivée de la fibre optique FTTH accepte ces hauts débits sans aucun problème. En outre, et cela peut paraître plus étonnant, le téléphone portable, le fameux GSM, qui se transforme en Wi-Fi/UMTS, va également proposer des débits dépassant largement 2 Mbit/s pour atteindre la dizaine de mégabits par seconde avec HSOPA et WiMAX mobile. Entre fixe et mobile, la compétition s'accroîtra, mais, observés du réseau, les débits s'équilibreront. Les accès satellite ne devraient pas en rester là et proposeront, avant 2010, des débits de 10 Mbit/s au beau milieu du Sahara.

En résumé, l'Internet 2 offre le multimédia à tous et de n'importe où. Que reste-t-il à modifier pour atteindre la troisième génération ? La rupture technologique de l'Internet 3, qui réside dans la maîtrise de la complexité du réseau et de ses services, est cachée et restera peu visible de l'utilisateur final. Depuis des années, un maître mot se retrouve sans arrêt dans les discours des scientifiques : faire simple. La simplicité est cependant tout le contraire de la réalité, puisque les composants, matériels ou logiciels, se compliquent à la vitesse du progrès et que leur maîtrise complète n'est plus exercée que par des ingénieurs chercheurs extrêmement qualifiés. Imaginer que simplification puisse rimer avec progrès est irréaliste dans le contexte actuel d'une explosion tous azimuts de la recherche et des développements.

Sans maîtrise, l'Internet 2 pourrait s'effondrer sous l'effet d'un virus, de la panne d'un nœud ou d'une liaison, d'une panne électrique, de l'incendie d'une salle de contrôle, d'une application qui diverge ou d'une surcharge passagère. Cette maîtrise doit donc prévenir mais aussi secourir. Les difficultés à surmonter pour y parvenir sont nombreuses. En particulier, la nature distribuée des environnements réseau complique le contrôle et la gestion. De plus, le gigantisme devient une donnée du problème, impliquant un contrôle encore plus fin.

La direction à privilégier est l'intelligence. Le débat sur l'intelligence en informatique n'est pas nouveau, mais il prend ici une signification inédite, qui réside dans la capacité à s'adapter à une situation nouvelle, à contrôler le bon fonctionnement du réseau et à gérer les services dans des conditions non prévues. L'intelligence recoupe en fait plusieurs actions distinctes : apprendre, communiquer et raisonner.

Plusieurs voies peuvent être envisagées, dont nous voyons déjà les prémices : les réseaux intelligents, ou smart networks, les réseaux actifs et les réseaux autonomes. Les réseaux intelligents forment un concept architectural déjà ancien, où le mot intelligent signifie adaptation. Le réseau doit pouvoir s'adapter à la demande des utilisateurs. Même si les retombées sont très nettes dans les réseaux de télécommunications, nous n'en sommes qu'aux premiers balbutiements. Dans cette direction, l'informatique comble son retard à pas de géant, avec des langages tels que Java, capables de disperser en tous points du réseau, voire chez l'utilisateur, des fragments de logiciel à même de s'exécuter pour réaliser une tâche définie. Ces fragments de logiciel peuvent éventuellement se déplacer par eux-mêmes. Lutter contre la complexité par la complexité est-elle pour autant une solution acceptable ? La complexité pour prévenir et secourir progressera-t-elle plus rapidement que la complexité du réseau ? La réponse semble positive, mais la course-poursuite ne fait que commencer.

Deuxième direction envisagée, les réseaux intelligents, ou plutôt *futés*. La langue française manque de termes pour traduire *smart network*, mais la signification est claire : il faut trouver des composants capables d'apporter de l'expertise pour résoudre les incidents et contrôler les infrastructures et les flux. Là aussi, les premiers éléments de réponse sont connus depuis plusieurs années, puisqu'ils proviennent des agents intelligents. Un agent est une entité autonome capable de communiquer avec d'autres agents et de percevoir et représenter son environnement. L'ensemble de ces agents en interaction forme un système multiagent. De nombreux critères permettent de classer ces systèmes, qui vont de la taille des agents et de leur nombre en interaction jusqu'aux mécanismes et aux types de communication, en passant par le comportement, l'organisation et le contrôle de chaque agent ou la représentation de l'environnement.

La troisième direction correspond aux réseaux actifs, dans lesquels les nœuds aussi bien que les stations des utilisateurs peuvent s'adapter au type de l'information reçue.

Par exemple, le paquet peut contenir dans son en-tête le programme qui va le prendre en charge dans les nœuds traversés. Les nœuds doivent donc s'adapter instantanément à l'arrivée d'un paquet, ce qui semble possible avec les nouveaux processeurs reconfigurables.

La quatrième direction s'attaque au processus de l'autonomie : les nœuds du réseau doivent pouvoir s'autoconfigurer et prendre des décisions par eux-mêmes à partir de la valeur de leurs paramètres de fonctionnement. En cas de panne, ou simplement de surcharge, les nœuds doivent être capables instantanément de prendre les dispositions nécessaires pour continuer à rendre les services demandés, parfois de façon dégradée.

La cinquième direction provient de la virtualisation, qui permet à plusieurs systèmes et plusieurs piles protocolaires de cohabiter. Suivant l'état du système, une architecture de communication peut être meilleure qu'une autre. Associée à l'autonomie, la virtualisation permettra de trouver la meilleure pile protocolaire pour un sous-réseau particulier.

Dans l'Internet de troisième génération, l'évolution vers le pilotage automatique des réseaux n'a pas pour objectif d'augmenter les performances, mais de permettre de mieux les gérer. Cette troisième génération n'est plus très loin, puisqu'il suffit de stabiliser les techniques apportant de l'intelligence dans les réseaux et de les mettre en œuvre dans l'infrastructure.

La troisième génération devra faire beaucoup plus attention aux clients. En particulier, elle devra caractériser la qualité de service qui leur est offert : comment un opérateur pourra-t-il prouver à l'un de ces clients qu'il lui a bien offert la qualité de service que celui-ci avait négociée au travers d'un SLA (Service Level Agreement) ?

Pour atteindre ces objectifs, les opérateurs vont devoir se munir d'équipements de mesure et de contrôle. La métrologie devrait donc devenir un domaine important des réseaux. Aujourd'hui, si la station terminale ne reçoit pas la page Web demandée dans un laps de temps acceptable, qui était de 8 s avant 2002 et qui est passé ensuite à 4 s puis à 2 s, nous n'avons aucune idée de la raison de cette lenteur. Cette lenteur peut s'expliquer par différents phénomènes, comme une surcharge ou un problème de la station de travail, de la boucle locale, de la machine d'accès de l'opérateur, du réseau de l'ISP auquel le client est abonné, du réseau d'un ISP traversé, du serveur distant, etc. À partir de 2010, l'opérateur devra justifier un retard et être capable de donner les raisons d'une panne.

Les services rendus par les opérateurs seront donc très différents les uns des autres, ce qui perturbera certainement fortement les interconnexions des opérateurs.

Les deux schémas de la figure 47.1 illustrent la problématique de l'hétérogénéité et de l'homogénéité des réseaux. Dans la partie supérieure, une communication doit traverser les réseaux de quatre opérateurs distincts, qui semblent offrir la même qualité de service. En fait, les qualités sont différentes, et la communication a globalement une qualité de service égale à la moins bonne des qualités de service. Comme le nombre d'ISP dans le monde devrait passer par le cap des 10 000 pour redescendre à quelques milliers, l'hétérogénéité sera forte. La probabilité de traverser les réseaux d'au moins deux ISP pour atteindre le serveur qui gère les pages désirées par le client sera très importante.

Au contraire, si les ISP arrivent à s'entendre, les réseaux devraient offrir des services de même niveau, comme illustré au bas de la figure 47.1, et la qualité de bout en bout sera homogène. Pour cela, il faut que les opérateurs obéissent aux mêmes règles et configurent leurs nœuds de la même façon. C'est la raison pour laquelle les techniques de contrôle par politique, dans lesquelles l'ensemble des grands opérateurs suivrait les mêmes politiques, devraient faciliter les communications de bout en bout.

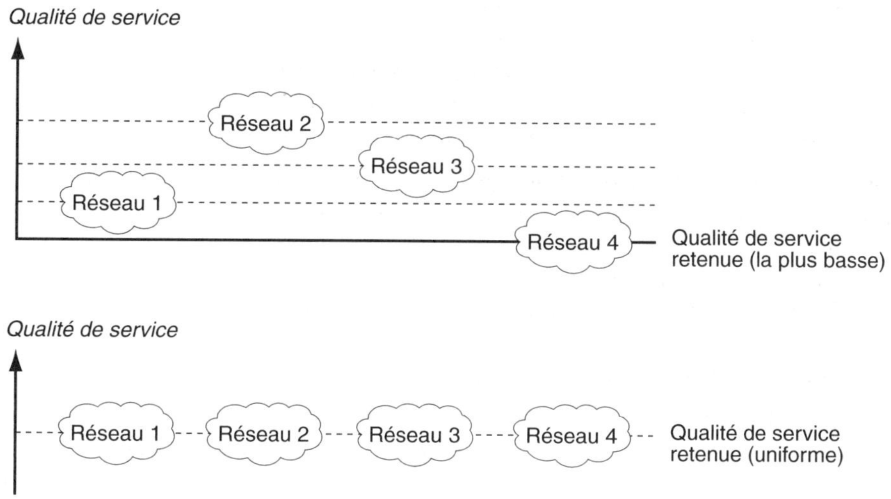

Figure 47.1

Comparaison des qualités de service retenues pour une interconnexion de réseaux

La troisième génération est également synonyme de l'Internet dit des « choses ». Le milliard d'utilisateurs et de machines connectées au début 2008 devrait être rejoint par les cent milliards de « choses » diverses vers 2012. Ces choses proviennent de trois grandes catégories d'objets : les RFID, présentés en détail au chapitre 21, qui ont pour objectif de donner une identité à chaque objet pour des raisons de traçabilité ; les capteurs, qui proviennent des nanotechnologies ou de la miniaturisation des solutions actuelles ; des machines provenant de l'univers domestique (TV, jeux, appareils ménagers, etc.).

Dans cet Internet des choses, il faudra évidemment compter avec les terminaux mobiles, les ordinateurs portables et les PDA et autres SmartPhones.

La troisième génération d'Internet devra intégrer en son sein tous ces environnements, ce qui ne pourra se faire que par l'intermédiaire de passerelles puisque les RFID et les capteurs ne sont pas capables de supporter une pile IP pour communiquer. Il n'y aura pas homogénéité, comme nous l'avons vu précédemment.

La sécurité sera un problème grandissant pour une partie de l'infrastructure de communication mondiale. Des authentifications fortes, telles que celles que nous avons introduites au chapitre précédent, vont voir le jour. De même, le respect de la vie privée passera par de nouvelles techniques de traçabilité fermée.

L'intégration des mondes mobile et fixe sera effectuée, mais pas d'une façon uniforme. Les Européens travaillent sur une intégration des services afin de les rendre disponibles pour un utilisateur quelconque, fixe ou mobile. La version américaine concerne davantage l'intégration des éléments de réseau en introduisant une version Ethernet/pour le fixe et le mobile.

L'IMS (IP Multimedia Subsystem) sera fortement présent dans cette troisième génération, mais avec une vision plus américaine qu'européenne, c'est-à-dire le choix d'une convergence de la technologie réseau plutôt que du service.

Enfin, comme nous l'avons souligné à plusieurs reprise, l'intelligence deviendra un facteur clé permettant au réseau de s'autoconfigurer, de s'autoréparer, de s'autoprotéger, etc. Pour cela, une solution consistera à construire, grâce au plan de connaissance, un système de pilotage des réseaux fondé sur la technologie « autonomic ». Un premier pilote de réseau est proposé par la société Ginkgo Networks sous la forme d'un ensemble d'agents intelligents faisant travailler des comportements et des plans dynamiques. Associées à ces agents, des vues situées *(voir le chapitre 45)* permettent d'alimenter en connaissances bien choisies les algorithmes de contrôle du réseau.

On peut enfin se poser la question d'une quatrième génération Internet. Sa perspective est encore lointaine, mais les spécialistes s'accordent à dire qu'au début de 2008 nous sommes encore dans l'âge de pierre des réseaux. Entre la pierre, le bronze et l'or, beaucoup de découvertes sont encore à effectuer. Nombreux sont ceux qui pensent que le monde IP devra être remplacé par un autre environnement, qui marquera le début de l'âge de bronze. Ce remplacement pourrait intervenir d'ici à une quinzaine d'années au travers des progrès de la virtualisation.

Les raisons de ce changement à long terme sont multiples : forte dépense énergétique de la pile protocolaire IP, mauvaise adaptation dans beaucoup de circonstances au monde des mobiles et du hertzien, difficulté à sécuriser cette architecture, etc. Les recherches se dirigent aujourd'hui vers des protocoles reconfigurables par eux-mêmes et capables de s'adapter à leur environnement.

D'autres pistes totalement différentes sont également à l'étude, avec les communications dites quantiques et l'introduction de communications biotechnologiques.

Conclusion

Sans être exhaustif, loin s'en faut, cet ouvrage a cherché à donner un panorama des principales techniques mises en œuvre pour réaliser une communication entre des processus distants. Il est évident qu'il devra être à nouveau mis à jour dans quelque temps pour permettre au lecteur d'avoir une vue aussi précise que possible de l'état d'avancement des architectures de réseau.

Comme nous l'esquissons dans les deux derniers chapitres, la grande direction que devraient prendre les réseaux dans les années à venir est le pilotage automatique, c'est-à-dire la mise en œuvre de mécanismes capables de configurer automatiquement et en temps réel les équipements de réseau afin qu'ils rendent le meilleur service par rapport à ce qui leur est demandé.

Index

D

E

F

I

N

O

P

S

U